Andrea Fischer

Königsmacht, Begehren, Ehebruch und Mord –
Die Erzählung von
David, Batseba und Urija
(2 Sam 11)

Exegese in unserer Zeit

Kontextuelle Bibelinterpretationen

herausgegeben von

Ute E. Eisen (Gießen / Deutschland)
Irmtraud Fischer (Graz / Österreich)
Erhard S. Gerstenberger (Marburg / Deutschland)

Band 26

LIT

Andrea Fischer

Königsmacht, Begehren, Ehebruch und Mord – Die Erzählung von David, Batseba und Urija (2 Sam 11)

Narratologische Analysen

LIT

Umschlagbild: ÖNB Wien: Cod. 2554, fol. 45v

Dissertation an der Universität Kassel im Fachbereich 02
Geistes- und Kulturwissenschaften, Disputation am 19.05.2017

Erster Teilband der Dissertation
Der zweite Teil der Dissertation erscheint als Band 27 der Reihe *Exegese in unserer Zeit* unter dem Titel: *Dramen zu David, Batseba und Urija (2 Sam 11). Zur Rezeption hebräischer Erzählkunst in Literatur und Theater – Paul Alberti (1904), Martha Hellmuth (1906) und Emil Bernhard (1919)*

∞

Gedruckt auf alterungsbeständigem Werkdruckpapier entsprechend
ANSI Z3948   DIN ISO 9706

Bibliografische Information der Deutschen Nationalbibliothek
Die Deutsche Nationalbibliothek verzeichnet diese Publikation in der Deutschen Nationalbibliografie; detaillierte bibliografische Daten sind im Internet über http://dnb.d-nb.de abrufbar.

ISBN 978-3-643-14061-6 (br.)
ISBN 978-3-643-34061-0 (PDF)
Zugl.: Kassel, Univ., Diss., 2017

© LIT VERLAG Dr. W. Hopf Berlin 2019
Verlagskontakt:
Fresnostr. 2   D-48159 Münster
Tel. +49 (0) 2 51-62 03 20
E-Mail: lit@lit-verlag.de   http://www.lit-verlag.de

Auslieferung:
Deutschland: LIT Verlag, Fresnostr. 2, D-48159 Münster
Tel. +49 (0) 2 51-620 32 22, E-Mail: vertrieb@lit-verlag.de
E-Books sind erhältlich unter www.litwebshop.de

Vorwort

Grundlage dieses Buches ist die leicht überarbeitete Fassung meiner Dissertation, die 2017 unter dem Titel *„Literarische Rezeptionen der ‚David, Batsebas und Urija'-Erzählung (2 Sam 11)"* am Fachbereich 02 Geistes- und Kulturwissenschaften der Universität Kassel angenommen wurde. Mit der Publikation geht für mich eine lange Reise zu Ende, die ihren Anfang mit der Anstellung als Wissenschaftliche Mitarbeiterin am Institut für Katholische Theologie der Universität Kassel im Jahr 2009 genommen hat. Rückblickend kann ich mit Jesus Sirach sagen: „Vieles habe ich bei meinem Reisen gesehen und größer als meine Worte ist meine Einsicht." (Sir 34,12). Die Erstellung der Promotion war eine Herausforderung für mich und bleibt mir ebenso wie die Tätigkeit im Institut als bereichernde und zufriedenstellende Erfahrung und glückliche Lebensphase in Erinnerung. Zahlreichen Personen und Weggefährten, die mich in ganz unterschiedlicher Art und Weise unterstützt und meine Promotionszeit begleitet haben, möchte ich an dieser Stelle ganz herzlich danken.

Mein besonderer Dank gilt Prof. Dr. Ilse Müllner, die mich als Doktormutter gefördert und in vielen konstruktiven Gesprächen unterstützt hat. Für ihre inspirierende, kritische und geduldige Begleitung danke ich ihr von Herzen. Ihre Offenheit gegenüber neuen Ansätzen in der Bibelwissenschaft, die sie mir bereits im Studium lehrte, ermöglichte meine Forschung, und durch ihren Ansporn kam meine Promotion zu einem glücklichen Ende.

Bedanken möchte ich mich ebenfalls bei Prof. Dr. Georg Langenhorst für das Interesse und die Begleitung meiner Forschung sowie für das Erstellen des Zweitgutachtens.

Den Herausgeberinnen Prof. Dr. Ute E. Eisen und Prof. Dr. Dr. Irmtraud Fischer sowie dem Herausgeber Prof. Dr. Gerhard S. Gerstenberger danke ich für die Aufnahme der Studie in die Reihe *Exegese in unserer Zeit*.

Mein ausdrücklicher Dank für die hilfreichen Anregungen, Ratschläge und Korrekturen gilt meinen Kolleginnen Dr. Nele Spiering-Schomborg, Dr. Yvonne Sophie Thöne und Marion Hanser. Bei Erich Becker, Anna-Dorothea Barthelmes und Monika Hepp bedanke ich mich von Herzen für die Korrekturhilfe und Durchsicht des Manuskripts.

Für inspirierende Gespräche und einen konstruktiven Austausch danke ich den Teilnehmerinnen und Teilnehmern des Kassler Oberseminars im Fachgebiet Altes Testament, des Oberseminars für Religionspädagogik der Universität Augsburg sowie des Geistes- und Kulturwissenschaftlichen Promotionskollegs (Gekko) der Universität Kassel.

Abschließend möchte ich mich bei meinem Ehemann und meinen beiden Töchtern für ihre Unterstützung, ihr Verständnis und ihre Geduld bedanken, die maßgeblich zum Gelingen dieser Arbeit beigetragen haben.

Steinbach, im Oktober 2019　　　　　　　　　　　　*Andrea Fischer*

INHALTSVERZEICHNIS

I.	*Einleitung*	13
1.	Hinführung	13
2.	Theoretischer Rahmen	25
2.1	Hermeneutische Vorüberlegungen	25
2.2	Narratologische Bibelauslegung	28
2.3	Leserinnen- und Leserorientierte Zugänge	32
2.4	Rezeptions-Lesart	33
2.4.1	Begriffsunterscheidung	36
2.4.2	Rezeptionsästhetik und Bibelwissenschaft	38
2.5	Zusammenfassung	43
3.	Anlage der Untersuchung	44
3.1	Untersuchungsgegenstände	44
3.2	Konzeption der zweibändigen Untersuchung	48
3.3	Forschungsziele	53
3.4	Begrenzungen des Untersuchungsgegenstandes	55

II. Die „David, Batseba und Urija"-Erzählung (2 Sam 11) 57

1.	Abgrenzung der Texteinheit	57
1.1	Der Beginn der Erzählung – 2 Sam 11,1	58
1.2	Das Ende der Erzählung – 2 Sam 11,27	60
2.	Einordnung in den literarischen Kontext	63
2.1	Das Deuteronomistische Geschichtswerk	64
2.2	Die Thronfolgeerzählung	66
2.2.1	Abgrenzung	67
2.2.2	Datierung und Einheitlichkeit	69
2.2.3	Tendenz	75
2.3	Die Darstellung des Ammoniterkrieges als Rahmung von 2 Sam 11,1-12,25	79
3.	Gliederung	81
4.	Narratologische Analyse	90
4.1	Der Bibeltext 2 Sam 11 als narrativer Text	90
4.2	Kommunikationsmodell	95
4.2.1	Überblick über ältere und gegenwärtige Kommunikationsmodelle	95

4.2.2	Das Kommunikationsmodell von 2 Sam 11	103
4.3	Erzählstimme	106
4.3.1	Terminologische Vorüberlegungen	107
4.3.2	Erzählstimme – theoretische Einordnung	109
4.3.3	Kategorien zur Beschreibung der Erzählstimme	115
4.3.4	Analyse der Erzählstimme in 2 Sam 11	125
	Exkurs: Erzählmotive in 2 Sam 11	134
4.3.5	Zusammenfassung	144
4.4	Perspektive	147
4.4.1	Terminologie und erzähltheoretische Einordnung	148
4.4.2	Zur Analyse der Erzählperspektive	156
4.4.3	Perspektivenanalyse von 2 Sam 11	161
4.4.3.1	Analyse der Erzählperspektiven in 2 Sam 11	161
4.4.3.2	Blick und Fokalisierung in 2 Sam 11	188
4.5	Handlung	199
4.5.1	Handlung – definitorische Annäherung	200
4.5.2	Begriffsdefinitionen der Handlungselemente	202
4.5.3	Analysekategorien der Handlung	205
4.5.4	Handlungsanalyse von 2 Sam 11	217
4.5.5	Zusammenfassung	242
4.6	Zeit	246
4.6.1	Annäherung an das Phänomen Zeit	247
4.6.2	Zeiterleben und Zeitdarstellung in alttestamentlichen Texten	250
4.6.3	Erzähltheoretische Annäherung an die Kategorie Zeit	253
4.6.4	Analyse der Zeitstruktur in 2 Sam 11	259
4.6.5	Zusammenfassung	275
4.7	Raum	277
4.7.1	Raum – Annäherung	277
4.7.2	Raumvermittlung und Raumgestaltung in Erzählungen des Alten Testaments	279
4.7.2.1	Ortsangaben	280
4.7.2.2	Figuren und deren Bewegung im Raum	281
4.7.2.3	Raumsemantik	282
4.7.3	Raumanalyse von 2 Sam 11	283
	Exkurs: Archäologische Erkenntnisse zum Palast Davids	285
4.7.4	Zusammenfassung	304

4.8	Figuren	308
4.8.1	Überblick über die (neueren) Figurentheorien	310
4.8.2	Was ist eine Figur? – Definition	315
4.8.3	Die Figurentheorie nach Jens Eder	318
4.8.3.1	Theoretische Grundlegungen und Einordnung	318
4.8.3.2	Das Grundmodell	321
4.8.3.3	Mögliche Erweiterungen von Eders Grundmodell	332
4.8.4.	Anwendbarkeit von Eders Modell auf biblische Figuren	333
4.8.4.1	Modifikationen von Eders Figurenmodell	333
4.8.4.2	Figuren in biblischen Erzähltexten	335
4.8.5	Figurenanalyse Davids	345
4.8.5.1	Hinführung	345
	Exkurs über die historische Person David	352
4.8.5.2	David als Symbol	354
4.8.5.3	David als dargestelltes Wesen	367
4.8.5.4	David als Artefakt	383
4.8.5.5	David als Symptom	391
4.8.5.6	Zusammenfassung	397
4.8.6	Figurenanalyse Batsebas	398
4.8.6.1	Hinführung	398
4.8.6.2	Batseba als dargestelltes Wesen	400
	Exkurs: Die Darstellung Batsebas in 2 Sam 12 und 1 Kön 1-2	412
4.8.6.3	Batseba als Artefakt	418
4.8.6.4	Batseba als Symbol	429
4.8.6.5	Batseba als Symptom	438
	Exkurs: „Batseba" im Bilde – Die europäische Kunstproduktion	461
4.8.6.6	Zusammenfassung	472
4.8.7	Figurenanalyse Urijas	475
4.8.7.1	Hinführung	475
4.8.7.2	Urija als dargestelltes Wesen	477
4.8.7.3	Urija als Artefakt	493
4.8.7.4	Urija als Symbol	500
4.8.7.5	Urija als Symptom	503
4.8.7.6	Zusammenfassung	516
4.8.8	Figurenanalyse Joabs	521
4.8.8.1	Hinführung	521

4.8.8.2 Joab als dargestelltes Wesen 522
 Exkurs: Verwandtschaftsbeziehungen zwischen Joab
 und David 525
4.8.8.3 Joab als Artefakt 530
4.8.8.4 Joab als Symbol 536
4.8.8.5 Joab als Symptom 538
4.8.8.6 Zusammenfassung 544
4.8.9 Analyse weiterer Figuren(gruppen) in 2 Sam 11 546
4.8.9.1 Eliam 549
4.8.9.2 (Joabs) Bote 552
4.8.9.3 Gottesfigur 555
4.8.9.4 Figurengruppen 565
4.8.9.5 Zusammenfassung 577

III. *Ertrag* 581
1. Der literarische Kontext von 2 Sam 11 582
2. Erzählstimme 583
3. Perspektive 586
4. Handlung 587
5. Zeit 591
6. Raum 593
7. Figuren 597
7.1 David 598
7.2 Urija 601
7.3 Batseba 604
7.4 Joab 608
7.5 Gottesfigur 609
7.6 Eliam 610
7.7 Bote Joabs 610
7.8 Figurengruppen 610
8. Leerstellen 611
9. Ambiguitäten 612

IV. *Abkürzungsverzeichnis* 621
1. Fachspezifische Abkürzungen 621
2. Abkürzungen literarischer Rezeptionen von 2 Sam 11 621

V.	*Literaturverzeichnis*	625
1.	Biblische Textausgaben und Quellen	625
2.	Hilfsmittel	626
3.	Sekundärliteratur	626

VI.	*Anhang*	657
1.	Übersicht des Kommunikationsmodells von 2 Sam 11	657
2.	Übersicht der recherchierten literarischen Rezeptionen von 2 Sam 11	661

I. Einleitung

1. Hinführung

> *Und es geschah zur Abendzeit als David aufstand und auf dem Dach des Palastes umherwandelte. Da sah er vom Dach aus eine Frau sich waschen und die Frau war von sehr schönem Aussehen.*
>
> 2 Sam 11,2

Der Blick Davids auf die schöne Frau, die sich gerade wäscht, hat die Fantasie vieler Menschen über die Jahrhunderte hindurch angeregt, beschäftigt und zur Auseinandersetzung inspiriert. Auslegerinnen und Ausleger betonen die kunstvolle Gestaltung dieses Verses oder sehen die Faszination des Textes in dessen Erzählweise, die ebenso viel verschweigt wie sie erzählt und begründet.[1] Ebenfalls wird die „David, Batseba und Urija"-Erzählung in 2 Sam 11 von unterschiedlichsten Künstlerinnen und Künstlern aufgenommen und in neue Kontexte transferiert.

Auch in der jüngsten Vergangenheit wurde der biblische Text 2 Sam 11 rezipiert und medienwirksam präsentiert, wie beispielsweise in der Onlineausgabe der „Frankfurter Allgemeinen Zeitung" vom 18.11.2012. Der Redakteur Matthias Rüb versieht seinen Artikel zum Rücktritt des CIA-Chefs und des ranghohen Militärs, General David Petraeus, mit dem Titel: „König David und das Batseba-Syndrom"[2]. Der Begriff *Bathsheba-Syndrom* geht auf einen im Jahr 1993 im „Journal of Business Ethics" veröffentlichten Aufsatz von Dean C. Ludwig und Clin-

---

[1] Die vorliegende Arbeit orientiert sich an inklusiver Sprache, womit bereits durch die Sprache versucht wird, Männer und Frauen sichtbar zu machen. Aus diesem Grund wird konsequent z.B. von Künstlerinnen und Künstlern oder Leserinnen und Lesern in der femininen und maskulinen Form gesprochen oder die pluralische Bezeichnung (z.B. Lesenden), bei der beide Geschlechter mitgedacht werden, verwendet. Davon wird gelegentlich bei Zitaten aus älterer Forschungsliteratur abgewichen, so kommt beispielsweise in der Wirkungstheorie von Wolfgang Iser konsequent keine Leserin vor.

[2] Vgl. Rüb, Batseba-Syndrom.

ton O. Longenecker zurück.³ In ihrer Publikation zeigen sie anhand der biblischen Figur David und der Erzählung in 2 Sam 11 auf, wie „(t)he good, bright, successful, popular, visionary king, David, was nearly destroyed because he could not control his desire to have something that he knew it was wrong for him to have – Bathsheba"⁴. Das *Bathsheba-Syndrom* bezeichnet nach Ludwig und Longenecker das moralische Versagen von Führungspersönlichkeiten auf dem Höhepunkt ihrer Karriere. Der Erfolg, den sich diese Führungspersönlichkeiten aufgebaut haben, basiert auf persönlicher Integrität, Urteilsvermögen, Prinzipien- und Wertgebundenheit sowie harter Arbeit.⁵ Die vom Syndrom betroffenen Führungspersönlichkeiten verlieren alles durch eine falsche Entscheidung bzw. Tat, von der sie im vorab wissen, dass diese falsch ist. Dennoch meinen sie durch ihre Macht, die ihr persönlicher Erfolg mit sich bringt, die Tat verbergen zu können.

Neben Petraeus existieren weitere „Opfer des Syndroms", zu denen nach Mark Fliegauf auch der vorzeitig aus seinem Amt als Bundespräsident ausgeschiedene Christan Wulff zählt.⁶ Wulff zeichnete sich „mit standhaften Prinzipien und Tugendhaftigkeit aus […], nur um selbige Prinzipien und Tugenden im Angesicht des Erfolges – zumindest teilweise – schleifen beziehungsweise temporär außer Acht zu lassen"⁷.

---

³ Siehe Ludwig / Longenecker, Bathsheba. Der Aufsatz „The Bathsheba Syndrome. The Ethical Failure of Successful Leaders" von Ludwig und Longenecker ist, so Rüb, bereits seit Jahren Pflichtlektüre für angehende Führungskräfte der amerikanischen Streitkräfte. Siehe Rüb, Batseba-Syndrom. Die Schreibweise des Syndroms orientiert sich im Folgenden an dem Aufsatz von Ludwig und Longenecker, vgl. Ludwig / Longenecker, Bathsheba Syndrome.

⁴ Ludwig / Longenecker, Bathsheba, S. 265. Ausgehend von der biblischen Figur David werden vier Begleiterscheinungen des Erfolges aufgezeigt. Zu diesen zählen der Verlust des strategischen Fokus, die privilegierten Verbindungen, die Kontrolle über die Ressourcen sowie der übersteigerte Glauben daran, eigene Entscheidungen und deren Folgen zu verbergen bzw. zu manipulieren. Ludwig und Longenecker zeigen auf, dass sich ein *„inflated belief in personal ability"* negativ auf den *„personal level"* auswirken kann und dass der Verlust des strategischen Fokus nachteilig und schädlich in Bezug für den *„organizational level"* ist. Siehe ebd., S. 270.

⁵ Seihe Ludwig / Longenecker, Bathsheba, S. 265–267.

⁶ Fliegauf, Führung, S. 236. Die politische Vita von Christian Wulff ist nach Fliegauf beispielhaft für dieses Syndrom: „Der ehemalige Bundespräsident ist der bislang letzte deutsche Spitzenpolitiker, welcher von den langen Schatten des ‚Bathseba-Syndroms' eingeholt worden ist." Ebd., S. 231.

⁷ Ebd., S. 237.

Nach Fliegauf bezeichnet das *Bathsheba-Syndrom* letztlich die mangelnde (Selbst-)Disziplin angesichts des persönlichen Erfolges.[8] Nicht nur im Kontext von Geschäftsethik und der Beschreibung politischer Ereignisse lässt sich anhand des *Bathsheba-Syndroms* die Aktualität des biblischen Stoffes in 2 Sam 11 aufzeigen, auch innerhalb der Künste ist seine Bedeutung bis in die Gegenwart ungebrochen.[9] In diesem Zusammenhang ist einer der populärsten und meist interpretierten Songs zu nennen: Leonard Cohens „Hallelujah"[10]. Die Komposition und der Text dieses Songs sind ebenso bemerkenswert wie seine geschichtliche Entwicklung. Veröffentlicht wurde „Hallelujah" in dem Album „Various Positions", das zunächst von CBS Records abgelehnt wurde.[11] Das Album erschien dennoch 1984 in den Vereinigten Staaten über das unabhängige Label PVC Records und wurde allerdings zunächst sowohl von Kritikern als auch von den Konsumierenden nicht wahrgenommen.[12] Erst Jahre später wurde „Hallelujah" als Coverversion erfolgreich, durch die erneute Veröffentlichung im Jahr 1994 durch Jeff Buckley in seinem Album „Grace".[13] Seitdem nahm die Bekanntheit des Songs sukzessive

---

[8] Siehe Fliegauf, Führung, S. 237.

[9] Mit dem Begriff *Stoff* wird in der vorliegenden Arbeit im Anschluss an Christine Lubkoll eine Konstitution bestehend aus Figuren, Handlungen, Motiven und Problemstellungen verstanden, die durch die biblische Erzählung 2 Sam 11 fest umrissen ist und durch literarische und künstlerische Tradition fortgeschrieben wurde und dabei kontextuelle und historische Umdeutungen erfahren hat. In Abgrenzung zum *Motiv*, worunter im Folgenden eine kleinere semantische Einheit verstanden wird, weist der *Stoff* mehrere miteinander kombinierte *Motive* auf. Siehe Lubkoll, Art. Stoff, S. 648. Die Kriterien eines *Stoffes*, wie die eindeutige Vorlage, auf die eine bzw. mehrere konstitutive Ausgestaltung(en) zurückgeführt werden können, liegt für die Erzählung in 2 Sam 11 vor. Der Erzählstoff von 2 Sam 11 ist, wie in der folgenden Analyse herausgestellt wird, an feststehende Personennamen sowie Handlungskonfigurationen gebunden, die in den literarischen Rezeptionen aufgenommen, geringfügig verändert, ergänzt bzw. reduziert und intertextuell mit anderen biblischen Texten verbunden werden.

[10] Siehe Light, The holy or the broken, S. xvi: „The song has become one of the most loved, most performed, and most misunderstood compositions of its time."

[11] Das Label CBS Records wurde wenige Jahre danach Teil des Major-Labels Sony Music Entertainment, welches später die Rechte am Album von Cohn mit dem Song „Hallelujah" zurückkaufte. Siehe ebd., S. 32–34.

[12] Siehe ebd., S. 34.

[13] Light weist in diesem Zusammenhang darauf hin, dass „,Hallelujah' fans, though, actually have no idea it's a Leonard Cohen song; they assume that it was written by Jeff Buckley. Others think that it's an ancient liturgical song, and are shocked when

zu. So dient er u. a. auch als Hintergrundmusik in vielen Filmen und Fernsehserien und ist durch namhafte Künstler dargeboten bzw. gecovert worden.[14]

Es existieren zwei Textvarianten, die auf Cohen selbst zurückgehen und sich darin unterscheiden, dass die biblischen Bezüge der ursprünglichen Version von 1984 in der zweiten Version von 1988 fehlen.[15] Für die vorliegende Untersuchung ist die zweite Strophe der ursprünglichen Version von Interesse, da sich dort Referenzen zur biblischen Erzählung in 2 Sam 11 finden. In der ersten Strophe wird der Bezug zu der biblischen Figur David zu Grunde gelegt, weshalb sie im Folgenden ebenfalls zitiert und besprochen wird:

> Now I've heard there was a secret chord
> That David played, and it pleased the Lord,
> But you don't really care for music, do ya?
> It goes like this: the fourth, the fifth,
> The minor fall, the major lift.
> The baffled king composing „Hallelujah".
> Hallelujah, Hallelujah, Hallelujah, Hallelujah.
>
> Your faith was strong, but you needed proof.
> You saw her bathing on the roof.
> Her beauty and the moonlight overthrew ya.
> She tied you to her kitchen chair,
> She broke your throne and she cut your hair,
> And from your lips she drew the hallelujah.
> Hallelujah, Hallelujah, Hallelujah, Hallelujah.[16]

Am Beginn der ersten Strophe ist auf den musizierenden David verwiesen, der ein Instrument – wie beispielsweise die Leier *Kinnor* – spielt und Gott durch seine Musik preist. Der „*secret chord*" lässt sich nach Light

---

informed that it was written in the 1980s." Light, The holy or the broken Ebd., S. xxiii.

[14] Eine Übersicht der Künstlerinnen und Künstler, die den Song „Hallelujah" sangen, bietet Light, siehe ebd., S. 237–240.

[15] Damit ist die zweite Version wesentlich säkularer, besitzt lediglich noch im Refrain religiöse Züge. Alan Light benennt dies als Intention Cohens und zitiert ihn: „The Hallelujah, the David's Hallelujah, was still a religious song. So I wanted to indicate that Hallelujah can come out of things that have nothing to do with religion." Ebd., S. 25.

[16] Cohen, Hallelujah.

als Referenz auf Davids besondere Begabung verstehen, mit der er König Saul von einem bösen Geist befreit hat (1 Sam 16,23).[17] Die anschließende Frage („*But you don't really care for music, do ya?*") besitzt ironischen Charakter und leitet zur Darstellung der Abfolge der Harmonien über, die wiederum auf die Dichotomie zwischen fröhlichen Dur-Akkorden und traurig wirkenden Moll-Akkorden hinweist.[18] Die Strophe schließt mit dem Wort Halleluja, das zugleich in wiederholter Form den Refrain des Textes darstellt.[19]

Die erste Zeile der zweiten Strophe ist an die Figur der ersten Strophe adressiert, sodass es David ist, der, wie in der ersten Zeile formuliert, eine Prüfung fordert. Dieser Wunsch Davids begegnet ebenfalls im Babylonischen Talmud im rabbinischen Traktat bSan 107a und ließe sich als Referenz auf diesen lesen.[20] Die folgenden beiden Zeilen adaptieren den eingangs zitierten Bibeltext 2 Sam 11,2, die Darstellung des Blicks von David auf Batseba, der bei ihm Begehren auslöst. Damit wird neben dem Bild der ersten Strophe eine weitere Facette Davids präsentiert. Im Anschluss daran wechselt der Fokus von David und Batseba hin zu den biblischen Figuren Simson und Delila.[21] Die vierte und fünfte Zeile stellt eine Referenz auf die Erzählung in Ri 16 dar.[22]

---

[17] Siehe Light, The holy or the broken, S. 20.
[18] Ebenda.
[19] Das aus dem hebräischen transkribierte Wort Halleluja, das pluralische Imperativform der Verbalwurzel הלל ist, lässt sich mit der Aufforderung *lobet* bzw. *preiset* JHWH übertragen.
[20] bSan 107a: „R. Jehuda sagte im Namen Rabhs: Nie bringe sich ein Mensch in die Versuchung, denn David, der König Jisraéls, brachte sich in die Versuchung und strauchelte. Er sprach nämlich vor ihm: Herr der Welt, weshalb sagt man: Der Gott Abrahams, der Gott Jichaqs und der Gott Jaqobs, und nicht: der Gott Davids!? Er erwiderte: Jene wurden von mir erprobt, du aber nicht. Da sprach er [*Ps 26,2*]: *Prüfe mich und stelle mich auf die Probe*. Er erwiderte: Ich will auch dich auf die Probe stellen, und zwar will ich mit dir noch ein Weiteres tun, denn jenen teilte ich es vorher nicht mit, dir aber teile ich vorher mit, daß ich dich durch eine Inzestsache auf die Probe stellen werde. Darauf [*2 Sam 11,2*]: *und es war gegen Abend, da erhob sich David von seinem Lager.*"
[21] Der Bruch wird unterstützt und ist anhand des anachronistischen Verweises auf den „*kitchen chair*" erkennbar.
[22] In diesem Zusammenhang ist darauf hinzuweisen, dass in Bezug auf die Textstelle Ri 16,19 nicht Delila selbst, sondern ein von ihr delegierter Mann die Scherarbeit an Simsons Haar übernommen hat. Andrea Polaschegg weist in diesem Zusammenhang auf eine wesentliche Differenz hin: „Offenbar stand diese Textwirklichkeit aber schon zu Luthers Zeit dem, was ‚man' von dieser Erzählung ‚wusste' so diametral entgegen,

Nach Light gibt es zwischen den Figuren David und Simson eine Gemeinsamkeit, die in der zweiten Strophe herausgestellt wird: „Both biblical heroes are brought down to earth, and risk surrendering their authority, because of the allure of forbidden love."[23] In der Darstellung der beiden ersten Strophen werden anhand der biblischen Referenzen die verschiedenen Arten und Kontexte benannt, in denen ein Halleluja ausgesprochen wird. Der Songwriter Leonard Cohen weist selbst auf die Intention des Songs hin:

> The song explains that many kinds of hallelujah do exist. I say all the perfect and broken hallelujahs have an equal value. It's a desire to affirm my faith in life, not in some formal religious way, but with enthusiasm, with emotion.[24]

Im November 2016 rückte der Song „Hallelujah", durch den Tod Leonard Cohens, verstärkt in den medialen Fokus. Gleiches gilt für das Jahr 2010. Am 12. Februar 2010 präsentierte die kanadische Sängerin k. d. lang den Song „Hallelujah" – inklusive der beiden ersten Strophen der ursprünglichen Version von 1984 – bei der Eröffnungsfeier der Olympischen Winterspiele in Vancouver. Mit ihrer Performance erreichte sie ein globales Publikum. „The Olympic opening ceremonies were watched by a reported three billion people around the world."[25]

Der Song „Hallelujah" dokumentiert, dass Rezeptionen von 2 Sam 11 nicht autark oder selbstreferenziell sind, sondern mit anderen Referenztexten aus unterschiedlichen Kontexten wie Ri 16 und bSanh 107a intertextuell verbunden sind. Darüber hinaus zeigt die Eröffnungsfeier der Olympischen Spiele in Vancouver 2010 und die dortige Platzierung von k. d. Langs Performance zu „Hallelujah" die Kompatibilität der im Song enthaltenen biblischen Bezüge hinsichtlich einer Breiten- und Massen-

---

dass der Holschnitt in der Ausgabe der Luther-Bibel von 1545 kurzerhand Delila das Messer in die Hand legt – trotz des offenkundigen Widerspruchs zum Text in direkter Nachbarschaft." Polaschegg, Literatur, S. 50. In Cohns Song „*Hallelujah*" wird sogenanntes *Bibelwissen*, jenes kulturell relevante Wissen über biblische Figuren, Motive oder Stoffe, das sich allerdings nicht mit dem Wissen aus den biblischen Texten deckt, aufgenommen. Zum Bibelwissen siehe dessen ausführliche Darstellung im Abschnitt „3.3 Bibelwissen – ‚Steht es nicht so geschrieben?'" in: Fischer, Dramen.

[23] Light, The holy or the broken, S. 22.
[24] Ebd., S. vii. Hinweise zur Analyse der beiden anderen Strophen der ursprünglichen Version sowie zur Melodik des Songs siehe ebd., S. 23–30.
[25] Ebd., S. 201.

wirksamkeit. Damit lässt sich ebenso wie im eingangs vorgestellten *Bathsheba Syndrom* die Aktualität der Rezeptionen zu 2 Sam 11 belegen. Diese Referenzen zu 2 Sam 11 tragen dabei zur Erhellung von gegenwärtigen Phänomenen oder Ereignissen bei.

Die vorliegende Untersuchung ist eine interdisziplinär ausgerichtete, rezeptionsorientierte Arbeit, die ausgehend von dem ausgewählten Bibeltext 2 Sam 11 darauf zielt, dessen Wechselwirkungen zu seinen literarischen Rezeptionen näher zu beschreiben. Damit ordnet sich die Arbeit dem Forschungsfeld *Bibel und Literatur* zu, ein Forschungsgebiet das enormes Potential aufweist und angesichts seines Gegenstandes uferlos ist, wie dies Andrea Polaschegg und Daniel Weidner näher präzisieren:

> Es dürfte [...] kaum ein Phänomen der europäischen Kulturgeschichte der letzten zweitausend Jahre geben, das nicht in irgendeiner Weise mit der Bibel und ihrem ‚Einfluss' in Verbindung steht oder das nicht im Rückgriff auf das Buch der Bücher kommuniziert worden wäre.[26]

In diesem fast grenzenlosen Forschungsgegenstand liegt die große Potenz des Forschungsgebiets, da es die Möglichkeit innovativer Studien bietet. In den letzten Jahren ist ein wachsendes öffentliches und wissenschaftliches Interesse an Religion bzw. Theologie erkennbar wie ein kursorischer Überblick der Publikationen der vergangenen Jahre in diesem Bereich verdeutlicht.[27] Es lässt sich ein Trend beobachten, wonach dem Thema *Bibel und Literatur* eine zunehmende Relevanz innerhalb der Wissenschaften zukommt. In diesem Zusammenhang ist die „Encyclopedia of the Bible and Its Reception" (EBR) zu nennen, die seit 2009 im Entstehen begriffen ist und voraussichtlich 30 Bände umfassen wird.[28] Dieses

---

[26] Polaschegg / Weidner, Bibel, S. 10.
[27] Eine Art „Zwischenbilanz" über die Entwicklungen und Publikationen der Jahre 2003–2013 im allgemeinen Bereich *Theologie und Literatur* und *Bibel und Literatur* im speziellen bietet: Langenhorst, Tendenzen, Sp. 355–372. Im Artikel werden die Publikationen in den Forschungsfeldern des genannten Zeitraums benannt, kurz charakterisiert bzw. bei zentralen Studien ausführlicher vorgestellt. Unter den vielen genannten Veröffentlichungen dokumentieren m. E. die Sammelbände, die häufig entweder im Zusammenhang mit wissenschaftlichen Kolloquien oder Vorlesungsreihen entstehen, dieses zunehmende Interesse am Religiösen. Vgl. Kleffmann (Hg.), Buch; Klanska u. a. (Hg.), Schrift; Schult / David (Hg.), Wortwelten; Klumbies / Müllner (Hg.), Bibel.
[28] Klauck (Hg.), Encyclopedia.

Großprojekt ist unter der Initiative „The Bible and its Reception" des Verlags De Gruyter situiert, zu der weitere Publikationsformen zählen. Neben der bereits genannten EBR gehören die seit 2013 erscheinende Reihe „Studies of the Bible and its Reception" (SBR) und die seit 2014 publizierte Halbjahreszeitschrift „Journal of the Bible and its Reception" (JBR) dazu. Komplettiert wird die Initiative durch die seit 2016 herausgegebene Reihe „Handbooks of the Bible and Its Reception" (HBR).[29] An diesen Publikationen zeigt sich, dass in den letzten 10 Jahren ein wachsendes Interesse der Wissenschaften an dem Zusammenhang von Bibel und deren Rezeption zu konstatieren ist.

Diesem wachsenden Interesse stehen allerdings einige Schwierigkeiten des Forschungsgebiets *Bibel und Literatur* entgegen. In Deutschland haben sich kaum übergreifende, dauerhafte Forschungsverbünde oder -zusammenhänge etablieren können, in denen methodologische Wege geschaffen und gebahnt werden.[30] Im Unterschied dazu existiert vor al-

---

[29] Die EBR schließt ein Desiderat innerhalb der Bibelwissenschaften, denn sie bietet in kompakter Form Informationen zur Rezeption in Form von Artikeln zu biblischen Motiven (z. B. Figuren, Orte usw.) oder Autorinnen und Autoren. Diese kurzen Abhandlungen bieten meist bibel- und religionswissenschaftliche Informationen, gefolgt von einer knappen meist exemplarischen Darstellung zur Rezeption in Kunst, Literatur, Film oder anderen Medien. Im Unterschied dazu enthalten die Handbücher vertiefte Analysen ausgewählter Themen der EBR in Bezug auf bestimmte Themen, Figuren oder historische Kontexte. Es wird sich zeigen, ob HBR und SBR die prognostizierten „Desiderate" der EBR hinsichtlich interdisziplinärer Darstellungen der Diskurs-, Rezeptions- und Gebrauchsgeschichte (Siehe Polaschegg / Weidner, Bibel, S. 15) der Bibel einlösen können.

[30] Siehe Polaschegg / Weidner, Bibel, S. 17f. Von den verschiedenen Forschungszusammenhängen sollen hier einige aktuelle Projekte genannt werden, wie das seit 2013 in Linz ansässige und von Susanne Gillmayr-Bucher betreute Projekt „König, Weiser, Liebhaber und Skeptiker: Rezeptionen Salomos", in dem die Rezeptionsgeschichte der biblischen Figur Salomos in Literatur und Musik untersucht wird. Dabei steht im Fokus die Analyse der Rezeptionsgeschichte biblischer Texte zu Salomo und die von diesen Texten geprägt Kulturgeschichte.
Im Berliner Zentrum für Literatur- und Kulturforschung waren in den vergangenen Jahren unter Leitung Daniel Weidners mehrere Projekte angeschlossen, wie beispielsweise das jüngste Projekt „Text- und Religionskulturen" in dem das Nachleben von religiöser Auslegungs- und Deutungstradition in der Moderne erforscht wurde. Aus diesem Projekt geht das Ende 2016 erschienene Handbuch „Literatur und Religion" hervor, siehe Weidner (Hg.), Handbuch. Zudem organisierte Weidner gemeinsam mit Polaschegg im Jahr 2010 eine Tagung zum Thema „Bibel und Literatur. Methodische Zugänge und theoretische Perspektiven", woraus ein Tagungsband hervorging. Siehe Polaschegg / Weidner (Hg.), Wechselwirkungen.

lem im englischsprachigen Raum seit Jahrzehnten eine Forschung zur Wechselwirkung von *Bibel und Literatur*, aus der neben vielen Einzelstudien bereits Klassiker wie z. B. der 1992 erschienene Band „A Dictionary of Biblical Tradition in English Literature" hervorgehen.[31]

Um die Probleme, mit denen sich das Forschungsfeld *Bibel und Literatur* konfrontiert sieht, nachzuzeichnen, ist es notwendig den größeren Forschungszusammenhang von *Theologie und Literatur* im Blick zu haben. Maike Schult bezeichnet in ihrem Aufsatz „Im Grenzgebiet. Theologische Erkunden der Literatur" dieses Forschungsfeld als Grenzland und weist damit auf die Schwierigkeiten angesichts der interdisziplinären Ausrichtung der vergangenen Jahrzehnte hin.

Seit den 1970er Jahren hat sich ein eigener akademischer Forschungsbereich *Theologie und Literatur* mit einem spezifischen Eigenprofil herausgebildet.[32] In Abgrenzung zu den vorausgehenden Ansätzen im Kontext der theologisch-literarischen Begegnung kommt es Ende der 1960er und Anfang der 1970er Jahre zu einer Neuorientierung, die mit dem Be-

---

[31] Ein weiterer Forschungsstandort befindet sich an der Universität Augsburg und ist mit dem Theologen Georg Langenhorst verbunden. Dessen Arbeit ist dem Forschungsschwerpunkt *Theologie und Literatur* zuzuordnen. In den vergangenen Jahren leitete Langenhorst mehrere Projekte in diesem Forschungsgebiet wie „Interreligiöses Lernen mit literarischen Texten" und „Religion in der Kinder- und Jugendliteratur unserer Zeit". Auch das bereits abgeschlossene Projekt „Schriftsteller unserer Zeit vor der Gottesfrage" wurde in den letzten Jahren nochmals aufgenommen. Daraus entstand die überarbeitete und aktualisierte Publikation von „‚Ich gönne mir das Wort Gott'. Annäherungen an Gott in der Gegenwartsliteratur", siehe Langenhorst, Gott. Neben diesen Projekten betreut Langenhorst in Zusammenarbeit mit der Deutschen Bibelgesellschaft das Forschungsportal www.theologie-und-literatur.de.
Dieser kurze Aufriss zu den gegenwärtigen Forschungszusammenhängen im Kontext von *Bibel und Literatur* zeigt, dass diese Standorte räumlich getrennt sind und sich über die Bundesrepublik und darüber hinaus bis nach Österreich verteilen.
Siehe Jeffrey (Hg.), Dictionary.

[32] Siehe Schult, Grenzgebiet, S. 11. Bereits vor 1970 gab es Literaturinterpretationen sowohl von literaturwissenschaftlicher als auch von theologischer Seite über die verschiedenen theologischen Disziplinen hinweg. In diesem Zusammenhang begegnen Namen wie beispielsweise Erich Auerbach, Paul Tillich, Romano Guardini oder Hans Urs von Balthasar, Autoren, die die theologisch-literarische Begegnung vor 1970 wesentlich geprägt haben. Einen Übersicht zu diesen ersten Wegmarken im theologischen-literarischen Forschungsfeld findet sich im Handbuch „Theologie und Literatur" von Georg Langenhorst, siehe Langenhorst, Theologie und Literatur, S. 13–48.

griff „Dialogparadigma" markiert ist.³³ In dieser Zeit entstehen Entwürfe, denen eine theologisch reflektierte Hermeneutik eigen ist und die einen doppelten Anspruch stellen:

> Erstens, Literatur in ihrer ganzen Vielfalt und Breite [...] nicht zu vereinnahmen und theologisch zu verzwecken, sondern ihre Autonomie und ihren unbedingten ästhetischen Selbstwert vorbehaltlos zu akzeptieren; Zweitens, die Auseinandersetzung mit Literatur dialogisch kreativ, prozessorientiert und in ständiger Beachtung der unauflösbaren Einheit von Form und Inhalt aufzunehmen, im Wissen um gegenseitige Nähe und wechselseitige Herausforderung.³⁴

Zunächst werden im Bereich der Religionspädagogik diese veränderten Rahmenbedingungen wahrgenommen, und es entstehen für den Einsatz in der Praxis konzipierte, didaktisch reflektierte Textsammlungen, noch ehe sich grundlegende hermeneutische Entwürfe und Ansätze zur Beziehung von Theologie und Literatur konzipieren.³⁵ Von Dorothee Sölle ging der entscheidende Impuls für eine grundlegende hermeneutische sowie theoretische Neubestimmung von Theologie sowie Literatur aus.³⁶ Als „Begründer des als Dialog verstandenen Forschungsfeldes"³⁷ benennt Langenhorst Karl-Josef Kuschel, der mit seiner 1978 erschienenen und breit rezipierten Dissertation „Jesus in der deutschsprachigen Gegenwartsliteratur" eine grundlegende Auseinandersetzung anregte.³⁸

Seit den 1970er Jahren bildet sich ein profilierter, theologischer Forschungszusammenhang heraus, der wesentlich von der Theologie, vor

---

[33] Als theologische Hintergründe dieser Neuorientierung ab den 1970 Jahren benennt Langenhorst die Überwindung der kategorialen Trennung von Ethik bzw. Glaube und Ästhetik bzw. Literatur im evangelischen Bereich, im katholischen Bereich öffnete das II. Vatikanum neue Rahmenbedingungen. Im Konzilstext „Gaudium et Spes" sind Ausführungen zur Literatur und eine grundlegende Würdigung und Wertschätzung enthalten, siehe GS 62. Diese beiden Entwicklungen in den 1960er Jahren bilden den Ausgangspunkt und regen eine hermeneutische Neuorientierung in dem Bereich *Theologie und Literatur* an. Siehe Langenhorst, Theologie und Literatur, S. 49f.
[34] Ebd., S. 49.
[35] Siehe ebd., 51.
[36] Zur Darstellung von Sölles Ansätzen und Strategien sowie ihrer Hinwendung zur *Theopoesie* siehe ebd., S. 56–61.
[37] Langenhorst, Tendenzen, Sp. 36.
[38] Vgl. Kuschel, Jesus.

allem der Praktischen Theologie getragen ist.[39] Schult stellt in diesem Zusammenhang fest, dass es einige in diesen Grenzbereich von *Theologie und Literatur* zieht, um den Dialogversuch zu wagen, andere hingegen resignieren.[40] Diese „Schieflage zwischen den Dialogpartnern"[41], wonach das Interesse der in diesem Gebiet situierten Theologinnen und Theologen erheblich intensiver ist als jenes von Seiten der Literaturwissenschaft, resultiert aus unterschiedlichen Gründen. Nach Schult erschweren gegenseitige Projektionen einen Austausch. So befürchten beide Seiten die Herabsetzung als Hilfswissenschaft der jeweils anderen. Während die Theologie gegen eine inhaltliche Relativierung oder die Verfremdung ihrer Inhalte Bedenken hat, werden aus der literaturwissenschaftlichen sowie philologischen Sicht Normierungen z. B. in Bezug auf ideologische Einschränkung kritisch gesehen.[42] Nach Schult kommt eine interdisziplinäre Zusammenarbeit so weitgehend nicht zustande, denn:

> Theologie sucht, wenn sie es sucht, eher das Gespräch mit der Literatur, nicht das Gespräch *über* Literatur mit der Literatur*wissenschaft*, und die Literaturwissenschaft sucht in der Regel gar nicht das Gespräch mit der Theologie, sondern erforscht, wenn sie sie erforscht, religiöse und biblische Interpretamente weitgehend ohne die Hilfe der Theologie – oft mit gutem Ergebnis.[43]

Die Suche nach einem gemeinsamen Fokus zwischen den beiden Wissenschaften gestaltet sich schwierig. Zudem wird, so Schult, der Dialog durch ein spezifisches Literaturverständnis in der Theologie behindert. „Die ‚heiligen' Texte dem literaturwissenschaftlichen Instrumentarium auszusetzen und damit ihre Literarizität anzuerkennen, das ist trotz aller historisch-kritischen Forschung für die Theologie noch immer mit einem Autoritätsverlust verbunden."[44] Diese Aussage von Schult, die im Kontext ihrer Skizzierung des Forschungsproblems im Bereich *Theologie und Literatur* steht, ist nicht gegenstandslos, allerdings steht die Aussage den gegenwärtigen Entwicklungen innerhalb der Bibelwissenschaft und konk-

---

[39] Vgl. Polaschegg / Weidner, Bibel, S. 15. Ein Schwerpunkt liegt dabei in der Beschäftigung mit Texten der Gegenwartsliteratur. Siehe Motté, Esthers Tränen; Schmidinger (Hg.), Bibel; Langenhorst, Hiob.
[40] Siehe Schult, Grenzgebiet, S. 5.
[41] Langenhorst, Theologie und Literatur, S. 11.
[42] Siehe Schult, Grenzgebiet, S. 14.
[43] Ebd., S. 13.
[44] Ebd., S. 28.

ret dem hermeneutischen Ansatz der Narratologischen Bibelwissenschaft entgegen, der in der vorliegenden Arbeit aufgriffen wird. Bevor die texttheoretischen sowie hermeneutischen Konsequenzen dieser Zuordnung dargestellt werden, soll die vorliegende Untersuchung im Forschungsfeld von *Bibel und Literatur* verortet werden.

Innerhalb der Forschung der vergangenen 45 Jahre haben sich im Spannungsverhältnis von *Bibel und Literatur* mehrere Positionen bzw. Traditionen herauskristallisiert. Es handelt sich erstens um die Motivgeschichte, mit ihrer Suche nach der Verwendung und Ausprägung bestimmter biblischer Elemente in literarischen Texten, wie etwa Figuren, Situationen oder Orten.[45] Daneben sind zweitens autormonographische Studien zu nennen, bei denen der Gebrauch der Bibel im Werk von einzelnen Dichterinnen und Dichtern im Fokus steht und drittens der für die deutsche Forschung spezifische Zugang über die prominente Frage der „Säkularisation" der Religion.[46]

Eine vierte Position im Forschungsgebiet *Bibel und Literatur* leitet sich aus der im englischen Sprachraum bereits seit Jahrzehnten geführten Diskussion zur *Bible as Literature* ab und bezeichnet einen Zugang zum Themengebiet über die literaturwissenschaftliche Analyse der Bibel. Die Bibel wird primär als literarischer Text verstanden, der sich insofern nicht von anderen literarischen Texten unterscheidet. Dieser Zugang zur *Bibel als Literatur* wird zunehmend auch in der deutschen Bibelwissenschaft im Kontext der Narratologischen Bibelauslegung wahrgenommenen und rezipiert. Seit wenigen Jahren liegt zudem mit der Publikation „Bibel als Literatur" von Hans-Peter Schmidt und Daniel Weidner eine kommentierte und übersetzte Anthologie von Schlüsseltexten der englischsprachigen Studien vor, wie z. B. von Robert Alter, Mieke Bal, David Clines, Cheryl Exum, Jan Fokkelman und Meir Sternberg, um nur einige der namhaften Autorinnen und Autoren zu nennen.[47] Der Ansatz dieser Arbeit und der folgenden Untersuchung lässt sich der vierten Position zu-

---

[45] Diese Position, die Suche und Analyse nach Belegen sowie deren Ausprägung von biblischen Elementen in literarischen Texten, ist die Form eines wissenschaftlichen Zugangs zum Thema Bibel und Literatur. Siehe Polaschegg / Weidner, Bibel, S. 12f. Diese Form begegnet häufig als Struktur von Hilfsmitteln und Überblicksdarstellungen: Schöpflin, Weltliteratur; Klauck (Hg.), Encyclopedia; Bocian, Lexikon; Motté, Esthers Tränen; Schmidinger (Hg.), Bibel; Jeffrey (Hg.), Dictionary.

[46] Zur Differenzierung siehe Polaschegg / Weidner, Bibel, S. 13f.

[47] Siehe Schmidt / Weidner (Hg.), Bibel als Literatur.

ordnen. Die daraus resultierenden Folgerungen für den Textbegriff und die hermeneutische Herangehensweise werden im folgenden Abschnitt erläutert.

2. Theoretischer Rahmen

2.1 Hermeneutische Vorüberlegungen

> *Ohne zu übertreiben, kann man [...] die Bibel als den Multiplikator und Transformator literarischer Kommunikation in der Geschichte des Abendlandes bezeichnen*[1]

Dieses Zitat von der Literaturwissenschaftlerin Andrea Polaschegg mag die hohe Wertschätzung, die der Bibel innerhalb der Literaturwissenschaften sowie unter Literatinnen und Literaten zukommt, belegen. Zugleich weist es auf eine grundlegende Eigenschaft der Bibel hin, denn sie ist eine Sammlung aus Texten, die wesentlich durch Beziehungen bestimmt sind. Biblische Texte sind nicht bloße, mehr oder weniger genaue Abbildung von Wirklichkeit, sondern Sinn und Bedeutung dieser Texte entstehen in Beziehungen. Ein „Text" ist entsprechend seiner lateinischen Bedeutung ein Geflecht,[2] bestehend aus Elementen, die zueinander in Relation stehen und dabei Strukturen formen. Zudem tritt der biblische Text, wie im obigen Zitat erwähnt, in Beziehung zu anderen Texten und ihren Kontexten. Ein weiterer Zusammenhang besteht zwischen biblischen Texten und deren Lesenden.[3] Diese Auffassung führt zu Konsequenzen hinsichtlich des hier verwendeten Textbegriffs und den entsprechenden hermeneutischen Herangehensweisen.

In der vorliegenden Arbeit wird daher unter „Text" ein komplexes Geflecht aus Beziehungen verstanden, das eine kohärente und formale Einheit bildet. Die Einheit des biblischen Textes 2 Sam 11 basiert sowohl auf semantischen und syntaktischen Verbindungen als auch auf der Interdependenz und Verwobenheit der narratologischen Kategorien, die nur als

---

[1] Polaschegg, Literatur, S. 43.
[2] Siehe Thiele, Art. Text, S. 706.
[3] Ebenso Schmidt, Randfiguren, S. 24–26.

Summe den Sinn der Erzählung eröffnen.[4] Der biblische Text gilt somit als sprachliches Kunstwerk mit einer souveränen Textwelt, die ihren eigenen Gesetzen folgt.[5] Texte sind darüber hinaus ein „Instrument der Kommunikation mittels Sprache"[6]. Diese erweist sich ausgehend von den strukturalistischen und poststrukturalistischen Theorien und Erkenntnissen als Zeichenäußerung, die kulturell kodiert ist.[7]

Zugleich weisen (biblische) Texte durch ihre Interdependenz mit anderen Texten über die eigenen Textgrenzen hinaus und erlangen Sinn im intertextuellen Wechselspiel mit anderen Texten.[8] Diese intertextuellen Referenzen müssen weder markiert sein noch der Intention der Autorin oder des Autors entsprechen. Stattdessen können unbewusste intertextuelle Markierungen vorkommen, oder ein Text kann erst im Rezeptionsvorgang mit einem weiteren Text verknüpft werden.

Das Verstehen eines Textes wird als Kommunikationsprozess aufgefasst, wobei sich die Bedeutung eines Textes im Verhältnis der einzelnen Kommunikationspole – Autorin bzw. Autor, Text sowie Lesende – kon-

---

[4] Daraus resultiert, dass die Unterscheidung in einzelne narratologische Kategorien eine Künstlichkeit in sich birgt, die ausschließlich darauf zielt, die einzelnen Elemente der Erzählung in operablem Umfang analysieren zu können.

[5] Hierin unterscheidet sich die vorliegende Arbeit von einem Textverständnis, welches meist im Kontext der Ansätze von *Theologie und Literatur* zu Grunde gelegt ist und das theologische Literaturverständnis prägt, welches häufig von einer existentiellen Hermeneutik sowohl mit bewusstseins- als auch gesellschaftsverändernden Impulsen ausgeht. Siehe Schult, Grenzgebiet, S. 27.

[6] Thiele, Art. Text, S. 706.

[7] Eine knappe Zusammenfassung der Zeichentheorie, deren Anfang im linguistischen Ansatz von Ferdinand de Saussures liegt, bieten: Fischer, Wege, S. 96–98; Schmidt, Randfiguren, S. 25.
Sprache wird von de Saussures als Differenzsystem erklärt, wobei jedes Zeichen aus dem Bezeichnenden (*Signifikant*) und dem Bezeichneten (*Signifikat*) besteht. Fischer erläutert dies anhand des *Signifikanten* z. B. in Form der Buchstabenfolge BAUM, die auf das Konzept *Baum* als *Signifikat* verweist. Davon ist nochmals das konkrete Objekt (*Referent*) zu unterscheiden, der – um im Beispiel zu blieben – konkrete Baum.

[8] Zur Aufnahme der Intertextualitätstheorie innerhalb der Bibelwissenschaft und den darin enthaltenen Ausführungen zu den Ursprüngen dieser Theorie bei Michail Bachtin und Julia Kristeva siehe Thöne, Liebe, S. 31–47; Gillmayr-Bucher, Art. Intertextualität, 1; Seiler, Intertextualität, passim. Zur kanonisch-intertextuellen Lektüre siehe Steins, Bindung.

stituert.[9] Texte besitzen eine Verfasserin bzw. einen Verfasser, aus deren persönlichen und kulturellen Kontexten heraus die Texte entstanden sind und mit denen diese eine bestimmte Intention verfolgen. Es ist eine basale und zentrale Einsicht, dass hinter den biblischen Texten Menschen stehen, die diese überliefert, verfasst und tradiert haben.[10] Allerdings ist die Perspektive der Autorinnen und Autoren nicht die einzig maßgebliche. Nach Umberto Eco treten neben diese sogenannte *intentio auctoris* als weitere maßgebliche Gesichtspunkte für die Sinnerschließung des Textes die *intentio operis* und die *intentio lectoris*.[11]

Der Sinn des Textes erschließt sich grundsätzlich dynamisch zwischen diesen drei Intentionen. „Alle drei Bereiche vollständig zu erfassen, bleibt ein theoretischer Vorsatz, der praktisch kaum umsetzbar ist."[12] Deshalb gilt es zu entscheiden, welche Perspektive auf den Text gewählt wird. Die verschiedenen hermeneutischen Zugänge zu biblischen Texten betonen jeweils eine der genannten Intentionen und lassen sich dieser unterordnen. In der vorliegenden Arbeit werden als hermeneutische Zugangsweisen die textorientierte Methode der Narratologischen Bibelauslegung sowie die rezeptionsorientierte Auslegung als leser- und leserinnenzentrierter Ansatz ausgewählt. Diese Zugänge sollen im Folgenden näher vorgestellt und innerhalb der aktuellen Forschung und Theorie verortet werden.

---

[9] Yvonne S. Thöne präzisiert die Bezeichnung Autorin bzw. Autor und legt nahe, im Fall der biblischen Texte angemessener von einem „AutorInnen-Kollektiv" zu sprechen. Thöne, TextWelten, S. 134.
[10] Siehe Thöne, Liebe, S. 36.
[11] Siehe Eco, Grenzen.
[12] Simon, Rezeptionstheorie, S. 26.

2.2 Narratologische Bibelauslegung[13]

Die Hebräische Bibel besteht zu mehr als einem Drittel aus Erzählungen.[14]

Diese knappe und zugleich weitreichende Feststellung von Shimon Bar-Efrat, einem der ersten Bibelwissenschaftler, der eine literaturwissenschaftliche Auslegung der Samuelbücher vorgenommen hat,[15] belegt die immense Bedeutung des Narrativen für die biblischen Texte. Die bibelwissenschaftliche Forschung, so konstatiert Bar-Efrat weiter, habe sich zunächst nur am Rande für literarische Analysen von biblischen Erzählungen interessiert. Als „Auftakt der Erzählanalyse ersttestamentlicher Texte"[16] gilt nach Ute Eisen die Erzählanalyse von Gen 32,23–33 durch Roland Barthes aus dem Jahr 1972.[17] Weitere weitreichende und mit Verzögerung im deutschen Sprachbereich rezipierte Arbeiten zur alttestamentlichen Erzählanalyse entstehen Ende der 1970er und in den frühen 1980er Jahren und liegen in den Publikationen von Shimon Bar-Efrat, Robert Alter, Adele Berlin, Mieke Bal sowie Meir Sternberg vor.[18] Auch entstehen erste Methodenbücher wie die beachtenswerte alttestamentliche Narratologie von Jean Louis Ska.[19] Hier deutet sich bereits an, dass die Narratologische Bibelauslegung wesentlich internationale Ausprägung besitzt und ihre Ursprünge in den Vereinigten Staaten, Israel sowie den Niederlanden liegen. Erst mit einiger Verzögerung wurde sie im deutsch-

---

[13] Innerhalb der internationalen Forschung begegnen unterschiedliche Bezeichnungen für diesen Zugang wie beispielsweise *narrative criticism*, *narrative poetics*, *narratological criticism* oder *narratological analysis*. Zur Vermeidung der missverständlichen Übersetzung von *narrative criticism* als erzählende Kritik (Siehe Eisen, Poetik, S. 22.) wird in der vorliegenden Arbeit in Bezug auf die Auslegung der Erzählung in 2 Sam 11 die Bezeichnung *Narratologische Bibelauslegung* verwendet.

[14] Bar-Efrat, Bibel, S. 19.

[15] Vgl. Bar-Efrat, Narrative Art. Bar-Efrat liefert eine Sammlung beeindruckender erzählanalytischer Beobachtungen zu den Samuelbüchern, die erzähltheoretische Verortung bleibt allerdings äußerst knapp.

[16] Eisen, Poetik, S. 23.

[17] Siehe Barthes, Kampf, S. 251–265.

[18] Siehe Bar-Efrat, Narrative Art.; Alter, Narrative; Berlin, Poetics; Bal, Bible; Sternberg, Poetics.

[19] Siehe Ska, Introduction.

sprachigen Bereich aufgenommen.[20] Hier verbindet sich die Narratologische Bibelauslegung mit Namen wie Rüdiger Lux, Ilse Müllner, Uta Schmidt, Barbara Schmitz, Helmut Utzschneider, Sigrid Eder oder Susanne Gillmayr-Bucher, die Teile der biblischen Samuelbücher, Königsbücher des Richterbuches sowie des Jonabuches narratologisch ausgelegt haben.[21]

Dabei zeichnet sich in den vergangenen 15 Jahren ein Trend ab, wonach der hermeneutische Zugang der *Narratologischen Bibelauslegung* von der Peripherie zunehmend in den Mittelpunkt resp. in das allgemeine Bewusstsein der bibelwissenschaftlichen Forschung im deutschsprachigen Gebiet rückt.[22] Während die literaturwissenschaftlichen Analyseme-

---

[20] Einen Überblick über die Entwicklungen der Biblischen Narratologie mit kurzen Charakterisierungen wichtigster Werke bietet Joachim Vette, siehe Vette, Poetics, S. 30–58. Ute Eisen weist in diesem Zusammenhang darauf hin, dass die Narratologische Bibelauslegung im Bereich der Exegese der Hebräischen Bibel bereits sehr viel ausgeprägter ist als in Bezug auf das Neue Testament. Dort liegen mit mittlerweile mit den Arbeiten von Ute Eisen zur Poetik der Apostelgeschichte, den narratologischen Studien zum Matthäusevangelium von Uta Poplutz sowie Sönke Finnerns narratologischer Analyse von Mt 28 sowohl theoretisch fundierte als auch an den neutestamentlichen Texten produktive und erfolgreich angewandte Ansätze vor. Vgl. Eisen, Poetik; Poplutz, Erzählte Welt; Finnern, Narratologie.

[21] Vgl. Müllner, Gewalt. In ihrer Dissertationsschrift legt Ilse Müllner den Fokus auf die Erzählung „Tamar und Amnon" in 2 Sam 13,1–22 und greift dabei die auf Mieke Bal zurückgehenden Ebenen der narrativen Machtkonstitution auf, wozu die Ebene des Diskurses, die Ebene des Blicks, die Ebene der Fabel sowie die Ebene der Relevanz zählen. In dem Aufsatz „Zeit, Raum, Figuren und Blick" wendet sie diese Erzählkategorien auf 2 Sam 11–12 an, vgl. Müllner, Zeit.
Zur narratologischen Auslegung der Königsbücher vgl. Schmidt, Randfiguren; Schmitz, Prophetie. Zur narratologischen Analyse des Richterbuchs vgl. Eder, Macht; Gillmayr-Bucher, Welten. In Sigrid Eders Dissertationsschrift liegt der Fokus auf Ri 4. Anhand des biblischen Textes wird die zentrale Machtfrage gestellt und sich dieser unter Anwendung des erzähltheoretischen Ansatzes von Mieke Bal sowie dessen Rezeption bei Müllner (siehe Müllner, Gewalt,) genähert. Susanne Gillmayr-Bucher nimmt die „möglichen Welten" des Richterbuchs unter Anwendung der von Marie-Laure Ryan etablierten *possible world theory* sowie den Erkenntnissen zum multiperspektivischen Erzählen in den Blick. Eine narratologische Analyse des Jonabuches bietet Rüdiger Lux, vgl. Lux, Jona. Helmut Utzschneider und Stefan Ark Nitsche legten 2001 eine deutschsprachige, narratologisch ausgerichtete Methodenlehre vor, die mittlerweile in der vierten Auflage 2014 erschienen ist. Vgl. Utzschneider / Nitsche, Arbeitsbuch.

[22] In diesem Zusammenhang soll rückblickend auf die 2013 stattgefundene interdisziplinäre Tagung unter Leitung von Ute Eisen und Ilse Müllner zur erzählanalytischen Betrachtung Gottes und dem daraus resultierenden Tagungsband „Gott und Figur" ver-

thoden international mittlerweile zum etablierten Methodenkanon biblischer Exegese gehören und aus diesem nicht mehr wegzudenken sind, wurde dieser Zugang im deutschsprachigen Bereich teilweise distanziert oder, wie Joachim Vette in seinem geschichtlichen Überblick zu „Narrative Poetics and Hebrew Narrative"[23] aus dem Jahr 2010 feststellt, argwöhnisch betrachtet.[24] Diese reservierte Haltung ist in den letzten Jahren allerdings im Rückgang begriffen.

Wesentliche Kennzeichen des gegenwärtigen hermeneutischen Zugangs der Biblischen Narratologie sind neben ihrer *Interdisziplinarität* sowie *Internationalität* ihre grundlegende Verortung im Kontext der *postklassischen Narratologie*. Die Narratologie ist eine Unterkategorie bzw. spezifische Ausprägung der Erzähltheorie, diese fungiert wiederum „als Bezeichnung für heterogene Ansätze der Erzählforschung, die auf eine systematische Beschreibung der Formen, Strukturen und Funktionsweisen narrativer Phänomene abzielen."[25] Die Narratologie zielt darauf, die verschiedenen Elemente einer Erzählung herauszukristallisieren und deren strukturelle Zusammenhänge zu bestimmen.

Ein Überblick über die komplexe Entwicklung der Erzählforschung kann hier nicht geleistet werden. Vera und Ansgar Nünning benennen aber in bewusst stark vereinfachter Form drei Phasen mit jeweils fließenden Übergängen: die Erzählforschung lässt sich demnach differenzieren in „ihre prä-strukturalistischen Anfänge (bis Mitte der 1960er Jahre), eine strukturalistische Hauptphase (bis Ende der 1980er Jahre) und eine Phase der Revision und interdisziplinären Weiterentwicklung"[26].

Seit den 1990er Jahren hat die Erzählforschung eine Vielzahl an neuen Ansätzen hervorgebracht. Dabei sind Konzepte und Methoden anderer Literatur- und Kulturtheorien aufgenommen und integriert worden, so-

---

wiesen werden. Vgl. Eisen / Müllner (Hg.), Gott als Figur. Ein weiterer Hinweis auf die Bedeutung dieses hermeneutischen Zugangs ist die im Jahr 2017 veranstaltete Tagung der „Arbeitsgemeinschaft der deutschsprachigen katholischen Alttestamentlerinnen und Alttestamentler" zum Thema „Biblische Narratologie", woraus ebenfalls ein Tagungsband hervorging, vgl. Müllner / Schmitz (Hg.), Perspektiven.

[23] Vgl. Vette, Poetics.
[24] Siehe ebd., S. 19. Als Grund für die konsensuelle Akzeptanz nennt Vette: „The diverging interests governing historical-critical approaches and narrative-critical approaches have given rise to no small amount of polemical bantering." Ebd., S. 19.
[25] Nünning / Nünning, Narratologie, S. 4.
[26] Ebd., S. 5. Zur Entwicklung und ihrer Bedeutung für die Biblische Narratologie siehe Vette, Poetics, S. 20–58.

dass die Erzähltheorie im Sinne einer „Renaissance"[27] eine zukunftsweisende Neuorientierung durchgemacht hat.[28] Dieser zentrale Wandel hin zur postklassischen Narratologie wird getragen und ist wesentlich vom *narrative turn*, einem breiten interdisziplinären Interesse am Erzählen, bestimmt. Zudem hat man die noch nicht ausgeschöpfte Produktivität des „differenzierten Repertoire von Analysekategorien und Modellen zur präzisen Beschreibung textueller Phänomene, ihrer Funktionen und ihres Wirkungspotentials"[29] (wieder)erkannt. Drittens führte die Erkenntnis der Ergänzungsbedürftigkeit nicht nur der strukturalistischen, sondern auch der poststrukturalistischen Modelle und Methoden zu einer Hinwendung zu kooperativen Ansätzen mit der zeitgenössischen Literatur- und Kulturtheorie. Die postklassische Narratologie wendet sich stärker der Erforschung der Dynamik des Lese- bzw. Rezeptionsprozesses zu und öffnet sich für die Prozesse der Rezeption und Bedeutungskonstitution und ihrer Abhängigkeit in Bezug auf die Rezipierenden und deren Kontext. Die interdependenten Beziehungen der Texte und ihrer Kontexte treten innerhalb der Neuausrichtung verstärkt in den Fokus.[30] Kategorien wie *Kultur* oder *gender* werden dabei ebenso aufgegriffen wie die Erkenntnisse in Folge des *cognitive turn*.[31]

Neben der Narratologischen Bibelauslegung liegt mit der Rezeptions-Lesart ein weiterer hermeneutischer Zugang vor, der konstitutiv für die vorliegende Arbeit ist. Bevor diese Auslegungsweise näher vorgestellt wird, ist es m. E. sinnvoll, einige Spezifika der Leserinnen- und Leserorientierten Zugänge zu benennen.

---

[27] Nünning / Nünning, Narratologie, S. 2.
[28] Einen Überblick über die wichtigsten neuen Narratologien bieten Vera und Ansgar Nünning, vgl. ebd., S. 10–13.
[29] Ebd., S. 2.
[30] Siehe ebd., S. 24f.
[31] Vgl. Schneider, Grundriss, passim. Ebenso bestimmen und präzisieren Erkenntnisse der kognitiven Theorie die Figurentheorie bei: Eder, Figur.

2.3 Leserinnen- und Leserorientierte Zugänge

Häufig sagen Texte mehr, als ihre Verfasser sagen wollten, aber weniger als sie nach den Wünschen vieler maßloser Leser sagen sollten.[32]

In diesem Zitat von Umberto Eco deutet sich die Diskrepanz zwischen der *intentio auctoris* und der *intentio lectoris* bei Lektüre von schriftlichen Texten an. Der Text ist nach seiner Abfassung losgelöst von der Intention des Autors bzw. der Autorin und somit frei, um in neuen Kontexten neue Bedeutungen zu evozieren. Eco weist darüber hinaus auf die besondere Bedeutung der Lesenden in diesem kommunikativen Prozess der Lektüre eines Textes hin. Texte stellen Sinnpotentiale dar, die die Mitwirkung der Lesenden benötigen. Erst durch die Lesenden werden die Texte aktualisiert, und ihr Sinn wird durch die Rezipierenden produziert. Dies hat für die bibelwissenschaftliche Auslegung zur Konsequenz, dass der Sinn des Textes nicht gleichgesetzt werden kann mit der Intention des Autors bzw. der Autorin. Stattdessen kommt den Intentionen des Textes und vor allem der Lesenden im dynamischen Sinnfindungsprozess eine hohe Bedeutung zu.

Die Wirkung der Texte auf die Lesenden bzw. Rezipierenden und der Einbezug ihrer Kontexte stehen im Zentrum der leserinnen- und leserorientierten Zugänge. Die unterschiedlichen Kontexte der Lesenden, ihre Lebenswelt mit deren Wirklichkeitserfahrung und -erleben, sind entscheidend dafür, wie der gelesene Text mit Sinn erschlossen wird.

Zu den leserinnen- und leserorientierten Zugangsweisen zählen neben der Rezeptions-Lesart[33] auch die Befreiungstheologische Bibelauslegung,

---

[32] Eco, Grenzen, S. 145.
[33] Aufgrund der unübersichtlichen und teilweise diffusen Terminologie wird der neutrale Terminus *Rezeptions-Lesart*, dem keine der Rezeptionstheorien inhärent ist, als Oberbegriff für diese Sammlung an rezeptionstheoretischen Ansätzen verwendet, die sich in diesem hermeneutischen Zugang bündeln. In der bibelwissenschaftlichen Forschung finden sich unterschiedliche Bezeichnungen, die zu begrifflicher Unschärfe und Konfusion führen. So verwendet Oeming in seinem Handbuch „Biblische Hermeneutik" als Bezeichnung für den Ansatz „wirkungsgeschichtliche Exegese". Vgl. Oeming, Hermeneutik. Die überwiegende Mehrheit hingegen übernimmt die Bezeichnung „Rezeptionsästhetik". Vgl. Grohmann, Aneignung, passim; Eberle-Küster, Lesen, 6–52; Dieckmann, Segen; Dieckmann-von Bünau, Art. Rezeptionsästhetik, 1. Der Begriff *Rezeptionsästhetik* hat sich in der literaturwissenschaftlichen Forschung

die Tiefenpsychologische sowie die Feministische Bibelauslegung. Gegenüber diesen hermeneutischen Zugängen wird verschiedentlich Kritik geäußert. Dorothea Eberle-Küster weist in diesem Zusammenhang darauf hin, dass sich die meisten rezipientinnen- und rezipientenorientierten Theoretiker mit dem Vorwurf des Subjektivismus konfrontiert sehen. „Gestützt wird die einschlägige Kritik durch das Objektivitätspostulat der traditionellen Exegese."[34] Diese Dichotomie, so Eberle-Küster weiter, ist nicht mehr haltbar, denn, wie Stanley Fish postuliert, weist jede Interpretationsgemeinschaft sowohl eine objektive als auch eine subjektive Seite auf.

Ein weiterer Kritikpunkt betrifft die Beliebigkeit und die Willkür dieser Zugänge, die sich in der Frage nach den Grenzen der Interpretation bzw. der Rezeption manifestiert. Unter der Annahme, dass die Lesenden den Sinn eines Textes konstituieren, eröffnet sich die Frage, ob somit die Möglichkeit einer völlig beliebigen Sinnerschließung Raum gegeben ist. „Grenzen der Interpretation"[35], so der programmatische Titel Umberto Ecos, können sowohl im Text selbst als auch in seiner Struktur vorhanden sein. Zudem wirkt eine Interpretationsgemeinschaft einer beliebigen und willkürlichen Auslegung entgegen. Im Anschluss an Stanley Fish weist Detlef Dieckermann-von Bünau darauf hin, dass Lesen nie solipsistisch, sondern stets gemeinschaftsbezogen ist, weil sich jeder Leser, jede Leserin in einer Interpretations*gemeinschaft* befindet. Diese Interpretations*gemeinschaft* bestimmt mit ihren Normen und Konventionen im hohen Maße die Lektüreweise ihrer Leserinnen und Leser.[36]

2.4 Rezeptions-Lesart

In den rezeptionsorientierten Zugängen gilt die Annahme, dass die Lesenden bzw. Rezipierenden im kommunikativen Prozess der Lektüre eines Textes eine aktive Rolle bei der Erzeugung des Textsinns bzw. der

---

als Oberbegriff durchgesetzt, ist aber insofern problematisch, als er in Zusammenhang gebracht wird mit dem Ansatz von Jauß. Vgl. Kipfer, David, S.13: Anm. 4. Zum Begriff *Rezeption* in der christlichen Theologie siehe Siquans, Rezeption, S. 2–6.

[34] Eberle-Küster, Lesen, S. 46. In den Fällen, in denen eine historische Bedingtheit dieser noch recht jungen Zugänge innerhalb der Bibelauslegung eingestanden wird, kommt es zu Kritik an ihrer Unabgeschlossenheit, die verbunden ist mit der Forderung nach der Ergänzung durch historische Exegese.

[35] Eco, Grenzen.

[36] Dieckmann-von Bünau, Art. Rezeptionsästhetik, 3.

Bedeutung des Textes spielen. Aus dieser Perspektive heraus wird der „Text vorwiegend als System einer *wirkungsorientierten* Strategie"[37] aufgefasst. Die verschiedenen Theorien und Konzepte der Rezeptionsforschung leisten ihren Beitrag zum Verstehen des Textes, indem sie sein Sinnpotential in unterschiedlichen Kontexten erfassen.[38] Dieses ist eng mit der Frage verbunden, was geschieht, wenn Lesende lesen? Wie werden die Elemente und die Struktur des Textes erfasst und vervollständigt, um den Textsinn zu entfalten?

Ende der 1960er Jahre vollzog sich ausgehend von der „theoretischen Entdeckung des Lesers"[39] innerhalb der Literwissenschaften ein wirkungsästhetischer und rezeptionsgeschichtlich orientierter Paradigmenwechsel. Im *reader response criticism* kristallisierten sich unterschiedliche Konzepte heraus, und es wurden unterschiedliche Beschreibungsmodelle zur Rezeptionstheorie entwickelt. In diesem Zusammenhang sind die Rezeptionsgeschichte, die Rezeptionsästhetik, die Wirkungsästhetik sowie die empirische Rezeptionsforschung zu nennen. „Sie folgen verschiedenen Hypothesen und machen gleichzeitig die Ambitionen kenntlich, die von den unterschiedlichen Forschungsbereichen in die Rezeptionstheorie münden."[40]

Die bibelwissenschaftliche Forschung hat ab den 1980er Jahren die literaturwissenschaftlichen Ansätze und Konzepte selektiv übernommen und angewendet. Innerhalb der Bibelwissenschaft nimmt die Rezeptionsforschung gerade in den letzten Jahren an Bedeutung zu, nachdem dieses Gebiet über lange Zeit vernachlässigt wurde.[41] Der Wandel hin zur Re-

---

[37] Simon, Rezeptionstheorie, S. 42.
[38] Siehe Siquans, Rezeption, S. 2.
[39] Winkgens, Art. Wirkungsästhetik, S. 770.
[40] Simon, Rezeptionstheorie, S. 48.
[41] Siehe Fischer u. a., Frauen, S. 30.
Thimothy Beal konstatiert in Bezug auf die Bedeutung der *Rezeptionsgeschichte* für die Bibelwissenschaft: „The impact of reception history upon biblical studies is proving to be profound, comparable to the influence of source criticism and form criticism in the late nineteenth and early twentieth centuries, and to the influence of rhetorical and literary criticism over the past several decades." Beal, Reception, S. 359 f. Während sich *Rezeptionsgeschichte* als Begriff in der englischsprachigen Bibelwissenschaft etabliert hat, ist dessen Geltung und Wirkungskraft im deutschsprachigen Bereich moderater zu bewerten. Gleichwohl lassen sich innerhalb der deutschsprachigen bibelwissenschaftlichen Forschung mehrere Forschungsarbeiten benennen, vor allem auch aus den vergangenen Jahren, Arbeiten, die eine zunehmende Hinwendung zu diesem Ansatz und dessen Differenzierung erkennen lassen.

zeptionsforschung innerhalb der Bibelwissenschaft lässt sich anhand einer Vielzahl neuer Publikationen nachweisen. Eingangs wurde bereits exemplarisch auf die „Encyclopaedia of the Bible and Its Reception"[42] sowie die weiteren Publikationen des Verlags De Gruyter zum Thema *Bible and its Reception* hingewiesen. Darüber hinaus ist die Rezeptionsgeschichte alleiniger Gegenstand einzelner Kommentarreihen („Blackwell Bible Commentaries"[43]) oder konstitutives Element von Reihen („Die Bibel und die Frauen"[44]; „Studies of the Bible and Its Reception") geworden. Zudem findet sie Berücksichtigung in den traditionellen Bibelkommentaren.[45] Bevor der Einfluss der Rezeptionsforschung auf die Bibelwissenschaft näher ausgeführt wird, ist es aufgrund der unübersicht-

---

Vgl. die rezeptionsorientierten Zugänge zu Gen 12.20.26 bei Dieckmann, Segen; zum bedrohten David aus 1 Sam 16–1 Kön 2 in der Frühen Neuzeit bei: Kipfer, David; zur Judithfigur im 17. Und 18. Jahrhundert bei: Birnbaum, Juditbuch; zum Psalmenbuch bei: Eberle-Küster, Lesen; sowie zur patristischen Rezeption der Prophetinnen bei: Siquans, Prophetinnen.

[42] Vgl. Klauck (Hg.), Encyclopedia. Siehe auch dazu die Ausführungen weiter oben, S. 28.

[43] Die „Blackwell Bible Commentaries" sind eine von John Sawyer, Judith Kovacs, Christopher Rowland, David M. Gunn und Rebecca Harkin herausgegebene Kommentarreihe, die im Entstehen begriffen ist und darauf zielt, die Rezeptionsgeschichte zu jedem alt- und neutestamentlichen Buch aufzuzeigen. Damit weicht die Kommentarreihe radikal von anderen Kommentarreihen ab, da ihr Fokus ausschließlich auf der historischen Interpretation sowie der Darstellung der Verwendung und der Wirkung der thematisierten Bibeltexte durch die Jahrhunderte hindurch liegt. Der erste Band zu einem alttestamentlichen Buch lag im Jahr 2005 zum Richterbuch vor. Vgl. Gunn, Judges. Bislang sind von den alttestamentlichen Büchern zu Ex, Ri, Chr, Est, Ps, Koh, Klg, erschienen sowie ein Band zu den kleinen Propheten Nah, Hab, Zef, Hag, Sach und Mal.

[44] Zum hohen Stellenwert der *Rezeptionsgeschichte* für die Reihe „Die Bibel und die Frauen" siehe Fischer u. a., Frauen, S. 9–35. Die Herausgeberinnen der Reihe weisen darauf hin, dass die Rezeptionsforschung das Verständnis der biblischen Texte, ihre Bedeutungen und Wirkungen bereichert. In Bezug auf Forschende, deren primäre Aufmerksamkeit auf die Textentstehung gerichtet ist, betonen sie die Bedeutung der Rezeptionsgeschichte: „Je mehr man den Blick darauf richtet, wie konkrete ZuhörerInnen auf die Texte reagiert haben, umso besser können die Überlegungen der ForscherInnen über die ursprüngliche RezipientInnengruppe und ihre Reaktion auf die Texte bewertet werden." Ebd., S. 32f.

[45] Siehe Fischer u. a., Frauen, S. 31. Dort ist als Beispiel die renommierte Kommentarreihe „Herders Theologischer Kommentar zum Alten Testament" genannt.

lichen und teilweise diffusen Terminologie notwendig, Klarheit in die Begrifflichkeit zu bringen.[46]

2.4.1 Begriffsunterscheidung

Der aus dem latinischen stammende Begriff *Rezeption* (lat. *recipere*, „aufnehmen" und „annehmen") begegnet in verschiedenen Bereichen sowohl im Alltag als auch im wissenschaftlichen Kontext.[47] In der vorliegenden Arbeit wird der Begriff *Rezeption* einerseits im engeren Sinn als Synonym für die Tätigkeit des Lesens verwendet, worunter die „Interaktion zwischen Autor und Text auf der einen, Leser und Gesellschaft auf der anderen Seite"[48] verstanden wird. Zugleich fungiert *Rezeption* als Bezeichnung für die materielle Aktualisierung und Konkretisierung eines biblischen Textes im Verlauf von dessen Entstehungs- und Traditionsgeschichte und stellt somit den anderen Pol innerhalb des intertextuellen Wechselspiels zwischen dem biblischen Text und seinen *Rezeptionen* dar.[49]

Gegenstand der *Rezeptionsgeschichte* ist die „sukzessive Entfaltung des im Werk angelegten Sinnpotentials und die Begleitung seiner historischen Veränderungen"[50]. Im Fokus stehen dabei die Aufnahme eines biblischen Textes in Literatur, bildender Kunst, Musik, Film, Theater sowie weiteren Medien, darüber hinaus geht es um die Verwobenheit dieser Rezeption mit den Rezipierenden und ihren bewussten bzw. unbewussten Rezeptionsinteressen zu jeweils jedem historischen Moment.

Davon ist die *Auslegungsgeschichte* zu unterscheiden, der diejenige theologische und exegetische sowie philosophische Literatur zugeordnet wird, die sich mit einem Bibeltext befasst.[51] Die Trennung zwischen Auslegungsgeschichte und Rezeptionsgeschichte ist angeraten, sowohl aus methodischer Sicht als auch aufgrund des viel weiter gefassten Gegenstands der Rezeptionsgeschichte. Allerdings ist die Grenze zwischen Aus-

---

[46] Ebenso Grohmann, Aneignung, S. 24: „Die Terminologie ist unübersichtlich und wird teilweise für unterschiedliche, teilweise für identische Richtungen verwendet und variiert zwischen Rezeptionsästhetik, Rezeptionsgeschichte, Rezeptionsforschung, Rezeptionskritik, reader response criticsm, rhetorical criticism u.a."
[47] Siehe Siquans, Rezeption, S. 2.
[48] So Simon, Rezeptionstheorie, S. 146.
[49] Weitere Ausführungen zu diesem Wechselspiel siehe in diesem Band S. 43.
[50] Simon, Rezeptionstheorie, S. 147.
[51] Siehe Kipfer, David, S. 14.

legungs- und Rezeptionsgeschichte nicht klar umrissen und schwierig zu bestimmen.

Viel deutlicher hebt sich hier die *Wirkungsgeschichte* ab. Der Begriff geht auf den Philosophen Hans-Georg Gadamer und sein Hauptwerk „Wahrheit und Methode" aus dem Jahr 1960 zurück und prägt wesentlich die literaturwissenschaftlichen Rezeptionstheorien. Die Alttestamentlerin Sara Kipfer greift in ihrer rezeptionsgeschichtlichen Untersuchung „Der bedrohte David"[52] den Begriff der Wirkungsgeschichte im Anschluss an Gadamer auf und betont die Notwendigkeit der Unterscheidung zwischen „Wirkung der Texte" und der von Gadamer postulierten „Wirkung der Wirkungsgeschichte"[53].

> Für Gadamer ist Wirkungsgeschichte ein Moment im Vollzug des Verstehens. Dabei geht es bei einer ‚wirkungsgeschichtlichen' Analyse nicht um die philologische oder historische Aufgabe, die Fortwirkung eines Textes zu untersuchen, sondern um ‚das machtvolle Übergreifen der Geschichte selbst auf das endliche Bewußtsein des Verstehenden'.[54]

Wirkungsgeschichte zielt, so Marianne Grohman, auf „das Bewußtwerden der eigenen geschichtlichen Bedingtheit"[55] und übersteigt somit die Auslegungs- und Rezeptionsgeschichte, indem das verstehende Subjekt ins Zentrum gestellt wird.

In der vorliegenden Arbeit werden unter dem Begriff *Wirkungsästhetik* im weiteren Sinn jene Betrachtungen gefasst, die die Texte unter dem Aspekt sowohl der beabsichtigten als auch der tatsächlich ersichtlichen Wirkung analysieren. Der Fokus richtet sich dabei auf das Resultat des Kommunikationsprozesses der Lektüre, das „von Erkenntnis über emotionales Engagement bis zur Handlungsmotivation"[56] reichen kann. Im

---

[52] Ausgehend von der Fragestellung „Was ist ‚Wirkungsgeschichte'?" analysiert Kipfer das Motiv des bedrohten Herrschers in Europa zwischen 1575 und 1720 und verwendet die wirkungsgeschichtliche Untersuchung in erster Linie zur Erschließung des Kontextes, in dem die Rezeption stattfindet, um so die Texte nach ihrer ideologischen bzw. ideologiekritischen Verwendung zu befragen. Siehe ebd., S. 13–19.

[53] Kipfer, David, S. 15, zitiert nach Gadamer, Hermeneutik, S. 305f. Durch die Hervorhebung dieser Unterscheidung begegnet Kipfer der am Begriff *Wirkungsgeschichte* geäußerten Kritik, nach der dieser Begriff die Tätigkeit des Subjekts verschleiere oder die Wirkungen der Bibel in Kultur oder Gesellschaft zu stark hervorhebe.

[54] Ebd., S. 15.

[55] Grohmann, Aneignung, S. 25, Anm. 10.

[56] Simon, Rezeptionstheorie, S. 148.

engeren Sinn bezeichnet Wirkungsästhetik die Wirkungstheorie von Wolfgang Iser. Dieser geht davon aus, dass die Lektüre eines Textes ein unmittelbarer Geschehensprozess ist und beschreibt dessen Strukturen. Die (ästhetische) Wirkung definiert Iser als kommunikative und sich ereignende Interaktion zwischen Textstruktur und Aktstruktur des Lesens.

> Es empfiehlt sich, zwischen einer vom Text ausgehenden und in seiner virtuellen Systemstruktur zentrierten Theorie der W[irkungsästhetik, A. F.] (Iser) und einer primär an einem dem historischen Wandel unterworfenen ‚Erwartungshorizont' orientierten Theorie der Rezeptionsästhetik (Jauß) zu differenzieren.[57]

Im Anschluss an Tina Simon wird *Rezeptionsästhetik* hier als „eine Methode der Literaturanalyse und Interpretation, bei der die Textaneignung durch einen Leser im Vordergrund steht"[58], verstanden. Diesem Begriff ist ein Paradigmenwechsel zugrunde gelegt, wonach nicht länger die (produktionsästhetischen) Entstehungsbedingungen oder die (darstellungsästhetische) Textstruktur im Fokus stehen, sondern stattdessen die Realisierung des Textsinns durch die Leserin bzw. den Leser betont wird. Dieser Prozess ist vom kulturellen Kontext und von der historischen Situation der Lesenden abhängig.[59] Ausgehend von einer knappen Darstellung, wie dieser rezeptionsästhetische Paradigmenwechsel in der Bibelwissenschaft aufgenommen wurde, soll im Folgenden dessen Bedeutung für die vorliegende Arbeit aufgezeigt werden.

2.4.2 Rezeptionsästhetik und Bibelwissenschaft

In der deutschsprachigen Bibelwissenschaft wurden vor allem die Ansätze von Hans Robert Jauß und Wolfgang Iser, beide bedeutende Vertreter der Rezeptionsästhetik und der international beachteten „Konstanzer Schule"[60], selektiv aufgenommen.[61]

In Abgrenzung zu den werkimmanenten und produktionsästhetischen Literaturtheorien forderte Jauß erstmals 1967 in seiner Antrittsvorlesung

---

[57] Winkgens, Art. Wirkungsästhetik, S. 771.
[58] Simon, Rezeptionstheorie, S. 146.
[59] Siehe ebd., S. 146f.
[60] Siehe Müller-Oberhäuser, Art. Jauß, S. 340.
[61] Im Folgenden zur Rezeption der Wirkungsästhetik Isers und Rezeptionstheorie Jauß siehe Eberle-Küster, Lesen, S. 8–28; Siquans, Rezeption, S. 11–13; Dieckmann-von Bünau, Art. Rezeptionsästhetik, 2.1–2.2.

in Konstanz, die den programmatischen Titel „Provokation der Literaturwissenschaft"[62] trägt, eine stärkere Berücksichtigung der Rezeptionsgeschichte. Dabei setzt er voraus: „Das literarische Werk ist kein für sich bestehendes Objekt, das jedem Betrachter zu jeder Zeit den gleichen Anblick darbietet."[63] Jauß plädiert sowohl für die aktive und sinnproduzierende Rolle des oder der Rezipierenden als auch für eine Hinwendung zur historischen Dimension der Literatur.[64] Im Anschluss an Gadamer spricht Jauß „vom fortschreitenden Prozeß des geschichtlichen Verstehens eines literarischen Werkes"[65]. Die Rezeptionsästhetik begründet er über die Vermittlung des Historischen mit dem Ästhetischen

> im Sinne eines dialektischen Verhältnisses von Werk, Rezipient und Geschichte mit den zentralen Begriffen des ‚literarischen und gesellschaftlichen Erwartungshorizonts' der Rezipienten, dem möglichen ‚Horizontwandel' durch ‚ästhetische Distanz' und der Unterscheidung zwischen der ‚primären Rezeption' der zeitgenössischen Leser gegenüber der ‚sekundären Rezeption' späterer Leser.[66]

Das Besondere des Ansatzes von Jauß für die vorliegende Untersuchung liegt zum einen darin, dass er den Leser (bzw. die Leserin) „in den größeren Zusammenhang des sich über die Zeiten erstreckenden Leserpubli-

---

[62] Die Antrittsvorlesung wurde unter dem Titel „Literaturgeschichte als Provokation der Literaturwissenschaft" 1979 veröffentlicht. Vgl. Jauß, Literaturgeschichte.

[63] Jauß, Literaturgeschichte, S. 129. Durch die Betonung der aktiven Rezeptionstätigkeit des Leser (bzw. der Leserin) in ihrer geschichtlichen Dimension plädiert Jauß für eine *Rezeptionsgeschichte* und grenzt sich dadurch von der *Wirkungsgeschichte* Gadamers und dem dort verwendeten Begriff des klassischen und dessen substantialistischem Textverständnis ab. Siehe ebd., S. 137f.

[64] „Das Verhältnis von Literatur und Leser hat sowohl ästhetische als auch historische Implikationen." Jauß, Literaturgeschichte, S. 127.

[65] Eberle-Küster, Lesen, S. 6. Siehe Jauß, Literaturgeschichte, S. 131: „Ein literarisches Werk, auch wenn es neu erscheint, präsentiert sich nicht als absolute Neuheit in einem informatorischen Vakuum, sondern prädisponiert sein Publikum durch Ankündigungen, offene und versteckte Signale, vertraute Merkmale oder implizite Hinweise für eine ganz bestimmte Weise der Rezeption. Es weckt Erinnerungen an schon Gelesenes, bringt den Leser in eine bestimmte emotionale Einstellung und stiftet schon mit seinem Anfang Erwartungen für ‚Mitte und Ende', die im Fortgang der Lektüre nach bestimmten Spielregeln der Gattung oder Textart aufrechterhalten oder abgewandelt, umorientiert oder auch ironisch aufgelöst werden können."

[66] Müller-Oberhäuser, Art. Jauß, S. 340.

kums"[67] stellt. Zum anderen geht er von einer pluralisierenden ästhetischen Rezeption aus, weshalb er seine Rezeptionsgeschichte als Möglichkeit versteht, den Sinnzuwachs eines Textes zu vermitteln.

Wolfgang Iser betont, wie der Titel seines Hauptwerks „Der Akt des Lesens"[68] suggeriert, den Aktcharakter des Lesens. Der Sinn des Textes entsteht im Prozess des Lesens. Bedeutungen des Textes werden durch die Interaktion von Text und Leser im Prozess des Lesens generiert. Isers Konzept zielt darauf ab, das Interaktionsverhältnis von Text und Leser beschreibbar zu machen. Texte besitzen, so Iser, eine „Appellstruktur"[69], die an den Leser gerichtet ist. Diese gründet in Unbestimmtheitsstellen oder Leerstellen, die durch den Rezipient aktualisiert und konkretisiert werden. Im Anschluss an das Konzept der Unbestimmtheit von Roman Ingarden wird Unbestimmtheit für Iser „zur Basis einer Textstruktur, in der der Leser immer schon mitgedacht"[70] ist. Eine Unbestimmtheitsstelle bildet die Grundlage für ein offenes, Sinn konstruierende Geschehen im Interaktionsverhältnis von Text und Leser.[71]

> Die Leerstellen eines literarischen Textes sind nun keineswegs, wie man vielleicht vermuten könnte, ein Manko, sondern bilden einen elementaren Ansatzpunkt für seine Wirkung. Der Leser wird sie in der Regel bei der Lektüre des Romans nichts eigens bemerken. […] Der Leser wird die Leerstellen dauernd auffüllen beziehungsweise beseitigen. Indem er sie beseitigt, nutzt er den Auslegungsspielraum und stellt selbst die nicht formulierten Beziehungen zwischen den einzelnen Ansichten her.[72]

Von der zum Teil heftig kritisierten Wirkungsästhetik Isers findet in der vorliegenden Untersuchung sein zentraler Begriff der Leerstelle Aufnah-

---

[67] Eberle-Küster, Lesen, S. 19. Iser geht davon aus, „daß ein Text überhaupt erst zum Leben erwacht, wenn er gelesen wird". Iser, Appellstruktur, S. 6. Daraus ergibt sich für ihn die Notwendigkeit, den Text durch die Lektüre zu betrachten.
[68] Vgl. Iser, Akt.
[69] Worauf bereits der Titel seiner Antrittsvorlesung „Die Appellstruktur der Texte" hinweist, vgl. Iser, Appellstruktur.
[70] Ebd., S. 33.
[71] Negativität erweist sich im Konzept Isers „als bestimmende Struktur für die Erfassungsakte des Textes" Eberle-Küster, Lesen, S. 8. Mit Negation werden bei Iser jene Vorstellungsakte des Lesers bezeichnet, die Leerstellen oder weitere Negationspotentiale auslösen. Eberle-Küster fasst prägnant zusammen: „Im Formulierten ist das Unformulierte ‚negativ' anwesend." Ebd., S. 10.
[72] Iser, Appellstruktur, S. 15.

me.⁷³ Diese wird folgend als Kommunikationsbedingung verstanden, wobei die Leerstellen an die Lesenden appellieren und eine Kombinationsnotwendigkeit erzeugen. Im Schließen der Leerstellen kann die bzw. der Lesende Textelemente auf einander beziehen, die nicht offensichtlich in Beziehung stehen.⁷⁴ Die Leerstelle kann allerdings nicht beliebig geschlossen werden, denn sie ist in der Systemreferenz der Textstruktur verankert. Das Ausfüllen der Leerstelle ist sowohl individuell verschieden als auch historisch variabel.⁷⁵

Ausgehend von der Rezeptionsästhetik von Jauß zielt die biblische Rezeptionsforschung darauf, den kontinuierlichen, kulturspezifischen Prozess der Interaktion zwischen biblischen Texten und den Lesenden zu erhellen.⁷⁶ In den Fokus rückt das Verständnis des biblischen Textes und seiner ihm inhärenten Bedeutung in den verschiedenen (historischen, kulturellen und situativen) Kontexten der Lektüre. Es lässt sich danach fragen, wie wurden der biblische Text und seine Bedeutung je aufgegriffen und verwendet, inkulturiert oder auch missbraucht.

Eine solche Rezeptionsgeschichte bietet vielfältige Chancen. Sie richtet den Fokus kritisch auf die historischen und spezifischen Bedingungen der Auslegung und besitzt das Potential, die bibelwissenschaftliche Forschung zu verändern. Dabei kann einerseits der über die letzten Jahrzehn-

---

[73] Kritik gegenüben Isers Wirkungsästhetik wurde einerseits in Bezug auf die Konzeption des impliziten Lesers sowie hinsichtlich der fehlenden bzw. zu geringen Berücksichtigung der Geschichtlichkeit des Lesens geäußert. Ebenso sah sich Iser mit dem Subjektivismusvorwurf konfrontiert. Zur Kritik siehe Eberle-Küster, Lesen, S. 13–18. Eberle-Küster weist zudem darauf hin: „Die Orientierung am phänomenologischen Leseakt impliziert zugleich Stärke und Schwäche von Isers Ansatz. Die phänomenologische Grundlegung ermöglicht ihm umfassende Beobachtungen, auch wenn dabei nur der Leser als einzelner in den Blick kommt." Ebd., S. 18.

[74] Siehe Simon, Rezeptionstheorie, S. 145f.

[75] Ebd., S. 145.

[76] Siehe Beal, Reception, S. 364. Mittlerweile wird in der Bibelwissenschaft häufig der Begriff *Rezeptionsgeschichte* bzw. *reception history* verwendet, um die rezeptionsorientierten Auslegung biblischer Texte zu bezeichnen. So stellen die Herausgeberinnen der Reihe „Die Bibel und die Frauen" fest: „Die Bezeichnung ‚Rezeptionsgeschichte' findet allmählich allgemeinen Konsens. […] Der Ausdruck […] ist zwar analytisch weniger scharf, aber er kann die Nuancen der Wirkung des Bibeltextes in den verschiedenen sozialen und kulturellen Bereichen besser wahrnehmen. Wohl deswegen wurde dieser Ausdruck von den neuesten und anspruchsvollsten Handbüchern sowie in Werken mit einem ästhetischen, rechtlichen und repräsentativen Anspruch bevorzugt." Fischer u. a., Frauen, S. 31f.

te mehr oder minder betonte Graben zwischen sog. diachroner und synchroner Auslegung überbrückt werden. Indem der Fokus auf die Frage gerichtet ist, wie die Bedeutung von biblischen Texten und in unterschiedlichen Kulturen generiert wird bzw. wie sich dieser Bibeltext auswirkt, öffnet sich die Bibelwissenschaft andererseits für weitere Disziplinen der Geistes- und Kulturwissenschaften.[77]

Timothy Beal benennt mehrere Desiderate der gegenwärtigen biblischen *Rezeptionsgeschichte*. Meist bleiben in der *Rezeptionsgeschichte* ökonomische Aspekte der Textproduktion oder der Vermarktung sowie deren Orientierung am Konsum unberücksichtigt. Eine weitere Schwierigkeit – gerade in Bezug auf biblische Texte – ist die Bestimmung des „Originaltextes". „This is an especially acute problem for biblical studies, insofar as there is no original, singular ‚the Bible' to be received through history."[78] Die biblischen Texte sind innerhalb ihrer Entstehungsgeschichte überliefert, verfasst, fortgeschrieben, tradiert und kommentiert worden. Bereits mit dem MT und der LXX liegen im Bereich für das Erste Testament verschiedene Gestalten des biblischen Kanons vor. Zudem ist die Frage nach dem Beginn der *Rezeptionsgeschichte* nicht unproblematisch, denn die Übergänge sind fließend. Die „Rezeption der Bibel beginnt bereits im Prozess der Textentstehung und setzt sich bis in die Gegenwart fort"[79]. Als weiteren Mangel der bisherigen *Rezeptionsgeschichte* benennt Beal den fehlenden bzw. unzureichenden Einbezug der *material- and media-historical approaches* in Bezug auf die Bibel.[80] Diese genannten Problemanzeigen sollen in der vorliegenden Untersuchung nicht aus dem Blick geraten. Nach der Vorstellung dieser hermeneutischen Zugänge sollen diese nun pointiert auf die Intention der vorliegenden Arbeit, d. h. der Herausstellung der Wechselwirkungen zwischen der biblischen „David, Batsebas und Urija"-Erzählung und deren literarischen Rezeptionen, angewendet werden.

---

[77] Siehe Beal, Reception, S. 364f.
[78] Ebd., S. 367.
[79] Siquans, Rezeption, S. 1.
[80] Siehe Beal, Reception, S. 365. Beal fordert davon ausgehend, sich über die *Rezeptionsgeschichte* hinaus einer *Kulturgeschichte* (*cultural history of scriptures*) hinzuwenden. Im Fokus steht dabei die Frage: „(H)ow biblical texts and the Bible itself are received to how they are culturally produced as discursive objects". Ebd., S. 357.

2.5 Zusammenfassung

Mit der Entscheidung für die *Narratologische Bibelauslegung* ist ein synchroner Zugang für die Auslegung von 2 Sam 11 gewählt, weshalb dieser Erzähltext als literarisches Kunstwerk angesehen wird. Die Analyse zielt darauf ab, mit Hilfe von Erzählkategorien (wie *Erzählstimme, Perspektive, Zeit, Raum, Handlung* und *Figuren*) die Erzählung, ihre Bedeutung sowie ihre Struktur zu erfassen. Leerstellen, Ambiguitäten, Brüche oder Spannungen werden nicht wie im Kontext der im deutschsprachigen Gebiet dominierenden historisch-kritischen Exegese als Hinweise für die Entstehungsgeschichte des Textes wahrgenommen, sondern als Bedeutungsträger verstanden.

Diese Herausstellung der Bedeutung der biblischen „David, Batseba und Urija"-Erzählung mithilfe der *Narratologischen Bibelauslegung* soll durch die *Rezeptionsgeschichtliche Auslegung* ergänzt werden. In diesem Zusammenhang richtet sich der Fokus auf das Wechselspiel zwischen biblischer Erzählung und ausgewählten Rezeptionstexten. Der Rezeptionsprozess zwischen Bibel und Literatur lässt sich im Anschluss an Susanne Gillmayr-Bucher als Kommunikationsprozess verstehen.[81] Vereinfachend zusammengefasst handelt es sich um „eine Interaktion von Texten, Autoren bzw. Autorinnen und Lesenden im Rahmen von parallelen Überlieferungssträngen"[82], worunter sowohl die Verkündigung und Exegese als auch die Bibelübersetzung subsumiert sind.[83] Als ergänzender Strang, der dieses Wechselspiel komplettiert, ist das *Bibelwissen* zu berücksichtigen, worunter jene Wissensinhalte subsumiert sind, die im Blick auf einzelne biblischen Figuren, Handlungen, Motive usw. kulturell relevant wurden, sich allerdings nicht mit den Inhalten des Bibeltextes decken.[84] Ein Beispiel dazu wurde eingangs bereits in Zusammenhang mit der Textstelle Ri 16,19 angeführt: Dass Delila Simons Haare selbst geschnitten hat, stellt Bibelwissen dar, das beispielsweise in der zweiten Strophe des Songtexts „Hallelujah" von Leonard Cohen rezipiert wird. Diese vermeintliche Annahme ist so prominent, dass sie bei vielen der

---

[81] Vgl. Gillmayr-Bucher, Texte, S. 295–312.
[82] Ebd., S. 295–297.
[83] Zur graphischen Darstellung dieses Wechselspiels siehe ebd., S. 296.
[84] Vgl. Polaschegg, Bibelwissen, passim. Der Begriff „Bibelwissen" geht auf die Germanistin Andrea Polaschegg zurück und findet im Folgenden trotz seiner fehlenden Eindeutigkeit Verwendung. Siehe dazu auch die Ausführungen im Abschnitt „Bibelwissen – Steht es nicht so geschrieben?" in Fischer, Dramen.

Bibelkennerinnen und Bibelkenner Akzeptanz findet, obwohl die Scherarbeit nach Ri 16,19 von einem Mann, den Delila dazu delegiert hat, übernommen wurde.

Der Rezeptionsprozess ist durch eine ständige „Entpragmatisierung und Pragmatisierung"[85] bestimmt. Dabei wird der Bibeltext aus seinem Kontext herausgelöst (entpragmatisiert) und, indem er in einer Rezeption aufgegriffen wird, in einen neuen Kontext hineingestellt (pragmatisiert). „In der Lektüre beider Texte, des biblischen wie des literarischen Textes, geschieht in einem kreativen Akt ein neues Verständnis beider Texte"[86], ein Verständnis, das neue Sinnhorizonte erschließt.

3. Anlage der Untersuchung

3.1 Untersuchungsgegenstände

Mit der „David, Batseba und Urija"-Erzählung ist ein biblischer Text für die Analyse gewählt, der sich sowohl aufgrund seiner ästhetischen Qualität und seiner hohen Erzählkunst als auch aufgrund seiner reichen Auslegungs-, Wirkungs- und Rezeptionsgeschichte besonders gut für die Fragestellung nach den Wechselbeziehungen zwischen 2 Sam 11 und dessen Rezeptionstexten eignet. Dies wird im Folgenden näher ausgeführt.

In dieser biblischen Erzählung steht die Figur des David im Mittelpunkt, und es wird von seinem skandalösen Verhalten erzählt: Vom Ehebruch mit Batseba und vom Mord an Urija. Damit wird eine düstere Seite Davids etabliert, die in Kontrast zu den vielen anderen Facetten dieser Figur steht, die in den biblischen Samuelbüchern und darüber hinaus in anderen biblischen Büchern entworfen werden. In den Samuelbüchern tritt David als inspirierter (Psalm-)Sänger, erfolgreicher Krieger und König auf, der eine Dynastie etabliert und Jerusalem zur Residenzstadt ausbaut. Er wird als Mann dargestellt, der von Gott geliebt und auserwählt ist. Die Erzählung in 2 Sam 11 stellt nun eine Wende, einen Bruch in diesem Davidbild dar, das sich die Lesenden in der kanonischen Lesefolge bisher gebildet haben. Sie sind aufgefordert – und das weitgehend ohne die Unterstützung von expliziten Erzählerkommentaren oder Kommentierungen von Figuren – zu Davids Taten Stellung zu nehmen. Urteile

---

[85] Gillmayr-Bucher, Texte, S. 297.
[86] Ebenda.

über Davids Vergehen fehlen in der biblischen Erzählung fast vollständig. Hier deutet sich bereits die besondere Erzählweise von 2 Sam 11 an. Die kunstvolle Struktur der Erzählung zeigt sich auch in den vielen ambigen Textstellen und in den zahlreichen Leerstellen, die von den Lesenden geschlossen werden müssen.

> Die Batscheba-Urija-Erzählung hat für das Problem des ‚gapfilling' geradezu Modellcharakter, weil der Erzähler viel zum Verständnis Notwendiges verschweigt und es der Phantasie der Leser überläßt, sich die Dinge durch subjektive Hypothesen-bildung zurechtzulegen.[1]

Als eine weitere Besonderheit der „David, Batseba und Urija"-Erzählung ist die meist fehlende Introspektion bei den Figuren anzusehen. Dies steht im Widerspruch zu den Interessen der Lesenden, haben diese doch angesichts der Dramatik der erzählten Ereignisse ein besonderes Interesse zu erfahren, welche Gedanken und Gefühle die einzelnen Figuren haben und wie ihre Handlungen motiviert sind.

Hier deutet sich eine wichtige Voraussetzung für die Lektüre und die narratologische sowie rezeptionsgeschichtliche Auslegung der biblischen Erzählung an: Es gilt, Distanz zu unbefragten Vorannahmen zu schaffen und die eigenen Dispositionen zu reflektieren.[2] Die biblischen Texte sind, wie in der vorliegenden Untersuchung anhand von 2 Sam 11 demonstriert, aufgrund ihrer langen Auslegungs-, Wirk- und Rezeptionsgeschichte derart oft gelesen und interpretiert worden, dass die so gewonnenen Erkenntnisse die Erzählung selbst überlagern. Deshalb gilt es, (immer wieder neu) den Fokus auf die biblische Erzählung selbst zu richten und sich dabei die eigenen Vorannahmen, ideologischen Haltungen und Verstehenskonzepte bewusst zu machen. Dazu ist notwendig, sowohl eigene

---

[1] Dietrich / Naumann, Samuelbücher, S. 239.
[2] Häufig wird 2 Sam 11 als Erzählung von „David und Batseba" bezeichnet. Dieser Titel ist m. E. problematisch, da zum einen die Szenen mit Batseba (2 Sam 11,2–5.26f.) weitaus weniger Umfang aufweisen als die Szenen zwischen David und Urija (2 Sam 11,6–25), und zum anderen wird in 2 Sam 11 eine Dreiecksbeziehung in der Figurenkonstellation zu Grunde gelegt, die in der hier gewählten Bezeichnung „David, Batseba und Urija"-Erzählung hingegen offensichtlich wird. Die Schreibweise von biblischen Namen und Büchern orientiert sich in der weiteren Untersuchung an den Loccumer Richtlinien. Vgl. Fricke u. a., Ökumenisches Verzeichnis. In den Fällen, in denen von dieser Vorgabe abgewichen wird, ist dies markiert und eigens begründet.

Interpretationen als auch solche anderer Exegetinnen und Exegeten wahrzunehmen, zu evaluieren, ggf. zu problematisieren und so ihre Relevanz und Gültigkeit vom Text her in Frage stellen zu lassen.

Wichtig ist zudem, die Sperrigkeit der biblischen Texte sowie ihre Fremdheit zu berücksichtigen. „Denn die Fremdheit hält Leserinnen und Leser auf Distanz, schützt die Texte aber auch vor Vereinnahmung und Glättung."[3] Zugleich fordert sie eine detaillierte Auseinandersetzung mit der biblischen Erzählung ein, die sowohl eine Analyse der semantischen und syntaktischen Strukturen als auch einen „historisch verantworteten" Umgang mit den Bibeltexten und deren kulturellen Kontexten voraussetzt.[4]

In den bereits vorliegenden Interpretationen der „David, Batseba und Urija"-Erzählung, die trotz gleicher Textbeobachtungen zu stark voneinander abweichenden Ergebnissen kommen, deutet sich eine Besonderheit von 2 Sam 11 an: „(I)hre in vielem mehrdeutige Textstruktur hat zur Folge, daß sie eine Vielzahl unterschiedlicher, auch einander ausschließender Sichtweisen zuzulassen scheint."[5] Dies erfordert einerseits einen offenen, behutsamen und respektvollen Umgang mit dem Bibeltext und dessen Auslegungen. Andererseits müssen die Auslegungsspielräume reflektiert sowie die Interpretationsgrenzen bestimmt werden.

---

[3] Schmidt, Randfiguren, S. 15.
[4] Die Beziehung zwischen Kultur und Bibel ist als wechselseitig zu bestimmen. Auf der einen Seite ist die Bibel von Gemeinschaften getragen, sie prägt Gesellschaften und regt zur Beschäftigung und (seit der Aufklärung zur kritischen) Auseinandersetzung an. Andererseits sind die biblischen Texte, die zum Tanach sowie zur christlichen Bibel wurden, Produkte unterschiedlicher Kulturen. In diesen Texten selbst spiegeln sich sowohl die kulturellen Einflüsse als auch die historischen Kontexte.
Die Wechselbeziehungen zwischen biblischer Erzählung, ihren Rezeptionen und den jeweiligen Kontexten stehen im Zusammenhang mit dem Begriff *Kultur*. Die theoretischen Grundlagen dieses Begriffs, der heute als zentraler Terminus der Geistes- und Sozialwissenschaften gilt, liegen im bedeutungsorientierten Kulturbegriff, der sich auf Einsichten der Phänomenologie und Hermeneutik sowohl des Strukturalismus, der Semiotik, der Sprachwissenschaft als auch der Sprachphilosophie stützt. Siehe Sommer, Art. Kulturbegriff, S. 395f. Im aktuellen kulturwissenschaftlichen Diskurs werden *Kulturen* „als Zeichen- und Symbolsysteme konzipiert, deren symbolische Ordnungen, kulturelle Codes und Werthierarchien sich in kulturspezifischen Praktiken und Sinnstiftungsprozessen manifestieren". Sommer, Art. Kulturbegriff, S. 396.
[5] Dietrich / Naumann, Samuelbücher, S. 238.

Obwohl bereits einige narratologische Auslegungen von 2 Sam 11 vorgenommen wurden,[6] stellt eine im Anschluss an die postklassischen Erzähltheorien angelegte Analyse der „David, Batseba und Urija"-Erzählung, die mit Hilfe der verschiedenen narratologischen Kategorien die Struktur der Erzählung erfasst, noch immer ein Desiderat dar, das mit der vorliegenden Arbeit erfüllt werden soll. Der Schwerpunkt der narratologischen Auslegung liegt auf der Figurenanalyse, die unter Anwendung der Figurentheorie von Jens Eder grundlegend auf die Rezeption hin ausgerichtet ist.[7] So werden in der Figurenanalyse auch Rezeptionen zu den biblischen Figuren von 2 Sam 11 mit berücksichtigt. Aus diesem Grund erweist sich der Abschnitt der Figurenanalyse (4.8) zugleich als Bindeglied zu den literarischen Rezeptionen der „David, Batseba und Urija"-Erzählung.

In Bezug auf die Rezeption der biblischen Figur Davids konstatiert Georg Langenhorst: „Keine alttestamentliche Gestalt wurde häufiger in Lyrik, Prosa und Drama aufgegriffen und gestaltet."[8] So verwundert es nicht, dass bereits eine Vielzahl an Publikationen zur Rezeption Davids existiert.[9] Auch existieren mehrere rezeptionsgeschichtliche Untersu-

---

[6] In diesem Zusammenhang ist auf das Hauptwerk „The Poetics of Biblical Narrative" von Meir Sternberg hinzuweisen, der 2 Sam 11 hinsichtlich „*Gaps, Ambiguity and the Reading Process*" in einem eigenen Kapitel auslegt, siehe Sternberg, Poetics, S. 186–229. Weitere narratologische Auslegungen von 2 Sam 11 finden sich in: Fokkelman, Narrative Art, S. 51–70; Naumann, Spiel, S. 29–51; Müllner, Zeit, S. 1–24; van der Bergh, Time, S. 498–512; van der Bergh, Character, S. 180–192; Bar-Efrat, Das zweite Buch Samuel, S. 105–113; Käser, Botengängen, S. 345–354; Käser, Interpretation, S. 120–206.

[7] Siehe dazu die Ausführungen zur Figurentheorie Eders im Abschnitt zur Figurentheorie nach Jens Eder S. 317–320.

[8] Langenhorst, Theologie und Literatur, S. 90.

[9] Exemplarisch sind hier die Dissertationsschriften von Pia Eckstein, Inger Nebel und Sara Kipfer zu nennen. Vgl. Eckstein, König; Nebel, Harfe; Kipfer, David. Zudem liegen mehrere Sammelbände vor, in denen die biblische Figur Davids sowie ihre Rezeption Gegenstand sind, vgl. Frontain / Wojcik (Hg.), David Myth; Dietrich / Herkommer (Hg.), Schlüsselfigur; Dietrich (Hg.), Samuel. Schließlich ist auf den ausführlicheren Überblick zur Wirkung und Rezeption Davids in Walter Dietrichs Darstellung „David. Herrscher mit der Harfe" hingewiesen, vgl. Dietrich, David, S. 201–357. Trotz dieser vielfältigen Publikationen gilt die Feststellung von Georg Langenhorst nach wie vor: „eine Untersuchung mit gründlicher Erfassung der Primärliteratur und systematischer Deutung des Befundes ist […] ein Desiderat der theologisch-literarischen Forschung." Langenhorst, Theologie und Literatur, S. 90.

chungen zu 2 Sam 11, wobei deren Fokus meist auf der Literatur des 20. Jahrhundert liegt.[10]

In der Rezeptionsgeschichte von 2 Sam 11 zeichnen sich unterschiedliche Lesarten ab. So wurde die Erzählung beispielsweise als Darstellung grenzenloser Lust rezipiert. In der Malerei lässt sich eine Entwicklung erkennen, bei der sich der weibliche Akt, die Nacktheit Batsebas, aus der Erzählung herauslöst und zu ihrem zentralen Kennzeichen wird.[11] „Die Nacktheit Batsebas findet immer mehr Interesse. Die gesamte Erzählung wird auf den nackten Frauenkörper reduziert."[12] Zugleich wurde der Erzählstoff bis in das 17. Jahrhundert als mahnendes Beispiel zur Selbstdisziplinierung der Gläubigen herangezogen.[13] Die biblische Erzählung „diente den Predigern und Moralisten dazu, dem anscheinend tatsächlichen Mißstand von Ehebrüchen in ihrer Zeit entgegenzuwirken"[14]. Daneben findet sich nach wie vor die populäre – aber fraglos sonderbare – Lesart dieser Erzählung als Liebesgeschichte.[15] Hier deutet sich das Spektrum der Lesarten von 2 Sam 11 an. Umso wichtiger ist es für das weitere Vorgehen, den historischen, medialen, kulturellen sowie situativen Kontext solcher Auslegungen zu beachten. Dies ist m. E. eine unerlässliche Voraussetzung für eine rezeptionsgeschichtliche Deutung, denn nur so kann eine unreflektierte Vereinnahmung der (literarischen) Rezeptionen mit ihren eigenen Aussagen und ihrer eigenen Welt- und Menschensicht verhindert werden.

3.2 Konzeption der zweibändigen Untersuchung

Als methodologische Basis für die vorliegende Untersuchung dient die Narratologie, weshalb es notwendig ist, zunächst vorab zu erläutern, was in der vorliegenden Studie unter Narratologie verstanden wird.

Jahn Christoph Meister definiert Narratologie als „a humanities discipline dedicated to the study of the logic, principles, and practices of nar-

---

[10] Siehe Dietrich, Macht, S. 301–308; Müllner, Blickwechsel, S. 348–366; Gubler, Bathseba, S. 31–34; Rusterholz, Heym, S. 809–830; Wuckelt, Brautpreis, S. 107–123; Dietrich, Ethan, S. 3–39.
[11] Siehe Welzel, Bathseba, S. 129.
[12] Bail, Frau, S. 47.
[13] Siehe Welzel, Bathseba, S. 57.
[14] Ebd., S. 59.
[15] Als „curious" Lesart wertet dies Cheryl Exum, siehe Exum, Women, S. 171.

rative representation."[16] In diesem Sinne hat sie als Disziplin mit der Narration einen definierten (Untersuchungs-)Gegenstand und weist explizite Modelle und Theorien auf. Sie verfügt über eine deskriptive Terminologie sowie über transparente analytische Verfahren.[17] Zudem besitzt sie die für eine Disziplin typische Infrastruktur bestehend aus Forschungsverbünden und Wissensressourcen z. B. in Form von Publikationen.[18] Die Narratologie lässt sich keiner Einzeldisziplin zuordnen, sondern narrative Ansätze erstrecken sich über eine Vielzahl von wissenschaftlichen Disziplinen:

> Arbeiten aus der Geschichtstheorie und sprachanalytischen Philosophie etwa richten ihr Interesse auf die Funktionen der Narration für die Darstellung der Wirklichkeit und bemühen sich um die Klärung des Zusammenhangs von Zeit und Erzählung (White 1987; Ricœur 1988, 1989). Beiträge aus der lit[eratur]wissenschaftlichen Erzählforschung untersuchen die formalen Organisationsprinzipien eines Textes als kohärente Geschichte und richten das Augenmerk auf die ‚Mittelbarkeit' (Stanzel 1995 [...]) des Erzählers als konstitutives Merkmal narrativer Texte. Ansätze der narrativen Psychologie analysieren Erzählungen als inhärentes Format für psychische Aktivität und als universellen Modus von Erfahrung, Wissen und Handeln. Sie machen darauf aufmerksam, daß bereits psychische Strukturen und kognitive Erfahrungsbestände narrativ überformt sind und Erzählungen somit nicht auf die sprachlich-kommunikative Praxis zu reduzieren sind.[19]

Diese Ansätze aus den verschiedenen Disziplinen finden Aufnahme in narratologischen Konzepten und Herangehensweisen, wodurch die Narratologie ihren transdisziplinären Charakter erhält.

Gegenstand der Narratologie ist also die Erzählung, deren Hauptfunktion die „Stiftung eines kohärenten und kontinuierlichen Zusammenhangs zwischen heterogenen Elementen"[20] darstellt. Grundlegend wird zwi-

---

[16] Meister, Narratology, 1.
[17] Siehe ebd., 2.
[18] In diesem Zusammenhang sind das *Interdisciplinary Center for Narratology* in Hamburg zu nennen, das die Reihe „Narratologia" sowie das „living handbook of narratology" herausgibt, sowie das 2007 gegründete *Zentrum für Erzählforschung* an der Universität Wuppertal, das seit 2012 das interdisziplinäre E-Journal DIEGESIS publiziert.
[19] Nünning, Grundbegriffe, S. 160f.
[20] Ebd., S. 161.

schen der Darstellung der Erzählung und dem Inhalt der Darstellung unterschieden. Der Inhalt der Darstellung ist nur über die erzählte Welt selbst zugänglich und kann auf unzählig viele Weisen präsentiert werden, weshalb die Darstellung einer Erzählung ebenfalls von Bedeutung ist.[21]

> Die Unterscheidung zwischen Vermittlung und Inhalt ermöglicht und legitimiert die Analyse der dargestellten Handlung und der Welt, in der sie stattfindet, als eigenständiger Bedeutungsschicht von Erzähltexten mit spezifischen Elementen und Strukturen.[22]

Ausgehend von dieser Unterscheidung stellt sich die Narratologie der Aufgabe, Kategorien zu erarbeiten, die sowohl transgenerisch als auch transmedial anwendbar sind, worauf Wolf Schmid verweist:

> Obwohl die Literaturwissenschaft die Mutterdisziplin der Erzähltheorie ist, beschränkt sich die Narratologie keineswegs auf die Analyse literarischer Texte. Die Narratologie hat die Aufgabe, Kategorien zu entwickeln, die Einsichten in das Funktionieren fiktionaler wie faktualer Narrationen in unterschiedlichen Medien vermitteln.[23]

In dieser wertschätzenden Beschreibung wird zugleich die besondere Eignung der Narratologie für die vorliegende Untersuchung deutlich. Die narratologischen Kategorien ermöglichen die Analyse von Text-Text-Beziehungen zwischen dem biblischen *Erzähltext* in 2 Sam 11 und dessen *Dramatisierungen*. Der vermeintliche Graben zwischen den unterschiedlichen Textgattungen lässt sich durch eine so verstandene, transgenerische ausgerichtete Narratologie überwinden.

Auf der Grundlage dieses Verständnisses von Narratologie baut die folgende Untersuchung auf. Die biblische Erzählung in 2 Sam 11 wird in einem zweifachen Schritt ausgelegt. Der erste Teil widmet sich der exegetisch-narratologischen Analyse der Textstelle. Im Fokus des zweiten Hauptteils liegt die Untersuchung ausgewählter Dramatisierungen von 2 Sam 11. Anhand der Dramentexte, die exemplarisch auch für andere

---

[21] Siehe Martínez / Scheffel, Erzähltheorie, S. 22. Dies lässt sich anhand der biblischen Doppelüberlieferung zur Figur Davids erkennen: Die Erzählweise der Texte über David in den Chronikbüchern und die Parallelüberlieferung in den Samuelbüchern lösen verschiedene erzähllogische Implikationen, figurale Modelle Davids sowie ästhetische Wirkungen aus.
[22] Martínez / Scheffel, Erzähltheorie, S. 24.
[23] Schmid, Narratology, S. 145.

literarische Rezeptionen des Bibeltextes stehen, wird das Wechselspiel zwischen der biblischen Vorlage und deren Rezeptionen aufgezeigt und die in dieser Untersuchung entwickelte Methodik der Referenzelemente angewendet.

Aufgrund des Umfangs der Untersuchung wird diese in zwei Bänden veröffentlicht. Die exegetisch-narratologische Analyse ist Gegenstand des vorliegenden Bandes[24], die Ausarbeitung einer Methode zur Analyse literarischer Rezeptionen der biblischen Erzählung und ihre Anwendung auf ausgewählte Dramatisierungen von 2 Sam 11 ist Thema eines zweiten Bandes mit dem Titel „Dramen zu David, Batseba und Urija (2 Sam 11)"[25]. Im Folgenden wird die Vorgehensweise der Untersuchung entsprechend ihrer beiden Hauptteile vorgestellt.

Der *erste Teil* resp. der *erste Band* widmet sich der biblischen Erzählung in 2 Sam 11 und umfasst neben einer *Abgrenzung der Texteinheit (1)*, ihrer *Einordnung in den literarischen Kontext (2)* und *Gliederung (3)* eine detaillierte *narratologische Analyse (4)* der genannten Erzählung. Die Erzählstruktur wird anhand folgender zentraler Kriterien untersucht: *Kommunikationsmodell (4.2), Erzählstimme (4.3), Perspektive (4.4), Handlung (4.5), Zeit (4.6), Raum (4.7) und Figuren (4.8)*. Zum Schluss werden die wichtigsten Ergebnisse der Textanalyse und Textauslegung zusammengefasst und im Abschnitt *Ertrag* gebündelt.

Die Figurenanalyse wird aufgrund der methodologischen Komplexität derzeitiger Figurentheorien und deren Anwendung auf biblische Figuren den größten Raum einnehmen. Die Vorgehensweise bei der narratologischen Analyse anhand der o. g. Kriterien ist jeweils identisch: Auf der Grundlage von terminologischen und erzähltheoretischen Ausführungen werden passend zu den Erzählkategorien Analysekriterien abgeleitet, die im Anschluss Anwendung auf die biblische Erzählung in 2 Sam 11 finden. Durch diese Vorgehensweise sind die narratologischen Methoden an die jeweiligen Textanalysen gebunden. Bei der Erarbeitung narratologischer Analysekriterien bedient sich die Arbeit verschiedener poststrukturalistischer Erzähltheorien (z. B. in den Abschnitten 4.2.1 und 4.8.3). Daneben finden in begründeten Fällen auch durable strukturalistische

---

[24] Fischer, Andrea: Königsmacht, Begehren, Ehebruch und Mord – Die Erzählung von David, Batseba und Urija (2 Sam 11). Narratologische Analysen (EXUZ 26), 2019.

[25] Fischer, Andrea: Dramen zu David, Batseba und Urija (2 Sam 11). Zur Rezeption hebräischer Erzählkunst in Literatur und Theater – Paul Alberti (1904), Martha Hellmuth (1906) und Emil Bernhard (1919) (EXUZ 27), 2019.

Modelle (z. B. 4.5.3 und 4.6.3) in der vorliegenden Untersuchung Anwendung.

Der *zweite Teil* resp. der *zweite Band* zu den literarischen Rezeptionen der „David, Batseba und Urija"-Erzählung besteht aus sechs Abschnitten. Zu Beginn werden die *Ergebnisse des Rechercheprozesses* vorgestellt und der *Untersuchungsgegenstand wird eingegrenzt (1)*. Daran schließt sich an die Darstellung der Aufnahme *des Erzählstoffes in den deutschsprachigen Dramentexten um 1900 (2)*. In einem weiteren Schritt wird eine Methode entwickelt, um die Beziehung zwischen der biblischen Vorlage und den Dramen zu klären. Sie arbeitet zentral mit *Referenzelementen zwischen biblischer Erzählung und deren Rezeptionen (3)*. Die Referenzelemente leiten sich aus den Ergebnissen der exegetisch-narratologischen Analyse zu 2 Sam 11 des ersten Teils der Untersuchung ab. Darüber hinaus werden Referenzelemente aus Erkenntnissen zur Bibelübersetzung, die dem Rezeptionstext zugrunde liegt, dem Rezeptionskontext und dem Bibelwissen zur Erzählung erarbeitet. Dieses so entwickelte Raster von Referenzelementen dient als Grundlage und Instrumentarium für die Dramenanalyse. Um die Dramen historisch und kulturell einordnen zu können, wird ein Überblick zur *Gesellschaft und Literatur um 1900 (4)* gegeben. Die anschließende detaillierte *Analyse der Dramen als ausgewählte Rezeptionen der „David, Batseba und Urija"-Erzählung (5)* bildet den Schwerpunkt des zweiten Bandes und folgt einem festen Schema: Nach der Analyse von Struktur, Sprache und Handlung der drei ausgewählten Dramen werden diese mit den zuvor erarbeiteten 69 Referenzelementen abgeglichen. In diesem Zusammenhang ist danach zu fragen, welche der Referenzelemente aufgegriffen, welche ausgelassen, variiert oder modifiziert werden bzw. ob zu den bereits erarbeiteten Referenzelementen eventuell weitere hinzutreten. Die Analyse zielt sowohl darauf, den Bezug zur biblischen Quelle darzulegen, als auch die Eigenart der jeweiligen Dramatisierungen hervortreten zu lassen.

In der vorliegenden Untersuchung wird die Auffassung vertreten, dass die Referenzelemente den Fokus auf die kulturspezifische und historische Bedeutung der Dramentexte eröffnen. Mit diesem Verständnis und ausgehend von den gewonnenen Erkenntnissen aus der Analyse der Dramen unter Anwendung des Rasters aus Referenzelemente sollen die Dramatisierungen historisch und kulturell verortet werden. Dazu sind zunächst die Verfasserin bzw. Verfasser und ihre Hintergründe zu beleuchten. In einem zweiten Schritt wird ein signifikanter Aspekt[26] der Dramatisierung herausgearbeitet, der anschließend geschichtlich in die zeitspezifischen Gesamttendenzen eingereiht wird. Eine Zusammenfassung der herausgearbeiteten *Wechselwirkungen zwischen Bibel- und Rezeptionstext (6)* beschließt den zweiten Teil der Untersuchung.

Die eben vorgestellten beiden Teile der Untersuchung stehen nicht unverbunden neben einander, sondern werden durch methodologische Reflexionen miteinander verbunden. Dies geschieht auf Grundlage der Verknüpfung von Narratologie und Rezeptionsforschung. Deutlich wird dies im vorliegenden Band dort, wo die Rezeptionsvorgänge in den Blick kommen, beispielsweise in den Figurenanalysen, welche die Rezeptions- und Auslegungsgeschichte der Figuren zugleich immer mit berücksichtigen. Auch im zweiten Band, der rezeptionsgeschichtlichen Auslegung von 2 Sam 11, ist diese Verknüpfung zugrunde gelegt. Bei der Entwicklung des Rasters an Referenzelementen und bei der Analyse der Dramentexte wird auf zentrale narratologische Kategorien (wie Handlung, Perspektive, Figuren, Erzählinstanz) zurückgegriffen. Darüber hinaus orientiert sich die Struktur der Übersicht über die Referenzelemente an den genannten narratologischen Kategorien.

3.3 Forschungsziele

Auf dieser Vorgehensweise aufbauend zielt diese interdisziplinäre, narratologisch und rezeptionsgeschichtlich ausgerichtete Arbeit auf ein vertieftes Verständnis der „David, Batseba und Urija"-Erzählung. Entgegen einer Herausstellung *der* Bedeutung der Erzählung strebt die vorliegende Untersuchung an, die Vielzahl der unterschiedlichen und zum Teil sich ausschließenden Lesarten sowohl durch die narratologische als auch die rezeptionsgeschichtliche Analyse aufzuzeigen, an ausgewählten Beispielen zu verdeutlichen. Mit dem Plädoyer dafür, die rezeptionsgeschichtlichen Analysen stärker in den Fokus der bibelwissenschaftlichen Auseinandersetzung zu rücken, soll anhand von 2 Sam 11 das fruchtbare und produktive Wechselspiel zwischen biblischer Erzählung und den ausgewählten Rezeptionstexten exemplarisch aufgezeigt werden. Es wird herausgestellt, dass der „rezeptionsgeschichtliche Blick", d. h. wie histori-

---

[26] Unter dem Begriff „Dramenaspekt" wird in der vorliegenden Untersuchung die historische und kulturelle Kontextualisierung der Dramentexte sowie die daran anschließende Frage nach deren Bedeutung bzw. Sinn verstanden.

sche Rezipientinnen und Rezipienten die biblische „David, Batseba und Urija"-Erzählung aufgenommen und im Kontexte ihrer gegenwärtigen Kultur aufbereitet, konkretisiert und aktualisiert haben, als Zugang auch für heutige Auslegerinnen und Ausleger konstruktiv und lohnend ist.

Die Textanalyse des *ersten Hauptteils* resp. *ersten Bandes* zielt darauf ab, die hohe Erzählkunst der „David, Batseba und Urija"-Erzählung herauszustellen und die Erzähltechniken und narrativen Besonderheiten zu benennen, die in 2 Sam 11 zum Einsatz kommen.

Zudem soll eine Lektüre von 2 Sam 11 „gegen den Strich" d. h. gegen traditionell verfestigte Erfahrungen zu lesen, es ermöglichen, bereits erworbene Kenntnisse zur Auslegung und Interpretation der Textstelle kritisch zu hinterfragen und zu evaluieren.

Des Weiteren zielt die exegetisch-narratologische Analyse darauf ab, die Spezifika der Erzählung in 2 Sam11 zu benennen und davon ausgehend einen „Katalog" an *Referenzelementen* (RE) zu erarbeiten. Dieser soll vom biblischen Text ausgehend als Analyseraster einen gesicherten *ersten* Zugang zu den Rezeptionstexten sowie eine detaillierte intertextuelle Bestandsaufnahme ermöglichen. Die Auflistung der RE ist aber nicht als feststehender Katalog konzipiert, mit dessen Hilfe die Rezeptionen mit der biblischen Erzählung bloß abgeglichen werden sollen, sondern die Bedeutung der RE geht in der vorliegenden Arbeit darüber hinaus. Sie dienen als *Eröffnung* (!) eines korrelativen, intertextuellen Dialogs zwischen Bibeltext und Dramentext bzw. Dramentext und Bibeltext. Aus diesem Grund werden als RE nicht bloß Elemente der biblischen Erzählung aufgelistet, sondern darüber hinaus auch Leerstellen und Ambiguitäten sowie Erkenntnisse zum Bibelwissen und zu den Figurenrezeptionen, die aus der narratologisch-exegetischen Analyse hervorgehen, als RE berücksichtigt. Zugleich kann dieses Raster der RE als Ausgangspunkt für künftige Untersuchungen weiterer literarischen Rezeptionen der „David, Batseba und Urija"-Erzählung (z.B. Romane etc.) fungieren oder als Instrumentarium eine Beschäftigung mit dem Bibeltext und resp. oder dessen literarischen Rezeptionen anleiten.[27]

---

[27] Dieses Raster an RE bietet m. E. bibeldidaktische Möglichkeiten: So können entweder einzelne RE oder ganze Bausteine des Rasters wie z.B. alle RE unter dem Kriterium „Leerstelle" verwendet werden, um bei einer Beschäftigung mit der (literarischen) Rezeption und resp. oder dem Bibeltext den Fokus mit Hilfe des Rasters auf bestimmten Aspekte zu legen.

Der *zweite Teil* resp. *zweite Band* zielt mit der detaillierten Analyse dreier Dramen und ihrer spezifischen Dramenaspekte zudem darauf, herauszustellen, welche Perspektive die jeweiligen Dramatisierungen von 2 Sam 11 anbietet. Dadurch kommen sowohl die situativen Kontexte der Dramen als auch das kommunikative Potenzial des biblischen Erzählstoffes, das diesem in der ausgewählten Epoche der Jahrhundertwende um 1900 zukommt, in den Blick.

3.4 Begrenzungen des Untersuchungsgegenstandes

Als Voraussetzungen für die exegetisch-narratologische Analyse des ersten Hauptteils resp. Bandes sind folgende Entscheidungen grundlegend: Die theoretische Verortung der einzelnen narratologischen Kategorien und die methodischen Konsequenzen daraus werden nicht wie in den meisten narratologischen Bibelauslegungen *en bloc* den anwendungsbezogenen Analysen am Bibeltext vorangestellt. Stattdessen wird zu jeder der gewählten narratologischen Kategorien zunächst eine kurze erzähltheoretische Einführung vorgenommen, um dann hinsichtlich der biblischen Spezifika Analysekriterien abzuleiten, die anschließend direkt auf den biblischen Text angewendet werden sollen. Somit werden einerseits die häufig abstrakten Erzähltheorien anhand der „David, Batseba und Urija"-Erzählung exemplifiziert, und andererseits werden die Analysen an 2 Sam 11 unmittelbar an die Theorien zurückgebunden. Als weitere Voraussetzung der narratologischen Bibelauslegung gilt es, die dafür notwendige Textausgabe zu benennen. Als Grundlage der weiteren Analyse dient der masoretische Text (MT) in der Edition der *Biblia Hebraica Stuttgartensia* (BHS). Die RE für die anschließende rezeptionsgeschichtliche Analyse werden somit von dieser Textgrundlage aus eruiert, ohne dabei eine Vorrangstellung des MT zu unterstellen.

Auch für den zweiten Hauptteil resp. Bandes soll bereits an dieser Stelle eine Einschränkung formuliert werden. Eine systematische Aufarbeitung mit der Erfassung von literarischen Rezeptionen zur „David, Batseba und Urija"-Erzählung und deren Deutung stellt ein Desiderat dar, das die vorliegende Arbeit nicht endgültig einlösen kann. Die im Forschungsprozess erfassten literarischen Rezeptionen von 2 Sam 11 werden in Form eines Überblicks im Anhang[28] beider Bände präsentiert, sodass

---

[28] Siehe S. 662–665.

dieser als Ausgangpunkt für weitere Forschungen fungieren kann. Die Anzahl der recherchierten und im Überblick erfassten literarischen Rezeptionen deutet auf die vielfältigen Kontexte und Formen (z. B. hinsichtlich Gattungen, Sprache, Umfang) hin, in denen die biblische Erzählung von „David, Batseba und Urija" und ihre Bedeutung aktualisiert, konkretisiert und inkulturiert wurde.

Die Auswahl von literarischen Rezeptionen zur weiteren, detaillierten Analyse basiert auf den Ergebnissen des Rechercheprozesses: Es zeichnen sich zwei Zeiträume ab, in denen jeweils in einer Textgattung vermehrt 2 Sam 11 rezipiert wurde. Es kommt zum einem um die Jahrhundertwende vom 19. zum 20. Jahrhundert zu einer Häufung von Dramatisierungen des Erzählstoffes. Zum anderen wird in der zweiten Hälfte des 20. Jahrhunderts eine Vielzahl von Romanen publiziert, in denen 2 Sam 11 rezipiert wird. Als weiteres Kriterium für die Auswahl gilt der Sprachraum, sodass ein direkter Zugang zum „Originaltext" der Rezeptionen gegeben ist. Die Auswahl der drei zu analysierenden Dramatisierungen wird im zweiten Band ausführlich begründet.[29]

---

[29] Siehe dazu Fischer, Dramen.

II. Die „David, Batseba und Urija"-Erzählung (2 Sam 11)

Der Fokus dieses ersten Hauptteils liegt auf der der narratologischen Bibelauslegung der „David, Batseba und Urija"-Erzählung. Um die Struktur dieser Erzählung zu erfassen, muss der Text als Einheit wahrgenommen werden. Dazu ist es notwendig, zunächst die Grenzen der Texteinheit zu bestimmen und die Erzählung in ihren literarischen Kontexten zu verorten. Im Anschluss daran soll der Aufbau von 2 Sam 11 näher untersucht werden und schließlich mit Hilfe der narratologischen Kategorien die Struktur der Erzählung erfasst werden.

1. Abgrenzung der Texteinheit

Zu Recht wurde in der Vergangenheit und wird noch immer darauf verwiesen, dass die „Geschichte von Davids Ehebruch mit Batseba und seinem Mord an Batsebas Mann Urija [...] erzählerisch engstens mit einer Natan-Weissagung und dem Bericht vom Tod des im Ehebruch gezeugten Kindes und der späteren Geburt Salomos verbunden"[1] ist. Die Zusammengehörigkeit der Kapitel 11 und 12 wird in der Forschung unterschiedlich bewertet. Dabei kristallisieren sich zwei Sichtweisen heraus. Auf der einen Seite sehen Steven L. McKenzie, Shimon Bar-Efrat und Antony F. Campbell 2 Sam 11–12 als eine Einheit an: „2 Sam 11:1 is a satisfactory beginning; 12:31 brings the campaign and the story to closure."[2] Auf der anderen Seite wird die Eigenständigkeit des Kapitels der „David, Batseba und Urija"-Erzählung gegenüber dem folgenden Kapitel 12 betont. Diese Sichtweise vertreten beispielsweise Hans Joachim Stoebe oder Ronald van der Bergh.[3]

Die unterschiedlichen Bewertungen der Zusammengehörigkeit der Kapitel 11 und 12 resultieren aus der jeweiligen Akzentuierung und Zuordnung des Anfangs- und Schlussverses von 2 Sam 11. Daher sollen im Folgenden 2 Sam 11,1 und 2 Sam 11,27 einzeln betrachtet werden. Im

---

[1] Schroer, Samuelbücher, S. 165.
[2] Campbell, Samuel, S. 101. Ebenso McKenzie, Succession, S. 134; Bar-Efrat, Das zweite Buch Samuel, S. 100.
[3] Siehe Stoebe, David, S. 388; van der Bergh, Time, S. 499–501.

Anschluss daran werden die Ergebnisse der beiden Einzelversuntersuchungen für die Abgrenzung der Erzählung fruchtbar gemacht.

1.1 Der Beginn der Erzählung – 2 Sam 11,1

ויהי לתשובת השנה לעת צאת המלאכים וישלח דוד את־יואב
ואת־עבדיו עמו ואת־כל־ישראל וישחתו את־בני עמון ויצרו
על־רבה ודוד יושב בירושלם: ס

2 Sam 11,1

Dieser Vers hat eine doppelte Bedeutung und lässt sich daher zwei unterschiedlichen Textkomplexen zuordnen.[4] Zum einen bildet die Aussage von V.1a mit 2 Sam 12,26–31 eine Rahmung um die Erzählung des Ehebruchs von David und Batseba mit dem Versuch, diesen zu vertuschen, sowie der Verurteilung und den Konsequenzen dieser Taten. In diesem Zusammenhang ist V.1 der Erzählung vom Ammoniterkrieg zugehörig, der 2 Sam 11,2–12,25 rahmt.[5] Gleichzeitig gibt die Aussage ודוד יושב בירושלם von V.1e die Szenerie für die folgende „David, Batseba und Urija"-Erzählung vor. John Kessler sieht sogar in dieser Angabe, David blieb in Jerusalem, eine der drei Gründe, die sich für David letztendlich als sein Verderben erweisen.[6]

Im MT erscheint im Anschluss an V.1 eine Setuma (ס), die meist einen Abschluss einer Texteinheit markiert. Josef Oesch weist darauf hin, dass redaktionelle Eingriffe wie die Setumot und ebenso die Petuchot (פ)

---

[4] Diese unterschiedliche Zuordnung des Verses lässt sich auch in den Kommentarwerken wieder finden. So ordnet Fritz Stolz V.1 der Erzählung von Kapitel 11 zu, wohingegen Peter R. Ackroyd betont, dass dieser Vers zu 2 Sam 12,26–31 gehört. Siehe Stolz, Samuel, S. 236; Ackroyd, Samuel, S. 100.
[5] Im anschließenden Kapitel zum literarischen Kontext von 2 Sam 11 wird dieser Textkorpus ausführlich vorgestellt, siehe S. 77–79.
[6] Siehe Kessler, Sexuality, S. 419. Bei den beiden anderen Gründen, die John Kessler benennt, handelt es sich zum einen um die in V. 2b geschilderte Schönheit der Frau und zum anderen um den Hinweis, dass sich die Frau von ihrer Unreinheit gereinigt hat (V.4). Die Erläuterung interpretiert Kessler als Beweis für Batsebas Fruchtbarkeit und Empfängnisbereitschaft, die wiederum David als einzig möglichen Erzeuger des Kindes ausweisen.

auf ihre Sachgemäßheit hin zu überprüfen sind.[7] Yvonne Thöne gibt zu bedenken, dass Fälle existieren, „in denen die traditionelle Einteilung irreführend ist und zusammengehörige Verse getrennt werden."[8]

Die Erzählung beginnt in V.1 mit der Verbform וַיְהִי. Dieses hebräische Wort markiert in der Regel den Beginn einer neuen Erzählung oder Szene.[9] Anders als van der Bergh bewerte ich das erneute Vorkommen des Wortes ויהי am Beginn von V.2 nicht als Kennzeichen für einen Bruch zwischen V.1 und V.2, sondern als eine Intensivierung des Gesagten. Denn diese Verbform dient nicht nur als Kennzeichen einer neuen Erzählung bzw. Szene, sondern mit ihr wird in einer Erzählung bewusst Aufmerksamkeit erzeugt. Durch die Verwendung des hebräischen Wortes ויהי als Erzähleinleitung in V.1 wird Aufmerksamkeit erzeugt. Das wiederholte Aufgreifen dieses Wortes in V.2 kann als erneute Spannungsanzeige verstanden werden. Verstärkt wird dieser Eindruck durch die konkreter werdenden Zeitangaben. Die Zeitangabe עוֹד in 2 Sam 10,19 benennt keinen festen Zeitpunkt, sondern deutet vielmehr auf eine Zeitspanne hin. Das hebräische Nomen עוֹד lässt sich als Einleitung in ein Geschehen, dem länger Gültigkeit zugesprochen wird, verstehen. In 2 Sam 11,1 findet ein Zeitwechsel statt. Mit der doppelten Zeitangabe לתשובת השנה לעת צאת המלאכים wird nun ein konkreter, sich jährlich wiederholender Zeitpunkt benannt. Auch in V.2 wird im Anschluss an das hebräische Wort ויהי mit לעת הערב ein Zeitpunkt bestimmt, der im Vergleich zu V.1 eine noch konkretere Zeitangabe darstellt. Es wird deutlich, dass zwischen Kapitel 10 und 11 ein Zeitwechsel stattfindet: Während Kapitel 10 mit einer unbestimmten Zeitspanne endet, werden in 2 Sam 11,1.2 konkrete Zeitpunkte benannt.[10]

---

[7] Siehe Oesch, Petucha, S. 365. In diesem Zusammenhang betont Oesch: „Eine der Niederschrift eines Textes mitgegebene Sinneinteilung kann aber nicht anders als im Dienste der Aussage und der Intention eines Textes stehend gedacht werden." Ebenda.

[8] Thöne, Liebe, S. 320.

[9] Interessanterweise wird der folgende V.2 ebenfalls mit ויהי eingeleitet. Van der Bergh verweist darauf, dass das ויהי in V.2 durch die direkt folgende Zeitangabe לעת הערב verstärkt wird und so ein Bruch zwischen V.1 und V.2 entstehe. Zähle man nun V.1a zu 2 Sam 12,26–31, wäre V.1b ohne Verortung und sinnleer als Einleitung für die „David, Batseba und Urija"-Erzählung. Deshalb plädiert van der Bergh dafür, den ganzen V.1 als Einleitung zu 2 Sam 12,26–31 zu zählen. Daher beginnt für ihn die Erzählung von „David, Batseba und Urija" mit V.2. Siehe van der Bergh, Time, S. 500.

[10] Siehe Müllner, Gewalt, S. 84. Müllner wertet die Spezifizierung der Zeit in V.2 im Anschluss an die Zeitangaben in V.1 als Hinweis darauf, dass mit der Festlegung auf

In V.1 wird des Weiteren ein räumlicher Kontrast geschaffen zwischen David, der in Jerusalem ist bzw. bleibt und Joab, seinen Dienern und den Soldaten Israels, die die Stadt Rabba belagern. Diese beiden in V.1 eingeführten konträren Räume sind konstitutiv für die Handlung in 2 Sam 11; ohne dieses räumliche Setting wäre die Struktur der Erzählung unzulänglich bzw. würde Wesentliches fehlen. Die Raumangeben in V.1 legen zusätzlich nahe, den kompletten V.1 zur „David, Batseba und Urija" Erzählung zu zählen.

Ausgehend davon, dass ich die Wiederholung des Wortes ויהי (V.1 und V.2) als Intensivierung des Gesagten im Sinne einer gesteigerten Aufmerksamkeitserzeugung verstehe, sowie den oben dargestellten Zeitwechsel zwischen Kapitel 10 und 11 und den Ortsangaben in V.1, ordne ich den gesamten V.1 der „David, Batseba und Urija" Erzählung zu.

1.2 Das Ende der Erzählung – 2 Sam 11,27

Die Darstellung in V.27a–e (ויעבר האבל וישלח דוד ויאספה אל־ביתו ותהי־לו לאשה ותלד לו בן) wäre ein angemessenes Ende der Erzählung. Allerdings folgt die Notiz וירע הדבר אשר־עשה דוד בעיני יהוה in V.27f, der innerhalb der Erzählung in mehrfacher Hinsicht eine herausgehobene Bedeutung zukommt, denn JHWH „kommt als handelnde Person im Bereich der Thronfolgeerzählung nur sehr selten vor. So fällt dieser Satz besonders ins Gewicht."[11] Dieser Teilvers dient zudem als ein „Scharnier" zwischen der „David, Batseba und Urija"-Erzählung und der daran folgenden Texteinheit. In der Forschung gibt es wiederum verschiedene Meinungen darüber, zu welcher Erzählung die Aussage von V.27f zählt – dient sie als

---

eine bestimmte Tageszeit der konkrete Handlungsbeginn nach der Exposition in V.1 signalisiert wird. „Die im Folgenden erzählte Handlung ist erstens in einen größeren zeitlichen und politischen Kontext eingebettet und zweitens hinsichtlich ihrer Bedingungen (Kriegszustand) und ihres Ambiente (Abend) spezifiziert." Müllner, Gewalt, S. 84.

[11] Müllner, Samuel, S. 535. Mit dem Begriff der „theologischen Deutestelle" hebt Gerhard von Rad die Bedeutung von V.27f hervor. Damit ist diese Abschlussnotiz eine der drei theologischen Deutestellen der TFE (2 Sam 11,27, 2 Sam 12,24 sowie 2 Sam 17,14). Nach von Rad liegt die Besonderheit dieser Stellen darin, dass hier die strikte Zurückhaltung des Erzählers aufgegeben wird und er theologisch Stellung zu den dargestellten Ereignissen bezieht. Siehe Rad, Anfang, S. 35. Zur herausgehobenen Bedeutung von V.27f siehe die entsprechenden Ausführungen in der Handlungsanalyse, S. 239–241.

Abschluss der „David, Batseba und Urija"-Erzählung oder ist sie der Beginn der folgenden Erzählung über die Bestrafung Davids?

Fritz Stolz vertritt die Anschauung, dass V.27f eine Überleitung zu Kapitel 12 sei und daher mit dieser Erzählung gelesen werden müsse.[12] Die Notiz in V.27f gäbe dementsprechend die Thematik, eine theologische Stellungnahme zu den Ereignissen aus Kapitel 11, für das folgende Kapitel 12 vor. Hans Joachim Stoebe kommt ebenfalls zu dem Ergebnis, dass V.27f dem Kapitel 12 zuzuordnen sei. Als Argument führt er an, dass 2 Sam 11,1a–27e als eine abgeschlossene Einheit gilt und der Text selbst in dieser Weise gelesen werden will.[13]

Thomas Naumann schlussfolgert, dass die zwei Erzählungen 2 Sam 11 und 2 Sam 12 zusammengehören und eine unabhängige Einheit bilden, im Sinne einer Handlung (2 Sam 11) und eines Urteils (2 Sam 12).[14] Als Grundbestand der Texteinheit 2 Sam 11–12 sieht er eine in dem Erzählkomplex grundgelegte, gerichtsprophetische Perspektive. Unter Voraussetzung der Annahme, dass 2 Sam 11,27f nicht sekundär ist, sondern eine Scharnierfunktion innehat, scheint für ihn die Ehebruchs- und Mordgeschichte in Kapitel 11 „von Anfang an als dunkle Folie und Bedingung des prophetischen Auftritts Natans und Davids Reue in Kap. 12 entworfen zu sein"[15].

Gegen Stolz und Stoebe ordne ich V.27f nicht (ausschließlich) Kapitel 12 zu, sondern betrachte die Abschlussnotiz wie Thomas Naumann als ein „Scharnierteil" zwischen den beiden Erzählungen.[16] Diese Auffassung wird auch von Roland van der Bergh vertreten, wenn er zu V.27f konstatiert: Dieser Teilvers „functions as a hinge between the two narratives but this does not make them inseparable"[17]. Des Weiteren möchte ich darauf verweisen, dass durch den Erzählerkommentar in V.27f eine Spannung innerhalb des Textes erzeugt wird. Die damit beim Leser geweckte Neugier findet erst in der folgenden Erzählung Befriedigung. Würde V.27f

---

[12] Siehe Stolz, Samuel, S. 236.
[13] Siehe Stoebe, David, S. 388.
[14] Siehe Naumann, David, S. 165f.
[15] Ebd., S.165. Thomas Naumann sieht die in V.27f enthaltene theologische Deutung der Erzählung gut in ihrem Kontext verankert, und daher stellt sie für ihn keine nachträgliche Einfügung dar. Der Alttestamentler betrachtet V.27f als Widerspruch zu V.25b.
[16] Jedoch ist zu fragen, ob die Auffassung, dass die Erzählung in 2 Sam 12,1–25 als ein theologischer Kommentar der in 2 Sam 11 enthaltenen Erzählung fungiert, nicht auch impliziert, dass es zwischen beiden einen deutlichen Unterschied gibt.
[17] Siehe van der Bergh, Time, S. 500.

als Anfang der folgenden Erzählung in Kapitel 12 verstanden werden, ginge der „David, Batseba und Urija" Erzählung ein entscheidendes Spannungspotenzial verloren.

Bei den Einzelversuntersuchungen von V.1 und V.27 komme ich abschließend zu dem Ergebnis, dass sowohl V.1 als auch V.27 (komplett) Teil der „David, Batseba und Urija"-Erzählung sind. Besonders möchte ich die Bedeutung von V.27f hervorheben. Ich sehe diese Abschlussnotiz als ein „Scharnier" zwischen beiden Kapiteln. Als ein solches sollte es, ob es nun als Abschluss der „David, Batseba und Urija"-Erzählung oder als Beginn der darauf folgenden Erzählung angesehen wird, Gegenstand jeder Untersuchung von Kapitel 11 oder 12 sein. Auf die Frage der Zusammengehörigkeit von Kapitel 11 und 12 konnte in der Einzelversuntersuchung noch keine hinreichende Antwort gefunden werden.

Bei der Betrachtung der Konstellation der Handlungsträger wird ersichtlich, dass die „David, Batseba und Urija"-Erzählung von der folgenden Erzählung in Kapitel 12 abzugrenzen ist. In beiden Kapiteln treten Batseba bzw. die אשת אוריה, David, JHWH und Joab auf. Urija kommt in Kapitel 11 vor, während in Kapitel 12 in der Form von Figurenrede nur auf ihn verwiesen wird. In 2 Sam 12,1 wird mit Nathan eine neue Figur (wieder-)eingeführt, die in 2 Sam 11 keine Erwähnung findet.[18] In 2 Sam 12 gibt es zwei Hauptfiguren, David und JHWH, zwischen denen Nathan vermittelt. Die Figurenkonstellation in 2 Sam 11 umfasst sechs Einzelfiguren, worunter die Dreiecksbeziehung zwischen David, Batseba und Urija hervorzuheben ist.[19] Es wird jedoch im Vergleich deutlich, dass lediglich David in beiden Kapiteln eine Rolle spielt. Nathan und JHWH kommen nicht in 2 Sam 11, Urija tritt in 2 Sam 12 gar nicht und Batseba

---

[18] Die prophetische Gestalt Natan begegnet noch in 2 Sam 7 und 1 Kön 1. „Die Nathanerzählungen begegnen an drei markanten Wendepunkten innerhalb der Davidüberlieferung." Pietsch, Sproß, S. 2.

[19] Die drei benannten Figuren sind nach der Exposition in V.1 über die gesamte Handlung präsent, auch wenn sie wie im Fall Batsebas und Urijas nicht als Figuren in 2 Sam 11,2–27 auftreten. Batseba ist durch ihre Schwangerschaft in Folge des sexuellen Aktes (V.4d) präsent, die ihren Abschluss in der Geburt des Sohnes in V.27e findet. Urija, der nicht in der 2. Szene (V.2–5) und der 5. Szene (V.26f.) auftritt, ist dort dennoch präsent, denn in V.3d sowie in V.26a, wird sein Name erwähnt. Siehe dazu die ausführlichen Darstellungen in den Figurenanalysen zu Batseba S. 405–409. Die anderen Einzelfiguren, die in 2 Sam 11 auftreten, sind Joab, der Bote Joabs sowie die Gottesfigur.

erst ab V.24 auf.[20] Des Weiteren ist die Abschlussnotiz in V.27f eine Substitution auf der Metaebene, die wiederum als deutliches Abgrenzungskennzeichen zu verstehen ist.

Meine Annahme, dass es sich bei 2 Sam 11,1–27 um eine abgeschlossene Texteinheit handelt, wird von der Analyse des verwendeten Vokabulars unterstützt. In der „David, Batseba und Urija"-Erzählung finden sich vermehrt Verben, die in den vorhergehenden und nachfolgenden Erzählungen nicht bzw. in einer geringeren Anzahl vorkommen. Die Verbform שלח (senden) findet man in ihrer unterschiedlichen Verwendung 12 Mal in 2 Sam 11, in 2 Sam 12 lediglich dreimal und in 2 Sam 10 achtmal.[21] Auch das Verb ירד kann als Beleg für die Kohärenz von 2 Sam 11,1–27 angesehen werden. Fünfmal kommt es in 2 Sam 11 vor, während es sich weder in Kapitel 10 noch in Kapitel 12 eine Form von ירד finden lässt.[22]

2. Einordnung in den literarischen Kontext

Die „David, Batseba und Urija"-Erzählung ist Gegenstand des Zweiten Samuelbuches und zählt im griechischen Kanon zu den Büchern der Geschichte. In der Septuaginta folgen die Samuelbücher auf die Bücher Richter und Rut und leiten zu den Büchern der Könige über. Im Tanach zählt es zu den vorderen Propheten, wo es zwischen dem Richterbuch und den Königsbüchern eingereiht ist. Die „David, Batseba und Urija"-Erzählung in 2 Sam 11 ist Bestandteil gleich mehrerer Textkorpora, die Reihenfolge der Vorstellung dieser (Erzähl-)Einheiten im Folgenden entspricht deren sukzessiver Fokussierung auf 2 Sam 11 hin.

---

[20] Nachdem ich 2 Sam 11,27f zuvor dem Kapitel 11 zugeordnet habe, möchte ich den entstanden Widerspruch kurz erklären. Bei der Abgrenzung betrachte ich jeweils die Hauptfiguren der Erzählungen und stelle diese anschließend gegenüber. JHWH kommt in 2 Sam 11 im Rahmen der Abschlussnotiz vor, jedoch spielt er in den V.1–27e keine Rolle und ich sehe ihn deshalb nicht als zentrale Figur der Erzählung. Wie bereits erwähnt, tritt Urija (nachdem in 2 Sam 11,25 von seinem Tod berichtet wird) nicht als Figur auf, sondern findet in 2 Sam 12 lediglich Erwähnung (2 Sam 12,9).

[21] Zu finden ist die hebräische Verbform שלח in 2 Sam 11,1.3.4.5.6.12.14.18.22.27. In V.6 wird sie dreimal verwendet, einmal in der Imperativform. Als Infinitiv constructus begegnet שלח in 2 Sam 11,12. In vorausgehenden Kapitel 10 gibt es folgende Belege für das Verb: 2 Sam 10,2.3.4.5.6.7.16 (zweimal in V.3). In 2 Sam 12 findet es Erwähnung in 2 Sam 12,1.25.27.

[22] Das Verb ירד kommt in 2 Sam 11,8.9.10.13 vor. Dabei begegnet es zweimal in V.10.

63

2.1 Das Deuteronomistische Geschichtswerk

Der Begriff *Deuteronomistisches Geschichtswerk* (DtrG) bezeichnet innerhalb der bibelwissenschaftlichen Forschung ein Werk, dass beginnend mit dem Deuteronomium über die Bücher Josua, Richter bis hin zu den Samuel- und Königsbüchern einen geschichtlichen Aufriss des Volkes Israel vom Ende der Wüstenwanderung über die Landnahme bis hin zum Ausgang der Königszeit aufzeigt.[1] Als „Vater"[2] sowie „Erfinder"[3] des DtrG gilt Martin Noth, der seine These vom DtrG in seiner 1943 erschienenen Publikation „Überlieferungsgeschichtliche Studien" vorlegte.[4]

Bereits vor ihm gab es die Auffassung, dass zwischen den genannten Büchern ein Zusammenhang besteht. Wilhelm Martin Leberecht de Wette vertrat bereits 1805 die Meinung, dass im oben genannten Korpus die voneinander unabhängigen Quellen durch einen Redaktor zu einem geschichtlichen Werk arrangiert wurden.[5] Das Neue an der These von Martin Noth ist die Annahme, dass dieses Textkorpus (Dtn–Kön) als wohlkomponiertes Geschichtswerk eines einzigen Autors bzw. Redaktors anzusehen ist.[6] Als Begründung für seine Auffassung nennt Noth vier Argumente, wozu sowohl die durchgehend deuteronomisch geprägte Sprache zählt als auch das einheitsstiftende chronologische Gerüst des Textkorpus. Als weiteres Argument führt Noth die rück- sowie vorausblickenden zusammenfassenden Deutungen des Geschichtsverlaufs an, die das gesamte Werk durchziehen. Daneben ist als viertes Argument das in weiten Zügen einheitliche theologische Konzept zu nennen.[7] Bis heute hat die These Noths Anhänger wie beispielsweise John van Seters, Steven McKenzie, oder Erhard Blum. Die genannten Vertreter dieser Position verstehen das DtrG als einheitliches, planvoll konstruiertes Werk eines (!) Autors, der dieses unter Verwendung älterer Quellen etwa kurz nach 560 v. Chr. verfasst hat. Dabei verleiht der Autor den im DtrG subsumierten biblischen Büchern eine Geschlossenheit, die sich sowohl durch eine

---

[1] Das Buch Rut zählt nicht zum DtrG, da es im Tanach zu den Meggilot zählt und kanonisch nicht den Vorderen Propheten zugeordnet ist.
[2] Römer, History, S. 13.
[3] Paganini, Art. Deuteronomistisches Geschichtswerk, S. 3.
[4] Noth, Studien.
[5] Siehe Paganini, Art. Deuteronomistisches Geschichtswerk, S. 2.
[6] Siehe Römer, History, S. 13.
[7] Siehe Paganini, Art. Deuteronomistisches Geschichtswerk, S. 3.

„einheitliche Geschichtstheologie" als auch durch beigefügte, deutende Kommentare und Reden erzeugt wird.[8] Thomas Römer unterscheidet diese Auffassungen von weiteren vier Positionen innerhalb der gegenwärtigen, teilweise kontrovers geführten und mittlerweile recht unübersichtlichen Forschungsdiskussion.[9]

Unter der zweiten Position subsumiert er solche Ansätze, die für ein joschijanisches DtrG plädieren, das während der Exilszeit überarbeitet wurde. Diese Auffassung eines Zweistufenmodells geht auf Frank M. Cross zurück und ist nach Römer das dominante Modell in der englischsprachigen Forschung.[10] In dieser Position werden zwei Redaktionsphasen vorausgesetzt, wonach das DtrG erstmals in der Joschijazeit als eigenständiges Werk zu fassen ist, das ursprünglich in 2 Kön 23,25* endet. Eine erneute Redaktion erfolgt im babylonischen Exil, bei der 2 Kön 24f. sowie jene Texte, die auf das Exil vorausweisen, eingefügt werden. Es existieren verschiedene Ausrichtungen und Akzente innerhalb dieser Position. „Hatte Cross dem exilischen Deuteronomisten eigentlich nur die letzten Kapitel des Königsbuches zugerechnet, wird dessen Anteil heute meistens weitaus höher veranschlagt."[11]

Von dieser Position mit zwei Redaktionsphasen ist die Annahme eines mehrstufigen exilischen und nachexilischen DtrG zu unterscheiden. Diese Auffassung geht auf Rudolf Smend zurück und wird von Walter Dietrich und Timo Veijola aufgegriffen. Die Anfänge des DtrG werden, ebenso wie bei Noth, in die Exilszeit datiert. Die Mehrschichtigkeit des DtrG wird durch die Ableitung von drei Bearbeitungsschichten systematisiert. Neben dem *Historiker* (DtrH), der für die Erstausgabe des DtrG verantwortlich ist, werden der *prophetische Deuteronomist* (DtrP), der nur für die biblischen Bücher Sam und Kön zu eruieren ist, sowie der *Nomist* (DtrN) als Hauptschichten benannt. Unter dem Sammelbegriff *Nomisten* sind die verschiedenen späteren Bearbeitungen subsumiert, die die Wich-

---

[8] Siehe Römer, Geschichtswerk, S. 55. Zur „einheitlichen Geschichtstheologie" siehe Noth, Studien, S. 5–6.
[9] Die folgende Darstellung der Forschungspositionen zum DtrG ist angelehnt an Römer, Geschichtswerk, S. 55–58.
[10] Cross knüpft bei seinen Überlegungen, so Römer, an Ideen von Julius Wellhausen und Abraham Kuenen an, die den deuteronomistischen Charakter der Geschichtsbücher (Jos–Kön) unterstrichen. Wellhausen differenzierte davon ausgehend zwischen einer joschijanischen sowie einer exilischen Redaktionsphase. Siehe ebd., S. 55.
[11] Ebd., S. 56.

tigkeit des Gesetzes hervorheben. In jüngerer Zeit sind weitere Schichten dazu gekommen.[12]

Einen ersten Vermittlungsversuch zwischen dem Zweistufenmodell von Cross und dem zuletzt vorgestellten Schichtenmodell der Göttinger Schule geht auf Mark O'Brien zurück. Dieser plädiert für eine Datierung der Erstausgabe des DtrG im 7. Jh. v. Chr. und geht von mindestens noch zwei exilischen Bearbeitungsschichten aus.[13] Ein weiterer Vermittlungsversuch stammt von Norbert Lohfink und Georg Braulik, die für die Bücher Dtn und Jos eine Landeroberungserzählung (DtrL) aus der joschijanischen Zeit annehmen. Unter dem „Vermittlungsmodell" werden somit verschiedene Varianten subsumiert. Ihre Gemeinsamkeit liegt in der Annahme, dass das DtrG seinen Schwerpunkt in der joschijanischen oder exilischen Zeit hat und in dieser Zeitspanne mindestens drei Bearbeitungen erfahren hat.[14] Als weitere Position benennt Römer schließlich die Ablehnung der Hypothese eines DtrG, die beispielsweise von Claus Westermann oder Ehud Ben Zvi vertreten wird und plädiert selbst dafür, „die Argumente jeder der skizzierten Positionen ernst zu nehmen"[15].

2.2 Die Thronfolgeerzählung

Die Thronfolgeerzählung (TFE)[16] ist in der Forschung untrennbar mit dem Namen Leonhard Rost und seiner 1926 erschienenen Habilitationsschrift „Die Überlieferung von der Thronnachfolge Davids"[17] verbunden. Er zeigte in seiner Arbeit auf, dass die TFE ein weitgehend einheitliches, literarisches Werk prosalomonischer Tendenz sei, das unmittelbar nach den Ereignissen von einem Schreiber am Königshof Salomos formuliert wurde. Sie umfasse die Bibelstellen 2 Sam 6,16.20–23; 2 Sam 7,11b.16; 2 Sam 9–20 und 1 Kön 1–2. Das Leitmotiv der Erzählung sei die in 1 Kön 1 ständig wiederholte Frage, מי ישב על־כסא אדני־המלך ומי ימלך אחריו (vgl. 1 Kön 1,13.17.20.24.27.30.46.48). Die These fand lange Zeit

---

[12] Siehe Römer, Geschichtswerk, S. 56.
[13] Siehe ebd., S. 57.
[14] Siehe ebenda.
[15] Ebd., S. 58.
[16] Innerhalb der Forschung wird dieser Textkorpus häufig als „Thronfolgegeschichte" bezeichnet. Dieser wird in der vorliegenden Untersuchung nicht aufgegriffen, da der Begriff Assoziationen freisetzt zur Hypothese der älteren Forschung von der TFE als zeitgenössische Geschichtsschreibung.
[17] Rost, Überlieferung.

breite Zustimmung in der Forschung. Jedoch hat sich die Beurteilung der TFE im Laufe der letzten Jahrzehnte innerhalb der alttestamentlichen Forschung verschoben bzw. grundlegend gewandelt.[18]

Die Studie von Rost war in der alttestamentlichen Forschung ein Meilenstein und zugleich ein Prüfstein.[19] Walter Dietrich resümiert: „Damals wurde das Geschichtswerk über die Thronfolge Davids entdeckt; heute ist man nicht mehr ganz sicher, ob es dieses Werk je gegeben hat."[20] Damit benennt er ein Grundproblem der gegenwärtigen Forschung zur TFE. Eine Ursache für die Probleme bei der Bewertung der Einheitlichkeit der TFE ist die Separierbarkeit ihrer einzelnen Blöcke, die mehr oder weniger miteinander verbunden und zueinander abgrenzbar sind.[21]

Es soll darauf verzichtet werden, die Forschungsgeschichte der TFE im Folgenden detailliert aufzurollen. Ein solcher Überblick findet sich sowohl in der Kommentierung der Samuelbücher bei Dietrich und Naumann als auch in der 1998 veröffentlichten Dissertation von Stefan Seiler sowie in den Beiträgen des von Albert de Pury und Thomas Römer herausgegebenen Sammelbandes „Die sogenannte Thronfolgegeschichte Davids. Neue Einsichten und Anfragen".[22] Im Folgenden möchte ich aber die bestehenden Problemkreise benennen und kurz skizzieren. Es existieren in der gegenwärtigen Forschung unterschiedliche Meinungen zur Abgrenzung und Einheitlichkeit der TFE. Auch werden ihre Datierung und Tendenz immer wieder diskutiert.

2.2.1 Abgrenzung

Im Rahmen der Abgrenzung der TFE stellt sich immer wieder die (An-)Frage nach dem Beginn der Erzählung. Ausgehend von der in 1 Kön 1 formulierten Frage „Wer soll auf dem Thron Davids sitzen?" fand Rost Antwort in den Erzählungen von den potentiellen Thronanwärtern Amnon und Abschalom, die sich selbst bzw. auch gegenseitig ausschalteten, und in der mehrere Episoden umfassenden Erzählung von der Geburt Salomos. Für ihn galt 2 Sam 9–20 als Grundbestand der TFE. Des

---

[18] Siehe Seiler, Geschichte, S. 3.
[19] Siehe Pury / Römer, Einleitung, S. 1.
[20] Dietrich, Königszeit, S. 204. Neben Walter Dietrich zweifelt auch Silvia Schroer die Existenz der TFE an. Siehe Schroer, Samuelbücher, S. 164.
[21] Siehe Dietrich / Naumann, Samuelbücher, S. 172.
[22] Vgl. ebd., S. 169–227; Seiler, Geschichte, S. 3–25; Pury / Römer (Hg.), Thronfolgegeschichte.

Weiteren zählen seines Erachtens noch die Dynastieverheißung in 2 Sam 7,11b.16 sowie als Anfang der TFE die Notiz der Kinderlosigkeit Michals in 2 Sam 6,16.20–23 mit zum Erzählkomplex. Dieser von Rost vorgeschlagene Anfang in 2 Sam 6* fand jedoch keine Zustimmung, „zumal sich hier die stilistischen Eigenheiten der Erzählung nicht nachweisen lassen."[23] Daneben blieb seine Literarkritik der Nathansverheißung nicht konsensfähig, sodass 2 Sam 9–20 und 1 Kön 1–2 als Erzählkomplex übrig blieben. Aber auch die „Meribaal-Story 2 Sam 9 passt zwar leidlich zum postulierten Gesamtthema, taugt aber kaum als Erzählanfang"[24]. Des Weiteren verweist sie zurück auf die Auseinandersetzungen zwischen David und dem saulidischen Haus (1 Sam 15–2 Sam 5).

Ebenfalls überlegenswert ist die Auffassung von David M. Gunn und Hannelis Schulte, die aufgrund sprachlicher und inhaltlicher Beobachtungen dazu tendieren, den Anfang der TFE in 2 Sam 2–4 anzusiedeln.[25] Andere, wie Horst Seebass, sehen einen Grundbestand von 2 Sam 7 als Anfang der TFE.[26] Bar-Efrat geht noch weiter zurück und plädiert für einen Anfang in 2 Sam 11. Allerdings ohne eine literaturgeschichtliche Spekulation bemerkt er:

> Eine größere Einheit begegnet in der Reihe von Erzählungen in 2 Sam 11–20. Diese Erzählungen über David und seine Familie sind so eng mit einander verwoben, dass sie nicht mehr als Zyklus von Einzelerzählungen betrachtet werden können. Auch wenn jede Erzählung eine eigene Geschichte enthält und eine bestimmte Person oder ein einzelnes Ereignis in den Mittelpunkt stellt, stehen sie

---

[23] Seiler, Art. Thronfolgegeschichte, 1.1.
[24] Dietrich, Ende, S. 39.
[25] Vgl. Gunn, Story, S. 75–78; Schulte, Entstehung, S. 142f. So würden in 2 Sam 2–4 gleich mehrere Darstellungen an die TFE erinnern: Gemeinsamkeiten in der Formulierung, Verwendung von ähnlichen Stilfiguren wie der Inklusio, der übergreifend erzählerische Bogen und vor allem die dominierende Rolle Joabs, demgegenüber David schon in 2 Sam 3 zurückstecken muss. Die in 2 Sam 3 begonnene Auseinandersetzung zwischen David und Joab erscheint als Anfang eines Spannungsbogens, der erst in 1 Kön 2 mit dem Tod von Joab geschlossen wird. Durch die Hinzunahme von 2 Sam 2–4 zur TFE verschiebt sich die Thematik des Erzählkomplexes. Denn 2 Sam 2–4 würden wiederum zum Teil die Geschehnisse von Davids Aufstieg voraussetzen. Die TFE gelte nicht länger mehr als ein abgeschlossener Erzählkomplex, sondern wäre eher als eine unselbstständige Fortschreibung vorgegebener Davidüberlieferungen zu verstehen. Vgl. Schulte, Entstehung, S. 142.
[26] Hingewiesen wird in diesem Kontext auf die verbindende Figur des Propheten Natan, der in entscheidenden Erzählsituationen (2 Sam 7,12 sowie 1 Kön 1) auftritt.

doch in einem Gesamtzusammenhang, der eine verhältnismäßig enge kausale Struktur aufweist.[27]

Einen ganz anderen Weg geht Walter Dietrich in seinem Aufsatz: „Das Ende der Thronfolgegeschichte"[28]. Mit diesem doppeldeutigen Titel stellt Dietrich die Existenz der TFE von Grund auf in Frage – er rechnet vielmehr mit einem vordeuteronomistischen Erzählwerk über die frühe Königszeit, das von 1 Sam 1 bis 1 Kön 12 reicht.

2.2.2 Datierung und Einheitlichkeit

Die Datierung und Einheitlich der TFE bringt Otto Kaiser in Zusammenhang mit der lang anhaltenden Gültigkeit von Rosts Thesen:

> Leonhard Rosts vergleichbares Urteil, daß es am nächsten liege, die Erzählung in die Anfangszeit Salomos zu datieren und ihren Verfasser im Kreise der Angehörigen des königlichen Hofes zu suchen, hat ihrerseits dazu beigetragen, dass die Ansicht von ihrer historischen Zuverlässigkeit bis Ende der siebziger Jahre de facto unangetastet blieb.[29]

Betont wird dabei, dass es sich bei der TFE um ein Werk handele, in dem in großer Erzählkunst Handlungen geschichtlicher Personen dargestellt werden. Diese literarisch angelegte Erzählung erwecke oft den Eindruck, dass das Erzählte im Wesentlichen als historisch plausibel gewertet werden könne. So bekam die TFE in der älteren deutschsprachigen Forschung unter Annahme der Frühdatierung einen hohen historischen Quellenwert beigemessen.[30] Dafür spreche, neben ihren geschichtlichen Inhalten, ihre innere Plausibilität und vor allem die historische Vorstellbarkeit der dargestellten Ereignisse.

In der deutschsprachigen Forschungstradition wurde die TFE lange als Geschichtswerk bezeichnet, das sich in dem Terminus *Thronfolgegeschichte* widerspiegelt. Sie galt sogar als Anfang und Höhepunkt der israelitischen Historiographie, wie dies Gerhard von Rad in seinem Aufsatz „Der Anfang der Geschichtsschreibung im alten Israel"[31] eindrücklich darstellt. Dabei handelt es sich bei der TFE um ein Werk, in dem in gro-

---

[27] Bar-Efrat, Bibel, S. 150.
[28] Siehe Dietrich, Ende, S. 38–69.
[29] Kaiser, Verhältnis, S. 96.
[30] Siehe Dietrich / Naumann, Samuelbücher, S. 209.
[31] Siehe Rad, Geschichtsschreibung, S. 34f.

ßer Erzählkunst Handlungen geschichtlicher Personen dargestellt werden. Diese literarisch angelegte Erzählung erwecke oft den Eindruck, dass das Erzählte im Wesentlichen als historisch plausibel gewertet werden könne. So bekam die TFE in der älteren deutschsprachigen Forschung unter Annahme der Frühdatierung einen hohen historischen Quellenwert beigemessen.[32]

Diese Sicht der Forschung ist in der Zwischenzeit relativiert worden. Es gibt keinen Beweis dafür, dass die TFE Geschichtsschreibung sein will. Auch erhebt sie selbst an keiner Stelle einen historiographischen Anspruch.[33]

Weiterhin spricht gegen diese Annahme der älteren deutschsprachigen Forschung, dass die Inhalte der TFE nicht einem Bericht historischer Ereignisse entsprechen. So werden oft „verschwiegene Situationen, von denen kein Berichterstatter wissen konnte, in einer Weise präsentiert, als wäre der Erzähler jeweils dabei gewesen"[34]. Des Weitern herrscht in der TFE ein dialogischer Stil mit direkt zitierten Reden vor. Diese Reden können keine erinnerungsgestützten Wiedergaben sein. Sie müssen vielmehr als freie Erfindungen gelten. Die Annahme, dass es sich bei der TFE um ein „Geschichtswerk" im Sinne der älteren deutschsprachigen Forschung handle, ist aus den genannten Gründen abzulehnen. Stattdessen wird die TFE in der vorliegenden Untersuchung als komplexes und tiefgründiges Erzählwerk verstanden. Die Erzählweise in 2 Sam 11–20 zeichnet sich durch ein hohes Maß an Einheit(lichkeit) aus.[35] Als deren Spezifika benennt Bar-Efrat den zusammenhängenden Handlungsverlauf, wonach „die Ereignisse jeder Erzählung die Ergebnisse der vorangegangenen sind"[36]. Zudem sind die Erzählungen des Blocks durch eine analoge thematische Struktur gekennzeichnet, worunter er die Abfolge von

---

[32] Für diese Frühdatierung der TFE sprächen, neben ihren geschichtlichen Inhalten, ihre innere Plausibilität und vor allem die historische Vorstellbarkeit der dargestellten Ereignisse.
[33] Siehe Dietrich / Naumann, Samuelbücher, S. 209f. Zu den frühesten Werken, die als Geschichtsschreibung anerkannt werden, zählen die Werke von Herodot oder Thukydides. Beide Geschichtsschreiber vermerken in ihren Darstellungen mehrfach, dass es sich um Geschichtsschreibung handelt.
[34] Ebd., S. 209.
[35] Vgl. Bar-Efrat, Bibel, S. 151.
[36] Ebenda.

sexueller Verfehlung und Mord fasst.[37] Bar-Efrat erkennt darin die Sichtweise der Erzählungen:

> David muss zusehen, wie dieselben Laster von Begierde und Gewalt, denen er sich hingegeben hat, in seinen Söhnen ihre Fortsetzung finden und damit Unglück und Leid verursache. […] Davids Söhne folgen seinem ‚Vorbild' und die Strafe, die sie auf sich ziehen, wird gleichzeitig als Strafe für den Vater verstanden.[38]

Bis in die jüngste Zeit hinein wird die Frage, wann die TFE verfasst wurde, kontrovers diskutiert – das Spektrum möglicher Datierungen ist breit. Im engen Zusammenhang mit der Datierung steht die Frage der Einheitlichkeit der TFE: Ist sie aus einem Guss oder gibt es Hinweise auf eine oder mehrere Redaktion(en)?

Für eine Frühdatierung in die Zeit von König Salomo plädieren Seiler und Blum.[39] Dietrich sieht in der TFE eine begrenzte Grundschicht (2 Sam 11–12*; 1 Kön 1–2*), die „nicht weit von den berichteten Geschehnissen anzusiedeln" sei.[40] In diesem Zusammenhang verweist er

---

[37] Davids sexuelle Verfehlung an bzw. mit Batseba führt zum Mord an Urija. Amnons Vergewaltigung von Tamar führt zu seinem Tod. Absaloms Beischlaf mit den Nebenfrauen Davids hat seinen Tod zur Folge. Siehe ebd., S. 151.
[38] Bar-Efrat, Bibel, S. 151.
[39] Siehe Seiler, Geschichte, passim; Blum, Anfang, passim.
[40] Dietrich, Ende, S. 46. Am Beispiel der Erzählung von Geburt und Machtergreifung Salomos zeigt Dietrich eine Textschichtung in 2 Sam 11f. und 1 Kön 1f. auf. Die Grundschicht von 2 Sam 11f. und 1 Kön 1f. teile sich in drei Akte: Der erste Akt thematisiert die Geburt Salomos (2 Sam 11,1; 11,2–27a; 2 Sam 12,*24f und 2 Sam 12,26–31). Daran schließt sich der zweite Akt, in dem berichtet wird, wie Salomo auf Davids Thron kam (1 Kön 1,1–5.6a.7–34.38–40.41a–49b.50–53). Die Darstellung, wie Salomo seine Gegner beseitigt, im dritten Akt (1 Kön 2,10.13–15abα.16–23.25–26a.28–31a.34.36–41.46ab) bildet für Dietrich den Abschluss der Grundschicht. Ausgespart habe er die prosalomonischen bzw. prodavidischen Passagen, sowie alle Stellen, die dezidiert theologisch argumentieren (etwa Sam 11,27b; 12,1–15.*24f.; 1 Kön 1,36.48; 2,15bβ.24.33). Des Weiteren scheiden für Dietrich die Passagen aus, die „einen über die eigentlichen Salomo-Batscheba-Kapitel hinausreichenden geschichtlichen Horizont zu erkennen geben" (etwa 2 Sam 11,*4. 20b.21a; 1 Kön 1,6b.42ff.; 2,5–9.11.*26.31b–33.44f.) und letztlich alle Stellen, die sich stilistisch nur schwer in den Kontext fügen lassen (etwa 2 Sam 11,*4;12,25b; 1 Kön 2,24 als Dublette zu 2,23; 2,12 als Dublette zu 2,46; 2,44 als erneuter Redeeinsatz nach 2,42f.). In einer späteren Redaktion, so Dietrich, sei die alte Batseba-Salomo-Geschichte (2 Sam 11f. und 1 Kön 1f.) als Rahmen benutzt worden, in den die Amnon-Abschalom-Geschichte eingearbeitet wurde. Dietrich benennt weitere, ältere Erzählkränze oder -sammlungen, auf die sich die Bearbeiter der Grundschicht

explizit auf ein Lokal- und Zeitkolorit, das in der von ihm beschriebenen Grundschicht der TFE vorkomme: So weist er neben dem räumlichen, stark auf Jerusalem begrenzten Horizont der Grundschicht auf die in der Erzählung vorkommende Lade. Während sie im Kriegsfall auf das Schlachtfeld getragen wurde, stehe sie in Friedenszeiten in einem „Zelt"(Heiligtum), dessen Existenz nach dem Bau des salomonischen Tempels überflüssig wurde.[41]

Für Kaiser mögen einzelne Passagen der TFE, dessen Gesamtgestalt er in 2 Sam 2,8–20,20* und 1 Kön 1–2 sieht, in salomonische Zeit zurückreichen, jedoch treffe dies nicht für den gesamten Komplex zu. Er plädierte 1988[42] für eine Datierung der vordeuteronomistischen Gestalt der TFE in das „letzte Drittel des 8. Jhs. als *terminus non ante* und das ausgehende 6. Jh. v. Chr. als *terminus ad quem*"[43]. Als Begründung seiner These führt er die Feststellung an, dass die in 2 Sam 11,1 enthaltene Rede von der Rückkehr des Jahres den babylonischen Frühjahrskalender voraussetze. Die Übernahme dieser kalendarischen Form wird von einer Minderheit innerhalb der Forschung in die Regierungszeit von König Hiskia (725–697 v. Chr.) und von einer Mehrheit in die Herrschaftszeit von König Jojakims (608–598 v. Chr.) datiert.[44] Des Weiteren enthielten die Kriegsdarstellungen in 2 Sam 2,20 „derartige Unwahrscheinlichkeiten, daß sie in dieser Weise nur in beträchtlichem zeitlichen Abstand zu den berichteten Ereignissen formuliert sein können"[45]. Otto Kaiser hält in einer neueren Publikation eine Datierung der TFE in das späte 8. Jh. v. Chr. für vertretbar.[46] Im Unterschied dazu ordnet van Seters die ganze

---

ebenfalls bezogen haben könnten: Die von den Schicksalen der Lade, von Aufstieg und Herrschaft Sauls, von David an Sauls Hof, von David als Freibeuter, von David und Benjamin, von Amnon und Abschalom, sowie diverse Einzelüberlieferungen. Siehe Dietrich, Ende, S. 42f.
[41] Siehe ebd., S. 42–44.
[42] Kaiser, Thronnachfolgeerzählung. Der 1988 auf Deutsch publizierte Vortrag wurde 1986 von Otto Kaiser auf der Jahrestagung der *Society for Old Testament Study* in Manchester gehalten.
[43] Kaiser, Verhältnis, S. 99f.
[44] Von Thomas Naumann wurde bei dem Ansatz von Otto Kaiser kritisch angemerkt, dass es bei der Annahme der Spätdatierung zu Schwierigkeiten mit der Datierung der prodynastischen, vordtr, redaktionellen Bearbeitungen komme, die von Alttestamentlern wie Langlamet oder Dietrich etwa in die Zeit Hiskijas oder wenig später datiert werden. Vgl. Dietrich / Naumann, Samuelbücher, S. 215.
[45] Kaiser, Thronnachfolgeerzählung, S. 15.
[46] Siehe Kaiser, Verhältnis, S. 100f.

Court History (2 Sam 2,8–4,12; 5,3a; 9–20; 1 Kön 1–2) der exilischen oder nachexilischen Zeit zu.[47]

Um das Spektrum möglicher Datierungsversuche deutlich zu machen, sollen im Folgenden zwei äußerst konträre Positionen vorgestellt werden. Wie bereits erwähnt, hält Seiler an der Frühdatierung fest und plädiert für eine Datierung der TFE in die Zeit Salomos, zumindest jedoch drei Jahre nach dessen Thronbesteigung. Er verweist darauf, dass 1 Kön 2,39 für die TFE als ein *terminus a quo* zu verstehen ist: „Drei Jahre nach Salomos Regierungsantritt erfolgt die Hinrichtung Schimis. [...] Das ist das letzte Ereignis, von dem die TFE berichtet. Was den *terminus ad quem* betrifft, so hat sich gezeigt, daß die Reichsteilung in der TFE keine Rolle spielt"[48]. Seine Einschätzung sieht er zudem durch folgende Argumente unterstützt: 1 Kön 1f. weist eine deutliche, apologetische Tendenz auf. Diese lässt vermuten, dass Salomo beschuldigt wurde, sich den Thron Davids unrechtmäßig angeeignet zu haben. Diese Behauptungen seien durch die apologetische Erzählweise und Inhalte von 1 Kön 1 widerlegt.[49] Sowohl das Aufkommen solcher Vorwürfe als auch ihre Zurückweisung lassen sich am ehesten aus der Zeit Salomos heraus verstehen. Ähnliches gilt auch für die in 1 Kön 2 impliziten Vorwürfe, Salomo habe nach der Thronbesteigung seine politischen Feinde brutal und rücksichtslos beseitigt. Ebenso wie in 1 Kön 1 enthält das folgende Kapitel entlastende Tendenzen, mit denen der Autor versucht, die Vorwürfe gegen Salomo zu entkräften.[50]

Ein weiteres Indiz für eine Datierung der TFE in die Zeit Salomos sieht Seiler in der Darstellungsweise Davids. Das negative Bild, das in

---

[47] Siehe van Seters, Court History, S. 70–93.
[48] Seiler, Geschichte, S. 319.
[49] Unter diesen Behauptungen führt Stefan Seiler Folgende an: Der Autor begründe die Rechtmäßigkeit und Notwendigkeit von Nathans Eingreifen, indem er eine Notsituation Salomos (um seine Mutter Batsebas) konstruiert: Adonja, der nach der Königswürde strebt (1 Kön 1,5), wird vom Autor als Usurpator dargestellt. „Ausführlich stellt der Erzähler dar, mit welch großem Geschick Natan dieses Ziel erreicht. Für den Autor ist er kein listiger Intrigant, sondern Retter in höchster Not." Zudem weist Stefan Seiler darauf hin, dass der „Verfasser die geschilderten Vorgänge als göttliche Fügung versteht (vgl. 1 Kön 1,48)". Des Weiteren reagiert das Volk auf die Salbung Salomos mit großen Jubel (1 Kön 39f.), damit sei Salomos Legitimität hervorgehoben. Siehe Seiler, Geschichte, S. 319f.
[50] Die Hinrichtungen von Adonjas (im heiligen Zelt!), Joabs und Schimis seien vom Autor als notwendig und legitim betrachtet worden.

der TFE von König David entworfen wird und ihn als Ehebrecher, Mörder, gescheiterten Vater und König darstellt, stehe der Idealisierung und Verherrlichung Davids in späteren Zeiten entgegen. Seiler vermutet, dass der Autor „die Schwächen und z. T. erschreckenden Taten des Königs gar nicht verschweigen [konnte, A. F.], weil diese Ereignisse zum Zeitpunkt der Abfassung seiner Erzählung noch im allgemeinen Bewußtsein waren"[51]. Des Weiteren sieht Seiler in den zahlreichen Details, die in der TFE geschildert werden und späteren Generationen nicht derart bekannt oder von Belang sein konnten, ein Argument für die Datierung der TFE in die Zeit Salomos.

Eine komplett gegensätzliche zeitliche Einordnung der TFE nimmt van Seters vor.[52] Dietrich bewertet van Seters Entwurf als den bisher radikalsten, „indem er die älteste Schicht der Davidzählungen einem deuteronomistischen Historiker der Exilszeit zuschreibt, den eher größeren Teil des heut*i*gen (sic!) Textbestandes aber in die (spät-) nachexilische Zeit verweist"[53].

Van Seters verweist darauf, dass es in den letzten Jahren Forschungstendenzen gab, die die *Court History* später datieren als Rost oder von Rad.[54] Des Weiteren sei der *Court History* zugesprochen worden, dass ihr Autor Kenntnis von früheren „historischen" Arbeiten habe, wie Erzählungen des Jahwisten und Richter sowie Darstellungen von Davids Aufstieg. Van Seters bestreitet, dass dieser Erzählkomplex jemals ein separates, unabhängiges literarisches Werk war. Für ihn ist die *Court History „a major addition to DtrH*"[55]. „(A) complete fiction, a late literary product, full of anachronisms and historical and chronological improbabilities, and no amount of fiddling by using multiple redactors can make it into history."[56].

---

[51] Seiler, Geschichte, S. 321.
[52] Siehe van Seters, Court History, S. 70–93.
[53] Vgl. Dietrich, Tendenzen, S. 11. Van Seters bewertet seinen Entwurf selbst: „I will, therefore, begin by setting forth my own view of the relationship of the Court History to the DtrH, a view that has not yet won very much support but has also not received much critical discussion." Van Seters, Court History, S. 70.
[54] Van Seters verwendet für den Textkomplex der TFE (2 Sam 2,8–4,12; 6,16.20–23; 7,11b.16; 9–20 und 1 Kön 1–2) die Bezeichnung *Court History*. Damit möchte er sich von der Sichtweise abgrenzen, dass das Thema des Erzählkomplexes eng begrenzt sei auf die Frage der Thronnachfolge. Siehe van Seters, Court History, S. 70.
[55] Ebenda.
[56] Ebd., S. 71.

Van Seters zeigt an verschiedenen Bibelstellen die Unvereinbarkeit zwischen der *Court History* und dem DtrG auf.[57] Die *Court History* enthalte zwar Anspielungen auf spezifisch deuteronomistische Themen und Sprache, „but in a way that is ironic and completely subversive of Dtr's intentions"[58]. Als Beispiel dafür führt er wiederum die „David, Batseba und Urija"-Erzählung mit ihrer Schlussaussage „in den Augen JHWHs war die Sache böse, die David getan hatte" (2 Sam 11,27f) an. Im Gegensatz zu anderen Meinungen, die diese deuteronomistische Anspielungen oftmals bloß als deuteronomistische oder prodavidische Redaktion des Werkes als Ganzes verstanden haben, glaubt van Seters „that they are fundamental to the real purpose and intent of the work"[59]. Denn er betrachtet die komplette „David, Batseba und Urija"-Erzählung als ein Produkt einer tendenziell antimessianischen Gruppe. Die Erzählung sei erst in nachexilischer Zeit als Einschub in das DtrG gekommen.[60] In der Darstellung dieses konkreten Beispiels wird bereits deutlich, wie eng die Fragen der Datierung und Einheitlichkeit mit denen der Tendenz zusammenhängen.

2.2.3 Tendenz

Rost hat mit seiner Tendenzbeschreibung *„in majorem gloriam salomonis"*[61] und seiner Frühdatierung des Erzählkomplexes in die Herrschaftszeit Salomos der TFE eine legitimierende Funktion zugesprochen. Seine Auffassung wird durch den Textbefund in 1 Kön 1,36f.46f; 2,33.45, der Darstellung der Thronbesteigung als von Gott gewollt und durch Davids Versprechen vorherbestimmt, gestützt. Bei David hingegen schildere der Erzähler in aller Offenheit seinen zwiespältigen Charakter, „der von

---

[57] Das Davidbild der „David, Batseba und Urija"-Erzählung (im Vergleich zur Darstellung Ahabs in 1 Kön 21) ist bei van Seters ein wesentliches Kriterium für die Unvereinbarkeit von DtrG und *Court History*. Weitere Elemente der Unvereinbarkeit sind das Motiv der Verwerfung des Königs Saul durch JHWH (1 Sam 15,1–16,13 und 2 Sam 12,8) sowie das Motiv des Königskindes, das wegen der Sünde des Vaters stirbt (2 Sam 12 und 1 Kön 14).
[58] Van Seters, Court History, S. 87.
[59] Ebenda.
[60] Siehe Naumann, David, S. 164.
[61] Rost, Überlieferung, S. 128.

Sinnlichkeit und zu großer Milde, aber auch von Großmut, Realitätssinn und Frömmigkeit geprägt sei."[62]

Erstmals wurden 1967 Zweifel an der von Rost formulierten Tendenz der TFE geäußert. Lienhard Delekat bemerkte in seinem Aufsatz „Tendenz und Theologie der David-Salomo-Erzählung"[63], dass die TFE sowohl dezidiert david- und salomokritisch als auch königskritisch sei.

Im Folgenden sollen die bei Rost und Delekat angedeuteten, konträren Forschungspositionen exemplarisch bei Dietrich und Seiler dargestellt werden. Die Tendenz der TFE ist wesentlich von der Frage bestimmt, in welchem Licht werden David und Salomo in 2 Sam 9–20 und 1 Kön 1–2 dargestellt: prodavidisch oder davidkritisch bzw. prosalomonisch oder salomokritisch. Zudem steht die Tendenz in Zusammenhang mit der Frage nach der Einheitlichkeit.

Dietrich rechnet mit einem vordeuteronomistischen Erzählwerk über die frühe Königszeit (1 Sam 1–1 Kön 12), in das ältere Novellen und Erzählkränze einwirken.[64] Daher erweitert er seine Anfrage: „Ist die Thronfolgegeschichte wirklich prosalomonisch – oder nicht eher antisalomonisch, vielleicht auch antidavidisch, gar prinzipiell antiköniglich ausgerichtet?", um den Zusatz: „Oder hat man es vielleicht mit mehreren Autoren zu tun, die divergierende Tendenzen und Interessen verfolgen?"[65].

Die letzte Frage ließe sich mit Dietrich nur bejahen. Deutlich wird dies an der unterschiedlichen Bewertung Salomos in der Grundschicht und der Bearbeitungsschicht. Denn „Salomo nimmt in der Bearbeitung neue und vorteilhafte Charakterzüge an"[66]. Als Indiz dafür, wertet Dietrich das vom Bearbeiter eingefügte Wohlwollen Gottes gegenüber Salomo: ויהוה אהבו (2 Sam 12,24; ebenso in 1 Kön 1,37). Während die ältere Grundschicht darstellt, dass Salomo in 1 Kön 2 seine Gegner ausschaltet, fügt der Bearbeiter für die harten Maßnahmen gegen die Gegner ausführliche Begründungen hinzu.

Nach Auffassung von Dietrich verfolgte „die sog. Thronfolgegeschichte von Anfang an eine prodavidische Tendenz [...], die sie mit der

---

[62] Seiler, Art. Thronfolgegeschichte, 3.
[63] Delekat, Tendenz, S. 26–36.
[64] Vgl. Dietrich, Ende, S. 38–69.
[65] Ebd., S. 39.
[66] Ebd., S. 50.

sog. Aufstiegsgeschichte verbindet."[67] Als verbindendes Element sieht er einen Sprach- und Gedankenzusammenhang, der sich ausgehend von der Aufstiegsgeschichte bis mitten hinein in die TFE ziehe. Als einen Beleg dafür sieht er das Motiv der Unschuld Davids, welches in 2 Sam 18 vorkommt und Davids Unschuld am Tod seines Sohnes sowie zugleich Feindes Abschalom betont.[68] Als mögliche Ursache für die unterschiedliche Färbung beider Textbereiche – dem strahlenden, jungen auf der einen und dem alternden David auf der anderen Seite – benennt Dietrich eine bewusste künstlerische Gestaltung des Gesamterzählers oder verwendeter Materialen.[69] Des Weiteren lässt Dietrich die in der TFE enthaltenen „heiklen Begebenheiten" aus Salomos, vor allem aber Davids Regentschaft an einer legitimatorischen Gesamttendenz der Darstellung zweifeln.

Seiler nimmt hingegen eine Frühdatierung an und rechnet einen erheblichen Teil der in der Forschung häufig als sekundär bezeichneten Eintragungen zum Grundbestand der TFE.[70] Seiler arbeitet heraus, dass aus Sicht des Autors der TFE Salomo im Vergleich zu seinem Vater David der „bedeutendere Regent" sei. Dazu führt er die Bibelstellen 1 Kön 1,33.47 an, in denen jeweils in Form eines direkten Vergleichs innerhalb von Figurenreden der Wunsch geäußert wird, dass die Herrschaft des neuen Königs, Salomo, die seines Vorgängers übertreffen solle.[71] Auch bei der Darstellung, wie David und Salomo mit ihren Feinden umgehen, verweist Seiler darauf, dass Salomo dabei in einem besseren Licht dargestellt wird. „Sämtliche Entscheidungen des neuen Königs werden als notwendig und berechtigt dargestellt, so hart sie dem (heutigen) Leser auch erscheinen mögen."[72] Alles diene seiner Herrschaftssicherung. Dies werde auch bei der Betrachtung von 1 Kön 1,52 und 1 Kön 2,37 deutlich – neben der Bereitschaft zur Verschonung kennzeichne auch das konsequente Durchgreifen gegenüber seinen Gegnern

---

[67] Dietrich, Ende, S. 66.
[68] Das Unschuldsmotiv wird, wie Dietrich dargestellt hat, in der Aufstiegsgeschichte mehrfach David zugeschrieben, so z. B. in 1 Sam 24.26.
[69] Siehe Dietrich, Ende, S. 66.
[70] Siehe Seiler, Art. Thronfolgegeschichte, 2.
[71] Auf dem Höhepunkt der Erzählung in 1 Kön 1,37.47 werden David und Salomo explizit nebeneinander gestellt. Dabei wird Salomo gegenüber seinem Vater dreimal hervorhoben.
[72] Seiler, Geschichte, S. 302.

Salomos Handeln. Vergleiche man dieses Vorgehen mit der überzogenen Vergebungsbereitschaft und Gutgläubigkeit Davids, die er beispielsweise seinen Söhnen (Amnon, Abschalom oder Adonja) erweise, so bringe David sich und andere in Gefahr und setze sein Königtum aufs Spiel. Resümierend hält Seiler bezüglich der TFE fest: „An ihrer prosalomonischen Tendenz kann nicht gezweifelt werden."[73]

Seiler beschreibt die Einstellung des Autors gegenüber David mit dem Ausdruck „kritische Solidarität"[74]. Der Verfasser steht David kritisch gegenüber. Dies erkennt Seiler an der Darstellung der übertriebenen Milde Davids und seinem Versagen in der Batseba Affäre, wo er sich des Ehebruchs schuldig gemacht und sogar Mord begangen habe. Seiler lehnt eine grundsätzliche davidkritische Haltung des Erzählers ab, wie sie Ernst Würthwein oder Lienhard Delekat vertreten.[75] Der Verfasser übe zweifellos deutliche Kritik an Davids Verhalten, doch dürften nach Auffassung Seilers „die davidfreundlichen Aussagen der Erzählung nicht übersehen werden"[76]. Zu diesen zählen 2 Sam 9 und 2 Sam 19,32–41, in denen Davids Großzügigkeit ausgedrückt werden. Bei der Schilderung des Abschalomaufstandes ließe sich eindeutig erkennen, dass der Autor prodavidisch schreibe. Am Schluss seiner Untersuchung zur Tendenz der TFE gegenüber David kommt er zu dem Ergebnis, das die TFE grundsätzlich David wohlwollend gegenübersteht, allerdings wird sein Versagen nicht verschwiegen.

Dietrich und Naumann weisen darauf hin, dass die wahrnehmbaren Tendenzen der TFE äußerst disparat seien. „Im Streit um Pro und Contra David bzw. Salomo sind alle der vier denkbaren Möglichkeiten nicht ohne Anhalt an den Texten selbst vertreten worden."[77] 2 Sam 11 wird dabei häufig als Argument für eine davidkritische Tendenz der TFE herangezogen.[78]

---

[73] Seiler, Geschichte, S. 306.
[74] Ebd., S. 255.
[75] Siehe Würthwein, Erzählung, passim; Delekat, Tendenz, S. 26–36.
[76] Seiler, Geschichte, S. 307.
[77] Dietrich / Naumann, Samuelbücher, S. 196.
[78] Vgl. Delekat, Tendenz, S. 27–34. Würthwein stellt fest, dass es sich in 1 Kön 1f. sowie in 2 Sam 10–12 „nicht um einen historischen Bericht im strengen Sinne handelt, sondern um eine freie erzählerische Gestaltung, bei der alles andere als Wohlwollen gegenüber David dem Verfasser die Feder geführt hat". Würthwein, Erzählung, S. 22.

2.3 Die Darstellung des Ammoniterkrieges als Rahmung von 2 Sam 11,1–12,25

Als Hintergrund der „David, Batsebas und Urija"-Erzählung fungiert die Erzählung vom Krieg gegen die Ammoniter. Bereits in 2 Sam 8,3–8.12 wird über kriegerische Auseinandersetzungen Davids mit den Ammonitern und den Aramäern berichtet. Hiervon weicht die Darstellung in 2 Sam 10 ab. Nach Bar-Efrat sticht dieses Kapitel sowohl im Inhalt als auch in der Stilistik innerhalb der Samuelbücher hervor. So werden beispielsweise die von David bzw. Joab geführten Kriege in 2 Sam 10 viel detaillierter beschrieben.[79] Stoebe sieht darüber hinaus eine Besonderheit darin, dass vor allem in 2 Sam 10,1–5 „nicht ein Resümee von Heldentaten und Erfolgen geboten wird, sondern daß militärische und auch menschliche Probleme in den Blick kommen"[80].

In 2 Sam 10,1–5 ist zunächst das Ereignis beschrieben, das den Krieg auslöst. Die Gesandtschaft Davids wird vom neuen König der Ammoniter Hanun, der die Nachfolge seines Vaters Nahasch angetreten hat, beschämt. In diesem Affront liegt der Auslöser des Krieges, im anschließenden Abschnitt, 2 Sam 10,6–14, sind die Kriegshandlungen dargestellt. Die Ammoniter verbünden sich mit den Aramäern. Gegen diese ammonitisch-aramäische Koalition führt Joab Davids Heer und zwingt die Aramäer zur Flucht, woraufhin auch die Ammoniter ihre Kampfhandlungen einstellen und ebenfalls fliehen. Der dadurch initiierte Frieden ist nur vorläufig. In 2 Sam 10,15–19 wird ein erneuter Angriff der Aramäer geschildert, der von David selbst und seinem Heer zurückgeschlagen wird. Der Konflikt zwischen David und den Ammonitern ist in 2 Sam 10 nicht beigelegt, sondern wird in 2 Sam 11,1 weitergeführt und in 2 Sam 12,26–31 mit der Eroberung und Einnahme Rabbas, der Hauptstadt der Ammoniter, beendet.[81]

Über die Einheitlichkeit des so genannten „Ammoniterkriegsberichts" finden sich unterschiedliche Auffassungen innerhalb der Forschung.[82] Müllner weist beispielsweise darauf hin, das 2 Sam 10 für das Verständnis von 2 Sam 11,1–12,31 nicht zwingend notwendig ist und liefert Ar-

---

[79] Siehe Bar-Efrat, Das zweite Buch Samuel, S. 100.
[80] Stoebe, Samuelis, S. 270.
[81] Siehe Brueggemann, Samuel, S. 271.
[82] Einen kurzen Überblick über die verschiedenen Forschungspositionen bieten Dietrich / Naumann, Samuelbücher, S. 229–233.

gumente für einen Bruch zwischen den Kapiteln 10 und 11.[83] Die Frage nach der Einheitlichkeit der Erzählung über den Ammoniterkrieg kann hier vernachlässigt werden, da vielmehr deren Bedeutung in Bezug auf 2 Sam 11 für die Fragestellung der Untersuchung relevant ist.

Auf die inhaltliche Zusammengehörigkeit von 2 Sam 11 und der Darstellung des Ammoniterkrieges hat bereits Leonard Rost hingewiesen.[84] Diese Auffassung findet innerhalb der Forschung breite Zustimmung.[85] Auch Dietrich und Naumann heben hervor, dass die Erzählung von Davids Ehebruch und dessen Konsequenzen fest in die Kriegshandlungen eingebettet sind und deren beide Teile in 2 Sam 10,1–11,*1 sowie 2 Sam 12,26–31 einen Rahmen um die Erzählung bilden.[86] Darüber hinaus stellen sie fest:

> Die Bathseba-Urija Erzählung ist auf dem Hintergrund des Ammoniterkriegsberichts entwickelt, aber nicht als vormals selbständige in diesen eingeschoben worden [...]. Dies bringt Konsequenzen für die Interpretation, weil die Szenerie des Krieges und damit die politischen Dimensionen aus der oft individualistisch verkürzt interpretierten Schuldgeschichte Davids nicht herausgehalten werden können.[87]

Dieses textgeschichtliche Plädoyer, wonach der Ammoniterkrieg mit seiner politischen Dimension die Hintergrundfolie für 2 Sam 11 bildet, wird durch die inhaltliche Verwobenheit der Texte bekräftigt. Den engen Zusammenhang von 2 Sam 11 und der rahmenden Erzählung des Ammoniterkrieges betont Bar-Efrat in seinem narratologischen Kommentar, denn „(w)ichtige Details der Erzählung von Batscheba und Urija werden nur im Kontext des Ammoniterkriegs verständlich"[88]. So bietet die Sze-

---

[83] Auch ohne die Darstellung in 2 Sam 10 ist die Rahmung in 2 Sam 11,1 und 2 Sam 12,26–31 in der Darstellung der kriegerischen Ereignisse verständlich und stringent aufgebaut. David wird zudem in 2 Sam 11–12 David als Aggressor beschrieben, während in 2 Sam 10 die Aggressionen nicht von David sondern von Ammon bzw. Aram ausgehen. Darüber hinaus unterscheidet sich die Kriegsdarstellung in 2 Sam 10 und 2 Sam 12,26–31. Während der Fokus in 2 Sam 10 auf der Schlacht selbst liegt, wird im Schlussteil der Darstellung des Ammoniterkrieges die Unterwerfung und Demütigung der Gegner thematisiert. Siehe Müllner, Gewalt, S. 85.
[84] Siehe Rost, Überlieferung, S. 200.
[85] Vgl. Ackroyd, Samuel, S. 96; Hentschel, Samuel, S. 43; Müllner, Samuel, S. 533.
[86] Siehe Dietrich / Naumann, Samuelbücher, S. 229.
[87] Ebd., S. 233.
[88] Bar-Efrat, Das zweite Buch Samuel, S. 100.

nerie des Krieges gegen die Ammoniter eine Erklärung für die Abwesenheit Urijas, durch die der Ehebruch Davids mit Batseba erst ermöglicht wird. Ebenso fungiert sie u. a. als Erklärung für Urijas Weigerung, in sein Haus zu gehen, und eröffnet für David die Möglichkeit, Urija in einer kriegerischen Auseinandersetzung zu beseitigen. Stoebe benennt darüber hinaus als gemeinsame Themen sowohl die Belagerung als auch die Stadt, die Gegenstand sowohl in 2 Sam 11 als auch in der rahmenden Darstellung des Ammoniterkrieges sind.

Es bleibt festzuhalten: Der Krieg gegen die Ammoniter ist als Hintergrundfolie der „David, Batseba und Urija"-Erzählung zu lesen. Die kriegerischen Auseinandersetzungen mit den darin dargestellten Gewalthandlungen bilden den Kontext für die Erzählung in 2 Sam 11. Dadurch werden Kriegs- und Gewaltkonnotationen hervorgerufen, die in 2 Sam 11,1a–d aufgenommen sind und als Grundlage für die weitere Erzählung fungieren. Zudem wird die „David, Batseba und Urija"-Erzählung aus dem familiären Bereich herausgeholt und in einen politischen Zusammenhang gestellt.

3. Gliederung

Innerhalb der exegetischen Forschung existieren für 2 Sam 11 mehrere, voneinander zu differenzierende Gliederungsentwürfe. Als eine Ursache dafür lässt sich der Textumfang der „David, Batseba und Urija"-Erzählung benennen, der in Relation zur unterschiedlichen Abgrenzung der Texteinheit variiert zwischen 2 Sam 11,1–27; 2 Sam 11,1e–27; 2 Sam 11,2–27 oder 2 Sam 11,1–12,25. Je nachdem, ob die Texteinheit mit V.1 oder mit V.2 beginnt, werden für 2 Sam 11 vermehrt vier bzw. fünf Abschnitte angenommen.[1]

Ilse Müllner nimmt mit Georg Hentschel eine Unterteilung in fünf Abschnitte vor, wobei Hentschel die Notiz, David sende sein Heer unter der Führung Joabs aus, verwüste das Gebiet der Ammoniter und belagere

---

[1] Zur Abgrenzung 2 Sam 11,1–27 siehe Fischer, David und Batseba, S. 50f.; Müllner, Samuel, S. 533. Im Unterschied dazu setzte Georg Hentschel die Textgrenzen in 2 Sam 11,1e–27. Siehe Hentschel, Samuel, S. 43. Die Abgrenzungsvariante 2 Sam 11,2–27 findet sich hingegeben bei Dietrich / Naumann, Samuelbücher, S. 237; Bar-Efrat, Das zweite Buch Samuel, S. 105. Antony Campbell setzt die Grenzen der Texteinheit in 2 Sam 11,1–12,25. Vgl. Campbell, Samuel, S. 111.

Rabba, in V.1a–d als nicht zur Texteinheit gehörend wertet und diese dem Ammoniterkriegsbericht (2 Sam 10,1–11,1d; 12,26–31) zuweist.[2] In der Einleitung (V.1) wird die Grundsituation benannt, indem die beiden Schauplätze vorgestellt sowie die Figuren David und Joab eingeführt und in Beziehung zueinander gesetzt werden. In V.2–5 wird die Begegnung zwischen David und Batseba dargestellt bzw. der Ehebruch Davids erzählt.[3] Daraufhin folgt in V.6–13 die Beschreibung von Davids List, mit der der König versucht, das im Ehebruch gezeugte Kind Urija „unterzuschieben". Der Verschleierungsversuch Davids scheitert, sodass der König beschließt, Batsebas Mann zu beseitigen. Der Tod Urijas ist Mittelpunkt der vierten Szene in V.14–25. Die Erzählung schließt in V.26f. mit der Heirat von David und Batseba, der Geburt ihres Sohnes sowie mit einem Urteil über Davids Handlungen, das Gott zugeschrieben wird.

Alexander A. Fischer weist auf die inkludierende Komposition der „David, Batseba und Urija"-Erzählung hin. Ausgangspunkt dafür ist eine Dreiteilung von 2 Sam 11,1–27, wonach sich die Textstelle aus Prolog (V.1), dem Korpus mit drei Erzählabschnitten (V.2–25) sowie einem Epilog (V.26f.) zusammensetzt. Nach Fischer ist die „eigentliche Erzählung"[4] in die drei Abschnitte V.2–13, V.14–15 sowie V.16–25 unterteilt. Markiert wird der szenische Wechsel durch ein einleitendes ויהי in V.2,

---

[2] Vgl. Müllner, Samuel, S. 533; Hentschel, Samuel, S. 43. Die in der vorliegenden Arbeit verwendete Einteilung in ÄE und die sich daran orientierende Bezeichnung der Teilverse weicht von derjenigen, die Hentschel in seiner Kommentierung verwendet, ab. In seinem Kommentar verwendet er die Bibelzitation 2 Sam 11,1a, womit die Ereignisse zusammengefasst werden, die in der vorliegenden Arbeit unter den ÄE in V.1a–d gefasst werden. Die Zugehörigkeit von V.1 zur „David, Batseba und Urija"-Erzählung wurde ausführlich im Abschnitt zur Abgrenzung diskutiert, siehe in der vorliegenden Arbeit S. 56–58. Indem Hentschel V.1a–d nicht zur Texteinheit hinzunimmt, beschränkt sich die erste Szene bei ihm auf den Hinweis, David bleibe in Jerusalem (V.1e). Die Etablierung der beiden Hauptschauplätze Rabba *und* Jerusalem in V.1c–e werden durch diese Aussparung obsolet.

[3] Der Titel „Davids Ehebruch" als Bezeichnung für die zweite Szene, wie Hentschel oder Fischer verwenden, ist meines Erachtens problematisch, da die Figur Batsebas nicht erwähnt wird. Siehe Hentschel, Samuel, S. 43; Fischer, David und Batseba, S. 50. Unter Beachtung des Wissens um die doppelte Gewaltausübung gegenüber der Frauenfigur Batseba, auf die Cheryl Exum mit den Schlagwörtern „*raped by penis*" und „*raped by pen*" verwiesen hat, sollte diese einseitige Nennung Davids in der Szenenbezeichnung vermieden werden. Siehe Exum, Plotted, S. 201.

[4] Fischer, David und Batseba, S. 50.

V.14, und V.16. Fischer gliedert 2 Sam 11 somit in folgende fünf Einheiten:

וַיְהִי	V.1	Prolog	
וַיְהִי	V.2–5	Davids Ehebruch (David, Batseba)	A
	V.6–10a.13	Davids List (David, Urija)	B
וַיְהִי	V.14–15	Davids Brief	C
וַיְהִי	V.16–21	Joabs Ausführung (Joab, Urija)	B'
	V.22–25	Joabs Bote bei David (David, Bote)	A'
	V.26–27	Epilog	

Abb. Gliederung nach A. A. Fischer[5]

Mit dieser Darstellung visualisiert Fischer die inkludierende Komposition der Erzählung in 2 Sam 11. Prolog und Epilog bilden einen Rahmen um die „eigentliche Erzählung". Diese ist wiederum durch einen rahmenden Aufbau des ersten (A und B) und des dritten Erzählabschnitts (B' und A') strukturiert. Fischer wertet die Komposition von 2 Sam 11 als kunstvoll, in deren Mitte der Inhalt des Briefes (C) besonders hervorgehoben ist.

Ein eher an den Figuren orientierter Gliederungsentwurf findet sich sowohl bei Dietrich und Naumann als auch bei Bar-Efrat.[6] In beiden Entwürfen beginnt die Erzählung erst mit V.2 und wird in vier Abschnitte unterteilt. In der ersten Szene treten die Figuren David und Batseba auf (V.2–5), es folgt die Begegnung Davids mit Urija in Jerusalem (V.6–13). Bei der Zusammenkunft versucht der König, „den von der Kriegsfront nach Jerusalem zitierten dazu zu bringen, bei seiner Frau zu schlafen"[7]. In

---

[5] Ebd., S. 51. Im Gliederungsentwurf von Fischer wird die Unterteilung des ersten (V.2–13) und des dritten (V.16–25) Erzählabschnittes in je zwei Episoden nicht weiter erläutert. An dieser Stelle wird m. E. die zwingende Unterscheidung zwischen den Abschnitten V.2–5 und V.6–13 zugunsten des zugegeben imposanten kompositionellen Gesamtentwurfs vernachlässigt.

[6] Siehe Dietrich / Naumann, Samuelbücher, S. 238; Bar-Efrat, Das zweite Buch Samuel, S. 105.

[7] Dietrich / Naumann, Samuelbücher, S. 237.

V.14–25 richtet sich der Fokus auf die Figur Urijas. Während Bar-Efrat diese Szene mit dem Titel „Urijas Tod und die Überbringung der Nachricht an David"[8] überschreibt, findet sich bei Dietrich und Naumann die Formulierung „Plan und Ausführung des Mords an Urija"[9]. Am Schluss treten nochmals die beiden Figuren der ersten Szene – David und Batseba – auf. In V.26f. wird Batsebas Trauer und ihre Heirat mit David erzählt. Dietrich und Naumann weisen den beiden Szenen in V.2–5 und V.26f., in denen David und Batseba auftreten, die Funktion einer Inklusio um die beiden zentralen Episoden zu. Im Mittelpunkt dieses Rahmens stehen die beiden Figuren David und Urija.[10]

Bar-Efrat leitet ausgehend von diesem vorgestellten Gliederungsentwurf die Bedeutung der einzelnen Figuren für die Erzählung von ihrem Auftreten in den einzelnen Szenen ab: „David spielt in allen vier Teilen eine Rolle, Batscheba demgegenüber nur im ersten und im letzten, und Urija nur im zweiten und dritten Teil. So wird ersichtlich, dass David die Hauptgestalt, Batscheba und Urija aber gleichrangige Nebenfiguren sind."[11] Aufgrund der Redeanteile Urijas und dem Textumfang, der den beiden Szenen zukommt, in der die Urija-Figur auftritt, folgert Bar-Efrat weiter, „dass Urija nach David die wichtigste Figur ist und dass er in der Erzählung als Kontrastfigur zu David dient"[12]. Diese Art der Figurencharakterisierung, deren Bedeutungszuschreibung nur in Abhängigkeit zu ihrem Auftritt in den einzelnen Szenen sowie ihren Redeanteilen steht, erweist sich m. E. als problematisch. Die Analyse der Figur Batsebas in der vorliegenden Arbeit wird zeigen, dass Batseba trotz ihrer wenigen Auftritte, und ihres im Vergleich zu anderen Figuren reduzierten Redeanteils, gegenüber Joab eine mindestens gleichberechtigte, wenn nicht übergeordnete Position innerhalb der Erzählung einnimmt.

Eine alternative Gliederung liegt im Kommentar von Anthony Campbell vor.[13] Unter der Überschrift „*David and Bathsheba*" fasst Campbell die erzählten Ereignisse in 2 Sam 11,1–12,31 zusammen. Sein Gliederungsentwurf umfasst drei Hauptabschnitte, wobei die Belagerung Rabbas (2 Sam 11,1) als Einleitung und die Einnahme der Stadt

---

[8] Bar-Efrat, Das zweite Buch Samuel, S. 105.
[9] Dietrich / Naumann, Samuelbücher, S. 239.
[10] Siehe ebd., S. 237.
[11] Bar-Efrat, Das zweite Buch Samuel, S. 105.
[12] Ebenda.
[13] Siehe Campbell, Samuel, S. 111f.

(2 Sam 12,26–31) als Schluss einen Rahmen um den mittleren Erzählabschnitt, der „*story of David and Bathsheba*" (2 Sam 11,2–12,25), bilden. Letztere untergliedert Campbell nochmals in folgende drei untergeordnete Episoden: Heirat mit Batseba (2 Sam 11,2–27), Konfrontation mit Natan (2 Sam 12,1–15a) sowie die Kinder Batsebas (2 Sam 12,15b–25).[14] Obwohl der Gliederungsentwurf Campbells im Vergleich zur vorliegenden Arbeit einen größeren Textumfang voraussetzt, lohnt m. E. die Beschäftigung mit dieser Gliederung, denn seine Segmentierung basiert auf den verschiedenen, leitenden Perspektiven der jeweiligen Unterabschnitte. Aus diesem Grund soll im Folgenden dieser Teilabschnitt aus Campbells Gliederung zu 2 Sam 11,2–27 vorgestellt werden, da er dem Textumfang der hier vorliegenden Arbeit entspricht. Er bezeichnet diesen Abschnitt als „*Marriage to Bathsheba*"[15] und untergliedert ihn nochmals: Die erste Episode (V.2–5) erzählt von „*his interest*" (V.2–3), „*their intercourse*" (V.4) und „*her pregnancy*" (V.5).[16] Gegenüber der allgemeinen Bezeichnung „David und Batsebas", wie sie in den bereits vorgestellten Gliederungsentwürfen zu finden ist, erweist sich diese Unterteilung als präziser. Exemplarisch kann dies an V.5 betrachtet werden. In Campbells Überschrift „*her pregnancy*" liegt der Fokus auf der Perspektive Batsebas, und die problematische Situation, in der sich die Figur befindet, kommt in den Blick. In der zweiten Episode in V.6–25 wird erzählt, wie eine Lösung für die aus dem Ehebruch entstandenen Komplikationen herbeigeführt wird. Dazu untergliedert Campbell nochmals in drei Abschnitte: „*Uriah summoned*" (V.6–13), „*Uriah murdered*" (V.14–17) und „*David informed*" (V.18–25).[17] Die letzte Episode trägt den Titel „*Marriage achieved*" und umfasst die Verse V.26–27.

Einen anderen Fokus wählen Hans-Jürgen Dallmeyer und Walter Dietrich in ihrer Monographie „David – ein Königsweg"[18], indem sie die Samuelbücher als Entwicklungsroman mit einer psychoanalytisch-theologischen Lesart auslegen. Die Erzähleinheit von „David und Batscheba" beginnt mit 2 Sam 11,1 und endet in 2 Sam 12,31. Sie besteht aus einer Rahmung (2 Sam 11,1 und 2 Sam 12,26–31) und folgenden drei Erzähleinheiten: 2 Sam 11,2–5; 2 Sam 11,6–25 und 2 Sam 11,26–12,25.

---

[14] Siehe ebd., S. 111.
[15] Ebenda.
[16] Ebenda.
[17] Siehe ebd., S. 111f.
[18] Siehe Dallmeyer / Dietrich, Königsweg, S. 172–189.

Die drei Einheiten stehen in einem konfliktdynamischen, produktiven Verhältnis zueinander, wie wir es z.b. als klassisches Muster von These-Antithese-Synthese kennen oder aus der Musik als erstes Thema (Liebe, emotionale Verschmelzung, Kind), zweites Thema (Aggression, hemmungslose Rivalität und Machtausübung, Mord) und danach Bearbeitung der Gegensätzlichkeiten (Ausgleich der kontroversen Melodienführung; Neuorientierung).[19]

Das Thema in 2 Sam 11,2–5 wird von Dallmeyer und Dietrich als Kurzgeschichte mit ihrer „traumähnlichen Verdichtung des Geschehens"[20] charakterisiert. Dabei wird eine sexuelle Verführungsfantasie inszeniert, die suggeriert, real existent zu sein. „Wir sehen die Szene lebendig vor unseren inneren Augen, wie schon viele Künstler sie darstellten, jeder auf seine subjektive Weise – und doch war niemand mit dabei."[21] Das zweite Thema beginnt mit 2 Sam 11,6 und ist nach Dallmeyer und Dietrich als Kriminalgeschichte zu lesen, die den Kampf Davids mit seinem Rivalen Urija thematisiert. Das Thema endet mit dem von Skrupellosigkeit zeugendem Satz Davids in V.25: „Nicht schlecht ist die Sache in deinen Augen, denn das Schwert frisst bald diese und bald jene". Das letzte Thema, das unter dem Titel „Konfliktlösung" zusammengefasst ist, beginnt mit 2 Sam 11,26 und endet mit 2 Sam 12,25, womit die abgegrenzte Texteinheit der vorliegenden Arbeit überschritten wird. Die beiden Verse aus 2 Sam 11, die dem Thema der „Konfliktlösung" angehören, werten Dallmeyer und Dietrich folgendermaßen: „Leidenschaftliche Liebe, skrupelloser Mord, Neugründung einer Heile-Welt-Familie – das *missfällt* den Erzählern im Hinblick auf ihren Gott (11,27)"[22]. Diese Zuschreibung dient als Überleitung zum zwölften Kapitel und der dortigen Entfaltung des Themas.

Betrachtet und vergleicht man die vorgestellten Gliederungsentwürfe, herrscht bei der Unterteilung der beiden Szenen (V.2–5 und V.26–27), in denen David und Batseba als Figuren auftreten, eindeutig Konsens.

Mittels der Setumot wird die „David, Batseba und Urija"-Erzählung in vier Abschnitte eingeteilt. Eine Setuma folgt im Anschluss an V.1, V.15 und V.25. Die Abschnittsgrenze nach V.1 und V.25 stimmt mit der hier vertreten Aufteilung der Szenen überein. Auffällig jedoch ist das Zeichen

---

[19] Dallmeyer / Dietrich, Königsweg, S. 174.
[20] Ebenda.
[21] Ebenda.
[22] Ebd., S. 175.

nach V.15, wodurch dieser Vers (und nicht V.13) von den Masoreten als das Ende der zweiten Szene angesehen wurde. Nach van der Bergh erklärt diese Grenze viel besser den Ortswechsel in V.16.[23] Durch das einleitende ויהי in V.14a, das auf einen Zeitwechsel hinweist, ist m. E. eine Abgrenzung zwischen V.13f und V.14a wahrscheinlicher.

Diese Arbeit folgt einer Gliederung der „David, Batseba und Urija"-Erzählung nach Szenen. Als Gliederungssignale können die sekundären masoretischen Texteinteilungen in Form der Zeichen Setuma und Petucha Anwendungen finden, darüber hinaus fungieren textinterne Hinweise als Gliederungssignale.[24] „(D)ie Szene [...] wird durch die beteiligten Personen abgegrenzt. Wechseln alle oder einige Personen, markiert das den Beginn einer neuen Szene."[25] Der Figurenwechsel, vor allem wenn dieser in Verbindung mit Zeit- und/oder Ortswechseln steht, erweist sich ebenso wie die Substitutionen auf der Meta- bzw. Inhaltsebene als textinternes Gliederungssignal. Auch Einleitungs- und Schlussformeln bzw. -signale weisen auf Beginn oder Schluss eines (Teil-)Textabschnittes hin. Darüber hinaus deuten Wortfelder und die Häufung von charakteristischem Vokabular innerhalb einer Szene auf die Kohärenz des Textabschnittes.

Die Analyse von 2 Sam 11,1–27 unter Anwendung der genannten Gliederungssignale verweist auf einen fünfteiligen Aufbau der Erzählung. In der *Exposition (V.1)* wird eine (doppelte) zeitliche sowie durch die Benennung der beiden Hauptschauplätze räumliche Situierung der erzählten Ereignisse erzielt. Mit David tritt zudem erstmals die Hauptfigur auf. In der folgenden *zweiten Szene (V.2–5)* wird mit Batseba eine neue Figur eingeführt, die zusammen mit David in der Szene auftritt. Die Häufung des Nomens אשה in dieser Szene mit fünf Belegen ist ebenso auffällig wie das dreimalige Auftreten des Leitworts שלח und das zweimalige Vorkommen des Verbs הרה am Ende der Szene. Die Häufung dieses Vokabulars unterstützt die Darstellung des Themas dieser Szene: Begehren, sexueller Akt bzw. Übergriff und Schwangerschaft. Die Ereignisse spielen in Jerusalem und sind somit einem der beiden in V.1 etablierten Hauptschauplätze zugeordnet. Der Beginn der Szene ist durch ויהי und die explizite Zeitangabe לעת הערב, die sich von der iterativen Zeitangabe in

---

[23] Siehe van der Bergh, Time, S. 503.
[24] Zur Funktion der *Setuma* und *Petucha* siehe Oesch, Petucha, passim; Oesch, Art. Petucha / Setuma, 2.
[25] Bar-Efrat, Bibel, S. 110.

V.1a unterscheidet, markiert. Während in den bisherigen Szenen die Ereignisse fast ausschließlich durch die Erzählstimme erzählt wurden, begegnet in der *dritten Szene (V.6–13)* ein dialogischer Erzählstil. Obwohl die vorhergehende Szene mit der Bekanntgabe von Batsebas Schwangerschaft endet, tritt diese Figur innerhalb der dritten Szene nicht mehr auf. Stattdessen agieren mit Joab (V.6a) und Urija (V.6b) zwei andere Figuren. Dieser Figurenwechsel markiert wesentlich den Beginn der dritten Szene in V.6. Unterstützend wirkt ebenfalls der Wechsel im charakteristischen Vokabular. Das in der zweiten Szene häufig vorkommenden Wörter אשה und הרה kommen in der dritten Szene nicht mehr vor, stattdessen erweisen sich die Namen אוריה (11 Belege) und יואב (4 Belege) sowie die Nomen בית (8 Belege) und אדון (4 Belege) als charakteristisch für diese Szene. Zu Beginn in V.6a spielt diese Szene in Jerusalem, durch den räumlichen Wechsel der Figur Urija wird kurz zum Hauptschauplatz Rabba gewechselt, bevor die restliche Szene wieder in Jerusalem verortet ist. Das Ende der dritten Szene ist durch die Substitution auf der Inhaltsebene ואל־ביתו לא ירד in V.13f markiert. Der in V.8–10 erzählte Versuch Davids, Urija dazu zu bringen, in sein Haus zu gehen, wird durch die genannte Substitution zusammenfassend als für gescheitert erklärt.

In der *vierten Szene (V.14–25)* treten zunächst mit David, Joab und Urija die gleichen Figuren wie in der vorhergehenden Szene auf. In V.19a kommt mit dem Boten eine weitere Figur hinzu. Für eine Untergliederung der vierten Szene spricht m. E. sowohl der explizite Zeitwechsel zwischen V.13e (בערב) und V.14a (בבקר) und zum anderen das einleitende ויהי in V.14a. Das Ende der Szene ist durch eine Substitution auf der Inhaltsebene in V.25g markiert. Der Ausdruck וחזקהו (Piel) bezieht sich auf die vorherige Instruktion Davids an den Boten. Diese Szene zeichnet sich durch eine innere Kohärenz aus, die zum einen durch das Wortfeld Krieg(sbedrohung)[26] geschaffen wird und zum anderen erzielt wird durch die viermalige Darstellung vom Tod Urijas in Form der Briefwiedergabe (V.15g), und durch die Darstellung der Erzählstimme (V.17d)sowohl in der Figurenrede Joabs (21f) als auch im Botenbericht (V.24c). Diese Kohärenz wirkt m. E. stärker als die Einleitungsformel ויהי in V.16a oder die

---

[26] Dieses Wortfeld setzt sich aus dem folgenden charakteristischen Vokabular zusammen: מות (6 Belege), מלחמה (4 Belege), ירד (3 Belege), נכה sowie לחם (je 2 Belege), נפל und הרס (je 1 Beleg). Als semantisch konnotierte Räume, von denen eine Gefahr ausgeht, erweisen sich noch עיר und חומה (je 4 Belege).

Einführung einer weiteren Figur in V.19a. Auch in der vierten Szene herrscht ein dialogischer Erzählstil vor. Im Unterschied dazu werden die erzählten Ereignisse der *fünften Szene (V.26–27)* durch die Erzählstimme vermittelt. Neben der Figur Davids, die in allen Szenen vorkommt, tritt in der letzten Szene nochmals Batseba auf. Joab und der Bote kommen ebenso wenig vor wie der in der vierten Szene getötete Urija. Jedoch ist sein Name innerhalb der Szene präsent, u. a. als Bezeichnung für seine Frau. Der Figurenwechsel markiert deutlich den Anfang der Szene in V.26a, auf das Ende der Szene bzw. der Erzählung
weisen die Petuach im Anschluss an V.27 hin sowie die Substitution auf der Inhaltsebene, das Urteil in V.27f (וירע הדבר אשר־עשה דוד בעיני יהוה).
Die hier vorgestellte Gliederung, die der vorliegenden Arbeit zugrunde liegt, ist in der folgenden Grafik visualisiert:

Szene	Verse	Orte	Erzähl-figuren	Zeit	erzählte Ereignisse
1. Szene Exposition	1	Rabba und Jerusalem	David, Joab	Wiederkehr des Jahres, zu der Zeit	Benennen und Etablierung der beiden Hauptschauplätze
2. Szene	2–5	Jerusalem	David, Batseba,	Abendzeit	Begehren Davids, sexueller Akt und Schwangerschaft Batsebas
3. Szene	6–13	Jerusalem → Rabba → Jerusalem	David, Urija, Joab		Davids Vertuschungsversuch und dessen Scheitern
4. Szene	14–25	Jerusalem → Schlachtfeld (Rabba) → Jerusalem	David, Joab, Urija, Bote	am Morgen (im vgl. zu V.13e am Abend)	Tod Urijas
5. Szene Coda	26–27	Jerusalem	David, Batseba		Totenklage Batsebas und ihre Aufnahme in das Haus Davids, Geburt

89

4. Narratologische Analyse

4.1 Der Bibeltext 2 Sam 11 als narrativer Text

Eine Erzählung ist einzigartig und doch besitzt sie Komponenten, die sie mit anderen Erzählungen gemeinsam hat.[1] Aus diesen einzelnen Komponenten, in der Narratologie als Erzählkategorien bezeichnet, besteht die Erzählung. In einer Erzählung verbinden sie sich, metaphorisch gesprochen, als einzelne Fäden zu einem gemeinsamen Gewebe. Bei der Betrachtung einzelner Fäden richtet sich der Fokus zwar auf einen begrenzten Ausschnitt des Gewebes, dennoch wird das Gesamte nicht aus dem Blick gelassen. Die Differenzierung in einzelne Erzählkategorien stellt im Rahmen der narratologischen Analyse von biblischen Erzähltexten einen unumgänglichen Schritt dar, denn so kommt jede einzelne Komponente der Erzählung detailliert in den Blick. Gleichfalls gilt es zu betonen, dass es sich hierbei um eine artifizielle Unterscheidung handelt. Die Analyse der einzelnen Komponenten und Techniken der Erzählung zielt letztlich darauf, die Erzählung als Ganzes besser zu verstehen und die Wirkung in ihrer Besonderheit zu erschließen.

Die für die folgende narratologische Auslegung ausgewählten analytischen Kategorien werden im Anschluss an die Unterscheidung von Silke Lahn und Jan Christoph Meister in drei Dimensionen der Erzähltextanalyse differenziert. Gegenstand der ersten Dimension mit ihrer Leitfrage, wer erzählt, ist der *Erzähler* bzw. die *Erzählstimme*. Die zweite Dimension, der Diskurs, fragt nach der sprachlich realisierten Erzählung, mit der eine Geschichte von der Erzählstimme vermittelt wird. Subsumiert wird dies unter der Leitfrage, wie erzählt wird, die sich in der vorliegenden Arbeit in den Analysen der *Perspektive*, der *Zeit* und des *Raumes* konkretisiert.[2] Die dritte Dimension fragt nach dem von der Erzählstimme im

---

[1] Siehe Bar-Efrat, Bibel, S. 21.

[2] Die Zuordnung einer analytischen Kategorie zu einer der Dimensionen ist artifiziell und erfolgt aufgrund der Ausrichtung des jeweiligen Analyseschritts. Die Kategorie *Zeit* ließe sich beispielsweise einerseits in Bezug auf das Erzähltempo, die Zeitrelation zwischen *Diskurs* und *Geschichte* unter der Dimension des *Diskurses* einordnen, und andererseits sind die Aspekte der zeitlichen Situierung des Geschehens Gegenstand der Dimension der *Geschichte*. In der Analyse der *Perspektive* werden sowohl die Perspektive der Erzählstimme als auch die Figurenperspektiven erfasst, die gleichfalls wesentlich sind für das Verständnis der Erzählinstanz sowie der einzelnen Figuren.

Diskurs vermittelten Geschehenszusammenhang. Im Fokus steht dabei die Frage, was erzählt wird. In dieser Dimension wird die Erzählung hinsichtlich der Kategorien *Handlung* und *Figuren* analysiert.[3]

Diese Dreiteilung weicht von der dichotomen Unterscheidung der klassischen Narratologie in *Diskurs* und *Geschichte* ab, bringt allerdings mehrere Vorteile mit sich.[4] Die *Erzählstimme* wird auf eine Ebene mit *Diskurs* und *Geschichte* gesetzt und hervorgehoben als unverzichtbare Vermittlungsinstanz. Die *Erzählstimme* ist nicht Teil des *Diskurses*, so wie in der klassischen Narratologie, sondern wird aufgewertet als dessen *aktiver* Produzent.[5] „Nach dem Erzähler kann man direkt fragen, ohne dass man die anderen beiden Kategorien heranziehen müsste [...]. Fragt man hingegen nach dem Diskurs und nach der Geschichte, erscheint der Erzähler indirekt immer gleich mit."[6] Aufgrund dieser hohen Bedeutung des Erzählers als Vermittlungsinstanz beginnt die anschließende narratologische Analyse mit der *Erzählstimme* als erster analytischer Kategorie. Darauf folgen die Analysen der *Perspektive* und *Handlung* sowie die *Zeit-* und *Raumanalyse*. Den Abschluss bildet die *Figurenanalyse*, die den Schwerpunkt der narratologischen Auslegung bildet, denn die gewählte Figurentheorie von Jens Eder mit ihrem mehrdimensionalen Zugang zur Figur als *dargestelltem Wesen, Artefakt, Symbol* und *Symptom* stellt mit ihrer Betonung der Rezeption ein Bindeglied zur anschließenden rezeptionsgeschichtlichen Analyse von 2 Sam 11 dar.

Bevor die für die vorliegende Arbeit ausgewählte Textstelle 2 Sam 11 unter Anwendung erzähltheoretischer Kategorien ausgelegt wird, möchte ich im Folgenden kurz aufzeigen, warum es sich bei 2 Sam 11 überhaupt um eine Erzählung handelt und den narrativen Charakter der Textstelle

---

Aus diesem Grund werden z. B. einzelne Erkenntnisse zu einer Figurenperspektive in der späteren Figurenanalyse erneut aufgegriffen. Die entstehenden Wiederholungen basieren auf der artifiziellen Differenzierung in einzelne analytische Erzählkategorien.

[3] Zur Unterscheidung siehe Lahn / Meister, Erzähltextanalyse, S. 59f.

[4] In den verschiedenen Erzähltheorien existieren unterschiedliche Begriffe für diese Unterscheidung: Genette verwendet die Terminologie *récit/narration* und *histoire*. In den englischsprachigen Erzähltheorien hingegen haben sich die Begriffe *plot* und *story* etabliert. Der russischen Erzählforschung entstammen die Begriffe *sujet* und *fabula*. Eine Übersicht der Alternativbezeichnungen findet sich u. a. bei: Ska, Introduction, S. 107–114; Lahn / Meister, Erzähltextanalyse, S. 16f.; Martínez / Scheffel, Erzähltheorie, S. 28.

[5] Siehe Lahn / Meister, Erzähltextanalyse, S. 59.

[6] Vgl. ebd., S. 59f.

herausarbeiten. Ronald van der Bergh weist darauf hin, „2 Samuel 11 can be shown to contain almost all aspects pertaining to a narrative".[7] Wesentliches Kennzeichen dafür, dass der Text in 2 Sam 11 eine Erzählung darstellt, ist die Existenz eines fiktiven Erzählers, der im Unterschied zu einem realen Sprecher nicht an „natürliche" Begebenheiten gebunden ist.[8] Fiktive Erzählstimmen verfügen über Introspektion in die Figuren, sie wissen um die Gedanken, Gefühle oder Motivationen der einzelnen Figuren. Die Erzählstimme präsentiert zudem Fakten, die im Verborgenen stattfinden wie der Inhalt des sogenannten Todesbriefes (2 Sam 11,15c–g) und sie besitzt Kenntnis von Gesprächsinhalten und Informationen, die einem unmittelbaren Zugriff entzogen sind, wie dem göttliche Urteil in 2 Sam 11,27f.[9] Durch Erzählerkommentare wie beispielsweise in V.27f wird die Erzählstimme explizit, und zwar in ihrer Funktion als zentrale Vermittlungsinstanz.

Auch die Sprache des Bibeltextes weist auf dessen narrativen Charakter hin. Durch die Aneinanderreihung von Waw-Imperfekten in 2 Sam 11 erhält der Text ein narratives Grundgerüst, wobei die Verben den fortlaufenden Erzählablauf kennzeichnen.[10] Diese Erzählweise kennzeichnet im Hebräischen den Narrativ und wird als Erzähltempus bezeichnet.[11] Die häufige Einführung von direkten Reden in 2 Sam 11 stellt ein weiteres Indiz für den narrativen Charakter der Textstelle dar. Keins dieser genannten Elemente ist typisch für poetische oder juridische Texte, sondern

---

[7] Van der Bergh, Time, S. 501.
[8] Siehe Martínez / Scheffel, Erzähltheorie, S. 18. Mit der Terminologie *fiktiv* ist der ontologische Status des Bezeichnenden ausgedrückt. Der Begriff steht im Gegensatz zu *real*. Von dem Begriff *fiktiv* ist der Terminus *fiktional* zu differenzieren, der den pragmatischen Status bezeichnet und ein Antonym zu *faktual* ist. Zur Unterscheidung von fiktionalen und faktualen Erzählen siehe Martínez / Scheffel, Erzähltheorie, S. 11–22; Müllner, Art. Fiktion, passim.
[9] Siehe van der Bergh, Time, S. 501.
[10] Bereits in V.1 gibt es eine Verkettung von vier Waw-Imperfekten, die dieses Erzähltempus belegen. Besondere Beachtung sollte den Textstellen in Erzählungen zukommen, die von dem Erzähltempus abweichen. Auch hier ist V.1 ein gutes Beispiel: Mit V.1e wird der Narrativ unterbrochen. Das Subjekt der Äußerungseinheit, David, steht am Anfang des Satzes. Durch diese umgekehrte Satzreihenfolge ist das Subjekt hervorgehoben. Gleiches gilt für V.4. Nach einer Aneinanderreihung von vier Waw-Imperfekten in V.4a–d, wird die Erzählfolge durch das Partizip Hitpael in V.4e (מתקדשת) unterbrochen und in V.4f durch ein erneutes Waw-Imperfekt wieder aufgenommen.
[11] Siehe Jenni, Lehrbuch, S. 70, 98.

stellen Kennzeichen für narrative Texte dar.[12] Zudem ist die Handlung in 2 Sam 11 kunstvoll angelegt und steht in konstruktiver Wechselwirkung zur Gestaltung der Erzählung. „Die Dramatik der Erzählung entspringt zu einem guten Teil ihrer zurückhaltenden Sprache, die im Gegensatz zu ihrem aufregenden Inhalt steht."[13] Mit den in 2 Sam 11 enthaltenen Unbestimmtheitsstellen in Form von Ambiguitäten und Leerstellen ist die „David, Batseba und Urija"-Erzählung wie Sternberg und Perry herausgestellt haben[14], ein Kleinod hebräischer Erzählkunst.

Eine Erzählung ist eine besonders komplexe Form der Kommunikation. Ihr „Ausgangspunkt […] ist der schriftlich vorliegende Text, der in diatoper und diachroner Hinsicht Sprechhandlungen konserviert. Als ‚Bote' dient er der Speicherung zweier nichtidentischer unmittelbarer Sprechsituationen"[15], denn der Text lässt sich aus der *primären* Sprechsituation eines Senders und Empfängers herauslösen und kann aufgrund seiner Fixierung durch die Schrift in einer *sekundären* Sprechsituation aktualisiert und verwendet werden. Der Vorgang der wieder herzustellenden und zu aktualisierenden Sprechsituation durch den Text kann (beliebig) wiederholt werden. „Diese sprechsituationsüberdauernde Stabilität kennzeichnet den Prozess der Überlieferung als ‚zerdehnte' Sprechsituation."[16] In dieser Konstellation fungiert der Text als *Bote*, der eine Kommunikation zwischen dem *Sender* (realer Autorin bzw. Autor) und dem *Empfänger*, den Lesenden, herstellt.

Die Vielschichtigkeit des Kommunikationsprozesses als Basis von Erzähltexten deutet sich hier bereits an. Da sich in der Erzählung die Kommunikations-/Erzählebenen vervielfachen können, handelt es sich bei erzählenden Texten um eine besonders komplexe Form der Kommunikation. Diese Annahme stellt eine Grundlage der narratologischen Theoriebildung dar. Für die Kommunikationsstruktur von Erzähltexten ist die Differenzierung zumindest in die drei Instanzen Autorin bzw. Autor, Erzählstimme und Lesende charakteristisch.[17] Die dem Erzähltext jeweils typische zugrunde liegende Kommunikationsstruktur lässt sich mit Hilfe

---

[12] Siehe van der Bergh, Time, S. 502.
[13] Bar-Efrat, Das zweite Buch Samuel, S. 106.
[14] Vgl. Perry / Sternberg, King, 275–322; Sternberg, Poetics, S. 186–229.
[15] Schmitz, Prophetie, S. 10f.
[16] Ebd., S. 10. Ansgar Nünning sieht die Ungleichzeitigkeit von Produktion und Rezeption als Regelfall schriftlicher Kommunikation. Siehe Nünning, Grundzüge, S. 23.
[17] Vgl. Lahn / Meister, Erzähltextanalyse, S. 13.

von vereinfachten graphischen Darstellungen, den sog. Kommunikationsmodellen, veranschaulichen.[18] Das Kommunikationsmodell

> rückt die pragmatische Dimension in den Vordergrund und liefert einen theoretischen Bezugsrahmen für die Textanalyse, weil es die Einbeziehung aller Sender und Empfänger ermöglicht, die auf verschiedenen Ebenen im werkexternen und werkinternen Bereich an der Kommunikation eines literar[ischen; A. F.] Textes beteiligt sind.[19]

Aus diesem Grund werden im Folgenden Kommunikationsmodelle vorgestellt, die zum einen als wesentliche Etappen innerhalb der Erzähltheorie gelten und sich zum anderen mit Blick auf den Gegenstand der vorliegenden Arbeit als besonders geeignet erweisen.

---

[18] Zur Problematik dieser Begrifflichkeit siehe Finnern, Narratologie, S. 47. Sönke Finnern verweist zu Recht darauf, dass mit dem Begriff „Kommunikationsmodell narrativer Texte" Übersichten über verschiedene Erzählebenen bezeichnet werden, die von den „echten" Kommunikationsmodellen zu unterscheiden sind, vgl. ebd., S. 47: Anm. 105.
[19] Nünning, Grundbegriffe, S. 120.

4.2 Kommunikationsmodell

4.2.1 Überblick über ältere und gegenwärtige Kommunikationsmodelle

Innerhalb der Forschung und speziell in der Bestimmung der Erzählinstanzen stellt das Kommunikationsmodell von Seymour Chatman einen „Meilenstein"[1] dar. „Sein Modell besticht einerseits durch Einfachheit und Klarheit, andererseits führt es eine nicht geringe Anzahl von relevanten KommunikationsteilnehmerInnen an."[2] Chatman unterscheidet in seinem Kommunikationsmodell folgende Größen: *Real author, Implied author, Narrator, Narratee, Implied reader* und *Real reader*, wobei Erzähler (*Narrator*) und Erzähladressat (*Narratee*) nicht zwingend vorhanden sein müssen.[3]

Die beiden textexternen Instanzen des *real author* und des *real reader* liegen außerhalb des *narrative text* und stehen für Chatman nicht im primären Fokus seiner Untersuchung.[4] Die Schwerpunkte seines Kommunikationsmodells stellen hingegen die beiden einander zugeordneten werkinternen Ebenen des *implied author* und *implied reader* sowie die Ebene des *narrator* und *naratee* dar. Die beiden letzteren Instanzen sind bei Chatman aufgrund ihrer Optionalität den beiden erst genannten, werkinternen Instanzen untergeordnet. Aber gerade diese beiden – Erzählstimme und Erzähladressatinnen bzw. Erzähladressaten – rückten innerhalb der Narratologie in den Fokus und avancierten innerhalb des Kommunikationsprozesses zu den maßgebenden Konstituenten.[5]

Mit dem Begriff *implied Author* greift Chatmann auf die Terminologie von Wayne C. Booth zurück, die dieser im Jahr 1961 in die Diskussion einführte.[6] Der Begriff *implied author* „has become a widespread term for

---

[1] Eisen, Poetik, S. 64.
[2] Ebenda.
[3] Eine grafische Darstellung von Chatmans Kommunikationsmodell findet sich in: Chatman, Story, S. 151.
[4] Ute Eisen folgert in diesem Zusammenhang, dass diese „somit als relevante Instanzen für die Erzählanalyse [entfallen, A.F.], deren Gegenstand weder produktions- noch rezeptionsästhetische Faktoren sind", vgl. Eisen, Poetik, S. 64.
[5] Vgl. ebd., S. 65.
[6] „The counterpart of the implied author is the implied reader – not the flesh-and-bones you or I sitting in our living room reading the book, but the audience presupposed by the narrative itself. [...] He may materialize as a character in the world of the work". Chatman, Story, S. 150.

a concept referring to the author evoked by, but not represented in a work"[7]. Der implizite Autor stellt also ein Konstrukt dar, das die Zwischenposition zwischen *narrator* und *real author* einnimmt. „He is not the narrator, but rather the principle that invented the narrator."[8] Auch ist er nicht identisch mit dem Autor, er vertritt lediglich den realen Autor hinsichtlich der Aussageabsicht des jeweiligen Textes. Obwohl die Bezeichnung *implied author* seit ihrer Einführung 1961 zu den Grundkategorien der Erzähltheorien v. a. im anglo-amerikanischen Bereich zählt und Chatman als einer der überzeugtesten Vertreter dieses Konzeptes zu nennen ist,[9] blieb sie nicht unumstritten. Im frankophonen Bereich konnten sich der Begriff und das Konzept nicht etablieren. „(I)n jüngster Zeit gewinnen die narratologischen Stimmen Oberhand, die dieses Konzept ausmustern (Genette, Bal, Nünning, Martinez und Scheffel)"[10].

Ansgar Nünning modifiziert die herkömmlichen Kommunikationsmodelle narrativer Texte und entwickelt in seiner Dissertation ein Modell, das bibelwissenschaftlich z. B. von Ute Eisen rezipiert und angewendet wurde.[11] Nünning differenziert zwischen drei textinternen (N1–N3) und einer textexternen (N4) Ebene, die in Erzählungen zu finden sind.[12]

Die Kommunikationsebene N1 bezeichnet die kommunikative Situation innerhalb der fiktiven dargestellten Welt und wird von Nünning als Ebene des Figurendialogs benannt. Auf dieser Ebene sind erzählte fiktive Figuren als Sender wie auch Empfänger situiert.[13] „Die Sprechsituation

---

[7] Schmid, Implied Author, 2.
[8] Chatman, Story, S. 148.
[9] Siehe Eisen, Poetik, S. 65.
[10] Ebd., S. 65. Ute Eisen verweist in diesen Zusammenhang darauf, dass in der Einführung von Martinez/Scheffel die Problematik des Impliziten Autors nicht einmal mehr diskutiert wird, vgl. Martínez / Scheffel, Erzähltheorie.
[11] Nünnng, Grundzüge, S. 22–40. Eisen greift in ihrer Studie auf das vereinfachte Modell Nünnings mit drei Kommunikationsebenen zurück, das aus dem komplexeren Modell, das Nünning in seiner Dissertation entwirft, abgeleitet ist. Siehe Eisen, Poetik, S. 71. Eine grafische Darstellung des Kommunikationsmodells findet sich bei Nünning siehe ebd., S. 25.
[12] In seiner Dissertation unterscheidet Nünning die textexterne Ebene nochmals „zwischen dem empirischen Autor bzw. Leser als Mitgliedern der Gesellschaft mit einem komplexen Rollenhaushalt (S5/E5) und dem realen Autor bzw. Leser in seiner eingeschränkten Rolle als Produzet bzw. Rezipient (S4/E4) literarischer Texte; das Differenzkriterium beruht jeweils auf der Ausgliederung der relevanten Handlungsrolle." Ebd., S. 26.
[13] Siehe ebd., S. 27–30.

der Figuren ist in die übergeordnete Kommunikationsebene der erzählerischen Vermittlung (N2) eingebettet, auf der sich eine fiktive Erzählinstanz an einen ebenfalls fiktiven, oftmals im Text direkt angesprochenen Adressaten wendet."[14] Diese hierarchische Unterordnung von N1 zu N2 ist nach Nünning eine konstitutive Grundlage für viele Funktionen der Erzählstimme.

> Dieses Subordinationsverhältnis ist etwa die Bedingung für die Fähigkeit des Erzählers, als außerhalb der erzählten Welt stehender Sprecher einerseits Stellung zum Geschehen auf N1 zu beziehen, andererseits die Perspektiven der Figuren miteinbeziehen zu können. So können Vorgänge für eine bestimmte Zeit aus der Perspektive einer oder mehrerer Figuren auf N1 geschildert, d.h. intern fokalisiert, und im Anschluß vom Erzähler auf N2 kritisch kommentiert werden.[15]

Bei der Kommunikationsebene N3, die Nünning als Ebene des Werkganzen bezeichnet, handelt es sich um ein textinternes, hypothetisches Konstrukt. Als Sender- und Empfängerinstanzen auf N3 benennt der Anglist das „Subjekt des Werkganzen" (S3) sowie den „abstrakten Empfänger des Werkganzen" (E3). Beide Instanzen sind weder personalisierte Sprecherinstanzen noch deiktisch fassbar, stattdessen handelt es sich um implizite sowie abstrakte Phänomene, die vom empirischen Rezipienten mithilfe seiner Rezeptionsleistung ausgearbeitet werden müssen.[16] Die vierte Kommunikationsebene stellt die werkexterne Ebene der empirischen Kommunikation zwischen realem Autor als Sender und realem Leser als Empfänger dar.

Eine wesentliche Modifikation, die Nünning in seinem Modell vornimmt und ausführlich begründet, ist die Vermeidung der personalisierenden Begriffe und Konzepte auf der Ebene des Werkganzen. Außerdem bricht er die Linearität des Kommunikationsgeschehens, wie es beispielsweise in der Darstellung Chatmans deutlich wird, zugunsten einer produktiven Komplexität auf. Bei dieser ist der Kommunikationsprozess wechselseitig und hierarchisch in Bezug auf die Über- bzw. Unterord-

---

[14] Nünning, Funktionen, S. 325.
[15] Nünning, Grundzüge, S. 29.
[16] Vgl. ebd., S. 31. Nünning lehnt die folgenden Bezeichnungen der Sender- und Empfängerinstanzen für N3 aufgrund ihres suggestiven Charakters ab, es handle sich bei den beiden Instanzen um personalisierbare Größen: „abstrakter Autor" oder „impliziter Autor" bzw. „abstrakter Adressat" oder „impliziter Leser". Siehe ebd. S. 31f.

nung der einzelnen textinternen Kommunikationsebenen organisiert. In der festgelegten, hierarchisch geordneten Nummerierung zeigt sich m. E. zugleich ein Nachteil dieses Kommunikationsmodells. Nünning selbst konstatiert in seiner Dissertation, dass sich

> verschiedene Modelle auch in der Nummerierung der Kommunikationsebenen voneinander unterscheiden, [dies; A. F.] ist insofern sekundär, als diese Ansätze nicht ein normatives Konzept von Hierarchie zugrunde legen, es geht nicht um eine Abstufung der Ebenen im Sinne von größerer Wichtigkeit, sondern lediglich um die Einbettungsverhältnisse.[17]

Durch die Zuweisung der Zahl 1 zur Ebene des Figurendialogs ist die Ausdifferenzierung dieser Ebene numerisch nicht möglich. Evident wird dies, wenn innerhalb der Figurenrede eine weitere Erzähl-/Kommunikationsebene eröffnet wird. Aus diesem Grund soll ein weiteres Kommunikationsmodell vorgestellt werden, das diesem Einwand Rechnung trägt und dem eine umgekehrte, aufsteigende Nummerierung zugrunde gelegt ist. Es handelt sich hierbei um das Kommunikationsmodell von Barbara Schmitz, die dieses im Rahmen ihrer 2008 veröffentlichten Habilitationsschrift entwickelt und auf die biblischen Königsbücher angewendet hat.[18]

Das Modell von Schmitz nennt als Ausgangspunkt der Kommunikation den „schriftlich vorliegenden Text, der in diatoper und diachroner Hinsicht Sprechhandlungen konserviert […]. Als Bote dient er der Speicherung zweier nichtidentischer unmittelbarer Sprechsituationen."[19] Die

---

[17] Nünning, Grundzüge, S. 26f.
[18] In der Untersuchung „Prophetie und Königtum" von Schmitz wird das Modell einer narratologisch-historischen Methodologie entwickelt, das seinen Ausgang in der narratologischen Textanalyse hat und darauf abzielt, die historischen Kontexte in die Bedeutungskonzeption des Textes mit einzubeziehen. Damit greift die Alttestamentlerin auf die in der Literaturwissenschaft wieder aktuell werdende Frage nach dem Autor auf und verbindet diese produktiv mit der in der Exegese nach wie vor aktuellen Frage nach den Verfasserkreisen zu einem methodologischen Gespräch. Im Zentrum der Untersuchung steht die systematische Frage nach dem Autor aus methodologischer Perspektive. „Statt diese Frage in ihren historischen Dimensionen von Schreibern und Textproduktion anzugehen, soll ein Weg aufgezeigt werden, wie aus der Perspektive der Erzähltextanalyse historisch nach der Genese von Texten gefragt und wie die Kategorie Autor in die Textinterpretation integriert werden kann." Schmitz, Prophetie, S. 60.
[19] Schmitz, Prophetie, S. 10. Eine grafische Darstellung des Kommunikationsmodells von Schmitz findet sich ebd., S. 16.

Botschaft vom Sender zum Empfänger innerhalb einer Sprechsituation kann durch den im Medium der Schrift gespeicherten Text in einer weiteren Sprechsituation aktualisiert und aufgegriffen werden. Es handelt sich hierbei, so Schmitz, um eine „sprechsituationsüberdauernde Stabilität", die „den Prozess der Überlieferung als zerdehnte Sprechsituation"[20] kennzeichnet. Der Text wird auf diese Weise zum „Boten" für die Kommunikation zwischen realem Autor bzw. realer Autorin und Lesenden.[21]

Eine Besonderheit des Kommunikationsmodells von Schmitz ist dessen Ausrichtung, in deren Konsequenz die beiden textexternen Instanzen gegenüber den werkinternen gestärkt und aufgewertet werden. Des Weiteren ist ersichtlich, dass Schmitz ein Kommunikationsmodell anwendet, das im Gegensatz zum Modell von Nünning nur von drei Ebenen der Kommunikation ausgeht.[22]

Die Kommunikationsebene (K I) stellt die textexterne Ebene dar, der die beiden Instanzen des *Rezipienten* und des *Autors* zugeordnet werden. Auf dieser außertextlichen Ebene sind die Lesenden als empirische Personen angesiedelt, ebenso der reale Autor bzw. die reale Autorin als TextproduzentIn. In diesem Zusammenhang betont Schmitz die Bedeutung der Lesenden für die Produktions- und Rezeptionsprozesse, indem die Alttestamentlerin unter Verweis auf Klaus Weimar auf die „doppelte Autorenschaft"[23] von Texten verweist:

> Ein Autor produziert die von ihm geschaffene und niedergeschriebene Textwelt im Wissen darum, sie dem Lesenden zuzueignen. Der Lesende seinerseits rezipiert die ihm zunächst fremde

---

[20] Ebenda.
[21] An anderer Stelle führt Schmitz diesen Gedanken weiter aus: „Gerade weil in altorientalischen Kulturen die Speicherung von Texten im Medium der Schrift und entsprechender Datenträger kein Allgemeingut ist, sondern ein hohes Maß an Spezialisierung voraussetzt, darf davon ausgegangen werden, dass bei der Verfassung des Textes und seiner Sicherung in der Schrift die in diatoper und diachroner Hinsicht sprachhandlungsaufbewahrende Funktion als Bote im Blick war. Daher ist damit zu rechnen, dass der Text bewusst so verfasst worden ist, dass er die primäre Sprechsituation überdauern kann. Daher ist die Verschriftung *aus* einer bestimmten historischen Situation heraus nicht nur *für* eine bestimmte historische Situation, sondern auch *über* diese hinaus konzipiert worden." Ebd., S. 86.
[22] Vgl. ebd., S. 10.
[23] Vgl. Weimar, Autorschaft, S. 123–134.

Textwelt, indem er im Rezeptionsvorgang die Textwelt im Lesen erst (mit)erschafft.[24]

Die Kommunikationsebene K II sowie die folgenden Ebenen K III, K IV etc. sind dem textinternen Bereich zugeordnet. Auf der Ebene K II entwirft die *Erzählstimme* eine fiktionale Textwelt. Sie schildert die gesamte Handlung und wendet sich dabei an einen *fiktionalen Adressaten*. Neben diesen beiden kommunikativen Instanzen, der *Erzählstimme* als Sender und dem *fiktionalen Adressaten* als Empfänger, findet sich auf der Ebene K II außerdem das Konstrukt der *Autorfiguration*.[25] Es handelt sich hierbei um einen Begriff, der auf der Grenze zwischen der textinternen und textexternen Ebene liegt. Die *Autorfiguration*

> kann nur aus dem Text gewonnen werden, trifft aber Aussagen, die die textinternen Beobachtungen (Autorfunktionen) im Hinblick auf eine textexterne Größe (Autor) auswerten. Insofern ist die Kategorie Autorfiguration eine Bezeichnung, die genau diese Grenze zu beschreiben sucht.[26]

---

[24] Schmitz, Prophetie, S. 10f.
[25] Bei der Worterklärung des Begriffes Autorfiguration verweist Schmitz auf die folgende Definition von Fotis Jannidis, nach der die Autorfiguration verstanden werden kann als „Zuschreibungsinstanz für die aufgrund von Codes und Konventionen ermittelte Bedeutung sowie auch für die […] vom Leser erst genauer zu ermittelnde Umgangsweise mit den sprachlichen Zeichen im Text. Anders formuliert: es gibt eine unaufhebbare Spannung zwischen Einzelwerk und Vorgaben, die auch beim durchschnittlichsten Produkt noch wahrnehmbar ist, weil auch dieses noch aus dem Angebot aller möglichen Muster nur eine Auswahl in einer ganz spezifischen Gestaltung präsentiert. Man kann diese Auswahl und Gestaltung auf den Text beziehen, aber das sind bei genauerem Hinsehen metonymische Verwendungen, da es ja zumeist um die Wahrnehmung von Handlungen und Intentionen geht, die im Text kommuniziert, ihm aber nicht zugeschrieben werden. Es bietet sich daher an, diese Entscheidungen einer eigenen Instanz, eben dem Autor zuzuschreiben. Sie stellt, als Teil der Kommunikationsebene realer Autor – realer Leser, ein wesentliches Verbindungsglied zwischen textbezogenen Informationen und solchen Informationen dar, die sich aus der Kommunikationssituation und von dort aus im Kontext ermitteln lassen, um den Text nicht etwa zu monosemieren, sondern die Informationen überhaupt erst zur Bedeutung zu machen." Jannidis, Figur, S. 26f.; ebenso zitiert in: Schmitz, Prophetie, S. 95.
[26] Schmitz, Prophetie, S. 95. Das von Schmitz entwickelte Konzept der Autorfiguration(en) zielt auf die Genese eines theoretischen Gerüsts, das erlaubt, die bislang als a-historisch und textimmanent geltende Erzähltextanalyse biblischer Texte mit einer historischen Ausrichtung methodologisch reflektiert zu verbinden.
Die pluralische Form *Autorfigurationen* wird von Schmitz dann bevorzugt, wenn in einem Text gleich mehrere beschreibbare *Autorfunktionen* sich nicht zu einem kohä-

Auf der Ebene K II beschreibt die *Erzählstimme* nicht bloß die Handlungen, sondern sie lässt Figuren auftreten, setzt diese in Konstellation zueinander und lässt sie miteinander agieren und kommunizieren.[27] „Alles, was in der erzählten Textwelt geschieht, geht auf die Erzählstimme zurück. Lässt die Erzählstimme die Figuren sprechen, eröffnet ihre Kommunikation eine dritte Redeebene (K III)."[28]

In dieser Ebene K III werden unterschiedliche Stimmen hörbar. Diese sind Produkte der *Erzählstimme* und werden von dieser, aufgrund der Abhängigkeit der Ebene K III von der Ebene K II, verantwortet.[29] In der Rede einer Figur (K III) kann diese von einem Geschehen berichten, in dem weitere Figuren auftreten, die wiederum miteinander reden und interagieren können. In diesem Fall avanciert die sprechende Figur der Ebene K III zur einer „Erzählstimme"[30], die eine weitere Kommunikationsebene eröffnet, die Ebene der in K III eingebetteten Sprachhandlung (K IV). In diesem Zusammenhang weist Schmitz darauf hin, dass die *erzählenden Figuren* auf der Ebene ihrer Rede zwar über alle Eigenschaften sowie Freiheiten der *Erzählstimme* verfügen, jedoch ist ihre Rede durch ihre eigene Figurenperspektive determiniert, was folglich auch ihren Handlungs- sowie Aktionsspielraum begrenzt.[31]

Das Kommunikationsmodell von Schmitz stellt eine Reaktion auf die bisherigen Kommunikationsmodelle erzählender Texte dar, gegenüber denen die Alttestamentlerin aus theoretischer Perspektive sowie praktischer Anwendung vier Einwände benennt. Zum einen handelt es sich

---

renten Konzept einer einzigen *Autorfiguration* zusammenfassen lassen, sondern auf die Unterschiedlichkeit von mehreren *Autorfigurationen* verweisen. „Mit der Pluralform Autorfigurationen kann dem Umstand Rechnung getragen werden, dass Texte nicht von *einem* Autor stammen müssen, sondern in einem unter Umständen jahrhundertelangen Prozess entstanden und von unterschiedlichen Personen bearbeitet sein können." Schmitz, Prophetie, S. 96.

[27] Vgl. ebd., S. 11.
[28] Ebenda.
[29] Vgl. ebd., S.11f.
[30] Zur Vermeidung von terminologischen Überschneidungen empfiehlt Barbara Schmitz statt des bereits besetzten Begriffs „Erzählstimme" solche Figuren, die in ihrer Figurenrede fiktionale Welten mit agierenden und kommunizierenden Wesen entwerfen, die Bezeichnung „erzählende Figuren". Vgl. ebd., S. 12.
[31] Siehe Schmitz, Prophetie, S. 12. Im Unterschied dazu kann die Erzählstimme über Allwissenheit verfügen oder an mehreren Orten und verschiedenen Zeiten gleichzeitig anwesend sein. Außerdem erhält die Erzählstimme Zugang zu Verborgenem wie Emotionen, Motivationen oder Gedanken der Figuren.

hierbei um die regelrechte „Inflation der textinternen Kommunikationsebenen und Sprecherinstanzen"[32] in der theoretischen Diskussion, denen in der Textauslegung eine zunehmende Relevanzlosigkeit entgegensteht. Zum anderen sieht Schmitz die Tendenz kritisch, bei der künstlich-elaborierte Kommunikationsmodelle mit vier, sechs oder noch mehr Ebenen etabliert werden, die letztlich reduziert werden auf starr trichterförmige, nach innen geschachtelte Modelle, in denen die Kommunikationsebenen hierarchisch im Verhältnis zueinander stehen. Die Bedeutung des dritten Einwands hebt Schmitz eigens hervor. Sie wertet den Umstand kritisch, dass die textexterne Ebene mit den Instanzen des Rezipienten und des Autors zwar in den elaborierten Kommunikationsmodellen stets benannt wird, jedoch „nie tatsächlich in die Textauslegung einbezogen worden"[33] ist. Der vierte Einwand von Schmitz richtet sich gegen den Ausgangspunkt bisheriger kommunikationstheoretischer Modelle. Dieser wurde stets im Autor des Textes gesehen, d. h., die bisherigen Kommunikationsmodelle unterstellen mit ihren Darstellungsweisen einen Aufbau, der ausgehend vom Autor über den Text hin zum Leser verläuft.[34]

Aufgrund der dargelegten Einwände, hat Schmitz das Kommunikationsmodell rezeptionsästhetisch modifiziert, worin m. E. sowohl die Innovation und Stärke dieses Modells als auch die gute Passung für die vorliegende Untersuchung liegt. Schmitz reduziert die Kommunikationsebenen auf drei basale Ebenen, dadurch erzielt sie eine arbeitspragmatische und zweckmäßige Handhabbarkeit innerhalb der Textanalyse. Außerdem plädiert sie für einen flexiblen Umgang mit den Kommunikationsebenen, wobei „die Anordnung der Kommunikationsebenen als Basisordnung verstanden werden [sollte; A. F.], die die Funktion hat, die prinzipielle Organisation der Kommunikation zu veranschaulichen und zugleich die Durchbrechungen ihrer Ordnung beschreibbar zu machen."[35]

Ein besonderes Anliegen der Alttestamentlerin ist die Einbeziehung der textexternen Instanzen in die Textanalyse. Dazu ist die Entwicklung eines narratologischen Konzeptes notwendig, welches vom literarischen Text ausgeht, nach seinen textexternen Bezügen fragt und diese in die Interpretation der Erzählung mit einbezieht.[36] Schmitz hat in ihrer Habili-

---

[32] Schmitz, Prophetie, S. 13.
[33] Ebd., S. 14.
[34] Siehe ebd., S. 14f.
[35] Ebd., S. 14.
[36] Siehe ebd., S. 14f.

tationsschrift „Königtum und Prophetie" gezeigt, dass die Einbeziehung der textexternen Ebenen kein methodologischer Fehlschluss ist, sondern der Einbezug der textexternen historischen Perspektive eine sinnvolle Ergänzung zu den textintern analysierten Perspektivstrukturen darstellt.

Eine weitere Modifikation von Schmitz stellt die dem Rezeptionsprozess angemessene Konzeptualisierung des Kommunikationsmodells dar, die vom Rezipierenden ausgeht. Der Ausgang der Kommunikation jeder Lektüre liegt bei jenen, die den Text real lesen. Damit sind die Lesenden bzw. Rezipierenden die entscheidenden Instanzen, die den Kommunikationsprozess überhaupt erst eröffnen. Der Text ist die gemeinsame Schnittstelle zwischen Autor bzw. Autorin und Lesenden – zwischen Produktions- und Rezeptionsseite – und sollte als solcher im Zentrum stehen.

Dieses rezeptionsästhetisch modifizierte Kommunikationsmodell hat zudem zur Konsequenz, dass die Analyse der Kommunikationssituation eines Textes nicht ebenenspezifisch, sondern entlang der Leserichtung des Modells erfolgt: So kommuniziert eben nicht der reale Autor mit den real Lesenden auf der ersten Kommunikationsebene. Vielmehr sind die real Lesenden (K I) mit einem fremden Text konfrontiert (K II ff.); nur in, mit und durch den Text können die Lesenden nach der Produktionsseite fragen.[37]

Das von Barbara Schmitz vorgelegte und hier vorgestellte Kommunikationsmodell soll im Folgenden auf die „David, Batseba und Urija"-Erzählung angewendet werden.

4.2.2 Das Kommunikationsmodell von 2 Sam 11

Ausgangspunkt von Schmitz' Modell ist der (gegenwärtige) *Rezipient*, der der außertextlichen Wirklichkeit zugerechnet ist und der Kommunikationsebene K I angehört.[38] Dem *Rezipienten* liegt die biblische „David, Batseba und Urija"-Erzählung als überlieferter, schriftlicher Text vor. Die

---

[37] Schmitz, Prophetie, S. 15.
[38] Im Folgenden wird ausgehend von dem Kommunikationsmodell von B. Schmitz von *dem Rezipienten* im Sinne eines idealen Modell-Lesers gesprochen. Aus diesem Grund treten Individualisierungen, Personalisierungen sowie gender-faire Schreibweise hinter dem Konstrukt zurück.

Erzählung fungiert als *Bote* für eine Kommunikationssituation zwischen dem *Rezipienten* als Empfänger und dem *Autor* als Sender.[39] In diesem Zusammenhang ist darauf zu verweisen, dass die Erzählung innerhalb ihrer Überlieferung in den hebräischen sowie griechischen Kanon aufgenommen wurde und so zu einem Teil der Heiligen Schrift des Judentums sowie des Christentums avanciert ist. Für die Rezipierenden kann dies von Bedeutung sein. Wird die „David, Batseba und Urija"-Erzählung als heiliger Text, als Teil des Tanach oder des Alten Testaments gelesen, so ändern sich die Voraussetzungen und die Perspektiven, mit denen der Text rezipiert wird. Zum einem werden der Erzählung eine theologische Sinnkomponente sowie Autorität zugesprochen. Zum anderen erweist sich der hebräische bzw. der biblische Kanon als bevorzugter Referenzrahmen der „David, Batseba und Urija"-Erzählung. Hinsichtlich des *Rezipienten*, dem Ausgangspunkt des Kommunikationsmodells, ist m. E. zwischen der profanen und sakralen Lesart zu differenzieren, wobei diese Unterscheidung wertneutral und nicht als sich ausschließliche Polarität zu verstehen ist. Mit dieser Differenzierung gilt es eine gegenwärtige Tendenz zu berücksichtigen, nach der sich biblisches Wissen gegenwärtig von einem Allgemeinwissen in ein Spezialwissen verwandelt.[40] Die Literaturwissenschaftlerin Andrea Polaschegg diagnostiziert, dass biblische Inhalte offenkundig

> nicht mehr zu jenen selbstverständlichen und kollektiven Wissensbeständen unserer Gesellschaft [zählen; A. F.], die jederzeit und überall durch Anspielung oder Zitat aktualisierbar sind. Im Gegenteil: Wer heute mit den biblischen Erzählungen, Motiven oder Formulierungen auf vertrautem Fuße steht, weist sich damit augenblicklich entweder als Mitglied einer bildungs-bürgerlichen Elite oder als frommer Christ einer bestimmten Frömmigkeitstradition oder als Pfarrhauskind oder schlicht als Fachmann aus; keinesfalls aber als Durchschnittsakademiker.[41]

---

[39] Bei biblischen Erzähltexten, so auch in 2 Sam 11, handelt es sich nach Schmitz um eine zerdehnte Sprechsituation, da sich der Text aufgrund seiner Fixierung durch die Schrift aus der primären Sprechsituation in einer sekundären Sprechsituation aktualisieren und verwenden lässt. Die Differenz zwischen der primären Sprechsituation und der gegenwärtigen Sprechsituation ist hinsichtlich der zeitlichen, räumlichen, kulturellen, sozialen und theologischen Unterschiede hoch.

[40] Vgl. Polaschegg, Literatur, S. 43.

[41] Ebd., S. 42f.

Diese Unterscheidung, einerseits in vorhandenes und andererseits fehlendes biblisches Wissen bzw. Bibelwissen des *Rezipienten*, soll an dieser Stelle der Analyse der ersten Erzählebene (K I) von 2 Sam 11 bereits angedeutet werden, evident wird sie in der Analyse der Rezeptionstexte.

Auf der Ebene der Erzählung (K II) tritt die *Erzählstimme* auf und entwirft eine fiktionale Textwelt. Sie konstituiert die Handlung, indem sie diese zeitlich und räumlich verortet, die erzählten Ereignisse in eine Handlungsabfolge bringt sowie die Figuren, die in 2 Sam 11 auftreten, einführt und entwirft. Von den insgesamt 122 ÄE in 2 Sam 11 sind der *Erzählstimme* mit 81 ÄE der überwiegende Teil zugeordnet.[42] Während die *Erzählstimme* auf der Ebene der Erzählung (K II) als Sender fungiert, erweist sich der *fiktionale Adressat*, der in der folgenden narratologischen Analyse von 2 Sam 11 v. a. in der Figurenanalyse, speziell der Figurensynthese im Fokus stehen wird, als Empfänger. Dieser Ebene (K II) ist im Kommunikationsmodell von Schmitz auch die *Autorfiguration* zugeordnet. Diese wird im Rahmen der narratologischen Analyse von 2 Sam 11 und deren darin verfolgter Ausrichtung auf den idealen Lesenden nicht eigens untersucht.

In der „David, Batseba und Urija"-Erzählung lässt die Erzählstimme auch die von ihr konstruierten Figuren zu Wort kommen. Dementsprechend gibt es neben der textinternen Ebene K II auch eine Ebene der Figurenrede (K III), der insgesamt 30 ÄE zuzurechnen sind. David ist diejenige Figur, die am häufigsten, nämlich fünfmal, zu Wort kommt.[43] Die Figuren Urija, Joab sowie die Boten kommen einmal zu Wort, ihnen sind mit jeweils sechs gleich viele ÄE zugeteilt. Die Figurenrede Urijas sticht dennoch heraus, da seine Rede nicht durch die Erzählstimme oder die Rede einer anderen Figur unterbrochen wird, sondern als Einheit in 2 Sam 11,11b–g zu finden ist. Neben den bereits genannten Figuren, deren Figurenrede auf der Ebene K III anzuordnen ist, zählen noch die wörtliche Rede von Batseba in V.5e sowie die beiden Figurenreden in V.3d und V.10c, wobei die Erzählstimme hier die Identität der sprechenden Figuren offen lässt.

In der „David, Batseba und Urija"-Erzählung gibt es neben den Ebenen der Erzählung (K II) und der Figurenrede (K III) eine weitere textin-

---

[42] Eine graphische Darstellung der Kommunikationsebenen und der dazugehörigen Verteilung der ÄE findet sich im Anhang, S. 658–661.
[43] Insgesamt neun ÄE stellen in 2 Sam 11 Figurenrede Davids dar: 2 Sam 6b; 8b.c; 10e.f; 12b.c und 25b.g.

terne Erzählebene. In der Figurenrede Joabs (K III) in V.19c–20c sowie V.21e–f ist eine weitere Rede (V.20d–21d) eingeschoben, womit der Wechsel auf die Ebene der erzählenden Figuren (K IV) vollzogen ist. Auch in V.25 gibt es einen mehrmaligen Wechsel in den Kommunikationsebenen. Die Erzählstimme (K II) leitet in V.25a die Figurenrede Davids (K III) ein. Diese umfasst lediglich die Verse V.25b und V.25g und rahmt eine weitere Rede (K IV) in V.25c–f. Hier kommt der Bote zu Wort, seine Rede (K IV) wird wiederum von der sendenden Instanz, diesmal von der Figur David (K III), eingeleitet (V.25b).

Die Anwendung des Kommunikationsmodells von Barbara Schmitz auf die „David, Batseba und Urija"-Erzählung ermöglicht eine genaue Betrachtung, welche Erzählinstanz auf welcher Ebene des narrativen Diskurses berichtet. Alle vier Kommunikationsebenen, die Schmitz in ihrem Modell benennt, lassen sich auch für 2 Sam 11 nachweisen. Bereits durch die hier untersuchte Verteilung der ÄE wird deutlich, welch enorme Bedeutung die Erzählstimme für die „David, Batseba und Urija"-Erzählung hat. Aus diesem Grund beginnt die folgende Analyse mit der zentralen Kommunikationsinstanz, der Erzählstimme.

4.3 Erzählstimme

Die im vorherigen Abschnitt erfolgte Differenzierung von Erzählebenen im Rahmen der „David, Batseba und Urija"-Erzählung stellt eine notwendige Voraussetzung für die Analyse der Erzählstimme dar und steht dieser deshalb voran. Eine grundlegende Erkenntnis ist die Unterscheidung zwischen *Erzählstimme* und *Autor*, die nach Fotis Jannidis zu den „Binsenwahrheiten der Literaturwissenschaft"[1] gehört. „Dem Erzähler werden alle Eigenschaften eines narrativen Textes zugeschrieben; der Autor hat den Text zwar erschaffen, nun aber ist der Text ein vom Autor losgelöstes und ganz unabhängiges Gebilde."[2] Die Instanz des Autors ist dementsprechend textextern, während die Erzählstimme eine textimmanente Größe darstellt.

„Die Erzählstimme ist [...] Teil der fiktionalen Textwelt, die die Lesenden aufgrund der im Text gegebenen Hinweise konstruieren, und ergibt sich somit aus der Rezeptionsleistung der Lesenden"[3]. Diese text-

---

[1] Jannidis, Autor und Erzähler, S. 540.
[2] Ebenda.
[3] Schmitz, Prophetie, S. 23.

immanente Instanz – die Erzählstimme – ist Gegenstand der folgenden Ausführungen. Nach terminologischen Vorüberlegungen sollen Forschungstand sowie -kontroversen kurz skizziert werden. Im Anschluss daran gilt es, aus ausgewählten Literatur- und vor allem bibelwissenschaftlichen Untersuchungen Kategorien der Erzählstimme zu benennen, mit deren Hilfe ihre Darstellungsweise in der „David, Batseba und Urija"-Erzählung analysiert werden kann.[4]

4.3.1 Terminologische Vorüberlegungen

Die Leitfrage zur Analyse der Erzählinstanz lautet: „Wer erzählt?"[5] Auf diese Frage gibt es innerhalb der Erzähltheorie schon aufgrund unterschiedlicher Terminologien verschiedene Antworten: *Erzähler, Erzählinstanz* oder *(Erzähl-)Stimme*. Die genannten Begriffe sind in der erzähltheoretischen Literatur am stärksten etabliert.[6] Der Begriff *Erzähler* findet in Analogie zur Alltagserzählung auch für die textuelle Instanz der literarischen Erzählung Verwendung.[7] Dieser Begriff erweist sich als problematisch. Zum einen befördert der Begriff *Erzähler* anthropomorphe Vorstellungen der textimmanenten Instanz, indem der *Erzähler* personalisiert, individualisiert sowie geschlechtlich konnotiert wird. Aber der *Erzähler* ist nun gerade keine Person, sondern eine Funktion des Textes und zwar die Instanz des Erzählens auf der zweiten Kommunikationsebene. Insofern sollte m. E. der traditionelle und, wie Ute Eisen zu Recht wertet, „griffige Begriff"[8] *Erzähler* vermieden werden. Auf diese Weise werden fälschliche Gleichsetzung mit dem realen Autor sowie geschlechtliche Festlegung vermieden.

Auch innerhalb der literaturwissenschaftlichen Forschung gab es Unbehagen angesichts dieser kritischen Anfragen, sodass es zu neuen termino-

---

[4] In diesem Zusammenhang sind folgende bibelwissenschaftlichen Arbeiten mit narratologischer Ausrichtung als Auswahl zu benennen: Bar-Efrat, Bibel. Eisen, Poetik. Finnern, Narratologie. Schmitz, Prophetie.
[5] Siehe Eisen, Poetik, S. 72.
[6] Der österreichische Literaturwissenschaftler Franz Stanzel verwendet den Begriff *Erzählsituation*. Mit seiner Arbeit zu den typischen Erzählsituationen legte Stanzel eine über Jahrzehnte in der Literaturwissenschaft gültige, jedoch auch zunehmend kritisierte Unterscheidung vor – hier besonders das Kapitel zur „Die Neukonstituierung der typischen Erzählsituationen" Siehe Stanzel, Theorie, S. 68–108.
[7] Vgl. Lahn / Meister, Erzähltextanalyse, S. 61.
[8] Eisen, Poetik, S. 72.

logischen Überlegungen kam. Gérard Genette führte für die „fiktive Instanz, die als Urheber (Sprecher oder Schreiber) eines fiktionalen Erzähltextes gilt"[9], den Begriff *Stimme* in die Narratologie ein.[10] Als weitere Alternative hat Ansgar Nünning vorgeschlagen, nur noch von *Erzählinstanz* zu sprechen.[11]

Innerhalb der narratologischen Bibelauslegung wurde die Terminologie Genettes ebenfalls aufgegriffen. In den biblisch-narratologischen Arbeiten von Ute Eisen, Barbara Schmitz sowie Yvonne Thöne wird der Begriff *Erzählstimme* verwendet.[12] Im „Arbeitsbuch literaturwissenschaftliche Bibelauslegung" von Helmut Utzschneider und Stefan Ark Nitsche ist hingegen die Bezeichnung *Erzähler* zugrunde gelegt worden.[13] Diese findet sich ebenso in der narratologischen Qualifikationsschrift von Sönke Finnern zu Mt 28.[14]

In der vorliegenden Arbeit wird die Bezeichnung *Erzählstimme* verwendet. Zum einen „markiert der Terminus, dass es sich um eine identifizierbare Größe des Textes handelt"[15], die im Unterschied zum Begriff *Erzähler* anthropomorphe Assoziationen wie z. B. geschlechtliche Konnotationen vermeidet. Zum anderen „macht er – im Gegensatz zu dem Neutralität und vermeintliche Objektivität suggerierenden Begriff ‚Erzählinstanz' – deutlich, dass die ‚Erzählstimme' eine interessengeleitete Position im Text einnehmen kann"[16].

Der Begriff Erzählstimme erweist sich für biblische Texte m. E. als besonders geeignet, denn der Terminus Stimme signalisiert die Polyphonie der Erzählstimme, die auch für diachrone Erwägungen anschlussfähig ist. Biblische Erzähltexte sind über einen langen Fortschreibungs- und Tradierungsprozess entstanden. Dieser Entstehungsprozess lässt sich

---

[9] Schmid, Erzählstimme, S. 131.
[10] Siehe dazu ausführlich Genette, Erzählung, S. 137–169. Die vorliegende Monographie Genettes – „Die Erzählung" (3. Aufl.) von 2010 – stellt die deutsche Übersetzung seiner Studie „Discours du récit" dar, die im Rahmen des Sammelbandes „Figures III" 1972 veröffentlicht wurde.
Die Terminologie *(Erzähl-)Stimme* wurde auch in der erzähltheoretischen Einführung von Martínez/Scheffel aufgegriffen, siehe Martínez / Scheffel, Erzähltheorie, S. 70–91
[11] Vgl. Nünning, Funktionen, S. 324.
[12] Siehe Eisen, Poetik, S. 72; Schmitz, Prophetie, S. 21–42; Thöne, Liebe, S. 48f.
[13] Vgl. Utzschneider / Nitsche, Arbeitsbuch, S. 153.
[14] Siehe Finnern, Narratologie, S. 175.
[15] Schmitz, Prophetie, S. 22.
[16] Ebenda.

anhand der Erzählstimme nachweisen. Mehrere, voneinander zu differenzierende Erzählstimmen können in einem Text auftreten. Dabei sind diese entweder gleichzeitig präsent in Gestalt einer einzelnen Stimme, oder es kommt zu einem Wechsel der Erzählstimmen innerhalb einer Erzählung.[17] Sind mehrere Erzählstimmen in einem Text nachweisbar, so geben diese das Geschehen aus jeweils unterschiedlichen Perspektiven wieder. Dadurch wird Multiperspektivität erzeugt. Barbara Schmitz stellt in diesem Zusammenhang die berechtigte Frage, ob sich die in der historisch-kritischen Exegese beobachteten Spannungen, Brüche, redaktionellen Hinzufügungen oder Überarbeitungen des biblischen Erzähltextes erzähltheoretisch konzeptualisieren lassen und zwar als multiperspektivische Erzählstrukturen.[18] Auch wenn in der vorliegenden Arbeit die Textbeobachtungen der historisch-kritischen Methode nicht im Fokus stehen, ist dieser Hinweis von Barbara Schmitz beachtenswert, bekräftigt er doch auch die Entscheidung, den Terminus *Erzählstimme* für die vorliegenden Untersuchungen zu Grunde zulegen.

4.3.2 Erzählstimme – theoretische Einordnung

Die Alttestamentlerin Barbara Schmitz beobachtet in Bezug auf die Erzählinstanz treffend:

> Inzwischen ist der ‚Erzähler' eine (weitgehend) unbestrittene Größe und zugleich zu *der* zentralen Instanz in der Erzählforschung avanciert. Umso mehr erstaunt es, dass gerade an dieser Stelle ein Defizit in der methodologischen Auseinandersetzung zu konstatieren ist: Während bei der Entwicklung der narratologischen Theorien ein ausgefeiltes Analyseinstrumentarium, z. B. im Hinblick auf die Zeit, entwickelt worden ist, ist gerade die für jede narratologische Lektüre so fundamentale Instanz des ‚Erzählers' in der theoretischen Reflexion vernachlässigt worden.[19]

Mit dem Ziel, einen Überblick des derzeitigen Forschungsstandes zur Kategorie der Erzählstimme zu erlangen, sollen im Folgenden wesentliche Wegmarken der erzähltheoretischen Forschung vorgestellt werden.

---

[17] Vgl. ebd., S. 23f.
[18] Vgl. ebd., S. 24.
[19] Ebd., S. 21. Auf dieses Defizit weisen bereits 1981 Susan S. Lanser oder 1997 Ansgar Nünning innerhalb der erzähltheoretischen Forschung hin. Siehe Lanser, narrative act, S. 233; Nünning, Funktionen, S. 323.

Bereits 1910 machte Käte Friedemann in ihrer Studie „Die Rolle des Erzählers in der Epik" darauf aufmerksam, dass der ‚Erzähler'[20] in Erzähltexten als textimmanente Instanz der Vermittlung wirkt. Friedemann gilt als eine der ersten, die auf die grundlegende Differenz zwischen Autorin bzw. Autor und ‚Erzähler' hinweist:

> ‚(D)er Erzähler' ist d e r Bewertende, d e r Fühlende, d e r Schauende. Er symbolisiert die uns seit Kant geläufige erkenntnistheoretische Auffassung, daß wir die Welt nicht ergreifen, wie sie an sich ist, sondern wie sie durch das Medium eines betrachtenden Geistes hindurchgegangen. [...] Also nicht um einen außerhalb des Kunstwerkes stehenden Schriftsteller handelt es sich, der seine Gestalten, denen er versäumt hätte, ein selbständiges Leben einzuhauchen, nachträglich zurechtrücken und erläutern müsste, sondern um den Erzähler, der selbst als Betrachtender zu einem organischen Bestandteil seines eigenen Kunstwerkes wird.[21]

Daraus ergibt sich nach Friedemann die Prämisse, dass keine Erzählung ohne eine Erzählstimme auskommt, wobei diese fiktiv ist und somit nicht identisch mit dem realen Autor sein kann, der textextern zu verorten ist.

Neben der Pionierstudie von Käte Friedemann (1910) gelten die Abhandlungen des österreichischen Anglisten Franz K. Stanzel zu den so genannten typischen Erzählsituationen als Meilenstein in der erzähltheoretischen Forschung zur Erzählinstanz. Basierend auf der in der Forschung verbreiteten Unterscheidung von *Ich-Erzähler* vs. *Er-Erzähler*[22] baute Stanzel ab 1955 diese Dichotomie in mehreren Studien zu einer Trias aus: a) Ich-Erzählsituation, b) auktoriale Erzählsituation und c) personale Erzählsituation.[23]

---

[20] Da bei den meisten Theorien keine inklusive Sprache vorliegt, wird im Folgenden von ‚Erzähler' gesprochen, wobei die Anführungszeichen darauf hindeuten, das nicht nur Erzähler sondern auch Erzählerinnen mitzudenken sind.

[21] Friedemann, Rolle, S. 26. Die Hervorhebungen sind dem Original entnommen.

[22] In der älteren Erzähltheorie fand eine Klassifizierung nach der grammatischen Person statt. Mit der Bezeichnung *Ich-Erzähler* war die berichtende Instanz benannt, die eigne Erlebnisse schildert. Im Unterschied dazu, wurde unter dem Begriff *Er-Erzähler* die Instanz gefasst, die über andere Figuren erzählt. Siehe hierzu Lahn / Meister, Erzähltextanalyse, S. 76.

[23] Diese Trias wurde basierend auf der formalistischen Methode des Strukturalismus von Stanzel als zusammengesetzt aus Konstituenten aufgefasst, die gemeinsam mit einem System von dualen Oppositionen wie a) Innenperspektive – Außenperspektive, b) Identität – Nichtidentität und c) Erzähler – Reflektor zu einem Typenkreis gruppiert

Bei der Ich-Erzählsituation ist der ‚Erzähler' Teil der Welt der Figuren. Er schildert in der ersten Person Singular eigene Erlebnisse. Die auktoriale Erzählsituation liegt vor, wenn sich der ‚Erzähler' zu Wort meldet in Form von Kommentaren oder er das Geschehen explizit organisiert. Er kann zudem prinzipiell „allen Figuren in Hirn und Herz schauen"[24]. Diese Eigenschaft bezeichnet Stanzel als Außenperspektive, eine Bezeichnung, die gegen die allgemeine Intuition steht.[25] Der ‚Erzähler' tritt als ordnende Instanz explizit in Erscheinung und bereitet die Ereignisse erzählerisch für die Lesenden auf. Im Unterschied dazu ist für die personale Erzählsituation eine mangelnde Selektion durch die Erzählinstanz charakteristisch. Der ‚personale Erzähler' verzichtet beispielsweise darauf, Schwerpunkte zu setzen, Ereignisse zusammenzufassen oder auszusparen. Damit reduziert sich der Vermittlungscharakter des Erzählens hinsichtlich der Lesenden. Er tritt in den Hintergrund und erzählt das Geschehen als Reflektorfigur aus dem Blickwinkel einer einzigen Figur, was Stanzel als *Innenperspektive* bezeichnet. Außerdem tritt der ‚personale Erzähler' so

> weit hinter die Charaktere des Romans zurück, daß seine Anwesenheit dem Leser nicht mehr bewußt wird, dann öffnet sich dem Leser die Illusion, er befände sich selbst auf dem Schauplatz des Geschehens oder er betrachte die dargestellte Welt mit den Augen einer Romanfigur, die jedoch nicht erzählt, sondern in deren Bewusstsein sich das Geschehen gleichsam spiegelt. Damit wird diese Romanfigur zur *persona*, zur Rollenmaske, die der Leser anlegt.[26]

---

wurden. Eine graphische Darstellung findet sich bei Stanzel, siehe Stanzel, Theorie, S. 81. Die *auktoriale Erzählsituation* ist primär bestimmt durch die Außenperspektive, die Allwissenheit suggeriert. Zudem wird sie durch die Anwesenheit einer Erzählerfigur gekennzeichnet sowie durch die Nichtidentität der beiden Seinsbereiche der Erzählstimme und der Figuren. Im Unterschied dazu stellt die Vorrangstellung einer Reflektorfigur das bestimmende Charakteristikum der *personalen Erzählsituation* dar. Sekundär ist diese Erzählsituation durch eine überwiegende Innenperspektive bestimmt sowie durch eine Nicht-Identität. Die *Ich-Erzählsituation* schließlich wird durch eine Identität der beiden Seinsbereiche von Erzählstimme und Figuren dominiert. Daneben sind die Präsenz einer Erzählerfigur sowie eine Innenperspektive, die an einem bestimmten Standort gebunden ist, charakteristisch in der *Ich-Erzählsituation*. Vgl. Stanzel, Theorie, S. 15f.

[24] Lahn / Meister, Erzähltextanalyse, S. 77.
[25] Vgl. ebd., S. 77f.
[26] Stanzel, Formen, S. 17.

Die Trias der Erzählsituation nach Stanzel war über Jahrzehnte hinweg maßgeblich und gültig für die Klassifizierung von Erzählertypen. Obwohl bis heute noch gelehrt, wurde schon früh und zunehmend Kritik gegenüber dieser Differenzierung laut. Genette kritisiert an Stanzels Klassifizierung „deren Vermengung von Modus und Stimme", womit sie der „allgemein anerkannte(n) Unterscheidung zwischen den beiden Fragen ‚Wer sieht?' (Frage des Modus) und ‚Wer spricht?' (Frage der Stimme)" widersprechen.[27] Als problematisch wertet Genette den von Stanzel eingeführten komplexeren Begriff *Erzählsituation*, durch den gerade eine Beziehung zwischen den zu trennenden Kategorien Modus und Stimme hergestellt wird.[28]

Matias Martinez und Michael Scheffel weisen außerdem darauf hin, dass wichtige Parameter wie Ordnung, Dauer, Frequenz, Ort und Zeitpunkt des Erzählens in Stanzels Typologie der Erzählsituationen nicht oder nur in Ansätzen berücksichtigt werden. „Zudem liegen systeminterne Nachteile [...] in der mangelnden Trennung zwischen den Positionen von ‚Sprecher' und ‚Wahrnehmenden'"[29] vor.

Der Entwurf von Genette hat die Typologie Stanzels innerhalb der neueren Erzählforschung als Basismodell zunehmend abgelöst.[30] Genette unterscheidet zwei Typen von Erzählungen: „solche, in denen der Erzähler in der Geschichte, die er erzählt, nicht vorkommt, abwesend ist [...] und solche, in denen der Erzähler als Figur in der Geschichte, die er erzählt, anwesend ist"[31]. Mit dem Begriff *heterodiegetisch* benennt Genette den ersten Typ ‚Erzähler', den zweiten im Unterschied dazu *homodiege-*

---

[27] Siehe Genette, Erzählung, S. 213. In diesem Zusammenhang zählt Genette die Klassifizierungen von Brooks-Warren, Friedman, Booth und Romberg auf.
[28] Genette, Erzählung, S. 213
[29] Martínez / Scheffel, Erzähltheorie, S. 96. Neben den genannten Kritikpunkten werden weitere genannt, siehe ebd., S. 96–98.
[30] Ute Eisen spricht sogar davon, dass durch die vielfältige Kritik, die die Typologie Stanzels in den letzten Jahren erfahren hat, „sie als überholt gelten kann". Eisen, Poetik, S. 74. Lahn/Meister weisen in diesem Zusammenhang darauf hin, dass die narratologischen Modelle Genettes in den erzähltheoretischen Arbeiten „gern als *state of the art* gehandelt [werden, A. F.], während Stanzels Taxonomie zugleich in Bausch und Bogen verworfen wird". Lahn / Meister, Erzähltextanalyse, S. 79. Dabei findet Stanzels Typologie nach wie vor gerade in der praktischen Textanalyse Verwendung. Wolf Schmid spricht ihr sogar weiterhin eine heuristische Brauchbarkeit zu. Siehe Wolf, Art. Erzählsituation, S. 175.
[31] Genette, Erzählung, S. 159.

tisch.³² Die beiden Typen unterscheiden sich zudem aufgrund ihres Status`, wobei die Abwesenheit des ‚Erzählers' absolut ist, die Anwesenheit jedoch graduell gestuft.³³ Innerhalb des homodiegetischen Erzähltyps unterscheidet Genette den Grad, in dem der ‚Erzähler' als „Held" seiner Erzählung fungiert (*autodiegetisch*)³⁴ von dem Grad, in dem der ‚Erzähler' eine Nebenrolle spielt.

Genette definiert den Status des ‚Erzählers' nicht nur hinsichtlich seiner Beziehung zur Geschichte (hetero- oder homodiegetisch), sondern auch bezüglich seiner narrativen Ebene. Dabei steht die Frage im Fokus: Auf welcher Kommunikationsebene wird erzählt? Genette unterscheidet in diesem Zusammenhang zwischen *extra- und intradiegetischer* Erzählstimme.³⁵ Letztere bezeichnet die Erzählstimme, die selbst Teil der erzählten Welt ist und der Ebene der Handlung (K III) angehört. Gehört sie jedoch der Ebene K II an, auf der die Erzählstimme zusammen mit den fiktionalen Adressaten (s. o. die Darstellung des Kommunikationsmodells von B. Schmitz) die erzählerische Vermittlung zugrunde legt, wird sie als extradiegetisch bezeichnet, da sie sich außerhalb der erzählten Welt befindet.³⁶ Nach Genette lassen sich daher vier fundamentale Erzählertypen differenzieren:

1) *extradiegetisch-heterodiegetisch*, Beispiel: Homer, Erzähler erster Stufe, der eine Geschichte erzählt, in der er nicht vorkommt; 2) *extradiegetisch-homodiegetisch,* Beispiel: Gil Blas, Erzähler erster Stufe, der seine eigene Geschichte erzählt; 3) *intradiegetisch-heterodiegetisch,* Beispiel: Scheherazade, Erzählerin zweiter Stufe, die Geschichten erzählt, in denen sie im Allgemeinen nicht vorkommt; 4) *intradiegetisch-homodiegetisch,* Beispiel Odysseus in

---

[32] Siehe dazu ebd., S. 158–164.
[33] Vgl. ebd., S. 159.
[34] Für Genette repräsentiert dies den höchsten Grad des Homodiegetischen. Dieser Grad des homodiegetischen Typus wird deshalb von Genette als *autodiegetisch* bezeichnet. Siehe hierzu ebd., S. 159f.
[35] Vgl. ebd., S. 148: „Die narrative Instanz einer ersten Erzählung ist also per definionem extradiegetisch, die narrative Instanz einer zweiten (metadiegetischen) Erzählung per definionem diegetisch usw."
[36] Ute Eisen verweist darauf, dass diese Bezeichnung (extra-diegetisch) irreführend ist, dass die Erzählstimme zwar außerhalb der erzählten Welt, dennoch als Figur in der Geschichte vorkommen kann, vgl. Eisen, Poetik, S. 76.

den Gesängen IX bis XII, Erzähler zweiter Stufe, der seine eigene Geschichte erzählt.[37]

An der Terminologie sowie der Systematik Genettes wurde Kritik geäußert. So plädiert Wolf Schmid beispielsweise dafür, die Terminologie Genettes, die „einen aufmerksamen Rezipienten und disziplinierten Benutzer verlangt"[38], zu vereinfachen und verwendet stattdessen die Dichotomie diegetisch vs. nichtdiegetisch, womit er im Wesentlichen der von Genette eingeführten Opposition entspricht.

Ein „entscheidendes Verdienst Genettes liegt darin, zwei Aspekte unterschieden zu haben, die zuvor in der Erzähltheorie unzureichend differenziert und meist summarisch unter dem Begriff *point of view* behandelt worden sind"[39]. Wie bereits bei der Darstellung von Stanzels Typologie erwähnt, kritisiert Genette die Vermischung von Stimme und Modus – so beispielsweise in Stanzels komplexem Begriff der *Erzählsituation*. Stattdessen differenziert er in die beiden komplementären, aber zu unterscheidenden Fragen:
1. Wer erzählt? (*Wer spricht?*) und
2. Aus wessen Perspektive wird erzählt bzw. die erzählte Welt wahrgenommen? (*Wer sieht?*).[40]

Diese Unterscheidung hat sich innerhalb der narratologischen Forschung durchgesetzt und stellt zum einen eine essentielle theoretische Grundvoraussetzung dar. Zum anderen ermöglicht es diese Unterscheidung erst, dass beide Kategorien – *(Erzähl)Stimme* sowie *Fokalisierung* – als eigenständige Kategorien des Erzählens systematisiert und konzeptionalisiert werden konnten.[41]

---

[37] Genette, Erzählung, S. 161.
[38] Schmid, Erzählstimme, S. 33. „Diegetisch soll ein Erzähler heißen, der zur erzählten Geschichte (Diegesis) gehört, der folglich über sich selbst – genauer sein früheres Ich – als Figur der erzählten Geschichte erzählt. Der diegetische Erzähler figuriert auf zwei Ebenen: sowohl in der Exegesis als auch in der Diegesis. Der nichtdiegetische Erzähler gehört dagegen nur zur Exegesis und erzählt nicht über sich selbst als eine Figur der Diegesis, sondern ausschließlich über andere Personen. [...] Diegetische Erzähler zerfallen in zwei nach Ebene und Funktion differenzierbare Instanzen, das erzählende und das erzählte Ich". Ebenda.
[39] Eisen, Poetik, S. 74.
[40] Vgl. Genette, Erzählung, S. 213.
[41] Siehe Eisen, Poetik, S. 75. Die Fokalisierung ist in der vorliegenden Arbeit Gegenstand eines eigenständigen Kapitels, das im direkten Anschluss an die Erzählstimme situiert ist.

In der vorliegenden Arbeit wird die Terminologie von Genette aufgegriffen. Auch die Analysekategorien Genettes zur (Erzähl)Stimme finden Verwendung. Diese werden im folgenden Abschnitt zu den kategorialen Darstellungsformen der Erzählstimme durch einige Modifikationen und Ergänzungen zu Genettes Modell leicht angepasst.

4.3.3 Kategorien zur Beschreibung der Erzählstimme[42]

Die erste kategoriale Differenzierung betrifft den *Ort des Erzählens*. Dabei steht die Frage im Fokus, auf welcher Kommunikationsebene wird erzählt? Als Grundlage der Beantwortung dieser Frage ist ein mehrstufiges Inklusionsschema vorausgesetzt, wobei die einzelnen Ebenen hierarchisiert sind. Die Idee „einer Geschichte in der Geschichte in der Geschichte"[43] wird dabei aufgegriffen, indem die erzählende Figur in ihrer Erzählung eine Binnenerzählung integriert. Genette bezeichnet die verschiedenen Erzählebenen eines solchen Inklusionsschemas mit den Begriffen extra-, intra- und metadiegetisch. Die Erzählstimme auf der ersten Stufe (A) nennt Genette extradiegetisch. Ist die Erzählstimme jedoch selbst Teil der erzählten Welt (B) und tritt in dieser als Figur auf, dann handelt es sich um eine intradiegetische Erzählstimme. Alle weiteren untergeordneten Erzählstimmen bezeichnet Genette mit den Begriffen metadiegetisch (C), metametadiegetisch (D), metametametadiegetisch (E) usw. Das folgende Beispiel Genettes kann das von ihm vertretene Grund-Inklusionsschema verdeutlichen:

> Nehmen wir an, ein extradiegetischer Erzähler (und keine Figur, denn dann wäre dieses Attribut sinnlos) A (zum Beispiel der primäre Erzähler von Tausendundeine Nacht) produzierte eine erste Sprechblase, d.h. eine primäre Erzählung mitsamt ihrer Diegese, in

---

[42] In den folgenden Ausführungen sollen kategoriale Differenzen benannt werden, unter deren Anwendung die Erzählstimme der „David, Batseba und Urija"-Erzählung untersucht werden soll. Die folgend genannten Kategorien stellen ein Konglomerat aus den gegenwärtigen erzähltheoretischen Einführungen sowie narratologisch-bibelwissenschaftlichen Arbeiten dar. Die im Anschluss genannten Studien wurden vergleichend betrachtet und dabei die Kategorien der Erzählstimme ausgewählt, die mehrfach benannt und bzw. oder für die vorliegende Untersuchung von besonderem Interesse sind. Bei den Studien handelt es sich um die folgenden: Martínez / Scheffel, Erzähltheorie, S. 72–92; Lahn / Meister, Erzähltextanalyse, S. 61–100; Eisen, Poetik, S. 76–89; Finnern, Narratologie, S. 164–186; Schmitz, Prophetie, S. 24–34.
[43] Lahn / Meister, Erzähltextanalyse, S. 81.

der sich eine (intra-) diegetische Figur B (Scheherazade) befände, die ihrerseits zum – immer noch intradiegetischen Erzähler – einer metadiegetischen Erzählung werden könnte, in der eine metadiegetische Figur C (Sindbad) vorkäme, die eventuell ihrerseits usw.[44]

Gegenüber dem Modell und der Terminologie Genettes wurden vielfach Vorbehalte geäußert. „So ist zum Beispiel die Vorsilbe in ‚metadiegetisch' missverständlich, da diese sprachlich eine Über- statt Unterordnung anzeigt. Zudem trägt die Reihung ‚metameta-', ‚metametameta-' etc. in den Erzähltexten mit vielen Ebenen nicht unbedingt zur Übersichtlichkeit bei."[45] Dieser durchaus nachvollziehbare Kritikpunkt kann für die vorliegende Arbeit insofern vernachlässigt werden, als, wie im vorigen Abschnitts zum Kommunikationsmodell in 2 Sam 11 gezeigt, die Anzahl der Kommunikationsebenen in der „David, Batseba und Urija"-Erzählung überschaubar ist. Problematischer scheint jedoch der Vorwurf, Genette vermische „mit den Begriffen ‚extra- und intradiegetisch' die Diskussion über die verschiedenen absoluten Ebenen im Inklusionsschema mit der relationalen Unterscheidung von Erzählen und Erzähltem, die auf jeder Ebene im Inklusionsschema relevant ist"[46]. Dieser Problematik, der sich Genette ebenfalls bewusst war, kann begegnet werden, indem die beiden Begriffe extra- und intradiegetisch eben nicht als Bezeichnung für absolute Standpunkte zu verstehen sind, sondern diese reduziert werden auf das Verhältnis der Ebene des Erzählens zu der Ebene des Erzählten zueinander.[47] Unter Beachtung der genannten kritischen Anfragen hält die vorliegende Untersuchung an Genettes Terminologie und der kategorialen Differenzierung zwischen extra- und intradiegetischer Erzählstimme u. a. auch aus den im vorigen Abschnitt genannten Gründen fest.

Die Erzählstimme ist darüber hinaus hinsichtlich ihrer *Stellung gegenüber dem Geschehen* zu untersuchen. Gegenstand dieses zweiten Analysekriteriums sind die Fragen: Ist die Erzählstimme auf der Ebene der Figuren anwesend? In welchem Maße ist die Erzählstimme am Gesche-

---

[44] Genette, Erzählung, S. 225. Bezüglich Modifikationen des Inklusionsschemas siehe ebd., S. 225–227.
[45] Lahn / Meister, Erzähltextanalyse, S. 82.
[46] Ebenda.
[47] Das Genette sich dieser Problematik bewusst war, darauf deutet die folgende Aussage hin, in der er einräumt: „(D)iese Ausdrücke bezeichnen keine festen Wesen, sondern relationale Situationen und Funktionen". Genette, Erzählung, S. 148. Vgl. Lahn / Meister, Erzähltextanalyse, S. 83.

hen beteiligt bzw. welchen Grad an Involviertheit hat die Erzählstimme an dem erzählten Geschehen?[48]

In diesem Zusammenhang wird die Dichotomie von *heterodiegetisch* und *homodiegetisch* aufgegriffen, die wie bereits erwähnt, ebenfalls auf Genettes Erzähltheorie zurückgeht.[49] Während die homodiegetische Erzählstimme Teil der erzählten Welt ist und als Figur in der Geschichte erlebend auftritt, ist die heterodiegetische Erzählstimme nicht Teil der erzählten Welt und erscheint dementsprechend auch nicht als eine Figur in der Geschichte. Der heterodiegetischen Erzählstimme ist Introspektion möglich, d. h. sie hat Einblick in die Gedanken und Gefühle der Figuren. Neben dieser Allwissenheit besitzt die heterodiegetische Erzählstimme zudem Omnitemporalität, sie verfügt über Kenntnis von Vergangenheit, Gegenwart sowie Zukunft. Außerdem ist sie omnipräsent, sie verfügt über einen Panoramablick, wodurch sie um Ereignisse, die an verschiedenen Schauplätzen stattfinden, weiß und sich an Orten aufhält, an denen nur eine Figur anwesend ist.[50]

Die von Genette eingeführten Begriffe *heterodiegetisch*, *homodiegetisch* und *autodiegetisch* wurden von Susan S. Lanser in ihrer Untersuchung „The Narrative Act"[51] aufgegriffen und in ihrer Konzeption modifiziert. Nach Lanser erweisen sich die Begriffe *heterodiegetisch*, *homodiegetisch* und *autodiegetisch* „not as discrete categories but as points on an single continuum"[52]. Ausgehend von diesem Perspektivwechsel plädiert sie für eine graduell skalierte Beteiligung der Erzählstimme am erzählten Geschehen. Dies erweist sich vor allem für homodiegetische Erzählstimmen als evident, deren Spektrum auf der Skala von einem/r unbeteiligten Beobachter/in bis hin zur Hauptfigur, die ihre eigene Biographie erzählt, reicht. Nach Susan S. Lanser lassen sich folgende Möglichkeiten für die Beteiligung der Erzählstimme am Geschehen unterscheiden:

---

[48] Siehe Eisen, Poetik, S. 77.
[49] Siehe Genette, Erzählung, S. 154.
[50] Siehe Eisen, Poetik, S. 77f.
[51] Siehe Lanser, narrative act.
[52] Ebd., S. 159.

1. Unbeteiligter Erzähler	*Heterodiegetisch*
2. Unbeteiligter Beobachter 3. Beteiligter Beobachter 4. Nebenfigur 5. Eine der Hauptfiguren	
6. Die Hauptfigur (= *autodiegetisch*)	*Homodiegetisch*

Abb. Skala der möglichen Beteiligung der Erzählstimme am Geschehen in Anlehnung an S. S. Lanser[53]

Als weiteres Kriterium zur Analyse der Erzählinstanz fungiert neben der Beteiligung der Erzählstimme am Geschehen und ihrer Zuordnung zu Erzählebenen ihre *Darstellung innerhalb der Erzählung*. Die Frage, wie die Erzählstimme konturiert wird, erweist sich in diesem Zusammenhang als leitend. Angaben zu „*persönlichen*" *Attributen* wie beispielsweise *Name, Alter* und *Herkunft* oder die Frage nach dem *Geschlecht* bzw. der *Genderkonstruktion* sind weiterführend.[54] Letztere sind Gegenstand der

---

[53] Vgl. Lanser, narrative act, S. 160. Zugleich verweist Lanser auf Folgendes: „(t)hese possibilities [...] are not an exhaustive list. The specific nomenclature applied to a given narrator or text is debatable [...] and may be less important than recognizing that the particular text occupies a median point on the spectrum rather than on of the poles." Lanser, narrative act, S. 159.

[54] Siehe Finnern, Narratologie, S. 175–177. Sönke Finnern verwendet den Terminus „persönliche Attribute", der wie oben in den terminologischen Vorbemerkungen zum anthropomorphisierenden Begriff *Erzähler* gezeigt, problematisch ist. Aus diesem Grund wird dieser Terminus im Folgenden in Anführungszeichen gesetzt.
Eine Übersicht zu weiteren Angaben zum Erzähler findet sich bei Lahn / Meister, Erzähltextanalyse, S. 64f. Dort werden neben Namen, Geschlecht, Alter und Herkunft zudem folgende Kriterien genannt: Erziehung und Ausbildung, Beruf, aktueller Familienstand, Vorfahren, Vaterland, Region oder Nationalität, Merkmale der Körperbeschaffenheit, Charakter oder Wesensart, ideologische Ansichten, Vorlieben und Neigungen sowie Vorgeschichte. Diese von Lahn/Meister benannten *loci a persona*, die vom antiken Rhetoriker Quintilian abgeleitet wurden, sind bei biblischen Erzählstimmen teilweise benannt.
In Bezug auf das Geschlecht war die strukturalistische Narratologie etwa davon ausgegangen, dass die Stimme des Erzählers geschlechtlich nicht markiert ist, so hat vor allem die amerikanische Erzähltheoretikerin Susan S. Lanser darauf hingewiesen, dass die Geschlechtszugehörigkeit der Erzählstimme auf dem Prinzip einer „Unschulds-

feministischen Narratologie und haben u. a. zu der Erkenntnis geführt, dass die Erzählstimme keineswegs demselben Geschlecht wie die Autorin bzw. dem Autor angehören muss. Innerhalb der bibelwissenschaftlichen Forschung wird diese Differenzierung im dem „Modell der *male-* und *female-voice-*Texte" von Athalya Brenner und Fokkelien van Dijk-Hemmes aufgegriffen.[55] Dabei geht es ihnen nicht um die Bestimmung männlicher oder weiblicher Anteile realer AutorInnen (K I), sondern um die geschlechtsdifferenzierten Stimmen innerhalb des Textes.[56] „Textualized voices are echoes only, disembodied and removed from their extraverbal situation"[57]. Ihr Ansatz zielt auf die Eruierung der kulturellen Genderkonstruktionen, die der Erzählstimme zugrunde liegen. Demnach sind Stimmen nach Brenner und van Dijk-Hemmes ein Nachhall der außertextlichen Welt und als solche eine literarische Kategorie. Sie unterscheiden *„male-voices"* (*m-voices*), die in den Texten androzentrische, patriarchale Interessen repräsentieren, von *„female-voices"* (*f-voices*), sog. *„traces of textualized women's traditions"*[58].

Ebenfalls Teil der Kategorie zur Darstellung der Erzählstimme ist die Frage nach dem *Wissen* bzw. dem *Wissensstand*, über das bzw. den die Erzählstimme verfügt. Dies lässt sich sowohl für homodiegetische als

---

vermutung" basiert, aufgrund derer wir automatisch von einer männlich kodierten Stimme ausgehen. Vgl. Lanser, narrative act, S. 29–32, passim. Hierzu siehe auch das Kapitel in Vera und Ansgar Nünnings Sammelband „Erzähltextanalyse und Gender Studies", das Gender als Faktor der erzählerischen Vermittlung thematisiert. Siehe Allrath / Surkamp, Vermittlung, passim.

In der vorliegenden Untersuchung wird der Begriff Genderkonstruktion als Bezeichnung für das zentrale Forschungsfeld der feministischen Narratologie bevorzugt. Barbara Schmitz weist darauf hin, dass sich die geschlechterdifferente Unterscheidung in eine weiblich oder männlich konstruierte Stimme innerhalb der Forschung etabliert hat. Siehe Schmitz, Prophetie, S. 34.

Der kritische Hinweis von Finnern, die Annahme einer genderkonstruierten Erzählstimme widerspreche den von Nünning, Eisen oder Schmitz vertretenen Konzepten einer abstrakten, geschlechtsneutralen „Erzählinstanz" bzw. „Erzählstimme" trifft m. E. nicht zu. Die „David, Batseba und Urija"-Erzählung ist ein biblischer Text, bei dem sich die Geschlechterdifferenzierung der Erzählinstanz nahelegt, da sich Merkmale finden lassen, durch die Leserinnen sowie Leser der fiktionalen Erzählstimme ein Geschlecht zuschreiben.

[55] Siehe Brenner / van Dijk-Hemmes, On gendering texts, passim.
[56] „It is the text rather than the person on which we focus." Ebd., S. 6.
[57] Brenner / van Dijk-Hemmes, On gendering texts, S. 7.
[58] Ebd., S. 7.

auch (allwissende) heterodiegetische Erzählinstanzen bestimmen.[59] Sönke Finnern, der den *Wissenstand der Erzählstimme* als eine eigene Kategorie für die Analyse der Erzählinstanz benennt,[60] fragt in diesem Kontext nach der Zuverlässigkeit der Erzählstimme:

> Denn sowohl ein Er-Erzähler als auch ein Ich-Erzähler kann so gezeichnet werden, dass er in den Augen des Rezipienten nur einen Ausschnitt der Wirklichkeit sieht, problematische Bewertungen vornimmt und Dinge falsch, irreführend, unklar oder mit eigenem Vorbehalt berichtet. Dies ist das Phänomen des unzuverlässigen Erzählers.[61]

Der Wissenstand der Erzählstimme hängt zweifellos eng mit der Frage nach ihrer (Un-) Zuverlässigkeit zusammen. Darüber hinaus können Angaben zum Wissen der Erzählstimme auch Hinweise zu ihrer Darstellung bzw. Charakterisierung liefern.[62] Für biblische Erzählungen stellen sich in diesem Zusammenhang vor allem Fragen hinsichtlich des theologischen, kultischen oder militärischen Wissens der Erzählstimme und ihrer Partizipation an dem soziokulturellen Kontext des Alten Orients.

Schließlich ist danach zu fragen, ob sich Angaben über den *zeitlogischen Standort* der Erzählstimme finden lassen. Innerhalb der Erzähltheorie werden diesbezüglich drei Zeitbezüge des Diskurses gegenüber der Geschichte unterschieden: Das retrospektive Erzählen stellt in Form einer Rückschau in Bezug auf die Erzählgegenwart Ereignisse dar, die vor dem Erzählen stattgefunden haben. Beim retrospektiven Erzählen lässt sich nochmals zwischen abgeschlossenem und nichtabgeschlossenem Gesche-

---

[59] Selbst bei allwissenden Erzählstimmen ist die Analyse der Angaben zu ihrem Wissen bzw. Wissensstand weiterführend. Dies deshalb, weil die Allwissenheit der Erzählstimme innerhalb einer Erzählung nicht Eins-zu-Eins abgebildet werden kann, die Benennung des Wissensbestände erfolgt selektiv und besitzt so Aussagekraft für die Darstellung der Erzählstimme.

[60] Finnern, Narratologie, S. 178. Neben dem „Wissensstand des Erzählers" benennt Finnern folgende vier Kategorien: a) raumzeitlicher Standort; b) Angaben zur Person des Erzählers (Geschlechtszugehörigkeit, Alter, soziale Herkunft sowie Aspekte der Persönlichkeit); c) Erkennbarkeit (entspricht der in der Arbeit verwendeten Terminologie Explizität) und d) erzählerische Fertigkeiten. Siehe ebd., S. 176–179.

[61] Ebd., S. 178.

[62] Aus diesem Grund wird der „Wissenstand der Erzählstimme" hier als Unterkategorie zur Darstellung, der Erzählinstanz zugeordnet, die Frage nach ihrer (Un-)Zuverlässigkeit stellt eine eigene Hauptkategorie dar, die im Folgenden noch vorgestellt wird.

hen, das erzählt wird, unterscheiden.⁶³ Vom retrospektiven Erzählen ist das gleichzeitige Erzählen zu unterscheiden, bei dem das Erzählen im selben Moment wie das Erzählte stattfindet.⁶⁴ Als dritter Zeitbezug gilt das prospektive Erzählen. „Beim prospektiven Erzählen geht das Erzählen der erzählten Handlung voraus. [...] Einschlägige Beispiele stellen etwa Prophezeiungen in der Bibel dar."⁶⁵

Als weiteres Kriterium zur Analyse der Erzählstimme dient ihr *Grad an Explizität*, d. h. der Grad, mit dem die Erzählstimme in einem narrativen Text in Erscheinung tritt. „Das der Skalierung zugrunde liegende Kriterium ist der jeweilige Grad an Deutlichkeit, mit der die Anwesenheit einer vermittelnden Erzählinstanz erkennbar ist."⁶⁶ Ute Eisen verweist in diesem Zusammenhang darauf, dass die bisherigen erzähltheoretischen Untersuchungen meist auf die Differenzierung von Seymour Chatman zwischen *overt* und *covert narrator* zurückgreifen.⁶⁷ Dieser Unterscheidung widmet Chatman ein eigenes Kapitel in seiner Abhandlung „*Story and Discourse*"⁶⁸. „In covert narration we hear a voice speaking of events, characters and setting, but its owner remains hidden in the discoursive shadows."⁶⁹ Wenn die Vermittlerfunktion der Erzählstimme kaum wahrgenommen wird und keine weiteren Angaben zu ihr gemacht werden, handelt es sich um einen *covert narrator*. Durch die kaum vorhandene Vermittlungsfunktion der Erzählstimme scheint es für die Lesenden, als ob sie dem Geschehen fast unmittelbar beiwohnen.⁷⁰ „Die Funktion einer ‚neutralen Erzählstimme' beschränkt sich in der Regel auf erzähltechnische Aspekte wie die Konstitution der erzählten Welt."⁷¹ Im Unterschied dazu ist die Vermittlungsleistung eines *overt narrator* deutlich wahrnehmbar. Die offene Erzählstimme weist ein gewisses Persön-

---

[63] Siehe Lahn / Meister, Erzähltextanalyse, S. 92.
[64] Siehe ebd., S. 94.
[65] Ebd., S. 95.
[66] Nünning, Funktionen, S. 329.
[67] Siehe Eisen, Poetik, S. 80.
[68] Siehe Chatman, Story, S. 196–262.
[69] Ebd., S. 197.
[70] Vgl. Lahn / Meister, Erzähltextanalyse, S. 63.
[71] Eisen, Poetik, S. 80. Dazu zählen nach Ute Eisen die Beschreibung des Handlungsraums, die zeitlichen Einordnungen des Geschehen, die Einführung und Charakterisierung der Figuren sowie deren Unterscheidung voneinander und letztlich der Bericht von der erzählten Welt unter Verwendung erzählerischer Mittel. Vgl. ebd., S. 80f.

lichkeitsprofil auf und wird ähnlich wie eine Figur gestaltet. Solche Spuren der Erzählstimme sind im Erzähltext im gewissen Umfang enthalten.

Eine andere Begrifflichkeit für die Skalierung der Explizität, mit der die Erzählstimme in narrativen Texten auftritt, verwendet Ansgar Nünning. Er bezeichnet die Abstufungen als *expliziter Erzähler* auf der einen Seite sowie *neutrales Erzählmedium* bzw. *verborgener Erzähler* auf der anderen Seite der Skala.[72] Diese Terminologie wird von Barbara Schmitz kritisch gesehen:

> Besonders die letzten beiden Begriffe erscheinen problematisch, weil durch bewusst ‚neutrales' ein vermeintlich ‚neutrales' Erzählen erzeugt werden kann, um auf diese Weise ‚Objektivität' und Allgemeingültigkeit zu suggerieren. Hier entsteht der Verdacht, dass etwas ‚verborgen' werden soll, was ‚verborgen' werden will.[73]

Aufgrund der geäußerten Kritik an der Begrifflichkeit Nünnings findet die Terminologie *overt/covert narrator* bzw. finden deren deutschsprachige Äquivalente *offene/verborgene Erzählstimme* für die vorliegende Untersuchung Verwendung. Diese Unterscheidung erweist sich als sinnvoll, allerdings ist darauf hinzuweisen, dass die Differenzierung keine scharfe Trennlinie darstellt. Stattdessen gibt es abgewandelte Formen zwischen den beiden Extremen.[74]

Als wichtigstes Mittel einer offenen Erzählstimme wertet Ute Eisen den so genannten *Erzählerkommentar*, der im Folgenden kurz skizziert wird.[75] Als biblische Erzählerkommentare sind Abschnitte zu verstehen, in denen die Erzählstimme sich offenbart und in denen statt reiner Schilderung des Geschehens ein erklärender oder kommentierender Stil zum Tragen kommt.[76] Erzählkommentare nehmen, so Shimon Bar-Efrat, Schlüsselstellen in biblischen Erzähltexten ein. Durch die Kommentierung komme es zu einer Unterbrechung der Geschehensfolge und die

---

[72] Vgl. Nünning, Funktionen, S. 329f.
[73] Schmitz, Prophetie, S. 27. Darüber hinaus sieht Schmitz die Terminologie Nünnings kritisch, da diese Wertungen insinuiere und irreführende Konnotationen suggeriere, vgl. ebd., S. 27f.
[74] Bar-Efrat, Bibel, S. 33.
[75] Siehe Eisen, Poetik, S. 81. Chatman verweist in diesem Zusammenhang darauf hin: „Commentary, since it is gratuitous, conveys the overt narrator's voice more distinctly than any feature short of explicit self-mention." Chatman, Story, S. 228.
[76] Vgl. Bar-Efrat, Bibel, S. 36.

Lesenden werden „aus der Sphäre der Handlung herausgenommen und in die des Erzählers versetzt. Die Deutung von Ereignissen ist ein machtvolles Werkzeug des Erzählers, das die Übermittlung klarer und unzweideutiger Botschaften an den Leser oder die Leserin ermöglicht."[77] Hinsichtlich der Kommentare ist nach Eisen weiterhin zu differenzieren zwischen Kommentaren zur Erzählung (*narration*) und Kommentaren zur Geschichte (*story*):

> Die Kommentare zur *narration* haben im Wesentlichen vermittlungsbezogene Funktionen, d. h. expressive, appellative, phatische und metanarrative. Die Kommentare zur *story* haben die Funktion, Ereignisse der Geschichte zu erklären (*explanative Funktion*), zu bewerten (*evaluative Funktion*) und zu generalisieren (*generalisierende Funktion*).[78]

Der so genannte Erzählerkommentar basiert auf dem privilegierten Wahrheitsanspruch der Erzählstimme.[79] Ein weiteres Kriterium zur Analyse der Erzählstimme bezieht sich ebenfalls auf den Wahrheitsanspruch der Erzählstimme und fragt nach ihrer *Zuverlässigkeit*. „Es gibt [...] Erzähler, deren Behauptungen, zumindest teilweise, als falsch gelten müssen mit Bezug auf das, was in der erzählten Welt der Fall ist."[80] In solchen Fällen gilt die Erzählstimme als *unzulässig*. Dieses Phänomen, das sich bereits in antiken Romanen wie beispielsweise „Der goldene Esel" von Apuleius[81] findet, wurde jedoch erst von Wayne Booth 1961 wieder in die erzähltheoretische Diskussion eingeführt.[82] Das Kriterium der Unzuverlässigkeit betrifft homodiegetische wie auch heterodiegetische Erzählstimmen gleichermaßen. „Während die homodiegetische Erzählstimme ihre Perspektivverbundenheit offen darlegt, erhöhen gerade die Privilegien, die mit einem auktorialen Erzählgestus verbunden sind, die Machtfülle und damit auch die Möglichkeit, intendiert oder nicht inten-

---

[77] Ebenda.
[78] Eisen, Poetik, S. 81
[79] In ihrer „Einführung in die Erzähltheorie" verweisen Martinez und Scheffel darauf, dass sich der privilegierte Wahrheitsanspruch des Erzählers ableitet von dessen fundamentaler erzähllogischer Funktion, der „Darstellung der erzählten Welt in ihrer konkreten Individualität". Martínez / Scheffel, Erzähltheorie, S. 103.
[80] Ebenda.
[81] Siehe Apuleius, Esel.
[82] Eine Auseinandersetzung mit der von Booth eingeführten Unterscheidung in *reliable* und *unreliable* findet sich in Schmitz, Prophetie, S. 28–30.

diert, unzuverlässig zu sein."[83] Die Frage nach der Unzuverlässigkeit der Erzählstimme kann bei Diskrepanzen aufgrund eines begrenzten Wissenstands, emotionaler Involviertheit in das Geschehen oder eines fragwürdigen Wert- sowie Normensystems ansetzen. Innerhalb der Forschung gibt es verschiedene Arten, unzuverlässiges Erzählen zu unterscheiden.[84]

In der folgenden Übersicht werden die hier vorgestellten Analysekategorien zur Beschreibung der Erzählstimme zusammengefasst. Die Darstellung (ebenso wie die vorige Beschreibung) erhebt keinen Anspruch auf Vollständigkeit.[85]

Kategorien	*Grade/Pole der Skala*		*Leitende Fragestellung*
Ort des Erzählens	extradiegetisch	intradiegetisch	Auf welcher Kommunikationsebene wird erzählt?
Stellung der Erzählstimme gegenüber dem Geschehen	homodiegetisch	heterodiegetisch	Ist die Erzählstimme auf der Ebene der Figuren anwesend?
	unbeteiligt	autodiegetisch	In welchem Maße ist die Erzählstimme in das erzählte Geschehen involviert?
Grad der Explizität	verborgen *(covert narrator)*	offenbar/explizit *(overt narrator)*	In welchem Grad tritt die Erzählstimme als Vermittlungsinstanz auf?
Grad an Zuverlässigkeit	glaubwürdig	unglaubwürdig	Ist die Erzählstimme (un)zuverlässig?

---

[83] Ebd., S. 33.
[84] Siehe Martínez / Scheffel, Erzähltheorie, S. 104–108, die folgende drei Arten unterscheiden: Theoretisch unzuverlässiges Erzählen; mimetisch teilweise unzuverlässiges Erzählen und mimetisch unentscheidbares Erzählen. Barbara Schmitz unterscheidet zwischen einer faktischen und einer evaluativen Unzuverlässigkeit, wobei die Grade der Zuverlässigkeit wiederum auf einer Skala mit unterschiedlichen Abstufungen angesiedelt sind: „Faktische Unzuverlässigkeit können die Lesenden durch andere Informationen aus dem Text kritische gegenlesen. Fakten können sich als verzerrt, grob einseitig oder falsch herausstellen. Evaluative Unzuverlässigkeit ergibt sich aus dem Wertungen der Erzählstimme, die von den Lesenden in Zweifel gezogen werden." Schmitz, Prophetie, S. 32.
[85] In der Übersicht von Sönke Finnern sind weitere Analysekategorien benannt, siehe Finnern, Narratologie, S. 165–186. Die narratologischen Arbeiten der Bibelwissenschaftlerinnen Ute Eisen und Barbara Schmitz greifen bei ihren Analysen zur Differenzierung der Erzählstimme jeweils auf die von Nünning benannten Kategorien zurück. Vgl. Nünning, Funktionen, S. 332; Eisen, Poetik, S. 90; Schmitz, Prophetie, S. 24.

Kategorien	Unterkategorien	Leitende Fragestellung
Darstellung der Erzählstimme	• „persönliche" Attribute: Name, Alter, Herkunft, Geschlecht bzw. Genderkonstruktion usw. • Wissen und Wissensstand • Zeitlogische Bestimmung	Wie wird die Erzählstimme konturiert?

Abb. Analysekategorien zur Beschreibung der Erzählstimme

4.3.4 Analyse der Erzählstimme in 2 Sam 11

Die im vorigen Abschnitt vorgestellten Kategorien zur Beschreibung der Erzählstimme sollen im Folgenden auf die Erzählung in 2 Sam 11 angewendet werden. Die leitende Frage ist: Wer erzählt? Aus diesem Grund lässt sich die folgende Analyse nicht ausschließlich auf die Erzählstimme, d. h. die Erzählinstanz der ersten textinternen Kommunikationsebene K II begrenzen, stattdessen werden die Figurenrede sowie die erzählenden Figuren als Erzählinstanzen der Kommunikationsebene K III und K IV ebenfalls Gegenstand der Untersuchung sein.

Für den *Ort des Erzählens* in der „David, Batseba und Urija"-Erzählung gilt, dass eine anonyme, extradiegetische Erzählstimme (K II) sowie weitere intradiegetische Erzählerinnen und Erzähler (K III und K IV) die Geschehnisse erzählen. Als solche treten in 2 Sam 11 die folgenden Figuren auf:

Figur	Vers(e)	Anzahl Figurenreden	Anzahl der ÄE	Anzahl Wörter (MT)
Namenlos	3d, 10c	2	2	14
Batseba	5e	1	1	2
David	6b, 8b–c, 10e–f, 12b–c, 25b.g	5	9	29
Urija	11b–g	1	6	30
Joab	19c–21f *(20d–21d)*	1	6 *(7)*	24 *(29)*
Bote	23b–24c	1	6	26

Abb. Intradiegetische Erzählfiguren in 2 Sam 11

Hervorzuheben sind in diesem Zusammenhang die Redeanteile der David-Figur, die die größte Anzahl an Figurenreden aufweist, sowie die Rede Urijas, welcher der größte Umfang an Wörtern zukommt.[86] Von den hier erwähnten extra- und intradiegetischen Erzählinstanzen der „David, Batseba und Urija"-Erzählung ist eine weitere Erzählinstanz zu unterscheiden. In der Terminologie von Genette gesprochen handelt es sich hierbei um die metadiegetische Erzählinstanz, die uns in der Figurenrede von Joab (V.20d–21d) und David (V.25c–f) begegnet.

Die Figurenrede Joabs (K III) beginnt bereits in V.19c. Eingeleitet wird diese durch die Erzählstimme (K II) in V.19a.b, wobei der Anlass für Joabs Rede, die Beauftragung des Boten, König David über den Verlauf des Kampfes volle Auskunft zu geben, benannt wird.[87] Joab entwickelt in seiner Rede einen imaginativen Fall, in dem er die erwartete Reaktion des Königs auf den Botenbericht der Kriegsereignisse schildert. Demnach reagiert David sowohl emotional (aufsteigender Zorn) als auch mit verbalen Äußerungen. Die vermeintlichen Worte Davids (V.20d–21d) werden in der Figurenrede Joabs zitiert und mit dem Verb אמר in V.20c eingeleitet. Damit erfolgt ein Wechsel von der Figurenrede Joabs auf der Erzählebene K III hin zur metadiegetischen Erzählinstanz, der erzählenden Figur Davids, auf der Erzählebene K IV.[88] Shimon Bar-Efrat weist auf den konzentrischen Aufbau innerhalb der Rede der metadiegetischen Erzählinstanz hin:

> Insgesamt sind es fünf Fragen, wobei die erste und die letzte mit מדוע und למה beginnen, die zweite und vierte mit הלוא und die mittlere mit מי. Auch sind die erste und die letzte Frage sehr ähnlich und bilden gemeinsam einen Rahmen: ‚Warum seid ihr an die Stadt zum Kampf herangerückt?' und ‚Warum seid ihr an die

---

[86] Es ist ferner zu beachten: Joabs Figurenrede (K III) ist unterbrochen. In den Versen 20d–21d erzählt Joab über die von ihm prognostizierte Reaktion Davids auf die Nachricht des Boten. Dabei tritt David als erzählende Figur (K IV) in der Rede Joabs auf. So kommt es innerhalb der Figurenrede Joabs zu einem Wechsel der Erzählebenen: K III zu K IV. Dies ist in der vorigen Abbildung durch *kursive Schrift* hervorgehoben.

[87] Bar-Efrat sieht in der Wiederholung und Dopplung der Redewendung כל־דברי המלחמה in V.18b und V.19c einen Hinweis darauf, dass der Bote dem König volle Auskunft über die Kämpfe zu erteilen habe. Siehe Bar-Efrat, Das zweite Buch Samuel, S. 110.

[88] Siehe dazu den Überblick über die Kommunikationsebenen im Anhang, S. 658–661.

Mauer herangerückt?' Dieser Rahmen enthält die Kernaussage, während die dazwischenliegenden Fragen die Argumente liefern.[89]

Im Zentrum der konzentrischen Rede (V.21a) liegt der Verweis auf den Präzedenzfall Abimelechs, der nach Ri 9,50–53 durch einen Stein, den eine Frau auf ihn warf, tödlich verletzt wurde. Die Rede Joabs, die aus mehrgliedrigen, langen Nebensätzen besteht, ist so aufgebaut, dass sie Spannung erzeugt, die dann in dem entscheidenden Hauptsatz גם עבדך אוריה החתי מת in V.21f kulminiert.[90] Dieser finale Satz und seine Redeeinleitung in V.21e sind Joab als Erzählinstanz (K III) zuzuordnen und liegen nicht mehr auf der metadiegetischen Erzählebene.

In V.25c–f erzählt erneut eine metadiegetische Erzählinstanz, wobei innerhalb des gesamten Verses ein schneller Wechsel der Erzählinstanzen festzustellen ist. In V.25a leitet die Erzählstimme (K II) die Figurenrede Davids mit der in hebräischen Erzählungen typischen Formulierung ein: ויאמר דוד אל־המלאך. In V.25b tritt als Erzählinstanz die Figur David auf (K III). Er instruiert den Boten: כה־תאמר אל־יואב, wobei die Formulierung eine Redeeinleitung und zugleich einen Verweis auf den Übergang zur nächsten Erzählebene (K IV) darstellt. David tritt in V.25c–f als erzählende Figur auf. Er entwirft in seiner erzählten Rede prospektiv das Treffen des Boten mit Joab. Dabei erzählt David, wie der Bote Joab die königliche Wertung der Kriegsereignisse sowie die weiteren Aufträge zur Fortsetzung der Kämpfe um Rabba und deren Zerstörung mitteilen soll. Mit V.25f endet Davids Erzählung. Die anschließende Äußerungseinheit in V.25g, der Imperativ חזק (Piel), ist Teil der Instruktion Davids an den Boten und gehört zusammen mit V.25b der Erzählebene K III an. Der dargestellte Wechsel von extra-, intra- und metadiegetischen Erzählinstanzen in V.25 erweist sich als kunstvolles Gestaltungsmittel, wenn der literarische Kontext des Verses in die Überlegungen mit einbezogen wird: David erlangt von dem Boten in Form eines Botenberichts (K III) in V.23–24 Kenntnis über die Ereignisse vor Rabba und den Tod Urijas. Er folgt direkt darauf die doppelte Redeeinleitung: zunächst durch die Erzählstimme in V.25a (K II), dann durch die Figurenrede Davids in V.25b (K III). Die Lesenden erwarten angesichts der Inhalte des Botenrichts eine Reaktion Davids, zumal diese Reaktion bereits vorab in der Erzählung Joabs in V.20d–21d dargestellt wurde. Die Erwartung der Le-

---

[89] Bar-Efrat, Das zweite Buch Samuel, S. 110f.
[90] Siehe ebd., S. 111.

senden wird nicht erfüllt, weder ermöglicht die allwissende Erzählstimme (K II) gegenüber der Figur David Introspektion, noch gibt David in seiner Figurenrede Auskunft über seine Gedanken oder Emotionen. Stattdessen erhöht sich durch die doppelte Redeeinleitung in V.25a.b, die eben keinerlei Introspektion in die Figur Davids ermöglicht, die Spannung.

Erzählebene		Erzählinstanz
Extradiegetisch	Anonyme Erzählstimme:	2 Sam 11,1a–3c, 4a–5d, 6a.c–8a, 8d–10b.d, 11a, 12a.d–19b, 22a–23a, 25a.g, 26a–27f
Intradiegetisch	Rede folgender Figuren:	
	Anonymus	3d, 10c
	Batseba	5e
	David	6b, 8b–c, 10e–f, 12b–c
	Urija	11b–g
	Joab	19c–20c, 21e–f
	Bote	23b–24c
Metadiegetisch	Erzählende Figuren:	
	Joab	2 Sam 11,20d–21d
	David	2 Sam 11,25c–f

Abb. Übersicht der Erzählinstanzen in 2 Sam 11

Innerhalb der „David, Batseba und Urija"-Erzählung gibt es eine Textstelle, deren Zuordnung nicht ganz eindeutig ist und deshalb im Folgenden näher betrachtet werden soll. Es handelt sich um den Erzählerkommentar in V.27f. Erhard Blum spricht in diesem Zusammenhang von einer *metanarrativen Intervention* der Erzählstimme, „die das erzählte Geschehen oder dessen Darstellung selbst thematisiert und damit die Abständigkeit der erzählten Welt von der Welt der Erzählsituation ins Bewusstsein hebt"[91]. Diese Interventionen der Erzählstimme können in Form von Beschreibungen, Erläuterungen, Wertungen, Beglaubigungen oder mit Bezug auf die Pragmatik des Gesamttextes vorliegen und be-

---

[91] Blum, Stimme, S. 110.

gegnen innerhalb des Alten Testaments eher selten.[92] Blum weist auf die Schwierigkeit bei der Unterscheidung hin, ob die Interventionen „der narrativen Inszenierung selbst angehören oder davon abgesetzt an die Adressaten gerichtet sind, also eine Kommunikation ‚zweiten Grades' bilden"[93]. Somit ergibt sich als weitere Möglichkeit, den Erzählerkommentar in V.27f auf einer eigenen Erzählebene (K_0) zu situieren.

Davon ausgehend soll in diesem Zusammenhang auf eine weitere Lesart von V.27f hingewiesen werden, wonach diesem Erzählerkommentar eine eigne Erzählebene zugewiesen wird. Nach Gerhard von Rad handelt es sich bei der Aussage וירע הדבר אשר־עשה דוד בעיני יהוה in 2 Sam 11,27f um eine der drei theologischen Deutestellen der TFE. In seiner Abhandlung „Der Anfang der Geschichtsschreibung im Alten Israel"[94] untersucht von Rad die Geschichtstheologie der TFE und benennt neben 2 Sam 11,27 noch 2 Sam 12,24 sowie 2 Sam 17,14 als theologische Deutestellen, „an denen der Erzähler die strikte Zurückhaltung seines eigenen Urteils aufgibt und selbst theologisch Stellung nimmt"[95]. Die Erzählinstanz stellt JHWH in das Verhältnis zu den erzählten Geschehnissen, wodurch die erzählten Ereignisse um die Deutestellen eine theologische Konnotation erlangen. JHWH erweise sich für die Lesenden der TFE, so von Rad, als den „verborgenen Herrn und Lenker der Geschichte"[96].

Nachdem die verschiedenen Erzählinstanzen der „David, Batseba und Urija"-Erzählung benannt und ihre Zuordnung zu den in Abschnitt 4.2 herausgearbeiteten Erzählebenen von 2 Sam 11 erfolgt ist, soll nun ihre *Stellung gegenüber dem Geschehen* analysiert werden. Die anonyme extradiegetische Erzählstimme in 2 Sam 11 ist nicht Teil der erzählten Welt und tritt nicht als Figur in dieser auf. Es handelt sich demnach um eine heterodiegetische Erzählinstanz, die Omnitemporalität, Omnipräsenz sowie Allwissenheit besitzt. In der „David, Batseba und Urija"-Erzählung lässt sich die Allwissenheit der Erzählstimme zum einen durch ihre Introspektion nachweisen und zum anderen durch ihren Wissensvorsprung

---

[92] Siehe ebd., S. 117: Anm. 32. Dort bietet Blum eine graphische Übersicht der Typen „diskursiver Einwürfe der Erzählerstimme" und weist dem jeweiligen Typus implizite und explizite Beispiele aus dem Alten Testament zu.
[93] Ebd., S. 110.
[94] Rad, Geschichtsschreibung.
[95] Ebd., S. 35.
[96] Ebd., S. 40.

gegenüber den Figuren der erzählten Welt. Verben der perzipierenden Wahrnehmung (ראה in V.2d; שמר und ידע in V.16a.c; שמע in V.26a) verweisen auf die Introspektion der allwissenden Erzählinstanz, die fähig ist, ganz unterschiedliche Figuren zu in den Fokus zu nehmen. Die Erzählstimme weiß um die Reaktion bzw. Wertung Davids, die sein Blick auf die Waschende ausgelöst hat (V.2d–e), ebenso wie um die Schwangerschaft Batsebas (V.5a) oder Joabs Ausspähen der gegnerischen Kampflinie (V.16). Daneben kennt sie die Gedanken der Figuren und besitzt das Wissen um Handlungen einzelner Figuren, das den übrigen vorenthalten bzw. zeitlich nachgeordnet zugänglich ist. Als Beispiel hierfür gilt V.9a–10c. Die Erzählstimme berichtet in V.9, dass Urija entgegen dem königlichen Befehl nicht in sein Haus gegangen ist, sondern sich am Eingang des Königspalastes niedergelegt hat. Die Figur David erfährt (zeitlich verzögert) erst in V.10 von der Weigerung Urijas, wodurch die Lesenden gegenüber der Figur Davids einen Wissensvorsprung haben und die Erzählstimme als allwissend hervortritt. Auch die Wiedergabe des Inhalts des von David an Joab geschriebenen Briefes durch die Erzählstimme (V.15c–g) verweist auf deren Allwissenheit.

Obwohl die Erzählstimme allwissend ist und über Introspektion verfügt, spart sie an Darstellungen über die Gefühle der Figuren bzw. schweigt dazu. Dies ist umso überraschender, als angesichts der erzählten Ereignisse in 2 Sam 11 Emotionen tiefer und sogar existentieller Art eine wesentliche Rolle spielen: Was empfindet Batseba, als sie zu David gebracht und von ihm „genommen" wird? Wie reagiert sie, wie reagiert David auf ihre Schwangerschaft? Welche Emotionen empfindet David gegenüber Urija bzw. Urija gegenüber seinem König? Auf diese und weitere, ähnliche Fragen gibt die Erzählstimme keinerlei Antworten.[97]

Die heterodiegetische Erzählstimme ist allgegenwärtig. In V.1 führt sie die beiden Schauplätze Rabba und Jerusalem ein. Die dortigen Ereignisse überblickt die Erzählstimme und setzt diese trotz räumlicher Trennung in Beziehung zueinander. Während die Erzählstimme die Grenze zwischen den beiden in V.1 etablierten Schauplätzen Rabba und Jerusalem aufgrund ihrer Omnipräsenz mühelos übertritt, gelingt dies den Figuren nur durch vorherige Ankündigung. Wie in der Raumanalyse ausführlich dargestellt wird, erfolgt der Übergang von einem Schauplatz zum

---

[97] Weitere offene Fragen benennen Bar-Efrat, Bibel, S. 33; Dietrich, David, S. 249–256.

anderen in Folge einer initiierten Bewegung durch das Leitwort שלח („senden"; vgl. V.1b; 6b.c; 14c; 18a).[98]

Neben der Omnipräsenz verfügt die heterodiegetische Erzählstimme der „David, Batseba und Urija"-Erzählung auch über Omnitemporalität. Sie besitzt Kenntnis über die Vergangenheit. Dies wird beispielweise gleich zu Beginn der Erzählung an der Zeitangabe לעת צאת המלאכים in V.1a deutlich, die auf einen iterativen Vorgang hinweist. Die Erzählstimme verfügt ebenfalls über Kenntnis der Gegenwart, wie dies exemplarisch durch die Zeitangabe ויהי לעת הערב in V.2a oder die temporale Gleichsetzung der Handlung Batsebas in V.4e mit der Handlung Davids aus V.4d durch die Hitpael-Konstruktion von קדש deutlich wird.

Wie gezeigt, findet sich in der „David, Batseba und Urija"-Erzählung eine heterodiegetische Erzählstimme, die Allwissenheit, Omnitemporalität und Omnipräsenz besitzt. Aus der vorhergehenden Bestimmung der narrativen Ebene, der die Erzählstimme (K II) zugeordnet ist, lässt sich nach Genette für 2 Sam 11 der Erzähltypus extradiegetisch-heterodiegetisch bestimmen. Nach Susan S. Lanser und ihrer Unterscheidung in sechs Typen von Erzählinstanzen handelt es sich bei der Erzählstimme (K II) in 2 Sam 11 um einen heterodiegetischen, unbeteiligten Erzähler.

Nachdem der Status der Erzählstimme, der sich sowohl aus der narrativen Ebene (extra-/ intradiegetisch) als auch durch ihre Stellung zur Geschichte definiert, für 2 Sam 11 dargelegt wurde, steht im Folgenden die *Darstellung der Erzählstimme* im Fokus. Gegenstand der Analyse ist die Frage: Wie wird die Erzählinstanz konturiert?

Innerhalb der „David, Batseba und Urija"-Erzählung gibt es keine Angaben, die die Erzählstimme explizit charakterisieren bzw. mit „persönlichen" Attributen versehen. Ihr Name wird nicht genannt, sie bleibt anonym. Auf ihr Alter oder ihre Herkunft können keine Rückschlüsse gezogen werden.

Im Unterschied dazu lassen sich bezüglich des Geschlechts der Erzählstimme in 2 Sam 11 Aussagen treffen. Zwar wird der heterodiegetischen Erzählstimme kein Geschlecht explizit zugewiesen, jedoch gibt es innerhalb des biblischen Erzähltextes Hinweise, die Lesenden nahelegen können, der Erzählstimme ein männliches Geschlecht zuzuschreiben. In diesem Zusammenhang ist auf V.2 und V.4 sowie ihre jeweilige Textauslegung zu verweisen. Cheryl Exum hat aufgezeigt, dass der Frauenfigur

---

[98] Vgl. Raumanalyse, S. 283.290f.

Batseba doppelt Gewalt angetan wird. Neben dem erzählten Gewaltakt (וישלח דוד ויקחה ותבוא אליו וישכב עמה) in 2 Sam 11,4a–d betont Exum vor allem die textuelle Seite des Gewaltakts.[99] Die Erzählstimme verweigere der Figur Batseba jegliche Subjektivität. Sie als heterodiegetische, allwissende Erzählinstanz gewährt keinerlei Introspektion, sondern führt die Figur Batseba durch den sexualisierten Blick Davids ein. Ilse Müllner verweist darauf, dass die Lesenden die Figur Batsebas in V.2d ausschließlich durch einen „doppelten Blick" sehen: Sie nehmen die weibliche Figur durch die Perspektive Davids wahr und partizipieren somit an seinem Blick.[100] Auf die differenten Auswirkungen dieses „doppelten Blicks" für männliche und weibliche Rezipierende verweist Ulrike Bail.[101] Im Anschluss an den „doppelten Blick", der in V.2d erzählt wird, lässt sich der Nominalsatz והאשה טובת מראה מאד in V.2e, der die Figur Batseba charakterisiert, als wertender Gedanke Davids betrachten, den die Erzählstimme wiedergibt. Gleichfalls könnte es sich um eine Bewertung der Erzählstimme selbst handeln. Die Offenheit der Erzählweise in 2 Sam 11 verbietet m. E. an dieser Stelle eine Festlegung. Wird die Wertung über das Äußere der Figur Batsebas der Erzählstimme zugewiesen, ließe sich die Erzählstimme ebenso wie David und die Lesenden als Voyeur bezeichnen. Ulrike Bail hat aufgezeigt, dass sich weibliche Lesende schwerer mit dieser voyeuristischen Rolle identifizieren, denn sie sehen Batseba „immer auch durch die Brille des Mannes"[102]. Gleiches ist sicherlich auch für die Erzählstimme anzunehmen.

In der Analyse der *zeitlogischen Bestimmung* der Erzählstimme stellt sich folgende Frage: „Wann findet das erzählte Geschehen im Verhältnis zum Zeitpunkt des Erzählens statt?"[103] Bar-Efrat bemerkt, dass Formulierungen wie „zu der Zeit", „zur selben Zeit" o. ä. indirekt auf die Zeit der Erzählstimme verweisen. Die genannten Redewendungen bezeichnen

---

[99] Dazu stellt sie vorab Folgendes fest: „When I refer to the ‚rape of Bathsheba' in what follows, I use it as a metaphor to describe Bathsheba's treatment at the hands of the androcentric biblical narrator, whose violation of her character consists both in depriving her of voice and in portraying her in an ambiguous light that leaves her vulnerable, not simply to assault by characters in the story but also by later commentators on the story." Exum, Women, S. 171.
[100] Siehe Müllner, Gewalt, S. 59.
[101] Siehe Bail, Frau, S. 44–51.
[102] Ebd., S. 48.
[103] Lahn / Meister, Erzähltextanalyse, S. 99.

die Zeit der Erzählung aus der Perspektive des Erzählers und impliziert einen Abstand zwischen der Zeit der Ereignisse und der Zeit des Erzählers. Auf diese Weise bekommen die Lesenden sowohl erstere, auf die durch den Ausdruck ‚zu der Zeit' direkt Bezug genommen wird, als auch letztere, auf die indirekt verwiesen wird, in den Blick.[104]

In V.1a begegnen gleich zwei Zeitangaben, die nach Bar-Efrat für die zeitlogische Bestimmung der Erzählstimme eine solche Funktion einnehmen. In der noch folgenden Analyse der Zeit wird darauf hingewiesen, dass es sich bei der ersten Zeitangabe ויהי לתשובת השנה zwar um ein wiederkehrendes Ereignis handelt, das durch die zweite Zeitangabe לעת צאת המלאכים konkretisiert wird, zugleich aber auf die zeitliche Distanz der Erzählstimme zu den erzählten Ereignissen verweist.

In der Forschung wurde bereits mehrfach darauf verwiesen, dass in der „David, Batseba und Urija"-Erzählung gleich mehrere Erzählmotive zu finden sind.[105] Mit dem Begriff *Erzählmotiv* wird in der vorliegenden Arbeit ein kleiner, selbstständiger sowie charakteristischer Textbaustein verstanden, dessen Gehalt unabhängig von Zeiten, feststehenden Namen oder Ereignissen in verschiedene Zusammenhänge transformiert wird.[106] Das Motiv ist ein „kleine(s) Element in der Literatur, das eine Erzählung oder einen Teil einer Erzählung aus sich heraus entlässt und dem die Tendenz zur Wiederholung innewohnt"[107]. Motive setzen demnach auf den so genannten Aha-Effekt, den Wiedererkennungswert von Bekanntem, „sie wollen erzählte Geschehen im Horizont von Deutungen und Bewertungen verankern, die bereits konventionell an den Erzählmustern haften"[108]. Motive können Orientierung und Erwartungssicherheit gegenüber dem Handlungsverlauf oder dem Ziel der Erzählung schaffen. Häufig wird daher die Erwartungshaltung der Rezipierenden erfüllt. Im Gegensatz dazu können Erzählmotive derart transformiert werden, dass sie der Erwartungshaltung der Lesenden bewusst entgegenwirken. Durch

---

[104] Bar-Efrat, Bibel, S. 35.
[105] Siehe Fischer, David und Batseba, S. 50–59; Naumann, David, S. 136–167; Kunz, II Sam 11f., S. 300–311; sowie zuletzt Fischer, Wechselwirkungen, S. 77–97.
[106] Die benannte Konkretisierung basiert auf der Definition des „Erzählmotivs" nach Jutta Krispenz, vgl. Krispenz, Einleitung, S. 10f.
[107] Ebd., S. 10.
[108] Naumann, David, S. 139.

Erzählmotive können die Rezipierenden gegenüber einzelnen Aussagen, Einstellungen oder Urteilen sensibilisiert und gelenkt werden.[109] Das Bekannteste dieser Motive stellt das Urija- bzw. Todesbriefmotiv dar. Daneben finden sich in 2 Sam 11 das Motiv vom Bad einer schönen Frau, die Voyeurismus und männliches Begehren weckt, sowie das Motiv eines altorientalischen Herrschers, der nach der verheirateten Frau eines seiner Untertanen verlangt. Das Aufgreifen der genannten Erzählmotive lässt sich als Partizipation der Erzählstimme am Textreservoir des altorientalischen Kulturraums lesen und gibt Auskunft über ihren *Wissensstand* und ihre *gestalterischen Fertigkeiten* hinsichtlich der Umsetzung des vorhandenen Motivs für die Erzählung. Aus diesem Grund sollen im Folgenden die Erzählmotive vorgestellt und ihre Umsetzung in der „David, Batseba und Urija"-Erzählung untersucht werden.

Exkurs: Erzählmotive in 2 Sam 11

Das *Motiv der Badenden,* bei der es sich um eine schöne, verheiratete Frau handelt, die männliches Begehren auslöst, begegnet gleich zu Anfang der Erzählung in V.2. Dieses Motiv ist ebenfalls in der Susanna-Erzählung in Dan 13 zu finden. Zwischen beiden Adaptionen des Erzählmotivs gibt es neben vielen Gemeinsamkeiten (Bad einer verheirateten, schönen Frau) auch mehrere Differenzen. Während in 2 Sam 11 das Bad der namenlosen Frau als Auslöser für das Begehren Davids fungiert, wird in Dan 13,8–10 mehrfach das Begehren der Ältesten nach der schönen Susanna thematisiert, bevor es zur Handlung des Badens kommt (V.14). Ein weiterer Unterschied besteht in der anschließenden Handlung nach dem Bad. Während David im Anschluss an das Bad sein Begehren stillt und mit Batseba sexuell verkehrt, widersetzt sich Susanne den Gemeindeältesten und diese können ihr Begehren nicht stillen.

Thomas Naumann weist auf die Zusammengehörigkeit des Motivs der schönen und verheirateten Frau beim Bad mit dem *Motiv vom (altorientalischen) Herrscher, der die Frau eines seiner Untertanen nimmt,* hin.[110] Diese Verbindung der beiden Topoi lässt sich sowohl für die „David, Batseba und Urija"-Erzählung in 2 Sam 11 als auch für die der Susanna in Dan 13 konstatieren. Darüber hinaus verweist Naumann auf eine Gemeinsamkeit der Susanna-Erzählung mit der Erzählung in Gen 39 über Josef, der dem Begehren von Potifars Frau widersteht. Trotz des geschlechtlichen Rollenwechsels ist beiden Erzählungen gemeinsam, dass die bzw. der vom Begehren des

---

[109] Siehe Naumann, David, S. 139f.
[110] Siehe ebd., S. 145.

Herrschers bzw. der Herrscherin Bedrängte diesem widersteht. Der begehrende Herrscher – im Falle Josefs handelt es sich um die Frau seines Herrn – kommt nicht an das Ziel seines Verlangens.

Eine Gemeinsamkeit zwischen 2 Sam 11 und Gen 39 besteht im Zusammenhang des Blicks, der Begehren auslöst und dem Ziel, sexuell mit dem Objekt des Blicks zu verkehren. Während dies in Gen 39,7 in direkter Reihung explizit genannt wird (וַתִּשָּׂא אֵשֶׁת־אֲדֹנָיו אֶת־עֵינֶיהָ אֶל־יוֹסֵף וַתֹּאמֶר שִׁכְבָה עִמִּי), wird der Blick Davids auf Batseba in 2 Sam 11,2d dargestellt, wobei der Wunsch Davids mit dem Objekt des Blickes sexuell zu verkehren, nicht erzählt wird. Stattdessen wird in V.4d der Vollzug des sexuellen Aktes durch die Redewendung (וישכב עמה) deutlich. Dies ist der wesentliche Unterschied zwischen den innerbiblischen Adaptionen des Motivs. David erreicht das Ziel seines Verlangens, es kommt im Unterschied zur Josef-Erzählung in Gen 39 oder zur Susanna-Erzählung in Dan 13 tatsächlich zum Ehebruch.

Ein Blick in die außerbiblischen Adaptionen des Erzählmotivs vom Herrscher, der die Frau eines seiner Untertanen begehrt, verstärkt diesen Eindruck. Thomas Naumann verweist auf die orientalischen Überlieferungen aus „Tausend und eine Nacht", in der das Erzählmotiv ebenfalls mehrfach adaptiert wurde. Allen dortigen Belegen ist gemein, dass der begehrende Herrscher nicht zu seinem Ziel kommt – dem sexuellen Verkehr mit der verheirateten Untertanin.[111]

Die Erzählstimme in 2 Sam 11 greift in der Badeszene das Motiv von der schönen Frau beim Bad, die männliches Begehren weckt, sowie das Motiv der Herrschers, der die verheiratete Frau eines seiner Untertanen nimmt, auf und verbindet diese miteinander. Der königliche Herrscher David sieht eine schöne Frau beim Bad (V.2d–e), begehrt sie, obwohl er darüber Kenntnis hat, dass es sich um eine verheiratete Frau handelt (V.3d) und verkehrt sexuell mit ihr (V.4d). Dass es zum sexuellen Akt kommt und somit das Begehren des Herrschers nach der schönen Frau gestillt wird, ist beispiellos innerhalb der Realisierung des Erzählmotivs. Damit greift die Erzählstimme in der Badeszene auf geprägte Erzählmuster zurück, verändert diese jedoch hinsichtlich ihres Ausgangs. Das „traditionelle ‚happy end'"[112], nachdem das Begehren aufgrund des Blickes bzw. des Herrschenden nicht gestillt wird, findet in 2 Sam 11,2–5 gerade keine Anwendung. Die Erzählstimme hebt dadurch die

---

[111] Nach Naumann greifen folgende Erzählungen aus „Tausend und einer Nacht" das Erzählmotiv des Herrschers, der die Frau eines seiner Untertanen nimmt, auf: „Der König und die tugendhaft Frau" (404. Nacht); „Der König und die Frau des Kämmerlings" (24. Nacht); „Der König und die Frau seines Wesirs (578. Nacht). Siehe Naumann, David, S. 146: Anm. 30.

[112] Ebd., S. 30.

Figur Davids in den Fokus des Interesses und weist ihn als „Urheber solchen Tuns"[113] aus.

Das *Motiv des Urijabriefes* knüpft an ein im Alten Orient bekanntes Erzählmotiv an, das in der Forschung als „das Glückskind mit dem Todesbrief" bekannt ist.[114] Verbreitung findet das Motiv im orientalischen, später auch im europäischen Raum.[115] Nach Thomas Naumann umfasst das altorientalische Todesbriefmotiv mehr oder weniger stabile Elemente:

> Der Briefschreiber ist meist ein König, dem prophezeit wird, dass er die Macht verlieren wird. Er kennt seinen Rivalen und sucht, da ihn die Angst zur Tücke treibt, diesen mit Gewalt zu beseitigen. Eine seiner Listen ist der Todesbrief. Der aber für den Briefträger, der jeweils der eigentliche Held der Geschichte ist, zum Glück wird, weil der Brief am Ende doch bewirkt, was er verhindern soll.[116]

In einer früheren Publikation aus dem Jahr 2013, die sich mit dem Todesbriefmotiv, seiner Umsetzung in 2 Sam 11 und in literarischen Rezeptionen beschäftigte, benannte ich ausgehend vom Todesbriefmotiv in 2 Sam 11 fünf konstitutive Fragen: (1) Wer initiiert den Todesbrief? (2) Wer schreibt ihn? (3) Welche Personen wissen um den Inhalt des Briefes? (4) In welchem Handlungskontext taucht das Motiv auf? (5) Welche Bedeutung hat das Todesbriefmotiv für die gesamte Handlung?[117]

Das Todesbriefmotiv, das uns innerhalb des Alten Testament nur in der „David, Batseba und Urija"-Erzählung begegnet, findet sich dort an exponierter Stelle. So hat Alexander A. Fischer bereits 1989 darauf hingewiesen, dass der Todesbrief in 2 Sam 11,14–15 und somit das Erzählmotiv kompositorisch das Zentrum der Erzählung bildet[118]. Auch innerhalb des Plots kommt dem Todesbrief eine besondere Bedeutung zu. Es handelt sich um einen

---

[113] Naumann, David, S. 146.
[114] Die Bezeichnung geht auf den Märchenforscher Johannes Schick zurück. Dieser sieht die Ursprünge des Motivs in Indien und zeichnet in seinen Studien die Wanderung des Motivs über Vorderasien und Ägypten nach Europa nach. Siehe Schick, Glückskind. Als konstitutive Elemente des Motivs benennt Schick das Glückskind, „das ein böser Gegner zu vernichten trachtet; alle seine Machinationen werden jedoch vereitelt, auch die letzte, ebenso ruchlos wie schlau erdachte: Das verfolgte Kind soll einen Brief bestellen, der seinen eigenen Tod befiehlt; durch glückliche Fügung des Schicksals, durch das Eingreifen von Freunden, oder eines lieben Mädchens, oder höherer Mächte gereicht ihm aber der Todesbrief zum höchsten Glück". Schick, Glückskind, S. 9.
[115] Vgl. Fischer, David und Batseba, S. 56.
[116] Naumann, David, S. 142.
[117] Fischer, Wechselwirkungen, S. 84.
[118] Siehe Fischer, David und Batseba, S. 50f. Auch Naumann weist auf die hervorgehobene Stellung des Todesbriefes in 2 Sam 11,14f. „(i)m Zentrum der Komposition und am Wendepunkt der Handlung" hin. Naumann, David, S. 141.

Wendepunkt, der Urijas Untergang einleitet. Zugleich werden die beiden sonst voneinander getrennten Hauptschauplätze Jerusalem und Rabba räumlich verbunden. David initiiert und schreibt den Brief, nachdem seine Versuche gescheitert sind, Urija als Vater des im Ehebruch gezeugten Kindes zu etablieren. Neben der Figur David hat nur Joab Kenntnis vom Inhalt des Briefes. Die Erzählstimme in 2 Sam 11 lässt offen, ob Urija, der Überbringer des Todesbriefes, den Inhalt des Briefes kennt. Thomas Naumann hat aufgezeigt, dass das Erzählmotiv den Absender des Briefes, in 2 Sam 11 handelt es sich um David, als besonders heimtückisch darstellt. Auf David trifft diese Charakterisierung zu: lässt er doch den Boten eines Briefes, der eigentlich das Vertrauen des Absenders besitzt, sein eigenes Todesurteil überbringen. Damit missbraucht David „die Loyalität seines Dieners zu dessen Liquidierung"[119].

Naumann verweist darüber hinaus auf die besondere Konstellation in 2 Sam 11, wodurch dem Todesbriefmotiv weitere Bedeutung zukommt. In Form der Rollenzuweisung Urijas als Soldat Davids wird die politische Komponente des groben Missbrauchs der Gefolgschaftstreue in die Erzählung eingebracht. Urija, der im Kampf das eigene Leben für seinen König aufs Spiel setzt, wird von diesem betrogen: David begeht Ehebruch mit Urijas Frau.[120]

Der Inhalt des Briefes wird von der Erzählstimme in direkter Rede wiedergeben, und zwar eingeleitet durch das Wort לאמר. Diese Erzählweise ist kunstvoll. Durch den zitierten Briefinhalt erteilt die allwissende Erzählstimme Einblick in das Innere der Figur Davids, in seine konkreten Absichten. Da eigentlich nur David und Joab den Wortlaut des Briefes kennen, der Briefinhalt jedoch durch die Erzählstimme in V.14–15 wiedergegeben wird, erhalten die Lesenden der „David, Batseba und Urija"-Erzählung einen Wissensvorsprung gegenüber der Figur Urijas.[121]

Bei dem Vergleich des Urijasbriefes mit anderen altorientalischen Adaptionen des Motivs vom „Glückskind und dem Todesbrief" kommt Thomas Naumann zu dem Ergebnis, dass der Todesbrief in 2 Sam 11 von den vorgegebenen Erzählmustern teilweise erheblich abweicht. Ein Besonderheit innerhalb der vielen Variationen des Plots stellt der düstere Ausgang, der Tod des Briefüberbringers, dar. Daher sieht Naumann in der Adaption des Todesbriefes in 2 Sam 11 eine „gezielte Destruktion der als bekannt vorausgesetz-

---

[119] Bar-Efrat, Das zweite Buch Samuel, S. 110.
[120] Naumann, David, S. 141.
[121] Siehe ebd., S. 141f. Nach Naumann stellt die Wiedergabe des Briefinhaltes keinen Bestandteil der traditionellen Vorgaben des Motivs dar, sondern ist eine spezifische Entscheidung der Erzählstimme in 2 Sam 11.

ten Erzählung vom ‚Glückskind mit dem Todesbrief'[...] mit einem einzigen Ziel, die Untaten Davids noch schärfer hervortreten zu lassen."[122]

Indem die Erzählstimme das Motiv vom „Glückskind und dem Todesbrief" aufgreift und, wie Thomas Naumann dargestellt hat, derart adaptiert, setzt sie das Todesbriefmotiv zur Figurencharakterisierung und Figurenkonstellation ein: David wird als arglistig und gegenüber seinen militärischen Untertanen als treuloser König charakterisiert. Zudem wird die Kontrastierung der beiden Figuren David und Urija in der vorhergehenden Szene verstärkt. Die Wiedergabe des Briefinhalts durch die Erzählstimme dient als erzählerisches Mittel und lenkt die emotionale Anteilnahme der Lesenden, indem sie Distanz zur Figur Davids schafft und zur emotionalen Parteinahme gegenüber der Figur Urijas veranlasst.

Neben den Erzählmotiven geben auch die Kampfszenen Hinweis auf das Wissen der Erzählstimme. Die „David, Batseba und Urija"-Erzählung weist einen hohen Anteil an Versen auf, die über Kriegsereignisse erzählen (siehe 2 Sam 11,1.11.15c–g.16–25). Dabei zeugen einzelne Passagen wie der Inhalt des Briefes (V.15c–g) vom strategischen Verständnis der Erzählstimme im Kontext des Krieges. Die Differenzen in der Darstellung der Kriegsereignisse, die als Hintergrundfolie für die Liquidierung Urijas dienen, lassen ein beachtliches militärisch-strategisches Wissen der Erzählstimme erkennen. Auch die Art, wie die Erzählstimme durch die Figur Joabs die Kriegsereignisse und -verluste werten lässt (V.19c–21f) und dabei auf den Tod Abimelechs, der in Ri 9,50–57 erzählt wird, anspielt, unterstützt diese Zuschreibung. Ebenfalls lässt sich die Kenntnis um die JHWH-Kriegs-Vorschriften als Bestandteil des Wissens der Erzählstimme benennen. In den biblischen Texten, so auch in 2 Sam 11, stellt der Krieg „kein ausschließlich profanes Geschehen dar, sondern weist enge Bezüge zur Sphäre des Göttlichen auf"[123]. Damit erhält das Numinose in der Konzeption des JHWH-Krieges die entscheidende Bedeutung für den Ausgang des Krieges, während Kriegsstrategien, -techniken oder menschliches Tun dem untergeordnet sind.[124] Die bibli-

---

[122] Naumann, David, S. 144f.
[123] Obermayer, Art. Krieg, 5; die Hervorhebungen des Originals wurden an dieser Stelle nicht übernommen.
[124] Siehe ebd., 5.1. Obermayer benennt das zentrale Charakteristikum des JHWH-Kriegs-Konzepts folgendermaßen: „In Erzählungen, die dem Paradigma folgen, geht JHWH immer als Sieger aus dem Kampf hervor. Er erweist sich dadurch als die stärkere

schen Texte, die dem JHWH-Kriegs-Konzept zugeordnet werden, enthalten die Vorstellung, dass das Kriegslager durch die Anwesenheit JHWHs ein „ausgesonderter Bereich"[125] ist, welcher der Reinheit bedarf. Durch das transportable Ladeheiligtum wird die Anwesenheit JHWHs symbolisiert. In 2 Sam 11 verweist die Figur Urijas innerhalb ihres Schwurs auf das Ladeheiligtum und dessen räumliche Zuordnung zum Kriegslager. Das JHWH-Kriegs-Konzept hat seine Gültigkeit im Kriegsfall und bezieht Verpflichtungen mit ein. Dabei handelt es sich beispielsweise, wie 1 Sam 21,6 und 2 Sam 11,11 belegen, um die sexuelle Enthaltung. Die Erzählstimme konstruiert die Figur Urijas so, dass sie sich entsprechend den Vorschriften des JHWH-Kriegs verhält. „Darin bildet er [Urija; A.F.] einen positiven Kontrast zu David, der gerade nicht dort ist, wo er sein sollte (V.1), und seine Position zum eigenen Vorteil ausnutzt."[126]

Der *Grad der Explizität* der Erzählstimme für 2 Sam 11 schwankt. Innerhalb der Erzählung gibt es mehrere Hinweise, die für eine verborgene Erzählinstanz sprechen: Die Erzählstimme verweist, wie bereits herausgearbeitet, innerhalb der Geschichte von „David, Batseba und Urija" nicht auf sich selbst. Darüber hinaus spricht sie die Lesenden nicht direkt an (z. B. durch den aufmerksamkeitslenkenden Partikel הִנֵּה)[127] oder verwendet als Anzeige für ihre Vermittlerfunktion ätiologische Formulierungen (z. B. bis auf diesen Tag). Neben diesen Argumenten die einen *covert narrator* in 2 Sam 11 nahelegen, gibt es innerhalb der „David, Batseba und Urija"-Erzählung Verse, in denen die Vermittlerfunktion der Erzählstimme offen zu Tage tritt. Der wohl auffälligste Beleg für die Explizität und Offenheit der Erzählstimme stellt der Kommentar am Ende der Erzählung in V.27f dar:

וַיֵּרַע הַדָּבָר אֲשֶׁר־עָשָׂה דָוִד בְּעֵינֵי יְהוָה

„Aber schlecht ist die Sache, die David getan hat, in den Augen JHWH." (2 Sam 11,27f)[128]

Gottheit im Krieg gegen Israels Widersacher, die zu (unterlegenen!) Feinden JHWHs stilisiert werden". Ebd., 5.1.
[125] Ebd., 5.1.
[126] Müllner, Samuel, S. 534.
[127] Siehe Eberle-Küster, Art. Narrativität, 2.2.
[128] Ackroyd, Samuel, S. 106, wertet den Kommentar der Erzählstimme als ein *„laconic comment at the end"*.

Erstmals wird in 2 Sam 11 gegenüber der Figur David und seinen Handlungen Stellung bezogen und diese negativ bewertet. Es handelt sich hier um einen evaluativen Kommentar der Erzählstimme zur Geschichte (*story*), die zugleich eine normative Stellungnahme darstellt. Erkennbar ist dies an dem implizit rezeptionslenkenden Verb רעע („schlecht sein"), das sich in V.27f auf das Subjekt, „die Sache, die David getan hat", bezieht und die David-Figur negativ konnotiert. Am Ende der ÄE benennt die Erzählstimme als urteilende Instanz יהוה.[129]

Die Formulierung des Erzählerkommentars ist kunstvoll gestaltet, es werden gleich mehrere Wörter wieder aufgegriffen, die zuvor in der Erzählung an exponierten Stellen verwendet wurden. Das Nomen הדבר kommt erstmals in V.11g vor, dort greift es Urija in seinem Schwur auf: אם אעשה את־הדבר הזה („nicht tue ich diese Sache").[130] Das Nomen הדבר begegnet auch im V.25c. Darüber hinaus bestehen zwischen V.25c und V.27f weitere sprachliche Parallelen sowie eine chiastische Anordnung. Die genannten Verbindungen werden in der folgenden Darstellung ersichtlich:

| V.25c: | אל־ | ירע | בעיניך | את־הדבר הזה |
| V.27f: | וירע | הדבר | אשר עשה דוד | בעיני יהוה |

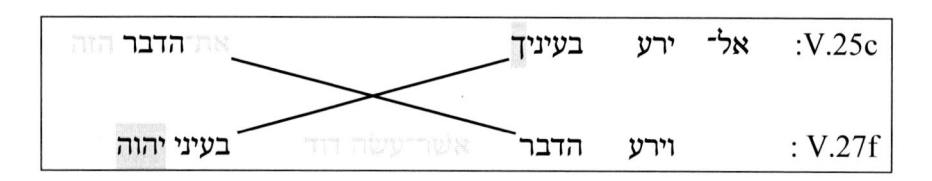

Abb. Die chiastische Verbindung von V.25c und V.27f

---

[129] Dass die Erzählstimme in ihrem Kommentar auf das Urteil JHWHs rekurriert, dient zugleich als Beleg für ihre Allwissenheit. Sie gewährt den Lesenden Einblick in dessen Gefühle und Gedanken. Bar-Efrat verweist darauf, dass die Erzählstimme nicht oft von den Gefühlen Gottes erzählt. Daraus schließt der Bibelwissenschaftler, dass, „wenn eine solche Information bereit gestellt wird, diese von besonderer Bedeutung ist". Bar-Efrat, Bibel, S. 29.

[130] Bar-Efrat wertet die Formulierung „diese Sache" in V.11g als vage und zweideutig, die „sich dadurch einerseits auf die ‚Sache' bezieht, die Uria nicht tun will – was explizit genannt wird –, und andererseits auch auf die ‚Sache', die David wirklich getan hat – was implizit bleibt (V.25.27)". Bar-Efrat, Bibel, S. 141.

Die Einschätzung der Ereignisse durch David in V.25c („Nicht schlecht ist in deinen Augen diese Sache") steht im Gegensatz zu dem Urteil JHWHs in V.27f. Indem die Erzählstimme das Urteil JHWHs anführt, relativiert sie Davids Einschätzung und etabliert zugleich ein absolutes Wertesystem, dem sich alle Figuren der erzählten Welt, so auch der König David, beugen müssen.[131] An dieser Stelle wird deutlich, dass das Urteil JHWHs nicht mit dem anderer Figuren in der Erzählung vergleichbar ist. Die Erzählstimme wählt als urteilende Instanz JHWH aus und spricht ihr die absolute und höchste Autorität zu. Bar-Efrat sieht in der expliziten Verurteilung von Davids Handlungen im Erzählerkommentar eine Lenkung der Lesenden. Die Wertung in V.27f fungiert als Gegengewicht und bricht die positive Einstellung der Lesenden, die sich in den bisherigen Erzählungen über David (z. B. innerhalb der Aufstiegserzählung 1 Sam 16–2 Sam 5) etabliert hat, letztlich auf.[132]

Im Verlauf der „David, Batseba und Urija"-Erzählung fehlt bisher jedes Urteil gegenüber der Figur Davids und ihren Handlungen. Bar-Efrat sieht in Davids sozialem Status als König eine Möglichkeit gegeben, durch die die Lesenden Davids Verhalten legitimieren könnten.[133]

> Indem das Urteil über David Gott zugeschrieben wird, wird das System absoluter Normen, denen auch ein König unterworfen ist und nach denen auch er gerichtet wird, über diese ‚königlichen' Privilegien gestellt. Die Betonung der absoluten Geltung der ethischen Normen – die in diesem Fall notwendig ist, da es nicht um ein gewöhnliches Individuum geht – wäre weniger deutlich, würde das Urteil als das des Erzählers dargestellt.[134]

Neben diesem sehr exponierten Erzählerkommentar in V.27f gibt es in der „David, Batseba und Urija"-Erzählung noch zwei weitere Kommentare, die die Vermittlungsfunktion der Erzählinstanz aufzeigen und der Erzählstimme einen höheren Grad an Explizität zusprechen. Es handelt

---

[131] Bar-Efrat, Das zweite Buch Samuel, S. 113.
[132] Siehe Bar-Efrat, Bibel, S. 29.
[133] „Schließlich könnte der Leser die Handlungen Davids anhand besonderer Maßstäbe beurteilen, indem er beispielsweise davon ausgeht, dass er als König nicht denselben Restriktionen unterliegt wie gewöhnliche Bürger: Man könnte ja annehmen, dass er berechtigt ist, sich jede Frau zu nehmen, die er begehrt, und als Oberbefehlshaber des Militärs auch das Recht hat, über Leben und Tod jedes seiner Soldaten an der Front zu entscheiden." Bar-Efrat, Bibel, S. 29.
[134] Ebd., S. 29f.

sich hierbei um den Erzählerkommentar in V.4e: והיא מתקדשת מטמאתה ("Sie [selbst] aber hatte sich gerade gereinigt von ihrer Unreinheit"). In der älteren Forschung wurde die Auffassung vertreten, diese kurze Notiz sei ein Hinweis auf die Ausschließlichkeit Davids als Vater des im Ehebruch gezeugten Kindes. Damit käme dem Erzählerkommentar eine explanative Funktion zu. Ich vertrete hingegen die Position, dass V.4e nicht auf die Vaterschaft Davids hinweist, sondern als Charakterisierung der Batseba-Figur zu lesen ist.[135] Durch den in V.4e dargestellten Akt der Selbstheiligung Batsebas wird ihre Figur positiv konnotiert und mit der David-Figur kontrastiert. Der Erzählerkommentar übernimmt somit eine evaluative Funktion in Bezug auf die erzählten Ereignisse (Geschichte; *story*).

Ein weiterer Erzählerkommentar begegnet in V.9b: ולא ירד אל־ביתו (Aber nicht ging er [=Urija] in sein Haus). Die Erzählstimme tritt hier als Vermittlungsinstanz hervor, um zu betonen, dass Davids Versuch, den Ehebruch zu vertuschen, scheitert, denn der königliche Plan setzt voraus, dass Urija in sein Haus geht. Der Kommentar der Erzählstimme hat demnach eine explanative Funktion hinsichtlich der *story* (Geschichte).

Neben den Erzählerkommentaren gibt es weitere Argumente für eine offenkundige Erzählstimme, wie beispielsweise Passagen, die eine Distanz zwischen Erzählstimme und erzählten Ereignissen ausdrücken. In der bisherigen Analyse der Erzählstimme wurde bereits auf die zeitliche Differenzierung von Erzählstimme zu den erzählten Ereignissen in V.1a verwiesen. Darüber hinaus lassen sich in 2 Sam 11 Hinweise finden, die eine Distanz der Erzählstimme in moralischer Hinsicht zum Ausdruck bringen. Die Erzählstimme wertet die Handlungen Davids in Bezug auf den Ehebruch und den Mord an Urija. Explizit geschieht dies, wie bereits oben dargestellt, durch den Erzählerkommentar in V.27f, wobei die Erzählstimme das Urteil einer höheren Autorität (JHWH) zuspricht. Daneben lassen sich Anspielungen im Text finden, die als implizite Verweise auf die moralische Distanzierung der Erzählstimme gelesen werden können. So betont diese in V.26 mehrfach die Zusammengehörigkeit der beiden Figuren Batseba und Urija. Batseba wird nicht mit Namen genannt, sondern als „Frau Urijas" eingeführt (V.26a). Direkt im Anschluss daran werden beide Figuren erneut zueinander in Beziehung gesetzt durch die Benennung des Namens Urija mit dem Epitheton „ihr Mann"

---

[135] Siehe die Figurenanalyse zu Batseba im vorliegenden Band, S. 420–423.

(V.26b). Durch diese zweifache Benennung in Form des Aufeinanderverwiesen Seins der beiden Figuren Batseba und Urija tritt m. E. die Erzählstimme in Distanz zu den in V.27a–e erzählten Handlungen Davids. Die (ver)urteilende Haltung der Erzählinstanz gegenüber David wird hierbei deutlich.

Schließlich deutet die Verwendung des Leitworts שלח auf die Vermittlerfunktion der Erzählstimme hin. Das Verb kommt insgesamt 12 Mal in der „David, Batseba und Urija"-Erzählung vor, 10 Mal verwendet es die Erzählstimme (2 Sam 11,1b.3a.4a.5b.6a.c.14c.18a.22d.27b).

Innerhalb der Raumanalyse wird aufgezeigt, dass das Bewegungsverb שלח semantisch aufgeladen ist und die Figur, die aussendet, als machtvoll charakterisiert. Die Erzählstimme greift dieses „machtvolle" Verb auf und verwendet es entweder, wenn Figuren veranlasst werden, die räumliche Distanz zwischen den Schauplätzen zu überwinden (V.1b.6a.c.14c. 18a.22d) oder wenn die Erzählstimme einzelne Figuren und ihre Handlungen hervorheben will. Dies geschieht in V.3a, wenn David sendet (שלח), um nach der Identität der unbekannten Badenden zu forschen. Als König verfügt David über die nötigen Mittel, die Identität der Frau in Erfahrung zu bringen. Deutlicher wird die machtvolle Position Davids in V.4a, wenn er nach Batseba „aussendet" (שלח), obwohl ihm ihre Identität und ihr Status als Ehefrau bekannt sind. Ilse Müllner hat auf die Besonderheit hingewiesen, dass die Erzählstimme Batseba im Kontext der Bekanntgabe ihrer Schwangerschaft das Leitwort שלח zuordnet (V.5b). „Über ihre reproduktive Fähigkeit partizipiert diese Frau an der königlichen Macht."[136] Es lässt sich, wie dargestellt, eine funktionale Anwendung des Leitworts שלח in 2 Sam 11 aufzeigen, wodurch wiederum die Vermittlungsfunktion der Erzählstimme offensichtlich wird.

Die letzte Kategorie zur Beschreibung der Erzählstimme stellt die Frage nach Ihrer *Zuverlässigkeit* dar. Die Erzählstimme der „David, Batseba und Urija"-Erzählung erweist sich als zuverlässige Erzählinstanz. In Abgrenzung zu den unzuverlässigen Erzählinstanzen verfügt die Erzählstimme in 2 Sam 11 über ein unbegrenztes Wissen, worauf bereits in der Analyse der Kategorie ihrer Darstellung hingewiesen wurde (Allwissenheit/Wissensstand). Die Erzählstimme ist zudem nicht emotional involviert und verfügt bzw. etabliert durch den Erzählerkommentar in

---

[136] Müllner, Gewalt, S. 102.

V.27f ein Wertesystem, das Vorstellungen der idealen Leser sowie der meisten Rezipierenden nahesteht.

4.3.5 Zusammenfassung

Die Erzählstimme wird als die zentrale Instanz der Erzähltheorie angesehen, wie es im vorigen Abschnitt dem Kommunikationsmodell zugrunde gelegt und zu Beginn dieses Kapitel theoretisch entfaltet wurde. Ausgehend von der begrifflichen Pluralität hinsichtlich der Erzählinstanz und ihrer Festlegung auf den Terminus *Erzählstimme* wurden wichtige Schritte innerhalb der Erzählforschung vorgestellt. Ausgehend von diesen theoretischen Überlegungen und ihren Modifikationen sowie unter Bezug auf weitere Verfahren zur Analyse von Erzählinstanzen arbeitete ich folgende fünf Kategorien zur Beschreibung der Erzählstimme heraus:

In Anknüpfung an Gérard Genette werden der *Ort des Erzählens* (extra- vs. intradiegetisch) sowie die *Stellung der Erzählstimme gegenüber dem Geschehen* (homo- vs. heterodiegetisch) als Kategorien benannt. Als eine weitere Leitfrage für die zweite Kategorie, der Stellung der Erzählstimme gegenüber dem Geschehen, ist mit Susan S. Lanser nach dem Maß zu fragen, mit welchem die Erzählstimme in das erzählte Geschehen involviert ist (unbeteiligt ⇔ autodiegetisch). Angaben zum Namen, Alter, Geschlecht oder zur Herkunft der Erzählstimme werden ebenso wie ihr Wissen(sstand) oder ihre zeitlogische Bestimmung unter der dritten Kategorie, der *Darstellung der Erzählstimme,* zusammengefasst. Das vierte Analyseverfahren, der *Grad an Explizität*, untersucht, in welchem graduellen Ausmaß die Erzählstimme als Vermittlungsinstanz auftritt (verborgen ⇔ explizit). Mit dem *Grad der Zuverlässigkeit* (glaubwürdig ⇔ unglaubwürdig) ist die fünfte Kategorie zur Beschreibung der Erzählinstanzen benannt.

In der „David, Batseba und Urija"-Erzählung tritt eine anonyme, extradiegetische Erzählstimme auf. Ihre besondere Bedeutung lässt sich bereits an dem Umfang ermessen, den die Erzählstimme der textinternen Kommunikationsebene K II im Vergleich zu den übrigen Erzählinstanzen der Ebenen K III und K IV einnimmt. Von den insgesamt 122 ÄE in 2 Sam 11 kommen der Erzählstimme mit 82 ÄE mehr als die Hälfte zu. Die Erzählstimme ist in der „David, Batseba und Urija"-Erzählung damit die Instanz, die überwiegend erzählt. Auffallend sind hierbei drei Textbereiche, in denen eine Häufung an ÄE zu konstatieren ist, die der Erzählstimme zuzuordnen sind und die kaum bzw. wenig durch Figurenreden unterbrochen sind. Es handelt sich hierbei um die in der Gliederung herausgearbeitete Szene 2, in der die Erzählstimme bis auf zwei Figurenreden in V.3d und V.5e (je eine ÄE) alles erzählt, sowie Szene 5, in der das Geschehen ausschließlich durch die Erzählinstanz der K II vermittelt wird. Daneben berichtet die Erzählstimme in den V.14–18 von Davids Plan, Urija zu beseitigen und den Ereignissen vor Rabba, die letztlich zum Tod Urijas geführt haben. Damit agiert die Erzählstimme am Beginn der vierten Szene als Vermittlungsinstanz für einen weiteren, umfangreichen Textbereich. Innerhalb der restlichen Erzählung werden die Geschehnisse durch die Figuren vermittelt, die Erzählstimme übernimmt dabei eine kompositorische Funktion. Die Figurenrede (K II) umfasst 29 ÄE, die Rede erzählender Figuren (K III) lediglich 11 ÄE. Der Wechsel zwischen den Erzählebenen, wie er für die V.19–21 und V.25 untersucht wurde, ist kunstvoll gestaltet und funktional. In den beiden Passagen werden mehrfach die Kommunikationsebenen gewechselt, indem jeweils die Erzählstimme (K II) Figurenrede (K III) einleitet, wobei in dieser Figurenrede erzählende Figuren (K IV) in V.20d–21d sowie V.25c–f auftreten. Die beiden genannten Textstellen sind aufeinander bezogen. Während die erste Passage Erwartungen bezüglich von Davids Reaktion auf den Kriegsbericht und den Tod Urijas bei den Lesenden weckt, werden diese in der zweiten Passage aufgegriffen, zur Steigerung der Spannung verwendet und schließlich gerade nicht eingelöst.

Die Erzählstimme innerhalb der „David, Batseba und Urija"-Erzählung ist auf der Ebene der Figuren nicht anwesend. Nach der Terminologie Genettes handelt es sich um eine heterodiegetische Erzählstimme, die gegenüber dem Geschehen unbeteiligt ist. Die Erzählinstanz in 2 Sam 11 ist allwissend. Sie weiß um Handlungen, die im Verborgenen geschehen und hat so z. B. Kenntnis über den Inhalt des Briefes. Sie verfügt über die Fähigkeit der Introspektion und lässt die Lesenden wissen, was die Figuren sehen (Blick Davids auf die badende Frau in V.2d) oder hören (Bekanntgabe der Identität Batsebas in V.3d). Trotz ihrer Innensicht gewährt die Erzählstimme nicht unbegrenzt Einblick in die Gefühle, Gedanken oder Motivationen einzelner Figuren. Indem die Erzählinstanz an solchen Stellen Introspektion ausspart, wird der Text mehrdeutig, wodurch die Lesenden aus einer Fülle unterschiedlicher Lesemöglichkeiten auswählen können.

Neben der Introspektion verfügt die Erzählstimme auch über Omnitemporalität. Darüber hinaus wechselt die Erzählstimme in 2 Sam 11 zwischen den Schauplätzen Rabba und Jerusalem bzw. innerhalb der Binnenräume Jerusalems frei hin und her, ein Verweis auf ihre Omnipräsenz.

Hinsichtlich der Erzählstimme werden nur wenige Angaben gemacht. Sie bleibt anonym, es gibt keine expliziten Informationen zu Alter, Herkunft oder Geschlecht. Durch die „Verdopplung des Blicks" in V.2, durch den die Erzählstimme aus der Perspektive Davids die badende Frau wahrnimmt und charakterisiert, wird es möglich, die Erzählstimme geschlechtlich männlich zu markieren.

Die Erzählstimme verfügt über ein Wissen, welches die Kenntnis militärischer Strategien und altorientalischer Erzählmotive voraussetzt. Der Umgang mit den Erzählmotiven, ihre Adaption und Transformation in die Geschehensfolge der „David, Batseba und Urija"-Erzählung weisen auf ihre künstlerisch-textproduzierenden Fertigkeiten hin. Wie ausführlich gezeigt, greift die Erzählstimme die Motive auf, entkleidet sie ihres traditionellen Musters und adaptiert sie derart, dass sie sich für die Figurenkonstellation (David – Urija) und die Handlung (schöne Frau beim Bad – Begehren – sexueller Akt stillt das Begehren) als konstitutiv erweisen.

Die Erzählstimme ist in 2 Sam 11 in unterschiedlichem Grad als Vermittlungsinstanz fassbar. Durch ihre Kommentare wird die Erzählstimme als Vermittlungsinstanz explizit, besonders nachvollziehbar ist sie vor allem durch den die Erzählung abschließenden, evaluativen Kommentar in V.27f. Die Erzählstimme urteilt über das Handeln der Figur Davids und bezieht dabei die göttliche Autorität JHWHs ein. Daran wird deutlich, dass die Erzählstimme diese Autorität anerkennt. Neben den Kommentaren spricht das Arrangement des Verbs שלח für die Explizität der Erzählstimme, denn das Verb hebt, wie gezeigt, entweder wichtige Geschehen hervor oder benennt Textstellen, in denen ein Wechsel des Schauplatzes (Jerusalem – Rabba) vollzogen wird. Die Erzählstimme in 2 Sam 11 erweist sich, wie in der Analyse gezeigt, als zuverlässige Erzählinstanz.

4.4 Perspektive

Alles, was Lesende über die erzählte Welt wissen, erfahren sie nur aus dem Text selbst, in dem die Informationen notwendigerweise perspektivisch gebunden sind.[1]

Aus diesem Grund kommt der *Perspektive* und ihrer Analyse innerhalb der Erzähltheorie eine besondere Bedeutung zu. Mit dem weit verbreiteten Begriff *Perspektive* wird im Folgenden eine weitere Erzählkategorie bezeichnet, die die erzählerische Vermittlung zum Gegenstand hat und als „wesentliches Phänomen des Erzählens"[2] gilt. Trotz der Bedeutung dieser Kategorie und ihrer breiten Anwendung im Rahmen der Textanalysen fehlt in der erzähltheoretischen Forschung eine einheitliche Ausgestaltung der Theorie.[3] Stattdessen findet sich nach einer fast 150-jährigen Beschäftigung mit diesem Phänomen, die eine Vielzahl verschiedener Konzepte und Begrifflichkeiten hervorgebracht hat, heute eine Fülle unterschiedlicher und zum Teil konkurrierender Modelle.[4] Diese konzeptionelle Heterogenität führte zur Bezeichnung und Analyse gänzlich disparater narrativer Phänomenen unter dieser Kategorie.

Deshalb wird im Folgenden zunächst eine Annäherung an dieses Phänomen über die unterschiedlichen Terminologien und wesentlichen theoretischen Entwicklungen erfolgen. Davon ausgehend werden die in der vorliegenden Arbeit verwendeten Begriffe definiert. Im Anschluss daran sollen ausgewählte Modelle mit ihren jeweiligen Aspekten vorgestellt werden, die sich besonders zur Analyse der *Perspektive* der biblischen „David, Batseba und Urija"-Erzählung eignen.

---

[1] Schmitz, Prophetie, S. 43.
[2] Schmid, Perspektive, S. 138. Eike Muny sieht in dem allgemeinen Forschungsinteresse an der Perspektive einen Befund für die Komplexität des Erzählverfahrens markiert, der „zu den besonderen Merkmalen von Literarizität (oder allgemeiner: von Artifizialität) zählt." Muny, Erzählperspektive, S. 87.
[3] Siehe Schmid, Perspektive, S. 138.
[4] Niederhoff, Art. Perspective, 3.1. Niederhoff datiert die früheste Beschäftigung mit dem Phänomen des *point of view* in einem fachlichen Sinne in das Jahr 1866.

4.4.1 Terminologie und erzähltheoretische Einordnung

Der Begriff *point of view* wurde bereits von dem Schriftsteller Henry James in die Diskussion eingebracht und von Percy Lubbock aufgriffen.[5] Lubbock definiert *point of view* in seiner erstmals 1921 erschienenen Darstellung „The Craft of Fiction" folgendermaßen: „The whole intricate question of method, in the craft of fiction, I take to be governed by the question of point of view – the question of the relation in which the narrator stands to the story"[6]. Damit wird der Kategorie eine zentrale Rolle beigemessen. Der Begriff *point of view* wird von Lubbock nicht mehr auf eine intradiegetische Figur beschränkt, sondern auch für den Erzähler und sein Verhältnis zu den erzählten Ereignissen angewendet.[7] Im Rückgriff auf Lubbocks Arbeiten entwickelten in den 1950er Jahren u. a. Norman Friedman und Franz K. Stanzel sogenannte *point of view*-Typologien.[8] An diesen beiden genannten Typologien wird die Vermischung zweier Fragestellungen deutlich, die im Begriff des *point of view* traditionell subsumiert wurden.[9] Es handelt sich hierbei um die Frage nach der *Narration* (Wer erzählt die Geschichte?) und der *Fokalisierung* (Aus wessen Blickpunkt/Perspektive wird die fiktionale Welt wahrgenommen?). Diese Vermischung wurde von Gérard Genette in seinem 1972 erschienen „Discours du récit" vehement kritisiert.

Als Abgrenzung zum Ausdruck *point of view* führt Genette den Begriff *Fokalisierung* in die Erzähltheorie ein. Dieser Neologismus ist ein abstrakter Begriff, mit dem Genette versucht, der visuellen Konnotation des *point of view* entgegenzuwirken. Die „klassischen" Begriffe werden dabei neu systematisiert:

---

[5] Siehe ausführlicher dazu Muny, Erzählperspektive, S. 89. Niederhoff, Art. Perspective, 1; Schmid, Perspektive, S. 138; Finnern, Narratologie, S. 164 verweisen darauf, dass der Begriff auch als Entsprechung zum Begriff *Perspektive* verwendet wird.

[6] Lubbock, Fiction, S. 251.

[7] Siehe Muny, Erzählperspektive, S. 89f.; vgl. Niederhoff, Art. Perspective, 3.1.

[8] Friedman, Point, S. 1168–1179. Ausgehend von der grundlegenden Unterscheidung zwischen *telling* und *showing* differenziert Friedmans acht Möglichkeiten der Perspektivierung. Seine Typologie besteht aus einem Raster in Form einer achtgliedrigen Stufenskala. Vgl. Niederhoff, Art. Perspective, 3.1; Lahn / Meister, Erzähltextanalyse, S. 27; Muny, Erzählperspektive, S. 89f.
An dieser Stelle wird auf eine ausführliche Darstellung der Erzählsituationen und des typologischen Kreises nach Stanzel verzichtet, da diese bereits im Kapitel zur Erzählstimme erfolgte. Siehe in der vorliegenden Arbeit, S. 66f.

[9] Siehe Eisen, Poetik, S. 74; Niederhoff, Art. Perspective, 3.1.

1. *Nullfokalisierung* für ‚Erzählung mit allwissendem Erzähler' oder ‚Übersicht' […], 2. *interne Fokalisierung* für ‚Erzählung mit *point of view*, mit Reflektor, mit selektiver Allwissenheit, mit eingeschränktem Feld', oder ‚Mitsicht' […], 3. *externe Fokalisierung* für ‚objektive, behavioristische Technik' oder ‚Außensicht'.[10]

Mit dem Begriff *Fokalisierung* bezeichnet Genette somit die prinzipiellen Wahrnehmungs- und Wissensmöglichkeiten, die einer narrativen Vermittlungsinstanz als Beobachterin des Geschehens zur Verfügung stehen. In diesem Kontext stellen sich Fragen wie „Wer nimmt wahr?" oder „Wo liegt […] der Fokus der Wahrnehmung?"[11]. Gegenstand der Analyse der *Fokalisierung* eines Erzähltextes ist demnach das Phänomen der gesteuerten Informationsaufnahme sowie die Profilierung der erzählenden Instanz als Wahrnehmungsinstanz.[12]

Genette differenziert drei Typen der *Fokalisierung*, die relational definiert werden und sich von dem quantitativen Verhältnis ableiten, das zwischen den beiden Wahrnehmungspolen – dem Wissen der Erzählstimme und dem Wissen der erzählten Figuren – und den ihnen zugrunde liegenden Wissensmengen besteht. Mit *Nullfokalisierung* bezeichnet Genette den ersten Typus, welcher keinerlei Einschränkungen hinsichtlich der Wissens- und Wahrnehmungsmöglichkeiten aufweist. Die Erzählstimme weiß bzw. sagt mehr als die Figuren im Einzelnen oder als Kollektiv wissen bzw. wahrnehmen.[13] Im zweiten Typus, der *internen Foka-*

---

[10] Genette, Erzählung, S. 213.
[11] Ebd., S. 213. Ausgehend von Genettes fundamentalen Unterscheidung zwischen Stimme (Wer spricht?) und Modus (Wer sieht?), die heute allgemein anerkannt ist, setzt sich der Narratologe kritisch mit seiner Frage zum Modus auseinander. Diese sei viel zu eng formuliert und müsse stattdessen durch die Frage „Wer nimmt wahr?" bzw. „Wo liegt das Zentrum, der Fokus der Wahrnehmung?" ersetzt werden. Siehe ebenda.
[12] Siehe Lahn / Meister, Erzähltextanalyse, S. 107.
[13] Genette wurde hinsichtlich dieses unfokalisierten Typus kritisiert. Lahn/Meister weisen darauf hin, dass auch die „sogenannte Nullfokalisierung Prinzipien der Selektion unterliegen". Auch einem vermeintlich objektiven nullfokalisierten Erzähler sei es nicht möglich, alles über die erzählte Welt zu erzählen. Jede Erzählung setze bereits eine Selektion von Informationen voraus. Siehe Lahn / Meister, Erzähltextanalyse, S. 110. Schmid kritisiert ebenfalls, dass der Begriff *Fokalisierung* die Möglichkeit eines Erzählens ohne Perspektive eröffne. „Ein solches Konstrukt erscheint wenig sinnvoll, ist Perspektive doch in jeglichem Erzählen impliziert. Auch ein allwissender Erzähler, dessen ‚Gesichtsfeld' im Sinne Genettes nicht im geringsten eingeschränkt ist, erzählt mit einer bestimmten Perspektive." Schmid, Elemente, S. 112.

lisierung, sind die Wahrnehmung- und Wissensmöglichkeiten der Erzählstimme an eine Figur gebunden. Die Erzählstimme spricht nur das und nicht mehr, was die Figur weiß oder wahrnimmt.[14] In der *externen Fokalisierung* sagt die Erzählstimme weniger als die Figur weiß bzw. wahrnimmt.

Der große Verdienst von Genette ist die Differenzierung und Sensibilisierung bezüglich der beiden Kategorien (Erzähl-)Stimme (Wer spricht?) und Fokalisierung (Wer nimmt wahr?), die in der traditionellen Erzähltheorie nicht ausreichend unterschieden wurden. Genettes Konzept der Fokalisierung „hat heute die Geltung eines Standardmodells", so die Beobachtung von Wolf Schmid, die er, um dies zu relativieren, mit dem Erfolg von Genettes „Discours du récit" und dem „produktiveren Teil"[15] darin erklärt. Am Konzept der Fokalisierung wurde jedoch auch mehrfach Kritik geäußert. Als problematisch erweist sich beispielsweise die Vermischung unterschiedlicher Qualifikationen der Erzählstimme (Informationsaufnahme, Fähigkeit zur Introspektion, Perspektive). Auch die rein kognitive Ausrichtung des Konzepts (im Vergleich zur Perspektive) oder die fehlende Definition, was unter „Wissen" zu fassen ist, wurden kritisiert.[16]

Neben dem Begriff der *Fokalisierung* hat sich innerhalb der Erzählforschung die Bezeichnung *Perspektive* etabliert, wobei diese nach Auffassung von Carola Surkamp innerhalb der Erzähltheorie sowie der Literaturwissenschaft häufig nur unzureichend inhaltlich bestimmt wurde.[17] Als Gründe für die fehlende theoretische Differenzierung und Bedeutungseinheit des Perspektivenbegriffs nennt Surkamp zum einen die Vermischung des alltagssprachlichen und wissenschaftlichen Gebrauchs des Perspektivbegriffes und dessen unreflektierte Verwendung innerhalb von Textanalysen. Zum anderen „handelt es sich im erzähltheoretischen Kontext um eine metaphorische Verwendung des Perspektivenbegriffs,

---

[14] Siehe Genette, Erzählung, S. 121. Diesen Typus differenziert Genette nochmals. Bei der internen Fokalisierung ist das Wahrnehmungszentrum auf eine einzige Figur beschränkt. Im Typus der variablen internen Fokalisierung wechselt die epistemologische Position unter den Figuren. Bei dem multiplen internen Fokalisierung wird hingegen ein Ereignis von mehreren Figuren erzählt. Siehe ebenda.
[15] Schmid, Elemente, S. 110.
[16] Siehe ebd., S. 111. Zur Kritik an Genettes Konzept der *Fokalisierung* siehe u. a.: Muny, Erzählperspektive, S. 95–102; Niederhoff, Art. Perspective, 3.1; Schmid, Elemente, S. 111f.
[17] Siehe Surkamp, Perspektivenstruktur, S. 26.

bei der Bildspender und Bildempfänger nicht immer klar benannt werden"[18]. Einen weiten Begriff von *Perspektive* verwendet Burkhard Niederhoff, wonach „Perspective in narrative may be defined as the way the representation of the story is influenced by the position, personality and values of the narrator, the characters and, possibly, other, more hypothetical entities in the storyworld"[19]. Eine ausführlichere Konzeption von *Perspektive* und *Perspektivenstruktur*, die im Folgenden vorgestellt werden soll, nimmt Carola Surkamp vor.[20]

Surkamp weist zunächst auf die Mehrdeutigkeit des Perspektivenbegriffs hin, die bereits in der Begriffsetymologie und deren inhärenter Verknüpfung von visuell-optischen mit kognitiven Aspekten begründet ist.[21] Ausgehend von der Bestimmung der Charakteristika des Perspektivbegriffs in der Kunst- und Philosophiegeschichte und unter Anknüpfung an die Arbeiten von Manfred Pfister zur Figurenperspektive innerhalb der Dramentheorie, die von Ansgar Nünning für die Erzähltheorie

---

[18] Ebd., S. 28. Surkamp nennt neben den beiden genannten noch weitere Gründe für die Bedeutungsauffächerung und fehlende Ausdifferenzierung des Perspektivenbegriffs, siehe dazu: Ebd., S. 27f.

[19] Niederhoff, Art. Perspective, 1.

[20] Carola Surkamp entwickelt in ihrer Dissertationsschrift, im Anschluss an einen Forschungsüberblick, ein äußerst hilfreiches, methodisch und begrifflich präzises Konzept zur Analyse der Perspektive. Auf Basis des Kommunikationsmodells unterscheidet sie zwischen Erzählerperspektive, Figurenperspektiven, der Perspektive des fiktiven Lesers sowie der Perspektivenstruktur, bei der die Einzelperspektiven des Textes in Relation zueinander gesetzt werden. Damit bietet Surkamp eine wesentlich präzisere Unterscheidung und Begrifflichkeit als andere Theorien zur Perspektive eines Erzähltextes. Darüber hinaus konstituiert Surkamp aufbauend auf dieser grundlegenden Unterscheidung der Perspektiven und unter Anwendung der *possible worlds theory* nach M. Ryan einen Katalog von textuellen Kriterien (Surkamp, Perspektivenstruktur, S. 84–114), der zur Erfassung des Angebots unterschiedlicher Perspektiven innerhalb eines Textes dient. Als weiterer Vorteil erweist sich m. E. die Hochschätzung und Aufnahme der Rezeptionsebene sowohl für die Konstituierung der Einzelperspektiven von Erzähler, Figuren und fiktivem Leser sowie bei deren Relationierung. Siehe Surkamp, Perspektivenstruktur, S. 68–83.

[21] Siehe Surkamp, Perspektivenstruktur, S. 29. In Fußnote 12 verweist Surkamp auf die lateinische Bedeutung des Wortes perspicere, dessen Bedeutungsspektrum folgende Aspekte umfasst: „‚mit dem Blick durchdringen', ‚deutlich sehen' und ‚mustern' als auch ‚gewiß wahrnehmen', ‚feststellen' und ‚erkennen'". Siehe ebd., S. 29: Anm. 12.

adaptiert und konkretisiert wurde, leitet Surkamp ihre Definition von Perspektive ab.[22] Als *Perspektive* gilt für sie:

> nicht länger das Verhältnis einer Vermittlungsinstanz zur fiktionalen Welt bzw. der Vorgang des Erzählens oder des Fokalisierens […], sondern die Gesamtheit der persönlichen Merkmale einer Figur bzw. des Erzählers, die die Konstruktion individueller Wirklichkeitsmodelle in Erzähltexten beeinflussen.[23]

Surkamp unterscheidet, entsprechend den unterschiedlichen Instanzen im Kommunikationsmodell von Erzähltexten in *Figurenperspektive, Erzählerperspektive* und *Perspektive des fiktiven Lesers*.

Bei der *Figurenperspektive* handelt es sich demnach um das Wirklichkeitsmodell einer Erzählfigur, wobei dieses durch unterschiedliche Faktoren determiniert ist. Als solche benennt Surkamp innere Faktoren, zu denen die psychische Disposition der Figur, ihre Werte und Deuteschemata zählen sowie äußere Faktoren, d.m. das kulturelle Umfeld der

---

[22] Siehe ebd., S. 30–36. Als wesentliche Erkenntnis aus dem Rekurs stellt Surkamp heraus, dass „(b)ei jeder Welterfahrung […] die Perspektive des wahrnehmenden Subjekts die ausschlaggebende Bezugsgröße" ist. Der subjektive Standpunkt des Menschen, von dem aus er die Wirklichkeit wahrnimmt, ist nur unter Beachtung seiner individuellen Voraussetzungen verständlich und deutbar. Siehe ebd., S. 36.
Vgl. Pfister, Drama, S. 90–103. Als Grund für den Rückgriff auf die dramentheoretischen Überlegungen Pfisters benennt Surkamp, dass Pfister erstmals 1974 die „Frage nach der spezifischen Wirklichkeitssicht eines textuellen Perspektiventrägers, d. h. nach den Faktoren, die die Wahrnehmungsprozesse einer literarischen Figur bestimmen, gestellt" hat. Surkamp, Perspektivenstruktur, S. 36. Als wesentliche Faktoren, die die Perspektive der Figuren bestimmt, benennt Pfister die Vorinformation bzw. den Informationsstand der Figur, ihre psychologische Disposition und ihre ideologische Orientierung. Siehe Pfister, Drama, S. 90; Surkamp, Perspektivenstruktur, S. 37.
In seiner Dissertationsschrift greift Ansgar Nünning auf Pfisters *Figurenperspektive* zurück und adaptiert diese für die Narratologie. Vgl. Nünning, Grundzüge. Als wesentliche Veränderungen und Neuerungen dieser Transformation wertet Surkamp zum einen die Determinierung der Perspektive einer Figur als deren subjektives Wirklichkeitsmodell. Eine Auffassung, die auf Nünnings konstruktivistischer Einsicht beruhe, nach der die Wirklichkeit von Menschen nicht eindeutig und objektiv erfasst werden kann. Zum anderen modifiziere er die Terminologie Pfisters, indem er die „ideologische Orientierung" durch die soziologisch konnotierten Begriffe „Werte" und „Normen" ersetzt. Schließlich konkretisiert er die „Figurenperspektive", indem er ein Voraussetzungssystem, die Basis für den Entwurf der fiktionalen Wirklichkeit durch die Figur, benennt und die von Pfister benannten Faktoren um weitere ergänzt. Siehe Surkamp, Perspektivenstruktur, S. 37–38.
[23] Ebd., S. 38.

Figur, ihr situativer Kontext oder ihre biographische Verortung. Diese Faktoren wirken sich auf die subjektiven Ansichten, die die Figur von der fiktionalen Welt entwirft, sowie auf ihre Handlungen aus. Zudem beeinflussen die Faktoren wesentlich die Motivationsstruktur der Figur, ihre Bedürfnisse oder Intentionen.[24]

Surkamp weist darauf hin, dass neben den Figuren auch die Sprecher- und Empfängerinstanz auf der textinternen, erzählerischen Vermittlungsebene Träger individueller Perspektiven sein können. Die Erzählstimme – ob heterodiegetisch oder homodiegetisch – liefert Kommentierungen oder Erläuterungen, die über die Ereignisse der erzählten Welt hinausgehen.[25] Die heterodiegetische Erzählstimme kann beispielsweise durch evaluative Erzählerkommentare die Figurenperspektive reflektieren, wodurch die Einstellung der Erzählstimme explizit und individualisiert wird. Unter der Kategorie der *Erzählerperspektive* versteht Surkamp somit „das Wirklichkeitsmodell des Sprechers auf der Ebene der erzählerischen Vermittlung [...], das durch dessen Informationsstand, physische und psychische Disposition, Kenntnisse und Fähigkeiten, Werte, Motivationen und Intentionen sowie Biographie und situativen Kontext bestimmt ist"[26]. Bei heterodiegetischen Erzählinstanzen wie sie meist in biblischen Erzähltexten vorkommen, sind häufig nur einzelne dieser Faktoren ausgeprägt.

Neben *Figurenperspektive* und *Erzählerperspektive* komplementiert Surkamp ihr Perspektivenkonzept durch die Einführung des Begriffs *Perspektive des fiktiven Lesers,* womit das Wirklichkeitsmodell der fiktionalen Adressatin bzw. des fiktionalen Adressaten auf der Ebene der erzählerischen Vermittlung bezeichnet wird. Determiniert wird dieses Wirklichkeitsmodell durch den Informationsstand, die Werte und internalisierten Normen des fiktionalen Adressaten bzw. der fiktionalen Adressatin. Darüber hinaus wird es durch Alter, Geschlecht, Motivation, psychische Disposition oder dem situativen Kontext bestimmt.

---

[24] Siehe Surkamp, Perspektivenstruktur, S. 41. Diese genannten Faktoren werden von Surkamp weiter differenziert. Eine Auflistung findet sich ebenda.
[25] Hinsichtlich der homodiegetischen Erzählstimme weist Surkamp auf die Notwendigkeit der präzisen Unterscheidung zwischen der Perspektive aus der Rückschau des erzählenden Ichs (Erzählerperspektive) und der früheren Perspektive der Erzählinstanz als das erlebende Ich (Figurenperspektive). Zwischen diesen beiden Perspektiven können mehr oder weniger zeitliche, moralische oder weltanschauliche Differenzen liegen. Siehe ebd., S. 42: Anm. 46.
[26] Ebd., S. 43.

Von einer eigenständigen Perspektive kann jedoch im Falle des fiktiven Lesers nur dann die Rede sein, wenn einer personalisierbaren Erzählinstanz auf der Senderseite eine gleichermaßen personalisierbare fiktive Adressateninstanz auf der Empfängerseite gegenübersteht.[27]

Mit dem Begriff *Perspektivenstruktur* bezeichnet Surkamp schließlich die Beziehung zwischen den drei genannten Einzelperspektiven – *Figurenperspektive, Erzählerperspektive* und *Perspektive des fiktiven Lesers* – und weist darauf hin, dass die *Perspektivenstruktur* ein dynamisches, variables und relationales Konstrukt ist, das „als das Resultat eines Zusammenspiels von perspektivesteuernden Merkmalen des Textes und der Konstruktionstätigkeit des Leser zu verstehen ist".[28]

Innerhalb der jüngeren Erzählforschung gibt es die Tendenz, *Perspektive* und *Fokalisierung* nicht mehr als differierende und konkurrierende Kategorien zu verstehen, sondern für eine „friedliche Koexistenz" der beiden zu plädieren.[29] Als Voraussetzung dazu ist die Kompatibilität der beiden Kategorien anzunehmen und die Fokalisierung der Perspektivierung als Teilmenge zuzuordnen.[30] Nach Burkhard Niederhoff lassen sich mit den beiden Begriffen *Perspektive* und *Fokalisierung* völlig unterschiedliche Aspekte eines komplexen Phänomens beschreiben. Beide Begriffe bezeichnen die „Subjektivierung und Begrenzung der Wahrnehmung"[31], worin Niederhoff die wichtigste Gemeinsamkeit der beiden Begriffe sieht. Daneben unterscheiden sich Perspektive und Fokalisierung wesentlich in Bezug auf die Ursache für die Begrenzung der Wahrnehmung: Diese liegt bei der Perspektive im *Standpunkt des Beobachtenden*, während bei der Fokalisierung die *Auswahl des Wirklichkeitsausschnittes* als Ursache für die Begrenzung der Wahrnehmung zu nennen ist.[32] Das

---

[27] Surkamp, Perspektivenstruktur, S. 45.
[28] Ebd., S. 84.
[29] Nach dem Untertitel von Niederhoffs Aufsatz „Fokalisation und Perspektive. Ein Plädoyer für friedliche Koexistenz", siehe Niederhoff, Fokalisation, S. 1. Niederhoff verwendet für den Begriff *Fokalisation* und gebraucht ihn synonym für Genettes Konzept der Fokalisierung. Entgegen dieser Auffassung und zugunsten der Diversität der beiden Begriffe *Perspektive* und *Fokalisierung* siehe Jesch / Stein, Perspectivization, S. 62–65.
[30] Siehe Schmid, Elemente, S. 112.
[31] Niederhoff, Fokalisation, S. 9.
[32] Siehe ebd., S. 9f. Eine andere Unterscheidung der beiden Begriffe *Perspektive* und *Fokalisierung* bietet Wolf Schmid, der ebenfalls von der friedlichen Koexistenz der

folgende Beispiel, das Burkhard Niederhoff in diesem Zusammenhang anführt, lässt die Unterscheidung deutlicher werden:

> Platziert man einen Photoapparat an einen bestimmten Punkt, liegt zwar die Perspektive fest, nicht aber der Fokus. Man kann die Blume im Vordergrund fokussieren oder die Felswand im Hintergrund: wer eine Kamera mit entsprechender Tiefenschärfe besitzt, hat auch die Möglichkeit beide gleichermaßen scharf abzulichten. Im Übrigen kann man nicht nur vom selben Standpunkt aus unterschiedliche Bereiche, sondern ebenso von unterschiedlichen Standpunkten aus denselben Bereich fokussieren.[33]

Mit Letzterem verweist Niederhoff auf die Multiperspektivität von Erzähltexten.[34] Die von Niederhoff eingeforderte „friedliche Koexistenz" der beiden Kategorien Perspektive und Fokalisierung findet in dieser Arbeit Anwendung. Die Kompatibilität der beiden Kategorien wird vorausgesetzt, und die Fokalisierung wird als Teilmenge des übergeordneten Perspektiven-Begriffs verstanden.

In der vorliegenden Untersuchung wird der Begriff *Perspektive* dann verwendet, wenn sich das Erzählte an den Wahrnehmungen und dem Wissen einer Erzählinstanz orientiert, womit nach Carola Surkamp das Wahrnehmungssubjekt bezeichnet ist, das entweder als Perspektive der Erzählstimme, der Figur oder des fiktiven Lesers begegnet. In diesem Kontext ist nach den Faktoren zu fragen, die den Standpunkt der vermittelnden Erzählinstanz bestimmen. Die *Perspektive* von den genannten Erzählinstanzen umfasst ihr Wirklichkeitsmodell und kann beispielsweise durch folgende Faktoren, deren Ausgestaltung von Text zu Text unterschiedlich sein kann, determiniert werden: Vorinformationen, psychologische Dispositionen, Werte und Normen, biographischer und situativer

---

[33] beiden Kategorien ausgeht. Orientiert sich das Erzählen am Erleben oder Denken einer Figur, so plädiert Schmid für die Verwendung des Begriffs *Perspektive*. Im Unterschied dazu, sei die Terminologie *Fokalisierung* geeigneter als Bezeichnung für das Analyseinstrument zur Regulierung der erzählerischen Informationsvergabe zur Spannungserzeugung oder einer vergleichbaren Wirkung, ganz unabhängig von den Wahrnehmungsmöglichkeiten der Figuren. Siehe Schmid, Elemente, S. 113.
Niederhoff, Fokalisation, S. 9.
[34] Der Begriff der *Multiperspektivität* stellt innerhalb der Erzählforschung einen eher unscharf definierten Sammelbegriff dar, unter dem verschiedene Verfahren subsumiert werden, wo aus zwei oder mehreren Sichtweisen ein Ereignis, Thema oder eine Figur dargestellt wird. Siehe ausführlicher hierzu Surkamp, Perspektivenstruktur, S. 9–18; Nünning / Nünning, Art. Multiperspektivität, S. 521.

Kontext, Kenntnisse, worunter auch Wissen gefasst wird, Fähigkeiten und Intentionen.[35] Der Begriff und die damit bezeichnete Analysekategorie *Fokalisierung* findet dann Verwendung, wenn es um die Auswahl des Wirklichkeitsausschnittes und um die Regulierung der erzählerischen Informationsvergabe geht, die unabhängig von den figuralen Wahrnehmungsmöglichkeiten auf Effekte zielt wie beispielsweise Spannungserzeugung, Sympathielenkung oder Schaffung einer mysteriösen Aura.[36]

4.4.2 Zur Analyse der Erzählperspektive

Nach der Vorstellung des begrifflichen Instrumentariums und der Festlegung auf die Begrifflichkeiten, wie sie in der vorliegenden Arbeit Verwendung finden, gilt es nun, Leitfragen für die Analyse der Erzählperspektive zu benennen, die im Anschluss auf die „David, Batseba und Urija"-Erzählung angewendet werden sollen.

Die Analyse der Perspektive zielt auf der Herausarbeitung des „Standpunktes des Beobachters", durch den die Wahrnehmung begrenzt wird. Zur Erfassung des Perspektivenangebots eines Erzähltextes hat Surkamp ausgehend von erzähltheoretischen Ansätzen und auf der Basis der literarischen *possible-worlds theory* einen offenen Katalog von textuellen Kriterien generiert, der im Folgenden in Auswahl vorgestellt werden soll.[37]

---

[35] Siehe Surkamp, Perspektivenstruktur, S. 41–45.

[36] Siehe Niederhoff, Fokalisation, S. 20. Ebenso Schmid, Elemente, S. 113. Carola Surkamp verwendet innerhalb ihres Perspektivkonzepts dazu den Begriff *Fokus* bzw. *wahrgenommener Ausschnitt* und subsumiert unter der Terminologie beispielsweise Fragen hinsichtlich der Anordnung der Perspektiven im Textverlauf, Fragen nach der Frequenz, mit der die Lesenden Einblick in die Gedanken und Gefühle eines bestimmten Perspektiventrägers erhalten oder die Frage der Häufigkeit, mit der eine Perspektive als Objekt in den Gesprächen oder Gedanken anderer Perspektiventräger präsent ist. Siehe Surkamp, Perspektivenstruktur, S. 45–48.

[37] Siehe Surkamp, Perspektivenstruktur, S. 84–114. Es werden im Folgenden nicht alle von Surkamp dargelegten Kriterien vorgestellt, sondern nur diejenigen ausgewählt, die sich bei der Anwendung auf den biblischen Text als geeignet erwiesen. Das Kriterium „Grad an Individualität bzw. Kollektivität der Figurenperspektiven", unter dem „das Verhältnis zwischen den individuellen und kollektiven Wirklichkeitsmodellen auf Figurenebene" bemessen wird, lässt sich aufgrund der begrenzten Anzahl und der teilweise sehr sparsamen Ausgestaltung einzelner Figurenperspektiven für die auszulegende Erzählung in 2 Sam 11 nicht sinnvoll anwenden. Siehe Surkamp, Perspektivenstruktur, S. 108.

Unter dem Kriterium der *Selektion* werden *Figurenperspektiven* einerseits unter dem quantitativen Aspekt ihres Umfangs untersucht, und andererseits wird qualitativ die Bedeutung der präsentierten Figurenperspektiven betrachtet.[38] Bei Letzterem gilt es, die Differenziertheit und die Abstufung des präsentierten Spektrums an Figurenperspektiven herauszuarbeiten, wobei die Wirklichkeitsmodelle hinsichtlich sozialer Differenzierungen wie des Alters, der sozialen und gesellschaftlichen Zugehörigkeit, des Geschlechts usw. befragt und in Relation zu einander gebracht werden.

Die *Erzählerperspektive* und die *fiktive Leserperspektive* können nach Surkamp hinsichtlich der *Grade ihrer Ausgestaltung* analysiert werden. Bei der Erzählstimme stehen diese in Abhängigkeit zu ihrer Explizität.[39] Als Analysekriterien der Explizität fungieren die Anzahl sowie die Qualität und Dominanzverhältnisse von Äußerungen. Darüber hinaus dienen kommentierende Äußerungen einer expliziten Erzählstimme in Form von explanativen und evaluativen Erzählkommentaren als Orientierungshilfen, um die Einzelperspektiven in Relation zueinander zu bringen.

Als weiteres Analysekriterium benennt Surkamp die *Gewichtung der Perspektiven*, die maßgeblich für die Regulierung der Einzelperspektiven und den Rezeptionsprozess ist. „Wenn eine Perspektive aufgrund bestimmter textueller Merkmale mehr Gewicht erhält als andere Perspektiven, dann kann dieser Perspektive im Allgemeinen ein höherer Stellenwert im Gesamtgefüge des Textes zugesprochen werden"[40]. Der Stellenwert einer Perspektive lässt sich, so Surkamp, anhand des Grades ihrer

---

Auch das Kriterium „literarische Rahmungen", das nach der Etablierung von weiteren Perspektivträgern in den übergeordneten Text- sowie Werkebenen fragt, ist für die biblische Erzählungen nicht ohne weiteres anwendbar. Unter dem Begriff Rahmungen fasst Surkamp folgende Textelemente: „Titel, Inhaltsverzeichnisse, Widmungen, Motti, Anmerkungen, Vor- und Nachworte sowie die Herausgeberfiktion", ebd., S. 113. Dabei handelt es sich um Textelemente die für die „David, Batseba und Urija"-Erzählung nicht vorhanden sind. Mit Blick auf den „kognitiven Rahmen" ist m. E. aber von Bedeutung, da es sich um einen heiligen Text handelt, der Teil der normativen Schrift der Bibel ist. Dies wird an anderer Stelle thematisiert, siehe dazu S. 60f.

[38] Siehe Surkamp, Perspektivenstruktur, S. 84–86.
[39] Siehe ebd., S. 86.
[40] Ebd., S. 94.

Konkretisierung, dem Grad ihrer Autorität und ihrer Zuverlässigkeit bzw. Glaubwürdigkeit eruieren.[41]

Unter dem Kriterium *Bestätigung einzelner Figurenperspektiven und die Authentisierung von figuralen Weltversionen* subsumiert Surkamp die Analyse der textuellen Faktoren Figurenkonstellation, Handlung (bzw. Plot) und Schlussgebung hinsichtlich ihrer Bedeutung für die Perspektivierung. Bei den Figurenperspektiven, die implizit wertend einander zugeordnet sind, erweist sich die Stellung einer Figur – ob Haupt- oder Nebenfigur – innerhalb der Figurenkonstellation als bedeutend. Surkamp verweist in diesem Zusammenhang darauf, dass eine Zentralfigur gleichfalls als Normrepräsentantin fungieren kann. Dadurch erhält ihre Perspektive auf die erzählte Welt einen höheren Verbindlichkeitsgrad für die

---

[41] Der *Grad an Konkretisierung* der Einzelperspektive innerhalb eines Textes bemisst sich zum einen nach dem Umfang und der Detailliertheit der Informationen, durch die die Perspektiven der Figuren, der Erzählstimme und der fiktiven Leser etabliert werden und zum anderen durch die Selektion der Information zur jeweiligen Einzelperspektive. Auch die Betonung bestimmter Parameter einer Perspektive in Form der Wiederholung von Information erweist sich ebenso als konstitutiv. Von besonderer Bedeutung ist die Frage, „von welchen Figuren die Leserin Innenansichten erhält, [...] da eine Figurenperspektive durch die Darstellung von Bewußtseinsinhalten individualisierter und konkretisierter erscheint als die Perspektive von Figuren, von denen keine Innenweltdarstellung gegeben wird." Surkamp, Perspektivenstruktur, S. 95.
Unter *Autorität* wird das Ansehen eines Perspektivträgers innerhalb der fiktionalen Welt einerseits und andererseits das durch die Rezipierenden zugeschriebene Ansehen verhandelt. Surkamp differenziert zwischen der Autorität, die durch moralische Bewertungen zugeschrieben wird und Autorität, die sich durch die hierarchische Gewichtung der Einzelperspektiven in einem Text ergibt. Siehe ebd., S. 99.
Die Perspektivträger lassen sich hinsichtlich ihrer jeweiligen *Zuverlässigkeit oder Glaubwürdigkeit* graduell voneinander unterscheiden. Surkamp weist auf folgenden Zusammenhang hin: „Wird die Wiedergabe des Geschehens, den Urteilen oder den Anschauungen einer Erzählinstanz durch ihren überlegenen Verstand und Weitblick, ihr Alter, diagnostisches Vermögen, ihre Würde oder Erfahrung ein hoher Grad an Wahrhaftigkeit beigemessen, dann erhält ihre Perspektive innerhalb der Perspektivenstruktur des Textes ein größeres Gewicht, und die von ihr entworfene Weltversion wird von der Leserin eher als ‚tatsächliche Welt' angesehen als die Weltversionen von solchen Perspektiventrägern, die sich als unzuverlässige Vermittler, Betrachter oder Kommentatoren des Geschehens erweisen." Ebd., S. 96. Die Zuverlässigkeit einer Erzählinstanz steht in Abhängigkeit zur Verbindlichkeit ihrer faktischen, evaluativen oder normativen Äußerungen. Einzelne Figurenperspektiven können diskreditiert oder privilegiert werden, was durch ihre moralische Integrität und ihr Handeln ebenso wie Fremdcharakterisierung durch andere Figuren bewirkt werden kann. Siehe ebd., S. 96–98.

Lesenden als die Perspektiven von Nebenfiguren oder die Hauptfigur kontrastierenden Figuren.[42] Auch die Handlung ist bedeutend für das Relativieren der Einzelperspektiven, da die von einer Figur entworfene mögliche Welt im Handlungsverlauf als implizite Bestätigung ihrer Perspektive angesehen werden kann. Solchen „bestätigten Figurenperspektiven" kommt mehr Bedeutung innerhalb der Perspektivenstruktur zu als den Perspektiven, deren Weltversion nicht über den virtuellen Status hinauskommt.[43] Neben Figurenkonstellation und Handlung erweist sich die Schlussgebung als wesentliche Orientierungshilfe für die Relativierung der Perspektiven. „Als letzte Information bestimmt sie maßgeblich die Interpretation eines Textes und wird daher als semantische Abrundung seiner Gesamtstruktur gelesen"[44]. Hinsichtlich der Form der Schlussgebung ist zwischen geschlossenem und offenem Ende zu unterscheiden.[45]

Eine wichtige perspektivsteuernde Funktion kommt der „Anordnung der Perspektiven im Textverlauf und d(er) Verteilung der Textmenge auf die Perspektiven"[46] zu. Diese beiden Strategien fasst Surkamp unter dem Kriterium des *Fokus* zusammen. Der Fokus lenkt die Aufmerksamkeit der Lesenden auf eine bestimmte Einzelperspektive, womit eine Unterordnung von anderen Perspektiven gegenüber dieser bestimmenden Perspektive einhergeht. Signifikante Positionen innerhalb einer Erzählung, wie der Anfang (*primacy effect*) und der Schluss (*recency effect*), können die Steuerung und die Hierarchisierung der Einzelperspektiven wesentlich bestimmen.[47] Auch die Aufteilung der Textmenge auf die Perspektiventräger bestimmt den Fokus der Perspektivendarstellung. Sie weist auf die Position einer Perspektive innerhalb der Perspektivenstruktur des Textes im Spektrum von peripher bis zentral hin. Surkamp betont, wenn einer Perspektive eine zentrale Stellung zukommt, bringt dies tendenziell auch eine verstärkte Identifikation der Lesenden mit dieser Perspektive mit sich.[48] Bei einer Analyse der Aufteilung der Textmenge auf die verschiedenen Perspektivträger kann die Frequenz, mit der die Lesenden

---

[42] Siehe Surkamp, Perspektivenstruktur, S. 106.
[43] Siehe ebd., S. 106f.
[44] Ebd., S. 107.
[45] Siehe ebd., S. 107f.
[46] Ebd., S. 103.
[47] Siehe ebd., S. 103f.
[48] Siehe ebd, S. 105.

Introspektion hinsichtlich eines Perspektivträgers erhalten, ebenso untersucht werden wie die Häufigkeit, mit der eine Perspektive in Figurendialogen oder Gedankengängen als Objekt präsent ist.

Das Kriterium des *Fokus* zielt nach Carola Surkamp ferner auf die relationale Bestimmung der Perspektivträger innerhalb der Perspektivenstruktur, die sich entweder als gleichberechtigtes Nebeneinander oder als hierarchische Über-/Unterordnung der dargestellten Wirklichkeitsmodelle fassen lässt. Als eine Strategie zur relationalen Bestimmung verwendet sie die Anordnung bzw. Positionierung der Perspektiven im narrativen Diskurs, die zugleich auch Gegenstand der *Fokalisierung* ist, allerdings mit einer anderen Ausrichtung.

Unter der *Fokalisierung* wird unabhängig von den figuralen Wahrnehmungsmöglichkeiten die Regulierung der Informationsvergabe der Erzählstimme hinsichtlich darstellender Effekte untersucht. Nach Niederhoff zielen diese Effekte darauf, „Spannung zu erzeugen, eine Figur mit einer mysteriösen Aura zu umgeben, die Sympathien in eine Richtung zu dirigieren, die Leser in die Irre zu führen oder [...] über bestimmte Sachverhalte im ungewissen zu lassen"[49].

Hinsichtlich der Fokalisierung lässt sich grundlegend nach den Einschränkungen fragen, die die Prozesse des Wissens sowie Wahrnehmens zugunsten eines darstellenden Effekts regulieren.[50] In diesem Zusammenhang wird für die Analyse auf die präzisen, von Genette in die Erzählforschung eingeführten Begriffe der *internen* und *externen Fokalisierung* und auch die etwas problematische Bezeichnung *Nullfokalisierung* zurückgegriffen.[51]

Für die Vermittlung des Textes ist es wichtig, welche der Erzählinstanzen an dem Wissen partizipieren bzw. welche davon ausgeschlossen sind. Gerade hinsichtlich der Figuren kann die Wahrnehmung eingeschränkt sein, z. B. können Gedanken oder Träume einer Figur den übrigen Figuren nicht zugänglich sein. Zugleich können die Gedanken oder Träume durch die Erzählstimme dargestellt werden und sind so den Lesenden zugänglich, wodurch diese einen Wissensvorsprung gegenüber den übrigen Figuren erhalten. Indem die Erzählinstanzen unterschiedlich

---

[49] Niederhoff, Fokalisation, S. 20.
[50] Siehe Lahn / Meister, Erzähltextanalyse, S. 115.
[51] Zu Problematik dieser Bezeichnung siehe ebd., S. 107.

am Wissen partizipieren, wird innerhalb der Erzählung Spannung erzeugt.

Nachdem das Analyseinstrumentarium zur Untersuchung von Erzählperspektive und Fokalisierung vorgestellt wurde, soll nun 2 Sam 11 diesbezüglich analysiert werden. Dazu werden zuerst die einzelnen Szenen hinsichtlich ihrer enthaltenen Erzählperspektiven untersucht. Im Anschluss daran sollen die quantitativen und qualitativen Kriterien nach Surkamp an den Ergebnissen dargestellt werden.

4.4.3 Perspektivenanalyse von 2 Sam 11

4.4.3.1 Analyse der Erzählperspektiven in 2 Sam 11

(a) Erzählperspektiven der Einleitungsszene

Die Erzählung in 2 Sam 11 beginnt mit einer Exposition, die aus der Perspektive der Erzählstimme dargestellt ist. Darin wird die fiktionale Welt mit ihren beiden Hauptschauplätzen etabliert sowie erste Figuren und ihr Verhältnis zueinander werden benannt. Die Erzählstimme berichtet von zwei parallel stattfindenden Ereignissen – das Kampfgeschehen vor Rabba in V.1c–d einerseits und Davids Verbleiben in Jerusalem in V.1e andererseits –, die nacheinander erzählt werden. Bereits aus dieser kurzen Exposition lassen sich Rückschlüsse auf das Wirklichkeitsmodell der Erzählerperspektive schließen. Die Erzählstimme wechselt mühelos zwischen den beiden Schauplätzen, was auf ihre Omnipräsenz hindeutet. Die Erzählstimme verfügt somit über eine Allsicht, sie besitzt Wahrnehmungs- und Wissensmöglichkeiten, die ihr erst diese Allsicht über die beiden disparaten Schauplätze ermöglichen. Aus V.1a lassen sich für das Wirklichkeitsmodell der Erzählerperspektive zudem Rückschlüsse auf deren Erfahrungen und Kenntnisse ziehen. Die Erzählstimme besitzt militärisches (Alltags-)Wissen in Bezug auf den Zeitpunkt, an dem die Könige zum Krieg ausziehen.

(b) Erzählperspektiven der zweiten Szene

Die Perspektive der Erzählstimme, die in V.1 ohne Einschränkung der Wahrnehmungs- und Wissensmöglichkeiten die Ereignisse darstellt, wird beginnend mit V.2 zunehmend durch die einschränkende Wahrnehmung der Figur Davids ersetzt. In V.2a–c liegt nach der Terminologie Genettes interne Fokalisierung vor, denn die Wahrnehmung der Erzählstimme ist an die Figur Davids gebunden. Verstärkt wird die Tendenz der Perspektivierung in V.2d–e, wo es zu einer doppelten Fokalisierung kommt, die unter Abschnitt 4.4.2 näher erläutert wird.[52]

Die Erzählerperspektive ist innerhalb der zweiten Szene leitend. Auch nach V.2d–e werden die Ereignisse aus der Perspektive der Erzählstimme wiedergegeben, diese ist jedoch durch die Wahrnehmungen und Wissensmöglichkeiten der Figur Davids eingeschränkt. Durch die figurale Perspektive Davids präsentiert die Erzählstimme die dargestellten Ereignisse um die Feststellung der Identität der sich Waschenden und den sexuellen Akt. In diesem Zusammenhang sticht die Unterbrechung des Narrativs in V.3d hervor. In Form einer direkten Rede, die keiner expliziten Figur zugeordnet ist, wird die Identität Batsebas benannt. Der Partikel הלוא in V.3d leitet eine Frage ein und verweist auf eine bekannte Tatsache, im Sinne von „Ist diese nicht Batseba, die Tochter Eliams, die Frau Urijas, des Hethiters?". Die Erzählstimme zielt mit dem Hinweis, sie sei die Ehefrau Urijas, darauf, ihre sexuelle Unverfügbarkeit zu betonen. In dem Hinweis in V.3d spiegelt sich die internalisierte Norm der Erzählerperspektive wider, wonach das sexuelle Begehren nach der Ehefrau eines anderen als unangemessen und als Verletzung der sozialen Normen gilt.

In V.4e wird auf der Satzebene erneut das Erzähltempus unterbrochen, auch diese Stelle erweist sich sowohl für die dargestellten Ereignisse als auch für deren Vermittlung als bedeutend.[53] Nach wie vor werden die Ereignisse aus der Perspektive der Erzählstimme präsentiert, jedoch ändert sich die Bezugsgröße der internen Fokalisierung. Während bis V.4d die Wahrnehmungs- und Wissensmöglichkeiten der Erzählstimme in Abhängigkeit zur Figur Davids stehen, findet in V.4e durch die Kontrastierung der Figur Batsebas zu David ein Wechsel statt.[54] Die Erzählstimme ist nun an die Wahrnehmung der Figur Batsebas gebunden. Aufgrund

---

[52] Zur *doppelten Fokalisierung* siehe Bal, Narratology, S. 162f. Anwendungen von Bals Konzept der doppelten Fokalisierung vgl. Exum, Women, S. 174f.; Müllner, Gewalt, S. 59.

[53] Zum einen liefert die in V.4e dargestellte Handlung Batsebas die (Selbst-)Heiligung von ihrer Unreinheit, dazu wesentliche Informationen zur Figur als dargestelltes Wesen und zum anderen wird durch die dargestellte Handlung die Figur auf der Ebene des Artefakts in Bezug auf David kontrastiert. Ausführlich dazu, siehe die Figurenanalyse zu Batseba, S. 222.

[54] Zur Kontrastierung der Figuren David und Batseba siehe die Figurenanalyse zu Batseba, S. 222.

der internen Fokalisierung wird m. E. die Zuschreibung וַתָּשָׁב אֶל־בֵּיתָהּ („und sie ging in *ihr Haus*") in V.4f nachvollziehbarer. Durch die Mitsicht der Erzählstimme in Bezug auf Batseba wird ein Wissensvorsprung der Erzählstimme und der Lesenden gegenüber der Figur Davids hinsichtlich Batsebas Schwangerschaft konstruiert. Während die Lesenden bereits in V.5a durch die Erzählstimme von Batsebas Gravidität erfahren, erhält David erst nachträglich in V.5e Information darüber. Dazwischen wird die Schwangerschaftsbekanntgabe inszeniert: „und sie sandte und ließ David berichten und sie sprach" (V.5b–d). Diese ungleiche Informationsvergabe wirkt spannungssteigernd und zielt auf die Hervorhebung der Aussage: הרה אנכי.[55] Mit dieser Figurenrede, die erstmals einer Figur explizit zuzuordnen ist, wird zugleich eine Figurenperspektive präsentiert. Batseba kommt zum ersten Mal und zugleich zum einzigen Mal innerhalb der Erzählung in V.5e zu Wort. Bar-Efrat benennt als Grund für die Wiedergabe von Batsebas Worten als direkte Rede deren Bedeutung für David und für sie selbst.[56] Die hohe Bedeutung der Worte Batsebas für die weitere Handlung steht außer Zweifel. Darüber hinaus wird durch die Wiedergabe der direkten Rede zudem die Figurenperspektive Batsebas präsentiert. Es handelt sich um das Wirklichkeitsmodell der Figur Batseba, das durch innere Faktoren und äußere Bedingungen sowie durch die von ihr entworfenen, subjektiven Ansichten gegenüber der fiktionalen Welt und der sich darin ereigneten Handlungen bestimmt ist. Durch die kurze Aussage הרה אנכי wird deren Bedeutung für die Figur in Bezug zu den bis dahin gegebenen biographischen Hintergrundinformationen gestellt: Als verheiratete Frau (V.3d) wurde sie vom König zum Ehebruch gezwungen (לקח; V.4b–d)[57] und sieht sich mit den Konsequenzen konfrontiert. Aus diesem Grund informiert sie König David über ihre Schwangerschaft, was zugleich Ausdruck ihrer Erwartungshaltung ihm gegenüber darstellt. Aufgrund der Kürze ihrer Rede und der fehlenden Introspektion lässt sich nicht erschließen, ob ihre Erwartungen als Hoffnungen, Ängste oder Wünsche zu deuten sind.

---

[55] Auch die Differenz zwischen der Kürze der direkten Rede Batsebas (V.5e) einerseits und der im Vergleich dazu viel längeren Redeeinleitung (V.5b–d) wirkt spannungssteigernd.

[56] Siehe Bar-Efrat, Das zweite Buch Samuel, S. 108.

[57] Dass Batseba nicht freiwillig am sexuellen Akt teilgenommen hat, sondern dazu gezwungen wurde, ist ausführlich in der Figurenanalyse Batsebas dargestellt, S. 259f.

(c) Erzählperspektiven der dritten Szene

Der Anfang der dritten Szene wird ebenfalls aus der Perspektive der Erzählstimme dargestellt, wobei keinerlei Einschränkungen ihrer Wahrnehmungs- und Wissensmöglichkeiten erkennbar sind. Darauf deutet ihre Allsicht über die beiden Hauptschauplätze hin. In V.6 fällt die dreimalige Wiederholung des Verbs שלח auf, das zuvor bereits ebenfalls dreimal in Bezug auf David verwendet wurde. Nach Bar-Efrat kennzeichnet die Wiederholung des Verbs שלח Davids herrische Art, mit der er anderen Befehle erteilt und die ihm als königlicher Herrscher eigen ist.[58] Eine dreimalige Wiederholung kommt ebenfalls in V.7b vor, in dem sich David nach dem Ergehen Joabs sowie des Volkes und dem Stand des Krieges erkundigt (לשלום יואב ולשלום העם ולשלום המלחמה). Das von der Erzählstimme dargestellte Interesse Davids an seinen Kriegern bzw. den Kriegsereignissen vor Rabba wird durch die dreimalige Wiederholung des Wortes שלום verstärkt. Dabei steht das scheinbare Interesse jedoch im offensichtlichen Widerspruch zur tatsächlichen Interessiertheit. Dies wird durch die Erzählstimme deutlich gemacht, indem sie Urijas Antwort auf die königlichen Fragen zum Wohlergehen nicht wiedergibt.[59] Stattdessen wird Davids eigentliche Intention preisgegeben: „Gehe hinab in dein Haus und wasche deine Füße" (2 Sam 8b–c). Durch die Darstellungsweise als direkte Rede aus der Figurenperspektive Davids wird dieser Aussage besonderes Gewicht beigemessen. Davids eigentliches Ziel, weshalb er Urija nach Jerusalem zurück beordert hat, ist der Gang in sein Haus. Dabei schwingt durch die Polysemie des Wortes רגל, das neben der Bedeutung „Füße" auch euphemistisch für das männliche Glied verwendet wird, eine weitere, sexuelle Konnotation in Davids Figurenrede mit. An diesem Punkt der Erzählung offenbart sich Davids eigentliches Ziel: Im Zusammenhang mit der Schwangerschaft Urija zur Rückkehr in sein Haus und zum Beischlaf mit seiner Frau zu bewegen.

In V.8d–e berichtet die Erzählstimme entsprechend der Leseerwartung, dass Urija den königlichen Befehlen scheinbar Folge leistet: Er geht aus dem Palast und hinter ihm wird ein königliches Geschenk getragen. Entgegen der Leseerwartung begibt sich Urija nicht in sein Haus und legt sich nicht zu seiner Frau, sondern lagert zusammen mit den Dienern Davids am Eingang des Tores (V.9a). Die Erzählstimme betont sogar eigens,

---

[58] Siehe Bar-Efrat, Das zweite Buch Samuel, S. 108.
[59] Siehe ebenda.

dass Urija nicht in sein Haus ging (V. 9b). Die Gründe für Urijas Verhalten und die damit einhergehende Verweigerung des königlichen Befehls werden zunächst nicht benannt. Durch den Verbalsatz in V.9b (ולא ירד אל־ביתו) verweist die Erzählstimme auf den königlichen Befehl in V.8b (רד לביתך) zurück und hebt Urijas Befehlsverweigerung hervor. Damit etabliert die Erzählstimme einen Disput zwischen den beiden Figuren und stellt diese in Kontrast zueinander. Zugleich wird damit eine Leerstelle konstruiert, von der ausgehend gefragt werden kann: Warum geht Urija nicht in sein Haus? Weiß Urija von dem Ehebruch oder der Schwangerschaft?[60]

In V.10a–c wird dargestellt, dass König David von Urijas Weigerung erfährt, wobei auch hier auf eine sukzessive Informationsvergabe, ähnlich wie in V.5, zurückgegriffen wird. Die Lesenden werden durch die Darstellung der Erzählstimme bereits in V.9a über Urijas Weigerung informiert, der König jedoch erst durch andere Figuren in V.10a–c. Die wesentliche Information für David, die ihn zum Handeln zwingt, wird ebenso wie in V.5e in Form direkter Rede wiedergegeben.

Hinsichtlich der Erzählerperspektive lässt sich für V.6a–10c Folgendes resümieren: Die Erzählerperspektive ist in Bezug auf ihre Wahrnehmungs- und Wissensmöglichkeiten nicht eingeschränkt. Die Erzählstimme verfügt über eine Allsicht, sie weiß mehr als Urija, da sie den Grund kennt, weshalb Urija nach Jerusalem zurückbeordert wird und die Lesenden durch die Darstellungsweise darauf hinweist. Sie nimmt auch mehr wahr als die Figur David, der erst mit Verzögerung von Urijas Weigerung, in sein Haus zu gehen, erfährt. Gerade aufgrund der Allsicht der Erzählstimme tritt ihre sparsame Erzählweise umso deutlicher hervor. Die Antworten Urijas auf die von David gestellten Fragen zu den Kriegsereignissen (V.7b) werden von der Erzählstimme nicht wiedergegeben, weshalb das eigentliche Ziel, das David mit Urijas Rückreise erreichen will, formuliert in den königlichen Befehlen in V.8b–c, hervorgehoben ist. Auch die Gründe, weshalb Urija die königlichen Befehle verweigert, werden zunächst nicht erzählt. Damit baut sich eine Spannung auf, die erst durch die Erklärung Urijas in V.11 gelöst ist.

---

[60] Meir Sternberg benennt zwei Möglichkeiten, wie diese Leerstelle gefüllt werden kann, stellt diese beiden Hypothesen und ihre Wirkung für die gesamte Erzählung in 2 Sam 11 vor. Nach Sternberg besteht entweder die Möglichkeit, Urija weiß vom Ehebruch und der Schwangerschaft oder er verfügt über keinerlei Kenntnis davon. Siehe dazu Sternberg, Poetics, S. 201–209.

Zuvor wird Davids Reaktion auf die Mitteilung von Urijas Weigerung, in sein Haus zu gehen, erzählt. Nachdem in V.9b von der Erzählstimme eigens hervorgehoben wurde, dass Urija dem königlichen Befehl (V.8b–c) nicht gefolgt ist, wäre von Seiten der Lesenden zu erwarten, dass der König Urija wegen seines Ungehorsams befragt oder tadelt. Entgegen dieser Erwartung fragt David nach dem Grund, weshalb er nicht in sein Haus gegangen sei und begründet seine Anfrage mit dem Verweis auf die Anstrengungen der Rückreise.[61]

Auf die Fragen Davids antwortet Urija in Form einer längeren Rede, die mit einem doppelten Schwur endet. Aus dieser Rede Urijas lässt sich Wesentliches zu seiner Figurenperspektive erschließen. In V.11b–c benennt Urija die Zustände im Lager vor Rabba und verweist zunächst auf den Kultgegenstand der Lade und anschließend auf Joab und die Diener seines Herrn, die alle in unbefestigten, zum Teil provisorischen Behausungen (סכות und פני השדה) lagern. In der folgenden Raumanalyse von 2 Sam 11 wird ausführlich auf die Kontrastierung zwischen den Räumen בית (als befestigtem Ort sowie Lebens- und Reproduktionsgrundlage) und סכות/שדה (als vergängliche, schutzlose, gefährdende Räume) verwiesen, die V.11 zugrunde liegt. Die Auflistung der Anwesenden im Lager (יואב ועבדי אדני) weist auf die Aufzählung in V.1b (וישלח דוד את־יואב ואת־עבדיו עמו ואת־כל־ישראל) zurück. Zwei wesentliche Unterschiede sind dabei zu beobachten. Urijas Auflistung beginnt mit der Erwähnung der Lade, dem transportablen Heiligtum, was ein Hinweis auf den hohen Stellenwert der Religiosität für die Figur Urijas darstellen könnte. Erst danach bezieht er sich auf seinen militärischen Anführer und seine Kameraden. In diesem Zusammenhang ist der zweite Unterschied zur Auflistung in V.1b evident, denn in V.11c ist aufgrund der Satzstellung nicht eindeutig ersichtlich, wen Urija mit אדני meint – Joab oder David? Sophia Bietenhard hat herausgearbeitet, dass den Begriffen Diener Davids bzw. Diener des Königs eine wesentliche Bedeutung in 2 Sam 11 zukommt. Der Begriff עבד, der uns in 2 Sam 11 insgesamt neun Mal begegnet, wird sowohl in Bezug auf Urija, Joab und den Boten gebraucht und bezeichnet jeweils ihre Un-

---

[61] Das Nomen מדרך (V. 10e) kann in diesem Zusammenhang allgemein auf eine zurückgelegte Reise oder Strecke verweisen oder im speziellen mit Verweis auf Ri 4,9 auf einen zurückliegenden militärischen Feldzug verweisen. Siehe zu letzteren: Bar-Efrat, Das zweite Buch Samuel, S. 108.

tergebenheit gegenüber dem König (V.1b.9a.13e.17c.21f.24a.b.c).[62] Im Unterschied zu den genannten Stellen wird aufgrund der Ambiguität, die sich aus der Satzstellung in V.11c ergibt, der Bezug des Nomens עבד auf König David in Frage gestellt.[63] Urija benennt Joab als seinen Herren und verweist auf dessen Autorität, wenn er ihn vor die Krieger, ganz Israel und die Lade stellt (V.11a–b; ebenso V.1b).[64]

Urija schwört bei Davids Existenz und Leben, dass er nicht in sein Haus gehen werde, um zu essen, zu trinken und bei seiner Frau zu liegen. Die Form, den Schwur beim Leben des anderen, an den dieser gerichtet ist, zu leisten, sticht hervor, sie findet keine Parallelen innerhalb der alttestamentlichen Erzählungen. Der eigentliche Schwurinhalt wird in V.11h dargestellt und verneint die zuvor genannten Annehmlichkeiten des häuslichen Raumes (V.11e–f).

Für die Figurenperspektive Urijas stellen damit Religiosität, die durch den Verweis auf die Lade erkennbar wird, sowie die militärische Unterordnung unter den Feldhauptmann Joab (und nicht König David!) und die Solidarität gegenüber den Mit-Soldaten im Kriegslager wesentliche Größen innerhalb seines Wirklichkeitsmodells dar.

Die Perspektive wechselt am Beginn von V.12. Die Figurenperspektive Urijas wird abgelöst durch die Figurenperspektive Davids. Seine Reaktion auf den Schwur steht nicht im Bezug zu den Schwurinhalten. David versucht nicht, Urija von seiner Entscheidung abzubringen. Bar-Efrat schließt daraus: „Scheinbar ist er [David, A.F.] mit dessen Haltung sogar einverstanden, verspricht er ihm doch, ihn am nächsten Tag zu seinen Kameraden zurückkehren zu lassen."[65] Aus der Figurenperspektive Davids wird jedoch die Möglichkeit, die sich aus der Verzögerung der Abreise ergibt, virulent – Urija durch eine weitere List dennoch zum Gang in sein Haus und zum Beischlaf mit Batseba zu bewegen.

Diese List wird in V.13a–d aus der Erzählerperspektive, die intern fokalisiert ist, dargestellt. Die Wahrnehmungs- und Wissensmöglichkeiten der Erzählstimme sind in der Darstellung der List an die Wahrnehmungen

---

[62] Sophia Bietenhard verweist in diesem Zusammenhang auf eine Spannung im Spektrum „zwischen staatspolitischen Geschehen einerseits, in welchem die עבדי דוד im Dienst an ihrem König stehen, und das Unrecht, das ihnen der König durch seine Privataffäre antut, andererseits". Bietenhard, General, S. 155.
[63] Siehe Sternberg, Poetics, S. 204.
[64] Siehe Bietenhard, General, S. 162.
[65] Bar-Efrat, Das zweite Buch Samuel, S. 109.

der Figur Davids gebunden. Erst mit V.13e wechselt die Perspektive von der Mitsicht hin zur Nullfokalisierung. Aus der Perspektive der Erzählstimme werden die Ereignisse in V.13e–15b vermittelt. Dass es sich hierbei um eine Allsicht handelt, d. h., dass die Erzählstimme mehr weiß als irgendeine der Figuren bzw. alle zusammen wahrnehmen bzw. wissen, lässt sich in dieser Passage an dem expliziten Hinweis in V.13f erkennen, der auf Davids eigentliche Intention rekurriert, die als Befehl an Urija bereits in V.8b–c dargestellt ist. Die Erzählstimme berichtet nicht, ob Urija den eigentlichen Grund für seine Rückreise nach Jerusalem kennt oder um den Anlass für den königlichen Befehl in sein Haus zu gehen und das damit im Zusammenhang stehende Geschenk weiß. Dass die Erzählstimme diesbezüglich schweigt, bedeutet nicht, dass sie diese Informationen nicht besitzt. Vielmehr handelt es sich hierbei um die für die „David, Batseba und Urija"-Erzählung so charakteristische Erzählweise. Zugleich wird darauf verwiesen, dass die Erzählstimme mehr weiß als die Figur David. Auch gegenüber der Figur Urijas hat sie einen Wissensvorsprung, denn die Erzählstimme kennt den Inhalt des Briefes und gibt diesen in V.15c–g sogar wieder.

(d) Erzählperspektiven der vierten Szene

In den V.15–24 wird der Tod Urijas multiperspektivisch erzählt. Dabei sind grundsätzlich drei Perspektiven zu unterscheiden. Während der von der Erzählstimme wiedergegebene Briefinhalt (V.15c–g) den Auftrag für Urijas Tötung proleptisch aus der *Figurenperspektive Davids (P I)* erzählt, sind die Ereignisse vor Rabba, die schließlich zum Tod Urijas führen, in V.16a–17d durch die *Erzählerperspektive (P II)* vermittelt. In den V.19c–24c werden analeptisch die Kriegsereignisse sowie der Tot Urijas durch die Figurenperspektive Joabs wiedergegeben. Dabei ist zu unterscheiden zwischen der direkten *Figurenperspektive Joabs (P III$_a$)* in V.19c–21f und der durch den *Botenbericht vermittelten Perspektive Joabs (P III$_b$)*[66] in V.23b–24c. Die verschiedenen Perspektiven weisen Ge-

---

[66] Es handelt sich hierbei um einen Botenvorgang. Andreas Wagner hat darauf verwiesen, dass im alttestamentlichen Kontext die Form des Botenvorgangs, aufgrund seiner überwiegend einheitlichen Struktur, folgende analytische Terminologie aufweist: „Ein Botenvorgang umfaßt [...] die Kernelemente Botenbeauftragung bzw. Botenbefehl – Botenformel – Botschaft." Wagner, Bote, S. 7. Als ergänzendes Element wird die Botensendung von Wagner benannt, die so Krispenz meist durch das Verb שלח eingeführt wird. Siehe Wagner, Bote, S. 6; Krispenz, Art. Bote/Gesandter. Der Botenspruch

meinsamkeiten auf wie beispielsweise die Nennung des Figurennamens Urijas, der mit einer Form des Verbes מות sprachlich verbunden ist sowie die Anspielung auf die Kriegsereignisse vor Rabba. Daneben sind Unterschiede zwischen den perspektivischen Darstellungen von Urijas Tod festzustellen, die wesentlich für das Verständnis der jeweiligen Einzelperspektiven sowie für die Perspektivenstruktur von Bedeutung sind. Aus diesem Grund sollen im Folgenden nacheinander die Perspektiven vorgestellt und ihre jeweiligen Spezifika benannt werden. Es gilt dabei, sich dem hinter der Einzelperspektive stehenden Wirklichkeitsmodell anzunähern.

In dem Brief, der an Joab adressiert ist (V.14b), spricht David mehrere Adressaten an, worauf die pluralischen Verbformen von יהב und ישׁב hinweisen (V.15c.e). Mit der Wiedergabe des Briefinhalts in V.15c–g gewährt die Erzählstimme Innensicht auf die Figur Davids, die in diesem Fall im Unterschied zu V.2d–e nicht zur Sympathiewerbung für die David-Figur beiträgt, sondern dieser entgegenwirkt:

הבו את־אוריה אל־מול פני המלחמה החזקה ושבתם מאחריו ונכה ומת

„Gebt Urija dahin, wo der Kampf am stärksten ist und kehrt euch hinter ihm ab, dass er erschlagen werde und stirbt."

(2 Sam 11,15c–g)

König David befiehlt den Tod eines seiner Soldaten, der für den König in den Krieg gezogen ist und kämpft. Urija wird zudem von David beauftragt, den sogenannten „Todesbrief", der sein eigenes Todesurteil enthält, selbst an Joab zu überbringen. Damit wird ein altorientalisches Erzählmotiv adaptiert, das dazu dient, den Absender des Schreibens als besonders schlecht und negativ zu konnotieren, wodurch Antipathie gegenüber Da-

---

wird in V.23a eingeleitet und in V.23b–24c wiedergegeben. Nach Krispenz bezeichnet er „den Teil der Rede eines Boten, in dem der Absender wörtlich zitiert wird. Der Bote spricht, als sei er der Auftraggeber." Krispenz, Art. Botensendung, 3. Aus diesem Grund ist dem Boten keine eigene Perspektive zuzusprechen, sondern er gibt die Perspektive Joabs wieder. Besonders deutlich wird dies an der gleichen Bezeichnung der Figur Urijas, sie ist in der Figurenperspektive Joabs in P IIIa und P IIIb identisch (עבדך אוריה החתי; siehe V.21f in der Figurenrede Joabs ebenso V.24c im Botenspruch) und unterscheidet sich markant von den Bezeichnungen innerhalb der beiden anderen Erzählperspektiven in V.15c (אוריה) und V.17d (אוריה החתי).

vid hervorgerufen wird.[67] David scheint sich sicher, dass Urija treu und loyal gegenüber seinem König ist, sodass dieser den Brief nicht öffnen wird.[68] Durch das Arrangement des Briefinhalts verschleiert David seine Beteiligung an der Liquidierung Urijas. Auf der Ebene des Diskurses wird dies daraus ersichtlich, dass der Name Urijas (V.15c) nicht in der direkten Nähe bzw. in Bezug zum Verb מות (V.15g) steht bzw. gesetzt ist, so wie dies in den anderen Darstellungen (V.17d. 21f. 24c) der Fall ist. Auf der Ebene der Geschichte finden sich ebenfalls Hinweise darauf, dass die Beteiligung Davids am Tod Urijas verdunkelt wird. Während Urija in V.15c–d als ein Krieger unter vielen auftritt, der gemeinsam mit ihnen Seite an Seite kämpft, bleibt er in V.15e in der Schlacht alleine zurück, wodurch er zu einem leichten Opfer der Kriegsgegner werden würde.[69] Bar-Efrat verweist darauf, dass durch die Phrase ושבתם מאחריו Davids sichergestellt werden soll, dass weitere Opfer neben Urija vermieden werden.[70] Ebenfalls denkbar wäre die Auffassung, dass David durch den Rückzug seiner Truppen hinter Urija sichergehen möchte, dass dieser sich mit einer erheblichen Überzahl an Gegnern konfrontiert sieht und sein Tod unausweichlich ist. Davids Motivation zu dem Befehl ושבתם מאחריו wird nicht erzählt, die Textstelle schweigt dazu. Es lässt sich nicht festlegen, ob dieser Befehl einerseits David als moderaten Kriegsherrn ausweist, der unnötige Kriegsopfer vermeiden will oder andererseits als Hinweis auf Davids Skrupellosigkeit zu verstehen ist. Beide Varianten zeichnen jedoch die David-Figur als militärischen Strategen aus, der seine Motivation (welche auch immer es ist) zielgerichtet durch strategisches Geschick in die Tat umsetzt. Davids Ziel ist deutlich: Urija soll sterben. Durch die vor allem in den Samuelbüchern häufige Verbindung der beiden Verben נכה und מות wird dies ausgedrückt.[71] Eine weitere

---

[67] Siehe dazu ausführlich den Exkurs zu altorientalischen Erzählmotiven innerhalb von 2 Sam 11, S. 81–84.
[68] Darüber hinaus kann der Absender durch Falten oder Rollen des Briefes und dessen Verschließen mit Schnüren und Tonklumpen, die das Siegel des Absenders enthalten, sicher gehen, dass der Brief ungelesen überbracht wird. Siehe Bar-Efrat, Das zweite Buch Samuel, S. 110.
[69] Siehe Fokkelman, Narrative art, S. 60.
[70] Siehe Bar-Efrat, Das zweite Buch Samuel, S. 110.
[71] In den Samuelbüchern kommen die beiden Verben häufig gemeinsam vor, siehe 1 Sam 15,3; 17,35.50; 20,33; 2 Sam 1,1.15; 2,31; 3,27; 6,7; 10,18; 11,15.21; 13,28; 18,15; 21,17. Diese Textstellen haben einen kriegerischen Kontext gemeinsam, die

Besonderheit im Vergleich zu den übrigen Darstellungen von Urijas Tod ist die Bezeichnung des Soldaten. David verwendet im Brief ausschließlich den Namen Urijas ohne Epitheton oder eine relationalen Hinzufügung. In der an den Briefinhalt anschließenden Darstellung von Urijas Tod aus der Erzählerperspektive wird zunächst ebenfalls lediglich der Figurenname (V.16b) verwendet. Am Ende der Darstellung in V.17d, als erzählt wird, dass auch Urija gestorben ist, wird der Name um das Epitheton „der Hethiter" erweitert. Noch entscheidender erweist sich die Erweiterung der Bezeichnung Urijas in der Figurenperspektive Joabs, denn dort wird Urija sowohl mit dem Epitheton als auch mit der relationalen Zuschreibung „dein Diener" charakterisiert. Durch den Zusatz עבדך (V.21f; V.24c) stellt Joab den toten Urija im Unterschied zu den anderen Perspektiven in eine explizite Beziehung zu König David. Hierin könnte bereits eine Kritik Joabs gegenüber dem König anklingen.[72]

Die Darstellung der Kriegsereignisse vor Rabba durch die Erzählstimme beschränkt sich auf das Wesentliche. Einzelheiten über den Kampf fehlen, ebenso wird nicht erzählt, wie Joab auf den „Todesbrief" und die darin niedergeschriebenen Befehle von David reagiert. Die Darstellung beginnt mit dem Hinweis, dass Joab die Stadt beobachtet und eine geeignete Stelle für den todbringenden Einsatz für Urija ausgewählt hat (V.16a–d). Sehr kurz werden die Kriegsereignisse als ein Ausfall der „Männer der Stadt" (V.17a–b) geschildert. Damit etabliert die Erzählstimme aus ihrer Perspektive einen Unterschied zwischen den Befehlen Davids (V.15c–g) und der Umsetzung durch Joab. Nach Anthony Campbell wird hieran die Rücksichtslosigkeit von Davids Befehlen offenbar.[73] Der diskreditierende Eindruck in der Vermittlung der Ereignisse durch

---

Endgültigkeit der Niederlage bzw. des Sieges wird je nach Perspektive dabei ausgedrückt. Auch in anderen biblischen Texten begegnet die Verbindung der Verben, allerdings nicht so häufig im kriegerischen Kontext wie in den Samuelbüchern. So werden beispielsweise in Ex 21,12.15.18.20; Lev 24,17.21 sowie in Dtn 19,6.11 die beiden Verben נכה und מות in einem juridischen Kontext verwendet.

[72] M. E. lässt sich im Vergleich der perspektivischen Darstellungen vom Tod Urijas bereits in der Bezeichnung des Getöteten eine Nuancierung der jeweiligen Perspektivträger erkennen. Durch die Relation von David und Urija in der Formulierung עבדך deutet sich m. E. hier bereits eine Diskrepanz zwischen Joab und David an. Entgegen Bietenhard, General, S. 164f., die erst in der Divergenz zwischen Davids Befehlen bezüglich der Tötung Urijas und Joabs Ausführungen eine „leise Kritik" Joabs konstatiert. Ebd., S. 164.

[73] Siehe Campbell, Samuel, S. 116.

die Erzählerperspektive verstärkt sich in der weiteren Darstellung mit dem abschließenden Verweis, dass auch Urija, der Hetiter, starb (V.17d). Zuvor wird eine entscheidende Information hinzugefügt, denn die Erzählstimme verweist auf zusätzliche Opfer: ויפל מן־העם מעבדי דוד. Auch hier werden die militärischen Opfer als „Diener Davids" bezeichnet, wodurch sie in Relation zu David stehen.

Mit V.18a beginnt die Einleitung der Figurenrede Joabs, durch die eine weitere Figurenperspektive präsentiert wird. Die Figurenrede Joabs in V.19c–21f wurde innerhalb der exegetischen Forschung in unterschiedlicher Form hervorgehoben. Entgegen der üblichen sparsamen Darstellungsweise biblischer Erzählungen erweisen sich die Äußerungen Joabs, die der Feldhauptmann proleptisch als Rede der erzählenden Figur Davids erzählt, geradezu ausschweifend, nach Sternberg sogar langatmig und ungeordnet.[74] Fokkelman erkennt einen konzentrischen Aufbau der Verse 14 bis 25, wobei die Verse 19 bis 21 ebenfalls konzentrisch aufgebaut sind.[75] „Six sequences surround the centre, X, which is itself concentrically subdivided into 9 sentences around an x."[76]

20d	Warum habt ihr euch der Stadt genähert, um zu kämpfen?	מדוע נגשתם אל־העיר להלחם
20e–f	Habt ihr nicht erkannt, dass sie von der Mauer schießen werden?	הלוא ידעתם את אשר־ירו מעל החומה
21a	Wer erschlug Abimelech, den Sohn Jerubbaals?	מי־הכה את־אבימלך בן־ירבשת
21b–c	Hat nicht eine Frau einen Mühlstein, einen oberen, von der Mauer auf ihn geworfen, sodass er in Tebez starb?	הלוא־אשה השליכה עליו פלח רכב מעל החומה וימת בתבץ
21d	Warum habt ihr euch der Mauer genähert?	למה נגשתם אל־החומה

---

[74] Siehe Sternberg, Poetics, S. 219.
[75] Siehe dazu Fokkelman, Narrative Art, S. 60–63.
[76] Ebd., S. 60.

Mit ‚X' bezeichnet, stehen nach Fokkelman im Zentrum dieser Passage die Anweisungen Joabs an den Boten. In der ebenfalls konzentrisch aufgebauten Rede Joabs steht in der Mitte die Frage: „Wer erschlug Abimelech, den Sohn Jerubbaals?" (V.21a). Dieser kommt aufgrund der Position eine besondere Bedeutung zu.[77]

Der Darstellung von Joabs Einschätzung, wie David auf den Botenbericht zu den Kriegsereignissen reagiert, sticht rein quantitativ hervor.[78] Joab erwartet als Reaktion Davids auf die Schilderungen, dass er zornig reagiert (V.20d–21d). Die Erzählung lässt offen, auf welche Vorerfahrungen oder vorausgegangenen Ereignisse Joab seine Einschätzung stützt. Sophia Bietenhard benennt drei Möglichkeiten, die Motivation Joabs zu erklären, indem sie fragt:

> Befürchtet Joab tatsächlich die Wut des Königs und die Folgen für den Boten, oder will er seine eigene Scham ob seiner Mittäterschaft, die ihn zu dieser verlustreichen und sinnlosen Aktion zwang, überspielen? Oder deutet die folgende Reaktion Davids, die ganz anders aussieht, auf ein anderes Motiv hin?[79]

In Bezug auf die erste Auslegungsmöglichkeit gibt es innerhalb der Samuelbücher mehrere Texte, die darauf verweisen, dass David ankommende Boten umbringen lässt (2 Sam 1,13–15; 4,10). Daraus erschließt sich eine potentielle Gefährdung von Boten.[80] Fokkelman wertet Joabs ausführliche Darstellung als einen Versuch, sich den königlichen Vorhaltungen wegen seiner gewählten Strategie, die zu noch mehr Kriegsopfern führte, zu entziehen. „Joab therefore fears a sharp attack on his manoeuvring as general."[81]

Nach diesen ersten Überlegungen zur Motivation Joabs ist es notwendig, die Darstellung näher zu untersuchen. In diesem Zusammenhang lassen sich vier Besonderheiten von Joabs Figurenrede benennen.[82] Zum einen wird auf ein Fallbeispiel, das in Ri 9,50–55 dargestellt ist, rekur-

---

[77] Siehe Fokkelman, Narrative art, S. 60–62. Auch Bar-Efrat sieht in der Figurenrede Joabs einen konzentrischen Aufbau, Bar-Efrat, Das zweite Buch Samuel, S. 110f.
[78] Siehe Bar-Efrat, Das zweite Buch Samuel, S. 110.
[79] Bietenhard, General, S. 163f.
[80] Siehe Krispenz, Art. Bote/Gesandter, 3. Ebenso: Bietenhard, General, S. 164.
[81] Fokkelman, Narrative art, S. 67. Sophia Bietenhard lehnt diese Zuschreibung ab und wertet sie als Auslöser für die innerhalb der Forschung mehrheitlichen, antijoabischen Interpretationen. Siehe Bietenhard, General, S. 164.
[82] Siehe Sternberg, Poetics, S. 219.

riert, das Joab und vermeintlich auch David bekannt ist. Zum anderen steht die Ausführlichkeit der Darstellung im Kontrast zu der ansonsten sehr sparsamen Erzählweise. Drittens weist die Figurenrede Joabs Inkohärenzen wie beispielweise Wiederholungen auf. Viertens gilt es, das kommunikative Arrangement der Figurenrede zu beachten. Joab verweist auf ein konkretes Fallbeispiel, indem er dieses „in den Mund" Davids legt. Im Unterschied zur Darstellung aus der Erzählerperspektive (P II) wird hier die Ursache für die Kriegsverluste angedeutet. Während in P II der erfolgte Ausfall der Männer Rabbas als Ursache für den Tod Urijas, einiger aus dem Volk und einiger Diener Davids benannt wird, deutet die Darstellung Joabs auf die gefährliche Annäherung an die feindliche Stadtmauer hin. Dabei greift Joab in seiner Figurenrede, die er David in den Mund legt, auf ein Fallbeispiel zurück, wie es Abimelech erging, welches in Ri 9,50–55 erzählt wird:

Ri 9,50: Und es zog Abimelech nach Tebez und er belagerte Tebez und nahm sie ein.

51: Und ein starker Turm war in der Mitte der Stadt und dorthin flohen alle Männer und Frauen, alle Bürger der Stadt. Und sie schlossen hinter sich zu und stiegen auf das Dach des Turmes.

52: Und Abimelech kam an den Turm und kämpfte gegen ihn. Und er näherte (נגשׁ) sich an den Eingang des Turmes, um ihn mit Feuer zu verbrennen.

53: Eine (einzige) Frau (אִשָּׁה אַחַת) warf einen oberen Mühlstein auf Abimelechs Kopf und zertrümmerte seinen Schädel.

54: Und er rief schnell nach dem Jungen, seinem Waffenträger, und er sagte zu ihm: Ziehe dein Schwert und töte mich, damit man nicht von mir sagte, eine Frau hat ihn erschlagen. Und der Junge durchbohrte ihn, und er starb.

55: Und als die Männer Israels sahen, dass Abimelech tot war, gingen sie jeder an seinen Ort.

Dieser Textabschnitt weist zwei inhaltliche Besonderheiten auf. Zum einen wird das unvorsichtige Annähern (נגשׁ) von König Abimelech während der Eroberung der Stadt Tebez an den Turm, in dem die gefährdeten Stadtbewohnerinnen und Stadtbewohner Zuflucht suchten, erzählt, wobei die räumliche Annäherung als Voraussetzung für Abimelechs Tod gilt. Zum anderen wird in dieser kurzen Perikope hervorgehoben, dass König Abimelech durch die Hand *einer* Frau lebensbedrohlich verletzt wurde. Diese Todesart ist negativ konnotiert, wie an der Phrase ומותתני פן־יאמרו לי אשה in V.54 zu erkennen ist. Außerdem berichtet die Erzählstimme, dass Abimelech seinen Waffenträger beauftragt, ihn zu töten, bevor er an seinen tödlichen Verletzungen stirbt.

Joab verweist in der Beauftragung seines Boten auf den Tod Abimelechs und setzt die Kenntnis dieses Falls bei David voraus. Indem er auf diesen Fall anspielt, bezieht er auch die beiden eben vorgestellten Besonderheiten der Perikope in seine Argumentation mit ein. Dort wird in den beiden rahmenden Fragen in V.20d und V.21d ebenfalls mit dem Verb נגש auf die gefährliche Annäherung verwiesen. Im Zentrum von Joabs Verweis auf den Fall Abimelech steht jedoch die Frage, wer den König getötet hat (V.21a). Während in Ri 9,54 einiges daran gesetzt wird, die Täterschaft der Frau zu verschleiern, ist ihr diese in 2 Sam 11,21b eindeutig zugeschrieben. Damit erfüllt sich durch Joabs Referenz auf Abimelech das, was der Erschlagene am meisten fürchtete: Er avanciert zu einem Prototyp, zum Inbegriff eines Königs, der auf beschämende Weise durch eine Frau „gestürzt" und getötet wurde.

Evident ist zudem, dass in 2 Sam 11,18–21 nicht explizit der Grund bzw. die Kriegsereignisse benannt werden, die zur gefährlichen Annäherung an die belagerte Stadt geführt haben.[83] Diese werden erst nachträglich in V.23b–24a erzählt. Durch das Fehlen und den Verweis auf Abimelech wird in der Darstellung aus der Figurenperspektive Joabs die unvorsichtige Annäherung (נגש) an ein zu eroberndes Gebäude (Turm von Tebez ⇔ Stadtmauer von Rabba) mit der drohenden Gefahr durch eine Frau, die einen König (Abimelech ⇔ David) zu Fall bringen kann, verbunden.[84] Durch die genannte Leerstelle und den intertextuellen Verweis auf Abimelechs Tod in Ri 9,50–55 eröffnet sich die Möglichkeit für eine verborgene Wertung Joabs gegenüber König David.

---

[83] In V.18b und V.19c wird zuvor zweimal implizit auf die Ereignisse des Kampfes verwiesen, diese werden jedoch nicht explizit dargestellt.
[84] Ebenso Sternberg, Poetics, S. 219–222. Kritisch dazu: Bal, Lethal love, S. 34; Koenig, Bathsheba, S. 58.

In V.22 wird die Figurenrede des Boten, der von Joab beauftragt wurde (V.18a–19a), initiiert und mit V.23a eingeleitet. Die Darstellung des Boten weist im Vergleich zur Beauftragung durch Joab zwei Besonderheiten auf. Einerseits werden die Kriegsereignisse benannt, die zur gefährlichen Annäherung an die feindliche Stadtmauer führten (V.23b–24a) und andererseits schließt der Bote direkt die Todesnotiz Urijas an die Darstellung der Kriegsereignisse an, ohne zuvor die von Joab prognostizierte zornige Reaktion Davids abzuwarten (V.24b–c). Die Todesnotiz Urijas ist somit keine Reaktion auf den zornigen König, sondern wird zu einem Bestandteil der von dem Boten dargestellten Kriegsereignisse.[85] Der Bote weicht somit von dem Auftrag Joabs ab und berichtet David eine eigene Version der Kriegsereignisse. Dabei gibt es auffällige Unterschiede zu den vorausgehenden Darstellungen des Krieges. Entgegen den Darstellungen aus der Figurenperspektive Davids und der Erzählerperspektive, bei denen jeweils erzählt wird, dass der Kampf von Joab ausgehe, berichtet der Bote, dass die Kampfhandlungen von den Stadtbewohnern eröffnet wurden (V.23b). Die gefährliche Annäherung an die feindlichen Stadtmauern resultiert nach der Darstellung des Boten aus einer Konterbewegung, bei der Joab und sein Heer die herausstürmenden Krieger Rabbas zurückdrängen. Die Darstellungsweise der Kriegsereignisse in V.23 lässt der Figur Davids keine Möglichkeit, danach zu fragen, wie Joab in V.20d und V.21d in doppelter Weise prognostiziert hat, weshalb die Truppen sich der Mauer so gefährlich genähert haben.[86]

Über die Intention des Boten zur Veränderung der Darstellung der kriegerischen Auseinandersetzung schweigt die Erzählung. Als eine Möglichkeit lässt sich anführen, dass der Bote vermeiden wollte, dass David angesichts der Kriegsereignisse und -verluste zornig wird und daraus für den Boten eine Gefährdung entstehen würde.[87]

Die eben vorgestellten Darstellungen der Kriegsereignisse, die zu Urijas Tod führen, sind wesentlich von den unterschiedlichen Perspektiven, aus den die Ereignisse vermittelt werden, bestimmt und sind nachfolgend als Übersicht kompakt in tabellarischer Form dargestellt:

---

[85] Siehe Sternberg, Poetics, S. 217.
[86] Ebenso Bar-Efrat, Das zweite Buch Samuel, S. 111.
[87] Siehe Sternberg, Poetics, S. 216. Eine andere Erklärung bietet Fritz Stolz, nach der der Bote sofort von Urijas Tod berichtet, denn dieser habe gemerkt, worum es eigentlich gehe. Siehe Stolz, Samuel, S. 238.

Perspektive	Bezeichnung Urijas	Form von מות (sterben)	Angabe zu Urijas Todesort	Angabe zu Art und Weise von Urijas Tod	Angabe weiterer Verluste	Weitere Bemerkungen
P I – David (V.15c–g)	Urija (V.15c)	וָמֵת = 3. m. Sgl. W-AK Qal (V.15g)	Vorne, wo der Kampf am stärksten ist (V.15b–c)	aber ihr kehrt hinter ihm zurück, dass er geschlagen werde (V.15e–f)		
P II – Erzählstimme (V.16a–17d)	Urija (V.16b); Urija, der Hethiter (V.17d)	וַיָּמָת = 3. m. Sgl. W-PK Qal (V.17d)	Stelle, von der er wusste, dass dort tüchtige Männer waren (V.17b–d)	Und als die Männer der Stadt herauskamen und gegen Joab kämpften (V.17a–b)	Einige vom Volk, einige von Davids Dienern (V.17c)	
P III – Joab (V.19c–21f)	dein Diener Urija, der Hethiter (V.21f)	מֵת = 3. m. Sgl. AK Qal (V.21f)	Alle Ereignisse des Kampfes (V.19a)			Schilderung der von Joab erwarteten Reaktion Davids (Zorn, V.20a–c); Verweis auf den Tod Abimelechs (V.20d–21d)
P IV – Joab → Botenbericht (V.23b–24c)	dein Diener, Urija, der Hethiter (V.24c)	מֵת = 3. m. Sgl. AK Qal (V.24c)	Eingang des Tores (V.23c)	Weil und die Männer überlegen waren, hogen sie gegen uns auf das Freie Feld. Wir waren an ihnen bis zum *Eingang des Tores*. Aber die Schützen schossen auf deine Diener von der Mauer (V.23b–24a)	(Einige) von den Dienern des Königs (V.24b)	

Abb. Die multiperspektivische Darstellung von Urijas Tod in 2 Sam 11,15–24

Davids Reaktion auf den Botenbericht (V.23b–24c) wird in seiner eigenen Figurenperspektive vermittelt, wobei diese in Form erzählender Rede dargestellt ist. Der König beauftragt den Boten, eine Nachricht an Joab zu überbringen. Dabei eröffnet er die Mitteilung an Joab mit dem Verweis: „Nicht schlecht ist die Sache in deinen Augen, denn das Schwert frisst bald diese und bald jene" (V.25c–d). Durch die Unbestimmtheit des Nomens דבר ist innerhalb der Figurenrede offen gelassen, was David mit der „Sache" bezeichnet. Da der Botenbericht sowie die Beauftragung des Boten durch Joab mit dem Hinweis, „auch dein Diener Urija, der Hethiter, ist tot" (V.21f; 24c), endet, wäre diese, für das Davidbild sehr negative Relation denkbar.[88] Eine weitere Möglichkeit ist Davids Ausspruch in V.25c–d als Reaktion auf die gesamten, im Botenbericht benannten Kriegsereignisse zu verstehen. In diesem Sinne ließe sich Davids Antwort einerseits als Ausdruck seiner Gleichgültigkeit gegenüber den Opfern verstehen.[89] Andererseits verweist Sternberg darauf, dass Davids Reaktion zuallererst an den Boten gerichtet ist, der wegen des Ausbleibens von Davids emotionalen Reaktionen, die Joab vorhergesehen hat, seinen Botenbericht als geglückt ansieht. „What this innocent hears are words of comfort and encouragement, directed by a forgiving king to the commander of his army after a temporary setback (‚Don't take your failure to heart')."[90] Eine vierte Möglichkeit liegt darin, Davids Ausspruch in V.25c–d als Anweisung und Bestärkung gegenüber Joab zu verstehen, der Tod Urijas sowie die weiteren Opfer seien unvermeidbar. „David presumes now to be a moral arbiter, and he assures Joab that he and Joab have not perpetrated evil."[91] Damit etabliert die Figur David aus ihrer Figurenperspektive heraus ein Wertesystem, das sie der Figur Joab als Maßstab vorgibt. Durch die Unbestimmtheit des Nomens „Sache" werden sowohl die Tötung Urijas als auch die Kriegsführung Joabs, bei der neben Urija weitere Diener Davids als Opfer getötet wurden, durch den König legitimiert.

---

[88] Siehe Sternberg, Poetics, S. 218.
[89] Siehe Bar-Efrat, Das zweite Buch Samuel, S. 112.
[90] Sternberg, Poetics, S. 218.
[91] Brueggemann, Samuel, S. 278.

(e) Erzählperspektiven der fünften Szene

Die V.26a–27e, in denen Batsebas und Davids Handlungen nach dem Bekanntwerden von Urijas Tod dargestellt werden, sind durch die Erzählerperspektive vermittelt. Dabei sticht der dreifache Verweis auf Batseba als Ehefrau Urijas in V.26a–c hervor, denn dort wird die Figur nicht mit ihrem Namen, sondern durch relationale Bezeichnungen wie אשת אוריה (V.26a); אוריה אישה (V.26b) benannt, wodurch ihre Ehestatus gegenüber Urija hervorgehoben wird. Fokkelman sieht in V.26a–b „a posthumous homage to this marriage and its close, mutual bonds by taking up both man and woman together in one line for the last time and also, and only on this occasion, in the beautiful equilibrium of a touching chiasmus: *'ešet 'ūrīyā - 'ūrīyā 'īšāh.*"[92] Auch in V.26c wird auf diese eheliche Verbindung durch das Beziehungswort בעלה verwiesen. Die Erzählerstimme betont die eheliche Verbindung zwischen den beiden Figuren. Durch die Herausstellung der Zusammengehörigkeit von Batseba und Urija über dessen Tod hinaus wird die anschließend dargestellte Ehe zwischen David und Batseba in V.27d durch die Erzählerperspektive negativ konnotiert und als illegitim exponiert.[93] In V.27b–d findet eine Aneinanderreihung mehrerer Handlungen statt: David sendet (שלח) erneut nach Batseba, er nimmt sie in sein Haus auf und schließlich zur Frau. Durch die schnelle Abfolge der Handlungen, das hohe Erzähltempo sowie das Verb שלח am Anfang der Handlungskette wird eine Verbindung zwischen den Ereignissen in V.4 und 27b–e hergestellt.[94] Als weiteres Indiz dafür spricht die gleiche räumliche Bewegung, die durch die Handlungen initiiert wird. Die Bewegung, die zunächst vom König ausgeht (שלח), führt die Figur Batseba zu ihm (לקח und בוא in V.4b.c sowie אסף in V.27c) und endet schließlich in der unmittelbaren Nähe zum König (שכב עמו in V.4d sowie ותהי־לו לאשה in V.27d). Durch die Form der Vermittlung stellt die Erzählerperspektive die Aufnahme Batsebas in das königliche Haus sowie die Heirat zwischen David und ihr (V.27c–d) in Zusammenhang mit dem negativ konnotierten sexuellen Akt in V.4. Dadurch

---

[92] Fokkelman, Narrative art, S. 70.
[93] Siehe Petter, Foregrounding, S. 403f.: „The choice of designation, especially *'ēšet 'ûriyyâ haḥittî,* may be understood to magnify David's gross misconduct and undeniable guilt. One can readily see how the foregrounding of *'ēšet 'ûriyyâ haḥittî* illuminates the narrator's viewpoint concerning David's actions."
[94] Siehe Fokkelman, Narrative art, S. 70.

und ebenso durch die Betonung der Zusammengehörigkeit der beiden Figuren Batseba und Urija in V.26a–c distanziert sich die Erzählstimme von Davids Handlungen und nimmt eine implizit ablehnende Position dazu ein.

Eine explizite Verurteilung von David findet in Form eines evaluativen Kommentars in V.27f statt, wobei die Erzählstimme auf JHWH als die absolute Wertungsinstanz verweist. Mit dem zusätzlichen Verweis auf die בעיני יהוה am Ende V.27f verortet die Erzählstimme das Urteil von Davids Handlungen räumlich in den Augen JHWHs. Silvia Schroer und Thomas Staubli haben darauf hingewiesen, „(w)enn im Ersten Testament von den Augen eines Menschen oder, sehr häufig, von den Augen Gottes die Rede ist, so steht nie die Form oder die physische Funktion der Augen im Vordergrund, sondern immer die Qualität des Blickes"[95]. In der doppelten Fokalisierung in V.27f wird einerseits die Erzählerperspektive durch die Figurenperspektive JHWHs überlagert, andererseits weist der Zusatz בעיני יהוה am Ende von V.27f auf die Subjektivität des Urteils (וירע הדבר אשר־עשה דוד) hin.[96] Die „Augen" fungieren somit ebenso wie Verben des Sehens bzw. Wahrnehmens als Indikatoren für den Wechsel der Perspektive.[97] In der „David, Batseba und Urija"-Erzählung wird durch das Verb ראה in V.2d und durch das Nomen עין in V.25c und V.27f ein Perspektivenwechsel initiiert.

Durch Stichwortverbindungen und die kunstvolle Darstellung in Form eines Chiasmus wird dem Wertesystem der Figurenperspektive Davids in V.25c–d ein zweites Wertesystem – das der Figurenperspektive JHWHs in V.27f – gegenübergestellt. In Gestalt eines evaluativen Kommentars und in Form einer doppelten Fokalisierung nimmt die Erzählstimme auf das Urteil Davids und die diesem zugrunde liegenden Werte Bezug:

---

[95] Schroer / Staubli, Körpersymbolik, S. 117.
[96] Siehe Müllner, Gewalt, S. 166. Müllner arbeitet Subjektivität eines Urteils unter Verweis auf die „Augen" anhand des Zusatzes בעיני אמנין heraus. Zur Perspektivenübernahme bei der doppelten Fokalisierung und die Konsequenzen daraus für die Wahrnehmung des Wirklichkeitsausschnitts siehe den Abschnitt S. 117–120.
[97] Als Indikatoren für den Wechsel von Fokalisierungsinstanzen benennt Schmitz „Verben des Sehens und Wahrnehmens sowie den Wechsel von Eigennamen und Personalpronomen". Schmitz, Prophetie, S. 50.

25c:	אל־ירע בעיניך את־הדבר הזה
	Nicht schlecht ist in deinen Augen diese Sache.
27f:	וירע הדבר אשר־עשה דוד בעיני יהוה
	Aber schlecht war die Sache, die David getan hat, in den Augen JHWHs.

Abb. Stichwortverbindungen zwischen V.25c und V.27f

Während durch die gemeinsamen Stichworte in V.25c und V.27f der Bezug dieser beiden Stellen hergestellt wird, geben die Unterschiede der moralischen Wertungen Rückschlüsse auf die jeweilige Erzählperspektive.[98]

Das Nomen עין in der Figurenrede Davids (V.25c) verweist auf die Figur Joabs als Bezugsgröße und etabliert diese als letztliche Entscheidungs- und Wertungsinstanz. Durch den Negationspartikel אל in Verbindung mit dem Verb רעע entsteht der Eindruck, dass Joab diese Sache bereits verurteilt hat und David müsste ihn von der Notwendigkeit der Handlungen überzeugen. Wie bereits ausgeführt, ist das Nomen דבר in V.25c nicht weiter determiniert.

Im Unterschied dazu wird דבר in V.27f durch den Einschub des Relativsatzes „die David getan hat" konkretisiert und v.a. personalisiert: Davids Taten werden explizit verurteilt. Durch die Einnahme der Figurenperspektive JHWHs in V.27f wird das Urteil subjektiviert. JHWH tritt am Ende der Erzählung als Figur auf und wird durch die Erzählstimme zugleich als Beurteilungsinstanz gegenüber David etabliert. Die Gottesfigur ist als nichtmenschliche Figur konstruiert, die übernatürliche Fähigkeiten besitzt. Sie verfügt über Transzendenz und Omnipräsenz, weshalb sie die Ereignisse wahrnimmt, wenngleich sie nicht als Figur auftritt und in die Ereignisse eingreift. Die Gottesfigur verhält sich stattdessen reflexiv zu

---

[98] Dass es sich hier um ein (moralisches) Urteil handelt, darauf verweist die Verbindung des Nomens עין pl. mit der Präposition ב, die entweder durch einen Personalsuffix oder durch eine constructus-Verbindung in Bezug zu einer Figur gestellt wird. Das „Auge" wird so zum Ort eines Urteils. Siehe Müllner, Gewalt, S. 105.

den Ereignissen.[99] Die Erzählstimme gewährt den Lesenden durch den evaluativen Erzählerkommentar in V.27f Introspektion in die Gottesfigur. Nach Ilse Müllner, die die Darstellung der Gottesfigur innerhalb der Samuelbücher untersucht hat, eröffnet sich darin „eine doppelt reflexive Metaebene zum Geschehen. Hier werden erstens theologische Deutungen der innerweltlichen Ereignisse als Gottes Handeln vorgenommen, und zweitens wird dieses Handeln Gottes auch noch mit dem inneren Erleben der erzählten Figur Gottes in Beziehung gesetzt."[100] Das doppelt fokalisierte Urteil der Gottesfigur wird auf eine reflexive Metaebene zu dem Geschehen gesetzt.[101] Es etabliert sich dadurch ein absolutes Wertesystem, das für alle Figuren der erzählten Welt verbindlich ist.[102] Durch die dargestellten Stichwortverbindungen zwischen V.27f und V.25c kommt es zu einer Relativierung von Davids Wertesystem durch das Urteil JHWHs. Hierin zeigt sich m. E. ein weiterer Aspekt, auf den sich die mehrdeutige Aussage, „die Sache, die David getan hat", in V.27f bezieht. Das Fernbleiben Davids vom Schlachtfeld (V.1) könnte ebenso verurteilt werden wie der sexuelle Akt mit Batseba (V.4) oder die Tötung Urijas (V.15–17). Dazu kommt die Ablehnung von Davids Einschätzung in V.25c, in dem ein Wertesystem vom König etabliert wird, das jedoch dem absoluten Wertesystem, welches die Figurenperspektive JHWHs in V.27f initialisiert, untergeordnet ist.

(f) Zusammenfassung der Erzählperspektiven

Nach der Vorstellung der einzelnen Erzählperspektiven innerhalb der Szenen werden diese im Folgenden unter Anwendung von Surkamps Kriterien nochmals pointiert vorgestellt.

Das Perspektivenspektrum innerhalb der „David, Batseba und Urija"-Erzählung umfasst neben der Erzählerperspektive auch die Figurenperspektiven von David, Batseba, Urija, Joab und JHWH. Bereits der quantitative Aspekt des Umfangs der Figurenperspektiven lässt z. T. erhebliche Differenzen zwischen diesen erkennen. Während die Ereignisse nur ein-

---

[99] Die reflexiven Darstellungen der Gottesfigur sind charakteristisch für die Samuelbücher, siehe Müllner, Samuelbücher, S. 96f.
[100] Ebd., S. 97.
[101] Indem die Erzählstimme das Urteil JHWHs zuordnet, verleiht sie der Aussage eine noch höhere Autorität, als die Erzählstimme ohnehin hat. Siehe Müllner, Dargestellte Gewalt, S. 296.
[102] Siehe Bar-Efrat, Das zweite Buch Samuel, S. 113.

mal aus der Perspektive JHWHs, Batsebas und Urijas vermittelt werden, kommt den Figurenperspektiven Davids (5mal) und Joabs (2mal) häufiger die Vermittlungsrolle zu.

Für die *Figurenperspektive Batsebas* sind die biographischen Hintergrundinformationen zur Figur evident. Nur durch den Hinweis, dass sie eine verheiratete Frau ist, mit der der König sexuell verkehrt, lässt sich ihre Situation und somit ihre Wahrnehmung auf die erzählte Welt verstehen. Während die Erzählstimme gegenüber Batseba keine Introspektion zulässt, wird nur durch ihre Figurenrede הרה אנכי ihre Perspektive offenbar. Damit verweist sie auf ihre (Not-)Situation als schwangere Frau eines im Ehebruch gezeugten Kindes, deren Mann für unbestimmte Zeit im Krieg ist. Durch ihre Worte, die sie an David richtet, wird ihre Perspektive auf das Geschehen präsentiert und zugleich fungieren diese als Ausdruck einer Erwartungshaltung gegenüber dem König.

Auch über die *Figurenperspektive Urijas* lassen sich Rückschlüsse ziehen, obwohl diese nur einmal in V.11a–h eingenommen wird. Urija ist Batsebas Ehemann und Krieger im Heer Davids. Als solcher untersteht er dem königlichen Befehl. Innerhalb von 2 Sam 11 erweist sich Urija zwar loyal gegenüber David und folgt seinen Befehlen (V.12), zugleich verweigert er sich ihrer strikten Einhaltung, wie V.8–9 zeigen. In der Figurenrede Urijas begegnen uns mehrere Werte, die seinem Wirklichkeitsmodell inhärent sind. Neben der Religion gehören ebenso die Solidarität gegenüber seinen Soldatenkameraden sowie die Loyalität gegenüber seinem militärischen Befehlshaber Joab zum Wirklichkeitsmodell. Bei der Figurenperspektive Urijas bleibt über den gesamten Erzählverlauf bis zum Tod der Figur unklar, welche Informationen er zu einem bestimmten Zeitpunkt des Geschehens besessen hat. Erfährt Urija während seiner Anwesenheit in Jerusalem von der Schwangerschaft Batsebas? Hat er Kenntnis davon, dass König David mit Batseba sexuell verkehrt hat? Hat Urija den „Todesbrief" gelesen, kennt er dessen Inhalt? Auf diese Fragen gibt weder die Erzählstimme Antworten, noch lassen sich aus der Figurenperspektive Urijas Rückschlüsse ziehen.

Die *Figurenperspektive Joabs* ist aufgrund der direkten Vermittlung durch Joab und der indirekten Darstellung durch den Boten erheblich komplexer. Innerhalb der Erzählung wird zudem nicht berichtet, wie Joab auf den Tötungsbefehl Urijas reagiert oder ob der Heerführer den Grund für Urijas Tötung kennt. Diese Leerstellen erschweren die Analyse der Figurenperspektive Joabs zusätzlich. Als wesentliche Information zum biographischen Hintergrund der Figur Joab zählt dessen Heerführeramt. Er untersteht als Oberbefehlshaber über das königliche Heer David und ist ihm gegenüber innerhalb der Erzählung auf der Ebene der Handlungen loyal. Den königlichen Befehlen wie die Abordnung Urijas nach Jerusalem (V.6c) oder die Ausführung des Tötungsbefehls (V.16) leistet der Heerführer folge. Indem das Geschehen durch die Figurenperspektive Joabs V.19c–21f vermittelt wird, kommt zu dem Wirklichkeitsmodell der Figur eine weitere, entscheidende Facette hinzu. Joab äußert an König David (versteckte) Kritik. Erkennbar ist dies einerseits an der Bezeichnung Urijas im Kontext der Bekanntgabe seines Todes (V.21f): Joab nennt Urijas Namen mit Epitheton und ergänzt diesen durch die Bezeichnung „dein Diener", wodurch Joab einen relationalen Bezug zwischen König David und Urija herstellt. Auch im anschließenden Botenbericht wird diese Bezeichnung Urijas in identischer Form wiedergegeben. Die (versteckte) Kritik Joabs an David ist andererseits an dem gewählten Fallbeispiel erkennbar. Durch den intertextuellen Verweis auf den Tod Abimelechs in Ri 9,50–55 und die fehlende Darstellung der Kriegsereignisse eröffnet sich, wie gezeigt, in der Vermittlung des Geschehens durch die Figurenperspektive Joabs die Möglichkeit für eine verborgene Reaktion bzw. Wertung Joabs gegenüber König David.

Von den vier Figurenperspektiven, die in der „David, Batseba und Urija"-Erzählung vorkommen, lassen sich für das Wirklichkeitsmodell der Figur David die meisten Faktoren bestimmen, was u. a. daran liegt, dass David eine Hauptfigur ist und das Geschehen in 2 Sam 11 mehrfach aus der *Figurenperspektive Davids* wiedergegeben wird (2 Sam 11,8b–c.10d–f.12a–c.15c–g.25c–d). Als biographische Hintergrundinformationen erweist sich sein Königsamt, das ihm eine Handlungsmacht zukommen lässt, als entscheidend. Innerhalb seines Wirklichkeitsmodells wird die Bekanntgabe der Schwangerschaft Batsebas bestimmend für Davids Motivation. Wie gezeigt, versucht David seine Ziele durchzusetzen: Zunächst die Vertuschung des Ehebruchs, indem er Urija dazu bringt, in sein Haus zu gehen und die Nacht mit seiner Frau zu verbringen. Nachdem dieser Versuch mehrfach missglückt ist, zielt Davids Handeln darauf, Urija zu beseitigen. Als eine Erkenntnis der Analyse der Figurenperspektive Davids in V.15c–g lässt sich festhalten, dass der König seine Beteiligung an der Tötung Urijas verschleiert. Durch den Todesbrief erweist sich David als militärischer Stratege, der seine Ziele zu erreichen weiß.

Zudem nimmt er in V.25c, der Beauftragung des Boten an Joab, Stellung gegenüber dem Kriegsgeschehen, welches letztlich das Ziel hatte, Urija zu beseitigen (V.15c–g). Durch die Unbestimmtheit des Wortes דבר sind verschiedene Auslegungen dieser Passage denkbar. Als sehr überzeugend erweist sich m. E. die Auffassung, dass sich David durch die Wertung in V.25c als eine Art ethische Instanz etabliert, wodurch er Joab (und sich selbst) versichert, nichts Böses getan zu haben. Auf das in V.25c präsentierte Wertesystem, welches durch die Figurenperspektive Davids vermittelt ist, wird in V.27f Bezug genommen und es wird als falsch dekuvriert.

Weil bei den Figuren Joab und Urija innerhalb der Erzählung keine Aussagen zu ihrem Informationstand, den sie zu einem bestimmten Zeitpunkt im Geschehen besitzen, getroffen werden, fällt umso mehr auf, dass die Figur David mehrfach erst verzögert über für sie wesentliche Ereignisse in Kenntnis gesetzt wird: Sowohl von der Schwangerschaft Batsebas als auch von der Weigerung Urijas, in sein Haus zu gehen. Dies kommt einem Scheitern des königlichen Vertuschungsversuchs gleich und so wird die Informationsvergabe an den König erzählerisch vorbereitet und der König im Vergleich zu den Lesenden nachträglich informiert.

Der einmaligen Vermittlung der Ereignisse durch die *Figurenperspektive JHWHs* kommt aufgrund ihrer Position am Ende der Erzählung herausgehobene Bedeutung zu. Durch den Zusatz בעיני יהוה wird JHWH als Figur etabliert und ihre Figurenperspektive präsentiert. Das Urteil der Gottesfigur stellt eine reflexive Metaebene zu dem Geschehen her, wodurch u. a. ein absolutes Wertesystem konstruiert wird, das für die erzählte Welt verbindlich ist. Wie gezeigt, wird durch Stichwortverbindungen zwischen V.27f und V.25c Davids Wertesystem durch das Urteils JHWHs kontrastiert und relativiert.

Das Geschehen in 2 Sam 11 wird wesentlich aus der *Erzählerperspektive* wiedergegeben, wobei deren Wissens- und Wahrnehmungsmöglichkeiten in 2 Sam 11,1.6a–10c.13d–15b.16a–17d.26a–27e nicht eingeschränkt sind. Sie verfügt in diesen Textpassagen über Allsicht, lässt jedoch bei ihrer Vermittlung Vieles offen. In dem weiteren von der Erzählerperspektive vermittelten Geschehen ist ihre Wahrnehmung durch die interne Fokalisierung über einzelne Figuren wie David (V.2a–4e; 12d–13c) oder Batseba (V.4e–f) eingeschränkt.

Wie häufig bei auktorialen Erzählinstanzen sind bei der heterodiegetischen Erzählstimme in 2 Sam 11 nur einzelne Parameter ausgeprägt. Weder lassen sich physische und psychische Dispositionen noch Angaben zu ihrem biographischen oder situativen Kontext benennen, die Aufschluss über ihr Wirklichkeitsmodell liefern können. Über ihre Kenntnisse, Fertigkeiten und Motivationen lassen sich ebenso wenig Rückschlüsse ziehen. Im Unterschied dazu konnte durch die Analyse der Erzählerperspektive auf ihre Intention rückgeschlossen werden. In der Vermittlung des Geschehens durch die Erzählerperspektive lässt sich eine Distanzierung gegenüber der Figur(enperspektive) Davids erkennen. Die Erzählstimme zielt auf die Darstellung Davids als rücksichtslosen König – eine Erkenntnis, die sich in der Erzählung an vier Textbeobachtungen festmachen lässt. Zum einen etabliert die Erzählstimme aus ihrer Perspektive einen Unterschied zwischen den Befehlen Davids (V.15c–g) und der Umsetzung durch Joab, wodurch die Rücksichtslosigkeit des königlichen Befehls offenbar wird. Zum anderen weist die Erzählerperspektive innerhalb der multiperspektivischen Darstellung der Kriegsereignisse, die im Tod Urijas kulminieren, auf die weiteren Opfer hin, die in der Darstellung der Erzählstimme in Relation zu David gesetzt werden (ויפל מן־העם מעבדי דוד). Darüber hinaus wird in der Darstellung aus der Erzählerperspektive die Zusammengehörigkeit der beiden Figuren Batseba und Urija in V.26 durch eine dreifache Relation betont und dies an prominenter Stelle, unmittelbar vor der Information, dass David Batseba nach der Trauerzeit in sein Haus führen lässt und sie zur Frau nimmt. Wie in der Perspektivenanalyse herausgearbeitet, werden viertens die Aufnahme Batsebas in das königliche Haus sowie die Heirat zwischen David und ihr (V.27c–d) in der Vermittlung durch die Erzählerperspektive in Zusammenhang mit dem negativ konnotierten sexuellen Akt in V.4 gestellt. Innerhalb der Vermittlung des Geschehens durch die Erzählerperspektive finden sich, wie gezeigt, mehrere Textpassagen, die auf eine distanzierte, negativ konnotierte Haltung der Erzählstimme gegenüber der Figur Davids hinweisen.

Die Erzählstimme verweist innerhalb der Erzählung nicht auf sich selbst: sie spricht die Lesenden nicht direkt an und macht ihre Vermittlerfunktion nur an drei Stellen (V.4e.9b.27f) offenbar. Einzig am Ende der Erzählung findet sich mit dem evaluativen Kommentar in V.27f ein auffälliger Beleg für die Explizität der Erzählerperspektive. Durch die doppelte Fokalisierung interferieren die Erzählerperspektive und die Figurenperspektive JHWHs und etablieren ein absolutes Wertesystem. Dieser kommentierenden Erzähleräußerung kommt aufgrund ihrer Schlussstellung besondere Bedeutung zu. Als letzte Information der Erzählung bestimmt sie maßgeblich die Interpretation des Gesamttextes. Indem der Erzählerkommentar, wie gezeigt, auf die Wertung Davids in V.25c Bezug nimmt und diese als inkorrekt ausweist, wird die Figurenperspektive Davids und die dahinterstehende figurale Weltversion widerlegt.

Als weiteres Kriterium für die Bestimmung des Perspektivenangebots in 2 Sam 11 wird deren Gewichtung analysiert, die von großer Relevanz bei der Steuerung von Einzelperspektiven im Rezeptionsprozess ist.[103] Den größten Umfang der perspektivisch vermittelnden Darstellung ist der Erzählstimme zugewiesen. Aus ihrer Perspektive wird die Erzählung im Wesentlichen dargestellt, wobei ihre Wahrnehmungs- und Wissensmöglichkeiten teilweise durch die Mitsicht (interne Fokalisierung) einzelner Figuren begrenzt sind. Allerdings finden sich in 2 Sam 11 nur wenige Informationen zu den Faktoren, die das Wirklichkeitsmodell der Erzählstimme konstituieren. Im Unterschied dazu liegen die häufigsten Informationen in der Erzählung zum Wirklichkeitsmodell der Figur Davids vor. Bezieht man den literarischen Kontext der Samuelbücher mit ein, so ist die Figur Davids mit Abstand die Figur, über die am meisten erzählt wird und die am detailliertesten ausgestaltet ist.[104] Von den Figurenperspektiven, die in 2 Sam 11 vorkommen, ist das Wirklichkeitsmodell Davids das Modell, in dem die Parameter (biographischer Hintergrund, Werte und internalisierte Normen, Motivation und situativer Kontext) größtenteils aufgegriffen werden. Auf Davids Motivation und Ziel, den Ehebruch und die Schwangerschaft Batsebas zu vertuschen, indem er Urija dazu bringt, eine Nacht in seinem Haus bei seiner Frau zu verbringen, wird mehrfach in V.8–10 verwiesen, wodurch dieser Parameter seiner Figurenperspektive besonders hervorgehoben wird. Durch die doppelte Fokalisierung in V.2d–e, die im folgenden Abschnitt ausführlich thematisiert wird, erlangen die Lesenden Introspektion der Figur Davids, was maßgeblich deren Figurenperspektive bestimmt.

Neben dem Grad an Konkretisierung ist es die Gewichtung der Perspektiven, durch die der Grad der Autorität bestimmt wird. Surkamp differenziert bei der Zuschreibung von Autorität zwischen einer Autorität, die durch moralische Bewertung erfolgt und der Autorität aufgrund hie-

---

[103] Siehe Surkamp, Perspektivenstruktur, S. 94.
[104] Barbara Schmitz bezeichnet die Darstellung Davids in den Samuelbüchern und im Ersten Königbuch als das „umfangreichste Textstück, das in der Bibel einer einzelnen Figur gewidmet ist: Von der Salbung Davids bis zu seinem Tod sind es 42 Kapitel (1 Sam 16–1 Kön 2)!" Schmitz, David, S. 10.

rarchischer Gewichtung, die sich aus den textinternen strukturellen Relationen zwischen den Einzelperspektiven ergibt. Unter den Figurenperspektiven herrscht eine Hierarchie aufgrund der in 2 Sam 11 dargestellten Dominanzverhältnisse vor.[105] Die Figurenperspektive Davids ist gegenüber denen der übrigen Figuren aufgrund seines Königsamtes privilegiert. Zudem kommt der königlichen Perspektive aufgrund der höchsten Konkretisierung des Wirklichkeitsmodells eine Autorität zu, die sie den anderen Erzählperspektiven hierarchisch überordnet. Im Gegensatz dazu steht die moralische Gewichtung, bei der die Erzählerperspektive in V.27f die königliche Perspektive in V.25c als inadäquat herausstellt, wodurch eine Gewichtung zugunsten der Erzählerperspektive gelegt ist.

4.4.3.2 Blick und Fokalisierung in 2 Sam 11

Nachdem die Erzählperspektiven in 2 Sam 11 anhand des Erzählverlaufs benannt und ihr jeweiliges Wirklichkeitsmodell, welches in der „David, Batseba und Urija"-Erzählung dargestellt ist, untersucht wurden, soll im folgenden Abschnitt zur Analyse der Fokalisierung das Untersuchungsinteresse auf der Auswahl des Wirklichkeitsausschnittes liegen. Dabei gilt es, die Regulierung der erzählerischen Informationsvergabe unabhängig von den figuralen Wahrnehmungsmöglichkeiten auf Effekte hin zu analysieren.

In diesem Zusammenhang erweisen sich m. E. drei Textpassagen innerhalb der Vermittlung als besonders bedeutungsvoll. Es handelt sich erstens um den kunstvoll gestalteten Eröffnungsvers, zweitens um den Blick mit der doppelten Fokalisierung in V.2d–e sowie drittens um die Ambiguität, die exemplarisch an V.11 vorgestellt werden soll.[106]

---

[105] Siehe in diesem Zusammenhang: Koenig, Masculinity, S. 491.

[106] Die Ambiguität ist für 2 Sam 11 ein charakteristisches Erzählmittel und wird basierend auf den Arbeiten von Menahem Perry und Meir Sternberg vorgestellt. Ihr rezeptionsästhetischer Ansatz geht von den Lesenden aus. Für die Analyse der Fokalisierung ist in diesem Zusammenhang darauf zu achten, dass die Lesenden Informationen über die fiktionale Welt nur aus dem Text selbst erfahren. Barbara Schmitz problematisiert diesen Zusammenhang: „Alles, was Lesende über die erzählte Welt wissen, erfahren sie nur aus dem Text selbst, in dem die Informationen notwendigerweise perspektivisch gebunden sind. Die Lesenden erfahren nur das, was der Text selbst hergibt. Alles, was darüber hinausführt, ist Spekulation oder kann, methodologisch anders formuliert, als rezeptionsgebundene Ausfüllung einer Leerstelle beschrieben werden." Schmitz, Prophetie, S. 43.

(a) Fokalisierung im Einleitungsvers (V.1)

Mit Hilfe des Eröffnungsverses wird am Beginn der „David, Batseba und Urija"-Erzählung eine spannungsgeladene Aura initiiert, die als „Brille" für die im Folgenden erzählten Ereignisse dient. Die V.1 zugrunde liegende Polysemantik sowie die sukzessive Kontrastierung stellen zwei Besonderheiten innerhalb der Fokalisierung dar, die anschließend ausführlich vorgestellt werden.

Die „David, Batseba und Urija"-Erzählung ist, wie Meir Sternberg und Menahem Perry bereits in einem richtungsweisenden Artikel von 1968 aufgezeigt haben, wesentlich durch Unbestimmtheitsstellen in Form von Mehrdeutigkeiten und Leerstellen bestimmt.[107] Keith Bodner vertritt die Auffassung: „that in a chapter fraught with polyvalence, 2 Sam. 11.1 plays an integral role in establishing its own set of ambiguities, and hence functions as an overture to the chapter as a whole"[108]. Als eine Mehrdeutigkeit in 2 Sam 11,1 benennt er die *textual ambiguity*, die sich aus den unterschiedlichen Angaben der Texttraditionen zu V.1a ergibt. Während im MT die „Boten" (המלאכים) aussenden, findet sich in anderen Manuskripten die Schreibweise, die auf die „Könige" (המלכים) verweisen. Daneben benennt Bodner eine weitere Mehrdeutigkeit in V.1, die er als *motivational ambiguity* bezeichnet, worunter er die Betonung von Davids Verbleiben in Jerusalem versteht. In diesem Kontext stellt sich die Frage: Warum bleibt der König in Jerusalem, während er Joab und sein Heer aussendet? Für die Beantwortung dieser Frage konstatiert Bodner innerhalb der Forschung unterschiedliche Auslegungen, die in Relation zum Figurenverständnis Davids stehen. Sternberg sieht im Verbleiben Davids in Jerusalem eine ironische Kontrastierung zu den anderen Figuren, woraus sich eine negative Konnotation Davids ergibt, während Garsiel oder Bar-Efrat am alleinigen Verbleib des Königs in Jerusalem nichts Negatives sehen.[109]

Mit diesen beiden Ambiguitäten hat Bodner zwei essentielle Elemente der Erzählung in V.1 benannt, die als Leseanleitung für die weitere Er-

---

[107] Eine Zusammenfassung des hebräischen Aufsatzes von 1968 erschien 1986 in englischer Sprache, siehe: Perry / Sternberg, King, S. 275–322.
[108] Bodner, David, S. 79.
[109] Garsiel, Story, S. 249f.: „David's preferring to stay in Jerusalem does not imply a failure in his royal duty". Ebenso Bar-Efrat, Das zweite Buch Samuel, S. 107: „Am Verbleiben Davids in Jerusalem ist an sich nichts Tadelnswertes; es kommt darauf an, was er dort tut."

zählung fungieren, um den Lesenden auf eine Vielzahl an Ambiguitäten vorzubereiten, die innerhalb von 2 Sam 11 noch folgen. Neben den Ambiguitäten, wie sie Keith Bodner für 2 Sam 11,1 nachgewiesen hat, stellt die sukzessive Kontrastierung in V.1b–e einen weiteren spannungssteigernden Effekt der Fokalisierung dar. In Form einer Simullepse werden die zwei Ereignisse, der Auszug Joabs mit dem Heer in das Land der Ammoniter einerseits und Davids Verbleiben in Jerusalem andererseits, nacheinander erzählt, obgleich sie parallel stattfinden. Die Parallelität der beiden Ereignisse lässt sich sogar auf der Diskursebene nachzeichnen. Wie in der folgenden Darstellung ersichtlich ist, sind die Ereignisse parallel aufgebaut: An die Benennung der Figuren bzw. Figurengruppen schließen die ihnen zugeordneten Handlungen an, woran die Raumangaben folgen.

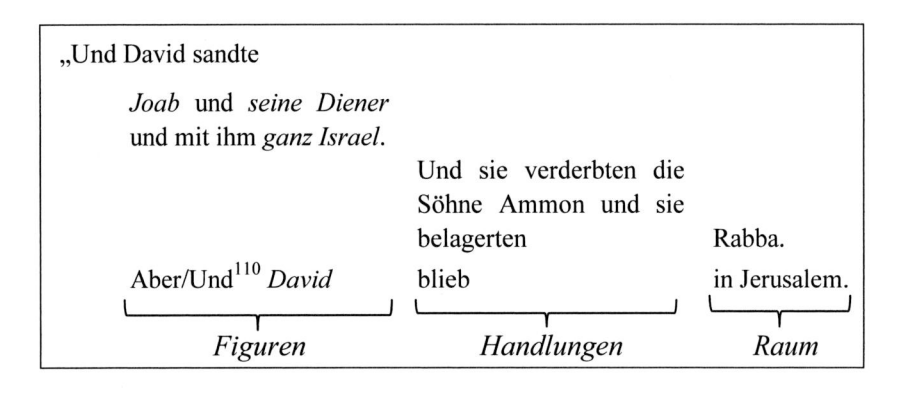

„Und David sandte		
Joab und *seine Diener* und mit ihm *ganz Israel*.		
	Und sie verderbten die Söhne Ammon und sie belagerten	Rabba.
Aber/Und[110] David	blieb	in Jerusalem.
Figuren	*Handlungen*	*Raum*

Abb. Kontrastierungen in 2 Sam 11,1

Die Figur Joab sowie die Figurengruppen der Diener und „ganz Israel" (V.1b) werden in Kontrast zur Figur David (V.1e) gestellt, wobei die Reihenfolge der Nennung an dieser Stelle wesentlich ist. Die dreifache

---

[110] An dieser Stelle werden beide Übersetzungsvarianten der Partikel - ו angegeben. Die Konjunktion kann entweder mit „aber" wiedergegeben werden, wenn in Bezug auf die Figur Davids ein negative Konnotation (z. B. ein Vorwurf oder zur stärkeren Kontrastierung) mitschwingt oder sie kann mit „und" als „neutrale" Wiedergabe des Artikels übersetzt werden. Siehe dazu Sternberg, Poetics, S. 195.

Angabe in V.1b, die von der Einzelfigur Joab über die kollektive Gruppe der Diener bis hin zum Großkollektiv reicht, evoziert den kumulativen Eindruck einer Ganzheit, zu der die Einzelfigur Davids in Kontrast steht. Auch die Handlungen werden kontrastiert. Während Joab und das Heer aktiv Krieg führen (שׁחת, Hifil, tansitiv) und die Stadt Rabba belagern (צור על, Qal mit Dativ), wird Davids Handlung durch das intransitive Verb ישׁב dargestellt. Durch die beiden Räume – Rabba und Jerusalem – wird in V.1 eine diametrale Zuordnung der Figuren zu einem der beiden Schauplätze vorgenommen, die für die weitere Handlung grundlegend ist. Während Joab, seine Diener und ganz Israel dem Raum Rabba zugeordnet werden, bleibt David (scheinbar alleine) in Jerusalem.[111] Durch diese mehrfache Kontrastierung wird die Figur David von den übrigen Figuren bzw. Figurenkollektiven räumlich sowie durch die Handlungen separiert dargestellt.

Mit der Information „Und/Aber David blieb in Jerusalem" in V.1e schließt der erste Vers. In diesem Kontext hat Meir Sternberg auf die besondere Wirkkraft der Darstellungsweise in V.1 bei den Lesenden hingewiesen.[112] Den vier ÄE mit mehreren dargestellten Ereignissen und vielen Informationen in V.1a–d wird die kurze Passage in V.1e entgegengestellt. „(W)hile the leading part of Verse 1 is quickly assimilated (the more so as we perceive how it goes on and on), the short counterpart arrests our attention"[113], weshalb, so Sternberg, die Lesenden jedem einzelnen Wort von V.1e Aufmerksamkeit schenken und das Erzählte ähnlich einem Stakkato sinnbetonend aufnehmen. Damit wird am Ende von V.1 der Fokus auf die Figur David gelegt. Die benannten Ambiguitäten in V.1 lösen zudem eine Erwartung bei den Lesenden aus: Sie möchten den Grund für Davids Verbleiben in Jerusalem erfahren, u. a. um eine Wertung bezüglich seines Verbleibens in der Stadt aufzustellen. Der Wirklichkeitsausschnitt, wie er in V.1 von der Erzählstimme vermittelt wird, erweist sich somit einerseits als Leseanweisung für die folgende Erzäh-

---

[111] Bereits Meir Sternberg hat in seinem Grundlagenwerk „*The Poetics of biblical Narrative*" auf diese grundlegenden Gegenüberstellungen hingewiesen: „These features of the opening direct the reader to view the king (who tarries at home) in ironic contrast to all the others (whom he has sent to make war): ‚David' as against ‚Joab and his servants with him and all Israel'; ‚stayed' (literally, ‚sat') as against ‚ravaged ... and besieged'; ‚Jerusalem' as against ‚Rabbah'." Sternberg, Poetics, S. 194.
[112] Siehe ebd., S. 193–196.
[113] Ebd., S. 193.

lung und zielt andererseits auf den Effekt, eine spannungs- und konfliktgeladene Aura am Beginn der Erzählung zu etablieren.

(b) Blick und Doppelte Fokalisierung in V.2

Der Blick Davids auf die sich waschende Frau, dargestellt in V.2d–e, stellt nach Ilse Müllner „ein Paradebeispiel für doppelte Fokussierung"[114] dar. Im Rückgriff auf das Fokalisierungskonzept von Mieke Bal hat die Alttestamentlerin den Begriff der *doppelten Fokussierung* in der bibelwissenschaftlichen Forschung etabliert.[115] Nach Müllner herrscht dann eine *doppelte Fokussierung* vor, wenn ein externer Fokalisator (z. B. die Erzählstimme) gemeinsam mit einem internen Fokalisator (z. B. eine Figur) wahrnimmt. Die Erzählstimme berichtet, wie David eine Frau sieht, die sich wäscht (V.2d). An diesen Sehvorgang schließt sich die Wertung Davids an: „und die Frau war von sehr schönem Aussehen". Die Erzählstimme nimmt hier die Figur Batseba gemeinsam mit David quasi „über dessen Schulter" bzw. aus dessen Fokus heraus wahr.

Das Subjekt dieser Handlung ist David. Er sieht vom Dach des Palastes herab auf die Frau, deren Identität er nicht kennt und die er erst in Erfahrung bringen muss (V.3). Das Objekt des Satzes in V.2d–e ist eine namenlose Frau, und es ist durch zwei Formen des Grundstamms ראה eingerahmt, einmal aktiv formuliert durch das Verb ראה und einmal als passive Zuschreibung durch das Nomen מראה. Der Frauenfigur wird in V.2d–e keine Identität zugestanden, sie wird als passives Objekt präsentiert.[116] Die Qualität von Davids Blick geht weit über ein flüchtiges Schauen hinaus, denn durch seinen Blick wird die Schönheit Batsebas konstruiert und vermittelt.[117] Dabei geht die Handlung des Sehens Davids der Feststellung ihrer Schönheit voran, weshalb die Lesenden den Blick

---

[114] Müllner, Dargestellte Gewalt, S. 315.
[115] Siehe Eder, Macht, S. 58. Mieke Bal, die bereits früh Kritik an Genettes Fokalisierungskonzept geübt hat, stellt eine interessante Beobachtung an. Genette vermische in seiner Frage „Wer nimmt wahr?" die beiden Aspekte der Fokalisierung durch jemanden und der Fokalisierung auf jemanden bzw. etwas. Damit bringt Bal die Subjekt-Objekt-Relation produktiv in die Fokalisierungsdebatte und unterscheidet zwischen einem Fokalisierungssubjekt (focalizer) und einem fokalisierten Objekt (the focalized). Siehe Bal, Narratology, S. 145–165.
[116] Siehe Bail, Frau, S. 81.
[117] Siehe Eder, Macht, S. 46.

Davids teilen müssen.[118] Sie können die Frau nur wahrnehmen, wenn sie am Blick Davids partizipieren. Ilse Müllner hat darauf hingewiesen, dass hier Blick, Begehren und Sexualität ineinander übergehen. Bei der Analyse der drei Erzählungen über Batseba (2 Sam 11), Tamar (2 Sam 13) und Abischag von Schunem (1 Kön 1) hat sie herausgearbeitet,[119] dass die Erwähnung der Schönheit der Frauen in diesen Erzählungen einen hohen Stellenwert hat. Der männliche Blick korrespondiert mit der weiblichen Schönheit derartig, dass der „Blick auf die schöne Frau und Begehren zusammenfallen, und, da es sich um mächtige Männer handelt, das Begehren fast automatisch sexuelle Handlungen initiiert oder zumindest erwarten läßt."[120] Daraus schließt Müllner, dass der Zusammenhang von Blick und Begehren so stark ist, dass der männliche Blick nicht nur als Vorstufe, sondern bereits als Ausdruck der Sexualität gilt.[121] Die Schönheit bedeutet für die Frauen in diesem Zusammenhang Gefährdung: „Das Schauobjekt wird zum Sexualobjekt; sexuelle Verfügbarkeit ist vorausgesetzt."[122]

Müllner arbeitet unter Berücksichtigung der Rezeptionsgeschichte heraus, dass sowohl in den theologischen Auslegungen als auch in den Deutungen der bildenden Kunst eine Hinwendung und Zentralisierung auf den in 2 Sam 11,2d dargestellten Sehvorgang stattgefunden hat.[123] „Die Dominanz des Blicks des einen Mannes David hat sich im Lauf der visuellen Auslegungsgeschichte des Texts als Dominanz des männlichen Blicks entpuppt. [...] Davids Blick wird zum Blick von Generationen von Männern werden."[124] Die Rezipientinnen und Rezipienten – sei es als Betrachtende eines Bildes oder Lesende eines Textes – übernehmen den Blick der Figur Davids auf die Figur der sich waschenden Frau, die in ihrem Objektstatus gefangen ist.[125]

Unter Verweis auf die Ambivalenz der Schönheit stellt Müllner Folgendes heraus: „Der Blick der Frau hingegen richtet sich nicht auf den

---

[118] Siehe Müllner, Gewalt, S. 106.
[119] Siehe ebd., S. 105–112.
[120] Ebd., S. 107.
[121] Siehe ebenda.
[122] Ebd., S. 108.
[123] Siehe Müllner, Blickwechsel, S. 351.
[124] Ebd., S. 351f.
[125] Siehe Müllner, Gewalt, S. 108.

nackten Mann, sondern gebrochen durch den Blick des Mannes auf sich selbst. Frauen lernen, sich selbst als Betrachtete zu betrachten."[126]

Mit dem Begriff *Blickwechsel* bezeichnet Müllner zunächst den Sehvorgang zwischen zwei Menschen, dieser ist in 2 Sam 11 ein einseitiger. David blickt hinab auf eine Frau, die sich wäscht und von schönem Aussehen ist. Die Interaktion zwischen dem König und der Frau ist asymmetrisch. In der Erzählung wird Batseba keine eigene Wahrnehmung zugestanden, ihre Rolle ist mit wenigen Ausnahmen passiv. „Batseba bleibt den Blicken Davids und dessen Nachfolgern ausgeliefert, der biblische Text tut nichts, um sie vor den sexualisierten und moralisierenden Augen der Leser zu schützen."[127] Müllner verweist auf die zweite Dimension des Blickwechsels, die sie an literarischen Rezeptionen des Blicks vorstellt. Denn die Rezeptionen geben Batseba nun eine Stimme, ihre eigene Sicht auf die Ereignisse findet literarisch Ausdruck. „Der herrschende Blick wird aus seiner Einseitigkeit gehoben und zu einem zweiseitigen Blick – nicht zu einem wechselseitig-symmetrischen – transformiert."[128] Dies stellt eine Erkenntnis dar, die im Kapitel zur Rezeption der „David, Batseba und Urija"-Erzählung wieder aufgegriffen wird.

Die *doppelte Fokalisierung* trägt, wie gezeigt, erheblich zur Auswahl des Wirklichkeitsausschnittes bei. Die Frauenfigur in V.2d–e kann ausschließlich durch die Augen Davids in der Vermittlung der Erzählstimme wahrgenommen werden. Dies wirkt sich wesentlich auf die Lenkung der Lesenden aus, denn diese können sich der Figur Batseba nur nähern, indem sie an Davids Blick partizipieren. Damit werden zwei Effekte erzielt. Die Lesenden sind gefordert, zum einen Stellung zur Partizipation an Davids Blick auf die sich waschende Frau zu beziehen und zum anderen

---

[126] Müllner, Blickwechsel, S. 352. Als erste Ambivalenz führt Ilse Müllner den Umstand an, dass Schönsein immer in Bezug „für jmd." steht, d. h. die Schönheit stellt eine Bezugsgröße dar, die auf der einen Seite den Aspekt des Begehrt-werden-Wollens im Anblick eines Betrachters ausdrückt und auf der anderen Seite einen Selbstverlust bedeutet, da der Angeschaute nicht frei darüber verfügen kann, wer als Betrachter den Blick für sich in Anspruch nimmt. Daneben stellt die Verknüpfung von „Schönheit mit einem moralischen Urteil" für Ilse Müllner eine zweite Ambivalenz dar. Die männliche Begierde werde dabei in einen Kontext der „Naturgewaltigkeit" gestellt. Damit werde nicht die Handlung des männlichen Blickes und der darin ausgelösten Begierde, sondern „die Schönheit selbst zum Auslöser der Handlungen gemacht, die in diesen Erzählungen fatale Konsequenzen haben". Müllner, Gewalt, S. 109
[127] Müllner, Blickwechsel, S. 354 im Anschluss an Exum, Women, S. 170–201.
[128] Müllner, Blickwechsel, S. 354.

sich mit der sexualisierten Wertung der Schönheit der Frau durch David auseinanderzusetzen.

Der Blick Davids auf die sich waschende Frau in 2 Sam 11,2 bringt „sehr deutlich die Machtstruktur, die Konstruktion des Geschlechterverhältnisses und die männerzentrierte Präsentation des weiblichen Körpers zum Ausdruck."[129] Ulrike Bail sieht darin eine textimmanente Anweisung, aus welcher Perspektive zu lesen ist.[130]

Zum anderen gilt es als zweite Konsequenz, die Rolle der Rezipientinnen und Rezipienten zu befragen und näher zu analysieren. In der Lektüre von 2 Sam 11,2d–e verdoppelt sich der Blick männlicher Leser, wenn diese die Frau mit Davids Augen sehen.[131] Dabei wird der Rezipient (Leser oder Bildbetrachter) zur Hauptfigur der Szene, die beobachtete Frau hingegen wird in ihrem Objektstatus gefangen.[132] „Betrachtet eine Frau Batseba mit dem Blick Davids […] dann sieht eine Frau eine andere Frau, verbunden durch den Umweg über den männlichen Blick. Auf diesem Weg über David verändert sich ihr Sehen."[133] Der Blick der Frau fällt, so Bail, gebrochen durch den Blick des Mannes auf „sich" selbst.[134] Bail verweist darauf, dass dies auch geschehe, wenn David z. B. wie in der Bildtradition nicht mehr auf dem Bild dargestellt ist. Die Betrachterin sieht die andere Frau durch den männlichen Blick, so als wäre sie ein Mann.

> Und Frauen sind gut darin, sich mit der männlichen Wahrnehmung zu identifizieren […]. Dieser Blickwechsel und das Ineinander von Sehen und Gesehenwerden werden meist perfekt gemeistert. Die Mühe dabei wird oft nur als ein leichtes Unbehagen gespürt und als Wunsch, den Blick abzuwenden.[135]

(c) Fokalisierung mit dem Effekt der Ambiguität (V.11)

Die „David, Batseba und Urija"-Erzählung wurde in der epochalen Abhandlung „The Poetics of biblical narrative" von Meir Sternberg unter der Überschrift *„Gaps, ambiguity, and the reading process"* verhandelt. In

---

[129] Bail, Frau, S. 45.
[130] Siehe ebd., S. 45f.
[131] Siehe ebd., S. 47.
[132] Siehe Müllner, Blickwechsel, S. 352.
[133] Bail, Frau, S. 47.
[134] Siehe Müllner, Gewalt, S. 111f.; Müllner, Blickwechsel, S. 352.
[135] Bail, Frau, S. 47.

diesem Kapitel greift er vor allem den programmatischen Artikel „The King through Ironic Eyes"[136] auf, den er gemeinsam mit M. Perry veröffentlicht hat. Ausgehend von einer grundlegenden Wertschätzung von Unbestimmtheitsstellen,[137] wonach ambige Textstellen nicht als Unfähigkeit des Erzählers gewertet werden, sondern als gezielt eingesetzte Technik des Erzählers zur Erzeugung von Spannung und Ironie verstanden wird, werden diese für die „David, Batseba und Urija"-Erzählung bestimmt und als konstitutives Element von 2 Sam 11 herausgestellt.[138] Diese Erzähltechnik basiert einerseits auf der Verweigerung der Introspektion der einzelnen Figuren und andererseits auf dem Fehlen von Wertungen bzw. Werthaltungen. Exemplarisch soll diese Erzähltechnik im Folgenden am Beispiel der Auslegung von Urijas Figurenrede in V.11 vorgestellt werden.

Als Ausgangspunkt dient die mehrmalige Betonung in den V.8–10 (8b.9b.10c.f), dass Urija nicht ins sein Haus geht. Diese Wiederholung korrespondiert mit dem Nicht-Erzählen der Gründe, weshalb Urija seinem Haus fernbleibt, wodurch eine Leerstelle etabliert wird. Perry und Sternberg fassen diese in der Frage zusammen „*Does Uriah Know About His Wife's Doings?*"[139]. Ausgehend von dieser Leerstelle lassen sich zwei Hypothesen ableiten: Die Möglichkeit, dass Urija nicht vom Ehebruch

---

[136] Perry / Sternberg, King, S. 275–322. Erstmals wurde der Artikel 1968 in hebräischer Sprache verfasst. Die anschließenden Reaktionen und Diskussionen zu diesem Artikel waren innerhalb der europäischen Forschung wenig beachtet, da diese ebenfalls in hebräischer Sprache geführt wurden. Siehe dazu Dietrich / Naumann, Samuelbücher, S. 238f. Durch zusammenfassende Übersetzungen in die deutsche und englische Sprache in den Jahren 1985 und 1986 und durch das epochale Werk „*The Poetics of biblical Narrative*" von Meir Sternberg, in dem die wesentlichen Thesen und Argumentationen des Artikels aufgenommen wurden, ist dieser einer breiten Leserschaft zugänglich geworden. Siehe Sternberg, Poetics, S. 186–229.

[137] Walter Dietrich und Thomas Naumann würdigen diesen Ansatz als ihrer Zeit voraus: „Mit ihrer Arbeit nehmen Perry/Sternberg bereits 1968 eine Entwicklung vorweg, die sich erst gegenwärtig [im Jahr 1995; A. F.] als ‚Reader Response Criticsm' […] entfaltet." Dietrich / Naumann, Samuelbücher, S. 240.

[138] Das Konzept der Ironisierung, das Perry und Sternberg der gesamten „David, Batseba und Urija"-Erzählung zugrunde legen, ziele, so die beiden Bibelwissenschaftlicher, auf die ironische Fokussierung Davids. Gegenüber dieser Auffassung wurde erhebliche Kritik laut. Zur frühen Auseinandersetzung siehe Dietrich / Naumann, Samuelbücher, S. 238f. sowie Garsiel, Story, S. 244–249, der ebenfalls einen Überblick über wissenschaftliche Debatten um den Artikel „*The King through Ironic Eyes*" von Perry und Sternberg liefert.

[139] Perry / Sternberg, King, S. 292.

und der Schwangerschaft seiner Frau weiß oder die Alternative, Urija besitzt Kenntnis von diesen Ereignissen.

Perry und Sternberg zeigen auf, dass jede Variante sich unterschiedlich auf die Figurenbeschreibung Urijas auswirkt und die Ausrichtung der Figurenrede Urijas in V.11 erheblich divergiert.

Wird vorausgesetzt, Urija besitzt keine Kenntnis vom Ehebruch und von Batsebas Schwangerschaft, so lässt sich die Figurenrede Urijas in V.11 verbaliter verstehen, sie zeichnet Urija „as an idealist, a man of conscience, gains further probability if we consider Davids's behavior."[140] Die beiden Figuren werden gegenübergestellt, wobei Urija nach der Auffassung von Sternberg derart heroisch darstellt wird, dass es fast unwirkliche Züge annimmt.[141] Eine implizite Kritik an David (durch Urija oder die Erzählstimme) sieht Sternberg in der Figurenrede Urijas in V.11. Die Auflistung von „Israel", „Juda", „mein Herr Joab" und „die Diener meines Herren" diene als Rückverweis zur Auflistung in V.1, in dem durch die kunstvolle Gestaltung des Eröffnungsverses der Fokus auf dem Verbleib Davids in Jerusalem liegt, wobei dieser negativ konnotiert wird. „And this relisting further heightens the earlier ironic effect: the impression that no one in the entire nation is ‚staying at home' – and to judge by the absence of names throughout, certainly no one that counts – except for the adulterous king."[142] Als einen weiteren Hinweis auf versteckte Ironie wertet Sternberg die ambige Phrase „und die Diener meines Herren" in V.11c,[143] mit der Urija nicht auf König David sondern auf Joab verweist.

Wird das Wissen um den Ehebruch und die Schwangerschaft vorausgesetzt, wirkt die Figur Urijas nach Sternberg viel realistischer und weist eine höhere Komplexität auf.[144] Urija klagt David nicht an oder begehrt gegen den König auf, stattdessen nimmt er sein Schicksal an. „He has nothing left in life but a code of honor that equally forbids playing and exposing the king's dirty game."[145] Urijas Begründung in V.11 erweist

---

[140] Perry / Sternberg, King, S. 296 Diese hypothetische Annahme steht, so Sternberg, im Zusammenhang mit der Auffassung, da Urija sich nicht äußert, er über die Ereignisse in Jerusalem informiert ist. Siehe Sternberg, Poetics, S. 205.
[141] Siehe Sternberg, Poetics, S. 206.
[142] Ebd., S. 204.
[143] Siehe dazu ebd., S. 204f.
[144] Siehe ebd., S. 206.
[145] Ebd., S. 207.

sich, so Sternberg, als Gewissensfrage, deren Ironie in der strikten Weigerung Urijas liegt, Handlungen zu vollziehen (nach Hause gehen/bleiben, essen, trinken und bei „seiner" Frau zu liegen), wie David sie bereits ausgeführt hat.

Auch wenn das Konzept der Ironie, das Perry und Sternberg auf die „David, Batseba und Urija"-Erzählung anwenden, durchaus kritisch gesehen werden muss, erweist sich ihre Sensibilisierung gegenüber den Unbestimmtheitsstellen als weiterführend.[146] Der Modus, wie das Geschehen und dabei der Wirklichkeitsausschnitt auf die erzählte Welt vermittelt wird, ist wesentlich durch die ambige Erzählweise geprägt. „For two contrasting versions of reality are being projected at one and the same time by a single order of words".[147] Die ambige Erzählweise, wie sie hier für V.11 im Anschluss an Sternberg vorgestellt wurde, ist charakteristisch für die gesamte Erzählung und hat, wie exemplarisch an V.11 gezeigt, zum Ziel, Spannung(en) zu erzeugen.

(d) Zusammenfassung

Die Fokalisierung, die in der vorliegenden Arbeit als Auswahl des Wirklichkeitsausschnittes und als die Regulierung des Wirklichkeitsausschnittes der erzählten Welt aufgefasst wird, ist in 2 Sam 11 wesentlich durch die *doppelte Fokalisierung* in V.2d bestimmt. Diese sehr prominente und auf den ersten Blick sehr eingängige Textpassage begrenzt den Wirklichkeitsausschnitt auf die erzählten Ereignisse erheblich. Die Frauenfigur in V.2d–e kann ausschließlich durch die Augen Davids in der Vermittlung der Erzählstimme wahrgenommen werden. Dem Blick folgt eine wertende Aussage über die Schönheit der Frau. Aufgrund dieser Reihenfolge partizipieren die Lesenden am Blick Davids auf die schöne Frau. Ilse Müllner hat den Zusammenhang von Schönheit und Sexualität herausgearbeitet, wonach Blick, Begehren und Sexualität ineinander übergehen. Die Lesenden sind durch diese *doppelte Fokalisierung* in V.2d–e gefordert, Stellung gegenüber ihrer Partizipation an Davids Blick einzunehmen und sich mit der sexualisierten Wertung Davids zur Schönheit der Frau auseinanderzusetzen.

Neben dem „Blick Davids" in V.2 stellt der Eröffnungsvers durch seine Ambiguitäten, wie sie Keith Bodner für 2 Sam 11,1 nachgewiesen hat,

---

[146] Kritisch zu diesem Konzept der Ironie äußert sich Garsiel, vgl. Garsiel, Story, S. 246f.
[147] Sternberg, Poetics, S. 209.

und durch die sukzessive Kontrastierung in V.1b–e eine weitere Textpassage dar, die unter dem Aspekt der Fokalisierung näher analysiert wurde. Die mehrfache Kontrastierung der Figur Davids mit den übrigen Figuren bzw. Figurenkollektiven aufgrund der unterschiedlich zugeordneten Handlungen sowie räumlicher Distanzierung erweist sich als spannungssteigernder Effekt der Fokalisierung. Darüber hinaus dienen die in V.1 *textual* und *motival* angelegten Ambiguitäten als Leseanweisung für die weitere Erzählung und etablieren eine spannungsgeladene Aura zu Beginn der „David, Batseba und Urija"-Erzählung.

Als dritten Effekt der Fokalisierung wurde die Ambiguität des Wirklichkeitsausschnittes in 2 Sam 11 am Beispiel der mehrdeutigen Darstellung der fiktionalen Welt in der Figurenrede Urijas in V.11 thematisiert. Die ambige Erzählweise, wie sie hier für V.11 im Anschluss an Sternberg vorgestellt wurde, zielt darauf, Spannung zu erzeugen. Die polysemantische Darstellung, die exemplarisch an V.11 vorgestellt wurde und darüber hinaus für weitere Textpassagen in 2 Sam 11 anzunehmen ist, reguliert entscheidend die erzählerische Informationsvergabe. Die Offenheit der Textstellen zielt einerseits auf Spannungserzeugung und trägt andererseits dazu bei, dass die Lesenden sich gegenüber dieser Polysemantik positionieren.

4.5 Handlung

> *In Untersuchungen und Interpretationen von Romanen, Erzählungen, Filmen oder Theaterstücken ist immer auch die Rede von deren Handlung. Dass alle Erzählungen eine Handlung haben, scheint geradezu selbstverständlich.*[1]

An diese Beobachtung von Silke Lahn und Jan Christoph Meister schließen unmittelbar die Fragen an, was unter dem Handlungsbegriff zu verstehen und was mit der Handlung einer Erzählung gemeint ist. In diesem Abschnitt sollen Antworten auf diese beiden Fragen gefunden werden, indem zunächst darzustellen ist, was mit den Begriffen *Handlung* bzw. *Plot* bezeichnet wird.[2] Im Anschluss daran sollen einzelne Elemente der

---

[1] Lahn / Meister, Erzähltextanalyse, S. 210.
[2] Der Begriff *Plot*, der vor allem im englischen, aber auch im deutschen Sprachraum Verwendung findet, ist problematisch. Wie kein anderer erzähltheoretischer Begriff

Handlung vorgestellt werden. Diese beiden Schritte dienen als Voraussetzung für die Benennung von Analysekategorien, die im folgenden Schritt auf die biblische Erzählung von „David, Batseba- und Urija" Anwendung finden sollen.

4.5.1 Handlung – definitorische Annäherung

Was ist eine *Handlung*? Diese scheinbar triviale Frage erweist sich im Hinblick auf eine erzählte Handlung als hoch komplexe Fragestellung,[3] da in den Erzähltexten *Handlung* über das alltäglich zwischenmenschliche Tun bzw. Ergehen hinausreicht. Es gibt eine lange Tradition der Beschäftigung mit der Kategorie der Handlung. Dementsprechend gibt es unterschiedliche Varianten, den Begriff zu definieren. „Die Diskussion [...] reicht bis zu der *Poetik* des Aristoteles zurück, wo unserem heutigen Konzept das des *mythos* entspricht."[4] Nach Aristoteles bezeichnet die Handlung das Prinzip, das die Entwicklung und den inneren Zusammenhang eines Dramas darstellt. Diesem Prinzip seien alle übrigen Elemente unterzuordnen. Eine gelungene Handlung bestehe aus drei Teilen – Anfang, Mitte und Ende –, die zusammen eine Einheit bilden. Neben diesem „Mythos-Begriff" von Aristoteles sind der russische Formalismus (Šklovskij, Petrovskij, Vygotskij, Tomaševskij)[5] sowie die an den russischen Formalismus anknüpfende französische Tradition des Strukturalismus (Bremond, Todorov, Barthes, Greimas) als wesentliche Etappen für die

---

ist er semantisch unterschiedlich konnotiert und wird unterschiedlichst gebraucht. „Einerseits wird Plot fast bedeutungsgleich mit *story* verwendet; andererseits ist er als englische Übersetzung für den russischen Begriff *sjuzhet* eingeführt worden, allerdings nur, um später durch den Begriff *discourse* ersetzt zu werden." Dannenberg, Erzählstruktur, S. 51, siehe hierzu auch Antor, Art. Plot, S. 575; Eisen, Poetik, S. 125f. Ute Eisen sieht den Grund darin, „dass der Begriff zwischen den Konzeptionen von *story* und *discourse* bzw. ‚Geschichte' (*histoire*) und ‚Erzählung einschließlich Erzählen' (*récit et narration*) anzusiedeln ist und seine Zuordnung daher einmal in die eine, einmal in die andere Richtung vorgenommen wird." Eisen, Poetik, S. 126. Aus diesem Grund wird in der vorliegenden Arbeit der Terminus *Handlung* verwendet.

[3] Siehe Lahn / Meister, Erzähltextanalyse, S. 210.
[4] Antor, Art. Plot, S. 575.
[5] Eine ausführliche Darstellung und Würdigung des russischen Formalismus für die Entwicklung von Theorien zur Erzählstruktur findet sich in Wolf Schmids „Elemente der Narratologie", in dem das Kapitel „Die narrative Konstitution: Geschehen – Geschichte – Erzählung und Präsentation der Erzählung" mit einer knappen Zusammenfassung von Arbeiten des russischen Formalismus zur Unterscheidung von *Fabel* und *Sujet* beginnt. Siehe Schmid, Elemente, S. 205–249, hier vor allem S. 205–217.

Ausgestaltung und die Differenzierung des Handlungsbegriffs zu nennen.[6]

Das entscheidende Moment für die diversen Definitionen des Handlungsbegriffs im Anschluss an verschiedene Theorien und ihre jeweiligen Vertreterinnen und Vertreter ist folgende Tatsache: „Plot [...] lies between the events of a narrative on the level of story and their presentation on the level of discourse."[7] Damit kommt der *Handlung* eine herausgehobene Position zwischen der Ebene der Geschichte und der Ebene des Diskurses zu.

Nach Karin Kukkonen bezeichnet der Begriff *Plot* bzw. sein deutsches Äquivalent *Handlung* „the ways in which the events and characters' actions in a story are arranged and how this arrangement in turn facilitates identification of their motivations and consequences"[8]. Ausgehend von diesem weiten Handlungsbegriff verweist Kukkonen auf dessen unterschiedliche Konzeptualisierung innerhalb der erzähltheoretischen Forschung, wonach zwischen den folgenden drei Ausrichtungen zu differenzieren ist.[9] Zum einen stellt die Handlung eine geschlossene Gesamtstruktur der Erzählung dar, und zwar in Form eines Arrangements von erzählten Ereignissen, die einen Handlungsverlauf vom Anfang bis zum Ende der Erzählung nachzeichnen (Konzeptualisierung 1). Davon ist die Handlung als stufenweise Inszenierung zu unterscheiden, bei der die Verbindung zwischen den erzählten Ereignissen, den Motivationen und Folgen, so wie diese die Lesenden wahrnehmen, im Fokus der Analyse stehen (Konzeptualisierung 2a). Die dritte Ausrichtung orientiert sich an dem „*authorial design*"[10] (Konzeptualisierung 2b). Unter diesem Aspekt wird beispielsweise danach gefragt, wie die Autorin bzw. der Autor Ereignisse aufnimmt und diese zur Erzählung strukturiert, um bestimmte Effekte zu erzielen. Als grundlegenden Unterschied zwischen diesen

---

[6] Siehe Gutenberg, Handlung, S. 98. Eine Zusammenfassung der Entwicklungen innerhalb der Erzählforschung zur Erzählstruktur bietet Wolf Schmid in dem Abschnitt „Die narrative Konstitution", indem er neben den strukturalistischen Ansätzen vor allem auch die Entwicklungen innerhalb des russischen Formalismus und dessen Wirkungen benennt. Siehe Schmid, Elemente, S. 205-222.
[7] Kukkonen, Art. Plot, 1.
[8] Ebd., 1.
[9] Siehe ebd., 1. Kukonnen weist in diesem Zusammenhang darauf hin, dass diese drei unterschiedlichen Konzeptualisierungen in der angewendeten Handlungsanalyse häufig kombiniert werden.
[10] Ebd., 1.

genannten Konzeptualisierungen des Handlungsbegriffs gilt die dichotome Auffassung, der zufolge die Handlung entweder als geschlossene Struktur erst am Ende der Erzählung hervortritt (Konzeptualisierung 1) oder sich bereits während des Erzählvorgangs dynamisch entwickelt (Konzeptualisierung 2a und 2b).[11]

An diesen von Kukkonen benannten Positionen zum Handlungsbegriff, die in ihrer jeweiligen Ausführung zum Teil erheblich differieren, werden die terminologischen Schwierigkeiten deutlich, die nach Sönke Finnern auch die meisten Aspekte der Handlungsanalyse durchziehen.[12] Gerade deshalb sollen im Folgenden zunächst die Elemente der Handlung benannt und diese definitorisch festgelegt werden. Als zweite Konsequenz gilt es, die Auswahl von Methoden zur Handlungsanalyse mit Blick auf den Untersuchungsgegenstand 2 Sam 11 zu begrenzen und die den Methoden zugrunde gelegte (Erzähl-)Theorie transparent zu machen.

4.5.2 Begriffsdefinitionen der Handlungselemente

Innerhalb der Erzähltheorie gelten *Ereignis*, *Geschehen* und *Geschichte* als Grundbegriffe der Handlungsanalyse, die darüber hinaus noch ergänzt werden durch weitere Handlungselemente wie *Geschehnis*, *Erzählung* oder *Erzähltext* bzw. *Präsentation der Erzählung*.[13] Diese Begriffe stellen Konzepte dar, d. h., sie sind „gedankliche Modelle für empirische (sinn-

---

[11] Siehe ebd., 2.
[12] Siehe Finnern, Narratologie, S. 89. Treffend hat Karin Kukkonen die Komplexität der *Handlung* als erzähltheoretische Analysekategorie folgendermaßen zusammengefasst: „Between the Russian, French and Anglo-Saxon traditions of narrative analysis, the constitution of narrative levels and the role of plot within them has developed into a rather complex and confusing field". Kukkonen, Art. Plot, 3.2
[13] Dieses letzte Element bezeichnet die Präsentation der Erzählung, also den sprachlichen Ausdruck und die Materialisierung des erzählenden Textes. Während Schmid dieses Element als *Präsentation der Erzählung* bezeichnet, verwenden Lahn und Meister die Terminologie *Erzähltext*. Siehe Lahn / Meister, Erzähltextanalyse, S. 213; Schmid, Elemente, S. 224. In der „Einführung in die Erzähltheorie" führen Martínez und Scheffel das Ereignis, das Geschehen sowie die Geschichte als die drei Grundbegriffe der Handlung an. Siehe Martínez / Scheffel, Erzähltheorie, S. 111. Darüber hinaus verweisen sie auf die Episode, die eine Zwischenstellung zwischen der Ebene des Ereignisses und derjenigen der Geschichte einnimmt. Lahn und Meister erweitern die Grundbegriffe um das Geschehnis, die Erzählung und den Erzähltext. Siehe Lahn / Meister, Erzähltextanalyse, S. 213. Schmid benennt im Rahmen seines idealgenetischen Modells die vier Elemente: *Geschehen*, *Geschichte*, *Erzählung* und *Präsentation der Erzählung*. Siehe Schmid, Elemente, S. 223–225.

lich wahrnehmbare) oder abstrakte (vorstellungshafte) Phänomene"[14]. Aus diesem Grund müssen die genannten Handlungselemente vor der theoretischen Einordnung und Anwendung zunächst definiert werden.[15]

Die kleinste Einheit der Handlung stellt das *Ereignis* dar, dem eine elementare Bedeutung zukommt.[16] Nach Martínez und Scheffel hat das *Ereignis* eine propositionale Struktur und ist insofern analog zu (Behauptungs-)Sätzen aufgebaut.[17] Es setzt sich zusammen aus Subjekt und Prädikat. Während Gegenstände oder Figuren als Subjekte fungieren, lässt sich das Prädikat in Geschehnis-, Handlungs-, Zustands- oder Eigenschaftsprädikate unterscheiden.[18] Im Kontext der Handlung können die *Ereignisse* eine dynamische oder eine statische Funktion haben, je nachdem, ob sie die Situation verändern. Bei der dynamischen Funktion des *Ereignisses* ist nochmals zu differenzieren zwischen dem *Geschehnis* und der *Handlung*. Während das *Geschehnis* eine unmarkierte Zustandsänderung bezeichnet, wird mit dem Handlungselement der *(Figuren)-Handlung* eine intendierte Situationsveränderung benannt, die von den Figuren ausgeht und in denen ihre Handlungsabsichten realisiert werden.[19] Innerhalb der statischen Funktion des *Ereignisses* ist zu unter-

---

[14] Lahn / Meister, Erzähltextanalyse, S. 211.
[15] Dabei orientiert sich die vorliegende Arbeit aufgrund der zum Teil stark differierenden Terminologie der Handlungselemente innerhalb der Erzähltheorie an den Grundbegriffen von Martínez und Scheffel, siehe Martínez / Scheffel, Erzähltheorie, S. 111–114.
[16] Martinez und Scheffel verwenden den Begriff *Motiv* synonym zum Begriff *Ereignis*. Dabei greifen sie den Begriff des russischen Formalisten Boris Tomaševskij auf, der als erster diese Bezeichnung für die kleinste, nicht mehr zu unterteilende, thematische Einheit einer Erzählung in die Narratologie eingebracht hat. Zugleich verweisen sie auf die Problematik des Begriffes *Motiv*, denn diesem kommt innerhalb der literaturhistorischen Stoff- sowie Motivforschung eine andere Konnotation zu. In diesem Kontext wird *Motiv* als Bezeichnung für ein (komplexeres) Handlungselement verwendet, das aufgrund seiner Prägnanz und seines Wiedererkennungswertes in der Tradition erhalten bleibt und überliefert wird. Siehe Martínez / Scheffel, Erzähltheorie, S. 111.
[17] In Ableitung zum Motivbegriff und den Beispielen von Boris Tomaševskij.
[18] Siehe Martínez / Scheffel, Erzähltheorie, S. 111.
[19] Siehe ebd., S. 112. Um eine terminologische Überschneidung des Begriffs *Handlung* zu vermeiden und ihn von der *Gesamthandlung* der Erzählung besser abzugrenzen, wird an dieser Stelle von *(Figuren-)handlung* gesprochen. Eine weitere Alternative findet sich bei Sönke Finnern, der die Terminologie Chatmans (siehe Chatman, Story, S. 26) aufgreift und die dynamischen Ereignisse begrifflich unterscheidet in Aktion (*action*) und Geschehnis (*happening*). Siehe Finnern, Narratologie, S. 89.

scheiden zwischen *Zuständen*, *Eigenschaften* und *Motiven*, letztere werden nochmals differenziert in *freie* und *verknüpfte Motive*, die kausal essentiell für den Handlungsfortgang sind.[20]

Als weiteres Handlungselement ist das *Geschehen*, die serielle Aneinanderreihung von *Ereignissen*, zu benennen. Bei der dadurch entstehenden Sequenz durchlebt ein Subjekt mehrere *Ereignisse* in chronologischer Folge nacheinander.[21] Der Begriff *Geschehen* bezeichnet darüber hinaus auch die „(c)hronologische Gesamtsequenz aller [...] Ereignisse"[22].

Sind die *Ereignisse*, die im *Geschehen* als chronologisch geordnete Sequenzen aufeinander folgen, auch kausal in Beziehung zueinander gesetzt, so handelt es sich um eine zusammenhängende *Geschichte*. „Das Geschehen wird zu einer Geschichte, wenn die dargestellten Veränderungen motiviert sind."[23] Martínez und Scheffel bezeichnen mit den Begriffen *Motivierung* bzw. *Motivation* die Beweggründe für das dargestellte Geschehen in Erzähl- bzw. Dramentexten.[24] Durch die *Motivierung* werden die Ereignisse in einen Erklärungszusammenhang gesetzt und integriert. „Diese Ereignisse werden dann so verstanden, dass sie nicht grundlos wie aus dem Nichts aufeinander, sondern nach Regeln oder Gesetzen auseinander folgen."[25] Zur besseren Anschaulichkeit greifen Martínez und Scheffel das bekannte Beispiel der Minimalerzählung von Edward Morgan Forster auf: „‚The king died and then the queen died', is a story. ‚The king died, and then the queen died of grief', is a plot. The time-sequence is preserved, but the sense of causality overshadows it."[26] Die beiden Ereignisse „*The king dies*" und „*and then the queen died*" werden durch die relationale Erklärung „*of grief*" zeitlich und kausal zueinander geordnet. Der Tod der Königin erfolgt nach dem Tod des Königs (zeitliche Folge) und ist durch diesen motiviert (kausale Folge).

---

[20] Finnern, Narratologie, S. 89.
[21] Siehe Martínez / Scheffel, Erzähltheorie, S. 112.
[22] Lahn / Meister, Erzähltextanalyse, S. 213.
[23] Martínez / Scheffel, Erzähltheorie, S. 113.
[24] Martínez und Scheffel verwenden diese beiden Terminologien in ihrer Darstellung bedeutungsgleich. Siehe ebd., S. 113. Mit Blick auf die Figurenanalyse in der vorliegenden Arbeit und der darin verwendeten Begrifflichkeit *Motivation* wird die synonyme Verwendung der beiden Begriffe beibehalten.
[25] Martínez / Scheffel, Erzähltheorie, S. 113.
[26] Forster, Aspects, S. 93f.

Als weiteren Grundbegriff der Handlungsanalyse ist die *Erzählung* zu nennen, die im Unterschied zur *Geschichte* durch eine ästhetische Gestaltung charakterisiert ist. Die *Erzählung* „transformiert die Geschichte durch das ‚Wie' des Erzählens"[27]. Dadurch können die *Ereignisse* sowie deren serielle Folge als *Geschehen* in einer anderen Reihenfolge als in der *Geschichte* erscheinen. Als zwei wesentliche Verfahren dieser ästhetischen Komposition benennt Schmid zum einen die Linearisierung der in der *Geschichte* simultanen *Geschehen*, wobei dieses Verfahren obligatorisch ist und zum anderen die (fakultative) Permutation der *Ereignisse* innerhalb der *Geschichte*.[28]

Neben den bereits thematisierten Grundbegriffen *Ereignis*, *Geschehen*, *Geschichte* und *Erzählung* benennen Lahn und Meister als weiteren Grundbegriff der Handlungsanalyse den des *Erzähltextes*. Mit diesem Handlungselement wird die konkrete sprachliche Präsentation der *Erzählung* bezeichnet.[29]

4.5.3 Analysekategorien der Handlung

Aufgrund der unterschiedlichen und zum Teil divergierenden Methodik innerhalb der Handlungsanalyse wird unter besonderer Passung zum Untersuchungsgegenstand – der „David, Batseba und Urija"-Erzählung – aus den gegenwärtigen erzähltheoretischen Analysen zur Handlung ein Methodeninstrumentarium ausgewählt. Dabei soll darauf geachtet werden, dass sowohl unterschiedliche Aspekte der Handlung aufgegriffen werden als auch die Übersichtlichkeit bewahrt bleibt. Deshalb wird in der vorliegenden Arbeit folgende Differenzierung in drei Hauptkategorien mit jeweils mehreren Unterkategorien zugrunde gelegt:

---

[27] Lahn / Meister, Erzähltextanalyse, S. 213.
[28] Siehe Schmid, Elemente, S. 224, 238–241.
[29] Siehe Lahn / Meister, Erzähltextanalyse, S. 213.

Haupt-kategorien	(1) Handlungs-elemente	(2) Handlung und Figuren	(3) Handlungs-darstellung
Unter-kategorien	a) Analyse der Handlungsele-mente	a) Figuren als Handlungs-trägerinnen und Handlungsträger	a) Zeitlicher Aspekt
	b) Wichtigkeit der Handlungsele-mente	b) Dynamik des Figurenhandelns	b) Handlungs-enden
	c) Das Nicht-Gewählte		

Abb. Übersicht zu den Analyseschritten der Handlungsanalyse

Die erste Kategorie der Handlungsanalyse knüpft an die oben vorgestellten Handlungselemente an. Als grundlegender *Analyseschritt der Handlungselemente* werden die Einzelereignisse des zu untersuchenden Erzähltextes benannt. Dabei ist zu bestimmen, wo dynamische und wo statische Aussagen vorliegen. Im Kontext dieser Unterkategorie ist ebenfalls zu fragen: „Wie handlungsbetont ist die Erzählung in ihrem Verlauf (Handlungsdichte) [und, A.F.] (w)elche Handlungsphasen und Handlungssequenzen lassen sich abgrenzen?"[30]. Diese konstitutive Bestimmung der einzelnen Handlungselemente und ihre Differenzierung ermöglicht, so Sönke Finnern, erst die Analyse des Erzähltextes durch weitere Kategorien.[31]

So lassen sich die Ereignisse hinsichtlich ihrer Bedeutung für die Handlung beurteilen, womit die *Wichtigkeit der Handlungselemente* als Unterkategorie benannt ist. In diesem Zusammenhang ist zunächst auf die Unterscheidung von Roland Barthes zu verweisen, der zwischen *Funktionen* und *Indizien* differenziert hat.[32] Während *Funktionen* überwiegend dynamische Aussagen darstellen, bezeichnen *Indizien* statische Aussagen.

---

[30] Finnern, Narratologie, S. 122.
[31] Siehe ebd., S. 91.
[32] Vgl. ebd., S. 91f.

Der Erzähltext lässt sich, je nachdem, ob mehr *Funktionen* oder *Indizien* enthalten sind, klassifizieren. Im Anschluss an Barthes hat sich die Unterscheidung von Seymour Chatman in Bezug auf die *Funktionen* in der Erzähltheorie als wirkmächtig erwiesen.[33] Chatman unterteilt die *Funktionen* hinsichtlich ihrer Bedeutung für die Handlung in *Kerne* und *Satelliten*. „Kernels are narrative moments that give rise to cruxes in the direction taken by events. They are nodes or hinges in the structure, branching points which force a movement into one of two (or more) possible paths."[34] Ein *Kern* eröffnet demnach Handlungsalternativen. Die *Satelliten* haben im Unterschied dazu keine solch entscheidende Bedeutung für die Handlung, so können sie aus der Handlung entfernt werden, ohne die Logik derselben zu zerstören. Die Aufgabe der *Satelliten* „is that of filling in, elaboration, completing the kernel; they form the flesh on the skeleton."[35]

Diese Unterscheidung zwischen *Kern* und *Satellit* gilt es in der Handlungsanalyse auf den zu untersuchenden Erzähltext anzuwenden, wobei im Fokus dabei die Frage steht: „Welches sind die wichtigsten Ereignisse (Handlungs,kerne'), welche die ‚Satelliten'?"[36] Bereits Chatman weist darauf hin, dass die Bestimmung der *Kerne* nicht unproblematisch ist, sondern intuitiv erfolge.[37] Finnern stellt in diesem Zusammenhang fest, dass für die Analyse der Wichtigkeit der Handlungselemente nach wie vor keine genauen Kriterien für die Begriffe *Indizien, Funktion* sowie *Kern* und *Satellit* vorhanden sind. Aber dennoch erweist sich m. E. eine Analyse und Einteilung der Ereignisse nach ihrer Bedeutung für die Handlung als lohnend. Zum einen muss die Geschichte zuvor gründlich durchdacht werden.[38] Zum anderen scheint mit Blick auf den dritten Teil der vorliegenden Arbeit, die literarischen Rezeptionen von 2 Sam 11, die Benennung von *Handlungskernen* evident, da diese als RE fungieren können.[39] Trotz der erwähnten Probleme und der Gefahr der intuitiven

---

[33] Chatman greift die Unterscheidung der Funktion in *noyau* und *catalyse* von Barthes auf und übersetzt diese beiden Begriffe mit der eingängigen Terminologie *kernels* und *satellites,* die innerhalb der erzähltheoretischen Forschung rezipiert wurde.
[34] Chatman, Story, S. 53.
[35] Ebd., S. 54.
[36] Finnern, Narratologie, S. 122.
[37] Siehe hierzu Chatman, Story, S. 53: Anm. 16.
[38] Siehe Finnern, Narratologie, S. 93.
[39] Zum Begriff der RE siehe die Ausführungen in der vorliegenden Arbeit, S. 50.

Festlegung wichtiger Ereignisse wird aus den genannten Gründen an der Bestimmung der Wichtigkeit der Handlungselemente festgehalten.

Als dritte Unterkategorie neben der *Analyse der Handlungselemente* sowie der Festlegung ihrer *Wichtigkeit* fungiert das *Nicht-Gewählte*. Damit wird eine Terminologie von Schmid aufgegriffen, die er im Rahmen seines idealgenetischen Modells verwendet.[40] Für ihn erhält das *Gewählte*, d. h. die in der Geschichte erzählten Ereignisse, erst vor dem Hintergrund des *Nicht-Gewählten* seine Identität und Sinnfunktion. „Eine Geschichte als sinnhaftes Ganzes zu erfahren heißt: die *Logik* ihrer *Selektivität* zu erschließen."[41] Das *Nicht-Gewählte* einer Geschichte spielt in der Rezeption eine wesentliche Rolle.[42] Die Lesenden stehen, so Schmid, vor der Aufgabe, die „Logik der Selektivität der Geschichte zu verstehen"[43] und somit den Charakter und den Modus des *Nicht-Gewählten* nachzuvollziehen. Schmid unterscheidet in mindestens drei Modi der Selektion.

Unter dem ersten Modus der *Negation* werden Geschehensmomente sowie Eigenschaften subsumiert, die ohne Relevanz für die Geschichte sind. Die Konkretisierung solcher irrelevanter „Unbestimmtheitsstellen"[44] ist weder von der Geschichte gefordert noch in irgendeiner Weise unterstützt. Wird die Rezeptionsleistung dennoch erbracht und das *Nicht-Gewählte* konkretisiert, beeinträchtigt dies den Nachvollzug der Geschichte und hindert die Lesenden daran, die Sinnlinie der Erzählung zu rekonstruieren.

Im zweiten Modus der *Negation* werden die Abweichungen von traditionellen Sinnlinien wie beispielsweise den Erzählmotiven, denen in der Erzählung gerade nicht gefolgt wird, verstanden. Schmid spricht in die-

---

[40] Schmids „idealgenetisches Model" zielt darauf ab, den Entstehungsprozess einer Erzählung abstrakt verständlich zu machen. Die Genese der Erzählung umfasst nach Schmid vier aufeinander folgende Stufen: *Geschehen, Geschichte, Erzählung* und *Präsentation*. Der Übergang von einer Stufe auf die jeweils nächste wird von Schmid als *narrative Transformation* bezeichnet, die er konkret als *Auswahl, Komposition* und *Verbalisierung* benennt. Eine graphische Zusammenfassung des *idealgenetischen Modells* von Schmid findet sich in Schmid, Elemente, S. 225.
[41] Schmid, Elemente, S. 236.
[42] Siehe ebd., S. 256.
[43] Ebd., S. 238.
[44] Schmid weist in diesem Zusammenhang darauf hin, die Bewertung eines nichtgewählten Moments als irrelevant für die Geschichte ergebe sich nicht unmittelbar bei der Rezeption eines einzigen Lesenden, sondern es kristallisiere sich dies vielmehr innerhalb der Rezeptionsgeschichte heraus. Siehe ebd., S. 236f.

sem Kontext von „Fallen für den Leser"[45], denn diese erfordern beim Ausfüllen der Leerstellen, gerade zum Erschließen des Textsinns, die Abweisung der in der traditionellen Sinnlinie suggerierten Motive. Damit findet in diesem Modus der *Negation* eine Aktualisierung des *Nicht-Gewählten* statt, jedoch sind solche Momente, auf die angespielt und die zugleich ihres konventionellen Handlungsmusters entkleidet werden, ausgespart.[46]

Im dritten Modus der *Negation* fasst Schmid jene nicht-gewählten Momente zusammen, „die paradoxerweise *in absentia* zur Geschichte gehören, insofern sie eine Lücke auf ihrer Sinnlinie schließen."[47] Die Lesenden müssen die *Negation* innerhalb der Geschichte aufheben, wozu sie die im Text expliziten oder verborgenen Anweisungen bzw. Informationen aufgreifen, um so das *Nicht-Gewählte* für die Geschichte transparent zu machen. Schmid spricht daher von „aufzuhebende(n) Negationen"[48]. Mit dieser Unterscheidung in die Modi der Negationen bietet Schmid ein Instrumentarium an, durch dessen Anwendung die Selektivität der Geschichte und deren Logik nachzuvollziehen ist. Für die Analyse des *Nicht-Gewählten* an der biblischen Erzählung in 2 Sam 11 eignen sich im Rahmen der narratologischen Auslegung der zweite und dritte Modus. Der erste Modus lässt sich hingegen – Schmid weist selbst darauf hin – nur anhand der Wirk- und Rezeptionsgeschichte des Erzähltextes nachzeichnen. Neben dem Benennen des *Nicht-Gewählten* (im zweiten und dritten Modus) wird in der Analyse des *Nicht-Gewählten* der Blick dafür geschärft, dass das Geschehen nicht einfach in der narrativen Konstitution durch die Geschichte ersetzt ist, sondern vielmehr durch das *Nicht-Gewählte* der „Vorrat anderer Möglichkeiten"[49] erkennbar wird. Mit der Analyse des *Nicht-Gewählten* sind neben der zuvor dargestellten Benennung der Hauptelemente und der Untersuchung ihrer Bedeutung für die Handlung alle hier ausgewählten Methodenschritte der ersten Hauptkategorie benannt.

Der Fokus der zweiten Kategorie zur Handlungsanalyse liegt auf den Figuren. Dabei werden zunächst die *Figuren als Handlungsträgerinnen bzw. Handlungsträger* analysiert. Dabei geht es nicht um das bloße äuße-

---

[45] Schmid, Elemente, S. 237.
[46] Siehe ebenda.
[47] Ebenda.
[48] Ebenda.
[49] Ebd., S. 238.

re Tun bzw. Verhalten der Figuren, sondern auch um die „innere Handlung"[50]. Von besonderer Bedeutung ist dabei die Motivation der Figuren, die als wesentliche Schnittstelle zwischen den Figuren und der Handlung fungiert.[51] Biblische Erzählungen geben nur selten die Motivation einzelner Figuren wider, meist wird das Innenleben der biblischen Figuren ausgespart, gleiches gilt für ihre Wünsche, Ziele, Träume oder Emotionen, bzw. wie oben gezeigt, erfüllen sie vielmehr eine handlungsorientierte Funktion innerhalb der Erzählung. In der Handlungsanalyse stellen sich für die Kategorie der *Figuren als Handlungsträgerinnen bzw. Handlungsträger* folgende Leitfragen: „Welche Figuren beeinflussen durch ihr Handeln in besonderem Maße den Ausgang der Gesamthandlung?"[52]. Hinsichtlich der Motivation einer Figur nennt Jens Eder folgende grundsätzliche Fragestellung: „Warum verhält sich eine Figur so?"[53]. Diese kann darüber hinaus ergänzt werden durch Fragen nach den konkreten Handlungsmotiven einer Figur und dem Kern ihrer Motivation, der sich aus Bedürfnissen, Zielen, Ängsten, Wünschen, Plänen etc. speist.[54] Damit wird die psychologische Motivation der Figur analysiert, d. h., das Verhalten der Figur soll im Kontext der fiktiven Welt und ihrer Regeln nachvollzogen werden. Daneben kann die Motivation der Figur auch außerdiegetisch erklärt werden, wenn ihr Verhalten dramaturgisch erklärt wird.[55]

Darüber hinaus lässt sich die Motivation einer Figur ins Verhältnis zu den anderen Figuren und ihren je eigenen Motivationen setzen. Damit tritt bereits die nächste Unterkategorie in den Fokus, die *Dynamik des*

---

[50] Lahn / Meister, Erzähltextanalyse, S. 220.
[51] Siehe Eder, Figur, S. 428f., 720; Lahn / Meister, Erzähltextanalyse, S. 219.
[52] Lahn / Meister, Erzähltextanalyse, S. 230.
[53] Eder, Figur, S. 428.
[54] Siehe ebd., S. 462: Jens Eder weist in Anlehnung an Kenneth Burkes „*Grammar of Motives*" darauf hin, dass „(v)ollständiges Wissen über motiviertes Verhalten [...] Antworten auf mindestens fünf Fragen [erfordert, A.F.]; was getan wurde, wann und wo es getan wurde, wer es getan hat, und warum er oder sie es getan hat."
[55] Siehe ebd., S. 430. Als dramaturgische Funktionen können das Erfüllen von Genre-Vorgaben, das Entsprechen von sozialen oder medialen (Stereo-)Typen, das Anspielen auf kognitive und intertextuelle Vorbilder sowie das Evozieren von kognitiven oder emotionalen Zuschauerreaktionen fungieren. Siehe ebd., 430. Das Figurenhandeln der in 2 Sam 11 auftretenden Figuren wird im Rahmen der Handlungsanalyse hier vorgestellt und knüpft an die Erkenntnisse der Handlungsanalyse der einzelnen Figuren an, wie sie unter dem Aspekt des Artefakts ebenfalls Gegenstand der Figurenanalyse sind. Redundanzen lassen sich dabei nicht vermeiden.

Figurenhandelns. Die Gesamthandlung wird dabei als „Folge der Wechselwirkungen zwischen den je subjektiv motivierten Einzelhandlungen der Figuren"[56] beschrieben. Eine praktisch gut anwendbare und zugleich durch eine Erzähltheorie abgesicherte Methode für die Analyse der *Dynamik des Figurenhandelns* liegt im *move-grammar* von Thomas Pavel vor.[57] Seine Erzähltheorie, für die die *possible worlds*-Theorie wichtig ist, sieht in der Geschichte (*story*) ein Spiel, dessen Struktur durch *moves* beschrieben werden kann.[58] Die *moves* werden von Figuren ausgeführt und fungieren als Basiselemente seiner Theorie. Als *moves* bezeichnet Pavel „the choice of an action among a number of alternatives, in a certain strategic situation and according to certain rules"[59]. Nach Pavel hat jede Figur ihre eigene Motivation und verfolgt das ihr eigene übergeordnete Handlungsziel. Gleichzeitig reagieren die Figuren mit ihren *moves* auf die dynamische Gesamtkonstellation, die sich kontinuierlich ändert. Damit wirkt sich jeder *move* einer Figur auf andere Figuren aus, indem dieser die Strategien der Figuren unterstützt oder durchkreuzt. Ein Ereignis wird dann zu einem *move*, wenn es erstens Auswirkungen auf den Verlauf der Gesamthandlung hat und zweitens direkt oder indirekt einen weiteren *move* auslöst bzw. die *Handlung* abschließt.[60] Jeder *move* besteht aus zwei Komponenten, zum einem dem *Problem* (*problem*), der Ausgangssituation, und zum anderen der *Lösung* (*solution*), die als Transformation der Ausgangssituation eine Folgesituation darstellt.[61] Der *move* kann neben den beiden obligatorischen Komponenten *problem* und *solution* auch einen *auxiliary* (Helfer-Strang) aufweisen, womit ein unterstützender Handlungsstrang bezeichnet wird.[62]

Die *Handlung* ist nach Pavel als hierarchisches System von Dependenzen zu verstehen, wodurch die Folgesituation (*Lösung*) eines *moves* zugleich zur Ausgangssituation eines übergeordneten *moves* wird.[63] Dies

---

[56] Lahn / Meister, Erzähltextanalyse, S. 227.
[57] Zur Wertung siehe ebd., S. 227f.
[58] Zur *possible worlds*-Theorie siehe Dannenberg, Entwicklung, S. 51–68; Surkamp, Narratologie, S. 153–183; Surkamp, Perspektivenstruktur, S. 53–60.
[59] Pavel, Poetics, S. 17.
[60] Siehe ebenda.
[61] Beide Begriffe sind abstrakte Kategorien, die für eine Vielzahl an konkreten Situationen Verwendung finden können.
[62] Siehe Pavel, Poetics, S. 18.
[63] Siehe ebd., S. 19f. „(T)he main problem can sometimes be made up of a series of problems, each needing its own solution. Similarly, a solution may consist in several

wiederholt sich solange, bis die handlungsleitenden Figuren keine Handlungsoptionen mehr haben und somit die Gesamthandlung abgeschlossen ist.

Die Vorteile von Pavels *move-grammar* liegen in der guten Anwendbarkeit für die Praxis.[64] Außerdem wird dort das gestalterische Potential der Figuren für die Handlung betont.[65] In diesem Kontext ist auch Hilary Dannenbergs Hinweis zu lesen, dass Pavels *move-grammar* mit seinen Beschreibungskategorien im Vergleich zu den früheren strukturalistischen Ansätzen flexibel und nicht normativ sei.[66] Mit Blick auf die biblische „David, Batseba- und Urija"-Erzählung stellt die Analyse der darin vorkommenden *moves* eine hilfreiche Methode dar, um sowohl die *Dynamik des Figurenhandelns* zu untersuchen als auch die möglichen, jedoch nicht gewählten *moves* zu berücksichtigen.

Die dritte und letzte Hauptkategorie, die *Handlungsdarstellung*, umfasst diskursive Elemente. Dem *zeitlichen Aspekt* kommt innerhalb der Handlungsanalyse eine besondere Rolle zu. „Wer narrative Texte liest, tut etwas scheinbar Paradoxes, denn er nimmt das dargestellte Geschehen

---

subsolutions or in several attempts to implement it." Ebd., S. 20. Pavel greift in diesem Zusammenhang auf eine Differenzierung durch die beiden Vorsilben *pro-* und *counter-* zurück. Während *Pro-Solution* – Ereignisse als solche angesehen werden, die zur Lösung beitragen bzw. auf diese hinwirken, arbeiten die Ereignisse der *Counter-Solution* dem entgegen, siehe Pavel, Poetics, S. 21.

[64] Siehe Lahn / Meister, Erzähltextanalyse, S. 227.
[65] Siehe das von Wlad Godzich verfasste Vorwort zu Pavel, Poetics, S. xxii.
[66] Siehe Dannenberg, Erzählstruktur, S. 62f. Pavels *move-grammar* erweist sich weniger normativ und viel flexibler im Vergleich zu strukturalistischen Ansätzen, wie sie uns beispielsweise in der semiotischen Handlungsanalyse bei Algirdas Julien Greimas begegnen. Greimas Aktantenmodell, das 1966 veröffentlicht wurde, fand in der bibelwissenschaftlichen Narratologie Anwendung. Das Handeln der Figuren in einer Erzählung wird als das Handeln von sogenannten Aktanten dargestellt. Greimas benennt sechs abstrakte Handlungsrollen der Aktanten, die durch die Figuren der Erzählung eingenommen werden. Es handelt sich dabei um folgende Handlungsrollen: Subjekt (Held), Objekt (das begehrte Objekt), Adressant (Auftraggeber), Adressat (derjenige, der den Auftrag erhält), Adjutant (Helfer), Opponent (Gegenspieler/Gegner). Die Aktantenrollen können von mehreren Figuren eingenommen werden, bzw. eine Figur kann mehrere Aktantenrollen einnehmen. Bei dieser semiotischen Handlungsanalyse werden die Motivation der Figuren und somit die Handlungslogik in der Verknüpfung der Aktanten transparent. Die Anwendung von Greimas Aktantenmodell ist nicht unproblematisch. Es erfordert ein hohes Abstraktionsniveau und birgt Schwierigkeiten in der praktischen Umsetzung. „(D)ie Zuordnung von Aktantenrollen [ist, A.F.] in hohem Maße interpretationsabhängig." Lahn / Meister, Erzähltextanalyse, S. 227.

zugleich als offen und gegenwärtig und als abgeschlossen und vergangen auf."[67] Es handelt sich hierbei um die doppelte Zeitperspektive des Erzählens. Das Geschehen erweist sich insofern als vergangen, als die Handlung zu Beginn des Erzähltextes bereits abgeschlossen ist. Die im Anfang aufgenommene Sinnlinie ist auf das Ende hin bezogen.[68] Zugleich wird von den Lesenden die Handlung als offen angesehen, da sie die in der erzählten Welt agierenden Figuren „begleiten" und sogar ihre Perspektive einnehmen. Voraussetzung dafür ist, dass die Lesenden „den offenen Möglichkeitshorizont der Protagonisten rekonstruieren, um ihre Handlungen als Handlungen überhaupt verstehen zu können."[69] Somit bleibt das Geschehen gegenwärtig und offen.

Neben dieser dargestellten, doppelten Zeitperspektive des Erzählens sind Erzähltexte durch eine doppelte Zeitlichkeit gekennzeichnet. Dabei wird die Zeit des Geschehens, jene Zeit, über die erzählt wird, von der Zeit der Erzählung, die Zeit, in der erzählt wird, unterschieden. Seit dem berühmten Aufsatz von Günther Müller aus dem Jahr 1948 wird diese doppelte Zeitlichkeit als Relation von *erzählter Zeit* und *Erzählzeit* terminologisch gefasst.[70] Im Rahmen der Handlungsanalyse der vorliegenden Arbeit wird im Anschluss an Schmid unter dem zeitlichen Aspekt ausschließlich die Dauer analysiert.[71]

Grundlegend für die Untersuchung der Dauer ist das Verhältnis von *erzählter Zeit* und *Erzählzeit*. Wenn in einer Sequenz der Geschichte relativ viele Ereignisse dynamischer Art gewählt werden und diese durch viele Zustands- und Eigenschaftsaussagen konkretisiert werden, erscheint

---

[67] Martínez / Scheffel, Erzähltheorie, S. 123.
[68] Siehe ebd., S. 123.
[69] Ebd., S. 124.
[70] Vgl. Müller, Erzählzeit, S. 198–212. Zur Unterscheidung siehe auch die Darstellung der beiden Aspekte unter der Zeitanalyse, S. 253.
[71] Der Analyse der *Zeit* ist in der vorliegenden Arbeit ein eigenständiges Kapitel gewidmet, das als erzähltheoretischer Kategorie dem Diskurs zugeordnet ist, wobei die Zeitrelationen zwischen Diskurs und Geschichte Gegenstand der Untersuchung sind. Dabei wird die biblische Erzählung hinsichtlich der Aspekte *Ordnung, Dauer, Frequenz Tempus* sowie der *Zeitstruktur der Geschichte* analysiert. Um Redundanzen zu vermeiden, wird in der Handlungsanalyse der zeitliche Aspekt auf die Leitfrage nach Raffung und Dehnung begrenzt. Denn durch den Wechsel von Raffung und Dehnung zeigt die Erzählstimme ihre Akzentuierung des Geschehens, was dadurch als ein Mittel anzusehen ist, den handlungsleitenden Sinn der Erzählung deutlich zu machen. Siehe hierzu: Schmid, Elemente, S. 236. Damit ist die Analyse von Raffung und Dehnung des Geschehens m. E. ein unverzichtbarer Gegenstand der Handlungsanalyse.

die Handlungsdarstellung gedehnt und das Erzähltempo ist langsam (*Erzählzeit > erzählte Zeit*). Es herrscht ein hoher Grad an Deskriptivität vor. Im Unterschied dazu ist das Erzähltempo hoch und die Darstellung wirkt gerafft, wenn relativ wenige Ereignisse und Eigenschafts- bzw. Zustandsaussagen ausgewählt wurden (*erzählte Zeit > Erzählzeit*).[72] Schmid verweist darauf, dass sich in der Raffung und Dehnung der ideologische Standpunkt, die Wertungsperspektive, realisiere: „Der Gebrauch der Verfahren hängt von der Bedeutsamkeit ab, die der Erzähler (und hinter ihm natürlich der Autor) bestimmten Episoden beimisst: Gedehnte Episoden sind, das ist die Logik des Erzählens, wichtiger als geraffte."[73] Demnach ist die Selektivität in gedehnten Episoden niedrig, während sie in gerafften Passagen hoch ist. Nach Schmid lässt der Wechsel von gerafften und gedehnten Erzählsequenzen den „Sinn der Erzählung"[74] erkennen, wie dieser durch die Erzählstimme in der Handlung zugrunde gelegt worden ist. Für die Handlungsanalyse der „David, Batseba und Urija"-Erzählung wird innerhalb der Handlungsdarstellung der zeitliche Aspekt der Dauer im Fokus stehen. Zuerst muss dabei das Erzähltempo bestimmt werden, um die gerafften und gedehnten Erzählsequenzen zu bestimmen.[75] Durch den Wechsel von Raffung und Dehnung bzw. von hoher und niedriger Selektivität kann versucht werden, sich der Akzentuierung des Geschehens durch die Erzählstimme und somit dem Sinn der Erzählung in 2 Sam 11 zu nähern.

Zu der Hauptkategorie der Handlungsdarstellung zählt neben dem zeitlichen Aspekt auch die *Handlungsstruktur*. Damit ist ein Bereich bezeichnet, dem viele Ansätze der klassischen, strukturalistischen Narratologie zugeordnet sind. Von der formalisierten Darstellung der Textstruktur bei Vladimir Propp mit Nennung von 31 Handlungsfunktionen über Umberto Ecos semiotisch herausgearbeitetes Handlungsschema, das sich aus dem Vergleich von James-Bond-Romanen herauskristallisiert hat, bis

---

[72] Siehe ausführlich hierzu: Schmid, Elemente, S. 233; Lahn / Meister, Erzähltextanalyse, S. 136f.; 143–147.
[73] Schmid, Elemente, S. 235.
[74] Ebd., S. 236.
[75] In diesem Kontext können die Ergebnisse zum zeitlichen Aspekt der Dauer, die im Abschnitt zur Analyse der Zeit ausführlich erarbeitet und besprochen werden, verwendet werden.

zu einer Vielzahl an Entwürfen und Theorien zu den Handlungstypen.[76] Die Problematik dieser Methoden, die auf einer normativen, vergleichenden Analyse basieren, liegt zum einen in der Benennung von formalen Gemeinsamkeiten und Regeln, wobei das „Wesen" der einzelnen Erzählung aus seinem kulturellen und ideologischen Umfeld herausgelöst wird.[77] Zum anderen wird die fehlende Transparenz bei der Auswahl „wesentlicher" Ereignisse kritisiert, verbunden mit dem Vorwurf der subjektiven Auswahl. Die Fülle an Theorien, ihre Problematiken sowie der Tatbestand der „(vermeintlichen) Unfruchtbarkeit für die Analyse eines konkreten Texts"[78] legt nahe, dass dieser Analyseschritt für die Handlungsanalyse von 2 Sam 11 nicht geeignet ist.

Als letzte Unterkategorie der Handlungsdarstellung werden die *Handlungsenden* analysiert, da Erzählanfang und Erzählschluss besondere Bedeutung innerhalb der Erzählung zukommt. „Ein guter Beginn vermag Lesende oder Hörende zu bannen und ihnen den Weg in die Geschichte zu ermöglichen."[79] In dieser „Brückenfunktion" sieht Eisen eine wichtige Aufgabe des Erzählanfangs. Darüber hinaus sichert er uns essentielle Informationen, die zum Verständnis der Erzählung nötig sind, wie beispielsweise Informationen zur erzählten Welt sowie ihren je eigenen Regeln.[80] Werden Informationen am Erzählanfang gegeben, kommt ihnen, so Bar-Efrat, im Verlauf der Handlung eine wesentliche Funktion zu, denn Informationen können nicht nur am Anfang, sondern auch sukzessive im weiteren Geschehen den Lesenden enthüllt werden. Informationen, die am Erzählanfang von Bibeltexten stehen, fungieren nach Bar-Efrat dazu, Wichtiges nochmals hervorzuheben oder auf Verborgenes hinzuweisen.[81]

---

[76] Auf eine ausführlichere Darstellung der unterschiedlichen Modelle und Theorien zu Handlungsstrukturen bzw. Handlungstypen soll an dieser Stelle bewusst verzichtet werden. Einen guten Überblick, der auch die Abhängigkeiten der einzelnen Theorien darstellt, findet sich bei Finnern, Narratologie, S. 99–107.
[77] Siehe Dannenberg, Erzählstruktur, S. 54.
[78] Finnern, Narratologie, S. 99
[79] Eisen, Poetik, S. 141.
[80] Martínez/Scheffel weisen darauf hin, dass die erzählten Welten stilistisch komplex sind und ihre Komplexität nochmals differenziert zu betrachten ist. Sie unterscheiden in folgende vier Formen der Komplexität: homogene vs. heterogene Welten; uniregionale vs. pluriregionale Welten; stabile vs. instabile Welten und mögliche vs. unmögliche Welten. Siehe ausführlich dazu: Martínez / Scheffel, Erzähltheorie, S. 136–143.
[81] Siehe Bar-Efrat, Bibel, S. 130.

Auch aus der Perspektive der Lesenden haben Erzählanfang und Erzählschluss noch eine weitere Besonderheit, worauf Sönke Finnern verweist:

> Der menschliche Rezipient behält einen Erzählbeginn besonders gut im Gedächtnis und deutet auch die nachfolgende Geschichte im Licht seiner ersten Eindrücke. Ähnlich intensiv bleibt dem Rezipienten der Schluss der Erzählung in Erinnerung, der das Wahrgenommene dann abschließend interpretiert.[82]

Basierend auf den Erkenntnissen der Gedächtnisforschung kann in diesem Zusammenhang von seriellen Positionseffekten gesprochen werden, wobei es sich konkret um den sogenannten *primacy effect* bzw. *recency effect* handelt.[83]

Bei der Analyse des Erzählanfangs ist daher nach den Informationen (Eigenschafts- und Zustandsaussagen) zu fragen, die dort präsentiert sind. Welche Figuren, Räume, Ereignisse werden im Erzählanfang genannt und kommt es zur Hervorhebung eines dieser Elemente? Im Anschluss an die Darstellung der im Erzählanfang vorhandenen Informationen kann die Expositionalität, das ist der Grad (hoch ⇔ niedrig) an relevanten Informationen, die gleich am Anfang mitgeteilt werden, untersucht werden. Sönke Finnern nennt in diesem Zusammenhang die Leitfrage: „(W)ird der Rezipient mitten ins Geschehen geworfen oder langsam eingeführt?"[84].

Der Erzählschluss hat verschiedene Funktionen. Nach Ska können Erzählschlüsse als direkte Anrede an die Lesenden fungieren in Form von: „a moral lesson, an aetiology connecting the world of the narrative with the world of the reader, information about the origin of the story or its relevance, or a reflection of the narrator"[85]. Bar-Efrat sieht im Ende der Erzählung ihren Ruhepunkt erreicht, an dem sich die Spannung verflüchtigt;[86] dies sei beispielsweise in biblischen Erzählungen zu finden, in denen am Ende festgestellt wird, dass eine Figur gestorben (Ijob 42,17) oder nach einer (langen) Reise heimgekehrt ist (1 Sam 1,19). Der Bibelwissenschaftler verweist hier auf ein geschlossenes Ende, das ein hohes

---

[82] Finnern, Narratologie, S. 118.
[83] Siehe ebd., 118f.
[84] Ebd., S. 124.
[85] Ska, Introduction, S. 29.
[86] Bar-Efrat, Bibel, S. 143.

Maß an Vollständigkeit der Handlung sowie einen stabilen Endzustand aufweist. Im Unterschied dazu gibt es offene Erzählschlüsse, wie Eisen sie beispielsweise für die Apostelgeschichte nachgewiesen hat.

Neben der Geschlossenheit des Erzählschlusses kann dieser auch hinsichtlich seiner Form sowohl auf der Ebene des Diskurs als auch der Ebene der Geschichte befragt werden.[87] Ausgehend von den Rezipierenden und ihren Erwartungen an das Handlungsende, das sich aus ihrer Lektüre und ihrem Vorwissen ergibt, kann die Erwartbarkeit des Erzählschlusses untersucht werden. Dabei kann differenziert werden zwischen einem erwarteten und einem überraschenden Ende.[88] Schließlich lässt sich die Rezeptionswirkung des Erzählschlusses analysieren. „Ein eher geschlossenes Ende befriedigt den Rezipienten und gibt ihm am Ende ein – meist gutes – Gefühl (affektiv), weil der Konflikt gelöst ist; ein eher offenes Ende regt ihn zum Weiterdenken und ggf. zum Handeln an (kognitiv-behaviorale Wirkung)."[89] Der Erzählschluss lässt sich zusammenfassend hinsichtlich seiner Geschlossenheit, Form, Erwartbarkeit und Rezeptionswirkung analysieren.[90]

4.5.4 Handlungsanalyse von 2 Sam 11

Entsprechend der Reihenfolge der im vorigen Abschnitt vorgestellten Kategorien und Fragestellungen zur Handlungsanalyse werden zunächst die *Handlungselemente* der in 2 Sam 11 analysiert. Als Voraussetzung und zugleich erster Arbeitsschritt werden im Folgenden die Ereignisse der Erzählung aufgelistet, aus denen sich die Handlung von 2 Sam 11 zusammensetzt. Bei der Auflistung sind alle Ereignisse mit dynamischer

---

[87] Finnern nennt folgende Aspekte auf der Ebene des Diskurses: Parallelen von Anfang und Ende, Markierung des Erzählschlusses durch Wechsel von Erzähldauer, Perspektive oder Stil. Auf der Ebene der Geschichte kann der Erzählschluss hinsichtlich der Lösung des Grundkonflikts, einer Pointe, dem Erkenntnisgewinn oder dem Ergehen der handelnden Figuren analysiert werden. Siehe Finnern, Narratologie, S. 124.

[88] Ebd., S. 121.

[89] Ebd., S. 122 .

[90] Diese Kategorien basieren auf den methodischen Darstellungen bei Finnern, Narratologie, S. 120–122, 124f. Entgegen seiner Auswahl wurde bewusst auf die Kategorie „Inhalt des Endes" verzichtet, weil die Darstellung Finners an dieser Stelle m. E. nicht stringent von der Kategorie der „Form des Endes" differenziert, stattdessen diese beiden Kategorien vermischt. Deutlich wird dies bei den Leitfragen, die Finnern im abschließenden Kapitel 2.4.8 zur Methode der Handlungsanalyse benennt. Siehe Finnern, Narratologie, S. 124.

Funktion [*Geschehnis* und *(Figuren-) Handlung*] nummeriert, während die statischen Ereignisse (*Zustands-, Eigenschaftsaussagen* sowie *Motive*) nicht nummeriert, jedoch im Schriftbild hervorgehoben sind.[91] Da die Erzählung mehrere narrative Ebenen umfasst und über einige Imperative verfügt, erschwert sich aufgrund dieser Komplexität des Textes die eindeutige Zuordnung in dynamische oder statische Aussagen. Mit Blick auf die weitere Handlungsanalyse werden in der folgenden Auflistung bereits weitere Unterkategorien miterfasst. Dazu zählt die Bedeutung der Elemente für die Handlung, wobei die *Wichtigkeit* (*Kern* oder *Satellit*) jeweils in Klammern hinter dem *Ereignis* steht ebenso wie die Zeitangaben, die als solche benannt und kursiv gedruckt sind. Durch Einrückung im Schriftbild sind die narrativen Ebenen erkennbar und voneinander unterschieden, auch der Beginn einer neuen Handlungssequenz ist markiert.

Neue Handlungssequenz:
Etablierung von zwei neuen Schauplätzen
1. **David sendet Joab, seine Diener und ganz Israel aus**   **(Kern)**
    (V.1b)
    Doppelte Zeitangabe (V.1a)
2. Joab, seine Diener und ganz Israel verderben das Land   (Satellit)
    Ammon
3. Joab, seine Diener und ganz Israel belagern Rabba   (Satellit)
4. **David bleibt in Jerusalem (V.1e)**   **(Kern)**

Neue Handlungssequenz:
Festlegung auf Jerusalem als Schauplatz, neue Figur (Batseba), durch räumliche Überleitung nur wenig starker Einschnitt
5. David steht von seinem Lager auf (V.2b)   (Satellit)
    Zeitangabe: Abendzeit (V.2a)
6. David geht auf dem Dach hin und her (V.2c)   (Satellit)
7. **David sieht eine Frau sich waschen (V.2d)**   **(Kern)**
    Eigenschaft: Die Frau ist von sehr schönem Aussehen (V.2e)
8. David sendet (V.3a)   (Satellit)

---

[91] *Eigenschaften* sind in grauer Schrift, *Zustände* sind unterstrichen und *Motive* in grau hinterlegt gedruckt. Die Darstellungsweise ist angelehnt an die graphische Gestaltung bei Finnern, Narratologie, S. 290–293. Abweichungen, die in der vorliegenden Arbeit vorgenommen wurden, betreffen zum einen die Farbgestaltung sowie Formatierung der Angabe zur *Wichtigkeit der Handlungselemente* (*Kern/Satelliten*).

9.	David erkundigt sich nach der Frau (V.3b)	(Satellit)
10.	Jemand Unbekanntes sagt (V.3c)	(Satellit)

Eigenschaft: Waschende Frau wird als Batseba, Tochter Eliam, Frau Urijas identifiziert

11.	David sendet Boten (V.4a)	(Satellit)
12.	**David lässt sie nehmen (V.4b)**	**(Kern)**
13.	Sie kommt zu ihm (V.4c)	(Satellit)
14.	**David liegt bei ihr (V.4d)**	**(Kern)**

Eigenschaft: Frau reinigt sich von ihrer Unreinheit (sexueller Akt mit David) (V.4e)

15.	Frau kehrt zurück in ihr Haus (V.4f)	(Satellit)
16.	**Frau wird schwanger (V.5a) → Geschehnis**	**(Kern)**
17.	Frau sendet (V.5b)	(Satellit)
18.	Frau lässt David berichten (V.5c)	(Satellit)
19.	Frau sagt (V.5d)	(Satellit)

Eigenschaft: Schwanger bin ich (V.5e)

Neue Handlungssequenz:
Schauplatzwechsel (Jerusalem ⇆ Rabba), neue Figur (Urija), starker Einschnitt durch Davids (Figuren-)Handeln auf die Schwangerschaftsbekanntgabe

20.	**David sendet zu Joab (V.6a)**	**(Kern)**
	Imperativ: Sende Urija, den Hethiter, zu mir (V.6b)	
21.	Joab sendet Urija zu David (V.6c)	(Satellit)
22.	**Urija kommt zu David (V.7a)**	**(Kern)**
23.	David fragt nach dem Kriegsgeschehen (V.7b)	(Satellit)
24.	David sagt zu Urija (V.8a)	(Satellit)
	Imperativ: Gehe hinab in dein Haus (V.8b)	
	Imperativ: Wasche deine Füße (V.8c)	
25.	Urija geht aus dem Palast (V.8d)	(Satellit)
26.	Ein Geschenk des Königs kommt hinter Urija her (V.8e)	(Satellit)
27.	**Urija legt sich an den Eingang des Palastes (V.9a)**	**(Kern)**

Eigenschaft: zusammen mit allen Dienern seines Herrn (V.9a)
Zustand: Aber zu seinem Haus stieg er nicht hinab. (V.9b)

28.	Sie berichten David (V.10a)	(Satellit)
	Zustand: Urija stieg nicht zu seinem Haus hinab. (V.10c)	

29. David spricht zu Urija (V.10d) (Satellit)
    Zustand: Bist du nicht von einer Reise heimge-
    kehrt? (V.10e; *Analepse*)
    Zustand: Warum bist du nicht hinab gegangen
    zu deinem Haus? (V.10f; *Analepse*)
30. Urija spricht zu David (V.11a) (Satellit)
    Zustand: Die Lade Israels und Judas wohnen
    in Hütten (V.11b)
    Zustand: mein Herr Joab und die Diener meines
    Herren lagern auf dem freien Feld (V.11c)
    30.II.1 Urija soll in sein Haus gehen, um zu es- (Satellit)
    sen, zu trinken und bei seiner Frau zu liegen
    (V.11d–e)
    Zustand: So wahr du existierst und deine Seele
    lebt (V.11e–f)
    30.II.2 Urija tut diese Sache nicht (V.11g) (Satellit)
31. David spricht zu Urija (V.12a) (Satellit)
    Imperativ: Bleibe auch an diesem Tag (V.12b)
    31.II.1 David will Urija am folgenden Tag zu- (Satellit)
    rückkehren lassen (V.12c)
    Zeitangabe: morgen
32. Urija bleibt in Jerusalem (V.12d) **(Kern)**
Zeitangabe: an diesem Tag und am folgenden (V.12d)
33. David lädt Urija ein (V.13a) (Satellit)
34. Urija isst vor David (V.13b) (Satellit)
35. Urija trinkt (V.13c) (Satellit)
36. David macht Urija betrunken (V.13d) (Satellit)
37. Urija geht aus dem Palast, um sich auf sein Lager **(Kern)**
   bei (den) Dienern seines Herrn zu legen. (V.13e)
Zeitangabe: Am Abend (V.13e)
Zustand: Aber zu seinem Haus geht er nicht. (V.13f)

Neue Handlungssequenz:
Schauplatzwechsel (Jerusalem → Rabba); neue Figur (Bote)
38. David schreibt einen Brief an Joab (V.14b) **(Kern)**
Zeitangabe: es geschah am Morgen (V.14a)
39. David sendet den Brief durch die Hand Urijas (Satellit)
    (V.14b)

(verknüpftes) Motiv des Todesbriefes:
Wiedergabe des Briefinhalts (V.15a–g)
Zeitangabe: und es geschah, als Joab die Stadt beobachtet hatte (V.16a)
40. **Joab stellt Urija an die Stelle (V.16b)** (Kern)
Zustand: Joab wusste, dass dort kräftige Männer sind (V.16c–d)
41. Männer der Stadt kommen heraus (V.17a) (Satellit)
42. Männer der Stadt kämpfen gegen Joab (V.17b) (Satellit)
43. Einige vom Volk, von Davids Dienern fallen (V.17c) (Satellit)
44. **Urija stirbt (V.17d)** (Kern)
45. **Joab sendet aus (V.18a)** (Kern)
46. Joab lässt David alle Begebenheiten des Kampfes berichten (V.18b) (Satellit)
47. Joab befiehlt dem Boten (19a–b) (Satellit)
    Zeitangabe: Wenn du beendet hast, alle Ereignisse des Kampfes dem König zu melden (V.19c)
    Zustand: und(es geschieht), Zorn des Königs steigt auf, und er spricht zu dir (V.20a–c)
        47.III.1 Frage Davids: Warum habt ihr euch der Stadt genähert, um zu kämpfen? (V.20d) (Satellit)
        47.III.2 Frage Davids: Habt ihr nicht erkannt, dass sie von der Mauer schießen werden? (V.20e–f) (Satellit)
        47.III.3 Frage Davids: Wer erschlug Abimelech, den Sohn Jerubäschät? (V.21a) (Satellit)
        47.III.4 Frage Davids: Hat nicht eine Frau einen Mühlstein, einen oberen Mühlstein von der Mauer auf ihn geworfen, sodass er in Tebez starb? (V.21b–c) (Satellit)
        47.III.5 Frage Davids: Warum habt ihr euch der Mauer genähert? (V.21d) (Satellit)
    47.II.1 Sagst du: (V.21e) (Satellit)
    Zustand: Urija, dein Diener, ist tot (V.21f)
48. Bote geht (V.22a) (Satellit)
49. Bote kommt (V.22b) (Satellit)
50. **Bote berichtet David alles (V.22c)** (Kern)
Eigenschaft: weswegen ihn Joab ausgesendet hat (V.22d)
51. Bote spricht zu David (V.23a) (Satellit)

Eigenschaft: weil die Männer uns überlegen waren (V.23b)
51.II.1 Männer zogen gegen uns auf das freie Feld (V.23c) (Satellit)
51.II.2 Wir waren an ihnen bis (zum) Eingang des Tores (V.23d) (Satellit)
51.II.3 Schützen schossen auf deine Diener von der Mauer (V.24a) (Satellit)
Zustand: es starben einige von den Dienern des Königs (V.24b)
Zustand: dein Knecht Urija ist tot (V.24c)
52. **David spricht zum Boten (V.25a)** (Kern)
Redeeinleitung: So sagst du zu Joab (V.25b)
Eigenschaft: Nicht schlecht ist die Sache in deinen Augen (V.25c)
Zustand: weil das Schwert bald diese und bald jene frisst (V.25d)
Imperativ: halte an deinem Kampf gegen die Stadt fest (V.25e)
Imperativ: zerstöre Stadt (V.25f)
Imperativ: So mache ihn stark! (V.25g)

Neue Handlungssequenz:
Schauplatzwechsel (Rabba → Jerusalem), „neue" Figur (Batseba)
53. **Frau hält Totenklage für ihren Ehemann (V.26c)** (Kern)
Eigenschaft: Die Frau Urijas hörte, dass ihr Mann tot ist (V.26a–b)
Zustand: Urija, ihr Mann, ist tot (V.26b)
54. **David sendet (V.27b)** (Satellit)
Zeitangabe: Als die Trauer vorüber war (V.27a)
55. **David nimmt Urijas Frau in sein Haus auf (V.27c)** (Kern)
56. Urijas Frau wird Davids Ehefrau (V.27d) (Satellit)
57. Urijas Frau gebärt David einen Sohn (V.27e) (Satellit)
Zustand: Aber schlecht war die Sache, die David getan hatte, in den Augen JHWHs. (V.27f, *Analepse*)

Die Auflistung zeigt eine Fülle an Ereignissen, die Erzählung in 2 Sam 11 konstituieren. Es überwiegen dynamische Aussagen, insgesamt finden sich im Text 57 Ereignisse dynamischen Charakters. Diese stellen fast ausschließlich *Handlung* dar, die im engeren Sinne als *Figurenhandlungen* zu verstehen sind. Dies ist typisch für alttestamentliche Erzählungen.[92] Eine Ausnahme bildet das 15. Ereignis, die Schwangerschaft von Batseba, erzählt in V.5a. Hierbei handelt es sich um eine nichtintendierte Zustandsveränderung von Seiten der Figuren,[93] womit dieses dynamische *Ereignis* als *Geschehnis* zu bezeichnen ist. Es hat wesentliche Bedeutung für die weitere Handlung der Erzählung und ihm kommt somit eine dramaturgische Funktion zu.

Auf der narrativen Ebene der Erzählstimme gibt es nur 11 statische *Ereignisse*, von denen jeweils fünf Eigenschafts- und Zustandsaussagen darstellen sowie ein *Motiv*, das Motiv des Todesbriefs. In V.15a–g wird der Inhalt des Briefes wiedergegeben, durch den David Joab instruiert, Urija zu töten. In der folgenden Handlung wird mehrfach in unterschiedlicher Darstellungsweise die Tötung Urijas erzählt und somit auf dieses *Motiv* zurückverwiesen. Es handelt sich daher um ein *verknüpftes Motiv*, das nach Martínez und Scheffel „für den Fortgang der Haupthandlung unmittelbar kausal notwendig"[94] ist.

In den Figurenreden kommen im Vergleich zur Erzählebene K II mehr statische Aussagen vor – 15 insgesamt. Die Häufung von Zustandsaussagen (insgesamt 11) sticht hier hervor.[95] Hierdurch tragen die Figuren in Form ihrer Rede zur Entlastung und Abwechslung in der Handlung bei und haben wesentlich Anteil an der Zustandsbeschreibung (Zustandsbeschreibungen: K II = 5; K III + K IV = 11).[96]

---

[92] Siehe Bar-Efrat, Bibel, S. 90–103; Müllner, Zeit, S. 11.
[93] Dass die Schwangerschaft nicht intendiert ist, wird ausführlich in der Figurenanalyse zu Batseba darstellt, siehe S. 401–418.
[94] Martínez / Scheffel, Erzähltheorie, S. 112.
[95] Folgende statische Aussagen kommen in der Figurenrede (K III) bzw. in der Rede erzählender Figuren (K IV) vor: (1) Zustandsaussagen: Urija geht nicht in sein Haus (V.10e.f), Urijas Rückkehr von einer Reise (V.10e), Aufbewahrungsort der Lade (V.11b); Lagerplatz von Urijas Kriegskameraden (V.11c), Schwur auf Davids Leben (V.11e–f), Aufsteigen von Davids Zorn (V.20a–c), Tod Urijas (V.21f.24c), Tod von Kriegern (V.24b), Verluste im Kampf (V.25d); (2): Eigenschaftsaussagen: Identität Batsebas (V.3c), Schwangerschaft Batsebas (V.5e), Überlegenheit der gegnerischen Truppen (V.23b), Bewertung der Ereignisse (V.25c)
[96] Siehe Finnern, Narratologie, S. 294.

Die Geschichte ist durch den geringen Anteil an statischen Aussagen (11) im Vergleich zu den dynamischen Zustands- und Situationsveränderungen (57) stark ereignisorientiert. Die dynamischen (Figuren-)Handlungen sind von statischen Aussagen, sowie von zum Teil auch längeren Figurenreden durchsetzt. Die statischen Aussagen tragen innerhalb der biblischen Erzählung zur Handlungsentwicklung bei. Die in der Geschichte genannten Eigenschaftsaussagen, wie beispielsweise die Schönheit Batsebas (V.2e), die von David gesehen wird oder die Bekanntgabe ihrer Identität (V.3d), sind mehr als bloße Mittel zur Figurenbeschreibung, ihnen kommt darüber hinaus wesentliche Funktion für die Handlungsentwicklung zu. Dies ist typisch für biblische Erzählungen. „(D)iese Eigenschaften haben […] vor allem eine plot-orientierte Funktion in der Erzählung."[97]

Die dynamischen *Ereignisse* der „David, Batseba und Urija"-Erzählung wurden nach *Kernen* und *Satelliten* unterteilt, um die *Wichtigkeit der Handlungselemente* zu analysieren. Die Zuweisung findet sich in der Auflistung zu Beginn dieses Abschnitts. Wie bereits im vorigen Kapitel zu den „Analysekategorien der Handlung" problematisiert, erfolgt die Zuordnung bis zu einem gewissen Grad intuitiv, da sich aufgrund fehlender Kriterien die *Kerne* und *Satelliten* nicht trennscharf voneinander differenzieren lassen. Die folgenden Ergebnisse zur Bestimmung der Wichtigkeit einzelner dynamischer Aussagen für die *Handlung* sind unter dieser Voraussetzung zu verstehen und zu bewerten. Bei der Zuordnung wurden 19 dynamische *Ereignisse* als *Kerne* für die „David, Batseba und Urija"-Erzählung benannt. Diese sollen im Folgenden dazu verwendet werden, eine Zusammenfassung der Geschichte zu erstellen. Nach Finnern eignen sich solche Zusammenfassungen besonders, um praktisch zu überprüfen, welche *Ereignisse* einer *Geschichte* obligatorisch oder eher entbehrlich sind.[98]

Zusammenfassung unter Verwendung aller Kerne:
David sendet sein Heer unter Führung Joabs in den Krieg. David bleibt in Jerusalem und sieht vom Dach aus eine Frau, die sich wäscht. David findet die Frau sehr schön. Ihr Name ist Batseba und sie ist mit Urija verheiratet. David lässt die Frau nehmen und es kommt zum Koitus. Sie wird schwanger. David versucht den

---

[97] Müllner, Zeit, S. 12.
[98] Siehe Finnern, Narratologie, S. 297.

Ehebruch zu vertuschen, er befiehlt Joab, Urija vom Schlachtfeld zu sich zu holen. Trotz wiederholter[99] Aufforderungen Davids geht Urija nicht in sein Haus, sondern legt sich an den Palasteingang. David schreibt einen Brief an Joab, indem er ihn instruiert, Urija an eine hart umkämpfte Stelle zu stellen, damit er dort getötet wird. Urija stirbt. Joab sendet einen Boten zu David, der ihm alles berichten soll. David [reagiert nicht wie von Joab erwartet und] schickt den Boten mit einer Nachricht an Joab zurück. Urijas Frau hält die Totenklage für ihren Mann. Nach Ende der Trauerzeit nimmt David Urijas Frau in sein Haus auf. Davids Taten werden von JHWH verurteilt.

In dieser Zusammenfassung sind alle Kerne, die zuvor in der Analyse zur Wichtigkeit der Handlungselemente benannt wurden, aufgegriffen.[100] Zusätzlich mussten weitere statische Ereignisse hinzugenommen werden, um die Sinnlinie der Geschichte nachzeichnen zu können. Zu diesen zählen die Eigenschaftsaussagen zur Figur Batsebas, das (verknüpfte) Motiv des Todesbriefes mit der Angabe des Briefinhalts sowie die Zustandsaussagen zur Weigerung Urijas, in sein Haus zu gehen und das Urteil über Davids Taten durch JHWH. Erst durch den Hinweis, dass Batseba schön ist, wird Davids Begehren erklärbar und seine weitere Motivation verständlich. Auch die zweite Eigenschaftsaussage, welche die Informationen zur Identität der sich waschenden Frau liefert, ist essentiell für die weitere Handlung. Indem Batseba als Frau Urijas bezeichnet wird, offenbart sich die Beziehung zwischen David und der schönen Frau als eine Dreiecksbeziehung und ihr sexueller Akt präsentiert sich als Ehebruch. Ohne die Information, dass Batseba eine verheiratete Frau ist, wäre ihre Schwangerschaft weitaus unproblematischer und würde die in 2 Sam 11 erzählte Dramatik nicht auslösen. Es wird deutlich, dass die Handlung in dieser biblischen Erzählung nicht ausschließlich durch dynamische Aussagen vorangebracht wird, sondern auch statische Ereignisse konstitutiv für die Sinnlinie der Geschichte wirken.

---

[99] Zweimal versucht David Urija dazu zu bewegen, in sein Haus zu gehen (siehe V.7–12 und V.13). Beide Versuche bleiben ergebnislos. Dies wird durch die Zustandsaussage „Aber zu seinem Haus geht er nicht" in V.9b (wiederholt in wörtlicher Rede in V.10c.f.11g) und V.13f.
[100] Siehe die Auflistung am Anfang des Abschnitts S. 218–222.

In diesem Punkt wird die Grenze der binären Differenzierung von Chatmann, die die Unterscheidung von Barthes aufgreift, deutlich.[101] In der biblischen Erzählung sind neben den *Handlungskernen* auch *Eigenschafts-* oder *Zustandsaussagen* plot-orientiert. Trotz der Problematik bei der Durchführung der Analyse und der Benennung von wichtigen und die Sinnlinie tragenden Handlungselementen ermöglicht dieser Analyseschritt eine grundsätzliche Auseinandersetzung mit den handlungstragenden Elementen der *story* und zwingt zu deren Benennung. Die in der Analyse benannten *Kerne* haben sich in Kombination mit den statischen, am Plot orientierten *Ereignissen*, als handlungstragend erwiesen. Für den Vergleich zwischen der biblischen „David, Batseba und Urija"-Erzählung mit dessen Rezeptionen liegt durch die Analyse der Bedeutung einzelner *Ereignisse* und darin einhergehender Benennung der oben genannten, konstitutiven Handlungselemente ein Pool an handlungstragenden Elementen vor.

Nach der Benennung und Analyse der Handlungselemente richtet sich der Fokus nun auf die Untersuchung des *Nicht-Gewählten* innerhalb der Erzählung. Dieser Methodenschritte zielt darauf, der Erzähllogik sowie der Selektivität der Geschichte näher zu kommen, um sie schließlich als sinnhaftes Ganzes besser zu verstehen.

Wie bereits im vorigen Kapitel erwähnt, lässt sich der erste Modus der *Negation*, die „Nicht-Auswahl von Geschehensmomenten und Eigenschaften, die für die Geschichte irrelevant sind"[102], nicht auf Basis des (reinen) Erzähltexts ermitteln. Bei der Benennung dieser Art der Negation bedarf es der zusätzlichen Beachtung der Rezeptionsgeschichte.[103]

Der zweite Modus der *Negation* umfasst die Abweichung von nichtgewählten Momenten, beispielsweise in Form von traditionellen Sinnlinien, wie sie in Erzählmotiven vorkommen, von denen innerhalb der Geschichte abgewichen und welchen eben nicht entsprochen wird. Die in 2 Sam 11 aufgegriffenen Erzählmotive wurden bereits in der vorliegenden Arbeit in einem eigenen Exkurs ausführlich vorgestellt.[104] In der

---

[101] Sönke Finnern kommt zu der gleichen Bewertung. Die herkömmlichen Differenzierungen bei Chatman oder Barthes sind seiner Meinung nach zu simpel und bedürfen einer Überarbeitung, siehe Finnern, Narratologie, S. 298.
[102] Schmid, Elemente, S. 236. Auf die Übernahme der kursiven Schreibweise im Original wurde an dieser Stelle verzichtet.
[103] Siehe ebd., S. 236.
[104] Siehe dazu den Abschnitt „Exkurs: Erzählmotive in 2 Sam 11", S. 133–137.

„David, Batseba und Urija"-Erzählung kommen das Motiv der Badenden, das sich in 2 Sam 11 mit dem Motiv des altorientalischen Herrschers, der die Frau eines seiner Untertanen nimmt, verbindet, sowie das Motiv des Todesbriefes vor. Anhand dieser Erzählmotive in 2 Sam 11 hat Thomas Naumann in seinem Aufsatz „David als exemplarischer König" herausgearbeitet,[105] dass diese wesentlich von „traditionelle(n) Sinnlinien"[106] abweichen und sich der Sinn der Geschichte gerade nicht in den durch die Erzählmotive angedeuteten Linien erschließt.

In der Badeszene wird von der Erzählstimme das geprägte Erzählmuster vom Bad der schönen Frau, die dabei beobachtet wird, mit dem Motiv des Zugriffs eines Herrschers auf die Frau eines Untertanen verbunden und hinsichtlich des Motivausgangs variiert. Die traditionelle Sinnlinie, wie sie in der Josephserzählung in Gen 39 und in der Susannaerzählung in Dan 13 begegnet, beschreibt, dass das durch den Blick auslösende Begehren der Herrschenden nicht befriedigt wird. Im Unterschied dazu erreicht David das Ziel seines Verlangens, es kommt in 2 Sam 11 tatsächlich zum Ehebruch. Durch das Fehlen des traditionellen Motivausgangs wird in dieser Erzählung der Fokus auf die Figur David gerichtet, der als „Urheber solchen Tuns"[107] identifiziert und hervorgehoben wird.

Auch das Motiv des Todes- bzw. Urijasbriefes in 2 Sam 11 weist markante Unterschiede im Vergleich zu anderen altorientalischen Adaptionen des Motivs vom „Glückskind und dem Todesbrief" auf. Naumann zeigt auf, dass der Todesbrief in 2 Sam 11 von den vorgegebenen Erzählmustern teilweise erheblich abweicht. Ein sehr markantes Beispiel dafür ist die Bewertung des Briefüberbringers, denn der Träger des Briefes ist in den traditionellen Sinnlinien der eigentliche Held der Geschichte. Nach Naumann, der die Adaptionen des Todesbriefes in der sumerischen Legende Sargons von Akkade sowie der „Bellerophontessage" in Homers „Ilias" untersucht hat, ist der Held der Geschichte der Briefüberbringer und zugleich ein Rivale um die königliche Macht, der schließlich als zukünftiger Herrscher hervorgehen wird.[108] Der gegenwärtige Herr-

---

[105] Vgl. Naumann, David, S. 136-167.
[106] Schmid, Elemente, S. 237.
[107] Naumann, David, S. 146.
[108] Nach dem Märchenforscher Johannes Schick, der erstmals die unterschiedlichen Adaptionen des Erzählmotivs unter der Formulierung vom „Glückskind mit dem Todesbrief" subsumiert hat, zählen folgende Elemente: das Glückskind, „das ein böser Gegner zu vernichten trachtet; alle seine Machinationen werden jedoch vereitelt, auch

scher tritt als Briefschreiber auf und „bildet nur negativ die dunkle Folie einer vergehenden Herrschaft."[109] Die Unterschiede zur Adaption in 2 Sam 11 sind prägnant. Das Todesbriefmotiv nimmt dort nur einzelne Züge des „traditionellen" Erzählmotivs auf und variiert diese. Der Tod des Briefüberbringers, der Tod Urijas, stellt innerhalb der vielen Variationen des Plots ein Unikat dar. Als „gezielte Destruktion"[110] des Erzählmotivs vom „Glückskind mit dem Todesbrief" wertet Naumann die Darstellung des Todesbriefes in 2 Sam 11, die einzig darauf ziele, die „Untaten Davids noch schärfer hervortreten zu lassen"[111]. David und nicht der Überbringer des Briefes, Urija, wird somit fokussiert und wie Naumann herausstellt, als despotischer Herrscher charakterisiert.[112]

Wie eben dargestellt, weichen die in 2 Sam 11 aufgegriffen Erzählmotive einerseits wesentlich von den traditionellen Sinnlinien ab. Es werden beispielsweise nur einzelne Elemente der jeweiligen Motive aufgegriffen, andere wesentliche Bestandteile werden ausgelassen wie beispielsweise die Rettung des Briefüberbringers im Kontext des Todesbriefmotivs. Andererseits wird der Fokus durch die Abweichung von den „traditionellen" Erzählmotiven in 2 Sam 11 auf die Hauptfigur David gelegt und die Figur näher charakterisiert.

Der dritte Modus der *Negation*, den Schmid als *„aufzuhebende Negation"*[113] bezeichnet, umfasst nicht-gewählte Momente, die trotz ihrer Abwesenheit zur Geschichte gehören, indem sie eine Lücke auf der Sinnlinie schließen. Nach Schmid stellt häufig die Handlungsmotivation der Hauptfigur eine solche *Negation* dar. Auch in 2 Sam 11 wird die Motivation Davids, die für seine Handlungen leitend ist, nicht exemplifiziert. Darin lässt sich eine leitende *Negation* des dritten Typus erkennen. Antworten auf zentrale Fragen zu Davids Motivation fehlen in der gesamten Erzählung wie beispielsweise: Warum blieb David in Jerusalem? Was fühlt, denkt und nimmt David bei seinem Blick auf die sich waschende Frau

---

die letzte, ebenso ruchlos wie schlau erdachte: das verfolgte Kind soll einen Brief bestellen, der seinen eigenen Tod befiehlt; durch glückliche Fügung des Schicksals, durch das Eingreifen von Freunden eines lieben Mädchens, oder höherer Mächte gereicht ihm aber der Todesbrief zum höchsten Glück". Schick, Glückskind, S. 9.
[109] Naumann, David, S. 144.
[110] Ebenda.
[111] Ebd., S. 145.
[112] Siehe ebd., S. 144f.
[113] Schmid, Elemente, S. 237.

wahr? Welche Emotionen, Gedanken oder Ängste kommen David, als er von der Schwangerschaft erfährt? Welche Motivation und Gedanken gehen dem Todesbrief, den David initiiert und verfasst, voraus?

Mit diesem Hinweis zum dritten Modus der *Negation* endet die zu den Lesenden in Relation stehende Analyse zum *Nicht-Gewählten* in 2 Sam 11. Als eine wesentliche Erkenntnis daraus lässt sich die Fokussierung auf die Figur Davids benennen, wie sie aus der Analyse der Erzählmotive und ihren jeweiligen Abweichungen von den traditionellen Sinnlinien herausgearbeitet wurde. Die Adaptionen des Todesbriefmotivs, des Motivs der Badenden und des Herrschers, der sich der Frau eines seiner Untertanen bemächtigt, wie sie in 2 Sam 11 vorkommen, unterscheiden sich teilweise erheblich von den vorgegebenen Erzählmustern. Dadurch wird die Figur David fokussiert und als fehlbarer Herrscher charakterisiert und stilisiert. „Die Differenz von erwartbarem Fortgang und tatsächlich erzähltem Ereignis schafft einen Kontrast, der den negativen Eindruck der Taten Davids verstärkt."[114] Durch die fehlende Darstellung der Handlungsmotivation Davids, die eine markante *Negation* des dritten Modus darstellt, wird dieser Eindruck verstärkt.

Nach der Analyse der Handlungselemente, ihrer jeweiligen Wichtigkeit sowie der Frage nach dem Nicht-Gewählten werden nun die Figuren und ihre Bedeutung für die Handlung thematisiert. Die Untersuchung beginnt damit, die *Figuren als Handlungsträgerinnen und Handlungsträger* zu benennen und wahrzunehmen, worauf die Analyse der *Dynamik des Figurenhandelns* folgt. Wesentlich wird die Handlung durch das Handeln der beiden Hauptfiguren David und Urija beeinflusst. Aus der Auflistung der Handlungselemente am Anfang dieses Abschnittes und der Bestimmung ihrer Wichtigkeit mit der Zuweisung von *Kernen* und *Satelliten* wird bereits ersichtlich, dass der Figur David wesentliche *Handlungselemente* zugewiesen sind. Neun der insgesamt 19 *Kern-Elemente* sind dieser Figur zugeordnet. Urija, der zweiten Hauptfigur neben David, werden fünf zugewiesen.

Davids Handeln, das Aussenden seines Heeres unter dem Heerführer Joab (V.1b), sein Verbleiben in Jerusalem sowie sein Blick auf die sich waschende Frau konstituieren eine Dramaturgie, die die Grundlage für das weitere Geschehen bildet. Davids Handlungsmotivation stellt, wie gezeigt, eine aufzuhebende *Negation* dar: Sie wird innerhalb der Erzäh-

---

[114] Naumann, David, S. 163.

lung nicht expliziert, sondern muss von den Lesenden erschlossen werden. Auch Urijas Handeln erweist sich für die Handlung als essentiell. Durch seine entschiedene Weigerung, in sein Haus zu gehen (V.9b.10c.f.13f), vereitelt er Davids Vertuschungsversuch, worauf der König reagieren muss. An dieser Stelle deutet sich bereits die *Dynamik der Figurenhandlungen* an. Um Redundanzen zu vermeiden, werden daher im Folgenden die beiden Schritte – *Figuren als Handlungsträgerinnen und Handlungsträger* und die *Dynamik des Figurenhandelns* – zusammen vorgestellt.

Der erste Schritt, um die *Dynamik des Figurenhandelns* heraus zu arbeiten, besteht in der Zerlegung der Handlung in eine Sequenz aus einzelnen Handlungszügen. Diese *moves* sind der Figurendomäne zugehörig und an die Perspektive der jeweils handelnden Figur gebunden. Die folgende Grafik stellt ausgehend von der *move-grammar* Thomas Pavels die *moves* der „David, Batseba und Urija"-Erzählung dar, die die Handlung als ein Geflecht aller *moves* in ihrer Gesamtstruktur abbildet.

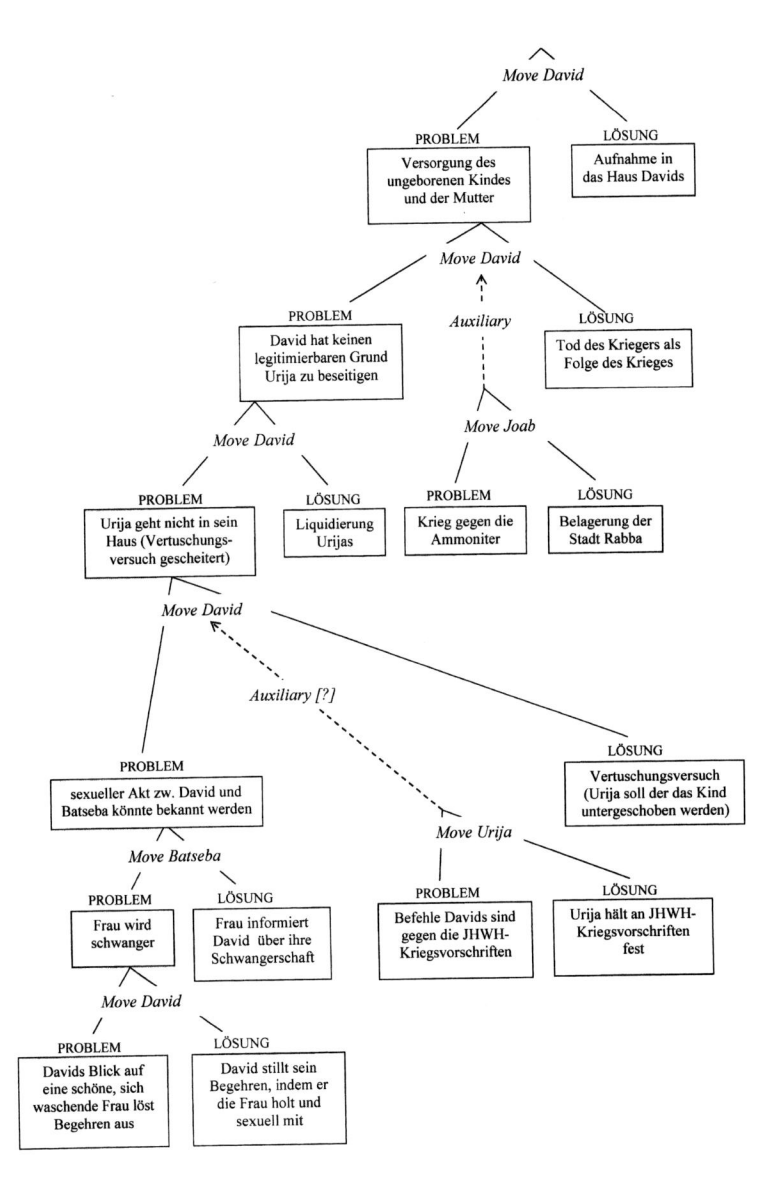

```
                              Move David
                             /      \
                      PROBLEM        LÖSUNG
                   Versorgung des   Aufnahme in
                  ungeborenen Kindes das Haus Davids
                   und der Mutter
                              Move David
                             /    ↑    \
                      PROBLEM  Auxiliary  LÖSUNG
                   David hat keinen    Tod des Kriegers als
                   legitimierbaren Grund  Folge des Krieges
                   Urija zu beseitigen
                  Move David           Move Joab
                 /        \           /        \
          PROBLEM        LÖSUNG   PROBLEM      LÖSUNG
       Urija geht nicht in sein  Liquidierung Krieg gegen die Belagerung der
       Haus (Vertuschungs-      Urijas       Ammoniter       Stadt Rabba
       versuch gescheitert)
            Move David
                ←
                    Auxiliary [?]
          PROBLEM                                              LÖSUNG
       sexueller Akt zw. David und                         Vertuschungsversuch
       Batseba könnte bekannt werden                       (Urija soll der das Kind
                                        Move Urija         untergeschoben werden)
          Move Batseba
         /         \
      PROBLEM     LÖSUNG           PROBLEM              LÖSUNG
    Frau wird   Frau informiert  Befehle Davids sind  Urija hält an JHWH-
    schwanger   David über ihre  gegen die JHWH-      Kriegsvorschriften
                Schwangerschaft  Kriegsvorschriften   fest
          Move David
         /         \
      PROBLEM     LÖSUNG
   Davids Blick auf  David stillt sein
   eine schöne, sich Begehren, indem er
   waschende Frau löst die Frau holt und
   Begehren aus     sexuell mit
```

Abb. 2 Sam 11 als move-Struktur (nach T. Pavel)

Aus der Darstellung wird deutlich, innerhalb der „David, Batseba und Urija"-Erzählung treten neben den beiden Hauptfiguren David und Urija folgende Figuren als Handlungsträgerinnen und Handlungsträger auf: Batseba, Joab, (Bote)[115]. Der *move* einer Figur löst auf der nächst höheren Ebene ein weiteres Problem aus, auf das wiederum eine der Figuren reagiert. Der erste *move*, am Ausgang der Handlung ist der Figur David zugeordnet. Dieser Ausgangs-*move* wird durch Davids Blick auf die sich waschende Frau initiiert und löst bei ihm Begehren nach der Frau aus. Dies ist zugleich die Motivation seines Figurenhandelns, er stillt sein Begehren, indem er die Frau zu sich holt und sexuell mit ihr verkehrt. Der Geschlechtsverkehr bleibt nicht folgenlos. Aus der Perspektive der Figur Batsebas stellen der Beischlaf und die sich daraus ergebene Schwangerschaft ein immenses, existentielles *Problem* dar, weil sie eine verheiratete Frau ist, deren Mann fernab von ihr im Krieg kämpft. Aus verschiedenen Handlungsoptionen (Schwangerschaftsabbruch durch Suizid, Flucht usw.) wählt sie als *Lösung*, die Benachrichtigung Davids über ihre Schwangerschaft. Aus der Perspektive Davids besteht das *Problem* der Schwangerschaft Batsebas darin, dass der Geschlechtsverkehr zwischen beiden bekannt wird. Der Davidfigur stehen unterschiedliche Handlungsoptionen offen: Verleugnung der Vaterschaft und Diffamierung Batsebas als Ehebrecherin, Vertreibung Batsebas oder Veranlassung des Zwangsabbruchs der Schwangerschaft. David reagiert jedoch auf dieses Problem, indem er versucht, seine Vaterschaft des im Ehebruch gezeugten Kindes zu vertuschen, indem er Urija als Vater initiiert.

Urija wird von David nach Jerusalem bestellt. Dort befiehlt der König Urija, in sein Haus zu gehen und seine Füße zu waschen. Letzteres stellt im Hebräischen eine zweideutige Formulierung dar, das Nomen רגל kann sowohl die Füße bezeichnen als auch das männliche Geschlechtsorgan. Damit kann dies als Aufforderung zum ehelichen Beischlaf verstanden werden. Urija steht hierbei vor dem Problem, dass der Befehl Davids seinem Selbstverständnis als Krieger entgegensteht, der sich an die JHWH-Kriegsvorschriften hält, die beispielsweise den (ehelichen) Geschlechtsverkehr während der Kriegszeiten verbieten.[116] Urija hat in die-

---

[115] Da Boten in biblischen Erzählungen eine dramaturgische Funktion zukommt, wird dieser in der weiteren Analyse der *Figurenhandlungendynamik* nicht berücksichtigt.

[116] Aufgrund der ambigen Darstellungsweise lassen sich neben dieser Charakterisierung Urijas als integer weitere Motivationen bestimmen, die seine Weigerung, in sein Haus zu gehen, erklären. Siehe dazu ausführlich die Figurenanalyse zu Urija, S. 490–493.

ser Situation mindestens zwei Handlungsoptionen: Entweder er folgt dem königlichen Befehl (er geht in sein Haus) oder er weigert sich, was durch das Festhalten an den JHWH-Kriegsvorschriften erklärbar ist. Für letzteres entscheidet sich die Figur, wodurch sich für die Davidfigur wiederum ein *Problem* ergibt. Durch die Weigerung Urijas, in sein Haus zu gehen, misslingt Davids Vertuschungsversuch. An dieser Stelle hat David mehrere Handlungsoptionen, wovon er zwei vollzieht. Nach der ersten Nacht, in der Urija nicht in sein Haus gegangen ist, versucht David ihn erneut dazu zu bewegen, indem er ihn zum Trinken verführt (V.13d: „machte ihn betrunken"). Diese Handlungsoption führt nicht zur gewünschten *Lösung* von Seiten Davids, dem Gelingen des Vertuschungsversuchs, sondern erfordert ein erneutes Handeln des Königs.

Die zweite Handlungsoption, nachdem der erste Vertuschungsversuch Davids gescheitert ist, stellt die Liquidierung Urijas dar. Dabei ergibt sich für David das *Problem*, dass er keinen legitimierbaren Grund hat, Urija zu beseitigen. Als eine von verschiedenen *Lösungen* eröffnet sich für die Davidfigur die Möglichkeit, dass der Krieger Urija im Kampf fällt. Dadurch wäre sein Tod kausal erklärbar als Kriegsopfer und zugleich stünde der Tod nicht explizit im Zusammenhang mit der Figur Davids, worauf die räumliche Distanz zwischen David (Jerusalem) und dem Kampfgeschehen vor Rabba hinweist. Diese Möglichkeit der Liquidierung ergibt sich aus der Perspektive Davids nur durch den unterstützenden Handlungsstrang (= *Auxiliary*), der den *move* Joabs umfasst. Dieser sieht sich mit dem *Problem* konfrontiert, von David beauftragt zu sein, in Abwesenheit des Königs das Heer gegen die Ammoniter in den Krieg zu führen. Als Umsetzung dieser Aufgabe wählt Joab die Belagerung Rabbas, der Hauptstadt der Ammoniter.

Davids *move*, den Krieger Urija im Krieg sterben zu lassen, wird innerhalb der Erzählung in Form des Todesbriefs dargestellt, wodurch Joab beauftragt wird, den Tod Urijas auszuführen. Angesichts dieses königlichen Befehls steht Joab vor der Handlungsalternative, dem Befehl Davids zu gehorchen bzw. diesen zu verweigern. Weitere Handlungsoptionen wären ebenfalls denkbar, wie beispielsweise den Todesbrief zu veröffentlichen, um den Tod Urijas nicht vollziehen zu müssen oder zu behaupten, der Brief sei nicht angekommen oder derart verderbt, dass er unleserlich sei. Der Oberbefehlshaber von Davids Heer befolgt jedoch den königlichen Befehl, sodass Urija stirbt.

Durch seinen Tod geraten Batseba und das ungeborene Kind in eine sozial prekäre Situation, was wiederum ein *Problem* für David darstellt.

Dieser löst es, indem er Batseba in sein Haus aufnimmt und ihre sowie die Versorgung des ungeborenen Kindes sicherstellt. Damit hat David scheinbar alle *Probleme* gelöst. Innerhalb des Figurenhandelns treten keine neuen Handlungsoptionen auf, allerdings ist die Wertung JHWHs in V.27f hier noch nicht erfasst. Darin sehe ich ein Problem der Methodik. JHWH tritt in V.27f als Figur auf und ist Teil der erzählten Welt in 2 Sam 11. Durch den Kommentar der Erzählstimme wird deutlich, dass die Dignität zum einen Anteil an der Handlung hat, indem sie als Figur etabliert wird, die erzählten Ereignisse wahrnimmt und diese wertet. Zum anderen wird durch den evaluativen Kommentar der Erzählstimme deutlich, dass diese durch die Etablierung JHWHs als Figur eine ethische Instanz etabliert, die über den Figuren sowie der Erzählstimme selbst steht. Damit beeinflusst JHWH das Handeln der in der erzählten Welt vorkommenden Figuren sowie die Dynamik ihres Handelns wesentlich. Dies wird bereits in 2 Sam 11 zweifach deutlich: In der Selbstheiligung Batsebas in V.4e wird die Sphäre von Reinheit und Unreinheit aufgriffen, die wesentlich mit der Partizipation am Kult zusammenhängt. Beate Ego verweist wie folgt darauf: „Ausgangspunkt für die Vorstellung von rein und unrein ist die Heiligkeit des Tempels. Um dieser Heiligkeit des Tempels zu entsprechen, müssen alle Menschen und Dinge, die in Kontakt mit dem Heiligtum stehen, im Zustand der Reinheit sein."[117] Damit ist der Zustand der Reinheit erstrebenswert und eine Voraussetzung für die Nähe Gottes und seinen Segen bzw. zugleich die Grundbedingung, sich dem Göttlichen zu nähern.[118]

Auch das Festhalten Urijas an den JHWH-Kriegsvorschriften (V.11) als eine Erklärung für die Weigerung, in sein Haus zu gehen, lässt sich als eine weitere Auswirkung JHWHs auf das Figurenhandeln und ihre Dynamik auffassen.

Die Einordnung von Urijas *move* in die *move-grammar* nach Pavel gestaltete sich als schwierig und ist problematisch. Sein *move* stellt keinen unterstützenden Handlungsstrang für David dar, sondern vielmehr korrespondiert er mit der ethischen Wertung JHWHs am Erzählschluss und bildet eine Kontrastierung zur Figur David und ihren Figurenhandlungen.

Trotz der genannten Schwierigkeiten, die Theorie von Pavel auf biblische Texte anzuwenden, gibt es klare Vorteile. Zum einen werden die

---

[117] Ego, Art. Reinheit, 2.
[118] Vgl. ebd., 1.

Handlungszüge aus der Perspektive der verschiedenen Figuren bestimmt sowie ihre jeweils eigenen Handlungsziele benannt. Diese reagieren innerhalb des Wechselspiels der gesamten, sich kontinuierlich verändernden dynamischen Gesamtkonstellation. Bei der Analyse der *move*-Struktur in 2 Sam 11 wird diese Dynamik offenbar. Das Figurenhandeln Davids ist nicht losgelöst von den anderen Figuren zu verstehen, sondern wesentlich von der dynamischen Gesamtkonstellation beeinflusst. An dieser Stelle werden nicht nur die Interdependenzen des Figurenhandelns deutlich, sondern auch die Handlungsstruktur hinsichtlich ihrer Kontingenz befragt. Der suggerierte Eindruck, die Figur David habe innerhalb der Geschichte eine handlungsleitende Position, wird abgeschwächt. Ebenso wird den Erkenntnissen der noch folgenden Raumanalyse sowie der Figurenanalyse zu David, woraus der König als „Lenker der Figuren" hervorgeht, eine weitere Facette hinzugegeben. Neben David agieren andere Figuren – Batseba, Urija und Joab – und nehmen dabei ebenfalls Einfluss auf die Dynamik der Handlung. Dies ist eine wesentliche Stärke des *move-grammar* nach Pavel im Vergleich zu den eher normativen Figurentypologien wie beispielsweise die von Algirdas Greimas.

Nachdem die Erzählung hinsichtlich der Figuren und ihre Bedeutung für die Handlung untersucht wurde, soll im Folgenden die Darstellung der Handlung unter dem *zeitlichen Aspekt* der Dauer analysiert werden. Ausgehend vom Erzähltempo und der Bestimmung von Sequenzen, in denen die Erzählstimme gerafft oder gedehnt das Geschehen erzählt und somit ihre Akzentuierung vornimmt, soll der Sinn der Erzählung, wie er nach Schmid aus der Handlung ableitbar ist, erschlossen werden. Eine ausführliche Darstellung der Bestimmung des Erzähltempos in der „David, Batseba und Urija"-Erzählung ist in der vorliegenden Arbeit im Kapitel zur Zeitanalyse von 2 Sam 11 zu finden. Die folgenden Ausführungen fassen die Ergebnisse der Zeitanalyse zusammen und bündeln diese unter dem Aspekt der Handlungsanalyse.

Das Erzähltempo der *ersten Szene* (V.1) ist hoch. Am Anfang der Erzählung gibt die Erzählstimme Informationen zur zeitlichen Situierung, den beiden Hauptschauplätzen und den ihnen jeweils zugeordneten Figuren in komprimierter Weise. Zustand- oder Eigenschaftsaussagen werden dabei ausgespart.

Auch in der folgenden *zweiten Szene* (V.2–5) bleibt das Erzähltempo insgesamt hoch, Ausnahmen bilden dabei die vier Eigenschaftsaussagen in V.2e, V.3d, V.4e und V.5e. Das zunächst zeitraffende Erzählen in V.2a–d verlangsamt sich schlagartig in V.2e, und zwar bei der Benennung der Schönheit der sich waschenden Frau. Diese deskriptive Pause dient als Mittel zur Betonung der Schönheit dieser Frau. Im Anschluss daran wird in V.3a–b die Handlung rasch weitergeführt. Das zeitraffende Erzählen wird durch die direkte Rede in V.3d, in der die Lesenden über die Identität der Frau informiert werden, unterbrochen. Durch den Wechsel des Erzähltempos wird der Inhalt der direkten Rede in V.3d als wesentlich für den Erzählinhalt herausgestellt. Im Anschluss daran herrscht in V.4a–d.f ein sehr hohes Erzähltempo vor. Die Erzählstimme stellt den dort erzählten Gewaltakt ausschließlich in Form einer Aneinanderreihung von Ereignissen dar. Auf Zustands- oder Eigenschaftsaussagen wird verzichtet, es finden sich keine Darstellungen zu den Motivationen, Emotionen oder Gedanken der handelnden Figuren. Lediglich die Eigenschaftsaussage in V.4e unterbricht diese zeitraffende Passage durch den Hinweis: „sie aber hatte sich (gerade) gereinigt von ihrer Unreinheit". Am Beginn von V.5 begegnet wieder eine zeitraffende Erzählweise, wobei sich das Erzähltempo zunehmend verlangsamt. Am Ende des Verses wird in der direkten Rede Batsebas in V.5e, die zu einer Verlangsamung der Erzählgeschwindigkeit führt, die Aufmerksamkeit der Lesenden auf die zwei folgenreichen Schlussworte הרה אנכי gelenkt.

Auch zu Beginn der *dritten Szene* (V.6–13) wird weiterhin zeitraffend erzählt. In dieser Szene finden sich erstmals innerhalb der Erzählung längere (dialogische) Figurenreden, die dazu führen, dass sich das Erzähltempo zunehmend im Verlauf der Szene verlangsamt. Die direkte Rede in V.8b–c enthüllt Davids Plan (רד לביתך ורחץ רגליך). Das verlangsamte Erzähltempo in der direkten Rede deutet auf die Wichtigkeit dieser beiden Imperative hin. Mit V.10 beginnt ein weiterer Dialog zwischen den Figuren David und Urija, der in den folgenden zwei Versen weitergeführt wird. Die Begegnung und der Austausch der beiden Erzählfiguren geschehen fast ausschließlich in direkter Rede, die durchsetzt ist mit Zustandsaussagen.[119] Dies führt zu einer Verlangsamung des Erzähltempos, die Erzählweise ist gedehnt. Im Anschluss an V.12 erhöht sich das Er-

---

[119] Siehe die obige Darstellung zur Bestimmung der Ereignisse. Insgesamt finden sich in der der Figurenrede V.10–12 sechs Zustandsaussagen in V.10c.e.f, V.11b.c.e–f.

zähltempo in der Darstellung des gemeinsamen Abends von David und Urija in Jerusalem, bis die zeitraffende Erzählweise abrupt durch die Zustandsaussage in V.13f, „Aber zu seinem Haus ging er nicht", unterbrochen wird. Durch diese (deskriptive) Pause wird Urijas Weigerung, sein Haus zu betreten, betont.[120]

Die *vierte Szene* (V.14–25) ist durch repetitives Erzählen geprägt. Viermal wird in dieser Szene erzählt, dass Urija stirbt (V.15.17.21.24). Ebenso oft werden die Kampfhandlungen um die Einnahme der Stadt Rabba erwähnt (V.15.16–17.19–20.23–24). Durch dieses repetitive Erzählen wird sowohl die Schwere der Tat Davids besonders hervorgehoben als auch das Erzähltempo verlangsamt.[121] Auch die hohen Anteile an Figurenrede innerhalb dieser Szene führen zur Verlangsamung der Erzählgeschwindigkeit. Nach Schmid ist das Geschehen in Bezug auf die Geschichte gedehnt, womit diese erzählte Episode von erhöhter Relevanz innerhalb der Gesamthandlung ist.[122]

Die *fünfte Szene* (V.26f.), in der die Erzählstimme ausschließlich das Geschehen wiedergibt und keine Figurenrede zu finden ist, ist zeitraffend dargestellt. Während in V.26 die Erzählgeschwindigkeit moderat hoch ist, erhöht sich das Erzähltempo innerhalb der Verse V.27b–e, in denen die Ereignisse von Batsebas Aufnahme in Davids Haus und ihre Heirat sowie die Geburt von Batsebas Sohn geschildert werden. Das sehr hohe Erzähltempo wird durch den analeptischen Kommentar der Erzählstimme in V.27f abrupt abgelöst.

Aus der Analyse der Erzählgeschwindigkeit (*Dauer*) lassen sich die Passagen ermitteln, in denen das Geschehen gerafft bzw. gedehnt erzählt wird. Zunächst lassen sich die fünf Szenen ihrer Tendenz nach differenzieren: Die dritte und vierte Szene sind gedehnte Episoden. Sie weisen Deskriptivität und eine niedrige Erzählgeschwindigkeit auf, basierend auf (vielen) Figurenreden und dem repetitiven Erzählstil.[123] Im Unterschied dazu sind die erste, zweite und fünfte Szene gerafft darstellt. Sie sind

---

[120] Siehe van der Bergh, Time, S. 507.
[121] Eine weitere Erkenntnis der Zeitanalyse besagt, dass der Vergleich der beiden ersten Berichte vom Kampfgeschehen und Tod Urijas in V.15b und V.16–17 eine Verlangsamung des Erzähltempos erkennen lässt. Siehe hierzu S. 270.
[122] Siehe Schmid, Elemente, S. 235.
[123] Auch in der dritten Szene lässt sich ein repetitiver Erzählstil nachweisen. Mehrfach findet sich der Hinweis, dass Urija (nicht) in sein Haus geht: V.8b.9b.10f.13f. Siehe dazu die Ergebnisse der Raumanalyse in der vorliegenden Arbeit S. 290–295.

überwiegend in einem hohen Erzähltempo gehalten. Während in den gedehnten Passagen viele Ereignisse mit statischer Funktion, vor allem Zustandsaussagen zu finden sind, kommen diese in den gerafften Erzählsequenzen nur vereinzelt vor. Dies korrespondiert mit der Auffassung von Schmid, wonach in den gerafften Episoden ein hohes Maß an Selektivität vorherrscht. Dies lässt sich anhand der zweiten Szenen verdeutlichen. In V.4 herrscht ein extrem hohes Erzähltempo vor, mit nur 11 Worten wird ein Gewaltakt erzählt, der die Ereignisse vom Aussenden nach der Frau über den sexuellen Akt bis hin zur Rückkehr der Frau in ihr Haus umfasst. An dieser Stelle wir die Selektivität des Geschehens besonders drastisch deutlich. Die Erzählstimme reiht die *dynamischen Ereignisse* (Figurenhandlungen) aneinander, ohne jegliche *statische Ereignisse* wie *Zustandsbeschreibungen* in Form von Wertungen oder Introspektion einzubeziehen.

Anhand der zweiten Szene lässt sich zudem feststellen, dass den statischen Aussagen innerhalb von gerafften Passagen eine besondere, hervorgehobene Bedeutung zukommt. Viermal wird das hohe Erzähltempo innerhalb von V.2–5 (zum Teil abrupt) durch Eigenschaftsaussagen verlangsamt, die sich jeweils als Plot-orientiert und für die weitere Handlung als essentiell erweisen. Es handelt sich um folgende Eigenschaftsaussagen: Benennung der Schönheit der sich waschenden Frau in V.2e, die Bekanntgabe ihrer Identität (Name und Ehestatus) in V.3d, ihre Reinigung von der Unreinheit als Kontrastierung gegenüber Davids Handlung in V.4e sowie die Schwangerschaftsfeststellung in V.5e.

Am Ende der Analyse der *Handlungsdarstellung* unter dem zeitlichen Aspekt steht der Versuch, den Sinn der Erzählung, d. h. nach Schmid die Akzentuierung der Erzählstimme auf Basis der Selektivität der Ereignisse, die sich aus dem Wechsel von Raffung und Dehnung bzw. dementsprechend aus dem Wechsel von hoher und niedriger Selektivität ergibt, zu eruieren. Demnach kommt der vierten Szene innerhalb der Handlung eine herausragende Bedeutung zu, denn diese Handlungssequenz ist eine gedehnte Passage, in der das eigentliche Thema des Abschnitts, der Tod Urijas, mehrfach erzählt wird. Der Tod Urijas wird repetitiv erzählt und zwar sowohl von der Erzählstimme (V.17) als auch figural perspektivisch (David: V.15c–g [proleptisch]; Joab: V.21e–f; Botenbericht: V.23b–24c). Somit lässt sich festhalten, das Geschehensmoment, dem innerhalb der „David, Batseba und Urija"-Erzählung die höchste Bedeutung zukommt, stellt der vierfach erzählte Tod Urijas dar. Dieser „Sinn der Erzählung"[124] kann als eine wesentliche Erkenntnis aus der Analyse des zeitlichen Aspekts im Rahmen der Handlungsanalyse angesehen werden.

In der folgenden Untersuchung sollen nun die *Handlungsenden* in 2 Sam 11 analysiert werden, wobei zunächst Erzählanfang und Erzählende benannt werden. Die Exposition umfasst den gesamten V.1 und rahmt zusammen mit dem Erzählschluss in V.27f das Geschehen:

> V.1a–e Und es geschah zur Wiederkehr des Jahres, zu der Zeit, wenn die Könige ausziehen. David sendete Joab und seine Diener mit ihm und ganz Israel. Sie verderbten die Söhne Ammons und belagerten Rabba. Aber David blieb in Jerusalem.
> [...]
> V.27f Aber schlecht war die Sache, die David getan hatte, in den Augen JHWHs.

Formal beginnt die Erzählung in V.1a mit zwei auf aufeinander folgenden, kalendarischen Zeitangaben, die jeweils ein iteratives Ereignis benennen. Die zweite Zeitangabe לעת צאת המלאכים ist in einem militärischen Kontext zu verstehen, wodurch das folgende Geschehen unter einem kriegerischen Aspekt gesehen und gelesen werden muss.[125]

Auf die zeitliche Determinierung in V.1a folgen in V.1b–e mehrere Raumangaben, die, intentional und zugleich kunstvoll gestaltet, ein äußerst komplexes Raumgefüge bilden.[126] Im Erzählanfang werden die beiden Hauptschauplätze, (um) Rabba und Jerusalem, explizit benannt, die den räumlichen Hintergrund für die gesamte Handlung darstellen. Eine Erkenntnis der Raumanalyse von 2 Sam 11, wie sie in der vorliegenden Arbeit herausgestellt ist, stellt die strikte Trennung der beiden Hauptschauplätze dar.[127] Dies geschieht u. a. durch die Zuweisung von Figuren

---

[124] Schmid, Elemente, S. 236.
[125] Siehe Bar-Efrat, Das zweite Buch Samuel, S. 106f; Müllner, Samuel, S. 534.
[126] Der kunstvolle Aufbau wird beispielsweise durch die Überleitung zu den folgenden Ereignissen im Anschluss an den Erzählanfang erkennbar. In V.1e richtet sich, nachdem die Handlung zuvor in Rabba situiert worden ist (V.1c–d), der Fokus zurück auf Jerusalem durch die Nennung des Aufenthaltsortes Davids. Jerusalem dient auch in der folgenden Szene (V.2–5) als Handlungsraum.
[127] In diesem Zusammenhang erweist sich das Leitwort שלח als konstitutiv. Erstmals kommt das Bewegungsverb im Erzählanfang in V.1b vor. Dabei ist auffällig, dass es erwähnt wird und zwar bevor erstmals ein Ort in der Erzählung erwähnt wird. Von wo

bzw. Figurengruppen zu den jeweiligen Hauptschauplätzen, wie sie ebenfalls im Erzählanfang vorgenommen wird: Joab, Davids Dienstleute sowie ganz Israel werden in V.1b dem Kriegsschauplatz Rabba zugeordnet, während David in V.1e dem Hauptschauplatz Jerusalem zugewiesen ist. Die Gegenüberstellung der zwei voneinander getrennten Räume findet innerhalb der Erzählung an herausragender Stelle statt. Diese Räume werden bereits im Erzählanfang konstituiert und so basiert die folgende Handlung auf dieser räumlichen Gegenüberstellung.

Der Anfang der Erzählung in 2 Sam 11 weist ein erhöhtes Maß an Expositionalität auf, die Lesenden werden langsam in das Geschehen eingeführt. Dies liegt zum einen daran, dass der Erzähltext bezogen auf die erzählte Handlung *ab ovo*, d. h. von „Anfang" an beginnt und zum anderen wesentliche Informationen bereits im Erzählanfang genannt werden wie z. B. die Nennung der Hauptfigur und der beiden Hauptschauplätze.

Der Erzählanfang konstituiert zwei parallele Handlungsstränge. Erkennbar wird dies auf der sprachlichen Ebene durch den Wechsel in der Erzählfolge vom Imperfekt consecutivum zum Afformativ, wodurch die Ereignisse des Kampfes gegen die Ammoniter sowie die Belagerung Rabbas nicht mit dem Ereignis ודוד יושב בירושלם linear fortgesetzt werden. Diese Simullepse weist darauf hin, dass in 2 Sam 11,1 zwei parallel stattfindende Handlungsstränge entworfen werden, die aufgrund der Linearisierung von Ereignissen nur nacheinander dargestellt werden können.[128]

Zwischen Erzählanfang und Erzählschluss der „David, Batseba und Urija"-Erzählung besteht aufgrund der Ambiguität von V.27f, die aus den unterschiedlichen Möglichkeiten für die Determination des Wortes דבר resultiert, eine inhaltliche Verbindung. Die nicht determinierte „Sache", die schlecht in den Augen JHWHs ist, ließe sich demnach als Davids Verbleiben in Jerusalem auffassen, fern ab von seinem Heer, das im Auftrag seines Königs in den Krieg zieht.[129]

Die Festlegung des Erzählschlusses ist nicht alternativlos. Wird auf der Ebene der Geschichte nach dem Schicksalen der Hauptfiguren und der Lösung des Grundkonflikts gefragt, wäre das Erzählende, die so ge-

---

die Bewegung ausgeht, wird erst nachträglich am Ende des Verses in V.1e erzählt. Siehe dazu S. 283f.

[128] Siehe Lahn / Meister, Erzähltextanalyse, S. 290.

[129] Entgegen der Auffassung von Bar-Efrat, der das bloße Verbleiben Davids in Jerusalem nicht (negativ) wertet, siehe Bar-Efrat, Das zweite Buch Samuel, S. 107.

nannte *closure* als Auflösung der Handlung bereits in V.27a–e erreicht. Wie die Analyse der Dynamik des Figurenhandelns gezeigt hat, löst der Blick Davids auf die sich waschende Frau das Grundproblem – Davids Begehren nach der Frau – aus. David kann dieses Problem lösen, sieht sich jedoch durch ihre Schwangerschaft mit einem weiteren Problem konfrontiert. Auch für Batseba stellt die Schwangerschaft, die den Ehebruch offenbar macht, ein existenzielles Problem dar.[130] Nach den gescheiterten Vertuschungsversuchen, dem Tod Urijas und der Trauer Batsebas um ihren Mann, nimmt David diese in sein Haus auf (V.27c), nimmt sie zur Frau (V.27d) und sie gebärt ihm einen Sohn (V.27e). Die in V.27c–e dargestellten Ereignisse lösen die Konflikte der beiden Figuren David und Batseba auf, die Handlung kommt zu einem scheinbaren *happy end*. Doch es folgt der eigentliche Erzählschluss in V.27f, der in Form eines Erzählerkommentars Davids Handeln beurteilt. Die Erzählstimme disqualifiziert Davids Tun, indem sie JHWH als Figur etabliert und der Dignität die Wertung zuschreibt. Dadurch wird ein Wertesystem etabliert, dem sich König David unterordnen muss.[131] Der Erzählerkommentar in 2 Sam 11,27f, der die Figurenperspektive JHWHs wiedergibt, ist die erste und einzige explizite Wertung innerhalb der Gesamthandlung, die den Lesenden in die Hand gegeben wird. Aus den genannten Gründen ist offensichtlich, dass der Schlusssatz in V.27f hervorgehoben ist. Da die Erzählung nicht mit dem scheinbaren *happy end* in V.27e schließt, sondern JHWHs Urteil in V.27f mit in die Geschichte einbezieht, handelt es sich um ein offenes Ende, das zum Nachdenken anregt. Unterstützt wird dies zum einen durch die Ambiguität des Kommentars. Das Nomen „Sache", das dem Figurenhandeln Davids zugeordnet ist und von JHWH verurteilt wird, kann, wie bereits erwähnt, sich sowohl auf Davids Fernbleiben beim Krieg (V.1) als auch auf seinen Ehebruch (V.4), die Tötung Urijas (V.15) oder, wie in der Perspektivenanalyse aufgezeigt, auf das Wertesystem Davids (V.25) beziehen. Gleichzeitig wird durch dieses offene Ende der in V.27c–e erreichte „Ruhepunkt" verlassen und erneut Spannung erzeugt. Das Urteil JHWHs verlangt geradezu nach einer Sanktionierung Davids.

---

[130] Siehe die Ergebnisse in der Perspektivenanalyse zu Batseba, S. 160–162.181f.
[131] Siehe Bar-Efrat, Bibel, S. 29f. Siehe ebenso die ausführliche Darstellung des Erzählkommentars in der vorliegenden Arbeit im Rahmen der Analyse der Erzählstimme und der Perspektive, S. 178–181.

Der Erzählschluss ist vor allem im Anschluss an das scheinbare *happy end* in V.27c–e für die Lesenden zwar überraschend, jedoch aufgrund der erzählten *Ereignisse* erwartbar. Wie in der Analyse zur Figur David ausführlich dargestellt, erweist sich die „David, Batseba und Urija"-Erzählung als Bruch innerhalb der Samuelbücher hinsichtlich der Figurenbeschreibung Davids. In der Lesefolge der Samuelbücher wird David bis 2 Sam 9 als Figur etabliert, die von allen geliebt, militärisch und politisch erfolgreich ist sowie in einer besonderen Beziehung zu JHWH steht.[132] Mit dem Wendepunkt in 2 Sam 11 werden die Lesenden mit neuen, negativ konnotierten Facetten des David-Bildes konfrontiert: David als Ehebrecher und Mörder. Bar-Efrat weist darauf hin, dass die Ereignisse sachlich dargestellt, aber mit Ausnahme des Erzählschlusses nicht bewertet werden. Ebenso werden die Emotionen und Motivationen der Figuren nicht (explizit) erzählt. Indem der Erzählschluss eine Wertung vornimmt und Davids Handeln negativ deutet, werden die Lesenden bei der Beurteilung der erzählten Ereignisse und vor allem der Bewertung der Figur Davids unterstützt, womit ihren Erwartungen entsprochen wird.

4.5.5 Zusammenfassung

Die Handlungsanalyse von 2 Sam 11 soll im Folgenden mit einer Zusammenfassung der wichtigsten Erkenntnisse daraus abgeschlossen werden. Für die „David, Batseba und Urija"-Erzählung lassen sich eine Vielzahl an *Handlungselementen* bestimmen. So umfasst die für 2 Sam 11 erstellte Auflistung 57 *Handlungselemente*, die überwiegend als dynamische Aussagen präsentiert werden und fast ausschließlich Figurenhandlungen darstellen. Eine Ausnahme bildet die Nennung der Schwangerschaft Batsebas in V.5a, die als *Geschehnis* gewertet wird. Die Handlungselemente sind überwiegend ereignisorientiert.

Ausgehend von dieser Bestimmung der *Handlungselemente* in 2 Sam 11 sind diese auf ihre Wichtigkeit hin untersucht worden. Es konnten für die Erzählung 19 *Handlungselemente*, die sogenannten *Kerne,* die für die Handlung in 2 Sam 11 konstitutiv sind, separiert werden. In der Analyse hat sich gezeigt, dass zudem zwei *Zustandsaussagen*, die Weige-

---

[132] Zur Liebe in Bezug auf die Figur David siehe Naumann, Liebe, S. 51–83; Naumann, Beziehungen, S. 17–19. Die besondere Beziehung JHWH zu David wird vor allem durch die wiederkehrenden Phrase „JHWH sei mit David" ausgedrückt, siehe 1 Sam 18,12.14.28; 19,18–24; 22,6–23; 23,19–29; 24. 26.

rung Urijas, in sein Haus zu gehen (V.9b.10c.13f) sowie die Verurteilung von Davids Taten durch JHWH (V.27f) grundlegend für die Handlung sind. In diesem Zusammenhang ist darauf hinzuweisen, dass diese *Zustandsbeschreibungen* auf der Ebene der Erzählstimme (K II) liegen, wobei die überwiegende Anzahl an Zustandsbeschreibungen jedoch in den Figurenreden (K III und K IV) zu finden sind.

Wesentliche Funktionen für die Handlungsentwicklung kommen des Weiteren den beiden *Eigenschaftsaussagen* zu, der Aussage zur Schönheit Batsebas (V.2e) sowie dem Hinweis auf ihre Identität als Ehefrau Urijas (V.3d). In der Handlungsanalyse ist deutlich geworden, dass die Handlung in 2 Sam 11 nicht ausschließlich durch dynamische Aussagen vorangebracht wird, sondern auch statische Ereignisse in Form von *Eigenschafts- und Zustandsaussagen* konstitutiv für die Sinnlinie der Geschichte wirken. Auch der Todesbrief bzw. Urijabrief hat handlungsleitende Funktion. Als *verknüpftes Motiv* ist es für den Fortgang der Handlung unmittelbar kausal notwendig.

In der folgenden Darstellung werden alle konstitutiven Elemente der Handlung in der „David, Batseba und Urija"-Erzählung abschließend zusammengefasst:

Nr.	Handlungselement Kurzbeschreibung	Vers	Zuordnung
1	David sendet Joab, seine Diener mit ihm und ganz Israel aus	V.1b	Kern
4	David bleibt in Jerusalem	V.1e	Kern
7	David sieht eine Frau sich waschen	V.2d	Kern
	Die Frau ist von sehr schönem Aussehen	V.2e	Eigenschaft
	Waschende Frau wird als Batseba, Tochter Eliams, Frau Urijas identifiziert	V.3d	Eigenschaft
12	David lässt sie nehmen	V.4b	Kern
14	David liegt bei ihr	V.4d	Kern
16	Frau wird schwanger (Geschehnis)	V.5a	Kern
20	David sendet zu Joab	V.6a	Kern
22	Urija kommt zu David	V.7a	Kern
27	Urija legt sich an den Eingang des Palastes	V.9a	Kern
	Aber zu seinem Haus stieg er nicht hinab	V.9b.10c	Zustand

Nr.	Handlungselement Kurzbeschreibung	Vers	Zuordnung
32	Urija bleibt in Jerusalem	V.12d	Kern
	Aber zu seinem Haus stieg er nicht hinab	V.13f	Zustand
37	Urija geht aus dem Palast, um sich auf sein Lager bei (den) Dienern seines Herren zu legen	V.13e	Kern
38	David schreibt einen Brief an Joab	V.14b	Kern
	Motiv des Todesbriefes: Wiedergabe des Briefinhalts	V.15c–g	verknüpftes Motiv
40	Joab stellt Urija an die gefährdete Stelle	V.16b	Kern
44	Urija stirbt	V.17d	Kern
45	Joab sendet aus	V.18a	Kern
50	Bote berichtet David alles	V.22c	Kern
52	David spricht zum Boten	V.25a	Kern
53	Frau hält Totenklage für ihren Ehemann	V.26c	Kern
55	David nimmt Urijas Frau in sein Haus auf	V.27c	Kern
	JHWH verurteilt Davids Taten	V.27f	Zustand

Die hier genannten konstitutiven *Handlungselemente* stellen, wie gezeigt, ein Konglomerat dar aus den benannten *Kernen* sowie den statischen, am Plot orientierten *Ereignissen* in Form von *Zustand-* und *Eigenschaftsaussagen* sowie dem (verknüpften) *Motiv* des Todesbriefs. Damit liegt ein Pool an handlungstragenden Elementen vor, der für den Vergleich zwischen der biblischen „David, Batseba und Urija"-Erzählung mit deren literarischen Rezeptionen hinsichtlich der Handlung angewendet werden kann.

Im Rahmen der Analyse der *Handlungselemente* wurde basierend auf der Unterscheidung der *Negationen* nach Schmid auch das *Nicht-Gewählte* in 2 Sam 11 bestimmt. Der zweite Modus der Negation bezeichnet das Aufgreifen von Ansätzen traditioneller Sinnlinien in der Geschichte, denen jedoch nicht komplett gefolgt wird, sondern von denen an gewissen Punkten als konventionellen Erzählmustern abgewichen wird. Dieser Modus der Negation findet sich in 2 Sam 11 in den adaptierten Erzählmotiven wieder. Das Todesbriefmotiv beispielsweise weicht, wie gezeigt, in einigen markanten Punkten von den konventionellen Erzählmustern ab und unterscheidet sich in wesentlichen Punkten von den übrigen Adaptionen des Motivs vom „Glückskind mit dem Todesbrief".

Die Variationen der Erzählmotive, die uns in 2 Sam 11 begegnen, zielen darauf, die Figur David zu fokussieren und den König exemplarisch als fehlbaren Herrscher zu charakterisieren.

Als weitere Hauptkategorie der Handlungsanalyse wurde neben den *Handlungselementen* auch die Bedeutung der Figuren für die Handlung untersucht. Die Figuren David, Urija, Batseba, Joab sowie der Bote fungieren als *Handlungsträger* bzw. *Handlungsträgerin*. Den Hauptfiguren David und Urija sind die meisten konstitutiven *Handlungselemente* zugewiesen. Während David als *Handlungsträger* von neun *Kern*-Elementen auftritt, werden Urija fünf solcher Elemente zugewiesen. Präzisiert und teilweise relativiert ist diese Beobachtung durch die Erkenntnisse aus der Analyse der *Dynamik des Figurenhandelns*: Das Figurenhandeln Davids lässt sich nicht losgelöst von den anderen Figuren verstehen, sondern ist wesentlich beeinflusst von einer sich kontinuierlich verändernden, dynamischen Gesamtkonstellation. Der erste *move* ist der Figur David zugeordnet. Sein Blick auf die sich waschende Frau erweckt sein Begehren nach der schönen Frau. David findet aus seiner Perspektive eine Lösung für das Grundproblem: er nimmt sich die Frau und verkehrt sexuell mit ihr. Davids Handlung initiiert eine Reihe weiterer Probleme, die wiederum durch ihn sowie durch andere Figuren gelöst werden. Daran knüpfen weitere Erkenntnisse der Handlungsanalyse an. Zum einen wird offensichtlich, dass die anderen Figuren neben David ebenfalls handlungsleitende Funktion haben. Ihnen sind *moves* zugewiesen, womit ihnen ein Einfluss auf die Handlungsdynamik zugesprochen wird. Zum anderen sind in der Analyse die Interdependenzen des Figurenhandelns aufgezeigt sowie die Handlungsoptionen benannt, die einer Figur angesichts eines Problems, mit dem sie konfrontiert ist, offenstehen.

Neben der Analyse der *Handlungselemente* und des Zusammenhangs von Figuren und Handlung stellt die dritte Hauptkategorie die Untersuchung der *Handlungsdarstellung* dar, worunter die Analyse des *zeitlichen Aspekts* sowie der *Handlungsenden* subsumiert ist. In 2 Sam 11 lässt sich basierend auf der Untersuchung der Relation von *Erzählzeit* und *erzählter Zeit* ein Wechsel von Raffung und Dehnung feststellen. Die dritte und vierte Szene (V.6–13; V.14–25) weisen einen hohen Redeanteil und einen repetitiven Erzählstil auf. Die Erzählgeschwindigkeit ist insgesamt niedrig, es handelt sich um eine gedehnte Erzählweise. Im Unterschied dazu herrscht in der ersten, dritten und fünften Szene (V.1; V.2–5; V.26–27) ein hohes Erzähltempo vor, die Erzählweise ist gerafft. Es finden sich nur wenige Zustandsaussagen. Durch die repititive Darstellung von Urijas Tod handelt es sich bei der vierten Szene um eine gedehnte Passage, die aufgrund des Wechsels von Raffung und Dehnung aus der Handlung herausragt. Der vierfach erzählte Tod Urijas ist somit das Ereignis, dem innerhalb der „David, Batseba und Urija"-Erzählung die höchste Bedeutung zukommt.

Die *Handlungsenden* stellen einen eigenen Untersuchungsschwerpunkt dar und charakterisieren die Handlung von 2 Sam 11 als äußerst kunstvoll gestaltete Komposition. In dem kurzen, einen Vers umfassenden (!) Erzählanfang wird die fiktionale Welt mit ihren eigenen Gesetzen und Figurenkonstellationen (z. B. Monarchie; Kriegsdienst etc.) etabliert und die beiden Hauptschauplätze Jerusalem und Rabba räumlich sind so konstruiert. Zugleich werden durch die disparaten Räume und ihre in der Einleitung festgelegte Trennung zwei Handlungsstränge gelegt. Die Handlung endet mit einem doppelten Erzählschluss. Wie in der Handlungsanalyse ausführlich dargestellt, wird das scheinbare *happy end* in V.26b–27e durch den Erzählerkommentar in V.27f die Verurteilung von Davids Taten durch JHWH ersetzt. Damit endet die „David, Batseba und Urija"-Erzählung mit einer expliziten Wertung gegenüber David, die letztlich beeinflussend auf das Urteil der Lesenden wirkt.

4.6 Zeit

> *Die Zeit ist wie Ton in den Händen des Autors, der sie formt, wie es ihm gefällt, so dass sie schließlich ein integraler Bestandteil des Gesamtkunstwerkes ist. Die Gestaltung der Zeit in der Erzählung ist funktional und nicht zufällig oder beliebig.*[1]

Aus diesem Grund erweist sich eine Analyse der Zeit für jede biblische Erzählung und so auch für die „David, Bathseba und Urija"-Erzählung als lohnend und weiterführend.[2] Zunächst bedarf es jedoch einer Sensibilisierung gegenüber diesem Phänomen. Denn die alltägliche Zeitkonstruktion ist derart verbreitet, dass sie meist oberflächlich als gegebene Größe aufgefasst wird. Im Alltag ist die Rede von „Zeitplanung", „Zeitverschwen-

---

[1] Bar-Efrat, Bibel, S. 156.
[2] Jean Louis Ska bewertet die Zeit sogar als *„basic category"* innerhalb einer Erzählung. Ska, Introduction, S. 7.

dung", „Das Rennen der Zeit", „zeitlos", um nur einige der vielen „Zeit"-Ausdrücke zu nennen. Der *Zeit* kommt eine scheinbare Omnipräsenz zu, sie wird gemessen, geplant, verplant, es wird sich sogar um sie gesorgt.[3]

> Seit mehr als hundert Jahren belehren uns Ethnologen und Sprachwissenschaftler darüber, daß die Zeit in der uns vertrauten Form, in der wir sie als Fließen und Verfließen, als einen aus der Zukunft in die Vergangenheit gerichteten Prozeß vorstellen, keine anthropologische Konstante sei, sondern ein Kulturprodukt, indem sie von verschiedenen Völkern und Kulturen und zu verschiedenen Zeiten unterschiedlich aufgefaßt werde.[4]

Aus diesem Grund ist es notwendig, nicht nur einen Einblick in die Erzähltheorie zu dieser Kategorie zu geben, sondern sich zunächst dem kulturell geprägten Zeitverständnis, das den biblischen Erzähltexten zugrunde liegt, zu nähern und dies gegenüber dem gegenwärtigen Zeitverstehen zu profilieren.

4.6.1 Annäherung an das Phänomen Zeit

Eine grundlegende Voraussetzung, um sich dem Phänomen *Zeit* zu nähern, stellt m. E. die Auffassung dar, *Zeit* nicht als „Gegebenes", sondern etwas Konstruiertes, das kulturell geprägt ist, zu betrachten. Aber wie lässt sich diese Konstruktion, das Zeiterleben beschreiben? Die meisten Zeitgenossinnen und Zeitgenossen differenzieren ganz selbstverständlich in unterschiedliche Möglichkeiten der Zeitwahrnehmung und zeitlichen Organisation ihres Lebens: Neben zyklische Zeitpunkte wie z. B. Geburtstage treten in sich begrenzte Zeitabschnitte wie Schwangerschaft oder Krankheit.[5] Darüber hinaus hat sich die zeitlich-lineare Vorstellung von Vergangenheit, Gegenwart und Zukunft, die man messen und einteilen kann, etabliert. Diesen laienhaften Zeitvorstellungen ist eine wissenschaftlich reflektierte Zeitwahrnehmung gegenüberzustellen. Die Philosophin Karen Gloy unterscheidet in drei verschiedene Typen von *Zeit* – das *„subjektive Zeiterleben"*, die *„Handlungszeit"* sowie die *„mathema-*

---

[3] Siehe Gloy, Art. Zeit, S. 504.
[4] Gloy, Zeit, S. 9.
[5] Siehe Gloy, Art. Zeit, S. 504.

tische Zeit" – und setzt diese in Form eines Schichtenmodells zueinander in Beziehung.[6]

Das *subjektive Zeiterleben* basiert auf persönlichen Dispositionen. Der momentane Zustand oder die Gefühlslage (z. B. Trauer, Vorfreude, Hochstimmung o. ä.) können das Zeiterleben beschleunigen oder verlangsamen. Zudem besteht eine Abhängigkeit gegenüber den erlebten Inhalten und deren Bedeutung für das Ich, wobei zwischen Interesse und Desinteresse zu unterscheiden ist. Als dritten bestimmenden Faktor benennt Gloy die allgemeine Einstellung des Menschen gegenüber der Zeit. Dabei unterscheidet sie zwischen Menschen,

> die peinlich genau sind und sich bei der kleinsten Zeitverschiebung, beim Vor- oder Nachgang einer Uhr, beunruhigt und irritiert fühlen, weil sie ihre Existenz an den äußeren Gang der Uhrzeit binden, und es gibt andere, phlegmatische, die sich um Zeitpunkte und Zeitspannen nicht kümmern, denen es nicht darauf ankommt, ob sie zehn oder zwanzig Minuten später zu einer Verabredung erscheinen.[7]

Das individuelle *subjektive Zeiterleben* kommt in den zwei Grundmodifikationen der Verlangsamung und der Beschleunigung vor, deren Extreme Gloy als *Zeitstillstand* und *Weitung zum Raum* bezeichnet.[8]

Von dem individuellen *subjektiven Zeiterleben* ist die intersubjektive *Handlungszeit* zu unterscheiden, die sich von der menschlichen Lebenserfahrung ableitet und das Zusammenwirken mehrerer (in Form von sozialen Gruppen oder staatlichen Gemeinschaften) voraussetzt. Es geht also um Zeiterleben im Zusammenleben von Menschen. „Sie kommt überall dort zum Tragen, wo es um Verabredung und Durchführung gemeinschaftlicher Aufgaben geht, beispielsweise um Jagd, Fischfang, Ernte,

---

[6] In ihrer Studie „Zeit. Eine Morphologie" nimmt Gloy eine Systematisierung der unterschiedlichen möglichen und entwickelten Zeitvorstellungen vor. Sie greift auf ein Schichtensystem zurück, das ausgehend von den sinnlich-leiblichen Formen des Zeitwahrnehmens über die praktisch Zugangsweise in Form von gestalteter Handlung bis zum kognitiven Zugang zurzeit, wie er in der Wissenschaft vorherrscht. Siehe Gloy, Zeit, S. 15f. Zur Hierarchisierung der Schichten siehe besonders Gloy, Art. Zeit, S. 511. Gloys Unterscheidung wurde mehrfach in exegetischen Untersuchungen adaptiert, siehe dazu: Schmidt, Zukunftshoffnung, S. 20–22; Geiger, Befreiung, S. 59–63.
[7] Gloy, Art. Zeit, S. 508.
[8] Siehe ebd., S. 508f.

Gericht, Beratung, Beschluß u. ä."[9] Die *Handlungszeit* ist somit an bestimmte Handlungsabläufe und Naturvorgänge gebunden und legt Beginn, Ende und Dauer einer Tätigkeit fest und gibt ihr dadurch eine Struktur.[10]

Unter dem dritten Typus vom Zeiterleben versteht Gloy „die homogenisierte, universelle, metrisierbare Zeit"[11], die sie als *mathematische Zeit* bezeichnet. Sie ist linear, unendlich und lässt sich auf der Grundlage von Homogenisierung und Iteration als beliebige Zeitgestalt verstehen, bei der eine einzige allumfassende Zeit etabliert wird, zu der strukturgleiche Zeitspannen in Relation stehen. Es entsteht somit eine unendliche Zahlenreihe, die stets erweiterbar und unterteilbar ist.[12] In diesem Zusammenhang ist nach Gloy bedeutsam, dass sich zwei Modelle der mathematischen Zeitauffassung entwickelt haben. Es handelt sich einerseits um das in der Antike bedeutende, zyklische System, welches durch einen Kreis symbolisiert wird und sich an dem Umlauf der Planeten orientiert. Andererseits wird die Zeit basierend auf einem beliebigen, subjektiven Maß aufgefasst als „gradlinig-einsinniges, bildlich durch den Zeitpfeil dargestellt, was für die Neuzeit, vor allem für die klassische newtonische Physik, charakteristisch ist"[13]. Die Ebene der *mathematischen Zeit* stellt die oberste Schicht innerhalb einer Morphologie der *Zeit* dar, in welche die beiden anderen Schichten – das *subjektive Zeiterleben* und die *Handlungszeit* integrierbar sind.[14]

Ausgehend von dieser philosophischen Unterscheidung des Zeiterlebens nach Karen Gloy soll im Folgenden die alttestamentliche Zeitwahrnehmung im Fokus der Untersuchung stehen. Dabei ist zu fragen, welche der von Gloy benannten Ebenen des Zeiterlebens sich für alttestamentliche Texte voraussetzen lassen. Mit welchen Begriffen und grammatikalischen Formen wird in der hebräischen Sprache Zeiterleben ausgedrückt? Welche Spezifika lassen sich diesbezüglich für das Phänomen *Zeit* in den alttestamentlichen Texten benennen?

---

[9] Gloy, Art. Zeit, S. 509.
[10] Siehe ebd., S. 509f. In diesen Zusammenhang stellt Gloy die eschatologische Zeit, die im Christentum den heilsgeschichtlichen Prozess benennt, der durch Anfang und Ende bestimmt ist und auf den Vollendungszustand im Eschaton abzielt. Ebd., S. 510f.
[11] Ebd., S. 511.
[12] Siehe ebd. S. 511.
[13] Ebenda.
[14] Siehe ebd., S. 511.

4.6.2 Zeiterleben und Zeitdarstellung in alttestamentlichen Texten

Ein grundlegender Unterschied besteht darin, dass es für den Begriff *Zeit* im abstrakten Sinn, den Karen Gloy mit der dritten Ebene, der *mathematischen Zeit* fasst, kein Äquivalent im Hebräischen gibt.[15] Stattdessen werden meist zur zeitlichen Situierung eines Ereignisses adverbiale oder präpositionelle Ausdrücke verwendet.[16] Daneben kann die Angabe von Zeitpunkten bzw. Zeitabschnitten nominal erfolgen, häufig durch die beiden Nomen עֵת oder יוֹם, die auch synonym verwendet werden.[17] Das Wort עֵת kommt innerhalb des Alten Testaments insgesamt 296 Mal vor und bezeichnet nach Ernst Jenni einen bestimmten Zeitpunkt bzw. allgemeiner eine bestimmte Zeit von oder für etwas.[18] Das Nomen יוֹם, der Tag, hat im Hebräischen auch die Bedeutung von „Zeitpunkt" bzw. „Zeitabschnitt", wodurch die Konnotation einer vorgegebenen zeitlichen Einheit im Nomen stets mitschwingt.[19] Aufgrund der Semantik der beiden Begriffe עֵת und יוֹם schließt Uta Schmidt, „dass Zeit in den (meisten) Texten des Ersten Testaments in Zeitpunkten und Zeitabschnitten wahrgenommen wird"[20].

Auch hinsichtlich des Zeitlagensystems der hebräischen Grammatik bedarf es einiger Vorbemerkungen. Die in der deutschen Grammatik grundlegende Begrifflichkeit und Unterscheidung von Vergangenheit, Gegenwart und Zukunft scheint für die alttestamentlichen Texte nicht vollkommen adäquat. „Erst das spätere Hebräisch entwickelt ein System der Bezeichnung der objektiven Zeitstufen (Ivrith: כתבתי ich habe geschrieben, אני כותב ich schreibe, אכתוב ich werde schreiben)."[21] In den althebräischen Texten lässt sich grundsätzlich zwischen dem Perfekt für abgeschlossene Handlungen und dem Imperfekt für unabgeschlossene

---

[15] Siehe Schmidt, Zukunftshoffnung, S. 21.
[16] Siehe Schwienhorst-Schönberger, Art. Zeit, 1.
[17] Ebd., 1.
[18] Siehe Jenni, Art. עֵת, Sp. 371. Im Anschluss an Jenni auch Schmidt, Zukunftshoffnung, S. 22, während Schwienhorst-Schönberger betont, dass beim Wort עֵת „weniger die Zeitdauer als vielmehr der Zeitpunkt eines Geschehens in den Blick" kommt und verweist auf die Phrase „zu jener Zeit", die eindeutig punktuell zu werten ist. Siehe Schwienhorst-Schönberger, Art. Zeit, 1.
[19] Siehe Jenni, Art. עֵת, Sp. 371. Im Anschluss an Jenni auch Schmidt, Zukunftshoffnung, S. 22.
[20] Schmidt, Zukunftshoffnung, S. 22.
[21] Jenni, Lehrbuch, S. 97.

Handlungen unterscheiden.[22] Es handelt sich hierbei weniger um „Tempora" als vielmehr um abgeschlossene oder unabgeschlossene Aspekte, die voraus- oder zurückschauend sowie dauerhaft oder punktuell verstanden werden können.[23] Dabei ist das Subjekt, aus dessen Perspektive betrachtet wird, richtungsweisend. Als Konsequenz daraus stellt Isa Breitmaier fest, dass „die Verbformen aus der deutschen Sprache, die von einer spürbaren Gegenwart ausgehen, hebräischen Texten nur begrenzt gerecht werden."[24]

Vom Imperfekt ist das Imperfectum consecutivum, der sogenannte Narrativ als „eigenes ‚Tempus'"[25] zu unterscheiden. In Form von ganzen Ketten aus Waw-Imperfekten, denen immer die Anfangsstellung im Satz zukommt, bildet der Narrativ das Grundgerüst der biblischen Erzähltexte.[26] Innerhalb der biblischen Erzählungen gilt es, den Stellen eine besondere Aufmerksamkeit zukommen zu lassen, an denen die Kette aus Waw-Imperfekten unterbrochen ist.

Für die Überlegungen zum Zeiterleben im biblischen Israel, welches sich in den alttestamentlichen Texten widerspiegelt, gehört grundlegend der Einbezug des kulturellen Kontexts. Die Lebensweise im antiken Israel war agrarisch geprägt. Die meisten Tätigkeiten waren dem Bereich der Landwirtschaft zugeordnet und sind somit wesentlich an bestimmte Zeiten gebunden.[27] Viele Feste des alten Israels zeugen davon, sie entstammen der bäuerlichen Lebenswelt und feiern in Anlehnung an die vegetativen, astronomischen und meteorologischen Zyklen die wesentlichen Etappen der agrarischen Produktion: den „Beginn der Gerstenernte im Frühjahr, im ‚Ähren'-Monat Abib (Mazzotfest), der Beginn der Weizenernte im Sommer (Wochenfest) und das Fest der Lese im Herbst"[28]. Als bestimmende zyklische Zeiteinheiten fungieren im biblischen Israel somit

---

[22] Siehe Jenni, Lehrbuch, S. 97. Jenni weist auf die herkömmliche, jedoch problematische Übertragung hin: „(D)as Perfekt bezeichne die abgeschlossene, das Imperfekt die unabgeschlossene Handlung und ordnet dementsprechend dem hebr. Perfekt die Bereiche des dt. Perfekts, Plusquamperfekts, Praesens perfectum, Futurum exactum, dem hebr. Imperfekt die Bereiche des dt. Futurum, Paesens imperfextum und der andauernden Handlung in der Vergangenheit zu." Ebd., S. 97f.
[23] Siehe Breitmaier, Hinführung, S. 10.
[24] Ebenda.
[25] Jenni, Lehrbuch, S. 98.
[26] Siehe ebd., S. 61, 70.
[27] Siehe Mathys, Art. Zeit, S. 521.
[28] Schwienhorst-Schönberger, Art. Zeit, 2.

das Jahr und der Tag.[29] Neben diesem zyklischen Zeitverständnis, das sich an der bäuerlichen Lebensweise orientiert, weist Hans-Peter Mathys auf ein weiteres Spezifikum alttestamentlichen Zeiterlebens hin. Die Zeitsouveränität sei, so Mathys, aufgrund des Fehlens von künstlichem Licht stark eingeschränkt, weshalb der Wahl eines Zeitpunktes für eine Handlung umso höhere Bedeutung zukam. Diese Auffassung findet sich auch in der alttestamentlichen Weisheit wieder, wie beispielsweise die Reflexionen über die Zeit in Koh 3,1–14, dem sogenannten „Gedicht von der Zeit", erkennen lassen.[30] Hierin lässt sich ein wesentlicher Unterschied zum heutigen Zeitverständnis sehen, das in den westeuropäischen Gesellschaften einerseits durch Zeitsouveränität bestimmt ist und andererseits statt der bestmöglichen Wahl des Zeitpunktes stärker durch den zeitlichen Aspekt der Qualität determiniert wird.[31]

Bereits Gerhard von Rad hat darauf verwiesen, das biblische Israel „konnte sich eine Zeit ohne ein bestimmtes Geschehen gar nicht denken; es kannte nur ‚gefüllte Zeit'"[32]. In den alttestamentlichen Texten wird die Zeit meist als strukturierte und „gefüllte Zeit" [33] aufgefasst, weshalb dies nach dem Schichtenmodell von Gloy eher der Ebene der *Handlungszeit* entspricht. Auch der genannte hebräische Begriff für *Zeit*, יוֹם mit seiner semantischen Ausrichtung als zeitliche Einheit unterstützt diese Auffassung. Den alttestamentlichen Texten ist somit eher die Vorstellung von *Handlungszeit* angemessen.[34]

---

[29] Siehe Mathys, Art. Zeit, S. 521.
[30] Siehe ebenda, ebenso Schwienhorst-Schönberger, Art. Zeit, 2: „Dem Menschen kommt es zu, die rechte Zeit zu erkennen und ihr durch angemessenes Handeln zu entsprechen (Sir 4,20: ‚Mein Sohn, achte auf die rechte Zeit!')."
[31] Siehe Breitmaier, Hinführung, S. 9. Im gegenwärtigen, öffentlichen Bewusstsein wird die Zeit, so Breitmaier, daran bemessen, wie sie gefüllt wird. Als Beispiel dafür führt sie folgende Unterscheidung an: „Wenn sich Menschen im mittleren Lebensalter viel um Haus und Garten und um ihre Bekanntschaften kümmern, müssen sie sich die Frage gefallen lassen, ob sie sonst nichts zu tun haben; Sie kommen in den Verdacht, ihre Zeit zu verschwenden. Wer arbeitslos ist, hat Zeit, die aber gesellschaftlich nicht ‚honoriert' wird." Breitmaier, Hinführung, S. 9
[32] Rad, Theologie, S. 113.
[33] Ebenda.
[34] Siehe Schmidt, Zukunftshoffnung, S. 22.

4.6.3 Erzähltheoretische Annäherung an die Kategorie Zeit

Die *Zeit* stellt neben dem *Raum* eine Grunddimension erzählter Welten dar.[35] Zugleich erweist sie sich, wie für jedes Geschehen gilt, im Akt des Erzählens selbst als zeitliches Phänomen.[36] Damit sind zwei wesentliche Aspekte der Erzählkategorie *Zeit* benannt, die Gegenstände des erzähltheoretischen Interesses sind.

Innerhalb der Erzählforschung haben sich zwei Schwerpunkte mit unterschiedlicher Ausrichtung etabliert.[37] Zum einen handelt es sich um texttypologische Überlegungen, bei denen die *Zeit* als Charakteristikum des Erzählens und somit der erzählten Welt im Fokus stehen. Unter diesem Forschungsschwerpunkt lassen sich neuere Entwürfe der kognitiven Erzähltheorie ebenso wie Einsichten der russischen Kompositionstheorie der 1920er subsumieren.[38] Im zweiten Schwerpunkt der erzähltheoretischen Forschung zur *Zeit* stehen zum anderen die Zeitrelationen zwischen Diskurs und Geschichte im Fokus des Interesses. Basierend auf der Feststellung, dass die Zeit der Geschichte, also jener Zeitraum des erzählten Geschehens, nicht stets sukzessive und linear, sondern verschiedenartig umgestellt, unterbrochen oder gezerrt erscheint.[39] Als maßgeblich für die Beschreibung dieser Abweichungen erwiesen sich die erzähltheoretischen Arbeiten u. a. von Günther Müller und Gérard Genette, in denen analytische Kategorien zur systematischen Beschreibung entwickelt wurden.

Die nachfolgende Darstellung zur erzähltheoretischen Kategorie der *Zeit* sowie die anschließende Analyse der Zeitstruktur der biblischen Erzählung von „David, Batseba und Urija" konzentrieren sich auf den zweiten Forschungsschwerpunkt, die Zeitrelationen zwischen Diskurs und Geschichte.

Innerhalb von Erzähltexten ist die temporale Kategorie geprägt von einer doppelten Zeit(lichkeit), denn die „Narration selbst nimmt Zeit in Anspruch. Und die Geschichte ist temporal strukturiert"[40]. Die für die Erzähltheorie fundamentale Unterscheidung zwischen *Erzählzeit* und *erzählter Zeit* geht auf Günther Müller zurück, der in den 1940er Jahren

---

[35] Siehe Dennerlein, Zeit, S. 151.
[36] Siehe Martínez / Scheffel, Erzähltheorie, S. 32.
[37] Siehe Scheffel u. a., Art. Time, 3.2.
[38] Siehe Dennerlein, Zeit, S. 150.
[39] Siehe ebd., 150f.; Scheffel u. a., Art. Time, 3.2.
[40] Müllner, Zeit, S. 8.

in einer Reihe von Aufsätzen diese Differenzierung und Begrifflichkeit etabliert hat.[41] Innerhalb seiner gesamten Konzeption der „Morphologischen Poetik" ist gerade dieser Aspekt bedeutsam und wirkmächtig geworden.[42]

Mit dem Begriff *Erzählzeit* wird die Dauer jeder Erzählung bezeichnet, also jene Zeitspanne, die eine Erzählung benötigt, um die geschilderten Ereignisse zu berichten. Meist wird die Dauer der Erzählzeit in Seitenzahlen angegeben, gelegentlich auch in Stunden oder Minuten, die benötigt werden, um die Erzählung vorzulesen. Da die biblische „David, Batseba und Urija"-Erzählung einen geringen Umfang hat, wird in der vorliegenden Arbeit die *Erzählzeit* durch die Anzahl der Wörter im MT erfasst.

Die *erzählte Zeit* unterscheidet sich wesentlich von der *Erzählzeit*, da sie der Ebene der Geschichte zugeordnet ist, denn sie bezeichnet jenen Zeitraum, den die Ereignisse innerhalb der Erzählung selbst in Anspruch nehmen. Es handelt sich somit um die Zeitspanne, über die sich die erzählte Geschichte innerhalb der erzählten Welt erstreckt. Die *erzählte Zeit* errechnet sich aus den zeitlichen Angaben, die in der Erzählung gemacht werden.[43]

Neben Müller hat sich vor allem Génette ausgiebig mit der Analyse der *Zeit* in Erzähltexten auseinandergesetzt. In seinem 1972 erschienenen „Discours du récit" führt er seine bisherigen Ansätze zusammen und entwickelt im Anschluss an das von Müller und dessen Schüler Eberhard Lämmert entworfene Vokabular ein komplexes und differenziertes Mo-

---

[41] Die Begriffe *erzählte Zeit* und *Erzählzeit* gehen auf Günter Müller zurück. Vgl. Müller, Erzählzeit, S. 198–212.

[42] Martínez und Scheffel werten Müllers Unterscheidung als „eine entscheidende Voraussetzung dafür […], die ‚Bedeutung der Zeit in der Erzählkunst' differenzierter zu erfassen". Martínez / Scheffel, Erzähltheorie, S. 33. Zur kritischen Auseinandersetzung mit Müllers Gesamtkonzeption der „Morphologischen Poetik" siehe Martínez / Scheffel, Erzähltheorie, S. 33; Lahn / Meister, Erzähltextanalyse, S. 28.

[43] Die Bestimmung der *erzählten Zeit* ist viel komplexer und schwieriger als die Festlegung der *Erzählzeit*. In biblischen Erzählungen lässt sich die erzählte Zeit meist nur spekulativ und vage bestimmen. Dabei erweisen sich temporale Ausdrücke als äußerst hilfreich. Diese können Hinweise auf die Dauer eines Ereignisses geben oder einen Zeitpunkt benennen, der wiederum mit einem anderen Zeitpunkt verbunden ist, einen Bezug zu diesem hat oder Bezug zu einem anderen Ereignis herstellen kann oder durch Präpositionen („von", „bis") miteinander verknüpft wird. Vgl. Bar-Efrat, Bibel, S. 158f.

dell für die Analyse von Zeitstrukturen in erzählenden Texten.[44] Die Terminologie, die Genette seinem Analysemodell zugrunde legt, ist aufgrund ihrer Präzision international in der Erzählforschung anerkannt und „gilt heute als eine Art *lingua franca* der Narratologie"[45]. Er unterscheidet die Zeitrelation zwischen Diskurs und Geschichte hinsichtlich der drei folgenden Punkte: *Ordnung, Dauer* und *Frequenz*.[46]

Unter der Kategorie *Ordnung* wird nach der Reihenfolge der dargestellten Ereignisse im Verhältnis zur ihrer Präsentation innerhalb der Erzählung gefragt. Die zentrale Frage dieser Kategorie lautet:

> Folgt der Erzähler auf der Diskurs-Ebene der ‚realen' Anordnung der Begebenheiten auf der Ebene der Geschichte (*ordo naturalis*), oder bietet er in seinem Bericht die Geschehnisse in einer künstlichen Ordnung dar, die den Erfordernissen des Erzählens angemessenen ist (*ordo artificialis*)?[47]

Hinsichtlich Letzterem unterscheidet Genette zwei Typen von Anachronien.[48] Zum einen handelt es sich um die *Prolepse*, bei der die Erzählstimme ein Ereignis vorausschauend erzählt, welches sich erst später ereignet. Unter dem Begriff *Analepse* versteht Genette „jede nachträgliche Erzählung eines Ereignisses, das innerhalb der Geschichte zu einem früheren Zeitpunkt stattgefunden hat als dem, den die Erzählung bereits erreicht hat"[49].

Ergänzend zu den beiden Anachronien *Prolepse* und *Analepse* und in Anlehnung an Genettes Terminologie kreieren Lahn und Meister als einen weiteren Anachronie-Begriff das Kunstwort *Simullepse*. Darunter verstehen die beiden parallel stattfindende Handlungen, die jedoch in der Erzählung nacheinander dargestellt werden.

Aus dem Verhältnis von *Erzählzeit* und *erzählter Zeit* lässt sich für die Erzählung als Ganzes oder auch für einzelne Teile das *Erzähltempo* bzw.

---

[44] Siehe Martínez / Scheffel, Erzähltheorie, S. 33.
[45] Lahn / Meister, Erzähltextanalyse, S. 138.
[46] Siehe Genette, Erzählung, S. 18.
[47] Lahn / Meister, Erzähltextanalyse, S. 138.
[48] Der Begriff *Anachronie* erweist sich nicht nur als Sammelbezeichnung für Prolepsen und Analepsen sondern Genette bezeichnet damit „sämtliche Formen von Dissonanz zwischen den beiden Zeitordnungen". Genette, Erzählung, S. 21.
[49] Ebenda.

die *Erzählgeschwindigkeit* bestimmen.[50] Diese Relation fasst Genette unter der Kategorie der *Dauer*.[51] In Anlehnung an Lämmert und Genette werden in der gegenwärtigen Erzähltheorie folgende fünf Grundformen[52] des *Erzähltempos* unterschieden:

erzählte Zeit ∞> Erzählzeit	Ellipse
erzählte Zeit > Erzählzeit	Zeitraffung
erzählte Zeit = Erzählzeit	zeitdeckendes Erzählen
erzählte Zeit < Erzählzeit	Zeitdehnung
erzählte Zeit <∞ Erzählzeit	deskriptive Pause

Abb. Die fünf Grundformen des Erzähltempos

Zeitraffung liegt dann vor, wenn die Dauer eines Geschehens in der *erzählten Zeit* wesentlich länger ist als die Dauer seiner Präsentation in der *Erzählzeit*. Die Informationsmenge bemisst sich hierbei verhältnismäßig eher gering. Als Extremform des *zeitraffenden Erzählens* gilt der Zeit-

---

[50] Aus den vielen narratologischen Arbeiten wird ersichtlich, wie fruchtbar die Untersuchung des Erzähltempos ist. Bei der Bestimmung des Verhältnisses von *Erzählzeit* und *erzählter Zeit* lässt sich sehr gut erkennen, welches relative Gewicht ein Abschnitt innerhalb einer Erzählung einnimmt. Davon ableitend können die Ergebnisse zu den einzelnen Abschnitten in Proportion zueinander gesetzt werden. Mit Hilfe des Vergleichs von *Erzählzeit* und *erzählter Zeit* kann der Schwerpunkt einer Erzählung herausgearbeitet werden. Es zeigt sich, je nachdem, wie detailliert einzelne Ereignisse dargestellt werden, welchen Stellenwert bzw. welches Thema im narrativen Text verfolgt wird. Siehe Bar-Efrat, Bibel, S. 157.

[51] Genette ersetzt die Bezeichnung *Dauer* in seinem 1983 veröffentlichen „Nouveau Discours du récit" durch den Begriff *Geschwindigkeit*. Siehe die deutsche Übersetzung des „Nouveau Discours du récit" zur *Zeit*: Genette, Erzählung, S. 191–193.

[52] Vgl. Lahn / Meister, Erzähltextanalyse, S. 146; Martínez / Scheffel, Erzähltheorie, S. 41–47 benennen die gleichen Grundformen der Erzählgeschwindigkeit, bieten für jede Grundform Beispiele an und schließen ihre Übersicht mit einem abweichenden Schema, siehe Martínez / Scheffel, Erzähltheorie, S. 47. Genette unterscheidet in vier Grundformen der Erzähltempos, wobei er die Ellipse und die deskriptive Pause als Extreme bezeichnet, die durch Szene und Summary als „mittlere Geschwindigkeiten" ergänzt werden. Siehe ebd., S. 59.

sprung, die sogenannte *Ellipse*. „Eine Ellipse liegt vor, wenn das Erzähltempo so stark beschleunigt wird, dass Zeiträume der erzählten Zeit übersprungen werden und somit gar nicht zur Darstellung kommen."[53] Unter dem *zeitdeckenden Erzählen* bzw. in der Terminologie Genettes als Szene bezeichnet, nähern sich *Erzählzeit* und *erzählte Zeit* an. Die Dauer der Erzählung und die Dauer des erzählten Geschehens weisen eine relative enge Korrelation auf. Es handelt sich um den Modellfall der *Isochronie*.[54]

Bei der *Zeitdehnung* scheint die Erzählung für die Lesenden, die sogenannte *Erzählzeit*, länger als das darstellte Geschehen, die *erzählte Zeit*. Als Extremfall des *zeitdehnenden Erzählens* benennt Genette die *Pause*. Bei dieser Form wird der Fortgang des Geschehens derart verlangsamt, dass bei den Lesenden der Eindruck entsteht, das Geschehen stehe still. Bei dieser Sonderform der *Zeitdehnung* wird der Fortgang der Handlung unterbrochen.[55] Die *deskriptive Pause* dient dazu, detaillierte Beschreibungen beispielsweise von Figuren oder Räumen zu liefern oder Kommentierungen vorzunehmen. Die Menge der erzählten Informationen ist daher vergleichsweise eher hoch.

Unter der dritten Kategorie *Frequenz*,[56] die von Genette in die Erzählforschung eingeführt wurde, fasst der Narratologe die Wiederholungsbeziehungen zwischen Erzählung und Geschehen zusammen.

> Ein Ereignis kann nicht nur eintreten, es kann erneut oder wiederholt eintreten: Die Sonne geht jeden Tag aufs Neue auf. Natürlich kann man bestreiten, dass diese vielen Einzelfälle im strengen Sinne identisch sind: ‚die Sonne', die jeden Morgen ‚aufgeht', ist nicht von Tag zu Tag exakt dieselbe.[57]

---

[53] Lahn / Meister, Erzähltextanalyse, S. 208.
[54] Ebd., S. 292, Martínez und Scheffel verweisen darauf, dass eine Isochronie, die annähernde Übereinstimmung von *Erzählzeit* und *erzählter Zeit,* nur dann vorliege, wenn die Erzählung nicht mehr erzählt, sondern szenisch dargestellt werde. Dies wäre beispielsweise in Dialogszenen durch die Figurenrede gegeben, wenn Einschübe der Erzählstimme ausgelassen würden. Es könne also keine „absolute Isochronie von Erzählung und Geschichte geben", dies sei aber für die analytische Praxis ohne Bedeutung. Martínez / Scheffel, Erzähltheorie, S. 41f.
[55] Siehe Lahn / Meister, Erzähltextanalyse, S. 279.
[56] Bei diesem Begriff handelt es sich um einen von Genette eingeführten Neologismus, siehe Genette, Erzählung, S. 73.
[57] Ebenda.

Nach Genette lassen sich vier grundlegende Typen von Frequenzbeziehungen differenzieren: „*Einmal erzählen, was einmal passiert ist*"[58]. Unter dieser Formel fasst Genette das *singulative Erzählen* zusammen, bei der die Singularität einer narrativen Aussage der Singularität des erzählten Ereignisses entspricht. Dies stellt innerhalb der Erzählungen den Regelfall dar. Darüber hinaus weist Genette darauf hin, dass der Singulativ unabhängig von der absoluten Zahl ist, er definiert sich durch die Gleichheit der Zahl. Aus diesem Grund fällt ebenfalls unter dem Typus des singulativen Erzählens die Variante: „*N-mal erzählen, was n-mal passiert ist*"[59]. Diese Sonderform bezeichnet Genette als *anaphorisches Erzählen*.

Von der singulativen Erzählung unterscheidet Genette die *repetitive Erzählung*, bei der ein Ereignis wiederholt bzw. öfter erzählt wird als es sich ereignet hat. Dieser Typus wird durch die Formel „*N-mal erzählen, was einmal passiert ist*"[60] zusammengefasst. Innerhalb einer Erzählung ziehen interne *Prolepsen* bzw. *Analepsen* meist repitititves Erzählen nach sich. Auch multiperspektivische Darstellungen, worunter Mehrfachdarstellungen eines einzigen Ereignisses aus der Perspektive verschiedener Erzählinstanzen wie Erzählstimme und Figuren zu verstehen sind, können repetitives Erzählen bedingen.

Als dritten Typus von Wiederholungsbeziehungen bezeichnet Genette das *iterative Erzählen*, das in folgender Formel gefasst wird: „*einmal* (oder besser: e*in einziges Mal) erzählen, was n-mal passiert ist*"[61]. In einer einzigen Aussage werden mehrere, vergleichbare Fälle abstrahierend zusammengefasst. Diese Form des wiederholenden Erzählens findet Anwendung, um einerseits Zeit einzusparen und andererseits die Lesenden vor sich wiederholenden, monotonen Handlungen zu bewahren.[62]

Durch die grundlegende Unterscheidung *Erzählzeit* und *erzählte Zeit*, die auf Müller zurückgeht und durch das komplexe und differenzierte Analysemodell von Genette, das auf den drei Grundformen der Zeitge-

---

[58] Genette, Erzählung, S. 73.
[59] Ebd., S. 74.
[60] Ebenda.
[61] Ebenda.
[62] Siehe Lahn / Meister, Erzähltextanalyse, S. 150. Somit werden Darstellungen wie „Montag bin ich früh schlafen gegangen, Dienstag bin ich früh schlafen gegangen, Mittwoch bin ich früh schlafen gegangen usw." durch iterative Formulierungen wie beispielsweise „an allen Tagen der Woche bin ich früh schlafen gegangen" ersetzt. Genette, Erzählung, S. 74f.

staltung – *Ordnung, Dauer* und *Frequenz* – basiert, liegt ein erzähltheoretisches Analyseinstrumentarium vor, das im Folgenden an der biblischen „David, Batseba und Urija"-Erzählung Anwendung finden soll.

4.6.4 Analyse der Zeitstruktur in 2 Sam 11

(a) Analyse des hebräischen Narrativs in 2 Sam 11

Den biblischen Erzählerinnen und Erzählern gelingt es in der Regel, Erzählungen so zu gestalten, „dass die Reihenfolge der erzählten Zeit der Erzählzeit entspricht"[63]. Dabei wird eine Zeitenfolge gewahrt, deren Ausgang in der Vergangenheit liegt und deren Richtung über die Gegenwart bis hin zur Zukunft fortgeführt wird. In biblischen Erzählungen deutet das konsekutive Waw auf eine aufeinander folgende Zeitordnung hin. Wird dieses Mittel nicht verwendet, kann meist davon ausgegangen werden, dass ein Ereignis chronologisch nicht unmittelbar an das vorhergehende folgt.[64]

Insgesamt kommt das Imperfekt consecutivum (-וַ) 69 Mal in 2 Sam 11 vor.[65] Darüber hinaus gibt es 15 Textstellen, an denen zwei Satzteile mit einer Waw-Verbindung (וְ) nebeneinander gestellt werden.[66] Bei näherer Betrachtung dieser Stellen fällt zweierlei auf. Zunächst handelt es sich meist um prominente Stellen, an denen die mit Imperfekt consecutivum aufgebaute Erzählfolge zugunsten einer „einfachen" Waw-Verbindung verlassen wird. So wird mit dem Waw eingeleiteten Teilsatz ודוד יושב בירושלם in V.1e die vorherige Erzählfolge, die durch Aneinanderreihen von Imperfekt consecutivum-Formen geprägt ist, unterbrochen und ein paralleler Handlungsstrang eingeführt.

---

[63] Bar-Efrat, Bibel, S. 181.
[64] Siehe ebd., S. 181f.
[65] „Das Imperfekt consecutivum drückt Handlungen aus, die als *zeitliche* oder *logische Folge* von unmittelbar zuvor genannten Handlungen betrachtet werden sollen. Am häufigsten wird das Imperfekt consecutivum als *erzählende Zeitstufe* verwendet." Neef, Hebräisch, S. 93.
[66] Vgl. 2 Sam 11,1e.2e.4e.7b (2-mal).9b.13f.15e.20a.c.21e.24c.25d.f.g. Davon nehmen die Waw-Verbindungen in V.9b und V.13f eine besondere Rolle ein, da es sich bei diesen beiden Stellen um verneinte Teilsätze handelt, die mit einem Waw eingeleitet werden. In der hebräischen Syntax gibt es keinen verneinten Narrativ, da im Hebräischen die Negation vor das Verb gestellt wird, dem Imperfekt consecutivum aber kein Satzteil vorausgeht.

In V.2e wird durch die Aussage, dass Batseba von sehr schöner Gestalt war, nachträglich eine Begründung für Davids Blick gegeben. Auch hier weist das einleitende Waw daraufhin, dass die folgenden Ereignisse chronologisch nicht direkt an das Vorausgegangene anschließen.

Als weiteren Beleg für die parallelisierende Funktion einer verwendeten Waw-Konstruktion kann der Beginn von V.20 betrachtet werden: ויהי אם־תעלה חמת המלך. Innerhalb der direkten Rede Joabs wird mit der Waw-Verbindung am Anfang von V.20a ein konsekutiver Fall eruiert, der zeitlich zum vorausgehenden (V.19c) zu lesen ist – wenn der Bote beim Berichten des Kriegsgeschehen den Zorn Davids erweckt, dann solle er, wie in V.20d–f beschrieben, handeln.

Darüber hinaus hat die „einfache" Waw-Verbindung an solchen Stellen Verwendung gefunden, die sich deutlich von dem vorher Gesagten abgrenzen wollen.[67] Dies sehe ich beispielsweise in V.4e: והיא מתקדשת מטמאתה. Dieser Teilsatz folgt einer Reihe von Handlungen, die jeweils durch das Imperfekt consecutivum miteinander verbunden sind: *„Und David sendete Boten und er ließ sie nehmen und sie kam zu ihm und der lag bei ihr"* (2 Sam 11,4a–c). Dieser Erzählfaden wird nun durch die folgende Waw-Nomen-Verbindung abrupt unterbrochen. Die Perspektive wechselt – weg von David – hin zur Frau. Verstärkt wird dieser Eindruck noch durch die verwendete Hitpael-Partizipialkonstruktion מתקדשת, die die Handlung nicht weiter voranbringt.[68]

(b) Die Zeitstruktur der ersten Szene

Die Erzählung in 2 Sam 11 wird mit zwei aufeinander folgenden, kalendarischen Zeitangaben in V.1 eingeleitet: „Und es geschah zur Wiederkehr des Jahres, zu der Zeit, wenn die Könige ausziehen". Diese temporalen Ausdrücke legen die erzählte Zeit am Anfang der Erzählung auf die Jahreszeit des Frühlings fest.[69] Diese beiden unkonkreten Zeitangaben

---

[67] Vgl. 2 Sam 11,1e.4e.21e.24c.
[68] Siehe Müllner, Blickwechsel, S. 353.
[69] Hentschel, Samuel, S. 45; Stoebe, Samuelis, S. 277; Ackroyd, Samuel, S. 100. Fritz Stolz datiert den Anfang der Ereignisse vom Auszug des Heeres, vom Kampf gegen die Ammoniter und die Belagerung in den Frühsommer nach der Regenzeit, die er von Oktober bis zum Spätregen im Mai ansetzt. Siehe Stolz, Samuel, S. 236. Auch Silvia Schroer datiert den Feldzug Joabs in die Trockenzeit, wobei sich dieser nicht einem bestimmten Monat oder Jahreszeit zuordnet. Siehe Schroer, Samuelbücher, S. 166.

benennen jeweils ein iteratives Ereignis, das jeweils eine eigene Ausrichtung hat. Bei der ersten Zeitangabe ויהי לתשובת השנה handelt es sich um eine rein jahreszeitliche Angabe, wohingegen לעת צאת המלאכים in einem militärischen Kontext zu verstehen ist. Durch die zweite Zeitangabe wird deutlich, dass die „David, Batseba und Urija"-Erzählung bereits ab V.1 in einen kriegerischen Zusammenhang gestellt wird und so gelesen werden muss.[70]

Wie bereits erwähnt, werden mit V.1 zwei Handlungsstränge eingeführt, die vor allem durch die einander gegenübergestellten Räume, Jerusalem und Rabba, prägnant werden. Dies wird bereits durch die Waw-Verbindung in V.1e, die die vorhergehende Erzählfolge im Imperfekt consecutivum unterbricht, deutlich. Demzufolge werden die Ereignisse des Kampfes gegen die Ammoniter sowie die Belagerung Rabbas nicht mit dem Ereignis ודוד יושב בירושלם linear fortgesetzt. Es handelt sich hierbei um eine Simullepse – um zwei parallel stattfindende Handlungen, die nacheinander dargestellt werden. Dieses Kunstwort stammt aus der Erzähltextanalyse und wurde in Anlehnung an die Terminologie Genettes entwickelt.[71]

Das Erzähltempo in V.1 ist hoch – unter Verwendung von 26 Wörtern wird von einer Zeitspanne berichtet, die sich über mehrere Tage, vielleicht sogar Wochen hinzieht. Denn es handelt sich dabei um die Zeit, die für das Aufstellen und Aussenden des davidischen Heeres nach Rabba und die Belagerung der Stadt benötigt wird. Die erzählte Zeit ist größer als die Erzählzeit. Es handelt sich demzufolge in V.1 um zeitraffendes Erzählen.

(c) Die Zeitstruktur der zweiten Szene

Auch die zweite Szene beginnt in V.2 mit einer Zeitangabe: ויהי לעת הערב. Auch hier handelt sich um eine unkonkrete Angabe, diesmal nimmt die Zeitangabe eine anaphorische Funktion wahr. Auch das Erzähltempo

---

[70] Siehe Bar-Efrat, Das zweite Buch Samuel, S. 106f; Müllner, Samuel, S. 534.
[71] Mit diesem Begriff möchte man der sog. Linearisierung gerecht werden, derzufolge Erzähltexte Ereignisse nur nacheinander erzählen können, auch wenn sie gleichzeitig stattgefunden haben. „Linearisierung impliziert immer auch einen Wechsel der zeitlichen Perspektive, denn wenn der Erzähler zwei simultan stattfindende Vorgänge schildern will, muss er nach Abschluss des ersten Vorgangs zu jenem Zeitpunkt zurückkehren, zu dem beide Vorgänge begannen, um den zweiten Vorgang erzählen zu können." Vgl. Lahn / Meister, Erzähltextanalyse, S. 140.

bleibt zu Anfang von V.2 hoch. David steht von seinem Lager auf und geht auf dem Dach des Palastes umher. Er sieht eine sich waschende Frau. Diese Ereignisse, die mehrere Minuten *erzählter Zeit* bedürfen, werden mit lediglich 12 Wörtern beschrieben. Das Erzähltempo verlangsamt sich schlagartig in V.2e: „Und die Frau war von sehr schönem Aussehen". „(N)arrated time freezes for just a while [...] where a description of Bathsheba is given."[72] Für Bar-Efrat treten diese Stellen, an denen die Zeit stillsteht, innerhalb von alttestamentlichen Erzählungen nur selten auf, meist sind sie kurz und von geringer Bedeutung.[73] Letzteres trifft meines Erachtens nicht für 2 Sam 11,2e zu. Denn der Wechsel des Erzähltempos vom *zeitraffenden Erzählen* (V.2a–d) zu einer *deskriptiven Pause* (V.2e) dient als Mittel zur Betonung von Batsebas Schönheit. Gleichzeitig werden Hintergrundinformationen geliefert, die den Lesenden Davids Wahrnehmung und Eindruck beschreiben und, wie van der Bergh argumentiert, vielleicht sogar den Lesenden die königliche Absicht bereits offenbaren.[74]

Im Anschluss an die *deskriptive Pause* in V.2e wird die Handlung rasch weitergeführt. In V.3a–b ist unter Verwendung von lediglich vier Wörtern dargestellt, dass David sich nach der badenden, schönen Frau erkundigt. Es lässt sich nicht genau festlegen, wie viel Zeit vergangen ist, seitdem der König die Frau gesehen hat, sich nach ihr erkundigt und Meldung über ihre Identität erhält. Ob es sich nun um Minuten oder Stunden handelt,[75] es lässt sich in jedem Fall festhalten, dass die *erzählte Zeit* in diesen beiden ÄE größer ist als die *Erzählzeit* (4 Wörter). Es handelt sich daher in V.3a–b um *zeitraffendes Erzählen*.

Auch innerhalb des dritten Verses kommt es zu einem Wechsel des Erzähltempos. Mit der direkten Rede in V.3d, in der die Lesenden über die Identität der Frau informiert werden, verlangsamt sich das Erzähltempo. Durch den Wechsel vom *zeitraffenden Erzählen* in V.3a–b zum *zeitdeckenden Erzählen* in V.3d wird der Inhalt der direkten Rede als wesent-

---

[72] Van der Bergh, Time, S. 504.
[73] Siehe Bar-Efrat, Bibel, S. 160f. Bar-Efrat betont darüber hinaus, dass diese Stellen der biblischen Erzählung ihre charakteristische Dynamik und ihre nahezu fortlaufende Bewegung verleihen.
[74] Siehe van der Bergh, Time, S. 504.
[75] Für Roland van der Bergh deutet das rasante Erzähltempo darauf hin, dass sich dies alles im Verlauf eines Abends ereignet. Für ihn scheint diese Zeitspanne wahrscheinlich. Siehe ebd., S. 504f.

lich für den Erzählinhalt herausgestellt.[76] „The reader is also invited to dwell on these facts, along with David, who now also cannot claim to be uninformed."[77]

Dies hat umso mehr Bedeutung, als im folgenden Vers (V.4) von Davids Ehebruch erzählt wird. Der König tut dies, obwohl er um die Identität der Frau weiß. Die Darstellung vom Ehebruch und Batsebas Rückkehr in ihr Haus wird mit nur fünf Wörtern: וישכב עמה [...] ותשב אל ביתה in V.4d und V.4f erzählt. Dabei ist die Kürze dieser versprachlichten Handlung beachtlich, umso mehr, wenn die Tragweite und die Konsequenzen dieser Ereignisse berücksichtigt werden.[78] Mit nur 11 Wörtern (V.4a–d.f) wird ein Gewaltakt erzählt, der sich vermutlich über eine längere Zeit hingezogen hat – die Ereignisse werden gerafft erzählt, das Erzähltempo ist hoch. Unterbrochen wird dies durch den eingeschobenen Nominalsatz in V.4e: „(S)ie aber hatte sich *(gerade)* gereinigt von ihrer Unreinheit". Dieser Teilsatz ist syntaktisch interessant, denn wie bereits gezeigt, durchbricht die Aussage והיא מתקדשת מטמאתה den linearen Erzählverlauf.[79] Batsebas Handlung steht im zeitlichen Zusammenhang mit dem sexuellen Akt.[80]

Ich stimme van der Bergh zu, dass es sich bei V.4e um eine temporale Anachronie, um eine komplette *Analepse* handelt.[81] Es werden Informationen aufgezeigt, die bisher nicht bekannt waren. Entgegen seiner Bewertung sehe ich die Bedeutung dieser Einfügung nicht darin, herauszustellen, dass Batseba zu dieser Zeit fruchtbar war und das Urija nicht der

---

[76] Direkte Rede gilt als „*purest form*" des zeitdeckenden Erzählens, bei dem Erzählzeit und erzählte Zeit (annähernd) identisch sind. Siehe Tolmie, Narratology, S. 94.
[77] Van der Bergh, Time, S. 504.
[78] Ronald van der Bergh sieht in diesem raschen Erzähltempo Davids Standpunkt zu dem Ereignis anklingen: „It could even suggest the secrecy with which the deed is undertaken." Ebd., S. 504. Dieser Meinung kann ich nicht vollständig zustimmen, da m. E. die besondere Kürze der Darstellung dieser Ereignisse vielmehr etwas über die Erzählstimme aussagt: Was bezweckt die Erzählstimme mit diesem Erzähltempo? Gibt es nicht vielmehr Rückschluss auf Batseba als auf David? Wird mit diesem raschen Erzähltempo nicht die Schonungslosigkeit und besondere Härte der Tat gegenüber Batseba in den Vordergrund gestellt, statt wie van der Bergh plädiert, die Geheimhaltung, mit der die Tat ausgeführt wird?
[79] Dies geschieht durch die Konstruktion des Nominalsatzes mit dem Partizip Hitpael קדש.
[80] Müllner, Blickwechsel, S. 353.
[81] Van der Bergh, Time, S. 504.

Vater des Kindes sein konnte.[82] Stattdessen sehe ich sie vielmehr als eine weitere Ausgestaltung der Figur Batsebas.[83]

Zwischen den Ereignissen des Ehebruchs, die in V.4 dargestellt werden, und dem Bekanntwerden der Schwangerschaft in V.5 vergehen mehrere Wochen. Von der Zeit der Empfängnis bis zu dem Zeitpunkt, an welchem eine Frau ihre Schwangerschaft durch das Ausbleiben der Menstruation erkennt, vergehen etwa 20 Tage. Deshalb handelt es sich bei dem Übergang von V.4 zu V.5 um einen Zeitsprung, der charakteristisch für biblische Erzählungen ist: „Nothing noteworthy happens and thus the action picks up again after this period."[84] Gleichzeitig bedeutet dies, dass zwischenzeitlich kein Kontakt zwischen David und Batseba bestanden hat und sie nun gezwungen ist, aktiv zu werden und David ihre Schwangerschaft mitzuteilen. Dabei fällt besonders die Kürze der Rede auf, in der sie David von ihrer Gravidität in Kenntnis setzt: ותגד לדוד. Es ist sehr wahrscheinlich, dass diese Benachrichtigung gekürzt dargestellt ist, denn „Gespräche in biblischen Erzählungen sind keine präzisen und naturalistischen Nachahmungen von Konversationen im echten Leben. Sie sind hoch konzentriert und stilisiert, enthalten kein unnötiges Geschwätz und alle Details, die sie bieten, haben eine deutliche Funktion."[85]

Innerhalb von V.5 verlangsamt sich das Erzähltempo zunehmend. Während noch zu Beginn dieses Verses in zeitraffender Erzählweise von dem Schwangerwerden Batsebas berichtet wird, geht der Erzählstil am Ende des Verses in der direkten Rede zum zeitdeckenden Erzählen über. Mit Hilfe des langsam werdenden Erzähltempos im Verlauf von V.5 wird die Aufmerksamkeit der Leserinnen und Leser auf die zwei folgereichen Schlussworte הרה אנכי (V.5e) gelenkt.[86]

(d) Die Zeitstruktur der dritten Szene

In V.6 wird eine große räumliche Distanz zwischen Jerusalem und Rabba überwunden. Da dies innerhalb der Erzählung nur von geringer Bedeu-

---

[82] Diese Parenthese wird von vielen Auslegerinnen und Auslegern mit der Waschung Batsebas in V.2 in Verbindung gebracht und als ein Hinweis auf die besondere Empfängnisfähigkeit nach der Menstruation gelesen. Siehe Hentschel, Samuel, S. 46; Stoebe, Samuelis, S. 281; Schroer, Samuelbücher, S. 166; Stolz, Samuel, S. 237.
[83] Siehe dazu die ausführliche Darstellung in der Figurenanalyse Batsebas, S. 420–423.
[84] Van der Bergh, Time, S. 505.
[85] Bar-Efrat, Bibel, S. 162.
[86] Siehe van der Bergh, Time, S. 505.

tung ist, wird kaum *Erzählzeit* für die Darstellung verwendet. In 2 Sam 11,6 hat es den Anschein, dass die Zeit nicht vergeht. Die Wegstrecke von Jerusalem nach Rabba beträgt jedoch ca. 70 km Luftlinie. Bei einer durchschnittlichen Laufgeschwindigkeit von 5,5 km/h muss man für diese Distanz ungefähr 13 Stunden einrechnen. Da die Benachrichtigung, die eventuell durch einen Boten überbracht wurde, nicht auf der Luftlinie die Stadt Rabba erreicht, ist davon auszugehen, dass es noch weit mehr Kilometer sind. Insgesamt kann für die Überwindung der Wegstrecke von Jerusalem nach Rabba mit einer Dauer von zwei Tagen gerechnet werden.[87] Diese Distanz wird anschließend auch von Urija zurückgelegt (V.6c), sodass wieder zwei Tage – innerhalb der *erzählten Zeit* – vergehen. Somit stehen vier Tage *erzählter Zeit* 15 Wörtern *Erzählzeit* gegenüber. Noch immer werden die Ereignisse zeitraffend erzählt, jedoch wird das Erzähltempo zu Beginn dieser Szene im Vergleich zur vorhergehenden und vor allem in V.5a–d verlangsamt. Nach van der Bergh, dem ich mich diesbezüglich anschließe, dient diese Verlangsamung dazu, die Spannung bei den Leserinnen und Lesern zu erhöhen und eine Erwartungshaltung bei ihnen aufzubauen.[88]

Der in V.6c begonnene räumliche Wechsel Urijas von Rabba nach Jerusalem wird mit der Ankunft des Kriegers in V.7a abgeschlossen. Das Erzähltempo verlangsamt sich noch einmal in V.7b. David nimmt sich Zeit und erkundigt sich nach dem Kriegsgeschehen. Dies ist in indirekter Rede wiedergegeben und erweckt deshalb den Eindruck, dass es dennoch durchaus rasch erzählt wird. „Once again, this retardation of the pace serves to build up expectations."[89]

Die Erzählung im folgenden Vers (V.8) findet Fortsetzung unmittelbar mit der direkten Rede Davids. Die Antwort Urijas auf Davids Frage nach dem Wohl des Volkes und dem Kriegsgeschehen wird nicht abgewartet und findet keine Erwähnung in der *Erzählzeit*. Dies liegt nicht im Interesse der Erzählstimme, die stattdessen Davids wahre Absicht, die Vertuschung des Ehebruchs, in das Zentrum des Dialogs zwischen Urija und David stellt.[90] Mit der eingeleiteten direkten Rede in V.8b–c wird noch einmal das Erzähltempo verlangsamt: רד לביתך ורחץ רגליך. Diese vier

---

[87] Ebenda.
[88] Siehe ebd., S. 505f.
[89] Ebd., S. 505.
[90] Siehe Bar-Efrat, Das zweite Buch Samuel, S. 108.

Wörter der Rede Davids enthüllen seinen Plan und sind innerhalb der Erzählung besonders hervorgehoben. Zum einen deutet das verlangsamte Erzähltempo in der direkten Rede auf die Wichtigkeit dieses kurzen Abschnitts hin.[91] Und zum anderen handelt es sich bei den zwei Imperativsätzen רד לביתך ורחץ רגליך, die Teil der Figurenrede Davids sind, um eine *Prolepse*, die in der folgenden Erzählung wiederaufgenommen wird. Insgesamt viermal ist in der weiteren Erzählung erwähnt, dass Urija nach Hause geht bzw. dies nicht tut.[92] „This fact is pointed out each time, either in a scene or in a pause, inviting the reader to dwell on it."[93] Interessanterweise wird nur in V.8b–c die *Prolepse* in einen sexuellen Kontext gestellt, nämlich wenn der Ausdruck „wasche deine Füße" euphemistisch verstanden wird. Wird dies vorausgesetzt, so schwingt der sexuelle Hintergrund bei all den folgenden Wiederholungen der *Prolepse* in V.9b.10c und V.13f mit.

In V.9a berichtet die Erzählstimme, dass sich Urija zusammen mit den königlichen Dienern an den Eingang des Königshauses legt. Dies wird noch einmal in V.13e erzählt. In dieser doppelten Darstellung des Ereignisses findet das anaphorische Erzählen in 2 Sam 11 seinen Ausdruck. Ein weiterer Beleg dafür ist die Redeeinleitung ויאמר דוד לאוריה bzw. in der alternativen Schreibvariante ויאמר דוד אל־אוריה. Diese kommt insgesamt dreimal in 2 Sam 11 vor.[94]

Wie bereits erwähnt, stellt die Erzählstimme innerhalb dieser Szene mit besonderem Nachdruck heraus, dass Urija nicht in sein Haus ging. Dies gelingt ihr, wie oben dargestellt, durch die *Prolepse* in V.8. Darüber hinaus tragen ebenfalls zwei figural motivierte, komplette *Analepsen* dazu bei. Diese sind in die direkte Rede von V.10 eingebaut. In V.10c wird rückblickend festgestellt, dass Urija nicht in sein Haus hinab stieg. Auch die daran folgende Frage Davids an Urija in V.10f ist analeptisch zu lesen: „Warum bist du nicht hinab gegangen zu deinem Haus?". In-

---

[91] Siehe van der Bergh, Time, S. 506.
[92] In V.9 wird durch die Erzählstimme festgestellt, dass Urija nicht in sein Haus hinab stieg (ולא ירד אל־ביתו). Gleich zweimal wird in V.10 betont, dass Urija dies nicht tat. Zunächst berichtet dies David eine undefinierte Gruppe (לא־ירד אוריה), und anschließend fragt David Urija: מדוע לא־ירדת אל־ביתך. Noch einmal am Ende der dritten Szene berichtet die Erzählstimme, dass Urija nicht in sein Haus ging (ואל־ביתו לא ירד; V.13f). Jedoch V.11 zähle ich nicht zu den Wiederholungen, da an dieser Stelle eine andere Verbform verwendet wird (ואני אבוא אל־ביתי).
[93] Van der Bergh, Time, S. 506.
[94] Vgl. 2 Sam 11,8a.10d.12a.

nerhalb von V.10 kommt es zu einem Zeitsprung: In V.10a–c wird dem König von einer nicht näher definierten Gruppe berichtet, dass Urija nicht in sein eigenes Haus gegangen ist. Direkt im Anschluss daran spricht David zu Urija. Es wird jedoch nicht berichtet, dass zuvor Urija zu David gekommen ist bzw. dass David nach Urija gesendet hat. Es hat den Anschein, als komme Urija unaufgefordert zum König. Dies könnte daraufhin deuten, dass David gegenüber Urija an Macht verliert. Denn in der bisherigen Erzählung wurde an vergleichbaren Stellen (Vgl. V.3.4.5.6), das Verb שלך verwendet, das zugleich auch immer als Machtanzeige dient.

Mit V.10 beginnt das Gespräch zwischen David und Urija, das in den folgenden zwei Versen weitergeführt wird. Es fällt dabei auf, dass Begegnung und Austausch der beiden Erzählfiguren fast ausschließlich in direkter Rede dargestellt sind. Von den 65 Wörtern der V.10–12 sind 54 davon in der direkten Rede formuliert. Dabei wird die Rede Urijas in zweifacher Weise betont. Zum einen wird dieser Redeanteil durch die Verlangsamung des Erzähltempos hervorgehoben: Auf die 30 Wörter zählende *Erzählzeit* entfällt nicht einmal eine Minute *erzählte Zeit*. Zum anderen wird der Rede Urijas mit 32 Wörtern ein Großteil der direkten Redeanteile zugewiesen.[95] Im Vergleich dazu umfassen die rahmenden Reden Davids in V.10e–f nur neun Wörter und in V.12b–c lediglich sechs. Vergleicht man die beiden Reden zwischen David und Urija in V.8b–c und V.10e–12c, so wird deutlich, dass „narration time gradually slows down form the first conversation between David and Uriah (which passed quickly), to the second conversation with Uriah"[96].

Die V.11 und V.13 gehen eine besondere Beziehung zueinander ein, die durch eine Anachronie hergestellt wird. In V.11 betont Urija im Vorfeld seines Schwurs, dass er nicht in sein Haus gehen werde, um zu essen und zu trinken und um bei seiner Frau zu liegen. Wie bereits erwähnt, fungieren V.11 und V.13 als Wiederholungen zu V.8. In allen drei Versen wird herausgestellt, dass Urija nicht in sein Haus (hinab) ging. Die Aussage Urijas „ich aber soll hineingehen in mein Haus, um zu essen und zu trinken und um bei meiner Frau zu liegen" kann als *Prolepse* zu V.13 verstanden werden. Diese Anachronie ist jedoch insofern problematisch, da sie in ihrem Inhalt variiert. Letztlich ist beiden Stellen nur die Aussage

---

[95] Siehe van der Bergh, Time, S. 506.
[96] Ebd., S. 506.

gemein, die sie auch mit V.8 verbindet. Dennoch stellt die Variation der *Prolepse* eine besondere Beziehung zwischen beiden Versen her. Diese zeichnet sich neben dem inhaltlichen Aspekt vor allem durch eine veränderte Wortreihung aus. In V.11d wird in der Rede Urijas der „Knackpunkt" dieses Verses (ואני אבוא אל־ביתי) zuerst genannt. Erst anschließend wird mit Hilfe von Infinitivkonstruktionen der eigentliche Zweck der vorhergehenden Aussage herausgestellt: לאכל ולשתות ולשכב עם־אשתי. Dabei wird eine direkte Verbindung zwischen dem Essen bzw. Trinken und dem sexuellen Akt geschaffen. In V.13 ist die Reihenfolge umgekehrt. Zuerst berichtet die Erzählstimme, dass Urija gegessen und getrunken hat, ja sogar betrunken ist, dann erst teilt sie mit, dass Urija nicht in sein Haus hinab ging. Durch diesen Chiasmus wird Spannung erzeugt. Denn die Lesenden haben den Schwur noch in Erinnerung und gehen davon aus, dass Urija diesen nun vollends brechen wird und im Anschluss an das königliche Mahl in sein Haus geht. Diese Erwartungshaltung wird durch die Negation in V.13f zerstört.

In V.12 begegnen uns gleich mehrere Zeitangaben, wobei es sich bei den Angaben „dieser Tag" und „Morgen" um deiktische Zeigwörter handelt. Die beiden Wortgruppen „an diesem Tag" und „am folgenden Tag" sind hingegen anaphorische Zeigwörter. Dieser Vers ist durch *repetitives Erzählen* geprägt. Denn gleich zweimal wird berichtet, dass Urija an diesem Tag blieb. Zuerst ist dies als Befehl Davids formuliert. Beim zweiten Mal berichtet die Erzählstimme dies und fügt dabei die räumliche Ergänzung בירושלם hinzu.

Van der Bergh macht auf einen Widerspruch in V.12 und V.13 aufmerksam, der Auswirkung auf die Berechnung der *erzählten Zeit* hat: Davids Aussage in V.12b–c ist insofern problematisch, „since he promises to send Uriah home the next day, but entertains him the following evening"[97]. Peter Kyle McCarter stellt in seinem Kommentar heraus, dass ein Tag von Sonnenuntergang bis zum Sonnenuntergang dauert.[98] Unter Berücksichtigung der Annahme von McCarter würde sich die *erzählte Zeit* für den Aufenthalt Urijas in Jerusalem wie folgt verteilen:

---

[97] Van der Bergh, Time, S. 506
[98] Siehe McCarter, II Samuel, S. 287

V.7–8	Ankunft Urijas in Jerusalem	Tag 1 (Abend)
V.9	Urija schläft am Eingang des Palastes	Tag 1 (Nacht)
V.10–12	Gespräch Davids mit Urija	Tag 1 (Morgen)
V.12b.d	„Urija bleibt in Jerusalem ...	
	... an diesem Tag"	Tag 1
	... und am folgenden Tag"	Tag 2
V.13	Einladung, David macht Urija betrunken	Tag 2 (Abend)
	Urija schläft am Eingang des Palastes	Tag 2 (Nacht)
V.14	Verfassen des Todesbriefes	Tag 2 (Morgen)
	Aussendung Urijas nach Rabba	

Abb. Die erzählte Zeit in 2 Sam 11,7–14

Demzufolge verbringt Urija zwei Tage in Jerusalem.[99] Der scheinbare Widerspruch zwischen V.12b–c und V.13 lässt sich aufheben, indem die Einladung Davids und das gemeinsame Essen „an demselben Tag, an dem sich das Gespräch zwischen ihnen ereignet hat"[100] (V.10–12), gedacht wird.

Mit dem Übergang von V.12 zu V.13 wird das Erzähltempo erhöht. Während in der direkten Rede von V.12b–c *Erzählzeit* und *erzählte Zeit* fast identisch sind, wird in V.13b–d in nur vier aufeinander folgenden Wörtern ein ganzer Abend beschrieben: ויאכל לפניו וישת וישכרהו. Das Erzähltempo wird durch diese *zeitraffende Erzählweise* angezogen, um dann in V.13f, „Aber zu seinem Haus ging er nicht", abrupt anzuhalten. Diese *(deskriptive) Pause* betont Urijas Verweigerung, sein Haus zu be-

---

[99] Anders sieht dies van der Bergh: „However, whether or not David kept his word, it would seem that Uriah spent a total of three days in Jerusalem." Van der Bergh, Time, S. 506. Auch Jan P. Fokkelman setzt für den Aufenthalt Urijas in Jerusalem drei Tage an. Er datiert das Gespräch zwischen David und dem Ehemann Batsebas (V.10–12) auf den zweiten Tag nach dessen Ankunft. Innerhalb von V.12 sieht er einen Verweis für den Wechsel des Tages: „Because the pair ‚today/tomorrow' of v.12bc reappears precisely at the end of v.12d, the text is not out of order there, but its division into verses must be improved upon. The last word of v.12 should be the first of v.13 so that it reads: ‚The following morning, David invited him.'" Fokkelman, Narrative Art, S. 57.

[100] Bar-Efrat, Das zweite Buch Samuel, S. 109.

treten.[101] Die Vers V.13d und V.13e sind durch das anaphorische Zeigwort „am Abend" miteinander verbunden.[102]

(e) Die Zeitstruktur der vierten Szene

Der folgende Vers (V.14) beginnt ebenfalls mit einem anaphorischen Zeigwort: „Und es geschah am Morgen". Es handelt sich hierbei um eine direkte Zeitangabe, die den Leserinnen und Lesern Hintergrundinformationen liefert – nämlich wieder ist eine Nacht vergangen, in der Urija sein Haus nicht betrat. In diesem Kontext lässt sich V.14a als deskripitve Pause verstehen.[103] In V.14b berichtet die Erzählstimme zusammenfassend, dass David einen Brief an Joab verfasst. Der Inhalt des Briefes wird den Lesenden erst in V.15 offenbar. Bei V.15c–g handelt es sich um eine interne Prolepse, die narratorial motiviert ist: Die Erzählstimme gibt den Inhalt des Briefes wieder und berichtet erstmals von Davids Plan, seinen Kontrahenten Urija zu beseitigen. Diese Prolepse wird in den folgenden Versen mehrfach wiederholt. Insgesamt viermal muss Urija in 2 Sam 11 auf der Erzählebene „sterben" (V.15.17.21.24). Ebenso oft findet in der Erzählung der Krieg um die Einnahme der Stadt Rabba statt (V.15.16–17.19–20.23–24). Durch dieses repetitive Erzählen, das mehrmalige Erwähnen eines einmaligen Ereignisses, wird die Schwere der Tat Davids besonders hervorgehoben. Außerdem verlangsamt sich durch das häufige Wiederholen das Erzähltempo, wobei die Lesenden immer wieder neu dazu eingeladen werden, bei den Ereignissen des Kampfes und des Todes Urijas zu verweilen.[104] Trotz des repetitiven Erzählstils bleibt die Spannung beim Lesen erhalten, da der Kampf um Rabba und der Tod Urijas unterschiedlich dargestellt werden. Es handelt sich dabei um Variationen, die angepasst sind an die jeweils aktuellen Erzählereignisse und deren Perspektive: Joab führt Davids Befehl nicht so aus, wie er im Brief (V.15) formuliert ist. In V.16–17 legt die Erzählstimme ihren Bericht von den Ereignissen ab. Bei der Instruktion des Botens hebt Joab seine Wahrnehmung und Schwerpunktsetzung der Ereignisse hervor (V.19–20). Der

---

[101] Siehe van der Bergh, Time, S. 507.
[102] Den Begriff „anaphorisches Zeigwort" verwenden Lahn und Meister in ihrer „Einführung in die Erzähltextanalyse" im Sinne eines „funktionalen Zeitwortes". Siehe Lahn / Meister, Erzähltextanalyse, S. 154.
[103] Siehe van der Bergh, Time, S. 507.
[104] Siehe ebd., S. 507f.

Bote agiert eigeninitiativ und gibt die Mitteilung Joab in abgewandelter Form wieder.

Die Erzählstimme formuliert den Auftrag Davids in V.15c–g so, dass beim Lesen der Eindruck entsteht, der König beauftrage gerade Joab mit dem, was man als Leserin oder Leser gerade liest. Erzählzeit und erzählte Zeit decken sich fast vollständig. Die Lesenden werden dabei so in die Handlung involviert, dass sie diese miterleben können.[105]

Wie in V.6 wird auch in V.15 keine Erzählzeit für die Darstellung der zweitägigen Reise Urijas von Jerusalem nach Rabba verwendet. Vielmehr steht die Beschreibung vom geplanten Mord an Urija im Vordergrund, wofür die Erzählung in V.15c–g 12 Wörter verwendet.

Unmittelbar an die Wiedergabe des Briefinhaltes folgt die Umsetzung des königlichen Befehls durch Joab in V.16 und V.17. Die Zeitangabe in V.16a ויהי בשמור יואב אל־העיר ist nicht näher determiniert. Allerdings lässt sich festhalten, dass die erzählte Zeit länger ist als die 31 Wörter umfassende Erzählzeit. Daraus lässt sich für die Ereignisse von V.16–17 eine zeitraffende Erzählweise ableiten. Wird die Erzählzeit der beiden ersten Berichte vom Kampfgeschehen und Tod Urijas in V.15b und V.16–17 verglichen, lässt sich erkennen, dass sich das Erzähltempo verlangsamt. In der Prolepse von V.15c–g werden mit nur 12 Wörtern die Ereignisse geschildert, während die Erzählzeit in der Wiederholung der Prolepse in V.16b–17 26 Wörter umfasst. Van der Bergh sieht in der Verlangsamung des Erzähltempos eine besondere Funktion: „This prepares the reader for the series of scenes that are to follow."[106]

Joab beauftragt in V.18 einen Boten, König David über das Kriegsgeschehen zu unterrichten. Auffällig ist, dass David zweimal Bericht erhält und zwar in V.18 und in V.22. In V.18b berichtet die Erzählstimme: ויגד לדוד את־כל־דברי המלחמה. Da erst in V.22 die Ereignisse der Ankunft des Boten sowie der Unterrichtung Davids durch den gesendeten Boten Joabs erzählt werden, darf V.18b als eine vollständige, interne Prolepse verstanden werden. Die Erzählstimme stellt vorwegnehmend (V.18b) dar, was sich erst später ereignet (V.19–21).

Die eigentliche Instruktion des Boten durch Joab wird in V.19–21 erzählt. Innerhalb dieser Verse verlangsamt sich das Erzähltempo, denn die Rede des Befehlshabers des Heeres ist als direkte Rede angelegt – die

---

[105] Siehe van der Bergh, Time, S. 507f.
[106] Ebd., S. 508.

Erzählzeit mit 52 Wörtern ist dementsprechend fast identisch mit der erzählten Zeit, die nur wenige Minuten umfasst. In der Rede Joabs lassen sich mehrere Anachronismen deutlich erkennen. Die Verweise auf den Kampf um Rabba in V.19 sowie auf den Tod Urijas in V.21f können als interne Analepse gelesen werden. Eine weitere Retrospektion stellt der Verweis auf das Schicksal von Abimelech in V.21a–c dar. Dabei handelt es sich um die zwei Fragen: מי־הכה את־אבימלך בן־ירבשת הליא־אשה השליכה עליו פלח רכב מעל החומה. Diese beziehen sich auf eine Geschichte, die in Ri 9,50–53 erzählt wird. Bei der Analepse in V.21a–c handelt es sich um die einzige Externe in der gesamten „David, Batseba und Urijas"-Erzählung. Ihre Funktion besteht darin, „to put Uriah's death in perspective"[107]. Ebenso wie in der Erzählung von Abimelechs Tod in Ri 9,50–53 steht auch in 2 Sam 11 der Tod eines Kriegers in Verbindung mit einer Frau.[108] Somit wird der Tod Urijas in Beziehung zu einer Frau, nämlich Batseba, gesetzt.[109]

Das Erzähltempo wird mit V.22 wieder erhöht. Der Bote überwindet die Distanz zwischen Rabba und Jerusalem. Durch die Erzählstimme wird zusammenfassend berichtet, dass der Bote David Bericht ablegt. Für diese Ereignisse beträgt die erzählte Zeit etwas mehr als zwei Tage. Dies wird unter Verwendung von nur 10 Wörtern berichtet, sodass die Erzählzeit wesentlich kürzer ist als die erzählte Zeit.

Beginnend mit V.23 verlangsamt sich das Erzähltempo wieder und zwar aufgrund der direkten Rede in V.23–25. Der Bote berichtet in V.23b–24c ausführlich von dem Kampf und dem Tod Urijas. Dies wird deutlich bei der Betrachtung der Erzählzeit. Ein Großteil der direkten Rede, und zwar 25 der 28 Wörter, fällt dem Bericht dieser Ereignisse zu.[110]

---

[107] Van der Bergh, Time, S. 508.
[108] Siehe Müllner, Samuel, S. 535, im Anschluss an Bal, Lethal love, S. 25.
[109] Ronald van der Bergh wertet das in V.20 dargestellte Ereignis von Davids Ärger als eine Prolepse, für die in Relation zur gesamten Erzählung viel Erzählzeit verwendet wird. Siehe van der Bergh, Time, S. 508.
Ich kann mich seiner Meinung an dieser Stelle nicht anschließen, da es sich, laut der von mir verwendeten Definitionen, erst dann um eine Prolepse handelt, wenn das, was die Erzählstimme vorwegnehmend berichtet, sich später auch ereignet. siehe Lahn / Meister, Erzähltextanalyse, S.139. Dies gilt aber nicht für V.20, denn David reagiert nicht, wie Joab prophezeit, zornig, als der Bote ihm von den Kriegsopfern berichtet.
[110] Siehe van der Bergh, Time, S. 508.

Im folgenden Vers (V.25) erfolgt die Reaktion Davids auf den Bericht des Boten. Dabei zeigt er nicht, wie von den Leserinnen und Lesern vielleicht erwartet, eine deutliche Reaktion. David wird weder zornig wegen der Kriegsverluste, so wie es Joab vorausgesehen hat, noch verrät er eine Emotion angesichts der Nachricht vom Tod Urijas. Sein Verhalten muss umso mehr beachtet werden, da dieses Ereignis in den vorhergehenden Versen immer wieder im Zentrum des Interesses und der Leser- und Leserinnenlenkung stand. Davids Antwort in V.25 zeugt von Gleichgültigkeit gegenüber den Opfern. „Obschon es richtig ist, was er sagt, dass nämlich zum Krieg auch Gefallene gehören, rechtfertigt dies nicht den Tod von Kämpfern infolge mangelnder Vorsicht"[111]. In V.25e–f ist darüber hinaus ein Verweis auf die Eroberung Rabbas durch Joab zu finden. Entgegen der Meinung van der Berghs werte ich diesen Verweis als eine externe Prolepse zu 2 Sam 12, 26–31.[112]

(f) Die Zeitstruktur der fünften Szene

Mit Beginn der fünften und zugleich der letzten Szene erhöht sich das Erzähltempo wieder. In V.26 wird berichtet, dass Batseba von dem Tod ihres Mannes erfährt. Durch das Fehlen einer direkten Zeitangabe lässt sich nicht genau sagen, wie viel Zeit vergangen ist, seit David vom Tod Urijas Kenntnis erhalten hat (V.25). Es wird nicht erzählt, wie und in welcher Form Batseba Kenntnis vom Tod ihres Ehemannes erhält. Auch die Zeitspanne zwischen dem Tod Urijas und der Benachrichtigung Batsebas ist weder näher determiniert, noch sind Tod und Bekanntgabe miteinander verbunden wie beispielsweise in 2 Sam 1 durch einen Botenbericht. Stattdessen steht die Kenntnis über den Tod ihres Mannes in V.26a im unmittelbaren Zusammenhang mit dem Ritus der Totenklage (V.26c). Dieser wird in V.26c nicht näher ausgeführt oder erklärt, stattdessen wird bloß zusammenfassend festgehalten: ותספד על־בעלה. Das Erzähltempo in V.26 ist hoch – mit nur 10 Wörtern wird ein nicht genau

---

[111] Bar-Efrat, Das zweite Buch Samuel, S. 112.
[112] Roland van der Bergh sieht in diesem Verweis weder eine interne heterodiegetische noch eine externe Prolepse, „since an exact date is not mentioned". Siehe van der Bergh, Time, S. 508. Van der Berghs Begründung und damit einhergehend seine Definition von Prolepse ist meines Erachtens an dieser Stelle zu eng.

definierbarer, längerer Zeitraum erzählt – „the narration moving into summary"[113].

Der folgende Vers (V.27) beginnt mit einer indirekten Zeitangabe: ויעבר האבל. Diese gibt Auskunft über eine vergangene Zeitspanne. In der Forschung etablierte sich die Auffassung, dass für diesen Ritus eine Dauer von sieben Tagen zu veranschlagen ist.[114] In rascher Erzählfolge werden in V.27b–e die Ereignisse im Anschluss an die Trauerzeit beschrieben: „David sandte und nahm sie in sein Haus auf und sie wurde seine Frau und gebar ihm einen Sohn." Das Erzähltempo erhöht sich innerhalb dieser Zusammenschau drastisch: So werden nur acht Wörter *Erzählzeit* (V.27b–d) für die Darstellung der Ereignisse von Batsebas Aufnahme in Davids Haus und ihre Hochzeit beansprucht, wobei die *erzählte Zeit* wesentlich länger ist. Eine erneute Erhöhung des Erzähltempos findet in V.27e statt, wo das Ereignis der Geburt von Batsebas Sohn geschildert wird. Auffällig dabei ist, dass die Dauer der restlichen Schwangerschaft in der Erzählzeit nicht berücksichtigt wird. Erstellt man eine absolute Chronologie der *erzählten Zeit* für die gesamte „David, Batseba und Urija"-Erzählung, lässt sich ungefähr die restliche Schwangerschaftsdauer bestimmen.[115] Somit kommen in V.27e auf diese mehrmonatige Zeitspanne eine *Erzählzeit* von nur drei Wörtern.

---

[113] Van der Bergh, Time, S. 509.

[114] Siehe Bar-Efrat, Das zweite Buch Samuel, S.112; van der Bergh, Time, S. 509; Hentschel, Samuel, S. 47; Stoebe, Samuelis, S. 283; Ackroyd, Samuel, S. 105. Für diese Dauer sprechen auch mehrere biblische Texte: Vgl. Gen 50,10; 1 Sam 31,13; Ijob 2,13; Jdt 16,24.
Fritz Stolz weicht von der Festlegung der Trauerzeit auf sieben Tage ab. Er plädiert für eine längere Zeitspanne. Dabei orientiert er sich bei der Frist, nachdem David Batseba ehelichen kann, an dem späteren jüdischen Recht, das drei Monate vorschreibt bzw. an dem islamischen Recht, das eine Frist von vier Monaten und zehn Tagen festlegt. Durch seine Annahme, die Zeitspanne betrüge ungefähr drei Monate, kommt Stolz zu dem Ergebnis, dass zum Zeitpunkt der Heirat die Schwangerschaft bereits offenkundig sei. „So ist bei der Geburt des Kindes (das der König sofort als das seine anerkannte) jedermann klar, war geschehen ist. Der Skandal ist perfekt." Stolz, Samuel, S. 238.

[115] Als Grundlage für meine Berechnung dient die Annahme einer idealen, vierzigwöchigen Schwangerschaft. Bei der Monatsangabe handelt es sich um Schwangerschaftsmonate, die jeweils vier Wochen mit je sieben Tagen umfassen. Eine weitere Voraussetzung zur Bestimmung der restlichen Schwangerschaftsdauer ist die Festlegung, dass Batseba ihre Gravidität mit dem Ausbleiben der direkt folgenden Menstruation, also circa nach zwanzig Tagen, erkennt.

Die Erzählung erweckt den Eindruck, dass David Batseba unmittelbar nach der Trauerzeit ehelicht, auch wenn im Text nicht erwähnt wird, dass dies sofort im Anschluss daran geschieht.[116]

Die abschließende Wertung וירע הדבר אשר־עשה דוד בעיני יהוה in V.27f erhält durch die Analyse ihrer Zeitstruktur für das Verständnis der gesamten Erzählung Bedeutung. Darüber hinaus ist sie von besonderer Brisanz, da diese negative Bewertung des Handelns Davids die erste und einzige Stellungnahme innerhalb des Textes ist. Bei der Aussage הדבר אשר־עשה דוד handelt es sich um eine interne *Analepse*, die narratorial motiviert ist. Erst am Ende der Erzählung in V.27f berichtet die Erzählstimme rückblickend von der Reaktion JHWHs auf die Tat(en) Davids. Im Anschluss an die detaillierte Analyse der Zeit in 2 Sam 11 möchte ich im Folgenden die Ergebnisse zusammenfassen.

4.6.5 Zusammenfassung

Die „David, Batseba und Urija"-Erzählung ist geprägt von einer künstlerisch raffiniert gestalteten Zeitstruktur. Der Erzählstimme gelingt es unter Verwendung von Anachronien und mit Hilfe der *Frequenz,* Schwerpunkte innerhalb der Erzählung zu setzen und Bewertungen von Seiten der Leserinnen und Leser zu evozieren. Sie „versteht es, durch ein langsameres oder schnelleres Erzähltempo Akzente zu setzen."[117] So umfasst beispielsweise die gesamte zweite Szene (V.2–5) eine Zeitspanne von etwa einem Monat (*erzählter Zeit*). Die Ereignisse werden mit nur 57 Wörtern dargestellt (*Erzählzeit*). Das dadurch begründete rasche Erzähltempo weckt den Eindruck, dass die in Szene zwei dargestellten Ereignisse entsprechend in schneller Abfolge geschehen sind. Dieser Eindruck wird noch verstärkt, da in V.2–5 keinerlei Anachronien innerhalb der Zeitabfolge erkennbar sind.[118]

In der anschließenden dritten Szene wird das Erzähltempo im Vergleich zum vorhergehenden Erzählabschnitt drastisch verlangsamt. Die Szene wird in 152 Wörtern dargestellt, wobei etwa ein Drittel davon in direkter Rede erzählt wird. Dagegen umfasst die Zeitspanne, in der die Ereignisse eingebettet sind, nur ungefähr sechs Tage. Dabei kommt es sogar mehrfach vor, dass die *Erzählzeit* im Vergleich zur *erzählten Zeit*

---

[116] Siehe van der Bergh, Time, S. 509.
[117] Hentschel, Samuel, S. 44.
[118] Siehe van der Bergh, Time, S. 505.

größer ist und dementsprechend im *zeitdehnenden Erzählstil* berichtet wird. Dies ist bei der Aussage, dass Urija nicht in sein Haus hinab ging in V.9b und V.13f zu beobachten, mit der keinerlei Handlung beschrieben wird. Innerhalb dieser dritten Szene gibt es mehrere Anachronismen, *Prolepsen* und *Analepsen*, durch die eines verdeutlicht wird; Davids Plan, den Ehebruch zu vertuschen, scheitert.[119]

Die vierte Szene beansprucht eine *Erzählzeit* von 186 Wörtern. Die *erzählte Zeit* hingegen umfasst lediglich einen Zeitraum von etwa fünf Tagen. Sehr viel *Erzählzeit* wird durch Darstellung des Kampfes und den Tod Urijas beansprucht. Dies geschieht mit Ausnahme von V.15c-g ausschließlich in analeptischer, iterativer Erzählweise. In der vierten Szene verweisen die zwei *Analepsen* in V.21 auf das zentrale Thema dieses Abschnittes – den Kampf um die Stadt Rabba und den Tod Urijas. Durch das verlangsamte Erzähltempo vor allem am Ende dieser Szene werden die Leserinnen und Leser auf dieses zentrale Thema verwiesen.

Die vierte Szene weist im Vergleich zu den restlichen Abschnitten mit 186 Wörtern die größte *Erzählzeit* auf.[120] Aufgrund des hohen Anteils direkter Rede ist das Erzähltempo in Szene vier meist niedrig. Gleichzeitig dient das langsame Erzähltempo dazu, die Erzählfigur David zu charakterisieren. Seine Antwort in V.25 steht der als *Prolepse* verfassten Erwartung Joabs entgegen. David ist nicht verärgert „and that much could be expected"[121]. Während in der vierten Szene das Erzähltempo niedrig war, erhöht es sich mit Beginn der fünften Szene wieder. Unter Verwendung von 30 Wörtern werden Ereignisse zusammengefasst, die mehrere Monate in Anspruch nehmen. Die letzte Szene umfasst die längste Dauer der *erzählten Zeit*.

Zusammenfassend lässt sich festhalten, dass die Szenen, in denen Batseba und David zusammen auftreten, in der zeitlichen Struktur ähnlich zu bewerten sind. Die Beziehung zwischen ihnen wird sowohl in Szene zwei als auch in Szene vier „in relativ schnellem Tempo ohne großartige Nennung von Details zusammengefasst."[122] Im Unterschied dazu, verlangsamt sich das Erzähltempo in den Szenen, in denen David und Urija

---

[119] Ebd., S. 506.
[120] Die erste Szene besteht lediglich aus 26 Wörtern, die zweite umfasst 56 Wörter. Auch Abschnitt drei, der nach der vierten Szene der zweitgrößte ist, enthält nur 152 Wörter. Auch die letzte Szene weist lediglich 56 Wörter auf.
[121] Van der Bergh, Time, S. 509.
[122] Bar-Efrat, Bibel, S. 165.

vorkommen. Auch werden die Ereignisse in diesen Szenen detailliert in szenischer Darstellung entfaltet. Daraus lässt sich schließen, dass Davids Versuche, die Folgen des Ehebruchs zu verbergen, was letzlich zum Mord an Urija geführt hat, das eigentliche Thema der Erzählung in 2 Sam 11 ist. Sehr deutlich wird dies mit Hilfe des Erzähltempos in Szene drei gestaltet. In diesem Abschnitt, in dem von Urijas Tod berichtet wird, ist das Erzähltempo fast vollständig abgebremst. Auch durch die *Analepse* in V.27f, die in Verbindung zu V.25c steht, wird noch einmal auf das zentrale Thema dieser Erzählung verwiesen. Bei der Analyse der Zeit in 2 Sam 11 ist deutlich geworden, dass Schwerpunkt und Konzentration der Erzählung auf der Darstellung des Mordes an Urija liegt und nicht auf dem Ehebruch.

4.7 Raum

4.7.1 Raum – Annäherung[1]

Raum zählt zu den „zentralen Komponenten fiktionaler Wirklichkeitsdarstellung"[2]. Ebenso wie die Kategorie *Zeit* ist der *Raum* konstitutives

---

[1] Die Narratologie ist eng verbunden mit dem *spatial turn*, der die Bedeutung von Räumen und Orten hervorhebt und sich in unterschiedlichen Disziplinen wie der Anthropologie, Soziologie, Geographie oder Kulturwissenschaft manifestiert. Siehe de Jong, Introduction, S. 2. Die Bibelwissenschaft wendet sich in jüngster Zeit unter Einbeziehung erzähltheoretischer Ansätze und Raumtheorien (wie die von Henri Lefebvre, Edward W. Soja oder Martina Löw) der Erforschung der Kategorie *Raum* zu. Dabei lässt sich erkennen, dass der *spatial turn* zunächst vor allem in den angloamerikanischen Sprachbereich aufgenommen wurde und mittlerweile, wie jüngste Publikationen zeigen, auch in der deutschsprachigen Bibelwissenschaft rezipiert wird. In diesem Zusammenhang ist auf Christl Maier zu verweisen, die zum einen in ihren Publikationen mit Ansätzen des *spatial turn* gearbeitet hat und die zum anderen wesentlich die Übertragung dieses *turns* in die deutschsprachige Forschung mitbeeinflusst hat. Vgl. Maier, Zion; Maier, Biographie.
In den letzten Jahren sind eine Reihe weiterer exegetischer Forschungsarbeiten im deutschen Sprachraum erschienen, die infolge des *spatial turn* die Kategorie des Raums (häufig in Kombination mit der Kategorie des Geschlechts) auf biblische Texte anwenden, vgl. Bail, Sehnsucht; Geiger, Gottesräume; Ballhorn, Israel; Thöne, Liebe. Eine Übersicht zum *spatial turn* und seiner Aufnahme in die biblische bzw. historische Narratologie findet sich bei Berquist / Camp (Hg.), Constructions, S. 1–86; Geiger, Gottesräume, S. 32–40; Müllner / Thöne, Raum und Geschlecht; de Jong, Introduction, S. 1–18; Thöne, Liebe, S. 67–80.

[2] Nünning, Art. Raum, S. 604f. Eine Unterscheidung zwischen *Raum* und *Ort* und der damit einhergehenden begrifflichen Spezifizierung ist hilfreich. Während *Raum* „das

Merkmal eines literarischen Textes.[3] Bei einer Untersuchung des Raums ist zunächst das Spezifische der sprachlichen Darstellung von Räumen mitzudenken. Wird ein literarisches Werk hinsichtlich seiner Weise der Raumdarstellung untersucht, „so zeigt sich, dass ein literarischer Text meist Raumeindrücke oder die Wahrnehmung des Raumes wiedergibt, nicht so sehr den Raum als solchen."[4] Die Erzählung erhält durch die Kategorie des *Raumes*, dies gilt ebenso für die Kategorie *Zeit*, eine Dimension einer gebrochenen Realität, da den Ereignissen durch deren Einordnung auf der Raum- bzw. Zeitachse Einzigartigkeit verliehen wird.[5]

Für biblische Texte gilt, dass nur selten explizite Beschreibungen von Räumen zu finden sind, stattdessen wird Raum meist durch Handlungen charakterisiert.[6] Für Bar-Efrat deutet daher der Satz „Und der König kam mit allem Volk, das bei ihm war, müde an den Jordan und ruhte dort aus." (2 Sam 16,14) auf die Länge des zurückgelegten Weges, ohne dass dies(e) explizit benannt wird.[7] Es handelt sich hierbei um einen *Handlungsraum*, „den Ort oder die Orte, wo die Figuren agieren und die Ge-

---

[3] durch Handeln zu Konstruierende" ausdrückt und in diesem Sinne dynamisch zu verstehen ist, bezeichnet *Ort* „das Seiende, Absolute und Messbare". Thöne, Liebe, S. 57. Diese grundlegende Begriffsunterscheidung dient als Voraussetzung dieser Arbeit. Bei der Verwendung der beiden Begriffe *Raum* und *Ort* in der folgenden Untersuchung muss diese Vorentscheidung stets mitbedacht werden.
Siehe Müllner, Zeit, S. 7. Nünning resümiert, dass sich im Unterschied zu der Kategorie *Zeit* bei der Raumdarstellung keine derart systematischen Beschreibungskategorien herausentwickelt haben. Die Ursache dafür sieht er in der typologischen Vielfalt möglicher Räume. Siehe Nünning, Art. Raum, S. 605. Dieser Bewertung sind die in den vergangen Jahren in zunehmender Zahl erschienen Untersuchungen entgegenzuhalten, die beschreibende Raumkategorien benennen, eine Raumsystematik liefern, siehe Maier, Zion; Geiger, Gottesräume; Thöne, Liebe.

[4] Lahn / Meister, Erzähltextanalyse, S. 247.

[5] Siehe Bar-Efrat, Bibel, S. 200. Es handelt sich um eine gebrochene Realität. Irene de Jong weist darauf hin, dass „narratologists agree that space can never be presented in a narrative text in its totality". De Jong, Introduction, S. 2. Darüber darf der literarische Raum nicht gleichgesetzt werden mit dem realen Raum. Vielmehr handelt es sich beim literarischen Raum um eine Abbildung, die sowohl dem Realen sehr nahe kommen kann als auch den realen Raum verzerrt, modifiziert und verändernd wiederspiegeln kann. Vgl. Kipfer, David, S. 34.

[6] Siehe Geiger, Gottesräume, S. 42. Nicht nur die Kategorie des *Raumes*, sondern auch *Figuren* werden in den biblischen Erzählungen durch Handlungen charakterisiert, vgl. die Ausführungen zur Analyse biblischer Figuren, S. 340f.

[7] Siehe Bar-Efrat, Bibel, S. 207; Geiger, Gottesräume, S. 42.

schehnisse stattfinden"[8]. *Raum* geht dabei „weit darüber hinaus, lediglich Kulisse für die AktantInnen zu sein, sondern wird durch deren Handlungen konstituiert und ist in hohem Maße semantisiert"[9].

Resümierend lässt sich festhalten, Räume bilden als konkrete Erscheinungsformen in literarischen Texten den notwendigen Hintergrund, „vor dem Figuren agieren, gleichzeitig bilden sie als abstrakte Beschreibungskategorien den Träger, der eine Anlagerung semantischer Mehrwerte erlaubt."[10] Dies gilt es im Folgenden theoretisch näher zu betrachten, um anschließend die „David, Batseba und Urija"-Erzählung hinsichtlich der Kategorie *Raum* zu untersuchen.

4.7.2 Raumvermittlung und Raumgestaltung in Erzählungen des Alten Testaments

In den biblischen Texten wird Raum in den meisten Fällen durch die Erzählstimme vermittelt, in sehr seltenen Fällen übernehmen dies die Figuren.[11] Dabei gibt es ganz verschiedene Möglichkeiten, wie Erzählstimme oder Figuren den Raum konstruieren. Meist handelt es sich um sehr kurze Verweise, ohne detaillierte Angaben zum Raum, wie etwa in 2 Sam 11,2b–c: „David erhob sich von seinem *Lager* und ging auf dem *Dach* des *Königshauses* hin und her." In diesem kurzen Abschnitt werden drei Ortsangaben einfach genannt, ohne weitere Erläuterungen oder Ausschmückungen zu liefern. Neben dieser bloßen Nennung von Räumen gibt es auch die Variante einer beschreibenden Raumvermittlung, indem Informationen allein über den Raum in einem separaten Segment der Erzählung geliefert werden. Dabei wird der Raum explizit zum Gegenstand der Darstellung.[12] Als biblische Erzählung *par excellence* sei in diesem Zusammenhang auf die Darstellung des *Gartens Eden* in Gen 2,9–14 verwiesen. Die Konstruktion und die Gestaltung von Raum

---

[8] Lahn / Meister, Erzähltextanalyse, 248.
[9] Thöne, Liebe, S. 50.
[10] Krah, Räume, S. 3.
[11] Siehe Tolmie, Narratology, S. 107.
[12] Siehe Bal, Narratology, S. 143. Diese Möglichkeit der Raumvermittlung findet sich in etwas abgewandelter Form in 2 Sam 11,8–10. Wie im folgenden Abschnitt gezeigt, wird der Raum in V.8–10 (Haus Urijas – Eingang des Königshauses – Haus des Königs) Teil der Ereignisfolge. Als biblische Erzählung *par excellence* sei in diesem Zusammenhang auf die Darstellung des Gartens Eden in Gen 2,9–14 verwiesen.

erfolgen in den biblischen Texten aber meist durch Verweise auf Orte und durch die Bewegung von Figuren.[13]

4.7.2.1 Ortsangaben

In den biblischen Texten werden Ortsnamen häufig nur genannt.[14] Es handelt sich dabei um Siedlungsnamen von Städten, Dörfern sowie explizit benannte Häuser in Ortschaften. Daneben begegnen auch Landschaftsbezeichnungen wie die von Bergen, Flüssen, Bächen, Quellen und Wäldern. Ortsnamen dienen in alttestamentlichen Erzählungen ausschließlich als integraler Bestandteil der Handlung.[15] „Die Personen handeln, und im Rahmen ihrer Handlung verlassen oder erreichen sie einen bestimmten Ort. Die Bühne der Ereignisse bewegt sich von einem Ort zum anderen und ermöglicht dem Raum so seine literarische Existenz."[16]

Darüber hinaus werden Orte gewöhnlich weder klar noch bildhaft oder lebendig beschrieben.[17] Vielmehr existieren sie als Hintergrund für die Handlung. Bar-Efrat erklärt dies mit der spezifischen Erzählweise der Bibel: „[S]ie hat kein Interesse daran, sich an schönen Ausblicken aufzuhalten, sondern eilt voran, um die schnelle Folge der Ereignisse nicht zu verlieren."[18]

Daneben können Orte und Räume semantisch aufgeladen sein. Die Ortsnamen tragen autosemantische Bedeutung, wie beispielsweise das Rutbuch literarisch mit der Ortsbezeichnung Bethlehem mit deren Se-

---

[13] Siehe Geiger, Gottesräume, S. 42; Bar-Efrat, Bibel, S. 201; Tolmie, Narratology, S. 107.
[14] Siehe Tolmie, Narratology, S. 107.
[15] Siehe Bar-Efrat, Bibel, S. 202f.
[16] Ebd., S. 202.
[17] Siehe Tolmie, Narratology, S. 107.
[18] Bar-Efrat, Bibel, S. 211. Bar-Efrat verweist auf die textimmanente Spannung zwischen *Zeit* und *Raum*, die in nicht-literarischer Realität nicht existent ist. Sie entstehe daraus, dass „eine Erzählung Raum nur durch eine Sequenz von aufeinander folgenden Worten schaffen kann. Demzufolge vergeht Erzählzeit, während eine mehr oder weniger detaillierte Beschreibung eines Ortes oder einer Szene gegeben wird, und die erzählte Zeit kommt zum Stillstand. Indem die erzählte Zeit angehalten wird, wird ein statisches Element eingeführt, und dies ist mit dem dynamischen und beschwingten Charakter der biblischen Erzählungen nicht vereinbar." Da jedoch die biblischen Erzählungen das Gefühl von kontinuierlich und schnell vergehender Zeit erwecken möchten, sei dies nur auf Kosten der Gestaltung des Raumes zu gewährleisten. Siehe ebd., S. 211.

mantik als „Brothausen"[19] spielt. Darüber hinaus können Orte oder Räume politisch, religiös oder ätiologisch konnotiert sein. Als eine Besonderheit erweisen sich all jene Orte, bei denen ein Narrativ mit abgerufen wird.[20]

4.7.2.2 Figuren und deren Bewegung im Raum

Wie bereits erwähnt, können die Figuren innerhalb der erzählten Welt *Raum* vermitteln, indem sie die Räume wahrnehmen und sie die Leserinnen und Leser an ihren eigenen Raumeindrücken teilhaben lassen.[21] Die Figuren der Erzählung nehmen den Raum durch ihre Sinne wahr. Sie sehen Formen, Farben und Größen. Durch das Hören von Geräuschen und Lautstärken können die Erzählfiguren Entfernungen abschätzen und bemessen. Auch ihr Tastsinn hilft den Figuren bei der Wahrnehmung des Raumes. So verweist eine Berührung auf Nähe, sei es zu einer anderen Person oder einem Objekt, dessen Beschaffenheit wiederum durch das Ertasten wahrgenommen und dargestellt werden kann.[22]

Mieke Bal weißt zudem auf den fundamentalen Zusammenhang von Raum und Figur(en) hin: Raum sei immer implizit notwendig für jede Handlung, die durch eine Figur ausgeführt wird.[23] Eine besondere Bedeutung für die Schaffung und Gestaltung von Räumen in literarischen Texten kommt den Erzählfiguren durch ihre Bewegung zu. Meist ist die Figurenbewegung, häufig durch die Erzählstimme, selten durch eine andere Figur dargestellt, marginal für die Handlung. Allerdings erweist sie sich

---

[19] Siehe Fischer, Rut, S. 33f.
[20] Dies gilt beispielsweise für die „Terenbinthen von Mamre" in Gen 13,18; 18,1–19.
[21] Durch die in der Regel enge Bindung der Raumwahrnehmung und des Raumeindrucks an die Figuren und die Erzählstimme leiten sich für Lahn und Meister folgende zwei zentrale Raumfunktionen innerhalb der literarischen Texte ab: Zum einen offenbaren sich die Grundkonflikte im Werk und zum anderen erhalte man durch die Raumwahrnehmung der Figur zugleich eine Charakterisierung der Figur selbst. Siehe Lahn / Meister, Erzähltextanalyse, S. 250.
[22] Siehe Bal, Narratology, S. 136.
[23] Siehe ebd., S. 143: Fahre beispielsweise eine Figur Fahrrad, wüssten wir, dass sie draußen ist und auf einer Straße oder einem Weg fährt. In Bezug auf die Figur Urija, die wesentlich in 2 Sam 11 in Form von Bewegungsverben agiert, bemerkt Bal folgendes: Between the city and the front, between maximum safety and comfort and ultimate danger, Uriah is spatially free. Between the two groups in opposition, the idlers (female domain) and the soldiers (male domain), he is in a no-man's land". Bal, Lethal love, S. 30.

in manchen Erzählungen, so auch in 2 Sam 11, als ein zentraler Teil der Handlung und wichtiges Strukturmerkmal.[24]

Häufig geschieht die Darstellung von Bewegung durch die Verwendung von Bewegungsverben, die implizit Aufschluss über den Raum geben, in dem sie situiert sind. „Im Text erschafft die erzählte Bewegung den Raum, in dem sie stattfindet."[25]

Ein weiteres Merkmal der Bewegungen biblischer Figuren ist die knappe Darstellung ihrer Reisen. Meist wird nur Abreise- und Ankunftsort genannt, ohne den Raum und das Gebiet dazwischen zu erwähnen.[26] Es kommt dadurch häufig zu Sprüngen innerhalb des Raums bzw. zwischen den Räumen.[27]

4.7.2.3 Raumsemantik

Als ein Charakteristikum des Raumes in literarischen Texten erweist sich die Tatsache, dass es „eigentlich keinen neutralen oder leeren Raum gibt: Der erzählte Raum ist immer schon irgendwie ‚semantisiert', das heißt bedeutungshaft."[28] Müllner hat für biblische Texte darauf verwiesen, dass Räume wie beispielsweise das Feld feststehende Konnotationen evozieren.[29] Diese seien bei den intendierten Leserinnen und Lesern als bekannt vorauszusetzen. Durch vergleichende „intertextuell-semantische" Textanalysen müsse diese Konnotationen erschlossen werden. Für das oben genannte Beispiel zeigt Müllner anhand von Rechtstexten sowie der Rut-Erzählung auf, dass das Feld als ein Raum der Gefährdung von Frauen semantisiert ist.[30]

Die räumlichen Strukturen, also das Verhältnis zwischen mehreren Orten bzw. Räumen zueinander, äußern sich häufig in Dichotomien wie

---

[24] Bar-Efrat, Bibel, S. 201f.
[25] Geiger, Art. Raum, 2.6.
[26] Tolmie, Narratology, S. 107. Werden jedoch Zwischenstationen benannt, sei dies, so Bar-Efrat, als Hinweis auf ihre Funktion zu lesen, die für jede Erzählung unterschiedlich sei. Für heutige Leserinnen und Leser sei es aufgrund der zeitlichen Entfernung schwierig nachzuvollziehen, welche Funktion mit dem jeweiligen Ort einhergehe. Vgl. Bar-Efrat, Bibel, S. 202.
[27] Ebenda.
[28] Lahn / Meister, Erzähltextanalyse, S. 248.
[29] Siehe Müllner, Zeit, S. 9.
[30] Siehe ebd., S. 10.

oben – unten, außen – innen, nah – fern.[31] Auch diese „polaren Raumwahrnehmungen haben kulturell geprägte Konnotationen, die über den einzelnen Text hinausreichen"[32]. So ist das Oben im Vergleich zu Unten positiver konnotiert.[33]

Bei der folgenden Raumanalyse von 2 Sam 11 wird zu fragen sein, welche Räume werden konstruiert, liegen abstrakte Raumkategorien in Form von Dichotomien vor und welche „wertende(n), religiös-moralische(n) oder sozialpolitische(n) Kategorien und Vorstellungen"[34] sind den Räumen bzw. räumlichen Strukturen zugewiesen.

4.7.3 Raumanalyse von 2 Sam 11

Die Analyse der Räume und räumlichen Strukturen der „David, Batseba und Urija"-Erzählung ist von entscheidender Bedeutung für das Verständnis dieses biblischen Textes. Indem 2 Sam 11 auf die Konstruktion von Räumen, ihre räumliche Struktur, ihre Textdarstellung und ihre Relation zueinander hin befragt und die Bewegungen zwischen den Räumen aufgezeigt werden, lassen sich Dichotomien nachweisen und die Machtstrukturen der Erzählung verstehen.

(a) Szene 1 – 2 Sam 11,1

Zu Beginn der Erzählung und nach der zeitlichen Situierung in V.1a wird in dem kurzen Abschnitt V.1b–e ein äußerst komplexes Raumgefüge ausgebildet, das die Grundlage für die weitere Handlung darstellt: „Und David sendete Joab und seine Diener mit ihm und ganz Israel. Und sie verderbten die *Söhne Ammons* und sie belagerten *Rabba*. Aber David blieb in *Jerusalem*."

Mit der Bezeichnung *Söhne Ammons* begegnet uns in der „David, Bathseba und Urija"-Erzählung die erste Ortsangabe, denn in diesem Fall verweist בני עמון nicht auf einen Volksstamm bzw. die Volkszugehörigkeit zu diesem. Stattdessen handelt es sich hierbei um eine Flächenanga-

---

[31] Siehe Geiger, Art. Raum, 2.5; Müllner, Zeit, S. 10.
[32] Geiger, Art. Raum, 2.5.
[33] Dies zeigt Müllner an der terminologischen Gegenüberstellung von Einwanderung עליה und dem „Abstieg" (ירד) des Auswanderns. In diesem Zusammenhang sei ebenfalls die geographische Lage Jerusalems zu berücksichtigen und nicht zu unterschätzen. Siehe Müllner, Zeit, S. 10.
[34] Thöne, Liebe, S. 63.

be, die das Gebiet der Ammoniter östlich des Jordans bezeichnet.[35] Im Anschluss daran wird der Fokus auf die Stadt *Rabba* gerichtet. Dass es sich dabei um die Hauptstadt des „Ammonsöhnelandes" handelt, deutet bereits die Etymologie des Namens an – „die große (Stadt) (der Ammoniter)"[36], die etwa 40 Kilometer östlich des Jordans liegt.[37]

Als weiterer Ort wird die Stadt *Jerusalem* benannt, die aus dem literarischen Kontext von 2 Sam 11 als Residenzstadt Davids ausgewiesen ist und dem räumlichen Szenario der Stadt Rabba entgegengesetzt wird. Damit sind bereits zu Beginn der Erzählung die beiden Hauptschauplätze explizit genannt, die den räumlichen Hintergrund für die nachfolgende Handlung darstellen.[38]

Noch bevor erstmals ein Ort in der Erzählung erwähnt wird, findet durch das Verb שלח eine Bewegung statt, die von König David ausgeht (V.1b). Erst am Ende des Verses (V.1e) wird durch den Verweis, David blieb in Jerusalem, nachträglich für die Lesenden offenbar, von welchem Ort diese „Sendung" ausging. Mit dieser Bewegung von Joab, Davids Dienstleuten und ganz Israel in V.1b weg von Jerusalem und dem Verweis über Davids Verbleiben in der Stadt wird nicht nur eine Trennlinie zwischen den beiden Hauptschauplätzen, sondern auch zwischen David und „ganz Israel" gezogen.[39]

An dieser Stelle deutet sich bereits an, dass den Figuren bzw. Figurengruppen Räume zugewiesen werden. David, dessen Zugehörigkeit zu Jerusalem bereits in V.1e angelegt ist, verweilt dort über die gesamte Erzählung hinweg. Im Gegenzug sind Joab, Davids Dienstleute und damit auch Urija sowie ganz Israel dem Kriegsschauplatz Rabba zugerechnet. Diese in V.1b–e angelegte Gegenüberstellung zweier voneinander getrennter Räume findet innerhalb der Erzählung an herausragender Stelle statt. Indem diese Räume bereits am Erzählanfang konstituiert werden, basiert die folgende Handlung auf dieser räumlichen Gegenüberstellung. Dies kann ebenfalls als ein entscheidender Grund für die Zuordnung des

---

[35] Siehe Görg, Art. Ammon, Sp. 88. Die Buber- und Rosenzweigübersetzung berücksichtigt diesen Tatbestand und gibt בני עמון mit *„Ammonsöhneland"* wieder.
[36] Zur Namensetymologie Rabbas siehe Zwickel, Art. Rabba, S. 1107, vgl. Jos 13,25.
[37] Siehe Zwickel, Art. Rabba, S. 1107.
[38] Siehe Bar-Efrat, Das zweite Buch Samuel, S. 107.
[39] Siehe Müllner, Gewalt, S. 100 f.

gesamten ersten Verses zur „David, Batseba und Urija"-Erzählung bewertet werden.[40]

Die knappe Raumdarstellung zu Beginn der Erzählung in V.1b–e erweist sich als intentional und zugleich kunstvoll gestaltet. Dies belegt auch die Überleitung zur folgenden Handlung. In V.1e richtet sich, nachdem die Handlung zuvor in Rabba spielt (V.1c–d), der Fokus durch die Nennung des Aufenthaltsortes Davids zurück auf Jerusalem.

b) Szene 2 – 2 Sam 11,2–5

Auf dem räumlichen Szenario von V.1 baut die folgende Szene beginnend mit V.2 auf. Dabei findet eine Fokussierung des Raums Jerusalem statt. Die Handlung spielt nun im Palast Davids, einem Binnenraum der Stadt. Dabei kommt es zu einer weiteren Ausdifferenzierung des *Königshauses* (בית־המלך) durch die explizit genannten Orte: *Davids Lager* (משכבו) und *Dach* (גג) *des Königshauses*.

Exkurs: Archäologische Erkenntnisse zum Palast Davids

Im Unterschied zu den ausführlichen Tempelbeschreibungen liefern alttestamentliche Texte nur wenige Informationen über die Architektur des Königshauses von David, und diese müssen zudem äußerst kritisch betrachtet werden.[41]

In den alttestamentlichen Texten wird der Bau des Königspalastes David selbst zugeschrieben. Diese Leistung des Königs muss kritisch betrachtet werden, vielmehr scheint es, wie Wolfgang Zwickel folgerichtig aufzeigt, ein Attribut späterer Generationen zu sein. Es gibt einige Hinweise darauf, dass David nach der Eroberung Jerusalems den bereits vorhandenen, jebusitischen Palast als Königssitz übernommen hat.

In Zusammenhang mit den wenigen Notizen über den Palast Davids gibt es nur wenige Rückschlüsse auf dessen Architektur. Der wichtigste Beleg dafür findet sich in 2 Sam 5,11–12. In dieser kurzen Notiz, die im direkten Anschluss an die Darstellung der Eroberung Jerusalem durch David folgt, wird die Unterstützung Hirams, des Königs von Tyrus, beim Bau von Davids Palast erwähnt. Es handelt sich bei diesen zwei Versen weniger um eine histori-

---

[40] Siehe hierzu die Ausführungen in Abschnitt zur Abgrenzung, S. 55–58.
[41] Mit der Wortverbindung בית־המלך (Haus des Königs), wie sie mehrfach in 2 Sam 11 zu finden ist, wird das bezeichnete Gebäude als Königspalast ausgewiesen. Siehe Halama, Art. Palast, 2.1.

sche Notiz als vielmehr um eine nachträgliche Einfügung, die die Königsherrschaft Davids legitimiert und aufwertet.[42]

Im Jahr 2005 sorgte der angebliche Fund des Palastes Davids durch die Archäologin Eilat Mazar für großes Aufsehen. Die Freilegung einer massiven Fundamentmauer aus großen, fast unbearbeiteten Kalksteinblöcken veranlasste die Archäologin dazu, in dieser von ihr bezeichneten *large stone structure* die Reste eines einzelnen Gebäudes, das Teil eines größeren Komplexes sei, zu sehen. Dieser Gebäudekomplex schließe ebenfalls die *stepped stone sturcture* mit ein, bei der es sich um eine massive Stützmauerkonstruktion handelt, die sich an einem Hang entlang der nordöstlichen Seite der Davidstadt erstreckt und der EZ IIA zugeordnet wurde. Unter Bezugnahme auf Fundkeramiken datierte Mazar die „Bauphasen des Gebäudes in die letzte Phase der Eisenzeit I oder an den Beginn der Eisenzeit IIA, also etwa in die Zeit Davids (um 1000 v. Chr.)."[43] In der Forschung wird die Zuordnung von Mazars Fund als Davids Palast kritisch betrachtet. Ein Team von Archäologinnen und Archäologen um Israel Finkelstein argumentiert dagegen:

> (1) (T)he walls inearthed by Mazar do not belong to a single building; (2) the more elaborate walls may be associated with elements to the Hellenistic period; (3) the ‚Stepped Stone Structure' represents at least two phases of construction– the lower (downslope) and earlier, possibly dating to the Iron IIA in the 9th century BCE, and the later (which connects to the Hasmonaean First Wall upslope) dating to the Hellenistic period.[44]

Darüber hinaus wird in der Forschung auch mehrfach Kritik an dem methodischen Ansatz von Mazar laut: „The biblical text dominate this field operation, not archaeology. Had it not been for Mazar's literal reading of the biblical text, she never would have dated the remains to the 10th century BCE with such confidence."[45]

Zusammenfassend lässt sich festhalten, es existieren für die EZ IIA für Jerusalem und speziell für den Palast Davids keine nennenswerten archäologischen Funde, die Aufschluss über die Gestaltung des Palastes geben.

Trotz fehlender archäologischer Hinweise auf den Palast Davids können dennoch weiterführende Rückschlüsse gezogen werden. In Palästina gibt es zahlreiche Beispiele aus der EZ I von Stadtkönigtümern, die über Palastbauten mit einer durchaus repräsentativen Architektur verfügen. Dies ist ebenfalls für die Jebusiterstadt Jerusalem anzunehmen, die durch Da-

---

[42] Siehe Zwickel, Palast, S. 4.
[43] Ebenda.
[44] Finkelstein, Palace, S. 142.
[45] Ebd., S. 162, siehe dazu auch Zwickel, Palast, S. 4.

vid erobert wurde. In der alttestamentlichen Forschung wird daher angenommen, dass David „den bereits bestehenden Königspalast übernommen und zu seinem Amtssitz bestimmt"[46] habe. Damit verfügt der König über einen „Ort, von dem aus Regierungsgewalt ausgeübt wird."[47] Der Raum Palast ist somit semantisch aufgeladen, als Ort, von dem Macht ausgeht und ausgeübt wird. Diese Konnotation muss bei dem dreimaligen Vorkommen von בית המלך in 2 Sam 11,2c.8d.9a mitbedacht werden.

Der Königspalast steht erstmals in 2 Sam 11,2c in Verbindung mit dem Substantiv *Dach* (גג), welches das im Alten Orient und auch in Ägypten weit verbreitete Flachdach bezeichnet. Diesem werden im Alten Testament verschiedene Funktionen zugeordnet. So dient es als Dachterrasse, als Ort einer machtvollen Unterredung zwischen Samuel und Saul vor der Königssalbung (1 Sam 9,25f.). Darüber hinaus eignet es sich auch als Lagerstätte und Versteck (Jos 2,6.8), als Ort ausgelassener Feiern (Ri 16,27) oder öffentlicher Trauer (Jes 15,3; Jer 48,38) und letztlich auch als Beobachtungspunkt (2 Sam 18,24).[48]

Bei der intertextuell-semantischen Analyse von גג sind vor allem die beiden Texte Ri 9,51 und 2 Sam 16,22 auf Grund der besonderen Nähe zu 2 Sam 11 von besonderem Interesse. In einer Figurenrede in 2 Sam 11,21 verweist Joab auf das Schicksal von Abimelech, dessen Tod in Ri 9,50–57 erzählt wird. In dieser Allusion stellt sich גג als Binnenraum zu מגדל und zunächst als ein Zufluchtsort für Bedrängte dar. Für Abimelech hingegen erweist sich dieser Ort in der weiteren Erzählung als ein Raum, von dem Bedrohung ausgeht – denn vom Dach aus wirft eine Frau den Mühlstein auf ihn.

Weitere für 2 Sam 11 bedeutende Konnotationen erhält der Begriff *Dach* in der unmittelbar im literarischen Kontext der TFE stehenden Erzählung über Abschaloms Aufstand und seine Eroberung von Jerusalem (2 Sam 16,15–17,23): Abschalom, der Jerusalem eingenommen hat, fragt Ahitofel um Rat für das weitere Vorgehen. Dieser empfiehlt ihm, mit den zurückgelassenen Nebenfrauen Davids öffentlich sexuell zu verkehren und somit Anspruch auf Davids Thron zu erheben. Der Königssohn folgt Ahitofels Rat und wählt als Ort für seine Machtdemonstration das Dach aus und er geht „vor den Augen ganz Israels zu den Nebenfrauen seines

---

[46] Zwickel, Palast, S. 5.
[47] Erzberger / Jochum-Bortfeld, Art. Palast, S. 435.
[48] Siehe Görg, Art. Dach, Sp. 375.

Vaters" (2 Sam 16,22). Die intertextuelle Anspielung auf 2 Sam 11,2 ist nicht zu übersehen: Während David auf die schöne Badende (hinab-)schaut (2 Sam 11,2), sieht nun ganz Israel zu Abschalom hinauf. Das *Dach*, der Ort des Blickes, wird als Raum jeweils sexuell aufgeladen und als Ort der Machtdemonstration semantisiert.

In Sam 11,2 findet גג zweimal Erwähnung, zunächst als Aufenthaltsort von David und des Weiteren als Ort, von dem aus David auf die Badende sieht.[49] Der Raum *Dach* steht in Opposition zu dem in der Erzählung nicht näher beschriebenen *Ort der Badenden*. Dies wird u. a. durch die Dichotomie von oben (David am Dach des Palastes) und unten (Badende) evoziert. Darüber hinaus ist, wie bereits erwähnt wurde, sowohl der *Palast* als auch das *Palastdach* semantisch aufgeladen: Vom Palast geht Davids (Regierungs-)Macht aus und der „Platz auf dem Dach bedeutet insofern eine Macht-Position, als sie räumlicher Ausdruck und Konstitution seiner sozialen Macht ist."[50]

Eine nähere Beschreibung des *Ortes der Badenden* ist in der Erzählung nicht enthalten.[51] Es können jedoch implizite Raumangaben abgeleitet werden. Die Frau befindet sich im Blickfeld Davids. Daraus lässt sich ableiten, dass die Distanz zwischen den beiden Figuren begrenzt ist. Der Ort, an dem sie sich befindet, muss demnach in der Nähe bzw. in „Sehweite" des Palastes sein.[52]

Darüber hinaus vermag David seinen Blick vom Dach des Palastes aus ungestört von Hindernissen wie Häusern oder Pflanzen auf die sich Waschende zu richten.[53] In den dicht besiedelten Städten „war es selbstverständlich, dass man von den begehbaren Dächern, [...] Blicke in die Höfe

---

[49] Müllner, Gewalt, S. 100.
[50] Ebenda.
[51] Koenig weist in diesem Zusammenhang darauf hin, dass der Ort der Badenden eine Leerstelle darstellt. Die Phrase מעל הגג sei ambige, „is the preposition [מעל; A. F.] describing David's position, on top of his roof, or Bathsheba's position, bathing atop her roof? [...] If the MT had placed the phrase at the beginning of the clause as the Greek versions do, it would be much clearer that it was referring to David, not Bathsheba. In that was, we can see that the MT is, indeed, more ambiguous than some of the other versions because of the syntax". Koenig, Bathsheba, S. 35. In der weiteren Lektüre von 2 Sam 11 schließe sich, so Koenig, die Leerstelle, da die Präposition מעל in der restlichen Erzählung (V.20f.21b.24a) eindeutig auf das Subjekt der Handlung und nicht das Objekt der Handlung bezogen ist. Siehe ebd., S. 35.
[52] Bar-Efrat, Bibel, S. 108.
[53] Siehe Görg, Art. Dach, Sp. 375.

der Nachbarhäuser werfen konnte"[54]. Eine Waschmöglichkeit muss ebenfalls vorhanden sein, die im biblischen Text nicht näher beschrieben wird.[55]

Die fehlende Raumdarstellung des Ortes der sich Waschenden lässt sich als ein Beispiel für die besondere Erzählweise der Bibel anführen: Es wird auf eine detaillierte Raumbeschreibung am Ende von V.2 verzichtet, um die Handlung voranzubringen. Im Zentrum des Erzählinteresses steht stattdessen in V.2d–e die Fokussierung und Darstellung der sich waschenden Figur.

Auch im folgenden V.3 wird zugunsten des Voranbringens der Handlung auf Raumdarstellungen verzichtet. Explizite Raumangaben fehlen.[56] Dies zeigt sich besonders an der Reaktion auf Davids Aussenden und Forschen nach der Frau. Die Information wird in direkter Rede wiedergegeben, ohne figurativ oder räumlich determiniert zu sein. Die Ereignisse in V.3 erhalten einzig durch die Bewegung, die durch das Verb שלח ausgedrückt wird, eine räumliche Dimension. Wieder ist es David, der aussendet und von dem die Bewegung weg geht.

Der folgende V.4 beginnt ebenfalls mit וישלח דוד (V.4a) – d. h. erneut mit einer Bewegung, die eine vollständige Trennung impliziert und von David wegführend ist.[57] Allerdings wird im Unterschied zum vorhergehenden Vers die Bewegung zurück zum König erwähnt (V.4c): *sie kam zu ihm*. Es folgt in V.4d der Verbalsatz: וישכב עמה. Dabei handelt es sich bei der Präposition עם nicht um eine Ortsangabe, stattdessen stellt sie in Verbindung mit dem Verb שכב eine feste Redewendung dar, die euphemistisch den Sexualakt benennt.[58] Der Königspalast, der, wie dargestellt, von königlicher Macht durchzogen ist, wird zugleich als Ort der sexuellen Interaktion zwischen David und Batseba zum Raum der Sexualität.

---

[54] Zwickel, Frauenalltag, S. 89.
[55] Auf Grund der Wasserknappheit und der damit einhergehenden Wertschätzung dieses Elementes lässt sich entweder davon ausgehen, dass es sich um eine begrenzte Menge an Wasser zum Waschen handelt oder dass Batseba einer schmalen Oberschicht angehört, die sich den Luxus eines (Voll-)Bades leisten konnte. Dies ist wiederum bei der Figurenanalyse zu berücksichtigen. Siehe Koenen, Art. Wasserverbrauch, 1.
[56] In V.3e handelt es sich bei der Wortverbindung אוּרִיָּה הַחִתִּי um ein Epitheton, das im Abschnitt zur Figurenanalyse näher betrachtet wird. Siehe S. 494–496.
[57] Siehe Hossfeld / van der Velden, Art. שׁלח, Sp. 47.
[58] Deutlich wird dies durch einen intertextuellen Vergleich. In Gen 30,15; 39,9–16; Ex 22,15; Dtn 22,23 und 2 Sam 12,24 findet die oben genannte Wortverbindung als Umschreibung für den Sexualakt Verwendung.

Im Anschluss an den sexuellen Akt kommt es zu einer weiteren Bewegung, die durch das Verb שׁוּב angezeigt wird: *sie kehrte zurück* in ihr Haus (V.4f). Dabei wird dieses Bewegungsverb mit einer Ortsangabe in Relation gesetzt. V.4f gibt damit rückwirkend Auskunft darüber, dass Batseba von ihrem *Haus* aus zum König kommt.

Nach V.2 findet auch hier das Nomen בית Verwendung. Insgesamt kommt es 11 Mal in der Erzählung vor und ist damit die mit Abstand häufigste Ortsangabe im Text.[59] Dabei unterscheiden sich der Gebrauch und die Semantik des Wortes. Wie bereits erwähnt, bezeichnet בית in Verbindung mit dem Nomen מלך in V.2c ebenso in V.8d und V.9a den Königspalast und markiert in diesem Zusammenhang den Machtbereich Davids. Weit häufiger jedoch weist בית unter Hinzunahme von Suffixen auf Urijas Haus, im Sinne seines Besitzes,[60] hin (2 Sam 11,8b.9b.10c.10f. 11d.13f). In V.4f. befindet sich ebenfalls ein Verweis auf dieses Gebäude, jedoch ist das Nomen בית an dieser einen Stelle Batseba und nicht Urija zugeordnet.[61]

---

[59] Zur Bedeutung des Begriffs בית in der TFE siehe Müllner, Gewalt, S. 126–130.
[60] Es ist zu beachten, dass mit dem Begriff בית nicht allein auf ein Gebäude verwiesen wird, stattdessen muss immer auch die soziologische Größe der Familie mitbedacht werden, die als „Hausstand" dem Gebäude innewohnt. Das Haus bildet die Lebensgrundlage und das Lebenszentrum der Familie. Siehe Gerber / Vieweger, Art. Haus, S. 249.
[61] Terminologisch gibt es keinen Hinweis darauf, dass es sich um das gleiche Haus handelt, die Identität lässt sich aber logisch erschließen. Siehe Müllner, Gewalt, S. 102. Diese Zuordnung des Hauses zu Batseba ist deshalb bemerkenswert, da dem Haus in aller Regel ein Hausherr vorsteht und es patriarchalisch bestimmt ist. Siehe Thöne, Liebe, S. 262f. Für die Abweichung in V.4f lassen sich unterschiedliche Erklärungen finden und gegeneinander abwägen: Eine Möglichkeit wäre, dies als Hinweis auf die Abwesenheit Urijas zu lesen. Eine andere ergibt sich aus der vorrangigen Funktion von בית: das Haus fungiert als Schutzraum für dessen Bewohner, v. a. für die darin lebenden Frauen. Durch die explizite Zuordnung des Hauses zu Batseba in V.4f wird hervorgehoben, dass David in den geschützten Raum Batsebas eingedrungen ist. Dies korrespondiert mit der Bedeutung von וַיִּקָּחֶהָ in V.4b, noch bevor Batseba zum König kommt (V.4c), nahm er sie. Batseba wird dem Machtbereich Davids untergeordnet. Räumlich situiert wäre dies im Haus Urijas. Damit würde Batseba im eigentlich geschützten Raum *Haus* schutzlos gegenüber David.
Ilse Müllners betrachtet ausgehend von V.5 das Haus Batsebas als Ort der reproduktiven Fähigkeit der Frau, dem würde durch die ungewöhnliche Zuordnung Ausdruck verliehen. In Abgrenzung dazu fände, wo es um Sexualität geht, die Zuordnung ‚Haus Urijas' Verwendung. Siehe Müllner, Gewalt, S. 102.

Der Ortswechsel Batsebas vom Palast Davids zu ihrem Haus ist zugleich Ausgangspunkt für das räumliche Szenario im folgenden V.5. Batseba erkennt ihre Schwangerschaft, ihr Haus wird somit zum Ort der Gravidität, zum Raum der Reproduktion.[62] Durch die räumliche Zuordnung findet eine klare Trennung zwischen Sexualität (Palast) und ihrer reproduktiven Funktion (Haus Batsebas) statt. Diese Unterscheidung wird zudem noch durch eine zeitliche Entzerrung zwischen Sexualakt und Feststellung der Schwangerschaft herausgestellt. Im Vergleich zu anderen biblischen Texten vergeht durch den Einschub der Reinigungsnotiz in V.4e, der den Erzählverlauf unterbricht, und dem Hinweis über das Zurückkehren Batsebas in ihr Haus ungewöhnlich viel *Erzählzeit* zwischen der Darstellung der sexuellen Interaktion und dem Erkennen der Schwangerschaft.[63] Müllner schlussfolgert daraus, dass „[d]ie Schwangerschaft [...] damit weg von der sexuellen Interaktion verlagert und stärker zur Angelegenheit der Frau gemacht"[64] wird.

Batseba informiert David über ihre Schwangerschaft (V.5b–e). Sie sendet (שלח) zum König. Es kommt zu einer Bewegung, die von Batseba ausgehend, von ihr wegführt. Bemerkenswert ist dabei, dass diese Bewegung durch das „machtvolle" Leitwort שלח, das in der übrigen Erzählung meist David zugeordnet wird, Ausdruck findet. Müllner erkennt darin: „Über ihre reproduktive Fähigkeit partizipiert diese Frau an der königlichen Macht."[65]

(c) Szene 3 – 2 Sam 11,6–13

Im folgenden V.6 kommt das Bewegungsverb שלח dreimal vor. Zunächst ist David der Ausgangspunkt der Bewegung, er sendet zu Joab einen Befehl (V.6a), Urija nach Jerusalem zurückzuschicken (V.6b). Davids Aufforderung wird in direkter Rede und unter Verwendung des Verbs שלח wiedergegeben. Als Reaktion auf Davids Befehl geht nun die Bewegung von Joab aus, er sendet (שלח) Urija zu David. Innerhalb dieses Verses wird in kunstvoller Weise zweimal die räumliche Distanz zwischen

---

[62] Siehe Müllner, Gewalt, S. 101.
[63] Außer in der „David, Batseba und Urija"-Erzählung enthalten nun noch Gen 19,30–38 und 1 Sam 1,20 einen narrativen Einschub zwischen sexuellem Akt und Schwangerschaft. Siehe Müllner, Gewalt, S. 101.
[64] Ebenda.
[65] Ebd., S. 102.

Rabba und Jerusalem überwunden.⁶⁶ Dabei bleibt in V.6a unerwähnt, wer die Befehle Davids an Joab überbringt. Dies hat für die Handlung keinerlei Bedeutung. Ganz im Unterschied dazu verweist V.6c explizit auf Urija als Überwinder der Distanz zwischen den beiden Hauptschauplätzen.⁶⁷ Die durch das Verb שלח einsetzende Bewegung Urijas weg von Joab findet ihr Ende in V.7 mit seiner Ankunft bei David in Jerusalem.

In der direkten Rede Davids in V.8 erfolgt durch das Richtungsverb ירד (hinabsteigen; V.8b) eine Raumkonstruktion, in der das Königshaus in Spannung zum Haus Urijas gestellt wird.⁶⁸ Die gesamte folgende Auseinandersetzung zwischen Urija und David in V.8–11 „findet um Raum statt."⁶⁹ David fordert Urija auf, zu seinem Haus hinabzusteigen.⁷⁰ Es scheint, als komme Urija Davids Befehl nach, er zieht aus dem Palast hinaus.⁷¹ Die Bewegung Urijas, die durch das Verb יצא angezeigt wird, nimmt in V.9 am *Eingang* des Königshauses ein abruptes, unerwartetes Ende. פתח ist ebenso wie משכב (V.2b) und גג (V.2d) Teil des Palastes und diesem Raum zugeordnet. Der Begriff bezeichnet „jede beliebige Form einer Öffnung, die den Durchlaß zwischen einem ‚draußen' und ‚drinnen' (oder umgekehrt) gewährt"⁷² und bringt dadurch eine Durchgangsmöglichkeit zum Ausdruck.⁷³ Diese Schwelle, an der sich Urija niederlässt, ist in Bibeltexten häufig als ein gefährdeter Ort semantisiert.⁷⁴ Durch die Weigerung des Soldaten, zu seinem Haus hinabzugehen, indem

---

⁶⁶ Den zweifachen Übergang zwischen den beiden Hauptschauplätzen der Erzählung wird in V.6a.c unter Verwendung eines Chiasmus kunstvoll dargestellt: David (a) sandte (b) zu Joab (c) […] Joab(c') sandte (b') *Urija* zu David (a').
⁶⁷ Besonders deutlich wird dies bei Betrachtung des Chiasmus. Indem das Akkusativobjekt im ersten Teil des Chiasmus fehlt, kommt es zu dessen Betonung im zweiten Teil – nämlich in Form des Begriffs „Urija".
⁶⁸ Das Haus ist nun nicht mehr Batseba wie noch in V.4 sondern Urija zugeordnet.
⁶⁹ Müllner, Gewalt, S. 100.
⁷⁰ Die Aufforderung Davids, Urija möge in sein Haus hinabgehen, steht im Zusammenhang mit dem Imperativ: וּרְחַץ רַגְלֶיךָ, der als sexuelle Anspielung zu verstehen ist. Das Nomen רֶגֶל wird auch als Bezeichnung der Genitalien verwendet, vgl. Müllner, Samuel, S. 534. Eine andere Interpretation des Imperativs liefert Bar-Efrat. Unter Bezug auf Gen 18,4 verweist er darauf, dass es üblich war, nach einem langen Weg, die Füße gewaschen zu bekommen. Siehe Bar-Efrat, Das zweite Buch Samuel, S. 108.
⁷¹ In V.8e findet sich zudem mit אחריו eine implizite Raumvorstellung, die durch Positionierung angelegt ist – hinter ihm her kam ein Geschenk des Königs.
⁷² Bartelmus, Art. פתח, Sp. 833.
⁷³ Siehe Thöne, Liebe, S. 255.
⁷⁴ Siehe Müllner, Zeit, S. 10.

er sich stattdessen am Eingang (פתח) des Könighauses niederlässt, „bleibt er räumlich im Machtbereich Davids, allerdings an dessen Schwelle, und bricht dadurch diese Macht."[75] Das Zentrum der königlichen Macht wird „zum Ort der königlichen Ohnmacht"[76].

Davids Machtlosigkeit zeigt sich auch durch die besondere Erzählweise in V.8–11. Davids Plan, seine Vaterschaft von Batsebas Kind zu vertuschen, indem er Urija dazu bewegt, sexuell mit seiner Ehefrau zu verkehren, ist sprachlich komprimiert in der königlichen Forderung (V.8b–c): רד לביתך ורחץ רגליך. Dieser einen Aufforderung Davids, Urija möge in sein Haus hinabgehen, steht eine fünfmalige Absage entgegen – viermal in Form der Verneinung mit dem Partikel לא (V.9b.10c.10f.13f) und einmal als Ablehnung, dargestellt als Schwur (V.11).[77] Dabei sticht die Aussage in V.11d ואני אבוא אל־ביתי besonders hervor, denn die Figur Urija weicht an dieser Stelle von der vorher- und nachher verwendeten Formulierung, die aus der Verbindung des Verbs ירד mit dem Nomen בית besteht, ab. Durch das Bewegungsverb ירד, das stets eine Richtung von oben nach unten ausdrückt, die gleichzeitig mit einer Bewegung einhergeht,[78] wird das Oben positiver konnotiert als das Unten.[79] Das Oben, der Ausgangspunkt der Bewegung, ist der Palast Davids; das Ziel bzw. das Unten stellt hingegen das Haus Urijas dar. Indem nun Urija in V.11d statt ירד das Verb בוא verwendet, kommt es zu einem sprachlichen Bruch. Urija verwehrt David dessen oben angesiedelte Positionierung. Stattdessen wird durch die Verwendung des Verbs בוא in der Rede Urijas eine gleichrangige Positionierung der Figuren erreicht.

Wie bereits im Abschnitt zur Zeitanalyse von 2 Sam 11 erwähnt, enthält V.10 zwischen V.10c und V.10d einen Zeitsprung. Es kommt an dieser Stelle durch das Fehlen einer erzählten Bewegung ebenfalls zu einem räumlichen Bruch. Während die beiden Handlungsträger Urija und David in V.8d räumlich auseinander gehen, kommt es in V.10d zu einer erneuten Unterredung dieser beiden Figuren, ohne dass die bis dahin be-

---

[75] Müllner, Gewalt, S. 100f.
[76] Ebd., S. 100f.
[77] Dabei wird die Ablehnung dreimal der Erzählstimme (V.9b.10c.13f) und jeweils einmal David (V.10f) und Urija (11d) zugeordnet.
[78] Siehe Mayer, Art. יָרַד, Sp. 894.
[79] Siehe Müllner, Zeit, S. 10.

stehende räumliche Distanz überwunden wird.⁸⁰ Die Bewegung zueinander bzw. die Bewegung der einen Figur zur anderen, bleibt unerwähnt. Es bleibt offen, wo das Gespräch zwischen David und Urija (V.10e–12c) verortet ist – im Palast oder am Eingang des Palastes. Auch ist unerwähnt, welche der Figuren sich auf die andere zubewegt. Dies ist umso erstaunlicher, da David in der bisherigen Erzählung (bewegungsarm) im Palast verortet ist, aber die Bewegung der anderen Figuren veranlasst (שׁלח).⁸¹

Mit der Ortsangabe דרך innerhalb des Dialogs zwischen David und Urija in V.10e findet Davids Überraschung, dass Urija sich weigert, in sein Haus zu gehen, Ausdruck. Der Begriff דרך weist auf eine räumliche Bewegung zurück und zwar auf Urijas Weg von Rabba nach Jerusalem.

In V.11 ist in direkter Rede der Schwur Urijas wiedergegeben, mit dem der Soldat seine Loyalität zu seinem Mitsoldaten und sein Pflichtgefühl ausdrückt. Im zweigeteilten Schwur sind gleich mehrere Ortsangaben enthalten. Im ersten Teil (V.11b–c) lässt Urija die Lesenden an seiner eigenen Raumwahrnehmung teilhaben, wenn er sagt: „In *Hütten* wohnen die *Lade* und Israel und Juda, mein Herr Joab und die Diener meines Herren lagern auf dem *freien Feld*." (2 Sam 11,11b–c). Urija beschreibt hier das räumliche Szenario von der Belagerung Rabbas und konstruiert durch die verwendeten Ortsangaben einen semantisch aufgeladenen Raum. Die Pluralform סכות avanciert als Gegensatz zu בית, dem Leitwort aus V.8–10. Denn im „Unterschied zum stabilen aus Steinen gebauten Haus bestand eine Hütte aus Geäst."⁸² Die Hütten dienen der Lade als Behausung. Bei diesem Gegenstand handelt es sich um ein transportables Heiligtum, das „nach Ex 25,10–22; Ex 37,1–9 [...] am Sinai angefertigt, von David nach Jerusalem gebracht und unter Salomo im Tempel aufge-

---

[80] Die räumliche Trennung zeigt das Bewegungsverb יצא in V.8d an. Urija wird mit V.9a am Eingang des Königspalastes verortet. David hingegen, der mit V.1 im Palast situiert ist, erhält auch dort die Kunde von Urijas Weigerung, in dessen Haus zu gehen (V.9b.10a–c),

[81] Die eigenen Bewegungen des Königs sind in 2 Sam 11 begrenzt auf den Königspalast. David überschreitet die Grenzen dieses Raumes mehrfach: in V.2 durch seinen Blick auf die badende Frau und mehrfach in der gesamten Erzählung durch sein machtvolles Aussenden (שׁלך).

[82] Kellenberger, Art. Laubhütte, 2.1. Hütten dienten unterschiedlichen Zwecken, sie kamen wie in 2 Sam 11,11 erwähnt auch in der Kriegsführung zum Einsatz.

stellt worden ist."[83] Die wohl älteste Erwähnung der Lade stellt die kurze Notiz in Num 10,35–36 dar. JHWH wird „als mit und bei der Lade präsent gedacht, von wo er sich erhebt, um Israel voranzuziehen, und zwar insbesondere zum Kampf gegen Feinde"[84]. Eine solche Führungs- und Kriegsfunktion der Lade ist auch für 2 Sam 11 denkbar. Urija erzählt, dass auch Israel und Juda in den Hütten verweilen. Bei den beiden Begriffen ישראל und יהודה handelt es sich im Unterschied zu בני עמון in V.1 nicht um eine räumliche Angabe, sondern um die Namen zweier Volksstämme. Urijas Schilderung vom Verweilen Israels und Judas sowie der Lade in Hütten ist als räumliche Kontrastierung zu Urijas Haus in V.8–10 zu lesen. Die unstabile, vergängliche, aus Geäst bestehende Hütte steht dem aus Lehmziegeln erbauten, stabileren Haus entgegen. Auch die Schutzfunktion des Hauses ist, wenn überhaupt, nur begrenzt auf die Hütte anwendbar.

In seiner weiteren Raumdarstellung benennt Urija das freie Feld bzw. die Fläche des Feldes als Aufenthaltsort von Joab und den anderen Soldaten. Hier bezeichnet der Begriff שדה eine unkultivierte Fläche, die in alttestamentlichen Texten häufig als Kriegsschauplatz bzw. als Ort militärischer Auseinandersetzungen im Sinne eines Schlacht*feldes* fungiert.[85] Es handelt sich um ein Gebiet außerhalb menschlicher Siedlungen. Das freie Feld „bildet damit einen Kontrastraum zur Stadt".[86] Semantisch ist der Ort des freien Feldes (שדה) negativ konnotiert.[87] Er dient in biblischen Erzählungen als Schauplatz für Gewalttaten wie Mord (Gen 4; Dtn 21,1), Vergewaltigung oder Ehebruch (Dtn 22,25; Rut 2,8–9; Jer 13,27).

---

[83] Kreuzer, Art. Lade, 1. In Ex 25,10–22 begegnet uns ein Bericht über das Aussehen der Lade, bei dem sicherlich mit einigen Hinzufügungen und Ausschmückungen zu rechnen ist. Nach Kreuzer bleibt aber die Beobachtung, „dass die Lade ein bewegliches Symbol göttlicher Macht und Präsenz darstellt". Die Vorstellung, die Lade sei Aufenthaltsort der beiden Dekalog-Tafeln (Dtn 10,1.5; 1 Kön 8,9) bzw. der Tora (Dtn 31,26), bewertet Kreuzer als deuteronomistischen Ursprungs. Siehe Kreuzer, Art. Lade, 5.
[84] Kreuzer, Art. Lade, 3.
[85] Vgl. Ri 9,1; 1 Sam 4,1–2; 2 Sam 10,8; 11,23; 18,6. Siehe Thöne, Liebe, S. 327–331.
[86] Thöne, Liebe, S. 327.
[87] Neben diesem sehr negativen Sinngehalt kommt שדה im Alten Testament auch eine positive Bedeutung als Leben spendender und lebenserhaltender Ort sowie als Ort der Gotteserfahrung zu. Siehe ebd., S. 327–331.

Unter Berücksichtigung dieser Überlegungen lässt sich festhalten: Urija konstruiert in dem ersten Teil seines Schwurs einen Raum, der zum einen als vergänglich und schutzlos (vgl. *Hütte*) und zum anderen als gefährlich und bedrohlich (vgl. *Feld*) konnotiert ist. Diesem Raum steht der im zweiten Teil von Urijas Schwur (V.11d–g) konstruierte Raum entgegen: „Ich aber soll hineingehen in *mein Haus*, um zu essen und zu trinken und um bei meiner Frau zu liegen." (2 Sam 11,11d). Das *Haus* als sicherer Ort erweist sich durch die Aneinanderreihung der Infinitivkonstruktionen zudem als Ort des Lebens, und zwar in doppelter Weise. Die Infinitive לאכל und לשתות drücken eine Grundversorgung aus, die zugleich Lebensgrundlage ist. Die feste Wendung שכב עם־אשה bezeichnet den sexuellen Akt und verweist auf das reproduktive Ziel des Lebens. Durch die im Schwur Urijas genannten Ortsangaben bilden sich zwei voneinander polarisierende Räume aus. Durch diese Gegenüberstellung von Räumen wird die Aussagekraft von Urijas Schwur drastisch erhöht.

Die V.12–13, denen in der Analyse der Kategorie *Zeit* große Aufmerksamkeit zuteilwurde, können bei der Analyse des Raumes überblickartig behandelt werden, da sie Raumangaben und Bewegungen aus den vorhergehenden V.8–10 erneut aufgreifen.[88] Denn nachdem in V.12 in der direkten Rede Davids der königliche Befehl an Urija ergeht, er möge weiterhin in Jerusalem verbleiben, informiert der folgende V.13 darüber, dass Urija, obwohl der König ihn berauschte, erneut bei den Bediensteten lagert und nicht in sein Haus hinabging. Besonders in V.13 werden bereits oben genannte und analysierte Erzählpassagen aus den vorhergehenden Versen erneut aufgenommen.

(d) Szene 4 – 2 Sam 11,14–25

Der wiederholte Versuch Davids, Urija dazu zu bewegen, die Nacht mit seiner Frau zu verbringen, scheitert erneut. Daher sieht sich David dazu veranlasst, einen Brief an Joab zu schreiben. David sendet den Brief durch die *Hand* Urijas. Dies wird in V.14 beschrieben. Bei der Raumana-

---

[88] Dabei handelt es sich um: „Jerusalem" (siehe V.1), das „Haus Urija" (siehe V.4.8–11), Urijas Lager bei den Dienern seines Herrn (siehe V.9) und um das Bewegungsverb יצא (siehe V.8). Neben diesen bereits analysierten Orts- und Raumangaben ist in V.13 noch ein weiteres Bewegungsverb enthalten, nämlich קרא (rufen), das in 2 Sam 11,13 sowohl die Bewegung von dem Rufenden weg als auch Bewegung des Gerufenen zurück zum Ausgang des Rufs umfasst.

lyse sticht innerhalb dieses Verses der Begriff יד hervor, denn diesem liegt, ähnlich wie anderen Organen und Körperteilen, eine biblische Körpersymbolik zugrunde, die an dieser Stelle mitbedacht werden muss.[89] Die Hand wird nach biblischem wie auch nach heutigem Verständnis und Gebrauch als ein Körperteil wahrgenommen, „mit dem entsprechende ‚Hand-lungen' zu verrichten sind"[90]. Das menschliche Tun, sei es schöpferisch oder zerstörerisch, konzentriert sich in den Händen.[91] In den biblischen Texten findet der Begriff יד sehr häufig als Synonym für Macht, Gewalt und Willkür Verwendung.[92] Diese Konnotation von Hand begegnet uns auch im heutigen Sprachgebrauch, beispielsweise in Form der Redewendung „in der Hand sein von jmd."[93]. Damit wird ein Zustand bezeichnet, in dem jemand oder etwas in der Gewalt bzw. sich im Machtbereich eines anderen befindet. Bezieht man diese Überlegungen nun auf die Situation in 2 Sam 11, wird die Ironie der Erzählung deutlich. Durch den Vorgang des in die Hand Legens des Briefes übernimmt Urija die Rolle eines Boten. Als solcher genießt er im Regelfall das Wohlwollen und das Vertrauen des Absenders.[94] Zugleich ist Urija aber machtlos gegenüber dem Schicksal, das David ihm in dem Brief vorherbestimmt.

Im folgenden V.15 wird der Inhalt des Briefes in direkter Rede wiedergeben und die Absicht Davids, Urija zu töten, benannt. David, der nicht davor zurückschreckt, gegenüber Urija Gewalt anzuwenden, besitzt als König die Macht, einen solchen Brief zu schreiben. Damit wird die ganze Ironie deutlich, die die Erzählstimme durch die Verwendung des Begriffs *Hand* mit in die Erzählung einbringt. Urija wird der Brief in die (eigentlich handelnde, machtvolle) Hand gelegt, er bleibt jedoch aufgrund seiner Rolle als Bote handlungsunfähig und machtlos gegenüber seinem, von David beschlossenem Schicksal. Der Briefinhalt, der in V.15 wiedergeben ist, enthält weitere räumliche Angaben. Die kurzen Anweisungen Davids an Joab über das Vorgehen bei der Beseitigung Urijas basieren

---

[89] Siehe Schroer / Staubli, Körpersymbolik, passim; Schroer / Staubli, Emotionswelten, S. 44–49.
[90] Wagner, Art. Hand, 1.
[91] Siehe Schroer / Staubli, Körpersymbolik, S. 185.
[92] Ebd., S. 186.
[93] Den heutigen Leserinnen und Lesern wird darüber hinaus noch eine weitere Redewendung in den Sinn kommen „sich die Hände nicht schmutzig machen". David ist es in 2 Sam 11, der sich die Hände nicht schmutzig macht, indem er den Todesbrief in die Hand Urijas gibt.
[94] Siehe Fischer, Wechselwirkungen, S. 86.

auf Positionierungen von Figuren und Bewegungsverben, die schließlich zu einem Raum kulminieren: „Urija soll nach *vorn* (אל־מול), (wo) der Kampf am stärksten ist. Aber ihr *kehrt* (שוב) *hinter ihm* (מאחריו) *zurück*, dass er geschlagen werde und stirbt" (2 Sam 11,15).

Durch die Bewegungen der einzelnen Figuren bzw. ihre Positionierung zueinander wird in V.15 Raum geschaffen. Joab soll nach Davids Plan Urija an die Spitze eines Kampfverbandes setzen und diesen an einem stark umkämpften Platz stellen. Dies setzt eine vorherige Beobachtung der Belagerungsfront durch Joab voraus. Im Kampf selbst, so fordert David Joab auf, sollen sich die Krieger hinter Urija zurückziehen. Dies dient sicherlich auch zur Vermeidung weiterer Opfer in den Reihen Israels und Judas. Urija wäre somit ohne Unterstützung weiterer Krieger und stünde an einer schwer umkämpften Stelle alleine den ammonitischen Kämpfern unmittelbar ausgeliefert gegenüber.

Im folgenden V.16 wird Davids Plan durch Joab, nachdem dieser die *Stadt* (עיר) beobachtet hat, umgesetzt. Der Begriff עיר ist ein relativ häufiger Begriff im Alten Testament und bezeichnet eine Siedlungsansammlung, die durch eine Mauer geschützt wird.[95] „Die Befestigung als herausragendes Kriterium grenzt den Begriff damit von dem unbefestigtem חצר ab."[96] Das zentrale Merkmal der Stadt ist daher ihre Schutzfunktion gegenüber den Personen und deren materiellen Besitztümern, die in der befestigten Stadt situiert sind. Darüber hinaus gilt die Stadt als ein Ort des ökonomischen Austauschs und der Versorgung. Sie fungiert des Weiteren als politisches und kultisches Zentrum des Umlandes. Der Stadt kommt zudem eine militärische Funktion zu.[97]

Mit dem Begriff המקום (*Platz, Stelle*) begegnet uns in V.16 eine weitere Ortsangabe. Diese wird durch die Kombination einen konjunktionalen Nebensatzes mit einem Relativsatz näher ausgestaltet: אל־המקום אשר ידע כי אנשי־חיל שם (an die Stelle, von der er wusste, dass dort kräftige Männer sind). Daraus resultiert eine genauere Beschreibung des Platzes, die euphemistisch zurück auf den gefährdeten Ort, den David in seinem Brief entwirft (V.15d)[98], verweist. המקום ist ein fixierter Ort, der von der Figur Joab festgelegt (V.16b) und fokussiert ist.

---

[95] Der Begriff עיר ist im Alten Testament 1092 Mal belegt. Siehe Otto, Art. עִיר, Sp. 60.
[96] Thöne, Liebe, S. 224.
[97] Siehe Kessler / Omerzu, Art. Stadt, S. 556.
[98] In 2 Sam 11,15c-d fordert David in seinem Brief: „Auf! Urija soll nach vorn, (wo) der Kampf am heftigsten ist."

Im folgenden V.17 wird wieder die Ortsangabe *Stadt* genannt. Während in V.16 mit dem Begriff עיר vor allem die Schutzfunktion der Stadt betont wurde, wird sie in V.17 als Ausgangspunkt einer militärischen Handlung dargestellt. Das Nomen steht dabei in Verbindung mit dem Bewegungsverb יצא. Yvonne Thöne verweist darauf, dass es sich hierbei um eine feste Wortverbindung handeln muss, denn „(e)ine Stadt stellt gegenüber dem, was außerhalb ihrer Mauern liegt, immer einen Innenraum dar – die Bewegung aus der Stadt heraus wird daher mit dem Verb יצא beschrieben"[99].

Die Erzählstimme berichtet, dass es durch den militärischen Ausfall von Seiten der Stadtbewohner zu Opfern in Davids Armee kam – so starb auch Urija, der Hethiter. Joab lässt dies David berichten, indem er, wie in V.18 dargestellt, *aussendet* (שלח). Erneut benutzt die Erzählstimme das „machtvolle" Richtungsverb שלח, um eine Bewegung darzustellen, die, durch Joab initiiert, von ihm wegführt.

Erst im anschließenden V.19 wird erzählt, wen Joab sendet, nämlich einen Boten.[100] Die Erzählstimme bedient sich an dieser Stelle einer Erzähltechnik, die häufig in Theaterstücken verwendet wird und die Informationsvermittlung durch (einen) Boten bezeichnet. Bar-Efrat weist darauf hin, dass die Erzählstimme in den meisten Fällen die Lesenden zu dem entsprechenden Ort bringt „und zeigt oder berichtet, was dort passiert. Nur selten hört man durch einen Boten, was an einem anderen Ort geschieht."[101] Dabei sind nicht die Ereignisse, die der Bote übermittelt, von Bedeutung, sondern die Reaktion des Adressaten bzw. der Adressatin auf die Botschaft. Darüber hinaus gibt es eine Variation dieser Technik, die Bar-Efrat in der Erzählung über die Schlacht von Afek in 1 Sam 4 beobachtet und die ebenfalls in der „David, Batseba und Urija"-Erzählung vorkommt.[102] Bei der Variation kommt es zu einer zweifachen Darstellung von wesentlichen Ereignissen in der Handlung. Dabei weicht der Botenbericht von der Version der Erzählstimme ab. Kommt es zu einer solch doppelten Darstellung von Ereignissen, sind in diesem Fall

---

[99] Thöne, Liebe, S. 228.
[100] Siehe dazu die Figurenanalyse zum Boten Joabs, S. 554–557.
[101] Bar-Efrat, Bibel, S. 200. Als weitere biblische Beispiele benennt Bar-Efrat folgende Textstellen: Gen 32,7 und Ijob 1,14–19.
[102] Siehe Bar-Efrat, Bibel, S. 200f.

die Unterschiede zwischen den beiden Berichten von Bedeutung.[103] Dies gilt es bei der Auslegung der V.19–21 und V.22–24 mit zu bedenken.

Die folgenden V.20–21 geben die direkte Rede Joabs wieder. Bei den V.20b–21d handelt es sich dabei um Joabs Einschätzung, wie David auf die Botschaft des Boten reagiert, d. h., die in diesen Versen enthaltenen Orts- und Raumangaben sind aus der Sicht Joabs dargestellt. In V.20b steht das Bewegungsverb עלה, das an dieser Stelle in Verbindung mit den Nomen חמת המלך verwendet wird. Mit diesem sprachlichen Bild, *„der Zorn des Königs steigt auf"*, verleiht Joab seiner Einschätzung Ausdruck, wie David spontan auf die Nachricht von der Niederlage und den Verlust einiger Soldaten reagieren wird. Im Alten Testament werden Emotionen häufig mit bestimmten Körperteilen bzw. -regionen in Verbindung gebracht, d. h. Emotionen werden ganz bestimmten (Körper-)Räumen zugeordnet.[104] In den alttestamentlichen Texten werden unterschiedliche Körperteile benannt, die mit der Emotion Zorn in Verbindung stehen. In Form von wütendem Schnauben tritt Zorn beispielsweise durch die Nase aus.[105] „Auch über Mund, Lippen und Zunge kann der Zorn nach außen fließen (z. B. Jes 30,27–28) und das Objekt des Zorns verzehren."[106] Es handelt sich dabei um einen sofortigen Gefühlsausbruch, der kaum unterdrückt werden kann und scheinbar kaum kontrollierbar ist. Unter Berücksichtigung dieser Semantik erklärt sich die Verbindung des Substantivs חמת mit dem Verb עלה, das eine Aufwärtsbewegung beschreibt.

In V.20 stehen die Begriffe עיר (*Stadt*) und חומה (*Mauer*) als Ortsangaben. An dieser Stelle wird wiederum auf die Schutzfunktion der Stadt verwiesen, die als Festung auch während einer Belagerung Schutz nach außen bietet. Ein Angriff auf eine Stadt, die durch eine Mauer befestigt ist, verläuft in den meisten Fällen erfolglos.[107]

Dadurch, dass der Begriff חומה im Zusammenhang mit der Präposition מעל steht, wird ein räumliches Szenario etabliert, das im folgenden V.21 aufgegriffen und als Hintergrund für den intertextuellen Verweis

---

[103] Siehe ebd., S. 201.
[104] „An diesen Verknüpfungen zwischen Körper und Emotionen werden zugleich spezifische Körperkonzepte deutlich, die sich von unseren heutigen Vorstellungen [...] unterscheiden." Gillmayr-Bucher, Gefühle, S. 23.
[105] Vgl. 2 Sam 22,8–9; Ps 18,9.
[106] Gillmayr-Bucher, Gefühle, S. 23.
[107] Darauf dass es sich bei 2 Sam 11,20d um einen Vorwurf handelt, verweist das Interrogativpronomen מדוע (warum?) am Anfang des Teilverses.

auf die Erzählung vom Tod Abimelechs dient. Das räumliche Szenario des Zu-nahe-Heranrückens an die Stadt in Verbindung mit der Gefahr, die von der erhöhten Mauer ausgeht, erweist sich für Joab als Textsignal, das eine intertextuelle Verbindung zu Ri 9,50–57 evoziert. Während Joab das räumliche Szenario in V.20 in allgemeiner Weise präsentiert, konkretisiert er dieses in V.21, indem er es auf die Erzählung von Abimelechs Tod anwendet.[108] Dadurch kommt es aber auch zu einer Semantisierung des Begriffs חומה – der unter Berücksichtigung des intertextuellen Verweises auf Abimelechs Ende als ein gefährlicher, todbringender Ort konnotiert ist.

In V.21 wird darüber hinaus der Ortsname *Tebez* (תבץ) erwähnt. In der Forschung wird angenommen, dass es sich hierbei um das arabische Dorf Tubas handelt, das etwa 15 Kilometer von Sichem lokalisiert ist.[109]

In der direkten Rede Joabs (V.19–21) finden die Raumangaben als Teil der Präsentation der Erzählung Verwendung. Dabei werden u. a. Ortsangaben durch Partikel ergänzt, durch welche Raumvorstellungen implizit entstehen. Dies geschieht zum einen durch die Positionierung der Figuren, so wird beispielsweise durch die Verwendung von לְךָ in V.20c das räumliche Gegenüber zweier Personen ausgedrückt. Zum anderen entwickeln sich Raumvorstellungen durch Partikel, die einen Bezug auf räumliche Gegebenheiten ausdrücken.[110]

Im folgenden V.22 kommt es zu einer Bewegung des Boten, mit der die große räumliche Distanz von Rabba nach Jerusalem überwunden wird. Die Wegstrecke zwischen diesen beiden Hauptschauplätzen beträgt etwa 70 km Luftlinie. Bei der Analyse der Kategorie *Zeit* wird mit einer erzählten Zeit von circa zwei Tagen gerechnet.[111] Diese räumliche und

---

[108] Die Textsignale, die in dem räumlichen Szenario kulminieren und die intertextuelle Verbindung herstellen, werden im Folgenden kursiv kenntlich gemacht:
V.20: „Warum habt ihr euch der *Stadt* (עיר) *genähert* (נִגַּשְׁתֶּם), um zu kämpfen? Habt ihr nicht erkannt, dass sie von der *Mauer* (חומה) *herunter* (מעל) schießen werden?"
V.21: „Wer erschlug Abimelech, den Sohn Jerubbals? Hat nicht eine Frau einen Mühlstein, einen oberen Mühlstein von der *Mauer* (חומה) *auf ihn* (עליו) geworfen, sodass er in Tebez starb? Warum habt ihr euch der *Mauer* (חומה statt עיר, wobei die Mauer Teil der Stadt ist) *genähert* (נִגַּשְׁתֶּם)?
[109] Siehe Bar-Efrat, Das zweite Buch Samuel, S. 111.
[110] Dies ist z. B. der Fall bei folgenden Wortverbindungen, die aus einem Nomen und einem richtungsweisenden Partikel bestehen: Stadt (עיר) und sich nähern (נִגַּשְׁתֶּם) in V.20; Mauer (חומה) und herunter (מעל) in V.20.
[111] Vgl. dazu die Ausführungen zum Kontext der Zeitanalyse, S. 265f.

zeitliche Distanz wird in der Erzählung mit dem Bewegungsverb הלך (*gehen*) und seinem Oppositum בוא (*kommen*)[112] kurz dargestellt. Dabei erhält das Verb הלך eine besondere Bedeutungsnuance, „wenn es darum geht, den Weg, der zu einem Ende oder Ziel führt, zu beschreiben"[113], denn das Tätigkeitsverb (gehen) wird dann zu einem Bewegungsverb, das eindeutig eine Richtung weg vom Ausgangspunkt hin zum Zielpunkt ausdrückt. Die kurze Darstellungsweise erklärt sich aus der Tatsache, dass der Bibeltext nicht daran interessiert ist, die Reise des Boten zu erzählen. Vielmehr dient die Botenfigur dazu, die beiden Hauptschauplätze zu verbinden, indem sie die Nachricht Joabs von Rabba zu David nach Jerusalem bringt.

In den folgenden V.23–25 kommt der Bote seinem Auftrag nach und gibt David in Form von direkter Rede einen Bericht über die Geschehnisse vor Rabba. Dabei weicht der Botenbericht in wesentlichen Punkten von Joabs Vorgaben ab.[114] Dies wird auch bei der Betrachtung der Räume und Ortsangaben deutlich. In V.23 begegnen mit *Feld* (שדה) und *Eingang* (פתח) zwei Ortsangaben, die in der bisherigen Erzählung bereits erwähnt und als Räume semantisch aufgeladen sind.[115] Beide rufen, indem sie als gefährdete Räume semantisiert wurden, negative Konnotationen hervor. Insofern der Bote diese beiden Begriffe in seiner Rede verwendet, ohne dass Joab sie in seinem Befehl zuvor (V.20f.) vorgibt, scheint diese Hinzufügung und die dadurch erzielte Wirkabsicht intendiert zu sein.[116] Den beiden Begriffen שדה und פתח ist die Aussage כי־גברו עלינו האנשים in V.23b vorgeschaltet, die eindeutig zuordnet, auf welche der beiden Kriegsparteien sich die Ortsangaben semantisch beziehen.[117] *Feld* und *Öffnung* avancieren zu gefährdeten Räumen für die Angreifer Rabbas, für Davids Krieger. Dies wird den Lesenden allein durch die Erwähnung der beiden semantisch aufgeladenen Räume שדה und פתח in der direkten Rede des Boten deutlich, noch bevor in V.24 dann die eigentliche Kriegshandlung dargestellt wird. Bei dieser verwendet der Bote in seiner Rede dann die gleiche Wortverbindung wie in V.20f: מֵעַל הַחוֹמָה (V.24a).

---

[112] Siehe Jenni, Art. בוא, Sp. 266.
[113] Sauer, Art. הלך, Sp. 489.
[114] Siehe dazu ausführlich die Darstellung im Abschnitt Perspektive, S. 169–173.
[115] Vgl. die Raumanalysen zu V.9 (פתח) und V.11 (שדה).
[116] Siehe Bar-Efrat, Bibel, S. 201.
[117] Durch die Präposition עלינו mit Suffix kommt es zu einer Fokussierung, indem die beiden Kriegsparteien räumlich in Bezug zueinander gesetzt werden.

Wieder erweist sich die *Mauer* als Ort der Gefährdung und letztlich auch als Ort des Todes, was durch die weitere Aussage des Boten in V.24b–c deutlich wird.

Im Anschluss an den Botenbericht folgt in V.25 die Reaktion Davids. In Form einer direkten Rede beauftragt er den Boten, Joab eine Nachricht zu überbringen (V.25b). Dabei leitet er die Botschaft mit folgender Redewendung ein: אל־ירע בעיניך את־הדבר הזה (V.25c). Bei dem Begriff עין (*Auge*) ist zu bedenken, dass im Hebräischen die Funktion des Begriffs über das bloße Sehen hinaus reicht und so auch als Ausdruck von Emotionen Verwendung findet. Nicht die Gestalt oder die physische Funktion des Auges steht im Vordergrund, „sondern immer die Qualität und Dynamiken des Blickes".[118] Bei dem Begriff עין ist somit immer auch der Sehvorgang mit zu berücksichtigen. Dabei gilt es wiederum zu beachten, dass das Sehen „im Verständnis des Ersten Testaments niemals eine bloße Sinneswahrnehmung, ein teilnahms- und folgenloser Vorgang [ist; A.F.]. Etwas zu sehen hat immer Folgen. Man sieht etwas und handelt entsprechend."[119] Daraus resultierend wird das Auge in der vorliegenden Untersuchung als ein Raum betrachtet, als Ort des Sehens und der Erkennens, als ein Raum, der Handlung hervorruft. Diese grundlegende Voraussetzung gilt in gleicher Weise für V.27f: „Aber schlecht war die Sache, die David getan hatte, in den Augen JHWHs".[120]

(e) Szene 5 – 2 Sam 11,26–27

Der rein zeitlich situierte V.26 enthält weder Ortsangabe noch Richtungs- bzw. Bewegungsaussagen. Auf eine Analyse des Raumes kann daher für V.26 verzichtet werden.

Der letzte Vers der „David, Batseba und Urija"-Erzählung, V.27, greift hingegen mit den Begriffen בית und עין auf zwei Ortsangaben zurück, die bereits in der Erzählung verwendet wurden. Dabei kommt der letzten Erwähnung des Leitworts בית (V.27c) innerhalb der Erzählung eine besondere Bedeutung zu: „Und er [David, A.F.] nahm sie in sein Haus auf". Diese Aussage steht im unmittelbaren Zusammenhang mit der

---

[118] Schroer / Staubli, Körpersymbolik, S. 117.
[119] Ebd., S. 132.
[120] Als eine weitere Ortsangabe in V.25e begegnet uns der bereits analysierte Begriff עיר. Im Kontext von V.25 leiten sich für diese Raumangabe keinerlei Einsichten ab, die nicht bereits aus den vorhergehenden V.16.17.20 erschlossen wurden.

303

Heiratsnotiz (V.27d) und dem Hinweis, Batseba habe dem König einen Sohn geboren (V.27e). Wird nun der literarische Kontext der Erzählung, die so genannte TFE, mit in diese Überlegungen einbezogen, so wird deutlich, dass das Nomen בית in V.27c primär für die soziologische Größe *Familie* steht und dynastisch konnotiert ist.[121] Auf der sprachlichen Ebene lässt sich dies an der unterschiedlichen Benennung bzw. Zuordnung des *Hauses* festmachen: In der bisherigen Erzählung wurde das Haus Davids durchgehend als בית המלך bezeichnet, das den Königspalast mit den oben genannten Konnotationen figuriert und somit auf Davids Königsamt verweist. Im Gegensatz dazu steht der Begriff בית mit dem Personalsuffix ו- für David als Familienoberhaupt.

4.7.4 Zusammenfassung

Wie die Analyse der Kategorie *Raum* zeigt, übernehmen die Räume in der „David, Batseba und Urija"-Erzählung eine wesentliche Funktion innerhalb der Erzählung, im Bereich der Handlung sogar eine essentielle.[122] Durch die kunstvolle Gestaltung eines räumlichen Grundszenarios in V.1 sind gleich zu Beginn der Erzählung die beiden Hauptschauplatze *Jerusalem* und *Rabba* benannt, die als Hintergrund für die folgende Handlung dienen.

In *Jerusalem* werden zwei Handlungsräume konstruiert, die sich ebenso wie die Hauptschauplätze diametral gegenüberstehen. Alle Ortsangaben innerhalb Jerusalems sind entweder dem *Palast (Dach, Lager, Öffnung)* oder dem *Haus (Urijas)* zugeordnet.[123] Der Raum בית־המלך ist

---

[121] In der TFE wird das Nomen בית 62-mal verwendet, davon 18-mal in 2 Sam 11–12. Müllner zeigt auf, dass es sich bei den Kulminationspunkten des Begriffs בית um dynastische Schlüsselstellungen innerhalb der Thronfolgeerzählung handelt. Vgl. Müllner, Gewalt, S. 126–130. Die unterschiedliche Konnotation wird auch dadurch deutlich, dass in der vorhergehenden Erzählung der Begriff בית im Zusammenhang mit der Figur Davids in Form von בית־המלך verwendet wurde.

[122] Die räumliche Trennung von Batseba und Urija ist Voraussetzung für das Gelingen der Erzählung.

[123] Palast: 2 Sam 11,2.8.9, Lager: V.2, Dach: V.2 (zweimal) und Öffnung (V.9). Das Nomen בית wird erstmals in V.4 erwähnt und Batseba zugeordnet (ihr Haus). Anschließend wird das Haus Urija zugeordnet (2 Sam 11,8.9.10.11.13).

semantisch aufgeladen und eng mit der Figur Davids verknüpft. Der Palast ist der Handlungsraum Davids, von wo aus er agiert und reagiert.[124]

Die beiden Schauplätze *Palast* und *Haus (Urija)* werden räumlich gegenübergestellt, dies geschieht bereits in V.2 durch eine Dichotomie *(oben – unten)*. Auch die weitere Handlung in Jerusalem ist geprägt von der Spannung zwischen dem Königshaus und dem Haus Urijas. Das wird besonders deutlich in der Auseinandersetzung zwischen Urija und David, die in V.8–11 dargestellt ist und bei der es sich auf der Textebene primär um eine Auseinandersetzung um Räume handelt.

Die Ortsangaben, die *Rabba* zugeordnet werden können, sind fast ausschließlich semantisch aufgeladen und konnotiert als Orte von Schutzlosigkeit *(Feld, Öffnung des Tores)* und Gefährdung *(Feld, Platz, Mauer)*.[125] Bei der Ortsangabe *Stadt,* die synonym für Rabba Verwendung findet, ist es notwendig, zu unterscheiden, nämlich nach der Perspektive: Für die Bewohner der Stadt ist es ein Raum, der Schutz während einer Belagerung liefert. Zudem dient er als Ausgangspunkt für militärische Angriffe, so wie in 2 Sam 11 dargestellt. Aus der Perspektive der Angreifer (und somit aus der Perspektive der Hauptfiguren) erweist sich die Stadt hingegen als Raum, den es zu erobern gilt, von dem aber gleichzeitig, wie der intertextuelle Einschub in V.21 zeigt, eine Bedrohung ausgeht. Für Urija erweist sie sich evident als tödlich. Durch die wiederholte Darstellung von Urijas Tod wird der Hauptschauplatz *Rabba*, der in der bisherigen Handlung bereits als gefährlicher und schutzloser Raum semantisiert wurde, zum Ort des Todes. Zugleich ist dieser durch das räumliche Szenario in 2 Sam 11 (Rabba – Jerusalem) von dem Raum der sexuellen Handlung (Palast, V.4) und dem Raum der reproduktiven Fähigkeit (Haus Batsebas, V.5) getrennt.[126]

Neben den bereits genannten Räumen gibt es in 2 Sam 11 weitere Ortsangaben wie *Weg* (V.10), *Brief* (V.14) und *Tebez* (V.21), denen, wie

---

[124] Die räumliche Zuordnung findet in V.2 statt. Aus dem Bibeltext geht nur an einer Stelle nicht hervor, ob David den Palast verlassen hat, nämlich in der räumlichen Leerstelle in V.10c.

[125] Folgende Ortsangaben werden dem Raum Rabba zugeordnet: Hütte (V.11), Feld (V.11.23), Lager (V.13), Platz (V.16), Mauer (V.20.21.24) und Öffnung des Tores (V.23). Einzig die Lade, ein transportables Heiligtum, folgt nicht dieser Semantisierung. In der Raumanalyse zu V.11 wurde gezeigt, dass die Erwähnung der Lade im Rahmen des Schwurs Urijas zu einer Verstärkung seiner Aussage führte.

[126] Siehe Müllner, Gewalt, S. 102.

die Raumanalyse gezeigt hat, aber nur eine geringe Bedeutung für die Handlung zukommt. Darüber hinaus finden in der Erzählung weitere Ortsangaben Verwendung, die dem Bereich der Körpersymbolik entlehnt sind und die metaphorisch die Erzählabsicht verstärken (*Zornglut des Königs* V.20) bzw. ein neues Moment in die Erzählung einbringen (*Hand* V.14 und *Auge* V.25.27).

Die Analyse des Raumes offenbart *Davids* Machtposition. Diese zeigt sich zum einen darin, dass er über die ganze Erzählung hinweg statisch an einem Ort, dem *Palast*, bleibt. Zum anderen wird dadurch deutlich, dass er die übrigen Figuren durch Befehle in Bewegung versetzt. Dies geschieht durch die Verwendung des machtvollen Leitworts שלח (*senden*).[127]

Die Darstellung der Figur *Batseba* ist eng mit den Räumen in 2 Sam 11 verbunden. Sie ist innerhalb der Erzählung dem Raum בית (Haus Urijas) zugeordnet, erst in V.27c wechselt ihre Zugehörigkeit hin zum Haus Davids (ביתו). Für Batseba hat „das Verlassen des eigenen בית und das Betreten des Herrschaftsbereiches des Mannes [David, A.F.] einen herben Verlust an Macht und Autonomie zur Folge, was sich in der Ausübung sexueller Gewalt an ih[r] niederschlägt"[128]. Der Ort dieser sexuellen Handlung ist der Palast (בית מלך). Als Ort ihrer reproduktiven Fähigkeit, über die sie an der königlichen Macht partizipiert, erweist sich jedoch das Haus Urijas.[129] Diese Partizipation deutet sich auf der sprachlichen Ebene in V.5b durch das machtvolle Leitwort שלח an, das, wie bereits erwähnt, eigentlich für David reserviert ist. Umso mehr sticht es nun im Zusammenhang mit Batseba in V.5b heraus.

Urija ist derjenige unter den Figuren mit den meisten und weiträumigsten Bewegungen innerhalb der Erzählung.[130] Zugleich wird er am häufigsten als Objekt von einer anderen Figur gesendet (שלח).[131] Sein

---

[127] Von den insgesamt neun Belegen, bei denen auf der K II eine Figur unter Verwendung des Verbes שלח eine Bewegung evoziert, geht diese Bewegung sechsmal von David (V.1.3.4.6.14.27), zweimal von Joab (V.6.18, wobei Joab in V.6 lediglich Davids Befehl nachkommt) und einmal von Batseba (V.5) aus.

[128] Thöne, Liebe, S. 366.

[129] Siehe Müllner, Gewalt, S. 102.

[130] Urija bewegt sich zwischen den beiden Hauptschauplätzen Jerusalem und Rabba. Dies wird explizit in V.6 und V.14 erwähnt. Auch in Jerusalem bewegt er sich mehrfach (V.7.8.9.13).

[131] Insgesamt dreimal wird Urija durch das Verb שלח von einer anderen Figur zur Bewegung veranlasst, zweimal durch Joab (V.6.16) und einmal durch David (V.14). Die

Haus in Jerusalem, das ihm sprachlich mehrfach zugeordnet wird (2 Sam 11,8b.9b.10c.10f.11d.13f.), das er während der gesamten Erzählung aber nicht (!) betritt, avanciert, wie bereits erwähnt, zum räumlichen Gegenpart von Davids Palast. Als ein Spezifikum der Räume, an denen Urija verortet ist, kann deren gemeinsame Konnotation als gefährdete Bereiche benannt werden.[132]

Die Darstellung von Urijas Tod geschieht mit Mitteln räumlicher Darstellung. In Form des multiperspektivischen Erzählens wird die Distanz zwischen den beiden Kriegsparteien bzw. zwischen Urija und seinem Kampfverbund in den verschiedenen Darstellungen vom Tod Urijas verringert. Während David im Todesbrief (V.15) von einer gegenläufigen Bewegung ausgeht, verweist die Erzählstimme in V.17 auf ein Zusammentreffen der beiden Kriegsparteien. Dieses Zusammentreffen wird durch die rhetorische Frage in V.20, die Joab im Rahmen der Instruktion des Boten stellt, durch das Verb נגש (nif.) konkretisiert. Der Botenbericht in V.23–24 konstruiert den Eindruck durch die Bewegungen innerhalb des Raumes einer unmittelbaren Nähe: „Weil uns die Männer überlegen waren, zogen sie gegen uns auf das freie Feld. Wir waren an ihnen bis zum Eingang des Tores. Aber die Schützen schossen auf deine Diener von der Mauer [...] auch dein Knecht Urija, der Hethiter, ist tot." (2 Sam 11,23f.). Im Text gibt es keinerlei Hinweis darauf, dass sich die Krieger Davids unvorsichtig der Mauer genähert haben. Dieser Eindruck wird durch die zuvor eingeschobene Erzählung vom Tod Abimelechs in V.21 erweckt.[133] Durch diese wird eine unmittelbare Nähe zwischen Angreifer und Verteidiger in den Erzählzusammenhang von 2 Sam 11,23f. suggeriert. Durch diese Erzählweise, die mit räumlichen Szenarios arbeitet, wird der Eindruck erweckt, dass zur Erfüllung von Davids Tötungsbefehl an Urija Joab zu unvorsichtigem Handeln, das wiederum weitere Opfer unter Davids Kriegern forderte, verführt wurde.

Boten werden hingegen nur zweimal ausgesendet (V.4.18f.). In V.1 sind Joab, seine Diener und ganz Israel die Objekte der Aussendung durch David und viermal innerhalb der Erzählung wird nicht erwähnt, wer ausgesendet (שׁלח) wird.

[132] Dies wird daran deutlich, dass sich Urija während seiner Anwesenheit in Jerusalem an der Öffnung (פתח) des Palastes niederlässt. Dieser Begriff פתח ist, wie in der Raumanalyse gezeigt, ein gefährdeter Ort, d. h. selbst wenn Urija sich nicht am Schlachtfeld vor Rabba (als gefährdeter Bereich semantisch konnotiert) situiert und in Jerusalem verweilt, sucht er gefährdete Räume als Aufenthaltsort z. B. für die Nächtigung auf.

[133] Auf Grund des Gewichts eines Mühlsteins, den die Frau von der Mauer auf Abimelech gestoßen hat, ist von einer unmittelbaren Nähe auszugehen.

Die Bedeutung der Kategorie des *Raumes* kann im Gegensatz zur Kategorie *Zeit* für die „David, Batseba und Urija"-Erzählung nicht überschätzt werden. Die beiden Hauptschauplätze, die zu Beginn der Erzählung in V.1 etabliert werden und diametral zueinander stehen, bilden das Hauptgerüst für die gesamte Handlung und sind zudem derart semantisch aufgeladen, dass sie, durch die Leserinnen und Leser bewusst oder unbewusst wahrgenommen, Einfluss auf deren Leseweise nehmen. Vor allem der Hauptschauplatz *Rabba* als Stadt sowie die weiteren ihm zugeordneten Ortsangaben, werden, wie in der Analyse ausführlich gezeigt, durchweg als gefährdete, unsichere Räume konnotiert. Die Dichotomie, die räumlich durch die beiden Hauptschauplätze konstruiert ist, findet ihren Ausdruck in 2 Sam 11 ebenfalls in der Figurenkonstellation. David wird über die gesamte Erzählung hinweg dem Raum *Jerusalem* und dort speziell dem *Palast* zugeordnet. In V.1 kommt es durch die Etablierung der beiden Hauptschauplätze zu einer räumlichen Trennung zwischen David und Joab, der königlichen Armee (somit auch Urija) bzw. ganz Israel. Darüber hinaus werden durch die Analyse des Raumes die Machtstrukturen innerhalb der „David, Batseba und Urija"-Erzählung offenbar. Zum einen erfolgt dies durch die Semantik der Orts- bzw. Raumangaben. Zum anderen zeigen die Figurenbewegungen, speziell die durch das Verb שלח initiierten, die Machtstrukturen innerhalb des Textes auf.

4.8 Figuren

> *Die treffende Beschreibung einer Figur ist eine Kunst. Es geht darum, den Schlüssel zur Figur zu finden; Eigenschaften zu nennen, die besonders wichtig sind und weitere Eigenschaften suggerieren.*[1]

Dieser „Kunst" soll im Folgenden nachgegangen werden. Dazu bedarf es zunächst einer theoretischen Verortung, denn im Unterschied zu anderen narratologischen Kategorien wie *Zeit*, und *Handlung* gab es lange Zeit keine vergleichbare (allgemein)gültige und konsistente Figurentheorie.[2] Fotis Jannidis konstatiert diese Beobachtung in ähnlicher Weise:

---

[1] Eder, Figur, S. 24.
[2] Vgl. ebd., S. 131.

Die Erzähltheorie der Figur ist kein ausgebildetes Forschungsfeld mit klar konturierten Problemzonen, mit ‚Klassikern' der Diskussion, auf die sich alle beziehen und die auch alle zur Kenntnis genommen haben, und mit einem Forschungsstand, der von den interessierten Forschern als solcher wahrgenommen würde.[3]

Es fehlt in einschlägigen Erzähltheorien die Auseinandersetzung mit der Figurendarstellung, so etwa bei Genette.[4] Gleiches lässt sich auch für erzähltheoretische Lehrbücher beobachten, so wie beispielsweise erstmals in dem 1999 erschienenen Lehrbuch „Einführung in die Erzähltheorie" von Matías Martínez und Michael Scheffel.[5]

Dabei kann die Figurentheorie auf eine lange, mehr als zweitausendjährige Geschichte zurückblicken und sie umfasst dabei ein beachtliches Spektrum an Themen.[6] Und dennoch, so das Urteil Eders, „steht sie in vieler Hinsicht noch am Anfang"[7]. Jannidis nennt zwei Gründe dafür, weshalb sich lange kein eigenes Forschungsfeld *Figur* etablieren konnte. Eine Ursache sieht er in der Abhängigkeit der Figurentheorie von mehreren Rahmentheorien wie etwa der Zeichen- und Literaturtheorie. Daneben erweist sich das Fehlen einer einheitlichen Beschreibung des Untersuchungsgegenstandes, der sich beispielsweise in der Definitionsvielfalt des Begriffes Figur äußert, als erschwerend und kontraproduktiv.[8] Eder verweist zudem auf die „scheinbare Selbstverständlichkeit der Figur", die im

---

[3] Jannidis, Figur, S. 2.
[4] In der vorliegenden dritten Auflage wurde versucht, diesen Mangel zu beheben, indem nach den erzähltheoretischen Ausführungen Genettes ein zweiter Hauptteil zum neueren Diskurs der Erzählung angefügt wurde. Dieser enthält eine sehr kurze Passage zur Person, siehe Genette, Erzählung, S. 239–243.
[5] In der aktuellen, neunten Auflage von 2012 ist ein eigenständiges Unterkapitel zur Kategorie *Figur* enthalten (siehe Martínez / Scheffel, Erzähltheorie, S. 144–150.), dieses fehlt noch in der vorausgehenden achten Auflage.
[6] Eder benennt als eine der einflussreichsten und frühesten theoretischen Überlegungen zur Figur die knappen Darstellungen der ca. 335 v. Chr. verfassten „Poetik" von Aristoteles. Zwei Aspekte stehen dabei im Fokus und haben sich als wirkmächtig erwiesen. Dies ist zum einen die Frage nach der Relation von Figur und Plot bzw. danach, welche der beiden Kategorien des Dramas mehr Relevanz besitzt. Eine zweite Überlegung innerhalb der „Poetik" bezieht sich auf die Figurenkonzeption, d.m. wie mit bestimmten Charaktereigenschaften, die den Protagonisten zugeschrieben werden, bestimmte Wirkungsziele bei den Zuschauern erzielt werden. Siehe ausführlich dazu: Eder, Figur, S. 42f.; Chatman, Story, S. 108–110.
[7] Eder, Figur, S. 28.
[8] Siehe Jannidis, Figur, S. 2.

Widerspruch zur „tatsächliche(n) Komplexität des Gegenstands"[9] steht, als Grund für die problematische Forschungssituation. Im Folgenden werden kurz wesentliche Entwicklungen innerhalb der Forschung des letzten Jahrhunderts sowie die unterschiedlichen Disziplinen benannt, durch die eine Annäherung an die komplexe Kategorie *Figur* erzielt wird. Schließlich sollen die wichtigsten neueren Arbeiten zur Figurenbeschreibung kurz vorgestellt werden.

4.8.1 Überblick über die (neueren) Figurentheorien

Innerhalb der Forschungsliteratur zur *Figur* lassen sich zwei unterschiedliche Zugänge benennen, die in Abhängigkeit zu dem jeweils zugrunde liegenden Figurenverständnis stehen und zu einem lange Zeit unüberwindbaren Gegensatz führten.[10] Auf der einen Seite wurde die *Figur* als Artefakt von der *realen Person* kategorisch unterschieden und als bloße Textstruktur charakterisiert. In diesem Zusammenhang ist vor allem auf die formalistischen, strukturalistischen sowie poststrukturalistischen Erzählforscher wie Vladimir Propp, Algirdas J. Greimas oder Roland Barthes zu verweisen. Auf der anderen Seite findet sich die Position, die *Figur* sei als fiktives Wesen analogisch zu *realen Personen* zu verstehen, denn sie löse bei den Lesenden Anteilnahme und Identifikation aus. Ältere psychoanalytische Theorien seit Sigmund Freud vertreten diese Auffassung.[11] In der klassischen Narratologie wurde diese zweite, wirkungsästhetische Perspektive wenig berücksichtigt.[12]

---

[9] Eder, Figur, S. 33.
[10] Siehe Finnern, Narratologie, S. 126; Martínez, Figur, S. 148f., ebenso Jannidis, für den dieser Gegensatz der Grund für das Fehlen einer einheitlichen Beschreibung der Figur als Untersuchungsgegenstandes darstellt: „Für die einen ist diese Figur eine quasi reale Entität, für die anderen ein Objekt in einer fiktionalen Welt, für die dritten nur der Knotenpunkt eines textuellen Verweisnetzes. Jannidis, Figur, S. 3.
Die Unvereinbarkeit dieser beiden Zugänge zur *Figur* findet sich auch innerhalb der narratologischen Bibelauslegung. Auf die Frage „What does then the study of Biblical characters aim at?" antwortet Louis Ska basierend auf seiner strukturalistischen Figurenauffassung: „It is not a study of details of their psychology nor a verification of whether they are realistic or not. Critics use other categories by which they endeavour to specify the function of the characters with regard to the plot." Ska, Introduction, S. 83.
[11] Siehe Martínez, Figur, S. 149.
[12] Siehe Lahn / Meister, Erzähltextanalyse, S. 234. Als Gründe dafür nennen Lahn und Meister zum einen die „Tendenz, Figuren ausschließlich als Funktionsträger, die be-

Neben Strukturalismus und Psychoanalyse stellt der Kognitivismus, der in sich sehr unterschiedliche Positionen vereint, die dritte Theoriengruppe dar, die die Figurenanalyse in den letzten Jahren maßgeblich bestimmt und darin produktiv Eingang gefunden hat. Gegenstand der kognitiven Theorien ist im Hinblick auf die figurenbezogenen Themen die Informationsverarbeitung der Rezipierenden, der so genannte Rezeptionsprozess, wobei Fragen hinsichtlich der Ontologie, des Verstehens und der emotionalen oder affektiven Anteilnahme an Figuren den Schwerpunkt ausmachen.[13]

Die gegenwärtige Forschung zur *Figur* ist bestimmt durch Koexistenz und Möglichkeiten der Integration, wodurch die beiden dargestellten Sichtweisen der *Figur* als Artefakt und als fiktives, realitätsanaloges Wesen nicht länger als sich gegenseitig ausschließende Zugänge bestimmt werden, sondern „als komplementäre Beschreibungen unterschiedlicher Aspekte eines komplexen Phänomens"[14]. Somit werden diese beiden evidenten, jedoch einander konträren Perspektiven der Figur in der gegenwärtigen Forschung gleichgestellt.[15] Neben dieser integrativen Tendenz ist die Figurenforschung durch die in den letzten Jahren zunehmende Interdisziplinarität geprägt. Darin sieht Eder keinen Zufall, denn

> (i)n ihrem jeweiligen Schwerpunktbereich haben die vorhandenen Theoriegruppen der Figurenanalyse vieles zu bieten: der Strukturalismus etwa Kategorien und Modelle für Darstellungsmittel, Handlungsrollen und Figurenkonstellationen; die kognitiven Theorien und die Psychoanalyse (unterschiedliche) Konzeptionen der Rezeption sowie die Figurenpsyche; die Hermeneutik historische Typologien und kulturelle Kontextmodelle.[16]

---

stimmte Rollen ausführen, zu begreifen" und zum anderen eine entschiedene Gleichgültigkeit gegenüber der Figurenpsyche.

[13] Siehe Eder, Figur, S. 54–56.
[14] Martínez, Figur, S. 149.
[15] Konträr sind diese beiden Perspektiven insofern, als zum einen den Figuren als fiktiven Wesen in Analogie zu den realen Personen eine intentionale Urheberschaft von Handlungen innerhalb der erzählten Welt zugesprochen wird. Zum anderen unterscheidet sich ihre Wahrnehmung im Vergleich zu realen Personen durch das Wissen um ihre Artifizialität, ihre ästhetische Funktionalisierung oder Determinierung. Siehe Martínez, Figur, S. 149.
[16] Eder, Figur, S. 58.

Eine gegenwartsnahe Figurenanalyse ist dementsprechend integrativ sowie interdisziplinär ausgerichtet. Sie bietet Orientierung und Lösungen bezüglich des Problems des komplexen Gegenstandbereichs der Figur und hinsichtlich der methodologischen Schwierigkeiten, die aus der Interdisziplinarität und Theorienvielfalt resultieren.

In den letzten 15 Jahren erschienen mehrere wegweisende Arbeiten zur Figurentheorie, die an die grundlegenden Studien von Uri Margolin in den 1980er und 1990er Jahren anknüpfen.[17] Aus der neueren Forschungsliteratur sind die Studien von Ralf Schneider (2000), Fotis Jannidis (2004) und Jens Eder (2008) zu nennen, denen gemeinsam ist, dass sie kognitive Theorien und deren Modelle aufgreifen und produktiv für die Figurenanalyse anwenden.[18]

Schneider greift in seiner Studie „Grundriß zur kognitiven Theorie der Figurenrezeption am Beispiel des viktorianischen Romans" kognitionspsychologische Prinzipien sowie Ergebnisse der empirischen Textverstehensforschung auf, um den „tatsächlichen Rezeptionsproze߄[19] zu erhellen. Auf der Basis von vier Theorieelementen entwickelt Schneider seine „kognitive Theorie der Figurenrezeption"[20]. Die Figur ist Teil der erzählten Welt. Unter Rückgriff auf ihre Wissensstrukturen konstruiert der Re-

---

[17] Siehe Jannidis, Art. Character, S. 3.
[18] Siehe Schneider, Grundriss; Jannidis, Person; Eder, Figur. Die Figurenheuristik von Eder wird in der vorliegenden Arbeit in den folgenden Abschnitten ausführlich dargestellt. Die beiden anderen Studien können an dieser Stelle nur benannt und überblickartig vorgestellt werden, wobei man der Komplexität der einzelnen Werke dabei nicht gerecht werden kann.
[19] Schneider, Grundriss, S. 13.
[20] So der Titel des zweiten Teils von Schneiders Studie, siehe Schneider, Grundriss, S. 33. Im ersten Theorieelement definiert Schneider die „Figurenrezeption" als „Teilbereich des komplexen Vorgangs des Textverstehens" und fasst darunter die psychischen Prozesse eines Lesenden bei der Lektüre literarischer Texte zusammen, indem er sagt, dass der Leser bzw. die Leserin die Informationen über eine literarische Figur verarbeitet. Diese stehen in der Dynamik von den aktuellen Prozessen des Textverstehens und den Wissensstrukturen der Rezipierenden. Siehe Schneider, Grundriss, S. 58. Im zweiten Theorieelement etabliert Schneider die literarische Figur als mentales Modell. Im folgenden dritten Theorieelement untersucht er die Verbindung von Emotion und Kognition und betont hierbei die Bedeutung von emotionalen Vorgängen im Prozess der Figurenrezeption. „Rezipienten sind imstande, die gegenwärtigen, vergangenen und zukünftigen Situationen einer Figur mental zu repräsentieren und darauf emotional zu reagieren." Schneider, Grundriss, S. 33. Im vierten Theorieelement benennt Schneider Kategorien für die Beschreibung von Wirkungspotentialen der Figurenrezeption. Siehe ebd., S. 137–170.

zipierende eine mentale Repräsentation vom Text, die als mentales Modell bezeichnet wird.[21] Die Grundannahme von Schneiders Theorie besagt, dass die Rezipierenden mentale Konstruktionen der literarischen Figuren etablieren, die auf Informationen ganz unterschiedlicher Art zur literarischen Figur basieren und die in die mentale Modellbildung zur Figur einfließen.[22] Die Figurenmodelle werden ständig angepasst und bearbeitet. Schneider unterscheidet hierbei nach Elaboration, Modifikation oder Revision des Modells.[23]

Neben Schneider hat der Literatur- und Medienwissenschaftler Eder 2008 eine ausführliche Theorie zur Figur im Film vorgelegt, die ihren Ausgangspunkt ebenfalls von der Rezeptionsperspektive aus nimmt. Die Figurentheorie von Eder lässt sich, wie mehrfach in seinem Werk betont, auch auf andere narrative Medien wie die Literatur anwenden.[24] Das Figurenmodell, das Eder in seiner Dissertationsschrift entwickelt und in späteren Arbeiten leicht modifiziert, wird in der vorliegenden Arbeit aufgegriffen und dient als Grundlage der Figurenanalyse.

Als „Standardwerk der Figurenanalyse"[25] wurde die Figurentheorie von Eder im „Journal of Literary Theory" betitelt. Worin genau liegen die Vorteile dieses Modells für die vorliegende Arbeit? Wie bereits dargestellt, geht die Tendenz innerhalb der Figurenanalyse zu integrativen Figurentheorien mit interdisziplinärer Ausrichtung. Die Figurentheorie Eders basiert auf einer interdisziplinären Grundlage, die sich auf die sprachanalytische Philosophie, die linguistische und philosophische Pragmatik sowie die Kognitionswissenschaften stützt.[26] Dabei legitimiert

---

[21] Siehe Schneider, Grundriss, S. 97.
[22] Siehe ebd., S. 164.
[23] Je nach dem Anpassungs- und Bearbeitungsmodus ist der Grad an Aufmerksamkeit und Verarbeitungsenergie, die der Rezipierende für Aktualisierung des mentalen Modells aufbringen muss, unterschiedlich. Ausführlich siehe Schneider, Grundriss, S. 96f.
[24] Eder betont mehrfach die Anwendbarkeit seines Analysemodells nicht nur für die Filmtheorie, sondern auch für andere narrative Medienangebote wie Literatur oder Theater. Siehe Eder, Figur, S. 131,153.
Eder betont dabei, dass die „Uhr der Figur" dazu auffordert, der „Medialität von Figuren gerechter zu werden", indem die einzelnen Aspekte der Figur mit Berücksichtigung und in Abhängigkeit der Charakteristika des jeweiligen Mediums ausdifferenziert werden müssen. Siehe ebd., S. 153.
[25] Lüdeker, Standardwerk.
[26] Die sprachanalytische Philosophie wird bei Eder zur Modellierung der Figurenontologie verwendet. Die linguistische und philosophische Pragmatik findet bei der Model-

er seinen Ansatz, indem er die bisherigen Forschungsansätze zur Figur im ersten theoretischen Teil seines Werkes nachvollziehbar reflektiert und deren produktive Verwendung für sein heuristisches Modell zur Figurenanalyse abwägt. Die bisherigen Ansätze der älteren figurenbezogenen Theorie unterschiedlicher Disziplinen werden somit in das Modell integriert.[27]

    Mit Hilfe von Eders Modell lassen sich solche Herangehensweisen in den dynamischen Prozess der Figurendarstellung und -rezeption integrieren, indem höherstufige Analysen, z. B. die Figur als Symptom für ein bestimmtes Frauenbild, auf den grundlegenderen Stufen der Darstellung und des darauf aufbauenden mentalen Modells fundiert werden.[28]

Einen weiteren Vorteil, der eine hohe Passung zur vorliegenden Arbeit mit sich bringt, stellt die Hochschätzung der Rezeption innerhalb dieses Modells dar. Eder verweist in seinem Ansatz darauf, dass ohne Rezeption die Figurenanalyse unvollständig sei: „Der Weg zur Figur führt in jedem Fall über Rezeption und Kommunikation"[29]. Die Unterscheidung von mindestens drei Arten der Rezeption – die ideale, die intendierte und die empirische Rezeption – erweist sich für die vorliegende Untersuchung als hilfreich und weiterführend, denn diese sensibilisiert dafür, dass jede der drei Arten unterschiedliche Daten und Analyseverfahren voraussetzt und die Figurenanalyse also mehrdimensional ist.[30] Diese Unterscheidung wird in der weiteren Untersuchung wichtig, da bei der Figurenanalyse des Bibeltexts eine ideale Rezeption vorausgesetzt wird, während die Analyse der Rezeptionstexte von 2 Sam 11 einen empirischen Prozess in der Vergangenheit darstellt.

---

lierung der kommunikativen Figurenkonstitution Berücksichtigung. Hinsichtlich der Modellierung von Figurenrezeptionen greift Eder die Erkenntnisse der Kognitionswissenschaft auf, vor allem die der kognitiven Psychologie.

[27] „Durch die Unterscheidung von vier rezeptionsbasierten Aspekten der Figur zeigt es einen Ausweg aus dem jahrzehntelangen Streit, ob Figuren nun als imaginäre Personen (fiktive Wesen) oder als Zeichen (Artefakte) zu behandeln sind: Sie sind beides und können zudem als Symbole und Symptome untersucht werden." Eder, Figur, S. 143.

[28] Lüdeker, Standardwerk.

[29] Eder, Figur, S. 107.

[30] Siehe ebd., S. 112.

Ein weiterer wesentlicher Vorteil von Eders Modell der Figurenanalyse stellt dessen Einprägsamkeit und gute Anwendbarkeit dar. Durch die Schaffung eines einfachen Kernmodels der Figurenanalyse, trotz der Komplexität des Untersuchungsgegenstands der Figur, ermöglicht und erleichtert dieses Modell, die Figuren in Bezug auf ihre Grundstrukturen miteinander zu vergleichen. Durch die nach vier Dimensionen aufgegliederte Figur als Artefakt, fiktives Wesen, Symbol und Symptom wird eine eindimensionale Figurenanalyse vermieden.[31] Das Analysemodell bietet zudem „eine Ausgangsbasis dafür, die Konzepte und Kategorien verschiedener Figurentheorien zu integrieren"[32], womit die Möglichkeit einer unproblematischen Ausdifferenzierung gegeben ist.

Mit seinem 2016 erschienen Aufsatz „Gottesdarstellungen und Figurenanalyse. Methodologische Überlegungen aus medienwissenschaftlicher Perspektive"[33] hat Eder zudem den Untersuchungsgegenstand seiner Figurentheorie auf biblische Texte erweitert. Mit Blick auf die Analyse der Gottesfigur nimmt Eder eine Modifizierung seines Models der Figurenanalyse vor und öffnet es somit dezidiert für religiöse Texte. Bevor die Figurentheorie Eders ausführlich vorgestellt und ihre Passung für biblische Texte aufgezeigt wird, ist zu klären, was eine *Figur* eigentlich ist.

4.8.2 Was ist eine Figur? – Definition

Der Begriff *Figur* bezeichnet im Lateinischen die Form oder Gestalt und ist vom Verb *fingere* abgeleitet, das mit „vortäuschen" oder „erdichten" übersetzt werden kann. Damit steht es etymologisch in Zusammenhang mit dem Wort *Fiktion* bzw. *fingieren*.[34] Daneben klingt im Begriff *Figur* eine weitere Komponente an, die sich aus dem englischen Pendant *character* eruieren lässt. „Charakter kommt von gr. *kharakter* (Kennzeichen), das sich von *kharássein* (einritzen, prägen) ableitet."[35] Die etymologischen Überlegungen deuten bereits die Komplexität des Figurenbegriffs an. Erschwerend kommt hinzu, dass mit einer Definition der Figur zugleich eine bestimmte Perspektive sowie Methodologie zusammen-

---

[31] Siehe Eder, Figur, S. 38.
[32] Ebd., S. 143.
[33] Eder, Gottesdarstellung, S. 27–54.
[34] Zur ambivalenten Bedeutung des Begriffs *Fiktion* siehe Müllner, Art. Fiktion, 1.
[35] Lahn / Meister, Erzähltextanalyse, S. 232.

hängt.[36] Die Figurendefiniton von Jens Eder wird der Problematik in hohem Maße gerecht und deshalb im Folgenden vorgestellt. Nach Eder sind Figuren „*wiedererkennbare dargestellte Wesen mit Bewusstseinsfähigkeit,* genauer: mit der Fähigkeit zu objektbezogenen mentalen Vorgängen"[37]. Unter Wesen werden sowohl humane als auch nonhumane Wesen wie Divinitäten, Tiere, Pflanzen etc. gefasst, die sich durch ihre Bewusstseinsfähigkeit von den anderen Elementen der dargestellten Welt unterscheiden.[38] Diese erste Definition ergänzt Eder durch die Bestimmung des ontologischen Status' der Figuren, die er von ihrer Entstehungsweise ableitet.[39] Dabei unterscheidet er die *Figur* von *Figurenvorstellungen,* worunter mentale Repräsentationen eines dargestellten Wesens „im Kopf" der Rezipierenden zu verstehen sind. Ebenso differenziert er zwischen *Figur* und *Figurendarstellung,* letzterer Begriff bezeichnet alle Textelemente wie beispielsweise die Darstellung des Figurenkörpers, der Motivation einer Figur oder körpernahe Artefakteigenschaften, die zur Entwicklung der Figurenrezeption wesentlich beitragen.[40] Somit sind *Figuren* nach Eder „weder Zeichen ,im Text' noch

---

[36] Siehe Eder, Figur, S. 66. Die Abhängigkeit der Figurendefinition von der zugrunde liegenden Perspektive bzw. Methodologie verdeutlicht folgendes Zitat von Seymour Chatman bezüglich der Figurendefinition der Strukturalisten: „They too argue that characters are products of plots, that their status is ,functional', that they are, in short, participants or *actants* rather than *personnages,* that it is erroneous to consider them as real beings." Chatman, Story, S. 111.

[37] Eder, Gottesdarstellung, S. 31. In seiner Dissertationsschrift beschränkt Eder die Figuren noch auf fiktionale Kommunikation, was sich in der dort formulierten ersten Arbeitsdefinition widerspiegelt: „Eine Figur ist ein wiedererkennbares *fiktives Wesen* mit einem Innenleben – genauer: mit der Fähigkeit zu mentaler Intentionalität". Eder, Figur, S. 64, [Hervorhebung im Zitat; A.F.].

[38] Ausführlich dazu Eder, Figur, S. 707: „Schon was Figuren sind, ist sehr umstritten. Am häufigsten werden sie wohl als imaginäre Menschen betrachtet; ihr Spektrum umfasst aber auch Aliens, Monster, sprechende Tiere, singende Pflanzen, belebte Maschinen, fantastische Kreaturen oder abstrahierte Gestalten. Von anderen Elementen fiktiver Welten, etwa Kühlschränken, Bergen oder Bäumen, heben sich all diese Wesen durch ihr intentionales (objektbezogenes) Innenleben ab, durch ihre Wahrnehmungen, Gedanken, Motive oder Gefühle."

[39] Als wesentliche Voraussetzungen für die Entstehung von *Figuren* nennt Eder die Produzierenden und Rezipierenden mit ihren jeweiligen Figurenvorstellen, den Text (bzw. das Medium) mit der Figurendarstellung, ein Handlungskontext der fiktionalen Kommunikation und schließlich die kollektiven mentalen Dispositionen und kommunikativen Regeln. Siehe Eder, Figur, S. 69.

[40] Siehe ebd., S. 67.

mentale Repräsentationen ‚im Kopf', sondern *abstrakte Gegenstände*: kommunikative Konstrukte mit einer implizit normativen Komponente"[41]. Durch Kommunikation werden *Figuren* erschaffen, wobei zwischen zwei Formen der Kommunikation zu unterscheiden ist. Für einen Erzähltext zum Beispiel umfasst die Form der (fiktionalen) Kommunikation auf der einen Seite den Produktions- und Leseprozess: Hier bietet die Erzählung den Lesenden Imaginationsangebote, die bei ihnen Vorstellungen und Emotionen über die fiktionale Welt evozieren. Als kommunikative Artefakte entstehen Figuren durch die Konstruktion von Figurendarstellungen auf der Basis von darstellenden Texten. Diese „Grundlage" einer Figur kann darüber hinaus auch Gegenstand von Rezensionen, Lesekreisen oder Erzähltextanalysen werden, womit auf der anderen Seite die metafiktionale Kommunikation bezeichnet wird. „Kurz: Figuren werden durch fiktionale Kommunikation konstituiert und durch metafiktionale Kommunikation thematisiert."[42]

Ein und dieselbe *Figur* kann dabei bei mehreren Rezipierenden unterschiedliche Vorstellungen und Emotionen hervorrufen, wobei die Vorstellungen intersubjektiv begründet werden können. Eder benennt folgende Argumente, mit denen eine solche intersubjektive Begründung vollzogen werden kann: Textmerkmale wie bestimmte Darstellungsweisen, ausgewiesene Intentionen der Textproduzierenden, geteilte Wissensbestände, wozu Alltags- oder Genrewissen zählen, sowie kommunikative Regeln.[43]

Nach Eder lassen sich *Figuren* also als dargestellte, wiedererkennbare Wesen mit einer Bewusstseinsfähigkeit verstehen, die intersubjektiv kommunikativ konstruiert als abstrakte Gegenstände existieren. Ihre Eigenschaften werden ihnen durch ein komplexes Kommunikationsgefüge zugeschrieben, in dem das Medium hergestellt und rezipiert wird. Dabei werden die Wissensbestände der Rezipierenden ebenso wie die entsprechenden Kommunikationsregeln und Intentionen der Initiatorinnen und Initiatoren berücksichtigt.[44]

---

[41] Eder, Gottesdarstellung, S. 31. Entgegen der Auffassung von Ralf Schneider und Fotis Jannidis.
[42] Eder, Figur, S. 69.
[43] Siehe Eder, Gottesdarstellung, S. 31f.
[44] Siehe ebd., S. 31. Eder spricht in diesem Zusammenhang von „Urheber und Urheberinnen". Für biblische Texte, die neben der schriftlichen Fixierung zuvor mündlich weitergegeben wurden und später redaktionell überarbeitet und zu einem Kanon zu-

4.8.3 Die Figurentheorie nach Jens Eder

4.8.3.1 Theoretische Grundlegungen und Einordnung

Wie bereits erwähnt, liefert Eder mit seiner im Jahr 2008 erschienenen Monographie „Die Figur im Film. Grundlagen einer Figurenanalyse" eine grundlegende Systematik. Dabei bezieht er die Erkenntnisse unterschiedlicher Disziplinen in seine Theorie mit ein und erarbeitet eine Heuristik, die zwar primär auf die Figurenanalyse von Filmen zielt, aber durch ihre Interdisziplinarität anschlussfähig für weitere Disziplinen und Medien fiktionaler Medialität ist. Wiederholt verweist Eder in seinem Werk darauf, dass sich „(d)ieses Grundmodell [...] nicht nur auf Spielfilme, sondern auch auf andere Medienangebote anwenden"[45] lässt. „(E)s lässt sich problemlos für die Analyse von anderen fiktionalen, narrativen Medien, wie z. B. der Literatur, verwenden und kann daher ohne Weiteres als bisheriges Standardwerk für die Figurenanalyse bezeichnet werden."[46]

Eder stellt am Beginn seiner theoretischen Grundlegung zunächst die Forschungsgeschichte zur Figur dar, benennt wichtige Wegmarken und verweist auf mögliche Voraussetzungen und Anknüpfungspunkte für seine Figurentheorie. Zugleich erörtert er in diesem geschichtlichen Abriss die Probleme, die mit dem jeweiligen Ansatz einhergehen. Für das 20. Jh. erweisen sich die strukturalistisch-semiotischen Theorien, die die Figur als Textstruktur und ihre Bedeutung als Zeichen hervorheben, als wichtige Etappe. Auch die psychoanalytischen Modelle liefern zentrale Impulse für die Figurenanalyse. Im Rückgriff auf die Psychoanalyse stehen das Handeln und der Charakter von Figuren, die Anteilnahme der Rezipientinnen und Rezipienten sowie die psychische Struktur des Autors

---

sammengefasst wurden, eignet sich m. E. die Terminologie Initiatorin bzw. Initiator aufgrund der Betonung des Überlieferungs*prozess* besser als die punktuell konnotierte *Urheberschaft*.

[45] Eder, Figur, S. 131. Jens Eder verweist auf die breite interdisziplinäre Anschlussfähigkeit seines Grundlagenmodells, denn dieses sei „auf Figuren aller nicht-interaktiven, narrativen Medienangebote in Film, Fernsehen, Literatur, Theater etc. anwendbar, da sich die meisten Grundstrukturen von Figur und Rezeption hier gleichen. Mehr noch: Das Modell bietet Anhaltspunkte, um der *Medialität* von Figuren gerechter zu werden. Allgemein gesagt, fordert es dazu auf, die Figuren-Aspekte und ihre Verhältnisse gemäß den Charakteristika des jeweiligen Mediums auszudifferenzieren." Eder, Figur, S. 153.

[46] Lüdeker, Standardwerk.

bzw. der Autorin und seines bzw. ihres Schaffensprozesses im Fokus des Interesses. Als Untersuchungsgegenstand dienen zum einen die Begehrensstrukturen der Figuren und zum anderen die Darlegung des auf die Figuren gerichteten Begehrens der Rezipientinnen und Rezipienten.[47]

Als dritter Ansatz, der sich in den letzten 20 Jahren etabliert hat, benennt Eder die kognitiven Theorien, die, wie Strukturalismus und Psychoanalyse, in ihren Ausdifferenzierungen vielseitig sind. Der Medienwissenschaftler versteht Kognition im weiten Sinn, nämlich „als Informationsverarbeitung, die auch unterschwellig, unbewusst, automatisch, affektbezogen und irrational erfolgen kann"[48]. Kognitive Theorien zu Figuren fragen nach der kognitiven und emotionalen Prägung des Rezeptionsprozesses von Erzählungen durch die Darstellungsweise, den Charakter und die Handlungen von Figuren.[49]

Ausgehend von diesen theoretischen Grundlagen des Forschungsüberblicks zur Figur erklärt sich der Anspruch, den Eder an seine Theorie stellt. In seinem Modell der Figurenanalyse beabsichtigt er, alle Aspekte der Figur abzudecken, nämlich ihre textuelle Struktur, ihre Bedeutung für die Gesellschaft sowie ihre Bedeutung als Objekt der emotionalen Anteilnahme.[50]

Im Anschluss an die Überlegungen zur Figurendefinition, die im vorigen Abschnitt dargestellt wurden, entwickelt Eder seine Figurentheorie. Seine Prämisse lautet: „Der Weg zur Figur führt auf jeden Fall über Rezeption und Kommunikation"[51]. Hinsichtlich der Kommunikation trifft er deshalb eine grundlegende, pragmatische Unterscheidung zwischen fiktionaler und metafiktionaler Kommunikation. Während die *fiktionale* Kommunikation die Grundlage für die Figuren bildet und sich auf den Text, seine Produktion und Rezeption bezieht, können die Figuren „auf der Ebene *metafiktionaler* Kommunikation zum Gegenstand von Zuschauergesprächen, Werbung, Kritiken, Analysen und Interpretation werden"[52]. Damit findet die metafiktionale Kommunikation außerhalb des Primärtextes statt.

---

[47] Vgl. Eder, Figur, S. 45–52.
[48] Ebd., S. 55.
[49] Vgl. ebd., S. 54–56.
[50] Vgl. ebd., S. 60.
[51] Ebd., S. 107.
[52] Ebd., S. 69.

Im Bereich der Rezeption als Eders zweitem Zugang zur Figur überträgt er ein ‚allgemeines Modell der Filmwahrnehmung'[53] auf den engeren Bereich der Figurenrezeption, die vier Stufen umfasst. Dabei handelt es sich zunächst um die Stufe der *basalen Wahrnehmung*, die teils vorbewusst, doch empirisch nachprüfbar und affektiv sein kann. „Die basalen Wahrnehmungsprozesse sind objektlos, bereiten jedoch die Bildung mentaler Modelle vor, begleiten sie und fließen in sie ein."[54]

Die *Bildung mentaler Modelle* einer Figur stellt die zweite Stufe der Figurenrezeption dar, die nach Eder zugleich den Kernbereich bildet. Die Modellbildung wird ausgelöst durch Verstehensprozesse und Gedächtnisinhalte, die wiederum durch die wahrgenommenen Informationen aktiviert werden. Die Rezipientinnen und Rezipienten nutzen „ihre mentalen Dispositionen, um ein möglichst konsistentes Figurenmodell zu konstruieren, Informationslücken zu schließen, Erwartungen aufzubauen, Schlüsse zu ermöglichen und die Figur in Beziehungs- und Situationsmodelle einzuordnen"[55]. Die Bildung mentaler Modelle ist eng mit der kognitiven und emotionalen Anteilnahme sowie mit Identifikationsprozessen verbunden.[56]

Ausgehend vom Figurenmodell können Rezipientinnen und Rezipienten auf der dritten Stufe der Figurenrezeption *indirekte, übergeordnete Bedeutungen* entwickeln bzw. assoziieren. Die Figur kann als Exempel für Eigenschaften fungieren, Metaphern oder Ideen transportieren, als Symbol oder Zeichen für etwas bzw. jemanden stehen, als eine Personifikation und Allegorie verstanden werden oder allgemeingültige Themen vermitteln.[57]

Die vierte Stufe umfasst die *Reflexion über kommunikative Kontexte*. „Das Figurenmodell dient [...] als Ausgangspunkt für Schlüsse auf sämtliche kommunikativen und pragmatischen Kontexte in der Realität, die in Form von mentalen Kontextmodellen repräsentiert sind."[58] Figuren kön-

---

[53] Dieses basiert auf dem Filmwahrnehmungsmodell von Per Persson, vgl. Persson, Per: Understanding Cinema. A Psychological Theory of Moving Imagery, Cambridge 2003. Eder verweist zudem auf die Darstellung von Ralf Schneider, dessen Ausführungen für den Bereich der Literatur im Wesentlichen dem Modell der Figurenrezeption Perssons entsprechen. Vgl. Eder, Figur, S. 101.
[54] Eder, Figur, S. 101.
[55] Ebd., S. 102.
[56] Vgl. ebenda.
[57] Vgl. ebd., S. 102f.
[58] Ebd., S. 103.

nen dabei von den Rezipientinnen und Rezipienten hinsichtlich ihrer konkreten wie allgemeineren Ursachen und Wirkungen auf ihre Realität hin hin befragt werden. Auch die mentalen Beweggründe und die Einstellungen der Kommunikationsteilnehmerinnen und -teilnehmer sind Teil dieses Erschließungsvorgangs.[59]

Neben diesem Modell der Figurenrezeption bildet die Unterscheidung verschiedener Formen von Rezeption eine weitere theoretische Voraussetzung Eders. Die *empirische* Rezeption bezeichnet die Art und Weise, wie Figuren in Vergangenheit, Gegenwart und Zukunft von konkreten Rezipientinnen und Rezipienten tatsächlich erlebt und verstanden werden und ist von der *intendierten* Rezeption zu unterscheiden. Diese fokussiert die Absicht der Filmemacher, wie Figuren erlebt werden sollen. Als dritte Rezeptionsform unterscheidet Eder davon die *ideale* Rezeption, die die Art bezeichnet, wie Figuren „erlebt werden würden, wenn Filminformationen, Kommunikationsregeln, Autorintentionen und Zuschauerinteressen auf optimale Weise berücksichtigt würden"[60]. Während die Analyseformen der empirischen und intendierten Rezeption deskriptiv sind, basiert die ideale Rezeption auf normativen Vorannahmen. Durch die genannten Analyseformen unterscheiden sich je nach Erkenntnisinteresse die Vorgehensweise und die der Untersuchung zugrunde gelegten Daten.[61]

4.8.3.2 Das Grundmodell

Das von Eder entwickelte Grundmodell stellt ein Desiderat dar.[62] Der Medienwissenschaftler bündelt für die Erstellung einer Figurentheorie die bisherigen Forschungsergebnisse und ergänzt diese zu einem systematischen Analyseschema und -modell. Dies ist jedoch nur auf der Grundlage einer Definition von *Figur* (siehe oben) möglich und steht in Abhängigkeit zu dieser. Für die Entwicklung eines solchen Modells, das die übergreifenden Grundstrukturen der Figurenanalyse berücksichtigt, knüpft Eder zum einen an Erkenntnisse an, wie über Figuren im Alltag geredet wird und zum anderen an die etablierten Theorien der Philosophie, Film-, Literatur- und Kunstwissenschaft. Darüber hinaus liefert die Psychologie entscheidende Hinweise über die Modellierung der Figurenrezeption. Aus

---

[59] Vgl. Eder, Figur, S. 103.
[60] Ebd., S. 133.
[61] Vgl. ebenda.
[62] Vgl. Tieber, Eder.

den Schnittmengen dieser drei Herangehensweisen leitet Eder sein Grundmodell zur Analyse von Figuren ab, das er durch analytische sowie rezeptions- und metatheoretische Argumente stützt.[63] Demnach besitzen Figuren charakteristische Eigenschaften und Strukturen in vierfacher Hinsicht und zwar als *fiktives Wesen*, als *Artefakt*, als *Symbol* und *Symptom*. Die Unterscheidung dieser Facetten des Gegenstandsbereichs *Figur* macht er am Beispiel des Films „Casablanca"[64] deutlich:

> Über Rick Blaine könnte man beispielsweise sagen, dass er dunkle Haare hat und Ilsa Lund liebt (fiktives Wesen), dass er für die USA im Zweiten Weltkrieg steht (Symbol), dass er ein Vorbild für viele Zuschauer war (Symptom), und dass er idealisiert, doch mehrdimensional gestaltet ist (Artefakt).[65]

Mit diesen vier Kategorien – *fiktives Wesen*, *Artefakt*, *Symbol* und *Symptom* – ist das Grundmodell der Figurenanalyse Eders benannt. Darüber hinaus kann es durch weitere Bereiche erweitert werden, zu denen die *Kontexte der Narration, Handlung* und *Figurenkonstellation* zählen.[66] Auch die *Motivation*, die *Positionierung im Sozialsystem*, die *dramaturgische Funktionen*, die *Position im System der Darstellung* sowie die *emotionale Anteilnahme* fungieren als mögliche Erweiterungen des Analyseschemas.[67] Bevor das Grundmodell mit den vier Kategorien im Folgenden ausführlicher vorgestellt wird, bedarf es noch einiger Vorbemerkungen dazu.

Eder hat sein Figurenmodell als „Uhr der Figur" bezeichnet und als solche graphisch dargestellt.[68] Mit dieser Grafik wird eine Metaphorik evoziert, der weitere theoretische Grundannahmen inhärent sind. So skizziert die Kreisbewegung den Rezeptionsprozess, der nicht abgeschlossen ist, sondern einen Ablauf darstellt, der sich während der Film- bzw. Textrezeption wiederholt. Alle Aspekte der *Figur* bzw. ihrer Rezeption stehen

---

[63] Vgl. Eder, Figur, S. 134.
[64] Vgl. Curtiz, Casablanca. Dieser Film und die darin vorkommende Hauptfigur Rick Blaine, der von Humphrey Bogart dargestellt wird, dienen Jens Eder als Beispiel, um die einzelnen Schritte des entwickelten Analysemodells anzuwenden.
[65] Eder, Figur, S. 135.
[66] Vgl. ebd., S. 711.
[67] Eine schematische Darstellung des Grundlagenmodells mit seinen zentralen Kategorien und möglichen Erweiterungen findet sich als Grafik 33 in Jens Eders Monographie, vgl. ebd., S. 711.
[68] Vgl. ebd., S. 711.

prinzipiell in Wechselwirkung miteinander. „Die gleichmäßige Vierteilung der Uhr bedeutet [...] nicht, dass jede der vier Kategorien immer gleich wichtig ist. Vielmehr variiert ihre Relevanz je nach Figur und Analyseziel."[69] Daran knüpft die zweite Vorbemerkung an, die sich auf die Grundfrage der Figurenanalyse bezieht. „Welche Aspekte d(ies)er Figur sind besonders relevant und strittig?"[70] Damit verweist Eder auf den Charakter seines Modells. Es handelt sich um eine flexible Heuristik, deren Anwendung in Passung zum jeweiligen Erkenntnisinteresse steht. Die Anordnung und damit die Erarbeitung der vier Kategorien in einer Analyse sind nicht als festes Schema zu verstehen, sondern sind flexibel zu handhaben und dienen vielmehr der Orientierung. Der Zusammenhang dieser Aspekte lässt sich „oft am besten in einer Art Pendelbewegung oder einem hermeneutischen Zirkelverfahren erschließen".[71]

(a) Die Figur als fiktives Wesen

Die erste Kategorie, welche die Figur als *fiktives Wesen* ausweist, stellt einen wesentlichen Bereich der Figurenanalyse dar und ist in den meisten Fällen Voraussetzung für die Erschließung der Figur als *Artefakt*, *Symbol* oder *Symptom*. Der Kern der Figurenanalyse und gleichfalls der Kern dieser ersten Kategorie stellt die Konstruktion von mentalen Modellen eines fiktiven Wesens auf der Basis der Wahrnehmungen der Rezipientinnen und Rezipienten dar. Das fiktive Wesen ist Teil einer eigenen, fiktionalen Welt und besitzt ein Äußeres, eine Persönlichkeit, ein Innen- und Sozialleben. Es geht in der Analyse der Figur als *fiktives Wesen* darum, die Eigenschaften, Beziehungen und Verhaltensweisen, die die Figur innerhalb der dargestellten Welt hat und die, die ihr von anderen Figuren dieser Welt zugeschrieben werden, herauszuarbeiten.[72] Um diese Eigenschaften und Vorstellungen verbalisieren zu können und den fiktiven Wesen bestimmte dauerhaft Merkmale oder vorübergehende Zustände in der dargestellten Welt zuzusprechen,[73] bedarf es einer theoretisch-methodischen Konsolidierung. Dabei ist die Schwierigkeit, die Wahrnehmung von Figuren sprachlich präzise zu formulieren, nicht zu unter-

---

[69] Eder, Figur, S. 143.
[70] Ebenda.
[71] Ebenda.
[72] Ebd., S. 163.
[73] Vgl. ebd., S. 173.

schätzen.[74] Gleiches gilt für die Verbalisierung und Erklärung von Rezeptionsprozessen.[75] Beachtet man zudem, dass Rezipientinnen und Rezipienten Figuren jeweils unterschiedlich erleben und wahrnehmen, wird die Notwendigkeit geeigneter methodischer Konzepte deutlich. Neben der Auswahl passender Konzepte und der Erfassung fiktiver Wesen nennt Eder noch eine weitere zentrale Schwierigkeit bei der Analyse *fiktiver Wesen*, und zwar die Untersuchung der kognitiven und emotionalen Anteilnahme an ihnen.

Wie bereits erwähnt, ist das Ziel dieses Analyseschrittes mentale Modelle der Figur nachvollziehbar zu machen und zu beschreiben. Bei diesen handelt es sich „um multimodale, dynamische Vorstellungskomplexe, die im Arbeitsgedächtnis präsent sind und sowohl die Integration von Wahrnehmungseindrücken als auch interne Simulationsprozesse, Fantasie und Imagination ermöglichen"[76]. Der Bildung mentaler Modelle geht ein Prozess voraus, in dem die Rezipierenden Vorstellungen von den fiktiven Wesen entwickeln. Eder bezeichnet diesen Vorgang als *Figurensynthese*, deren Ergebnis die Bildung von mentalen Figurenmodellen „im Kopf der Zuschauer"[77] ist. Von diesen ausgehend führt eine „Abstraktion über das ideale Figurenmodell, das in einem gelungenen Rezeptionsvorgang gebildet werden würde, [...] zur Figur"[78]. Auf der Grundlage dieser beiden Schritte, der Figurensynthese und der Bildung mentaler Modelle ist es möglich, die kognitive und emotionale Anteilnahme an Figuren, ihre Artefakteigenschaften, ihre Symbolik und Symptomatik nachzuvollziehen und besser zu verstehen.

Für die Analyse der Figur als *fiktives Wesen* erweisen sich drei Punkte in ihrer Bedeutung als zentral: die im Figurenmodell repräsentierten Arten von Eigenschaften, ihre formalen Strukturen der Anordnung im Figurenmodell sowie jene Faktoren, die die Struktur der Figurenmodelle prägen bzw. an deren Bildung beteiligt sind.[79] Das Figurenmodell setzt sich

---

[74] Figurenbeschreibungen sind, so Eder, immer *dichte* Beschreibungen. „Sie setzen interpretierende Schlüsse von äußerlich wahrnehmbaren Informationen auf nicht direkt wahrnehmbare psychische und soziale Aspekte der Figur voraus". Ebd., S. 713.
[75] Vgl. ebd., S. 163. Eder verweist darauf, dass die Imagination *fiktiver Wesen* nicht selbstverständlich ist. „Eigentlich ist es ein Wunder, dass projizierte Bilder oder gedruckte Buchstaben den Eindruck lebendiger Gestalten hervorrufen.", ebd., S. 63.
[76] Eder, Figur, S. 169.
[77] Ebd., S. 165.
[78] Ebenda.
[79] Vgl. ebd., S. 234.

aus den Figureneigenschaften und den Beziehungen des fiktiven Wesens zusammen. Der Analysegegenstand der Figur als *fiktives Wesen* unterscheidet Eder daher in ihre *Körperlichkeit*, *Psyche*, *Sozialität* und *Verhalten*. Die *Körperlichkeit* der Figur umfasst alle ihre Gestaltmerkmale und -zustände wie beispielsweise Spezies, Geschlecht, Alter, Größe, äußerlicher Erscheinungsform, Gesicht, Fähigkeiten, Kleidung, körpernahe Artefakte usw. Unter dem Aspekt der *Psyche* gilt es, das Innenleben und die Persönlichkeit der Figur zu analysieren und zwar hinsichtlich Wahrnehmung, Kognition, Evaluation, Motivation und Emotion.[80] Mit dem Begriff der *Sozialität* „sind alle sozialen Handlungen und Beziehungen der Figuren und ihre Positionen in überindividuellen Sozialstrukturen gemeint. [...] Sozialität beeinflusst die Persönlichkeit erheblich und bildet einen wesentlichen Inhalt des Innenlebens."[81] Unter diesem Aspekt wird die Figur auf ihre Gruppenzugehörigkeit wie Ethnie, ihre Beziehungen, Interaktionen, Macht, Status und soziale Rolle hin untersucht. Unter dem letzten Aspekt, dem habituellen und situativen Verhalten, gilt es u. a. die Bewegungen der Figur, ihren Blick, die Mimik und Gestik sowie ihre Sprechakte zu analysieren.[82]

Diese körperlichen, sozialen und psychischen Figureneigenschaften bilden einen Zusammenhang, auf dem das Figurenmodell basiert. Dabei ist nach Eder zweierlei zu beachten. Das Modell und der Eigenschaftszusammenhang sind dynamisch. Der erste und der letzte Eindruck von Figuren und damit das erste Figurenmodell sowie dessen letzte Version sind besonders wichtig und hervorzuheben.

> Der erste Eindruck beeinflusst das spätere Bild von der Figur, indem er die Aufmerksamkeit auf ihm entsprechende Reize lenkt. [...] Ist einmal ein Figurenmodell gebildet, versuchen die Zuschauer bei ihrer Einschätzung zu bleiben und bei neuen, widersprüchlichen Informationen Dissonanzen aufzulösen, indem das Modell partiell modifiziert wird bzw. unpassende Informationen ignoriert oder umgedeutet werden.[83]

---

[80] Vgl. Eder, Figur, S. 711.
[81] Ebd., S. 271.
[82] Vgl. ebd., S. 711.
[83] Ebd., S. 213. Die relative Beständigkeit des ersten Figurenmodells sieht Eder in den Bemühungen der Zuschauerinnen und Zuschauer, kognitive Dissonanzen und damit einen konflikthaften Zustand zu vermeiden, der auftritt, wenn eine Person mit Infor-

In Filmen, und gleiches gilt auch für Erzähltexte, können diese Eigendynamiken der Eindrucksbildung aufgrund eines gezielten ersten oder letzten Eindrucks der Figur für die Bildung und Erzeugung bestimmter Figurenmodelle genutzt werden.[84]

Der zweiten Hinweis zum Figurenmodell bezieht sich auf dessen Entwicklung. Typisierung (oder Kategorisierung) und Individualisierung (oder Personalisierung) stellen die zwei Pole dar, zwischen denen sich die Bildung von Figurenmodellen bewegt.[85] Einige Figuren lassen sich schnell von den Rezipientinnen und Rezipienten ihnen verfügbaren Typen zuordnen. Damit einhergehen die sofortige Ausstattung von Eigenschaften und die Bildung bestimmter Handlungserwartungen. Die Rezipientinnen und Rezipienten bewerten in dieser Weise typisierte Figuren und entwickeln ihnen gegenüber schnell bestimmte emotionale Einstellungen.[86] Bei individualisierten Figuren hingegen wird die Zuordnung vorhandener Kategorien erschwert oder sogar verhindert. Die Figur wird als ein Individuum angesehen, die Modellbildung basiert hier viel stärker auf Informationen aus dem narrativen Medium als aus dem Gedächtnis. Die Rezipientinnen und Rezipienten erschließen sich die Figureneigenschaften und Handlungsdispositionen erst allmählich, sodass das Figurenmodell längere Zeit unabgeschlossen ist.[87]

(b) Die Figur als Artefakt

Eder unterscheidet die Ebene des Artefakts hinsichtlich der Bereiche der *basalen Wahrnehmung* und der *ästhetischen Reflexion*. Bevor die Zuschauerinnen und Zuschauer eine Figur im Film erkennen, nehmen sie deren audiovisuelle Darstellung wahr in Form von Tönen oder Bildern, die eine Figur darstellen und vorbewusst von den Rezipientinnen und Rezipienten wahrgenommen werden. Diesen Prozess bezeichnet Eder als

---

mationen konfrontiert wird, die zum vorherigen Wissen, zu Gefühlen oder Werten in Widerspruch stehen.

[84] Vgl. Eder, Figur, S. 213f.
[85] Vgl. ebd., S. 228–232. Darüber hinaus weist Eder im Verweis auf Schneider auf eine Zwischenstufe, die individualisierten Typen, hin. Dabei handelt es sich um Figuren, die zwar einem Typus entsprechen und somit leicht verständlich und zugänglich sind, jedoch auch über weitere spezifische, individualisierende Merkmale verfügen, wodurch sie interessanter und realistischer wirken, vgl. Eder, Figur, S. 230.
[86] Vgl. ebd., S. 229.
[87] Vgl. ebd., S. 230.

basale Wahrnehmung, bei der es sich um die Wahrnehmungseindrücke und Gefühle handelt, die von audiovisuellen Informationen ausgehen und die noch vor dem Erkennen eines fiktiven Wesens entstehen. Als solche bilden sie die sinnliche Grundlage für die folgenden Rezeptionsebenen, die eine Figur darstellen.[88] „Die unmittelbare Wahrnehmungsebene kann beim Reden über Figuren [...] nur mittelbar ausgedrückt werden, und dies erfordert einen Prozess der ästhetischen Reflexion."[89]

Bei der Analyse der Figur als Artefakt stehen damit der (audiovisuelle) Text und dessen Produktion im Fokus des Interesses. Die Grundfrage des Artefakt-Aspekts lautet: „Wie werden Figuren im Film [resp. im Erzähltext, A.F.] dargestellt, wie sind sie gestaltet und wie kann man ihre Gestaltung analysieren?"[90] Damit sind drei Analysebereiche der Figur als Artefakt benannt: 1.) die medienspezifischen Darstellungsmittel, die 2.) verknüpft werden zu Darstellungsstrukturen, die wiederum 3.) zu Artefakt-Eigenschaften und Figurenkonzeptionen führen.[91]

Bei den Mitteln der Darstellung unterscheidet Eder zwischen der Ebene der Darstellung (z. B. Produktionstechniken, schauspielerische Darstellung, Montageeinstellungen usw.) und der Ebene des Dargestellten (z. B. räumliche Komposition, Gestalt, Verhalten, Namen, situative Kontexte, Erzählerkommentar und audiovisuelle Darstellung von Bewusstseinsvorgängen).[92] Bei der Abstraktion der figurenbezogenen Darstellungsmittel lassen sich übergreifende Strukturen erkennen, mit deren Hilfe Eder unter Anwendung erzähltheoretischer Modelle Rückschlüsse auf die Informationsvermittlung und Charakterisierungsstrategien ableitet. Dazu greift er die folgenden Kriterien auf: „Dichte, Modus, Menge, Perspektivierung, Erzählebene oder zeitliche Anordnung der Information"[93]. Darüber hinaus weist er darauf hin, dass ausgehend von der Glie-

---

[88] Die *Figurenrezeption* basiert auf vier Ebenen, die jeweils charakteristische kognitive und emotionale Prozesse aufweisen. Die Ebene der Wahrnehmung stellt die erste Ebene dar, es folgen die Ebenen der mentalen Modellbildung und der Erschließung indirekter Bedeutungen. Als vierte Ebene fasst Eder die Schlüsse auf reale (kommunikative) Kontexte sowie die Reflexion über ästhetische Gestaltung zusammen. Vgl. Eder, Figur, S. 135.
[89] Ebd., S. 136. Eder wertet in diesem Zusammenhang die basale Wahrnehmung als eine Lücke in der Figuren-Semantik.
[90] Ebd., S. 322.
[91] Vgl. ebd., S. 322f.
[92] Vgl. ebd., S. 323.
[93] Ebenda.

derung der Figurendarstellung in Phasen wie z. B. Exposition, Vertiefung oder Wandel, Rückschlüsse auf eine dynamische Figurenentwicklung, typische Darstellungsweisen der Figuren sowie auf die Pragmatik (Lenkung der Zuschauerinnen und Zuschauer) aller vier Kategorien des Grundmodells gezogen und miteinander verglichen werden können.[94]

Im dritten Analysebereich, den Artefakt-Eigenschaften und Figurenkonzeptionen, werden den Figuren ausgehend von den Strukturen der Figurendarstellung zunächst Artefakt-Eigenschaften zugeschrieben. Dazu zählen vor allem Realismus, Typisierung, Komplexität, Kohärenz, Konsistenz, Transparenz, Mehrdimensionalität, Dynamik und ihre jeweiligen Gegenpole.[95] Bestimmte Kombinationen aus den genannten Artefakt-Ei-

---

[94] Vgl. Eder, Figur, S. 323f.

[95] Siehe ebd., S. 718. Eder thematisiert an anderer Stelle weitere Dimensionen, die im Folgenden kurz benannt werden sollen. Es handelt sich dabei um die Pole von (ins sich) geschlossen – offen; ganz – fragmentarisch; symbolisch, allegorisch, emblematisch, exemplifizierend – nicht exemplifizierend; psychologisch – transpsychologisch. Vgl. ebd., S. 394–399
Eder führt eine ganze Reihe von Erzählstrategien an, die zu einer realistischen Darstellungsweise beitragen: „die zeitliche Vernetzung der Figur im Geschehen, der Einsatz von Informanten-Figuren, ein erschöpfender Detailreichtum, die Betonung des Alltagslebens, die Vermeidung auffällig dramatischer Motive, die Mischung von Gut und Schlecht, der Bedeutungsverlust des Helden, die redundante Nutzung aller Zeichensysteme, die psychologische Kausalität der Handlung, die Unauffälligkeit der Darstellungsmittel, die Widerspruchsfreiheit und Klarheit der Psyche sowie die Einbettung in reale Kontexte". Ebd., S. 387.
In der Kategorie der Figur als fiktives Wesen wurden die zwei polaren Formen der Entwicklung bei Figurenmodellen benannt, die Typisierung und Individualisierung. Zwischen diesen beiden Polen gibt es einen graduellen Übergang. Unter den typisierten Figuren unterscheidet Jens Eder nochmals zwischen Archetypen (transkulturell und transhistorisch) und kulturell und historisch veränderlichen Typen, die wiederum unterteilt werden in Medientypen, Sozialtypen sowie ideologische Stereotypen. Vgl. ebd., S. 375–381.
Bei komplexen Figuren handelt es sich um fiktive Wesen, die zahlreiche Eigenschaften verschiedener Bereiche aufweisen, die zudem vielfältig verflochten sind und im Verhältnis zueinander stehen. Das Eigenschaftssystem von komplexen Figuren stimmt nicht mit einem Typus überein. Im Unterschied dazu weisen einfache Figuren nur wenige Eigenschaften auf oder entsprechen wesentlich einem bestimmten Typus. Vgl. Eder, Figur, S. 389f.
Sind die Eigenschaften einer Figur eng miteinander verknüpft und verweisen aufeinander, so handelt es sich um eine kohärente Figur. Der Gegenpol dazu wird als inkohärente Figur bezeichnet Vgl. ebd., S. 391.

genschaften wiederholen sich im Lauf der Filmgeschichte, darauf weist Jens Eder hin. Sie verfestigten und etablierten sich zu Figurenkonzeptionen.[96] Der Medienwissenschaftler weist zudem auf die Doppelrolle der Mittel und der Strukturen der Figur als *Artefakt* im Rezeptionsprozess hin:

> Zum einen liegen sie unserer Wahrnehmung von Figuren vorbewusst zugrunde und lenken unsere Reaktionen. Zum anderen können sie aber auch zum Gegenstand bewusster Reflexion werden, man kann ihre Funktion erfassen, sie bewerten oder aus ihnen auf Eigenschaften des fiktiven Wesens schließen.[97]

(c) Die Figur als Symbol

Figuren werden aber nicht nur als Kunstprodukte oder *fiktive Wesen* einer erfundenen Welt wahrgenommen, sondern sie verweisen auch auf ihre übergeordneten Bedeutungen, „auf ihren tieferen Sinn, die Ursachen ihrer Entstehung und ihre möglichen Folgen"[98]. Die mentalen Figurenmodelle lösen häufig Assoziationen oder Abstraktionen aus und evozieren weiterführende Schlüsse auf indirekte Bedeutungen, die auf Seiten der Rezipientinnen und Rezipienten mental repräsentiert sind und mit dem Figu-

---

Figuren sind konsistent, wenn ihre Eigenschaften sich nicht widersprechen. Als Gegenpol dazu treten bei inkonsistenten Figuren Widersprüche in ihren Eigenschaften auf. Vgl. Eder, Figur, S. 391f.

Die Unterscheidung von transparenten und opaken Figuren bezieht sich auf die Frage, wie viel die Rezipientinnen und Rezipienten über die Persönlichkeit und das Innenleben der Figur erfahren.

Mit dem Aspekt Mehrdimensionalität verweist Eder auf die berühmte Unterscheidung von E. M. Forster zwischen „flachen" Figuren mit einer einzigen Idee bzw. Eigenschaft und „runden" Figuren, die eine Vielfalt von Eigenschaften aufweisen. Darüber hinaus verweist Eder auf die Begrifflichkeit von „eindimensionalen" bzw. „mehrdimensionalen" Figuren, die in der Filmwissenschaft etabliert ist. Vgl. Eder, Figur, S. 392f.

Figuren können statisch bzw. dynamisch sein und zwar hinsichtlich zweierlei Aspekten. Zum einen kann sich das Figurenmodell, welches sich die Rezipientinnen und Rezipienten von der Figur bilden, im Verlauf des Film bzw. der Lektüre entscheidend verändern. Zum anderen können dynamische Figuren innerhalb ihres Eigenschaftsmodells Entwicklungen „durchmachen". Vgl. Eder, Figur, S. 394.

[96] Als solche führt Eder den Mainstream- oder Independent-Realismus, die Verfremdung/Stilisierung, Postmoderne u. a. an. Vgl. ebd., S. 711.
[97] Eder, Figur, S. 324.
[98] Ebd., S. 521.

renmodell verknüpft werden. Eder betrachtet Figuren daher als komplexe Zeichen, „die über die dargestellte Welt hinaus auf Weiteres verweisen, etwa auf Eigenschaften, Probleme oder thematische Aussagen"[99]. Die Rezipientinnen und Rezipienten repräsentieren diese in Form allgemeiner Begriffe oder Gedanken sowie in Form von „Makropropositionen"[100]. Damit steht der Bereich der Figurenrezeption im Fokus, bei dem eine Figur als Träger einer indirekten Bedeutung fungiert, die über die bloße Bedeutung des Figurenmodells hinausreicht. Im Rahmen von Interpretationen werden Figuren häufig ins Verhältnis gesetzt mit solchen indirekten Bedeutungen und werden dann als Thementräger, Allegorien, Exemplifikationen, Personifikationen oder Metaphern aufgefasst.[101]

Figuren vermitteln vielfältige Arten von indirekten Bedeutungen. Dabei können sie als *Symbol* für unterschiedliche Dinge stehen. Figuren können eine thematische Funktion innehaben, sie stehen aber auch für menschliche Eigenschaften, Probleme, Tugenden oder Laster. Des Weiteren gelten sie als Symbole für Ideen oder Prozesse, soziale Rollen und Archetypen, soziale Gruppen, mythische oder religiöse Figuren sowie reale Einzelpersonen. Darüber hinaus können sie auch latente Bedeutungen im Sinne der Psychoanalyse symbolisieren.[102] Die Rezipientinnen und Rezipienten

> erschließen sich diese Bedeutungen, indem sie auf der Grundlage relevanter Filminformationen auf ihre Figurenmodelle sowie ihre sozialen und medialen Wissensbestände rekurrieren und psychische Vorgänge und Abstraktion, Analogiebildung, Assoziationen oder habitualisierten Schlussfolgerung vollziehen. […] Je nach Art der Bedeutungskonstruktion spricht man von Thematik, Symbolik, Metaphorik, Exemplifikation oder Personifikation.[103]

---

[99] Eder, Figur, S. 137.
[100] Siehe ebd., S. 137f.
[101] Vgl. ebd., S.137. Eder verweist darauf, dass sich Analyse und Interpretation nicht strikt voneinander trennen lassen. Der Unterschied zwischen ihnen erweise sich eher als graduell. Aus diesem Grund solle man bei der Analyse der Figur als *Symbol* und *Symptom*, so Eder, „besser von einer Analyse mit zunehmend interpretativen Anteilen sprechen". Vgl. ebd., S. 528.
[102] Vgl. ebd., S. 537. Als Beispiel dafür führt Eder die Figuren des surrealistischen Films an, z. B. Monster oder Vampire in Horrorfilmen, die für verdrängte (sexuelle) Wünsche oder Ängste stehen.
[103] Ebd., S. 540.

Verfügt eine Figur über solche indirekten, höherstufigen Bedeutungen, trägt sie möglicherweise dazu bei, lebensweltliche Bezüge herzustellen oder Abstraktes zu konkretisieren. Als weitere Funktionen der Figur als *Symbol* nennt Eder die Verdichtung des Komplexen, die Darstellung von Tabuisiertem sowie den Anstoß von emotionalen und imaginativen Reaktionen der Rezipientinnen und Rezipienten.[104]

(d) Die Figur als Symptom

Der Begriff *Symptom*, wie er in der Theorie von Jens Eder Verwendung findet, ist erklärungsbedürftig. Er wird „allgemein als Kulturphänomen, Einflussfaktor oder Anzeichen für kommunikative und soziokulturelle Sachverhalte in der Realität"[105] verstanden. Der Autor verwendet den Begriff *Symptom* in seiner allgemeinen Bedeutung, wonach Figuren als „*charakteristische Anzeichen* für Gegenstände oder Vorgänge, [...] mit denen sie *kausal verknüpft* sind"[106], fungieren.

Während in der Analyse der Figur als *Symbol* versucht wird, herauszuarbeiten und darzustellen, wofür sie steht, werden bei der Untersuchung der Figur als *Symptom* die kommunikativen Kontextbezüge erfasst, um zu untersuchen, aus welchen Gründen eine Figur bestimmte Eigenschaften als *fiktives Wesen*, *Artefakt* oder *Symbol* aufweist und bzw. oder wie sich diese auf die Rezipientinnen und Rezipienten auswirken. Das heißt, über die Figur können zum einen Rückschlüsse gezogen werden auf Ursachen und Einflüsse ihrer Entstehung. Zu bedenken wäre hier, so Eder, dass die Eigenschaften der weiblichen Figuren häufig dem Frauenbild ihrer Zeit entsprechen.[107] Neben diesem Aspekt der Ursache wird in der Kategorie des *Symptoms* zum anderen auch die Wirkung von Figuren auf Rezipientinnen und Rezipienten sowie deren allgemeine Kontexte analysiert. In diesen Zusammenhang gehören Reaktionen auf die Figur, wie z. B. das Nachahmen ihres Verhaltens, der Vorwurf, die Figur verderbe die Sitten oder auch Anspielungen auf die Figur in späteren Filmen.[108]

---

[104] Vgl. Eder, Figur, S. 540.
[105] Ebd., S. 137.
[106] Ebd., S. 541.
[107] Vgl. ebenda.
[108] Vgl. ebd., S. 541f.

4.8.3.3 Mögliche Erweiterungen von Eders Grundmodell

Mit den vier vorgestellten Kategorien – *fiktives Wesen*, *Artefakt*, *Symbol* und *Symptom* – ist das Grundmodell der Figurenanalyse Eders benannt. Daneben lohnen sich Überlegungen, die über die Figur und ihre Eigenschaften hinausgehen. Als solche treten das Verhältnis der Figuren zu ihren Kontexten und ihre emotionalen Wirkungsformen in Erscheinung.[109] Hinsichtlich des Verhältnisses der Rezipientinnen und Rezipienten zu den Figuren spricht Jens Eder von einem

> Netzwerk der imaginativen Nähe [...], das durch mehrere Faktoren gebildet wird: empfundene räumliche Nähe, zeitliches Begleiten, Verstehen des Innenlebens und partielle Perspektivenübernahme, soziale Vergleiche, Identität- und Gruppenzuordnung, Gefühle der Vertrautheit und Ähnlichkeit, Wunschprojektion, imaginierte Interaktion und – damit verbunden – emotionale Anteilnahme.[110]

Die Figur als *fiktives Wesen* erzeugt, so Eder, bei den Rezipientinnen und Rezipienten Sympathie und Empathie. Auf dieser Ebene entstehen zudem weitere Reaktionen auf der Basis von imaginativer Nähe bzw. Distanz. Auf der *Artefakt*-Ebene kann die Figur ästhetisch empfunden und bewertet werden. Als *Symbol* stellt sie nach Eder explizite Bezüge zur eigenen Identität her und bewertet thematische Aussagen. Unter dem Aspekt des *Symptoms* wirkt die Figur emotional, indem sie kommunikative Ursachen, Wirkungen und Kontexte bewertet.[111]

Zu den wichtigsten Kontexten der Figur zählt Jens Eder *Handlung* und *Figurenkonstellation*. „Die Figurenkonstellation ordnet die einzelne Figur in ein Netz von Beziehungen zu anderen Charakteren ein: Hierarchien, Handlungsfunktionen, Ähnlichkeiten und Kontraste, Werte, Interaktionen und Kommunikationen."[112] Die Positionierung einer Figur innerhalb der Figurenkonstellation trägt zum einen wesentlich zu ihrer Charakterisierung bei und zum anderen beeinflusst sie die Wertigkeit und Relevanz der Figur als Symbol. Damit ist die erste Erweiterung von Eders Grundmo-

---

[109] Die emotionalen Wirkungsformen waren noch vor der Hinzunahme aktueller Ergebnisse aus der Emotionsforschung häufig begrenzt auf den Aspekt des fiktiven Wesens und der darin herausgearbeiteten Identifikation und Empathie mit der moralischen Bewertung der Figur. Vgl. Eder, Figur, S. 148.
[110] Ebd., S. 149.
[111] Vgl. ebd., S. 149f.
[112] Ebd., S. 147.

dell benannt – die *Kontexte der Narration, Handlung* und *Figurenkonstellation*. Auch die *Motivation* und damit die *Positionierung im Sozialsystem* sowie die *dramaturgischen Funktionen* und die *Position im System der Darstellung* fungieren als mögliche Erweiterungen des Analyseschemas.[113]

4.8.4 Anwendbarkeit von Eders Modell auf biblische Figuren

Nachdem das Analysemodell von Jens Eder vorgestellt wurde, soll im Folgenden dessen Anwendbarkeit auf biblische Figuren kritisch befragt werden. Biblische Figuren weisen mehrere Spezifika auf, die im Folgenden benannt werden sollen und die es erfordern, die Figurentheorie Eders zu modifizieren.

4.8.4.1 Modifikationen von Eders Figurenmodell

In seinem 2016 veröffentlichten Aufsatz „Gottesdarstellung und Figurenanalyse" nimmt Jens Eder selbst eine Modifikation des Analysemodells vor und erweitert damit den Anwendungsbereich auf religiöse Texte.[114] Die Beschäftigung mit „Gott als Figur"[115] erfordert, so Eder, eine transmediale Öffnung, da Gottesdarstellungen z. B. in Form des Bibeltextes, der gottesdienstlichen Lesung wie Predigt oder filmischer Darstellungen transmedial verbreitet werden und nicht an bestimmte Medien gebunden sind. Als weitere Modifikation präzisiert Eder die Figurendarstellung aufgrund der Besonderheiten von Divinitäten im Spannungsfeld von Anthropomorphismus und Unvorstellbarkeit.[116] Die Figurendarstellung

---

[113] Eine schematische Darstellung des Grundlagenmodells mit seinen zentralen Kategorien und möglichen Erweiterungen findet sich als Grafik 33 in Jens Eders Monographie, vgl. ebd., S. 711.

[114] Siehe Eder, Gottesdarstellung, S. 27, 34f.

[115] „Gott als Figur" – so lautet der Titel des Sammelbandes von Ute E. Eisen und Ilse Müllner, in dessen Zentrum die Frage steht: „Wie wird (von) Gott erzählt?". Vgl. Eisen / Müllner, Gott als Figur. Anhand von biblischen sowie nachbiblischen Texten und weiteren Medien wie Comics oder Filmen wird in Einzelstudien untersucht, wie Gott jeweils in Erscheinung tritt. Siehe Eisen / Müllner, Einführung, S. 11. Zur Auseinandersetzung mit filmischer Darstellung der Gottesfigur siehe Ostermann, Gotteserzählungen; Ostermann, Gott, S. 428–453.

[116] In diesem Zusammenhang verweist Eder innerhalb der christlichen Tradition auf Konzepte wie Transzendenz, Trinität oder Transsubstantiation. Exegetisch ist darüber hinaus noch auf das Konzept des Gottesnamens zu verweisen, der in Ex 3,14f. offenbart wird. Das gesamte Kapitel Ex 3 ist in der prägnanten Formulierung von Jürgen

erfordert eine Weitung hinsichtlich der unterschiedlichen Darstellungsformen der Divinität, die über die bloße Repräsentation der Gottheit als explizite und konkrete Gottesfigur hinausgeht. Eder verweist darauf, dass Gott auch als indirekt oder symbolisch dargestellt wird, beispielsweise in Form von (über)menschlichen Figuren, die auf Gottes Eigenschaften verweisen.[117] Weitere Darstellungsformen des Göttlichen sind nach Eder menschliche Figuren mit göttlichen Attributen oder sogar Themen und Motive, die auf eine göttliche Instanz in Hinsicht einer überpersonalen Macht rekurrieren.[118]

Schließlich hebt Eder als weitere Modifikation, die für die vorliegende Untersuchung signifikant ist, die Begrenzung seines bisherigen Figurenbegriffs auf fiktionale Texte auf, „(d)enn viele religiöse Texte können nicht eindeutig als fiktional bezeichnet werden, und dennoch enthalten sie offenbar Figuren"[119]. Aufgrund seiner Überzeugung, dass auch nicht-fiktionale Kommunikation Figuren generiert, verwendet Eder nicht mehr den Terminus *fiktives Wesen* als Bezeichnung für eine der vier grundlegenden Dimensionen seines Figurenmodells, sondern spricht aufgrund der Annahme von nicht-fiktionalen Figuren stattdessen von *dargestellten Wesen*.[120] Diese Modifikation findet in der folgenden Figurenanalyse Anwendung. Die Kategorie der mentalen Modellbildung, in der Körperlichkeit, Psyche, Sozialität und Verhalten der Figur Gegenstände der Untersuchung sind, wird nachfolgend als Dimension des *dargestellten Wesens* bezeichnet. Das modifizierte Figurenmodell umfasst demnach die vier allgemeinen Dimensionen der Figur als *Artefakt, dargestelltes Wesen, Symbol* und *Symptom*.

Nach den benannten Modifikationen, die Eder an seiner Theorie bezüglich religiöser Texte vorgenommen hat, ist es unerlässlich, weitere Vorüberlegungen hinsichtlich der Spezifika biblischer, vor allem alttestamentlicher Figuren vorzunehmen. Damit einher geht die kritische Anfrage nach der Anwendbarkeit dieser modernen Figurenheuristik auf bib-

---

Ebach ein „Zugleich von Offenbarung und Entzug". Siehe Ebach, Gottes Name(n), S. 63.
[117] Siehe Eder, Gottesdarstellung, S. 30. Ein biblisches Beispiel dazu wären die Boten Gottes (מלאך יהוה), sog. „Engel", die zwischen dem menschlichen Bereich und der Sphäre der Divinität vermitteln, z. B. in Gen 22.
[118] Siehe Eder, Gottesdarstellung, S. 30.
[119] Ebenda.
[120] Siehe ebd., S. 34f.

lische Texte. Entsprechend der vier Dimensionen der Figurenheuristik wird daher im Folgenden ihre Anwendbarkeit mit dem Fokus auf die Besonderheiten der biblischen Figurendarstellung erläutert.

4.8.4.2 Figuren in biblischen Erzähltexten

Die wohl größte Irritation für aktuelle Lesegewohnheiten bei der Lektüre biblischer Erzählungen stellt sicherlich die fehlende Ausführlichkeit bei den Beschreibungen der Figuren dar.[121]

> The biblical narrative is often silent where later modes of fiction will choose to be loquacious, it is selectively silent in a purposeful way: about different personages, or about the same personages at different junctures of the narration, or about different aspects of their thoughts, feeling, behaviour.[122]

Trotz der überwiegend sparsamen Figurenbeschreibungen werden durch die biblischen Erzählungen Figuren etabliert, die wirkungsmächtig wurden, die mit den Worten Robert Alters „have been etched as indelibly vivid individuals in the imagination of a hundered generations"[123].

Daneben weist Müllner darauf hin, dass biblische Figurenkonzepte nicht losgelöst von biblischen Menschenbildern etabliert werden können, denn Figuren werden konzipiert in Anlehnung an Menschen.[124] Daraus resultiert für sie erstens, dass Figurenkonzepte ebenso wie das Menschenbild historisch veränderbar sind. Für biblische Texte gilt es, stets den historischen Abstand zwischen sich und den heutigen Rezipierenden

---

[121] Ausgehend von dieser Beobachtung charakterisiert Thomas Naumann den biblischen Erzählstil folgendermaßen: „Die altisraelitischen Erzähler sind äussert sparsam in der Darstellung von Empfindungen und Beziehungen, von inneren Einstellungen und Motivationen des Handelns. Der Erzählstil ist ganz durch die Wiedergabe äusserer Handlungen bestimmt und wirkt daher knapp und lakonisch." Naumann, Liebe, S. 56, siehe auch Müllner, Zeit, S. 12; Utzschneider / Nitsche, Arbeitsbuch, S. 168f.

[122] Alter, Art, S. 143.

[123] Ebenda. Ebenso Naumann, Beziehungen, S. 317: „Die Stärke und Imaginationskraft hebräischer Erzähler liegt darin, dass sie viel von dem, was Leser wissen möchten, nur knapp andeuten oder oft ganz verschweigen. Das trifft besonders auf die Ausgestaltung von Personenbezeichnungen zu, bei denen größte Zurückhaltung geübt wird – was aber nur dazu führt, dass die kreative Fantasie der Leserinnen und Leser in Gang gesetzt wird."

[124] Siehe Müllner, Samuelbücher, S. 91. Müllner warnt, basierend auf ihren Figurenanalysen der Samuelbücher, zugleich vor einer Engführung auf eine allzu anthropozentrische Figurenkonzeption. Siehe ebd., S. 91.

mit ihrem jeweiligen Wissen, ihren Dispositionen und ihren kulturellen und situativen Kontexten zu erinnern und ernst zu nehmen. Dieser zeitliche Abstand herrscht ebenfalls zwischen den biblischen Texten und den heutigen Figurentheorien. „Die antiken Texte bringen andere (und in sich wiederum höchst heterogene) Konzepte von Mensch-Sein, von ‚Person' und damit auch von ‚Figur' in einen Diskurs ein, der primär an Medien weit jüngerer Epochen entwickelt worden ist".[125]

Müllner plädiert zweitens für die Anwendung einer „konstellativen Figurenanalyse" im Hinblick auf die biblischen Figuren, die stets in Figurenkonstellationen eingebunden sind.[126] „Die Figur wird nicht isoliert gesehen, sondern immer als Teil eines Beziehungsnetzes verstanden."[127] Durch eine *konstellative Figurenanalyse* rückt, so Müllner, neben die direkte Charakterisierung in Form von figuralen Eigenschaftszuschreibungen und der indirekten Charakterisierung durch Figurenhandlungen stärker die korrelative Profilierung der Figuren in den Fokus. Diese wechselseitige Profilierung kann sowohl innerhalb der erzählten Welt durch die Figuren bzw. die Erzählstimme initiiert als auch durch die Darstellungsweise von den Rezipierenden subtil wahrgenommen werden.[128] Als ein weiterer Aspekt der *konstellativen Figurenanalyse*, dem nach Müllner innerhalb der Samuelbücher eine wichtige Rolle zukommt, stel-

---

[125] Eisen / Müllner, Einführung, S. 13.
[126] Der Begriff „konstellative Figurenanalyse" ist angelehnt an die Terminologie der „konstellativen Anthropologie" von Bernd Janowski. Vgl. Müllner, Samuelbücher, S. 91. Der (biblische) Mensch wird nach dem „konstellativen Personenbegriff" als Beziehungswesen gefasst. Dabei wird zum einen der menschliche Körper als zusammengesetzte Ganzheit einzelner Teile bzw. Glieder verstanden und zum anderen die Gebundenheit des menschlichen Lebens in soziale Zusammenhänge und Rollen benannt. Siehe Janowski, Mensch, S. 7.
[127] Müllner, Samuelbücher, S. 92. So können beispielsweise verwandtschaftliche Bezeichnungen auf den jeweiligen Erzählkontext abgestimmt werden. Als Beispiel dafür verweist Müllner im Anschluss an Exum auf die wechselnde Bezeichnung Michal als Tochter Sauls bzw. Frau Davids. Daneben können auch soziale Bezeichnungen wie z. B. „Urija, der Hethiter" bzw. „Urija, dein Diener" auf den Kontext abgestimmt werden. Dies wird in der Figurenanalyse zu Urija ausführlich dargestellt. Die Zugehörigkeit zu einer Gruppe ist, so Müllner, handlungsleitend. Im Kontext für die „David, Batseba und Urija"-Erzählung ist sie sogar eine Voraussetzung der Handlung. Nur indem Urija als Soldat dem Kriegsheer Davids angehört und räumlich von Batseba getrennt ist, werden so Bar-Efrat, der Ehebruch Davids mit Batseba sowie die sich daran anschließenden Ereignisse möglich. Siehe Bar-Efrat, Das zweite Buch Samuel, S. 105.
[128] Siehe Müllner, Samuelbücher, S. 92f.

len die kollektiven Subjekte dar, die sogar syntaktisch meist ähnlich Verwendung in den Erzähltexten finden wie Einzelfiguren. Kollektiven Subjekten „wird jene Handlungsmacht zugeschrieben, die wir gewohnt sind, als Charakteristikum von Figuren zu betrachten"[129].

Damit lässt sich eine erste, einfache Unterscheidung biblischer Figuren festhalten: Neben *Einzelfiguren* (wie David oder Batseba) kommen in biblischen Erzählungen *kollektive Subjekte* resp. Figurengruppen wie z. B. die „Diener" und „ganz Israel" in 2 Sam 11,1 vor.[130] Davon sind außerdem *nicht-menschlichen Entitäten* wie beispielsweise JHWH, Bileams Eselin in Num 22,21-41 oder der Rizinusstrauch im Jonabuch zu unterscheiden. Diese basale Differenzierung findet in der vorliegenden Arbeit Verwendung.

Nach diesen grundlegenden Vorbemerkungen zu biblischen Figuren und ihren Spezifika werden nachfolgend die vier Dimensionen der Figurenanalyse, die Eder in seiner Figurentheorie etabliert hat, hinsichtlich ihrer Anwendung auf biblische Figuren präzisiert. Hierbei handelt es sich weniger um eine Modifikation der Theorie, vielmehr gilt es eine Sensibilisierung gegenüber den Besonderheiten der biblischen Figuren entsprechend der vier Dimensionen herbeizuführen.

(a) Analyse biblischer Figuren als dargestellte Wesen

Nach Eder sind *Körperlichkeit*, *Figurenpsyche* sowie *Sozialität* Aspekte einer Figur, die unter der Kategorie der Figur als *dargestelltes Wesen* analysiert werden. Hinsichtlich der Beschreibung des Äußeren und Inneren der Figuren sind biblische Erzählungen, wie bereits erwähnt, meist sehr zurückhaltend.[131] Eisen weist darauf hin, dass Figuren in biblischen Erzählungen „vor allem in ihrer Funktionalität greifbar werden, weniger in einer präzisen Ausgestaltung individueller Charakterzüge"[132]. Es fin-

---

[129] Ebd., S. 92.
[130] Siehe zu dieser grundlegenden und m. E. weiterführenden Kategorisierung biblischer Figuren Eisen, Poetik, S. 133.
[131] Vgl. Utzschneider / Nitsche, Arbeitsbuch, S. 169. Bar-Efrat konstatiert, dass es in biblischen Erzähltexten *keine* ausführlichen Beschreibungen der äußeren Erscheinung einer Figur gebe. Siehe Bar-Efrat, Bibel, S. 58.
[132] Eisen, Poetik, S. 133. Ska konstatiert dies, „(b)riefly, in Biblical narratives, characters are most of the time at the service of the plot and seldom presented for themselves." Ska, Introduction, S. 83. Auch Bar-Efrat benennt als einzige Funktion der Darstellungen des äußeren Erscheinungsbildes einer biblischen Figur den Handlungsfortgang

337

den sich wenige, knappe Beschreibungen wie beispielsweise die Eigenschaft der Schönheit, die Batseba in 2 Sam 11,2 zugesprochen wird, oder die Darstellung von Ijobs Untadeligkeit, Rechtschaffenheit und Gottesfurcht in Ijob 1,1. Diese Zuschreibungen verlangen besondere Aufmerksamkeit, denn aufgrund der überwiegend sparsamen Darstellung des Figurenkörpers kommt gerade solchen Stellen, an denen Eigenschaftszuschreibungen zu finden sind, eine besondere Bedeutung zu.

Das Gesicht und die Kleidung von Figuren werden meist nicht ausführlich beschrieben.[133] In einigen Erzählungen kommt einem einzelnen Kleidungsstück Bedeutung zu, indem es wichtig für den Fortgang der Handlung ist (wie der Schleier Tamars in Gen 38,14 oder Josephs כתנת in Gen 37,3.31f.) oder einen Gemütszustand ausdrückt (z. B. die Trauerkleider der weisen Frau aus Tekoa in 2 Sam 14,2).[134]

Neben der *Körperlichkeit* wird im Rahmen der Analyse der Figur als dargestelltem Wesen die *Figurenpsyche* betrachtet. Introspektion wird in biblischen Erzählungen durch die Zuschreibung charakteristischer Wesenszüge oder durch Hinweise auf den Gefühlszustand einer Figur gewährt.[135] Wesenszüge werden meist durch eine direkte Charakterisierung der Erzählstimme oder von anderen Figuren zugesprochen. Oft geht damit eine Wertung einher, die entweder moralische Aspekte betont oder auf besondere Fähigkeiten oder andere Facetten der Persönlichkeit hinweist.[136] Neben den Wesenszügen einer Figur werden in biblischen Er-

---

oder die Erklärung des Handlungsverlaufs. Dem ist aber unter Rückgriff auf die Figurentheorie Eders hinzuzufügen, dass die Darstellung sowie die Darstellungsweise der Körperlichkeit Einfluss auf die emotionale und imaginative Anteilnahme der Rezipierenden hat und als Grundlage für eine Reflexion über die Gestaltungsweise der Figur fungiert.

[133] Bar-Efrat weist auf zwei Ausnahmen bei der Gesichtsbeschreibung hin (2 Sam 13,4 und Neh 2,2), bei denen ein bestimmter Gesichtsausdruck beschrieben wird als Ausdruck und Verdeutlichung von Gefühlen, siehe Bar-Efrat, Bibel, S. 61.

[134] In diesem Kontext sei auch auf das in biblischen Erzählungen häufig vorkommende Motiv vom Zerreißen der Kleidung als Ausdruck der Trauer und Klage verwiesen. Siehe Bar-Efrat, Bibel, S. 61f.

[135] Siehe ebd., S. 63.

[136] Mit der Aneinanderreihung mehrerer, positiv konnotierter Eigenschaften und dem anschließenden Verweis, der Vermeidung des Bösen, wird beispielsweise die Figur Ijobs zu Beginn des Prologs als rechtschaffener, untadeliger und gottesfürchtiger Mann und äußerst integer charakterisiert und bewertet. Im Zweiten Samuelbuch gibt es mehrere Figuren, die z. B. als klug charakterisiert werden: Jonadab (2 Sam 13,3), die Frau von Tekoa (2 Sam 14,2) und die Frau in Abel-Bet-Maacha (2 Sam 20,16).

zähltexten auch ihre Emotionen zur Sprache gebracht in Form von Darstellungen von Emotionen und Gefühlen.[137] Silvia Schroer und Thomas Staubli haben darauf hingewiesen, dass Emotionen mit bestimmten Körperteilen in Verbindung gebracht werden bzw. Gefühle als körperliche Erfahrung ihren Ausdruck finden.[138] So wird beispielsweise die Emotion Zorn in der Nase verortet.[139] Das Herz, das heutige Symbol der Liebe, ist in alttestamentlichen Texten hingegen der Sitz des Verstandes und der Vernunft.[140] Hier wird deutlich, dass den alttestamentlichen Texten eine Körpersymbolik eigen ist, die sich von gegenwärtigen Vorstellungen unterscheiden und ihnen teilweise entgegenstehen.[141]

Schroer und Staubli weisen darauf hin, dass „(d)ie zehn heute als klassisch angesehenen, kulturübergreifendenden Emotionen – Interesse, Leid, Widerwillen, Freude, Zorn, Überraschung, Scham, Furcht, Verachtung und Schuldgefühl (nach *Izard* 1994) – [...] auch in altorientalischen Texten beschrieben"[142] werden. Sie sensibilisieren zugleich dafür, dass sich die Art und Weise der Wahrnehmung und Interpretation, wie Emotionen und Affekte in biblischen Texten zum Ausdruck gebracht werden, geändert haben.[143] Aus diesem Grund lassen sich die Emotionen, die in biblischen Texten genannt werden, nicht unmittelbar mit heutigen Gefühlen gleichsetzen. Stattdessen müssen sie innerhalb der biblischen Welt und ihrem Verständnis von Gefühlen wahrgenommen und interpretiert werden.[144] Dies kann, so Gillmayr-Bucher, zwar nur ansatzweise gelingen, es ist jedoch für das Verständnis biblischer Menschenbilder sowie Figurendarstellungen unerlässlich.[145]

---

[137] Zu den unterschiedlichen Darstellungsformen vgl. Gillmayr-Bucher, Gefühle, S. 22f.
[138] Siehe Schroer / Staubli, Körpersymbolik, passim.
[139] Siehe Schroer / Staubli, Emotionswelten, S. 46.
[140] Siehe Schroer / Staubli, Körpersymbolik, passim.
[141] Siehe Gillmayr-Bucher, Gefühle, S. 23.
[142] Schroer / Staubli, Emotionswelten, S. 44.
[143] Siehe ebd., S. 44f., ebenso Gillmayr-Bucher, Gefühle, S. 21: „Wie Gefühle erlebt, wie sie zum Ausdruck gebracht und von anderen verstanden werden, ist ebenso wie die Auswahl von Handlungen, die eine Emotion begleiten, kulturell geprägt."
[144] Exemplarisch kann in diesem Zusammenhang die Beobachtung von Thomas Naumann angeführt werden, wonach in biblischen Texten „Schmerz und Trauer deutlicher ausgearbeitet werden als die positive Empfindung liebender Zuneigung." Naumann, Liebe, S. 56.
[145] Siehe Gillmayr-Bucher, Gefühle, S. 21. Gillmayr-Bucher begründet dies mit folgendem Hinweis: „Dadurch, dass uns die Welt des Ersten Testaments nur in Ausschnitten

Neben den Emotionen ermöglicht auch die Beschreibung von Gedanken und Überlegungen einen Einblick in das Innere der Figur. Bar-Efrat deutet darauf hin, dass im Hebräischen die Gedanken einer Figur häufig mit dem Verb אמר eingeleitet werden.[146] Die Figurenrede erweist sich somit für die Figurencharakterisierung als erheblich, denn durch die Analyse der Figurenrede lassen sich die Gedanken und vor allem die Motivation der Figuren rekonstruieren.

Neben *Körperlichkeit* und *Figurenpsyche* weist Eder als dritte Untersuchungskategorie innerhalb der Analyse der Figur als *dargestelltes Wesen* die *Sozialität* aus. Die soziale Einbettung der biblischen Figuren geschieht unter anderen durch relationale Benennungen, die „im Rahmen des biblischen Erzählens ihre eigene Kohärenz ausbilden."[147] Die biblischen Figuren werden so in ihren jeweiligen sozialen Zusammenhängen wahrgenommen.[148] Die Zuschreibung von sozialen Rollen wirkt sich wesentlich auf die Figurenkonstellation aus. So verfügt beispielsweise die Figur, die mit der sozialen Rolle des Königs determiniert ist, über die Möglichkeit, andere Figuren zu delegieren.[149]

Somit lässt sich festhalten: Bei der Analyse einer biblischen Figur als *dargestelltes Wesen* gilt es, den Stellen besondere Aufmerksamkeit zu widmen, an denen die Körperlichkeit einer Figur beschrieben wird, denn diese wenigen und knappen Angaben in den biblischen Texten erweisen sich als bedeutsam und funktional. In einer biblischen Figurenanalyse ist daher nach der Funktion der Beschreibung des Figurenkörpers zu fragen. Hinsichtlich der Figurenpsyche können direkte und indirekte Figurencharakterisierungen in Form von Eigenschafts- bzw. Handlungszuschreibungen ebenso über das „Innenleben" einer Figur Aufschluss geben wie dargestellte Emotionen oder Motivationen in Form von erzählten Gedanken oder Überlegungen. Wie an den Emotionen beispielhaft gezeigt, gilt es

---

bekannt ist, bleibt das Menschenbild und damit auch das Bild ‚biblischer Emotionen' stets unvollständig." Ebenda.
[146] Siehe Bar-Efrat, Bibel, S. 74f.
[147] Müllner, Zeit, S. 13.
[148] Für den Plot der Erzählung in 2 Sam 11 ist zum Beispiel wesentlich, dass die namenlose Frau, die David in V.2d–e erblickt hat, als Ehefrau Urijas (V.3d) identifiziert wird.
[149] Dies lässt sich auch in der „David, Batseba und Urija-Erzählung" nachzeichnen. David ist aufgrund seiner Machtbefugnis, die sein Königtum mit sich bringt, in der Lage, andere Figuren „zu bewegen". David ist derjenige, der sendet (שלח) und somit andere zur Bewegung initiiert. Vgl. Raumanalyse, S. 285f.

dabei, den situativen und kulturellen Kontext der biblischen Erzähltexte zu beachten, da Gefühle und Gefühlsäußerungen kulturell geprägt sind.[150] Hinsichtlich der Sozialität stellt sich die Aufgabe, soziale Rollen und die damit verbundenen Machtoptionen zu eruieren. Für die Erzählung in 2 Sam 11 basieren diese im Wesentlichen auf einer monarchischen Konstellation.

(b) Analyse biblischer Figuren als Artefakt

Im Rahmen der Figurenanalyse als *Artefakt* verweist Eder auf die Voraussetzung, dass jede Figur durch ein gewisses Medium vermittelt wird, das die Wahrnehmung der Figur entsprechend prägt. Als Beispiele dafür führt er das Hörspiel an, bei dem vor allem die Qualität der Stimme wesentlich die Artefakteigenschaften einer Figur bestimmt, während im Stummfilm Leinwandpräsenz und Prägnanz des gestisch-mimischen Ausdrucks eine übergeordnete Rolle spielen. Für biblische Figuren gilt primär: „Wer jemand ist, erschließt sich aus seinem Handeln."[151] Aus diesem Grund ist die Analyse des *Handelns* der biblischen Figuren sowohl integraler Bestandteil der narratologischen Analyse biblischer Erzählfiguren als auch Gegenstand der Untersuchung der Figur als *Artefakt*.[152] Bar-Efrat verweist hier auf folgendes Problem:

> Es liegt in der Natur dieses Verfahrens, dass die inneren Motive und Gedanken, die zu einer entsprechenden Handlung führen, nicht enthüllt werden. Vielmehr müssen, wie im richtigen Leben, Vermutungen darüber angestellt werden, warum eine Person so handelt und nicht anders.[153]

Diese Hypothesen basieren zum einen auf den mentalen Dispositionen der Leserinnen und Leser und zum anderen auf alltagspsychologischen Erkenntnissen. Diese Intuition für die Bewertung von Handlungen ist abhängig vom literarischen Kontext der Erzählung. Aus diesem Grund sollten die Erwartungen der Leserinnen und Leser in Relation zu den

---

[150] Siehe Gillmayr-Bucher, Gefühle, S. 21.
[151] Müllner, Zeit, S. 12.
[152] Siehe ebd., S. 12f. „Hier kommt die alte Regel traditionellen Erzählens zu ihrem Recht: alles, was an Eigenschaften, Charakterisierungen und Beziehungen mitgeteilt werden soll, muss in äusseren Handlungen der Tat und der Sprache Ausdruck finden." Naumann, Liebe, S. 56
[153] Bar-Efrat, Bibel, S. 91.

moralischen Wertungen im literarischen Kontext der Erzählung gestellt werden, nach denen sich das Handeln der Figuren bemisst.[154]

Darüber hinaus weist Bar-Efrat auf mehrere Besonderheiten hin, die im Zusammenhang der Analyse des Handelns biblischer Figuren bedacht werden müssen. Es ist zu beachten, dass in biblischen Erzähltexten selten Handlungen des Alltags dargestellt werden, sondern es handelt sich überwiegend um Erzählungen über Figuren in außergewöhnlichen und besonderen (Krisen-)Situationen.[155] Zudem lässt sich sowohl durch das Handeln, aber auch durch das Nicht-Handeln von Figuren auf deren Eigenschaften schließen. Mögliche Gründe für das Ausbleiben einer Handlung können in der bewussten Entscheidung der Figur, ihrer Passivität oder Schwäche liegen.[156]

Ein wesentliches Mittel bei der Darstellung biblischer Figuren ist ihr *Eigenname*.[157] Im Unterschied zur gegenwärtigen Namenswahl, bei der Namen meist unter den Aspekten des Wohlklangs oder Trends vergeben werden, ist dieser, so Zwickel, im Orient meist bewusst nach der Bedeutung gewählt.[158] Bei den meisten biblischen Figuren handelt es sich um „sprechende Eigennamen". Diese können Auskunft über den soziokulturellen Kontext des Namensträgers geben. Zwickel weist in diesem Zusammenhang auf die häufig vorkommenden Frauennamen hin, die dem Tierreich entstammen, wie beispielsweise Lea („Kuh") oder Rahel („Mutterschaf"). Für moderne Lesende muten die Namenssemantiken aus dem Tierreich eher beleidigend an, jedoch kommt ihnen im bäuerlichen Kontext eine positive Konnotation zu. Tiere sicherten im biblischen Israel den Lebensunterhalt. Die aus dem Tierreich entlehnten Namen sind Ausdruck dafür, „wie eng man mit den wesentlichen Haustieren Schaf, Ziege und Kuh zusammenlebte und welche grundsätzliche Bedeutung die Tiere für den Lebensunterhalt der Menschen darstellen."[159] Daraus resultiert die Notwendigkeit, die biblischen Figuren hinsichtlich ihrer Namensbedeu-

---

[154] Siehe Eder, Figur, S. 353.
[155] Siehe Bar-Efrat, Bibel, S. 92.
[156] Siehe ebd., S. 96.
[157] Ska fasst die Bedeutung der biblischen Figurennamen folgendermaßen zusammen: „The name indicates more than one quality or a constellation of qualities." Ska, Introduction, S. 88.
[158] Siehe Zwickel, Frauenalltag, S. 12, 20.
[159] Zwickel, Frauenalltag, S. 17.

tung zu analysieren und diese im altorientalischen Kontext zu verorten.[160] Bei biblischen Erzählungen gilt es darüber hinaus zu analysieren, wem überhaupt ein Name zugestanden wird und wer namenlos bleibt.

Neben den beiden medienspezifischen Darstellungsmitteln der *Figurenhandlung* und des biblischen *Figurennamens* können diese auch hinsichtlich der *Strukturen der Informationsvergabe* analysiert werden. Die Untersuchung der Figurenrede erweist sich dabei als gewinnbringend. Welche Figuren kommen zu Wort bzw. bleiben stumm? Wie häufig und mit welchem Umfang sprechen die Figuren? Welche Figur kommt zuerst zu Wort? Neben der Figurenrede können die biblischen Figuren hinsichtlich der Reihenfolge der Informationsvergabe innerhalb der erzählten Welt untersucht werden.

Im Rahmen der Analyse biblischer Figuren in 2 Sam 11 als *Artefakte* werden vorangig die Darstellungsmittel (*Figurenhandeln* und *Namenssemantik*) sowie die *Informationsvergabe* Gegenstand sein.

(c) Biblische Figuren als Symbol und Symptom

Den beiden Dimensionen der Figur als *Symbol* und als *Symptom* wurde in der biblischen Narratologie bisher weniger Aufmerksamkeit zuteil als den beiden anderen Dimensionen der Figur als *dargestelltem Wesen* und als *Artefakt*. Gerade mit Blick auf die reiche Wirk- und Rezeptionsgeschichte biblischer Figuren sollten diese aber konstitutive Teile der Figurenanalyse sein. So bringen Lesende biblischer Erzählungen ihr Vorwissen mit in den Lektüreprozess und greifen auf dieses zurück. Vorwissen sowie mentale Dispositionen sind aber häufig durch die vielfältige Wirk- und Rezeptionsgeschichte biblischer Texte angereichert.

Biblische Figuren können als Träger einer indirekten Bedeutung fungieren, die über die bloße Bedeutung ihres Figurenmodells hinausreicht. Exemplifizieren lässt sich diese symbolische Dimension an einer der bekanntesten biblischen Frauenfiguren – Eva. Ihr Name, der innerhalb des Alten Testaments nur dreimal erwähnt wird (Gen 3,20; 4,1 und Tob 8,6), bedeutet „Leben". Die erste Frau, Eva, ist die „Mutter aller Lebendigen" (Gen 3,20). Zugleich ist sie die „Mutter aller Weisheit"[161]. Eva ist „die erste weise Frau, von der die Bibel erzählt. Ihr werden in der Bibel

---

[160] Siehe Sternberg, Poetics, S. 321–341, hier besonders: S. 329–330.
[161] „Mutter aller Weisheit" – so lautet der Untertitel des folgenden Aufsatzes: Müllner, Eva, S. 7.

noch viele Frauen folgen, die mit der Weisheit verbunden werden"[162]. Durch diese Gemeinsamkeit wird Eva in Bezug zu anderen Figuren wie Abigajil (1 Sam 25), der weisen Frau aus Tekoa (2 Sam 14), oder der personifizierten Weisheit gestellt. Ihr Figurenmodell gewinnt dadurch eine Nuancierung und Bedeutung, die über das Figurenmodell, das sich in Gen 3–4 etabliert, hinausreicht.[163] Neben diese symbolische Bedeutung der Figur Evas ist vor allem ihre Wirkung innerhalb der Tradition maßgeblich, was innerhalb der Figurenanalyse unter der Dimension der Figur als *Symptom* untersucht wird. Obwohl Eva in Gen 3,20 als „Mutter aller Lebenden" tituliert wird, wurde sie traditionell auf Basis einer tendenziösen, androzentrischen Auslegung zum Symbol der Verführerin und „Ursache allen Übels"[164] in Form von Sünde und Tod. Die sehr umfangreiche Traditionsgeschichte kann an dieser Stelle nicht wiedergegeben werden, exemplarisch möchte ich wenige Hinweise benennen.[165]

Innerhalb der Wirkungsgeschichte von Sir 25,24 wurde die dort benannte namenlose Frau, von der die Sünde ihren Anfang nahm und deretwegen wir alle sterben müssen, mit Eva identifiziert. Innerhalb des neuen Testaments bezieht sich Paulus im zweiten Korintherbrief auf Eva und führt die biblische Figur als warnendes Beispiel der Verführung an (2 Kor 11,3). An dieser Stelle wird bereits deutlich, dass viele biblische Figuren bereits innerhalb der Schrift eine reiche Wirkungsgeschichte besitzen. Diese gilt es im Rahmen der Analyse der Figur als *Symptom* nachzuzeichnen, denn die Wirkung biblischer Figuren innerhalb der Tradition kann in Einzelfällen die mentalen Dispositionen der Rezipierenden maßgeblich bestimmen. Auch hierfür kann die Figur Eva als Beispiel fungieren. Erst in Folge der feministischen Theologie und Genderforschung, die zu einem veränderten Verständnis von Geschlechterrollen, Sexualität und Körperlichkeit geführt haben, wurde der Blick für eine „gender-faire"[166] Bibelauslegung von Gen 3–4 geöffnet.

---

[162] Müllner, Eva, S. 8.
[163] Vgl. ebd., S. 7–9.
[164] So der Untertitel von Schüngel-Straumanns Untersuchung, der von der feministischen Theologin als Anfrage formuliert und mit einem Fragezeichen kenntlich gemacht wurde. Siehe Schüngel-Straumann, Eva.
[165] Für eine ausführlichere Darstellung der Wirk- und Rezeptionsgeschichte Evas siehe Schüngel-Straumann, Eva, S. 17–130; Motté, Esthers Tränen, S. 18–37.
[166] Zum Ansatz der „gender-fairen Exegese" siehe Fischer, Exegese, passim.

Neben den Wirkungen innerhalb der Rezeption ist die Figur als *Symptom* nach Eder auch im Blick auf Ursachen innerhalb ihrer Produktion zu analysieren. In diesem Zusammenhang werden sowohl der historische Abstand zur „Produktion" der biblischen Figuren als auch Tradierungsprozesse biblischer Texte als Schwierigkeiten deutlich. Bei alttestamentlichen Texten handelt es sich nicht um Autorenliteratur, sondern um Fortschreibungsliteratur. Sie sind nicht als Produkt in einem Fluss geschrieben worden, sondern über einen längeren Zeitraum, der zum Teil mehrere Jahrhunderte umspannt, entstanden, redaktionell bearbeitet, fortgeschrieben und überarbeitet worden. Bei biblischen Figuren stellt sich demnach nicht die Frage nach dem „Produzenten", sondern vielmehr nach den „Initiatoren" von Textentstehungs- und Tradierungsprozessen mit ihren jeweiligen Motiven und situativen Kontexten. Damit ist ein Forschungsfeld eröffnet, das mit der historisch-kritischen Methode einen eigenen hermeneutischen Zugang aufweist. Um diesen gewinnbringend in die Figurenanalyse zu integrieren, bedarf es der Anwendung der historisch-kritischen Methoden, die in ihrer Fülle einen Bearbeitungsaufwand mit sich bringen, den die vorliegende Arbeit mit ihrer narratologischen und rezeptionsgeschichtlichen Ausrichtung nicht erbringen kann.

4.8.5. Figurenanalyse Davids

4.8.5.1 Hinführung

> *Ohne Zweifel ist die komplexeste und schillerndste Persönlichkeit der Bibel David* [1]

Diesem Urteil von Shimon Bar-Efrat möchte ich mich anschließen. Es gibt m. E. zwei Charakteristika, die in der biblischen Figur David kulminieren und ihre Besonderheit gegenüber anderen biblischen Figuren erklären. Zunächst ist es die biblische Darstellung selbst, in der ein spannungs- und facettenreiches David-Bild aufgezeigt wird. Von keiner anderen biblischen Figur wird so viel erzählt wie von David.[2] Das Bild, das in

---

[1] Bar-Efrat, Bibel, S. 105.
[2] In diesem Zusammenhang verweist Schmitz darauf, dass der biblischen Figur 42 Kapitel (1 Sam 16–1 Kön 2) gewidmet sind. „Allein dieser Textumfang lässt die Bedeutung von David für die biblische Überlieferung deutlich werden." Schmitz, David, S. 10. Über diesen Textkorpus hinaus wird David zum Ideal des Musikers und Dichters

den biblischen Texten von der Figur David entworfen wird, ist nicht einheitlich, sondern umfasst verschiedene „Teilbilder", die jedoch „aufs Ganze gesehen, ein seltsam bewegtes, spannungsreiches und doch auch wieder harmonisches Gesamtbild"[3] ergeben. Walter Dietrich bewertet in seiner David-Monographie das Bild, das die Bibel von David zeichnet, als das älteste und zugleich für die Folgezeit als das bestimmende.[4] „Es ist freilich nicht von einer Hand entworfen, sondern gleicht einem von verschiedenen Künstlern zu verschiedenen Zeiten und in unterschiedlichen Stilrichtungen gestalteten Mosaik."[5] Dabei werden der Figur sowohl spezifische Charakteristika als auch Aspekte zugesprochen, die sie in einen größeren Erzählzusammenhang einordnen. Es werden traditionelle Motive aufgegriffen und auf David bezogen, zugleich werden ihm Ereignisse und Eigenschaften zugeschrieben, die die Figur mit anderen (biblischen oder außerbiblischen) Figuren teilt.

Neben der Komplexität und dem Facettenreichtum des biblischen David-Bildes ist es die Wirkungs- und Rezeptionsgeschichte der Figur, die m. E. den besonderen Reiz ausmachen und grundlegend für das Interesse heutiger Leserinnen und Leser an der Figur David sind. Dabei lässt sich bereits innerhalb der hebräischen Bibel eine Entwicklungslinie der David-Rezeption nachzeichnen, die Gabrielle Oberhänsli-Widmer folgendermaßen zusammenfasst: „Je älter die literarischen Schichten, umso negativer das von David skizzierte Bild."[6] Im Umkehrschluss bedeutet dies, dass es bereits innerhalb der biblischen Rezeption eine Tendenz zur positiveren Darstellung der biblischen Figur Davids gab. Während David in den ältesten Zeugnissen, den Samuelbüchern, „noch in seiner ganzen menschlichen Zerrissenheit gezeigt wird, so gestalten ihn im 4./3. Jh. v. Z. die Chronik sowie der Psalter zu einem umsichtigen Vordenker von Kult und Tempelordnung einerseits, einem vergeistigten Sänger andererseits."[7]

---

    der Psalmen, und an sein Königtum bindet sich die Vorstellung des idealen König und des Messias an (z. B. Jes 9,1–6; Mi 5,1–4; Sach 9,9f.).
[3] Dietrich, David, S. 20.
[4] Vgl. ebd., S. 21f.
[5] Ebd., S. 20.
[6] Oberhänsli-Widmer, Midrasch, S. 3.
[7] Ebenda. 2 Sam 11 nimmt innerhalb der Samuelbücher eine exponierte Stellung ein, da sie den Wendepunkt innerhalb der Darstellung Davids markiert. Aufgrund ihres „skandalösen" Inhalts findet die Erzählung keine Aufnahme in der (jüngeren) chronis-

Über die biblischen Schriften hinaus wirkt die biblische Figur David hinein in die (früh)jüdischen und (früh)christlichen Schriften, dabei kristallisieren sich unterschiedliche Rezeptionslinien heraus. So avanciert die Figur Davids in der typologischen Auslegung zur Symbolgestalt Christi, dient als Exempel eines vorbildlichen Büßers oder erscheint als *typus regis*. Wesentlich beeinflusst von der biblischen Königsfigur Davids ist beispielsweise die Herrscherideologie byzantinischer Regenten sowie mittelalterlicher Könige.[8] Die Figur Davids wird zum Gegenstand der künstlerischen Rezeption, wie sie in der Bildkunst mittelalterlicher, barocker oder moderner Kirchen nachzuzeichnen ist oder in der Bildhauerei, wie etwa bei Michelangelo, einen Höhepunkt findet.[9] Die Figur ist Thema zahlreicher Gemälde oder wird im musischen Bereich in Oratorien oder Opern adaptiert.[10] Und zugleich wurde keine alttestamentliche Figur häufiger in der Literatur aufgegriffen in Form von Lyrik, Prosa und Drama.[11] Dietrich kommt daher zu dem Urteil: „Zweifellos ist er [David,

---

tischen Darstellung, die ein tendenziell positiveres Bild Davids entwirft. Die Erzählung wird dort ausgespart.

[8] Ein Vergleich zu König David findet sich ausführlich in den Herrscherdarstellungen von Kaiser Herakleios (610–641 n. Chr.) und Basileios I. (867–886 n. Chr.). In diesem Zusammenhang weist die Byzantinistik-Forscherin Claudia Ludwig allerdings auf folgende Beobachtung hin: „Entgegen vielleicht den Erwartungen und der in der Forschung oft vertretenen Ansicht dient König David anders als beispielsweise Kaiser Konstantin der Grosse relativ selten als Vorbild für den byzantinischen Kaiser." Ludwig, David, S. 367.
Zur Beeinflussung mittelalterlicher Herrscherrepräsentation durch die Figur Davids siehe Herkommer, Typus, 383–436. Herkommer konstatiert in Bezug auf die mittelalterlichen Herrscher: „Die Herrschenden werden an biblischen Vorbildgestalten gemessen, in erster Linie an König David. […] Wie die Karolinger werden auch die nachfolgenden Könige und Kaiser, allen voran Friedrich II., nicht müde, ihren Rang als Novus David zu unterstreichen und in widerspenstigen Söhnen ihren Abschalom zu erblicken." Ebd., S. 383.

[9] Vgl. Nitsche, Goliath, S. 222–264; Nitsche, König, S. 15–26; Gunn, David, S. 139–170.

[10] In Bezug auf die Bildkunst ist auf die 2015 erschiene Dissertation von Sara Kipfer zu verweisen, in der das Motiv des bedrohten David in der Rezeption der Frühen Neuzeit analysiert wird. Aus dem breiten Spektrum der Rezeptionen dieser Zeit wird das Motiv exemplarisch an den Darstellungen der Deckengemälde in Schloss Eggenberg bei Graz sowie Gemälden und Zeichnungen von Montano, Rembrandt, Rubens und Boeckhorst untersucht. Siehe Kipfer, David.

[11] Siehe Langenhorst, Theologie und Literatur, S. 90. In diesem Zusammenhang weist Georg Langenhorst auf den überraschenden Befund hin, „dass sich eine gründliche

A.F.] eine der Gestalten, welche die europäische Kultur- und Geistesgeschichte am nachhaltigsten beeinflusst haben."[12]

Folgendes gilt es also bei der anschließenden Figurenanalyse zu beachten: Die David-Figur der biblischen Texte ist komplex, sie besteht aus vielen Teilbildern, die ein spannungs- und facettenreiches Bild entwerfen. Darüber hinaus stellt die Rezeptionsgeschichte ein wesentliches Element für das Verständnis der Figur Davids dar. Bei einer Figurenanalyse, die die mentalen Dispositionen der Leserinnen und Leser in der Analyse mit berücksichtigt und aufgreift, kann das David-Bild, welches in 2 Sam 11 entworfen wird, nicht für sich betrachtet werden, sondern nur unter Hinzunahme der anderen Teilbilder zur biblischen Figur, wie sie v. a. in den Samuelbüchern begegnen. Das Besondere dabei ist, dass die Leserinnen und Leser der Samuelbücher, beginnend mit der ersten Erzählung über die Salbung Davids in 1 Sam 16,1–13, die weiteren Entwicklungen dieser Figur quasi wie einen biologischen Abriss verfolgen. Sie erfahren dabei Davids Aufstieg, in dessen Verlauf die Figur als Söldner, *outlaw* und Vasall der Philister charakterisiert wird, von seiner Herrschaft als König und von den Streitigkeiten um seine Thronnachfolge. Dieser „biographische" Abriss der Figur David, der in 40 Kapiteln (!) der Samuelbücher entworfen wird, endet mit dem Tod der Figur, der als Fortsetzung des Erzählstrangs der Samuelbücher ebenso wie die letztendliche Entscheidung über die Thronnachfolge Gegenstand in den beiden ersten Kapiteln der an die Samuelbücher grenzenden Königbücher ist.

Die „David, Batseba und Urija"-Erzählung stellt innerhalb dieses Erzählstrangs der literarischen Figur Davids eine Schlüsselstelle dar. Als er auf der Höhe der politischen, militärischen und königlichen Macht angekommen ist, begegnen den Leserinnen und Lesern ab 2 Sam 11 Erzählungen, die neue Facetten der biblischen Figur Davids aufzeigen. Während er in der Aufstiegserzählung eher positiv dargestellt ist als Hirte, erfolgreicher Krieger und Musiker, sowie als ein Mann, der sowohl von JHWH auserwählt ist (2 Sam 16,12f.) als auch von menschlichen Figuren geliebt wird, stehen die Davidbilder der TFE im Kontrast dazu: David als Ehebrecher und Mörder (2 Sam 11), als „despotischer" Herrscher

---

Aufarbeitung der literarischen David- Rezeption bis heute nicht findet." Siehe ebd., S. 90.

[12] Dietrich, David, S. 11. Zur facettenreichen Rezeptionsgeschichte und den Publikationen dazu siehe die grundlegenden Hinweise in der Hinführung dieser Arbeit, S. 47f.

(2 Sam 11), als ohnmächtige und gescheiterte Vaterfigur (2 Sam 13,1–15,12) und schließlich als alternder Greis (1 Kön 1-2).[13]

Was bedeutet daher diese Aneinanderreihung der David-Bilder für die Figurenanalyse? Es wird deutlich, dass sich das David-Bild, das in 2 Sam 11 entworfen wird, deutlich von den vorgehenden Darstellungen unterscheidet. Zu Beginn des Zweiten Samuelbuches wird die Figur als trauernder Sänger eines Klagelieds für Saul und Jonatan beschrieben (2 Sam 1), im Anschluss daran wird von der Einsetzung Davids als König zunächst von Juda (2 Sam 2,1–11) und schließlich von Israel (2 Sam 5,1–5) erzählt. Auch die daran anschließenden Texte von der Eroberung Jerusalems (2 Sam 5,6–16), Davids Sieg über die Philister (2 Sam 5,17–25) und die Kriege gegen andere Völker (2 Sam 8,1–14), ebenso die Erzählung über die JHWH-Verheißung in 2 Sam 7 konnotieren die Figur positiv als erfolgreichen König und Kriegsherren sowie von JHWH gesegneten und eingesetzten Dynastiegründer. Ausgehend von diesen Erzählungen und den darin beschriebenen Figureneigenschaften Davids werden die Leserinnen und Leser, die der mit den Samuelbüchern vorgegebenen Lesereihung folgen, mit den negativen David-Bildern der „David, Batseba und Urija"-Erzählung unmittelbar konfrontiert.[14] Diese heftige Kontrastierung der David-Bilder erschließt sich erst in der Lektüre des Erzählkomplexes. Würde die Lesereihung ignoriert und der literarische Kontext von 2 Sam 11 ausgeklammert, könnten die Rezipientinnen und Rezipienten der „David, Batseba und Urija"-Erzählung nicht an dieser Leseerfahrung partizipieren. Dies ändert allerdings nichts an der grundsätzlichen Wahrnehmung Davids in 2 Sam 11, der allein aufgrund der

---

[13] Zur Darstellung Davids als Hirte vgl. 1 Sam 16,11.19; 17,15.20.28.34. Als Krieger tritt David in 1 Sam 17; 18,25–29; v. a. in 2 Sam 8,1–14 auf. Als Sänger eines Trauer- bzw. Leichenlieds begegnet er in 2 Sam 1,1; 3,33. Darüber hinaus wird die Figur durch die Zuschreibung der Kenntnis und Fähigkeit, Saiteninstrumente, dabei handelt es sich meist um das Instrument כִּנּוֹר, zu spielen als musisch charakterisiert, vgl. 1 Sam 16,18.23; 18,10; 19,9. David wird von Saul (1 Sam 16,21), Jonathan (1 Sam 18,1.17), Michal (1 Sam 18,20.28) sowie von der Figurengruppe כל־ישראל ויהודה (1 Sam 18,16) geliebt (אהב).

[14] Vgl. McKenzie, Ledavid, S. 308f.: „So far, so good, and there is probably not much disagreement that the story is for David. But with 2 Samuel 11 the story as we have it takes a definite turn. David's adultery with Bathsheba and murder of Uriah are fully acknowledged without any attempt at excuse. The contrast with the foregoing material is striking […]. The Batsheba episode initiates a negative presentation of David's reign in the present narrative".

Gestaltung der Erzählung ein (überwiegend) negatives Bild der Figur Davids implizit ist.

Hinsichtlich der Analyse der Figur Davids als *Symbol* und *Symptom* gilt es zu beachten, dass einige der Teilbilder von David bzw. einige der Erzählungen über ihn innerhalb der langen Auslegungs-, Wirk- und Rezeptionsgeschichte derart präsent sind, dass diese die Erzählung selbst überlagern. Als Beispiel dafür lässt sich die Erzählung von „David und Goliath" (1 Sam 17) anführen, deren Lesart häufig verkürzend als Sieg des Kleinen und Unterlegenen (David) über den Überlegenen (Goliath) gedeutet wird. Ein Erzählstoff, der vielen Leserinnen und Lesern bereits in Kindertagen begegnet und sie fortan begleitet. So stellt exemplarisch Martin Leutzsch fest:

> David ist mir zuerst begegnet, als ich sechs oder sieben war. Im ‚Gottbüchlein', meiner Kinderbibel in der Volksschule, steht die Geschichte von David und Goliath. […] Was war David damals für mich? Eine Identifikationsfigur: der Kleine, Schwächere, Unterlegene, dem überraschend ein Sieg über einen hoch Überlegenen gelingt.[15]

An diesem Beispiel wird die enorme Rezeptionskraft des David-Stoffes deutlich. Zugleich lässt sich an diesem Beispiel erkennen, dass aus den komplexen Deutungsangeboten der Erzählung von „David und Goliath" aufgrund des Erfahrungshorizontes und des Rezeptionskontextes lediglich eine Lesart aufgegriffen wurde. Andere Deutungsangebote von 1 Sam 17, in denen die Bedeutung JHWHs stärker Berücksichtigung findet, werden ausgeblendet. Von daher gilt es für die weitere Analyse der Figur Davids nachstehende Punkte zu beachten:

- Erstens ist es m. E. notwendig, die Figur David sowohl primär innerhalb von 2 Sam 11 zu analysieren als auch der ihr eingeräumten „Textfülle" inmitten der biblischen Schriften gerecht zu werden und die weiteren Erzählungen des David-Stoffes in 1 Sam 16– 1 Kön 2 mit in die Analysen einzubeziehen.
- Aufgrund der enormen Rezeptionskraft der David-Figur ist zweitens stets zu prüfen, ob das Wissen über die Figur Davids aus den biblischen Texten, der Auslegungs- Wirkungs- und Rezeptionsgeschichte oder dem Bibelwissen resultiert.

---

[15] Leutzsch, Vorbild, S. 89.

- Schließlich ist drittens viel stärker als bei Urija und Batseba auf die sozialgeschichtliche Umwelt, wie sie der Text zeichnet, zu achten. Die Figur Davids wird als König eingeführt. Die Zuordnung dieser sozialen Rolle hat wesentlich Einfluss auf das gesamte Figurenmodell.

Aufgrund seiner königlichen Autorität ist David das *dargestellte Wesen*, das über königliche Privilegien und Pflichten verfügt und die Macht besitzt, über andere Figuren zu gebieten. Deutlich wurde dies bereits in der Raumanalyse herausgearbeitet.[16] David ist die Figur, die innerhalb von 2 Sam 11 fast statisch an einem Raum, dem Königspalast, präsent ist. Die anderen Figuren bewegen sich zu ihm hin. Als König veranlasst er zudem die Figuren dazu, häufig unter Verwendung des Verbs שלח (2 Sam 11,1b. 3a.4a.6a.6b.12c.14c.27b), die Räume zu wechseln. Auch auf die Darstellungsweise, die Ebene des *Artefakts*, wirkt sich die Figurenzuschreibung Davids als König aus. Erkennbar wird dies beispielsweise durch das Erzählmotiv in 2 Sam 11, das Thomas Naumann als „Zugriff des orientalischen Herrschers nach den Frauen seiner Untertanen"[17] bezeichnet. Das Vorkommen eines solchen Erzählmotivs und seine Verwendung als Darstellungsmittel zur Figurenbeschreibung Davids sind nicht willkürlich, sondern von pragmatischer Natur und verweisen damit bereits auf den Analysebereich der Figur als *Symptom*. Beim Erfassen der kommunikativen Kontextbezüge wirkt sich die Rollenzuschreibung Davids als König in zweifacher Richtung aus und zwar sowohl auf die Ursachen, die Absicht des Autorenkollektivs,[18] als auch im Rahmen der Wirkung dieser Figur. Der biblische König David avanciert im Vergleich zu anderen altorientalischen Herrschergestalten zum Herrscher *sui generis*.[19] Er wird zur königlichen Ahnfigur, auf die Königshäuser ihre Abstammung zurückführen, sowie zum Leitbild einer Herrscherrepräsentation späterer Regenten.[20]

---

[16] Vgl. dazu das Kapitel zur Raumanalyse, S. 284–286.307f.
[17] Naumann, David, S. 140.
[18] Mit diesem Begriff „Autorenkollektiv" wird dem Umstand Rechnung getragen, dass die biblischen Erzählungen in einem längeren Entstehungsprozess mündlich und schriftlich tradiert wurden und nicht als Autorenliteratur auf einen einzigen Autor bzw. eine Autorin zurückgehen. Vgl. dazu Thöne, TextWelten, S. 134.
[19] Siehe Dietrich, König David, S. 16–22.
[20] Vgl. Herkommer, Typus, passim.

Wie eben dargestellt, erweist sich die Königsherrschaft Davids als wesentliche Voraussetzung und entscheidender Zugang zum Verständnis der Figur. Dabei stellt das Königtum eine sozialgeschichtliche Kategorie dar, die einem kulturellen, geographischen und zeitlichen Wandel unterzogen ist.[21] Die Figur Davids und seine Herrschaft als König lassen sich nur im Kontext des Alten Orients sowie im Vergleich mit altorientalischen Herrscherdarstellungen verstehen. Damit werden zugleich durch die Figur David indirekte Bedeutungen vermittelt, die nach Jens Eders Figurentheorie unter der Fragestellung der Figur als *Symbol* verhandelt werden. Aus diesem Grund wird in der folgenden Figurenanalyse Davids von der Reihenfolge bei der Anwendung von Jens Eders Grundmodell (die Figur als *dargestelltes Wesen*, *Artefakt*, *Symbol* und *Symptom*) abgewichen und im Sinne des Modells der flexiblen Heuristik mit dem Untersuchungsgegenstand der Figur als *Symbol* begonnen. Damit gelingt es zum einen der oben dargestellten Bedeutung dieser sozialen Rollenzuschreibung für das Verständnis der „David, Batseba und Urija"-Erzählung Rechnung zu tragen und zum anderen Doppelungen und Wiederholungen zu vermeiden, die sich aufgrund der bisherigen Gliederung und der Unterteilung in die vier Analysekategorien des Grundmodells ergeben. Daran schließen die Abschnitte zur Figur David als *dargestelltem Wesen*, als *Artefakt* und als *Symptom* an. Die Figurenanalyse zu David endet mit einer Zusammenfassung der wesentlichen Erkenntnisse.

Vor der Figurenanalyse Davids als *Symbol* soll auf ein weiteres Charakteristikum hingewiesen werden, das David von den anderen Figuren in 2 Sam 11 unterscheidet. Mit dem König begegnet eine literarische Figur, deren Existenz als historische Person in der heutigen Forschung nicht mehr bestritten wird. Der folgende Exkurs gibt einen kurzen Überblick über die Forschung zur *historischen Person* David.

Exkurs über die historische Person David

Mit David begegnet in 2 Sam 11 die einzige Figur, die historisch greifbar ist bzw. deren Existenz aus außerbiblischen, schriftlichen Quellen (re-)konstruiert werden kann. Mit Bezug auf den historischen David verwende ich im Folgenden die Bezeichnung *Person* in Abgrenzung zum Begriff *Figur*, der ausschließlich Verwendung für den literarischen David als *dargestelltes We-*

---

[21] Vgl. Kessler, Sozialgeschichte, S. 72–113.

sen, Artefakt, Symbol und *Symptom* findet. Damit greife ich eine Begriffsunterscheidung von Barbara Schmitz auf.[22]

Othmar Keel resümiert in seinem Werk „Die Geschichte Jerusalems und die Entstehung des Monotheismus", es gebe heute keine „ernst zu nehmenden Historiker, die daran zweifeln, dass David existiert hat".[23] Seine Einschätzung stützt er auf die Tell-Dan Inschrift, einem außerbiblischen Beleg für die Existenz Davids. Zurückhaltender bewerten Schmitz und Dietrich die Bedeutung der drei bruchstückartigen Fragmente der Tell-Dan Inschrift. Jedoch erkennen auch sie die Fragmente als außerbiblische Belege für eine historische Person namens David an.[24]

Das größte Fragment dieser Inschrift, bezeichnet als Fragment A, wurde am 21. Juli 1993 entdeckt. Dem Fund des Fragments A folgten eine Flut an Publikationen und ein Disput, ob das Fragment als erstes außerbiblisches Zeugnis für die Existenz der historische Person David und seiner Dynastie bewertbar sei.[25] Ein Jahr später wurden zwei weitere Fragmente (B1 und B2)

---

[22] Vgl. Schmitz, David, S. 10.
[23] Keel, Geschichte, S. 164f.
[24] Neben der Tell-Dan-Inschrift wurden weitere außerbiblische Inschriften angeführt, die die Existenz der historischen Person Davids und seiner Dynastie belegen sollten. Es handelt sich dabei zum einem um die Mescha-Stele und zum anderen um die Kartusche 106 der Scheschonq-Liste, in der der Ägyptologe K. A. Kitchen einen weiteren epigraphischen Beleg für den historischen David gefunden haben will. Diese beiden materiellen Hinterlassenschaften sind in ihrem Erkenntniswert als Belege für die historische Person Davids, wie Dietrich ausführlich dargelegt hat, äußerst problematisch. Vgl. Dietrich, Deuteronomisten, S. 77f.
[25] Ausgangspunkt dieses Streites ist das rechte Verständnis des Ausdrucks *bjtdwd* (Fragment A, Zeile 9, 2.–7. Buchstabe von rechts), dass sowohl als „Haus Davids" oder als „Tempel des *Dôd*" verstanden werden kann. In Auseinandersetzung mit der zweiten Variante verweist Dietrich auf eine Unterscheidung, wonach *Dôd* im Kontext der Tell-Dan-Stele zum einen als Eigenname einer Lokalität verstanden werden und zum anderen als Epitheton für eine dort verehrte Gottheit stehen kann. Aufgrund des Fehlens von inschriftlichen Belegen eines Gottes namens *Dôd* scheidet diese Deutungsmöglichkeit aus. Auch die zweite Variante, *Dôd* als Epitheton einer ansässigen Gottheit zu verstehen, erweist sich für Dietrich als haltlos, denn „(w)ie könnte eine Örtlichkeit ‚Haus des geliebten ...' genannt werden, ohne dass wenigstens angedeutet würde, wer dieser Geliebte ist?" Dietrich, Deuteronomisten, S. 82.
Wird die Buchstabenfolge *dwd* im Sinne einer Dynastie verstanden, ergeben sich sprachlich-semantische Probleme. Dietrich weist in diesem Zusammenhang darauf hin, dass die dynastische Bezeichnung „Haus Davids" nicht angemessen zu dem geographisch verwendeten Terminus „König Israel" passe, der in der vorhergehenden Zeile 8 zu finden ist. Dies lasse sich, nach Ernst A. Knauf, mit der Phasenverschiebung des Übergangs vom Stammesstaat zum Flächenstaat erklären, die in Israel etwa hundert Jahre früher als in Juda erfolgte. Eine Alternative wäre die Annahme, dass mit

gefunden.[26] Da sich die drei einzelnen Bruchstücke zusammenfügen lassen, liegt es nahe, dass sie zum gleichen Textdokument gehören.[27] Dieses schildert in Form einer Ich-Rede, aus der aramäischen Perspektive die kriegerische Aktion eines Königs, der nicht namentlich genannt ist. „Die Inschrift ist aus archäologischen und paläografischen Gründen in die letzten Jahrzehnte des 9. Jh. v. Chr. zu datieren."[28] Angesichts der drei Fragmente der Tell-Dan-Inschrift und dem Wissen, dass Herrscherhäuser oftmals nach dem Dynastiegründer bezeichnet wurden, spricht vieles dafür, dass David tatsächlich als historische Person anzusehen ist. „Wenn die Deutung von *bjtdwd* als ‚Haus Davids' richtig ist, dann ist es die erste und älteste außerbiblische Erwähnung der davidischen Dynastie und des Namens ‚David'."[29]

Obwohl mit der Tell-Dan-Inschrift eine außerbiblische Quelle existiert, auf Grund derer die meisten Bibelwissenschaftlerinnen und Bibelwissenschaftler davon ausgehen, dass David als historische Person tatsächlich gelebt und als Namensgeber einer Dynastie fungiert hat, ist es unmöglich Aussagen, die über die bloße Existenz der Person Davids hinausreichen, zu treffen. Bar-Efrat konstatiert in diesem Zusammenhang:

> Wir können nicht wissen, welches seine [Davids, A.F.] heimlichen Motive waren und wonach er im Verborgenen seines Herzens strebte. Wir besitzen kein außerbiblisches Material, das auf den Charakter des historischen David oder seine Handlungen Licht werfen kann. Wir kennen nur den David, der in der Bibel beschrieben wird, und nur zu diesem können wir in Beziehung treten.[30]

4.8.5.2 David als Symbol

(a) Königtum – David als Symbol eines Herrschers

Die Königsherrschaft und das Königtum Davids stellen einen wesentlichen Schlüssel zum Verständnis dieser Figur und des Themas der Erzäh-

---

der Buchstabenfolge *bytdwd* nicht eine Dynastie, sondern ein Land, in diesem Fall Juda, bezeichnet wäre. Dafür spräche, dass in „aramäischen wie in assyrischen Schriftdokumenten viele Ländernamen mit dem Wort *(bīt)* und dem daran anschließenden Namen des jeweiligen Dynastiegründer gebildet" werden. Dietrich, Deuteronomisten, S. 83. Unter dieser Annahme wären dem aramäischen Verfasser das Nordreich unter dem Namen *Israel* und das Südreich unter der Bezeichnung *Haus Davids* bekannt gewesen. Siehe Knauf, Haus, S. 10.

[26] Vgl. Knauf, Haus, S. 9.
[27] Vgl. Dietrich, Deuteronomisten, S. 85.
[28] Schmitz, David, S. 11.
[29] Ebenda.
[30] Bar-Efrat, Das erste Buch Samuel, S. 24.

lung dar. Die Figurenzuschreibung Davids als Herrscher nach altorientalischem Vorbild beeinflusst dabei alle Ebenen von Eders Grundmodell. Um Redundanzen zu vermeiden, sollen innerhalb dieses Abschnitts zur Figur Davids als *Symbol* ausschließlich die indirekten Bedeutungen analysiert werden, die durch diese Zuschreibung in das Figurenmodell Davids einfließen. Die Gestaltung dieser indirekten Bedeutungen innerhalb der Erzählung werden im Abschnitt der *Figur als Artefakt* analysiert, die Bedeutung der Königsherrschaft Davids für die mentale Modellbildung z.B. hinsichtlich der *Sozialität* oder des *Verhalten* der Figur ist Gegenstand der Analyse der *Figur als dargestelltem Wesen*.

Grundlage für die in diesem Abschnitt vorgenommene Erschließung indirekter Bedeutungen stellt ein Vergleich Davids mit anderen Herrschergestalten in geographischer, zeitlicher und kultureller Nähe – dem Alten Orient – dar. In diesem Kontext kann an die Forschungsergebnisse von Walter Dietrich angeknüpft werden, der sich in mehreren Untersuchungen mit König David als einem biblischen Herrscher im altorientalischen Kontext auseinandergesetzt hat.[31] Im Aufsatz „König David – biblisches Bild eines Herrschers im altorientalischen Kontext" werden die biblischen Erzählungen der Samuelbücher mit Quellen aus der Umwelt Israels in Beziehung gesetzt.[32] Auf dieser Quellenbasis arbeitet Dietrich über Jahrtausende gleichbleibende Vorstellungen vom guten Herrscher heraus und benennt folgende fünf Charakteristika: „überdurchschnittliche persönliche Fähigkeiten, klare Legitimation zur Herrschaft, außergewöhnliche Erfolge im Innern wie nach Aussen und unmittelbare Nähe zur göttlichen Welt."[33] Die biblische Darstellung Davids in den Samuelbü-

---

[31] Vgl. Dietrich, David, S. 145–180; Dietrich, König David, S. 3–31; Dietrich, Deuteronomisten, S. 9–31.

[32] Vgl. Dietrich, König David, 3–31. Aufgrund des immensen Quellenmaterials beschränkt sich Dietrich darauf, solche Texte in seine Überlegungen einzubeziehen, „die ein erkennbares Interesse am Persönlichkeitsbild der jeweiligen Herrscher (nicht so sehr an ihren einzelnen Taten) zeigen, also auf Texte vorwiegend (auto-)biographischer Natur". Dietrich, König David, S. 129. Er bezieht sich auf die Herrscherdarstellungen von Sargon von Akkade, Schulgi von Ur, Lipiteschtar von Isin, Idrimi von Alalah, Hattuschili III., Salomo von Juda und Israel, Kilamuwa von Sam'al, Mescha von Moab, Azitawadda, Zakkur von Hamat, Panammu von Sam'al, Asarhaddon von Assyrien und vom Perserkönig Kyros. Siehe Vgl. Dietrich, König David, S. 5.

[33] Ebd., S. 3. Damit sind bereits wesentlich Züge der alttestamentlichen Königsideologie genannt. Angelika Berlejung und Christian Frevel verweisen darauf, dass diese Aspekte der Königsideologie, die im Alten Testament entfaltet werden, auch sonst im

chern entspricht, so Dietrich, diesen Vorstellungen. „Man könnte sagen, die Samuelbücher und dann die Bibel als ganze zeichneten in der Gestalt Davids ein idealtypisches Herrscherbild."[34]

Dabei zeigen sich die *persönlichen Vorzüge* Davids nicht in 2 Sam 11, sondern lassen sich im literarischen Kontext der „David, Batseba und Urija"-Erzählung finden. Im ersten Auftritt Davids in 1 Sam 16,12 werden der Figur gleich mehrere positive Eigenschaften zugesprochen: והוא אדמוני עם־יפה עינים וטוב ראי.[35] In 1 Sam 16,18 werden David ebenfalls mehrere persönliche Vorzüge zugeordnet: er ist ein tapferer Held (גבור חיל), ein Mann des Kampfes (ואיש מלחמה), des Wortes mächtig (ונבון דבר) und von guter Gestalt (ואיש תאר). Zudem wird auf seine Musikalität hingewiesen, er fungiert als „Musiktherapeut" für den schwermütigen König Saul. Weitere Beispiele für die Musikalität der Figur begegnen den Leserinnen und Lesern der Samuelbücher in 2 Sam 1 sowie 2 Sam 6. Im Zusammenhang des Todes von Saul und Jonatan wird die Figur David als Dichter einer Elegie dargestellt (2 Sam 1,17–27), beim Einzug der Lade nach Jerusalem avanciert König David in der Darstellung der Erzählstimme zum „ekstatisch-ausgelassene(n) Tänzer"[36] (2 Sam 6,16). Zudem werden der Figur David Eigenschaften wie Schlagfertigkeit, Geistesgegenwart, Listigkeit oder Gewitztheit zugesprochen.[37]

Neben den persönlichen Vorzügen stellt die *Legitimität der Herrschaft* eine weitere Zuschreibung eines erfolgreichen Herrschers dar.[38] Dietrich

---

Vorderen Orient zu finden sind. Dies wären beispielsweise das Selbstverständnis des Königs als Hirte seines Volks, als Bauherr sowie als Instandhalter des offiziellen Kults. Zudem kommt dem König das Amt als oberster Priester des Kults und oberster Kriegsführer zu. Des Weiteren gilt er als Hüter des Rechts und der Ordnung und ist gleichfalls auch Schutzherr der Witwen und Waisen. Siehe Berlejung / Frevel, Art. König, S. 277f.

[34] Dietrich, König David, S. 5.
[35] Vgl. 1 Sam 17,42. Auch in dieser Textstelle wird die Figur David als „rötlich" und mit „gutem Aussehen" beschrieben. Außerdem wird er als „jung" charakterisiert. Für Dietrich liegt eine literarische Abhängigkeit der Textstelle von 1 Sam 16,12 nahe. Siehe ebd., S. 25.
[36] Dietrich, König David, S. 12. Bezüglich der in den Samuelbüchern dargestellten Musikalität der David-Figur kommt Dietrich zu folgendem Urteil: „Diese Schilderungen gehen an Intensität weit über das hinaus, was sich im Alten Orient an Bemerkungen über die Musikalität von Herrschern […] findet." Ebenda.
[37] Vgl. Dietrich, König David, S. 12, der die persönlichen Vorzüge mit folgenden Bibelstellen belegt: 1 Sam 21,11–16; 27,8–12; 29,8; 2 Sam 6,20–22; 12,22f.; 15,23–37.
[38] Vgl. Dietrich, König David, S. 12–14.

verweist in diesem Zusammenhang darauf, dass David eben nicht von königlicher Herkunft sei, sondern nach den biblischen Erzählungen erst zum König zunächst über Juda und dann Israel aufgestiegen sei. Das ist an sich die klassische Karriere eines Usurpators. Es lohnt sich wahrzunehmen, wie die Bibel sie beschreibt – und legitimiert. [...] Die biblischen Erzähler wollen keinen Zweifel aufkommen lassen: David hat nichts Unrechtes getan, um auf Sauls Thron zu kommen. Im Gegenteil, so betonen sie, er habe Saul und seine Familie, obwohl ihm von dort viel unbegründeter Hass entgegenschlug, stets korrekt und grossmütig behandelt.[39]

Hier kristallisiert sich eine legitimierende Erzählweise heraus, die diesen Erzählungen immanent ist. Der legitimierende Effekt lässt sich auch in den Darstellungen, in denen der Wunsch, David zum König zu salben, von Teilen der Bevölkerung geäußert wird, nachweisen. Es sind die „Männer Judas" (Vgl. 2 Sam 2,4) und die „Ältesten Israels" (Vgl. 2 Sam 5,3), die den Wunsch an David herantragen. Damit wird jeglicher Verdacht, David habe seine Herrschaft aufgezwungen, entkräftet.

Die dritte Kategorie eines idealen Herrschers hat Dietrich als *Erfolge gegen Außen* benannt. Im Sinne dieser Begrifflichkeit lässt sich die Erzählung von „David und Goliath" in 1 Sam 17 lesen.[40] Darüber hinaus erzählen die Texte in 2 Sam 8–10 von einer Vielzahl von militärischen Erfolgen Davids im Kampf gegen benachbarte Königreiche und Länder. Die biblischen Erzählungen suggerieren den Eindruck, bei den militärischen Offensiven des Königs handle es sich um eine „planmäßige Expansionspolitik"[41]. Auch die Notiz וישחתו את־בני עמון in 2 Sam 11,1c ist ein Verweis auf die militärischen Erfolge Davids nach außen. Neben den militärischen Erfolgen tritt David in den Samuelbüchern als Diplomat in Erscheinung, der durch Heiratspolitik und durch vertragliche Abkommen sein Königtum nach außen festigt bzw. erweitert.[42]

---

[39] Dietrich, König David, S. 13.
[40] Vgl. ebd., S. 14.
[41] Ebenda.
[42] Weitere Informationen zur Heiratspolitik Davids sind im Abschnitt Figurenanalyse Batsebas als Symbol, S. 430–439, vgl. ebenfalls Ahuis, Großreich, passim; Kunz-Lübcke, Frauen, passim; Jacobson, women, S. 404f.; Müllner, Frauen, S. 118–121. In Bezug auf die vertraglichen Abkommen weist Dietrich auf die Bibelstellen 2 Sam 8,9f. und 2 Sam 3,3 hin, wo David „zwei aramäische Fürstentümer im Norden [...] nicht, wie ihre Bruderstaaten, bekriegt, sondern vertraglich an sich gebunden" habe. Dietrich, König David, S. 14.

Als vierten Aspekt eines erfolgreichen Herrschers nennt Dietrich die *Erfolge im Inneren*, die sich für David in den Darstellungen der Aufstiegserzählung und TFE aufzeigen lassen. Dabei ist in der biographischen Darstellung der Samuelbücher ein Werdegang der Figur Davids nachgezeichnet vom Hirten zum Herrscher einer Doppelmonarchie und Dynastiegründer. Diese innenpolitische Leistung ist umso eindrücklicher, da dieser Werdegang nicht frei ist von Schwierigkeiten und Angriffen auf seine königliche Macht.

> Namentlich in den umfangreichen Textpassagen 2 Sam 13–20 und 1 Kön 1–2 [...] sind die Konflikte und Probleme in seinem Reich wie in seiner Familie mit Händen zu greifen. Doch wird uns [Leser und Leserinnen, A.F.] bedeutet, er habe sämtliche Gegner in Schranken halten oder unschädlich machen können. Niemand durfte die von ihm angestrebte und aufgerichtete Ordnung ernsthaft stören oder dauerhaft zerstören.[43]

Neben der Aufrechterhaltung der öffentlichen Ordnung und der Königsherrschaft stellen, so Dietrich, die Bautätigkeit und die besondere Sorgfalt der Rechtspraxis und die Gewährleistung von Gerechtigkeit für das gesamte Volk wesentliche Leistungen eines erfolgreichen Herrschers dar. Letzteres lässt sich mit 2 Sam 8,15 auch für David belegen, „der Recht und Gerechtigkeit an seinem ganzen Volk übte". Ein literarischer Beleg für die Bautätigkeit unter der Regentschaft Davids findet sich in 2 Sam 5,9–11.

Die letzte Kategorie, mit der Dietrich David als altorientalischen Herrscher ausweist, stellt die *Nähe zum Göttlichen* dar. „Die Bibel zeigt David auf die allerweitesten Strecken seines Lebens in vollkommenen Einvernehmen mit Gott"[44], so das Fazit des Alttestamentlers. In der wiederkehrenden Phrase „JHWH sei mit David" findet die *Nähe zum Göttlichen* Ausdruck, erstmals findet dies bereits in der Erzählung zur Salbung Davids in 1 Sam 16,1–13 Erwähnung.[45] „It is a theme that is explicitly stated

---

[43] Dietrich, König David, S. 15.
[44] Ebenda.
[45] Vgl. McKenzie, Ledavid, S. 307. JHWH, der nicht wie die Menschen auf das, was vor den Augen ist, blickt, sondern in das Herz sieht, hat David, den jüngsten Sohn Isais zum König erwählt und der Geist JHWHs ist über David: רוח־יהוה אל־דוד מהיום ההוא ומעלה.

358

at several points (18,12.14.28) and is implied or illustrated elsewhere."⁴⁶ David tritt in den Samuelbüchern als Figur in Erscheinung, die priesterliche und kultische Funktionen übernimmt. So bringt er beispielsweise in 2 Sam 6,13.17 Opfer für JHWH dar und begleitet den Einzug der Lade in Jerusalem mit ausgelassenem Tanz.

Es lässt sich resümieren: Die biblische Figur David entspricht dem Bild eines altorientalischen Herrschers. Die Figur partizipiert an den von Dietrich benannten Kategorien. Darüber hinaus weist sie weitere, vollkommen unerwartete Eigenschaften auf, die gerade nicht mit diesen typisierten Königsdarstellungen nach dem Vorbild altorientalischer Herrscher konform sind. Zu diesen zählen nach Dietrich Davids Schwächen, seine fragwürdige Legitimation, seine außen- und innenpolitischen Fehlschläge sowie die negativen Seiten in der Beziehung zu und mit seinem Gott.

Die *Vielschichtigkeit der Davidbilder*, auf die bereits in der Einleitung verwiesen wurde und die sich aus den vielen einzelnen Figurenbeschreibungen der Samuelbücher ergibt, verfügt nicht ausschließlich über positive Beschreibungen, sondern weist Züge auf, die die Herrscherfigur in einem ambivalenten Verhältnis zur Gewalt zeigen. Während einige biblische Texte wie 1 Sam 18,22–30 oder 1 Sam 25,5–13 die Gewaltbereitschaft Davids erkennen lassen, zeichnen andere Erzählungen die Figur dagegen als einen Gewalt (ver)meidenden, fast schwachen Herrscher. So hält Dietrich resümierend fest: „Vor allem gegen Ende der Daviderzählungen wandelt sich der König mehr und mehr von einem, der Leid zufügt, zu einem, der Leid zulassen und erdulden muss."⁴⁷

Trotz der oben beschriebenen Tendenz, Davids Herrschaft als von JHWH legitimierte darzustellen, ist die *Fragwürdigkeit dieser Legitimation* innerhalb der Samuelbücher nicht zu übersehen. Die Leserinnen und Leser erfahren von Beginn der Aufstiegserzählung an, dass es erhebliche Widerstände gegen Davids Herrschaft und seine herrschaftlichen Ansprüche gibt (vgl. 1 Sam 25,10f.). Außerdem wird die Figur David als Bandenchef beschrieben, der mit Hilfe von Söldnern bzw. *outlaws* seine Herrschaft zunehmend aufbaut. Ebenso problematisch erweist sich die Darstellung der Figur Davids als Anführer einer militärischen (Söldner-)Truppe, die sich in den Dienst der Philister stellt. Mit diesen Erzäh-

---

⁴⁶ McKenzie, Ledavid, S. 307. Als weitere Belegstellen führt er an: 1 Sam 19,18–24; 22,6–23; 23,19–29; 24. 26.
⁴⁷ Dietrich, König David, S. 17.

lungen, ebenso mit den Erzählungen über die Aufstände gegen David (2 Sam 15–18 und 2 Sam 20) finden sich innerhalb der Herrscherdarstellung König Davids Facetten und Bilder einer Figur, die zeigen, dass deren Legitimität bestreitbar und umstritten ist.[48]

Auch Davids *kriegerische Erfolge gegen Außen* weisen problematische Züge auf. Vor allem mit Blick auf die Zahl der Todesopfer wird Kritik laut.[49] David Clines nimmt eine Auflistung von Davids „Opfern" vor und kommt zu dem Ergebnis: „David's body count [...] is something like 140,000 men, in addition to the 15 individuals whose deaths he is said to have been personally responsible for."[50] In 2 Sam 7,8–16 wird bereits angedeutet, in 1 Kön 5,17f. und 1 Chr 22,8f. schließlich ausgeführt, dass das dauerhafte Kriegführen der Grund sei, warum nicht David, sondern erst sein Nachfolger Salomo JHWH einen Tempel baut. „Krieg und Tempel, Töten und Beten – das passt nach dem Urteil dieser biblischen Schriftsteller nicht zusammen."[51]

In den Samuelbüchern finden sich zudem Textstellen, die Davids *innenpolitische Regentschaft* kritisch sehen und auf ihre Unvollkommenheit rekurrieren. Dietrich fasst seine Textbeobachtung folgendermaßen zusammen: Davids „Leben erscheint weit überwiegend als Kampf mit allen möglichen Schwierigkeiten und Feinden. [...] In der Tat bescheinigt der biblische Bericht David eine ganze Reihe innenpolitischer Missgriffe und Misserfolge."[52] Zu diesen zählt er die Auseinandersetzung mit bzw. die Machtübergabe von den Sauliden sowie der fehlende Gerechtigkeitssinn König Davids, ein Vorwurf, der zwischen den Zeilen am Beginn des Abschalom-Aufstandes (Vgl. 2 Sam 15,4) erkennbar wird.

Als letzte Kategorie, die die Figur David als Herrscher *sui generis* darstellt und dadurch von anderen altorientalischen Herrschergestalten unterscheidet, nennt Dietrich *Davids spannungsvolles Verhältnis zu Gott*.

---

[48] Vgl. Dietrich, König David, S. 18f.
[49] Dietrich sieht Kritik und Distanz gegenüber den eminent kriegerischen Seiten des (älteren) Davidsbildes in den jüngeren Schichten, der deuteronomistischen Endredaktion, der Samuelbücher gegeben, ebenso in der Chronik wie im Psalter. Vgl. ebd., S. 19.
[50] Clines, David, S. 217. David Clines bewertet dieses Figurenbild Davids als Kämpfer als wesentliches Charakteristikum von Männlichkeit. „It is essential for a man in the David story that he be strong – which means to say, capable of violence against other men and active in killing other men." Ebenda.
[51] Dietrich, König David, S. 19.
[52] Ebd., S. 20.

In diesem Kontext sieht er einen wesentlichen Unterschied zu den übrigen altorientalischen Herrschergestalten: JHWH untersagt David durch den Propheten Natan den Tempelbau (Vgl. 2 Sam 7,1–11). „Dieses Verbot ist in der gesamten altorientalischen Literatur einmalig. Galt es sonst als heilige Pflicht der Herrscher, den von ihnen verehrten Gottheiten Tempel und Kulte zu stiften, so wird hier ein König von seinem Gott an der Erfüllung dieser Pflicht gehindert!"[53]

Basierend auf diesem Beobachtungen zur Figur Davids als *Symbol* eines Königs, die als Referenzrahmen den gesamten „biographischen" Abriss der Figur in 1 Sam 16– 1 Kön 2 bilden, stellen sich nun mit Blick auf 2 Sam 11 und die weitere Figurenanalyse folgende Fragen:

- Welche indirekten Bedeutungen werden hinsichtlich David als *Symbol* eines Königs in der „David, Batseba und Urija" Erzählung transferiert? Wird dabei die Figur Davids in 2 Sam 11 als ein Herrscher altorientalischen Typus beschrieben und bzw. oder als Herrscher *sui generis*?
- Welche Konsequenzen ergeben sich aus dem Vergleich Davids mit anderen altorientalischen Herrschergestalten für die Figurenanalyse Davids?

„Nach altorientalischer Königsideologie verkörpert der Herrscher menschliche Vollkommenheit. Er ist schön, stark, tapfer, tüchtig, klug und weise."[54] Dies widerspricht den Figurenmodellen Davids, die in 2 Sam 11 gebildet und durch Eigenschaften wie Untätigkeit, mangelnde Diszipliniertheit sowie Hinterlist beeinflusst, zumindest mitbestimmt werden. Auch die Handlungen der Figur weisen in dieselbe Richtung. David vermag es nicht sein Begehren, das durch den Blick auf die Frau ausgelöst wird, zu beherrschen, und obwohl er um die Identität der Frau weiß, verkehrt er sexuell mit ihr. Damit bricht David geltende Normen, weil er nach altorientalischer Königsideologie als Garant für Recht und für die Einhaltung der Gesetzt fungiert.

Über die klare Legitimation Davids gibt es keine Anmerkungen oder Hinweise in 2 Sam 11, ebenso schweigt die Erzählung über Davids Nähe zum Göttlichen. Im Fokus der Erzählung steht vielmehr die negative Seite in der Beziehung Davids zu seinem Gott. Die Textstelle 1 Kön 15,5

---

[53] Dietrich, König David, S. 22.
[54] Ebd., S. 6.

verweist auf 2 Sam 11 als Schlüsselstelle für das Verhältnis Davids zu Gott:

אשר עשה דוד את־הישר בעיני יהוה ולא־סר מכל אשר־צוהו כל ימי
היו רק בדבר אוריה החתי

> Denn David hatte getan, was recht war in den Augen des HERRN, und sein Leben lang war er nicht abgewichen von allem, was er ihm befohlen hatte, abgesehen von der Sache mit Urija, dem Hetiter. (1 Kön 15,5; ZUR)

Zudem wertet Dietrich die „David, Batseba und Urija"-Erzählung als ein Beispiel für eine sehr frühe Kritik an der Außenpolitik, sie sei ein Beleg für Davids problematische Erfolge gegen Außen.[55] An diesen Beispielen zeigt sich bereits, dass die Figur David in 2 Sam 11 als Herrscher *sui generis* beschrieben wird.

Welche Konsequenzen ergeben sich aus dem Vergleich Davids mit anderen altorientalischen Herrschergestalten für die Figurenanalyse Davids? Dietrich hat in seinem Aufsatz eindrücklich aufgezeigt, dass die Figur David wesentliche Züge des altorientalischen Herrscherbildes trägt und in sich vereint. Gleichzeitig betont er die Besonderheiten der biblischen Königsfigur David, die wesentlich zum Figurenverständnis beitragen:

> Der biblische David ist noch vieles andere mehr (und bemerkenswerterweise auch weniger) als seine Kollegen im Alten Orient. Gerade dieses ‚Mehr' (und auch ‚Weniger') ist es, was ihn als ungemein differenzierte und lebensechte Gestalt erscheinen lässt und was ihn zur einzigartigen Leitfigur der jüdisch-christlich geprägten Kultur- und Geistesgeschichte werden lassen konnte.[56]

Diese Disparität, die auf der Bestätigung altorientalischer Herrschervorstellungen einerseits und ihres Fehlens bzw. ihrer Überspitzung andererseits basiert, gilt es im Folgenden zu berücksichtigen. So kann auf der *Artefaktebene* die Figurengestaltung hinsichtlich der Königstitulatur oder übernommener Erzählmotive mit königlicher Provenienz analysiert werden. Auf der Ebene des *Symptoms* ließe sich schließlich fragen, ob das

---

[55] Vgl. Dietrich, König David, S. 19.
[56] Ebd., S. 16.

negativ konnotierte Königsbild David aus 2 Sam 11 Eingang in die Rezeption Davids als idealem Herrscher gefunden hat und wie mit dieser Disparität in den jeweiligen Rezeptionen umgegangen wird.

(b) und er sah ..." (2 Sam 11,2) – David als Symbol eines Voyeurs

Die indirekte Rolle Davids als *Symbol* für das Königtum ist wesentliche Facette und wichtiger Zugang zur Figur Davids. Allerdings füllt diese indirekte Bedeutung den Symbolgehalt der Figur nicht aus, vielmehr partizipiert die Figur David an einer weiteren symbolischen Bedeutungsfacette. Als solche lässt sich Davids Rolle als Voyeur auffassen, die der Figur in V.2d–e implizit zugeschrieben wird. Damit verkörpert und durchlebt die Figur David eine allgemeine, menschliche Erfahrung, an der sogar die Leserinnen und Leser aufgrund der Darstellungsweise der doppelten Fokalisierung partizipieren. Das Sehen (ראה) Davids (2 Sam 11,2d) ist entgegen der Meinung des Literaturwissenschaftler Ulrich Stadler als eine voyeuristische Handlung zu verstehen. Stadler sieht im Erzählstoff von 2 Sam 11 keinen Voyeurismus im engeren Sinne gegeben, da z. B. die meisten Darstellungen in der europäischen Malerei, die sich auf diesen Erzählstoff beziehen, nicht die Vermutung nahe legen würden, „dass hier der Blick des männlichen Beobachters selbstgenügsam an die Stelle handgreiflicher Sexualität getreten wäre"[57]. Müllner hat allerdings auf den gewaltvollen Kontext der Erzählung und auf den Zusammenhang von Blick und Sexualität verwiesen.[58] Darüber hinaus haben Silvia Schroer und Thomas Staubli in ihrer Darstellung zur Körpersymbolik alttestamentlicher Texte aufgezeigt, dass die Augen als Körperorgan der Wahrnehmung im Alten Testament nicht auf ihre Form oder ihre physische Funktionen begrenzt sind, sondern stattdessen immer die Qualität des Blicks und seine Dynamik im Vordergrund stehen.[59] Dem Blick lässt sich somit eine Intention zusprechen, die zu einer Veränderung des mit den Augen wahrgenommenen Zustandes führen kann.

---

[57] Stadler, Schaulust, S. 17.
[58] Müllner, Gewalt, S. 88, 106. Der Blick Davids, der von einer erhöhten Position aus auf Batseba fällt, unterstreicht, so Müllner, Davids Machtposition. Zugleich wertet sie Davids Blick als „erste(n) Zugriff auf die Frau und Auslöser der folgenden Handlungen. Davids Sehen setzt die Handlungen in Gang, die zum sexuellen Akt führen." Ebd., S. 106.
[59] Siehe Schroer / Staubli, Körpersymbolik, S. 117.

In 2 Sam 11,2d–e handelt es sich m. E. um einen voyeuristischen Blick. Dies lässt sich zunächst für die Ebene der innertextlichen Wirklichkeit nicht (eindeutig) bestimmen. In dieser Hinsicht ist dem Einwand Stadlers zuzustimmen. Der metavisuelle Begriff des Sehens (ראה) weist zwar explizit auf einen Blick hin, durch den zwei Figuren als Subjekt und Objekt des Blicks konstruiert werden – David wird zum Subjekt des Blickes, während Batseba als Gesehene zum Objekt des Blicks avanciert –, allerdings sind weitere essentielle Charakteristika des voyeuristischen Blicks in 2 Sam 11 nicht gegeben. Ein voyeuristischer Blick versucht, darauf verweist Gundolf Winter, etwas Verborgenes zu enthüllen oder etwas Geheimes aufzudecken – sei es durch Indiskretion oder durch die Überschreitung konventionell gesetzter Grenzen. „Die visuelle Überschreitung einer Tabu-Grenze [...] erweist sich dabei als erneute Rahmensetzung für eine neue Seherfahrung, welche die andere, neue Wirklichkeit freilich nur fragmentarisch, nur im Ausschnitt in den Blick kommen lässt."[60] Die äußerst nüchterne und komprimierte Erzählweise in 2 Sam 11,2d–e enthüllt weder etwas Verborgenes noch etwas Geheimes, ein voyeuristisches Setting ist nicht gegeben. Der Ort der Badenden wird nicht näher beschrieben. Aufgrund dieser Leerstelle lässt sich nicht entscheiden, ob es ein einseitiger Blick ist und der Beobachter David vor Batsebas Blicken geschützt ist, dass er sozusagen räumlich hinter einem Sichtschutz seinen Blicken nachgehen kann.[61] Auch gibt es im Sehvorgang Davids keine Rahmensetzung oder Begrenzung, die den voyeuristischen Blick bündelt und auf Batseba zentriert.[62]

---

[60] Winter, Voyeurismus, S. 57.
[61] Aus der räumlichen Positionierung der beiden Figuren wäre dies ansatzweise anhand des Textes nachvollziehbar. Durch die Kontrastierung von oben und unten, bei der David als Beobachter vom Palastdach aus von oben auf die Frau hinabsieht, die sich wäscht. Siehe dazu die Ergebnisse der Raumanalyse, S. 286–290.
[62] Die Begrenzung ist, so Gundolf Winter, ein wesentliches Element des voyeuristischen Blicks. Weitere Elemente leitet er anhand des Mediums Bild am Beispiel der ottonischen Miniatur "Registrum Gregorii" (Papst Gregor und sein Schreiber) ab. Ein Vorhang (oder eine Tür), welcher (welche) die Grenze bestimmt, schützt die Sphäre des Verborgenen oder Intimen. Diese Grenze wird überschritten, indem der Vorhang beiseitegeschoben wird, die Tür geöffnet oder beides durch ein Loch durchlässig gemacht wird, um hindurch zu sehen. Mit dem Blick wird etwas Verborgenes, Ungesehenes (Sakrales oder Intimes) gesehen, das als ein Tabuisiertes „entweiht" wird. Vgl. Winter, Voyeurismus, S. 56f.

Wird jedoch die besondere Erzählweise in V.2d–e in die Überlegungen mit einbezogen, liegt eine andere Schlussfolgerung nahe. Aufgrund der Gestaltung durch die doppelte Fokalisierung werden die Lesenden aufgefordert, die Perspektive Davids einzunehmen und mit seinen Augen die Frau zu sehen, während sie sich wäscht. In diesem Darstellungsmittel, der Annäherung bzw. Übernahme der Perspektive der Lesenden mit der Figurenperspektive, wird m. E. der erzählte Blick in 2 Sam 11,2d–e zu einem voyeuristischen Blick. Den Leserinnen und Lesern wird etwas ihnen bislang Unbekanntes enthüllt. Sie nehmen durch die doppelte Fokalisierung Anteil an den erzählten Geschehnissen, wobei dies fragmentarisch, innerhalb der Grenzen von Davids Blick geschieht. Gleichfalls können sich die Lesenden diesem Blick nicht entziehen. Sie können die Figur der badenden Frau nicht anders als durch die Augen Davids sehen – der Blick auf die Frau ist somit begrenzt und stark fokussiert. Damit ist m. E. ein weiteres Element des voyeuristischen Blickes gegeben, nämlich das Moment der Gewalt,[63] das in jedem voyeuristischen Akt eine Rolle spielt.

Das Subjekt des Blickes „maßt sich eine Vorrangstellung an, indem [es, A. F.] sich das Recht auf Anonymität herausnimmt, das sie zugleich ihrem Gegenüber verweigert".[64] Der voyeuristische Blick erzeugt also zunächst eine Machtposition, indem er dem Objekt des Blickes die Anonymität verweigert und es in einen Zustand der Unwissenheit und ggf. der Unterlegenheit zwängt. Damit werde, so Stadler, die beobachtende Person zu einem Opfer.[65] Die durch den voyeuristischen Blick geschaffene Machtposition wird in aller Regel von Männern beansprucht.[66] Müllner hat herausgearbeitet, dass sich die „Dominanz des Blicks des einen Mannes David [...] im Lauf der visuellen Auslegungsgeschichte des Texts als Dominanz des männlichen Blicks entpuppt"[67] hat.

Davon ausgehend auf eine Dichotomie zwischen „König David" und dem „Mann David" als zwei Facetten der einen Figur zu schließen und dabei zwischen dem „Politischen" und dem „Privaten" zu unterscheiden, scheint zunächst naheliegend, erweist sich jedoch bei genauer Betrachtung und Einbezug des literarischen Kontexts der TFE als problema-

---

[63] Siehe Stadler, Schaulust, S. 23f.
[64] Ebd., S. 23.
[65] Siehe ebd., S. 24.
[66] Siehe ebd., S. 24f.
[67] Müllner, Blickwechsel, S. 351.

tisch.⁶⁸ Was Irmtraud Fischer für die Erzelternerzählungen und das Rutbuch aufgezeigt hat,⁶⁹ dass es sich innerhalb dieser Erzählungen verbiete, eine strikte Trennung zwischen den Kategorien „politisch" und „privat" zu ziehen, gilt, wie Müllner betont hat, ebenso für die TFE.⁷⁰

In Bezug auf Davids indirekte Bedeutung als Voyeur lässt sich resümieren: David partizipiert an der Rolle des Voyeurs. Wie viele andere „Beobachter" vor und nach ihm ist er Teil des eben dargestellten, voyeuristischen Settings. Die der Figur so zugesprochenen indirekten Bedeutungen umfassen dabei zum einen eine Machtposition Davids gegenüber Batseba als dem Objekt des Blickes. Diese Machtposition kommt ihm aufgrund der Übernahme der Beobachterrolle zu. Zum anderen wird der Figur David die starke Emotion des Begehrens zugeschrieben, der wiederum weitere Handlungen implizit sind.

(c) Zusammenfassung

In 2 Sam 11 werden die beiden indirekten Bedeutungen der Figur Davids, seine Funktion als König sowie seine Rolle als Voyeur, nicht explizit in der Erzählung benannt. Beide Bedeutungen müssen innerhalb der Erzählung von „David, Batseba und Urija" von den Lesenden erschlossen werden. Vor allem David als Symbolfigur eines Voyeurs wird aufgrund der Darstellungsweise eher andeutungsweise und unterschwellig durch die Perspektivübernahme und die doppelte Fokalisierung in V.2d–e vermittelt. Anders verhält es sich bei der Bedeutung Davids als König. Diese symbolische Eigenschaft ist von Beginn der Erzählung an impliziert und tritt durch die Handlungen Davids sowie seiner räumlichen Zuordnung zum בית־המלך in den Fokus. Dies geschieht ohne eine direkte Identifikation der Figur Davids als König, da es in der gesamten Erzählung in 2 Sam 11 keine Verbindung der Wörter מלך und דוד gibt.⁷¹

---

⁶⁸ Vgl. zur Problematik der beiden Kategorien „privat" und „politisch" Müllner, Gewalt, S. 119f., die stattdessen von einer Politik des Privaten spricht.
⁶⁹ Vgl. Fischer, Gottesstreiterinnen, S. 16f.; Fischer, Rut, S. 260.
⁷⁰ Siehe Müllner, Blickwechsel, S. 119–142.
⁷¹ Eine ausführliche Darstellung und Interpretation dieser Beobachtung findet sich im anschließenden Kapitel zur Figur David als Artefakt, siehe S. 385–392.

4.8.5.3 David als dargestelltes Wesen

(a) Art und Wesen der Figur

Die Figur des Königs David begegnet den Leserinnen und Lesern in der „David, Batseba und Urija"-Erzählung als eine komplexe Figur, die bereits aus dem literarischen Kontext der Samuelbücher bekannt ist. In 2 Sam 11 wird die Figur David wie in den übrigen Darstellungen der Aufstiegs- und TFE als menschliches Wesen beschrieben. Sie verfügt nicht über natürliche Figureneigenschaften, und die Tatsache der Königsherrschaft legt dies auch nicht nahe. Diese Beobachtung ist nicht ohne Bedeutung oder selbstverständlich, denn Herrscher anderer Kulturen wurden im Rahmen eines Gottkönigtums bzw. Sakralherrschertum vergöttlicht.[72]

Trotz der Festlegung, dass die Figur des Königs David in der Figurenbeschreibung in 2 Sam 11 als menschliches Wesen charakterisiert wird, muss dennoch in diesem Kontext nochmals hervorgehoben werden, dass David eine besondere Nähe zum Göttlichen, zu JHWH, hat. Wie bereits im vorigen Abschnitt erwähnt, weist die Phrase „JHWH war mit David" (Vgl. 1 Sam 16,18; 18,12.14.28) ebenso wie die im Anschluss an die Salbung erfolgte Aussendung von JHWHs Geist auf David (Vgl. 1 Sam 16,13) auf diese besondere Beziehung zwischen König David und JHWH hin. Auch innerhalb der „David, Batseba und Urija"-Erzählung werden die beiden Figuren in Beziehung zueinander gesetzt, nämlich von der Erzählstimme in V.27f am Erzählschluss.[73]

(b) Allgemeine Strukturierung des Eigenschaftssystems der Figur

Wie bereits erwähnt, handelt es sich bei der Figur König Davids um eine komplexe Figur. Dies ist in der allgemeinen Strukturierung des Eigenschaftssystems der Figur grundgelegt. So lassen sich beispielsweise in der

---

[72] Das Sakralherrschertum „ist geprägt von dem Glauben an die absolute Göttlichkeit des Königs, der als ein *numen praesens* verehrt wird, als *Epipha nēs*, als sichtbare Erscheinung eines Gottes, dessen religiöse Stellung völlig unabhängig ist von den menschlichen Qualitäten des jeweiligen königlichen Amtsträgers". Lanczkowski, Art. Königtum, S. 326. Ein solches Gottkönigtum wurde historisch früh von den ägyptischen Herrschern des Alten Reiches, v. a. der ersten vier Dynastien (2850 – 2563 v. Chr.) etabliert. Siehe ebd., S. 326.

[73] Siehe dazu ausführlich die Ausführungen zu den genannten Erzählperspektiven in der Perspektivenanalyse der vorliegenden Arbeit, S. 184–187.

Figurenbeschreibung mehrere Lücken und Widersprüche finden. Die eben genannte Figurenbewertung zu David in V.27f ist beispielsweise doppeldeutig angelegt: וירע הדבר אשר־עשה דוד בעיני יהוה. Aus der Erzählung geht nicht hervor, welche Sache (דבר) durch JHWH verurteilt wird.

Neben dieser Unbestimmtheitsstelle gibt es in 2 Sam 11 gleich mehrere Widersprüche innerhalb der Figurenbeschreibung Davids. Ein latenter Widerspruch, der sich in 2 Sam 11 zeigt, ist die Tatsache, dass das innerhalb von 2 Sam 11 entwickelte Figurenmodell Davids konträr zu den Figurenmodellen der vorherigen Erzählungen ist. Ein weiterer Widerspruch im Figurenmodell ergibt sich aus dem Anspruch der Königsherrschaft einerseits und dem in 2 Sam 11 dargestellten königlichen Machtmissbrauch andererseits. In den Königstraditionen des Alten Orients gelten Könige bzw. Herrscher, wie im vorigen Abschnitt bereits dargestellt, als Schutz- und Rechtsgaranten sowie als Versorger der Untertanen.[74] Es ist Aufgabe des Königs eine solidarische Ordnung aufrechtzuerhalten und die gesellschaftliche Stabilität zu gewährleisten.[75] „Dieses Selbstverständnis königlicher Macht wurde auf vielfältige Weise propagandistisch verbreitet, war also im Gedächtnis der Regierten als Maßstab gelungener Königsherrschaft durchaus präsent."[76] Dies ist der Anspruch, mit dem die Figur David in 2 Sam 11 konfrontiert wird. Willkür, Ehebruch und Mord sind, so konstatiert Thomas Naumann, sowohl in der altorientalischen Königstradition als auch in 2 Sam 11 „nur als eklatanter Rechtsbruch und schwerster Missbrauch des Königsamtes verstehbar"[77]. Hierin etabliert sich der Widerspruch zwischen dem Anspruch königlicher Herrschaft und dessen misslungener Ausübung.

Damit ist auf ein weiteres grundlegendes Element des Eigenschaftssystems der Figur verwiesen: das Verhalten der Figur steht im Vordergrund. Eigenschaften der Figur werden hervorgehoben, die mit Emotionen, Werten, Normen sowie Tabus verknüpft sind. In diesem Zusammenhang erweist sich V.2d–e, die Darstellung von Davids Blick auf die badende Frau, der bei dem König Begehren auslöst, als exemplarisch. Im weiteren Erzählverlauf setzt sich David mehrfach über das geltende Wertesystem weg, indem er, ausgelöst durch das Begehren, Ehebruch mit

---

[74] Vgl. Dietrich, König David, S. 14f.
[75] Vgl. Naumann, David, S. 149f.
[76] Ebd., S. 149.
[77] Ebd., S. 153.

Batseba begeht, obwohl der König um ihren Status als Frau Urijas weiß (Vgl. 2 Sam 11,3) und letztlich die Tötung Urijas befiehlt.

Der Figur David wird innerhalb der „David, Batseba und Urija"-Erzählung somit antisoziales Verhalten zugeschrieben. Neben diesen genannten Beispielen deutet die „doppelte List" gegenüber Urija ebenfalls darauf hin. Der erste Versuch Davids, Urija als Vater des im Ehebruch gezeugten Kindes zu etablieren, scheitert, obwohl der König selbst den Einsatz von Rauschmitteln nicht scheut (Vgl. 2 Sam 11,13d).[78] Dem Figurenmodell von David werden weitere menschliche Schwächen wie Betrug und List hinzugefügt. Komplettiert und intensiviert wird dieses negative Figurenbild durch den Todesbrief. David schreibt: „Auf! Urija soll nach vorn, (wo) der Kampf am heftigsten ist. Aber ihr kehrt hinter ihm zurück, dass er geschlagen werde und stirbt" (2 Sam 11,15c–g). In V.14c erfahren die Lesenden, dass David diesen Todesbrief durch die Hand Urijas zu Joab sendet.

> Dies markiert einen ironischen Gegensatz zwischen ihm [Urija, A.F.] und David. Der aufrechte und treue Urija öffnet den Brief nicht (David ist sich darin sicher) und fällt dadurch der bodenlosen Treulosigkeit seines Königs zum Opfer, der nicht davor zurückschreckt, die Loyalität seines Dieners zu dessen Liquidierung zu nutzen.[79]

Treulosigkeit, Täuschung und Mord – damit sind die negativsten menschlichen Eigenschaften benannt, die der Figur David in V.14f. zugeordnet werden.

Während fast über die gesamte Erzählung eine negative Figurenbeschreibung Davids evoziert wird, die ihren Höhepunkt durch das antisoziale Verhalten der Figur in V.14f. erreicht, verändert sich das Verhalten Davids in V.27c. Mit der Aufnahme der schwangeren Batseba nach Ende der Trauerzeit in sein Haus erhält das Figurenmodell Davids eine neue, positive soziale Komponente, denn durch diese Handlung bewahrt David

---

[78] In diesem Zusammenhang weist Manuel Dubach auf die Stammesmodifikation des Verbs שכר („trunken machen"), das an dieser Textstelle im Piel verwendet wird. „Ein Blick auf die anderen drei Stellen, die שׁכר pi. bieten (Jes 63,6; Jer 51,7; Hab 2,15), zeigt, dass das trunken machende Subjekt in seinem Tun stets eine negative Absicht verfolgt." Dubach, Trunkenheit, S. 95.

[79] Bar-Efrat, Das zweite Buch Samuel, S. 110.

Batseba vor der Witwenschaft und sichert für sie und für das (ungeborene) Kind die Versorgung.[80]

Diese Beobachtungen zur allgemeinen Strukturierung des Eigenschaftssystems der Figur, die ein äußerst negatives Bild zeichnen, sind grundlegend für die mentale Modellbildung der Figur als *dargestelltem Wesen*. Diese Tendenz der äußerst negativen Darstellung der Figur Davids wird in der Analyse der Figur *Artefakt* nochmals aufgegriffen und teilweise relativiert werden. Zunächst soll die Figur jedoch als *dargestelltes Wesen* hinsichtlich ihrer *Körperlichkeit*, *Psyche* und *Sozialität* analysiert werden.

(c) Körperlichkeit

Wie bereits in den allgemeinen Ausführungen zur Darstellung biblischer Figuren erwähnt, stellen direkte Figurenbeschreibungen innerhalb alttestamentlicher Erzählungen eine Ausnahme dar. Finden sich in den biblischen Texten Beschreibungen zur Körperlichkeit einer Figur, sind diese entgegen heutiger Lesegewohnheiten knapp und lückenhaft formuliert und haben innerhalb der Erzählung häufig eine Plot-orientierte Funktion. Dies gilt beispielsweise für die Körperlichkeit der Figur Batsebas, die in V.2d–e als aus der Perspektive Davids als schön beschrieben wird – eine Figureneigenschaft, die wesentlich für die weitere Handlung ist. Im Unterschied dazu lassen sich der „David, Batseba und Urija"-Erzählung keine expliziten Informationen zur äußeren Erscheinung oder körpernahen Artefakte der Figur Davids entnehmen. Das Körperbild der Figur bleibt in der Erzählung verborgen. Durch das Fehlen von Zuschreiben körpernaher Artefakte wie Kleidern, Herrschaftsinsignien oder Ähnlichem findet auch Davids königlicher Status somit keinen Ausdruck.

Kundige Leserinnen und Leser der Samuelbücher erhalten aus dem literarischen Kontext von 2 Sam 11 Informationen über den Figurenkörper Davids. In 1 Sam 16,12 und 1 Sam 16,18 gibt es gleich zwei explizite Beschreibungen zur Körperlichkeit der Figur. In beiden Belegstellen wird die schöne Gestalt David beschrieben.[81] Bevor in 1 Sam 16,12e die (allgemeine) Schönheit Davids benannt wird, finden sich zunächst zwei weitere Informationen zum Figurenkörper: והוא אדמוני עם־יפה עינים

---

[80] Vgl. hierfür die Ausführungen innerhalb der Figurenanalyse zu Batseba, S. 412.
[81] In 1 Sam 16,12 findet die Formulierung ויטוב ראי Verwendung, während in 1 Sam 16,18 die Gestalt Davids hingegen mit der Phrase ואיש תאר beschrieben wird.

(1 Sam 16,12c–d). Die Nennung dieser Körpermerkmale legt nahe, dass sowohl die Rötlichkeit als auch die schönen Augen Besonderheiten darstellen, die als erzählenswert gelten. Bezüglich des Adjektivs אדמוני (rötlich) lässt der Text offen, welcher Teil des Figurenkörpers derart beschrieben ist. Es könnte sich beispielsweise um rötliche Haare oder eventuell rötliche Haut handeln.[82] Die Reihenfolge bei der Beschreibung des Figurenkörpers von David in 1 Sam 16,12 legt nahe, das auch die Körpermerkmale „rötlich" sowie „schöne Augen" durch die Exklusio in 1 Sam 16,12e positiv konnotiert sind.

Im Gegensatz dazu spielt die Körperlichkeit Davids in der „David, Batseba und Urija"-Erzählung keine Rolle, weil die die Figur nicht über ihre Körperlichkeit, sondern über ihre soziale Rolle als König eingeführt wird. Indem auf die Beschreibung des Figurenköpers Davids in 2 Sam 11 verzichtet wird, wird die Körperlichkeit Batsebas, ihre Schönheit, hervorgehoben.

Trotz des Fehlens von Beschreibungen in 2 Sam 11 über den Figurenkörper Davids lassen sich zur Körperlichkeit der Figur, basierend auf der Analyse der Figurenrede, weitere Informationen ableiten. Bereits in 1 Sam 16,18 wird die Figur David als wortgewandt (ונבון דבר) eingeführt. Dieses Figurenmerkmal lässt sich anhand der Figurenrede Davids in 2 Sam 11 für diese Erzählung nachweisen. Von allen Figuren in 2 Sam 11 kommt David am häufigsten zu Wort, nämlich in insgesamt fünf Figurenreden, während die übrigen Figuren nur einmal zu Wort kommen.[83] Dabei fällt auf, dass die Figurenreden Davids im Vergleich zu den Redeanteilen Joabs, Urijas oder des Boten kurz gehalten und jeweils auf wenige Worte beschränkt sind.[84] Davids längste Rede in V.25b–f umfasst nur 21 Worte

---

[82] Mit Verweis auf Gen 25,25 und Hld 5,10 bezieht Bar-Efrat das Adjektiv אדמוני auf das Organ der Haut und merkt Folgendes an, „(h)elle Haut galt als schön" Bar-Efrat, Das erste Buch Samuel, S. 229. Die Notiz, dass der helle rote Freund schwarze Locken habe, in Hld 5,11 führt Bar-Efrat zudem als Beleg an, dass mit dem Adjektiv keine rötlichen Haare bezeichnet seien. Vgl. Bar-Efrat, Das erste Buch Samuel, S. 229.

[83] Die fünf Figurenreden Davids umfassen folgende Verse: Figurenrede 1: V.6b, Figurenrede 2: V.8b–c, Figurenrede 3: V.10e–f, Figurenrede 4: V.12b–c und Figurenrede 5: V.25b–f.

[84] Den größten Redeumfang weist die Figur Joab auf. Seine Instruktion des Boten in V.19c–21f umfasst 53 Wörter. Urijas Schwur in V.11b–g besteht hingegen aus 30 Worten. Die übrigen Figurenreden weisen einen noch viel geringeren Wortumfang auf: Figurenrede 1: fünf Worte; Figurenrede 2: vier Worte; Figurenrede 3: neun Worte und Figurenrede 4: sechs Worte.

(Joabs Rede hingegen 53 und Urijas Rede 30 Worte). Des Weiteren fällt auf, dass die Figurenrede Davids häufig – nämlich fünfmal – imperativisch konstruiert ist (2 Sam 11,6b. 8b.c.12b.25g). Der durch Imperative geprägte Redestil deutet auf Davids Machtstatus hin – er ist derjenige, der Befehle erteilt. Gestützt wird diese Erkenntnis durch die Beobachtung, dass auf Davids Figurenrede nicht mit verbalen Repliken, sondern fast ausschließlich mit Handlungen reagiert wird. Damit deutet sich an, dass die Figur David Macht hat, über andere Figuren zu verfügen. Nur einmal folgt auf die Figurenrede Davids eine Gegenrede. Es handelt sich hierbei um den Schwur Urijas in V.11b–g.

Auch die räumliche Umgebung der Figur Davids offenbart seine Machtposition, so das Ergebnis der Raumanalyse in der vorliegenden Untersuchung. Diese Erkenntnis stützt sich auf folgende zwei Beobachtungen: Zum einen zeigt sich Davids Machtposition darin, dass er über die ganze Erzählung hinweg statisch an einem Ort, dem Palast, bleibt. Zum anderen lässt sich anhand der Bewegungsanalyse der Figuren erkennen, dass David die übrigen Figuren durch Befehle in Bewegung setzt. Dies geschieht durch die Verwendung des Bewegungsverbs שלח, das zugleich ein „machtvolles" Leitwort der Erzählung ist.[85]

Nicht nur die Figurenrede und die räumliche Umgebung der Figur, sondern auch die Handlungen Davids verweisen darauf, dass es sich bei der Figur um eine machtvolle, den anderen Figuren und Figurengruppen übergeordnete Figur handelt.[86] Die häufigste Handlung, die der Figur David in 2 Sam 11 zukommt, ist die des (Aus-)Sendens (שלח). Insgesamt sechsmal sendet David jemanden bzw. nach jemanden (2 Sam 11,1b.3a. 4a.6a.14c.27b). Außer David wird dieses Leitwort einmal der Figur Batseba (2 Sam 5b) sowie zweimal der Figur Joab (2 Sam 11,6c.18a) zugeordnet, wobei Joab in V.6c auf einen Befehl Davids reagiert.

In der Erzählung gibt es zudem zwei zentrale Handlungen, die der Figur zugeordnet werden und sowohl Aufschluss über Davids Körperlichkeit als auch über seine Figurenpsyche geben. Die Handlung וישכב עמה in V.4d ist sexuell konnotiert und bezeichnet in alttestamentlichen Texten häufig den Geschlechtsverkehr (vgl. Gen 30,16; 2 Sam 12,24). Es kommt zum Beischlaf zwischen David und Batseba, obwohl der König Kenntnis über ihre Identität als Ehefrau Urijas hat (V.3d). David gelingt es nicht,

---

[85] Siehe dazu die Raumanalyse der vorliegenden Untersuchung, S. 282f.
[86] Eine Ausnahme bildet dabei die Gottesfigur.

sein Begehren zu beherrschen, sondern im sexuellen Akt nimmt er sich, was er begehrt. Das Verfassen des Todesbriefs (2 Sam 11,14b) ist die zweite Handlung, die als wesentlich für die Figurencharakterisierung zu sehen ist.[87]

Die *Körperlichkeit* Davids steht nicht im Fokus des Erzählinteresses. Es finden sich keine Informationen zur äußeren Erscheinung Davids oder körpernaher Artefakte in 2 Sam 11. Stattdessen wird Davids Königsstatus betont. Aspekte wie Figurenrede, räumliche Umgebung sowie Handlungen, die in Eders Figurentheorie der *Körperlichkeit* zugeordnet sind, weisen, wie gezeigt, die Figur David als machtvolle Figur aus.

(d) Sozialität der Figur

Mit dem Titel מלך („König"), der innerhalb der „David, Batseba und Urija"-Erzählung als Bezeichnung für die Figur David synonym zum Figurennamen Verwendung findet, sind soziale Position und Status der Figur benannt. Das hebräische Nomen מלך „bezeichnet allgemein einen Einzelnen, der über eine näher zu bestimmende Gruppe herrscht, deren Angehörige ihm ungeachtet ihrer sozialen Unterschiede als eine homogene Größe untergeordnet sind"[88]. Mit dem Königsamt sind Aufgaben und Pflichten verbunden. Im literarischen Kontext von 2 Sam 11 werden in der Erzählung über die Einführung des Königtums in Israel in 1 Sam 8 mehrere Tätigkeitsfelder des Königs benannt. Zu den wesentlichen Aufgaben eines Königs zählen demnach Kriegsführung und Rechtsprechung. Als weitere Tätigkeitsfelder werden die Schutzfunktion des Königs, die Abwehr von Feinden nach Außen und die Stabilisierung der sozialen Ordnung im Inneren erwähnt.[89]

Die Anerkennung der Figur Davids durch andere Figuren steht im Zusammenhang mit seinen Königsamt, der Erfüllung der damit einhergehenden Pflichten und Privilegien sowie der daraus resultierenden Anerkennung seiner Königsmacht. Der Textkomplex 2 Sam 10–12, dem die „David, Batseba und Urija"-Erzählung zugehörig ist, steht innerhalb des Erzählverlaufs der Samuelbücher an exponierter Stelle. Die darin und

---

[87] Zum Motiv des Todesbriefes siehe in der vorliegenden Arbeit S. 137–139.
[88] Pietsch, Art. König, 1.1.
[89] Siehe Pietsch, Art. König, 1.2. Die in 1 Sam 8 präsentierten königlichen Aufgaben weisen Gemeinsamkeiten mit der altorientalischen Königsideologie auf. Vgl. dazu die Ausführungen über das altorientalische Herrscherbild: Dietrich, König David, S. 5–11

v. a. in 2 Sam 11 erzählten Ereignisse markieren inhaltlich einen Wendepunkt im Leben der Figur Davids. „Batseba ist die letzte Frau, die David sexuell, Rabba die letzte Stadt, die er militärisch erobert"[90]. In den an den Textkomplex 2 Sam 10–12 anschließenden Erzählungen werden die politische und ebenso die familiäre Macht Davids permanent in Frage gestellt und bedroht. Bereits in der Handlung von 2 Sam 11 lässt sich ein zunehmender Machtverlust der Figur Davids konstatieren. Dies zeigt Carol Smith in ihrer Untersuchung „Biblical Perspectives on Power" auf. Smith geht von der Unterscheidung zwischen „*power*" und „*powerlessness*" aus und kommt zu dem Schluss, dass „(w)hile the predominant picture is of men who are more powerful than women, kings who are more powerful than their subjects, and Yahweh who is more powerful than other gods, a more ambivalent picture of power emerges in many passages".[91] Eine solche ambivalente Darstellung sieht Smith auch in 2 Sam 11 gegeben. Zunächst wird David die absolute „*power*" eines Königs zugesprochen: Er sendet (שלח) Joab und mit ihm das Heer aus. Er begehrt eine Frau und nimmt (לקח) diese, und zwar dann, wenn er es verlangt. David veranlasst (שלח) die Rückkehr Urijas nach Jerusalem, nachdem der König von der Schwangerschaft Batsebas erfahren hat. „At this point, this impression changes. David orders Uriah to go to his house strongly hinting that he should sleep with his wife. But Uriah simply does not do so."[92]

Wie ist diese Befehlsverweigerung Urijas zu verstehen und welche Rolle kommt ihr im Kontext des königlichen Machtverlusts David zu? In der Raumanalyse wurde herausgestellt, dass die beiden Figuren in V.8–12 zu Kontrastfiguren avancieren, wobei die Auseinandersetzung zwischen Urija und David in V.8–11 um Raum stattfindet.[93] Durch die mehrfache Weigerung der Figur Urijas, in sein Haus hinabzugehen (ירד)[94] und ihrer Handlung, sich am Eingang (פתח) des Könighauses niederzulassen, verbleibt Urija räumlich im Machtbereich König Davids, jedoch an dessen

---

[90] Müllner, Gewalt, S. 88.
[91] Smith, Power, S. 110.
[92] Ebd., S. 107.
[93] Siehe Müllner, Gewalt, S. 100.
[94] In den V.8–10 wird Urija viermal von David aufgefordert, hinaus in sein Haus zu gehen (ירד). Mit dieser vierfachen Wiederholung der Aufforderung wird, so Brueggemann, deutlich, was die Figur David eigentlich möchte: „It is the only thing David now wants. It is the one thing Uriah will not do. It is the one thing powerful David cannot have, much as he wants it" Brueggemann, Samuel, S. 275.

Schwelle. Damit bricht Urija die königliche Macht.[95] Das Zentrum der königlichen Macht Davids wird „zum Ort der königlichen Ohnmacht"[96]. In V.8b–c spricht David zu Urija: רד לביתך ורחץ רגליך. Die beiden Verben in der Imperativform lassen keinen Zweifel daran, dass es sich hierbei um zwei königliche Befehle handelt. In dem anschließenden V.9 erfahren die Leserinnen und Leser, dass Urija diesen königlichen Anweisungen nicht Folge leistet, sondern entgegen den Befehlen Davids nicht in sein Haus geht. Eine Erklärung für das Verhalten und die Befehlsverweigerung Urijas liefert die Erzählung zunächst nicht, wird jedoch in V.11 nachgereicht.

Nach Meinung von Smith kann David seine Macht erst wieder erlangen, indem er Urija mit dem Todesbrief in der Hand zurück nach Rabba schickt. Die Figur Davids tritt als König auf mit der Legitimation, über Tod oder Leben eines seiner Untertanen zu entscheiden.[97] Als problematisch erweist sich dies, da diese Tat gleich mehrfach gegen das geltende Ideal eines Herrscher verstößt. Wie eingangs erwähnt, sind es Aufgaben des Königs, für innere Ordnung und Stabilität zu sorgen und ebenso Recht zu sprechen. Stattdessen begeht David Ehebruch mit der Frau eines seiner Untertanen, der währenddessen für seinen König im Krieg ist. David ist derjenige, der gegen geltende Normen und Werte verstößt und aufgrund seiner Macht als König, Urija, der sich nichts zu Schulden kommen lässt, mit dem Tod bestraft.

> Der Charakter Davids [wird, A.F.] teilweise dem Urias gegenübergestellt, der als der ‚normative Held' dient, d.h. als die Figur, die für die positiven Werte steht. Weil Uria so edle Eigenschaften wir Ehrlichkeit und unbeirrbare Loyalität verkörpert, sticht Davids heimtückisches, unehrliches und prinzipienloses Verhalten umso deutlicher heraus.[98]

Im Rahmen der Analyse zur *Sozialität* einer Figur stellt sich auch die Frage nach deren sozialen Beziehungen und zwar im Kontext von Liebe, Macht und Anerkennung.[99] Ergänzend zu den bisherigen Erkenntnissen zu Macht bzw. Machtverlust der Figur Davids und deren Anerkennung

---

[95] Vgl. Müllner, Gewalt, S. 100f.
[96] Ebenda.
[97] Vgl. Smith, Power, S. 108.
[98] Bar-Efrat, Bibel, S. 100.
[99] Siehe Eder, Figur, S. 320.

durch andere Figuren richtet sich nun der Fokus auf die *Sozialität* Davids in Bezug auf seine Beziehung zu Batseba. Machtvoll sendet (שלח) David nach Batseba. Durch die soziale Rolle als König verfügt die Figur David über die Legitimation, andere Figuren zu befehligen und ihre räumliche Veränderung zu veranlassen. König David sendet nach Batseba (שלח, V.4a) und nimmt sie in ihrem Haus (לקח, V.4b), d. h. er unterwirft sie seiner Verfügungsgewalt. Erst anschließend kommt es zur räumlichen Veränderung der Figur Batseba (בוא, V.4c). Aufgrund der Reihung dieser Handlungen – שלח (senden), לקח (nehmen) und בוא (kommen) – ist die Beziehung der beiden Figuren Batseba und David nicht als Liebesverbindung zu bewerten. Stattdessen basiert die Beziehung der beiden Figuren auf dem hierarchischen Verhältnis, in dem die Figur Davids aufgrund ihrer sozialen Rolle als König, Macht und Verfügungsgewalt gegenüber der Figur Batsebas besitzt. Auch kommen innerhalb der „David, Batseba und Urija"-Erzählung das Gefühl der Liebe und das Wort „lieben" (אהב)[100] nicht vor, obwohl die Figur Davids in den Samuelbüchern durchaus als Figur auftritt, die in Bezug auf Jonathan liebt, die aber vor allem von anderen Figuren geliebt wird.[101] In der Figurenanalyse zu Batseba wird ausführlich dargestellt, dass die emotionale Beziehung Davids zu der sich waschenden Frau stattdessen mit dem Begriff „Begehren" bezeichnet werden muss. Diese Empfindung lässt sich zwar nicht

---

[100] Das Verb אהב („lieben") bezeichnet eine emotionale Zuneigung zwischen zwei Menschen. Der Bedeutungsumfang ist weit gefasst, es findet Verwendung als Bezeichnung nicht nur für eine sexuelle Bindung, sondern schließt auch Loyalität und Treue mit ein. Siehe Naumann, Beziehungen, S. 17. „Für den Sexualverkehr selbst wird das Wort jedoch nicht verwendet." Naumann, Liebe, S. 55.

[101] Naumann verweist in diesem Kontext auf folgende Beobachtung: „In Bezug auf Davids Beziehungen fällt auf, dass stets die Liebe anderer zu David hervorgehoben wird, während David selbst als Subjekt des Liebens nirgends hervortritt." Naumann, Beziehungen, S. 17. Lediglich in dem Trauergebet Davids um Jonathan und Saul in 2 Sam 1,17–27 wird Davids Liebe gegenüber Jonathan benannt. Geliebt wird David hingegen von vielen: von Saul (1 Sam 16,21), Jonathan (1 Sam 18,1.17), Michal (1 Sam 18,20.28) sowie von ganz Israel und Juda (1 Sam 18,6). Gegen diese vorsichtig abwägende Position äußerst sich Dietrich kritisch dazu: „In der Sekundärliteratur ist gelegentlich Verwunderung darüber geäußert worden, dass David immer wieder als das Objekt von Liebe erscheine, nie aber als deren Subjekt; man meinte daraus auf eine Art Gefühlskälte bei ihm schließen zu können. Doch das ist vorschnell." Dietrich, Amnon, S. 125. Neben der Textstelle 2 Sam 1,26 benennt Dietrich noch 2 Sam 19,7 und 2 Sam 13,21 (LXX) als Belege, dass David andere Figuren geliebt hat. Vgl. Dietrich, Amnon, S. 125f.

explizit aus dem Erzähltext entnehmen, jedoch wird durch die Darstellungsweise in V.2d–e, genauer durch das Gestaltungsmittel der doppelten Fokalisierung, die Emotion des Begehrens im Leseprozess evoziert.

Eine dritte soziale Beziehung der Figur Davids zu einer anderen Figur soll im Folgenden untersucht werden, und zwar die von David zu Joab. In 1 Sam 26,6 wird der Name Joab erstmals erwähnt, als eigenständige, handelnde Figur tritt sie erst im Zweiten Samuelbuch auf und kommt dort in mehreren Erzählungen vor.[102] Nach 2 Sam 8,16 ist die Figur Joabs als Oberbefehlshaber über Davids Heer eingesetzt. Auch der Erzählanfang in 2 Sam 11,1b und die darin vorkommende Aufzählung von Figuren und Figurengruppen weist auf Joabs Amt hin: וישלח דוד את־יואב ואת־עבדיו עמו ואת־כל־ישראל. Joab wird von den Dienern und der Figurengruppen כל־ישראל unterschieden und durch die vorangestellte Positionierung hervorgehoben. In V.1b wird eine strikte räumliche Trennung zwischen den Figuren Davids und Joabs vorgenommen, indem sie jeweils einem der beiden Handlungsschauplätze Rabba und Jerusalem zugeordnet werden. Diese räumliche Trennung ist für die gesamte weitere Erzählung grundgelegt, die Grenze zwischen den beiden Räumen wird nach deren Etablierung in V.1 von keiner der beiden Figuren in 2 Sam 11 überschritten. Dies hat Auswirkungen z. B. auf die Kommunikation, die zwischen den beiden Figuren nicht direkt, sondern ausschließlich indirekt in Form von Boten, Botenberichten oder Briefen stattfindet.

Joabs Verhalten gegenüber David, wie es in 2 Sam 11 dargestellt ist, wird in der Kommentar- und Auslegungsliteratur häufig als loyal beschrieben. So weist Martin Mulzer darauf hin, dass

> (d)ie Loyalität Joabs gegenüber dem König [...] besonders in der Urija-Episode der Batseba-Erzählung (2 Sam 11,1–27) zum Ausdruck [kommt; A.F.]: Ohne Zögern erfüllt er den Befehl Davids und stellt Urija an den Platz mit den gefährlichsten Gegnern, sodass er zu Tode kommt (2 Sam 11,14–16).[103]

Meiner Erachtens allerdings herrscht eine ambivalente Beziehung zwischen Joab und David vor, weshalb eine Auslegung von 2 Sam 11 zu kurz greift, die Joab als loyalen Krieger gegenüber David, der den königlichen Tötungsbefehl verlässlich umsetzt, darstellt. Es wird nicht erzählt,

---

[102] Vgl. Mulzer, Art. Joab, 2.
[103] Ebd., S. 2.2 Vgl. ebenso: van der Bergh, Character, S. 189; Brueggemann, Samuel, S. 276; McCarter, II Samuel, S. 287; Stolz, Samuel, S. 237.

wie Joab auf Davids Tötungsbefehl reagiert. Auch wird nicht der Grund benannt, weshalb Joab von den königlichen Befehlen bei der Umsetzung abweicht. In der Figurenrede Joabs in V.19c–21f ist eine (verborgene) Kritik an König David implizit.[104]

Bevor die *Figurenpsyche* David analysiert wird, sollen die Ergebnisse der Untersuchung von Davids *Sozialität* zusammengefasst werden. Die soziale Rollenzuschreibung der Figur Davids als König spiegelt sich in den Interaktionen und den sozialen Beziehungen der Figur wider. David ist die Figur, die den Dialog dominiert. Exemplarisch lässt sich dies im Dialog mit Urija (V.10d–12c) aufzeigen. Der König ergreift zuerst das Wort und beginnt das Gespräch (V.10e–f). Auch ist es die Figur David, die den Dialog beendet und Urija aus dem Gespräch mit einer Handlungsanweisung (V.12b) sowie mit einem Versprechen (V.12c) entlässt.[105]

Zudem ist es David, der am häufigsten mit dem Leitwort שׁלח in Verbindung gebracht wird. David sendet fast alle Einzelfiguren (Joab, V.1b; Batseba, V.4a sowie Urija, V.14c) und Figurengruppen („Diener Davids" und „ganz Israel", V.1b) und veranlasst sie zu räumlichen Veränderungen und Handlungen.

David besitzt, dies wird so verdeutlicht, als König Macht gegenüber den Figuren. Er verfügt über das Heer, Joab oder Batseba. Ohnmächtig ist er gegenüber der Weigerung Urijas, der dem königlichen Befehl nicht Folge leistet. Wie Smith betont hat, kann David seine *power* erst wiederherstellen, indem er Urija beseitigt.

(e) Figurenpsyche

Neben *Körperlichkeit* und *Sozialität* stellt die *Figurenpsyche* den dritten Aspekt dar, anhand dessen die Figur als *dargestelltes Wesen* analysiert wird. Als grundlegende Fragestellung dabei gilt, „(w)ie lässt sich die Psyche der Figur – ihr Innenleben und ihre Persönlichkeit – beschrei-

---

[104] Siehe dazu die Hinweise zur Perspektive Joabs, S. 173–176.
[105] Für den zweiten Dialog Davids in V.23a–25f mit dem Boten lässt sich Vergleichbares feststellen. Wieder ist es die Figur Davids, die den Dialog beendet und den Boten mit einer Handlungsanweisung entlässt (V.25b). Jedoch unterscheidet sich der Beginn des Dialogs wesentlich von dem mit Urija in V.10d–12c. Nicht David, sondern der Bote beginnt das Gespräch mit dem König, indem er David über die Ereignisse in Rabba informiert.

ben"?[106] Dazu werden im Folgenden die *Wahrnehmung, Kognition, Emotion* sowie die *Motivation* der Figur Davids untersucht.

Davids *Wahrnehmung* wird in 2 Sam 11 explizit zu Beginn der zweiten Szene dargestellt. Mit dem Verb ראה in V.2d wird angezeigt, dass sich die visuelle Aufmerksamkeit der Figur Davids auf die sich waschende Frau richtet. Ergänzt ist diese visuelle Wahrnehmung durch die Wertung seines Sinneseindrucks: והאשה טובת מראה מאד (V.2e). Auf David wirkt das Äußere der Frau, ihre Schönheit, ansprechend und begehrenswert.[107] Das Begehren bezeichnet in alttestamentlichen Texten „ein Verhalten oder Handeln, welches darauf zielt, sich ein Objekt, das als begehrenswert wahrgenommen wird, auf Zeit oder auf Dauer anzueignen"[108]. Damit ist eine der *Emotionen* benannt, die der Figur zuzuordnen sind. Die sehr einprägsame und wirkungsmächtige Badeszene (V.2–5) basiert auf den *Wahrnehmungen* und *Emotionen* dieser männlichen Figur. Die Emotion Davids wird nicht explizit benannt. Da es sich bei der Wahrnehmung der Figur jedoch um einen voyeuristischen Blickhandelt, lässt sich Begehren als Emotion ableiten.[109] David begehrt die Frau, die er sieht.

Eine andere Empfindung, die David in 2 Sam 11 von der Figur Joab zugeschrieben wird, ist Zorn (חמה). Sie findet sich in der Figurenrede Joabs in V.20b und gibt aus der Perspektive des militärischen Befehlshabers eine fiktive Reaktion Davids (V.20c–21f) auf den Botenbericht wieder. Der Zorn zählt zu den heute als klassisch angesehenen Emotionen, die kulturübergreifend sind und auch in altorientalischen Texten beschrieben wurden.[110] In alttestamentlichen (androzentrischen) Texten gilt diese Emotion als exklusiv männlich und wird in der Nase verortet.[111]

Für 2 Sam 11 ist darüber hinaus charakteristisch, dass an Textstellen, an denen eine Emotion der Figur zu erwarten wäre, diese ausgespart und nicht erzählt wird. So reagiert David nicht emotional, sondern mit einer Handlung auf die Mitteilung der Schwangerschaft durch Batseba (V.6).

---

[106] Eder, Figur, S. 320.
[107] Der Blick Davids auf die sich waschende Frau (V.2d–e) ist seiner Gestaltung wesentlich durch die doppelte Fokalisierung geprägt. Der „doppelte Blick" Davids ist ausführlich im Abschnitt zur Perspektivenanalyse beschrieben, siehe dazu S. 193–196.
[108] Cuffari, Art. Begehren, 1.
[109] Zum Voyeurismus bei Davids Blick siehe die Ausführungen oben zu David als Voyeur, S. 364–367.
[110] Siehe Schroer / Staubli, Emotionswelten, S. 44.
[111] Siehe ebd., S. 46.

Hinsichtlich der Figur Davids wird keine Introspektion gewährt, die Leserinnen und Leser erfahren nicht, welche Emotionen David angesichts des wiederholt gescheiterten Versuchs, Urija dazu zu bewegen, in sein Haus zu gehen, möglicherweise bewegen. So wird der Todesbrief, den der König schreibt, lediglich inhaltlich einfach wiedergegeben, jedoch nicht emotional aus der Perspektive Davids konnotiert: Der Text erzählt nicht, welche Gefühle oder Emotionen David hat, als er den Brief schreibt oder als er Urija verabschiedet. Auch wird die von Joab prognostizierte Reaktion Davids (V.20a–b) nicht erzählerisch eingelöst, eine emotionale Reaktion Davids auf den Botenbericht (V.23b–24c) bleibt ausgespart.[112] Gleiches gilt für die Handlungen Davids, die in V.27b–e beschrieben werden, auch dort fehlt jeglicher Zugang zum Innenleben Davids.

In Bezug auf die *Kognition* Davids erweisen sich drei Textstellen als weiterführend. In V.3a–b wird eine Wissenslücke hingewiesen, denn er kennt die Identität der sich waschenden Frau nicht und informiert sich deshalb darüber. Davids Frage nach dem Kriegsgeschehen ließe sich auch als fehlendes Wissen verstehen. Dabei erweckt „(d)as dreimalige Vorkommen des Wortes שלום […] den Anschein, dass David sehr am Wohlergehen seiner Leute und am Verlauf des Krieges interessiert ist, und dass die Vorladung Urijas dazu diente, darüber etwas zu erfahren."[113] Aufgrund der Darstellungsweise und dem Fehlen der Antwort(en) Urijas auf die Fragen Davids wird jedoch ersichtlich, dass die Figur David überhaupt kein Interesse an Urijas Bericht hat.[114] In V.10e–f begegnet mit Davids Frage an Urija ein erneuter Hinweis auf Davids tatsächliche Befindlichkeit. Der König kann nicht nachvollziehen, warum Urija auf seinen Befehl nicht in sein Haus gegangen ist. Da der König keine Kenntnis über Urijas Motivation hat, versucht er durch seine Fragen (V.10e–f), dies Wissen zu erlangen.

Hinsichtlich der *Motivation* Davids lässt sich zu Beginn der Erzählung im Anschluss an Keith Bodner eine „*motivational ambiguity*" erkennen, worunter er die Betonung von Davids Verbleiben in Jerusalem versteht. Aufgrund dieser Mehrdeutigkeit eröffnen sich für die Leserinnen und

---

[112] Dies gilt zumindest für die hier zugrundeliegende Textfassung des MT. In der LXX wird im Anschluss an V.22 als Reaktion Davids ergänzt, wobei genau das erzählt wird, was Joab in der Botenbeauftragung (V. 20b–c) vorausgesehen hat.
[113] Bar-Efrat, Das zweite Buch Samuel, S. 108.
[114] Vgl. ebd., S. 108.

Leser unterschiedliche Möglichkeiten zur Beantwortung der Frage: Warum bleibt der König in Jerusalem, während er Joab und sein Heer aussendet?

In Bezug auf Davids Motivation lässt sich in 2 Sam 11 zudem eine grundsätzliche Diskrepanz feststellen zwischen der Erfüllung seines äußeren Ziels, der Sicherung seiner Königsherrschaft,[115] und der Erfüllung seiner inneren Bedürfnisse, seinem sexuellen Verlangen nach der sich waschenden Frau (V.2), die als Frau Urijas in V.3d identifiziert ist. Diese motivationale Widersprüchlichkeit ist Ausgangspunkt für ein Konfliktpotential, das wesentlich Handlung und Motivation der Figur bestimmt. Davids erstes inneres Bedürfnis, das Verlangen nach der Frau, ist durch den sexuellen Akt (V.4d) gestillt. Abgelöst wird es durch ein zweites Bedürfnis, den Ehebruch zu vertuschen. Dies resultiert aus dem Bekanntwerden von Batsebas Schwangerschaft. Der König sendet nach Urija, veranlasst seine Rückkehr nach Jerusalem und befiehlt dem Soldaten, in sein Haus zu seiner Frau zu gehen. Die Leserinnen und Leser, die einen Wissensvorsprung gegenüber der Figur Urijas haben und um Davids Blick, sein Begehren und den Ehebruch wissen, schlussfolgern, dass hinter Davids Handlungen die Motivation steckt, Urija, indem er die Nacht in seinem Haus mit seiner Frau verbringt, das im Ehebruch gezeugte Kind, „unterzuschieben" und somit den Ehebruch zu verschleiern. Als der Täuschungsversuch mehrfach scheitert, greift David zum Mittel des Mordes, um Urija zu beseitigen.

Über die die ihn als Figur bestimmenden *Werte und Normen* gibt seine Figurenrede in V.25 Auskunft.[116] In der Beauftragung des Boten an Joab nimmt David Stellung zum Kriegsgeschehen (V.25c) und wertet es. Wie in der Perspektivenanalyse herausgestellt, tritt David als eine Art ethischer Instanz auf und versichert Joab (und sich selbst), nichts Böses getan zu haben. Dieses Urteil und das darin präsentierte Wertesystem Davids

---

[115] Dass David seine Königsherrschaft sichern möchte, davon ist aufgrund von Textsignalen auszugehen. Auf der Ebene erzählter Handlung sendet David Joab und sein Heer aus, um Krieg gegen die Ammoniter zu führen. Dietrich hat aufgezeigt, das Erfolge nach Außen, sei es auf militärischer oder diplomatischer Art, ein wesentliches Kennzeichen für das Gelingen altorientalischer Königsherrschaft sind. Vgl. Dietrich, König David, S. 8f. Dieses Argument wird von der Darstellungsweise in 2 Sam 11 gestützt. David, der in 2 Sam 11 nicht explizit als König bezeichnet wird, wird über seine Handlungen in V.1b mit den „Königen" von V.1a parallelisiert.

[116] Siehe dazu die ausführliche Darstellung zur Figurenperspektive Davids, S.179.

werden anschließend im Erzählkommentar in V.27f aufgenommen und dekuvriert.

Die Figurenpsyche Davids ist von einer Ambivalenz geprägt, die in 2 Sam 11 und darüber hinaus auch in den anderen Erzählungen der TFE als innere Zerrissenheit der Figur in Erscheinung tritt.[117] Einerseits begehrt er Batseba, er nimmt (לקח) sie und verkehrt sexuell mit ihr ohne weitere Absichten, andererseits strebt er nach dem Tod von Batsebas Ehemann ein legales Verhältnis zu ihr an. Ebenso ambivalent verhält sich der König gegenüber Urija: Einerseits beschenkt David ihn, andererseits lässt er ihn töten.[118] Darüber hinaus erscheint Davids *Figurenpsyche* ambivalent im Kontext der emotionalen Einschätzungen Davids durch andere Figuren: So bleibt der von Joab prognostizierte Zornesausbruch (V.20b) aus, stattdessen reagiert David auf die Nachricht der Kriegsverluste und des Todes Urijas überraschend gemäßigt. Eine weitere Ambivalenz zwischen der Figurenperspektive Davids und der Erzählerperspektive begegnet in der Wahrnehmung und Wertung der Ereignisse (V.25; V.27f). „Durch solche widersprüchlichen und ambivalenten, zuweilen auch tragischen Züge gewinnt die Gestalt Davids etwas Unauslotbares, Tiefgründiges und sehr Menschliches."[119] – so das Fazit von Walter Dietrich.

Als Überleitung zur Gestaltung der Figur Davids unter der Kategorie der Figur als *Artefakt* sollen nun *Änderungen im Figurenmodell* Davids erfasst werden. Das erste Figurenmodell konstruiert sich in Zusammenhang mit V.1b: וישלח דוד את־יואב ואת־עבדיו עמו ואת־כל־ישראל. Darin deutet das Leitwort שלח auf Davids Position in der politischen Hierarchie hin, er verfügt über die Möglichkeit und Macht, jemanden, sogar eine ganze Gruppe zu senden. Die Darstellungsweise von V.1, wie in der Perspektivenanalyse gezeigt, ist gleichfalls Hinweis auf die Isolation Davids bzw. stellt David als Kontrastfigur zu Joab und den in V.1b genannten Figurengruppen dar.[120] In V.1e wird nicht erzählt, weshalb David in Jerusalem verbleibt. Aufgrund der fehlenden Darstellung von Davids Motivation ist V.1e eine „*motivational ambiguity*", die unterschiedliche Lesarten evoziert. „Scholars are divided on the issue of whether David's

---

[117] Vgl. Dietrich, Amnon, S. 133f.
[118] Siehe ebenda.
[119] Ebd., S. 133.
[120] Vgl. Sternberg, Poetics, S. 194. Siehe dazu die ausführliche Darstellung in der vorliegenden Untersuchung im Rahmen der Perspektivenanalyse, S. 190–193.

abstaining from battle is a positive, negative, or ambivalent characterization."[121] Daraus lässt sich schließen, dass das erste Figurenmodell Davids sowohl von seiner Sozialität als (machtvollem) König als auch von der ambigen Darstellungsweise geprägt ist.

Das zweite Figurenmodell begegnet in V.2–3 und basiert auf der Darstellung von Davids Figurenpsyche: seine Wahrnehmung (Blick), seine Emotion (Begehren) und Motivation (Zerrissenheit durch das Begehren einer verheirateten Frau). Die Gestaltung dieses Figurenmodells ist durch die Perspektivübernahme durch die Leserinnen und Leser in Form einer doppelten Fokalisation wesentlich bestimmt.[122]

Neben diesen beiden grundlegenden Figurenmodellen am Beginn der Erzählung ist das letzte präsentierte Figurenmodell in V.27a–e von besonderem Interesse. Dieses weist in V.27b–c Parallelen zu V.4a–b auf. Wieder sendet (שׁלח) David nach der Frau und bringt sie in seine Verfügungsgewalt. Dabei ist ein entscheidender Unterschied im Vokabular von V.27c auszumachen. „Das hebr. Wort 'asaf, bedeutet einsammeln, aufnehmen. Der Ausdruck verrät nicht eine kalte Geste der Besitzergreifung wie *laqaḥ* in V.4, sondern kennzeichnet eine Geste des Aufnehmens und Schützens."[123] Durch diese Abweichung bei der Verbform wird m. E. eine neue, im Vergleich zur bisherigen Figurendarstellung Davids entschieden positivere Facette der Figur Davids hervorgehoben. Die biblische Erzählung gibt keinerlei Informationen über die Intention bzw. Motivation, die David zu dieser Handlung bewegt. Wieder ist es Aufgabe der Leserinnen und Leser, diese Leerstelle mit Sinn zu füllen.[124] Die Verbalform אסף ist m. E. als Hinweis auf David prosoziales Verhalten zu lesen. Innerhalb des letzten Figurenmodells kommt es somit zu einem positiveren sozialen Modell der Figur.

4.8.5.4 David als Artefakt

Als wesentliches Darstellungsmittel biblischer Figuren fungiert ihr *Figurenname* bzw. ihre Bezeichnung. In 2 Sam 11 begegnen den Leserinnen

---

[121] Bodner, David, S. 85.
[122] Siehe dazu die Ergebnisse aus der Analyse der Fokalisierung, S. 199f.
[123] Naumann, Liebe, S. 74.
[124] Das Spektrum möglicher Lesarten deutet sich anhand folgender Fragen an: Handelt David aufgrund von Reue oder gar Schuldgefühlen? Empfindet er Mitgefühl gegenüber der Frau, die er begehrt hat oder leitet ihn seine väterliche Fürsorge, die Mutter seines ungeborenen Sohnes zu versorgen?

und den Lesern gleich zwei unterschiedliche Benennungen der Figur Davids, die synonym Verwendung finden und wesentlichen Zugang zur Figur schaffen. Es handelt sich dabei sowohl um den Figurennamen David (דוד) als auch um den Titel König (מלך), der in 2 Sam 11 ausschließlich auf die Figur Davids bezogen ist.[125]

Dabei überrascht die Beobachtung, dass diese beiden Zuschreibungen, die sich in 2 Sam 11 als Bezeichnung für die Figur finden, auf der Darstellungsebene strikt voneinander getrennt werden. Die beiden häufig in der Erzählung vorkommenden Begriffe דוד (23 Mal) und מלך (8 Mal) werden nicht in einer ÄE zusammen genannt bzw. innerhalb eines Verbal- bzw. Nominalsatzes miteinander verbunden. Die Leserinnen und Leser erhalten den Zugang zu Davids sozialer Rollenzuschreibung stattdessen über ihr bereits vorhandenes Wissen zur Figur Davids oder über implizite Hinweise in 2 Sam 11. In dieser Hinsicht erweisen sich die Erkenntnisse der Raumanalyse als hilfreich, denn dreimal ist das Nomen מלך Teil der Constructus-Verbindung בית־המלך, mit der der Königspalast bezeichnet wird. Ein wesentliches Ergebnis der Raumanalyse stellt die Zugehörigkeit und fast statische Zuordnung Davids zum Raum des בית־מלך dar. David agiert über die gesamte Erzählung in 2 Sam 11 von diesem Raum aus, der zugleich als königliches Machtzentrum konnotiert ist. Diese räumliche Zuordnung Davids zum Palast, die in V.2 grundgelegt ist, kann als ein Hinweis auf die Identifizierung Davids mit dem Königtum gelesen werden.

Ein weiterer Hinweis ist aufgrund des Textbestandes nicht eindeutig und daher problematischer. Es handelt sich dabei um den Erzählanfang, aufgrund dessen eine indirekte Zuschreibung des Königamts zur Figur David vorgenommen wird. In V.1a ist Folgendes zu lesen: „Und es geschah zur Wiederkehr des Jahres, zu der Zeit, wenn die Boten (המלאכים) ausziehen" (V.1a).[126] In den meisten deutschsprachigen Bibelübersetzungen findet sich jedoch nicht diese Übersetzung, sondern das Nomen

---

[125] Dies ist daran zu erkennen, dass das Nomen מלך, wenn es als Bezeichnung Davids Gebrauch findet, in einer Singularform verwendet wird (im Unterschied zur Pluralform in V.1a) und mit dem Artikel als Präfix eingeleitet wird. Durch das Aufgreifen des Artikels ־ה wird das Nomen, das nicht als Eigenname vorliegt, determiniert. Vgl. Jenni, Lehrbuch, S. 73.

[126] Bar-Efrat erklärt diese textkritische Besonderheit mit dem Hinweis, bei dem Nomen מלאכים handle es sich um Pleneschreibung, vergleichbar mit dem Nomen ראש als Pleneschreibung zu רש in 2 Sam 12,1.4. Vgl. Bar-Efrat, Das zweite Buch Samuel, S. 107.

המלאכים wird mit dem pluralischen Substantiv „Könige" wiedergegeben.[127]

Keith Bodner fasst die Problematik kurz zusammen und bietet einen Lösungsansatz: „The standard MT reads המלאכים (‚the messengers', *hml'kym*), whereas other manuscript traditions and ancient versions read המלכים (‚the kings', *hmlkym*)."[128] Unter Bezugnahme auf den von R. Alter verwendeten Begriff „Ambiguität" plädiert K. Bodner für die Beibehaltung des ambigen Verständnisses in 2 Sam 11,1a. Nach Auffassung von Bodner erhöht diese Ambiguität

> the irony which follows in the remainder of this verse, and stretches until the end of this long chapter ‚fraught with ambiguity'. First, this tension between king and messenger prepares the reader for the situation of David ‚sitting' at home (described at the end of v.1): even as it is the customary time of year for kings/messengers to be active on the battlefield, David is a sedentary monarch. Second, there is an additional tension between king and messenger in 2 Sam. 11.3, one that is intensified because of the ambiguity here.[129]

Dem Vorschlag Bodners, die textkritischen Unterschiede in 2 Sam 11,1a bezüglich der Begriffe המלאכים (MT) und המלכים zugunsten der Lesart aufzulösen, die von einer Ambiguität im Sinne von „Könige" *und* „Boten" ausgeht, ist zuzustimmen. Dadurch eröffnet sich auf der Basis des MT die Möglichkeit einer direkten Zuschreibung des Königamtes zur Figur Davids gleich am Erzählanfang in V.1a.

Häufiger als mit dem Titel מלך wird die Figur Davids in 2 Sam 11 mit ihrem Namen bezeichnet, insgesamt 23 Mal innerhalb der Erzählung begegnet dieser Name. Der Name „David" findet in der Bibel ausschließlich für diese Figur des Königs und Dynastiegründers Verwendung.[130]

Die etymologische sowie semantische Untersuchung des Figurennamens ist komplex und weist einige Schwierigkeiten auf. Hans-Peter Müller konstatiert in diesem Zusammenhang: „Wie problematisch der Name

---

[127] Diese Übersetzung begegnet in LUT, EIN, ELB, ZÜR und BigS.
[128] Bodner, David, S. 81.
[129] Ebd., S. 84.
[130] Vgl. Fischer, Art. David, 1.3.; Müller, Name, S. 430.

‚David' ist, wird nur selten erkannt und noch seltener ausführlich erörtert."[131]

Innerhalb der Forschungsgeschichte begegnen unterschiedliche Deutungen des Namens.[132] Es kristallisieren sich in Bezug auf die Etymologie und die Semantik des Figurennamens vier verschiedene Möglichkeiten heraus:

- Der David-Name leite sich von dem Wort dôd her, das „Liebling" bedeutet.[133]
- *Dāwīd* oder *dôd* sei ursprünglich ein Gottesname, der auf die Figur David übertragen wurde.
- Der Name David sei mit der ebenfalls in alttestamentlichen Texten belegten Bedeutung des Wortes *dôd* für „Onkel (väterlicherseits)" bzw. „Vatersbruder" konnotiert.
- Der Figurenname David leite sich von dem Begriff *dāwidūm* ab, der in den Mari-Texten belegt ist und vermeintlich als „(Stammes-)Häuptling" oder „Anführer" zu verstehen ist. Diese vierte Interpretation, die eine Zeit lang äußerst beliebt war und Zuspruch erhielt, hält Stamm für unhaltbar, eine Auffassung, der sich weitere Forscherinnen und Forscher anschlossen.[134]

Dietrich plädiert für die erste Variante, die Herleitung des Namens David von *dôd* in der Bedeutung von „Liebling". Seine Auffassung stützt er auf folgende zwei Beobachtungen: Zum einen wäre David keineswegs die

---

[131] Müller, Name, S. 430. Eine Besonderheit des David-Namens ist nach Müller dessen Schreibweise, die meistens defektiv mit דּוֹד wiedergegeben wird. Die Pleneschreibung (דּוִיד) hingegen begegnet nur in jüngeren Texten. Eine Beobachtung, die nach Müller die Vermutung nahelegt, „dass es sich um eine künstliche Phonetisierung [...] handelt. dwd wäre also [dôd] zu lesen." Ebd., S. 431. In archäologischen Funden variiert zudem die Schreibweise des Namens. Müller nennt als Beispiel dafür das intrakonsonantische <w> (*dwdh*), welches in der Mêša'-Inschrift (KAI 181,12) begegnet. Siehe ebd., S. 430–432.

[132] Die folgenden vier in der Forschung verbreiteten Etymologien des Namens David fasst Johann Jakob Stamm in seinem Aufsatz „Der Name des Königs David" zusammen. Siehe Stamm, Name, S. 25–43.

[133] In Bezug auf diese Variante betont, Stamm, dass beide Bedeutungen in den alttestamentlichen Texten gleich sicher bezeugt sind. Die Bedeutung „Geliebter" ist diejenige, die dem Wort ursprünglich eigen war. Diese Auffassung wird gestützt durch verwandte Sprachen wie z. B. im Akkadischen. Das akkadische Wort *dādu* bedeutet nach Stamm nicht „Onkel", sondern ausschließlich „Liebling". Siehe Stamm, Name, S. 35.

[134] Vgl. Dietrich, Deuteronomisten, S. 74. Zur Ablehnung dieser Nameetymologie siehe Stamm, Name, S. 29–31; Dietrich, Deuteronomisten, S. 74, Anm. 2.

einzige Figur, die als jüngster Familiensohn mit dem Namen „Liebling" bezeichnet werde und zum anderen „bewegt sich die innerbiblische Auslegung des David-Namens erkennbar im Begriffsfeld der Liebe: David erfährt die Liebe Gottes genauso wie die nachgerade aller Menschen, mit denen er zusammentrifft."[135] Stamm führt ein weiteres Argument an, in dem Sinne, dass sich die Bedeutung „Liebling" durch weitere mit der Wurzel *jdd* gebildete Namen wie *Jedīdā* und *Mōdād* stützen lasse.[136]

Während Stamm die Herleitung des David-Namens von einem ursprünglichen Gottesnamen ablehnt, ist diese Auffassung jedoch semantisch anschlussfähig und reizvoll, denn die „Wortwurzel *dd* [wird; A.F.] sowohl im Alten Orient als auch im Alten Testament einerseits mit der Welt des Göttlichen und andererseits mit dem Feld von Lust und Liebe in Verbindung gebracht".[137] Jene Namen, die mit der Wortwurzel *dd* gebildet sind, verbinden die Träger des Namens mit einer geliebten Gottheit.[138] Müller plädiert dafür, dass der David-Name (*dôd*) ursprünglich als „Liebling", jedoch im Sinne von „Liebling JHWHs" zu verstehen sei: Dies sei nicht im Kontext zwischenmenschlicher Beziehungen, also im wörtlichen (gegenständlichen) Sinn zu verstehen, sondern:

---

[135] Dietrich, Deuteronomisten, S. 74.

[136] Ob die Namensetymologie, wie Stamm im Folgenden ausführt, auf die „*natürliche Neigung, ein neugeborenes Kind ‚Liebling' oder ‚Freund' (‚Freundin') zu nennen* [Markierung A.F.]" zurückgeht, ist m. E. eine verkürzte Sichtweise und heute nicht haltbar. Vgl. Stamm, Name, S. 39.

[137] Dietrich, Deuteronomisten, S. 76. In biblischen Texten wie z. B. dem Hld wird die Wortwurzel *dd* aufgegriffen und findet in den Darstellungen eines Geliebten (*dôd*) sowie dessen Liebeskünsten Verwendung. Stamm benennt zwei Voraussetzungen für die Annahme, wonach *dôd* ursprünglich einen Gott bezeichnet, die der Alttestamentler beide nicht gegeben sieht. Zum einen handelt es sich um die Existenz von Belegen für jenen Gott, die über den Namen der Figur Davids hinausgehen. Stamm verweist darauf, dass die in diesem Kontext herangezogenen, alttestamentlichen Belege für die Existenz einen Gottes Dōd (Jes 5,1–7; 29,1 und Hld 5,9) keinen eindeutigen Beleg darstellen. Vgl. Stamm, Name, S. 32.
Als zweite Voraussetzung nennt der Alttestamentler Belege dafür, dass die bloße Gottesbezeichnung als Personenname geläufig sei. Stamm kommt zu dem Ergebnis, dass ein Personenname im Hebräischen „nicht bis auf die Gottesbezeichnung reduziert werden [konnte; A.F.]. Ganz ausgeschlossen ist es jedoch nicht, das sich für ein theophores Verständnis von *dāwīd (dōd)* ins Feld führen ließe. Gewissheit bestünde aber erst dann, wenn man über einen mit *dōd* zusammengesetzten Vollnamen verfügte." Stamm, Name, S. 34. Dies ist jedoch, so Stamm, nicht der Fall.

[138] Vgl. Donnet-Guez, Bethsabée, S. 76.

Vielmehr liegt hier im Sinne des Aristoteles (Poetik 1457b) ‚die Übertragung eines fremden (scil. einem anderen Seinsbereich zugehörigen) Begriffs' (ὀνόματος ἀλλοτρίου ἐπιφορά) vor, weil das besondere Gottesverhältnis des Namensträgers als etwas eigentlich Unaussprechliches auf andere Weise nicht zur Sprache kommen kann.[139]

Dieser Überblick über die unterschiedlichen etymologischen Hypothesen zum David-Namen erweist sich für die Figurenanalyse als hilfreich. Der Figurenname ist gemeinsemitischen Ursprung und leitet sich von der Wurzel *jdd* „lieben" bzw. von *dôd* „Geliebter"[140] ab. Im Anschluss an Müller lässt sich festhalten, „dass der Name ‚David' ursprünglich als [*dôd*] zu vokalisieren ist und ‚Liebling, Freund' bedeutet, sei es als Liebling von Menschen, einer Gottheit oder in verkürzender Übernahme eines Gottesnamens."[141] Die Semantik des Figurennamens David im Sinne des „Geliebten" besitzt somit „ein gewisses Maß an Polysemie"[142]. Während diese Namenssemantik für viele der Erzählungen zur biblischen Figur David der Samuelbücher angemessen erscheint, eröffnet sich für 2 Sam 11 eine Diskrepanz, denn David tritt in dieser Erzählung weder als „Geliebter" auf noch wird er von einer der Figuren geliebt. Wie bereits in der vorausgegangenen Analyse herausgestellt, verbietet es sich 2 Sam 11 als Liebeserzählung zu verstehen.

Der Name David ist in 2 Sam 11 niemals mit dem sozialen Status מלך in einer ÄE gemeinsam verwendet (!). Die Verbindung der beiden Bezeichnungen – des Figurennamens und des Titels – für die Figur des Königs Davids muss von den Leserinnen und Lesern hergestellt werden. Dies geschieht entweder, indem die Lesenden die Referenz aus dem literarischen Kontext entnehmen oder sie aus der Erzählung in 2 Sam 11 ableiten.

Neben dem Figurennamen und ihrer Bezeichnung wird die Figur Davids in 2 Sam 11 durch verschiedene Erzähltechniken gestaltet, die in der vorliegenden Untersuchung bereits Gegenstand der Analysen im Kontext narratologischer Kategorien waren. Um Redundanzen zu vermeiden, werden diese Erzähltechniken daher im Folgenden nur benannt, und es wird auf die entsprechenden Untersuchungen und Ergebnisse verwiesen.

---

[139] Müller, Name, S. 443.
[140] Vgl. Fischer, Art. David, 1.3.
[141] Müller, Name, S. 442.
[142] Ebenda.

Die Figur Davids ist als *Kontrastfigur* gestaltet. Wie in der Perspektivenanalyse Fokalisierung im Einleitungsvers (V.1)[143] dargestellt, wird in V.1 ein Gegensatz zwischen David (V.1e) einerseits und Joab sowie den Figurengruppen der Diener und „ganz Israel" (V.1b) anderseits etabliert. Dabei wird der Eindruck erweckt, David stehe einer Ganzheit, die durch die kumulative Benennung der Einzelfigur Joabs über die kollektive Gruppe der Diener bis hin zum Großkollektiv „ganz Israel" entworfen wird, entgegen. Diese Kontrastierung basiert sowohl auf der räumlich disparaten Zuordnung (Rabba und Jerusalem) als auch auf den gegensätzlichen Handlungen: Joab führt gemeinsam mit dem Heer Krieg (שחת, Hifil, tansitiv), während David und in Jerusalem verbleibt (ישב, Qal, intransitiv).

Wie in der Raumanalyse aufgezeigt, erweist sich David zudem als Kontrastfigur zu Urija. Indem Urija den königlichen Befehl verweigert (V.8b–c), sich stattdessen an den Eingang des Palastes legt (V.9a) und eben nicht in sein Haus zu seiner Frau geht (V.9b), bricht er die königliche Macht. Wie in der Raumanalyse ebenfalls herausgearbeitet, findet der sich anschließende Konflikt zwischen David und Urija (V.9–13) seinen Ausdruck in Bezug auf den Raum. Im Schwur Urijas hat die Gegenüberstellung der beiden Figuren einen Höhepunkt. Während der Soldat jenen in V.11d genannten Handlungen wie dem Beischlaf mit seiner Frau beim Leben des Königs abschwört, ist es David, der diese Handlung mit Batseba bereits vollzogen hat.[144]

In der Perspektivenanalyse wurde ausführlich die *doppelte Fokalisierung* in V.2d–e thematisiert. Wie dort dargestellt, geht mit dem doppelt fokalisierten Blick Davids auf Batseba eine besondere Identifikation durch die Lesenden einher. Der voyeuristische Blick zwingt die Leserinnen und Leser, Davids Blick zu folgen und Anteil an seinen Emotionen, seinem Begehren, zu nehmen. Zudem werden die Lesenden in den Leseprozess involviert, indem sie die vielen Leerstellen innerhalb des Erzähltextes in V.2 füllen müssen. Die Identifikation mit der Hauptfigur ist hier grundgelegt. Im Verlauf der weiteren Erzählung wird die Empathie mit der Hauptfigur aufgrund von Davids Handlungen (vor allem im Hinblick auf V.4) auf eine harte Probe gestellt, bis letztlich mit dem Todesbrief

---

[143] Siehe in der vorliegenden Arbeit, S. 190–193.
[144] Vgl. die Ergebnisse der Raumanalyse, S. 292–297.

eine schier unüberwindbare Diskrepanz zwischen Empathie und Moral etabliert ist.[145]

Eine weitere Charakteristik für die Gestaltung der Figur Davids ist das Aufgreifen von mehreren Erzählmotiven, die auf die Figur bezogen werden. Wie im Exkurs zu den Erzählmotiven in 2 Sam 11 dargestellt, partizipiert die Figur sowohl am Motiv der Badenden, die männliches Begehren auslöst, als auch am Motiv vom (altorientalischen) Herrscher, der die Frau eines seiner Untertanen nimmt, sowie am Todesbriefmotiv. Die Erzählmotive in 2 Sam 11 weichen, wie gezeigt, von den traditionellen Erzählmustern ab und werden somit dekonstruiert. Dadurch ist der Fokus auf die Figur Davids gerichtet. „Auf diese Weise [wird, A. F.] die Darstellung Davids in 2 Sam11 zum typisierten Bild eines exemplarisch skrupellosen Königs verdichtet."[146]

Von den Handlungen Davids erweisen sich drei als besonders wirkmächtig in Bezug auf die Handlung der Erzählung sowie auf seine Figurenbeschreibung. Dies ist zum einen der in V.2d beschriebene Sehvorgang Davids, der sein Begehren nach der schönen Frau auslöst. Durch die Schwangerschaft, die der Figur Batseba körperlich zugeordnet ist und über die sie David in einer aktiven(!) Handlung (V.5b–e) informiert, gibt es in der Erzählung eine Verschiebung von Davids Zielen. Seine ursprüngliche Motivation, das Stillen seines körperlichen Bedürfnisses aufgrund der Begehrens der Frau, wird von dem Sicherheitsbedürfnis abgelöst, den Ehebruch zu vertuschen, durch dessen Entdeckung er als König öffentlich desmaskiert sowie durch Sanktionen und Strafen bedroht wäre. In diesem Zusammenhang ist Davids Handlung, nach Urija zu senden(V.6a–b), essentiell. Das Schreiben des so genannten Todesbriefes ist die dritte signifikante Handlung Davids.

Die Analyse der Figur als Artefakt lässt erkennen, das der Figurenname, die kontrastäre Gestaltung gegenüber anderen Figuren wie Joab und Urija sowie die doppelte Fokalisierung und das Aufgreifen von Erzählmotiven wesentlich die Darstellungsweise der Figur ausmachen und diese bestimmen.

---

[145] Vgl. Müller, Name, S. 288.
[146] Naumann, David, S. 167.

4.8.5.5 David als Symptom

Unter der letzten Kategorie, der Figur als Symptom, steht die Rezeption der David-Figur im Fokus der Analyse. Bereits innerbiblisch findet sich eine Vielzahl an Rezeptionen zur Figur, die die unterschiedlichen Facetten Davids, wie sie zum Teil in den Samuelbüchern begegnen, aufgreifen und neue David-Bilder entwerfen. Der folgende Überblick ist auf die Rezeption Davids im Zusammenhang mit der „David, Batseba und Urija"-Erzählung begrenzt. Andere Facetten der David-Figur und deren Rezeption werden daher nicht berücksichtigt.[147]

Es lassen sich unterschiedliche Formen der Rezeptionen von 2 Sam 11 erkennen. So wird in der chronistischen Darstellung die Erzählung von „David, Batseba und Urija" bewusst ausgespart. In *1 Chr 11–29* findet sich nach den Samuelbüchern eine zweite große Textsammlung zur Figur Davids. Dabei wird in 1 Chr 11–21 Material aus den Samuelbüchern mit einigen Veränderungen und Zusätzen aufgenommen und ab 1 Chr 22 mit der eigenständigen Darstellung des Chronisten verbunden.[148] Die Ten-

---

[147] In diesem Zusammenhang ist auf Rezeption Davids als Poet und Musiker hingewiesen, die vor allem in den Psalmen sowie im Psalter in Erscheinung tritt und wirkmächtig geworden ist. Diese Traditions- und Rezeptionslinie kann aufgrund der Fokussierung auf 2 Sam 11 im Folgenden nicht weiter thematisiert werden, zur Literatur dazu siehe: Eberle-Küster, Lesen, passim; Seybold, Psalmsänger, S. 145–163; Dietrich, David, S. 84–88; Hossfeld / Zenger, Davidisierung, S. 79–90; Müllner, Gottesdeuter, S. 34–39. Auch können die umfangreichen Traditions- und Rezeptionslinien zu David, wie sie in den Prophetenbüchern begegnen, nicht weiter Berücksichtigung finden. In Texten wie Jer 13,13 oder Jer 17,5 wird auf David als Dynastiegründer rekurriert, verbunden mit der Auffassung, dass die Könige in der Nachfolge Davids auf dem Königsthron in Jerusalem sitzen. In diesem Zusammenhang begegnet in Jer die stereotype Wendung, der „auf Davids Thron sitzt" (ישׁב על־כסא דוד). Eng mit dieser Auffassung ist die Erwartung verbunden, dass vom „Haus Davids" das gerechte Gericht ausgeht. Diese prophetische Erwartung findet sich beispielsweise in Jer 21,12. Die Hoffnung auf Erneuerung des davidischen Königtums verliert in der Fortschreibung der Prophetenbücher immer mehr an politischer Kraft. Als Folge der Eroberung und Zerstörung Jerusalems durch die Babylonier (587/586 v. Chr.) und mit dem dadurch eingeleiteten Ende der Geschichte der davidischen Könige entfaltet sich die Hoffnung auf einen „neuen David". Diese Erwartung steht im Zusammenhang mit der Hoffnung auf bessere, gerechtere Zeiten. Sukzessive wird König David zur Symbolgestalt einer zukünftigen Heilszeit. Die Erwartung eines „neuen David" ist häufig mit dem problematischen Begriff „messianisch" verbunden. Zu dieser Rezeptionslinie siehe Pietsch, Sproß Davids, S. 54–101; Waschke, David, S. 187–193; Dietrich, David, S. 65–72.

[148] Siehe Japhet, 1 Chronik, S. 42.

denz dieser Darstellung ist wesentlich bestimmt durch eine Idealisierung Davids. „(T)he Chronicler, writing in a post-exilic context marked by an acute nostalgia for the reigns of David and Solomon, did not permit negative images of David to be included within the story of Judah's past."[149] Aus diesem Grund ist es nicht verwunderlich, dass die Erzählung von „David, Batseba und Urija" aus 2 Sam 11, in der David als Ehebrecher und Mörder beschrieben ist, sowie weitere Teile der TFE in der chronistischen Darstellung nicht aufgegriffen werden.[150]

Eine andere Form der Rezeption von 2 Sam 11 begegnet im deuterokanonischen Sirachbuch. Im sog. *„Lob der Väter" (Sir 44–50)* wird David in Sir 47,1–11 thematisiert. In diesen Versen, die ein Konglomerat mit Referenzen zu älteren alttestamentlichen Texten darstellen, findet teilweise eine einseitige und freie Rezeption statt. So wird beispielsweise in Sir 47,3 erwähnt, dass David mit Löwen „spielte" (παίζω), während dieses „Spiel" in 1 Sam 17 eher als Kampf mit Löwen bezeichnet ist (1 Sam 17,34f.; πατάσσω LXX). Die Darstellung Davids in Sir 47,1–11 betont zwei Facetten der Figur. Zum einen wird in Bezug auf Davids Sieg gegen Goliat seine Bedeutung als starker Krieger herausgestellt und zum anderen fungiert er als frommer Sänger von Psalmen. Der Schlussvers in Sir 47,11 lässt sich als Rezeption zu 2 Sam 11 lesen: „ᵏDie Ewige ς tilgte seine Schuld / und erhöhte für alle Zeiten sein Ansehen. / Sie schloss mit ihm einen Bund über sein Königtum / und gab ihm einen prachtvollen Thron in Israel" (Sir 47,11; BigS). Mit dem Verweis auf Davids Schuld liegt eine Referenz auf 2 Sam 11 vor, wobei es nicht bei der Herausstellung der Schuld bleibt: „Kurz und dunkel blitzt die Sünde auf, jedoch sogleich schon im Status göttlicher Vergebung".[151] Der Schlussvers greift somit die Verwobenheit mit 2 Sam 11–12 auf. In diesen Textstellen sind sowohl Davids Schuld (2 Sam 11) als auch die göttliche Strafe sowie die Aussöhnung Gegenstand der Erzählungen.

Im Neuen Testament begegnet die Figur David an prominenter Stelle – gleich zu Beginn, am Anfang des das Neue Testamente in kanonischer Folge eröffnenden *Matthäusevangeliums* in Mt 1,1: Βίβλος γενέσεως Ἰησοῦ Χριστοῦ υἱοῦ Δαυὶδ υἱοῦ Ἀβραάμ. Der Figurenname David

---

[149] Pioske, Art. David, Sp. 192.
[150] Siehe Japhet, 1 Chronik, S. 42. Japhet weist darauf hin, dass der Chronist die TFE (2 Sam 9; 12,2–25; 13,1–20,22; 1 Kön 1–2) sowie die Erzählung vom Aufstand Abschaloms völlig ausgelassen hat.
[151] Dietrich, David, S. 90.

kommt in den neutestamentlichen Texten insgesamt 59 Mal vor und zählt damit zu den häufigsten alttestamentlichen Namen, die im Neuen Testament genannt werden.[152] Die Schwerpunkte der Rezeption Davids in den neutestamentlichen Texten liegen zum einen bei den Synoptikern und zum anderen in der Apostelgeschichte. Weder in den katholischen noch in den johanneischen Briefen tritt die Figur Davids in Erscheinung. In Bezug auf das David-Bild des Neuen Testamentes konstatiert Dietrich: „Es ist bezeichnend, wie das neutestamentliche Davidbild bereits in verschiedenen Farben schillert."[153] Dabei ist es wesentlich durch eine christologische Dimension konnotiert. Dietrich nennt zwei Hauptlinien der Rezeption Davids im Neuen Testament: Zum einen tritt David als Psalmist und Prophet als Zeuge von Jesu Gottessohnschaft auf. Zum anderen wird David als Gesalbter und König betrachtet, der als Urahn Jesu sowie Urbild des Messias fungiert.[154] „David is an indicator of the Messiah. Jesus is not only the Messiah who is the descendant of David, he is also the David-like Messiah."[155] Mit diesen Ausrichtungen der David-Rezeption im Neuen Testament deutet sich an, dass 2 Sam 11 kaum Relevanz besitzt. Dennoch findet sich in Mt 1,6 ein Bezug zu dieser Erzählung. Im Stammbaum Jesu (Mt 1,1–17) wird berichtet: „David aber zeugte Salomo von der [Frau] des Uria" (Mt 1,6, ELB).[156] Die Nennung Salomos als Sohn Davids und Batsebas sticht aus dem Stammbaum hervor, da Batseba die einzige der genannten Figuren ist, die nicht mit Namen genannt, sondern über ihre Beziehung zu ihrem Mann Urija bezeichnet wird. Somit wird nicht auf die Figur Batsebas verwiesen, sondern auf den Erzählkomplex in 2 Sam 11 und da darin geschilderte skandalöse Verhalten Davids gegenüber Urija. Durch die Bezeichnung „τῆς τοῦ Οὐρίου" wird Davids Schuld an Urija als sein Makel hervorgehoben.

> In der christlichen Überlieferung wie in den nachbiblischen jüdischen Schriften gilt David als der ideale König. Dennoch wird sein Glanz durch die Batseba-Geschichte überschattet […]. Eine Möglichkeit, diesen Makel in der Biographie Davids, der durch die Strafpredigt Nathans nicht bagatellisiert werden konnte, zu mil-

---

[152] Siehe Miura, Art. David, Sp. 193; Dietrich, David, S. 93.
[153] Dietrich, David, S. 93
[154] Siehe Dietrich, Prophet, S. 25–29.
[155] Millet / Robert, David, Sp. 195.
[156] Eine ausführliche Betrachtung dieser Rezeption ist in der Figurenanalyse Batsebas als Symptom zu finden, S. 442–444.

dern, war der Versuch, die Ereignisse bis zum Auftreten des Propheten in einem übertragenen Sinne auszulegen.[157]

Damit ist eine weitere Form des Umgangs mit 2 Sam 11 angedeutet. Neben der Auslassung, wie sie in der chronistischen Darstellung von Davids begegnet, und neben dem expliziten Verweis auf Davids Schuld in Mt 1,6 lässt sich die in 2 Sam 11 darstellte Schuld Davids im übertragenen Sinn auslegen. Eine solche Lesart begegnet in den patristischen Schriften.

Dort findet der Name Davids etwa 20 000 Erwähnungen.[158] Dabei handelt es sich nicht ausschließlich um Bezugnahmen auf Davids Leben, sondern viel häufiger tritt er als Autor der Psalmen in Erscheinung oder wird im Zusammenhang mit Psalmenzitaten erwähnt. Neben dieser häufigen Erwähnung in den Psalmenkommentaren der Väter finden sich häufig Verweise auf David in deren Schriften zu neutestamentlichen Texten bzw. Büchern.[159] Darüber hinaus finden sich auch Aussagen zu Davis Leben in den Kommentierungen der Samuel- und Königbücher. Einen beeindruckenden Überblick bietet Theresia Heither in der Monographie „David", die in der Reihe „Biblische Gestalten bei den Kirchenvätern" erschienen ist.[160] Der Name Davids begegnet in den patristischen Schriften in unterschiedlichen Zusammenhängen bzw. im Kontext unterschiedlicher Themen. Häufig wird dabei eine Namensetymologie zu Grunde gelegt. „Die griechischen und lateinischen Kirchenväter überliefern zwei Etymologien des Namens David, nämlich einerseits ‚starke Hand' und andererseits ‚der Ersehnte'."[161] Während die Herleitung des Namens „der Ersehnte" als Vorverweis auf Christus fungiert, lässt die Etymologie „starke (oder geschickte) Hand" unterschiedliche Erklärungen zu. Basilius sowie Augustinus sehen darin eine Anspielung auf Christus, der die starke Hand Gottes ist, mit der er die Welt besiegt.[162]

---

[157] Dorninger, Verführerinnen, S. 99.
[158] Siehe Heither, David, S. 12.
[159] Siehe ebd., S. 12f.
[160] Vgl. ebd., S. 14–62.
[161] Ebd., S. 16. Solche Namensetymologien begegnen, so Heither, beispielsweise bei Origenes, Didymus, Basilius, Eusebius, Augustinus, Hieronymus oder Isidor. Zur Angabe der entsprechenden Schriften siehe ebd., S. 16.
[162] Siehe ebd., S. 16. Eine andere Erklärung sieht Heither bei Origenes, der sagt „David hat mit geschickter Hand die Saiten des Gesetzes berührt , indem er bald die Saiten des Gesetzes berührt hat, um sie zusammen mit den Saiten des Evangeliums oder auch die Saiten der prophetischen mit denen der apostolischen Schriften zusammen

Bei den Kirchenvätern lässt sich eine Idealisierung Davids erkennen. Er ist das Exempel eines „Mannes nach dem Herzen Gottes". Diese Formulierung wird zum bestimmenden Beiwort Davids und findet sich beispielsweise im *Matthäus-Kommentar* von *Johannes Chrysostomus*.[163] Zudem wird David als Prophet idealisiert, der in den Psalmen die Heilsgeschichte Christi bereits vorhergesehen hat (z. B. Chry., Hom. Mt 39,1) oder als idealer König, mit dem alle Könige zu vergleichen sind.[164] Christiana Reents konstatiert in diesem Zusammenhang: „Theologians of the Patristic period portrayed David as the full embodiment of humanity in the biblical sense"[165].

Auch die „David, Bathseba und Urija"-Erzählung wird in den patristischen Schriften thematisiert. Im Zentrum der Auseinandersetzung mit dem David-Bild in 2 Sam 11 bei den Vätern steht David als Exempel des großen Sünders, der durch seine Buße und durch seine beispielshafte Bereitschaft und Umkehr Vergebung erfahren hat.[166] Damit rückt neben das idealisierte Bild Davids als Idealkönig, der als Mann nach dem Herzen Gottes zum Urbild des Messias geworden ist, ein komplexeres kritischeres Bild der David-Figur. Infolgedessen versuchen die Väter den Ursprung der Sünde zu erklären:

> Die erste Frage, die sich den Vätern stellt, ist, ob der Teufel die Sünde Davids verursacht hat, oder ob es eine menschliche Schwäche war, der David erlegen ist. Genauer kann man formulieren: Hat der Teufel mit seiner teuflischen Macht David zu Fall gebracht, kam die Sünde also von außen oder von innen, d. h. aus der menschlichen Schwäche Davids?[167]

Darüber hinaus finden sich moralische Deutungen zu 2 Sam 11–12, in denen stärker die Folgen der Sünde sowie Gottes Vergebung zum Gegenstand gemacht werden. David wird zum exemplarischen Sünder und Büßer, der Vergebung findet und infolgedessen nach Auffassung einiger der Väter zum Vorbild der Christenheit avanciert. Diese Auffassung soll

---

erklingen zu lassen [vgl. Or., philoc. 6,2 (SC 302 Harl/De Lange) 310]." Heither, David, S. 16.

[163] Siehe Chry., Hom. Mt 3,5.
[164] Siehe Reemts, Art. David, Sp. 207f.
[165] Ebd., Sp. 207.
[166] Siehe Heither, David, S. 11; Reemts, Art. David, Sp. 208f.
[167] Heither, David, S. 83.

anhand der *Katechese an die Täuflinge* bei *Cyrill von Jerusalem* exemplarisch aufzeigt werden:

> Willst du, daß dir in unserem Interesse noch andere Vorbilder der Buße vorgeführt werden, so gehe hin zum seligen David und nimm ihn als Vorbild der Buße! Der große Mann fiel. Nach der nachmittägigen Ruhe erging er sich auf seinem Hause, schaute unvorsichtig umher und fiel nach Menschenart. Die Sünde geschah, doch starb damit nicht die aufrichtige Bereitwilligkeit, das Verbrechen zu bekennen. Es kam Nathan, der Prophet, verwies ihn sogleich und heilte die Wunde. ‚Der Herr erzürnte', – sagt er – ‚du hast gesündigt'. [...] Und zu dem, der gekommen war, vielmehr durch ihn zu dem, der ihn gesandt hatte, spricht er: ‚Ich habe gesündigt dem Herrn'. Siehst du die Demut des Königs? Nimmst du wahr sein Bekenntnis? War er denn etwa von jemandem überführt worden? Wußten etwa viele von seiner Tat? Rasch wurde die Tat vollbracht, sogleich war der Prophet da als Kläger, und der Frevler bekennt seine Sünde.[168]

An diesem Beispiel wird deutlich, dass die Reue Davids als exemplarisch angesehen wird, der also nachzueifern ist. Die „David, Batseba und Urija"-Erzählung wird instrumentalisiert und als Erzählung von Davids Sünde exemplifiziert. Die biblische Erzählung steht in Zusammenhang mit 2 Sam 12, und in ihrer Verwobenheit rückt der Reuegedanken Davids in den Vordergrund. Außer bei Cyrill von Jerusalem findet sich diese Auslegungsweise von 2 Sam 11 – die Betonung des Reue- und Bußgedankens, verbunden mit der göttlichen Gnade – im *Matthäuskommentar* von *Johannes Chrysostomus*.[169]

Neben dieser moralischen Auslegung von 2 Sam 11 finden sich in den patristischen Schriften auch typologische Deutungen, die hier nicht weiter thematisiert werden, sondern ausführlich an anderer Stelle dargestellt sind.

Die Rezeption der Figur David ist vielfältig und bietet eine kaum zu überschauende Vielzahl an Rezeptionen. Für das David-Bild der „David, Bathseba und Urija"-Erzählungen sind die essentiellen Tendenzen und Problematiken angesprochen worden. So schließt die Figurenanalyse zu David mit einer kurzen Zusammenfassung der wichtigsten Ergebnisse.

---

[168] Cyr. H., catech. 2,11.
[169] Vgl. Chrys., Hom. Mt 26,6–8.

4.8.5.6 Zusammenfassung

Als wesentlicher Zugang für die Figurenanalyse wurde in der vorliegenden Analyse die symbolische Bedeutung Davids gewählt. Die Figur besitzt indirekte Bedeutung. Zum einen kann sie als *Symbol* eines Herrschers aufgefasst werden, wobei die Figur sowohl Gemeinsamkeiten mit anderen altorientalischen Herrschern besitzt als auch davon unabhängige Züge aufweist. Als weitere indirekte Bedeutung der Figur ist ihre Rolle als Voyeur untersucht und dargestellt worden. Durch die besondere Gestaltung der Erzählung in Form der doppelten Fokalisierung in V.2d–e partizipiert die Erzählung an einem voyeuristischen Setting und David kann als Voyeur verstanden werden.

David ist die Figur, die in allen Szenen auftritt und die höchste Anzahl an Figurenreden aufweist, somit ist sie Hauptfigur der Erzählung. In 2 Sam 11 tritt David als machtvolle Figur auf, die wesentlich durch ihre Sozialität als König bestimmt ist. So ist der Aspekt der Sozialität im ersten Figurenmodell bestimmend. Auffällig ist dabei, dass eine explizite Bezeichnung Davids als König fehlt. Dies kann, wie gezeigt, entweder indirekt aus V.1 abgeleitet werden oder durch die räumliche Zuordnung Davids zum Königspalast erschlossen werden. Diese räumlichen Zuordnungen sind aufschlussreich, denn sie sind über die gesamte Handlung dem Ort des königlichen Palastes zugeordnet. Dieser Raum ist durch die Handlungen Davids geprägt und semantisch konnotiert als Raum, von dem aus Regierungsmacht ausgeübt wird. Der König setzt – meist in Folge des Leitworts שלח – die anderen Figuren in Bewegung.

Neben der Sozialität tritt die Figurenpsyche als wesentlicher Aspekt der Figurenbeschreibung in Erscheinung. Sowohl Davids Begehren als auch seine Motivation im Anschluss an die Bekanntgabe der Schwangerschaft Batsebas werden nicht explizit erzählt, dennoch erweisen sie sich als entscheidende Elemente zum Figurenverständnis. Auffällig ist zudem, dass es im Text keinen Hinweis darauf gibt, dass David die Frau liebt, die er sieht.

Bei der Analyse Davids als Artefakt hat sich herauskristallisiert, dass die Gestaltungsweise der Figur wesentlich das negative Bild Davids beeinflusst. In 2 Sam 11 ist David als Ehebrecher und Mörder gezeichnet. Dieser Eindruck wird durch die Erzählmotive intensiviert, die von den traditionellen Erzählverläufen abweichen und dadurch David als besonders negativ erscheinen lassen. Darüber hinaus avanciert David im Handlungsverlauf zu *der* Kontrastfigur in 2 Sam 11. Er weist die häufigsten kontrastären Gegenüberstellungen mit anderen Figuren wie Joab (V.1), Batseba (V.4e) und Urija (V.8–13) sowie Figurengruppen (V.1) auf.

Davids Figurenperspektive ist, wie bereits in der Perspektivenanalyse herausgestellt, das komplexeste Wirklichkeitsmodell und die aussagekräftigste Erzählperspektive in 2 Sam 11. Davids Motivation ist wesentlich von der Vertuschung des Ehebruchs bestimmt. In Bezug auf den Todesbrief distanziert er sich von der Tat, indem er seine Beteiligung an der Tötung Urijas verschleiert (V.14–15). Aus der Figurenperspektive Davids wird in V.25c ein Wertesystem vermittelt, das sich durch die Gottesfigur als falsch herausgestellt.

In der Analyse der Figur Davids als *Symptom* wurden zwei Hauptlinien der Rezeption Davids aufgezeigt. Einerseits ist David der ideale König, der als Mann nach dem Herzen Gottes betitelt und als Urbild des Messias aufgefasst wird, andererseits wird er – und dies v. a. in Bezug auf 2 Sam 11 – als Exempel eines Sünders und Büßer dargestellt, der durch seine Bereitschaft zur Umkehr Vergebung erfährt. Mit Blick auf die Rezeption von 2 Sam 11 wird David zum Beispiel eines reuigen Sünders.

4.8.6 Figurenanalyse Batsebas

4.8.6.1 Hinführung

> *Taking her to be one of the main characters would surely be a misapprehension, as she is almost completely passive [...]. She could almost purely be described as an object (Seiler 1998:252), as 'simply part of the plot' (Berlin 1982:73). However, considering the effect of the character of Bathsheba on the reader, it will be well worth the trouble to analyse her character.[1]*

Dieses Urteil von van der Bergh steht exemplarisch für die weit verbreitete Auffassung, wonach die Figur Batsebas als passives Objekt bzw. passive Rolle angesehen wird, deren einzige Funktion in ihrem Beitrag zum

---

[1] Van der Bergh, Character, S. 187.

Fortgang der Handlung liegt.² Wird hingegen die Wirk- und Rezeptionsgeschichte von 2 Sam 11 betrachtet, und dies deutet van der Bergh bereits an, kommt Batseba, die wesentlich in der „Badeszene" V.2–5 figuriert wird, eine exponierte Stellung zu. So hat die weibliche Figur im Vergleich zu Urija, dem Gegenspieler Davids, eine viel breitere Resonanz in der Rezeptionsgeschichte erfahren. Als Beispiel ließe sich die Rezeption Batsebas in der Kunst nennen, wobei sich die Badeszene hier als ein wesentliches Motiv herauskristallisiert hat.³

Dieser Diskrepanz zwischen der von den Auslegerinnen und Auslegern konstatierten kurzen, dramaturgisch motivierten passiven Darstellung auf der einen Seite und der enormen Rezeptionskraft der Figur Batseba auf der anderen Seite, gilt es in einer Figurenanalyse gerecht zu werden. In dem an Rezipientinnen und Rezipienten orientierten Modell von Eder wird diese erste Beobachtung aufgegriffen und konstruktiv für die Figurenanalyse genutzt.⁴ Darüber hinaus ermöglicht das Modell in Anwendung auf Batseba eine viel detailliertere und komplexere Analyse der Figur als andere Erzähltheorien.⁵ Es wird sich zeigen, dass die Bedeu-

---

² Zum Interpretation Batsebas als passives Objekte siehe Bar-Efrat, Das zweite Buch Samuel, S. 106; Ackroyd, Samuel, S. 105f; McCarter, II Samuel, S. 288. Van Seters weist der Figur eine passive Rolle zu, vgl. van Seters, Art. Bathsheba, S. 598. Ebenso Berlin, Characterization, S. 73: „(T)his leads us to view Bathsheba as a complete nonperson. She is not even a minor character, but simply part of the plot." Siehe ebenso Fokkelman, Narrative Art, S. 51: „The narrator only gives information about her which is indispensable to the action".
³ Einen Überblick über die Rezeptionsgeschichte der „badenden Batseba" in der Kunst bieten Elisabeth Kunoth-Leifels und Petra Welzel. Vgl. Kunoth-Leifels, Darstellung; Welzel, Bathsheba.
⁴ Siehe Eder, Figur, S. 80–106.
⁵ In diesem Zusammenhang möchte ich auf die 2011 erschienene Dissertation von Sara M. Koenig verweisen, die unter Verwendung von Bals Kategorien zur Figurenanalyse – *„gender, personal name, physical description, actions, speech, and a character's development or change throughout the narrative"* – die Figur Batsebas charakterisiert. Koenig, Bathsheba, S. 22. Die benannten Kategorien finden sich ebenfalls in dem Analysemodell der Figur von Eder systematisiert wieder. Zudem wird dieses ergänzt durch die Ebenen des Symbols und des Symptoms einer Figur, die bei Bal fehlen. Koenig betont, dass „because the text about Bathsheba is so gapped, it is paramount that readers pay attention to exactly what the text does say, but also are aware of their own biases as they fill in the gaps". Koenig, Bathsheba, S. 2. Allerdings findet dies in der Auswahl der Erzähltheorie bei Koenig keinerlei Berücksichtigung. Ausgehend von einer detaillierten Analyse der Figur Batsebas im Zweiten Samuelbuch sowie im Ersten Königebuch (MT) verweist Koenig auf die vielen Leerstellen bei der Figu-

tung der Figur narratologisch über das bloße Voranbringen der Handlung weit hinausreicht. Die Begegnung von David und Batseba wirkt entscheidend auf das königliche Figurenmodell, das sich die Leserinnen und Leser bilden. Es kommt zu einer Erweiterung des ersten Eindrucks, den die Figur David in V.1 evoziert hat. Durch diese eröffnet sich der innere Konflikt Davids – bestehend aus der Erfüllung königlicher Pflichten (Kriegsteilnahme, V.1) und seinen Wünschen und Bedürfnissen (Begehren einer schönen Frau, V.2). Der Konflikt verweist zugleich auf ein zentrales Thema der Erzählung, nämlich David als (von JHWH gesalbter) König.

4.8.6.2 Batseba als dargestelltes Wesen

Die Figur Batseba wird in V.2d aus der Perspektive Davids von der Erzählstimme als eine namenlose Frau, die sich gerade wäscht (רחצ, Partizip), eingeführt. Damit lassen sich zwei wesentliche Charakteristika der Figur festhalten: ihre Menschlichkeit und ihre Zuordnung zum weiblichen Geschlecht.

In 2 Sam 11,2d–e wird erzählt, dass David eine Frau sieht, die sich gerade wäscht. Das Spektrum der Deutungen und damit in die Erzählung eingetragene Wertungen zu dieser Textstelle sind innerhalb der Auslegung breit und äußerst different. Einerseits wird die Figur Batseba als eine provozierende Verführerin angesehen, indem die Waschung (V.2d–e) sowie die gesamte Erzählung in 2 Sam 11 im Verhältnis zu 1 Kön 1f. gesetzt werden.[6] Andererseits steht einzig die Erzählung in 2 Sam 11 im

---

rencharakterisierung und bietet differenzierte Auslegungen auf Basis der Forschungsdiskussion an. Im Anschluss daran betrachtet sie die rezeptionsgeschichtlichen frühen Adaptionen in den antiken Übersetzungen (LXX, Targume, Peschitta) sowie der rabbinischen Auslegung im Midrasch sowie bei Josephus, um die Grundlinie der Figurencharakterisierung Batsebas nachzuzeichnen, wonach die Figura als *„minor character"* zu verstehen ist. Zudem ist sie komplex und eine Figur, die sich innerhalb des gesamten Erzählverlaufs (2 Sam 11–12; 1 Kön 1–2) entwickelt und *„generally positive"* ist, womit Koenig ausdrückt, dass Batseba nicht intrigant, verführerisch oder naiv ist. Siehe Koenig, Bathsheba, S. 25, ebenso: Ebd., S. 75–77, 103f., 133. Andererseits greift Koenig auf die Adaptionen zurück, um die Differenzen zur Figurencharakterisierung des MT und erste Verschiebungen, Interpretationen und Transformationen aufzuzeigen. In dem Analysemodell von Eder ist dieses Vorgehen, die Analyse der Wirkung der Figuren auf Rezipierende, inkludiert und somit essentieller Bestandteil der Figurenanalyse. Siehe Eder, Figur, S. 541–560; Eder, Gottesdarstellung, S. 45–47.

[6] Siehe Nicol, Bathsheba, S. 360; Bailey, David, S. 89.

Fokus und Batseba bekommt eine Opferrolle zugesprochen.[7] Daneben gibt es noch Zwischenpositionen, die sowohl David als Batseba gleichermaßen in die Verantwortung nehmen. So spricht M. Herschel Levine beispielsweise der Figur Batseba Verführungskünste zu und interpretiert Davids „Herumwandeln" in der Abenddämmerung auf dem Königpalast als voyeuristisches Ausspähen der Badenden.[8]

Dietrich stellt hypothetisch die Frage: „Ist es nicht denkbar, dass sie sich den Blicken des Königs bewusst aussetzte?"[9] Wird diese Frage auf die gesamte Erzählung bezogen, erkennt er

> Erzählzüge, die man(n) in dieser Richtung ausdeuten könnte und immer wieder ausgedeutet hat: Warum wäscht sich eine Frau so nah am Palast und so, dass sie von dort gesehen werden kann? Und dies abends, wo zwar die Temperaturen in Jerusalem oft unangenehm niedrig sind, umso höher aber die Wahrscheinlichkeit, vom König wahrgenommen zu werden?[10]

Diese Überlegungen finden sich nicht explizit im Text, sondern basieren auf der Textbeobachtung, dass die Erzählung solchen „Fantasien" Raum gibt, diese gleichfalls den Leserinnen und Lesern (auf)oktroyiere. Aus diesem Grund erscheint eine nähere Betrachtung der Charakterisierung Batsebas in V.2 notwendig. In V.2e wird Davids Wahrnehmung, sein Blick auf die namenlose Frau, ergänzt durch folgende Beschreibung: והאשה טובת מראה מאד (und die Frau war von sehr schönem Aussehen). Hierbei handelt es sich um eine Fremdcharakterisierung und somit um eine perspektivische Sicht auf die Figur – ausgehend von der Perspektive Davids, wiedergegeben durch die Erzählstimme.[11] Auffallend dabei ist die sparsame Beschreibung der Körperlichkeit Batsebas. Es gibt keinen Hinweis auf ihre Größe, ihre Körperform, Proportionen oder körpernahe Artefakte wie beispielsweise Frisur oder Kleidung. Die Figurendarstellung zielt ausschließlich auf den zentralen und wertbesetzten Aspekt der

---

[7] Siehe Fokkelman, Narrative Art, S. 51; Müllner, Gewalt, S. 131. Tikva Frymer-Kensky ordnet 2 Sam 11f. in die Kategorie „Frauenopfer" ein. Siehe Frymer-Kensky, Women, S. 143–156.
[8] Vgl. Levine, Irony, S. 72.
[9] Dietrich, David, S. 251.
[10] Ebenda.
[11] Eder verweist darauf, dass bei Fremdcharakterisierungen der Sprecher in der Regel nicht nur den charakterisiert, „über den er spricht, sondern auch sich selbst und sein Verhältnis zu ihm". Siehe Eder, Figur, S. 264.

weiblichen Schönheit. Von Beginn an wird ihre Schönheit und somit ihre Körperlichkeit hervorgehoben, die ins Zentrum des Eigenschaftsbereichs der Figur rückt.

Biblische Erzähltexte sind sparsam bei der Beschreibung von Äußerlichkeiten der Figuren.[12] In V.2d–e handelt es sich um eine Bewertung der Erzählstimme, die die Information über die Körperlichkeit von Batseba mitteilt und zwar in Form einer Leerstelle, die im Figurenmodell durch das Bild der Leserinnen und Leser gefüllt wird. Das heißt, die Frauenfigur, die in V2.d aus der Perspektive Davids eingeführt und deren Schönheit in V.2e von der Erzählstimme festgestellt wird, ist somit von den mentalen Dispositionen der Leserinnen und Leser beeinflusst. Durch das Füllen der Leerstelle, die Ausgestaltung des Äußeren Batsebas durch die Leserinnen und Leser, entwickeln diese eine besondere Anteilnahme an der Figurensynthese Batsebas. Die Lesenden geben Batseba ein Äußeres – eine Statur, ein Gesicht, Haare, Mimik, Kleidung bzw. sprechen ihr Nacktheit zu. Darüber hinaus ergänzen sie das Figurenmodell Batsebas auch um Psyche und Sozialität, wie Eder vereinfacht zusammenfasst: „Wir [die Rezipientinnen und Rezipienten, A.F.] schließen vom Äußeren auf das Innere, vom Konkreten auf das Abstrakte, vom Verhalten auf Innenleben und Persönlichkeit, von der Gegenwart auf Vergangenheit und Zukunft."[13] Das so entstandene mentale Modell von Batseba – bestehend aus Körperlichkeit, Sozialität und Psyche – ist stark subjektbezogen und steht in Abhängigkeit zu den einzelnen Rezipienten bzw. der Rezipientin und deren Vorwissen. Als Konsequenz daraus lässt sich festhalten, dass die mentalen Modelle zur Figur Batsebas verschiedener Rezipientinnen und Rezipienten subjektbezogen sind und jeweils variieren werden.[14]

Diese Erkenntnis ist von besonderer Tragweite für das Verständnis Batsebas. Das mentale Modell, das in V.2 von dieser Frau entsteht, ist der Ausgangspunkt für das Figurenmodell des gesamten Textes. Dieses ist zwar auch in seinem Eigenschaftszusammenhang dynamisch,[15] dennoch ist das Modell, das die Rezipientinnen und Rezipienten beim ersten Wahrnehmen der Figur entwickeln, von herausragender Bedeutung.

---

[12] Siehe Müllner, Zeit, S. 12; Eisen, Poetik, S. 133; Naumann, Liebe, S. 56; Ska, Introduction, S. 83.
[13] Eder, Figur, S. 328.
[14] So wird auch die unterschiedliche Darstellung und Bewertung der Figur Batsebas im Spektrum von Opfer bis Intrigantin verständlich. Vgl. Naumann, Liebe, S. 67.
[15] Zur Dynamik des Figurenmodells siehe Eder, Figur, S. 310.

Der erste Eindruck beeinflusst das spätere Bild von der Figur, indem er die Aufmerksamkeit auf entsprechende Reize lenkt. [...] Ist einmal ein Figurenmodell gebildet, versuchen die Zuschauer bei ihrer Einschätzung zu bleiben und bei neuen, widersprüchlichen Informationen Dissonanzen aufzulösen, indem das Modell partiell modifiziert wird bzw. unpassende Informationen ignoriert oder umgedeutet werden.[16]

Eine erste Präzisierung, die Einfluss auf das mentale Modell von V.2 nimmt, geschieht im folgenden Vers. Die namenlose Frau, in V.2 zunächst typisiert als schöne Frau, wird erst in V.3d individualisiert: indem sie durch die Namenszuweisung und den Hinweis auf ihre männlichen Bezugspersonen – ihrem Vater Eliam und ihrem Ehemann Urija, dem Hethiter, – eine soziale Identität erhält. „Es beeinflusst die Lesenden, dass Batseba über ihren Vater und ihren Ehemann eingeführt wird, aber erst nachdem sie als namenlose schöne Frau und Objekt von Davids Blick die Bühne des erzählten Geschehens betreten hatte."[17]

Durch eine Alliteration innerhalb der rhetorischen Frage, eingeleitet mit dem Fragepartikel הלוא in V.3d, verknüpft sich die Namensinformation mit der Zuweisung zu den beiden männlichen Figuren.[18] Die Zuteilung der weiblichen Figur zu zwei männlichen Figuren ist eher untypisch. „Üblicherweise wird die Frau in der Bibel mit Bezug auf ihren Vater oder ihren Mann vorgestellt, hier werden aber beide erwähnt."[19]

---

[16] Ebd., S. 213.

[17] Müllner, Zeit, S. 13.

[18] Die Alliteration בת־שבע בת־אליעם könnte auch der Grund für die vorangestellte Nennung von Batsebas Vater sein, woran sich der Hinweis auf den Ehemann Urija erst anschließt.

[19] Bar-Efrat, Das zweite Buch Samuel, S. 107. P Kyle McCarter sieht in dieser doppelte Zuordnung Batsebas ebenfalls eine Besonderheit und spricht der Nennung von Batsebas Vater eine besondere Bedeutung zu: „It is unusual for a woman's patronymic to be given, especially when she is identified by her husband's name[...]. This suggests that the identity of Bathsheba's father was significant, although I cannot discover why." McCarter, II Samuel, S. 285. Barbara Suchanek-Seitz wertet die Wortverbindung des Namens Batsebas mit den zwei Status constructi als Definition ihrer Figur, die eng mit der ihres Vaters und Ehemannes zusammenhängt. Daraus leitet die Alttestamentlerin ab, „dass Batseba als Tochter und Ehefrau nicht nur für den Handlungsverlauf wichtig ist, sondern dass sie hierdurch auch als Akteurin definiert wird. [...] Ein Patronym wird in höfischen oder in Stammeskontexten meistens verwendet, um die noble Herkunft einer Frau zu unterstreichen." Suchanek-Seitz, Kommunikation, S. 57.

Von dieser Zuordnung ausgehend lassen sich Rückschlüsse auf die nicht erzählte Vergangenheit der Figur ziehen. Der Erwähnung von Batsebas Vater und ihren Ehemann liefert Hinweise über die Herkunft der Figur. Beide männlichen Figuren werden in 2 Sam 23,34.39 zu den Helden Davids gezählt, woraus folgt, „dass David mit der Tochter eines seiner Helden und mit der Frau eines anderen Ehebruch begeht"[20].

Nach 2 Sam 23,34 wird Batsebas Vater Eliam zugleich als ein Sohn Ahitofels des Giloniters identifiziert. In der TFE tritt die Figur Ahitofel zudem als einer von Davids engsten Ratgebern in Erscheinung, der sich im Abschalom-Aufstand gegen David wendet und den rebellierenden Königssohn unterstützt (2 Sam 15,12; 16,15–23). Innerhalb der Auslegungs- und Rezeptionsgeschichte wird Ahitofels Unterstützung von Abschaloms Rebellion durch diese familiäre Verbindung, wonach Ahitofel der Großvater Batsebas ist, begründet.[21]

Koenig bietet eine weitere Erklärung für die doppelte Zuordnung Batsebas: „since a woman who had no relational connections to others was likely to be relatively powerless and unprotected, by making it clear that Bathsheba was not only someone's wife, but also someone's daughter, the writer signals that she was known and cared for"[22].

Mit der Nennung von Urija als Batsebas Ehemann wird ihre soziale Stellung als Ehefrau ausgewiesen. Durch den Verweis auf die Ehe ist ein Wechsel in der Sozialität der weiblichen Figur angedeutet: Batseba hat das Vaterhaus verlassen und gehört als Ehefrau dem Haus Urijas an. Insgesamt sieben Mal wird Batseba in der Erzählung als Frau bezeichnet, dabei zweimal in der Constructus Verbindung אשת אוריה (V.3d.26a). Diese Bezeichnung Batsebas als Frau Urijas verweist auf die Zusammengehörigkeit der beiden Figuren und findet daher in der Erzählung auch an exponierten Stellen Verwendung.[23] So beispielsweise in V.3d, wo die

---

[20] Bar-Efrat, Das zweite Buch Samuel, S. 107.
[21] Siehe Müllner, Ahitofel, S. 333: „Als Großvater der Batscheba wäre er über Davids Verhalten seiner Enkelin gegenüber so empört gewesen, dass er eine Möglichkeit der Rache gesehen und ergriffen hätte". Ebenso Koenig, Bathsheba, S. 45. Bar-Efrat, Das zweite Buch Samuel, S. 156 benennt rabbinische Auslegungen (z. B. bSan 69b und bSan 101a), die dieser Linie folgen. Entgegen dieser Auffassung Stoebe, Samuelis, S. 361.
[22] Koenig, Bathsheba, S. 44.
[23] Müllner verweist auf die Benennung Batsebas im Stammbaum Jesu (Mt 1,6) und stellt heraus, dass die Variante der Bezeichnung Batsebas als Frau Urijas wirkungsvoller

beiden Figuren erstmals einander zugeordnet werden. Direkt im Anschluss wird der sexuelle Akt dargestellt (V.4). Unter Anwendung seiner königlichen Autorität und Verfügungsgewalt, darauf weist das Verb שלח hin,[24] bewegt David die Frau zu ihm zu kommen (V.4a–c). Das Verb בוא darf in diesem Kontext nicht als aktive, freiwillige Handlung der Figur aufgefasst werden, vielmehr stellt es eine räumliche Gegenbewegung zu Davids Aussenden (V.4a) dar und geschieht aufgrund des königlichen Befehls.[25] Es folgt die kurze Notiz des sexuellen Aktes: וישכב עמה. Müllner verweist darauf, dass in der Erzählung zwar keine direkte Gewalt in diesem Zusammenhang beschrieben wird, aber „(d)ennoch findet der sexuelle Akt in einer gewaltgeladenen Atmosphäre statt, die es verbietet, diese Begegnung als Liebesgeschichte zu romantisieren"[26].

Die Folgen des sexuellen Aktes sind für beide Figuren – David und Batseba – enorm. „In the social order of Israel and the ancient world, adultery was a serious transgression. Ancient texts from Ugarit and Egypt call it ‚the great sin' and the law codes prescribe death for the adulterous

---

und zugleich schonungsloser auf die gewaltvolle Erzählung von 2 Sam 11–12 verweist. Vgl. Müllner, Zeit, S. 13.
Das Nomen אשה kommt darüber hinaus noch ein weiteres Mal in der Erzählung vor, nämlich in V.21b bezeichnet Joab in seiner Rede zum Boten eine Figur als Frau, die auf Abimelech einen Mühlstein warf, was zu seinem Tod führte. Durch die typisierte Darstellung, denn auch in V.21b fehlen zur Individualisierung der Name oder andere Informationen zur Figur, wird ein Rückbezug zur namenlosen Frau in V.2 möglich. Für die Figurenrezeption Batsebas ist dieser intertextuelle Verweis auf Abimelech und seinen Tod durch eine Frau bedeutend. Da in der vorhergehenden „David, Batseba und Urija"-Erzählung ausschließlich von Männern in Bezug auf die Belagerung und die Kampfhandlung gesprochen wurde (Vgl. V.16d.17a), können die Lesenden die beiden namenlosen Frauen in Bezug zueinander setzen. Das Figurenmodell von Batseba würde durch diesen intertextuellen Verweis in der Figurenrede Joabs erweitert werden: so wie die namenlose Frau den Tod Abimelechs verantwortet, führt die noch namenlose Frau in V.2 zum Tod. Damit ließe sich dieser Verweis Joabs als eine Bewertung bzw. indirekte Kritik am König lesen, indem er Batseba eine (Mit)Schuld am Tod Urijas geben würde. Siehe dazu das Kapitel zur Perspektive, S. 103–109.

[24] Siehe das Kapitel zum Raum, S. 284–286. Andreas Käser vertritt basierend auf seiner Analyse der Botengänge in 2 Sam 11 die gleiche Auffassung: „Es lässt sich folgerichtig das ‚und sie kam zu ihm' nicht anders lesen als: ‚und sie musste zu ihm kommen'." Käser, Inkohärenz, S. 352.
[25] Siehe Bar-Efrat, Das zweite Buch Samuel, S. 108.
[26] Müllner, Gewalt, S. 95. Dass diese Erzählung nach wie vor als „Liebesgeschichte" aufgefasst wird, belegt folgender Artikel aus der jüngsten Zeit. Vgl. Fratte, David und Batseba, S. 52–54.

parties."[27] Als eine verheiratete Frau gilt Batseba als Ehebrecherin, da sie mit einem anderen Mann sexuell verkehrt hat. Sie bricht dabei ihre eigene Ehe. Auch David bricht die Ehe, jedoch „nur" die Ehe des anderen Mannes, also die Ehe von Urija.[28]

> Der Gedanke hinter diesem Unterschied, der auch Ehebruch so schwer wiegen lässt, ist, dass durch ihn Nachkommen eines anderen Mannes in eine Familie und damit in eine Erblinie eindringen können, d. h., die patriarchal-familiäre Ordnungsstruktur, die die (Lebens-)Grundlage der Gesellschaft und ihrer Mitglieder bildet, wird durch den Ehebruch bedroht.[29]

Das Fehlen der Beschreibung jeglicher Emotionen fällt angesichts der erzählten Inhalte in V.4 und den damit einhergehenden Konsequenzen für die beteiligten Figuren besonders auf. Wie fühlt sich Batseba, als sie aus ihrem Haus zu David geholt wird, welche Gedanken kommen ihr in dieser Situation, mit welchen Emotionen wird sie während des sexuellen Akts konfrontiert? Antworten auf diese Frage sind im Text nicht zu finden. Hier eröffnet sich eine Leerstelle und sie basiert auf dem Prinzip der reinen Außensicht des Erzählers. „Sie können durch mehrere Hypothesen, deren verschiedene Möglichkeiten jeweils differente, schlüssige Handlungsstränge ergeben, geschlossen werden – der Text wird ambigue."[30]

In V.4d wird ein Spannungsbogen weitergeführt, der auf dem Nähe- und Berührungsverhalten Batsebas basiert. In der Erzählung wird der Eindruck erweckt, Batseba habe ausschließlich körperlichen Kontakt zu David, sonstige Berührungen bzw. Hinweise auf die Nähe zu anderen Figuren bleiben im Text unerwähnt. Damit wird der Figur ein isoliertes, auf David hin ausgerichtetes Nähe- und Berührungsverhalten im Text zugewiesen. Dies steht im Gegensatz zur Einführung der Figur Batsebas in V.3d über ihren Vater Eliam und ihren Ehemann Urija. Die doppelte Zuordnung der Figur Batsebas in V.3d karikiert das Nähe- und Berührungsverhalten der Figur, das im darauffolgenden V.4d einen ersten Hö-

---

[27] Frymer-Kensky, Women, S. 145.
[28] Dies bedeutet, dass außereheliche sexuelle Kontakte eines Ehemannes mit unverheirateten Frauen oder Prostituierten nicht als Ehebruch angesehen und sanktioniert werden. Siehe Dyma, Art. Ehe, 3.1.
[29] Poser, Art. Frau, S. 153.
[30] Eckstein, König, S. 38.

hepunkt hat und in der erzählten Handlung ausschließlich auf David hin ausgerichtet ist.

Der Spannungsbogen des Nähe- und Berührungsverhalten Batsebas wird in V.4c aufgenommen, indem sie zum König kommt, nachdem dieser „machtvoll" (שלח) nach ihr ausgesendet hat. In V.4d findet die räumliche Annäherung Batsebas an David zu ihren Höhepunkt und zwar in ihrer Berührung (וישכב עמה). Der Spannungsbogen findet dann in V.11d mit der Weigerung Urijas, nicht in sein Haus zu gehen und bei seiner Frau zu liegen (ולשכב), einen erneuten Höhepunkt.

In V.5a erfahren die Lesenden von der Erzählstimme von Batsebas Schwangerschaft und ihrer Reaktion darauf: ותשלח ותגד לדוד ותאמר (V.5b–d). Die Aufzählungen von Handlungen sind für das Figurenverständnis von besonderem Interesse. Mit dem ersten Verb שלח verwendet die Erzählstimme für die Darstellung von Batsebas Handlung ein Verb, das in der Erzählung eine besondere Semantik enthält. Wie an anderer Stelle dargelegt, findet שלח immer dann Verwendung, wenn eine Figur auf Grund ihrer Autorität und Machtbefugnis eine andere Figur zu einem Raumwechsel veranlasst.[31] Dies wurde im Handlungsverlauf bis V.5 nur dem König zugestanden (V.1b.3a.4a), umso mehr ist es hervorzugeben, dass in V.5b die Handlung der Figur Batsebas mit einem so konnotierten Verb beschrieben ist.

Bereits in V.4 findet eine Verschiebung der intern fokalisierten Erzählstimme statt. Während bis V.4d die Erzählstimme und ihre Wahrnehmungs- und Wissensmöglichkeiten in Abhängigkeit zur Figur Davids stehen, geht diese durch die Kontrastierung in V.4e auf die Figur Batsebas über. Die Erzählstimme ist nun an ihre Wahrnehmung gebunden. In der Perspektivenanalyse wurde herausgearbeitet, dass Batseba durch ihre Figurenrede הרה אנכי (V.5e) eine Perspektive zugesprochen wird. Die beiden Worte offenbaren das Wirklichkeitsmodell der Figur, das durch innere Faktoren, äußeren Bedingungen und figurenbezogene Ansichten gegenüber der fiktionalen Welt sowie der sich darin ereigneten Handlungen bestimmt ist. Die Aussage הרה אנכי (V.5e) bringt die Bedeutung der Schwangerschaft für die Frauenfigur in Relation zu den bis dahin gegebenen biographischen Hintergrundinformationen. Batseba verweist auf ihre Situation als Ehefrau (V.3d), die von David zum Ehebruch gezwungen (לקח; V.4b–d) wurde und sich nun mit den Konsequenzen daraus

---

[31] Siehe dazu die Erkenntnisse der Raumanalyse, S. 290–292.

konfrontiert sieht. Ihre Worte an David in V.5e präsentieren ihre Perspektive auf das Geschehen und fungieren zugleich als Ausdruck einer Erwartungshaltung gegenüber dem König.[32]

Die Figur Batseba tritt erst wieder in Szene 5 in Erscheinung. In V.26a wird sie ebenso wie in V.3d als אשת אוריה bezeichnet, was die soziale Bindung zwischen Ehemann und Ehefrau ausdrückt und die Zusammengehörigkeit der beiden Figuren hervorhebt. Die anschließend in V.26c beschriebene Handlung Batsebas ist eine Reaktion auf die Nachricht von Urijas Tod (V.26b). In beiden Teilversen wird die Beziehung zwischen den beiden Figuren jeweils herausgestellt, in V.26b durch die relationale Bezeichnung „ihr Mann" (אישה) und in V.26c durch das Nomen „ihr (Ehe-)Herr" (בעלה).

Die Nachricht vom Tod ihres Ehemannes hat für Batseba erhebliche Konsequenzen. Zum einen führt sie, wie von ihr erwartet,[33] die Totenklage aus. Zum anderen wechselt ihr sozialer Status von der Ehefrau zur Witwe. Beide Aspekte spielen eine große Rolle für die Figurenpsyche. Denn „(d)ie Information, dass Bathscheba, als sie die Todesnachricht erhält, die Totenklage über ihren Mann anstimmt, soll auf die gefühlsmäßige Beziehung zwischen den beiden hinweisen"[34], so die Auffassung von Bar-Efrat. Ob es sich bei der Verbindung zwischen Urija und Batseba um eine Beziehung emotionaler Art handelt, wird in 2 Sam 11 nicht erzählt. Wieder handelt es sich um eine Leerstelle innerhalb der Erzählung. In diesem Zusammenhang lässt sich die dreimalige Herausstellung der Zusammengehörigkeit der beiden Figuren mit den Ausdrücken „Frau Urijas" (V.26a), „ihr Mann" (V.26b) sowie „ihr Herr" (V.26c) zwar als Hinweis auf eine Beziehung der beiden Figuren zueinander lesen, jedoch wird entgegen der Wertung von Bar-Efrat keine Aussage über die emotionale Qualität der Beziehung getroffen.

Um Batsebas Reaktion auf den Tod Urijas und die Auswirkungen dieser Nachricht auf ihre Figurenpsyche hin zu untersuchen, ist eine Auseinandersetzung mit Erkenntnissen der historischen Psychologie weiterführend. Petra von Gemünden benennt zwei Grundpositionen dieser Forschungsrichtung:

---

[32] Siehe dazu ausführlich die Darstellung zur Figurenperspektive Batsebas, S. 162–164.
[33] So Stolz, Samuel, S. 238.
[34] Bar-Efrat, Das zweite Buch Samuel, S. 112.

Einerseits die Auffassung einer Unveränderlichkeit des Menschen und seiner Psyche, andererseits die Auffassung des Menschen als eines Wesens, das in die geschichtlichen und sozialen Wandlungen seiner Zeit eingebunden ist und *samt seiner psychischen Konstitutionen* historischem Wandel unterliegt.[35]

Der historische Abstand zu den biblischen Texten ist daher bei einer Auslegung zu berücksichtigen und ernst zunehmen.[36] Eine Auswahl der von von Gemünden genannten Ansatzpunkte einer historisch-psychologischen Exegese soll im Folgenden auf 2 Sam 11,26, Batsebas Trauer, angewendet werden. In dem Verbalsatz ויעבר האבל (V.27a) begegnet die Wurzel אבל, mit der in alttestamentlichen Texten die Handlung des „Trauerns" ausgedrückt wird.[37] Die in V.27a vorkommende Form des Nomens (mask. Singl. abs.) erscheint in Erzähltexten sieben Mal (Gen 50,10.11; 2 Sam 11,27; 14,2; 19,3; Est 4,3; 9,22) und weist auf einige Besonderheiten und Ausdifferenzierungen des Nomens hin. Betrauert werden kann der Verlust einer einzelnen Person wie in Gen 50,10f. und 2 Sam 14,2. Diesen beiden Textpassagen ist darüber hinaus gemein, dass dort der Handlung des Trauerns eine Zeitspanne zugeordnet wird. Gen 50,11 erzählt, dass Joseph für seinen Vater Jakob sieben Tage lang trauert. Auch in 2 Sam 14,2 wird eine Dauer für die Trauer benannt. In der Erzählung, in der Joab versucht, mit Hilfe der weisen Frau von Tekoa David dazu zu bringen, sich seinem Sohn Abschalom anzunähern, fordert der Heerführer die Frau von Tekoa auf, Trauerkleider anzulegen und sich so zu verhal-

---

[35] Gemünden, Psychologie, S. 42.
[36] Siehe ebd., S. 44. Von Gemünden plädiert dafür, „(j)e entfernter die zu untersuchende Kultur, desto genauer haben wir hinzusehen". Ebd., S. 44. Angesichts des Problems, das bei der Anwendung der Fragestellungen der Historischen Psychologie auf biblische Texte das Instrumentarium der modernen Psychologie nicht anwendbar ist, benennt die Bibelwissenschaftlerin mehrere Ansatzpunkte für eine historisch-psychologische Exegese. Zu diesen zählen die Wortsemantik in der Linguistik, die Gattungsbestimmungen in der Literaturwissenschaft sowie aus der Ritualwissenschaft und Ethnologie die Analyse der Riten. Daneben können Erkenntnisse aus der Ikonographie und der Genderforschung gewonnen werden. Als weitere Ansatzpunkte lassen sich schichtspezifische Unterschiede in der Soziologie benennen sowie Rückschlüsse aus der Diskursgeschichte in Bezug auf die Ideen und Reflexionen über das zu untersuchende Erleben und Verhalten.
[37] Siehe Köhlmoos, Art. Trauer, 1. Neben dieser Wurzel wird „Trauern" häufig auch mit ספד oder selten mit קדר bezeichnet. Mit diesen drei Wurzeln werden rituelle Ausdrucks- und Bewältigungsformen der Trauer bezeichnet, wobei jeweils unterschiedliche Akzente gesetzt werden.

ten, als ob sie bereits viele Tage (ימים רבים) um einen Toten getrauert habe. Darüber hinaus findet das Nomen אבל in 2 Sam 19,3 Verwendung in einer metaphorischen Bedeutung. Im Buch Esther bezeichnet es hingegen eine kollektive Trauer angesichts der Vernichtung des jüdischen Volkes (Est 4,3) oder der Bedrohung und Unterdrückung durch ein anderes Volk (Est 9,22).

Der Anlass für Batsebas Trauer, der in V.27a dargestellt wird, ist der Tod ihres Mannes. Es handelt sich somit wie bei Gen 50,10f. und 2 Sam 14,2 um eine individuelle Trauer. Auch in 2 Sam 11,27a steht das Nomen אבל in Zusammenhang mit einer Zeitspanne, die durch das dem Nomen zugeordnete Verb עבר ausgedrückt wird.[38]

Häufig ist die „Trauer" in rituelle Zusammenhänge wie beispielsweise in Form von Körpergestik, (präventivem) Fasten ausgedrückt oder in sprachliche Formen wie dem Leichenlied oder der Untergangsklage eingebunden.[39] Derartige Trauerriten werden für Batseba jedoch nicht erzählt.

Als auffällig erweist sich in V.26 das Schweigen über ihre Witwenschaft. Sie wird weder als Witwe (אלמנה) bezeichnet noch wird ihr eine Witwenschaft (אלמנות)[40] zugesprochen. Stattdessen kommt es durch das hohe Erzähltempo und die Erzählweise dazu, dass die Handlung zügig weitergeführt wird. Es folgen direkt auf die Zeitangabe ויעבר האבל in V.27a die Handlungen Davids, mit denen dargestellt wird, wie er Batseba zu seiner Frau nimmt (V.27b–d). Damit ist erzählerisch die Zeit zwischen der Trauer und der Überführung Batseba in das Haus Davids gerafft bzw. verkürzt und somit der Zustand einer Witwenschaft in V.27a–d negiert.

Dies hat wiederum Konsequenzen für das Figurenmodell Davids. Der König bewahrt Batseba durch seine Intervention vor dem Witwensein, in das sie nach dem Tod Urijas geraten würde. Die Witwenschaft stellt für Betroffene eine schwierige, existentielle Notsituation dar. Innerhalb einer

---

[38] Aus diesem Grund wird in mehreren Bibelübersetzungen V.27a mit „als aber die Trauerzeit vorüber war" temporal übertragen. Eine solche Übersetzung findet sich in ELB- und ZÜR-Bibelübersetzung sowie in der EIN.
[39] Siehe Köhlmoos, Art. Trauer, 2.2.
[40] Vgl. im Unterschied dazu die explizite Nennung und die Darstellung der Frau aus Tekoa als Witwe in 2 Sam 14,5. Dabei wird die Aussage über ihre Witwenschaft mit der Information über den Tod ihres Mannes durch Waw explicativum verbunden. Das Nomen אַלְמָנָה kommt in den Samuelbüchern nur an dieser Stelle vor. Zur „Witwenschaft" (אַלְמָנוּת) siehe Ex 22,23; 2 Sam 20,3; Ijob 22,9; Ps 68,6; Jes 10,2.

patriarchalen Gesellschaft war eine Witwe gleich in mehrfacher Hinsicht benachteiligt. Sie besaß nach dem Tod des Ehemanns weder einen rechtlichen Vertreter noch soziale oder wirtschaftliche Absicherung.[41] Dieses Schicksal wird durch Davids Intervention in V.27b–d von Batseba abgewendet. Das Figurenmodell des Königs gewinnt durch diese Handlungen eine weitere Facette. Der bis dahin äußerst negativ dargestellte David zeigt Verantwortung und Fürsorge gegenüber Batseba und dem ungeborenen Kind.[42]

Ein Aspekt, der innerhalb der Auslegung von V.27 in Hinblick auf die Figur Batseba zu wenig Beachtung findet, ist eine Veränderung innerhalb des Figurenmodells hinsichtlich ihrer Körperlichkeit. Der Prozess beginnt bereits in V.5e mit der Figurenrede Batsebas und der darin enthaltenen Information über ihre Schwangerschaft. Diese wird in der weiteren Erzählung nicht näher thematisiert, auch wird nicht dargestellt, wie sich das Äußere der Figur aufgrund der Schwangerschaft, die erst mit der Geburt des Kindes in V.27e endet, verändert. Damit wird aber deutlich, dass die Schwangerschaft Batsebas über den Großteil der Erzählung implizit mitgedacht werden muss, zumal der erste Eindruck von der Figur und somit das mentale Modell von Batseba geprägt war von der Konzentration auf die Körperlichkeit.

Auch in dieser Szene fällt auf, dass angesichts der dramatischen Inhalte – Tod des Ehemannes, Eheschließung mit David, Schwangerschaft und Geburt – die Leserinnen und Leser keinen Einblick in das Innere der Figur erlangen. Weder ihre Gefühle noch Gedanken werden erzählt. Dabei erweisen sich „Schwangerschaft und Geburt für Frauen [als, A.F.] ein hohes Lebensrisiko, wie Knochenfunde und die geringere Lebenserwartung von Frauen belegen (Männer durchschnittlich vierzig, Frauen dreißig Jahre)"[43]. Auch der Geburtsvorgang selbst stellt einen zutiefst emotionalen, vielseitigen und schwierigen Akt dar. Thomas Hieke wertet die Geburt und im Speziellen den Geburtsvorgang mit dessen Begleiterscheinungen als einen Vorgang, der „mit starken Emotionen, uralten Tabuvor-

---

[41] Siehe Molnár-Hídvégi, Art. Witwen, passim.
[42] Zur negativen Darstellung Davids siehe S. 385–392.
[43] Sals, Art. Frau, 2.3. Die Erzählung lässt offen, ob Batseba bereits eigene Kinder geboren hat und somit bereits Erfahrungen bezüglich des Geburtsvorgangs sammeln konnte.

stellungen und heftigen Unsicherheitspotenzialen für die menschliche Psyche verbunden"[44] ist.

Die Frage, „(w)as erfahren wir über das Innenleben der Figur?"[45], lässt sich für Batseba kurz beantworten. Die biblische Erzählung gibt keinen unmittelbaren Zugang zu ihrer Figurenpsyche. Der Text schweigt fast vollständig über mögliche Wahrnehmungen, Vorstellungen, Emotionen oder Träume der Figur. Lediglich in V.4e und V.5b–c deuten ihre aktiven Handlungen sowie die kurze Sprachhaftigkeit in V.5e auf eine Motivation der Figur hin. Sie ist gezwungen zu handeln und sie tut dies auch. Als motivationalen Antrieb hierbei handelt es sich um nichts Geringeres als ihre grundlegende Existenznot, denn als Konsequenz des Ehebruchs, der auf Grund der Schwangerschaft nur noch geringe Zeit vertuscht werden kann, stehen Sanktionen zu erwarten. Daher lässt sich die Motivation für das Handeln in V.5e eher als Zwang ansehen, unter dem die Figur steht.

Exkurs: Die Darstellung Batsebas in 2 Sam 12 und 1 Kön 1–2[46]

Da die Figur wesentlich bestimmt ist von den mentalen Dispositionen der Lesenden (Vgl. V.2e), die wiederum in Abhängigkeit stehen können zu anderen biblischen Texten, in denen Batseba vorkommt, ist es erforderlich, weitere Texte ebenfalls mit in die Analyse einzubeziehen. In der TFE begegnet die Figur noch in 2 Sam 12,24 und in 1 Kön 1–2. Die Darstellung Batsebas in diesen Texten weicht erheblich von der in 2 Sam 11 ab. Die Figur bekommt neue Akzentuierungen und Facetten. Deshalb folgt ein kurzer Einblick in die Darstellung Batsebas in 2 Sam 12,24 und 1 Kön 1–2.

---

[44] Hieke, Levitikus, S. 444. Diese Unsicherheiten, ausgehend von Geburt bzw. Geburtsvorgang, bedürfen, so Hieke, einer Verarbeitung und gelten im Prinzip bis heute, „auch der moderne Mensch muss diese Untersicherheiten irgendwie verarbeiten". Als einen möglichen Ansatz benennt Hieke bezugnehmend auf Lev 12 das Ritual. Vgl. ebd., S. 444. Für die Figurenanalyse von Batseba lässt sich bezüglich des Geburtsvorgangs nochmals auf das Fehlen der der Frauenfigur zugeordneten, erzählten Emotionen verweisen. Außerdem ist die Darstellungsweise der Geburt äußerst komprimiert und zusammengefasst in der Aussage von V.27e ותלד לו בן. Eine detaillierte Beschreibung des Geburtsvorgangs sowie eine anschließende Auseinandersetzung der Figur damit wird nicht erzählt.

[45] Eder, Figur, S. 320.

[46] An dieser Stelle beschränke ich mich auf die beiden ausgewählten Texte, da sich diese im näheren literarischen Kontext, der TFE, befinden.

(a) 2 Sam 12,24

In der kurzen Erwähnung in 2 Sam 12,24 nennt die Erzählstimme Batseba erstmals nach 2 Sam 11,3 wieder mit ihrem Namen und ohne Verwendung des Epithetons „die Frau Urijas". Stattdessen wird sie David als Frau zugeordnet.[47] Bar-Efrat sieht darin einen Beleg, dass Batseba nun in den Augen Davids eine Persönlichkeit mit eigenem Wert ist. „Die Beziehung Davids zu Batscheba hat aufgehört, egoistisch und ausbeuterisch zu sein: Jetzt ist er ihren Gefühlen gegenüber aufmerksam, und seine sexuelle Beziehung mit ihr soll sie trösten und ihr ermöglichen, ein Kind anstelle des verstorbenen zu bekommen."[48] In dieser kurzen Passage fallen im Vergleich zur Darstellung Batsebas in 2 Sam 11 zwei Punkte besonders auf. Zum einen handelt es sich um eine völlig veränderte Konstellation zwischen Batseba und David. Während die weibliche Figur in 2 Sam 11 zunächst der Befriedigung des königlichen Begehrens dient und anschließend aufgrund ihrer Schwanger- und Witwenschaft in Anhängigkeit von David steht, ergibt sich, wie Bar-Efrat dargestellt hat, für 2 Sam 12,24 ein anderes Bild. Zum anderen wird erzählt, dass die Figur trauert, d. h. ihr werden Emotionen zugestanden, die ihr in der gesamten Erzählung in 2 Sam 11 verwehrt blieben.

(b) 1 Kön 1–2

In 1 Kön 1–2 wird ein Kontrastbild zur Darstellung Batsebas in 2 Sam 11,2–5 entworfen. In den Wirren der Thronfolge interveniert Batseba gemeinsam mit dem Propheten Natan zugunsten ihres Sohnes Salomo gegen Adonja, den ältesten der noch lebenden Söhne Davids (1 Kön 1,11–31). „Batseba redet einfallsreich und klug kalkuliert. Sie reklamiert ein Gelübde, das David ihr persönlich geleistet haben soll. Und indem es ihr gelingt, dies dem König einzureden, gewinnt sie das Königtum für ihren Sohn."[49] Dieses Versprechen ist in den vorausgegangenen Erzählungen nicht explizit genannt, daher liegt es nahe, von einer List Batsebas und Natans auszugehen.[50]

Noch einmal interveniert sie in 1 Kön 2,13ff, diesmal jedoch in der einflussreichen Position der Königsmutter. Auf Bitten Adonjas, dem Rivalen Salomos um die Thronfolge, spricht Batseba bei Solomo für eine Hochzeit Adonjas mit Abischag von Schumen vor und setzt sich für diese ein. Salomo interpretiert dieses Anliegen Adonjas als Beanspruchung der königlichen Herrschaft und lässt ihn hinrichten. Abischag war die Pflegerin des verstorbenen Königs David. „Der Verkehr mit den Frauen des Königs kommt einer

---

[47] Siehe Bar-Efrat, Das zweite Buch Samuel, S. 121.
[48] Ebenda.
[49] Naumann, Liebe, S. 75.
[50] Siehe Baumgart, Könige, S. 569f.

Machtergreifung gleich."[51] Die Interpretation von Batsebas Intervention ist umstritten – eine Auslegungsrichtung sieht darin eine List Batsebas zur Beseitigung Adonjas.[52] Die Unterschiede zu 2 Sam 11 sind offensichtlich. Die Figur Batsebas ist in 2 Sam 11 überwiegend passiv und handelt entweder auf Veranlassung anderer Figuren (z.B. in Folge des Verbs „senden", V.4a) oder aufgrund fehlender Handlungsalternativen (Vgl. V.5). In 1 Kön 1–2 werden Batseba ganz andere Figureneigenschaften zugesprochen: sie handelt aus eigener Motivation, ist im Hinblick auf die Thronfolge Salomos als listig zu bezeichnen und verfügt über die Möglichkeit der Einflussnahme auf ihren Sohn, König Salomo, anders wäre die Bitte Adonjas nicht zu verstehen und somit partizipiert sie an der königlichen Macht.

Das mentale Modell der Figur Batsebas ist stark davon abhängig, wie diese verschiedenen und sehr unterschiedlichen Textstellen der TFE, in denen Batsebas als Figur auftritt, in Beziehung zueinander gesetzt werden. Wesentlich dabei ist m. E. die Leserichtung, denn die Figur Batseba begegnet erstmals in 2 Sam 11. Das dort entwickelte erste Figurenmodell (V.2d–e) bildet den Grundbestand; alle weiteren mentalen Modelle, die im Erzählfortgang von 2 Sam 11 sowie in den folgenden Erzähltexten zur Figur gebildet werden, stehen in Abhängigkeit zu diesem Modell.[53] Die Figur Batsebas, die erstmals in 2 Sam 11,2 die Bühne der erzählten Welt betritt, wird somit über den Textverlauf der TFE entsprechend der Leserichtung als fiktives Wesen (weiter)entwickelt: Diese Auffassung vertritt beispielsweise Koenig, die den Wandel des Figurenverständnisses Batsebas zwischen ihrer Darstellung in den Samuelbüchern und in 1 Kön 1–2 im Anschluss an die von Bal benannte Kategorie der Transformation auslegt. Einerseits weist die Figur Batseba in 1 Kön 1–2 nach wie vor die gleichen Eigenschaften auf, durch die sie bereits in den Samuelbüchern charakterisiert ist.[54] Darüber hinaus werden der Figur in 1 Kön 1–2 weitere Eigenschaften zugeschrieben, die nach Koenig auf einen Wandel innerhalb des Figurenmodells hinweisen, der mit dem der Figur Davids korrespondiert: „It would appear that David and Bathsheba fit that

---

[51] Bar-Efrat, Das zweite Buch Samuel, S. 170. Vgl. 2 Sam 16,20–23.
[52] Siehe Baumgart, Könige, S. 572f.
[53] Vgl. Eder, Figur, S. 213: „Der erste Eindruck beeinflusst das spätere Bild von der Figur, indem er die Aufmerksamkeit auf ihm entsprechende Reize lenkt. […] Ist einmal ein Figurenmodell gebildet, versuchen die Zuschauer [oder Lesenden, A. F.] bei ihrer Einschätzung zu bleiben und bei neuen, widersprüchlichen Informationen Dissonanzen aufzulösen, indem das Modell partiell modifiziert wird bzw. unpassende Informationen ignoriert oder umgedeutet werden."
[54] Nach Koenig handelt es sich hierbei um die generell positive Charakterisierung Batsebas sowie ihre Zuordnung als komplexe Figur und *minor character*. Siehe Koenig, Bathsheba, S. 77.

pattern: the once exalted David has fallen, and the once lowly Bathsheba has risen to a position of power and authority."[55] Ausgehend von dieser Auffassung grenzt sie sich von den Auslegungen Whybrays oder Nicols ab, die diesen Wandel im Figurenmodell Batsebas zwischen ihrer Darstellung in den Samuelbüchern und 1 Kön 1–2 negieren.[56] Damit ist auf jene Auslegungen verwiesen, die von den Erzählungen in 1 Kön 1–2 her kommend Batseba auch für die in der Lesefolge zuvor stehenden Erzähltexte in 2 Sam 11–12 eine strategische Motivation unterstellen.

George Nicol vertritt ausgehend von der Textstelle 1 Kön 1–2 gegenüber Batsebas die Auffassung, sie sei „a clever an resourceful woman, not just in 1 Kings 1 but in all three stories [2 Sam 11; 1 Kön 1–2; A.F.]"[57]. Unter Anerkennung der in 2 Sam 11 vorkommenden Ambiguitäten wäre es nach Nicol legitim, die Waschung Batsebas in der unmittelbaren Nähe des Königspalastes als „deliberately provocative"[58] als eine unter vielen Lesarten zu werten.[59]

In der anschließenden Forschungsdiskussion wurde diese Auffassung von Nicol kritisch von Cheryl Exum hinterfragt und vehement abgelehnt.[60] Sie wertet eine solche Auslegung als einen Versuch, dem Vergewaltigungsopfer die Schuld bzw. Mitschuld an seinem Unglück zu geben. Den Ausgang für ihre Überlegungen bildet die spezifische Erzählweise in 2 Sam 11. Exum weist auf die Unmöglichkeit hin, eindeutig festzulegen, ob es sich bei dem in V.4 dargestellten sexuellen Akt um ein sexuellen Gewaltakt handelt. Damit eröffnet sie den Blick auf die Darstellungsweise Batsebas und weist darauf hin, dass der Figur jegliche Subjektposition durch den Erzähler verweigert wird.[61] Zugleich ist die sich waschende Batseba durch die doppelte Fokalisierung den Blicken Davids und der Lesenden ausgesetzt. In diesem Sinn handelt es sich um eine Gewalterzählung. Exum bezeichnet diese Darstellungsweise, nach der Batseba verletzlich und den Blicken ungeschützt ausgeliefert ist, als *raped bei the pen*.[62]

---

[55] Ebd., S. 78.
[56] Vgl. Whybray, succession narrative, S. 40; Nicol, Bathsheba, S. 360–363; Nicol, Rape, S. 53.
[57] Nicol, Rape, S. 43.
[58] Ebd., S. 44.
[59] Vgl. Nicol, Bathsheba, S. 360.
[60] Siehe Exum, Women, S. 173f. Zur Reaktion Nicols auf die Kritik Exums siehe Nicol, Rape, S. 43–54.
[61] Exum, Women, S. 173f. Nach Exum ermöglicht der Erzähler keinerlei Introspektion in die Figur Batsebas, ihre Gefühle und Gedanken werden nicht erzählt. Durch die ambige Erzählweise wird die Figur in ihrer Verletzlichkeit dargestellt. Der Erzähler unternimmt nichts, um die Figur von dem Verdacht der Verführerin zu befreien. Durch fehlende Introspektion wird Batseba eine Subjektposition verweigert.
[62] Ebd., S. 170.

In Auseinandersetzung mit den Arbeiten von Hertzberg und Nicol sensibilisiert Exum gegenüber der Gestaltung von Erzählungen im Hinblick auf die „Gewalt der Darstellung"[63].[64] Zugleich liefert sie damit Argumente gegen Auslegungen (wie die von Nicol), nach denen Merkmale der Figur Batseba, die in 1 Kön 1–2 zum Ausdruck kommen, auch für das Figurenmodell von 2 Sam 11 produktiv gemacht werden. Eine Rückwirkung des in 1 Kön 1–2 etablierten Figurenmodells Batsebas auf jenes in 2 Sam 11, wie es Nicol vorsieht, verbietet sich meines Erachtens. Stattdessen lässt sich der Zusammenhang, der in diesem Exkurs vorgestellten Textstellen, in denen die biblische Figur Batseba in der TFE auftritt, folgendermaßen erklären: In 2 Sam 11,2 etabliert sich das erste Modell der Figur Batsebas. In den weiteren Texten wird dieses grundlegende Figurenmodell durch neue Informationen zur Figur angereichert und ggf. das Modell modifiziert. Bei einer solchen Kumulation empfiehlt es sich, wie die Auseinandersetzung zwischen Nicol und Exum zeigt, die Unterschiede und vor allem die Unterschiedlichkeit der einzelnen Figurenmodelle zu einer Figur, die sich aus verschiedenen Erzählungen und Episoden ergeben, sich bewusst zu machen.

In der Analyse der Figur Batsebas als *dargestelltem Wesen* hat sich herausgestellt, dass viele Fragen, die die Leserinnen und Leser an die Figur herantragen, unbeantwortet bleiben. Ihr figurales Eigenschaftssystem weist grundlegende Lücken auf. Das Figurenmodell bleibt in entscheidenden Fragen hinsichtlich des Charakters, der Emotion oder Motivation unter- bzw. indeterminiert. Nur einmal wird sie in der gesamten Erzählung mit Namen benannt (V.3), ansonsten ist sie unspezifisch als Frau bezeichnet.

Der erste Auftritt Batsebas in V.2 ist von besonderer Bedeutung und beeinflusst die gesamte Figurenrezeption. Obwohl die Leserinnen und Leser in ihrem ersten Eindruck keine Informationen über ihre Sozialität und Psyche und nur die grundlegende Zuschreibung der Schönheit über ihr Äußeres erfahren, unterstützt die Erzählweise in V.2 die Bildung eines prägnanten Figurenmodells. Die Leserinnen und Leser betrachten aus der Perspektive Davids eine Frau, über deren Identität keine Angaben gemacht werden. Ihre äußere Erscheinungsform wird in V.2e von der Er-

---

[63] Nach der Unterscheidung von „Dargestellte Gewalt und Gewalt in den Darstellungen" im gleichnamigen Aufsatz von Ilse Müllner, vgl. Müllner, Dargestellte Gewalt, S. 286–317.
[64] Vgl. Hertzberg, Samuelbücher, S. 309; vgl. Nicol, Bathsheba, S. 360.

zählstimme näher beschrieben, jedoch in Form einer Leerstelle, die die Leserinnen und Leser subjektiv nach ihren Dispositionen füllen.

Neben dieser fehlenden textimmanenten Ausgestaltung der Körperlichkeit, die die im Leseprozess kompensiert wird, lassen sich keine expliziten Informationen zur Figurenpsyche Batsebas innerhalb der Erzählung finden. Schwangerschaft und Geburt werden nur in Form einer kurzen Notiz erwähnt, obwohl es sich dabei um Vorgänge handelt, die neben schwangerschaftsbedingten physischen auch psychische Veränderungen mit sich bringen. Obgleich die Figur im Handlungsverlauf in weitere „emotionale" Situationen involviert ist, gibt der Text keinerlei Hinweise über ihr Innenleben. Weder in der Situation des Ehebruchs und der Feststellung ihrer Schwangerschaft noch während des Aufenthalts Urijas in Jerusalem, der geprägt ist von der Distanzierung des zurückgekehrten Kriegers von seinem Haus und somit seiner Frau, wird Einblick in ihr Inneres gegeben.

Wie in der Analyse herausgestellt, kommt neben dem Aspekt ihrer Körperlichkeit auch dem Moment ihrer Sozialität im Figurenmodell besondere Bedeutung zu. In V.2 als Frau, die männliches Begehren auslöst, eingeführt, ist das erste Figurenmodell Batsebas ausschließlich auf ihre Körperlichkeit hin ausgerichtet. Das Figurenmodell wird in V.3 erweitert durch Batsebas soziale Rolle als Ehefrau. In den beiden darauffolgenden Versen (V.4–5) wird mit der Darstellung des sexuellen Akts und der Feststellung der Schwangerschaft ihre reproduktive Funktion hervorgehoben. Obwohl die Erzählung anschließend den Fokus der Handlung auf Davids Versuche legt, den Ehebruch zu vertuschen bzw. Urija zu töten, bleibt die Schwangerschaft Batsebas bestehen: Sie endet erst mit der Geburt (V.27e) am Ende der Erzählung. Damit ist ihre Figurendarstellung wesentlich auch von ihrer Gebärfunktion her beschrieben und bestimmt.

Mit Blick auf die Figurendarstellungen Batsebas in der weiteren TFE (Vgl. 2 Sam 12,25 und 1 Kön 1–2) bekommt das Figurenmodell in 2 Sam 11 nochmals schärfere Konturen: Batseba wird in 2 Sam 11 als emotionslos und überwiegend passiv dargestellt. Ihre Handlungen sind meist nicht selbst motiviert, sondern gehen auf die Veranlassung anderer Figuren oder auf existentielle Notsituationen, die die Figur zum Handeln zwingen, zurück.

4.8.6.3 Batseba als Artefakt

(a) Handlungen

Wie an anderer Stelle ausführlich aufgezeigt, stellt die Analyse der Handlungen einen wesentlichen Aspekt der Untersuchung der Figur als *Artefakt* dar.[65] Für die Figur Batsebas haben die Handlungen der Reinigung von der Unreinheit (V.4e) und die Totenklage (V.26c) besonderen Einfluss auf die Figurenkonzeption.[66] Dabei ist die Handlung, das Anstimmen der Totenklage, aufgrund von Textsignalen vorhersehbar, wie beispielsweise die Betonung der Zusammengehörigkeit der beiden Figuren Urija und Batseba in V.3d und V.26a–b erkennen lässt. Auch die starke Hervorhebung des Aspekts ihrer Sozialität, nämlich ihrer Rolle als Ehefrau, weist darauf hin. Im Unterschied dazu ist die Selbstheiligung Batsebas in V.4e als eine unerwartete Handlung und Reaktion Batsebas auf den sexuellen Akt zu bewerten. Aus diesem Grund kommt dieser eine besondere Bedeutung innerhalb der Erzählung zu. Verstärkt wird diese Darstellungsweise zudem durch die syntaktische Unterbrechung des Erzähltempus.[67]

Auch die Handlung der Waschung in V.2d und die Bekanntgabe ihrer Schwangerschaft (V.5b–f) tragen zur Figurenkonzeption bei und erweisen sich auf der Darstellungsebene als auffällig.

Die Handlung der Waschung, die in V.2d mit dem Partizip רחצת bezeichnet wird, erweist sich für die Analyse der Figur als *Artefakt* als bedeutungsvoll, denn die Partizipialkonstruktion reicht über die eigentliche Handlungsaussage hinaus. David findet an der namenlosen Frau, die sich

---

[65] Siehe die theoretischen Ausführungen zu biblischen Figuren als *Artefakt*, S. 305–308.
[66] In 2 Sam 11 werden der Figur insgesamt sieben (!) Handlungen zugweisen. Allein die Anzahl der Handlungen lässt das eingangs in diesem Abschnitt genannte Urteil von van der Bergh obsolet erscheinen. Folgende Handlungen sind Batsebas zugeordnet: Es handelt sich um die Waschung in V.2d, ihr Kommen in den Palast Davids aufgrund des königlichen Befehls (V.4c), ihre Selbstheiligung bzw. Reinigung von ihrer Unreinheit (V.4e), das Aussenden eines Boten an David mit der Mitteilung ihrer Schwangerschaft (V.5b), das Halten der Totenklage um Urija (V.26c) sowie ihre Heirat mit Davids und das Gebären eines Sohnes (27d–e).
[67] Der Teilsatz V.4e folgt einer Reihe von Handlungen, die jeweils durch das Imperfekt consecutivum miteinander verbunden sind (V.4a–d). Dieser Erzählfaden wird nun abrupt unterbrochen, dabei wechselt die Perspektive – weg von David – hin zur Frau. Dieser Eindruck wird zudem durch die verwendete Hitpael-Partizipialkonstruktion מתקדשת (in V.4e), die die Handlung nicht weiter voranbringt, verstärkt.

gerade wäscht, Interesse. Sein Blick fokussiert sie und ist Auslöser seines Begehrens. Über die Motivation und den Anlass der Waschung gibt es keine näheren Informationen im Text. Viel entscheidender für die Figurendarstellung ist die Erkenntnis auf der *Artefaktebene*, d. m., dass es sich bei der Waschung bzw. dem Bad der Frau, das durch einen Mann beobachtet wird, um ein Erzählmotiv handelt.[68]

Bereits erwähnt wurde, dass Batseba in V.2 aus der Perspektive Davids wahrgenommen wird. David ist dabei der Perspektivträger, der den Lesenden seine Wahrnehmung der weiblichen Figur, dem Gegenstand seiner visuellen Perzeption (ראה) präsentiert. „Batseba wird dadurch, daß die LeserInnen sehen, wie David sie sieht, zum doppelt fokussierten Objekt. Der Text gibt [zunächst, A.F.] keinen anderen Blick auf Batseba als den mit Davids Augen."[69]

In der Forschung wird die Auffassung diskutiert, ob es sich bei der Waschung um eine religiöse Reinigung handle.[70] Diese rituelle Reinigung wird häufig als rituelle Waschung,[71] die im Zusammenhang mit der Menstruation gesehen wird, verstanden. Entgegen dieser Auffassung haben J. D'Ror Chankin-Gould u. a. darauf verwiesen, dass „(n)ever is a woman told to wash in response to menstruation"[72]. Auch würde das Verb רחץ bei seinem metaphorischen Gebrauch nicht im Zusammenhang

---

[68] Stoebe entkräftet mit dem Hinweis auf die Aufnahme des Motivs in die Erzählung „die verschiedenen Versuche, der Bathseba eine Mitschuld an dem Geschehen, nämlich Berechnung und Provokation vorzuwerfen." Stoebe, Samuelis, S. 285. In diesem Zusammenhang ist Stoebe zuzustimmen, kritisch ist allerdings sein Einwand zu sehen, es handle sich in keiner Weise um Voyeurismus. Zum einen hat Thomas Naumann herausgearbeitet, dass der männliche Voyeurismus ein wesentlicher Bestandteil des altorientalischen Bademotivs darstellt, das im biblischen Text aufgegriffen wurde und zum anderen legt die spezifische Erzählweise des Motivs in 2 Sam 11, die Perspektivierung ausgehend von David auf die Badende und die Perspektivenübernahme durch die Leserinnen und Leser, einen (doppelten) Voyeurismus nahe. Siehe Naumann, David, S. 145f.
[69] Müllner, Gewalt, S. 93.
[70] Vgl. Bar-Efrat, Das zweite Buch Samuel, S. 107; Hentschel, Samuel, S. 46; Ackroyd, Samuel, S. 101; McCarter, II Samuel, S. 286; Stolz, Samuel, S. 237.
[71] In diesem Zusammenhang ist darauf hinzuweisen, dass der häufig verwendete Terminus „Bad" bzw. die Partizipialkonstruktion der sich badenden Frau abzulehnen sind, da sie gänzlich andere Assoziationen hervorrufen. So auch van der Bergh, Bathsheba, S. 185: „The translation ‚washing' would evoke quite different emotions and connotations than the word ‚bathing'."
[72] Chankin-Gould u. a., Adulteress, S. 345.

mit der Menstruation verwendet.⁷³ Stattdessen verweisen sie darauf: „In two unique cases, characters wash *(rḥṣ)*, not as a reaction to uncleanliness or impurity, but simply to bathe."⁷⁴ Damit beziehen sie sich zum einen auf Ex 2,5, die Erzählung von der Rettung Moses aus dem Schilfmeer, an deren Anfang das Bad der Pharaonentochter im Fluss steht, und zum anderen auf den Vorschlag Noomis an Rut, vor dem Treffen mit Boas ein Bad zu nehmen (Rut 3,3). „These two instances of washing, without a suggested motive, are performed by non-Israelite women who become essential to Israel's story: Pharaoh's daughter rescues the greatest prophet and Ruth becomes a mother of the Davidic line."⁷⁵ Aufgrund dieses intertextuellen Ergebnisses, dass nur Nicht-Israelitinnen aktiv ein Bad nehmen, stellt sich die Frage nach der Herkunft Batsebas. In 2 Sam 11 gibt es keinen Verweis auf diese oder die Ethnizität Batsebas. Chankin-Gould u. a. plädieren unter Bezugnahme auf die Zuordnung Batsebas zu den männlichen Bezugsfiguren in V.3d dafür, dass Batseba keine Israelitin sei.⁷⁶ Dies korrespondiere ebenfalls mit dem Ergebnis der intertextuellen Untersuchung des Wortes רחצ. „The only other women who proactively bathe are non-Israelite. The participle *rōḥeṣet* may be a textual signal revealing Bathsheba's shift from her non-Israelite origins to self-identification with Israel and the Israelite deity."⁷⁷ Das Urteil über die Ethnizität Batsebas wird, wie exemplarisch an der These Chankin-Gould u. a. gezeigt, wesentlich begründet mit der Volkszugehörigkeit Urijas, die

---

⁷³ Siehe Chankin-Gould u. a., Adulteress, S. 345.
⁷⁴ Ebenda.
⁷⁵ Ebenda.
⁷⁶ Als Beleg dafür nennen Chanik-Gould u. a. die Zugehörigkeit Eliams und Urijas zu den Helden Davids (2 Sam 23,39). Diese Auflistung enthalte, so McCarter, mehrere Figuren, die nicht israelitischen Ursprungs sind. Vgl. McCarter, II Samuel, S. 500f. Darüber hinaus wird Eliam als Sohn Ahitofel identifiziert. Die Semantik des Namens Ahitofel verweise hingegen auf ein theophores Element, das sich auf Baal beziehe. „Thus, Bathsheba's grandfather's name suggests he is of non-Israelite origin and possibly a Ba'al supporter." Chankin-Gould u. a., Adulteress, S. 351.
Entgegen dieser Auffassung und in Auseinandersetzung zu dem Artikel von Chankin-Gould u. a. plädiert Carl S. Ehrlich dafür, Urija aufgrund des Epitheton „der Hethiter" nicht als Ausländer zu verstehen. Vgl. Ehrlich, Gentilics, S. 413–421. Diese Auseinandersetzung ist ausführlicher dargestellt in der Figurenanalyse zu Urija, vgl. S. 493–400.
⁷⁷ Chankin-Gould u. a., Adulteress, S. 351.

meist unter Verweis auf das Epitheton „der Hethiter" abgeleitet wird. An dieser Auffassung gibt es allerdings berechtigte Kritik.[78]

In der älteren Forschung wurde das Bad Batsebas in V.2d meist in Verbindung mit der Aussage והיא מתקדשת מטמאתה über die Selbstheiligung Batsebas gebracht.[79] Dabei verstanden die Auslegerinnen und Ausleger die Notiz in V.4e häufig als einen Rückblick auf V.2d (רחצת) und damit als Reinigung nach der Menstruation. Mit dieser Information wurde ausgeschlossen, dass Batseba vor dem Ehebruch schwanger war und somit herausgestellt, dass das im Ehebruch gezeugte Kind zweifelsfrei von David stamme.[80]

In der neueren Forschung wird zunehmend darauf verwiesen, dass es sich in V.4e nicht um einen Rückverweis auf V.2d handelt.[81] Es ist stattdessen davon auszugehen, dass die Aussage von V.4e vielmehr eine Reinigung im Anschluss an den sexuellen Akt bezeichnet.[82] „Würde man annehmen, dass es sich hierbei um ein Reinigungsbad nach der Menstruation handelt, wäre das nur schwer in Einklang zu bringen mit den Bestimmungen in Lev 15, denn dort wird eine Reinigung nach der Menstruation nicht vorgeschrieben."[83] Dabei ist die syntaktische Form der Aussage (hitp. Partizip קדש), sie reinigte sich von ihrer Unreinheit, mit Davids Handlung in V.4d verbunden.[84]

---

[78] Vgl. Ehrlich, Gentilics, S. 413–421.
[79] Vgl. Chankin-Gould u. a., Adulteress, S. 351.
[80] Vgl. Hentschel, Samuel, S. 46; McCarter, II Samuel, S. 286; Stolz, Samuel, S. 237.
[81] Siehe Chankin-Gould u. a., Adulteress, passim.
[82] Siehe ebd., S. 342.
[83] Eberle-Küster, Art. Menstruation, S. 320. Dorothea Eberle-Küster zeigt an anderer Stelle auf, dass die Bezüge wischen 2 Sam 11 und Lev 11–15 unscharf bleiben, obwohl das Bad und die Reinigung Batsebs auf den ersten Blick eine Nähe zu Lev 11–15 evoziert. Es werde in V.4e mit dem Partizip מטמאתה „ein Begriff aus der kultischen Literatur verwendet, der sich allerdings nicht in Kombination mit ‚sich heiligen' in den Reinheitsbestimmungen findet. Es könnt sein, dass in 2 Sam 11 der Versuch gemacht wird, einen Begriff aus dem Sakralbereich auf das alltägliche und private Leben anzuwenden. Letztendlich bleibt unklar, inwieweit der Text auf das System aus Lev 15 rekurriert". Ebd., S. 362. Auch Klara Butting verweist ebenfalls darauf, dass mit dem Wort „heiligen" ein Begriff eingeführt werde, der in Lev 15,19 nicht vorkomme. Mit Hinweis, dass „(d)er Begriff ‚heiligen' […] aber immer wieder den Sinn der gesamten Gebotsobservanz: ‚Eine heilige Gemeinschaft' soll Israel sein (2. Mose 19,6)" benennt, finde dieses aufgeladene Wort in 2 Sam 11,4e Verwendung, um Batseba als Gegenfigur zu David darzustellen. Vgl. Butting, Schuld, S. 34.
[84] Chankin-Gould u. a. verweisen in diesem Zusammenhang auf die hebräische Grammatik von Gesenius: "According to Gesenius, *mitqaddešet* must be ‚contemporaneous

Thus, *mitqaddešet* defines Bathseheba in contrast to David's action. As the only individual human to self-sanctify herself in the biblical text, this term places Bathsheba in a category occupied only by the Israelite deity while simultaneously David, the king of Israel, is sleeping with the wife of one of his soldiers in the field.⁸⁵

Damit kommt es zu einer Kontrastierung der beiden Figuren Batseba und David, der eine moralische Wertung inhärent ist. In engem Zusammenhang mit dem Partizip מתקדשת steht das Nomen מטמאתה, das den Grund für die Reinigung Batseba angibt. Die Semantik des Wortes „Unreinheit" reicht von einer alltäglichen physischen Verschmutzung bis hin zur religiösen Unreinheit. In V.4e ist die semantische Bedeutung nicht eindeutig definierbar. Es ist unwahrscheinlich, dass sich die Unreinheit in V.4e auf einen Zustand in Folge der Menstruation bezieht. „(I)t must be related to David's action, which could include everything from unwanted sexual activity to the emission that results from the sexual activity (Lev. 15.16–18)."⁸⁶

Wie bereits erwähnt, verweist die jüngere Forschung darauf, dass die Aussage von V.4e sich nicht auf David und die Herausstellung seiner Vaterschaft bezieht. Vielmehr begegnen uns an dieser Stelle wichtige Aussagen, die wesentlich sind für die Figurensynthese. Zum einen kommt es auf der *Artefaktebene* zu einer Kontrastierung von David und Batseba, und auf der Ebene des dargestellten Wesens wird Batseba als gereinigte und selbstgeheiligte Frau dargestellt. Chankin-Gould u. a. verweisen diesbezüglich auf die Bedeutung der Aussage von V.4e innerhalb des literarischen Kontexts von 2 Sam 11, der TFE.

> The text later reinforces Bathsheba as central, not her menstrual cycle, because the child conceived in this union dies. The author of Kings ultimately proves Bathsheba's status as a clean, sanctified, legitimate mother of Israel (see 1 Kgs 1.15–40); it is she, at the instigation of Nathan, who successfully enthrones her son, the next Israelite king.⁸⁷

---

with the principal action' of the preceding verb. Therefore *mitqaddešet* cannot be referring back to *rḥṣ* (which is not about menstruation anyway). It must and can only refer to David's laying with her." Chankin-Gould u. a., Adulteress, S. 349.
⁸⁵ Ebd., S. 351.
⁸⁶ Ebd., S. 350.
⁸⁷ Ebd., S. 352.

(b) Darstellungsmittel (Name, Raum-Figur, Erzähltempo, Figurenrede)

Neben diesen dargestellten Handlungen, die Einfluss auf die *Artefaktebene* haben, gibt es Darstellungsmittel innerhalb der Erzählung, die wesentlich zur Gestaltung der Figur beitragen. Ein solches Mittel stellt der Name der Figur dar. Die Namensgebung Batsebas in V.3d sticht umso mehr hervor, da der Figur nur an dieser einen Stelle in der gesamten Erzählung ein Name zugestanden wird. Auch nachdem ihr Name bekannt ist (V.3d), wird sie in der folgenden Handlung (V.5a.26a.27d) weiterhin als Frau bezeichnet.[88] Namen haben in biblischen Erzählungen gerade eine über die Individualisierung hinausgehende Bedeutung. „Nomen est omen: Namen wurden im Orient bewusst gewählt."[89] Ein Name soll etwas über dessen Trägerin bzw. dessen Träger aussagen.[90] Deshalb ist die Betrachtung der Namenssemantik für das Verständnis biblischer Figuren unverzichtbar. Der Figurenname בת־שבע setzt sich zusammen aus zwei Wortteilen, wobei sich der erste mit der Bedeutung „Tochter" eindeutig zuordnen lässt.[91] Der zweite Wortteil ist polysem, sodass es nicht verwundert, dass in der Forschung unterschiedliche Erklärungsversuche zu finden sind.[92] Die Namenssemantiken „Tochter des Eides" oder „Tochter der Fülle"[93] basieren auf der polysemen Wurzel שבע, die im Deutschen sowohl mit „schwören" als auch mit dem Zahlwort „sieben" wiedergegeben werden kann.[94] Der Zahl *sieben* wird im Kontext des Alten Testaments die Konnotation der Fülle bzw. Vollkommenheit zugesprochen. Daneben sieht Anne E. Gardner in dem Namen ein Patronym und leitet die Vaterbezeichnung von Scheba aus 2 Sam 20 ab.[95] Zwickel sieht in dem Namen Batseba einen Verweis auf die Äußerlichkeit der Figur und überträgt den Namen mit „Die Üppige" als Ausdruck der Statur der Bezeichneten.[96]

---

[88] Siehe Bar-Efrat, Das zweite Buch Samuel, S. 106.
[89] Vgl. Zwickel, Frauenalltag, S. 20.
[90] Vgl. Fischer, Rut, S. 33. Irmtraud Fischer hat in ihrem Kommentar eindrücklich aufgezeigt, dass die Bedeutung und Analyse der Namen für die biblische Erzähltexte nicht überschätzt werden kann. Im Rutbuch handle es sich flächendeckend um sprechende Namen, wobei die Figuren solche Namen tragen, die gezielt auf ihre Rolle innerhalb der Erzählung verweisen bzw. gegeben sind.
[91] Vgl. Müllner, Art. Batseba, 1.
[92] Siehe ebenda.
[93] Vgl. Koenig, Bathsheba, S. 43.
[94] Vgl. Fischer, Rut, S. 33.
[95] Siehe Gardner, Identity, S. 525.
[96] Siehe Zwickel, Frauenalltag, S. 18.

Dabei verweist er darauf, dass das Schönheitsideal des Altertums ein anderes war als das heutige. „Nicht die schlanke und ranke Frau galt als Vorbild, sondern die Üppige"[97]. Die Namenssemantik Zwickels entspricht dabei der Darstellungsweise von V.2e, bei der die Körperlichkeit der Figur im Fokus steht.

Auch der Raum einer Figur ist ein Darstellungsmittel, welches zur Figurenkonzeption beiträgt und diese beeinflusst. „Wo sich eine Figur vorwiegend aufhält, [...] trägt zu ihrer Charakterisierung bei."[98] Die Figur Batsebas ist dem häuslichen Raum zugeordnet, bewegt sich aber zwischen dem Haus Urijas und dem Königspalast hin und her. Die Erzählweise der Handlung ויקחה in V.4b, die von der Figur Batsebas als Reaktion auf das königliche Aussenden (שלח) erfolgt, trägt zur Ausgestaltung der *Artefakteigenschaften* Batsebas bei. Es fehlt die Angabe eines Ortes, von dem die Bewegung Batsebas ausgeht. Erst nachträglich in V.4f erhalten die Lesenden Auskunft darüber und der Raum wird als Haus Urijas identifiziert. Damit kommt es durch das Fehlen der Ortsangabe in V.4b und der nachträglichen räumlichen Verortung zu einer Verharmlosung von Davids Tat, der die Frau eines anderen aus *dessen Haus* holt.

Auch das Erzähltempo trägt wesentlich zur Gestaltung der Figur Batsebas bei, denn „die Beziehung zwischen David und Batseba [wird, A.F.] in relativ schnellem Tempo ohne großartige Nennung von Details zusammengefasst"[99]. Dies gilt sowohl für die Badeszene (V.2–5) als auch für die letzte Szene (V.26f.). Im Unterschied dazu herrscht in den beiden Szenen dazwischen, in denen die beiden Hauptfiguren David und Urija auftreten, ein langsames Erzähltempo mit frequentierter und detaillierter Erzählweise.[100] Ein Grund für das schnelle Erzähltempo in den Passagen, denen Batseba zugeordnet ist, liegt in der Modalität begründet, wie Informationen über diese Figur vermittelt werden. Denn die Figur wird fast ausschließlich von der Erzählstimme charakterisiert. Lediglich in V.3d und in V.5e erhalten die Leserinnen und Leser von einer anderen Instanz Informationen zu Batseba. In V.3d liefert nach einer Redeeinleitung (V.3c) eine nicht näher bestimmte Figur Informationen zur Identität der

---

[97] Zwickel, Frauenalltag, S. 19.
[98] Eder, Figur, S. 266.
[99] Bar-Efrat, Bibel, S. 165.
[100] Vgl. den Abschnitt in der Analyse der Kategorie *Zeit*, S. 276–278.

bis dahin unbekannten Frau.[101] Durch die Namenszuweisung findet eine Individualisierung der Frau statt, sie bekommt durch den Hinweis auf die Identität ihres Vaters eine Vergangenheit, und mit der Nennung ihres Ehemanns wird ihre soziale Rolle als Ehefrau herausgestellt.

Die Figurenrede Batsebas ist ebenfalls kunstvoll gestaltet. In V.5e setzt sie David über ihre Schwangerschaft mit den Worten הרה אנכי in Kenntnis. „Dies sind Batschebas einzige Worte, die wegen ihrer Bedeutung für David und für sie selbst in direkter Rede wiedergegeben werden."[102] In V.5 kommt es zu einer doppelten Informationsgabe über Batsebas Schwangerschaft. Der Wissensvorsprung der Leserinnen und Leser gegenüber der Hauptfigur David, ausgelöst durch die Feststellung der Erzählstimme in V.5a, wird durch die Figurenrede V.5e aufgelöst. Die direkte Rede Batsebas wird in Form eines Nominalsatzes mit prädizierendem Charakter dargestellt, bei dem das Prädikat (הָרָה) dem Subjekt (אָנֹכִי) vorangestellt ist, „d.h. die neue, mit anderen Möglichkeiten kontrastierende Aussage steht hier voran"[103]. Durch diese Wortstellung wird der Tatbestand der Schwangerschaft hervorgehoben. Die Kürze der Aussage, in welcher nur die notwendigste Information benannt ist, kann als Hinweis auf Batsebas Sprachlosigkeit und eventuelle Hilflosigkeit gelesen werden. Die doppelte Informationsvermittlung am Anfang (V.5a) und am Ende (V.5e) des Verses hebt die Bedeutung der Aussage hervor.

In der gesamten Erzählung kommt Batseba also nur einmal in V.5e selbst zu Wort. In 2 Sam 11 wird nicht *mit* der Figur Batseba gesprochen, sondern nur *über* sie. Auf ihre einzige Rede in V.5e folgt keine Gegenrede, stattdessen reagiert David auf die Bekanntgabe der Schwangerschaft mit Handlungen.

(c) Phasen der Charakterisierung

Die Figur Batseba ist nicht Teil der gesamten Handlung, sondern tritt nur in den Szenen 2 (V.2–5) und 5 (V.26f.) auf. Dabei wird die Figur schrittweise in Phasen charakterisiert, wobei sich mit Blick auf die Gestaltung

---

[101] Ich gehe davon aus, dass es sich bei der Erzählinstanz, die die Informationen über die Frau liefert (V.3d), um eine Figur innerhalb der fiktiven Welt handelt, und damit schließe ich aus, dass die Information von der Erzählstimme stammt. Die Redeeinleitung in V.3c legt diese Entscheidung nahe.
[102] Bar-Efrat, Das zweite Buch Samuel, S. 108.
[103] Jenni, Lehrbuch, S. 96.

der erste (V.2) und letzte Eindruck (V.27) der Figur hervorheben. Darüber hinaus kommt V.5 mit der doppelten Information über die Schwangerschaft dramaturgische Bedeutung zu. Diese drei „Schlüsselstellen", die für die Charakterisierung der Figur Batsebas maßgebend sind, werden im Folgenden erschlossen.

Batseba wird in V.2d durch die Erzählstimme aus der Perspektive Davids eingeführt. Die erste Information über die Figur ist dargestellt als eine Handlung, nämlich ihr Waschen, an die direkt die Aussage über ihre äußere Erscheinung geknüpft ist. In dieser ersten Phase findet eine Zentrierung und Betonung auf die Körperlichkeit statt, die im Blick Davids begründet liegt.

Eine weitere Phase der Charakterisierung Batsebas stellt V.5 dar. Die Figur erhält erstmals und zugleich das einzige Mal innerhalb der Erzählung eine Stimme. Wie bereits erwähnt, kommt ihrer Aussage auf der *Artefaktebene* durch die Wiederholung der Information über ihre Schwangerschaft dabei eine besondere Bedeutung zu. Batsebas Rede הרה אנכי (V.5e) erweist sich als wesentlich für den Fortgang des Plots und als handlungsleitend für die Figuren der weiteren Erzählung. Aus diesem Grund erfolgt auf die folgenschwere Aussage Batsebas keine Gegenrede Davids, sondern der König reagiert auf das Bekanntwerden der Schwangerschaft direkt mit Handlungen.

Den Eindruck, den die Figur am Schluss hinterlässt, ist ambivalent. Auf der einen Seite wird der Spannungsbogen ihrer existenziellen Notsituation, der in V.2 durch den Blick Davids eingeleitet und in V.5a.e mit der Bekanntgabe ihrer Schwangerschaft verstärkt wurde, in V.27 gelöst. Ihr sozialer Status als Ehefrau, ihre Versorgung und die ihres Kindes ist (wieder)hergestellt. Dabei kommt es zu einer Verschiebung des hervorgehobenen Aspekts von Batseba als *dargestelltem Wesen*: während am Anfang die Körperlichkeit im Fokus stand, ist am Ende ihre Sozialität, im Speziellen ihre Rolle als Gebärerende und Ehefrau im Blick.

Nachdem die drei Phasen der Charakterisierung vorgestellt wurden, soll im Folgenden auf einen wesentlichen Gegensatz hingewiesen werden, der bei der Analyse der Figur Batseba als *Artefakt* Berücksichtigung finden sollte. Es handelt sich um den „Unterschied zwischen Gewalt im Text und Gewalt mit den Mitteln des Texts"[104], auf den in Bezug auf

---

[104] Müllner, Dargestellte Gewalt, S. 315. Ilse Müllner benennt zwei Fehleinschätzungen, die ihrer Meinung nach zur Profilierung dieser Unterscheidung beigetragen haben:

2 Sam 11 erstmals die Bibelwissenschaftlerin Cheryl J. Exum in den frühen 1990er Jahren verwiesen hat. Sie bezeichnet die Darstellungsweise der Figur Batsebas als „rape of Bathsheba"[105]. Dieses Ausdruck verwendet sie als

> metaphor to describe Bathsheba's treatment at the hands of the androcentric biblical narrator, whose violation of her character consists both in depriving her of voice and in portraying her in an ambiguous light that leaves her vulnerable, not simply to assault by characters in the story but also by later commentators on the story.[106]

Für diese Form der Gewalt gegenüber Batseba lässt sich vor allem das markante Figurenmodell ihres ersten Auftritts in V.2 als Beispiel anfügen, denn es betont textimmanent ihre Körperlichkeit und erweitert so die mentale Modellbildung der Lesenden. Wie bereits dargelegt, basieren die weiteren Figurenmodelle Batsebas auf diesem ersten Modell. Die Erzählstimme tut nichts, um diesen Prozess der Modellbildung zu lenken und damit die Phantasie der Leserinnen und Leser zu steuern. Stattdessen werden die Ereignisse von der Erzählstimme so zweideutig erzählt, dass eine Mittäterschaft Batsebas nicht ausgeschlossen werden kann.[107] Auch der fehlende Zugang zur Perspektive Batsebas und die doppelte Fokussierung der Frau durch David auf der einen und die Leserinnen und Lesern auf der anderen Seite tragen dazu bei, die Figur in ihrer Verletzbarkeit und Schutzlosigkeit wahrzunehmen. „By denying her subjectivity, the narrator symbolically rapes Bathsheba"[108].

---

[105] Zum einen sei in Bezug auf 2 Sam 11 die immer wieder geführte, ergebnislose Frage der (Mit-)Schuld Batsebas an den in 2 Sam 11 erzählten Ereignissen und im Hinblick auf die Pornographie seien es zum anderen die „aporetischen Versuche, Pornographie am dargestellten Inhalt festzumachen". Ebd., S. 315. Vgl. Exum, Women, S 170–201.

[105] Exum, Women, S. 171. Bezeichnend ist auch die Auswahl der Überschrift dieses Aufsatzes von Cheryl Exum – „raped by the pen". Damit nimmt sie den Tenor des Folgenden vorweg, nämlich die Darstellung der Gewalt mit den Mitteln des Textes. Darüber hinaus bezeichnet Exum mit dieser Phrase ihre Wahrnehmung, dass durch die Schreibkraft der Exegeten der Figur Batseba nochmals Gewalt angetan werde. Damit bezieht sich auf solche Auslegungen, die das Opfer zur Täterin machen „nach dem bekannten Muster ‚blaming the victim'". Naumann, Liebe, S. 69.

[106] Exum, Women, S. 171.

[107] Vgl. Naumann, Liebe, S. 67–69.

[108] Exum, Women, S. 173f.

Wie in diesem Abschnitt dargelegt, werden der Figur Batsebas einige Handlungen innerhalb der Erzählung zugesprochen: Waschung (V.2d), Selbstheiligung (V.4e), Bekanntgabe ihrer Schwangerschaft (V.5b–e), Totenklage (V.26c) und Gebären (V.27e). Davon erweisen sich die Waschung und die Selbstheiligung für das Verständnis Batsebas als besonders relevant, da von diesen Handlungen weitere Informationen für das Figurenmodell abgeleitet werden können. Die in V.2d und V.4e dargestellten Handlungen „highlight the important legitimacy of Bathsheba before the Israelite deity […] and her full participation in the narrative"[109].

Mit dem der Figur zugesprochenen Namen wird, wie ausführlich dargestellt, die Charakterisierung der Figur unterstützt. Es handelt sich somit um einen „sprechenden Namen", der semantisch die Körperlichkeit der Figur betont.

Auch die räumliche Bewegung der Figur unterstützt ihre Passivität, denn die Bewegung geht mit Ausnahme von V.5 nicht von ihr aus, vielmehr kommt es zu räumlichen Veränderungen ihrer Position in V.4b.c und 27c in Folge von Aufforderungen (שׁלח) Davids. Auch die Figur selbst ist dem Raum „Haus" zugeordnet, was sicherlich in Zusammenhang mit ihrer Sozialität, ihrer Rolle als Ehefrau, steht.

Das hohe Erzähltempo in den Passagen, in denen Batseba auftritt und die Informationsvermittlung über ihre Figureneigenschaften, die fast ausschließlich durch die Erzählstimme erfolgt und mit Ausnahme der Schwangerschaftsinformation in V.5 keine Wiederholungen enthält, prägen die Darstellungsweise der Figur. Gleiches gilt für den fehlenden Zugang zur Perspektive Batsebas, auf den Exum verwiesen und dessen Folgen sie besonders herausgestellt hat.[110]

Wie bereits erwähnt, wird dem ersten Auftritt der Figur eine besondere Bedeutung zugesprochen, da bei diesem das grundlegende Figurenmodell gebildet wird, auf dem alle weiteren Figurenmodelle basieren bzw. mit dem die weiteren Modelle in Beziehung gesetzt werden. Bei der Figur Batsebas steht dieses wesentlich in Abhängigkeit zu den verwendeten

---

[109] Chankin-Gould u. a., Adulteress, S. 339.
[110] Meiner Auffassung nach ermöglicht die Erzählstimme durch die Figurenrede Batsebas in V.5e Introspektion in die Figur. Mit den wenigen Worten, die der Figur zugesprochen werden, präsentiert die Erzählstimme die Figurenperspektive Batsebas. Siehe dazu das Kapitel zur Perspektivenanalyse, S. 162–164.

Darstellungsmitteln – doppelte Fokalisierung und Leerstelle – die wesentlich die Empathie der Lesenden und ihre Lenkung intendieren.

Der Figur Batsebas lassen sich in 2 Sam 11 folgende, von Eder benannten, *Artefakt*-Eigenschaften zuschreiben: Sie ist kohärent und konsistent, da ihre Figureneigenschaften – schöne Frau, Gebärfunktion und Ehefrau – eng miteinander verknüpft sind und jeweils aufeinander verweisen. Darüber hinaus deuten die Lücken innerhalb der Darstellung und Informationsvergabe der Figur auf ihren fragmentarischen Charakter hin. Der erste Auftritt Batsebas in V.2d, auf dem das Figurenmodell von Batseba basiert, ist als Leerstelle angelegt, die die Lesenden mit ihren Dispositionen innerhalb der Figurensynthese schließen. Neben den Leerstellen, zu denen ebenfalls das Fehlen von Informationen über die Figurenpsyche Batsebas gerechnet werden muss, verweist auch die Subjektverweigerung, wie Exum für Batseba in 2 Sam 11 herausgestellt hat, auf den fragmentarischen Charakter der Figur.

Das Figurenmodell Batsebas bleibt innerhalb der Erzählung statisch, die einzelnen Figurenmodelle können miteinander verschmelzen, ohne dass es zu Brüchen oder Widersprüchen kommt. Durch die Typisierung der Figur als schöne Frau, Ehefrau und Gebärerin ist das Figurenmodell leicht adaptierbar. In dieser Hinsicht lässt sich Batseba als flache Figur bezeichnen.[111]

4.8.6.4 Batseba als Symbol

In der bibelwissenschaftlichen Diskussion wurde wiederholt auf die Bedeutung von Davids Ehefrauen für seine Herrschaftspolitik hingewiesen.[112] In diesem Zusammenhang bekommen vor allem die Ehen mit Mi-

---

[111] „Mit der Zuschreibung von ‚Flachheit' muss keine Abwertung verbunden sein; wie andere Typen haben flache Figuren den Vorteil, leicht erkennbar und erinnerbar zu sein." Eder, Figur, S. 392.

[112] Vgl. Ahuis, Großreich; Kunz-Lübcke, Frauen; Jacobson, women, S. 404f.; Müllner, Frauen, S. 118-121; Andreas Kunz-Lübcke weist in diesem Zusammenhang auf die generell auffällige, erzählerische Breite der Darstellungen über David und seine Frauen innerhalb der Samuelbücher hin und hebt dies als eine Besonderheit in der Hebräischen Bibel hervor. Als ein weiteres Charakteristikum benennt er den politischen Charakter bzw. Hintergrund, den die Frauengeschichten allesamt innerhalb der Davidüberlieferung gemein haben. Vgl. Kunz-Lübcke, Frauen, S. 19. McKenzie beziffert die Anzahl von Davids Ehefrauen und Konkubinen und somit die seines Harems auf mindestens 19. Den Unterschied zwischen Ehefrau und Konkubine sieht er in dem sozialen Status der Frauen. Während eine Konkubine eine Sklavin war, deren Aufgaben

chal, Abigajil, Ahinoam, Maacha und Batseba und somit diese Figuren selbst eine Bedeutung, die als Symbole den Prozess der königlichen Machtentwicklung und -stabilisierung Davids begleiten. „Each of David's marriages helped in some way to build his kingdom."[113] Schroer bezeichnet diese machtpolitische Strategie Davids als „aggressive[...] Heiratspolitik"[114]. Dietrich verweist darauf, dass nach der biblischen Geschichtsdarstellung für die Verschmelzung der beiden Reichsteile die wohlbedachte Heiratspolitik Davids eine wesentliche Rolle spiele, denn mit Michal als Israelitin sowie Ahinoam und Abigajil als Judäerinnen seien die beiden Reichsteile im Norden und Süden durch die Ehen mit dem Haus Davids verbunden. Ähnliches gelte für die Ehe mit Batseba als Jerusalemerin.[115] „Die Frauen am Königshof waren gewissermaßen diplomatische Vertreterinnen ihrer Herkunftsorte und -sippen; schon allein durch sie schuf sich David ein ganzes Netz politisch-familiärer Beziehungen und Bindungen."[116]

Gilt dies auch für Batseba? Mit Diane L. Jacobson lässt sich festhalten: „One can still look at this marriage through a political lens, but unlike the other political implications of David's marriages, any political insight involving Bathsheba depends on the telling of the story."[117] Ist es angemessen, ausgehend von 2 Sam 11 unter Beachtung der bisher herausgearbeiteten Informationen zur Figur Batsebas als *dargestelltem Wesen* und als *Artefakt* ihr diese Bedeutung zuzusprechen, so wie dies in der Forschung häufig gemacht wurde? Um eine Antwort auf diese Frage zu finden, soll im Folgenden die Heiratspolitik Davids näher analysiert werden. Dabei stehen die folgenden Fragestellungen im Fokus: Lassen sich

---

für den König im Bereich der Sexualität angesiedelt war, bekam die Ehefrau einen königlichen Status zugesprochen und ihre Nachkommen wurden als königliche Erben angesehen. Vgl. McKenzie, König, S. 165. In 1 Sam werden Michal, Abigail und Ahinoam als Ehefrauen Davids bezeichnet. Maacha, Abital, Haggit und Egla werden zudem in 2 Sam 3,2–5 als Mütter von den in Hebron geborenen Söhnen Davids erwähnt und somit als königliche Ehefrauen ausgewiesen. Der Notiz in 2 Sam 5,13 ist zu entnehmen, dass David sich weitere Ehefrauen in Jerusalem genommen hat. Die Anzahl oder Namen dieser Ehefrauen sind in 2 Sam 5,13–16 nicht explizit angegeben. In 2 Sam 11,27d wird erzählt, dass David Batseba als Ehefrau nimmt.

[113] Jacobson, women, S. 404.
[114] Schroer, Samuelbücher, S. 37.
[115] Dietrich, David, S. 166.
[116] Ebenda.
[117] Jacobson, women, S. 405.

im Bibeltext 2 Sam 11 Hinweise finden, die bei der Verbindung zwischen David und Batseba auf eine machtpolitische Komponente im Sinne einer Heiratspolitik Davids hinweisen? Welche Informationen aus bzw. über den Bibeltext sprechen dagegen? Welche Rückschlüsse liefert die Annahme, Batseba stabilisiere als weitere Ehefrau die Königsmacht, hinsichtlich der Figur als *dargestelltem Wesen*? Um die Rolle der Figur Batsebas in der Heiratspolitik Davids zu reflektieren und einzuordnen, ist es zuvor notwendig, die Heiratspolitik im Ganzen sowie die anderen Ehen bzw. Ehefrauen Davids näher zu betrachten.

Ferdinand Ahuis verweist mit Blick auf die Heiratspolitik Davids auf eine interessante Auffälligkeit, nämlich eine Gemeinsamkeit bei den Namen von Davids Ehefrauen. „Die Namen bringen Segen zum Ausdruck und bewegen sich zwischen Familie und Königtum."[118] Als Ausdruck für eine Verwandtschaftsbeziehung lassen in diesem Zusammenhang die Namen von Ahinoam („Mein Bruder ist Freundlichkeit"), Abigail („Mein Vater ist Kraft") und Abital („Mein Vater ist Schutz") anführen.[119] Als Ausdruck einer erwünschten Eigenschaft bzw. Wertschätzung gelten die Namen Batseba („Die Üppige") und Egla („Kalb, junge Kuh"), wobei letzterer im bäuerlichen Kontext zu verstehen ist und auf die grundlegende Wertschätzung der Tiere für den Lebensunterhalt der Menschen hinweist. Die Bedeutung des Namens Maacha, einer weiteren Ehefrau Davids, ist nicht genau belegt, häufig wird er als „die Dumme" übertragen. Ahuis betont hingegen die Zuschreibung Machaas als Tochter des Königs von Geschur. Er sieht in ihrem Namen einen Hinweis auf Maacha, eine benachbarte politische Einheit von Geschur. Auch der Name Haggit („Die am Festtag Geborene") sei ein möglicher Hinweis der Namenträgerin auf eine Abstammung als Königstochter.[120]

Ahuis sieht ausgehend von der Beobachtung, dass unter den genannten Frauennamen kein JHWH-haltiger Name sei, einen möglichen Hinweis darauf, dass die Frauen Davids ausländischer Herkunft sein könnten.[121] Diese Methode, aus der Namenssemantik mit den fehlenden JHWH-Bezügen auf die Herkunft der Ehefrauen zu schließen, ist problematisch. Ahuis weist selbst daraufhin, dass Figuren, die nicht zum Volk

---

[118] Ahuis, Großreich, S. 85.
[119] Die Übersetzungen der Frauennamen sind der Auflistung von Wolfgang Zwickel entnommen, vgl. Zwickel, Frauenalltag, S. 12–15.
[120] Siehe Ahuis, Großreich, S. 84f.
[121] Vgl. ebd., S. 85.

Israel gezählt werden, auch JHWH-haltige Namen tragen können.[122] Zum anderen wird Michal („Wer ist wie Gott?"), die erste Ehefrau Davids, aufgrund von Ahius Fragestellung nicht in die Überlegung einbezogen.

Aber der Hinweis von Ahuis, dass die Namen der Ehefrauen Davids semantisch konnotiert sind, zum einen Segen zum Ausdruck bringen und sich zum anderen im Spektrum von Familie und Königtum bewegen, ist für die Fragestellung der Heiratspolitik Davids zu berücksichtigen. Den „Grundstein"[123] für Davids Heiratspolitik sieht Müllner in dem Angebot Sauls an David, ihm die älteste Königstochter Merab zur Frau zu geben (1 Sam 18,17). Obwohl dieses Angebot negativ konnotiert ist – Saul verfolgt mit dem Heiratsangebot das eigentliche Ziel, David in dem Kampf mit den Philistern zu beseitigen – erweist es sich für David als eine enorme machtpolitische Chance. David entgegnet daher Saul: ויאמר דוד אל־שאול מי אנכי ומי חיי משפחת אבי בישראל כי־אהיה חתן למלך (1 Sam 18,18). Diese anschließende Reaktion Davids auf das Angebots Sauls weist darauf hin, dass es David „(n)icht um die Ehe mit Merab geht […], sondern um den Status, Schwiegersohn des Königs zu werden"[124].

Diesen Status bekommt David nicht durch die Ehe mit Merab, sondern durch die mit Michal, ihrer jüngeren Schwester (1 Sam 18,27).[125] Wieder erhebt Saul zuvor einen Brautpreis, nämlich einhundert Vorhäute von Philistern, der David eigentlich zu Fall bringen soll. Aber David liefert Saul den geforderten Brautpreis und verdoppelt diesen sogar (1 Sam 18,25–27). Er bekommt Michal zur Frau. Für Davids Heiratspolitik erweist sich die erste Ehe als entscheidend. „By marrying Michal David becomes the son-in-law to the king, a common enough political move in the history of empire building."[126] Dabei erweisen sich die Erzählweise, die textlichen Parallelen und Doppelungen bei der Vermittlung Davids

---

[122] Als Beispiel dafür lässt sich die Figur Urijas anführen. Siehe Ahuis, Großreich, S. 85. Mit Blick auf den Ansatz von Ehrlich sehe ich dieses Beispiel äußerst kritisch. Vgl. Ehrlich, Gentilics, S. 413–421.
[123] Müllner, Frauen, S. 118.
[124] Ebenda. Bereits in 1 Sam 17,25, der Erzählung über den Kampf Davids gegen Goliat, wurde David von den Israeliten vorhergesagt, dass derjenige, der siegreich gegen Goliat sei, die Tochter Sauls zur Frau bekommen werde.
[125] Michal ist die erste Frau Davids und die einzige Frau, von der erzählt wird, dass sie David liebt (1 Sam 18,20). „Damit ist sie [Michal, A.F.] die einzige Frau in der Hebräischen Bibel – mit Ausnahme des weiblichen Ichs im Hohenlied –, die einen Mann liebt." Müllner, Frauen, S. 119.
[126] Jacobson, women, S. 404.

mit Merab bzw. Michal als entscheidend. „Schon an dieser Form der Heiratspolitik fällt auf, wie sehr Michal und Merab als Töchter Sauls im Text austauschbar sind."[127]

Durch die Heirat mit Michal wird David, der bereits von Samuel gesalbt wurde, zum Schwiegersohn des amtierenden König Sauls und somit Mitglied der königlichen Familie. In der Aufstiegserzählung spitzt sich der Konflikt zwischen dem verworfenen König Saul und dem gesalbten David zu. Dabei liegt „Michals gefährdete Position [...] zwischen den beiden Häusern Saul und David, zwischen ihrem Vater und ihrem Ehemann."[128] Diese besondere Figurenkonstellation, die wesentlich von machtpolitischen Komponenten des Königtums bestimmt ist, bildet auch die Hintergrundfolie für die Erzählung von 2 Sam 6 und in diesem Kontext eine Leseanleitung für 2 Sam 6,23. David, der nach dem Tod von Saul und dessen Söhnen König von Juda und Israel wird, bringt die Lade nach Jerusalem. Michal, die in 2 Sam 6,16 wieder als Tochter Sauls bezeichnet wird, sieht aus dem Fenster: ותרא את־המלך דוד מפזז ומכרכר לפני יהוה ותבז לו בלבה (2 Sam 6,16). Michal kritisiert David für seinen Tanz, bei dem er sich als König vor den Sklavinnen und Sklaven entblößt habe (2 Sam 6,20).[129] Auf die Reaktion Davids (2 Sam 6,21f.) folgt in V.23 die Notiz, dass Michal bis zu ihrem Tod kein Kind bekommen habe.[130] Diese Aussage, die als Erzählabschluss sperrig wirkt und inhaltlich nur schwer zu der vorausgehenden Kritik Michals und der Reaktion Davids darauf in Beziehung gebracht werden kann, lässt sich nur auf der Ebene der Machtpolitik nachvollziehen. „So wird in 2 Sam 6,23 die Möglichkeit der Fortsetzung des Hauses Saul über Michal explizit unmöglich ge-

---

[127] Schmidt, Art. Michal, 2.1.
[128] Müllner, Frauen, S. 119.
[129] Auch an dieser Stelle wird sie ebenso wie auch in V.23 wieder als Tochter Sauls explizit benannt!
[130] Diese Notiz steht im Widerspruch zur Erzählung von David und den Giboritern in 2 Sam 21,1–14, in der Michal als Mutter von fünf Söhnen aufgelistet wird, die sie dem Adriël ben-Barsillai geboren hat (2 Sam 21,8). „Da Adriël in 1Sam 18,19 der Mann von Michals Schwester Merab ist, nehmen viele Übersetzerinnen und Übersetzer bis heute an, dass hier eigentlich Merab gemeint ist; so auch schon belegt in Codices der Septuaginta und in der Peschitta, der syrischen Übersetzung der Hebräischen Bibel." Schmidt, Art. Michal, 2.4. Auch dies weist auf die Austauschbarkeit dieser beiden Frauenfiguren hin. Unter Berücksichtigung der Heiratspolitik Davids ist es naheliegend, die Kinderlosigkeit Michals anzunehmen.

macht."[131] Dies geschieht unmittelbar vor der Verheißung JHWHs an David, die in 2 Sam 7,1–17 dargestellt ist und in der JHWH David den Bestand seiner Dynastie zusichert und als seinen Nachfolger seinen Sohn benennt (2 Sam 7,12). Mit der Notiz in 2 Sam 6,23 ist erzählerisch ausgeschlossen, dass es sich dabei um einen Enkel Sauls handelt.

In der Erzählchronologie wird Ahinoam nach Abigajil eingeführt, chronologisch gibt es mehrere Hinweise darauf, dass sie aber die zweite Frau Davids ist.[132] Der Figurenname Ahinoam begegnet bereits in 1 Sam 14,50 und bezeichnet die Frau Sauls. Diese Namensgleichheit ist auffallend, „(o)bwohl die meisten Exegeten davon ausgehen, dass es sich bei Sauls Frau und Davids zweiter Frau um völlig verschiedene Personen handelt"[133]. Auf der Erzählebene gibt es keine explizite Verbindung zwischen diesen beiden Figuren, die über den Namen hinausgeht. Aus der Erzählung ist aber zu entnehmen, dass Ahinoam aus Jesreel stammt (1 Sam 25,43). Bei dieser Ortsangabe handelt es sich um ein Dorf, dass unter Berücksichtigung von Jos 15,56 in der judäischen Schefela anzusiedeln ist. Damit wird eine Judäerin die Frau Davids.

> Nimmt man noch Sauls Tochter Michal hinzu, stellt sich der Eindruck ein, David habe seine Frauen – vielleicht nicht nur, aber doch wesentlich nach politischen Gesichtspunkten gewählt. […] Bemerkenswerterweise zeigte David diese für das orientalische Königtum typische Vorgehensweise bereits zu einem Zeitpunkt, als er noch gar nicht König war.[134]

In 1 Sam 25 begegnet mit Abigajil eine weitere Frauenfigur, die David zur Frau nimmt und die sich ihm gegenüber als strategisch ebenbürtig erweist.[135] Die Figur handelt ökonomisch selbstständig, agiert diplomatisch geschickt und scharfsinnig. Aber Abigajil ist, ähnlich wie dies für Batseba in 2 Sam 11 gilt, bei dem ersten Zusammentreffen mit David eine verheiratete Frau. Ihr Ehemann Nabal verfügt über großen Besitz

---

[131] Müllner, Frauen, S. 119.
[132] Vgl. ebd., S. 119f. Ahinoam wird in Bezug auf Abigail immer zuerst erwähnt. Darüber hinaus ist sie die Mutter von Amnon, Davids erstem Sohn. Aus diesen beiden Gründen sei es, so Joachim Vette, wahrscheinlich, Ahinoam als zweite und nicht als dritte Frau Davids einzuordnen. Siehe Vette, Art. Ahinoam, 3.
[133] Vette, Art. Ahinoam, 2.
[134] Dietrich, David, S. 147. Walter Dietrich schlussfolgert daraus, dass David offenbar frühzeitig klar war, dass er das Königsamt einnehmen wollte.
[135] Siehe Müllner, Frauen, S. 119.

und wird im Gegensatz zu Abigails Klugheit als Tor charakterisiert.[136] „Nabal's widow brings to their marriage both great wealth and a significant connection to the powerful southern tribe of Caleb, thus helping David build toward his crowning at the central Calebite city of Hebron."[137]

In 2 Sam 3,2–5 findet sich eine Auflistung von Söhnen, die von Davids Ehefrauen in Hebron geboren wurden. Neben den zwei bereits dargestellten Frauen Ahinoam und Abigajil werden in dieser Textpassage noch Maacha, Haggit, Abital und Egla als weitere Ehefrauen Davids benannt.

Maacha wird als Tochter des Königs Talmai von Geschur vorgestellt. Die Heirat mit einer Königstochter lässt sich als Teil von Davids Heiratspolitik verstehen und zielt auf eine politisch-familiäre Bindung der Geschuriter ab.[138] In den biblischen Texten gibt es keine Informationen über die Herkunft der Frauen Haggit, Abital oder Egla.[139]

Wie lassen sich nun die Rolle Batsebas und die Bedeutung der Figur für Davids Heiratspolitik verstehen? Innerhalb der Forschung wird die Auffassung vertreten, Batseba gehöre nicht zu den sozial niederen Schichten bzw. sei eine Frau aus der Oberschicht.[140] Ihre relativ hohe soziale Stellung basiert zum einen auf der Ehe mit einem Offizier Davids.[141] Zum anderen wohnt sie nahe dem königlichen Palast, denn wie in der Raumanalyse ausführlich herausgearbeitet wurde, ist die Entfernung zwischen den beiden Figuren begrenzt auf ihre Sehweite zueinander. Auch der Hinweis in V.4f, die Rückkehr in ihr *eigenes* Haus, weist auf ihre soziale Stellung hin.[142] Dietrich und Naumann schlussfolgern zudem,

---

[136] Der Name Nabal leitet sich von der hebräischen Wurzel נבל ab und bedeutet „töricht sein". Hier handelt es sich um einen „sprechenden Name", dessen Semantik eng im Zusammenhang mit der Handlungsweise des Namenträgers steht. Bar-Efrat weist zudem darauf hin, dass Nabal noch bevor sein Name eingeführt ist, über seinen Besitz charakterisiert wird. Dies sei „bereits ein klarer Hinweis auf seinen Charakter". Bar-Efrat, Das erste Buch Samuel, S. 323.
[137] Jacobson, women, S. 405.
[138] Nach 1 Sam 27,8 ist dieser Volksstamm im Süden, in der Nähe zum Kernland der Philister anzusiedeln. Vgl. Bar-Efrat, Das erste Buch Samuel, S. 348.
[139] Siehe Schroer, Samuelbücher, S. 134.
[140] Siehe Bail, Frau, S. 44.
[141] Vgl. Naumann, Liebe, S. 66.
[142] Siehe Dietrich, David, S. 251f.

dass Batseba über Dienstpersonal verfüge, „das sie zu David zu schicken in der Lage ist (V.5)."[143]

In der „David, Batseba und Urija-Erzählung" weisen auf der Ebene des *dargestellten Wesens* also mehrere Eigenschaften der Figur Batsebas darauf hin, dass sie sozial höher gestellt ist. Ob sie, wie Bail betont, einer Oberschicht angehört, geht aus 2 Sam 11 explizit nicht hervor. Die bisherigen Beobachtungen zur Heiratspolitik Davids legen es nahe und evozieren dies. Durch die Ehe mit Michal erhielt David Eingang in die amtierende Königsfamilie. Die Heirat mit Ahinoam und Abigajil stärkte seinen Einfluss im judäischen Gebiet und die Heirat mit Nabals Witwe bescherte ihm zudem dessen Besitz. Diese Frauengestalten konnten David etwas bieten – sie förderten auf unterschiedliche Weise durch ihre Familienzugehörigkeit, ihre Herkunft oder ihren Besitz Davids Weg zum Königtum. Welches machtpolitische Kalkül könnte hinter der Ehe Davids mit Batseba stehen? Bail sieht dies gegeben in der Förderung des Königtums von David in Jerusalem, denn die „Verbundenheit Batseba mit Jerusalem wirkt als Integrationsfaktor für den König, der sich Jerusalem zur neuen Hauptstadt genommen hat."[144]

Werden jedoch die Ergebnisse aus der Analyse der Figur als *Artefakt* in diese Überlegung mit einbezogen, wie sie im vorhergehenden Abschnitt dargestellt wurde, fällt es aufgrund der Zufälligkeit von Davids Blick, der die folgenden Ereignisse auslöst, schwer, die Ehe mit Batseba als politisch motiviert anzusehen. Das Verb הלך, das in V.2c durch seine Verwendung im Stamm des Hitpaels ein andauerndes Gehen auf dem Königspalast impliziert im Sinne eines „Herumwandelns", betont diese Zufälligkeit auf der sprachlichen Ebene.[145] Auch die Art der Einführung Batsebas in die Erzählung als namenlose Frau, deren Körperlichkeit zunächst im Fokus steht, spricht dagegen. Die Identität der Frau wird erst, nachdem David sie bereits begehrt (V.2), in V.3 bekannt. Die genannten Beispiele auf der *Artefaktebene* der Figur Batsebas erschweren eine Zuordnung der Ehe zur Heiratspolitik Davids, schließen diese aber nicht aus.

Der Figur Batsebas werden als *dargestelltem Wesen* Eigenschaften zugeschrieben, die sie mit den anderen Ehefrauen teilt. Ihre Attraktivität

---

[143] Naumann, Liebe, S. 66. Ebenso Dietrich, David, S. 252.
[144] Bail, Frau, S. 44.
[145] Vgl. Kunz-Lübcke, Frauen, S. 153.

im Rahmen der Heiratspolitik wurde bereits benannt. Batseba gehört einer höheren sozialen Schicht in Jerusalem an. Durch die Heirat mit ihr sowie mit weiteren namenlosen Nebenfrauen verankert David seine Herrschaft in Jerusalem. Dass es sich bei Batseba um eine Frau handeln könnte, die nicht demselben Volk wie David zugehörig sein könnte, darauf haben Chankin-Gould u. a. hingewiesen.[146] Dafür sprächen die Namenssemantik von Batsebas Vaters Eliam, bei dem es sich um einen El-haltigen Namen handelt und das Partizip רחצת (V.2d) als ein Textsignal, das Batseba in Bezug zu zwei Nichtisraelitinnen setzt (Vgl. Ex 2,5 und Rut 3,3). Durch diese intertextuelle Verbindung werde zum einen auf die nichtisraelitischen Ursprünge der drei Frauengestalten verwiesen und zum anderen ließe sich für die Figur Batsebas eine Selbstidentifizierung mit Israel und der israelitischen Gottheit ableiten.

Eine weitere Gemeinsamkeit mit den anderen Ehefrauen stellt ihre Mutterschaft dar. Ebenso wie Michal, Ahinoam oder Maacha hat Batebas dem König einen Sohn geboren, einen Thronprätendenten. Dies gilt zwar nicht für Batsebas ersten Sohn, dessen Geburt in 2 Sam 11,27e erzählt wird. Bezieht man jedoch den literarischen Kontext, die TFE, mit in die Überlegungen ein, erweist sich Batsebas Sohn Salomo als einer der Thronnachfolger.

Die Frage, ob die Ehe Davids mit Batseba Teil der königlichen Heiratspolitik ist und damit Batseba eine symbolische Bedeutung zukommt, lässt sich nicht eindeutig beantworten. Auf der Ebene des *dargestellten Wesens* werden der Figur Eigenschaften zugesprochen, die sie mit den anderen Ehefrauen Davids teilt. Zu diesen Gemeinsamkeiten zählen die Mutterschaft eines Thronprätendenten sowie der „Eheanreiz", der bei Batseba in der Zugehörigkeit zu einer höheren sozialen Schicht zählt. Folgt man den Thesen Chankin-Goulds u. a., ließe sich die Herkunft Batsebas als weitere Gemeinsamkeit mit den anderen königlichen Ehefrauen benennen, die nicht der gleichen Ethnie wie David angehören. Auf der *Artefaktebene* erweist sich, wie Ferndinand Ahuis herausgestellt hat, die Namenssemantik als verbindendes Element zu den übrigen Ehefrauen.

Im Gegensatz dazu erschwert die Darstellungsweise von V.2f. die Auffassungen, Batseba als Teil der königlichen Heiratspolitik zu sehen. Vor allem die Zufälligkeit in der Begegnung der beiden Figuren, die in

---

[146] Siehe Chankin-Gould u. a., Adulteress, S. 229.

der Erzählung zum einen explizit durch הלך (hitp.) ausgedrückt und zum anderen durch das erste Figurenmodell Batsebas in V.2 gestützt wird, erschwert diese Auffassung. David begehrt eine schöne, aber namenlose Frau, deren Identität er erst im Anschluss an den das Begehren auslösenden Blick in Erfahrung bringt (V.3).

4.8.6.5 Batseba als Symptom

Eder verweist in seiner Figurentheorie darauf, dass Figuren „als Elemente soziokultureller, insbesondere kommunikativer Zusammenhänge eine Verbindung zwischen Produktion und Rezeption"[147] bilden. In dieser Hinsicht eröffnen sich nach Eder folgende Fragen für die Figurenanalyse: Welche konkreten kausalen Bezüge haben die Figuren zur Realität? Haben die Figuren individuelle oder kollektive Wirkungen auf ihre Rezipientinnen oder Rezipienten? Sind die Figuren als Mittel der Bildung, Ideologie, Aufklärung, Propaganda oder Therapie instrumentalisiert? Lassen sich Gründe erkennen, aus welchen Figuren bestimmte Eigenschaften als *dargestelltem Wesen*, *Artefakt* und *Symbol* zugeschrieben wurden? Diese Fragestellungen beziehen sich auf die Ebene der Figur als *Symptom*. Für die Analyse der biblischen Figur Batseba als *Symptom* ist in diesem Zusammenhang vor allem ihr erstes Auftreten in der Erzählung in 2 Sam 11,2d–e eminent und soll daher im Fokus der folgenden Untersuchung stehen.

Die beiden genannten kurzen Teilverse sind von zentraler Bedeutung, eine Erkenntnis, die wiederholt in der bisherigen Figurenanalyse herausgearbeitet wurde. Dies gilt zum einen für das Figurenmodell Batsebas, in dem wesentliche Figureneigenschaften wie ihre Schönheit und ihre Waschung benannt und gleichfalls zusätzliche Informationen zur Äußerlichkeit, zur Identität der namenlosen Frau oder zu ihrer Figurenpsyche ausgespart bzw. ausgelassen werden. Zum anderen erweisen sich die beiden Teilverse (V.2d–e) auf der *Artefaktebene* durch die Verwendung des Erzählmotivs der badenden Frau als kunstvoll gestaltet. Durch die besondere Erzählweise in V.2d–e, nämlich die doppelte Fokalisierung und die Leerstelle im Figurenmodell Batsebas, werden zudem die Leserinnen und Leser – ihre emotionale Anteilnahme und Imaginationskraft – besonders involviert. Darüber hinaus hat die „Bade"-Szene – allen voran V.2 – we-

---

[147] Eder, Figur, S. 541.

sentlich die Rezeptionsgeschichte der gesamten „David, Batsebas und Urija"-Erzählung geprägt und weist ein enormes wirkungsgeschichtliches Potential auf.

Nicht zu vergessen sind neben 2 Sam 11 die anderen biblischen Textstellen, in denen Batseba genannt bzw. auf sie rekurriert wird. Auch sie erweisen sich für die Wirkungsgeschichte der Figur als grundlegend. Deshalb bezieht sich die folgende, exemplarische Darstellung der Auslegungs- und Rezeptionsgeschichte der Figur Batsebas zunächst auf das Vorkommen der Figur in den biblischen Schriften.[148] Anschließend werden in chronologischer Reihenfolge ausgewählte Rezeptionsbeispiele vorgestellt und auf ihre Lesart der Figur Batsebas hin untersucht. Diese kurze Rezeptionsgeschichte im Rahmen der Figurenanalyse endet chronologisch mit der Rezeption Batsebas in der Literatur um 1900.

(a) Die Figur „Batseba" in biblischen Texten

Die Anzahl der Belegstellen, in denen Batseba als Figur auftritt, sind innerhalb der Bibel übersichtlich. Der Name der Figur kommt im MT insgesamt 11 Mal vor. Nur einmal wird der Figurenname in 2 Sam 11, nämlich in V.3d genannt. Darüber hinaus findet er jeweils einmal in 2 Sam 12,24 und Ps 51,2 sowie achtmal in 1 Kön 1–2 Verwendung. In 1 Chr 3,5 wird ebenfalls auf die biblische Figur verwiesen, jedoch unter einem anderen Namen, nämlich בַּת־שׁוּעַ (Batschua).[149] Dass es sich hierbei zweifellos um „Batseba, die Tochter Ammiëls"[150] (2 Sam 11,3d EIN) handelt, lässt sich aus dem literarischen Kontext des Abschnitts

---

[148] Dass es sich an dieser Stelle nur um einen exemplarischen Überblick handeln kann, legt die Fülle der Rezeptionen des Batsebas-Stoffes nahe. Im Folgenden und ebenso analog in den Figurenanalysen zu David und Urija als *Symptome* werden nicht alle Rezeptionen erwähnt, sondern nur ausgewählte Belege, die sich für die Figurenanalyse als signifikant erweisen. Der Anhang dieser Untersuchung enthält eine Auflistung aller recherchierten Rezeptionen, siehe S. 661–664.

[149] Der Name בַּת־שׁוּעַ aus 1 Chr 3,5 wird in der LXX mit Βηρσαβεε (Bersabee) übersetzt. Da auch der Name בַּת־שֶׁבַע (2 Sam 11,3; 12,24; 1 Kön 1,11.15.16.28.31; 2,13.18.19 sowie Ps 51,2) in der LXX mit Βηρσαβεε (Bersabee) wiedergegeben wird, lässt sich innerhalb des Übersetzungstransfers eine Glättung in der Benennung der Figur beobachten. Siehe Koenig, Bathsheba, S. 113f.

[150] Die Einheitsübersetzung gibt den Namen von Batsebas Vater mit Ammiël wider, womit sie von den Loccumer Richtlinien abweicht. Im Folgenden wird, wenn nicht eigens darauf verwiesen wird, die Schreibweise Eliam entsprechend der Loccumer Richtlinien verwendet. Siehe Fricke, Verzeichnis, S. 54.

1 Chr 3,5–9 ableiten, indem eine Auflistung der in Jerusalem geborenen Nachkommen Davids vorkommt.[151] Koenig sieht darin eine gezielte Namensänderung, „the Chronicler subtly denigrated Bathsheba by changing her name to Bathshua"[152]. Im Anschluss an Martin Noth weist Koenig darauf hin, dass der Name Batschua auf die Bedeutung „Tochter der Hilfe" verweise, wobei offen ist, ob die Namenträgerin die Helfende ist oder selbst Hilfe benötige.[153]

Unter den vier Söhnen, die in 1 Chr 3,5 „Batschua, Tochter des Ammiël" zugeschrieben werden, befindet sich Salomo. Diese Information der Mutter-Kind-Beziehung von Batseba und Salomo ist bereits aus den Samuelbüchern bekannt.[154] Auch klingen die beiden Frauennamen *Batseba* und *Batschua* sehr ähnlich.[155] Nach Japhet könnte es sich bei den beiden Namen „um variierende Schreibweisen handeln oder aber um eine Anpassung der ursprünglichen Form ‚Batscheba' an den Namen der ersten Frau des Ahnherrn Juda im Zuge einer allgemeinen Tendenz, Parallelismen zwischen der Familie Davids und Judas herzustellen"[156]. Unabhängig von der Erklärung der Variation bei der Schreibweise des Frauennamens wird m. E. in der Anspielung Batsebas bzw. Batschuas in 1 Chr 3,5 eine Tendenz fortgeführt, die bereits in der „David, Batseba und Urija"-Erzählung in 2 Sam 11 angelegt ist. Nicht die individualisierte Figur steht im Fokus, sondern ihre Figureneigenschaften. In 2 Sam 11,2

---

[151] Sara Japhet verweist darauf, dass dieser Abschnitt (1Chr 3,5–9) aus 2 Sam 5,13–16 abgeleitet ist. „(D)ie hier vorgenommenen Veränderungen sind durch den neuen Kontext und durch die Ansichten des Chronisten bedingt." Japhet, 1 Chronik, S. 122.

[152] Koenig, Bathsheba, S. 43f.

[153] Siehe ebd., S. 44.

[154] Als schwierig erweist sich die Darstellung Salomos in 1 Chr 3,5 als viertem Sohn von Batseba, während er in den übrigen Quellen, z. B. der Darstellung in den Samuelbüchern ihr erster war. Sara Japhet erklärt diesen Unterschied folgendermaßen: „Anscheinend hat der Chronist den Namen Batscheba (=Batschua) aus dem erzählerischen Material in Sam genommen – eine von ihm durchweg angewandte Technik – und ihr nicht nur Salomo zugeschrieben, sondern die ganze erste Gruppe von Söhnen, unter denen er vorkommt. […] (A)ber da Batschua die einzige in Sam genannte Jerusalemer Mutter von Söhnen Davids ist, hat er [der Chronist, A.F.] sich nicht die Mühe gemacht, den Müttern der übrigen Söhne nachzugehen." Japhet, 1 Chronik, S. 122.

[155] Vgl. Japhet, 1 Chronik, S. 122. Wie austauschbar die beiden Frauennamen sind, lässt sich auch in den deutschen Bibelübersetzungen beobachten. Sowohl die EIN (1980) als auch die LUT (1984) und HER (2005) geben den Frauennamen in 1 Chr 3,5 mit Batseba wider.

[156] Japhet, 1 Chronik, S. 122.

wird sie nicht über ihren Namen oder ihre Verwandtschaftsbeziehungen eingeführt, sondern über ihre äußere Erscheinung (V.2e). In 1 Chr 3,5 kommt es, entsprechend der Gattungsart der Genealogie, hingegen zu einer Einführung der Figur über ihre Funktion als Mutter, woran die Namenszuschreibung anschließt. Diese Darstellungsweise, die Nennung des Davidsohns mit anschließender Angabe der Mutter, entspricht der Auflistung der gesamten Davidsöhne in Hebron und Jerusalem, dargestellt in 1 Chr 3,1–24. Als Tendenz, die Individualisierung der Figur zu vermeiden, lässt sich m. E. besser nachvollziehen, weshalb die beiden Frauennamen austauschbar sind.

Ein weiterer Beleg der Figur Batsebas findet sich in Mt 1,1–17, dem Stammbaum Jesu, in dem die oben genannte Tendenz fortgeführt ist. Der Name „Batseba" kommt im Neuen Testament nicht vor, dennoch wird im Stammbaum Jesu (Mt 1,1–17) auf die Figur verwiesen: „Ἰεσσαὶ δὲ ἐγέννησεν τὸν Δαυὶδ τὸν βασιλέα. Δαυὶδ δὲ ἐγέννησεν τὸν Σολομῶνα ἐκ **τῆς** τοῦ Οὐρίου" (Mt 1,6 NA28, Hervorhebung A.F.). Einzig durch den femininen Artikel τῆς innerhalb der Wendung ἐκ τῆς τοῦ Οὐρίου wird auf die Figur Batseba angespielt.[157]

Neben Batseba werden in der Jesus-Genealogie am Beginn des Matthäusevangeliums noch drei weitere Frauen erwähnt: Tamar (Mt 1,3), Rahab und Rut (Mt 1,5).[158] „Die Frauen der mt Genealogie bleiben im Hinblick auf ihre funktionelle Bestimmung jedoch rätselhaft."[159] So verwundert es nicht, dass es innerhalb der Forschungs- und Auslegungsgeschichte unterschiedliche Erklärungsversuche dafür gibt, inwiefern die Frauen für das Verständnis der Genealogie eine Rolle spielen oder warum gerade diese Frauen in den Stammbaum aufgenommen wurden, während andere Frauen wie Sarah, Rebekka, Leah oder Rahel unerwähnt bleiben.

---

[157] Dass diese indirekte Erwähnung einer weiblichen Figur als Figur Batseba identifiziert werden kann, legt die markante Darstellungsweise dieser Umschreibung nahe. „Die Formulierung setzt aber voraus, dass man die Geschichte dieser Frau kennt." Ploner, Schriften, S. 247.

[158] Maria Theresia Ploner verweist darauf, dass, trotz der patriarchalen Gesellschaftsstruktur im antiken Israel das Vorkommen von Frauen in Genealogien nichts Ungewöhnliches darstelle, dass dies mehrfach in der heiligen Schrift Israels belegt sei: Ex 6,20–25; 1Chr 2,46–50; 8,8–12. Vgl. Ploner, Schriften, S. 240.

[159] Ebenda.

Auch der Zusammenhang der vier Frauen und Maria wird innerhalb der Forschung unterschiedlich bewertet.[160]

---

[160] Maria Theresia Ploner benennt mit der Suche nach einem *gemeinsamen Vergleichspunkt* zwischen den Frauen ein wesentliches Charakteristikum innerhalb der Diskussionen um die Bedeutung der Frauen in der matthäischen Genealogie. Vgl. ebd., S. 241, ebenso: Werren, Women, S. 288. Dabei kristallisieren sich unterschiedliche Erklärungsversuche innerhalb der Auslegungsgeschichte heraus. Zum einen handelt es sich dabei um die These, die auf Hieronymus zurück reicht und den gemeinsamen Vergleichspunkt der vier Frauen in ihrer Sündhaftigkeit sieht. Diese Interpretation mit ihrer Reduktion auf die rein negative Funktion der Frauen lässt sich heute nicht mehr halten. Siehe Luz, Matthäus, S. 93f. „Sie als Sünderinnen zu verstehen, scheitert an der Nennung der Ruth." Wiefel, Matthäus, S. 27. Wie die Figurenanalyse zu Batseba gezeigt hat, ist es verfehlt, Batseba ebenfalls als Sünderin zu bezeichnen.
Eine zweite These, die auf Luther zurückreicht, nennt ihr Fremd- bzw. Ausländersein als Besonderheit der vier Frauen. Vgl. Ploner, Schriften, S. 242, Wiefel, Matthäus, S. 27. Durch das Motiv des Fremdseins erhält der Stammbaum Jesu einen „universalistischen Unterton". Luz, Matthäus, S. 135.
Eine weitere Erklärungsmöglichkeit findet sich bei Ulrich Luck, der betont, dass die „hier erwähnten Frauen an Stellen der Geschichte [stehen, A.F.], an denen sich die Erfüllung von Verheißung in überraschender Weise durchsetzt." Luck, Matthäus, S. 20. Vgl. Ploner, Schriften, S. 242f. Schnackenburg, Matthäusevangelium, S. 18.
Gleich fünf gemeinsame Vergleichspunkte findet Wim Weren, basierend auf seiner These, „that Mary continues in a role which Tamar, Rahab, Ruth, and Bathsheba already played in the stories from the Hebrew Bible", zwischen den vier Frauengestalten des Alten Testaments und Maria, der Mutter Jesu, die in Mt 1,16 als fünfte Frau in der Genealogie erwähnt wird. Neben dem ersten inhaltlichen Vergleichspunkt, dass alle Frauen in Bezug zu Gesetzestexten stehen, nennt er als zweite Gemeinsamkeit die stabile Ausgangslage der Frauen, sie alle befanden sich zu Beginn ihrer jeweiligen Erzählung in gesicherten, stabilen Lebensverhältnissen. Dies gelte auch für Rahab, die entgegen den anderen drei alttestamentlichen Frauengestalten unverheiratet sei, jedoch „she too occupies a trusted position within her own clan" Werren, Women, S. 302. Als dritten Vergleichspunkt benennt Weren eine Krisensituation, die diese stabile Situation der Frauen ins Wanken bringt und die sie zu einer gewissen Eigeninitiative auffordert, damit ist die vierte Gemeinsamkeit benannt. Durch das Handeln der Frauen wird ihre Lebenssituation schließlich wieder stabilisiert: „The stories about the five women all turn out well." Werren, Women, S. 304.
Dieses Bestreben wertet Ploner kritisch, da letztlich keiner dieser gemeinsamen Vergleichspunkte gänzlich zu überzeugen vermag. Stattdessen schlägt Ploner vor, aufgrund einer formalen Parallelisierung (ἐκ τῆς + Frauenname) nicht vorschnell auch von einer semantischen Parallelisierung auszugehen. Nach der Analyse der einzelnen Frauengestalten in Mt 1 kommt Ploner zu dem Schluss, dass es „wohl primär um die ‚merkwürdige' Weise, wie die Frauen in die messianisch-königliche Genealogie gelangten", gehe, „(d)amit wird die Szene in Mt 1,18–25 zur nachträglichen narrativen Ausfaltung dieser Frage in Bezug auf Maria". Ploner, Schriften, S. 248. Der genealogische Rückblick in Mt 1,1–7 und die darin vorkommenden Frauengestalten und ihre

In der Analyse der Darstellungsweise zu den Referenzen auf die einzelnen Frauenfiguren in der matthäischen Genealogie lässt sich eine Besonderheit bei dem Verweis auf Batseba in Mt 1,6 beobachten. Während die drei anderen Frauenfiguren jeweils mit Namen benannt sind, wird auf Batseba lediglich mit einem femininen Artikel verwiesen, der in Relation zu einer weiteren Figur, Urija, steht. Ebenso wie in 2 Sam 11 wird auch in Mt 1,6 die Verbindung und Zusammengehörigkeit dieser beiden Figuren durch die Darstellungsweise hervorgehoben. Während Batseba in 2 Sam 11 einmal mit Namen genannt ist, bleibt dieser in Mt 1,6 gänzlich unerwähnt. Diese Beobachtung lässt sich m. E. als weiterer Beleg für die Vermeidung einer Individualisierung der Figur Batsebas werten. Nicht ihre Identität, die zweifelsohne mit der Namenszuweisung gegeben wäre, steht im Erzählinteresse von Mt 1,6, sondern ihre Figureneigenschaften und die Beziehung zu den weiteren Figuren David, Urija und Salomo. Das Besondere an dieser Textstelle ist die Kulmination eines ganzen Erzählkomplexes. Die Angabe, dass David Salomo zeugte, bezieht sich keinesfalls auf 2 Sam 11, wie die Anspielung auf Batseba (ἐκ τῆς τοῦ Οὐρίου) evoziert, sondern auf die Geburt von Batsebas zweitem Kind Salomo, dargestellt in 2 Sam 12,24f. Wie lässt sich die indirekte Erwähnung Batsebas in Mt 1,6, die schließlich auf die „David, Batseba und Urija"-Erzählung in 2 Sam 11 anspielt, erklären? Mit der Benennung der Figur Batsebas als „die (Frau) des Urja" werden „gerade die sperrigen Seiten der Erzählung von Batseba in Erinnerung gehalten"[161], die letztlich an Davids Taten (!) in 2 Sam 11 erinnern und diese als Fehlverhalten deklarieren.

Nicht nur der Blick in das Neue Testament mit seiner Anspielung auf die „David, Batsebas und Urija"-Erzählung in der jesuanischen Genealogie in Mt 1 ist lohnend, auch die Untersuchung von 2 Sam 11 in den unterschiedlichen antiken Übersetzungen erweist sich als gewinnbringend. In der griechischen Übersetzung von 2 Sam 11 gibt es einige Abweichungen zum MT. Die auffälligste Differenz in der LXX begegnet in 2 Sam 11,4:

---

jeweilige Annahme durch eine männliche Figur zeigen den Lesenden, „dass das bei Josef festgestellte ‚*männliche*' *Verhaltensmuster der Annahme* sich als dem Heilsplan entsprechend erwiesen hat". Ploner, Schriften, S. 249.

[161] Müllner, Art. Batseba, 2.4.

> Καὶ ἀπέστειλεν Δαυιδ ἀγγέλους καὶ ἔλαβεν αὐτήν, καὶ **εἰσῆλθεν πρὸς αὐτήν**, καὶ ἐκοιμήθη μετ' αὐτῆς, καὶ αὐτὴ ἁγιαζομένη ἀπὸ ἀκαθαρσίας αὐτῆς καὶ ἀπέστρεψεν εἰς τὸν οἶκον αὐτῆς.
>
> Und David sandte Boten und nahm sie. Und er kam zu ihr und schlief mit ihr. Und sie war gereinigt von ihrer Regelblutung. Und sie ging weg in ihr Haus.[162]

Während Batseba im MT als Subjekt des Kommens (בוא) in V.4c benannt ist, wird diese Handlung in der LXX David zugewiesen.[163] Dadurch liegt die gesamte Handlungsinitiative vor und während des sexuellen Aktes (V.4a–d) ausschließlich bei David. Mit Blick auf die Figur Batsebas resümiert Koenig: „Therefore in that version she is not a willing participant in their liason, something the MT leaves somewhat more gapped, and that makes her positive insofar as it moves further away from any possibility that she desired to be with David."[164] Indem in den genannten Manuskripten der LXX alle Handlungen in V.4a–d David als Subjekt benennen und Batseba nur als Objekt auftritt (V.4b–d), wird ihre Passivität beim sexuellen Akt herausgestellt. Daraus schließt van der Bergh, „a great part of the copyists and readers of the Septuagint saw Bathsheba as being passive – David being the one who goes to her"[165]. Die Figur Batsebas, wie exemplarisch an V.4 gezeigt, ist in einigen Manuskripten der LXX passiver dargestellt als im MT. Diese Tendenz einer Reduzierung der Komplexität der biblischen Figur Batsebas (MT), wie sie bereits in der griechischen Übersetzung beispielsweise an ihrer Passivität in V.4 aufgezeigt wurde, stellt eine Variante des Umgangs mit der biblischen Figur innerhalb der Auslegungs- und Rezeptionsgeschichte dar.

(b) „Batseba" in der jüdischen Tradition

Eine weitere Variante der Darstellung Batsebas lässt sich in der jüdischen Auslegung und im Speziellen in der Adaption von 2 Sam 11 in den *„Antiquitates Iudaicae"* bei *Flavius Josephus* (37/38 – nach 100 n. Chr.) nachzeichnen. Koenig sieht darin „the start of some change in the view of

---

[162] Kraus / Karrer (Hg.), Septuaginta Deutsch, S. 345 [Hervorhebung: A.F.].
[163] Folgende Manuskripte der LXX weisen diese Formulierung auf: Codex Vaticanum Codex Alexandrinus und die Lukianische Rezension. Siehe van der Bergh, Bathsheba, S. 186f.
[164] Koenig, Bathsheba, S. 113.
[165] Van der Bergh, Bathsheba, S. 187.

her – a change that has its end in a characterization of Bathsheba as flattened and negative"[166]. Neben dieser Tendenz, die im Folgenden an Josephus Darstellung konkretisiert wird, begegnen uns im Judentum noch weitere Auslegungstraditionen. In der rabbinischen Literatur finden sich Hinweise zur familiären Herkunft Batsebas, die über die Angaben in 2 Sam 11,3d hinausgehen. Im Traktat *bSan 69b* wird Batseba als Enkelin Ahitofels benannt.[167] Von dieser verwandtschaftlichen Verbindung leitet sich die Auffassung ab, dass Ahitofel wegen der Liason des Königs mit seiner Enkeltochter gegenüber David aufgebracht ist, weshalb er dem rebellierenden Königssohn Absalom riet, den König zu verfolgen und zu töten.[168] Zu einer dritten Auslegungstradition im Judentum zählen Quellen, nach denen Batseba seit der Schöpfung vorherbestimmt war, dass sie David heiraten werde, allerdings nahm und ehelichte der König sie, bevor die richtige Zeit angebrochen war.[169] Eine solche Auslegung findet sich im Traktat *bSan 107a* oder in der hochmittelalterlichen kabbalistischen Abhandlung *„Das Mysterium, dass Bathscheva David seit den sechs Tagen der Schöpfung vorbestimmt war"* von dem spanisch-jüdischen Autor *Joseph Gikatilla*.[170] Als weitere Auslegungstradition Batsebas im Judentum benennt Kadari am Beispiel *bSan 107a* und *Ralbag on 2 Sam 12,25* die Lesart, wonach Batseba, obwohl sie und David würdig füreinander waren, im Schmerz, als Folge der Sünde, zu ihm, David, kommt.[171]

Nach der Benennung dieser wesentlichen Auslegungstraditionen der biblischen Figur Batseba im Judentum sollen diese nun anhand von ausgewählten Quellen belegt werden. Zur Vermeidung von Redundanzen wird die Lesart Batsebas als Enkeltochter Ahitofels, die ausführlich in der Figurenanalyse Eliams anhand des Belegtextes *bSan 69b* vorgestellt wird, in der folgenden Darstellung ausgespart.[172] Aufgrund des Fokus' dieses Abschnittes, der Figurenanalyse Batsebas, ist eine umfassende Auslegung

---

[166] Koenig, Bathsheba, S. 26.
[167] Siehe dazu die ausführliche Darstellung in der Figurenanalyse zu Eliam, S. 550–553. Kadari nennt zudem als weitere Belegstellen Radaq on 2 Sam 17:3 und Ralbag on 2 Sam 16:23, siehe Kadari, Art. Bathsheba, Sp. 601.
[168] Siehe Kadari, Art. Bathsheba, Sp. 601f.
[169] Siehe ebd., Sp. 601.
[170] Siehe dazu Oberhänsli-Widmer, Mysterium, S. 75–83; Oberhänsli-Widmer, Gikatilla, S. 72–82.
[171] Seihe Kadari, Art. Bathsheba, Sp. 601.
[172] Siehe die Figurenanalyse Eliam, S. 550–553.

der einzelnen Rezeptionen an dieser Stelle nicht möglich. Aus diesem Grund können im Folgenden nur ausgewählte Rezeptionen Batsebas in Judentum exemplarisch vorgestellt werden.

Beginnen möchte ich chronologisch mit der Darstellung Batsebas in Flavius Josephus' Schrift der „Jüdischen Altertümer", die etwa 93/94 n. Chr. veröffentlicht wurde. Diese Adaption markiert einen Bruch innerhalb der Auslegungs- und Rezeptionsgeschichte, denn die ambige Darstellung Batsebas in 2 Sam 11 wird zugunsten einer Eindeutigkeit aufgelöst. Während die biblische Erzählung keine Introspektion in die Figur Batsebas gewährt und u. a. deshalb eine ambige Erzählweise in 2 Sam 11 vorherrscht, finden sich in Josephus Darstellung Informationen zu ihrer Motivation. Diese Einfügungen, die dem in Ant., 1.17 formulierten Selbstanspruch von Josephus entgegen stehen, wonach er in seiner Darstellung nichts hinzugefügt oder ausgelassen habe,[173] führen zu einer veränderten Figurendarstellung Batsebas. Van der Bergh fasst diesen Vorgang pointiert zusammen: „Josephus – who does take Bathsheba as guilty"[174].

Die Figur Batsebas wird in Josephus' Darstellung über den Blick Davids eingeführt, der mit dem Hinweis auf ihre Attraktivität verbunden ist. Josephus stellt nicht einfach die Schönheit Batsebas fest, sondern hebt diese in besonderem Maße hervor: πασῶν διαφέρουσαν.[175] „Josephus adds that her beauty is superior to all others"[176]. Ein wesentlicher Unterschied zur biblischen Erzählung stellt eine Umstellung bei der Beschreibung von Batsebas Identität dar.[177] Auf den Blick Davids und die Feststellung der Schönheit der Frau folgt zwar die Nennung ihres Namens Βεεθσαβή (Ant., 7.130)[178], allerdings wird die Bekanntgabe von Batsebas Identität als Tochter Eliams und Ehefrau Urijas anders als in 2 Sam 11 erst im Anschluss, nach dem sexuellen Akt und der Feststellung ihrer Schwangerschaft in Ant., 7.131 benannt.

---

[173] Josephus, Ant., 1,17: τὰ μὲν οὖν ἀκριβῆ τῶν ἐν ταῖς ἀναγραφαῖς προϊὼν ὁ λόγος κατὰ τὴν οἰκείαν τάξιν σημανεῖ τοῦτο γὰρ διὰ ταύτης ποιήσειν τῆς πραγματείας ἐπηγγειλάμην οὐδὲν προσθεὶς οὐδ' αὖ.
[174] Van der Bergh, Bathsheba, S. 182.
[175] Josephus, Ant., 7.130.
[176] Koenig, Bathsheba, S. 138.
[177] Siehe Avioz, Josephus' interpretation, S. 119.
[178] Vgl. LXX: Βησαβεε.

In der biblischen „David, Batseba und Urija"-Erzählung sind Batseba zwei Handlungen zugewiesen, das Waschen in V.2d und die Selbstheiligung von der Unreinheit in V.4e, die wesentlich für das Figurenverständnis sind. In den „Jüdischen Altertümern" ist Batsebas Handlung des Waschens (V.2d) wiedergegeben, die Selbstheiligung von der Unreinheit, durch die eine Kontrastierung gegenüber David erfolgt, wird hingegen ausgelassen. Avoiz weist unter Beachtung der anderen Textpassagen, in denen Josephus die Heiligkeitsgesetze thematisiert (Ant., 3.261; Ant., 3.375; Ant., 5.227), darauf hin, dass nirgendwo durch die Waschung mit Wasser der Zustand der Heiligkeit wiederhergestellt wird. „According to this, Josephus omitted this clause as it did not match the purity customs of his days."[179]

Eine äußerst markante Verschiebung in der Figurendarstellung Batsebas gründet in Josephus' Ausschmückung von V.5e. Batsebas Mitteilung an David über ihre Schwangerschaft (V.5e) wird um folgenden Zusatz ergänzt:

> Batseba schickte [...] zum König und liess ihn bitten, er möge doch dafür sorgen, dass das Vergehen verborgen bleibe; denn da sie einen Ehebruch begangen, war sie nach dem väterlichen Gesetze dem Tode verfallen.[180]

Die Initiative für das Verbergen des Ehebruchs und der Schwangerschaft geht in der Darstellung bei Josephus eindeutig von Batseba aus. In der biblischen Erzählung sendet Batseba zu David und sagt: הרה אנכי, womit sie alle Handlungsoption an David abgibt, sie erwartet von ihm eine (Re-)Aktion. Im Unterschied dazu ist Batseba in Josephus' Darstellung stärker darum bemüht, David eine Handlung vorzugeben, indem sie fordert, der Ehebruch und somit ihre Schwangerschaft müsse verborgen bleiben. Einen Grund für Batsebas Forderung ist ebenfalls angeführt, denn sie weiß um die Sanktionen angesichts des Ehebruchs und benennt

---

[179] Avioz, Josephus' interpretation, S. 120. Entgegen dieser Auffassung weist Koenig darauf hin, dass Josephus die gleiche Phrase in der Darstellung des levitischen Gebots der Reinheit verwendet (Lev 15,16; Ant.,3.264), wenn er erklärt, dass bei Unreinheit die rituelle Reinheit durch die Waschung mit kalten Wasser (ψυχρῳ ὑδατι) wiederhergestellt wird. Koenig sieht darin Batsebas Frömmigkeit, eine der von Josephus erklärten Tugenden.

[180] Josephus, Ant., 7.131: γενομένης δ' ἐγκύου τῆς γυναικὸς καὶ πεμψάσης πρὸς τὸν βασιλέα ὅπως τῷ ἁμαρτήματι σκέψηται τινα τοῦ λαθεῖν ὁδόν ἀποθανεῖν γὰρ αὐτὴν κατὰ τοὺς πατρίους καθήκει νόμους μεμοιχευμένην.

diese. Diese beiden Details, die Josephus seiner Darstellung hinzufügt, führen dazu, dass die Figur Batsebas stärker als Handlungsträgerin wahrgenommen wird, die gegenüber dem König entschlossen auftritt und ihm Anweisungen für das weitere Vorgehen vorgibt. Die anschließend dargestellten Ereignisse, der Vertuschungsversuch und die Tötung Urijas, basieren in der Darstellung der „Jüdischen Altertümer" somit auf der Forderung Batsebas, der Ehebruch müsse verborgen bleiben. Der Figur Batseba wird an den Ereignissen, die dem Ehebruch folgen, eine Beteiligung, van der Bergh spricht hier sogar von (Mit-)Schuld, zugesprochen, die nicht in der biblischen Darstellung zu finden ist.[181] Damit kommt es zu einer gravierenden Verschiebung bei der Charakterisierung der Figur Batsebas.[182]

Neben dieser sehr markanten Hinzufügung gibt es eine weitere Ergänzung, die Josephus hinsichtlich der Figurenbeschreibung Batsebas vornimmt und die den eben dargestellten negativen Eindruck etwas abmildert. In Ant., 7.130 wird die biblische Leerstelle zur Lokalität, an der sich Batseba wäscht, geschlossen: γυναῖκα λουομένην ἐν τῇ αὐτῆς οἰκίᾳ. Batseba befindet sich in ihrem Haus, einem, wie in der Raumanalyse dargestellten, geschützten Raum. Davids Blick reicht somit in das Innere des Hauses Batsebas und wird begrenzt auf diesen Ausschnitt. In der biblischen Darstellung fehlen Informationen zum Raum, an dem sich Batseba wäscht, weshalb offen bleibt, ob es sich um einen „geschützten" Raum oder um einen „offenen" Raum handelt. In dieser Unbestimmtheit gründet u. a. die ambige Darstellung der Motivation Batsebas, die innerbiblisch nicht dargestellt wird. Gibt sich Batseba dem Blick Davids preis, indem sie einen „offenen" Raum für ihre Waschung wählt, wie beispielsweise einen Fluss, Bach oder eine Waschstelle innerhalb des Hofes – oder wählt sie einen „geschlossenen" Raum, der durch eine Sichtschutz wie beispielsweise Wände abgetrennt ist, wodurch dem Blick David Zufälligkeit zugesprochen wird.

Zusammenfassend lässt sich festhalten, dass die Darstellung von Josephus in entscheidenden Punkten von der biblischen Darstellung abweicht. Für die Figurendarstellung Batsebas sind zwei äußerst markante Ergänzungen zu benennen: Es handelt sich erstens um den Hinweis zum

---

[181] Siehe van der Bergh, Bathsheba, S. 182.
[182] So auch Koenig, Bathsheba, S. 140: Josephus „adding a detail that is not present in the text, but it is hard to read this modification of Bathsheba's characterization as positive".

Raum, in dem sich Batsebas wäscht. Hierdurch wird die ambige biblische Darstellung, die die Vorstellung, Batseba habe durch die Wahl des Raumes den Blick Davids auf sich gezogen, zugunsten einer positiv konnotierten Darstellung Batsebas aufgehoben. Sie wäscht sich nach der Darstellung von Josephus innerhalb ihres Hauses, womit die Auslegung, Batseba habe den Blick Davids provoziert, hinfällig wäre. Das Figurenmodell Batsebas wird zweitens wesentlich verändert durch den von Josephus eingefügten Zusatz, David „möge doch dafür sorgen, dass das Vergehen verborgen bleibe" und den Hinweis auf die Todesstrafe als Sanktion für den Ehebruch. Diese Ergänzung ist in der Benachrichtigung Batsebas über ihre Schwangerschaft an David eingeschoben und etabliert eine Teilhabe Batsebas an den folgenden Ereignissen, die den Ehebruch verbergen sollen. Dieser Zusatz führt zu einer wesentlichen Verschiebung in der Figurendarstellung Batsebas. In der biblischen Darstellung, nach der Batseba in V.5e mit ihrer Schwangerschaftsbekanntgabe zwar eine Reaktion Davids auf ihre Schwangerschaft erwartet, allerdings dabei offen lässt, wie diese Handlung konkret aussieht, sind die weiteren Ereignisse, der Vertuschungsversuch sowie die Tötung Urijas in Folge des Scheiterns der Vertuschung, ausschließlich der Figur Davids zugeordnet.

In *bSan 107a* werden gleich mehrere Rezeptionslinien aufgenommen und miteinander verknüpft. Zunächst ist der Kontext beschrieben, in dem die biblische Erzählung in 2 Sam 11 aufgegriffen wird. Es handelt sich hierbei um eine Versuchungsgeschichte:

> R. Jehuda sagte im Namen Rahbs: […] Er [David, A.F.] sprach nämlich vor ihm: Herr der Welt, weshalb sagt man: Der Gott Abrahams, der Gott Jiçhaqs und der Gott Jáqobs, und nicht: der Gott Davids?! Er erwiderte: Jene wurden von mir erprobt, du aber nicht. Da sprach er [Anm. in Fußnote: Ps 26,2]: *Prüfe mich und stelle mich auf die Probe.* Er erwiderte: Ich will auch dich auf die Probe stellen und zwar will ich mit dir noch ein Weiteres tun, denn jenen teilte ich es vorher nicht mit, dir aber teile ich vorher mit, daß ich dich durch eine Inzestsache auf die Probe stellen werde.[183]

Im Anschluss daran folgt die Wiedergabe von 2 Sam 11,2–4, wobei einige Ergänzungen vorgenommen werden. So ist beschrieben, dass sich Bath Šeba den Kopf unter einem Weidenkorb wäscht. Der Satan, der in Gestalt eines Vogels auftritt, schießt einen Pfeil auf den Weidenkorb,

---

[183] bSan 107a.

sodass dieser fällt und den Blick Davids auf Batsebas freigibt. Durch die Einführung der Figur des Satans und der Kontextualisierung als Versuchung bzw. Probe Davids durch Gott avanciert die Darstellung zu einer Erzählung über Gott und Satan. Dadurch wird, so Valler, der Eindruck erweckt, dass David keinen Einfluss auf die Ereignisse hat.[184] Zumindest lässt sich eine Tendenz der Entschuldung Davids nicht leugnen. Es folgen auf die Adaption von 2 Sam 11,2–4 mehrere Erklärungen von Raba dem Weisen zu Davids Handeln. Für die Figurenanalyse Batsebas ist folgende Erklärung signifikant:

> Raba trug vor: Es heißt: [Anm. in Fußnote Ps 51,6] denn ich bin des Sturzes gewärtig, und mein Schmerz ist stets vor mir. Bath Šebá, die Tochter Eliáms, war für David seit den sechs Schöpfungstagen bestimmt, nur gelangt sie zu ihm mit Schmerzen. Ebenso wurde auch in der Schule R. Jišmáéls gelehrt: Bath Šeba, die Tochter Eliáms, war für David [von jeher] bestimmt, nur genoß er sie als unreife Frucht.[185]

Dieser kurze Auszug belegt zwei Linien innerhalb der jüdischen Rezeption der Figur Batsebas. Zum einen wird sie als jene bezeichnet, die für David bereits seit der Schöpfung vorherbestimmt ist. Der König nahm sie jedoch, bevor die Zeit dazu gekommen war, das heißt als „unreife Frucht". Ausgehend von der Auffassung, dass Batseba seit der Schöpfung für David vorgesehen ist, deutet sich die zweite, nach Kadari von der zuvor genannten zu differenzierenden Rezeptionslinie durch den Verweis „nur gelangt sie zu ihm mit Schmerzen" an.[186] Die Verbindung zwischen den beiden Figuren wird negativ konnotiert und in einen Kausalzusammenhang gestellt. Obwohl David und Batseba (seit der Schöpfung) füreinander vorgesehen sind, kam Batseba in Schmerzen als Folge der Sünde zu ihm.[187]

Diese beiden Rezeptionslinien begegnen uns in ähnlicher Weise in dem hochmittelalterlichen, kabbalistischen Lehrstück von Joseph Gikatil-

---

[184] Vgl. Valler, King, S. 138. Kritisch dazu äußerst sich Koenig, Bathsheba, S. 144. Unter Verweis auf die Erzählung von Gott und *hassāṭān* in Ijob 1–2 hebt Koenig hervor, dass David im Unterschied zur Ijobfigur aufgrund seines Wissens über die anstehende Probe theoretisch die Möglichkeit hatte, der Versuchung entgegenzuwirken. Siehe Koenig, Bathsheba, S. 144.
[185] bSan 107a.
[186] Vgl. Kadari, Art. Bathsheba, Sp. 601.
[187] Siehe ebenda.

la (1248–ca. 1325 n. Chr.)[188], das den Titel *„Das Mysterium, dass Bathscheva David seit den sechs Tagen der Schöpfung vorbestimmt war"* trägt.[189] In diesem Text, der die genannten Rezeptionslinien ebenfalls miteinander verknüpft, werden unterschiedliche Traditionslinien subsumiert. Neben Schriftzitaten aus der Hebräischen Bibel finden sich Adaptionen spätantiker Talmudim und Midraschim sowie Elemente mystischer Literatur und hochmittelalterlicher Kabbala in diesem Lehrstück. Darüber hinaus belegt Oberhänsli-Widmer Einflüsse griechischer Philosophie sowie christlicher Erbsündenlehre.[190]

Der Text ist seiner Form nach eine Lehrsituation, ausgestaltet als intime Unterweisung eines Lehrers und dessen Lieblingsschülers. Am konkreten Thema der Ehe wird auf 2 Sam 11 rekurriert und Davids Ehe(bruch) mit Batseba als Exempel behandelt. Das zuvor erwähnte talmudische Traktat bSan 107a wird hier aufgegriffen und fungiert als Ausgang der Unterweisung:

---

[188] Siehe Oberhänsli-Widmer, Mysterium, S. 75f. Joseph Gikatilla, ein spanisch-jüdischer Autor, „entwickelte eine eigene kabbalistische Ausprägung aristotelisch-platonisierender Onomastik, befasst sich also speziell mit dem Mysterium des göttlichen Namens und dem hebräischen Alphabet". Ebd., S. 75. Zu seinem Oeuvre zählen kabbalistische Schriften wie „Ginnat Egos" (Nussgarte), „Schaʿare Orah" (Tore des Lichts) und „Schaʿare Zedeq" (Tore der Gerechtigkeit). Darüber hinaus hat Gikatilla exegetische, poetische und halachische Texte sowie eine Reihe von kürzeren Traktaten verfasst, zu denen auch das hier thematisierte Traktat „Das Mysterium, dass Batscheva David seit den sechs Tagen der Schöpfung vorbestimmt war". Siehe Oberhänsli-Widmer, Gikatilla, S. 73f.

[189] Oberhänsli-Widmer hat das Lehrstück, das erst 2003 in einer französisch-hebräischen Edition veröffentlich wurde, dem deutschsprachigen Raum zugänglich gemacht. Die folgenden Zitate stammen daher aus der Publikation Oberhänsli-Widmer, Gikatilla, S. 72–82.

[190] Vgl. ebd., S. 77–79. In dem Lehrstück wird der christliche Gedanke der Ursünde Adams, der dem Judentum nicht inhärent ist, aufgegriffen. Durch die Annahme der Ursünde, die sich auf die gesamte Menschheit auswirkt, wird David wesentlich von seiner Schuld entlastet. Sein Vergehen steht in Folge und unter dem Schatten des Urvaters Adam. Oberhänsli-Widmer fasst das David-Bild folgendermaßen zusammen: Davids „Vergehen werden nicht nur mit dem Schleier der Erbsünde bemäntelt, sondern stets nur in Euphemismen angedeutet: Er habe ‚nicht gewartet, bis die Zeit der Vorhaut abgelaufen gewesen wäre', ‚er habe sie als Frühfeige gekostet', ‚er habe sie ohne Auslösung genommen' – würde man den biblischen Hintergrund nicht kennen, wäre man wohl kaum imstande, die Tatsachen zu entschlüsseln. Oberhänsli-Widmer, Gikatilla, S. 80.

Du hast mich gebeten, mein liebster Freund, dir das zu erklären, was unsere Weisen, seligen Andenkens, gemeint haben mit: ‚Bathscheva war David vorbestimmt seit den sechs Tagen der Schöpfung, aber er hat sie als Frühfeige gekostet'.[191]

Im Anschluss an die Benennung des Anlasses für diese Unterweisung fährt der Lehrer fort: „Der Heilige, gepriesen sei er, führt die Paare zusammen"[192]. Er verweist damit auf die Schöpfungsmacht und Wirkungskräfte Gottes und führt diese anschließend aus. Diesem Gedankengang liegt die platonische Idee des Kugelmenschen zugrunde, wonach das menschliche Geschöpf ein Doppeltes darstellt, das durch Zeus in der Urzeit entzweit wurde. Der Mensch, der nunmehr in Frau und Mann getrennt ist, ist verurteilt zur Suche nach seiner anderen Hälfte. Diese Ausführungen basieren auf der Vorstellung, dass die Ehepartner durch göttlichen Ratschluss vorbestimmt sind. Ausgehend davon unterscheidet Gikatilla drei Typen der Ehe, den vollendeten Typus, den mittelmäßigen sowie den verwirkten Ehetypus. Unter der Annahme eines gültigen Tun-Ergehen-Zusammenhangs entspricht der erste Ehetypus dem Gerechten, dem gemäß des „Mysteriums" vergönnt ist, seine Partnerin zu finden.[193] Der zweite Ehetypus, das mittelmäßige Paar, findet aufgrund einer Sünde des Mannes nicht sofort, sondern erst nach Irrungen zueinander. Der dritte Typus bezeichnet jenes Paar, das niemals zu einander findet. David wird dem zweiten Typus zugerechnet:

> Und hinsichtlich dieser Art Paar wisse und verstehe, dass David, Friede sei mit ihm, einen starken Trieb hatte, und deshalb war ihm Bathscheva anfänglich nicht vergönnt, obwohl sie ihm seit den sechs Tagen der Schöpfung vorbestimmt war. Denn dort wurde Davids Seele Teil der Seele Bathschevas, seiner Partnerin. Deshalb nahm sie zuerst Urija, der Hethiter, und David schrie und sagte (Ps 38,18): ‚Denn ich bin bereit für die Rippe, doch mein Schmerz ist mir ständig gegenwärtig', weil er einen so starken Trieb hatte; es steht geschrieben (ebd.): ‚Ich bin bereit für die Rippe'; und es steht geschrieben (Ex 26,20): ‚Und für die zweite Rippe der heiligen Wohnung.'[194]

---

[191] Oberhänsli-Widmer, Gikatilla, S. 74.
[192] Ebenda.
[193] Siehe ebd., S. 75.
[194] Ebd., S. 76f.

In diesem Auszug deutet sich bereits an, nicht Davids Taten (der Ehebruch und die Tötung) werden verurteilt, sondern stattdessen entfaltet die Figur des Lehrers, dass David zur falschen Zeit Batseba genommen hat. Im Fokus steht somit Davids „falsches Timing". Batseba wird in dem Traktat entsprechend der Auffassung des Doppelmenschen als passives Wesen dargestellt, das vom Tun des (männlichen) Partners abhängig ist, ob und auf welche Art sich das Paar finden wird. „Entsprechend vergleicht der Weise die Frau im Allgemeinen und Bathscheva im Speziellen mit dem Mond, der selber kein Licht erzeugen, sondern nur dank der Sonne (sprich: dem Mann) leuchten kann."[195]

Die hier exemplarisch vorgestellten jüdischen Rezeptionen zur biblischen Figur Batsebas stellen nur eine begrenzte Auswahl dar, dennoch ermöglichen sie einige markante Beobachtungen[196]: Bei Josephus lässt sich erstmals eine gravierende Verschiebung in der Figurendarstellung Batsebas feststellen. Durch den Zusatz, David „möge doch dafür sorgen, dass das Vergehen verborgen bleibe", und die Nennung der Todesstrafe als Sanktion für den Ehebruch eröffnet sich durch diese Forderung Batsebas eine Auslegung, nach der sie durch ihre Bitte an den folgenden Ereignissen beteiligt ist oder wie van der Bergh wertet, eine Schuld daran trägt. Durch die Angabe zu dem Ort, an dem Batseba sich wäscht, wird die Figur zugleich von dem Verdacht befreit, dass sie den Blick Davids durch die Wahl des Raumes, in dem sie sich wäscht, provoziert habe. In der Rezeption bei Josephus deutet sich bereits die Tendenz der Entschuldung Davids an. Diese ist ebenfalls in den beiden anderen vorgestellten jüdischen Rezeptionen in bSan 107a sowie in dem von Gikatilla verfassten „Mysterium" zu finden. Diese Tendenz fällt allerdings nicht mit einer Diffamierung Batsebas zusammen, um so eine Erklärung für Davids Taten zu liefern. Batseba wird weder als Verführerin diskreditiert noch wird ihr eine Mitschuld an dem Ehebruch zugesprochen. Dieses Ergebnis korrespondiert mit dem Fazit von Koenig, die weitere rabbinische Texte in ihre Analyse einbezogen hat: „(N)o talmudic and midrashic references place blame on Bathsheba. [...] (N)owhere is Bathsheba viewed as a seductress, or in any way at fault for their encounter."[197]

---

[195] Oberhänsli-Widmer, Gikatilla, S. 79.
[196] In der Recherche von Rezeptionen zu 2 Sam 11 wurden noch weitere rabbinische Texte gefunden, in denen die Figur Batseba begegnet: bPes 113a; bTaan 24a; bKet 9a.
[197] Koenig, Bathsheba, S. 142.

(c) „Batseba" in der frühchristlichen Tradition und im Mittelalter[198]

Im Unterschied dazu finden sich in den patristischen Schriften Kommentare, in denen die Figur Batseba als Ursache bzw. Gestalt der Sünde dargestellt wird. Im Psalmenkommentar des *Eusebius von Caesarea* (geb. nach 260–339 n. Chr.) findet sich ein Vergleich, wonach Batseba mit einem Pfeil des Teufels gleichgesetzt wird. Nach Auffassung von Eusebius reizt Batseba David zur Sünde. Der Pfeil Gottes trifft David ebenfalls in Gestalt der Worte des Propheten Natan.[199]

Origenes (um 185–254 n. Chr.) geht davon aus, dass der Teufel, der explizit in 1 Chr 21,1 als Verursacher der Volkszählung genannt ist, auch die übrigen Sünden Davids verursacht habe.[200] Der Teufel stellt eine Ausdrucksweise der Bosheit dar, die ebenso wie die Tugenden in Gestalt einer Frau auftreten kann. Während die Erzmütter häufig Tugenden verkörpern, werden andere biblische Frauengestalten wie beispielsweise die Frauen Salomos als Symbole verstanden, die hingegen zum Bösen verleiten. „Origenes vermutet, dass auch die Frau des Urija, deren Anblick David verführt, eine Gestalt des Teufels ist."[201] Im zweiten Buch seines Römerkommentars findet sich eine solche allegorische Deutung Batsebas:

> So steht auch im 50. Psalm, was zu der Geschichte nicht paßt. Vielleicht wird im Titel bildlich von der Frau gesprochen, damit

---

[198] Zur Problematik des Epochenbegriffs vgl. Rexroth, Mittelalter, S. 7f. Als Epochenbezeichnung sind das Mittelalter bzw. dessen Subkategorien wie beispielsweise Spätmittelalter eine Hilfskonstruktion, die auf die romanisch-germanische Kultur Zentraleuropas angewendet werden kann. Der Begriff des „Mittelalters" begegnet uns erstmals bei den Humanisten des 14. und 15. Jh. n. Chr. und wurde als Bezeichnung für das „mittlere Zeitalter" verwendet, „wenn sie die kulturelle Blüte der Antike von der vermeintlichen Barbarei der vergangenen Jahrhunderte abheben wollten". Rexroth, Mittelalter, S. 7. Im 17. n. Chr. kommt es zu einer Erweiterung des bis dahin ästhetisch verwendeten Begriffs zu einer historischen Kategorie, womit die Zeit zwischen dem Altertum und neuester Zeit bezeichnet wird. Innerhalb der älteren Forschung variierten die Datierungen zum Epochenbeginn und -ende teilweise erheblich. In der gegenwärtigen Forschung hat sich das Bewusstsein, dass historische Phänomene sukzessive Veränderungen und Transformationen anstoßen, etabliert. Dieses Bewusstsein löst scharfe Epochengrenzen ab. Aus diesem Grund vermeide ich die festgelegte Zeitangabe bei der Epoche des Mittelalters.
[199] Vgl. Eus., comm. in Ps. 37.
[200] Siehe Heither, David, S. 83.
[201] Ebenda.

man bei dieser Bezeichnung an die Frau denkt, die als die starke Frau beschrieben wird. Von ihr heißt es, daß sie ihrem Mann doppelte Kleider genäht hat (vgl. Spr 31,22 LXX). Vielleicht soll man auch an das Gegenteil denken, an die Frauen, die das Herz Salomos verführten, so daß er Götzenaltäre baute und Götterbilder aufrichtete (vgl. 1 Kön 11,1–8). Sie sind, allegorisch verstanden, nicht Abbilder der göttlichen Weisheit, sondern gottfremder Sekten, die ihr entgegengesetzt sind. Als eine solche Frau ist auch die Frau des Hetiters Urija, also eines Fremden, das heißt Nicht-Israeliten, zu verstehen (vgl. 2 Sam 11,3). David sah sie vom Obergemach seines Palastes aus, wie sie ihre Unreinheit im Wasser abwaschen und ihren Schmutz entfernen wollte, und er begehrte und nahm sie (vgl. 2 Sam 11,4). Aber weil der Herr nicht wollte, daß von der Wahrheit Gottes abweichende Sekten in das Haus Davids Eingang fanden, wird ihre Erstgeburt, die erste Frucht, ausgerottet, damit dann als zweiter Nachkomme ein weiser König von der fremden Frau geboren wurde. (vgl. 2 Sam 12,19–24). Aber es nimmt viel Zeit in Anspruch, all den Bildern und Rätseln dieser Ereignisse nachzugehen.[202]

In diesem Auszug aus dem Römerkommentar von Origines findet sich, so Heither, die Auffassung, dass die Frau eine symbolische Gestalt ist, „sie verkörpert entweder die Tugend und führt zum Guten oder die Versuchung führt zum Bösen"[203]. Batseba stellt eine Gestalt dar, die ambivalent bewertet wird. Auf der einen Seite ist sie das Symbol der Versuchung und führt David zum Bösen. Auf der anderen Seite gebärt sie dem König zwei Söhne. Der erste Sohn muss aufgrund der Sünde sterben, bei dem zweiten Sohn handelt es sich um den weisen König Salomo. Gegenüber dieser Auslegung von Origines lässt sich der Wertung Heithers folgen, wonach sein Gedankengang kompliziert ist und nicht zu überzeugen vermag.[204]

Neben dieser Auslegungsweise begegnet innerhalb der Patristik die typologische Deutung von 2 Sam 11, nach der die Figuren und ihre Konstellation zueinander nach dem Prinzip der Analogie als Abbilder für etwas *Neues* verstanden werden. Die der typologischen Auslegung zugrunde gelegte Unterscheidung zwischen *Alten* und *Neuen* verweist einerseits auf ihre Unähnlichkeit und andererseits wird zugleich eine Ähnlichkeit vorausgesetzt, wonach im *Alten* bereits in Ansätzen das Grundge-

---

[202] Orig. comm. 2,14 in Röm 3,1–4.
[203] Heither, David, S. 84.
[204] Siehe ebd., S. 84f.

legte, das vom *Neuen* „Erfüllte" erscheint.[205] „Anliegen des typologischen Schriftverständnisses ist es, die Selbsttranszendierungen der jeweiligen geschichtlichen Ereignisse zu erkennen und Gottes Treue bei aller Untreue des Menschen sichtbar zu machen."[206] Dies basiert auf der Auffassung, dass es im Ablauf der Heilsgeschichte eine innere Entsprechung von Ereignissen und Personen gibt, die auf die Zugehörigkeit zu dem göttlichen Heilsplan beruht. Die typologische Auslegung zeigt die Unwiderruflichkeit dieser Geschichtsbetrachtung auf. „Die Beschäftigung mit der Bibel war weit mehr als die Auslegung eines literarischen Textes aus vergangener Zeit, sie diente vielmehr stets dazu, Gottes Handeln in der Geschichte erkennen zu lassen."[207]

Eine typologische Auslegung der „David, Batseba und Urija"-Erzählung begegnet erstmals bei *Augustinus* in seinem 31 Bücher umfassenden Werk *„Contra Faustum Manchineaum"*. Isidor von Sevilla greift die Auslegung von Augustinus in seiner *„Expositio in Psalmos"* auf.[208]

Die typologische Auslegung wird im Folgenden an der augustinischen Schrift *„Contra Faustum Manchineaum"* näher erläutert. Eine genaue Datierung dieses Werkes ist nicht möglich. Roland Teske, der 2011 eine Übersetzung und Kommentierung veröffentlicht hat, datiert den Entstehungszeitraum zwischen 408 und 410 n. Chr.[209] Den Ausgangspunkt der typologischen Auslegung bildet bei Augustinus die Semantik der Figurennamen: „Nomina quippe ipsa interpretata satis ostendunt quid etiam hoc factum praefiguraverit."[210] David wird dabei als *„manu fortis"* und *„desiderabilis"* gedeutet. Augustinus setzt seinen Gedankengang mit folgenden zwei Fragen fort „et quid fortius Leone illo de tribu Juda, qui vicit mundum (Apoc. V, 5)? et quid desiderabilius illo, de quo propheta dicit, Veniet desideratus omnibus gentibus (Aggaei II, 8)?"[211] und schließt mit der Deutung Davids als Abbild Christi.[212]

---

[205] Vgl. Fiedrowicz, Kirchenväter, S. 134–139.
[206] Ebd., S. 137.
[207] Ebenda.
[208] Vgl. die Ausführungen zur typologischen Auslegung Isidors von Sevilla in „Expositio in Psalmos", dargestellt in der Figurenanalyse Urijas, S. 513f.
[209] Vgl. Teske, Answer, S. 9.
[210] Aug., Faust. 22.87.
[211] Ebenda.
[212] Vgl. Kunoth-Leifels, Darstellung, S. 5.

Der Name von Urijas Frau, Bersabee, wird von Augustinus als „*puteus satietatis*" (Brunnen der Sättigung) oder „*puteus septimus*" (Siebenbrunnen) gedeutet.[213] Mit Bezug auf die Braut im Hohenlied, die in Hld 4,15 als Quelle bzw. Brunnen des fließenden Wasser gerufen ist und in der Auslegungsgeschichte als Kirche verstanden wurde, avanciert auch Batseba zum Abbild der Kirche (Ekklesia).[214] Augustinus schreibt somit der Ekklesia den Namen „Siebenbrunnen" zu und bringt diese Verbindung in Zusammenhang mit Pfingsten. Durch die siebenfache Gabe des Geistes ist die Ekklesia zu einem Brunnen der Sättigung (*puteus satietatis*) geworden.[215]

Der Name Urias wird von Augustinus als „*lux mea Dei*" (mein Licht ist von Gott) übersetzt und basierend auf der Namensdeutung mit dem Satan gleichgesetzt. Der Satan, so Augustinus, rühme sich, obwohl er durch seinen Hochmut (*superbia*) das von Gott erhaltene Licht verloren habe, dennoch, ein Engel des Lichts zu sein. „Die Kirche ist die Gemeinschaft all derer, die durch die göttliche Gnade aus den Banden des Satans befreit sind. So bekommt auch der Ehebruch Davids durch die typologische Deutung heilsgeschichtlichen Sinn und ebenso die verhängnisvolle erste Begegnung des Königs mit Bathseba."[216] David, der schwer gesündigt hat („*graviter scelerateque peccavit*") und von Gott durch den Propheten Natan angeklagt wurde, könne, so Augustinus, durch seine Reue selbst diese Tat tilgen.

> That one [David, A.F.] desired by all the nations, nonetheless, loved the Church, who was bathing on the rooftop, that is, cleansing herself from the filth of the world and rising above and trampling upon its house of clay by spiritual contemplation. And, after having come to know her through his first encounter with her, he afterward completely removed the devil from her, killed him, and united her to himself in a perpetual marriage.[217]

Die typologische Auslegung, wonach Mann und Frau, nach 2 Sam 11 handelt es sich um David und Batseba, als Abbilder fungieren und mit Christus und Kirche verglichen werden, findet sich über Augustinus hin-

---

[213] Augustinus verwendet nicht den Namen Batseba, sondern greift auf die Tradition und Schreibweise der LXX zurück, nach der die biblische Figur Bersabee benannt ist.
[214] Siehe Kunoth-Leifels, Darstellung, S. 5.
[215] Aug., Faust. 22.87.
[216] Kunoth-Leifels, Darstellung, S. 5f.
[217] Teske, Answer, S. 364.

aus auch bei Isidor von Sevilla. Nach Kunoth-Leifels wächst die Vorliebe zur typologischen Auslegung stetig und erreicht im 12. Jahrhundert ihren Höhepunkt.[218]

Auch in der *„Bible moralisée"* begegnet die typologische Auslegung, nach der Batseba als Abbild der Ekklesia fungiert. Unter der Gruppe von Handschriften, die unter der Bezeichnung „Bible moralisée" subsumiert werden, sind gegenwärtig nur 14 Handschriften überliefert.[219] Exemplarisch soll hier die Darstellung Batsebas im *Codex Vindobonensis 2554*, der in die erste Hälfte des 13. Jh. n. Chr. datiert wird, untersucht werden.[220]

---

[218] Vgl. Kunoth-Leifels, Darstellung, S. 6. Dabei kommt es zu Erweiterungen der augustinischen Auslegung, wie beispielsweise in der Darstellung des Hl. Bruno (um 1032–1101 n. Chr.). In seinen „Quaestiones in librum regum appendix" wird die Waschung der Batseba als Taufe der Ekklesia verstanden. Siehe ebd., S. 6.

[219] Siehe Haussherr, Bible moralisée, S. 5. In das 13. Jh. n. Chr. werden vier der 14 Handschriften datiert. Es handelt sich dabei um den Cod. 2554 und den Cod. 1179, beide Handschriften befinden sich in Wien in der Österreichischen Nationalbibliothek. Daneben existiert eine achtseitige Handschrift (M.240), die der Kathedrale von Toledo entstammt und gegenwärtig in der Pierpont Morgan Library in New York aufbewahrt wird. Eine vierte Handschrift der Bible moralisée aus dem 13. Jh. ist heute verteilt auf die Bodleian Library in Oxford (Bodl. 270b), die Bibliothèque nationale in Paris (lat. 11560) und das British Museum (Harley 1526–1527). Siehe Haussherr, Bible moralisée, S. 5.

[220] Vgl. Kocks, Art. Bathseba, Sp. 1550. Eine kommentierte und übersetze Ausgabe der „Bible moraliée" im Codex Vondobonensis 2554 wurde von Reiner Haussherr veröffentlicht. Die folgenden Ausführungen beziehen sich auf diese kritische Ausgabe in der 3. Aufl., vlg. Haussherr, Bible moralisée. Die Handschrift des Codex Vindobonensis 2554, die in französischer Sprache abgefasst ist, „hat den Charakter eines sehr aufwendigen Bilderbuches, der Text tritt eigentlich nur als Erläuterung der Illustration auf." Haussherr, Bible moralisée, S. 4. Die „David, Batsebas und Urija"-Erzählung wird auf zwei Bildseiten, die jeweils acht Miniaturen und acht Textabschnitte umfassen, rezipiert. Die Anordnung der Miniaturen und Textabschnitte weist eine Struktur auf, wonach im oberen Textabschnitt eine biblische Passage paraphrasiert wird, die in der danebenstehenden Miniatur illustriert wird. Der darunter stehenden Textabschnitt legt die im oberen Abschnitt erwähnte Bibelstelle aus. Die Auslegung wird ebenfalls Illustriert. Nach Reiner Hausherr liegt den Bildseiten folgendes Anordnungsschema zugrunde:
    A B   (Die Großbuchstaben bezeichnen die Zusammenfassung bzw. Para-
    a b   phrase, die Kleinbuchstaben stehen synonym für die Auslegung der
    C D   Bibelstelle.)
    c d

Die „David, Batsebas und Urija"-Erzählung begegnet auf fol. 45 und fol. 45*v, das entspricht in der Ausgabe von Haussherr der zugrunde liegenden Bildseitenzählung Nummer 106–107. In 106 C wird die biblische Szene des Blicks Davids auf Bethsabee darstellt. David beobachtet durch ein Fenster, wie sich eine Frau unter seinem Zimmer wäscht. Sie ist nackt und reinigt ihren Körper. Dieser biblischen Darstellung in 106 C zu 2 Sam 11 ist im Cod. 2554 eine typologische Auslegung und Illustration in 106 c zugeordnet: „Daß David Bethsabee sieht, die sich wäscht und badet, und er sie liebt, bedeutet, daß Jesus Christus die heilige Kirche sieht, wie sie sich wäscht und rein macht von allem Unrat, und er sieht ihre Schönheit und Reinheit und liebt sie und hält sie sehr wert."[221] Hier liegt eine typologische Entsprechung zwischen Batseba und der Ekklesia vor. Durch diese Relation wird die biblische Erzählung aufgegriffen, um das Verhältnis zwischen Mann (David – Christus) und Frau (Bethsabee – Ekklesia) näher zu beschreiben. Während in der biblischen Erzählung in V.2 keinerlei Introspektion in die Figuren vorliegt und Davids Begehren einzig aus dem Setting abgeleitet werden kann,[222] ist im Codex das Gefühl der Liebe zwischen David und Batseba explizit genannt: „David sieht und liebt sie."[223]. Verstärkt wird dies durch die typologische Entsprechung, indem das Gefühl der Liebe für die Beziehung von Christus zur Kirche benannt ist.

Das folgende Bilderpaar in 106 D, in dem die Beziehung zwischen den beiden Figuren weiter ausgeführt ist, stellt eine Rezeption von 2 Sam 11,4 dar. David schickt nach Batseba, die zu ihm kommt und er schläft mit ihr. Am rechten Rand der Illustration ist bereits das gezeugte Kind dargestellt. Die dazugehörige Auslegung zeigt Christus, der die Kirche ruft, und die Frauengestalt der Ekklesia, die zu ihm kommt. Am rechten Bildrand ist eine Figurengruppe zu sehen, die Männer mit einer Tonsur zeigt. Diese lassen sich als Kinder aus der Verbindung von Christus mit der Kirche typologisch deuten.[224]

In 107 A, in der 2 Sam 11,8 rezipiert wird, ist in der Illustration die Figur Bethsabee dargestellt.[225] David beauftragt Urias, in sein Haus, das durch die Anwesenheit Bethsabees als solches erkennbar ist, zu gehen.

---

[221] Haussherr, Bible moralisée, S. 130.
[222] Vgl. die Ausführungen zu den Figurenanalyse Davids S. 364–367.
[223] Haussherr, Bible moralisée, S. 130.
[224] Siehe ebd., S. 130f.
[225] Vgl. das Titelbild dieses Bandes: ÖNB Wien: Cod. 2554, fol. 45v; Auszug 107A.

Die Auslegung dieser Textstelle erfolgt in 107 a: Christus weist die Christen darauf hin, dass sie zur Kirche gehen und sich ihr fügen sollen. „Und diese sagen, daß sie nicht würdig seien, und tun Buße und Martyrium ihrer Leiber."[226] In den beiden folgenden Bildpaaren und den dazugehörigen Textabschnitten (107 B und 107 C) wird 2 Sam 11,14–17 rezipiert: David gibt Urias einen Brief mit, dem er seinen Heerführer Joab überbringen soll. Joab stellt Urias an eine solche Stelle, wo er getötet wird. Im letzten Bilderpaar der fol. 45*v, in dem 2 Sam 11,26–27 rezipiert wird, tritt nochmals die Figur Bethsabee auf. Die Darstellung auf der linken Seite der Illustration zeigt Bethsabee, die die Information erhält, dass ihr Mann Urias tot ist. Auf der rechten Bildhälfte wird sie zusammen mit König David gezeigt, der seinen Arm um sie geschlungen hat. Diese Darstellung deutet an, dass David sie zur Frau genommen hat. In der anschließenden Auslegung in 107 d wird die biblische Textpassage folgendermaßen gedeutet: Die Kirche weint und hat große Schmerzen wegen des Todes des Sünders. Christus kommt zur Kirche und stärkt sie und nimmt sie zur Frau.[227]

Wie aufgezeigt, handelt es sich bei der Darstellung von 2 Sam 11 in der „Bible moralisée" im Cod. 2554 um eine typologische Auslegung. Die biblischen Figuren David und Batseba und die Handlung von 2 Sam 11 dienen als Ausgangspunkt, um die Relation zwischen Christus und Kirche als Verhältnis von Mann und Frau auszudrücken. Batseba wird als Vorbild der Kirche verstanden, David als Typus Christi. Die figuralen Entsprechungen lassen sich in den Illustrationen vor allem durch die gleiche Anordnung der Bildelemente innerhalb eines Bilderpaares, das zum einen den Bibeltext und zum anderen die Auslegung illustriert, erkennen. Die Gegenüberstellung von Bibeltext und Kommentierung korrespondiert mit der Gegenüberstellung vom wörtlichen und geistlichen Schriftsinn. In der „Bible moralisée" (Cod. 2554) stehen die kunstvollen und prächtigen Illustrationen im Vordergrund, die Textabschnitte fungieren allenfalls als Erläuterungen.

Darüber hinaus gibt es weitere ikonographische Darstellungen Batsebas. Eine frühe findet sich im „Utrechtpsalter" (ca. 830 n. Chr.) als Illustration zu Ps 50. In dieser Darstellung wird der Erzählkomplex von

---

[226] Haussherr, Bible moralisée, S. 130.
[227] Vgl. ebd., S. 131.

2 Sam 11–12 aufgegriffen[228] und Batseba steht hier im Kontext der Bußpredigt Natans. Zyklische Darstellungen zur Figur Batseba lassen sich erst im Spätmittelalter nachweisen, wie beispielsweise die *Tapisserien im Schloss von Encouen*.[229] Der zehnteilige Wandteppich wurde um 1520–1525 n. Chr. in Brüssel hergestellt. Die biblische Erzählung wird in das 16. Jahrhundert verlegt, die Tapisserien geben dabei Einblick in den königlichen Hof der Renaissance, worauf die Kleidung und das dargestellte Zeremoniell verweisen.[230]

Ab der Mitte des 16. Jhs. n. Chr. tritt, so Kunoth-Leifels, in den ikonographischen Darstellungen Batsebas die deutende Aussage zurück, stattdessen steht die Schilderung der verführerischen Schönheit Batsebas im Vordergrund.[231] Diese Entwicklung beleuchtet der folgende Exkurs näher.

Exkurs: „Batseba" im Bild – Die europäische Kunstproduktion

In der europäischen Kunstgeschichte avanciert der Blick Davids auf Batseba zum beliebten Motiv und erlangt Bedeutung, da er den kulturprägenden Blick des Mannes auf eine nackte Frau vorwegnimmt.[232] Das Motiv der badenden Batseba stellt die Malerinnen und Maler dabei vor eine doppelte Herausforderung. Zum einen müssen sie einen (diachronen) Prozess ins Bild bringen, nämlich den voyeuristischen Blick als Auslöser einer sexuellen Handlung, und zum anderen wird mit der Darstellung von Davids Blick zugleich ein weiterer inszeniert, nämlich der der Rezipientinnen und Rezipienten des Bildes.[233] Letzterer sollte, so Ulrich Stadler, gerade nicht verpönt oder verächt-

---

[228] Vgl. die Darstellung des Utrechtpsalter zu Ps 50, in: http://psalter.library.uu.nl/page?p=64&res=2&x=0&y=0 (zuletzt geprüft: 18.10.2019). Auf der linken, oberen Bildhälfte wird David von den beiden Figuren Natan und Batseba gerahmt. David, der durch eine Krone als König erkennbar ist, wirkt jung. Sein Körper ist Nathan, der auf der rechten Seite von ihm steht, zugewandt. Batseba befindet sich auf der linken Seite von David in einem Türeingang. Urija liegt tot unterhalb der drei Figuren. Natan zeigt mit seiner linken Hand auf die untere, linke Seite der Illustration, die die Natansparabel illustriert. Zu sehen sind dort, der arme Mann mit seinem einzigen Schaf und der reiche Mann mit seiner Schafherde, der dem armen Mann sein einziges Lamm abnimmt.
[229] Vgl. Kocks, Art. Bathseba, Sp. 1550.
[230] Vgl. den digitalen Katalog des *Musee national de la renaissance*, in: https://en.musee-renaissance.fr/object/wall-hanging-david-and-bathsheba (zuletzt geprüft: 18.10.2019)
[231] Vgl. Kunoth-Leifels, Bathseba, Sp. 257.
[232] Siehe Müllner, Blickwechsel, S. 351.
[233] Siehe Stadler, Schaulust, S. 18–20.

lich sein. Bei der Wahl des Batseba-Motivs kam es in der europäischen Kunstgeschichte

> also unwillkürlich zu einer Konfrontation zweier Blickweisen, einer verbotenen, die Inhalt und Thema des Bildes ausmacht, und einer erlaubten, geforderten, die sich auf die Form, genauer: Auf die mediale Präsentation eben dieser Bilder, bezog. Mit anderen Worten: Die Wahl jener Bildstoffe legte schon sehr früh nahe, dass die Auseinandersetzung mit ihnen zu einer Reflexion über Bildbetrachtung und damit auch zu einer Selbstreflexion über die eigene künstlerische Arbeit führte.[234]

Anhand der visuellen Auslegungsgeschichte lässt sich aufzeigen, dass es zu einer Verschiebung bei der Auslegung der Handlung in der Bildtradition gekommen ist. Batseba wird zunehmend zu einer Verführerin gemacht, die sich mit Absicht vor den Augen Davids gewaschen oder sogar gebadet hat. Petra Welzel konstatiert diese neue Auslegung der Figur Batsebas erstmals im Baseler Holzschnitt aus dem *„Spiegel der Tugent und Ersamkeyt/durch den hochberühmten Ritter vo Thurn mit schönen und köstlichen Hystorien und Beyspiel/ zu underweysung seyner Kind..."* von 1493 n. Chr. Diese neue Deutung der Erzählung wertet Welzel für die folgende Verselbständigung der Batseba-Darstellungen sowie ihrer Herauslösung aus Büchern und Bilderzyklen als äußerst entscheidend.[235] Damit geht das zunehmende Interesse an der Nacktheit Batsebas einher. (D)er zentrale Kern der Erzählung [lag, A.F.] in der Nacktheit, die gesehen wird. Die Bildtradition führt genau diesen Aspekt vor Augen. Ihre Entwicklung ist durch die allmähliche Herauslösung des weiblichen Akts aus der gesamten Geschichte gekennzeichnet."[236] Es wird gerade der Teil der Erzählung zum einzigen Bildinhalt, den die theologische Auslegungsgeschichte durchweg als Ursache der Sünde angesehen hat, nämlich der Blick und Davids mangelnde Fähigkeit, seinen Blick zu disziplinieren. „Nichts anderes als dieser Handlungsstrang fand seinen Eingang in die bildende Kunst"[237], so das Urteil der Kunsthistorikerin.

Welzel verweist darüber hinaus auf eine weitere Entwicklung, das Zurückdrängen der Figur Davids in den Hintergrund bzw. das Herausfallen der Figur aus dem Bildinhalt, sodass der Brief, als wichtigste Hinzufügung, allein als Hinweis auf das mögliche Bildthema erhalten blieb und das Thema kenntlich machte.[238] Eine weitere Beobachtung Welzels basiert auf der wahrneh-

---

[234] Stadler, Schaulust, S. 18.
[235] Siehe Welzel, Bathseba, S. 26–27.
[236] Ebd., S. 129.
[237] Ebd., S. 56.
[238] Vgl. ebd., S. 129. Welzel nennt an anderer Stelle als drei Kennzeichen, die das Bildthema ausmachen, den weiblichen Akt, die figurale Darstellung der Dienerin sowie das Aufgreifen des Briefes. Siehe ebd., S. 18. Die beiden ersten Charakteristika (weib-

mungspsychologischen Erkenntnis über den Fortlauf der Bildersprache, die sie exemplarisch an Rembrandts Darstellung von Batseba aufzeigt.[239] Auch bei fehlender Kenntnis des Bildthemas oder bei gezielter Verweigerung der Zuordnung sei der Bildinhalt verständlich, denn Rembrandts Blick auf diesen nackten Frauenkörper beim Bad und dessen Abbild widerspiegelt den vorherrschenden männlichen Blick, der den Betrachtenden verdeutlichte, zu wessen Diensten diese Frau gewaschen wurde.[240] „Die Nacktheit der ‚Bathseba' als erotisches Moment, die Phantasie der BetrachterIn anregend, ist mit der entscheidende Inhalt des Bildes."[241] In der europäischen Kunstgeschichte gibt es, wie gezeigt, eine Entwicklung, in der die verführerische Schönheit, die Nacktheit Batsebas immer mehr Interesse findet. Die gesamte „David, Batseba und Urija-Erzählung" wird auf den nackten Frauenkörper reduziert und avanciert als Metapher (männlichen) Begehrens, ausgelöst durch den Blick Davids.

(d) „Batseba" in der Tradition des späten Mittelalters und der Frühen Neuzeit

In der Literatur des späten Mittelalters und der Renaissance wird die „David, Batsebas und Urija"-Erzählung in 2 Sam 11 vor allem hinsichtlich der Figur Davids als Exempel des reuenden und büßenden Sünders rezipiert. David sündigt mit Batseba, er bereut seine Tat und muss Buße leisten. Eine derartige Rezeption begegnet beispielsweise in Hans Sachs *„Comedia mit 10 personen, der David mit Batseba im Ehbruch, unnd hat fünff actus"* aus dem 16. Jh. n. Chr. Das Werk von Hans Sachs greift die Handlungsfolge der einzelnen Erzählsequenzen in 2 Sam 11–12 auf und wird gerahmt durch die Reden des *ehrnholdt*.[242] Im Prolog benennt dieser

---

licher Akt und Darstellung der Dienerin) sind auch Elemente anderer Bildthemen, letztlich weist einzig der Brief, der in der biblischen Darstellung nicht in Verbindung mit der Figur Batseba gebracht wird, auf das Bildthema hin.

[239] Rembrandt Harmensz. van Rijn: Bathseba mit König Davids Brief, 1654, Musée du Louvre Paris.

[240] Vgl. Welzel, Bathseba, S. 130.

[241] Ebd., S. 131.

[242] Zu den rezipierten Erzählsequenzen zählen der Ehebruch Davids mit Batseba und die Tötung Urijas (2 Sam 11), die Strafe Gottes durch das Prophetenwort Nathans (2 Sam 12,1–14), Tod des im Ehebruch gezeugten Kindes (2 Sam 12,15–23), Davids Trost für Batseba, erneute Schwangerschaft und Geburt Salomos (2 Sam 12,24–25), Einnahme Rabbas (2 Sam 12,26–31). Die „Comedia" von Hans Sachs endet mit den Vorbereitungen für den Auszug Davids und seines restlichen Heeres zur Einnahme der Stadt Rabba.

die „*comedia*" als Gattung des dramatischen Stücks und weist auf die biblische Vorlage hin, „welche man findt geschrieben eben Nach leng im andern könig-buch (Das eilfft und zwölffte man durchsuch!)"[243].[244] Am Schluss fasst der *ehrnholdt* nochmals Davids Taten als Exempel des Sünders und reuenden Büßers zusammen. In dem dramatischen Werk werden, wie die Rahmung bereits vorgibt, Davids Ehebruch und der Mord an Uria thematisiert, wobei die Hauptfigur David als reuender Sünder und Büßer konzipiert ist. Ein anschauliches und konzentriertes Beispiel dafür findet sich im zweiten Akt, wenn im Gespräch der beiden Trabanten Seba folgendes zu Levi spricht:

> Es steht dem könig an nit wol,
> Das er ein sollichs hat gethan,
> Das weib verfürt eim frommen man,
> Der im heer waget leib und leben,
> Für sein herr könig gert zu geben,
> Der im ein weil sein weib beschlefft.
> Iedermann ärgert das geschefft,
> Wann wo die hohe obrigkeit
> Solch grundtböse exempel geit,
> Denn thut es der gmein hauff hernach.
> Denn kommet Gottes plag und rach,
> Das Gott streffet ein gantzes landt.[245]

Während in Sachs „Comedia" die Hauptfigur eindeutig David ist, steht Batseba hingegen nicht im Fokus. „Bathsheba is only important as the means of the king's sin."[246] Dabei sind zwei Besonderheiten erwähnenswert. Zum einen wird im ersten Akt Batsebas Weigerung, den königlichen Boten Levi in den Palast Davids zu begleiten, explizit dargestellt. Levi gelingt es erst, indem er Batseba Gewalt androht, um sie dazu zu bringen, dem königlichen Befehl zu folgen und gemeinsam mit Levi zu

---

[243] Sachs, Comedia, S. 319.
[244] Die Einordnung als „Comedia" mag eventuell verwundern, basiert jedoch auf der von Sachs angewendeten Unterscheidung der dramatischen Stücke, wonach die Tragödie Theaterstücke bezeichnet, die für den bzw. die (Haupt-) Helden negativ ausgehen, die Komödie hingegen nimmt einen guten Ausgang für die Hauptfigur(en). Vgl. Buschinger, Tragödie, S. 293.
[245] Sachs, Comedia, S. 324.
[246] Koosed, Art. Bathsheba, Sp. 606.

David in den Palast zu gehen.[247] Zum anderen wird die Darstellung Batsebas wesentlich durch ihre Wertung der Ereignisse mit Blick auf die anstehende Hochzeit mit David, die am Ende des dritten Aktes dargestellt ist, bestimmt:

> Bathseba spricht: [...]
> Mich freut gar nichts; die köngklich kron,
> Die ich mit sünden und mit schanden
> Von deß königs blutigen handen
> Gleich uberkomb, freut mich nit sehr.
> Mein fromer man und weiblich ehr
> Rewen mich ewig imermehr.[248]

In dieser kurzen Rede kulminieren wesentliche Züge der Figur Bathsebas. Einerseits lehnt sie die Königskrone ab, da ihr diese nur aufgrund der Tötung ihres Mannes durch David und durch eine von Bathseba als „schandhafte" bezeichnete sexuelle Liaison zukommt. Andererseits weist Bathseba darauf hin, dass durch den Ehebruch ihre Ehre als Frau sowie ihre eheliche Verbindung zu ihrem Mann Uria – bei beidem handelt es sich um substantielle, wesensbildende Eigenschaften – auf Lebzeiten zerstört sind. Nach Edith Wenzel ist Hans Sachs „der Erste [...] der Batseba eine eigene Stimme gibt. [...] Bathseba wird in dieser Darstellung zum verantwortlichen Subjekt erklärt"[249].

Kürzere Rezeptionen der Figur Batseba im Vergleich zu Sachs „Comedia" finden sich Ende des 15. und am Beginn des 16. Jh. n. Chr. beispielsweise im 33. Kapitel der Verssatire *„Das Narrenschiff"* (1494) des Zeitkritikers Sebastian Brant (1457/1458–1521 n. Chr.) sowie im Schuldrama *„Ein schön Lieblich Spiel, von dem herlichen ursprung: Betrübtem Fal"* (1538) von Valentin Voith (1487– nach 1558 n. Chr.).[250]

Jennifer L. Koosed weist auf eine weitere Entwicklung in der Rezeption der „David, Batsebas und Urija"-Erzählung hin. „David and Bathsheba's relationship was also interpreted in the Renaissance as a passio-

---

[247] Siehe Sachs, Comedia, S. 232: „Was hülffs, das du dich widersetzt Dem könig, der dich wol mit gwalt Zu im möchte lassen holen baldt? Darum thu's vil lieber mit güten!"
[248] Ebd., S. 334.
[249] Wenzel, Schöne, S. 97.
[250] Vgl. Brant, Narrenschiff, S. 107–110; Voith, Spiel, S. 282–316.

nate love affair, particularly in Ovidian erotic poetry."[251] Als Beispiel für diese Lesart benennt Koosed Remy Belleau's „*La Bergerie*" von 1565.[252]

(e) „Batseba" in der Literatur der Moderne

Die Vielzahl der Rezeptionen der biblischen Figur Batsebas in der Literatur der Moderne kann nur angesichts des tiefgreifenden gesellschaftlichen und kulturellen Wandels dieser Wendezeit verstanden werden. Um 1900 entwickelt sich ein Meinungspluralismus zum Beispiel in Hinblick auf die Gestaltung der Zukunft oder Gesellschaft, der in dieser Form erstmals begegnet. In dieser Zeit gibt es unterschiedliche Ansichten darüber, ob die Gesellschaft im Verfall oder im Fortschritt begriffen ist. Zudem wandelt sich um 1900 die gesellschaftliche Realität in Bezug auf Arbeit und Familie.[253] Durch die zunehmende Emanzipation der Frauen beispielsweise in Form ihrer finanziellen Selbstständigkeit aufgrund von Lohnarbeit in Fabriken oder in Dienstsektoren kommt es zu einer Pluralisierung von weiblichen Lebensentwürfen.[254]

Einher gehen diese Entwicklungen mit der Krise des Subjekts, denn aufgrund der beschriebenen Veränderungen verschärfte sich die Problematik der Identitätssuche. „Althergebrachte Ich-Konzepte, die sich zum Teil bis in die 1880er-Jahre bewährten, waren davon ausgegangen, dass das Ich eine zeitlich stabile, autonome, rationale und bewusste Einheit sei."[255] Diese Autonomie des Menschen wurde aufgrund von Forschungen zur biologischen und sozialen Bedingtheit des Menschen in Frage gestellt und geriet in die Krise. In der Bewusstseinspsychologie (z. B. Wilhelm Wundt) und der Psychoanalyse (z. B. Sigmund Freud) entwi-

---

[251] Koosed, Art. Bathsheba, Sp. 606.
[252] Vgl. ebd., S. 606f.
[253] Nipperdey, Bürgergeist, S. 59: „Die Ehen und die Familien ändern sich. 1910 ist es deutlich anders als 1870." Als Gründe nennt Nipperdey folgende Elemente, die auf die Partnerschaft einwirken: Es besteht die Möglichkeit der Geburtenkontrolle, Kinderausbildungsprogramme nehmen zu. Zudem steigt die Kritik an der bürgerlichen Ehe, und die Frauenbewegung mit ihrer Forderung nach der rechtlichen Gleichstellung der Frauen trägt zu einem Überdenken der Geschlechterrollen bei. Siehe ebd., S. 59, ebenso Ajouri, Literatur, S. 11–13.
[254] Siehe Ajouri, Literatur, S. 13.
[255] Ebenda.

ckeln sich unterschiedliche subjekt- und erkenntnistheoretische Ansätze, die auf einer „Modernisierung des Ich"[256] gründen.

Die Literatur um 1900 setzt sich mit diesen skizzierten Entwicklungen und Umbrüchen auseinander. Sie ist einerseits von unterschiedlichen ästhetischen sowie gesellschaftlichen Interessen geprägt und obliegt andererseits einem rasanten Wandel. In der Literatur der Moderne herrscht ein Pluralismus vor, der von den drei hauptsächlichen Strömungen Naturalismus, Fin de Siècle und Expressionismus wesentlich beeinflusst wird.[257]

In der vielschichtigen Zeit um 1900 stellt die „‚Feminisierung' des Lebens und der Kunst"[258] eine einheitliche Tendenz dar, die wesentlich das Frauen- und Weiblichkeitsbild geprägt hat. Als Voraussetzung dafür lassen sich zum einen die Emanzipation von Frauen sowie die neuen Frauenbilder benennen.[259] Zum anderen führt die zunehmende Infragestellung von traditionellen Geschlechterrollen dazu, dass traditionelle Geschlechterdichotomien überdacht und überarbeitet werden.[260] In der Gesellschaft der Moderne veränderten sich die festen Rollenverteilungen, es pluralisieren sich die Frauenbilder. Dies findet auch Ausdruck in der Literatur um 1900, in der die folgenden beiden Frauenbilder Bedeutung erlangen: Zum einen handelt es sich um die *Femme fatale*, die sexuell selbstbestimmt agiert und aufgrund ihrer Attraktivität und Anziehungskraft für Männer zum Verhängnis wird. Zum anderen begegnet das Frauenbild der kränklich wirkenden und schutzbedürftigen *Femme fragile*, die ebenso wie die *Femme fatale* als „Bedrohung für den männlichen Geist und die männliche Autonomie, als Verhängnis des Mannes"[261] aufgefasst wird. Diese beiden Frauentypen, die um die Jahrhundertwende verstärkt in der Literatur aufgegriffen wurden, bilden, so Kanz, Ängste und Phantasien ab, die vor allem eines bestätigen: „In einer Gesellschaftsform, in der das Geschlechterverhältnis durch ein Machtgefälle zwischen Mann

---

[256] Ajouri, Literatur, S. 16.
[257] Siehe ebd., S. 28. Mit dem Begriff *Fine de Siècle* wird eine Strömung bezeichnet, unter der andere zum Teil konkurrierende Strömungen subsumiert werden. Siehe ebd., S. 47, Kanz, Moderne, S. 354–363.
[258] Siehe Kanz, Moderne, S. 363.
[259] Siehe Ajouri, Literatur, S. 188.
[260] Siehe Kanz, Moderne, S. 363.
[261] Scholl, Frauengestalten, S. 157f.

und Frau gekennzeichnet ist, ist es der Mann, der die Frau definiert, nicht umgekehrt"[262].

Derartige Frauengestalten, und dazu zählen ebenso biblische Frauenfiguren,[263] werden somit in der Literatur um 1900 vor allem im *Fine de Siècle* und im Expressionismus als männliche Projektionsfiguren für kollektive Wunschvorstellungen und bzw. oder Angstbilder verstanden.[264] Frauengestalten wie Lulu, Salome, Judit, Kleopatra oder Maria Magdalena begegnen in der Literatur des *Fin de Siècle* als „Archetypen eines als *tremendum* und *fascinosum* empfundenen Weiblichen"[265]. Dorothee Scholl resümiert bei ihrer Untersuchung von biblischen Frauengestalten in Kunst und Literatur der Jahrhundertwende, dass diese biblischen Figuren weniger aufgegriffen werden aufgrund einer Faszination gegenüber mythisierten Frauengestalten, stattdessen werden diese Frauengestalten rezipiert und adaptiert „aufgrund ihrer Symbol- bzw. Signalwirkung [...], um die Tradition provokativ umzudeuten, neu zu bewerten und in einem neuen bzw. anderen Licht erscheinen zu lassen"[266].

Die biblische Figur Batsebas lässt sich im Unterschied zu anderen biblischen Frauenfiguren, die entweder wie Delila, Judit, Salome oder Maria Magdalena dem Typus der *Femme fatale* oder wie Maria als Jungfrau und Fürsprecherin oder Maria Magdalena als reuige Sünder dem Typus der *Femme fragile* entsprechen, nicht in solcher Prägnanz zuordnen. Nur in zwei der recherchierten Dramentexte der Jahrhundertwende begegnet Batseba als Männer verderbende Verführerin im Typus der *Femme fatale*.[267]

Dennoch wurde die biblische Figur Batseba von Autorinnen und Autoren rezipiert. Sie begegnet ebenso wie andere biblische Frauenfiguren um 1900 in einer Fülle von Bibeldramen, die von Schriftstellerinnen und Schriftstellern unterschiedlichster Couleur in Bezug auf die Glaubenshal-

---

[262] Kanz, Moderne, S. 365.
[263] Biblische Frauenfiguren werden um 1900, so Scholl, häufig bei den Symbolisten rezipiert, die archaisierende Figuren und Vorstellungen antiker und biblischer Zeit aufgreifen, um diese als Allegorie oder Kontrast zur Gegenwart zu verwenden. Im Gegensatz dazu sind biblische Frauen selten Gegenstand in Werken der eher auf die Gegenwart bezogenen Impressionisten und Naturalisten. Siehe Scholl, Frauengestalten, S. 160.
[264] Siehe ebd., S. 158.
[265] Ebd., S. 159.
[266] Ebd., S. 184f.
[267] Vgl. Alberti, Bath-Sebas Sünde; Lehmann, Batseba.

tung, Religion (Judentum – Christentum), Geisteshaltung oder Weltanschauung geschaffen wurden.[268] Allein zwölf Dramen, eine Komödie sowie eine Erzählung tragen den Figurennamen Batsebas im Titel.[269] Darüber hinaus begegnet die biblische Frauenfigur in mehreren David-Dramen sowie weiteren dramatischen Texten.[270]

Die Wirkung der Figur Batseba ist, wie ihre Analyse als Symptom gezeigt hat, wesentlich von dem in 2 Sam 11,2 dargestellten Blick Davids auf Batseba als die sich waschende Frauenfigur geprägt. Wie in den Ausführungen zur Kunstgeschichte aufgezeigt, wirkt sich der Blick Davids auf Batseba wesentlich auf die Rezeption(sgeschichte) der Frauenfigur aus. Zum einen zeichnet sich eine Hervorhebung der Badeszene bzw. eine Begrenzung auf eben diese Szene und die Inhalte von V.2e–f innerhalb der Adaption von 2 Sam 11 ab. Davids Blick auf Batseba wird zum zentralen Inhalt der künstlerischen Adaption. Die übrigen Szenen, denen im biblischen Erzähltext weitaus mehr Erzählzeit zukommt, bleiben hingegen in ihrer Bedeutung zurück. Batsebas Nacktheit, die im biblischen Erzähltext nicht Teil der Figurenbeschreibung der Frauengestalt ist, erhält, wie Welzel herausgearbeitet hat, in den Adaptionen einen hohen Stellenwert und wird zum beherrschenden Bildinhalt.

Ein weiteres Ergebnis der Analyse der Figur als Symptom stellt die Sammlung und Benennung der unterschiedlichen Traditionen dar, die sich in der Rezeption Batsebas herauskristallisiert haben. Die Figur rückt erst in der Neuzeit in den Fokus der Rezeptionen. Zuvor wurde die „David, Batseba und Urija"-Erzählung meist rezipiert, um David als Exempel eines reuenden und büßenden Sünders darzustellen, der Ehebruch begangen und bzw. oder sich des Mordes an Urija schuldig gemacht hat. Diese Lesart von 2 Sam 11 findet sich, wie gezeigt, in patristischen Texten. Batseba wird dort häufig als Anlass für Davids Sünde benannt.[271] Auch in spätmittelalterlichen Texten von Hans Sachs und Valtentin Voith, in denen die Hauptfigur nicht Batseba sondern David ist, der als Exempel des Sünders auftritt, begegnet diese Lesart.[272]

---

[268] Siehe Motté, Esthers Tränen, S. 322.
[269] Vgl. die Übersicht literarischer Rezeptionen von 2 Sam 11 im Anhang, S. 662–664.
[270] Vgl. Bernhard, Brief des Uria; Werfel, Verheissung; Sorge, Schauspiel; Hartmann, David und Bathseba; Sebrecht, David. Vgl. Übersicht der literarischen Rezeptionen im Anhang, S. 662–664.
[271] Siehe Eus., comm. in Ps. 37; Orig. comm. 2,14 in Röm 3,1–4.
[272] Siehe Sachs, Comedia, passim; Voith, Spiel, S. 282–291.

In der Auslegungs- und Rezeptionsgeschichte lässt sich bereits früh das Moment der Zusammengehörigkeit der beiden Figuren David und Batseba belegen. Dies unterscheidet sich wesentlich von der biblischen Erzählung, denn dort wird die Verbindung zwischen David und Batseba verurteilt und stattdessen der Konnex zwischen Batseba und ihren Ehemann Urija mehrfach herausgestellt.[273] In der jüdischen Tradition deutet *bSan 107a* auf die Verbundenheit Batsebas mit König David hin, indem der rabbinische Text ausführt, dass sie David seit der Geburt vorher bestimmt ist.[274] Auch in der christlichen Auslegung wird die Zusammengehörigkeit von David und Batseba betont. In Form von typologischen Deutungen, wonach David als Typus Christi und Batseba als Abbild der Kirche fungieren, wird die Relation zwischen den beiden biblischen Figuren neugedeutet und konsolidiert. Eine solche typologische Deutung wurde bei *Augustinus* („*Contra Faustum Manchineaum*")[275] sowie in den Illustrationen und Textabschnitten der *Bible moralisée* (*Cod. 2554*)[276] aufgezeigt.

Als weitere Traditionen der Rezeption Batsebas begegnet die Herausstellung der verwandtschaftlichen Beziehung Batsebas als Enkeltochter Ahitofels. Diese Traditionslinie, die in der Analyse der Figur Eliams näher erläutert wird, ist in *bSan 69b* belegt und wird auch in neueren Rezeptionen aufgegriffen.[277]

In den Rezeptionen der Figur Batsebas lässt sich eine Tendenz erkennen, nach der die Frauenfigur zunehmend aktiver beispielsweise hinsichtlich der Vertuschung des Ehebruchs agiert. In den *„Jüdischen Altertümern"* von *Flavius Josephus* findet sich ein früher Beleg für diese Tendenz. Batseba bittet David im Rahmen der Bekanntgabe ihrer Schwangerschaft darum, den Ehebruch zu vertuschen, wodurch sie Anteil an den folgenden Ereignissen hat. In der Rezeption bei Jospephus begegnet erstmals diese Verschiebung, bei der die Figur Batseba aktiver handelt

---

[273] Siehe dazu die Figurenanalyse Urijas als *Artefakt*, S. 493–500.
[274] Diese Traditionslinie lässt sich ebenfalls im hochmittelalterlichen, kabbalistischen Lehrtext „Das Mysterium, dass Bathscheva David seit den sechs Tagen der Schöpfung vorbestimmt war" von Joseph Gikatilla nachweisen. Siehe Oberhänsli-Widmer, Gikatilla, S. 72–82.
[275] Aug., Faust. 22.87
[276] Bible moralisèe, fol. 45 und fol. 45*v in Haussherr, Bible moralisée, S. 129–131.
[277] Vgl. Hellmuth, David und Bathseba, Sp. 601f. Diese Traditionslinie begegnet sogar in gegenwärtigen Rezeptionen siehe Rivers, Batseba, S. 11; Horie, David, S. 168.

und ihr durch ihre Forderung nach der Vertuschung des Ehebruchs eine (Mit-)Schuld zugewiesen wird. Die Lesart als selbstagierende Verführerin Davids, die den Ehebruch initiiert, indem sie sich wissentlich und willentlich sehen lässt, stellt eine akuminöse Entfaltung dieser Tendenz dar.[278] Diese Tradition begegnet sowohl ab dem ausgehenden 15. Jh. n. Chr. in der bildlichen als auch zeitlich etwas verzögert in der literarischen Rezeption ab der Renaissance. Dabei ist eine solche Lesart nicht auf die biblische „David, Batsebas und Urija"-Erzählung als Vorlage gestützt und entbehrt jeglicher Textgrundlange in 2 Sam 11.[279]

Dieser kurze Überblick über die Wirkung der Figur Batsebas, die anhand ausgewählter literarischer und bildlicher Rezeptionen verdeutlicht wurde, zeigt die Bandbreite der Traditionen zu dieser Figur. Im der an diesem Band anknüpfenden Analyse ausgewählter dramatischer Rezeptionen um 1900, werden die hier vorgestellten Rezeptionslinien erneut aufgegriffen und präzisiert.[280]

---

[278] In der patristischen Rezeption wird die Figur Batsebas auch als Versuchung Davids interpretiert, allerdings agiert sie nicht selbst, sondern als Werkzeug des Teufels. Das Gesehenwerden Batsebas durch König David ist somit initiiert durch die Gestalt des Teufels. Dies basiert auf der grundlegenden Frage, die sich die Kirchenlehrer in Bezug auf 2 Sam 11 gestellt haben, „ob der Teufel die Sünde Davids versucht hat, oder ob es eine menschliche Schwäche war, der David erlegen ist". Heither, David, S. 83. Damit einher geht die Unterscheidung, ob die Sünde vom Teufel verursacht und von außen ausging oder ob die Sünde aufgrund der menschlichen Schwäche von innen kommt.

[279] Der Raum, in dem sich die Frauenfigur wäscht, ist in V.2 nicht weiter determiniert. Die räumliche Dichotomie zwischen oben, dem Palastdach, und unten, der nicht näher beschriebene Ort der sich Waschenden, ist die einzige räumliche Angabe. Die Motivation und der Anlass für die Waschung Batsebas werden nicht erzählt. Es handelt sich somit um Leerstellen in V.2 des MT. Die beiden Verben שׁלח und לקח in V.4a–b, die Sozialität Davids als König sowie der in 2 Sam 11 grundgelegte Kriegskontext deuten, wie ausführlich beschrieben, darauf hin, dass der Gang Batsebas zu David sowie der anschließende sexuelle Akt nicht freiwillig geschehen. Die übrigen, in der biblischen Erzählung der Figur Batseba zugewiesenen Handlungen weisen darauf hin, dass Batseba keinerlei Anteil an den Vertuschungsversuchen hat, sie informiert den König über ihre Schwangerschaft (V.5e). Durch die Kürze ihrer Worte (הרה אנכי) kommen David alle Handlungsoptionen zu.

[280] Vgl. Fischer, Dramen.

4.8.6.6 Zusammenfassung

Rückblickend auf das Eingangszitat „Taking her [Batseba, A.F.] to be one of the main characters would surely be a misapprehension, as she is almost completely passive"[281] hat die vorliegende Figurenanalyse gezeigt, dass die Bedeutung der Figur Batsebas weit über das bloße Voranbringen der Handlung hinausreicht. Sie erweist sich vielmehr sowohl aufgrund der Darstellungsmittel, die Verwendung bei ihrer Figurenbeschreibung finden, als auch ihrer Wirkung als Symptom, die sie auf die Rezipientinnen und Rezipienten hat, als interessante und anschlussfähige Figur für Lesende. Diese nehmen selbst wesentlich Anteil an der Figurenkonzeption Batsebas, da sie der Figur wesentliche Eigenschaften bei der mentalen Modellbildung zuordnen. Zudem hat die Figur Batseba wesentliche Funktionen für die Erzählung. Durch ihre doppelte Einführung als Tochter Eliams und Ehefrau Urijas in V.3d, die wesentlich im Kontrast zum Nähe- und Berührungsverhalten Batsebas steht, wird dieses konterkariert. Durch Batsebas aktive (!) Handlung in V.4e erweist sie sich zudem als Kontrastfigur zu David.

Vor allem Batsebas erstem Auftritt in V.2d–e kommt besondere Bedeutung zu. Das von der Lektüre dieser beiden Teilverse entwickelte Figurenmodell umfasst zunächst den Aspekt der Körperlichkeit einer namenlosen Frau. Die Erzählweise in V.2, die doppelte Fokussierung der Frau, trägt zur Bildung eines prägnanten Figurenmodells bei. Die Leserinnen und Leser betrachten aus der Perspektive Davids die Frau, über deren Identität keine Angaben im Bibeltext gemacht werden. Auch gibt es über die Feststellung der Schönheit hinaus keine weiteren Zuschreibungen oder Erklärungen zu ihrem Äußeren. Für heutige Leserinnen und Leser stellt diese Figurenbeschreibung eine Irritation ihrer Lesegewohnheiten dar und ist eine Leerstelle, denn für die Etablierung eines Figurenmodells würden weitere Eigenschaften benötigt. Deshalb füllen die Leserinnen und Leser diese Leerstelle subjektiv mit ihren Dispositionen aus. Das Vorwissen, das Bibellesende mit in die Lektüre bringen, basiert zum einen auf ihrem bisher erworbenen Wissen über biblische Figuren und Erzählungen, das sich mit den Informationen der Bibeltexte deckt und zum anderen auf ihrem Bibelwissen. In der Figurenanalyse Batsebas wurden, abgeleitet von den Erkenntnissen der Kunsthistorik, bereits zwei

---

[281] Van der Bergh, Character, S. 187.

Bestände des Bibelwissens benannt, nämlich die Nacktheit Batsebas und ihre Rolle als Verführerin.

Der Figur Batseba wird innerhalb der Erzählung und durch die Erzählweise mehrfach Gewalt angetan. Auf der innertextlichen Ebene erfährt die Figur physische und strukturelle Gewalt, indem das durch den Blick Davids auf die Frau (V.2d) ausgelöste Begehren im sexuellen Akt in V.4 gestillt wird: וישלח דוד ויקחה ותבוא אליו וישכב עמה. Dabei erhält die Sozialität der beiden Figuren Batseba und David eine wesentliche Rolle. David verfügt als König über die Macht, seine Untertanen zu befehligen (vlg. שלח).

Auf der außertextlichen Ebene wird Batseba durch die Mittel der Darstellung ebenfalls Gewalt angetan, worauf Exum verwiesen hat. Die Erzählung verweigert mit Ausnahme von V.4e und V.5e einen Zugang zur Perspektive Batsebas fast vollständig. Sie wird als emotionslos dargestellt und die Motivation ihrer Handlungen gehen zurück auf die Veranlassung anderer oder auf Situationen, die sie zum Handeln zwingen. Als Objekt des voyeuristischen Blickes wird sie ebenfalls in ein Machtgefüge gedrängt, bei dem die betrachtenden Subjekte, David und die Lesenden, ihr ihre Anonymität verweigern und die sie als unterlegen erscheinen lassen.

Eine weitere Besonderheit der Figur Batseba, die in der Analyse herausgearbeitet wurde, ist ihr Name, der zugleich semantisch den Aspekt ihrer Körperlichkeit betont („Die Üppige"). Die Figur wird nicht mit ihrem Namen eingeführt. Während sie in V.2 als namenlose Frau typisiert auftritt, kommt es erst im anschließenden V.3 durch die Identifikation mit dem Namen בת־שבע zu einer Individualisierung.

Ein wesentliches Element des figuralen Eigenschaftssystems Batsebas stellt ihre Reproduktion in Form der Gravidität dar. Durch die doppelte Informationsgabe ihrer Schwangerschaft in V.5 beginnt ein Spannungsbogen, der erst mit der Geburt in V.27 wieder geschlossen wird. Dieser Erzählbogen steht in Abhängigkeit zur Sozialität Batsebas als Ehefrau (V.3), denn die Spannung wird dadurch erzeugt, dass das ungeborene Kind Batsebas das Resultat eines außerehelichen Sexualaktes ist. Diese Figureneigenschaften beeinflussen und entwickeln das Figurenmodell weiter. Während das Figurenmodell ihres ersten Auftritts in V.2 in der innertextlichen Ebene auf ihre Körperlichkeit beschränkt ist, erlangt der Aspekt der Sozialität, der sich in der Rolle Batsebas als Gebärerin und Ehefrau äußert, zunehmend an Bedeutung.

Als weiteres Ergebnis aus der Analyse der Figur Batsebas als *Artefakt* lassen sich die vielen Leerstellen innerhalb der Darstellung ihrer Figureneigenschaften benennen. Besonders auffällig erweisen sich die fehlenden Informationen zu ihrem Innenleben, zu denen Gedanken, Emotionen, Träume, Ziele oder Wünsche zählen. Auch die fehlende Beschreibung ihrer äußeren Erscheinung ist in diesem Kontext nochmals zu nennen. Es gibt keinerlei Hinweise auf ihre Gestalt, Kleidung, Größe, Mimik oder Gestik.

Es verbietet sich von Batseba als passiver Figur zu sprechen, denn in der Erzählung gehen von ihr Handlungen aus. Die Anzahl der Handlungen Batsebas sind im Vergleich zu denen der anderen Figuren David, Urija und Joab eher gering. Dafür sind die Handlungen, die ihr zugesprochen werden, von großer Aussagekraft und ermöglichen weitere Rückschlüsse auf die Figureneigenschaften. In diesem Zusammenhang sind vor allem die Handlungen des Waschens und der Selbstheiligung zu beachten. Als weitere Handlungen sind die Schwangerschaftsbekanntgabe und die Totenklage zu benennen.

In der Analyse der Figur Batsebas als *Symbol* konnten Gemeinsamkeiten mit den anderen Ehefrauen („Ausländerin"; Mutter eines Thronprätendenten) nachgewiesen werden. Die hieraus abgeleitete Figureneigenschaft Batseba, nämlich ihre Zugehörigkeit zu einer höheren sozialen Schicht, legt nahe, die Ehe von Batseba als Teil von Davids Heiratspolitik anzusehen, obgleich die Darstellungsweise in 2 Sam 11 diese Auffassung erschweren.

4.8.7 Figurenanalyse Urijas

4.8.7.1 Hinführung

Analog zur Figur Batsebas gibt es auch innerhalb der Rezeptionsgeschichte zur Urija-Figur ein ähnlich breites Spektrum an Charakterisierungen. Dietrich hat im Rahmen einer Untersuchung von drei neueren Romanen über die Davidzeit die Vielfältigkeit der Adaptionen zur biblischen Figur Urijas folgendermaßen herausgearbeitet:

> Bei Heller ist Uria ein ‚einfältiger', ‚dickschädliger' Haudegen, unempfänglich für die Reize seiner so verführerischen Gattin, stur die Loyalität zu seinen Kriegskameraden und auf die Einhaltung der Reinheitsgebote für den Krieg bedacht [...] (S.358ff). ‚Ein plumper eitler Gockel' ist er auch für Grete Weil, doch seine Abstinenz hatte ganz andere Gründe: ‚Vielleicht ahnte der störrische Tölpel etwas von dem schlimmen Spiel, zu dem er missbraucht werden sollte. [...]' (S.155). Lindgren kommt so etwas gar nicht in den Sinn. Seinem Uria ist Bathseba das zärtlich geliebte Ein und Alles, er freut sich auf sie, spürt dann aber rasch, dass mit ihr etwas nicht stimmt, durchschaut bald den König, merkt, dass er geopfert werden soll [...] (S.37ff). Wer war Uria wirklich?[1]

Angesichts der enormen Variationsbreite der einzelnen von Dietrich benannten Adaptionen der biblischen Figur Urijas in den Romanen von Joseph Heller, Grete Weil und Torgny Lindgren, die je auf ihre Weise Anknüpfungen zur biblischen Vorlage aufweisen und nicht losgelöst von dieser zu betrachten sind, erweist sich die abschließende Frage als essentiell: „Wer war Urija wirklich?"[2] Das vorliegende Kapitel zur Figurenanalyse Urijas möchte Antworten auf diese Frage liefern, wobei die Gestaltung der Urijafigur in 2 Sam 11 ein Spektrum an Auslegungen impliziert und keine eindeutige Antwort zulässt. Mit Hilfe von Eders Modell

---

[1] Dietrich, Macht, S. 306. In dem Aufsatz „Gott, Macht und Liebe" stellt Dietrich die folgenden drei Romane vor, die mit je einem eigenen unverwechselbaren Profil und in unterschiedlichen Sprachen erstveröffentlicht wurden und aus unterschiedlichen kulturellen Kontexten stammen: Joseph Heller „Weiss Gott" (amerikanische Originalausgabe 1984), Torgny Lindgren „Bathseba" (schwedische Originalausgabe 1984) und Grete Weil „Der Braupreis" (deutsche Originalausgabe 1988). Siehe ebd., S. 301–308

[2] Dietrich, Macht, S. 306.

zur Figurenanalyse soll Urija als *dargestelltes Wesen*, als *Symbol* und *Symptom* untersucht werden. Von entscheidender Bedeutung ist die Analyse Urijas als *Artefakt*, denn die Darstellungsweise der Figur erweist sich m. E. als wesentlicher Zugang zu ihrer Komplexität. Die Figurendarstellung Urijas ist entscheidend durch Ambiguitäten und Leerstellen geprägt. Es fehlt mit Ausnahme von V.11 an Introspektion. Die Lesenden sind im Handlungsverlauf, nachdem Urija erstmals erwähnt (V.3c) und aufgetreten (V.6) ist, konfrontiert mit der Frage, über welches Wissen die Figur verfügt: Weiß sie um Davids Machenschaften in Jerusalem? Weiß Urija um den Ehebruch, die Schwangerschaft seiner Frau und kennt er den wahren Grund für seine vorzeitige – der Krieg gegen die Ammoniter ist nicht beendet – Rückreise nach Jerusalem? Besitzt er Kenntnis vom Inhalt des Briefes, den er im Auftrag Davids an Joab überreichen soll? Durch die fehlende Introspektion und weitere Leerstellen innerhalb der Darstellung Urijas wird die Figur ambige, worauf beispielsweise sehr eindrücklich Perry und Sternberg hingewiesen haben.[3] Daneben gibt es innerhalb der bibelwissenschaftlichen Auslegung der Erzählung die Tendenz, Urija als eine Kontrastfigur zu David zu lesen.[4]

Mit Urija tritt neben David in 2 Sam 11 die zweite Hauptfigur der Erzählung auf.[5] Als Indiz dafür lässt sich die Häufigkeit der Nennung der Figurennamen anführen. Keine der anderen Figuren innerhalb von 2 Sam 11 ist mit ihrem Figurennamen so präsent wie die beiden Hauptfiguren. Davids Name wird insgesamt 23 Mal angeführt, Urijas Name 20 Mal und damit nur geringfügig weniger.[6]

Obwohl Urija eine der Hauptfiguren der Erzählung ist und er als eine faszinierende Figur in der Forschung verstanden wird,[7] erweist sich der literarische Befund im Unterschied zu den bisher vorgestellten Figuren als ernüchternd. Im Unterschied zu den Figuren Davids, Batsebas und Joabs, zu denen es mindestens eine ausführliche, neuere Untersuchung

---

[3] Siehe Perry / Sternberg, King, S. 292–300; Sternberg, Poetics, S. 199–209.
[4] Siehe Bar-Efrat, Bibel, S. 100; Bar-Efrat, Das zweite Buch Samuel, S. 106.
[5] Zu einem ähnlichen Urteil kommt van der Bergh der Urija ebenfalls als Hauptfigur bezeichnet, „even though a lot of his character traits can only be deduced". Van der Bergh, Character, S. 188,
[6] Im Unterschied dazu kommt der Name Joabs lediglich 11 Mal in 2 Sam 11 vor und der Name Batsebas wird nur ein einziges Mal genannt.
[7] So das Urteil von Koenig, Bathsheba, S. 149, ebenso Kim, Uriah, S. 69.

gibt, existiert meines Wissens keine derartige Arbeit zur Figur Urijas.[8] Stattdessen ist sie Gegenstand von Aufsätzen und kürzeren Abhandlungen, wobei Urija dann meist in Relation zu anderen Figuren untersucht wird.[9] Die folgende Beobachtung von Uriah Kim aus einem im Jahr 2002 erschienen Aufsatz besitzt nach wie vor Gültigkeit: „Uriah the Hittite, the man and his story, has not received enough attention by scholars and sages"[10].

4.8.7.2 Urija als dargestelltes Wesen

(a) Sozialität

Die Figur Urijas tritt als menschliches Wesen in 2 Sam 11 auf und wird erstmals in V.3d erwähnt, wobei die Einführung Urijas über die Identifikation der Figur Batsebas geschieht. König David sendet aus (V.3a), um die Identität der sich waschenden Frau zu erfahren. In V.3d wird Batsebas Identität geklärt, indem ihr Name benannt und ihre verwandtschaftlichen Beziehungen dargestellt werden. Batseba wird als Tochter Eliams und als Frau Urijas vorgestellt. Somit steht Urijas Sozialität, sein ehelicher Status zu Batseba, im Zentrum der ersten Erwähnung der Figur.

In der Figurenanalyse Batsebas wurde bereits darauf hingewiesen, dass diese doppelte Benennung der verwandtschaftlichen Beziehungen ungewöhnlich ist.[11] Da die Identifikation Batsebas mit der ehelichen Verbindung zwischen ihr und Urija endet, hebt sie die Verbindung der beiden Figuren hervor und stellt die Bedeutung der Relation für die weitere Handlung heraus. Auch die letzte Erwähnung Urijas innerhalb der Erzäh-

---

[8] Für die Figur Davids gibt es eine Fülle an Monographien, aus deren Reihe exemplarisch an dieser Stelle nur auf einige verwiesen werden kann: Bodner, David; Dallmeyer / Dietrich, Königsweg; Dietrich, David; Eckstein, König; Finkelstein / Silberman, David; Frontain / Wojcik (Hg.), David Myth; McKenzie, König. Mit Koenig, Bathsheba, gibt es eine Untersuchung, die ausschließlich die Charakterisierung der Figur Batseba in 2 Sam und 1 Kön 1–2 (MT) zum Inhalt hat und dazu Erkenntnisse aus den unterschiedlichen Versionen (LXX, Peschitta und Targume) der Batseba-Darstellungen sowie die rabbinische Auslegung dazu berücksichtigt. Für die Joabfigur lassen sich die beiden folgenden Monographien anführen: Bietenhard, General; Eschelbach, Joab.

[9] Siehe beispielsweise Ehrlich, Gentilics, S. 413–421; Firth, David, S. 310–328; Kim, Uriah, S. 69–85.

[10] Kim, Uriah, S. 70.

[11] Siehe dazu die Figurenanalyse Batsebas, S. 404–406.

lung in V.26 betont die Zusammengehörigkeit der beiden Figuren durch den dreimaligen Bezug der Figuren aufeinander.[12] Die Hervorhebung der ehelichen Zusammengehörigkeit der beiden Figuren erweist sich somit für die Figurenbeschreibung Urijas als essentiell. Die Urija-Figur wird über ihre Sozialität sowie ihre Rolle als Ehemann innerhalb der Erzählung wahrgenommen, worauf die erste und letzte Erwähnung der Figur in 2 Sam 11 hinweisen.

Auch der erste Auftritt der Figur in V.6 deutet auf ihre Sozialität hin. Urija tritt in V.6b–c als Handlungsobjekt auf, das von David und Joab gesendet wird. In V.6 begegnet das Leitwort von 2 Sam 11 שלח gleich dreimal und zeigt die hierarchische Konstellation der drei genannten Figuren in diesem Vers an. König David ist weisungsberechtigt gegenüber Joab, dieser wiederum hat die Befugnis, Urija Befehle zu erteilen. Daraus resultiert, dass die Figur Urija in V.6 als Soldat charakterisiert ist. Er ist dem Heerführer Joab untergeordnet und räumlich am Kriegsschauplatz Rabba verortet. Über Urijas Stellung oder seinen Status innerhalb des Militärs gibt es in 2 Sam 11 keinerlei Informationen, auch gibt es in der Erzählung keine weiteren Hinweise oder Konkretisierungen zur Relation zwischen den Figuren Joab und Urija.

In 2 Sam 23,39 wird Urija als letzter der „Helden Davids", den sogenannten „Dreißig", erwähnt (vgl. 2 Sam 23,24–39). Bei den „Helden Davids" handelt es sich um eine militärische „Elitetruppe"[13], die in der Liste 2 Sam 23,8–39 vorgestellt wird. Die Anordnung der benannten Soldaten in 2 Sam 23,24–39 ist auffällig. Unter dem Aspekt der Figurenanalyse Urijas ist seine Benennung am Ende der Liste in 2 Sam 23,39 wichtig. Innerhalb der Forschung gibt es unterschiedliche Auslegungen bezüglich der Anordnung der Elitekämpfer. Nach Schroer und Polak erfolgt die Reihung nach geographischen Gesichtspunkten: Nach den Kriegern, die aus der Umgebung Bethlehems stammen (V.24–29), werden Soldaten aufgelistet, die den Nordstämmen zugeordnet sind (V.30–32) und im Anschluss daran, diejenigen Soldaten, die aus dem südlichen Juda stammen (V.33–35.38).[14] Die Liste endet mit der Aufzählung von

---

[12] Siehe V.26a אשת אוריה; V.26b אוריה אישה; V.26c בעלה. In der Analyse der Perspektive wurde hervorgehoben, dass die Erzählerperspektive damit die anschließende Ehe Davids mit Batseba (V.27d) als illegitim darstellt und negativ konnotiert. Siehe Perspektive, S. 180–183.
[13] Siehe Schroer, Samuelbücher, S. 194.
[14] Siehe ebenda; Szedlàk-Michel, Gefolgsleute, S. 189.

Nichtisraeliten ab V.36, wozu nach dieser Aufzählungssystematik auch Urija (V.39) zählt.[15] Als Alternative oder bzw. und Ergänzung zu dieser geographischen Anordnung lässt sich die chronologische Ordnung benennen, „so dass die Liste anzeigt: So hat es mit Davids Heer angefangen"[16]. Eine weitere Möglichkeit, die Anordnung der Heldenliste zu erklären, stellt die qualitative Ausrichtung der Reihung dar, wonach der Figur Urija eine hervorgehobene Bedeutung zukommt. Nach Bar-Efrat endet die Liste „mit dem Namen eines Helden, der sich durch größte Treue auszeichnete"[17]. Brueggemann kommt zu einer ähnlichen Beurteilung: „Uriah made the list of the most valiant. David's power depended on such as Uriah, the very one he killed to save his throne!"[18]

Die exponierte Position, an der Urija innerhalb der Auflistung der „Dreißig" (2 Sam 23,24–39) benannt wird, kennzeichnet Urija, unabhängig davon, ob die Schlussstellung auf seine fremdstämmige Herkunft verweist oder als Indiz für Urijas hervorgehobene Loyalität und Treue dient, als einen der Elitesoldaten Davids. Die Nennung Urijas als einen der „Helden Davids" in 2 Sam 23,39 sowie die Konstellation der Figuren in V.6 weisen ihn somit als einen Soldaten Davids aus. Sein Figurenmodell ist wesentlich von dieser Rolle als Soldat geprägt. Neben der ersten Erwähnung in V.3d, in der er als Ehemann Batsebas genannt wird, weist ihn sein erster Auftritt in V.6 als Soldat in Davids Heer aus, und somit nehmen diese beiden Aussagen über seine Sozialität eine markante Position in seinem Figurenmodell ein und bestimmen wesentlich das mentale Modell zur Figur.

Als weiteres Ergebnis aus der Analyse der Sozialität Urijas lässt sich seine markante Zuordnung zu sozialen Gruppen benennen. Er und sein Handeln stehen in Relation zur Gruppe der „Diener Davids". Besonders deutlich wird diese soziale Zuordnung an zwei Handlungen, zunächst als Urija seine Solidarität gegenüber seinen Mitsoldaten in seiner Rede bekundet (V.11c) und später bei der Auswahl seines Lagers (V.9a.13e). Nachdem der hohe Stellenwert der Sozialität in den mentalen Modellen zu Urija benannt und herausgearbeitet wurde, sollen im Folgenden die

---

[15] Siehe Schroer, Samuelbücher, S. 194.
[16] Szedlàk-Michel, Gefolgsleute, S. 189.
[17] Bar-Efrat, Das zweite Buch Samuel, S. 253.
[18] Brueggemann, Samuel, S. 350.

übrigen Aspekte der Figur als *dargestelltem Wesen*, beginnend mit der Körperlichkeit der Figur, analysiert werden.

(b) Körperlichkeit

Innerhalb der „David, Batseba und Urija"-Erzählung gibt es keine individualisierenden Informationen zur Körperlichkeit der Figur. Auch in anderen biblischen Texten, in denen Urija, der Hethiter, auftritt (2 Sam 23,39; 1 Chr 11,41), finden sich keine Zuschreibungen zum Alter oder zu Attributen zum Körper. Umso mehr Aufmerksamkeit erregen die Körperteile der Figur, auf die in 2 Sam 11 verwiesen wird.

In V.8b–c befiehlt David: רד לביתך ורחץ רגליך. Damit verweist er auf den Körperteil Urijas, der wesentlich für die (Fort-)Bewegung ist und zugleich der Körperteil darstellt, der den Boden berührt. Franz Josef Stedebach benennt in diesem Zusammenhang den Brauch, dass einem Gast zunächst Wasser zum Waschen der Füße gereicht wird (Gen 18,4; 19,2 usw.), denn die Füße kommen mit Staub und Schmutz in Berührung, weshalb sie beim Betreten eines Hauses gewaschen wurden (2 Sam 11,8; Hld 5,3).[19] In einem euphemistischen Verständnis findet das Nomen רֶגֶל Verwendung als Bezeichnung der Genitalien.[20] Dem Waschen der Füße in V.8c kommt demnach auch eine erotisch-sexuelle Konnotation zu (vgl. Hld 5,3).[21] Davids Auftrag in V.8b–c besitzt eine Doppeldeutigkeit, die einerseits auf den oben genannten Brauch des Fußwaschens anspielt und andererseits eine sexuelle Bedeutung suggeriert, die Davids Motivation, Urija die Schwangerschaft Batsebas unterzuschieben, aufgreift. Dass Urija diese Doppeldeutigkeit von Davids Befehl in V.8b–c und die sexuelle Anspielung darin versteht, zeigt seine Figurenrede in V.11. Er greift beide Befehle Davids in V.8b–c auf und deutet den zweiten Befehl, das Waschen der Füße, explizit sexuell. Dies geschieht, indem Urija den

---

[19] Siehe Stendebach, Art. רֶגֶל, Sp. 336. Ebenso: Fokkelman, Narrative Art, S. 53; Hentschel, Samuel, S. 46; Bar-Efrat, Das zweite Buch Samuel, S. 108.

[20] „,(F)eet' can function in biblical Hebrew as a euphemism for the genitals." Stone, Food, S. 54. Ebenso: Hertzberg, Samuelbücher, S. 254; McCarter, II Samuel, S. 286; Brueggemann, Samuel, S. 274; Kritisch dazu Stoebe, Samuelis, S. 281; Garsiel, Story, S. 257.

[21] Siehe Thöne, Liebe, S. 248. Etymologisch ist diese euphemistische Bedeutung des Wortes „Fuß" ebenfalls belegt, so gibt es im Mesopotamischen Belege für euphemistische Anwendung des Nomens *šē pu* auf die Genitalien. Siehe Stendebach, Art. רֶגֶל, Sp. 333.

Gang in sein Haus mit Essen, Trinken und bei seiner Frau Liegen verbindet (V.11d) und diesen Handlungen abschwört.

Ein weiterer Körperteil von Urija wird mit dem Verweis auf den „Todesbrief" in V.14c fokussiert. David sendet den Brief an Joab durch die Hand Urijas (וישלח ביד אוריה). Die Hand gilt in biblischen Texten als Körperteil, mit dem Handlungen verrichtet werden, wobei das menschliche Tun sowohl schöpferische als auch zerstörerische Akte umfasst.[22] Das hebräische Nomen יד dient in den biblischen Texten sehr häufig als Synonym für Macht, Gewalt und Willkür.[23] David gibt den an Joab adressierten Brief in die Hand Urijas, der dadurch die Rolle eines Boten übernimmt. Boten besitzen in der Regel das Wohlwollen und das Vertrauen des Absenders.[24] David befiehlt jedoch im Brief die Tötung des Boten, wobei dieser letztlich machtlos ist. Das Kuriose an dieser Darstellung ist, dass Urija der Brief von David in die (eigentlich handelnde, machtvolle) Hand gelegt wird, Urija jedoch aufgrund seiner Rolle als Bote handlungsunfähig und machtlos gegenüber seinem von David beschlossenem Schicksal bleibt.

Den explizit genannten Körperteilen Urijas kommt innerhalb der „David, Batseba und Urija"-Erzählung eine herausgehobene Stellung innerhalb der Handlung sowie der Darstellungsweise zu. Der Verweis auf Urijas Füße und der Befehl, diese zu waschen, bringt eine Doppeldeutigkeit in die Erzählung, und zugleich wird Davids eigentliche Motivation, die Schwangerschaft Batsebas zu vertuschen, indem er Urija dazu bringt, mit ihr sexuell intim zu werden, offenbar. Der Verweis auf Urijas Hand ist Teil des Erzählmotivs vom Todesbrief bzw. Urijasbrief. Der Todesbrief ist, wie an anderer Stelle ausführlich thematisiert,[25] essentiell für die Handlung, da er die beiden Schauplätze miteinander verbindet und Davids Befehle an Joab weitergibt. In Bezug auf die Darstellungsweise erhöht er die Kontrastierung der Figuren Urijas und Davids.[26]

Neben dem bereits erwähnten (Todes-)Brief wird als weiteres, körpernahes Artefakt in V.8e das „Geschenk des Königs" (משאת המלך) erwähnt. Dass es sich hierbei um ein körpernahes Artefakt handelt, lässt sich in V.8e (ותצא אחריו משאת המלך) erkennen. Dort wird eine implizite

---

[22] Siehe Schroer / Staubli, Körpersymbolik, S. 185.
[23] Ebd., S. 186.
[24] Siehe Bar-Efrat, Das zweite Buch Samuel, S. 110.
[25] Siehe dazu den Exkurs zu den Erzählmotiven, S. 135–139.
[26] Siehe Naumann, David, S. 114.

Raumvorstellung konstruiert, die durch die Positionierung des „Geschenkes" hinter Urija angelegt ist. Bar-Efrat leitet unter Verweis auf Gen 43,34 dieses „Geschenk" von der Wurzel נשא ab, sodass er von einer „Verpflegung seitens des Königs ausgeht"[27]. Demnach verfolge David mit dieser Geste das Ziel, dass sich Urija durch das königliche Mahl, das ihm nach Hause getragen wird, zu seiner Frau legt.[28] Ackroyd bestimmt משאת ebenfalls nach Gen 43,34 als Speise, wobei er den Anlass für diese königliche Zuwendung als Reaktion auf das Überbringen der Nachrichten vom Kriegsschauplatz rückführt.[29] Innerhalb der Forschung besteht Konsens darüber, dass משאת eine Speise bezeichnet. Die Intention Davids, seinem Soldaten dieses „Geschenk" nachzusenden, wird hingegen innerhalb der Forschung diskutiert. Mit Fokkelman lässt sich allerdings festhalten: „A present [...] emphasizes the king's attentions."[30]

In der Analyse der Körperlichkeit der Figur als *dargestelltem Wesen* werden neben den körpernahen Artefakten auch aussagekräftige Verhaltensweisen untersucht. Für die Figur Urija stellt die Weigerung, in sein Haus zu gehen, eine solche typische Verhaltensweise dar. Urija lehnt die ihm von König David befohlene Handlung (רד לביתך, V.8a) ab und verneint diese explizit in seiner Figurenrede (V.11d.g).[31] Darüber hinaus wird diese Weigerung Urijas, nicht in sein Haus zu gehen, nochmals in den V.9b.10c.13f erzählt. Diese Wiederholungen verstärken die Verbindlichkeit seines Standpunkts.

Eine weitere aussagekräftige Verhaltensweise Urijas steht in Relation zu der Handlungstrias aus essen, trinken und liegen in V.11 und V.13. Auf den Zusammenhang von Essen bzw. Trinken einerseits und Sexualität andererseits hat innerhalb der Forschung Ken Stone verwiesen. Unter dem Titel „Practicing safer texts. Food, sex and Bible in queer perspective" greift er diese beiden Bezugsgrößen auf und plädiert: „(W)e can best understand the role of food, and the role of sex, when we take seriously the tendency to use food matters and sexual matters as metaphors

---

[27] Bar-Efrat, Das zweite Buch Samuel, S. 108.
[28] Siehe ebenda. Ebenso: Hertzberg, Samuelbücher, S. 254: „Das Festmahl, das der König dem Uria nachsendet, soll seine Stimmung fördern."
[29] Siehe Ackroyd, Samuel, S. 101f.
[30] Fokkelman, Narrative Art, S. 53f.
[31] Zur Motivation Urijas siehe die Ausführungen zu seiner Figurenperspektive, S. 165–169.

for one another."[32] In der Figurenrede Urijas in 2 Sam 11,11 findet sich diese Relation. Urija weigert sich unter Verweis auf die Lade, gegenüber seinem Heerführer Joab und seinen Mit-Soldaten, in sein Haus zu gehen, um dort zu essen, zu trinken und bei seiner Frau zu liegen. Die Weigerung Urijas wurde gelegentlich als normative Enthaltsamkeit eines Kriegers während eines Feldzugs ausgelegt.[33] Stone wertet diese Textpassage jedoch als einen intertexuellen Rückverweis auf 1 Sam 21,4f.:

> Uriah's simultaneous reference to food and sex in 2 Samuel 11.11 therefore recalls, ironically, an incident from an earlier period of David's career when David was himself a soldier in the field rather than a king of leisure, and moreover a soldier whose life was, like that of Uriah, being sought by a king – specifically, David's predecessor Saul.[34]

Durch einen intertextuellen Verweis wird Urija, indem er mit dem „flüchtenden David" verglichen wird, positiv dargestellt, während Stone, ausgehend von einer Kontrastierung von Davids in 2 Sam 11,1–10 dargestellten Handlungen, die früheren Taten sieht, die zu einer negativen Konnotation der Davidfigur führen.

Der Zusammenhang von Essen (sowie Trinken) und Sexualität ist ebenfalls in V.13 vorauszusetzen. Der König lädt Urija zum Mahl ein, der Soldat isst (V.13b) und trinkt (V.13c) und David macht ihn sogar (be-)trunken (V.13d). Nach Stone könnte diese Organisation des Mahls zur Annahme führen, dass der berauschte Urija für einen sexuellen Kontakt offener sein könnte, allerdings verzichtet er jedoch darauf, in sein Haus zu gehen und die Nacht mit Batseba zu verbringen.

> Once again intertextual references to food and sex contribute to characterization, highlighting Uriah's sexual restraint by showing that for purposes of warfare he refrains from sexual contact even in a situation – that is, after the ingestion of food and much drink – in which, on the basis of the actions of another male characters (Lot, Boaz, possibly Noah), we might expect sexual relations to take place.[35]

---

[32] Stone, Food, S. 3.
[33] Siehe McCarter, II Samuel, S. 286.
[34] Stone, Food, S. 73.
[35] Ebd., S. 74.

Zu einer ähnlichen Auffassung in Bezug auf die Handlung des Trunken-Machens (שכר) in V.13 kommt Manuel Dubach. David setzt die „Trunkenheit" gezielt ein, um Urija einerseits in seinem Pflichtgefühl zu lähmen und andererseits als Stimulanz seiner Libido.[36] Urija erweist sich, so Dubach, als „Beispiel für eine atl. Gestalt, die unter Alkoholeinfluss gerade nicht zum willenlosen Spielball beliebiger Interessen mutiert"[37]. Er bleibt trotz seines Rausches unnachgiebig bzw. kontrolliert.[38] Dabei handelt es sich, wie Stone und Dubach unabhängig voneinander herausgestellt haben, um eine besonders aussagekräftige Verhaltensweise der Figur Urija.

Die Körperlichkeit Urijas ist wesentlich durch die ihr zugeordneten Räume und Bewegungen bestimmt, wie in der Raumanalyse von 2 Sam 11 aufgezeigt wurde. Im Folgenden werden die wichtigsten Erkenntnisse zur räumlichen Umgebung Urijas aus der Raumanalyse pointiert wiedergegeben. Der Figur Urijas kommen die meisten und weiträumigsten Bewegungen innerhalb der Erzählung zu, denn sie bewegt sich sowohl zwischen den beiden Hauptschauplätzen Jerusalem und Rabba (V.6.14) als auch mehrfach innerhalb Jerusalems (V.7.8.9.13). Urija wird am häufigsten als Objekt von einer anderen Figur gesendet (שלח), was mit seiner sozialen Rolle als Soldat korrespondiert, durch die er hierarchisch König David und dem Heerführer Joab untergeordnet ist.[39]

Wie ausführlich in der Raumanalyse dargestellt, wird die Kontrastierung der beiden Hauptfiguren David und Urija über die ihnen zugeordneten Räume in Jerusalem vollzogen, denn alle Ortsangaben innerhalb Jerusalems sind entweder dem Palast (Dach, Lager, Öffnung) oder dem Haus (Urijas) zugeteilt. Der Raum בית המלך ist semantisch aufgeladen und eng mit der Figur Davids verknüpft, die über die gesamte Handlung fast statisch dort verortet ist. Der Palast erweist sich zudem als Handlungsraum des Königs, von wo aus er agiert und regiert. Der Figur Urijas wird als Raum innerhalb Jerusalems mehrfach ein Haus zugeordnet, das er wäh-

---

[36] Siehe Dubach, Trunkenheit, S. 95.
[37] Ebd., S. 95.
[38] Nach Dubach hat Davids Handlung שכר Piel in V.13d zur Konsequenz, dass Urija derart viel trinkt, dass von einem Rausch auszugehen ist. Siehe Dubach, Trunkenheit, S. 96.
[39] Dreimal wird Urija durch das Verb שלח von einer anderen Figur zur Bewegung veranlasst, wobei zweimal Joab (V.6.16) und einmal David (V.14) die Subjekte des Aussendens sind.

rend der gesamten Handlung nicht (!) betritt.⁴⁰ Darauf weisen wiederholt die Erzählstimme sowie einzelne Figuren hin (V.9b.10c.10f.13f). Auch der Konflikt zwischen den beiden Hauptfiguren David und Urija findet in den V.8–11 um Raum statt⁴¹: Die Forderung Davids, Urija möge in sein Haus hinabgehen (V.8b), wird zunächst scheinbar vom Soldaten befolgt, er zieht aus dem Palast hinaus (V.8d), allerdings nimmt Urijas Bewegung ein abruptes Ende, als er sich im Palasttor (פתח, V.9a) niederlässt. Während seines Aufenthalts ist die Figur somit an der Öffnung (פתח) des Palastes verortet, einem Raum, der innerhalb von Davids Machtbereich, seinem Königpalast, lokalisiert und biblisch als gefährdeter Bereich konnotiert ist.⁴² Somit werden den beiden Hauptfiguren zwei konträre Raume zugewiesen: Während die Figur Davids fast statisch dem königlichen Palast, einem Raum, von dem Regierungsgewalt ausgeht, zugordnet ist, bewegt sich die Figur Urijas im Gegensatz dazu zwischen den Räumen und lagert sowohl vor Rabba als auch in Jerusalem jeweils in Räumen, die als gefährdet konnotiert sind.

Im Anschluss an die Analyse der Bewegung Urijas und der ihr zugeordneten Räume sollen im Folgenden die Figurenreden Urijas untersucht werden. In 2 Sam 11 kommt die Figur nur einmal zu Wort. Obwohl David nach der Ankunft Urijas in Jerusalem den Soldaten nach dem Wohlergehen (לשלום) Joabs, des Volkes und dem Stand des Krieges fragt (V.7b), wird Urijas Antwort nicht wiedergegeben. Einen Grund dafür sieht Bar-Efrat im dreimaligen Vorkommen des Wortes שלום, das den Anschein erweckt, die Vorladung Urijas nach Jerusalem diene dazu, darüber informiert zu werden. „Tatsächlich hat er [David, A.F.] überhaupt kein Interesse an Urijas Antwort, was der Erzähler dadurch andeutet, dass er diese gar nicht wiedergibt."⁴³

Die einzige Figurenrede Urijas ist in V.11b–h erzählt, wobei deren Umfang im Vergleich zur Figurenrede Batsebas, die ebenfalls nur einen Redeanteil besitzt, wesentlich größer ist.⁴⁴ Der Anlass für Urijas Rede

---

⁴⁰ Vgl. 2 Sam 11,8b.9b.10c.10f.11d.13f. Siehe dazu in der vorliegenden Arbeit die Raumanalyse, S. 292–297.
⁴¹ Siehe Müllner, Gewalt, S. 100. Zur Auslegung dieser Textpassage siehe ebenso die Analyse der Figurenperspektive Urijas, S. 165–169.
⁴² Siehe Müllner, Zeit, S. 10.
⁴³ Bar-Efrat, Das zweite Buch Samuel, S. 108.
⁴⁴ Die Figurenrede Urijas umfasst 30 Wörter und ist nach der Rede Joabs mit einem Umfang von 53 Wörtern die zweitlängste. Die Figur Batseba besitzt ebenso wie Urija

wird im vorhergehenden V.10 dargestellt. König David wird darüber in Kenntnis gesetzt, dass Urija die königlichen Befehle (V.8b–c) nicht befolgt hat. David erkundigt sich nun bei Urija und fragt ihn: „Bist du nicht von einer Reise heimgekehrt? Warum bist du nicht hinab gegangen zu deinem Haus?" (V.10e–f).[45]

Urija antwortet dem König, wobei sich seine Rede in drei Abschnitte gliedern lässt, die in einem Schwur bei dem Leben des Königs kulminieren. Zunächst schildert Urija die Verhältnisse vor Rabba, indem er dem kultischen Gegenstand der Lade sowie den dort verorteten Figuren Joab und den עבדי אדני Räume zuordnet, die, wie die Raumanalyse ergeben hat, entweder unstabil und vergänglich sind (siehe סכות in V.11b) oder als gefährdete Räume (siehe שדה in V.11c) konnotiert werden. Im zweiten Abschnitt der Rede in V.11d kontrastiert Urija diese Räume mit seinem Haus. „He refuses the luxury, safety, and pampering of the home front and opts for the hard and dangerous existence at the war front."[46] Fokkelman weist auf die besondere Formulierung von V.11d als rhetorische Frage hin, die keine andere Antwort als die Ablehnung zulässt.[47] Im Anschluss daran formuliert Urija einen Schwur, der auf die in V.11d benannten Handlungen zurückweist und diese entschieden ablehnt. Urija schwört beim Leben von König David (V.11e–f), nicht in sein Haus zu gehen, um dort zu essen und zu trinken und bei seiner Frau zu liegen. Der Schwurinhalt ist nach Bar-Efrat die Aussage von V.11g: אם־אעשה את־הדבר הזה, mit dem die Figurenrede schließt.[48]

Nach der Gliederung der Figurenrede Urijas in V.11 sollen nun die sprachlichen Besonderheiten der Rede thematisiert werden. Die direkte Rede setzt in V.11b mit der Nennung der Lade ein und gewährt den Lesenden erstmals Introspektion in die Figur Urijas. Wie in der Analyse der Figurenperspektive Urijas herausgearbeitet wurde, deutet diese Redeeröffnung auf die Religiosität Urijas hin. Daneben erweisen sich zwei wei-

---

und Joab nur einen Redeanteil in V.5e, wobei dieser mit nur zwei Wörtern äußerst knapp und prägnant ist.

[45] Im Anschluss an V.10c kommt es zu einem Zeitsprung. Die Einleitung für Davids Figurenrede an Urija folgt unmittelbar, ohne dass zuvor erzählt wird, wann und wie Urija zum König gekommen ist.

[46] Fokkelman, Narrative Art, S. 55.

[47] Siehe ebd., S. 55. Als Frageeinleitung dient das Personalpronomen ואני, welches hervorgehoben ist, da es zusätzlich zu dem konjungierten Verb בוא steht. Siehe Bar-Efrat, Das zweite Buch Samuel, S. 109

[48] Siehe ebd., S. 109f.

tere Erkenntnisse aus der Perspektivenanalyse als bedeutungsvoll für das Verständnis der Figurenrede. Zum einen handelt es sich um die ambige Darstellungsweise in V.11c und zum anderen um die kontrastive Gestaltung von Urijas Worten.

Die Formulierung עבדי אדני stellt zunächst die Loyalität Urijas mit seinen Mit-Soldaten heraus und ist zugleich aufgrund des syntaktischen Kontextes nicht eindeutig zuzuordnen. Bezeichnet Urija David als seinen Herren oder den zuvor am Anfang der ÄE benannten Joab? Während die Formulierung עבדי אדני in 2 Sam 11 sonst auf David bezogen ist (siehe V.1b.9a.13e.17c.21f.24a.b.c), verweist Urija aufgrund der ambigen Satzstellung in V.11c nicht ausschließlich auf König David, sondern die Satzstellung macht eine Benennung Joabs als Urijas Herren ebenfalls möglich. Damit spricht er dem Heerführer Autorität zu und drückt seine Loyalität ihm gegenüber aus.

Die kontrastive Darstellungsweise, durch die Urija in seiner Rede die Differenz zwischen König David und sich herausstellt, wird in V.11e offenbar. Die Wortfolge ולשכב עם־אשתי in V.11d erinnert an die Aussage in V.4d (וישכב עמה) – wobei diese Anspielung durch die Unterschiede in der Wortwahl eine Überspitzung darstellt und die beiden Figuren David und Urija kontrastiert. Urija personalisiert das Nomen אשה durch das Personalsuffix תי־, wodurch er die Frau individualisiert und mit Batseba identifiziert. Urija verweigert den Beischlaf mit seiner eigenen Frau, eine Handlung, die König David bereits mit Urijas Frau vollzogen hat. „On this point the distinction between the king and his subject is quite striking and tragic."[49]

Aufgrund der Fülle der unterschiedlichen Informationen zu Urijas Körperlichkeit sollen diese im Folgenden resümiert werden, bevor als letzte Subkategorie die Figurenpsyche unter dem Aspekt der Figur als *dargestelltem Wesen* analysiert wird. Die Beschreibung der Körperlichkeit liefert weitere relevante Informationen zur Bildung des mentalen Modells der Figur. Im Unterschied zur Figur Batsebas steht jedoch nicht die Körperlichkeit Urijas im Vordergrund, sondern seine charakteristischen Verhaltensweisen und seine räumliche Zuordnung. In 2 Sam 11 und auch in den anderen Erzählungen, in denen Urija als Figur auftritt, gibt es keine Hinweise zu seinem Figurenkörper. Urijas Körperbild bleibt folglich eine Leerstelle. Aufgrund fehlender Informationen zum Figuren-

---

[49] Fokkelman, Narrative Art, S. 55.

körper kommt jedoch den beiden Verweisen auf einzelne Körperteile Urijas besondere Aufmerksamkeit zu. Der Fuß (V.8c) sowie die Hand (V.14c) Urijas erweisen sich für die Gestaltung sowie die Handlung der Erzählung als konstitutiv. Das Nomen רגל bezeichnet euphemistisch das männliche Glied. Mit dem Verweis auf Urijas Füße im Kontext von Davids Befehlen in V.8b–c kommt eine Doppeldeutigkeit in die Erzählung, durch die Davids eigentliche Motivation, die Schwangerschaft Batsebas Urija unterzuschieben, enthüllt wird. Der Verweis auf Urijas Hand steht im Kontext des Todesbriefes und deutet auf die tragische Situation Urijas hin. Er bekommt den Brief von David in das eigentliche *Hand*-lungsausführende Körperteil und ist zugleich handlungsunfähig. Als Soldat und Bote überbringt er sein eigenes Todesurteil.

Im Figurenmodell Urijas sticht besonders seine wiederholt erzählte Weigerung (V.9b.10c.f.13f), in sein Haus zugehen, hervor. Diese erweist sich als aussagekräftige Verhaltensweise der Figur und prägt die Wahrnehmung der Körperlichkeit Urijas immens. Zum einen missachtet er mit der Weigerung den königlichen Befehl in V.8b–c, ohne zunächst den Grund dafür zu nennen. Damit eröffnet sich ein Spannungsbogen, der erst mit der Erklärung Urijas in V.11 geschlossen wird. Urijas Weigerung findet innerhalb der Handlung ihren Höhepunkt, als König David versucht, Urija zu berauschen (V.13d). Selbst in seiner Trunkenheit bleibt Urija konsequent bzw. standhaft und geht nicht in sein Haus (V.13f).

Die Räume, die Urija in 2 Sam 11 zugeordnet werden, sind entweder als „Zwischenräume" (פתח) markiert oder als gefährdete (שדה, פתח) und instabile Räume (סכות) konnotiert. Als weiterer Raum wird Urija sein Haus (בית) zugewiesen, allerdings betritt er dies in der gesamten Erzählung nicht. Während der König über die gesamte Erzählung (fast) statisch im machtvoll konnotierten Königspalast verortet ist und Urija auffordert, in sein Haus zu gehen (V.8b), tut der Soldat dies gerade nicht. Der Konflikt Davids mit Urija präsentiert sich in den folgenden V.8–10 als Auseinandersetzung um die Räume. Eine weitere Erkenntnis der räumlichen Analyse Urijas stellt sein wiederholt ihm zugewiesener Status als Objekt im Leitwort שלח dar. Urija ist die Figur, die am meisten gesendet wird und somit die größte räumliche Distanz innerhalb der erzählten Welt zurücklegt. Auf Befehl von David bzw. Joab bewegt sich Urija zwischen den beiden Schauplätzen. Diese Erkenntnisse aus der Bewegungsanalyse der Figur korrespondieren mit den Ergebnissen der Analyse seiner Sozialität. Urija als Soldat im königlichen Heer legt auf Befehl von König

David oder dem Heerführer Joab die Distanz zwischen den Räumen Rabba und Jerusalem zurück, die in V.1 als polare Räume einander gegenübergestellt sind.

Die einzige Figurenrede Urijas in V.11b–h lässt durch die Beschreibung der Zustände vor Rabba als Ausdruck von Urijas Loyalität gegenüber seinen Mit-Soldaten und vor allem gegenüber seinem militärischen Vorgesetzten Joab verstehen (V.11b). Dabei greift Urija auf die Formulierung עבדי אדני zurück, die in der übrigen Erzählung für König David verwendet wird. Syntaktisch ist offen gelassen, ob Urija Joab oder David als seinen „Herren" bezeichnet und wem er diese Autorität zuspricht. Hierin könnte man eine Distanzierung zwischen Urija und David erkennen, die in der dann folgenden Figurenrede (V.11d) durch den Rückbezug auf V.4d offenbar wird. Urija verweigert eine Handlung, die König David bereits vollzogen hat und die als Auslöser der weiteren Ereignisse dient.

(c) Figurenpsyche

Im Folgenden steht die Frage im Mittelpunkt, was wir über das Innenleben der Figur Urija erfahren. In der „David, Batseba und Urija"-Erzählung erhalten die Lesenden lediglich in seiner Figurenrede in V.11b–h Introspektion in die Figur Urija. Welche Motivation hat Urija bei seiner Rede? Welche Emotion drückt er mit seinen Worten aus? Werden in seiner Rede stabile Persönlichkeitsmerkmale oder mentale Vorgänge präsentiert? Auf diese Fragen gibt es unterschiedliche Antworten innerhalb der bibelwissenschaftlichen Forschung. Die Figurenrede offenbart Urijas ablehnende Haltung gegenüber den „Annehmlichkeiten" des eigenen Hauses: Urija weigert sich in sein Haus zu gehen, um zu essen, zu trinken und bei seiner Frau zu liegen (V.11d). Dieses reservierte Verhalten Urijas wird häufig als Ausdruck der Askese begründet. Diese Auffassung vertritt beispielsweise Hentschel, der unter Verweis auf 1 Sam 21 Urijas Weigerung folgendermaßen erklärt: „(W)ährend des Krieges blieb man sexuell abstinent."[50] Eine vergleichbare Position vertritt McCarter,

---

[50] Hentschel, Samuel, S. 46. Auch Fritz Stolz setzt eine normative Enthaltsamkeit voraus, der sich Urija in V.11 durch den Schwur ein zweites Mal verpflichtet, die Regeln der sexuellen Enthaltsamkeit zu beachten, „anders würde er sich mit einer schweren Schuld belasten." Stolz, Samuel, S. 237. Die in der Argumentation von Stolz benannte Motivation Urijas, die Belastung mit Schuld bei Nichtbeachtung der sexuellen Enthaltsamkeit, reicht m. E. zu weit und lässt sich nicht am Erzähltext belegen.

der unter Verweis auf Dtn 23,10–15 für 2 Sam 11,11 eine „*ritual purity*"[51] im Kampf voraussetzt, die eine sexuelle Abstinenz bedingt.[52] Stoebe verweist auf eine Besonderheit in der Darstellungsweise der Figurenrede, in V.11 fließen demnach mehrere Einzelzüge zusammen, die teilweise nicht zusammenpassen, jedoch ein komplexes Bild der Ereignisse liefern. Er plädiert dafür, diese Komplexität zu wahren.[53] Urija weigert sich, bei seiner Frau zu liegen, was Stoebe ebenfalls mit der sexuellen Askese von Kämpfern im sakralen Krieg begründet. Dieses und der Verweis auf die in V.11 verwendeten Begriffe ארין und סכות, die eine theologisch Vorstellungswelt nahelegen, haben nach Stoebe das Ziel zu zeigen, wie Urija an (alten) Idealen festhält und diese lebt.[54] Diesen Aspekt greift auch Naumann auf:

> Urija wird als einer gezeichnet, der unter Bekräftigung einer Schwurformel beim Leben Gottes an einem Ethos in Israel festhält, das sich horizontal als Solidarität mit der Situation der Kampfgefährten und vertikal als Einhaltung bestimmter religiöser Tabuvorschriften während des Krieges entfaltet.[55]

Auch Brueggemann wertet V.11 als Hinweis auf die Identität Urijas. Dazu setzt er voraus, dass Urijas Rede weder doppeldeutig noch arglistig formuliert ist. In V.11b–c beschreibt Urija die Verhältnisse der Lade, Joabs und seiner Truppen vor Rabba und konnotiert diese als gefährdet. „The incongruity between their risk and his comfort would be too great and would cause him to betray his very identity."[56] In dieser Inkongruenz gründet, so Brueggemann, zum einen die Kontrastierung zwischen Urija und David und zum anderen wird Urija als „*a principled man*"[57] charakterisiert. Auch Brueggemann wertet die Figurenrede in V.11 als Ausdruck für Urijas auf Askese gerichtete Motivation. Allerdings benennt er als grundsätzliche Vorentscheidung für diese Auslegung, dass die Rede Urijas ohne Arglist („*without guile*"[58]) zu lesen sei. Damit greift er auf die prominente Unterscheidung von Sternberg zurück.

---

[51] McCarter, II Samuel, S. 286.
[52] Siehe ebd., 286f.
[53] Siehe Stoebe, Samuelis, S. 291.
[54] Siehe ebd., S. 292.
[55] Naumann, David, S. 162f.
[56] Brueggemann, Samuel, S. 275.
[57] Ebenda.
[58] Ebenda.

Sternberg weist auf die ambige Lesart von 2 Sam 11 und im Speziellen der Figur Urijas hin.[59] Diese soll im Folgenden unter dem Fokus der Figurenpsyche in V.11 vorgestellt werden. Nach Sternberg eröffnet Urijas Weigerung, in sein Haus zu gehen, eine Leerstelle, denn seine Motivation für diese ablehnende Haltung wird nicht erzählt. Mit dieser Leerstelle ist, so Sternberg, die Frage nach dem kognitiven Wissen der Figur Urijas auf engste verbunden: „*Does Uriah know of his wife's infidelity and pregnancy?*"[60] Während die verschiedenen Erzählinstanzen keine Antworten auf diese Frage liefern, benennt Sternberg zwei Varianten, diese ambige Textpassage auszulegen. Wird vorausgesetzt, dass Urija weder vom Ehebruch Davids noch von Batsebas Schwangerschaft Kenntnis besitzt, so verweist Urijas Rede in V.11 auf dessen „idealistische" Solidarität mit seinen Kameraden sowie auf seine Ehrfurcht vor dem Kultgegenstand der Lade. „This projects the figure of Uriah as an exemplary soldier, a man of noble spirit and uncompromising conscience."[61] Sternberg bezieht die weiteren Handlungen Urijas in 2 Sam 11, seine Standhaftigkeit trotz Trunkenheit (V.13d) sowie die loyale Überbringung des Todesbriefs (V.14f.) mit in folgende Bewertung ein: „Uriah's ‚idealistic' behavior […] seems *too* heroic to be true."[62]

Viel realistischer erscheint nach Sternberg die Urijafigur unter der Annahme, dass der Soldat vom Ehebruch Davids mit Batseba, seiner Frau, und ihrer Schwangerschaft weiß.[63] Dadurch gewinnt die Figur an Komplexität, denn diese Leseweise voraussetzend, nimmt Urija sein Schicksal mit einer unüberbietbaren Würde an. Weder rebelliert er gegen die königliche Autorität Davids, noch wehrt er sich gegen sein Schicksal und öffnet den Todesbrief oder hegt Argwohn gegen die königliche Botschaft, die er überbringen soll. Urijas Begründung in V.11 avanciert nach Sternberg zu einer Gewissensfrage, deren Ironie in der strikten Weigerung Urijas liegt, Handlungen zu vollziehen (nach Hause gehen/bleiben,

---

[59] Siehe Sternberg, Poetics, S. 201–209, siehe dazu auch die ausführlichere Auseinandersetzung mit dieser Arbeit im Abschnitt zur Fokalisierung in 2 Sam 11, S. 190–193.
[60] Sternberg, Poetics, S. 201. Ich vermeide im Folgenden die Bezeichnung *infidelity* bzw. die deutschen Übersetzungen als Untreue, Seitensprung oder Treulosigkeit in Bezug auf die Figur Batseba, da sie entgegen meinen Erkenntnissen aus der Figurenanalyse nicht auf sie zutreffen. Mit *infidelity* lässt sich vielmehr Davids Handlungen gegenüber Urija bezeichnen.
[61] Sternberg, Poetics, S. 203.
[62] Ebd., S. 206.
[63] Siehe ebd., S. 206f.

essen, trinken und bei „seiner" Frau zu liegen), die David bereits getan hat.⁶⁴ In dieser Leseweise, die das Wissen Urijas von Davids Ehebruch und Batsebas Schwangerschaft voraussetzt, wird somit die tragische Kontrastierung zwischen König David und Urija einerseits mit Urijas Selbstbeherrschung und andererseits dem Versuch, die eigene Würde und Selbstbestimmtheit zu bewahren, kombiniert.⁶⁵

Der Figurenrede Urijas, in der er auf Davids Frage, מדוע לא־ירדת אל־ביתך (V.10f), reagiert und den Grund für seine Weigerung benennt, kommen in der Darstellungsweise zwei Besonderheiten zu. Zum einen wird die Spannung evozierende Leerstelle in V.9a geschlossen, die offen lässt, warum Urija vom königlichen Befehl (V.8b–c) abweicht und sich am Eingang des Palastes zu den Dienern des Königs legt. Zum anderen wird Introspektion in die Figur Urija gewährt. Wie herausgestellt wurde, herrscht innerhalb der Forschung die Auffassung, dass die Figurenrede Urijas als Ausdruck seiner asketischen Grundhaltung zu verstehen ist. Urija tritt, wie Stoebe und Naumann betont haben, in V.11 für ethische Ideale ein wie einerseits Solidarität und Loyalität gegenüber seinen Mitsoldaten und andererseits Einhaltung von religiös-asketischen Vorschriften während des Krieges. Mit Sternbergs Hinweis auf die Doppeldeutigkeit von Urijas Figurenrede, die in Abhängigkeit dazu steht, welche kognitiven Wissensbestände der Figur zugesprochen werden, wird eine weitere Motivation für Urijas Weigerung und seine Figurenrede benannt. Neben dem Eintreten für die oben genannten ethischen Ideale lässt sich V.11 und damit Urijas Weigerung, in sein Haus zu gehen, unter der Voraussetzung der Annahme, dass Urija um den Ehebruch und die Schwangerschaft weiß, auch als Ausdruck einer Zurückhaltung lesen, durch die Urija seine eigene Würde und Selbstbestimmtheit gegenüber König David bewahrt.

---

⁶⁴ Diese Handlungs- und Figurenkonstellation deutet m. E. auf eine Tragik hin. Sternberg, Poetics, S. 207, spricht in diesem Zusammenhang von Ironie und stellt die These auf: „Yet Uriah is deftly employed as an agent of an implicit […] irony", ebd. S. 207. Zur Kritik an diesem Konzept der Ironie siehe Garsiel, Story, S. 246f.

⁶⁵ Siehe Sternberg, Poetics, S. 208: „This husband's mode of commentary is all the more effective because it combines the force of indignation with the dignity of restraint." Diesem Figurenverständnis Urijas begegnet man auch in den deutschsprachigen Dramen um die Jahrhundertwende vom 19. zum 20. Jahrhundert. Vgl. Fischer, Dramen.

4.8.7.3 Urija als Artefakt

Von besonderer Bedeutung ist innerhalb der Analyse der Figur als Artefakt die Untersuchung der Figurenbezeichnung. Urijas Name stellt eine Kurzform des Namens Urijahu (אוּרִיָּהוּ)[66] dar und bedeutet „JHWH ist mein Licht"[67]. Dieser Figurenname, der als Nominalsatz zwei Subjekte zueinander in Relation setzt, endet mit dem Verweis auf die Gottheit JHWH (-ja bzw. -jahu). Auf die grundsätzliche semantische Bedeutung von Namen ist bereits an anderer Stelle hingewiesen worden. Der Figurenname Urija mit dem inhärenten, theomorphen Element verweist auf eine enge Verbindung zum Gott Israels. Georg Hentschel sieht darin einen Hinweis, dass Urija „in Israel beheimatet und ihm der Kult dieses Volkes nicht fremd war"[68]. Der Figurenname kann als Hinweis verstanden werden, dass sich der Namensträger oder die den namengebenden Eltern dem Gott JHWH und seinem Gottesvolk zuwenden.

Ganz entscheidend bei dem Figurennamen Urija ist die Kombination des Namens mit dem Epitheton הַחִתִּי. Insgesamt fünfmal findet sich diese Kombination in 2 Sam 11 (V.3a.6a.17d.21f.24c). Innerhalb der Forschung wurde häufig unter Verweis auf das Epitheton die Auffassung vertreten, dass Urija ein Fremder ist und nicht dem Volk Davids angehört.[69]

---

[66] Siehe Seiler, Art. Uria, 1.
[67] „Uriah is a good Yahwistic name", so Kim. Kim, Uriah, S. 73. Dass dieser Name eine besondere Beziehung zu JHWH ausdrückt, lässt sich auch daran erkennen, dass die anderen mit diesem Namen bezeichneten Figuren entweder Propheten oder Priester JHWHs sind, vgl. 2 Kön 16,10–16; Jer 26,20–23; Neh 3,21; 8,4, siehe ebd., S. 73. Nach Stoebe, Samuelis, S. 280, sei die Möglichkeit der Umdeutung eines fremden Namens nicht ausgeschlossen, allerdings auch nicht wahrscheinlich. Als weitere Etymologie benennt Stoebe die Herleitung von dem hurritischen Wort ewir (Herr), wonach der Figurenname erst späterhin hebräisiert und in der Bedeutung „JHWH ist mein Licht" verstanden wurde. Siehe auch Seiler, Art. Uria, 1.
[68] Hentschel, Samuel, S. 46.
[69] Siehe Ackroyd, Samuel, S. 101; Bar-Efrat, Das zweite Buch Samuel, S. 106; McCarter, II Samuel, S. 285; Smith, Samuel, S. 317; Stolz, Samuel, S. 236. Diese Auffassung wird ebenso einzelnen Untersuchungen zu Grunde gelegt, siehe Chankin-Gould u. a., Adulteress, S. 251. Von dieser Annahme ausgehend wurde die Kontrastierung der Figuren David und Urija um einen weiteren Punkt ergänzt, wonach sich der „ausländische" Soldat als besserer Wahrer und Befolger des israelitischen Rechts erweist als König David. So beispielsweise Bar-Efrat, Das zweite Buch Samuel, S. 106: „Das vornehme Verhalten des einfachen Mannes fremder Herkunft beleuchtet doppelt grell den sittlichen Niedergang des Königs Israels." Ebenso: Koenig, Bathsheba, S. 46.

Carl S. Ehrlich benennt mehrere Argumente, die dieser Auffassung entgegenstehen. Dass Urija ein Israelit war, zeigt zum einen das theophore Element im Figurennamen, und zum anderen weisen die Handlungen Urijas auf seinen Gehorsam gegenüber David und Israel hin. Urija agiert nach den Darstellungen in 2 Sam 11 als zuverlässiger Bote und Soldat im Kampf gegen die Ammoniter. In 2 Sam 23,24–39 wird er zudem als einer der „Helden Davids" angeführt.[70] Ausgehend von diesen durchaus einleuchtenden Argumenten fordert Ehrlich: „it is time to relegate the identification of Urija the Hittite as a non-Israelite to the dustbin of scholarship"[71]. Der Figurenname „Urija" sowie seine Handlungen in den biblischen Erzählungen weisen auf seine Identifikation mit David hin, sowohl hinsichtlich der davidisch-politischen Herrschaft als auch mit Blick auf dessen nationalen Kult. Das Epitheton החתי stellt demnach ein Gentilizium dar, d. h. ein Element des Personennamens, das anstelle eines Patronymikons Verwendung findet.[72] Nach Ehrlich könnte der Personenname Urijas auf eine Entscheidung zugunsten des JHWH-Glaubens hindeuten.[73] Eine ähnliche Kombination aus Figurenname und Gentilizium findet sich in Rut 2,2, wo die Hauptfigur als Rut, die Moabiterin, bezeichnet wird. Die aus Moab stammende Frau bekennt sich in Rut 1,16f. zum Glauben an den Gott Israel und zum Volk Noomis. Das Epitheton in Rut 2,2 verweist somit auf ihre ursprüngliche Herkunft, zugleich wird Rut im Anschluss an ihr Bekenntnis in Rut 1,16f. in der rabbinischen Tradition zum Prototyp der Konvertitin (Ruth Rab. 2,22–24).[74] Nach der Auffassung von Ehrlich weist ein Gentilizium nicht ausschließlich auf die Zugehörigkeit zu einem ausländischen Volk oder einer fremden Religion hin, sondern kann, wie er an den biblischen Figuren Rut, der Moabiterin, Ittai, der Gatiter (2 Sam 15,19), sowie Elija aus Tischbe (1 Kön 17,1) aufgezeigt hat, einen Hinweis auf die ursprüngliche Identität darstellen. Die genannten biblischen Figuren weisen sich vor allem durch ihre Handlungen und im Fall Elijas durch seinen theophoren Namen als Angehöri-

---

[70] Vgl. Ehrlich, Gentilics, S. 415.
[71] Ebd., S. 421.
[72] Ebd., S, 416: „Gentilics are employed not only when referring to national, ethnic, or tribal entities but also as an element of personal names, generally in place of the expected patronymic, as per the pattern ‚X the whatever-ite' or ‚Plony the Almoniyite'."
[73] Siehe ebd., S. 419.
[74] Siehe ebd., S. 417f. Ehrlich führt als weiteres Beispiel Ittai, den Gatiter, an. Siehe ebd., S. 416f.

ge des Gottesvolkes aus.⁷⁵ Ausgehend von diesen Überlegungen nimmt Ehrlich an, dass Urijas Name mit dem theophoren Element ihn ebenso wie seine Handlungen als Israeliten ausweisen. Das Epitheton „der Hethiter" lässt sich hingegen als Hinweis auf seine ursprüngliche Herkunft (bzw. die seiner Familie) oder Identität verstehen.⁷⁶

Insgesamt fünfmal wird der Name Urija mit dem Epitheton החתי verbunden. Dabei handelt es sich um Textstellen, an denen entweder im Rahmen des ersten Auftretens der Figur in der Erzählung bzw. der Szene auf eine genaue Identifikation der Figur gezielt wird (V.3d.6b) oder Urija aus einer Figurengruppe herausgehoben wird (V.17d.21f.24c).

Neben dem Figurennamen können die Handlungen der Figuren Hinweise auf ihre Motivation liefern. Aus diesem Grund werden die Handlungen Urijas in 2 Sam 11 im Folgenden vorgestellt. Dabei überrascht zunächst, dass die Urijafigur fast annähernd so viele Handlungen aufweist wie die Hauptfigur David (21 Handlungen). Im Unterschied zu David fällt auf, dass Urija nicht am Leitwort שלח partizipiert und ihm

---

[75] Siehe Ehrlich, Gentilics, S. 421.

[76] Unter der Annahme einer „*hybrid identity*" und mit dem Verweis, bei 2 Sam 11 handle es sich um eine Erzählung „as a site of struggle for Israel's identity", kommt Uriah Kim zu einer ähnlichen Auffassung: "(T)he term ‚Hittite' was used to designate people who were not Israelite. [...] In our story [2 Sam 11, A.F.], the ‚Hittite' is used to refer neither to a specific kingdom (which had long passed) nor a specific place, but a region outside of Israel, ‚somewhere' in the north. Thus the people placed in this place were non-Israelites even though they may have been living in Palestine longer than the Israelites." Kim, Uriah, S. 75f. Im Gegensatz zur Auffassung Ehrlichs, wonach Urija dem Volk Davids angehört, kommt Kim letztlich zu dem Ergebnis, dass Urija nicht zum Volk Israel zählt: „Uriah is marked as an ‚other', but he is serving in Israel's army. He may have been a member of a ruling family in Jerusalem when the Jebusites controlled the city, but he managed to differentiate himself from the Jebusites. He is a faithful Yahwist with a Yahwistic name, but he is not claimed by the Israelites. Instead, he is labelled as ‚the Hittite' as a non-Israelite." Kim, Uriah, S. 76. Äußert kritisch werte ich die daran anschließende Auslegung der Handlungen in V.4. Kim argumentiert unter Verweis auf die Textpassagen in 1 Kön 21, 1 Sam 25 und 2 Sam 3,14, in denen sich Könige Reichtümer von anderen Männern, die dem Volk Israel angehören, zu eigen machen. Während David in den beiden letztgenannten Passagen als jemand charakterisiert wird, der nicht unrechtmäßig den Besitz erlangt, handele David im Fall Batsebas hingegen ohne Zögern. Er habe keine Hemmungen, gegen Urija vorzugehen oder Befürchtungen vor Sanktionen, denn „he saw Uriah as a Hittite who fell outside of this circle of cooperation. [...] David had nothing to fear from Uriah." Kim, Uriah, S. 80.

weitaus weniger Handlungen des Sprechens zugeordnet sind.[77] Stattdessen ist das Handeln Urijas wesentlich durch räumliche Bewegung charakterisiert, worauf die Verben בוא (V.7a.11d) und יצא (V.8d.13e) hinweisen.

Als Formulierung für die häufigste Handlung Urijas wird viermal das Verb מות (V.15g.17d.21f.24c) iterativ verwendet, das zugleich die letzten Handlungen der Figur darstellt. Durch das wiederholte, multiperspektivische Erzählen des einmaligen Ereignisses von Urijas Tod kommt dem Verb besondere Bedeutung zu. Insgesamt dreimal wird der Urijafigur die Handlung des Legens (שכב) zugewiesen (V.9a.11d.13e). Damit partizipiert die Figur an einem der Leitworte der Erzählung und wird in Kontrast zur Davidfigur gestellt, die ebenfalls an dem Leitwort partizipiert.[78] Während in V.9a und V.13e dargestellt wird, dass Urija sich zu den Dienern des Königs legt, liegt David bei Urijas Frau (V.4d). Diese Handlung lehnt Urija jedoch in V.11d explizit ab, denn das „Liegen bei seiner Frau" stellt eine der Handlungen in V.11d dar, denen er beim Leben des Königs abschwört.

Der Schwur Urijas bezieht sich auf die Befehle Davids in V.8b–c und bestätigt zum einen dessen sexuelle Konnotation (רגל)[79], zum anderen wird in der Darstellung aus den drei Handlungen Essen, Trinken und Liegen eine Trias etabliert, durch die das Gehen in Urijas Haus (V.11d) mit Sexualität gleichgesetzt wird.[80] In der Darstellungsweise wird diese Trias in den beiden folgenden Versen aufgegriffen und Spannung erzeugt. Urija bleibt (ישב) auf Befehl des Königs in Jerusalem. Mit dem intransitiven Verb ישב wird eine Handlung Urijas ausgedrückt, die einerseits im Gegensatz zu der oben genannten Dynamik der Figur steht und andererseits auf die folgenreiche Handlung Davids in V.1e: ודוד יושב בירושלם verweist. David versucht, indem er Urijas Aufenthalt in Jerusalem verlängert, ihn dazu zu bringen, doch noch in sein Haus zu gehen.

---

[77] Insgesamt sechsmal ist König David Subjekt der Handlung des Sendens (V.1b.3a.4a. 6a.14c.27b). Siehe ausführlich zum Leitwort שלח die Darstellung innerhalb der Analyse des Raumes, S. 284–286. Während Urija einzig in V.11a eine Handlung des Sprechens (אמר) zugeordnet ist, äußert sich David in 2 Sam 11 insgesamt fünfmal (אמר in V.8a.10d.12a.25a sowie שאל in V.7b)

[78] Neben den Handlungen im Kontext des Leitwortes שכב, wird den beiden Figuren jeweils als Raum das משכב zugewiesen (V.2b.13e).

[79] Siehe Müllner, Gewalt, S. 90.

[80] Der Zusammenhang aus Essen (אכל) bzw. Trinken (שתה) und Liegen (שכב), der auf eine sexuelle Konnotation verweist, findet sich auch in Rut 3,3f. und 2 Sam 13,11.

Dabei greift er auf eine List zurück, er lädt ihn zum Mahl ein und will Urija berauschen. Auf der Darstellungsebene wird in V.13 an die Trias von *essen – trinken – legen* angeknüpft, um die Erwartungen der Lesenden zu wecken. Urija isst (V.13b) und trinkt im Palast des Königs, allerdings geht er anschließend nicht in sein Haus, sondern legt (שכב) sich auf sein Lager (במשכבו) bei den Dienern Davids (V.13e).

Neben den genannten Handlungen, die Urija durchführt, gibt es innerhalb von 2 Sam 11 gleich vier negierte Handlungen, die als Subjekt Urija benennen. Besondere Aufmerksamkeit verdient dabei die dreimalige Aussage in V.9b.10c.13f, dass Urija nicht in sein Haus hinabgeht (ירד). Diese ist auch Inhalt von Urijas Schwur in V.11g: עם־אעשה את־הדבר הזה.

Bei der Analyse der Handlungen fällt zudem auf, dass Urija mehrfach als Objekt der Handlungen anderer Figuren dargestellt wird. Dieser Beobachtung kommt hinsichtlich der Figurenkonstellation Bedeutung zu. Zweimal handelt der Heerführer Joab an Urija, in V.6c sendet (שלח) er ihn auf Befehl Davids nach Jerusalem und in V.16b stellt (נתן) er Urija in Folge des Tötungsauftrags von David an die gefährdete Stelle, an der Urija stirbt. Auch König David handelt zweimal an Urija, in V.13d macht David den Soldaten betrunken (וישכרהו) und in V.14c wird erzählt, dass David Urija als Boten sendet (שלח), um den „Todesbrief" an Urija zu überbringen.

Die Handlungen des Hethiters weisen ihn somit einerseits als dynamische, sich bewegende Figur aus (בוא und יצא), die andererseits Handlungen explizit negiert und ablehnt (ולא ירד אל־ביתו). Er ist mehrfach das Handlungsobjekt anderer Figuren, was darauf schließen lässt, dass er diesen Figuren untergeordnet ist. Die häufigste Handlung, die Urija in der „David, Batsebas und Urija"-Erzählung zugeordnet ist, stellt sein Sterben (מות) dar, dass iterativ, aus verschiedenen Perspektiven dargestellt wird. Seine zweihäufigste Handlung stellt das Legen (שכב) dar, ein Leitwort von 2 Sam 11, durch das Urija in Kontrast zu David gesetzt wird. Während der Soldat vehement ablehnt, bei seiner Ehefrau zu liegen (V.11d–g), hat König David hingegen das Lager mit Urijas Frau bereits geteilt.

Bar-Efrat benennt darüber hinaus weitere Figurenzuschreibungen, die zu einer teilweisen Kontrastierung Davids und Urijas führen. Urija werde dabei als die Figur präsentiert, „die für die positiven Werte steht. Weil Urija so edle Eigenschaften wie Ehrlichkeit und unbeirrbare Loyalität verkörpert, sticht Davids heimtückisches, unehrliches und prinzipienloses

Verhalten umso deutlicher heraus."[81] Der kontrastiven Profilierung der beiden Hauptfiguren der Erzählung ist zuzustimmen, jedoch verbietet sich m. E. diese starke Polarisierung, da einerseits die Erzählstimme Introspektion gegenüber den beiden Figuren meist vermeidet und andererseits die Textstelle durch die ihr inhärente Polysemantik derart ambige ist, dass eine einseitige Festlegung der doppeldeutigen Textstellen dem Erzähltext nicht gerecht wird.

Als sich widersprechende Eigenschaften benennt Bar-Efrat zum einen Davids Identifikation und Beschäftigung vor allem mit seinen persönlichen Angelegenheiten, während sich Urija mit seinen Kameraden im Krieg identifiziert. Zum anderen weist er darauf hin, dass David als eine Figur agiert, die ihre Emotion, das Begehren nach der sich waschenden Frau, ohne Rücksicht auf die Konsequenzen und den drohenden Treuebruch gegenüber einem seiner Soldaten folgt. Im Unterschied dazu handelt Urija äußerst loyal gegenüber seinem König und zeigt in V.11 außerordentliche Treue und Selbstbeherrschung.[82] Als weitere kontrastive Zuschreibung, die m. E. wesentlich ist, weist Bar-Efrat auf Folgendes hin:

> Anders als David, der seinen Stand ausnützt und sich Privilegien herausnimmt – bis dahin, dass er mit der Frau eines andern schläft – , weigert sich Urija, Privilegien gegenüber anderen Untertanen des Königs in Anspruch zu nehmen; er ist nicht bereit, in seinem Haus zu übernachten, und mit einer Frau – seiner eigenen! – zu schlafen.[83]

Neben dem Figurenname und der Analyse ihrer Handlungen bildet die Frage nach der Weise, wie die Erzählung Informationen zur Figur Urija vermittelt, den dritten Aspekt der Untersuchung der Figur als *Artefakt*. Ihre Darstellungsweise wurde bislang in verschiedenen Abschnitten und unter verschiedenen Fragestellungen thematisiert. Um Redundanzen zu vermeiden, werden die Ergebnisse an dieser Stelle kurz benannt und es wird auf die entsprechenden Passagen verwiesen. Bevor Urija in der fiktionalen Welt als Figur auftritt (V.6), wird er bereits als Ehemann Batsebas erwähnt, womit ihre Einführung über die Figur Batsebas erfolgt und zwar in seiner Sozialität als Ehemann. Das mentale Modell der Figur ist

---

[81] Bar-Efrat, Bibel, S. 100.
[82] Siehe Bar-Efrat, Das zweite Buch Samuel, S. 106.
[83] Ebenda.

somit wesentlich von dieser ersten Information, die die Zusammengehörigkeit der beiden Figuren herausstellt, bestimmt. Der erste Eindruck wirkt prägend für das folgende Verständnis der dargestellten Figur („*primacy effect*"). Alle weiteren Figurenzuschreibungen knüpfen an dieses erste mentale Modell an, das die Relation zwischen Batseba und Urija herausstellt. Auch wenn er als Figur erst in V.6 die Bühne der erzählten Welt betritt, ist er dennoch in den vorher erzählten Ereignissen in V.4f. präsent. David nimmt sich Batseba – *die Frau Urijas* – und verkehrt sexuell mit ihr. Auch der letzte Eindruck („*recency effect*"), den die Lesenden von Urija in V.26 gewinnen und mit dem die Darstellung des Figurenmodells abschließt, ist, wie gezeigt, wesentlich von der Betonung der Zusammengehörigkeit der beiden Figuren Batseba und Urija bestimmt. Ausgehend von dieser Herausstellung der Zusammengehörigkeit der beiden Figuren werden zugleich die in V.27b–d anschließenden Handlungen Davids (erneutes Nehmen Batsebas, ihre Aufnahme in sein Haus sowie ihre Ehe) negativ konnotiert.

In der Analyse der Sozialität Urijas wurde aufgezeigt, dass die erste Erwähnung Urijas in V.3d bestimmt ist von seiner Rolle als Ehemann Batsebas, und zugleich wird in dieser Textstelle die Figurenbezeichnung bestehend aus Figurenname und Epitheton erstmals verwendet. Das mentale Modell, das in Anschluss an V.3d gebildet wird, etabliert eine Figur, die durch ihren Namen ihre Zugehörigkeit zum Gott Israels ausdrückt und zugleich durch das „*gentilic*" החתי auf ihre ursprüngliche Identität hinweist. Der erste Auftritt der Figur in V.6 ist ebenfalls durch ihre Sozialität bestimmt: Urija wird als Soldat im königlichen Heer, der unter Joabs Oberbefehl steht, identifiziert. Eine Erklärung für die Abwesenheit von Batsebas Ehemann während der in V.4f. erzählten Ereignisse erfolgt nachträglich, indem Urija als Soldat eingeführt und dem Kriegsschauplatz Rabba räumlich zugeordnet wird.

Die Figurendarstellung Urijas hat wesentliche Lücken bezüglich seines Figurenkörpers und seiner kognitiven Wissensbestände. Außerdem erhöht die ambige Darstellungsweise, wie Sternberg sie für die Charakterisierung Urijas in 2 Sam 11 aufgezeigt hat, die Komplexität des mentalen Modells.[84] Exemplarisch wurde dies an der Introspektion erlaubenden Figurenrede in V.11 dargelegt. Einzig an dieser Stelle kommt die Figur

---

[84] Siehe Sternberg, Poetics, S. 201–209. Siehe dazu auch die Abschnitte zur Figurenperspektive Urija, S. 165–169.184.

innerhalb der Erzählung zu Wort. Sie präsentiert dabei ihre Figurenperspektive und eröffnet den Lesenden einen Blick in ihr Innenleben. Weitere Besonderheiten, die sich auf die Vermittlung von Informationen zur Figur Urijas beziehen, stellen zum einen die Kontrastierung zwischen den Figuren David und Urija, auf die mehrfach verwiesen wurde, dar und zum anderen die redundanten Informationen. Dazu zählen sowohl Urijas Weigerung, in sein Haus zu gehen (V.9b.10c.f.13f), als auch der wiederholt gegebene Hinweis auf seinen Tod (V.15g.27d.21f.24c).

4.8.7.4 Urija als Symbol

Eine indirekte Bedeutung der Figur Urija, die über die Figurendarstellung in 2 Sam 11 hinausgeht, zeigt John Kessler in seinem Aufsatz „Sexuality and Politics. The Motif of the Displaced Husband in the Books of Samuel"[85] auf. Ausgehend von der Auffassung, dass Davids Ehen politisch motiviert sind, benennt Kessler eine kumulative Abfolge von *„displacement narratives"*[86], in denen die Auflösung der Familien Nabals (1 Sam 25), Paltiels (2 Sam 3,1–16) und Urijas (2 Sam 11–12) mit der Besitznahme ihrer jeweiligen Frauen durch David begründet werden. Demnach ist die Figur Urija ein solcher *„displaced husband"* und steht am Endpunkt in der sich steigernden Abfolge dieses Motivs.

Kessler kommt zu dem Ergebnis: „Unlike Nabal who is vilified, or Paltiel who is victimized, Uriah is idealized"[87]. Urija wird als ausschließlich positive Figur von Kessler darstellt, die überaus gläubig ist und der zudem Eigenschaften zugesprochen werden wie Selbstkontrolle, Loyalität, Gewissenhaftigkeit, Züge von Naivität, Frömmigkeit und Respekt gegenüber der gemeinschaftlichen Solidarität. Im krassen Gegensatz dazu

---

[85] Kessler, Sexuality, S. 409–423.
[86] Dass es sich um eine *„Dramatic Progression in the Narratives of Davids's Marriagees with ‚Displacement'"* handelt, lässt sich, so Kessler, an der kulminativen Ausrichtung der folgenden vier Kriterien erkennen: Zum einen verweisen die Figurendarstellung der männlichen *„displaced"* Figuren darauf, zum anderen geben die Darstellungen der Beziehung zwischen den *„displaced"* Ehemännern und ihren Frauen Auskunft darüber. Als drittes Merkmal führt Kessler die Darstellung der fiktiven Welt an und schließlich benennt er viertens die Charakterisierung Davids als Aspekt, der auf die kulminierende Abfolge der *„displaces narratives"* hinweist. Siehe Kessler, Sexuality, S. 410.
[87] Ebd., S. 420.

wird David charakterisiert.[88] Die Beziehung zwischen den Eheleuten, die ein komparatives Moment des Motivs vom „*displaced husband*" darstellt, ist in Bezug auf Urija und Batseba in 2 Sam 11 nicht erzählt. Kessler leitet dies von der Natansparabel in 2 Sam 12,1–4 typologisch ab, wonach die Beziehung zwischen Urija (als armem Mann) und Batseba (als Lamm) zärtlich und vertraut ist. Die Parabel mit den darin dargestellten Handlungen (pflegen, aufwachsen, essen und trinken) schärfe den Blick der Lesenden für die Zärtlichkeit und Intimität der Beziehung von Batseba und Urija.

Diese Auslegung von Kessler ist m. E. in mehrfacher Hinsicht problematisch. Zum einen wird durch diese typologische Auslegung von 2 Sam 11 basierend auf der Parabel in 2 Sam 12,1–4 das mentale Modell der Figur Batsebas in seiner Komplexität empfindlich eingeschränkt. Zum anderen ist die Passivität Batsebas, die in der vorliegenden Arbeit bewusst hinterfragt und für 2 Sam 11 als obsolet herausgestellt wurde, mit dieser Lesart unterstützt und verfestigt. Ebenso kritisch sehe ich die Tendenz Kesslers, die Leerstellen und Ambiguitäten in 2 Sam 11 mit dem Ziel, die Kontrastierung zwischen David und Urija herauszustellen, einseitig festzulegen, um die Figur Urija zu idealisieren. Zudem nennt Kessler neben dem Motiv des „*Displaced Husband*" keine weiteren verbindenden Momente dieser drei biblischen Männerfiguren.

Eine weitere symbolische Deutung Urijas liefert Frank H. Polak in seinem Aufsatz „King, Spear and Arrow"[89], indem er auf die Parallelen der beiden Figuren Urija und Abschalom, Davids Sohn, verweist. Ausgehend von einem *close reading* der Samuelbücher analyisert Polak die Textpassagen, in denen Speer und Pfeil als Waffen einzelner Figuren zugeordnet sind und ihnen eine symbolische Bedeutung zukommt. Polak differenziert grundsätzlich die Funktion dieser Waffen und unterscheidet zwischen Tötungs- und Verletzungsinstrumenten einerseits und ihrer symbolischen Bedeutung andererseits. So hat er beispielsweise herausgestellt, dass der Speer innerhalb der „Saul und David"-Erzählungen als Symbol fungiert, als „deceptive power, a force which does not give support but misleads whoever holds on to it, and which anticipates his downfall"[90].

---

[88] „David [...] is everything Uriah is not". Ebd., S. 419.
[89] Polak, King, S. 53–70.
[90] Ebd., S. 60.

Für die Figurenanalyse Urijas sind zwei Beobachtungen Polaks von besonderem Interesse. Zum einen verweist er auf die Qumranschrift 4Q51 fr 91,9, in der Urija als Waffenträger Joabs bezeichnet wird: ושא [הליא זאת בת שבע בת אליעם] אש[ת אוריה החתי נ]ושא כלי יואב[91]. Die Phrase נושא כלי יואב findet sich weder in der Tradition des MT noch in der LXX.[92] Unter der Annahme, dass Urija Joabs Waffenträger ist, erklärt sich nach Polak die auffällige Darstellung der Empörung des Heerführers bei der Beauftragung des Boten in V.19–21. „The indication of Uriah's relationship to Joab sheds light on Joab's indignation about David's order to bring about Uriah's death (11:20), and in consequence turns his order to kill Absalom into an act of vengeance."[93]

Neben dieser Zuordnung Urijas als Waffenträger Joabs, die nicht aus dem MT von 2 Sam 11, sondern in qumranischen Belegen zu finden ist, verweist Polak auf die Parallele zwischen Urija und Abschalom, die er vor allem an mehreren intertextuellen Verknüpfungen in Form von mikrotextuellen sprachlichen Figuren sowie Motiven zwischen 2 Sam 11 und 2 Sam 18f. festmacht. Ausgehend von der Feststellung, dass Abschalom in der Darstellung der LXX ebenso wie Urija von Pfeilen (βέλη) getötet wird, benennt Polak weitere Verknüpfungen zwischen den beiden Figuren. Als erste dieser Markierungen bestimmt er im Anschluss an Fokkelman den Boten, der König David jeweils über den Tod Urijas und Abschaloms informiert.[94] In beiden Textpassagen ist Joab die Figur, die den Boten aussendet (2 Sam 11,19; 2 Sam 18,19–24). Als weitere intertextuelle Verknüpfung fungiert der Raum des Daches, der in beiden Erzählpassagen präsent ist und von dem der Blick einer Figur ausgeht: In 2 Sam 11,2 sieht David Batseba vom Dach aus, in 2 Sam 18,24 sieht der Wachmann die beiden Boten heran eilen. Eine dritte Gemeinsamkeit sieht Polak zwischen 2 Sam 18,24 und 2 Sam 11,23f: „The motif of David sitting between the two *gates* and the watchman on the *roof of the gate*

---

[91] 4Q51 fr 91,9, zitiert nach Polak, King, S. 63.
[92] Siehe ebd., S. 63f. Dieser verweist darauf, dass auch Josephus Urija als Joabs Waffenträger bezeichnet, siehe Josephus Ant., 7.131: „David liess daher den Gatten des Weibes, der Joabs Waffenträger war, von der Belagerung Rabathas herbeirufen; der Mann hiess Urias."
[93] Polak, King, S. 63.
[94] Siehe Fokkelman, Narrative Art, S. 210, 245f., 263f.

dovetails with the theme of the bowmen shooting from the *wall* above and near the *gate* where Uriah died (11:23–24)."[95]

Ausgehend von diesen intertextuellen Bezügen, die Polak zwischen Urija und Abschalom herausgearbeitet hat, lässt sich eine Parallele zwischen Urija und Abschalom herleiten. Der Tod Abschalom ist mit dem von Urija durch die intertextuellen Verknüpfungen und die aufgegriffenen Motive wie den von Joab initiierten Botenbericht verbunden. Wie im folgenden Kapitel aufgezeigt, wird diese Parallele in der Rezeption durch die Kirchenväter aufgegriffen und beispielsweise wie bei Chrysostomus in einen Kausalzusammenhang gestellt.

4.8.7.5 Urija als Symptom

Urija wird in der „David, Batseba und Urija"-Erzählung, wie ausführlich in den vorigen Abschnitten dargestellt, einerseits als integer charakterisiert: Er ist religiös, worauf sein Figurenname und der Beginn seines Schwurs mit dem Verweis auf die Lade (V.11b) hinweisen, er verhält sich loyal gegenüber Joab und seinen Mit-Soldaten (V.11b) und dem König gegenüber. Andererseits, so die Erkenntnis der vorliegenden Figurenanalyse, ist die Darstellungsweise der Figur ambig. Diese Doppeldeutigkeit lässt sich nach Sternberg zurückführen auf das Nicht-Erzählen von Urijas Wissensbeständen. Indem die Lesenden keinerlei Informationen aus der Erzählung erhalten, ob bzw. was die Figur Urija über den Ehebruch Davids und die Schwangerschaft Batsebas weiß, etablieren sich zwei Lesarten der Figur. Je nachdem, ob Urija dieses Wissen zugesprochen wird oder nicht, bilden sich voneinander zu differenzierende mentale Modelle der Figur Urijas. Zum einen, bei der Vorannahme, Urija besitze kein Wissen über die Ereignisse in Jerusalem während seiner Abwesenheit, etabliert sich die eingangs vorgestellte Lesart des „integren Urija". Zum anderen nimmt die Komplexität Urijas mit der Annahme zu, die Figur wisse um Davids Ehebruch und bzw. oder Batsebas Gravidität. Bei

---

[95] Polak, King, S. 64. Auf die weitere Ausführung von Polaks Argumentation wird an dieser Stelle verzichtet, da diese keine weiteren Erkenntnisse zur Figur Urijas liefert. Der Bibelwissenschaftler stellt heraus, dass das Motiv der Pfeile und Bogenschützen, das sowohl in der Darstellung von Urijas als auch Abschaloms Tod aufgegriffen wird, sich auch in der Erzählung von Sauls Tod in der Schlacht gegen die Philister (2 Sam 31,3) wiederfindet. Basierend auf intertextuellen Relationen wertet Polak die Erzählung von David und seinem Sohn als Fortsetzung sowie Gegenstück der Erzählung von Saul und David.

dieser Leseweise kommt der Motivation der Figur, wie z. B. der Grund ihrer Weigerung in V.8-10, besondere Aufmerksamkeit zu.

In der Analyse Urijas als *Symptom* wird nach der Wirkung der Figur gefragt und dabei werden wesentliche Aspekte der Rezeption der biblischen Figur vorgestellt. Bereits in der frühen Rezeption bei Josephus, in der rabbinischen Auslegung sowie bei den Kirchenvätern begegnen signifikante Unterschiede bei der Rezeption der Urija-Figur im Vergleich zur biblischen Erzählung. Aus der Lektüre dieser Rezeptionstexte lässt sich bereits ein Spektrum an möglichen Adaptionen markieren, die zugleich die unterschiedlichen Facetten der biblischen Figur aufzeigen. Aus diesem Grund wird der Fokus der folgenden Analyse auf dieser frühen Rezeption liegen. Komplettiert werden die rezeptionsgeschichtlichen Beobachtungen durch eine lyrische Adaption von Uriel Birnbaum, die in einer bestechenden Prägnanz die Komplexität der Figur Urijas aufgreift.

Die positiv integre Figurendarstellung Urijas stellt eine der Rezeptionsvarianten dar, die beispielsweise in *Flavius Josephus* (37/38 – nach 100 n. Chr.) Schrift „*Antiquitates Iudaicae*" zu finden ist, die etwa 93/94 n. Chr. veröffentlicht wurde. Der jüdische Geschichtsschreiber Josephus adaptiert in seinen „Jüdischen Altertümern" viele Passagen der biblischen, geschichtstheologischen Darstellung des Volkes Israel. Im siebten Kapitel des siebten Buches greift Josephus den Erzählstoff von 2 Sam 11–12 auf und adaptiert diesen. Avioz verweist in diesem Zusammenhang darauf, dass Josephus die Erzählung von Davids Ehebruch mit Batseba bewusst rezipiert habe. Diese Auffassung unterstützt er mit den Verweisen einerseits auf die Chronik, in der die „David, Batseba und Urija"-Erzählung fehlt und andererseits auf die biblische Erzählung von „Juda und Tamar" in Gen 38, die keinen Eingang in die „Jüdischen Altertümer" gefunden hat.[96] Josephus „preferred to retain the story of David and Bathsheba [...] and confront it, although it posed a great challenge to his overall positive view of King David"[97].

Bei dieser Adaption von 2 Sam 11–12 lassen sich zum einen Auslassungen festmachen und zum anderen Passagen der biblischen Vorlage bestimmen, die in Josephus Schrift ausgeschmückt und an manchen Stel-

---

[96] Siehe Avioz, Josephus' interpretation, S. 118.
[97] Ebenda.

len durch Kommentare und Erklärungen[98] ergänzt wurden.[99] Mit Blick auf die Figurendarstellung Urijas sollen im Folgenden evidente Textbeobachtungen vorgestellt werden. Ebenso wie in der biblischen Erzählung (2 Sam 11,3) wird die Figur Urija in Josephus Darstellung über seine Frau Batseba eingeführt. Hier wird Urija zudem als Joabs Waffenträger bezeichnet: „David liess daher den Gatten des Weibes, der Joabs Waffenträger war, von der Belagerung Rabathas herbeirufen; der Mann hiess Urias."[100] Die Einführung Urias in der Darstellung bei Josephus ähnelt der Struktur nach der ersten Erwähnung bzw. dem ersten Auftritt der biblischen Figur. Bei Josephus folgt die Namensnennung erst auf den doppelten Verweis auf Urijas Sozialität, erstens als Ehemann Batsebas (vgl. 2 Sam 11,3) und zweitens als Krieger (vgl. 2 Sam 11,6).[101] Während in der biblischen Erzählung weder Angaben über Urijas Status innerhalb des Heeres noch über seine Beziehung zu dem Heerführer Joab zu finden sind, werden diese Leerstellen von Josephus gefüllt, indem er Urias als Waffenträger von Joab bezeichnet. Dadurch wird eine Relation zwischen den beiden Protagonisten hergestellt, die in der biblischen Erzählung fehlt, allerdings für die folgende Handlung wie die Umsetzung des königlichen Tötungsbefehls an Urija durch Joab von Bedeutung ist.

Eine weitere biblische Leerstelle, die Josephus in seiner Darstellung füllt, stellt die Rede Urijas nach seiner Ankunft in Jerusalem im An-

---

[98] Gleich zu Beginn von Josephus Darstellung findet sich beispielsweise eine sehr markante, bewertende Ergänzung: „Um diese Zeit fiel David, der von Natur ein gerechter und frommer Mann war und die väterlichen Gesetze streng beobachtete, in eine schwere Sünde." Josephus, Ant., 7.130.

[99] So liefert Josephus beispielsweise beim ersten Auftritt Batsebas Informationen zu ihrer Identität: „Als er nämlich eines Tages vom Dache seines Königspalastes, auf dem er gegen Abend zu wandeln pflegte, sich umschaute, bemerkte er ein sehr schönes Weib mit Namen Beersabe, die sich in ihrem Hause in frischen Wasser badete." Josephus Ant., 7.131. Da in dieser Darstellung der Blick Davids mit der Bekanntgabe ihrer Identität, durch den Namen Batseba, kulminiert, wird die in 2 Sam 11,3 dargestellte Erkundigung Davids zur Identität der sich waschenden Frau im Anschluss an den Blick Davids ausgelassen. Gleich zu Beginn von Josephus Darstellung findet sich beispielsweise eine sehr markante, bewertende Ergänzung: „Um diese Zeit fiel David, der von Natur ein gerechter und frommer Mann war und die väterlichen Gesetze streng beobachtete, in eine schwere Sünde." Josephus, Ant., 7130.

[100] Josephus, Ant., 7.131: μετακαλεῖται τὸν Ἰωάβου μὲν ὁπλοφόρον ἐκ τῆς πολιορκίας ἄνδρα δὲ τῆς γυναικὸς Οὐρίαν ὄνομα. Siehe Polak, King, S. 63.

[101] In der biblischen Erzählung wird der Name Urijas in V.3d benannt im Zusammenhang mit seiner ersten Erwähnung als Ehemann Batsebas.

schluss an Davids Frage nach den Kriegsgeschehnissen dar. Als kurze Antwort Urias wird ergänzt, „es gehe alles nach Wunsch"[102].

Die in der biblischen Erzählung wesentliche Textpassage für die Figurenbeschreibung Urijas stellt V.8–11 dar und wird ebenfalls in Josephus Abhandlung aufgegriffen und an entscheidenden Punkten verändert. Die Doppeldeutigkeit der biblischen Textpassage ist aufgehoben, was bereits in den Befehlen Davids an Urija deutlich wird: Der Soldat solle sich zu seiner Frau begeben und bei ihr ruhen.[103] Dieser explizite Verweis auf Batseba fehlt in der biblischen Erzählung in V.8b–c, in der David Urija lediglich befiehlt, in sein Haus zu gehen und sich seine Füße zu waschen. Die Doppeldeutigkeit der in V.8c genannten Füße findet sich bei Josephus nicht. Die anschließenden, von Josephus dargestellten Reaktionen Urijas auf die königlichen Befehle werden aufgrund ihrer Relevanz für die Figurendarstellung im Folgenden zitiert:

> Urias tat das aber nicht, sondern schlief bei den Waffenträgern des Königs. Als der König das vernahm, fragte er ihn, weshalb er sich nicht nach Hause begeben habe, zumal er so lange von seinem Weibe weggewesen sei, wie denn doch in der Regel sich die Menschen nach Hause sehnten, wenn sie lange in der Fremde gewesen. Urias entgegnete, er halte es nicht für schicklich, bei seinem Weibe sich zu ergötzen, während seine Kampfgenossen und sein Feldherr in Feindesland im Lager schlafen müssten.[104]

Diese Textpassage weist im Vergleich zur biblischen Erzählung zwei wesentliche Präzisierungen auf. Erstens wird die königliche Frage, weshalb Urija nicht in sein Haus gegangen sei, nicht nur mit der langen Reise bzw. dem Fernbleiben begründet, sondern zuvor wird auf Batseba rekurriert. Zweitens ist die Rede Urijas in Josephus Darstellung im Vergleich zur biblischen Figurenrede (V.11) erheblich gekürzt. Der doppelte Schwur auf das Leben des Königs fehlt gänzlich, ebenso wie der Verweis auf die Lade im Heerlager vor Rabba. Stattdessen wird Urijas Weigerung als moralisch stilisiert („er halte es nicht für schicklich") und seine Motivation durch die Loyalität zu seinem Mit-Soldaten erklärt. Die komplexere biblische Deskription, der durch den Verweis auf die Lade eine religiös-kultische Erklärung für Urijas Weigerung ebenso inhärent ist wie diese

---

[102] Josephus, Ant., 7.132.
[103] Siehe ebenda.
[104] Ebd., 7.132–133.

Weigerung als Akt der Selbstbehauptung aufgrund von Urijas Wissen um Davids Ehebruch und Batsebas Schwangerschaft, wird demnach reduziert und einzig auf die Loyalität gegenüber den Mit-Soldaten festgelegt.[105]

Aus einer Fülle weiterer Auffälligkeiten beim Vergleich der biblischen „David, Batseba und Urija"-Erzählung mit der Adaption von Josephus soll im Folgenden die Darstellung von Urijas Tod herausgegriffen werden.[106] Während in der biblischen Erzählung explizit keine Gründe für seinen Tod angegeben werden, wird in der Darstellung von Josephus eine Erklärung hinzugefügt:

> David beauftrage den Joab brieflich, er solle den Urias bestrafen, denn er habe gefehlt, gab ihm auch die Art und Weise an, wie er ihn bestrafen solle, damit es nicht offenkundig würde, dass der König selbst die Bestrafung befohlen habe.[107]

David sigelt (!) den Brief und sendet ihn durch Urias zu Joab. In der weiteren Darstellung von Josephus wird berichtet, dass Joab den Brief entgegennimmt, womit eine weitere biblische Leerstelle gefüllt wird.[108] Es folgt eine Darstellung des Kampfgeschehens, wobei Josephus ein großräumiges Kriegsszenario arrangiert, in dem neben Urias weitere Soldaten des davidischen Heeres sterben. Der Tod Urias wird ausgeschmückt und als heroischer Bericht stilisiert:

> Als die Kampfgenossen des Urias sahen, zogen sie sich dem Befehle Joabs gemäss zurück. Urias dagegen schämte sich zu fliehen und seinen Posten zu verlassen, hielt deshalb den Feinden wacker stand und tötete ihrer viele; endlich jedoch wurde er umzingelt und niedergemacht, und mit ihm fielen auch einige seiner Genossen.[109]

---

[105] Ebenso Avioz, Josephus' interpretation, S. 121: „Scholars dealing with the biblical story of 2 Samuel 11 are divided regarding the question whether Uriah knew of David and Bathsheba's affair. Josephus does not deal with this question, but simply depicts Uriah's loyalty for his soldiers."

[106] Eine ausführliche Darstellung und Kommentierung zur Rezeption der Samuelbücher und speziell der „David, Batseba und Urija"-Erzählung in den „Jüdischen Altertümern" von Josephus findet sich bei Avioz, Josephus' interpretation, S. 118–122.

[107] Josephus, Ant., 7.135.

[108] Ebd., 7.137: „Als Joab den Brief erhielt und den Willen des Königs daraus ersah, stellt er den Urija an den Ort, wo , wie er wusste, der Feind am heftigsten angreifen würde."

[109] Josephus, Ant., 7.140: ἰδόντες δὲ αὐτοὺς οἱ σὺν τῷ Οὐρίᾳ πάντες ἀνεχώρησαν ὀπίσω καθὼς Ἰώαβος αὐτοῖς προεῖπεν αἰσχυνθεὶς δ' Οὐρίας φυγεῖν καὶ τὴν τάξιν καταλιπεῖν

Josephus nimmt in seiner Rezeption der biblischen „David, Batseba und Urija"-Erzählung die meisten der in 2 Sam 11 dargestellten Ereignisse auf. Der Fokus auf die Figur Urijas wird in Josephus Schrift durch das Füllen von Leerstellen sowie Ergänzungen und Erläuterungen gebündelt. Die Leerstelle von Urijas militärischer Position wird geschlossen, indem er als Waffenträger Joabs eingeführt wird. Diese Relation zwischen den beiden Figuren Urija und Joab erweist sich für die weitere Handlung als wichtig. So wird in der Darstellung von Josephus der Todesbrief um eine Begründung an Joab ergänzt, weshalb Urija sterben muss. Diese Erklärung, Urija habe gegenüber dem König „gefehlt", was nun eine Sanktionierung nach sich zieht, ist m. E. aufgrund der genannten Relation zwischen den beiden Figuren notwendig.

Die Figur Urijas ist in der Darstellung bei Josephus ebenso wie in der biblischen Vorlage über ihre Sozialität als Ehemann Batsebas und als Soldat eingeführt. Darüber hinaus zeichnet sich die Figur wesentlich durch ihre Loyalität zu ihren Mit-Soldaten aus, was zugleich als einziger Grund für Urijas Weigerung gegenüber dem königlichen Befehl benannt wird. Urijas Tod ist ausführlicher als in der biblischen Erzählung dargestellt und die Figur als heroischer Krieger beschrieben.

Neben dieser Darstellung Urijas als integrem Soldat mit heroischen Zügen bei Josephus gibt es in der jüdischen Auslegung eine weitere Tendenz der Figurendarstellung, die sich von der eben vorgestellten wesentlich unterscheidet. Innerhalb der Auslegungstradition kommt es zu einer Verschiebung, bei der Urija moralische Defizite zugewiesen werden, die ein verzerrtes Bild der biblischen Figur suggerieren.[110]

Innerhalb der rabbinischen Auslegung kommt es in Bezug auf die biblische Figur Urija zu gravierenden Änderungen bzw. Verschiebungen im Vergleich zur biblischen Erzählung in 2 Sam 11. Die talmudische Darstellung löst die der biblischen Darstellung zugrunde gelegten Kontrastierung zwischen den Figuren David und Urija auf. „(T)he Talmud is not interested [...] in the biblical contrast between David's sins and Uriah's righteousness. It interested in David's sins, but not at the level of highlighting Uriah's contrasting faithfulness."[111] Diese Tendenz in der rabbi-

---

ὑπέμεινε τοὺς πολεμίους καὶ τὴν ὁρμὴν αὐτῶν ἐκδεξάμενος ἀναιρεῖ μὲν οὐκ ὀλίγους κυκλωθεὶς δὲ καὶ ληφθεὶς ἐν μέσῳ ἅμα δ' αὐτῷ τινες καὶ ἄλλοι τελευτᾷ συγκαταπεσόντων ἑτέρων.
[110] Siehe Koenig, Bathsheba, S. 55.
[111] Ebd., S. 149.

nischen Auslegung, die zu einer veränderten Figurendarstellung Urijas führt, lässt sich anhand des Traktats *bShab 56a* aufzeigen.[112] Die Kontrastierung zwischen den beiden Hauptfiguren von 2 Sam 11, David und Urija, wird konterkariert, indem der Ehestatus zwischen Batseba und Urija befragt wird. In der Diskussion über die Sündhaftigkeit Davids wird festgehalten, dass dessen Ehe mit Batseba Gültigkeit besitzt und David sich diesbezüglich nicht versündigt hat. Es folgt die Begründung:

> R. Šemuél b. Naḥmani sagte nämlich im Namen R. Jonathans: Wer in den Krieg des Hauses David zog, gab seiner Frau einen Scheidebrief [Anm. Fußnote: Damit sie, wenn er fallen sollte, von ihm rückwirkend (vom Tage des Auszuges) geschieden sei.], denn es heißt [Anm. Fußnote: iSam 17,18]: *diese zehn Milchkäse bringe dem Hauptmanne und erkundige dich nach dem Frieden deiner Brüder, und lasse dir von ihnen eine Bürgschaft geben,* und unter ‚Bürgschaft' ist, wie R. Joseph lehrte, das zu verstehen, was zwischen ihm und ihr als Bürgschaft gilt.[113]

Mit dem „Scheidebrief" wird herausgestellt, dass Batseba eigentlich nicht mit Urija verheiratet war, als David sie erstmals genommen und mit ihr sexuell verkehrt hat. Weil Urija im Krieg gestorben ist, wird ihre Ehe rückwirkend geschieden. David habe sich demnach nicht des Ehebruchs schuldig gemacht. Die Tendenz der Entschuldung Davids ist hier offensichtlich. Im Unterschied dazu wird in der biblischen Darstellung in 2 Sam 11 auch nach dem Tod Urijas (V.17d) die Zusammengehörigkeit der beiden Figuren Batseba und Urija durch ihre Bezeichnungen in V.26 (אשת אוריה in V.26a, אישה in V.26b, בעלה in V.26c) hervorgehoben, um die Verbindung zwischen David und Batseba negativ zu konnotieren. Mit Blick auf Davids Handlungen an Urija, die zum Tod des Soldaten führten, sagt R. Šemuél b. Naḥmani anschließend:

> [Anm. Fußnote: iiSam 12,9] *Ihn selbst hast du durch das Schwert der Ammoniter erschlagen*; wie du für das Schwert der Ammoniter nicht strafbar bist, so bist du auch für Urija den Ḥetiter nicht straf-

---

[112] Mit dem Traktat Shabbat beginnt die zweite Ordnung Moʻed („Festzeiten"). In der Schrift werden vor allem die Bestimmungen des Pentateuchs zum Sabbat thematisiert und neununddreißig Hauptarten von Arbeiten benannt, die an diesem Festtag verboten sind. Siehe *Stemberger, Einleitung*, S. 128.

[113] bShab 56a. Das Thema des „Scheidebriefes" die Anzweiflung der Rechtmäßigkeit der Ehe findet sich in Bezug auf David bzw. seine Krieger ebenfalls in den talmudischen Schriften bKet 9b sowie bBM 59a.

bar. Weshalb? Weil er Majestätsverbrecher war, denn er sagte in seiner Gegenwart [Anm. Fußnote: iSam 11,11]: *Mein Heer Joáb und die Knechte meines Herrn* [Anm. Fußnote: Er bezeichnet Joáb in Gegenwart des Königs als seinen Herrn.] *lagern auf dem Felde*.[114]

Urijas Rede, mit der er seinen Schwur in 2 Sam 11,11 einleitet und seine Loyalität zu seinem Feldherrn Joab und seinen Mit-Soldaten bekundet, wird hier aufgriffen und als Begründung genommen, weshalb David sich nicht am Tod Urijas schuldig gemacht hat.[115] Urijas Loyalität gegenüber dem König wird angezweifelt, weil der Soldat Davids doppeldeutigem Befehl, in sein Haus zu gehen und sich seine Füße zu waschen (V.8b–c), nicht nachkommt. Die rabbinische Auslegung spricht einerseits David von seiner Schuld am Tod Urijas frei und andererseits wird das Bild der Figur Urija im Vergleich zur biblischen Darstellung verzerrt. Urija verhält sich in der biblischen Darstellung sowohl loyal gegenüber Joab (V.11c) als auch gegenüber David (V.14c).[116] Letzteres wird der Figur Urija in der rabbinischen Auslegung in bShab 56a nicht zugesprochen, stattdessen wird sie mit der negativ konnotierten Bezeichnung „Majestätsverbrecher" betitelt.

Bei der Figurendarstellung Urijas in der Rezeption bei den Kirchenvätern lassen sich mehrere Auffälligkeiten benennen. Erstens wird in den Schriften der Kirchenväter dann auf Urija verwiesen bzw. sein Name

---

[114] bShab 56a.
[115] Auch im „Midrasch Samuel" findet sich die Tendenz, David am Tod Urijas loszusprechen, und zwar mit folgender Begründung: Zum einen wird angefragt, ob David verantwortlich ist für den Tod seiner Gegner wie Saul, Nabal und Urija, bei deren Tod er nicht direkt Einfluss genommen hat, sondern die durch andere Umstände starben. In einer weiteren Passage wird Davids Lossprechung von der Blutschuld (Ps 51,16) verteidigt, indem ausgeführt wird, weshalb der Vorwurf der Blutschuld einen Fehler darstellt: „Vom Blute Urias. R. Josua ben Levi hat gesagt (beruft sich auf 2. Sam. 23,39): ‚Uria. Der Chittiter. In allem sieben und dreißig.' Nach R. Jona von Bozra stürzten sie ihn von seiner Größe herab, den er war würdig, nach 36 gezählt zu werden, und sie zählten ihn nach 35. R. Chanina bar Pappa im Namen des R. Chanina des Schriftgelehrten bringt den Beweis aus (das. 9,10): ‚Ihn hast du erschlagen durch das Schwert der Kinder Ammons.' Die Rabbinen sagen: ‚Ihn hast du erschlagen.' das zeigt an, daß er viele Gerechte seinesgleichen erschlagen hat." MidShem 25,2.
[116] Innerhalb der gegenwärtigen Auslegung wird häufig auf Urijas loyales Verhalten gegenüber David verwiesen, das sich vor allem am Überbringen seiner eigenen Todesnachricht (V.14c) zeigt, vgl. Bar-Efrat, Bibel, S. 100; Naumann, David, S. 144; van der Bergh, Character, S. 188.

genannt, wenn David als Exempel des (reuenden und bekennenden) Sünders herausgestellt wird. Die Tötung Urijas gilt als eine der Sünden Davids. *Basilius von Caesarea* (ca. 329–379 n. Chr.) spricht dem König weitere zwei Todsünden zu, worunter er Übertretungen gegen die Gebote des Dekalogs versteht.[117] Neben dem Mord an Urija habe sich David der Unzucht und dem Begehren nach der Frau eines anderen schuldig gemacht.[118] *Johannes Chrysostomus* (ca. 350–407 n. Chr.) setzt diese drei Sünden in Relation zueinander, wobei das Begehren nach der Frau eines Nächsten die beiden anderen Sünden nach sich zieht.[119] Während in der biblischen Erzählung in 2 Sam 11,27f alle Taten Davids undifferenziert aus der Figurenperspektive JHWHs verurteilt werden, nimmt Johannes Chrysostomus eine Hierarchisierung der Sünden Davids vor. Aufgrund des Begehrens nach der Frau konnte und wollte David seine weiteren Handlungen nicht unterdrücken und beging den Ehebruch und den Mord. Die erste Sünde hat somit die beiden anderen nach sich gezogen.[120]

In einer anderen Schrift, *„In Matthaeum homiliae"*, verweist *Johannes Chrysostomus* ebenfalls auf Urija. In der 42. Homilie seines Matthäuskommentars benennt er im dritten Kapitel in seiner Auslegung zu Mt 12,37 die Figur Urija und präsentiert sie als Symbol für Davids Strafen:

> Um euch aber das Gesagte noch klarer zu veranschaulichen, wollen wir gleich David selbst zum Beispiel nehmen, aber im umgekehrten Sinn. Denn er, der infolge erlittenen Unrechtes stark geworden, ward wiederum schwach, als er Unrecht getan. Als er dem Urias Böses zugefügt, da wandte sich das Blatt; der Unrecht getan, ward schwach, der es erlitten, stark; *denn Urias hat noch im Tode das Haus Davids verwüstet.* Er, der noch König war und lebte, war

---

[117] Siehe Heither, David, S. 87. Die Dreizahl von Davids Sünden findet sich auch bei Aphrahat: Angenehm war David in seiner Jugend, doch durch seine Begierde nach Batseba übertrat er das Gesetz [...] und setzte gleich drei von zehn Geboten außer Kraft: ‚Du sollst nicht begehren, du sollst nicht töten, du sollst nicht ehebrechen!'" Aphr. Dem. 18,9.
[118] Siehe Bas., poenit.
[119] Siehe Chrys., poenit.
[120] Siehe Heither, David, S. 87.

machtlos; der andere, der noch Soldat und schon getötet war, hat über David alles erdenkliche Unheil gebracht.[121]

Chrysostomus knüpft an den biblischen Text von 2 Sam 12,11 an; die Bestrafung Davids durch das vom Propheten Natan verkündete Wort JHWHs: כה אמר יהוה הנני מקים עליך רעה מביתך ולקחתי את־נשיך ונתתי לרעיך ושכב עם־נשיך לעיני השמש הזאת. Vor diesem Strafspruch werden die beiden verurteilten Taten Davids genannt, die von ihm initiierte Tötung Urijas durch das Schwert der Ammoniter und den Ehebruch mit Urijas Frau (2 Sam 12,9). In Chrysostomus Homilie steht die Figur Urijas nicht nur synonym für die Sünde, die David getan hat, sondern darüber hinaus auch symbolisch für JHWHs Strafe gegenüber Davids Verfehlungen.

Eine weitere Tendenz bei den Kirchenvätern stellt die typologische Deutung der biblischen „David, Batseba und Urija"-Erzählung dar. Diese Form der Auslegung begegnet sowohl bei *Augustinus* (354–430 n. Chr.)[122] als auch bei *Isidor von Sevilla* (gest. 636 n. Chr.)[123]. In der Figurenanalyse zu Batseba wurde die typologische Auslegung von Augustinus in seiner Schrift *„Contra Faustum Manchinaeum"* vorgestellt, aus diesem Grund soll im Folgenden die Auslegung von Isidor in seinen *„Quaestiones in vetus testamentum"* betrachtet werden. In diesem Werk greift Isidor häufig Auszüge aus älteren Schriften von Origenes bis hin zu Gregor dem Großen auf und bietet zunächst eine versweise Auslegung, woran eine summarische Erklärung der übrigen Pentateuchschriften sowie der Bücher Jos, Ri, Sam, Kön, Esra und Makk folgt.[124] „Isidords Hauptanliegen ist es dabei, typologische Entsprechungen auszumachen."[125]

Im Anschluss an Augustinus typologische Auslegung betrachtet auch Isidor die drei Figuren in 2 Sam 11 – David, Batseba und Urija – als Abbilder: Während David den Typus Christi vertritt, stellt Batsebas das Abbild der Kirche dar.[126] Damit wird in Isidors Auslegung der *Sponsus*-und-

---

[121] Chrys. hom. in Mt, 42,12.V.37; [kursive Hervorhebung, A. F.]. Mt 12,37: „Denn aufgrund deines Worte wirst du gerechtfertigt werden, und aus deinen Worten wirst du verdammt werden."
[122] Vgl. Aug. Faust., 22.87.
[123] Vgl. Isid., Quest. in Vet. Testam., in Regum II.
[124] Siehe Collins, Art. Isidor von Sevilla, S. 311.
[125] Ebenda.
[126] „Nomina quippe interpretata satis ostendunt quid etiam hoc factum praefiguraverit." Isid., Quest. in Vet. Testam., in Regum II.

sponsa-Gedanken, der auch bei Augustinus begegnet, aufgenommen. Urija hingegen wird aufgrund seines Namens „*Lux mea Dei*" mit dem Teufel gleichgesetzt:

> Urias namque interpretatur lux mea Dei, Hethaeus autem abscisus, sive quod in veritate non stetit, sed a luce sua superna, quam de Deo habebat, superbiae merito abscisus est; sive quod cadendo, veris viribus perditis, transfigurat se in angelum lucis, audens adhuc dicere: lux mea Dei est.[127]

In der weiteren Auslegung stellt Isidor David als bekennenden und reuigen Sünder dar, dem es zu verdanken ist, dass die Kirche (Batseba) vom Teufel (Urija) endgültig getrennt ist.[128] Auch wenn es nicht die primäre Intention dieser typologischen Auslegung ist, so kommt dennoch die Relation zwischen Urija und seiner Frau in den Fokus. In der biblischen Darstellung wird die Zusammen-gehörigkeit der beiden Figuren als Ehepartner (V.3.26) wiederholt herausgestellt, es finden sich in der biblischen Erzählung keine Angaben zur Qualität dieser ehelichen Beziehung. In Isidors Auslegung von 2 Sam 11 wird die Verbindung von David und Batseba als Abbilder von Christus und Kirche durch den *Sponsus*-und-*sponsa*-Gedanken befürwortet, während eine gänzliche Trennung (*penitus separatum*) von Urija und Batseba als Abbilder von Teufel und Kirche sowie Batsebas Befreiung von Urija durch David als positiv konnotiert sind.[129]

Einer weiteren typologischen Auslegung begegnet man in den „*Commentarii in Libros Regum*" von *Eucherius von Lyon* (um 380–445/450)[130]. Mit einer kurzen Nacherzählung der biblischen Ereignisse beginnt Eucherius seine Kommentierung zu 2 Sam 11. Im Anschluss erfolgt die Darstellung der typologischen Entsprechungen. Ausgehend von der Namenssemantik wird David, der „Geliebte", als Typus der christlichen Kirche verstanden, während Batseba das Abbild des „Siebenbrunnens"

---

[127] Isid., Quest. in Vet. Testam., in Regum II.
[128] „Amemus ipsum David, quantum amandus est, qui nos a diabolo per misericordiam liberavit." Ebenda.
[129] Zur weiteren Auslegung von 2 Sam 11 in den anderen Schriften von Isidor siehe Kunoth-Leifels, Darstellung, S. 6.
[130] Wickham, Art. Eucherius, S. 522f. Die Lebensdaten von Eucherius sind nicht belegt, das einzige gesicherte Datum, das durch Quellen belegt ist, stellt der 8. November 441 dar, an dem Eucherius als Bischof von Lyon die kanonischen Beschlüsse der Ersten Synode von Orange unterzeichnete. Siehe Ebd. S. 522.

bzw. des „Lebensbrunnens" darstellt.[131] Urija wird nicht wie bei Augustinus oder Isidor als Abbild des Teufels verstanden, sondern ausgehend von der Übersetzung seines Namens als „Licht meines Herren" (*„Lux mea Dominus"*) mit dem jüdischen Volk gleichgesetzt.[132]

Auf die Figur Urijas wird in den Schriften der Kirchenväter meist verwiesen, wenn es um die Benennung von Davids Sünde geht. Urija steht synonym für Davids Sünde oder wird wie bei Johannes Chrysostomus gezeigt, als Symbol der Strafe Davids verwendet. In einer typologischen Auslegung ist er bei Augustinus und Isidor von Sevilla als Abbild mit dem Teufel gleichgesetzt, von dem Batseba als Typus der Kirche befreit werden muss.

Ein Aspekt der Rezeption Urijas, der in den bisher besprochenen Rezeptionen nicht zu finden ist, soll im Folgenden am Gedicht „Urija" des eher unbekannten deutsch-jüdischen Dichters und Malers *Uriel Birnbaum* (1894–1956) vorgestellt werden. Das *Gedicht „Urija",* das im Sammelband „Eine Auswahl"[133] posthum veröffentlicht wurde, ist in Form eines Quatrinensonetts verfasst, eine von Birnbaum entwickelte Gedichtform, die sein gesamtes lyrisches Werk prägt.[134] Darüber hinaus ist seine Lyrik durch einen „formalen Traditionalismus"[135] gekennzeichnet. In seinem literarischen Werk kommt es zur spannungsreichen Begegnung von jüdischer Spiritualität, Romantik und Expressionismus.[136] Das ausgewählte Gedicht „Urija" greift das Schicksal der gleichnamigen biblischen Figur aus 2 Sam 11 auf und erzählt den Tod Urijas nach:

---

[131] „Bersabee enim Puteus septimus dicitur, quia nimirum per cognitionem legis infusione spiritalis gratiae, perfecta nobis sapientia ministratur." Euch. in Lib. Reg., 2,11.

[132] Quem, vero Urias, nisi Judaicum populum signat, cuius nomen interpretatum dicitur: Lucx mea Dominus. Judaicus autem populus, quia de accepta legis Scientia extollitur, quasi de Dei luce gloriatur." Euch., in Lib. Reg., 2,11. Es folgt die Analogie: So wie Urija ahnungslos den Todesbrief bei sich trug, so besaß das jüdische Volk das Gesetz, das bereits auf die Göttlichkeit Christi hingewiesen hat. Siehe Kunoth-Leifels, Darstellung, S. 6.

[133] Birnbaum, Auswahl, S. 589.

[134] Das Quatrinensonett umfasst vier Strophen, drei Vierzeiler sowie einen Zweizeiler und folgt dem Reimschema: ABAB BCBC CDCD DD. Vgl. Schirmers, Nachwort, S. 42.

[135] Schirmers, Nachwort, S. 42. Nach Schirmers, ist dieser geprägt „durch eine kalkulierte Verwendung traditioneller Verstechniken und artifizieller Metra". Ebd. S. 42.

[136] Siehe ebd. S. 46.

URIJA

Er war ein ernster Mann, klug und ein Held,
Der Schwelger keiner noch der Tugendbilde;
Sehr fest und einfach war für ihn die Welt:
Er war dem König treu, in dessen Solde

Er stand, und liebte seine Frau, die holde
Bathseba. Dass sich Dawid so vergass,
Dass er in allem seinem Prunk und Golde
Die Gattin seines Knechts geheim besass –

War etwas, was er möglich nicht ermass.
Und als auf Dawids Wunsch, erbost und bitter,
Joab, der Feldherr, ihm den Dienst erlas,
bei dem er fallen würde müssen – schritt er

Als treuer Mann zum Tode – stand und stritt er ...
Und also starb Urija der Hethiter.[137]

In der ersten Strophe wird die Figur Urija charakterisiert. Im Vergleich zur biblischen Erzählung, in der auf die Darstellung des Figureninneren mit Ausnahme von V.11 verzichtet wird, werden der Figur im Sonett mehrere Eigenschaften wie Ernsthaftigkeit, Klugheit und Heldentum zugesprochen. Letztere Zuschreibung stellt eine Adaption von 2 Sam 23,39 dar. Darüber hinaus findet sich in der ersten Strophe ein Verweis auf Urijas festes, unveränderbares „Weltbild", wonach er als Soldat treu dem König dient.

In der zweiten Strophe wird der Ehebruch Davids thematisiert. Zuvor sind Urijas Gefühl gegenüber seiner Frau Batseba, und seine Liebe zu ihr, dargestellt, womit sich eine weitere biblische Leerstelle füllt. Eingeleitet wird die Strophe durch die Phrase „Er stand", die am Ende nochmals aufgegriffen wird. Die beiden mittleren Strophen sind miteinander verbunden: das Adjektiv „geheim" am Ende der zweiten Strophe korreliert mit der Aussage „was er möglich nicht ermass" und stellt den Ehebruch Davids als eine unerklärliche, verborgene und für Urija unvorstellbare Handlung dar. Mit dem Hinweis auf „Dawids Wunsch" wird auf den Todesbrief verwiesen. Statt den Inhalt von „Dawids Wunsch" bzw. den des Todesbriefes darzustellen, wird Joabs Reaktion darauf wiedergeben: „erbost und bitter" reagiert der Feldherr auf Davids Befehl. Damit

---

[137] Birnbaum, Auswahl, S. 589.

schließt sich eine weitere Leerstelle der biblischen Erzählung. Joab setzt Urija über sein Schicksal in Kenntnis, er vermittelt „Davids Wunsch", nach dem Urijas Tod unumgänglich ist. Sein eigenes Schicksal akzeptierend, geht Urija in den Tod. Die Zuschreibung, er tue dies als „treuer Mann", stellt einen Rückverweis auf das „Weltbild" Urijas in der ersten Strophe dar, wo die Treue gegenüber dem König als konstitutiv für das Weltverständnis der Figur ausgewiesen wurde.

Die Phrase „Er stand" am Beginn der zweiten Strophe wird nochmals in der vorletzten Zeile aufgegriffen. Hier wird herausgestellt, dass Urija selbst im Tod nicht wankt oder fällt, sondern „stand". Er bleibt aufrecht und kämpft, was mit Bezug auf die erste Erwähnung von „Er stand", das nachträglich im Sinne von „aufrecht sein" und als Zusammenfassung der in der ersten Strophe genannten Eigenschaften als Selbstbehauptung gelesen werden kann. Damit ist ein weiterer Aspekt der Urija-Figur benannt, der über Birnbaums Gedicht „Urija" hinaus auch in weiteren literarischen Rezeptionen begegnet.[138]

4.8.7.6 Zusammenfassung

Ein Ziel der vorliegenden Figurenanalyse bestand darin, Antworten zu finden auf die eingangs gestellte Frage „Wer war Uria wirklich?"[139]. Die Untersuchung der biblischen Figur anhand der von Eder benannten Aspekte der Figur als *dargestelltem Wesen, Artefakt, Symbol* sowie *Symptom* präsentiert ein Konglomerat von unterschiedlichen Aspekten der Figur, die wiederum konstitutiv für die Bildung der mentalen Modelle zu Urija sind.

Als *dargestelltes Wesen* ist Urija wesentlich durch seine Sozialität bestimmt. Er wird über seine Rolle als Ehemann Batsebas in die Erzählung eingeführt (V.3d). Auch sein erster Auftritt ist durch seine Sozialität, seine Rolle als Soldat im Heer Davids, bestimmt. Zudem wird er mehrfach der sozialen Gruppe der „Diener Davids" (עבדי דוד bzw. עבדי אדן) zugeordnet (V.9a.13e), was einen Kontrast zur Königsfigur darstellt, dessen Separation eigens in V.1 hervorgehoben ist. Urijas Loyalität gegenüber seinen Mit-Soldaten, wird in seiner Figurenrede (V.11c) präsentiert und ist aufgrund der Darstellungsweise als direkte Rede von herausgehobener Bedeutung.

---

[138] Siehe dazu die Auslegung von Emil Bernhards Drama in: Fischer, Dramen.
[139] Dietrich, Macht, S. 306.

Unter dem Aspekt der Körperlichkeit der Figur wurde herausgearbeitet, dass dieser nicht vom Figurenkörper Urijas, sondern von seinen charakteristischen Verhaltensweisen und seiner räumlichen Zuordnung bestimmt ist. Das Körperbild des Soldaten stellt eine Leerstelle dar, es finden sich weder in 2 Sam 11 noch in den anderen Erzähltexten, in denen die Figur benannt ist (2 Sam 12,9f; 23,39; 1 Kön 15,5), Informationen zur seiner Gestalt, seinem Äußeren oder seinem Alter. In 2 Sam 11 existieren jedoch zwei Verweise auf einzelne Körperteile Urijas, denen daher besondere Aufmerksamkeit zukommt. Wie in der Analyse herausgearbeitet, erweisen sich Fuß (V.8c) und Hand (V.14c) Urijas für die Darstellungsweise sowie die Handlung der Erzählung als konstitutiv. Durch den polysemen Begriff רגל, der euphemistisch das männliche Glied bezeichnet und in den Befehlen Davids in V.8b–c Verwendung findet, kommt Doppeldeutigkeit in die Erzählung. Davids eigentliche Motivation, die Schwangerschaft Batsebas Urija unterzuschieben, wird dabei enthüllt. Urijas Hand, die im Kontext des Todesbriefes genannt wird, weist auf die tragische Situation des Soldaten hin, denn er bekommt den Brief des Königs in das *Hand*-lung ausführende Körperteil gelegt und ist dennoch handlungsunfähig. Urija überbringt sein eigenes Todesurteil.

In der Analyse der Räume, die Urija in 2 Sam 11 zugeordnet werden, wurde aufgezeigt, dass sich die Figur in „Zwischenräumen" (פתח) oder in gefährdeten (שדה, פתח) und instabilen Räumen (סכות) befindet. Innerhalb Jerusalems wird Urija ein Haus (בית) zugewiesen, das er jedoch während der gesamten Handlung nicht betritt. Urija wird mehrmals als Objekt des Leitworts שלח benannt (V.6b.c.16c.14c). Er ist die Figur, die am meisten gesendet wird und somit die größte räumliche Distanz innerhalb der erzählten Welt zurücklegt.

Die aussagekräftigste Verhaltensweise Urijas, die in 2 Sam 11 mehrfach wiederholt (V.9b.10c.f.13f) wird, ist seine Weigerung, in sein Haus zu gehen. Damit missachtet er Davids Befehle (V.8b–c). Über seine Motivation gibt es zunächst keine Informationen. Erst in seiner Rede in V.11, der einzigen in 2 Sam 11, benennt Urija die Gründe, weshalb er sich weigert, in sein Haus zu gehen. In der Analyse der Figurenrede wurde aufgezeigt, dass diese unterschiedliche Begründungen für sein Verhalten anbietet. Urijas ablehnende Haltung ließe sich begründen mit seinem Festhalten an ethischen Idealen wie Solidarität und Loyalität gegenüber seinen Mitsoldaten oder der Beachtung von religiös-asketischen Vorschriften während des Krieges. Eine weitere Begründung basiert auf der Vorannahme, dass er um den Ehebruch Davids und die Schwangerschaft

Batsebas weiß und seine Zurückhaltung als Ausdruck seiner Würde und Selbstbestimmtheit gegenüber König David gilt.

Auf die Religiosität der Figur Urija, die ebenfalls ein konstitutives Element seines Figurenmodells ist, wurde in unterschiedlichen Zusammenhängen verwiesen. Mit der Nennung der Lade (הארון) und ihrem Aufenthalt im Lager vor Rabba leitet Urija seine Rede in V.11 ein. Davon ausgehend lässt sich seine Weigerung, in sein Haus zu gehen, als Beachtung von religiös-asketischen Vorschriften verstehen. Darüber hinaus deutet die Namenssemantik seines Figurennamens („JHWH ist mein Licht") eine Relation zum Gott Israels an.

In der Analyse Urijas als *Artefakt* wurde die Figur hinsichtlich ihres Figurennamens, ihrer Handlungen und Auffälligkeiten in Bezug auf die Darstellungsweise untersucht. Der Figurenname Urija („JHWH ist mein Licht") mit seinem inhärenten, theomorphen Element (*-ja, -jahu*) weist auf eine Relation des Namensträgers zum Gott Israels hin. Das Epitheton, der Hethiter, das der Figur in 2 Sam 11 fünfmal zugewiesen ist, lässt sich nach Ehrlich als „*gentilic*" beschreiben, das Urijas ursprüngliche Herkunft oder Identität bzw. die seiner Familie benennt.

Die Erkenntnisse der Analyse der Handlungen der Figur Urijas sind vielfältig. Ihm sind fast annähernd so viele Handlungen wie der Hauptfigur David zugewiesen, allerdings partizipiert er im Unterschied zu den Figuren David, Joab und Batseba nicht am Leitwort שלח. Das Handeln der Figur ist wesentlich durch räumliche Bewegung bestimmt (בוא in V.7.11d und יצא in V.8d.13e), wodurch Urija als dynamische und sich bewegende Figur charakterisiert wird. Die häufigste, ihm zugeordnete Handlung stellt das iterativ verwendete Verb מות (V.15g.17d.21f.24c) dar. Als seine zweithäufigste Handlung wird das Legen (שכב) benannt, ein weiteres Leitwort von 2 Sam 11, wodurch der Soldat in Kontrast zu David gesetzt wird. Die vehemente Ablehnung Urijas, in sein Haus zu gehen, was in diesem Kontext heißt, bei seiner Ehefrau zu liegen (V.11d–g), steht im Gegensatz zum Verhalten König Davids, der bereits das Lager mit Batseba geteilt hat.

Neben dieser Kontrastierung erweist sich die Ambiguität für die Darstellungsweise der biblischen Figur Urija als evident. Wie im Anschluss an Sternberg gezeigt wurde, resultiert diese Doppeldeutigkeit aus der Leerstelle in Bezug auf das figurale Wissen Urijas über den Ehebruch Davids und die Schwangerschaft Batsebas. Je nachdem, ob dieses Wissen bei ihm vorausgesetzt wird oder nicht, bilden sich voneinander unabhängige mentale Modelle zur Figur. Am Beispiel seiner Figurenrede in V.11 wird diese Differenz offenkundig:

Unter der Annahme, Urija besitze keine Kenntnis über den Ehebruch und die Schwangerschaft, ließen sich seine Worte verbaliter verstehen. Dabei wird die Kontrastierung zwischen den beiden Hauptfiguren David und Urija erhöht und der Soldat wird als besonders ideal und loyal gekennzeichnet.

Im Gegensatz dazu wird unter der Vorannahme, der Ehemann weiß um den Ehebruch und die Schwangerschaft, die Rede Urijas ambig, wie dies exemplarisch an Urijas Worten „und die Diener meines Herren" in V.11c aufgezeigt wurde. Mit dieser Phrase distanziert sich der Soldat von König David, indem er Joab und nicht David als seinen Herren ausweist.

Die hier zugrunde liegende Frage, was Urija über Davids Ehebruch und Batsebas Schwangerschaft weiß, stellt eine Leerstelle in 2 Sam 11 dar. In Bezug auf die Figur prägen zwei weitere Leerstellen die Darstellungsweise. Zum einen gewährt die Erzählstimme mit Ausnahme von V.11 keinerlei Introspektion in die Figur: Es fehlen neben Angaben zum Wissen der Figur Urijas auch Informationen zur Figurenpsyche (Emotionen, Motivation, Ziele etc.). Zum anderen werden die Beziehungen des Hethiters zu anderen Figuren nicht erzählt bzw. nicht weiter vertieft. In der Erzählung 2 Sam 11 sind keine Informationen zur Relation zwischen Joab und Urija enthalten. Auch die eheliche Verbindung von Urija und Batseba wird über die Herausstellung ihrer Zusammengehörigkeit (V.3.26) nicht weiter determiniert. Es bleibt offen, wie die Ehe zustande kam oder welche Emotionen und Gefühle zwischen den beiden Figuren vorherrschen.

Die anschließenden Analysen der Figur Urija als *Symbol* und *Symptom* zeigten weitere Aspekte des Figurenmodells auf. Mit Blick auf die Rezeptionstexte konnten weitere Leerstellen in 2 Sam 11 benannt werden und durch ihre teilweise erhebliche Distanz zur biblischen Erzählung zeigte sich zugleich die Variationsbreite der Adaptionen. In diesem Zusammenhang präzisiert sich die Kontur der Figurendarstellung innerhalb der biblischen Erzählung.

Die im Rahmen der Analyse Urijas als *Symbol* vorgestellte Urija-Abschalom-Parallele, die Polak durch intertextuelle Verknüpfungen herausgestellt hat, kennzeichnet einen erzählerischen Zusammenhang von Davids Vergehen an Urija (2 Sam 11), die durch JHWH und seinen Propheten Natan (2 Sam 12,1–14) verurteilt und bestraft werden. Abschaloms Tod wird erzählerisch als eine der Strafen für Davids Verfehlungen (2 Sam 11) dargestellt.

In den ausgewählten und vorgestellten Rezeptionen lassen sich einige Tendenzen zur Adaption der Figur Urijas benennen: Seine Ehe mit Batseba und somit seine Sozialität als Ehemann stellt in allen genannten Rezeptionen ein konstitutives Element für das Figurenverständnis dar. Seine Rolle als Krieger in Davids Heer begegnet uns sowohl bei Josephus als auch in den vorgestellten rabbinischen Texten, allerdings nicht als bestimmendes Moment in den Schriften der Kirchenväter. Wie an einzelnen Rezeptionstexten u. a. an Josephus' Darstellung gezeigt, wird die Komplexität der Urija-Figur, wie sie in 2 Sam 11 dargestellt ist, reduziert. Als wesentlicher Aspekt der Rezeption lässt sich sein Tod benennen, der als Vergehen und Sünde Davids beschrieben ist. Im Vergleich mit der biblischen Erzählung erfährt die Figur Urija in den vorgestellten Rezeptionen eine negativere Darstellung, wobei die der biblischen Erzählung zugrunde gelegte Kontrastierung zwischen David und Urija aufgegeben wird. Im rabbinischen Text *bShab 56a* begegnet man der Tendenz, David zu entschulden, indem sein Soldat als „Majestätsverbrecher" diskreditiert wird. Auch in der typologischen Auslegung der Kirchenväter lässt sich eine Diffamierung der biblischen Figur Urija als Abbild des Teufels (*Augustinus* und *Isidor*) oder als Abbild des negativ konnotierten Judentums (*Eucherius*) nachzeichnen.

Das abschließende Gedicht „*Urija*" von *Uriel Birnbaum* greift die Komplexität, die vielen verschiedenen Facetten der biblischen Figur auf und adaptiert diese. Auf der einen Seite wird Urija als Held und treuer Soldat gegenüber König David dargestellt, auf der anderen Seite bleibt er aufrecht („er stand") und behauptet sich selbst. Im Gedicht werden darüber hinaus viele biblische Leerstellen in Bezug auf die Figurenkonstellation, Urijas Figurenpsyche oder Joabs Reaktion auf den Tötungsbefehl aufgegriffen und gefüllt.

Es lässt sich, wie gezeigt, auf die eingangs gestellte Frage „Wer war Uria wirklich?" keine simple Antwort liefern. Die Figur erweist sich bereits in der biblischen Darstellung als komplex und vielschichtig. Die Analysen der Figur als *Symbol* und vor allem als *Symptom* erweitern das biblische Bild Urijas um weitere Facetten und präzisieren dieses zugleich.

4.8.8 Figurenanalyse Joabs

4.8.8.1 Hinführung

Die Bedeutung, die der Figur Joabs innerhalb der „David, Batseba und Urija"-Erzählung von der bibelwissenschaftlichen Forschung zugesprochen wird, variiert sehr stark. Einerseits erscheint die Figur auf den ersten Blick nicht sehr komplex, da sie den königlichen Befehl reaktionslos ausführt.[1] Andererseits hat Sternberg darauf hingewiesen, dass die Art, wie der Oberbefehlshaber des Heeres den Tötungsbefehl umsetzt und anschließend den Boten instruiert, die „*hidden opposition*"[2] Joabs widerspiegelt. Auch Bodner hebt Joabs Bedeutung für 2 Sam 11–12 hervor, indem er feststellt: „As David's key commanding officer, Joab will play a complex and indispensable role in these chapters."[3]

Angesichts dieser Hochschätzung Joabs überrascht der bescheidene Umfang an monographischen Untersuchungen zur Figur.[4] Sophia Bietenhard weist in diesem Zusammenhang darauf hin, dass zwar Joabs Bedeutung für die TFE oft erkannt wurde, jedoch die Joab-Figur ebenso wie andere Figuren um David eher Gegenstand kleinerer Einzeluntersuchungen sind, die meist von David ausgehend oder in Relation zur Königsfigur mitanalysiert werden.[5]

Joab ist innerhalb der „David, Batseba und Urija"-Erzählung eine Nebenfigur und tritt in der ersten (V.1), dritten (V.6–13) sowie vierten Szene (V.14–25) auf. Sie wird ebenso wie die Figuren David, Batseba und Urija über 2 Sam 11 hinaus in anderen biblischen Texten erwähnt und

---

[1] Siehe van der Bergh, Character, S. 189 im Anschluss an Stolz, Samuel, S. 237, ebenso Hertzberg, Samuelbücher, S. 255; Brueggemann, Samuel, S. 276: „Joab is the kind of hatchet man every king must have, someone who acts always in the interest of the king without scruple or reservation." Im narratologisch-philologischen Kommentar von Bar-Efrat wird unter der Perikope 2 Sam 11 im Unterschied zu den Figuren David, Batseba und Urija die Figur Joab nicht eigens im der Kommentierung vorangestellten Figureninventar zu 2 Sam 11 als Figur aufgeführt. Vgl. Bar-Efrat, Das zweite Buch Samuel, S. 105f.
[2] Sternberg, Poetics, S. 214.
[3] Bodner, David, S. 88.
[4] Siehe Eschelbach, Joab; Bietenhard, General.
[5] Siehe Bietenhard, General, S. 1. Exemplarisch lässt sich in diesem Zusammenhang auf folgende Aufsätze verweisen: Kessler, Gedanken, S. 48–55; Bodner, Joab, S. 19–35; Polak, Joab, S. 264–269.

agiert dort als handelnde Figur. Erstmals begegnet die Figur Joabs in 1 Sam 26,6 den Lesenden und bleibt über den gesamten Erzählverlauf des Zweiten Samuelbuches bis 1 Kön 2,33 präsent, wobei sie nicht in jeder Erzählung als Figur auftritt. Darüber hinaus finden sich weitere Belege für Joab als obersten Befehlshaber von David in 1 Kön 11,15f.; Ps 60,2; 1 Chr 2,16 und 1 Chr 11,6–27,34. Ebenso wie bei den anderen Figuren wird bei der Figurenanalyse Joabs die Textgrundlage nicht auf 2 Sam 11 begrenzt, sondern es werden weiterführende Informationen zur Figur aus den oben genannten Texten, in denen Joab auftritt, aufgegriffen.

Die nachfolgende Figurenanalyse zielt darauf, die Beschreibung Joabs in dem oben angedeuteten Spektrum von Komplexität und Konsistenz einerseits und Inkonsistenz in Form von Brüchen oder Leerstellen andererseits einzuordnen. Die Figur Joab erweist sich m. E. innerhalb von 2 Sam 11 als die Figur, die am schwierigsten zu erfassen ist. Aufgrund einer Vielzahl von Leerstellen, die sich innerhalb der Erzählung auf sie beziehen, eröffnet sich bei der Auslegung und Analyse der Figur ein breites Spektrum an möglichen Hypothesen, um die Leerstellen zu schließen. Folgende drei Leerstellen sind in Bezug auf Joab in 2 Sam 11 wesentlich: Wie reagiert Joab auf den Tötungsbefehl Davids, welche Haltung nimmt er dazu ein? Warum führt er den königlichen Auftrag, Urija zu töten, anders als befohlen aus? Weshalb unterscheidet sich Joabs Bericht, mit dem er den Boten zum König sendet, von dem, was der Bote letztlich dem König mitteilt?[6]

Die folgende Analyse beginnt mit dem Betrachtung der Figur als *dargestelltem Wesen*, denn seine soziale Rolle als Oberbefehlshaber über das Heer erweist sich als wesentlicher Zugang für das gesamte Figurenverständnis. Zudem wird die Figur Joabs am Beginn der Erzählung in V.1c als militärischer Befehlshaber eingeführt, der das Kommando über Davids Heer hat.

4.8.8.2 Joab als dargestelltes Wesen

Die anthropomorphe Figur Joabs tritt erstmals in 2 Sam 2,13 als militärischer Anführer über Davids Knechte auf und wird in 2 Sam 8,16 als Heerführer benannt. Für die weitere Analyse ist es essentiell, dieses mili-

---

[6] Siehe Dietrich / Naumann, Samuelbücher, S. 241.

tärische Amt hinsichtlich seiner Funktionen und seiner Stellung innerhalb des frühen Königtums zu verorten.

Welche Bedeutung diesem Amt zukommt, hat Sophia Bietenhard anhand des Heerführers Abner aufgezeigt. Der Oberbefehlshaber verfügt über entscheidende politische Funktionen; so führt dieser nach dem Tod Königs Sauls vorübergehend die eigentliche Macht aus. In 2 Sam 2f. wird darüber hinaus deutlich, dass der Heerführer Könige einsetzen bzw. diese auch entmachten oder zwischen den politischen Lagern wechseln kann.[7] Daneben leitet der Heerführer militärische Eroberungen wie beispielsweise Joab bei der Einnahme der Stadt Jerusalem (1 Chr 11,6)[8] und befehligt die Belagerung und Übernahme von Städten, etwa wie die von der Ammoniterstadt Rabba (2 Sam 11,1; 12,26f.). Joab zeichnet sich als Heerführer ebenfalls durch geschickte Verhandlungsführung aus, worauf Andreas Kunz-Lübcke verweist: „Die weise Frau in Abel Bet Maacha zwingt Joab zu einer Verhandlung, in deren Ergebnis eine radikale Gewalt- und Opferminimierung steht (2 Sam 20,16–22)."[9]

Innerhalb der Samuelbücher sind drei Beamtenlisten überliefert (1 Sam 14,50; 2 Sam 8,16–18; 20,23–26), in denen die Stellung des Heerführers hervorgehoben wird.[10] Zur Ausbildung einer dauerhaften Herrschaft bedarf es einer bewaffneten, stetigen Gruppe, aus der sich das Berufsheer entwickelt hat.[11] In der ersten Beamtenliste unter dem Königtum Sauls wird mit dem Heerführer Abner (1 Sam 14,50) nur ein einziger Beamter genannt. Unter dem Königtum Davids kommt es zu einer Ausdifferenzierung und Hierarchisierung des Verwaltungsapparats, an dessen Spitze weiterhin das Amt des Heerführers steht (2 Sam 8,16; 2 Sam 20,23).[12] In beiden Listen wird Joab über die Armee (על־הצבא)

---

[7] Siehe Bietenhard, General, S. 41.
[8] In der chronistischen Darstellung der Eroberung Jerusalems sichert sich Joab durch eine Heldentat Amt und Titel des Oberbefehlshabers über das Heer. Siehe Kunz-Lübcke, Art. Heer, 4.
[9] Ebd., 7.2.
[10] Rainer Kessler verweist in seiner „Sozialgeschichte des antiken Israels" darauf, dass die Beamtenlisten in „ihrer Abfolge und Tendenz die geradezu typische Entwicklung eines frühen Staates wider[spiegeln; A.F.]." Kessler, Sozialgeschichte, S. 86.
[11] Siehe ebd., S. 88.
[12] Siehe Bietenhard, General, S. 41. Im Unterschied zur ersten Beamtenliste sind die beiden Beamtenlisten in 2 Sam 8,16–18 und 2 Sam 20,23–26 durch weitere zivile und religiöse Ämter ergänzt, wie das des Verwaltungschefs, des oberste Priesters oder des Schreibers. Im militärischen Bereich wird in beiden Listen z. B. auf die Einheit der

gestellt, ihm wird das Amt des Heerführers zugesprochen. Damit kommt ihm das wichtigste Ministeramt zu, welches in den Beamtenlisten an erster Position genannt ist.[13]

Joab hat das Oberkommando über alle davidischen Streitkräfte (Heer, Berufs- und Söldnertruppen) und führt Feld- sowie Beute- und Abgabezüge durch. Letztere dienen dem Unterhalt des königlichen Hauses und v. a. der Truppenversorgung (2 Sam 3,22).

Bietenhard hat in ihrer Untersuchung „Des Königs General" dargelegt, dass „Joabs Funktion weit über das rein Militärische hinausgeht, trägt er doch entscheidenden Anteil an der Entwicklung und am Bestand des Reiches Davids."[14] Joab ist Königsmacher, Königsbewahrer und Königskritiker zugleich und führt als Heeresoberster und עבד des Königs oft Machtpolitik aus. Dabei wird die Figur Joab im Erzählverlauf der Samuelbücher zunehmend in kritischer Distanz zu David dargestellt. In diesem Zusammenhang erweist sich der Heerführer als „Königsbewahrer", denn er beseitigt potentielle politische Gegner (2 Sam 11,16–17; 18,14–15), wobei deren Bewertung in den Erzählungen perspektivisch ist. Was als Aktion des Generals gegen den königlichen Willen gelesen werden kann, lässt sich zugleich auch als Akt der Festigung der Monarchie verstehen.

Die soziale Rolle des Heerführers ist somit einerseits hierarchisch dem König unterstellt, der König ist demzufolge gegenüber dem שׂר weisungsberechtigt. Joab folgt den Befehlen Davids, indem er als Anführer des Heers mit diesem zum Krieg gegen die Ammoniter auszieht (V.1b–d), Urija zurück nach Jerusalem sendet (V.6c) und sogar dem Tötungsbefehl des Königs an Urija Folge leistet (V.16–17). Andererseits kommt dem Amt des Heerführers als wesentliche Stütze des frühen Königtums eine hervorgehobene Bedeutung zu und stellt, wie am Beispiel Abners gezeigt, einen wesentlichen Machtfaktor dar. Die Wahl eines geeigneten Heerführers erweist sich demnach als maßgebend für den Bestand des Königtums.

Der Übergang zum frühen Königtum war geprägt vom Fortbestand der verwandtschaftsbasierten Gesellschaft, die nach wie vor die Grund-

---

Kreter und Pleter verwiesen, die von Benaja ben Jojada, dem späteren Nachfolger Joabs im Oberbefehlsamt, kommandiert werden.

[13] Siehe Kessler, Sozialgeschichte, S. 88.
[14] Bietenhard, General, S. 43.

struktur bildet. Über sie legt sich der Staatsapparat, ohne sie zunächst tiefgreifend zu verändern.[15] Den Grundstock bilden dabei die verwandtschaftlich definierten Beziehungen. Auch nach der Errichtung der Monarchie bleibt diese gesellschaftliche Basis zunächst erhalten, Veränderungen wirken nur allmählich.

Diese familiären Relationen lassen sich in den Beamtenlisten anhand des Heerführeramtes nachzeichnen. Abner, der in 1 Sam 14,50 als Heerführer unter König Saul benannt ist, wird zugleich als „ein Sohn Ners, des Onkels Sauls" (1 Sam 14,50) in eine familiäre Beziehung zum König gestellt. König Saul besetzt somit das wichtige Amt des Heerführers mit einem Familienangehörigen.

Eine familiäre Bindung wird innerhalb der Forschung auch zwischen David und seinem Heerführer Joab angenommen, wonach Joabs Mutter, Zeruja, eine Schwester des Königs David ist.[16] Dies gilt als weitgehender Konsens innerhalb der Forschung, obwohl die Textgrundlage nicht eindeutig ist. Aufgrund der Bedeutung der Verwandtschaftsbeziehung zwischen den Figuren soll diese sowie die Textbasis für diese Relation im Folgenden kritisch analysiert werden.

Exkurs: Verwandtschaftsbeziehungen zwischen Joab und David

Als problematisch erweisen sich einerseits die unterschiedlichen Angaben in den verschiedenen Texttraditionen (MT und LXX) sowie die Widersprüche in der Darstellung der familiären Beziehungen zwischen den Samuelbüchern und den Chronikbüchern. Die wesentlichen Unterschiede sind in den beiden folgenden Graphiken ersichtlich:

---

[15] Siehe Kessler, Sozialgeschichte, S. 84.
[16] Siehe Mulzer, Art. Joab, 1; Bar-Efrat, Das erste Buch Samuel, S. 339; Japhet, 1 Chronik, S. 105; Schroer, Samuelbücher, S. 116; Brueggemann, Samuel, S. 184.

Isai יִשַׁי

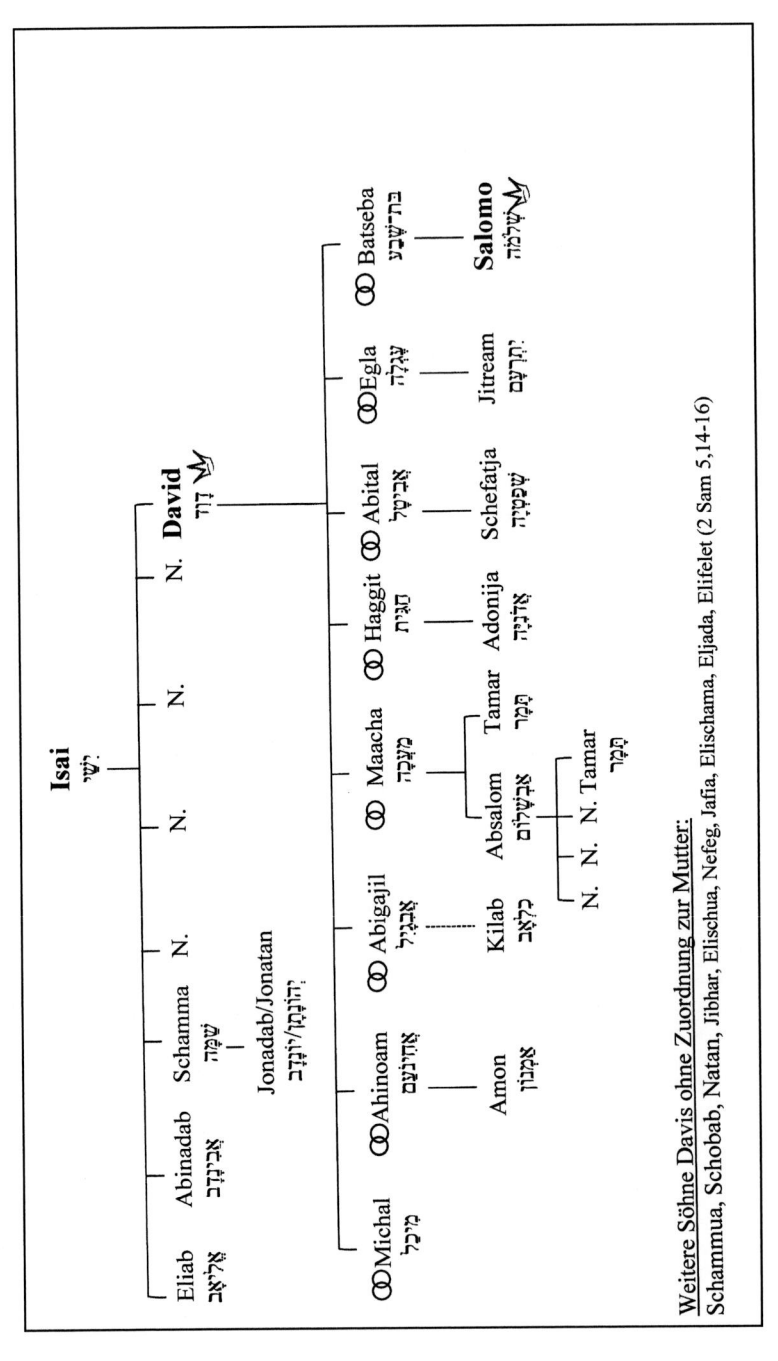

- Eliab אֱלִיאָב
- Abinadab אֲבִינָדָב
- Schamma שַׁמָּה
  - Jonadab/Jonatan יוֹנָדָב/יוֹנָתָן
- N.
- N.
- N.
- **David** דָּוִד

David's wives and children:

- ⚭ Michal מִיכַל
- ⚭ Ahinoam אֲחִינֹעַם
  - Amon אַמְנוֹן
- ⚭ Abigajil אֲבִיגַיִל
  - Kilab כִלְאָב
- N.
- ⚭ Maacha מַעֲכָה
  - Absalom אַבְשָׁלוֹם
    - N. N. N. Tamar תָּמָר
  - Tamar תָּמָר
- ⚭ Haggit חַגִּית
  - Adonija אֲדֹנִיָּה
- ⚭ Abital אֲבִיטָל
  - Schefatja שְׁפַטְיָה
- ⚭ Egla עֶגְלָה
  - Jitream יִתְרְעָם
- ⚭ Batseba בַּת־שֶׁבַע
  - **Salomo** שְׁלֹמֹה

<u>Weitere Söhne Davis ohne Zuordnung zur Mutter:</u>
Schammua, Schobab, Natan, Jibhar, Elischua, Nefeg, Jafia, Elischama, Eljada, Elifelet (2 Sam 5,14-16)

Abb. Die davidischen Familienverhältnisse nach den Samuelbüchern

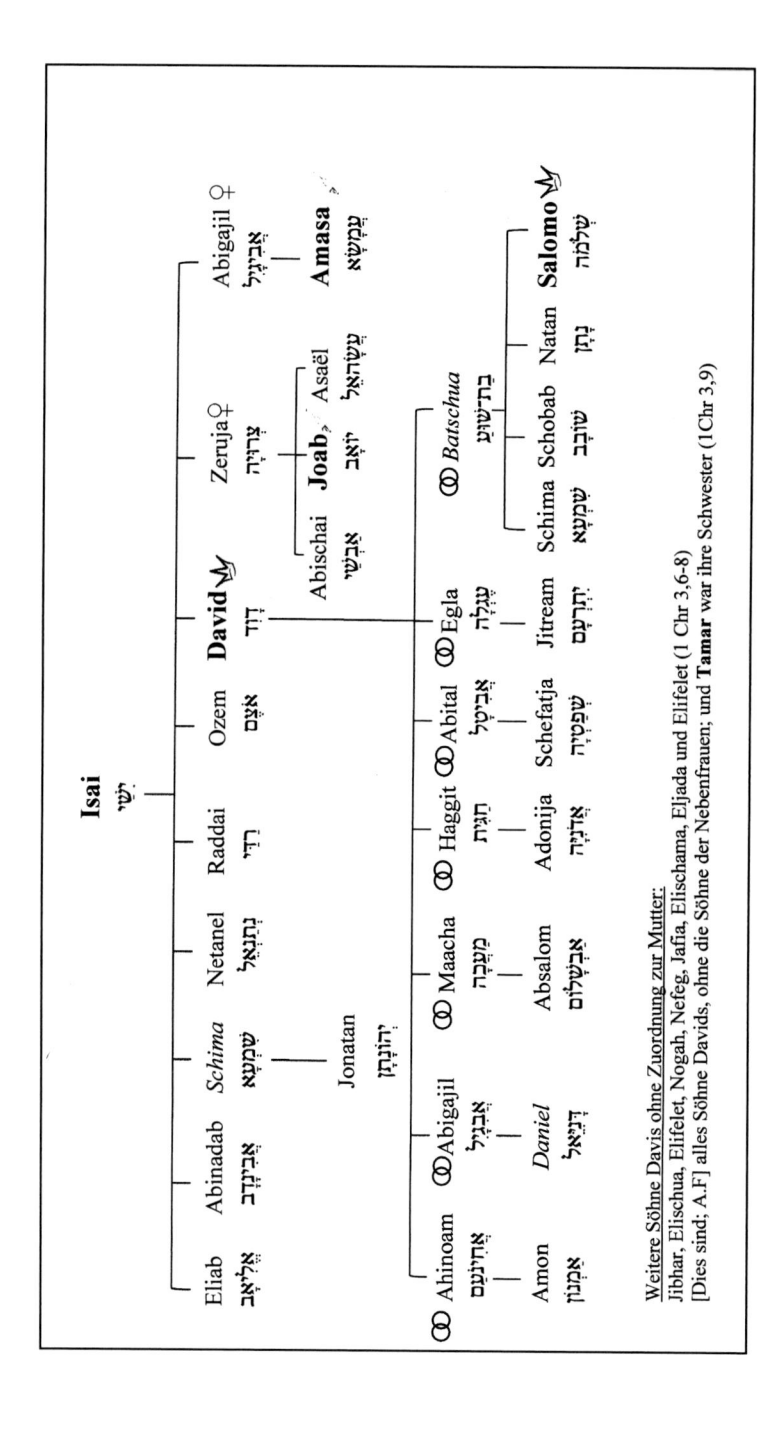

```
                                    Isai
                                    יִשַׁי
    ┌──────┬────────┬────────┬─────────┬───────┬──────┬────────┬──────────┐
  Eliab  Abinadab  Schima  Netanel  Raddai  Ozem  David ♂   Zeruja ♀   Abigajil ♀
 אֱלִיאָב אֲבִינָדָב שִׁמְעָא נְתַנְאֵל  רַדַּי  אֹצֶם   דָּוִד    צְרוּיָה      אֲבִיגַיִל
                     │                          │         │
                  Jonatan                       │      ┌──┼──┐        Amasa
                  יוֹנָתָן                        │   Abischai Joab Asaël   עֲמָשָׂא
                                                │    אֲבִישַׁי יוֹאָב עֲשָׂהאֵל

 ⓧ Ahinoam  ⓧ Abigajil  ⓧ Maacha  ⓧ Haggit  ⓧ Abital  ⓧ Egla   ⓧ Batschua
 אֲחִינֹעַם  אֲבִיגַיִל   מַעֲכָה    חַגִּית   אֲבִיטָל  עֶגְלָה   בַּת־שׁוּעַ
    │          │          │          │         │        │         │
   Amon     Daniel     Absalom    Adonija   Schefatja Jitream  ┌────┬────┬────┐
   אַמְנוֹן   דָּנִיאֵל   אַבְשָׁלוֹם  אֲדֹנִיָּה  שְׁפַטְיָה יִתְרְעָם Schima Schobab Natan Salomo ♂
                                                            שִׁמְעָא שׁוֹבָב נָתָן שְׁלֹמֹה
```

Weitere Söhne Davis ohne Zuordnung zur Mutter:
Jibhar, Elischua, Elifelet, Nogah, Nefeg, Jafia, Elischama, Eljada und Elifelet (1 Chr 3,6-8)
[Dies sind; A.F] alles Söhne Davids, ohne die Söhne der Nebenfrauen; und **Tamar** war ihre Schwester (1Chr 3,9)

Abb. Die davidischen Familienverhältnisse nach den Chronikbüchern

Die beiden Genealogien zeigen die Familienverhältnisse Davids, wie sie zum einen in den Samuelbüchern erzählt werden und zum anderen in den Chronikbüchern beschrieben sind. Neben kleineren Differenzen, wie unterschiedliche Schreibweisen und Namensüberlieferungen, die mit Graustufen hervorgehoben wurden, gibt es einen wesentlichen Unterschied. In den Samuelbüchern wird mehrfach erzählt, dass Isai acht Söhne habe, vier davon sind mit Namen genannt: Eliab, Abinadab, Schamma und David als Jüngstem.[17] In 1 Chr 2,13–17 hingegen ist Isai Vater von sieben Söhnen und zweier Töchter, die als Zeruja und Abigajil bezeichnet werden.[18] Nach 1 Chr 2,16 sind Joab und seine Brüder Abischai und Asaël *Söhne der Zeruja* und somit Neffen von David. Der Vergleich der beiden dargestellten Genealogien zeigt, dass die familiäre Verbindung zwischen David und Joab in den Samuelbüchern des MT nicht zu finden ist. Eine solche familiäre Verbindung widerspricht sogar der Darstellung in 2 Sam 17,25, denn in dieser Textstelle werden Abigajil und Zeruja zwar als Schwestern und Mütter von Amasa und Joab bezeichnet, jedoch ist der Vater der beiden Frauen dort Nahasch und nicht Isai.[19]

Innerhalb der Forschung wird die Auffassung vertreten, dass der Ausdruck בת־נחש an dieser Stelle des MT irrtümlich eingefügt sei.[20] Mit der lukianischen LXX-Version von 2 Sam 17,25 und Qumranfunden lässt sich zudem textkritisch die Lesart בת־ישי belegen.[21] In diesen beiden Textzeugen wird „Isai" als Vater von Abigail und Zeruja benannt.

Durch die Annahme der verwandtschaftlichen Beziehung zwischen Joab und dessen Onkel David würde darüber hinaus auch Davids Ausspruch, „Du bist mein Fleisch und Bein", in 2 Sam 19,14 gegenüber Amasa erklären.[22]

---

[17] Siehe 1 Sam 16,4–13; 17,13.
[18] Im Unterschied zu den Samuelbüchern werden die sieben Söhne Davids in 1 Chr 2,13–16 alle mit Namen benannt. „Die ersten drei Namen sind aus Samuel übernommen, die anderen drei – Nathanael, Raddai, Ozem – hat der Chronist seiner Vorlage hinzugefügt, um Davids übrige Brüder aus der Anonymität zu erlösen." Kalimi, Geschichtsschreibung, S. 71. Einen möglichen Grund für die Namensgebung des Chronisten sieht Isaac Kalimi in der „natürlichen Neugier des Leser […], der vielleicht wissen möchte, wie Davids sämtliche Brüder geheißen, und das Fehlen von Eigennamen bei biblischen Personen überhaupt als erzählerischen Mangel empfinden mag". Ebd., S. 70.
[19] Siehe Japhet, 1 Chronik, S. 105.
[20] Siehe Bar-Efrat, Das zweite Buch Samuel, S. 181. Bar-Efrat nimmt an, „dass der Ausdruck בת נחש hier irrtümlich aus בן נחש in V.27 hereingerutscht ist." Die Gemara löst diesen Widerspruch durch den Midrasch, dass Isai zwei Namen hatte (bB. Bat. 7a), siehe ebd., S. 181.
[21] 4Q51, vgl. Karrer / Kraus (Hg.), Septuaginta Deutsch, S. 844.
[22] Japhet, 1 Chronik, S. 105.

Die darin ausgedrückte besondere Beziehung zwischen Joabs Bruder Amasa und David ließe sich als familiäre Verbindung verstehen.

Wie im Exkurs gezeigt, basiert die verwandtschaftliche Relation zwischen Joab und David auf verschiedenen Textzeugnissen und kann als gesichert gelten. Somit sind die beiden Figuren sowohl familiär miteinander verbunden als auch durch die politischen Ämter, das Königsamt und das Amt des Heerführers.

Innerhalb der biblischen Narratologie wurde der Figur Joabs in 2 Sam 11 die Rolle des *helper* zugewiesen.[23] Auch wenn diese Auffassung m. E. nicht der Komplexität der Figur Joabs in 2 Sam 11 gerecht wird, wie sich in der folgenden Figurenanalyse noch zeigen wird, sensibilisiert sie jedoch in Bezug auf die Frage nach Joabs Sozialverhalten. Joab führt den Tötungsbefehl Davids an Urija aus, wobei seine Umsetzung dazu führt, dass neben Urija noch weitere Soldaten sterben. Es wird weder seine Reaktionen auf den Todesbrief erzählt noch seine Intention, weshalb er vom Befehl Davids abweicht. Als Heerführer folgt er den Befehlen des Königs, er zeigt sich loyal ihm gegenüber. Zugleich widerspricht Joabs Handlung an Urija sozialen Werten und Normen, wonach der vorzeitige Tod dem Ideal einer erfüllten Lebenszeit entgegensteht, da er dem Verstorbenen alle Lebensmöglichkeiten nimmt, die er noch hätte haben können.[24]

Außer durch den Blick auf ihre Sozialität wird die Figur als *dargestelltes Wesen* hinsichtlich ihrer Körperlichkeit analysiert. Explizite Informationen zum Figurenkörper Joabs oder körpernaher Artefakte fehlen. Eine Figurenbeschreibung wie die über seinen Bruder Asaël in 2 Sam 2,18, in der auf seine Schnelligkeit und Wendigkeit verwiesen wird, findet sich zur Figur Joabs nicht. Er wird in 2 Sam 11 als Figur eingesetzt, die von David den Befehl über das Heer zugesprochen bekommt. Das Amt des Heerführers legt eine körperliche Eignung nahe, diese wird jedoch in Bezug auf Joab weder in 2 Sam 11 noch in den übrigen Textpassagen, in denen er als militärischer Anführer auftritt, detailliert dargestellt.

Diese erste Erwähnung Joabs in V.1, die ihn als Heerführer präsentiert, ist darüber hinaus bedeutsam, da der Figur gleich mehrere Kollekti-

---

[23] Van der Bergh, Character, S. 189.
[24] Siehe Fischer, Art. Tod, 1.2.

ve an die Seite gestellt werden. David sendet Joab zusammen mit den königlichen Dienern und der Figurengruppe כל־ישראל. Diese relationale Zuordnung wirkt sich auf die Figurenkonstellation aus. Joab ist den genannten Figurengruppen einerseits hierarchisch übergeordnet und somit als Heerführer weisungsberechtigt (vgl. V.6c.16b), andererseits tritt er als Vertreter seiner Gefolgschaft an und ihm obliegt eine (Für)Sorge gegenüber den Truppen, wie beispielsweise ausreichende Versorgung und Sicherung des Unterhalts durch Beute- und Abgabezüge.[25] Hierin spiegelt sich ein wechselseitiges Abhängigkeitsverhältnis wider.

Die räumliche Umgebung der Figur Joabs ist wesentlich durch ihr Amt als Heerführer bestimmt. Ohne den Ausgangspunkt des Feldzugs zu nennen, wird Joab von David in das Land der Ammoniter ausgesendet (שלח). Dort belagert er mit seinem Heer die Stadt Rabba. Damit wird die Figur Joabs bereits in V.1 dem Kriegsschauplatz Rabba zugeordnet. Dieser kriegerisch konnotierte Raum ist ein Ort der Gefährdung, worauf die kurze Beschreibung Urijas über das militärische Lager vor Rabba in V.11b–c sowie der Botenbericht in V.23b–24c hinweisen. Die in diesen Textpassagen verwendeten Raumangaben – das freie Feld (שדה), die Öffnung (פתח) – sind, wie durch die Raumanalyse aufgezeigt, negativ konnotiert und als gefährdete Räume semantisch codiert.[26]

Die Figurenpsyche, die neben der Sozialität und Körperlichkeit den dritten Aspekt der Analyse einer Figur als *dargestelltes Wesen* bildet, ist für die Joabfigur wesentlich durch ihre Darstellungsweise bestimmt, die erst im folgenden Abschnitt thematisiert wird. Aus diesem Grund ist die Figurenpsyche entsprechend der Offenheit von Eders Heuristik erst im Anschluss an die Darstellungsanalyse der Figur Gegenstand der Analyse des folgenden Abschnitts zur Dimension der Joabfigur als *Artefakt*.

4.8.8.3 Joab als Artefakt

Der Figurenname verweist auf das theophore Element *-jo* und bedeutet „JHWH ist Vater".[27] Im Unterschied zu den beiden Figurennamen „David" und „Batseba" ist der Name „Joab" mehreren biblischen Figuren

---

[25] Siehe Bietenhard, General, S. 156. 42.
[26] Siehe dazu die Raumanalyse in der vorliegenden Untersuchung, S. 294f.
[27] Siehe Mulzer, Art. Joab, S. 1.

zugeordnet.[28] Im Vergleich zu den anderen Figuren bzw. Figurengruppen, die mit dem Namen bezeichnet werden, ist die Figur des Heerführers und Sohns der Zeruja quantitativ und qualitativ am umfangreichsten präsentiert.

Die Analyse einer biblischen Figur als *Artefakt* umfasst neben dem Figurennamen auch weitere Mittel der Darstellung. Der Figur Joabs lassen sich in 2 Sam 11 insgesamt sieben Handlungen zuweisen (V.1c–d.6c.16a–b.18a.19a). Durch seine beiden Handlungen in V.1 wird die Sozialität der Figur, ihre Rolle als Heerführer, entfaltet. Er und das Heer verderben (שחת) das Ammoniterland und belagern (צור) die Stadt Rabba.[29] Die beiden Verben שחת (V.1c) und צור (V.1d) sind auf einen kriegerischen Kontext bezogen. So bezeichnet שחת zerstörerisches Handeln, das auf die Vernichtung eines Gegners abzielt und v. a. zur Darstellung von Kriegsgeschehen Verwendung findet.[30] Auch das Verb צור kommt häufig im kriegerischen Kontext vor, denn von seiner Bedeutung des „Einschnürens" her dient es als Bezeichnung für das „Einschließen", was zum *terminus technicus* für das „Belagern" wurde wie beispielsweise der Stadt Rabba in V.1b.[31]

Gleich zweimal wird der Figur Joabs durch das Verb שלח die Handlung des Sendens (V.6c.18a) zugeschrieben. Damit partizipiert die Figur am Leitwort der „David, Batseba und Urija"-Erzählung und wird als eine Figur charakterisiert, die gegenüber anderen wie Urija und dem Boten weisungsberechtigt ist und sie zur räumlichen Bewegung zwischen den Schauplätzen Rabba und Jerusalem veranlassen kann.[32] Joab hat somit

---

[28] Neben der hier analysierten Figur, dem Heerführer Joab und Sohn Zerujas, wird in 1 Chr 4,14 ein Sohn Serajas so bezeichnet, der als „Vater" (im Sinne von Ahnherr) der Handwerker gilt. Zudem sind in den Rückkehrerlisten in Esr 2,6; 8,9 und Neh 7,11 die Nachkommen Joabs erwähnt.

[29] In 2 Sam 11,1 werden als Objekte der Zerstörung die בני עמון benannt. In der Raumanalyse wird herausgestellt, dass es sich hierbei um eine räumliche Angabe im Sinne von *Ammoniterland* handelt. Siehe Raumanalyse, S. 294–296.

[30] Siehe Conrad, Art. שחת, Sp. 1235.

[31] Siehe Thiel, Art. צור, Sp. 969.

[32] Dass es sich um ein Leitwort in 2 Sam 11 handelt, wird am häufigen Vorkommen innerhalb der Erzählung erkennbar. Das Verb שלח kommt in der „David, Batseba und Urija"-Erzählung insgesamt 12 Mal vor, 11 Mal im Qal und einmal im Piel. Für das Verb שלח im Qal ist eine Ziel- Zweckbezogenheit charakteristisch. Ein Objekt wird in Bewegung gesetzt, wobei die Richtung von dem Handelnden (Subjekt) wegführt. Siehe Hossfeld / van der Velden, Art. שלח, Sp. 47.

Autorität gegenüber anderen Figuren. Dies ist auch durch die Handlung des Befehlens (צוה) in V.19a erkennbar. Joab agiert als Subjekt zum Verb צוה (Piel) und wird dadurch als eine Figur dargestellt, welche die Autorität und Macht hat, zu befehlen und dadurch anderen Figuren eine Aufgabe zuzuweisen.³³

In V.16 werden der Figur Joab zwei Handlungen zugeordnet: er bewacht (שמר) die Stadt (V.16a) und stellt (נתן) Urija an die Stelle, wo tüchtige Männer sind (V.16b–c). Das Verb שמר wird innerhalb der Forschung in seiner Bedeutung des Wachens bzw. Bewachens verstanden, womit der Fokus stärker auf die Belagerung der Stadt Rabba gerichtet ist,³⁴ manche Kommentatorinnen und Kommentatoren betonen hingegen den visuellen Aspekt und übersetzen dieses Verb mit „beobachten".³⁵ Die zweite Bedeutung, das Beobachten der Stadt, weist im Voraus auf die folgende Handlung Joabs hin und betont den Konnex der beiden Handlungen. Das Verb, das ein breites Spektrum an Bedeutungen aufweist, bezeichnet in V.16b eine Positionierung im Sinne von „setzen, stellen, legen" und wird, wie häufig im diesem Kontext, in Verbindung mit Präpositionen wie אל, ל, על, ב gebracht, die eine räumliche Situierung einleiten. Das Objekt der Handlung ist Urija, der von Joab an eine von ihm ausgewählte Stelle gesetzt wird.³⁶

Die Analyse der Handlungen der Joabfigur unter dem Aspekt der Darstellungsweise hat einerseits gezeigt, dass seine Handlungen auf seine Sozialität verweisen und das Amt des Heerführers ausgestalten. Andererseits charakterisieren die figuralen Handlungen Joab als aktiv Handelnden, z. B. an der Figur Urija (V.16b). „Joab erfüllt die entgegengesetzte

---

[33] Siehe López, Art. צוה, Sp. 938.
[34] Siehe Bar-Efrat, Das zweite Buch Samuel, S. 110, der die Funktion des „Bewachens" darin sieht, dass der Zugang zur bzw. der Ausgang aus der belagerten Stadt verwehrt bleibt.
[35] Siehe Ackroyd, Samuel, S. 104 und McCarter, II Samuel, S. 281, die beide diese Stelle mit „*had been watching*" bzw. „*as he kept watch*" widergeben.
[36] Die Stelle, die Joab auswählt, ist dadurch charakterisiert, dass dort tüchtige Männer sind. In der Analyse dieser Figurengruppe wird herausgearbeitet, dass diese Männer nicht eindeutig determiniert sind. Es stehen sich zwei Kriegsparteien gegenüber. Handelt es sich bei der Bezeichnung אנשי־חיל (V.16d) um Männer aus dem Heer Davids oder stellt dies einen Vorverweis auf die Männer der Stadt Rabba (V.17a) da? Diese fehlende Determination führt zu sehr divergenten Lesarten der Figur Joabs, siehe dazu die Figurenanalyse zur Figurengruppe der tüchtigen Männer, S. 576f.

Rolle zum statischen David und ist der eigentlich aktive Handlungsträger."[37]

Hinsichtlich der Darstellung der Joabfigur benennt Michael Eschelbach in seiner Monographie „Has Joab Foiled David" die grundlegende Schwierigkeit, sich der Joabfigur in 2 Sam 11 zu nähern:

> Ambiguity in the text continues to make a decisive evaluation of Joab's character difficult. A reader may see Joab's foil as one of similarity, but it is also possible to see Joab in contrast (simple, loyal to the kingdom, protector of lives within that kingdom) to David (complex with shifting loyalties and betrayal of innocent lives when expedient).[38]

Nach Eschelbach erschwert die Polysemantik der „David, Batseba und Urija"-Erzählung den Zugang zur Figur Joab, zugleich eröffnen sich durch diese Unbestimmtheit, wie Sternberg aufgezeigt hat, unterschiedliche Lesarten, die sich produktiv auf die Komplexität der Figur auswirken und ihr mentales Modell z. B. hinsichtlich der Figurenpsyche bereichern.[39] Indem die Erzählstimme in 2 Sam 11 keinerlei Einblick in das Innenleben Joabs gewährt, bleibt in der Erzählung offen, in welchem Umfang er Kenntnis über seine eigene Verwicklung in Davids Machinationen hat. Die Erzählung verschweigt, wie der Heerführer auf Davids Brief und die darin gestellte Forderung, Urija zu töten, emotional oder affektiv reagiert. Im Anschluss an den Briefinhalt (V.15c–g) berichtet die Erzählstimme direkt, wie Joab den königlichen Befehl umsetzt (V.16a–d). Ausgehend von den Leerstellen fragt Sternberg: „Does Joab know of David's personal imbroglio and slips into his mime – which seems to be directed at something else – another concealed barb [...]?"[40]. Stellt man dieser Frage die Auffassung Brueggemanns entgegen, wonach Joab „does not need to know everything. [...] He executes the king's order obediently and effectively (V.16)."[41] In diesen Überlegungen deutet sich bereits das Spektrum möglicher Auslegungen an.[42]

---

[37] Bietenhard, General, S. 151.
[38] Eschelbach, Joab, S. 69.
[39] Zur Ambiguität in 2 Sam 11 siehe Sternberg, Poetics, S. 186–229, v. a. S. 213–222.
[40] Ebd., S. 222.
[41] Brueggemann, Samuel, S. 276.
[42] Im Anschluss an Sternberg differenziert Bietenhard das genannte Spektrum zur Auslegung der Joabfigur weiter, indem sie folgende Fragen stellt: „Ist Joab der Komplize des Königs, der Vollstrecker seiner egoistischen Pläne, stellt er sich loyal auf die Seite

Für die Konstruktion des mentalen Modells der Figur Joab ist ihre Rede in V.19c–21f essentiell. Rein quantitativ sticht diese Rede, in der Joab Davids Reaktion auf den Botenbericht zu den Kriegsereignissen prognostiziert, hervor.[43] Durch die Darstellung von Urijas Tod aus der Figurenperspektive Joabs in V.19c–21f erhalten die Lesenden Einblick in das Innenleben des Heerführers und der Figur werden Persönlichkeitsmerkmale zugewiesen. Als Reaktion Davids auf die Schilderungen des Boten erwartet Joab, dass der König mit Zorn reagiert (V.20b). Die Erzählung liefert keinen Hinweis darauf, auf welche Ereignisse oder Erfahrungen Joab seine Einschätzung stützt. Hier liegt eine Leerstelle vor, die unterschiedliche Deutungsvarianten eröffnet. Zum einen könnte Joab den Zorn Davids fürchten, der negative Folgen für den Boten als Berichterstatter hat. Zum anderen wäre nach Bietenhard denkbar, dass der Verweis auf den Zorn Davids von Joabs Emotionen, seiner Scham bezüglich seiner „Mittäterschaft" ablenken bzw. diese überspielen soll.[44] Der Text lässt dies offen. Jedoch kann von dieser vorausschauenden, abwägenden Haltung Joabs, wie sie in V.19c–20c dargestellt ist, ein Persönlichkeitsmerkmal der Figur abgeleitet werden. Nach Bietenhard verweist diese abwägende Haltung auf seine, auf „die Zukunft gerichtete Eigenschaft als Stratege"[45]. In diesem Zusammenhang bietet Joab dem Boten eine Handlungsalternative an, nach der der Bote im Falle einer zorniger Reaktion Davids (V.21b) mit dem Hinweis enden soll, dass auch Urija getötet wurde (V.21e–f). Ob dies nach Bietenhard als Versuch Joabs gewertet werden kann, den Boten vor Davids Zornausbruch zu bewahren, lässt sich aufgrund der genannten Leerstelle nicht eindeutig festlegen.[46] Der Hinweis auf Davids Zorn in V.19c–20c fungiert als Redeeinleitung der kunstvoll gestalteten Referenz auf das Fallbeispiel Abimelechs, welches

---

Davids, verdeckt dessen Schandtat und überlässt ihm grosszügig noch den Schlussieg? Oder steht er im Zwiespalt der Loyalität für die עבדי דוד einerseits und seinem König andererseits? Führt er zwar dessen Befehl aus, aber so, dass die üble Geschichte ruchbar werden muss, indem er eine aussichtslose Taktik wählt? Übt er versteckte Kritik, wenn er nicht nur den Tod Urijas meldet, sondern auch denjenigen mehrerer Soldaten? Wird subtil gezeigt, dass andere das politische Geschehen bestimmen, wenn der Herrscher sich nicht mehr darum kümmert, dass aber dadurch des Königs Affären erst recht zum Politikum werden?" Bietenhard, General, S. 155.

[43] Siehe Bar-Efrat, Das zweite Buch Samuel, S. 110.
[44] Siehe Bietenhard, General, S. 163f.
[45] Ebd., S. 129.
[46] Siehe ebenda.

Joab in seiner Rede (K III) König David als erzählender Figur zuweist (K IV). Aufgrund dieser komplexen Darstellungsweise bietet Joab mit dem Verweis auf Abimelech eine weitere Deutungsalternative an.[47]

Die Beauftragung des Boten weist Joab als geschickten Redner aus, der mit Worten umgehen kann, denn es gilt einerseits, den König über die Kriegsereignisse und die damit einhergehenden Verluste an Soldaten in Kenntnis zu setzen und andererseits David von Urijas Tod in Kenntnis zu setzen. Da der „Todesbrief" als geheimer Auftrag an den Heerführer adressiert war und der Bote keine Kenntnis über den Tötungsbefehl hat, muss Joab diese Doppelbödigkeit geschickt in der Nachricht an König David präsentieren. Darüber hinaus positioniert er sich durch seine Figurenrede gegenüber König David. Wie bereits erwähnt, ist die Darstellungsweise der Figurenrede in V.19c–21f durch einen Wechsel der Erzählebenen bestimmt. Obwohl Joab David eine direkte Rede in den Mund legt, drückt der Heerführer in V.20d–21d seine eigenen Gedanken aus. Die gesamte Figurenrede ist aus der Figurenperspektive Joabs wiedergegeben und stellt seine Perspektive im multiperspektivisch vermittelten Erzählabschnitt zum Tod Urijas in V.15–24 dar. Aus dem Vergleich der unterschiedlichen Erzählperspektiven treten die Besonderheiten der Figurenperspektive Joabs hervor.[48] Durch die Hinzufügung der Bezeichnung עבדך (V.21f) bei der Nennung von Urijas Namen baut Joab eine Relation zwischen dem König und dem toten Urija auf. Im Vergleich zu den anderen Erzählperspektiven, die auf eine relationale Bezeichnung verzichten, lässt sich hierin eine implizite Kritik Joabs an König David erkennen.[49] Eine weitere verborgene Wertung des Heerführers gegenüber König David eröffnet sich durch den intertextuellen Verweis auf den Tod Abimelechs in Ri 9,50–55.[50]

---

[47] Siehe dazu ausführlich die Darstellung im Abschnitt zur Perspektive, S. 174–176.
[48] Siehe ebenda.
[49] In der Vermittlung durch die Figurenperspektive Davids wird Urija lediglich mit seinem Namen bezeichnet (V.15c), in der Darstellung aus der Erzählerperspektive wird zum Namen das Epitheton „der Hethiter" ergänzt. Siehe dazu die Perspektivenanalyse, S. 169–178, ebenso: van der Bergh, Character, S. 506.
[50] Siehe ausführlich dazu die Analyse der Figurenperspektive Joabs, S. 174–176. Durch den Verweis auf das Beispiel Abimelechs wird aus der perspektivischen Vermittlung durch die Figur Joabs die unvorsichtige Annäherung (נגש) während einer militärischen Eroberung mit einer Frau in Verbindung gebracht. Abimelech nähert sich gefährlich einem Turm und erhält eine tödliche Verletzung, indem eine namenlose Frau einen Mühlstein auf ihn herabwirft. Neben dieser namenlosen Frau im Fallbeispiel Abi-

Den Abschluss der Analyse der Joabfigur als *Artefakt* bildet die Benennung von Artefakt-Eigenschaften. Die zentrale Merkmalsdimension innerhalb der Darstellungsweise der Figur ist ihr Amt als Heerführer. Darauf weisen die Handlungen wie שלח in V.6c.18a, שחת und צור in V.1c–d hin, die seiner Figur zugeordnet sind. Ob er innerhalb der „David, Batseba und Urija"-Erzählung dynamisch oder eher statisch, kohärent oder inkohärent, komplex oder einfach ist, lässt sich aufgrund des geringen Umfangs, in dem die Figur auftritt, nicht erkennen. Während die ersten beiden Verweise auf die Joabfigur in V.1b–d und V.6c wesentlich von ihrer Sozialität, dem Amt des Heerführers, bestimmt sind, werden im dritten Auftritt in V.19c–21f weitere Figurenzuschreibungen vorgenommen. So lässt sich, wie gezeigt, aufgrund der Darstellungsweise ihrer Figurenrede erkennen, dass die Figur strategische Züge besitzt. Ein Kennzeichen der Figur innerhalb der gesamten Erzählung ist ihr aktives Handeln. Der Zugang zur Joabfigur wird darüber hinaus durch die markante Leerstelle um das Wissen Joabs um seine Beteiligung an den Machinationen Davids erheblich erschwert.

4.8.8.4 Joab als Symbol

Auch die Figur Joab kann als *Symbol* aufgefasst werden, d. h., sie fungiert als Träger einer indirekten Bedeutung, die über den Sinngehalt ihres Figurenmodells in 2 Sam 11 hinausreicht. Bei dem *Motiv der Zeruja-Söhne* lässt sich nach Bietenhard eine Entwicklung aufzeigen, die von einem Motiv als der kleinen literarischen Form hin zum Motivbündel und zu einem die Erzählungen über David durchziehendem Thema reicht. Dieses Motiv bewirkt und verstärkt jene ambige, fast obskure Darstellung der Joabfigur. Die Figur des Heerführers wird, wie bereits erwähnt, in den Samuelbüchern zunehmend in kritischer Distanz zu David dargestellt. Entgegen dem königlichen Willen beseitigt der Heerführer (potentielle) politische Gegner wie Abner (2 Sam 3,24) oder Abschalom (2 Sam 18,14) und tritt dabei politisch für die Wahrung und Festigung der Monarchie ein.

---

melechs ist nur Batseba als weitere weibliche Figur benannt. Davids Blick auf sie ist der Auslöser für die weiteren Ereignisse der Handlung. Während die namenlose Frau in Ri 9,50–55 aktiv handelnd auftritt und Abimelech tödlich verletzt, ist es der aktive Blick Davids auf die Figur Batseba, die im König Begehren auslöst, was seine weiteren Handlungen auslöst.

In 2 Sam 2,18 werden erstmals alle drei *Söhne der Zeruja* eingeführt – Joab, Abischai und Asaël. Bietenhard weist darauf hin, dass die Bezeichnung *Söhne der Zeruja* meist Verwendung im Kontext einer Schlachtendarstellung findet, wenn einer der Söhne als Figur eingeführt wird (2 Sam 2,12f.).[51] „Wo der Ausdruck aber in jenen Einzelepisoden mehrfach auftaucht, die einen Konflikt zwischen den Söhnen der Zeruja und David beschreiben, ist er mehr als die erzählende Einführung der Personen und entwickelt sich zum Motiv der opponierenden Zerujasöhne."[52] Bietenhard verweist auf einen parallelen Aufbau der Konflikte: zunächst stellt sich die Frage, wie mit den Gegnern Davids umgegangen werden soll. Während die *Söhne der Zeruja* für eine harte Vorgehensweise plädieren und diese in einigen Fällen auch praktisch umsetzen, wird David in Kontrast dazu gestellt. Der König beteuert seine Unschuld am Tod seiner Gegner.[53] Dieser Kontrast steigert sich im Erzählverlauf der Samuelbücher und des Ersten Königebuchs und gestaltet sich erzählerisch zu einem existentiellen Konflikt zwischen David und Joab (1 Kön 1,5f.; 2,28–34).

Zunächst sollen jedoch die einzelnen Textpassagen, in denen das Motiv der *Söhne der Zeruja* vorkommt, betrachtet werden. In der Erzählung von Davids erneuter Schonung Sauls in 1 Sam 26 wird die Opposition zwischen David und den Zerujasöhnen vorbereitet. Abischai, einer der *Söhne der Zeruja* (1 Sam 26,6), will gegen den schlafenden König Saul vorgehen, jedoch wird er von David daran gehindert. Nach Bietenhard deutet „(d)er Ausdruck *Sohn der Zeruja* […] von nun an Joabs und Abischais heimliche oder offene Opposition gegenüber David an"[54]. In den folgenden Erzählungen (2 Sam 2–3; 14,1–33; 18,1–20,23), in denen die Zerujasöhne als Figuren auftreten, werden diese in zunehmender Weise als Opponenten von David dargestellt.[55] Höhepunkt stellt dabei zum einem die Erzählung in 2 Sam 2–3 dar, in der vom Tod Asaëls durch Abner erzählt wird. Abner wird durch die beiden anderen Zeruja-Söhne Abischai und Joab verfolgt und schließlich von Joab getötet. Auf diese Ereignisse folgt ein Kommentar der Erzählerstimme (2 Sam 3,30), in dem

---

[51] Erstmals kommt der Ausdruck *Sohn der Zeruja* in 1 Sam 26,6 vor und bezieht sich auf Abischai, den Bruder Joabs.
[52] Bietenhard, General, S. 124.
[53] Siehe ebd., S. 124f.
[54] Ebd., S.124.
[55] Siehe ebd., S. 125.

der Tod Abners als Rache der Brüder bewertet wird. David beteuert seine Unschuld (2 Sam 3,28) und verflucht das Haus Joabs. „Der Fluch, den er [David, A.F.] über Joab und sein Vaterhaus verhängt, macht deutlich, wie entschieden er sich von dem Mord distanziert."[56]

Das *Motiv der Söhne der Zeruja,* die diese Figuren als Opponenten des Königs erscheinen lassen, ist nur indirekt im Erzählverlauf festzumachen. Im Unterschied dazu wird explizit erzählt, dass sich David in den jeweiligen Textpassagen ganz offen gegen die Taten der Zeurjasöhne stellt und diese verurteilt, wie das Beispiel der Erzählung vom Tod Abners verdeutlicht.

> Gerade das Motiv der Zerujasöhne bewirkt und unterstreicht die doppeldeutige, wenn nicht zwielichtige Darstellung der Joabgestalt, welche in der einen Perspektive weisheitlich-beratend die Geschicke des Königtums Davids lenken hilft, jedoch aus einer anderen Sichtweise gegen seinen König und dessen Dynastie agiert und deshalb zuletzt seine Bestrafung verdient.[57]

Diese Bestrafung wird erzählerisch in 1 Kön 2 vermittelt, die Textstelle ist zugleich der letzte Beleg für das *Motiv der Söhne der Zeruja.* Davids Thronnachfolger Salomo führt die von David aufgetragene Bestrafung der Zerujasöhne durch.[58]

Während in der „David, Batseba und Urija"-Erzählung aufgrund ihrer Polysemantik nur eine Distanzierung bzw. eine versteckte Kritik Joabs gegenüber König David nachzuweisen ist, verstärkt das von Bietenhard nachgewiesene *Motiv der Söhne der Zeruja* diesen Eindruck. Der Figur Joabs ist im Anschluss an Bietenhard eine Bedeutung immanent, die den Heerführer als Opponenten des Königs ausweist.

4.8.8.5 Joab als Symptom

Eine Darstellung der Rezeption(sgeschichte) der biblischen Figur Joabs stellt sich im Unterschied zu der bei den anderen Figuren in 2 Sam 11 wie David, Batseba oder Urija als problematischer dar. Bereits die Suche nach Adaptionen der Joabfigur gestaltet sich schwierig. In den gängigen Recherchequellen finden sich kaum Verweise bzw. wie bereits eingangs

---

[56] Bar-Efrat, Das zweite Buch Samuel, S. 44.
[57] Bietenhard, General, S. 125.
[58] Vgl. ebd., 126.

für den Großteil der bibelwissenschaftlichen Literatur zur Joabfigur konstatiert, wird auch in Bezug auf die Rezeptionsgeschichte zu Joab auf andere Figuren verwiesen, so beispielsweise zu sehen im „A Dictionary of Biblical Tradition", in dem unter dem Wörterbucheintrag zu Joab lediglich die Angabe „See Abner; Absalom; David"[59] zu finden ist.

Eine rezeptionsgeschichtliche Auseinandersetzung mit der ambigen und komplexen Joabfigur, wie sie in den Samuelbüchern und den Königsbüchern sowie der Chronik begegnet, stellt ein Desiderat innerhalb der Forschung dar. Aufgrund der Ausrichtung der vorliegenden Arbeit mit der Fokussierung auf die „David, Batseba und Urija"-Erzählung kann dies hier nicht geleistet werden. Vielmehr mögen die folgenden Rezeptionsbeispiele zur Figur des Heerführers als Anregung für eine vertiefte Beschäftigung damit dienen. Im Folgenden wird exemplarisch eine Rezeptionslinie kurz skizziert, die auch um die Jahrhundertwende des 19. zum 20. Jahrhunderts n. Chr. adaptiert wurde.

Innerhalb der Forschung findet sich die Auffassung, dass die Joabfigur einen harten und gefühllosen Charakter besitze (Bar-Efrat)[60] und zielstrebig handle (Kessler)[61], eine Auffassung, die an die biblischen Erzählungen anknüpft, in denen Joab zweimal durch Verrat einen gegnerischen Heerführer umbringt – zunächst Abner (2 Sam 3,26f.) und dann Amasa (2 Sam 20,9f.). Die Ermordung dieser beiden Heerführer ist Gegenstand der *„Apostolischen Konstitutionen"*, einer umfangreichen pseudepigraphischen Kirchenordnung aus dem 4. Jh. n. Chr.[62] Im 7. Buch, Kapitel 5

---

[59] Jeffrey (Hg.), Dictionary, S. 402.
[60] Siehe Bar-Efrat, Bibel, S. 94.
[61] Siehe Kessler, General, S. 48.
[62] Siehe Metzger, Art. Konstitutionen, S. 542. Dass es sich um pseudepigraphische Literatur handelt, ist mittlerweile Konsens innerhalb der Forschung. Die „Apostolischen Konstitutionen" „fingieren eine Zusammenkunft des gesamten Apostelkreises anläßlich des Jerusalemer ‚Apostelkonzils' (Act 15) mit Paulus und den übrigen Jüngern und Missionaren, insbesondere Jakobus von Jerusalem als Vertreter der judenchristlichen Strömung und Clemens, der als ‚Sekretär' der Apostel mit dem Auftrag erscheint, apostolische Überlieferungen in Ergänzung zu den Apostelbriefen zu verbreiten." Ebd., S. 541. Es herrscht die Einschätzung vor, dass die „Apostolischen Konstitutionen" möglicherweise die Ordnungen einer bedeutenden Gemeinde wie Antiochia beschreiben. Der liturgische Kalender und die Pneumatologie, die den Apostolischen Konstitutionen zu Grunde gelegt sind, verweisen nach Metzger auf eine Zeit um 380 n. Chr. Ebenso Schöllgen, der als Abfassungszeit die letzten beiden Jahrzehnte des 4. Jh. n. Chr. annimmt. Siehe Schöllgen, Art. Apostolische Konstitutionen, S. 873.

der Apostolischen Konstitutionen wird Joabs Handlung folgendermaßen adaptiert und gewertet:

> Sei nicht zornig, neidisch und eifersüchtig, damit dir nichts Gleiches wiederfahre, wie dem Kain und Saul und Joab; denn der eine hat seinen Bruder Abel getödtet, weil er vor Gott genehm erfunden und sein Opfer den Vorzug erhalten: der andere verfolgte den frommen David, welcher den Philister Goliath getödtet, aus Neid wegen des Lobes der Reigentänzerinnen; der dritte hat mit dem Schwerte zwei Kriegsfeldherren gemordet, Abner, den Führer Israels, und Amasa, den Führer Judas.[63]

Die Joabfigur dient hier als Exempel des Sünders, denn die Kapitel 1–21 des siebten Buches der „*Apostolischen Kosnstitutionen*" zeigen die zwei Wege auf, den des Todes und den des Lebens. Im Kontext dieser Zwei-Wege-Lehre werden einerseits Sünden benannt, die die Lesenden – als Adressatinnen und Adressaten kommen v. a. die christlichen Gemeinden in den Sinn – meiden sollen, und andererseits findet sich eine Auflistung von Tugenden, in welchen sich die Lesenden üben sollen.[64] Nach den „*Apostolischen Konstitutionen*" werden Joabs Handlungen, der Mord an den beiden Feldherren Abner und Amasa, verurteilt. Indem an die einführende, pragmatische Handlungsanforderung an die Lesenden, „sei nicht zornig, neidisch und eifersüchtig", unmittelbar der Verweis „damit dir nicht Gleiches widerfahre wie dem Kain und Saul und Joab" anschließt, werden die genannten Emotionen auf die Figur Joab transformiert und seine Handlung dargestellt, als sei diese durch Zorn, Neid und Eifersucht motiviert.

Ein Vergleich mit den beiden biblischen Darstellungen in 2 Sam 2,22–30 und 2 Sam 20 zeigt auf, dass der Figur Joabs in diesen Textpassagen keine der genannten Emotionen zugeordnet ist. Es kommen weder Begriffe vor wie קנא oder עין bzw. eine davon abgeleitete Form, die als Ausdruck des „Neids"[65] oder des „Eifers" bzw. der „Eifersucht" im Heb-

---

[63] Apos. Con.,7,5. Den Kapiteln 1–32 des siebten Buches der Apostolischen Konstitutionen liegt als Quelle die „Didache" zugrunde, siehe Metzger, Art. Konstitutionen, S. 540.
[64] Siehe Apos. Con., Vorwort von Valentin Thalhofer; (Bibliothek der Kirchenväter, 1 Serie, Band 19), Kempten 1874.
[65] Die Verbform der Wurzel עין bezeichnet in 1 Sam 18,9 Neidisch-Sein Sauls auf David und stellt die einzige biblische Belegstelle dieser Form dar. Siehe Nordheim-Diehl, Art. Neid, 1.

räischen Verwendung finden, noch begegnet man der Emotion „Zorn" (dargestellt durch die Begriffe אַף, אנף, חמה, חרה, עבר, רגז)[66] im Kontext der Erzählungen.[67] In den Textpassagen lässt sich durch die geschilderten Ereignisse ohne Darstellung der genannten Emotionen eine Rivalität Joabs mit den beiden Kriegsherren Abner und Amasa erkennen.

Der Mord an Abner wird in 2 Sam 3,22–30 erzählt. Als Begründung für Joabs Motivation führt die Erzählstimme in V.27 an, dass Joab diese Tat als Blutrache für den Tod seines Bruders vollzogen hat. Bezieht man jedoch die Gesamterzählung von 2 Sam 2–3 in die Überlegungen mit ein, so stellt sich die Frage: „Handelt es sich tatsächlich um Blutrache oder gibt die Szene im Torschatten [2 Sam 2,22–30, A.F.] die Abrechnung zwischen den zwei agierenden Mächtigen im Königreich wieder?"[68]. Wie Bietenhard aufgezeigt hat, zögert Joab nicht, Abner als Mörder seines Bruders Asaël und zugleich als seinen Konkurrenten zu beseitigen. Damit stellt er sich gegen die friedliche Intention Davids (2 Sam 3,26) und etabliert sich zugleich als zweitmächtigster Mann im Königreich nach dem König. Joab will an den Geschicken der Herrschaft partizipieren und tut dies auch gegen den Willen Davids.[69]

Eine Gemeinsamkeit zwischen den beiden erzählten Morden durch Joab besteht in der Tötungsweise (2 Sam 3,27; 20,10), denn Joab sticht (נכה) seine Gegner in den Bauch (חמש). Die Ermordung Amasas in

---

[66] Siehe Wälchi, Art. Zorn, 1.
[67] Im Unterschied dazu wird in Gen 4 über Kain erzählt, dass dieser zornig (חרה) wurde, da JHWH nicht auf seine Opfergabe blickte. Der Figurenamen Kain, der sich von der Wurzel קנה (erwerben, erschaffen) herleitet, hat phonetische Ähnlichkeit zum Verb קנא (neidisch sein). Der Neid Sauls auf David findet erstmals im Anschluss an das Siegeslied in 1 Sam 18,7 („Saul hat seine Tausende erschlagen und Davids seine Zehntausende") Ausdruck (2 Sam 18,8) und führt im weiteren Erzählverlauf zur Verfolgung Davids durch Saul. Siehe Nordheim-Diehl, Art. Neid, 3.5.
[68] Bietenhard, General, S. 146. Bietenhard unterscheidet die 2 Sam 2–3 in folgende 10 Szenen: (1) JHWHs Grundlegung für das Königtum Davids in 2 Sam 2,1–7; (2) Kriegsbeginn zwischen Juda und Israel in 2 Sam 2,8–11; (3) Kräftemessen und Eskalation in 2 Sam 2,12–17; (4) Abner und die *Söhne der Zeruja* als Grundlegung der kommenden Ereignisse in 2 Sam 2,18–12; (5) Waffenstillstand der beiden Heerführer Abner und Joab in 2 Sam 2,24–32; (6) zunehmende Stärke Davids in Politik und Familie in 2 Sam 3,1–5; (7) Abners Stärke und Ischbaals Schwäche in 2 Sam 3,6–11; (8) Abner verhilft David zum Abkommen mit Israel, König zu werden in 2 Sam 3,12–21; (9) Joab ermordet Abner in 2 Sam 3,22–30; (10) Trauer Davids um Abner und David übergibt JHWH die Rache an seinen Mördern in 2 Sam 3,31–39. Siehe ebd., S. 140.
[69] Siehe Bietenhard, General, S. 140–147.

2 Sam 20,9f. ist ebenso politisch motiviert wie der Tod Abners. Dies wird aus dem literarischen Kontext in 2 Sam 15–20 ersichtlich. Joab handelt gegen den Befehl Davids und tötet den Königssohn Abschalom und dessen Waffenträger (2 Sam 18,14f.). In der Trauer um seinen Sohn wird David durch seinen Heerführer ermahnt. Joab redet ihm ins Gewissen und weist ihn auf die Gefahr hin, dass er die Loyalität seines Volkes verlieren könne, wenn er noch länger um den aufständischen Abschalom trauere (2 Sam 19,6–8). In der Folge setzt David Amasa als obersten Befehlshaber über das Heer ein (2 Sam 19,14), und zwar „anstelle Joabs". Dieser Zusatz weist darauf hin, dass sich David seines bisherigen Heerführers Joab entledigen will.[70] Damit ist eine Rivalität zwischen den beiden Kriegsherren etabliert, die Joab durch die heimtückische Ermordung von Amasa im Rahmen des Scheba-Aufstandes beendet.[71] Dass anschließend das Oberkommando wieder an Joab zurückfällt, wird in 2 Sam 20,10 (ויואב ואבישי אחיו רדף אחרי שבע בן־בכרי) durch die Erwähnung Joabs am Satzanfang und das anschließend singularische Verb רדף ersichtlich.[72]

Das Motiv der Rivalität Joabs gegenüber anderen Kriegsfeldherren, das den biblischen Texten zugrunde gelegt ist und in den „Apostolischen Konstitutionen" adaptiert wurde, findet sich auch in *Paul Albers* Drama *„Bath-Sebas Sünde. Trauerspiel in 5 Akten"*, das er unter dem Pseudonym Paul Alberti im Jahr 1904 veröffentlichte.[73] In diesem Drama erweist sich die Rivalität Joabs gegenüber seinem langjährigen Freund und militärischen Befehlshaber Uria als handlungsleitend. Im 1. Akt, Szene 3 drückt Joab im Gespräch mit seinem Waffenträger Rehab seinen Unwillen aus, nachdem König David befohlen hat, dass Joab gemeinsam mit Urija das Heer bei dem anstehenden Krieg gegen die Ammoniter befehlen soll.

    Rehab (sinnt nach. Pause)
    Herr, Uria war bisher Dein Freund.

---

[70] Siehe Bar-Efrat, Das zweite Buch Samuel, S. 196.
[71] Dass es sich hierbei um eine „heimtückische" Tat handelt, lässt sich daran erkennen, dass Joab in 2 Sam 20,9 mit seiner Anrede „mein Bruder" eine Relation suggeriert, die Amasa täuschen soll. Bar-Efrat weist zudem darauf hin, dass Joab sein Schwert in der linken Hand (2 Sam 20,10) hielt, weshalb Amasa nicht darauf achtete. Gewöhnlich werden die Schwerter in der rechten Hand gehalten. Siehe ebd., S. 208.
[72] Siehe Bar-Efrat, Das zweite Buch Samuel, S. 208.
[73] Siehe Alberti, Bath-Sebas Sünde.

> Joab (erregt).
> Er war's. Jetzt ist er des Königs Günstling und mein Widersacher. Er will mich um meinen Kriegsruhm bringen.[74]

Joab sieht sich und sein Heerführeramt von Uria bedroht, aus diesem Grund plant er, Uria zu beseitigen. Da der Hethiter in der Gunst des Königs steht, kann Joab ihn nicht direkt umbringen, stattdessen will er David dazu bringen, Urias Frau zu begehren:

> Joab: (leise)
> Urias Weib geht jeden Abend bei Sonnenuntergang zum Flußbad. Ich kenne die heimliche Stelle. Sie liegt dicht an den königlichen Gärten. Meine List entdeckte den Ort. Niemand kennt ihn, als Bath-Seba, ihre Dienerin und ich. Selbst Uria kennt ihn nicht. Ich werd' dir ihn zeigen und Dich mit einem Auftrag zum König senden. er lustwandelt heut Abend in seinen Gärten. Deiner List muß es gelingen, ihn an den heimlichen Badeplatz zu locken. Er muß Bath-Seba nackend überraschen. Denn sie ist von wunderbarer Schönheit; schöner, als Michal und all die anderen Frauen auf der Königsburg Zion. Was dann geschieht, weiß ich nicht. (Mit unheimlichen Blicken) Das aber weiß ich, daß Uria nicht mehr nach Jerusalem zurückkehrt, weiter hast Du Nichts zu tun.[75]

Durch diese List plant Joab, seinen Rivalen Uria zu beseitigen. Im anschließenden Zusammentreffen versucht Joab mit unterschiedlichen Mitteln Uria dazu zu bewegen, nicht am Kriegszug teilzunehmen. Seine Versuche bleiben erfolglos, sodass Joabs Plan doch befolgt wird. Dies wird im 2. Akt in der 4. bis 7. Szene dargestellt.[76] Die Rivalität Joabs, die sich auf die von ihm wahrgenommene Bedrohung durch den aufstrebenden Uria gründet, entbrennt, als David neben Joab noch Uria als Heerführer für den anstehenden Krieg gegen die Ammoniter benennt. Joab will sein Amt als Heerführer und den damit verbundenen Kriegsruhm nicht mit Uria teilen, weshalb er diese Ränke schmiedet. Die wiederum führen dazu, dass Davids Blick auf Batseba gelenkt und dass sein Begehren nach der schönen Frau geweckt wird (2. Akt, Szene 5–6).

---

[74] Ebd., S. 12.
[75] Ebenda.
[76] Vgl. ebd., S. 23–28.

Die vorgestellte Rezeptionslinie, die Rivalität Joabs gegenüber anderen Feldhauptmännern um das oberste Amt des Heerführers, ist biblisch bereits belegt (2 Sam 3,37; 20,10) und wurde, wie an ausgewählten Beispielen gezeigt, literarisch adaptiert. Dabei wird der biblische Prätext ergänzt und ausgestaltet. In den *„Apostolischen Konstitutionen"* (4. Jh. n. Chr.) wird Joab als Exempel aufgegriffen. Seine Morde an Abner und Amasa werden verurteilt und mit abzulehnenden bzw. verwerflichen Emotionen wie Zorn, Neid und Eifersucht verbunden. Im Drama *„Bath-Seba"* wird diese Rezeptionslinie ebenfalls aufgegriffen und Urija als Joabs Rivale etabliert. Dabei erfährt dieses biblische Motiv der Rivalität Joabs gegenüber anderen Feldhauptmännern durch die Anwendung auf die Figur Urija eine entscheidende Erweiterung und wird damit im Drama an prominenter Stelle adaptiert. Zu Beginn des Dramas (1. Akt, 3. Szene) leitet es die folgenden Handlungen um den Ehebruch zwischen David und Bath-Seba ein.

4.8.8.6 Zusammenfassung

Die vorliegende Analyse der Figur Joabs stellt ihre Komplexität innerhalb der „David, Batseba und Urija"-Erzählung heraus. In 2 Sam 11 werden wesentliche Züge der Joabfigur benannt, das mentale Modell der Figur ist entscheidend durch die Sozialität Joabs als Heerführer bestimmt. Die Figurenanalyse hat aufgezeigt, dass Joabs Amt als Heerführer sowohl einen wesentlichen Zugang zur Figur als *dargestelltem Wesen* liefert als auch von der Darstellungsweise bestimmt ist. Das erste mentale Modell Joabs, das sich die Lesenden in Bezug auf V.1b bilden können, zeichnet die Figur als Heeresobersten und stellt somit seine Sozialität ins Zentrum. Zugleich wird Joab als aktiv Handelnder dargestellt, der sich innerhalb der erzählten Welt räumlich bewegt und somit einen Kontrast zu König David bildet, der innerhalb Jerusalems statisch dem Raum des Palastes zugeordnet ist und dessen Handlung durch das intransitive Verb ישב ausgedrückt wird.

Durch die Darstellungsweise, wie Joab erstmals in 2 Sam 11 präsentiert wird, kommt es zu einer Hierarchisierung Joabs als Feldherrn, der von König David ausgesendet (שלח) wird und diesem somit untergeordnet ist. Zugleich wird er in Relation zu den Figurenkollektiven „Davids Diener" und „ganz Israel" gesetzt, wodurch auf die Wechselbeziehung des Heerführeramtes verwiesen ist. Auch die Handlungen Joabs (שחת und צור in V.1c.d; צוה in V.19a) deuten auf seine Sozialität hin und präzisieren das Amt des Heerführers. In der Analyse der Figur Joabs als *Symptom* konnte ebenfalls rekurrierend auf sein Amt als Heerführer eine Rezeptionslinie nachzeichnet werden, in der ausgehend von biblischen Erzählungen über die Morde an den Feldherren Abner (2 Sam 3,22–30) und Amasa (2 Sam 20) eine Tradition begegnet, die als Joabs Rivalität gegenüber anderen Kriegsherren um das Heerführeramt charakterisiert werden kann. Diese Tradition wurde adaptiert und in den vorgestellten literarischen Rezeptionen zum einen funktionalisiert (*„Apostolischen Konstitutionen"*) und zum anderen modifiziert (Drama *„Bath-Seba"* von *Paul Alberti*).

Neben der hohen Bedeutung des Heerführeramtes erweist sich m. E. die Ambivalenz zwischen Joab und David als konstitutiv für das Figurenverständnis Joabs. Diese Ambivalenz findet sich auch innerhalb von 2 Sam 11. Aus diesem Grund greift meines Erachtens eine Auslegung zu kurz, wonach Joab als loyaler Krieger gegenüber David gilt, der den königlichen Tötungsbefehl verlässlich umsetzt. Die Erzählstimme lässt offen, wie Joab auf den Tötungsbefehl Davids reagiert oder welche Haltung er dazu einnimmt. Auch wird nicht der Grund benannt, weshalb Joab den königlichen Auftrag, Urija zu töten, anders als befohlen, ausführt. Gerade aufgrund dieser Leerstellen rückt die Figurenrede Joabs in V.19c–21f in den Fokus, in der Joab eine versteckte Kritik an König David äußert, einerseits, indem er in dieser Rede auf das Ergehen Abimelechs als Inbegriff eines sich unvorsichtig Nähernden, der durch die Hand einer Frau stirbt, verweist und diesen durch seine Erzählweise in Relation zu Davids setzt. Anderseits manifestiert sich die Kritik durch den Vergleich der Erzählperspektiven innerhalb des multiperspektivischen Erzählabschnitts (V.15–24), in dem die Bezeichnung, die Joab für den getöteten Urija verwendet, hervorsticht. Einzig in der Vermittlung von Urija Tod durch die Figurenperspektive Joabs wird Urija in Relation (עבדך) zu David gestellt (V.21f).

Auch in 2 Sam 11 begegnet man der Ambivalenz zwischen König David und dem Heerführer Joab, wenngleich die Spannung zwischen den beiden Figuren nicht explizit benannt, sondern nur indirekt wiedergegeben wird. Über die „David, Batseba und Urija"-Erzählung hinaus erscheint diese Ambivalenz v. a. im *Motiv der opponierenden Zerujasöhne*, was Gegenstand der Figurenanalyse Joabs als *Symbol* war. Durch dieses Motiv wird der Figur Joabs eine indirekte Bedeutung verliehen, nach der der Heerführer als Opponent gegenüber dem König fungiert.

Ausgehend von der Figurenrede in V.19c–21f wurden weitere Persönlichkeitsmerkmale der Joabfigur benannt. So erweist sich die Figur einerseits als Stratege und andererseits als geschickter Rhetoriker. Unter Verweis auf die Textstellen 2 Sam 2,18 sowie 2 Sam 17,25 (LXX_{Luk}) und 1 Chr 2,13–17 lassen sich Informationen zur Identität Joabs erschließen. Er wird nach 2 Sam 2,18 als Sohn der Zeruja bezeichnet, die in 1 Chr 2,13–17 und 2 Sam 17,25 (LXX_{Luk}) als Tochter Isais benannt wird. Somit besteht eine geschwisterliche Beziehung zwischen Zeruja und David, weshalb ein Verwandtschaftsgrad zwischen David und dessen Neffen Joab vorausgesetzt werden kann. Die beiden Figuren David und Joab sind sowohl familiär miteinander verbunden als auch durch ihre politischen Ämter, dem Königsamt und dem Amt des Heerführers, aufeinander angewiesen.

Die vorliegende Figurenanalyse Joabs hat die Komplexität dieser biblischen Figur aufgezeigt und die Besonderheiten hinsichtlich der Figurenbeschreibung und der Darstellungsweise herausgestellt. Mit Hilfe des Analyseinstrumentariums von Eder konnte die Figur des Heerführers im Detail entsprechend der vier Dimensionen des Figurenmodells als *dargestelltem Wesen*, *Artefakt*, *Symbol* und *Symptom* vorgestellt werden. Gerade die symbolische Analyse sowie die Untersuchung der Figur als *Symptom* erweitern den Zugang zur Figur und ermöglichen dabei eine Konkretisierung und Verstärkung der in 2 Sam 11 nur andeutungsweise gelieferten Informationen zur Figur (Joab als Opponent Davids; Joabs alleiniger Anspruch auf das Heerführeramt).

4.8.9 Analyse weiterer Figuren(gruppen) in 2 Sam 11

In der „David, Batseba und Urija"-Erzählung gibt es neben den bereits ausführlich unter Anwendung von Eders Analyseinstrumentarium dargestellten Figuren eine ganze Reihe weiterer figuraler Wesen, die im folgenden Abschnitt Gegenstand der Analyse sind. Dabei gilt es zwischen Einzelfiguren und Figurengruppen zu unterscheiden.

In Bezug auf diese „Nebenfiguren"[1] in der biblischen Erzählung vertritt van der Bergh folgende Auffassung: „Mostly, these characters are flat characters, mainly inserted to aid the flow of the plot. [...] These characters do not have psychological depth or any initiative of their own."[2] Van der Berghs Beobachtung, dass die Figurenbeschreibungen der Nebenfiguren auf wenige Aspekte beschränkt sind, ist zuzustimmen, allerdings geht ihre Funktion weit über das bloße Voranbringen der Handlung hinaus.

Müllner spricht im Rahmen ihrer *konstellativen Figurenanalyse* von einem „Beziehungsnetz", in dem die biblischen Erzählfiguren entwickelt werden und in das die einzelnen Figuren stets eingebunden sind.[3] Diese Konstellation umfasst soziale Relationen zwischen den Figuren wie beispielsweise genealogische Verbindungen oder Zuordnungen zu bestimmten Gruppen. Darüber hinaus werden Figuren nicht nur durch direkte Eigenschaftszuschreibungen oder indirekte Charakterisierungen in Form von Handlungen und Wertungen beschrieben, sondern sie werden aneinander profiliert.[4] Auch Eder verweist auf das Netzwerk der Figuren und stellt dessen Relevanz für das Figurenverständnis heraus, denn die Position, die einer Figur innerhalb dieses Netzwerkes zukommt, prägt wesentlich ihre Charakterisierung sowie ihre Bedeutung:

> Figuren stehen als Haupt- oder Nebenfiguren in einer Aufmerksamkeitshierarchie; als Protagonisten oder Antagonisten in einem Netz von Handlungs- und Konfliktbeziehungen; als fiktive Wesen in einem Sozialsystem; als Helden oder Schurken in einem Werte-

---

[1] Zur Problematik der Abstufung zwischen Haupt- und Nebenfiguren siehe Pfister, Drama, S. 226f., der darauf hinweist, dass beim derzeitigen Forschungsstand „sich feinere Abstufungen wie die zwischen ‚Hauptfiguren', ‚tragenden Figuren', ‚Nebenfiguren', ‚Episodenfiguren' und ‚Hilfsfiguren' nur intuitiv abschätzen, nicht aber operational definieren" lassen. Pfister, Drama, S. 227. Mangelns einer besseren Bezeichnung wird im Folgenden der Begriff „Nebenfigur" beibehalten, allerdings mit dem Wissen um die aufgezeigte Problematik.

[2] Van der Bergh, Character, S. 190. Bar-Efrat verweist auf die strukturelle Bedeutung von Nebenfiguren: „(S)ie parallelisieren oder kontrastieren die Hauptfiguren. [...] Die Nebenfiguren dienen als Hintergrund, gegen den sich die Hauptfiguren abzeichnen." Bar-Efrat, Bibel, S. 100.

[3] Siehe Müllner, Samuelbücher, S. 91f.

[4] Siehe ebd., S. 92.

system; als Parallel- oder Kontrastfiguren im Vergleich zueinander.[5]

Hier deuten sich neben dem Voranbringen der Handlung weitere Aspekte und Funktionen von Nebenfiguren an, die diesen innerhalb der Erzählung zukommen. Eine soziale Relationierung begegnet in V.3 bei der Nennung Eliams als Vater Batsebas. Durch diese Verwandtschaftsbezeichnung wird zum einen das Figurenmodell Batsebas um die Benennung ihrer Herkunft ergänzt, und zum anderen wird eine Nebenfigur eingeführt, durch die, wie im Folgenden ausführlich gezeigt wird, eine intertextuelle Verknüpfung zu 2 Sam 23,34 ermöglicht wird.

Die gegenseitige Profilierung stellt eine weitere Funktion der Nebenfiguren dar, die sich ebenfalls in 2 Sam 11 belegen lässt. So ist die Loyalität gegenüber seinen Mitsoldaten (עבדי אדני, V.11c) für die Figur Urija, die er in seiner Figurenrede in V.11b–g hervorhebt, ein konstitutives Element des Figurenverständnisses. Zudem sucht Urija während seines Aufenthalts in Jerusalem die räumliche Nähe zu den עבדי אדניו (V.9b. 13e).

Als weitere Funktion der Nebenfiguren in 2 Sam 11 ist basierend auf V.1b–e die kontrastierende Gegenüberstellung der Hauptfigur David gegenüber der Figurengruppe des Heers, die sich aus dem Heerführer Joab, den königlichen Dienern und ganz Israel (כל־ישראל) zusammensetzt, zu benennen.[6] Mit dem Verweis auf das Schicksal Abimelechs in Joabs Figurenrede in V.21a–d tritt eine weitere Nebenfigur auf. Ihre Erwähnung zielt darauf, die beiden Erzählungen Ri 9,50–55 und 2 Sam 11 mit einander zu verknüpfen und die erzählten Ereignisse zu parallelisieren.[7] Die genannten Beispiele weisen darauf hin, dass den Nebenfiguren in 2 Sam 11 mehr als nur handlungsleitende Funktion zukommt.

Im Folgenden sollen die Nebenfiguren, die in der „David, Batseba und Urija"-Erzählung auftreten, benannt und vorgestellt werden. Der Fokus liegt dabei auf ihrer Bedeutung innerhalb des „Beziehungsnetzes". Die

---

[5] Eder, Figur, S. 721.
[6] Die Doppeldeutigkeit des Eröffnungsverses wurde an anderer Stelle ausführlich dargestellt, siehe S. 190–193; ebenso Sternberg, Poetics, S. 193–196; Bodner, David, S. 77–88. Je nach Auslegung dieses ambigen Eröffnungsverses kann diese Gegenüberstellung sogar Konfliktcharakter annehmen. Indem Davids Verbleiben in Jerusalem negativ konnotiert wird, birgt die Gegenüberstellung der Figurengruppen ein Konfliktpotential.
[7] Siehe ausführlich dazu die Analyse der Perspektive, S. 169–178.

Reihenfolge der anschließenden Figurendarstellungen richtet sich nach dem Erzählverlauf, wobei zuerst die Einzelfiguren und im Anschluss daran die Figurengruppen analysiert werden.[8]

4.8.9.1 Eliam

Durch die Bezeichnung Batsebas als Tochter Eliams in V.3 wird eine Nebenfigur eingeführt, deren Name in der Einheitsübersetzung mit Ammiël, in den meisten deutschsprachigen Übersetzungen mit Eliam übersetzt wird.[9] Diese letztere Schreibweise des Namens entspricht dem MT in 2 Sam 11,3 (אליעם) und korrespondiert mit der griechischen Bezeichnung Ελιαβ der LXX. Daneben gibt es eine zweite Schreibweise für den Namen von Batsebas Vater, die ebenfalls im MT zu finden ist. In 1 Chr 3,5 wird Ammiël als Vater Batsebas bezeichnet (בת־שׁוע בת־עמיאל). Trotz der unterschiedlichen Schreibweise, die auf der Umstellung der beiden Namenselemente (אל und עמי) basiert, ist die Namenssemantik kongruent. Der Figurenname Ammiël bedeutet „Mein Verwandter ist El/Gott" und der Name Eliam lässt sich wiedergeben als „El/Gott ist mein Verwandter".[10] Beide Namensvarianten drücken die Zusammenhörigkeit des Namensträgers zur genannten Dignität aus.

Neben dem Vater Batsebas wird in 2 Sam 23,34 eine zweite Figur benannt, die den Namen אליעם trägt. Unter den Helden Davids wird in 2 Sam 23,34 „Eliam, der Sohn Ahitofels, der Giloniter" genannt. Ausgehend von dieser Erwähnung findet sich in der Auslegungs- und Rezeptionsgeschichte häufig die Auffassung, dass Ahitofel, der Berater Davids, Batsebas Großvater ist. Bereits von Rad hat in einer Fußnote auf diese verwandtschaftliche Relation hingewiesen: „Achitophel war übrigens ein

---

[8] Auf die Figurenanalyse von Abimelech und der Frau, die einen Stein auf ihn wirft, wird in der Stelle zur Vermeidung von Redundanzen verzichtet, da die beiden Figuren in der Analyse der Perspektive untersucht wurden, siehe dazu S. 175f.
[9] Die Einheitsübersetzung, die den Namen von Batsebas Vater mit Ammiël wiedergibt, weicht in diesem Fall von den Loccumer Richtlinien ab. Nach Schroer hat die Einheitsübersetzung diesen Namen aus 1 Chr 3,5 übertragen. Siehe Schroer, Samuelbücher, S. 166. Deshalb wird von der sonst zugrunde liegenden Schreibweise der biblischen Namen nach der Einheitsübersetzung abgewichen und stattdessen die Schreibweise „Eliam" entsprechend den Loccumer Richtlinien gewählt. Siehe Fricke u. a., Ökumenisches Verzeichnis, S. 54.
[10] Siehe Stoebe, Samuelis, S. 280.

Großvater der Bathseba. 2 Sam. 11,3; 23,24."[11] Auch in der aktuellen Forschung wird diese Auffassung häufig vertreten, denn sie liefert eine mögliche Begründung für Ahitofels Verhalten in 2 Sam 15,12.[12] Die biblische Erzählung lässt offen, welche Motivation Ahitofel, der Berater Davids, hat, den rebellierenden Abschalom zu unterstützen.[13] So setzt Bodner unter der Annahme, dass der in 2 Sam 11,3d genannte Ammiël/Eliam identisch ist mit dem Eliam, der in 2 Sam 23,34 unter den Helden Davids aufgelistet wird, eine verwandtschaftliche Relation zwischen Ahitofel und seiner Enkeltochter Batsebas voraus. „If such a correlation is made, the motive for Ahithophel's defection becomes more clear: David's affair with his granddaughter and subsequent treatment of Uriah gives him a reason to harbour enmity."[14]

Zugleich mahnt Bodner allerdings zur Vorsicht, denn die verwandtschaftsbasierte Beziehung zwischen Ahitofel und Batseba lässt sich nur über die Figur des אליעם eruieren, sie ist nicht explizit aus den biblischen Texten ableitbar.[15] Stefan Seiler lehnt die Annahme einer verwandtschaftlichen Relation zwischen Batseba – Eliam – Ahitophel ab, denn diese sei „jedoch bereits aus Gründen der Generationenfolge eher unwahrscheinlich"[16].

Die verwandtschaftliche Verbindung zwischen Batseba und Ahitofel, die biblisch über die Figur des Ammiël/Eliam hergestellt wird, findet sich auch in der rabbinischen Auslegung und wird im Traktat *bSan 69b* vorausgesetzt: „[Anm. in Fußnote: ii Sam. 11,] *das ist ja Bath Šebá, die Tochter Eliáms, die Frau Urija des Ḥithiters*; ferner heißt es [Ib.23,34]: *Eliám, der Sohn Aḥitophels, aus Gilo*"[17].

---

[11] Rad, Geschichtsschreibung, S. 20: Anm. 25.
[12] Koenig, Bathsheba, S. 45, 81; Dietrich, Kolonne, S. 95; Bodner, Motives, passim.; Schroer, Samuelbücher, S. 166.
[13] Müllner, Ahitofel, S. 333, weist in diesem Zusammenhang darauf hin, dass die gängige Auslegung, es handle sich hierbei um einen Verrat Ahitofels an David, zu überdenken ist. Der biblische Text gibt keine Gründe an, weshalb Ahitofel Abschalom unterstützt. Nach Müllner ist zu beachten, dass die Initiative für den Wechsel in das Lager Abschaloms nicht von Ahitofel ausgeht, was ein wesentliches Moment des Verrates wäre. Stattdessen sendet (שלח) der Königssohn nach dem königlichen Berater aus.
[14] Bodner, Motives, S. 65.
[15] Siehe ebd., 64, ebenso Stoebe, Samuelis, S. 280.
[16] Seiler, Art. Ahitofel, 1, ebenfalls kritisch äußern sich gegenüber der familiären Beziehung: Ackroyd, Samuel, S. 162; Stoebe, Samuelis, S. 361.
[17] bSan 69b.

Im Anschluss daran wird eine eigentümliche Zählung vorgenommen, wonach Ahitofel im Alter von dreiunddreißig Jahren Selbstmord beging. Daraus resultiert nach *bSan 69b*, dass Ahitofel lediglich acht Jahre alt war, als er seinen Sohn zeugte und Batseba im Alter von sechs Jahren mit dem im Ehebruch gezeugten Kind schwanger wurde und mit acht Jahren Salomo gebiert. Diese idealisierte Zählweise setzt eine 24-jährige Zeitspanne für die drei Generationen voraus, wobei die Nachkommen jeweils im Abstand von acht Jahren geboren werden.[18]

Auch in der literarischen Rezeption begegnet man der Thematik der verwandtschaftlichen Relation zwischen Batseba und Ahitofel. In den Dramentexten um 1900 wird es allerdings einzig im Drama *„David und Bathseba"*[19], das von *Martha Hellmuth* 1906 veröffentlicht wurde, aufgegriffen. Im 2. Akt, Szene 6–8 werden der Ehebruch Davids mit Batseba, der Enkeltochter Ahitophels, und die Rebellion Absaloms mit einander verknüpft. Ahitophel plant, nachdem er von Davids Tat an seiner Enkelin erfahren hat, gemeinsam mit Absalom gegen den König vorzugehen. Ahitophel spricht zu dem flüchtenden Absalom, der nach der Ermordung seines Bruders Amnon Sanktionen von König David befürchtet:

> Doch Beide schlagen wir denselben Gegner
> In David, – darum triff in wenig Stunden
> In meinen Haus mich vor dem Palmentor,
> Dort berg' ich Dich, bis unser Anhang stark
> Genug, dann rütteln wir am morschen Thron,
> Bis Davids stürzte, wie einst König Saul!
> Wer Recht gebeugt wie er und übertreten
> Das erste der Gebote, sei nicht länger
> In Juda König, dann an seiner Statt
> Gebiete Du![20]

---

[18] bSan 69b: „Ferner wird gelehrt, daß die ganze Lebensdauer […] des Aḥitophel nur dreiunddreißig Jahre betragen habe. Somit währte [das ganze Ereignis] dreiunddreißig Jahre; davon ziehe man sieben Jahre ab, die Šelomo damals alt war, so bleiben es [Anm. in Fußnote: Seit der Geburt des Eliám bis zur Geburt Šelomos.] sechsundzwanzig, ferner ziehe man noch zwei Jahre für die Schwangerschaften ab, so ergibt es sich, daß jeder [Anm. in Fußnoten: Aḥitophel, Eliám u. Bath Šebá.] mit acht Jahren zeugte. Wieso aber, vielleicht zeugten jene zwei mit neun Jahren, nur gebar Bath Bath Šebá mit sechs Jahre, denn ein Weib ist entwickelter!?"

[19] Siehe Hellmuth, David und Bathseba, Sp. 583–626.

[20] Ebd., Sp. 601f.

Auch in aktuellen Rezeptionen begegnet man der verwandtschaftlichen Verbindung zwischen den beiden Figuren. Der Roman „*Batseba. Eine Frau die Gnade fand*" von *Francine Rivers* aus dem Jahr 2010 beginnt im ersten Kapitel mit der Herausstellung der familiären Beziehung der beiden Figuren: „Batseba riss ein Stück von dem Brot ab und hielt es ihrem Großvater hin, auf dessen Knie sie saß. Ahitofel aß es ihr aus der Hand."[21] Auch im 1993 erschienenen Roman „*David. Der Geliebte*" von *Hildegard Horie* treten die beiden Figuren Batseba und Ahitophel in einer verwandtschaftlichen Beziehung zueinander auf. Batseba wird folgendermaßen eingeführt:

> Ohne sie aus den Augen zu verlieren, trat er einige Schritte zurück und rief leise nach einem Bediensteten: ‚Finde heraus, wer sie ist', das war alles. Der König brauchte nicht lange auf die Antwort zu warten. Jeder hier kannte sie. Es war Batseba, die Enkelin Ahitofels und die Frau des Hethiters Uria.[22]

Die kurzen Verweise auf die Auslegungs- und Rezeptionsgeschichte zeigen, dass die familiäre Relation zwischen Batseba über Eliam zu Ahitofel, die der biblischen Darstellung durch die Verknüpfung der Textstellen 2 Sam 11,3 und 2 Sam 23,24 zugrunde liegt, adaptiert wurde. Durch den Verweis auf Batsebas Vater in 2 Sam 11,3d wird ihr eine Herkunft zugesprochen und ihr Figurenmodell gewinnt an Komplexität. Die Nebenfigur Eliam profiliert durch die soziale Relationierung somit die Figur Batseba.

4.8.9.2 (Joabs) Bote

In der vierten Szene tritt mit dem Boten (Joabs) eine weitere Einzelfigur auf. In 2 Sam 11 gibt es eine Vielzahl an Botengängen (2 Sam 11,3.4.5b–e.6a–c.10–13), bei denen allerdings die Boten unbenannt bleiben. Diese Botengänge weisen nach Käser eine sprachliche Reduktion auf, die entweder als Leerstellen, Präsuppositionen, Implikationen oder semantisch-pragmatische Sonderformen bestimmt werden können.[23] Im Unterschied dazu sticht die Darstellung der Beauftragung des Boten durch Joab in V.19c–21f und die Übermittlung dieser Botschaft in V.23b–24c bereits rein quantitativ hervor. Zudem wird hier eine Einzelfigur etabliert, die

---

[21] Rivers, Batseba, S. 11.
[22] Horie, David, S. 168.
[23] Siehe Käser, Inkohärenz, S. 353.

zwar die Botschaft und damit die Perspektive Joabs wiedergibt, allerdings eigeninitiativ handelt. Aus diesem Grund beschränkt sich die folgende Untersuchung auf die Analyse des Boten Joabs, der deshalb als Einzelfigur in den Blick kommt.

Für die Analyse der Botenfigur ist es zunächst notwendig, die Funktion dieses Amtes sowie den Botenvorgang näher zu bestimmen. Die Form des Botenvorgangs, so Andreas Wagner, weist im alttestamentlichen Kontext aufgrund seiner überwiegend einheitlichen Struktur mehrere analytische Terminologien auf: Zu den Kernelementen des Botenvorgangs zählen erstens die Botenbeauftragung bzw. der Botenbefehl, zweitens die Botenformel und drittens die Botschaft.[24] Als weiteres, ergänzendes Element benennt Wagner die Botensendung, die nach Krispenz meist durch das Verb שלח eingeleitet wird.[25]

In 2 Sam 11,18 wird die Botensendung erzählt: Joab sendet aus (שלח), um David über die Kriegsereignisse zu informieren. In V.19a–21e ist die Botenbeauftragung durch Joab dargestellt, wobei die Ausführlichkeit bei der Instruktion des Boten besonders auffällt, in der Joab vorgibt, wie bzw. auf welche Weise der Bote die Nachricht überbringen soll. In V.19a–b findet sich eine explizite Einleitung der Botenbeauftragung. Die Botenformel, die in ihrer grundlegenden Form כה אמר lautet, kommt zwar nicht in der Figurenrede Joabs vor, wird aber narrativ durch die Erzählstimme in V.22 vermittelt. An die Botenbeauftragung schließt die direkte Wiedergabe der Botschaft in V.21f. durch Joab an. Bereits zuvor, in V.19c, wird als weiterer Inhalt der Botschaft die Wiedergabe der Kriegsereignisse durch die Erzählstimme benannt. Obwohl diese Ereignisse nicht in ihrem Wortlaut durch Joab wiedergegeben werden, sind sie Bestandteil der an König David zu überbringenden Botschaft, was aus der anschließenden Darstellung der Rede des Boten in V.23b–c hervorgeht. Seine Rede wird in V.23a eingeleitet und die Botschaft in V.23b–24c wiedergegeben.[26] Dabei stellt der Bote die Kriegsereignisse auf eine Weise dar, in der die Schuld für die Kriegsverluste abgemildert wird: Zum einen weist er darauf hin, dass die Initiative zum Kampf von Seiten

---

[24] Siehe Wagner, Bote, S. 7.
[25] Siehe Krispenz, Art. Bote/Gesandter, 1.
[26] In der Perspektivenanalyse zur vierten Szene in 2 Sam 11 wurde bereits darauf hingewiesen, dass in der Rede des Boten die Perspektive Joabs vermittelt wird. Siehe dazu den Abschnitt zum multiperspektivischen Erzählen in der vierten Szene, S. 169–178.

der Stadtbewohner ausgeht.[27] Sie eröffnen einen Angriff auf das Heer Davids und ziehen aus der Stadt bis auf das Feld hinaus (V.23c). Zum anderen wird die Milderung durch die Anordnung der Kriegsereignisse in der Figurenrede des Boten erreicht. Zunächst benennt und betont der Bote die Stärke der gegnerischen Stadtbewohner, indem er seinen Botenbericht mit dem Verweis כי־גברו עלינו האנשים (V.23b) beginnt.[28] Im Anschluss daran meldet der Bote erste militärische Erfolge des davidischen Heeres, obwohl ihnen die Stadtbewohner überlegen waren. Davids Truppen können den Angriff der Stadtbewohner abwehren und sie sogar zurückdrängen (V.23c–d). Der Bote setzt seinen Bericht fort und informiert den König über die Opfer beim riskanten Zurückdrängen der Angreifer, die sich der Stadtmauer Rabbas zu weit genähert hatten und durch die gegnerischen Schützen getroffen wurden (V.24a–b). Entgegen der Instruktion Joabs in V.20a–c wartet der Bote nicht, bis der König zornig wird, sondern er fügt direkt die Information zum Tod Urijas (V.24c) an den Bericht der Kriegsereignisse an. Daran lässt sich das eigeninitiative Handeln des Boten erkennen. Über die Motivation, weshalb der Bote von Joabs Instruktion abweicht, gibt es keinerlei Informationen im Text. Als eine Möglichkeit wäre denkbar, dass der Bote bei der Überbringung dieser negativen Botschaft der eigenen Gefährdung entgegenwirken möchte, denn unter Verweis auf 2 Sam 18,19–23 deutet Brueggemann darauf hin: „(m)essengers have dangerous work, for they may be killed if the message displeases"[29]. Stolz bietet eine alternative Erklärung an, wonach der Bote gemerkt habe, worum es eigentlich geht. Aus diesem Grund berichtet er sofort von Urijas Tod.[30]

Hinsichtlich der Figurenbeschreibung des Boten (Joabs) lassen sich folgende konstitutiven Aspekte zusammenfassen. Der Bote verfügt über rhetorisches Geschick, indem er die Informationen in seiner Rede so anordnet, dass die Schuld für die Kriegsverluste abgemildert wird. Außerdem handelt er als Bote entgegen der Botenbeauftragung und meldet sofort die gesamte Botschaft, womit er den von Joab vorhergesagten Zornesausbruch von David abwendet. Auch wenn die Motivation hierfür

---

[27] Siehe Bar-Efrat, Das zweite Buch Samuel, S. 111.
[28] In der Darstellung des Boten wird die Überlegenheit nicht näher bestimmt. Es bleibt offen, ob es sich um eine zahlenmäßige, materielle oder psychologische Überlegenheit handelt.
[29] Brueggemann, Samuel, S. 277.
[30] Siehe Stolz, Samuel, S. 238.

nicht innerhalb der Erzählung genannt wird, so ist lässt sich dies als Indiz für seine Eigeninitiative verstehen. In seiner Rolle als Bote besitzt er zudem das Vertrauen Joabs, der ihn eine solche heikle Botschaft übermitteln lässt.[31]

Innerhalb der Darstellungsweise der Erzählung kommen der Figur des Boten (Joabs) wichtige Funktionen zu. Zum einen verbindet er in seiner Rolle als Bote die beiden Hauptschauplätze Rabba und Jerusalem miteinander, wobei er die räumliche Distanz zwischen den beiden Orten überwindet. Dabei ermöglicht er die Kommunikation trotz räumlicher Distanz zwischen den Figuren Joab, der in Rabba verortet ist, und König David, der sich in der Residenzstadt Jerusalem befindet. Indem er die beiden Hauptschauplätze und somit die beiden Haupthandlungsstränge miteinander verbindet, trägt er zum anderen zur Entwicklung der Handlung bei. Eine weitere wesentliche Funktion des Boten im Kontext seines Botengangs stellt die Vermittlung der Figurenperspektive Joabs dar. Durch die Abweichungen zwischen der Botenbeauftragung durch Joab und dem Botenbericht sowie der Abfolge der Informationen innerhalb der Rede des Boten wird die Charakterisierung des Königs profiliert. In Bezug auf den Botenbericht in V.23b–24c fasst Käser dessen Funktion folgendermaßen zusammen: „Die Erwähnung dieser Details hat zum Ziel, dem Leser die innere Distanz Joabs zur Anweisung Davids, Urijas zu Tode zu bringen, zu verdeutlichen."[32] Durch diese genannten Funktionen der Botenfigur erschließt sich ihre Bedeutung als Nebenfigur für die „David, Batsebas und Urija"-Erzählung.

4.8.9.3 Gottesfigur

Am Ende der „David, Batseba und Urija"-Erzählung tritt in V.27f mit JHWH eine weitere Erzählfigur auf, die Gegenstand der folgenden Untersuchung ist. Für eine intra- und extradiegetische Annäherung an Gott als Figur bedarf es zunächst einiger Vorüberlegungen. Wesentliche Impulse dazu entstammen dem Tagungsband „Gott als Figur", in dem m. E. die zentrale Frage nach Gott erstmals konsequent narratologisch in Form von theoretischen und analytischen Reflexionen innerhalb der Bibelwissenschaften, der Literatur- sowie Medienwissenschaften gestellt wurde.[33]

---

[31] Siehe van der Bergh, Character, S. 189.
[32] Käser, Inkohärenz, S. 346.
[33] Vgl. Eisen / Müllner (Hg.), Gott als Figur.

Die Analyse von Gott als Erzählfigur birgt eine Herausforderung, die nach Eisen und Müllner die konstitutive Spannung umfasst, „nämlich Gott als Figur wie jede andere zu behandeln und dabei die mögliche Besonderheit der Gottesfigur zu erheben"[34]. Es lässt sich zunächst festhalten, dass die grundlegenden Aspekte von Figuren, wie sie in der Figurentheorie entwickelt wurden, für alle Erzählfiguren gelten – unabhängig davon, ob diese Figuren menschliche Wesen, „sprechende Tiere, singende Pflanzen, belebte Maschinen, fantastische Kreaturen oder abstrahierte Gestalten"[35] sind. In diesem Sinn ist die Dignität zunächst als Figur wie jede andere zu verstehen, vorausgesetzt, sie tritt innerhalb einer biblischen Erzählung auf bzw. spielt eine Rolle innerhalb der fiktionalen Welt.[36]

Eisen und Müllner nennen sechs Dimensionen, die wesentlich für die Analyse der Erzählfigur *Gott* sind: Unter dem *Aspekt einer vielschichtigen Kommunikation* wird auf die narratologische Grundvoraussetzung, die Unterscheidung nach verschiedenen Ebenen narrativer Kommunikation, verwiesen, die bei jeder Figurenanalyse Berücksichtigung findet. Hierbei gilt es herauszuarbeiten, auf welcher Ebene der Kommunikation die Gottesfigur eine Rolle spielt bzw. handelt und durch welche Erzählinstanzen sie charakterisiert oder vermittelt wird.

Darüber hinaus lassen sich die *mimetischen Perspektiven* der Gottesfigur analysieren. Diese Dimension zielt darauf ab, die Gottesfigur in der Terminologie nach Eder als *dargestelltes Wesen* zu fassen.[37] Darüber hinaus ist in diesem Zusammenhang danach zu fragen, durch welche Aspekte sie als übernatürliches Wesen klassifiziert wird und welche Zu-

---

[34] Eisen / Müllner, Einführung, S. 15.
[35] Siehe Eder, Figur, S. 707.
[36] Siehe Eisen / Müllner, Einführung, S. 15. Eisen und Müllner konkretisieren dies weiter: „Gott als eine Figur wie alle anderen zu analysieren, ist eine methodische Setzung innerhalb eines literaturwissenschaftlichen Bezugssystems, die es ermöglichen soll, die narrative Darstellung Gottes in einzelnen Werken detaillierter herauszuarbeiten." Ebd., S. 15.
[37] Siehe Eder, Figur, S. 162–321. In Bezug auf die Gottesfigur vgl. Eder, Gottesdarstellung, S. 38–41. Eder benennt in diesem Zusammenhang die drei wesentliche Eigenschaftsbereiche Körperlichkeit, Figurenpsyche und Sozialität. Ergänzt wird dies durch das Verhalten, in dem sich körperliche Handlungen oder Aktionen und mentale Motive verbinden und meist eine soziale Ausrichtung vorliegt. Siehe Eder, Gottesdarstellung, S. 39.

schreibungen auf eine menschenähnliche Darstellung hinweisen.[38] Daneben stellt die extradiegetische Frage nach der Gottesfigur als *Artefakt* eine weitere Untersuchungskategorie dar, die Eisen und Müllner als *ästhetische Perspektiven* bezeichnen.[39] In diesem Kontext geht es um die Darstellungsweise der Gottesfigur. Nach Eder wird unter der Kategorie des *Artefakts* die Gestaltung einer Figur untersucht. Dabei werden medienspezifische Darstellungsmittel, Strukturen der Informationsvergabe, allgemeine Artefakt-Eigenschaften und übergreifende Figurenkonzeptionen ermittelt.[40]

Unter der Kategorie *Handlung und Figurenkonstellation* wird die Gottesfigur innerhalb des Beziehungsnetzes biblischer Figuren und Figurengruppen untersucht. In diesem Zusammenhang ist es wichtig, dass neuzeitliche Vorstellungen wie beispielsweise das Konzept der Individualität nicht anachronistisch auf biblische Texte rückprojiziert werden, sondern vielmehr ist es im Hinblick auf die biblischen Texte notwendig, alttestamentliche Konzepte der Anthropologie einzuholen. In diesem Zusammenhang etabliert Müllner im Anschluss an die „konstellative Anthropologie"[41] die „konstellative Figurenanalyse".[42] „Innerhalb der erzählten Welt der Bibel steht somit weniger die einzelne Figur in ihrer Individualität im Zentrum, sondern die Figur als Teil einer Konstellation, was insbesondere auch für Gott gilt."[43]

Als weitere Dimension der Analyse der Gottesfigur benennen Eisen und Müllner *intertextuelle und transmediale Bezüge*, die wesentlich zur Konstitution und Weitergabe eines kulturübergreifenden Konzepts der Gottesfigur beitragen. Aufgrund dieses intertextuellen und transmedialen Bezugsrahmens lässt sich der Gottesfigur eine Wiedererkennbarkeit und Eigenständigkeit zusprechen. „In biblischen und nachbiblischen Texten wird die Figur Gott zumeist nicht explizit eingeführt. Sie wird still-

---

[38] Nach Eisen und Müllner können in diesem Zusammenhang mehrere Bereiche menschenähnlicher Darstellung unterschieden werden: Anthropopragmatik, Anthropopathetik, anthropomorphe Körperlichkeit bzw. Darstellung. Siehe Eisen / Müllner, Einführung, S. 17.
[39] Siehe ebd., S. 19f.
[40] Siehe Eder, Gottesdarstellung, S. 44.
[41] Vgl. Janowski, Mensch, S. 4–9.
[42] Vgl. Müllner, Samuelbücher, S. 90–94. Siehe ebenfalls die Thematisierung dieses Ansatzes in der vorliegenden Arbeit unter dem Abschnitt 4.8.4.2 Figuren in biblischen Erzähltexten, S. 336–346.
[43] Eisen / Müllner, Einführung, S. 20.

schweigend als bekannt vorausgesetzt und *en passant* charakterisiert."[44]
Unter der Dimension der *empirischen Perspektiven* ist der Aspekt gefasst, dass Figurenkonzepte immer – unabhängig ob Produktion oder Rezeption – im kulturellen Raum entstehen und somit einerseits bestehende kulturelle Vorstellungen widerspiegeln oder andererseits durch kulturell geprägte Situationen oder Ereignisse überhaupt erst bedingt sind.[45]

Mit diesen sechs genannten Dimensionen, die eine Analyse der Gottesfigur prägen und für diese relevant sind, soll nun die Figur Gott in 2 Sam 11 untersucht werden. Gott betritt als Figur am Ende der Erzählung in V.27f die Bühne der fiktionalen Welt. Die Gottesfigur wird in Form eines evaluativen Kommentars der Erzählstimme präsentiert und ist somit der Ebene der Erzählung (K II) zugeordnet: וירע הדבר אשר־עשה דוד בעיני יהוה (2 Sam 11,27f). Mit diesen wenigen Worten wird eine Einzelfigur etabliert, die trotz ihres kurzen Auftritts aufgrund ihrer Multifunktionalität, die in der folgenden Analyse herausgearbeitet wird, wesentlich für die „David, Batsebas und Urija"-Erzählung ist.

Unter der *mimetischen Perspektive*, der Analyse der Figur als *dargestelltem Wesen*, fällt besonders auf, dass die Gottesfigur in V.27f menschenähnlich dargestellt ist. Der Verweis auf die Augen JHWHs, wodurch der Fokus auf ein Körperteil der Figur gelenkt wird, stellt einen Beleg für die anthropomorphe Darstellung Gottes dar. Der Zusatz בעיני יהוה ist als ein Hinweis auf die Subjektivität des Urteils וירע הדבר אשר־עשה דוד zu verstehen und etabliert Gott als Figur.[46] Das Nomen עין tritt in 2 Sam 11 nochmals in V.25c auf und wird in dieser Textstelle eindeutig einem Menschen, Joab, zugewiesen. Werden in alttestamentlichen Texten die Augen eines Menschen oder die Augen Gottes benannt, dient dies weniger als Verweis auf die physische Funktion des Organs, sondern stattdessen wird auf die „Qualität des Blickes"[47] rekurriert. In diesem Zusammenhang bilden die עיני יהוה einen intratextuellen Bezug zum Blick Davids in V.2d. Die Qualität beider Blicke zieht eine Wertung

---

[44] Eisen / Müllner, Einführung, S. 21.
[45] Siehe ebd., S. 22. In der Figurenanalyse von Jens Eder, der eine grundsätzliche Unterscheidung zwischen intendierter, empirischer und idealer Rezeption vorausgeht, werden die Ursache und Wirkung der Figur unter dem Aspekt der Figur als Symptom subsumiert. Vgl. Eder, Figur, S. 541–560.
[46] Siehe Müllner, Gewalt, S. 166. Müllner arbeitet die Subjektivität eines Urteils unter Verweis auf die „Augen" anhand des Zusatzes בעיני אמנין heraus.
[47] Schroer / Staubli, Körpersymbolik, S. 117.

nach sich. Während in V.2e die Schönheit Batsebas durch den beobachtenden David herausgestellt wird, wertet JHWH in V.27f Davids Taten. Die Augen JHWHs fungieren dabei als Raum des Urteils.

Neben dieser anthropomorphen Darstellung der Gottesfigur, die durch den Rekurs auf die Augen JHWHs erzielt wird, findet sich in V.27f ein weiterer Hinweis auf ihre menschenähnliche Darstellung. Mit der Verbalform רעע wird nach Stoebe meist ein Urteil eingeleitet.[48] Das durch das Verb רעע determinierte Subjekt wird als etwas Negatives konnotiert. Die Formulierung, etwas sei schlecht bzw. böse im Urteil einer oder eines anderen, weist auf die Anthropopathetik Gottes hin, d. h., „Gott fühlt ausgeprägt so wie es auch Menschen tun"[49]. Das Verb רעע tritt innerhalb der Erzählung auch in V.25c auf, wo es David in seiner Rede an Joab verwendet. Ebenso wie in V.27f leitet das Verb in V.25c ein Urteil ein, das allerdings negiert ist. Der Bezugspunkt ist, wie ausführlich in der Perspektivenanalyse herausgestellt, die menschliche Figur Joabs.[50] Durch die intratextuellen Bezüge zwischen V.27f und V.25c in Form von Stichwortverbindungen und außerdem durch die kunstvolle Gestaltung der beiden Teilverse als Chiasmus wird die Gottesfigur parallelisiert mit der menschlichen Figur Joabs.[51] Beide Figuren sind durch den Verweis auf ihre Augen und das jeweils einleitende Verb רעע in ähnlicher Weise als urteilende Instanz charakterisiert.

Die Darstellung der Gottesfigur in 2 Sam 11,27f erschöpft sich jedoch nicht in der menschenähnlichen Darstellung, sondern JHWH wird zugleich als nichtmenschliches Wesen dargestellt, das übernatürliche Fähigkeiten besitzt. Die Gottesfigur nimmt Ereignisse wahr, auch wenn sie nicht als Figur auftritt und in die Ereignisse eingreift. Die Verurteilung von Davids Taten durch JHWH am Ende der Erzählung verweist darauf. Es bleibt zwar offen, welche Tat von der Gottesfigur als schlecht verurteilt wird – sei es der Ehebruch (V.4b–d), der Mord an Urija (V.14b–15g) oder das bedenkliche Urteil Davids über die Kriegsereignisse vor Rabba

---

[48] Siehe Stoebe, Art. רעע, S. 796.
[49] Eisen / Müllner, Einführung, S. 17.
[50] Siehe ausführlich dazu die Perspektivenanalyse zur fünften Szene in der vorliegenden Arbeit, S. 180–183.
[51] Vgl. 2 Sam 11,25c: *Nicht* schlecht (a) ist in deinen Augen (b) diese Sache (c); 2 Sam 11,27f: Aber schlecht (a') war die Sache (c'), *die David getan hat*, in den Augen JHWHs (b'). Die Unterschiede zwischen den beiden Teilversen wurden kursiv hervorgehoben.

(V.25c) – allerdings lässt die Formulierung in V.27f. keinerlei Zweifel daran, dass JHWH die Taten Davids wahrgenommen hat.

Die Gottesfigur verfügt zudem ähnlich wie die Erzählstimme in 2 Sam 11 über Allwissenheit. Sie hat unbegrenzten Zugang zu Informationen, weshalb sie um Davids Taten weiß und den Zusammenhang von Ehebruch und Ermordung Urijas kennt. Das in V.27f geäußerte Urteil JHWHs gegenüber David, das das erste explizite Werturteil innerhalb der Erzählung darstellt, etabliert zugleich einen neuen Spannungsbogen, wodurch eine göttliche Handlung bzw. Sanktion gegen David eingefordert ist, die in der anschließenden Erzählung in 2 Sam 12,1–25 durch den Propheten Natan auch vollzogen wird.[52]

Wie bereits hier angedeutet, ist die Gottesfigur als moralische Instanz etabliert, die zwischen gut (יטב) und schlecht (רעע) sein unterscheidet und wertend gegenüber der Figur Davids auftritt. Indem die Erzählstimme die negative Bewertung Davids in V.27f der Figur JHWH zuordnet, wählt sie eine Autorität, die über dem König steht.[53] Die Bewertung orientiert sich an einem Wertesystem, das die Figur Gott wiederherstellt und auf dessen weiterbestehende Gültigkeit verweist. Auch König David ist an dieses Wertesystem gebunden.[54]

Unter *ästhetischen Perspektiven* steht die Frage nach der Gestaltung der Gottesfigur innerhalb der Erzählung im Fokus. Von hoher Bedeutung dabei ist die Bestimmung des Auftritts der Gottesfigur innerhalb der Handlung. Sie tritt im Erzählschluss auf, der aufgrund seiner exponierten Stellung innerhalb der Erzählung den Rezipienten besonders in Erinnerung bleibt, da er das Wahrgenommene abschließend interpretiert.[55] Wie

---

[52] Am Ende der Erzählung in V.27f. wird nochmals Spannung aufgebaut. Während in V.27c–e eine *closure*, d. h. eine Auflösung der Handlung, vorliegt, wird durch die Wertung JHWH in V.27f, wie in der Handlungsanalyse gezeigt, eine weitere Handlung JHWHs bzw. eine von ihm initiierte Handlung bedingt. Zur Spannungserzeugung aufgrund eines offenen Endes, siehe Lahn / Meister, Erzähltextanalyse, S. 162. 2 Sam 11,27f. wird in 2 Sam 12,9 wieder aufgriffen und weitere intertextuelle Markierungen werden vorgenommen. 2 Sam 12,9: „Warum hast du das Wort JHWH verachtet und getan, *was böse* (הרע) *ist in seinen Augen*? Urija, den Hetiter, hast du mit dem Schwert *erschlagen* (נכה, vgl. 2 Sam 11,15f.) und seine Frau hast du dir zur Frau *genommen* (לקח, vgl. 2 Sam 11,4b). Und ihn selbst hast du durch das Schwert der Ammoniter umgebracht." [Hervorhebungen A. F.]

[53] Siehe Bar-Efrat, Das zweite Buch Samuel, S. 113.

[54] Vgl. ebenda.

[55] Siehe Finnern, Narratologie, S. 118.

in der Handlungsanalyse dargestellt wurde, handelt es sich in V.27f um ein offenes Ende, das nicht nur Spannung erzeugt,[56] sondern durch seine kognitiv-behaviorale Wirkung die Rezipierenden zum Weiterdenken und ggf. Handeln anregt.[57] Durch die Wertung der Gottesfigur am Erzählschluss, durch die Davids Handeln negativ gedeutet wird, kommt es zu einer Beeinflussung der Lesenden bei der Beurteilung der erzählten Ereignisse und vor allem bei der Bewertung der Königsfigur.

Ein weiterer Aspekt bei der Darstellungsweise der Gottesfigur stellt die doppelte Fokalisierung dar. Aus diesem Grund wird in V.27f, was der Form nach ein evaluativer Kommentar der Erzählstimme ist, die Erzählerperspektive durch die Figurenperspektive JHWHs überlagert.[58] Dadurch ist zum einen Gott als Erzählfigur in der erzählten Welt etabliert und zum anderen greift die Erzählstimme, wie oben dargestellt, auf eine Autorität zurück, die König David sowie allen anderen Figuren und Figurengruppen übergeordnet ist.

Als dritte Besonderheit bei der Gestaltung der Gottesfigur ist auf die Bezeichnung, die Verwendung des Gottesnamens יהוה hinzuweisen. Mit dem Tetragramm יהוה wird die Gottesfigur weiter charakterisiert, denn es handelt sich hierbei um dem Namen des Gottes Israel.[59] Über dessen Bedeutung und etymologische Herkunft herrscht kein Konsens innerhalb der Forschung, es gibt unterschiedliche Auffassungen.[60] Im alttestamentlichen Text Ex 3,14 wird eine Bedeutung suggeriert, wonach sich der Gottesname von dem Verb היה ableite. Nach Becking resultieren daraus die beiden folgenden Bedeutungen: „Gott ist dann entweder „der Seiende / Existierende" (*Qal*; vgl. LXX *ho ōn* „der Seiende") oder „der Daseinsgeber" (*Hif.*)."[61]

Der Gottesname, der bereits in alttestamentlichen Texten insgesamt 6828-mal vorkommt,[62] fungiert m. E. zugleich als intertextuelle Markierung, wodurch die Gottesfigur innerhalb eines biblischen und darüber

---

[56] Vgl. Lahn / Meister, Erzähltextanalyse, S. 162.
[57] Vgl. Finnern, Narratologie, S. 122.
[58] Zur Perspektivenübernahme bei der doppelten Fokalisierung und den Konsequenzen daraus für die Wahrnehmung des Wirklichkeitsausschnitts siehe den Abschnitt „Blick und Doppelte Fokalisierung in V.2" in der vorliegenden Arbeit, S. 193–196.
[59] Siehe Becking, Art. Jahwe, 1.
[60] Vgl. ebd., 4.2; Tropper, Gottesname, S. 81–106; Lang, Jahwe, S. 245–260.
[61] Becking, Art. Jahwe, 4.2.
[62] Siehe ebd., 1.

hinaus außerbiblischen intertextuellen Bezugsrahmens entwickelt wird. Der Gottesname יהוה eröffnet somit *intertextuelle und transmediale Bezüge*. Dies deutet auf ein kulturübergreifendes Konzept der Gottesfigur hin, auf das an dieser Stelle nur verwiesen werden kann.[63]

In der „David, Batseba und Urija"-Erzählung kommt der Gottesfigur innerhalb der *Handlung und Figurenkonstellation* eine bedeutende Funktion zu, die in der Etablierung einer reflexiven Metaebene zum Geschehen zu fassen ist.[64] Durch den evaluativen Erzählerkommentar und die doppelte Fokalisierung in V.27f wird eine Introspektion in die Gottesfigur gewährt. Gott bewertet die Taten Davids, wobei das doppelt fokalisierte Urteil über den König auf eine reflexive Metaebene zum Geschehen gesetzt wird.[65] Nach Müllner eröffnet diese doppelt reflexive Metaebene zum Geschehen in den Samuelbüchern einerseits die Möglichkeit einer theologischen Deutung der innerweltlichen Ereignisse als Gottes Handeln und andererseits bringt sie Gottes Handeln in Relation zu dem inneren Erleben der Erzählfigur Gottes.[66] Dabei ist die Art und Weise, wie in V.27f von Gott gesprochen wird, zu beachten. Indem die Erzählstimme in ihrem Kommentar Gott als erzählte Figur etabliert und Introspektion in diese Figur gewährt, trägt die Gottesfigur zur Profilierung und in diesem Fall zur Qualifizierung der Erzählstimme bei.

> (Hier) bekommt die Kategorie des *allwissenden Erzählers* eine besondere Dimension. [...] Das Wissen des Erzählers umschließt die theologische Deutungsfähigkeit der Ereignisse bis zu dem Maß, dass er die ‚ganze Wahrheit' kennt, die für die Figuren der erzähl-

---

[63] Aufgrund der Komplexität, die sich aus dem Umfang des Untersuchungsgegenstandes, den vielfältigen methodischen, interdisziplinären und interreligiösen Zugängen sowie der (rezeptions-)geschichtlichen Entwicklung des Konzepts ergibt, kann an dieser Stelle nur auf weiterführende Literatur verwiesen werden. Siehe dazu die einzelnen Beiträge in Eisen / Müllner (Hg.), Gott als Figur; sowie Langenhorst, Gott; Ostermann, Gotteserzählungen.

[64] Diese Funktion in V.27f stellt eine Form der Figurendarstellung Gottes dar. Das Spektrum, wie die Gottesfigur in den Samuelbüchern darüber hinaus noch präsentiert und charakterisiert wird sowie agiert, ist wie Müllner aufgezeigt hat, äußerst vielfältig: „Die Erzählungen der Samuelbücher ziehen alle Register, um Gott erzählerisch ebenso anspruchsvoll wie theologisch auf der Bühne der erzählte Welt vorzustellen." Müllner, Samuelbücher, S. 119.

[65] Indem die Erzählstimme das Urteil JHWHs zuordnet, verleiht sie der Aussage eine noch höhere Autorität als die Erzählstimme ohnehin hat. Siehe Müllner, Dargestellte Gewalt, S. 296.

[66] Siehe Müllner, Samuelbücher, S. 97.

ten Welt nur sporadisch aufscheint oder über Vermittlung (vom Losverfahren bis zur Prophetie) zugänglich, jedenfalls nicht verfügbar ist.[67]

Bei der Untersuchung der *empirischen Perspektiven*, die nach der Ursache und den Wirkungen der Gottesfigur fragt, kann aufgrund der Komplexität des Untersuchungsgegenstandes an dieser Stelle nur exemplarisch vorgegangen werden. Die Ursache für die Produktion der Gottesfigur ist wesentlich durch (kulturelle) Konventionen geprägt, die sich in Form von Motiven und Traditionen exegetisch fassen lassen.[68] In 2 Sam 11 verweist die Figur Urija in ihrer Rede auf eine solche Tradition (V.11b), mit der Nennung von הארון wird auf die sogenannte Ladetradition verwiesen.[69] Mit „Lade" ist in den alttestamentlichen Texten mit wenigen Ausnahmen ein Kultgegenstand bezeichnet.[70] In den Samuelbüchern wird er im Unterschied zum Exodusbuch, in dem die Herkunft und Konstruktion der Lade thematisiert wird, als bereits vorhandener Kultgegenstand vorausgesetzt, der vor allem in den Erzählungen in 1 Sam 4–6 und 2 Sam 6 begegnet und dort als transportables Heiligtum dargestellt ist.[71]

---

[67] Müllner, Samuelbücher, S. 97.
[68] Siehe Eisen / Müllner, Einführung, S. 22: „Die alttestamentlichen Charakterisierungen und Inszenierungen Gottes sind zutiefst geprägt durch altorientalische Konventionen".
[69] Der Begriff ארן wird in den meisten deutschen Übersetzungen mit „Lade" wiedergegeben, weshalb die Übertragung auch in der vorliegenden Arbeit für 2 Sam 11,11b verwendet wird. Nach Kreuzer wäre der hebräische Begriff nach heutigem Sprachgebrauch eher mit „Truhe" zu übersetzen. Vgl. Kreuzer, Art. Lade JHWHs/Bundeslade, 1. Eine weitere, weniger gebräuchliche Übersetzung favorisiert Müllner, indem sie ארון mit „Schrein" wiedergibt und zwei Vorteile dieser Übersetzung benennt. Zum einen ermöglicht diese Übertragung die eindeutige Festlegung des Subjekts in den Fällen, in denen aufgrund einer Genus-Kongruenz eine Doppeldeutigkeit der Subjekte gegeben ist. Zum anderen weist die Übersetzung „Schrein" bereits auf die kultische Funktion des Gegenstands hin. Siehe Müllner, Samuelbücher, S. 104. Die Wiedergabe von ארון mit „Schrein" findet sich ebenfalls in der Übersetzung nach Buber und Rosenzweig sowie in der Bibel in gerechter Sprache.
[70] In Gen 50,26 wird mit dem Terminus ארון ein Sarg bezeichnet, in sechs weiteren Belegen hat der so bezeichnete Gegenstand die Funktion einer (Geld-)Truhe (2 Kön 12,10f.; 2 Chr 24,8.10.11). Vgl. George, Art. Ark, Sp. 745.
[71] Darüber hinaus wird der Kultgegenstand noch in 1 Sam 3,3; 14,18 und in 2 Sam 15,24–29 benannt. In 2 Sam 7,2; 11,11 wird die Lade innerhalb einer Figurenrede erwähnt.

Wenn Urija in seiner Rede in 2 Sam 11,11 die Lade nennt, so bezieht er sich auf dieses transportable Heiligtum. Zur Funktion dieses Gegenstandes finden sich unterschiedliche Deutungen innerhalb der Forschung.[72] Nach Bar-Efrat deutet der in 1 Sam 4,4 genannte volle Titel der Lade auf ihre beiden Funktionen hin: einerseits als Kasten zur Aufbewahrung der beiden Tafeln des Bundes und andererseits als Symbol für die Präsenz Gottes.[73] In Num 10,35f., den sogenannten Ladesprüchen, die nach Kreuzer die wohl älteste Erwähnung der Lade sind, „wird JHWH als mit und bei der Lade präsent gedacht, von wo er sich erhebt, um Israel voranzuziehen, und zwar insbesondere zum Kampf gegen Feinde"[74].

Die Lade fungiert somit als transportables Symbol der Präsenz JHWHs. Die in Num 13,35f. bereits angedeutete Führungs- und Kriegsfunktion findet sich ebenfalls in den Samuelbüchern.[75] In 1 Sam 4,3 fordern die Ältesten Israels, dass die Lade in das eigene Lager als Rettung im Kampf gegen die Philister geholt wird. Der Lade als Symbol der Anwesenheit Gottes kommt von den Ältesten eine Handlungsmacht zu. „Die Handlungsmacht (*agency*) der Dinge gilt als mögliche Verbindungslinie zum Göttlichen."[76] Dies präzisiert Müllner weiter, indem sie darauf verweist, dass Dinge im Unterschied zu Menschen nicht annähernd so frei entschieden handeln. Daraus resultiert, dass in den Dingen das göttliche Handeln vermittelt und erkennbar wird.

Die Figurenrede Urijas, in der die Gegebenheiten am Kriegsschauplatz vor Rabba dargestellt werden, beginnt mit einer Auflistung der dort verorteten Figuren und wird eingeleitet durch den Verweis auf die Lade. Dieser transportable Kultgegenstand, der als Symbol der Präsenz JHWHs fungiert, befindet sich nach der Darstellung Urijas im Kriegslager. „Jahwe selbst ist also im Kriegsgeschehen engagiert."[77]

JHWH wird in 2 Sam 11 als Gottesfigur genannt, auf die durch den Kultgegenstand, der Lade, in V.11 verwiesen ist. Zudem wird die Gottes-

---

[72] In diesem Zusammenhang werden neben den genannten Texten in den Samuelbüchern vor allem Ex 25–40 sowie 1 Kön 8 herangezogen. Die unterschiedlichen Deutungen fasst Müllner prägnant zusammen: „Zur Diskussion steht insbesondere, ob der Schrein als Behälter für die Tafeln, als Thron des unsichtbaren Gottes JHWH oder als dessen Fußschemel anzusehen ist." Müllner, Samuelbücher, S. 108.
[73] Siehe Bar-Efrat, Das erste Buch Samuel, S. 108.
[74] Kreuzer, Art. Lade JHWHs/Bundeslade, 3.
[75] Vgl. ebd., 3.
[76] Müllner, Samuelbücher, S. 103.
[77] Stolz, Samuel, S. 237.

figur in V.27f als Einzelfigur an einer prominenten Stelle innerhalb der Erzählung etabliert. Ihr werden anthropomorphe Züge (רעע, עין) sowie übernatürliche Fähigkeiten wie die stetige Wahrnehmung der Ereignisse zugesprochen.

4.8.9.4 Figurengruppen

Neben den vorgestellten Einzelfiguren werden in 2 Sam 11 mehrere Figurengruppen genannt, die als Nebenfiguren innerhalb der Erzählung auftreten. Es handelt sich dabei um die *Diener* (עבדים), *ganz Israel* (כל־ישראל, beide in V.1b), die Kollektivbezeichnungen *Israel* und *Juda* (ישראל ויהודה in V.11b), die *(kriegs)tüchtigen Männer* (אנשי־חיל in V.16d), die *Männer der Stadt* (אנשי העיר in V.17a) sowie die *Schützen* (המורים in V.24a). Der Analyse von Figurengruppen ist ein Antagonismus eigen, denn einerseits gibt es Gemeinsamkeiten zur Analyse von Einzelfiguren, die Figurengruppen sprechen wie mit einer Stimme und ihr Handeln ist weitgehend homogen.[78] Andererseits weist Uta Poplutz darauf hin, dass einige Aspekte bei der Analyse von Figurengruppen im Vergleich zur Analyse von Einzelfiguren intensiver oder mit einer veränderten Ausrichtung zu bedenken sind.[79] Ausgehend von der Analyse der Figurengruppen im Matthäusevangelium benennt Poplutz vier Aspekte, die bei der Analyse von Figurengruppen zu berücksichtigen sind.

Als relevanter Zugang und Charakteristikum dient der *Kollektivname*, denn diesem ist nach Poplutz immer eine Relation implizit. In der Bezeichnung der Figurengruppen präsentiert sich meist der zentrale Aspekt, unter dem die Gruppe als homogene Einheit auftretend wahrgenommen wird. Es lassen sich somit ausgehend von dem *Kollektivnamen* charakterisierende Eigenschaften der Figurengruppe benennen.[80] Dabei gilt es zu überprüfen, ob die so eruierten Charakteristika tatsächlich für den Kol-

---

[78] Siehe Poplutz, Erzählte Welt, S. 135. Ute Eisen hat in ihrer Klassifizierung der Figuren darauf hingewiesen, dass in biblischen Erzählungen neben Einzelfiguren auch Figurengruppen begegnen. Siehe Eisen, Poetik, S. 133, ebenso Finnern, Narratologie, S. 125.
[79] Siehe Poplutz, Erzählte Welt, S. 131.
[80] Nach Poplutz birgt „die Benennung [...] einen Hinweis auf das – möglicherweise wichtigste – gemeinsame Merkmal, das eine Vielzahl von Einzelfiguren zu einer Gruppe zusammenschließt." Ebd., S. 132.

lektivnamen zutreffen oder ob dem Namen der Figurengruppe eine gewisse Doppelbödigkeit eigen ist, die die Namensemantik umkehrt.[81]

Zweitens gilt es, die *Relation zwischen den Figurengruppen und dem Kollektiv dazugehöriger bzw. eventuell daraus hervortretender Einzelfiguren* zu analysieren. Poplutz weist in diesem Zusammenhang darauf hin, dass eine Zugehörigkeit zur Figurengruppe, das heißt die Identifizierung von Einzelfiguren zu einer Figurengruppe, erst erwiesen werden muss.[82]

Neben dem *Kollektivnamen* und der *Relation zwischen Figurengruppe und Einzelfigur innerhalb des Kollektivs* ist die Figurengruppe drittens nach ihrer *Einheitlichkeit* im Kontext der erzählten Geschichte zu untersuchen. „Denn anders als eine Einzelfigur kann sich eine Figurengruppe in verschiedene Lager aufteilen, die auf der Bühne des erzählten Geschehens einander direkt gegenüber stehen und sogar zwei völlig widerstreitende Positionen einnehmen können"[83].

Unter dem vierten Aspekt lässt sich die *Redundanz* der Figurengruppen zusammenfassen. Sie werden über einen längeren Text hinweg profiliert, denn die meisten erzählten Charakterzüge werden mehrfach wiederholt, wodurch Kohärenz hergestellt wird. In diesem Zusammenhang gilt es zunächst die Häufigkeit herauszustellen, mit der eine Figurengruppe erstens innerhalb einer Erzählung und zweitens im literarischen Kontext auftritt, auch wie sie bezeichnet und charakterisiert wird.

Die von Poplutz benannten vier Aspekte zur Analyse von Figurengruppen – der *Kollektivname*, die *Relation zwischen Figurengruppe und Einzelfigur des Kollektivs*, die *Einheitlichkeit* und schließlich die *Redundanz* – werden im Folgenden auf die „David, Batsebas und Urija"-Erzählung angewendet.

(a) Diener

Im Eröffnungsvers von 2 Sam 11 wird erstmals die Figurengruppe der עבדים benannt, auf die in der Erzählung insgesamt neunmal verwiesen

---

[81] Poplutz hat dies an den jüdischen Autoritäten exemplifiziert, die durch den Namenszusatz „des Volkes" (Mt 2,4; 21,23 etc.) charakterisiert werden. Dieser Zusatz entspricht zwar ihrem Status als offizielle Repräsentanten des jüdischen Volkes, allerdings lässt sich an ihrem Scheitern erkennen, dass sie nicht die Interessen des Volkes, sondern vielmehr die eigenen Interessen verfolgen und in diesem Sinne eigentlich keine Repräsentanten sind. Siehe Poplutz, Erzählte Welten, S. 133.

[82] Ebenda.

[83] Ebd., S. 134.

wird (2 Sam 11,1b.9a.11b.13e.17c.21f.24a.b.c). Aufgrund der Anzahl der verschiedenen und zum Teil divergenten Bedeutungen des hebräischen Nomens עבד ist die Übersetzung des Begriffs problematisch. In aktuellen deutschen Bibelübersetzungen wird das Nomen sehr unterschiedlich wiedergegeben.[84] Dabei finden sich verschiedenartige und teilweise negative Assoziationen und Konnotationen, die den Übersetzungen anhaften. Dies zeigt sich besonders bei der Wiedergabe des Begriffs als „Sklave".[85] Peter Williams weist jedoch darauf hin, dass „(t)he Hebrew term עֶבֶד is clearly not inherently negative"[86]. Das Nomen stellt einen Relationsbegriff für das Verhältnis eines Dieners (עבד) zu seinem Herrn (אדון) dar. „(I)n each case the עֶבֶד is subject to a higher authority."[87] Damit verweist das Nomen עבד auf ein Dienst- und Abhängigkeitsverhältnis: עבד bezeichnet jemanden, der einem anderen untergeordnet ist, wobei beachtet werden muss, dass das Verhältnis „keineswegs von vorneherein von Unterwerfung oder Unterdrückung geprägt ist und nicht bei jedem Vorkommen den Bedeutungseffekt von Sklavenarbeit […] trägt, sondern im jeweiligen Kontext verschiedene Konnotationen annehmen kann."[88] Die Unterordnung kann auf verschiedene Weise realisiert werden, weshalb dem Nomen mehrere Bedeutungen zukommen: Sklave, Diener, Untertan, Beamter, Vasall, Diener eines Gottes.[89]

Nach Clines bezeichnet das Nomen עבד in 2 Sam 11,1.9.11.13 den „*commander of army*"[90] und lässt sich an diesen Textstellen als „Diener" eines Königs im Sinne von Beamten, Beratern, Höflingen und Soldaten verstehen. Eine solche eindeutige semantische Zuordnung des Begriffs

---

[84] Ein Vergleich der Übersetzung von עבד in 2 Sam 11 in verschiedenen Bibelübersetzungen zeigt, dass dieses Nomen in der ELB konkordant mit „Knecht" übersetzt wird. Auch die ZÜR gibt das Nomen עבד konkordant im Deutschen mit „Diener" wieder. Die BigS verwendet die Übersetzung „Leute", in den V.21 und V.24b.c hingegen die „Getreuen". Mit den Begriffen „Männer", „Knechte" und „Krieger" gibt die EIN das hebräische Nomen wieder. Ebenso inkonkordant überträgt die LUT die Textpassagen, dort finden sich die Übersetzungen „Männer" (V.1.13.17.24b), Kriegsleute (V.9.11) sowie „Knechte" (21.24a.c).
[85] Zur Problematik der Übersetzung von עבד als „Sklave", siehe Williams, Slaves, passim, ebenso Rohde, Art. Dienen, S. 1.
[86] Williams, Slaves, S. 448
[87] Ebenda.
[88] Rohde Art. Dienen, S. 1, kritisch dazu äußert sich Williams, Slaves, passim.
[89] Siehe Ringgren, Art. אבד, Sp. 997.
[90] Clines, dictionary, S. 215.

עבד sowie in den übrigen Textpassagen, in denen eine Form von עבדים in 2 Sam 11 vorkommt, ist m. E. aufgrund des breiten Bedeutungsspektrums problematisch. Die unterschiedlichen Konnotationen und Assoziationen, die im Hebräischen dem Nomen עבד zueigen sind, bilden einen konstitutiven Rahmen für das Verständnis, der allerdings nicht zu eng gefasst werden darf. Im Unterschied dazu haben die Übersetzer der LXX das Nomen עבד mit seinem großen Bedeutungsspektrum in zwei semantische Bereiche aufgeteilt und mit wenigen Ausnahmen als παῖς und δοῦλος übersetzt.[91] Hinsichtlich der „David, Batseba und Urija"-Erzählung in 2 Sam 11 divergieren die beiden Texttypen der LXX, der antiochenische Text und die Kaige-Rezension, bei der Übersetzung des hebräischen Nomens עבד. Jong-Hoon Kim benennt die Unterschiede, indem er die beiden LXX-Texttypen tabellarisch auflistet[92]:

	LXX/ Antiochenischer Text	Kaige-Rezension	Modus/Person
11,9	παῖς	δοῦλος	Erzählung, Beschreibung/ 3. Person
11,11	παῖς	δοῦλος	direkte Rede/3. Person
11,13	παῖς	δοῦλος	Erzählung, Beschreibung/ 3. Person
11,17	παῖς	δοῦλος	Erzählung, Beschreibung/ 3. Person
11,24[1]	δοῦλος	παῖς	direkte Rede/3. Person
11,24[2]	δοῦλος	παῖς	direkte Rede/3. Person

Nach Kim lassen sich diese Diskrepanzen folgendermaßen erklären: Der antiochenische Text der LXX spricht so „wie in ähnlichen Fällen im Sinn der Zugehörigkeit von den παῖδες, den (Krieg-)leuten des Königs. Die Kaige-Rezension spricht bei den עבדים im Sinn des Status von den δοῦλοι, d.h. den einfachen Soldaten des Königs"[93]. In der griechischen

---

[91] Eine Auflistung der Ausnahmen findet sich bei Kim, Wiedergabe, S. 391.
[92] Ebd., S. 401f.
[93] Ebd., S. 402: Anm. 38.

Übersetzung des Nomens עבד kommt, so Kim, eine im Hebräischen nicht erkennbare Unterscheidung in der Semantik zum Ausdruck. Ausgehend von diesen Vorüberlegungen soll im Folgenden die Figurengruppe der עבד, wie sie in 2 Sam 11 dargestellt ist, näher untersucht werden. Zunächst ist festzuhalten, dass durch den Kollektivnamen עבדים eine Figurengruppe bezeichnet wird, die sich in Relation zu einem Herrn befindet. Das gemeinsame Merkmal, das eine Vielzahl an Einzelfiguren zu der Gruppe עבדים zusammenschließt, stellt das „Dienstverhältnis" dar, das auf den Herren ausgerichtet ist. In 2 Sam 11 wird das Nomen lediglich zweimal singularisch in V.21f und V.24c als Bezeichnung Urijas verwendet. Es handelt sich bei diesen beiden Textpassagen um Figurenreden. Das Nomen עבד im *status absolutus* bezeichnet jeweils Urija als Diener, der durch diese Bezeichnung aus der Figurengruppe עבדים herausgehoben wird. Somit ist einerseits eine Zugehörigkeit Urijas zu der Figurengruppe der עבדים aufgezeigt, und andererseits ist die Relation Urijas zu seinem Herrn David durch die exponierte Nennung Urijas innerhalb der Gruppe der עבדים besonders hervorgehoben.[94]

In V.1b und V.24a wird das Nomen עבד ebenfalls als Relationsbegriff verwendet, wobei das jeweilige Pronominalsuffix auf den „Herren" der benannten Figurengruppe verweist. In V.1b sind die עבדיו in einer Aufzählung von Figuren und Figurengruppen benannt, die von David zum Krieg gegen die Ammoniter ausgesendet werden: „David sendet Joab und seine Diener mit ihm und ganz Israel" (V.1b). Damit wird die Figurengruppe der עבדים näher charakterisiert. Es handelt sich um Krieger bzw. Soldaten im Dienst des Königs, die dem Oberbefehl Joabs unterstehen. Auch die zweite Textstelle in V.24a, in der das Nomen ebenfalls nur durch einen Pronominalsuffix determiniert ist (עבדך), verweist einen kriegerischen Kontext. Im Rahmen der Figurenrede des Boten berichtet dieser dem König von den Kriegsereignissen vor Rabba. Durch das Pronominalsuffix in der Form der 2. Person Singular maskulin wird auf den

---

[94] David wird in den beiden Textstellen als Herr dargestellt, erkennbar ist dies anhand des Pronominalsuffixes עבדך, durch das der Adressat der Figurenrede – in beiden Fällen David – als אדון des mit dem Nomen עבד Bezeichneten präsentiert wird. Bezeichnung Urijas als „Diener" Davids ist auch Gegenstand der Perspektivenanalyse. In diesem Zusammenhang deutet die relationale Bezeichnung Urijas auf die Figurenperspektive Joabs hin, die in Form seiner Figurenrede (V.19c–21f) bzw. durch den Botenbericht (V.23b–24c) vermittelt wird. Siehe die Perspektivenanalyse der vierten Szene, S.169–178.

Adressaten der Figurenrede, in diesem Fall David, verwiesen und dieser zugleich als אדון der mit dem Nomen עבדים bezeichneten Figurengruppe präsentiert.

An den übrigen Textstellen, an denen die Figurengruppe עבדים benannt ist, bildet das Nomen eine constructus-Verbindung entweder mit אדין (V.9a.11c.13e), dem Figurennamen דוד (V.17c) oder dem Nomen מלך (V.24b). Bis auf eine Ausnahme handelt es sich bei den constructus-Verbinungen um einen Ausdruck, durch den eine Relation zwischen den עבדים und David ausgedrückt wird. Aufgrund der Ambiguität in V.11c, die eine syntaktische Ursache hat, wird die Relation des Nomens עבד in Bezug auf König David in Frage gestellt: ואדוני יואב ועבדי אדני על־פני השדה חנים. Durch die doppeldeutige Satzstellung in Urijas Figurenrede, in der er zunächst Joab als seinen Herrn explizit benennt, ist nicht zu entscheiden, ob Urija in der anschließenden Formulierung ועבדי אדני David oder Joab als seinen Herrn bezeichnet.[95]

Im Hinblick auf die Einheitlichkeit der Figurengruppe lässt sich in 2 Sam 11 einerseits räumlich unterscheiden zwischen den עבדים, die als Soldaten im Krieg gegen die Ammoniter kämpfen (V.1b.11c.17c.21f. 24a–c) und jenen, die in Jerusalem verortet sind (V.9a.13e). Andererseits kann die Einheitlichkeit, basierend auf der oben im Anschluss an Kim dargestellten Ausdifferenzierung, die in der LXX vorgenommen wurde, hin befragt werden.

Als Funktionen der עבדים in den Erzählungen zur biblischen Figur Davids hat Bietenhard zum einen auf deren institutionelle Bedeutung hingewiesen und zum anderen dargelegt, dass unter dieser Bezeichnung alle anderen militärischen Begriffe sowie Institutionen subsumiert werden.[96] Die Analyse der עבדים in 2 Sam 11 unterstützt diese Auffassung, da mit Ausnahme von V.9a und V.13e alle Belege des Nomens עבד in einem kriegerischen, militärischen Kontext stehen.

Der Kollektivname stellt einen Relationsbegriff der עבדים gegenüber ihrem Herrn dar, der in 2 Sam 11 ausschließlich als König David identifiziert wird. Eine Ausnahme dabei bildet die Figurenrede Urijas in V.11c,

---

[95] Siehe Bietenhard, General, S. 155.
[96] Siehe ebd., S. 64–67. Im Anschluss an Rütersworden und Riesener charakterisiert Bietenhard die עבדים als Institution des Königtums, worunter ein den König umgebender Kreis einer sozial gutgestellten, privilegierten und Macht ausübenden Schicht zu verstehen ist. Diese königliche Institution ist von den unfreien und materiell abhängigen עבד zu unterscheiden. Siehe ebd., S. 59–64.

in der aufgrund der doppeldeutigen Satzstruktur sowohl David als auch Joab als Herr bezeichnet werden können. Besonders markant erweist sich die Hervorhebung Urijas aus der Figurengruppe der עבדים. Indem Urija als עבד David charakterisiert wird, ist durch den Relationsbegriff zwischen diesen Figuren eine Beziehung zugrunde gelegt. Zugleich gehört Urija der Gruppe der עבדים an und zeigt in seiner Figurenrede (V.11c) und durch seine Handlung in V.9a und V.13e, das Aufschlagen seines nächtlichen Lagers bei den עבדי אדניו, seine Verbundenheit und Loyalität mit dieser Figurengruppe. In 2 Sam 11 wird somit das Schicksal Urijas, einem עבד Davids, dargestellt.

(b) Ganz Israel

Neben den עבדים begegnet man in V.1b einer zweiten Figurengruppe, die als כל־ישראל bezeichnet wird. Der Kollektivname *ganz Israel* kommt innerhalb der Samuelbücher 23 Mal vor und ist eine Verbindung des Nomens כל mit dem Satznamen ישראל, der wiederum aus einem theomorphen Element und einem Prädikat gebildet wird.[97]

Die Semantik des Kollektivnamens lässt sich u. a. aufgrund der umstrittenen Etymologie des Begriffs ישראל nicht eindeutig erschließen. Innerbiblisch gibt es zwei Deutungen des Namens. Einerseits trifft man in Gen 32,29 und Hos 12,5 eine volksetymologische Erklärung, wonach der Name Israel sich vom Wortstamm שרה („kämpfen, herrschen") ableite und auf den Kampf Jakobs mit Gott (אל) bzw. eines Gottesgesandten hinweise. Daneben begegnet man einer zweiten Deutung, die auf der synonymen Verwendung des Namens ישרון für Israel beispielsweise in Dtn 32,15 oder Jer 5,28 basiert und sich von der Wurzel ישר („aufrecht", „rechtschaffen sein") ableite.[98]

Die Semantik des Kollektivnamens ישראל lässt sich also nicht eindeutig determinieren, auch die des Kollektivs, das mit diesem Namen bezeichnet wird, variiert innerhalb der alttestamentlichen Bücher. Im Ersten Samuelbuch „erscheint ,Israel' in 1 Sam 17,52; 1 Sam 18,16 erstmals als eine von Juda unterschiedene Größe, die sowohl ein Gebiet als auch eine

---

[97] Siehe Wagner, Art. Israel, 1. Vgl. 1 Sam 3,20; 4,5; 7,5; 11,2; 12,1; 13,20; 14,40; 25,1; 28,3.4; 2 Sam 3,12.21; 5,5; 8,15; 10,17; 11,1; 12,12; 16,21.22; 17,10.11.13; 19,12.
[98] Vgl. Wagner, Art. Israel, 1.

Bevölkerung meint"[99]. Allerdings handelt es sich hier nicht um eine konsequent verwendete Bezeichnung für das Nordreich.

Im Zweiten Samuelbuch tritt das Nomen „Israel" 101 Mal auf und bezeichnet ein Gebiet sowie eine Bevölkerungsgruppe, die im Vergleich zum Ersten Samuelbuch in einem umfassenderen Sinn zu verstehen ist.[100] In den Königsbüchern setzt sich in 1 Kön 11,31–2 Kön 18,5 eine konstante Differenzierung zwischen dem Nord- und Südreich durch, wonach ישראל als Bezeichnung ausschließlich für das Nordreich Verwendung findet.

Nach diesen allgemeinen Ausführungen zum Kollektivnamen soll nun die Figurengruppe כל־ישראל innerhalb der „David, Batseba und Urija"-Erzählung untersucht werden. Sie wird in 2 Sam 11 nur einmal benannt und findet in einer Aufzählung in V.1b gemeinsam mit Joab und den Dienern Davids Erwähnung als jene, die König David zum Krieg gegen die Ammoniter aussendet. Nach Bietenhard handelt es sich bei dem Ausdruck ואת־כל־ישראל nicht zwingend um eine Fortsetzung der Aufzählung. Stattdessen sieht sie darin „eine Qualifikation der עבדים als Repräsentanten des nachstehenden *ganz Israel*: David schickt Joab und seine Knechte mit ihm, also ganz Israel."[101] Entgegen dieser Auffassung ist zu bedenken, dass in 1 Sam 24,3 eine Formulierung vorliegt, bei der eine Gruppe von dreitausend Männern als Repräsentanten von ganz Israel (מכל־ישראל) durch Saul ausgewählt und qualifiziert wird. Die Kombination aus der Präposition מִן und der Figurengruppe כל־ישראל ist innerhalb der Samuelbücher somit belegt und meiner Meinung nach naheliegender für die Qualifikation einzelner Repräsentanten aus einem Kollektiv.

Die Figurengruppe כל־ישראל tritt in V.1b in einem militärischen Kontext auf und agiert dort. Aus diesem Verständnis heraus ist die von Bar-Efrat vorgenommene Unterscheidung zwischen den beiden Figurengruppen, den עבדים und כל־ישראל, plausibel: „(w)ahrscheinlich sind mit den עבדים die Soldaten des Berufsheeres gemeint (vielleicht sogar die sog. Helden), während כל־ישראל das Volksheer bezeichnet."[102] Nach Stoebe weist die Erwähnung der Figurengruppe darauf hin, dass das Unterneh-

---

[99] Wagner, Art. Israel, S. 2.
[100] Siehe ebd., S. 2.
[101] Bietenhard, General, S. 67.
[102] Bar-Efrat, Das zweite Buch Samuel, S. 107.

men, der Kriegszug gegen die Ammoniter „Sache des ganzen Volkes gewesen ist"[103].

Neben 2 Sam 11,1b wird die Figurengruppe ebenfalls in 1 Sam 28,4 und 2 Sam 10,17 in einem kriegerischen Kontext benannt. Diesen drei Textstellen ist gemein, dass כל־ישראל jeweils auf eine *nota accusativi* folgt. In den genannten drei Textstellen tritt die Figurengruppe somit in einem kriegerischen Kontext entweder als Objekt des Sammelns (קבץ in 1 Sam 28,4 und אסף in 2 Sam 10,17) oder des Aussendens (שלח in 2 Sam 11,1) auf.

(c) Israel und Juda

In V.11 begegnet nochmals die Bezeichnung ישראל, allerdings ohne das Nomen כל, dafür jedoch innerhalb einer markanten Nebeneinanderstellung von ארון und ויהודה.[104] Innerhalb der Samuelbücher kommt die Kombination von (ו)ישראל ויהודה insgesamt sechsmal (1 Sam 17,52; 18,16; 2 Sam 5,5; 11,11; 12,8; 21,2) und meist mit Bezug auf die Figur Davids vor.[105] In diesem Zusammenhang sind 2 Sam 5,5 und 2 Sam 12,8 relevant. In beiden Textpassagen wird David eine Herrschaft über ישראל ויהודה zugeschrieben. Die Figurengruppen stehen in 2 Sam 12,8 nach Bar-Efrat für die Stämme des Nordens und des Zentrums einerseits und die südlichen Stämme andererseits, womit sie sich durch ihre räumliche Zuordnungen und Lokalisierung unterscheiden.[106] Durch die Benennung beider Figurengruppen und ihre Zuordnung zu David wird zudem eine Zusammengehörigkeit suggeriert, die in 2 Sam 5,5 sogar eine Ganzheit konnotiert: „In Hebron war er [David, A.F.] sieben Jahre und sechs Monate König über Juda, und in Jerusalem war er dreiunddreißig Jahre König über ganz Israel und Juda" (2 Sam 5,5).

Ausgehend von diesen allgemeinen Bemerkungen soll die Darstellung der Figurengruppen *Israel* und *Juda* in 2 Sam 11 näher betrachtet werden. Ihre Erwähnung ist Teil der Figurenrede Urijas und somit seinem Schwur implizit. In seiner Figurenanalyse wurde herausgearbeitet, dass der Soldat

---

[103] Stoebe, Samuelis, S. 277.
[104] Siehe ebd., S. 292. Die Nebeneinanderstellung von „Lade", „Israel" und „Juda" stellt ein Unikat innerhalb des alttestamentlichen Textkorpus dar und findet sich nur an dieser Stelle.
[105] Eine Ausnahme davon stellt die Textstelle 2 Sam 21,2 dar, in der die „Söhne Israel und Juda" in Bezug auf König Saul Verwendung finden.
[106] Siehe Bar-Efrat, Das zweite Buch Samuel, S. 118.

in seiner Figurenrede ethische Ideale verkörpert, die im Gegensatz zu König Davids Verhalten, dem Missbrauch seiner königlichen Macht, stehen.[107] Hier deutet sich bereits an, dass die Figurengruppen *Israel* und *Juda* in V.11b nicht in Bezug auf David verwendet werden. In einer Aufzählung gemeinsam mit der Lade findet in V.11b für die beiden Figurengruppen eine räumliche Zuordnung statt: Die *Lade* und *Israel* und *Juda* sind in Hütten untergebracht. In der Raumanalyse wurde herausgestellt, dass den *Hütten* (סכות) eine Bedeutung als unbefestigte und temporäre Behausung zugeordnet ist, die eine Polarität zum *Haus Urijas* darstellt.[108] Auch die anschließende Aufzählung von „mein Herr Joab und seine Diener" in V.11c weist eine vergleichbare Raumsemantik auf, der ihnen zugeordnete Raum des *freien Feldes* (על־פני השדה) ist als gefährdeter Raum konnotiert. Urija benennt am Beginn seiner Figurenrede in V.11b–c die Situation von Davids Heer im Kriegslager vor Rabba. Die Aufzählung von *Lade*, *Israel* und *Juda* in V.11b sowie Joab und seinen *Dienern* in V.11c stellt einen intratextueller Verweis auf V.1b dar. Durch diese Anspielung wird die Aufzählung in V.1, in der durch die Etablierung der beiden Handlungen mit ihren Schauplätzen in Jerusalem und Rabba ein Gegensatz zwischen der Ganzheit des von David ausgesendeten, aktiv agierenden Heeres (V.1b–d) und dem in Jerusalem zurückgebliebenen König hergestellt wird, immanent.[109] Durch die Benennung der beiden Figurengruppen *Israel* und *Juda* wird ebenso wie in 2 Sam 5,5 oder 2 Sam 12,8 in V.11b eine Ganzheit suggeriert. Durch den genannten intratextuellen Bezug zu V.1, bei dem das Nomen ישראל eine Markierung darstellt und durch den eine Ganzheit konstruiert wird, die der Einzelfigur des Königs David konträr gegenübersteht, verstärkt sich diese Wahrnehmung.[110] Die Nennung der beiden Figurengruppen *Israel* und *Juda* in V.11b trägt zur Gestaltung der Erzählung bei.

---

[107] Zur Auffassung, dass Urija „alte", ethische Ideale vertritt, siehe Müllner, Samuel, S. 534, Naumann, David, S. 162 f.; Stoebe, Samuelis, S. 292.
[108] Siehe die Raumanalyse zu V.11, S. 295–297.
[109] Vgl. Sternberg, Poetics, S. 193–196, siehe auch in der vorliegenden Arbeit die Analyse der Perspektive in V.1, S. 190–193.
[110] Neben „Israel" fungieren als weitere Markierungen m. E. „Joab" sowie die „Diener".

(d) (Kriegs-)Tüchtige Männer

In V.16d werden als weitere Figurengruppe die tüchtigen Männer (אנשי־חיל) benannt. Das Nomen חַיִל, das als Merkmal eine Vielzahl an Einzelfiguren zu dieser Gruppe zusammenschließt, weist unterschiedliche Bedeutungen auf und lässt sich sowohl mit „Kraft" und „Tüchtigkeit" als auch „Vermögen" oder „Habe" übertragen. Ein intertextueller Vergleich der Phrase אנשי־חיל in den alttestamentlichen Erzähltexten zeigt die unterschiedliche Bedeutung auf, die ihr im jeweiligen Kontext zukommt. In Ex 18,21.25, dem Rat Jitros an seinen Schwiegersohn Mose, bezeichnen die אנשי־חיל eine Figurengruppe, denen eine Führungsfunktion zukommt. Mose solle sich nach Jitros Ratschlag *tüchtige Männer* suchen, die ihm bei der Führung des Volkes helfen. Eine vergleichbare Bedeutung kommt den אנשי־חיל in Gen 47,6 zu. Dort erteilt der Pharao Joseph den Befehl, dieser möge die *tüchtigen Männer* aus den Angehörigen seiner Familie, die nach Ägypten gezogen sind, auswählen und sie über seinen Besitz als Verwalter einsetzen. Im Vergleich dazu weist die Phrase אנשי־חיל in Ri 20,44.46 ein wesentlich breiteres Bedeutungsspektrum auf, wie aus den verschiedenen deutschsprachigen Übersetzungen zu erkennen ist.[111] In beiden Versen bezeichnet die Phrase Kriegsopfer aus dem Stamm Benjamin, die entweder als starke, tapfere, tüchtige, kampferprobte oder streitbare Männer näher charakterisiert werden.

Auch in 2 Sam 11 tritt die Phrase innerhalb eines Kriegskontextes auf. Die Textstelle lässt in V.16d offen, zu welchem der militärischen Lager die אנשי־חיל gehören, denn in der Konstellation der Figuren und Figurengruppen, die dem Schauplatz der ammonitischen Stadt Rabba zugeordnet sind, stehen sich zwei militärische Gruppierungen in Kontext einer Belagerungssituation gegenüber. Es lässt sich demnach fragen, handelt es sich bei der Figurengruppe der אנשי־חיל um die Bewohner der besetzen Stadt (vgl. V.17a) oder gehören die אנשי־חיל dem davidischen Heer an? Kausal und temporal ist die Figurengruppe mit der Handlung Joabs, seinem Beobachten der Stadt, verbunden. Stoebe hat darauf hingewiesen, dass „(d)er Einsatz V.16 [...] merkwürdig unbestimmt"[112] ist. Durch den Verweis auf die belagerte Stadt in V.16a wäre die Bestimmung der אנשי־חיל

---

[111] Die BigS überträgt die Phrase mit „starke Männer". Die EIN verwendet den Ausdruck „alles kampferprobte Männer". Die ELB gibt die Phrase mit „tapfere Männer", die ZÜR mit „tüchtige Männer" wieder.

[112] Stoebe, Samuelis, S. 287.

in V.16d als Bewohner der besetzten Stadt naheliegend, die Phrase wäre eine Vorausschau auf die אנשי העיר in V.17a. Ebenso denkbar ist die Auslegung Ackroyds: „*Joab had been watching:* this rendering implies ‚examining its defences', whereas the more probable sense is ‚guarding'."[113] Ausgehend von dieser Auffassung würde Joab den Ort, an den er Urija stellt, danach aussuchen, wo *kriegstüchtige Männer* aus dem eigenen Heer (!) stationiert sind. Die Bedeutung der Determination der Figurengruppe אנשי־חיל ist für das Figurenmodell Joabs sowie die Konstellation zwischen Joab und Urija immens und hat, je nach Festlegung des militärischen Lagers, dem die Figurengruppe zugeordnet wird, diametrale Züge. Es bleibt festzuhalten, dass die Textstelle in V.16d und somit die Näherbestimmung der Figurengruppe ambig bleibt.

(e) Männer der Stadt und Schützen

Die beiden übrigen Figurengruppen werden unter einem Abschnitt vorgestellt, da sie unter einer Gruppierung subsumiert werden können. Den beiden Gruppen ist gemeinsam, dass sie räumlich der Stadt Rabba zugeordnet werden und durch die Belagerung der Stadt in einem bedrohten Zustand verharren. Die *Männer der Stadt* (אנשי העיר) werden bloß einmal erwähnt, sie treten in V.17a auf. Der Kollektivname lässt sich als Hinweis auf das gemeinsame Merkmal, die Zugehörigkeit der einzelnen Figuren zur Stadt, lesen. Ihnen werden zwei Handlungen zugewiesen, zum einen das Ausziehen bzw. das Herauskommen (יצא) aus der belagerten Stadt und zum anderen das Kämpfen bzw. Krieg-Führen gegen Joab (לחם, Nifal). Der Figurengruppe der אנשי העיר wird somit eine militärische Handlung zugeordnet, wodurch die Figuren als Krieger charakterisiert sind.

Auch die *Schützen* (המורים), die in der Rede des Boten in V.24a genannt werden, agieren innerhalb eines kriegerischen Kontextes. Mit der Bezeichnung der Figurengruppe wird bereits auf das gemeinsame Merkmal verwiesen. Die ihnen zugeordnete Handlung, das Schießen (ירה, Hifil), weist ebenfalls darauf hin. Die *Schützen* unterscheiden sich von den *Männern der Stadt* aufgrund ihrer militärischen Funktion und der räumlichen Zuordnung. Während die *Männer der Stadt* einen Ausfall aus der Stadt vornehmen und räumlich dem Schlachtfeld <u>vor</u> Rabba zugeord-

---

[113] Ackroyd, Samuel, S. 104.

net werden, sind die Schützen *innerhalb* Rabbas verortet, sie schießen von der Stadtmauer auf das davidische Heer herunter. Über die Größe, Zusammensetzung und Einheitlichkeit der beiden Figurengruppen sowie die Relation zwischen der jeweiligen Figurengruppe und einzelnen Figuren aus diesem Kollektiv finden sich keine Informationen innerhalb der Erzählung.

4.8.9.5 Zusammenfassung

Die sogenannten „Nebenfiguren" wurden unterschieden in Einzelfiguren (*Eliam, Joabs Bote, Gottesfigur*) und Figurengruppen (*Diener, ganz Israel, Israel und Juda, tüchtige Männer, Männer der Stadt, Schützen*). Die Analyse hat gezeigt, dass diesen Figuren und Figurengruppen weit mehr Funktionen innerhalb einer Erzählung zukommen als nur das bloße Voranbringen der Handlung. Auch ist die eingangs genannte Wertung von van der Berghs, „These characters do not have psychological depth or any initiative of their own"[114] für die hier vorgestellten Nebenfiguren in 2 Sam 11 so nicht haltbar, das hat vor allem die Analyse der Gottesfigur deutlich gemacht. Mit der Gottesfigur wird in 2 Sam 11 die einzige nicht menschliche Entität genannt, die übernatürliche Fähigkeiten besitzt. Bei ihrem kurzen Auftritt am Ende der Erzählung wird Introspektion gewährt. Durch die Darstellung der Figurenperspektive Gottes in Form eines evaluativen Erzählerkommentars gewinnt einerseits die Gottesfigur jene, von van der Bergh ihr abgesprochene, „*psychological depth*", und andererseits kommt es zu einer *gegenseitigen Profilierung* der Gottesfigur und der Figur Davids in den V.25.27. Diese Funktion steht nicht in Abhängigkeit von den übernatürlichen Fähigkeiten der Gottesfigur, sondern kann auch für die Figurengruppe der עבד prognostiziert werden. Wie in der vorliegenden Analyse gezeigt wurde, profilieren sich diese Figurengruppe und die Hauptfigur Urija gegenseitig.

Der Einzelfigur des Boten (Joabs) kommt in der Tat *handlungsleitende Funktion* zu. Sie verbindet die beiden Schauplätze Rabba und Jerusalem miteinander und stellt die Kommunikation der voneinander räumlich getrennten Figuren Joab und David her. Darüber hinaus agiert der Bote eigeninitiativ, indem er von der Instruktion Joabs in V.20a–c abweicht

---

[114] Van der Bergh, Character, S. 190.

und die Information zum Tod Urijas (V.24c) direkt an den Bericht der Kriegsereignisse anschließt.

Anhand von V.3, in dem die verwandtschaftliche Zugehörigkeit Batsebas als Tochter Eliams erzählt wird, lässt sich die Funktion der *sozialen Relationierung* aufzeigen. Mit dem knappen Verweis auf die familiäre Beziehung Batsebas zu Eliam wird auf eine Nebenfigur verwiesen, der eine ganze Rezeptionslinie eigen ist. Wie die Darstellung zeigt, wird Eliam unter den „Helden Davids" (2 Sam 23,34) genannt und dort weiterhin als Sohn Ahitofels charakterisiert. Auch wenn die Identifizierung Eliams, dem Vater Batsebas, mit einem der „Helden Davids" nicht explizit aus dem Text ableitbar ist, hat sich in der Auslegungs- und Rezeptionsgeschichte, wie an einigen Beispielen gezeigt, diese Auffassung etabliert. Der Figur Batsebas wird durch den Verweis auf ihren Vater Eliam in V.3d eine familiäre Herkunft zugewiesen, und darüber hinaus ist sie durch die Annahme, sie sei die Tochter Eliams und Enkeltochter Ahitofels, in einen größeren Erzählzusammenhang eingebettet.

Den Figurengruppen, so eine Erkenntnis, kommt in 2 Sam 11 mehrfach die Aufgabe einer *kontrastären Gegenüberstellung* zu. Gleich zu Beginn der Erzählung wird durch die Auflistung von Joab und den beiden Figurengruppen der *Diener* und *ganz Israel* eine Ganzheit evoziert (V.1b), die im Kontrast zur Einzelfigur Davids steht. Auch in V.11 verweist Urija in seiner Rede auf die Figurengruppen *Israel* und *Juda*, um einen Kontrast zwischen ihrer Situation im Kriegslager vor Rabba (der Unterkunft in Hütten) und den Annehmlichkeiten des Hauses in Jerusalem zu etablieren. Eine weitere Funktion der Nebenfiguren, die in der vorliegenden Analyse anhand der Gottesfigur und der Figurengruppe der *tüchtigen Männer* nachgewiesen wurde, stellt die *artifizielle Funktion* dar, ihre Bedeutung sowie Funktion für die Gestaltung der Erzählung.[115] Der Gottesfigur kommt bereits aufgrund ihrer Position innerhalb der Handlung herausgehobene Bedeutung zu. Indem sie am Erzählschluss die Ereignisse bewertet und explizit die Taten Davids verurteilt, beeinflusst sie wesentlich die kognitiv-behaviorale Wahrnehmung der Rezipierenden. Die *tüchtigen Männer* in V.16 sind, wie die vorliegende Analyse herausgestellt hat, indeterminiert. Dadurch und aufgrund der erzählten Inhalte und der räumlichen Zuordnung der Figuren(gruppen) herrscht

---

[115] Nach der Figurentheorie von Eder ist dies Gegenstand der Artefaktebene, siehe Eder, Figur, S. 322–425.

m. E. in V.16 eine Ambiguität vor. Diese Unbestimmtheit (gehören die *tüchtigen Männer* dem Heer Davids an oder handelt es sich um die Bewohner der Stadt Rabba?) ist entscheidend für das Figurenverständnis Joabs sowie für die Figurenkonstellation zwischen Joab, Urija und David.

Die vorliegende Analyse der Nebenfiguren in 2 Sam 11 hat gezeigt, dass die Auffassung einer „konstellativen Figurenanalyse"[116], bei der die Erzählfiguren in einem Beziehungsnetz konstruiert werden und stets in diesem eingebunden und präsentiert sind, produktiv ist und die Bedeutung der Nebenfiguren innerhalb einer Erzählung immens aufwertet. Die Nebenfiguren, seien es Einzelfiguren oder Figurengruppen, haben, wie hier ausführlich gezeigt, wesentliche Funktionen innerhalb der Ausgestaltung und Präsentation der Figurenkonstellation. Dazu zählen die *soziale Relationierung* (Eliam, V.3), die *gegenseitige Profilierung* (Gottesfigur in V.27f, Diener in V.9a.11c.13e) sowie die *kontrastäre Gegenüberstellung* (Diener und ganz Israel in V.1, Israel und Juda in V.11). Den Nebenfiguren kommt zudem innerhalb der *Gestaltung der Erzählung* Bedeutung zu (Schlussstellung der Gottesfigur, Ambiguität der tüchtigen Männer).

Ein größerer Teil dieses Abschnitts umfasst die Analyse der Figurengruppen in 2 Sam 11. Um sich den Figurengruppen und ihren Besonderheiten bei der Analyse zu nähern, wurden die von Poplutz an neutestamentlichen Erzähltexten abgeleiteten Analysekategorien verwendet. Zu diesen zählen der *Kollektivname*, die *Relation zwischen Figurengruppe und Einzelfiguren aus diesem Kollektiv*, die *Einheitlichkeit der Figurengruppe* sowie ihre *Redundanz*, durch die die Figurengruppe profiliert und kohärent wird. Diese von Poplutz genannten Kategorien konnten produktiv für die Analyse alttestamentlicher Figurengruppen in 2 Sam 11 angewendet werden. Darüber hinaus wurden die Figurengruppen hinsichtlich der ihnen zugewiesenen Handlungen und Räume analysiert sowie in Bezug auf ihre Gestaltungsweise untersucht.

Den Figurengruppen konnten ebenso wie Einzelfiguren konstitutive Funktionen innerhalb einer „konstellativen Figurenanalyse" zugeordnet werden. Eine wesentliche Erkenntnis aus der Analyse der Figurengruppe in 2 Sam 11 ist ihre Funktion zur Kontrastierung. In V.1 und V.11 werden jeweils zwei Figurengruppen benannt, um eine Ganzheit zu konstruieren, die im Gegensatz zu einer Einzelfigur steht. In V.1 wird, wie dargestellt, durch die kumulative Aufzählung von Joab und den beiden Figu-

---

[116] Vgl. Müllner, Samuelbücher, S. 91f.

rengruppen, den *Dienern* und *ganz Israel*, eine vermeintliche Einheit etabliert, zu der die Einzelfigur Davids in V.1e im Kontrast steht. Neben ihrer Leistung für die Kontrastierung ist die Figurengruppe der עבד in 2 Sam 11 essentiell für das Verständnis der Figur Urija, denn Figurengruppe und Einzelfigur profilieren sich gegenseitig. Bei der vorliegenden Analyse hat sich gezeigt, dass Nebenfiguren wie Eliam, der Bote Joabs und die Gottesfigur essentiell für das Verständnis der Erzählung sind. Ebenso tragend sind meiner Meinung nach neben den Einzelfiguren auch die Figurengruppen, denen sowohl in der bibelwissenschaftlichen Erzähltheorie als auch in den Textanalysen mehr Aufmerksamkeit geschenkt werden sollte.[117]

---

[117] Zur Spezifik der Auslegung von Figurengruppen gibt es bisher nur wenig theoretische Arbeiten. Neben den Ausführungen von Poplutz, die induktiv von den Figurengruppen des matthäischen Evangelientextes grundsätzliche Charakteristika von Figurengruppen abgeleitet hat, die diese Gruppen von Einzelfiguren unterscheiden, finden sich meines Wissens keine weiteren erzähltheoretischen Konkretisierungen zu biblischen Figurengruppen. Vgl. Poplutz, Erzählte Welt, S. 101–139.

III. ERTRAG

ויעבר האבל וישלח דוד ויאספה אל־ביתו ותהי־לו לאשה
ותלד לו בן וירע הדבר אשר־עשה דוד בעיני יהוה:[1]

2 Sam 11,27

Dieser abschließende Vers der „David, Batseba und Urija"-Erzählung weist mit zwanzig Wörtern zwar einen geringen Umfang auf, doch findet er, wie die vorausgegangene Untersuchung aufgezeigt hat, vielfältige Beachtung sowohl in der Auslegungs- und Rezeptionsgeschichte als auch in der aktuellen exegetischen Auseinandersetzung. Gleiches gilt für den am Beginn der Einleitung zitierten Vers: „Und es geschah zur Abendzeit, als David aufstand und auf dem Dach des Palastes umherwandelte. Da sah er vom Dach aus eine Frau sich waschen, und die Frau war von sehr schönem Aussehen. (2 Sam 11,2)". Bei diesen beiden Versen handelt es sich um Exempel hoher alttestamentlicher Erzählkunst, die einerseits durch ihre Kürze und Prägnanz auffallen und andererseits, wie die exegetisch-narratologische Untersuchung gezeigt hat, durch die in den Versen enthaltenen intratextuellen Verknüpfungen über sich hinaus Bedeutung für die gesamte Erzählung in 2 Sam 11 haben.

Die erarbeiteten Ergebnisse der exegetisch-narratologischen Analyse des Hauptteils rechtfertigen die Aussage, dass die narratologische Auslegung von 2 Sam 11 eine lohnende Methode ist, die zu differenzierten Ergebnissen führt ohne die Kohärenz der Erzählung aus den Augen zu verlieren. Das „Sezieren" des Erzähltextes in seine einzelnen „Bestandteile", d. h. die analytische Zergliederung der Erzählung unter dem Blickwinkel einzelner narratologischer Kategorien, ermöglicht eine sehr detaillierte Analyse des Erzähltextes. In Teilen ist es eine kleinschrittige Arbeit, doch stellt dies einen notwenigen Schritt dar, um zu einem vertieften Verständnis der „David, Batseba und Urija"-Erzählung zu gelangen und die hohe Erzählkunst dieses biblischen Textes nachzeichnen zu können.

---

[1] 2 Sam 11,27: „Als aber die Trauer vorüber war, sandte David und nahm sie in sein Haus auf. Sie wurde seine Frau und gebar ihm einen Sohn. Aber schlecht war die Sache, die David getan hatte, in den Augen JHWHs."

Methodisch bediente sich die vorliegende Arbeit zunächst einführender exegetischer Schritte wie der *Abgrenzung* des biblischen Erzähltextes, seiner *Einordnung in den literarischen Kontext* sowie der Segmentierung der Erzähleinheit, die auf eine *Gliederung* des Textes abzielte. Als zentraler methodischer Zugang fand eine narratologische Auslegung Anwendung, bei der unterschiedliche Theorieansätze miteinander verbunden wurden. Diese methodische Herangehensweise ermöglichte eine hohe Passung sowohl hinsichtlich der Besonderheiten der biblischen Erzählung als auch der rezeptionsgeschichtlichen Ausrichtung dieser Untersuchung. Die Nennung signifikanter Erkenntnisse am Ende jeder Analysekategorie dient als zwischenzeitliche Ergebnissicherung. Die Erzählstruktur von 2 Sam 11 ist anhand der zentralen narratologischen Kategorien *Erzählstimme*, *Perspektive*, *Handlung*, *Zeit* und *Raum* sowie *Figuren* untersucht worden. Bereits in der Darstellung des analytischen Prozesses wurde durch die zahlreichen Querverweise die Verwobenheit der einzelnen narratologischen Kategorien deutlich. Diese Verflechtungen können den Eindruck von Redundanz erwecken, ein Makel, der in der vorliegenden Arbeit aber zugunsten des detaillierten Herausarbeitens der Erzählqualität von 2 Sam 11 in Kauf genommen wurde.

Im Folgenden sollen die Ergebnisse der exegetisch-narratologischen Bibelauslegung entsprechend der Reihenfolge der untersuchten Kategorien zusammengefasst werden. Diese Ergebnisse bilden zugleich die Charakteristik der biblischen „David, Batseba und Urija"-Erzählung ab. Basierend auf den analytischen Ergebnissen werden abschließend die erzählerischen Elemente benannt und tabellarisch aufgelistet, die für die „David, Batseba und Urija"-Erzählung konstitutiv sind. Diese Referenzelemente fungieren als Ausgangspunkt für die weitere Untersuchung, in der im zweiten Band ausgewählte Dramen um 1900 mithilfe dieser und weiterer abgeleiteter RE analysiert werden.[2]

1. Der literarische Kontext von 2 Sam 11

Aus dem literarischen Kontext der Erzählung, den Darstellungen des Ammoniterkrieges (2 Sam 10; 12,26–31), konnte eine implizite Bedeutung für 2 Sam 11 erschlossen werden: Die rahmende Erzählung vom „Ammoniterkrieg" bildet mit ihren kriegerischen und gewaltbezogenen

---

[2] Vgl. Fischer, Dramen.

Konnotationen die Folie für die Ereignisse in 2 Sam 11 sowie der daran anschließenden Erzählungen in 2 Sam 12. Indem diese kriegerischen Konnotationen auch am Beginn der „David, Batseba und Urija"-Erzählung aufgenommen werden (V.1a–d) und als grundlegendes Setting für die weitere Erzählung fungieren, wird die Erzählung in 2 Sam 11 aus dem familiären Bereich herausgeholt und erhält explizit eine politische Komponente.

2. Erzählstimme

Eine weitere Erkenntnis der Untersuchung des literarischen Kontexts der Erzählung ist die davidkritische Tendenz in 2 Sam 11, die, wie dargestellt, ebenfalls innerhalb der TFE begegnet. In der „David, Batseba und Urija"-Erzählung tritt, wie in der Analyse gezeigt, vor allem die Erzählstimme in Distanz zur Figur(enperspektive) Davids und zielt darauf, David als rücksichtslosen König darzustellen. In der Analyse der Erzählperspektiven wurde diese distanzierte, negativ konnotierte Haltung der Erzählstimme gegenüber David anhand von fünf Textstellen belegt:

- *Kontrastierung und Separierung* der Figur David in V.1: Die Erzählstimme bietet bereits am Beginn der Erzählung ein Deutungsangebot gegenüber der Figur Davids an. Aufgrund ihrer privilegierten Position kommt David eine besondere Bedeutung zu. Die Erzählstimme kontrastiert David gegenüber Joab und den Figurengruppen der Diener und ganz Israel und verweigert ihr dabei Introspektion in Bezug auf seine Motivation zum Verbleib in Jerusalem.
- *Multiperspektivität* in der Darstellung von Urijas Tod in V.14–24: Diese zielt darauf ab, David als rücksichtslosen König darzustellen. Davids Tötungsbefehl und damit seine Figurenperspektive erhalten erst durch die anderen perspektivischen Darstellungen der Erzählstimme, Joabs sowie Joabs Boten ihr Profil. Dies geschieht einerseits durch die sukzessive Erweiterung der Figurenbezeichnung Urijas, wodurch die Beziehung zwischen David und ihm intensiviert wird. Andererseits wird durch die von seinen Befehlen (V.15c–g) abweichende Darstellung der Kriegsereignisse, wie sie die Erzählstimme schildert (V.17a–b), David bei den Leserinnen und Lesern diskreditiert.
- *Fehlende Determination* in Davids Reaktion auf den Tod Urijas in V.25: Die Erzählstimme lässt in V.25c offen, was David mit dem

Verweis auf הדבר הזה bezeichnet, die Joab nicht schlecht beurteilen solle. Diese ambigue Textstelle, die sich entweder auf das Ende des Botenberichts (V.24c) und der Nachricht über Urijas Tod oder auf den gesamten Botenbericht (V.23b–24) bezieht, trägt zur negativen Charakterisierung Davids bei.
- Hervorhebung der *Zusammengehörigkeit Batsebas und Urijas* in V.26: Kurz vor der Notiz, dass David Batseba zur Frau nimmt (V.27d) hebt die Erzählstimme gleich dreifach die Verbindung zwischen ihr und ihrem Mann Urija hervor (V.26a.b.c), wodurch Davids Handlungen gegenüber Batseba, ihre Aufnahme in sein Haus und ihre Heirat, den Anschein des Illegitimen erhalten.
- *Erzählerkommentar in V.27* als explizites Urteil gegenüber Davids Handlungen und seiner Weltsicht (V.25c): Die Erzählstimme tritt mit ihrem Wirklichkeitsmodell in Distanz zur Figur Davids. Explizit und besonders prominent geschieht dies am Ende der Erzählung in Form des doppelt fokalisierten Erzählerkommentars in V.27f. Die Erzählstimme etabliert eine übergeordnete Werteinstanz, indem sie das Urteil gegenüber David der Gottesfigur zuordndet. Dabei wird durch die doppelte Fokalisierung die Erzählerperspektive durch die Figurenperspektive JHWHs überlagert. Da es sich zudem um die letzte Information der Erzählung handelt, bestimmt die Erzählstimme mit ihrem Verweis auf das Urteil der Gottesfigur gegenüber David maßgeblich die Interpretation des Gesamttextes.

Diese Textbeobachtungen rechtfertigen die Annahme, wonach die Erzählstimme eine distanzierte und negativ konnotierte Position gegenüber der Figur Davids einnimmt. Dabei tritt vor allem die kompositorische Funktion der Erzählstimme in Erscheinung.

Überhaupt kommt der extradiegetischen Erzählstimme in 2 Sam 11 eine hohe Bedeutung zu. Ein Vergleich der Verteilung der ÄE auf die Erzählinstanzen in 2 Sam 11 macht dies deutlich. Der anonymen, extradiegetischen Erzählstimme werden 81 der 122 ÄE zugeordnet, womit sie die Instanz wird, der am meisten Raum gegeben wird. In großer Dichte wird das Geschehen in drei Textbereichen durch die Erzählstimme vermittelt: Es handelt sich dabei erstens um die sog. Badeszene (V.2–5), in der sie mit Ausnahme zweier Figurenreden in V.3d und V.5e alles erzählt. Zweitens gibt sie Davids Plan, Urija zu beseitigen und die Ereignisse vor Rabba, die letztlich zu Urijas Tod führten wieder (V.14–18) und drittens erzählt sie die finalen Ereignisse der 5. Szene.

Eine weitere Besonderheit der Erzählstimme ist ihr distanzierter und zurückhaltender Umgang mit Informationen. Die heterodiegetische Erzählstimme verfügt neben Omnitemporalität und Omnipräsenz auch über Allwissenheit. So kennt die Erzählstimme den Inhalt des königlichen Briefes (V.15c–g). Aufgrund ihrer Allwissenheit ist ihr Introspektion möglich und sie besitzt Wissen, das anderen Figuren – mit Ausnahme der allwissenden Gottesfigur – verborgen ist. Die Erzählstimme gewährt in der Erzählung allerdings nur begrenzt Einblick in die Gefühle, Motivationen oder Wissensbestände der handelnden Figuren. Dadurch werden diese Textstellen ambigue und die Lesenden sind gefordert aus einer Fülle unterschiedlicher Lesemöglichkeiten auszuwählen. Wie die Untersuchung gezeigt hat, existieren in 2 Sam 11 mehrere solcher ambiguen Textstellen wie die bereits genannte in V.1e zum Verbleib Davids in Jerusalem und das ambigue Wort דבר („Sache") im Erzählerkommentar in V.27f und in V.25. Eine weitere Ambiguität, die wesentlich das Figurenmodell Urijas beeinflusst, ergibt sich aus der fehlenden Information der Erzählstimme zum Wissen Urijas hinsichtlich des Ehebruchs Davids mit Batseba und ihrer daraus resultierenden Schwangerschaft.

Der biblische Text in 2 Sam 11 liefert nur wenige Informationen zur Darstellung der Erzählstimme: Sie bleibt anonym, und es werden keine Informationen zu Alter, Herkunft oder Geschlecht geliefert. Einzig die „Verdopplung des Blicks" in V.2d–e, durch den die Erzählstimme aus der Perspektive Davids die sich waschende Frau wahrnimmt und charakterisiert, erlaubt es, die Erzählstimme geschlechtlich männlich zu markieren. Darüber hinaus besitzt sie Wissen und Kenntnisse über militärische Strategien sowie über altorientalische Erzählmotive. Ihr Umgang mit den Erzählmotiven, das meint deren Adaption und Transformation in die Geschehensfolge von 2 Sam 11, deutet auf ihre kunstvoll-textproduzierenden Fertigkeiten hin.

In unterschiedlichen Graden ist sie als Vermittlungsinstanz fassbar. Durch ihre Kommentare, v. a. dem abschließenden evaluativen Kommentar in V.27f, aber auch durch das Arrangement des Verbs שׁלח, das entweder wichtige Ereignisse hervorhebt oder den Schauplatzwechsel (Jerusalem – Rabba) einleitet, wird die Erzählstimme als Vermittlungsinstanz explizit. In der Analyse wurde zudem herausgestellt, dass sich die Erzählstimme in 2 Sam 11 als zuverlässige Erzählinstanz erweist.

3. Perspektive

In der Perspektivenanalyse wurde die hohe Relevanz der doppelten Fokalisierung in der biblischen Erzählung nachgewiesen. An zwei markanten Textstellen kommt dieses Gestaltungsmittel vor. Es findet einerseits in V.2d–e, dem Blick Davids auf die sich waschende Frau, und andererseits am Ende der Erzählung in V.27f, dem Blick JHWHs auf Davids Taten, Anwendung und impliziert jeweils eine Wertung. Ausführlich wurde in der Perspektivenanalyse der Blick Davids und die doppelte Fokalisierung in V.2d–e untersucht. Wie die Untersuchung gezeigt hat, besteht ein Zusammenhang zwischen Schönheit und Sexualität, wonach Blick, Begehren und Sexualität ineinander übergehen. Der männliche Blick korrespondiert mit der weiblichen Schönheit in der Weise, dass der Blick auf die schöne Frau und das Begehren nach ihr zusammenfallen. Der männliche Blick avanciert zum Ausdruck der Sexualität. Wie in der Figurenanalyse Batsebas aufgezeigt, kommt es vor allem in der Rezeptionsgeschichte zu einer Zentralisierung dieses Blicks. Die Rezipierenden partizipieren an Davids Blick auf die Frau, durch den Batseba in ihrem Objektstatus verharrt. Sie sind gefordert, gegenüber dem Blick und der sexualisierten Wertung Davids zur Schönheit der Frau Stellung zu nehmen und sich damit auseinandersetzen.

Neben der Fokalisierung wurden in der Perspektivenanalyse die Erzählerperspektive sowie die unterschiedlichen figuralen Perspektiven und deren Weltsichten detailliert untersucht. Neben dem Blick Davids, der in der Wirk- und Rezeptionsgeschichte zu einem Schlüssel für die Erzählung in 2 Sam 11 geworden ist, sind zwei wesentliche Erkenntnisse zu nennen:

Erstens wurde herausgestellt, dass in der kurzen Figurenrede Batsebas ihre Figurenperspektive und somit ihr Wirklichkeitsmodell wiedergegeben ist. Dazu werden die in V.3 gegebenen biographischen Informationen zur Figur mit den Handlungen an ihr in V.4 verknüpft und in der Figurenrede in V.5e die Konsequenzen für die Figur Batsebas hervorgehoben. Die Worte „schwanger bin ich" (V.5e) sind Ausdruck einer Erwartungshaltung Batsebas gegenüber David. Die Kürze der Figurenrede und die fehlende Introspektion lassen offen, ob ihre Erwartungen als Hoffnungen, Wünsche oder Ängste zu deuten sind.

In der Perspektivenanalyse wurde zweitens erläutert, dass Urijas Figurenperspektive und Wirklichkeitsmodell offen lassen, welche Informationen die Figur zu einem bestimmten Zeitpunkt des Geschehens besessen hat. Diese Leerstelle ist wesentlich für das Verständnis der Figur Urijas und wurde innerhalb der Rezeptionsgeschichte äußerst unterschiedlich geschlossen.

Zudem konnte gezeigt werden, dass insbesondere die vierte Szene mit der multiperspektivischen Darstellung von Urijas Tod in V.15–24 Relevanz für das Verständnis der biblischen „David, Batseba und Urija"-Erzählung besitzt. Dabei erweisen sich besonders die Unterschiede zwischen den jeweiligen Einzelperspektiven als entscheidend. In V.15c–g wird das Geschehen aus der Figurenperspektive Davids (P I) proleptisch durch Widergabe des Briefinhalts, in dem Joab mit der Tötung Urijas beauftragt wird, dargestellt. Dabei sticht die Bezeichnung Urijas in Davids Brief hervor. Im Unterschied zu V.17d, wo Urija von der Erzählstimme zusätzlich als „der Hetither" bezeichnet wird bzw. zu V.21f und V.24c, wo durch die Zuschreibung „dein Diener" die Zusammengehörigkeit der beiden Figuren hervorgehoben wird, ist im Todesbrief lediglich der Figurenname erwähnt. In V.16a–17d werden aus Sicht der Erzählstimme die Kriegsereignisse und der Tod Urijas wiedergegeben – es handelt sich hierbei um die Erzählerperspektive (P II). Aus der Figurenperspektive Joabs (P III_a) wird die Geschehen um den Tod Urijas in V.19c–24c analeptisch dargestellt. In Joabs Ausführungen werden die Kriegsereignisse vor Rabba nicht erwähnt, stattdessen findet sich eine Referenz auf das Schicksal Abimelechs, der sich unvorsichtig einem zu erobernden Gebäude näherte und durch die Hand einer Frau starb. Durch die Leerstelle und die intertextuelle Verbindung zu Ri 9,50–55 öffnet sich die Möglichkeit, Joabs Darstellung als verborgene Wertung bzw. Kritik gegenüber David zu verstehen. In V.23b–24c begegnet schließlich die im Botenbericht vermittelte Figurenperspektive Joabs (P III_b).

4. Handlung

Als besonders fruchtbar für die vorliegende Untersuchung hat sich die Handlungsanalyse erwiesen. Einerseits führte sie zu einem vertieften Verständnis der biblischen Erzählung und deren Gefüge, andererseits konnten mit den ausgewählten Methodenschritten konstitutive Handlungselemente benannt werden, die sich für die im zweiten Teil der Untersuchung abzielende Analyse der Dramatisierungen von 2 Sam 11 als äußerst konstruktiv herausgestellt haben.

Im Rahmen der Handlungsanalyse wurden insgesamt 57 Handlungselemente bestimmt, wobei es sich überwiegend um dynamische Aussagen und fast ausschließlich um Figurenhandlungen handelt. Die Geschichte ist aufgrund des geringen Anteils von statischen Aussagen (11x) im Vergleich zu den dynamischen Zustands- und Situationsveränderungen (57x) stark ereignisorientiert.

Als entscheidender Methodenschritt hat sich in der Handlungsalayse die Unterscheidung der Handlungselemente in Bezug auf ihre Wichtigkeit für die Erzählung herausgestellt, wobei die Gefahr der Subjektivität der Zuordnung ebenfalls problematisiert wurde. Von den 57 benannten Handlungelementen sind 19 konstitutiv. Diese „Kerne" haben grundlegende Bedeutung für die Erzählung. Zudem wurde in der Handlungsanalyse herausgestellt, dass neben den Kernen die folgenden fünf statischen Aussagen ebenfalls essentiell für die „David, Batseba und Urija"-Erzählung sind, da diese Ereignisse entweder konstitutiver Teil der Sinnlinie der Geschichte oder mit Blick auf das Motiv des Todesbriefs kausal bedeutsam für den Fortgang der Handlung sind:

- Eigenschaftsaussage zur Schönheit Batsebas (V.2e)
- Eigenschaftsaussage zur Identität Batsebas (V.3d)
- Verknüpftes Motiv des Todesbriefs unter Angabe des Briefinhalts (V.15a–g)
- Zustandsaussage zur Weigerung Urijas (V.9b.10c.f.13f)
- Zustandsaussage in Form von JHWHs Urteil gegenüber David (V.27f)

Einen weiteren Untersuchungsgenstand der Handlungselemente stellt das „Nicht-Gewählte" dar. In der vorliegenden Untersuchung wurde diesbezüglich der narratologische Zugang von Wolf Schmid aufgegriffen, wonach „Selektion" ein wesentliches Konstitutivum des Erzählens ist und das „Nicht-Gewählte" einen Vorrat an anderen Möglichkeiten liefert, die wiederum Aufnahme in Rezeptionen finden. In der biblischen Erzählung konnten Negationen in Form von Abweichungen von traditionellen Sinnlinien bei den in 2 Sam 11 verwendeten Erzählmotiven bestimmt werden: Eine solche Diskrepanz findet sich wieder beim Motiv der Badenden, das in 2 Sam 11 mit dem Motiv des altorientalischen Herrschers, der die Frau eines Untertanen nimmt, verbunden ist. Beispiellos bei der Adaption der Motive ist hierbei, dass es zum sexuellen Akt kommt und somit das Begehren des Herrschers nach der schönen Frau befriedigt wird. Diese Abweichung von den traditionellen Motivinhalten in 2 Sam 11 zielt darauf, die Figur Davids zu fokussieren und seine Handlung (V.4) an Batseba hervorzuheben. Auch das Todesbriefmotiv weicht erheblich von den traditionellen Erzählmustern ab und zielt auf eine Fokussierung Davids und seiner Untaten gegenüber Urija. Wie in der Analyse gezeigt, wird der König durch dieses Motiv als fehlbarer, despotischer Herrscher stilisiert. Dieser Eindruck wird noch verstärkt durch die fehlende Wiedergabe der Handlungsmotivation Davids. Hierbei handelt es sich, wie herausgestellt, um eine Negation des dritten Modus und erweist sich insofern als eine „aufzuhebende Negation"[3].

Im Fokus der Überlegungen zur Handlung standen neben den Handlungselementen und dem „Nicht-Gewählten" auch die Figurenhandlungen. In der Analyse zeigte sich, dass David und Urija, denen 9 bzw. 5 „Kerne" als Figuren zugeordnet sind, als Handlungsträger agieren, während Batseba und Joab keine konstitutiven Ereignisse zugewiesen sind. Diese Beobachtung wurde durch die Erkenntnisse aus der Analyse der Dynamik des Figurenhandelns relativiert, denn hieraus ergibt sich, dass Davids Figurenhandeln nicht losgelöst von dem der anderen Figuren zu verstehen ist. Stattdessen ist es von einer sich kontinuierlich verändernden dynamischen Gesamtkonstellation beeinflusst. In der Analyse der Figurendynamik wurden die Interdependenzen des Figurenhandelns herausgearbeitet und es wurde sichtbar, dass neben David andere Figuren wie Batseba, Urija und Joab agieren und so ebenfalls Einfluss auf die Dynamik der Handlung nehmen. Darüber hinaus wurden im Rahmen der Analyse der Figurendynamik und ausgehend von Thomas Pavels Ansatz Handlungsoptionen benannt, die jeder Figur angesichts eines Problems, mit dem sie konfrontiert ist, offenstehen. Durch diesen methodischen Ansatz hat sich der Blick auf das Handeln und die Handlungsoptionen der jeweiligen Figur wesentlich geschärft.

Im Rahmen der Handlungsanalyse wurde als weiterer Methodenschritt die biblische Erzählung in 2 Sam 11 hinsichtlich der Handlungsdarstellung unter Berücksichtigung des zeitlichen Aspekts und der Handlungsenden untersucht. Dabei wurde zunächst der „Sinn der Erzählung", wie dieser durch die Erzählstimme in der Handlung grundgelegt ist, herausgearbeitet. Diese Analyse stützte sich dabei auf den Ansatz von Wolf Schmid, wonach sich aus dem Wechsel von hoher und niedriger Selektivität die Akzentuierung der Erzählstimme erkennen lässt. Durch die Ana-

---

[3] Schmid, Elemente, S. 237.

lyse der Erzählgeschwindigkeit mit dem Wechsel von gerafften und gedehnten Erzählsequenzen ließ sich das Geschehensmoment, dem innerhalb der Erzählung die höchste Bedeutung zukommt, erschließen. Unter dem Aspekt der Selektivität kommt der vierten Szene innerhalb der Handlung herausragende Bedeutung zu, denn diese Handlungssequenz ist eine gedehnte Passage und das eigentliche Thema des Abschnitts, der Tod Urijas, wird repetitiv und perspektivisch sowohl von der Erzählstimme (V.17) als auch figural vermittelt (David in V.15c–g, Joab in V.21e–f und der Bote Joabs in V.23b–24c). Somit kommt innerhalb der Erzählung dem vierfach erzählten Tod Urijas die höchste Bedeutung zu und kann als „Sinn der Erzählung" verstanden werden. Dies ist eine wesentliche Erkenntnis der Handlungsanalyse, die mit den Erkenntnissen aus der Perspektivenanalyse und der Analyse der Zeit korrespondiert.

Unter dem Aspekt der Handlungsdarstellung wurden zudem die Handlungsenden von 2 Sam 11 analysiert, deren äußerst kunstvoll gestaltete Komposition herausgearbeitet wurde. Der Erzählanfang in V.1a–e entwirft eine fiktionale Welt mit eigenen Gesetzten und Figurenkonstellationen. Durch eine Simullepse[4], die auf der sprachlichen Ebene durch den Wechsel in der Erzählfolge vom Imperfekt consecutivum zum afformativ erkennbar ist, werden zwei parallele Handlungsstränge konstruiert, die räumlich durch die zwei Hauptschauplätze, Jerusalem und Rabba, markiert sind. Für den Erzählanfang konnte ein erhöhtes Maß an Expositionalität nachgewiesen werden. Die Lesenden werden langsam in das Geschehen eingeführt. Der Erzähltext beginnt *ab ovo,* und im Eröffnungsvers werden bereits wesentliche Informationen wie etwa die Benennung der Hauptfigur David und der Hauptschauplätze geliefert.

Für das Erzählende wurde ein doppelter Erzählschluss nachgewiesen: Die in V.27c–e erzählten Ereignisse lösen den Konflikt der beiden Figuren David und Batseba auf. Allerdings folgt auf das scheinbare *happy end* mit dem Urteil gegenüber David in Form eines Erzählerkommentars der eigentliche Erzählschluss in V.27f. Da es sich hierbei um die erste und einzige explizite Wertung innerhalb der gesamten Erzählung handelt, kommt diesem Schlusssatz herausragende Bedeutung zu. Zugleich be-

---

[4] Bei einer Simullepse handelt es sich um ein Kunstwort, das Lahn und Meister in Anlehnung an die Terminologie Genettes für eine Anachronie, die Leanisierung von mindestens zwei Ereignissen verwenden. Es handelt sich um Ergebnisse, die parallel stattfinden, aber nur nacheinander erzählt werden können.

ginnt durch dieses offene Ende ein neuer Spannungsbogen. Die beiden Handlungsenden sind durch eine Ambiguität in V.27f, die fehlende Determination des Wortes דבר, miteinander verbunden.

Zusammenfassend lässt sich festhalten: Das Benennen von Handlungselementen und deren Ordnung nach Wichtigkeit zeigt die Ereignisstruktur der „David, Batseba und Urija"-Erzählung auf. Die Überlegungen zu den Handlungsenden, zum „Nicht-Gewählten", dem Herausstellen des „Sinns der Erzählung" sowie die Analyse des Figurenhandelns und der Figurendynamik belegen die kunstvoll gestaltete, stufenweise Inszenierung von 2 Sam 11. Die in der Handlungsanalyse dargestellten Ergebnisse rechtfertigen die hohe Bedeutung dieser Kategorie für die Analyse und das Verständnis der Erzählung.

5. Zeit

Unter der Kategorie der Zeit hat sich gezeigt, dass die „David, Batseba und Urija"-Erzählung eine raffinierte und kunstvolle Zeitstruktur aufweist: Die Erzählstimme setzt dabei durch Anachronien, eine repetitive Erzählweise und durch den Wechsel im Erzähltempo Schwerpunkte innerhalb der Erzählung. Davon ausgehend wurde in der Analyse der Zeit herausgestellt, dass der Mord an Urija im Zentrum des Erzählinteresses steht. Diese Erkenntnisse stützen sich auf folgende Textbeobachtungen:

Die Szenen in denen David und Batseba zusammen auftreten, sind hinsichtlich des Erzähltempos zeitlich ähnlich konzipiert. Die Szenen 2 (V.2–5) und 5 (V.26–27) weisen im Unterschied zu den anderen Szenen ein hohes Erzähltempo[5] auf und verfügen in der Zeitenfolge über keinerlei Anachronien.

Das Erzähltempo verlangsamt sich in den Szenen, in denen David zusammen mit Urija auftritt. In der dritten Szene (V.6–13) kommt es v. a. aufgrund der Figurenrede zu einer drastischen Verlangsamung des Erzähltempos im Vergleich zum vorausgehenden Erzählabschnitt. Zudem gibt es in der Szene Passagen zeitdehnenden Erzählens, in denen keine Handlung beschrieben wird. Dabei handelt es sich um die Aussage, „Urija stieg nicht in sein Haus hihab" in V.9b und V.13f. Wie in der Zeitana-

---

[5] In der zweiten Szene wird mit nur 57 Worten (MT) Erzählzeit eine erzählte Zeit von etwa einem Monat dargestellt. In der fünften Szene werden mit 30 Worten (Erzählzeit) Ereignisse zusammengefasst, die sich über mehrere Monate erstrecken.

lyse herausgestellt, kommt dem Befehl Davids רד לביתך ורחץ רגליך in V.8b–c eine herausgehobene Stellung zu: In den vier Worten wird Davids Plan enthüllt. Durch das stark verlangsamte Erzähltempo ist der Befehl hervorgehoben. Zugleich handelt es sich bei V.8b–c um eine Prolepse, die in der weiteren Erzählung wiederholt aufgenommen wird (V.9b.10c. 13f). Durch die proleptische Verbindung dieser Teilverse schwingt die sexuelle Konnotation bei Davids Befehl – ausgelöst durch das Wort רגל in V.8c als euphemistische Bezeichnung des männlichen Glieds – auch in den Wiederaufnahmen in V.9b. 10c.13f mit.

Die vierte Szene (V.14–25) weist den höchsten Anteil an Erzählzeit (186 Wörter) in der gesamten Erzählung auf. Aufgrund der häufigen Figurenrede innerhalb dieser Szene ist das Erzähltempo meist niedrig. Besonders sticht die analeptische, iterative Darstellung vom Kampf um Rabba und dem Tod Urijas hervor. Mehrfach wird dabei das einmalige Ereignis von Urijas Tod erzählt, wodurch einerseits die Schwere von Davids Tat hervorgehoben wird. Andererseits offenbart diese Darstellungsweise das „Thema" der Erzählung, den in der vierten Szene (V.14–25) dargestellte Mord an Urija. Diese Erkenntnis ist insofern zentral, als in der Wirk- und Rezeptionsgeschichte die zweite Szene (V.2–5) mit dem „Bad" Batsebas und dem daraus resultierenden Ehebruch zum substanziellen Inhalt der Erzählung avanciert.

Ein weiterer Schwerpunkt der Zeitanalyse war die Untersuchung des Hebräischen Narrativs in 2 Sam 11. Die konsekutiven Waw-Folgen deuten in biblischen Erzählungen auf eine aufeinander folgende Zeitordnung hin. In der vorliegenden Untersuchung wurden jene Stellen untersucht, an denen dieser Narrativ unterbrochen ist. In 2 Sam 11 sind die (Teil-)Sätze 69mal mit einem Imperfekt consecutivum verbunden, 15mal wird davon abgewichen und dabei die beiden Satzteile mit einer Waw-Verbindung nebeneinander gestellt. Dies geschieht u. a. an folgenden prominenten Stellen:

- V.1e: Unterbrechung zur Einführung eines parallelen Handlungsstrangs
- V.2e: Verbindung von Davids Blick (V.2d) mit seiner Wertung (V.2e)
- V.4e: Perspektivwechsel und Kontrastierung Batsebas mit David
- V.20a: Einleitung eines konsekutiven Falls

In der weiteren Analyse der Zeitstruktur von 2 Sam 11 wurde herausgestellt, dass die Handlungsenden ebenfalls Zeitangaben bzw. Anachronien aufweisen: In V.1 findet sich eine doppelte Zeitangabe. Während die „Wiederkehr des Jahres" eine iterarive jahreszeitliche Angabe darstellt, handelt es sich bei der Formulierung „Zeit, wenn die Könige ausziehen" um eine militärische Angabe, wodurch die folgende Erzählung in 2 Sam 11 in einen kriegerischen Kontext gestellt und gelesen werden muss. Der abschließende V.27 enthält eine interne Analepse, die narratorial motiviert ist. Die Erzählstimme berichtet rückblickend von der Reaktion JHWHs auf die Tat(en) Davids.

6. Raum

Neben der Kategorie der Zeit lieferte die des Raums weiterführende Erkenntnisse und Ergebnisse. Im Fokus der Untersuchung standen die Ortsangaben der Erzählung, die Figurenbewegungen innerhalb des Raumes, abstrakte Raumkategorien wie Dichotomien sowie den Räumen inhärente Semantiken.

Bereits in der Erzähleröffnung in V.1b–e wird ein komplexes und kunstvoll konstruiertes Raumgefüge entworfen. Die beiden Hauptschauplätze der Erzählung, Jerusalem und Rabba, werden benannt und bilden aufgrund dieser Positionierung am Erzählanfang den räumlichen Hintergrund für die weitere Handlung und somit der gesamten Erzählung. Gleichzeitig sind die beiden Hauptschauplätze aufgrund der kontrastierenden Erzählweise in V.1, bei der Joab und das ganze Heer dem Raum Rabba zugeordnet sind, David aber dem Raum Jerusalem zugewiesen ist, strikt voneinander getrennt. Der Wechsel zwischen den beiden Räumen durch Figuren ist immer initiiert und wird durch das Bewegungsverb שלח (senden), einem Leitwort von 2 Sam 11, eingeleitet.

In der zweiten Szene kommt es, wie in der Analyse gezeigt, zu einer Binnendifferenzierung des Hauptschauplatzes Jerusalem. Mit dem Palast bzw. Königshaus (בית המלך), Davids Lager (משכב) und dem Dach des Palastes (גג) werden mehrere Binnenräume benannt. Für den Ort der sich Waschenden gibt es keine detaillierte Raumbeschreibung. Es handelt sich hierbei um eine räumliche Leerstelle.

Durch das Richtungsverb ירד (hinabsteigen) wird in V.8b eine Raumkonstruktion etabliert, in der das Königshaus in Spannung zu Urijas Haus gesetzt wird und die grundlegend für die anschließende Auseinandersetzung zwischen David und Urija in V.8–11 ist. Urija leistet dem königlichen Befehl רד לביתך ורחץ רגליך (V.8b–c) nicht Folge. Dreimal wird erzählt, dass Urija diesem Befehl nicht nachkommt (V.9b.10c.f), ein viertes Mal lehnt der Soldat in einem Schwur (V.11d–g) den königlichen Befehl ab. In der Analyse wurde auf eine Besonderheit hingewiesen, nämlich Urijas Abweichung in seiner Figurenrede von dem Wortlaut der zuvor erzählten Weigerung in V.9a.10c.f. Er verwendet nicht das Bewegungsverb ירד, das Davids Position als Oben herausstellt und somit semantisch machtvoller konnotiert ist. Stattdessen benutzt er das Bewegungsverb בוא. Durch diesen Bruch verwehrt Urija David seine königliche „obige" Positionierung.

Auf der Grundlage von intertextuell-semantischen Analysen wurde die semantische Aufladung von Räumen erschlossen, und die Raumangaben innerhalb der Erzählung wurden dementsprechend untersucht. Hieraus ergibt sich, dass insbesondere die Räume, die der Stadt Rabba zugeordnet sind, fast alle semantisch als Orte von Schutzlosigkeit (Hütte, Öffnung des Tores) und Gefährdung (Feld, Platz, Mauer) konnotiert sind. Die „Hütten" (V.11) stellen einen vergänglichen, schutzlosen Raum dar, dem Urija in seinem Schwur das stabile Haus entgegensetzt. Diese räumliche Polarisierung erhöht die Aussagekraft von Urijas Schwur. Das „Feld" begegnet in V.11 als Ort der militärischen Auseinandersetzung. Aus anderen biblischen Texten ist es als Schauplatz von Gewalttaten wie Mord (Gen 4; Dtn 21,1), Vergewaltigung oder Ehebruch (Dtn 22,25; Rut 2,8–9; Jer 13,27) negativ konnotiert. Die Bezeichnung „Stadt" ist ein Synonym für Rabba und muss differenziert betrachtet werden. Für die Bewohner der Stadt ist sie ein Raum, der ihnen Schutz im Belagerungszustand gewährt und einen Ausgangspunkt für militärische Aktionen darstellt. Aus der Perspektive der Gegner ist die „Stadt" ein Raum, den es zu erobern gilt, von dem aber zugleich Bedrohung ausgeht, worauf der intertextuelle Einschub in V.21 hindeutet. Durch die iterative Erzählweise des Todes Urijas wird der Raum Rabba bzw. die „Stadt" als Ort des Todes semantisiert. Rabba stellt also einen Raum dar, von dem Bedrohung für das Heer Davids ausgeht.

Eine völlig andere Raumsemantik ist den Räumen in Jerusalem eigen. Der „Palast" ist als Ort auf das Engste mit der Figur Davids verbunden, denn einerseits ist die Figur über die gesamte Erzählung in 2 Sam 11 hinweg dort verortet und andererseits wird der Palast durch Davids Handlungen als Raum der königlichen Macht und Sexualität semantisiert. Von dort agiert und re(a)giert er. Das „Dach des Königshauses" ist ebenfalls unter Verweis auf 2 Sam 16,22 ein räumlicher Ausdruck und konstituierendes Element von Davids sozialer Macht als König. Der „Eingang" zum Königshaus (V.9) ist zwar als Binnenraum dem machtvoll konnotierten Palast zugeordnet, allerdings zeigt die intertextuell-semantische Analyse, dass es sich hierbei um eine Durchgangsmöglichkeit, eine Schwelle handelt, die in anderen biblischen Texten als gefährdeter Ort semantisiert ist. An diesem gefährdeten Ort legt sich Urija nieder (V.9) und bricht durch seine Weigerung gegenüber den königlichen Befehl (V.8b–c) Davids königliche Macht.

Neben dem Palast wurde das Haus Urijas als weiterer Binnenraum Jerusalems in der Analyse benannt. Das Haus ist mit Ausnahme von V.4f der Figur Urijas zugeordnet, wenngleich sie diesen Raum in der gesamten Erzählung nicht betritt und dies mit einigem Aufwand erzählerisch mehrfach hervorgehoben wird (V.9b.10c.13f). In V.4f ist das Haus nicht Urija, sondern explizit Batseba bei der Rückkehr aus Davids Palast zugeordnet.

Die beiden Jerusalemer Räume, der „Palast" (בית המלך) und das „Haus Urijas", stehen einander diametral gegenüber, worauf die Dichotomie von oben (Palastdach) und unten (Ort der sich Waschenden) in V.2 sowie die um Raum geführte Auseinandersetzung zwischen David und Urija in V.8–10 hinweisen.

In der Raumanalyse von 2 Sam 11 wurden weitere Ortsangaben benannt (Weg in V.10; Brief in V.14 und Tebez in V.21), denen jedoch nur geringe Bedeutung für die Handlung zukommt. Im Unterschied dazu besitzen die folgenden drei Raumangaben, die der Körpersymbolik entnommen sind, Relevanz:

- Das „Hinaufsteigen" (עלה) der Zornesglut des Königs in V.20 lässt sich als Verstärkung der Erzählabsicht verstehen.
- Mit dem Verweis auf die „Hand" (יד) in V.14 wird das Moment der Ironie aufgegriffen. David gibt Urija einen Brief, der sein eigenes Todesurteil enthält, in die Hand, dem Körperteil mit dem nach biblischen wie auch nach heutigen Verständnis *Hand*lungen verrichtet werden. Doch Urija ist aufgrund seiner Funktion als Bote *hand*lungsunfähig gegenüber seinem eigenen Todesschicksal.
- Das „Auge" in V.25.27 ist entsprechend der biblischen Körpersymbolik ein Raum des Sehens und Erkennens sowie ein Raum, der Handlung hervorruft.

Neben der Untersuchung der Ortsangaben in 2 Sam 11 und deren Raumsemantiken bildete die Analyse der Figurenbewegungen einen weiteren Schwerpunkt der Raumanalyse. Dabei konnten insbesondere für die

Figuren David, Batseba und Urija relevante Erkenntnisse gewonnen werden.

Die Raumanalyse macht Davids Machtposition offenbar. Über die gesamte Erzählung hinweg ist er fast statisch dem Raum des Königshauses zugeordnet. Ferner ist es die Figur Davids, die andere Figuren in Bewegung versetzt. Dies geschieht mit dem Verb שלח, das in 2 Sam 11 als machtvoll konnotiertes Leitwort Verwendung findet.

Am häufigsten ist dabei Urija das „Objekt" des Sendens (שלח). Überhaupt ist er die Figur mit den meisten und weiträumigsten Bewegungen. Dabei wird er Räumen zugeordnet, die sich durch eine Gemeinsamkeit auszeichnen. Es handelt sich um gefährdete Räume („Eingang des Palastes" in V.9; „vorn, wo der Kampf am stärksten ist" in V.15; „Platz, wo tüchtige Männer sind" in V.16). Das „Haus", i.S.v. Gebäude, das ihm mit Ausnahme von V.4f zugeordnet ist und das ein räumlicher Gegenpart zu Davids Palast darstellt, betritt er über die gesamte Erzählung nicht.

Die Figur Batsebas ist dem „Haus" (בית) Urijas zugeordnet. Am Ende der Erzählung wechselt ihre Zugehörigkeit hin zum Haus Davids (V.27c). Hierbei lässt sich eine semantische Verschiebung des Begriffs בית erkennen, der unter Berücksichtigung der TFE als literarischem Kontext von 2 Sam 11 nun als soziologische Größe „Familie" dynastisch konnotiert ist. Diese Verschiebung konnte in der Raumanalyse auch auf der sprachlichen Ebene nachgezeichnet werden. Während bis V.27 das Haus Davids in der Erzählung durchgehend als בית המלך bezeichnet wurde und auf den Königspalast mit den genannten Konnotationen rekurriert, steht in V.27c der Begriff בית in Verbindung mit dem Personalsuffix ־ו, der auf Davids als Familienoberhaupt verweist.

Herauszuheben ist zudem Batsebas Partizipation am Leitwort שלח in V.5b, einem Leitwort, das in 2 Sam 11 fast ausschließlich der Königsfigur Davids zugewiesen ist. Indem Batseba vom „Hause Urijas" aus jemanden zu David sendet, wird dieses „Haus" zum Ort der Reproduktion, und Batseba partizipiert mit ihrer Schwangerschaftsbekanntgabe unter Verwendung des Leitworts שלח an der königlichen Macht.

Die genannten Ergebnisse der Raumanalyse bilden die Grundlage dafür, dass sich durch die Semantik der Orts- und Raumangaben in 2 Sam 11, ihre räumliche Beziehung zueinander und die Figurenbewegungen, besonders die durch das Verb שלח initiierten, die Dichotomien in 2 Sam 11 sowie die in der biblischen Erzählung inhärenten Machtstrukturen erkennen und verstehen lassen.

7. Figuren

Die Figurenanalyse bildete den Schwerpuntk der exegetisch-narratologischen Auslegung der „David, Batseba und Urija"-Erzählung, was allein an deren Umfang ersichtlich ist. Auf der Grundlage von Jens Eders Figurentheorie wurde ein Analyseinstrumentarium für die biblischen Figuren und Figurengruppen in 2 Sam 11 entworfen, durch weitere theoretische Ansätze wie den von Uta Poplutz zur Analyse von Figurengruppen ergänzt und schließlich angewendet. Mit Hilfe des von Jens Eder entwickelten Konzepts der „Uhr der Figur", wonach die Figur unter den vier Kategorien „Artefakt", „dargestelltes Wesen", „Symbol" und „Symptom" untersucht wird, konnten die Figuren umfassend unter den genannten Aspekten beschrieben werden. Dabei wurde einerseits ihre Komplexität erfasst und andererseits ihre Relevanz für die Erzählung herausgestellt. In der folgenden Darstellung sind alle Figuren und Figurengruppen, die in 2 Sam 11 auftreten und benannt sind, verzeichnet:

	K II	K III	K IV
Einzelfiguren	David Joab Frau/Batseba Urija Bote (Joabs) (tüchtigen) Männer Gott	Eliam [König (David)] [Joab]	Abimelech Frau
Figurengruppen	Diener (Davids) ganz Israel tüchtige Männer Männer der Stadt	Israel Juda Männer Schützen Diener (Davids)	

7.1 David

Ohne Zweifel ist David die Hauptfigur von 2 Sam 11, eine Figur die äußerst komplex ist und sich aus vielen facetten- und teilweise spannungsreichen Teilbildern, die über die Erzählung in 2 Sam 11 hinausreichen, zusammensetzt. Zudem ist es die einzige Figur der Erzählung, die als historische Person belegt ist. Aus den genannten Gründen wurden vorab mehrere Prämissen genannt, die das analytische Vorgehen beeinflussen: Die Figurenanalyse Davids wurde ausgehend von 2 Sam 11 unter Berücksichtigung des literarischen Erzählkontextes durchgeführt. Der Wiedergabe von Wissen zur Figur Davids geht stets eine Validierung voraus, ob dieses Wissen aus biblischen Texten, der Auslegungs- oder Rezeptionsgeschichte stammt oder ob es Teil des Bibelwissens zur Figur ist. Neben dem Wissen zur literarischen Figur sind historische Erkenntnisse z. B. zur historischen Person Davids oder seinem Palast in die Figurenanalyse einzubeziehen.

In der Figurenanalyse wurde nachgewiesen, dass David als machtvolle Figur auftritt, die wesentlich von ihrer Sozialität als König bestimmt ist. Aus diesem Grund begann die Figurenanalyse entsprechend der Flexibilität von Eders Konzept mit der Analyse der Figur Davids als Symbol. Als wesentliches Resultat dieser Untersuchung lässt sich die Erkenntnis benennen, dass Davids Königsherrschaft und Königtum der zentrale Schlüssel zum Verständnis der Figur ebenso wie der Erzählung sind. Nach altorientalischer Königsideologie ist der König Garant für Recht und die Einhaltung der Gesetze und verkörpert menschliche Vollkommenheit. Wie in der Analyse der Figur Davids als Symbol herausgestellt, partizipiert David einerseits an der altorientalischen Königsideologie und trägt wesentliche Züge des altorientalischen Herrscherbildes. Andererseits besitzt er Charakteristika, die anderen altorientalischen Königen fehlen.

Auch unter dem Figurenaspekt des dargestellten Wesens wurde Davids Sozialität als König und ihre Bedeutung für die Erzählung erschlossen. Als Fazit lässt sich festhalten, dass sich die soziale Rollenzuschreibung Davids als König in den Interaktionen und den sozialen Beziehungen der Figur widerspiegeln: David ist in Gesprächen mit anderen Figuren dominant, was exemplarisch am Dialog mit Urija (V.10d–12c) aufgezeigt wurde. David ergreift als erster das Wort (V.10e-f), beendet das Gespräch mit einer Handlungsanweisung (V.12b) und entlässt den Gesprächspartner mit einem Versprechen (V.12c). Wie in der Analyse festgestellt, ist es David, der am häufigsten das Subjekt von שלח ist. Er bestimmt die Bewegung fast aller Einzelfiguren (Joab in V.1b, Batseba in V.4a sowie Urija in V.14c) und Figurengruppen („Davids Diener" und „ganz Israel" in V.1b).

In der Figurenanalyse wurde des Weiteren herausgearbeitet, dass die Anerkennung der Figur Davids durch die anderen Figuren im Zusammenhang mit seinem Königsamt und der Erfüllung der damit einhergehenden Aufgaben und Privilegien steht. Nach 1 Sam 8 stellen Kriegsführung und Rechtsprechung sowie die Abwehr von Feinden nach Außen und die Stabilisierung der sozialen Ordnung im Inneren wesentliche Aufgaben eines Königs dar. Diesem Anspruch königlicher Herrschaft widerspricht die in 2 Sam 11 erzählte Ausübung von Davids Königsamt, die als königlicher Machtmissbrauch dargestellt ist.

In der Erzählung werden der Figur Davids neben dem königlichen Machtmissbrauch weitere negative menschliche Eigenschaften wie Treulosigkeit, Täuschung, Ehebruch und Mord zugeschrieben. Die negativen Facetten Davids wirken sich wesentlich auf die mentale Modellbildung der Figur aus. Die Figurenmodelle Davids in 2 Sam 11 stehen in Widerspruch zu den vorherigen Erzählungen der Samuelbücher. Die Erzählung in 2 Sam 11 stellt somit in der „Biographie Davids" einen Wendepunkt dar. Wie in der Analyse gezeigt, lässt sich mit Verlauf der Handlung ein zunehmender Machtverlust der Figur Davids nachzeichnen, der sich in der Befehlsverweigerung Urijas äußert. Entgegen den königlichen Befehlen in V.8b–c geht Urija nicht in sein Haus.

David tritt zudem als Kontrastfigur auf, die die meisten kontrastierenden Gegenüberstellungen mit anderen Figuren und Figurengrruppen aufweist. Bereits in V.1 wird er Joab, den „Diener Davids" und „ganz Israel" gegenübergestellt. In der weiteren Handlung avanciert David zur Kontrastfigur gegenüber Batseba (V.4e) und Urija (V.8–11).

Als eine Auffälligkeit der Figurendarstellung wurde die fehlende explizite Bezeichnung Davids als König herausgestellt: In 2 Sam 11 wird der Figurenname Davids nicht in einer ÄE mit der Figurenbezeichnung „König" verwendet. Auch gibt es in 2 Sam 11 aufgrund fehlender Informationen zur Körperlichkeit keine Hinweise auf köpernahe Artefakte wie Königskleider oder Herrschaftsinsignien, die auf Davids Königsamt verweisen würden. Die Lesenden müssen die Identifikation Davids als König vornehmen, entweder mit Hilfe des Wissens aus dem literarischen Kontext oder den impliziten Hinweisen aus 2 Sam 11. Dass David das Amt des Königs innehat, lässt sich einerseits indirekt aus V.1 ableiten, und andererseits ist die Figur (fast statisch) dem Ort des königlichen Palastes zugeordnet. Der Palast stellt, wie in der Raumanalyse gezeigt, einen Raum dar, der wesentlich durch die Handlungen Davids geprägt und somit semantisch aufgeladen ist. David übt von dort Regierungsgewalt aus und versetzt die übrigen Figuren durch seine königlichen Befehle in Bewegung. Eingeleitet wird dies jeweils durch das Leitworts שלח.

In der Analyse der Figurenreden Davids konnte zudem nachgewiesen werden, dass David am häufigsten zu Wort kommt, wobei seine Reden im Vergleich zu Urijas (V.11b–g) oder Joabs (V.19c–21f) Rede viel kürzer sind, sich auf wenige Worte beschränken. Zudem weisen die Figurenreden Davids mehrere Imperative auf (V.6b.8b.c.12b.25g), die auf seinen Machtstatus hinweisen: Er ist derjenige, der Befehle erteilt. Auf Davids Reden wird fast ausschließlich mit Handlungen reagiert und nicht mit verbalen Repliken. Nur einmal erfolgt mit dem Schwur Urijas in V.11b–g eine Gegenrede. Die dargelegten Erkenntnisse zur räumlichen Umgebung sowie zur Figurenrede weisen die Figur Davids als machtvolle Figur aus.

Eine Besonderheit der Figur Davids gegenüber den anderen Figuren der Erzählung stellt ihre besondere Nähe zum Göttlichen dar. Diese findet sich sowohl im literarischen Kontext von 2 Sam 11 in der Zuschreibung „JHWH war mit ihm" (z.B. 1 Sam 16,18) und in der Erzählung zur Aussendung von JHWHs Geist auf David (1 Sam16,13) als auch innerhalb von 2 Sam 11. In V.27f werden die beiden Figuren von der Erzählstimme in Beziehung zueinander gesetzt.

Die Figurenperspektive Davids ist aufgrund der meisten Informationen zum Wirklichkeitsmodell die aussagekräftigste aller Erzählperspektiven in 2 Sam 11. Davids Motivation ist wesentlich von der Vertuschung des Ehebruchs bestimmt. Innerhalb des Todesbriefes versucht David seine Beteiligung an der Tötung zu verschleiern, indem er sich von der Tat distanziert (V.14–15). In V.25c ist ein von der Figurenperspektive Davids vermitteltes Wertesystem etabliert, bei dem die Figur David als wertende Instanz auftritt. Dieses Wertesystem wird durch die Gottesfigur als falsch und obsolet herausgestellt. Eine weitere Erkenntnis in Bezug auf die Figur Davids und ihre Perspektive auf die fiktionale Welt ist ihre verzögerte Partizipation am Wissen. Sowohl bei der Schwangerschaft Batsebas (V.5) als auch bei Urijas Weigerung, in sein Haus zu gehen (V.9–10), wird die Informationsvergabe an David erzählerisch vorbereitet und die Figur erst nachträglich (im Vergleich zu anderen Figuren und den Lesenden) in Kenntnis gesetzt.

Hinsichtlich der Figurenpsyche Davids wurde zudem eine grundlegende Diskrepanz zwischen der Erfüllung seines äußeren Ziels, der Sicherung seiner Königsherrschaft, und der Erfüllung seiner inneren Bedürfnisse, seinem sexuellen Begehren nach der verheirateten Batseba, festgestellt. Diese motivationale Kontradiktion ist Ausgangspunkt für ein Konfliktpotential, das sowohl die Handlungen als auch die Motivation Davids wesentlich bestimmt. Daneben wurde dargestellt, dass an Textstellen, an denen eine Emotion der Figur Davids zu erwarten wäre, diese ausgespart wird. Es fehlt an Introspektion z. B. in Bezug auf Davids Reaktion auf die Schwangerschaftsbekanntgabe Batsebas (V.5e), die wiederholte Weigerung Urijas, in sein Haus zugehen (V.10b–c.13f) oder den Botenbericht in V.23b–24c.

Abschließend wurde die Figur Davids unter dem Aspekt des Symptoms analysiert. Als Ergebnis kann festgehalten werden, dass die Erzählung in 2 Sam 11 bedeutsam für die Wirk- und Rezeptionsgeschichte der biblischen Figur Davids geworden ist, da dieser Text eine bedeutende Rezeptionslinie aufweist. König David avanciert ausgehend von 2 Sam 11 zum Exempel eines Sünders und Büßers, der aufgrund seiner Bereitschaft zur Umkehr Vergebung erfahren hat. Diese Rezeptionslinie findet bereits innerbiblisch in Ps 51 sowie in den Schriften der Väter (z. B. Cyr. H., catech. 2,11) Aufnahme.

7.2 Urija

Neben David tritt Urija als zweite Hauptfigur auf, dessen Figurenmodell wesentlich von der Frage um sein Wissen geprägt ist: Weiß er um Davids Ehebruch mit Batseba und ihre Schwangerschaft? Kennt er den wahren Grund für seine vorzeitige Rückreise nach Jerusalem? Besitzt er Kenntnis über den Inhalt des Briefes, den er im Auftrag von David an Joab überbringen soll?

Über den gesamten Erzählverlauf bis zum Tod Urijas bleibt unklar, welche Information er zum jeweiligen Zeitpunkt des Geschehens besitzt. Diese Frage steht in Zusammenhang mit der charakteristischsten Verhaltensweise Urijas, der Weigerung in sein Haus zu gehen. Die Gründe dafür werden von der Erzählstimme nicht benannt. In der Figurenrede Urijas in V.11 finden sich zwar Erklärungen, jedoch lassen diese aufgrund der ambigen Darstellungsweise keine Festlegung zu. Daraus resultieren, wie in der Analyse ausführlich gezeigt, zwei Lesarten der Figur: Unter der Voraussetzung, Urija weiß weder von Ehebruch noch Schwangerschaft, ist seine Figurenrede in V.11 verbaliter zu verstehen, und er tritt als integre Figur auf, die entsprechend den religiös-kultischen Vorgaben agiert und sich loyal gegenüber den Mitsoldaten, Joab und David verhält. Bei dieser Lesart kommt es zu einer Kontrastierung zwischen den beiden Hauptfiguren David und Urija. Unter der Vorannahme, Urija besitzt Kenntnis von Ehebruch und Schwangerschaft, wird seine Figurenrede ambig, wie dies exemplarisch an Urijas Worten „und die Diener meines Herrn" in V.11c und der so gelesenen Distanzierung Urijas von König David aufgezeigt wurde. Urijas Zurückhaltung ist bei dieser Lesart als Ausdruck der Würde und Selbstbestimmtheit gegenüber König David zu werten.

Die Sozialität stellt einen wesentlichen Zugang zur Figur Urijas dar. So wird Urija als Ehemann Batsebas eingeführt, und sein erster Auftritt ist durch seine soziale Rolle als Soldat im Heer Davids bestimmt. Seine Körperlichkeit weist im Unterschied zur Figur Batsebas Leerstellen beispielsweise hinsichtlich seines Figurenkörpers oder Alters auf. Um so auffälliger ist die Fokussierung auf die beiden Körperteile Urijas, seine Füße (V.8c) und seine Hand (V.14c), dies gilt auch für die ihn charakterisierende Verhaltensweise, die Weigerung in sein Haus zu gehen. Durch die wiederholt erzählte Weigerung Urijas (V.9b.10c.f.11d–g.13f) verstärkt sich die Verbindlichkeit von Urijas Entschluss. Auch trotz seiner Trunkenheit (V.13d), mit der David versucht, Urijas Pflichtgefühl zu lähmen und sein sexuelles Begehren zu fördern, bleibt Urija standhaft und geht nicht in sein Haus (V.13f).

In der Analyse Urijas als dargestelltem Wesen wurde auf die Religiosität der Figur verwiesen, die sich in der Erzählung einerseits durch den Verweis auf die Lade am Beginn seiner Rede (V.11b) und andererseits durch die Semantik seines Namens („JHWH ist mein Licht"), mit der eine Beziehung zum Gott Israels ausgedrückt wird, äußert. Darüber hinaus ist der Figur das Gentilizium „der Hethiter" zugeordnet, das in Anschluss an Carl S. Ehrlich als Hinweis auf seine ursprüngliche Identität zu lesen ist. Auch die Weigerung, in sein Haus zu gehen, kann als Beachtung religiös-asketischer Vorschriften gelesen werden.

Signifikant für die Figur Urijas ist ihre häufige Zuordnung zu gefährdeten Räumen, die entweder als „Zwischenräume" (פתח) markiert oder als gefährdete oder instabile Räume (סכות, פתח, שדה) semantisiert sind.

Eine besondere Bedeutung für das Figurenverständnis kommt der Rede Urijas in V.11b–g zu, da erstmals Instrospektion gewährt wird und er ethische Ideale wie die Solidarität und Loyalität gegenüber seinen Mitsoldaten sowie religiös-asketische Vorschriften im Kriegsfall vertritt.

Die Analyse der Handlungen Urijas hat aufgezeigt, dass seinem Figurenmodell fast genauso viele Handlungen wie dem von David zugewiesen sind. Als wesentliche Differenz wurde herausgestellt, dass Urija im Unterschied zu David nicht Subjekt der Handlung des Sendens (שׁלח) ist, wohl aber deren häufigstes Objekt. Urijas Handlungen weisen ihn als dynamische, sich bewegende Figur aus (בוא und יצא), die Handlungen explizit negiert und ablehnt (ולא ירד אל־ביתו). Mehrfach ist er Handlungsobjekt anderer Figuren, was darauf schließen lässt, dass er diesen Figuren untergeordnet ist. Die häufigste Handlung, die Urija in der „David, Batsebas und Urija"-Erzählung zugeordnet ist, stellt sein Sterben (מות) dar, das iterativ, aus verschiedenen Perspektiven erzählt wird. Das Verb שׁכב stellt die zweihäufigste Handlung Urijas dar und ist zugleich ein weiteres Leitwort von 2 Sam 11, durch das Urija in Kontrast zu David gesetzt wird. Während der Soldat vehement ablehnt, bei seiner Ehefrau zu liegen (V.11d–g), hat König David hingegen das Lager mit Urijas Frau bereits geteilt.

Im Rahmen der Analyse der Wirkung der Figur Urijas wurden einige Traditionen und Tendenzen innerhalb der Rezeption aufgezeigt. Dabei stellt die Beschreibung Urijas als Waffenträger Joabs, wie sie in 4Q51 fr 91,9 und bei Josepheus (Ant., 7.131) belegt ist, einen Hinweis auf eine biblische Leerstelle dar. In diesem Zusammenhang wird deutlich, dass die Beziehung zwischen Joab und Urija nicht näher charakterisiert ist.

In der Rezeptionsgeschichte der Figur finden sich rabbinische Auslegungen, wonach Urija moralische Defizite zugesprochen werden und David mit Verweis auf den Scheidebrief vom Ehebruch einen Freispruch erhält (bShab 56a).

Bei den Kirchenvätern begegnet die Figur Urijas immer dann, wenn David als Exempel des bekennenden und reuenden Sünders dargestellt wird (Bas., poenit.; Chrys., poenit.). In typologischen Auslegungen ist die Figur Urijas aufgrund ihrer Namenssemantik („Lux mea Dei") mit dem Teufel gleichgesetzt und die Befreiung Batsebas (als Abbild der Kirche) von Urija (als dem Abbild des Teufels) wird positiv konnotiert (Isid., Quest. In Testan., in Regum II.; Aug., Faust. 22.87).

Zusammenfassend lässt sich festhalten, dass die Komplexität und kunstvolle Gestaltung der Figur Urijas eine wesentliche Erkenntnis der Figurenanalyse ist. Durch Darstellungsmittel wie Ambiguitäten, Leerstellen und eine mit Ausnahme von V.11 fehlende Introspektion konnte die Artefaktebene als wesentlich für den Zugang zur ambigen Figur Urijas herausgearbeitet werden.

7.3 Batseba

In der Figurenanalyse zu Batseba wurde einerseits auf ihre Komplexität und andererseits auf die besondere Anteilnahme und Partizipation der Lesenden bei der Figurensynthese hingewiesen. Der wesentliche Zugang zur Figur führt über ihre Körperlichkeit und ist wesentlich beeinflusst vom ersten mentalen Modell zur Figur in V.2d–e. Dieses Modell ist der gesamten weiteren Figurenrezeption zu Grunde gelegt. Die Figur wird in Form einer Fremdcharakterisierung durch die Erzählstimme aus der Perspektive Davids als namenlose Frau eingeführt, die sich gerade wäscht. Verbunden ist die Wahrnehmung Batsebas mit dem doppelt fokussierten Urteil zu ihrer Schönheit. Weitere Informationen zu ihrem Figurenkörper oder ihrer Schönheit werden nicht gegeben. Diese Leerstelle muss, wie in der Analyse ausführlich dargestellt, von den Lesenden geschlossen werden, wodurch es zu einer besonderen Anteilnahme der Lesenden an der Figurensynthese Batsebas kommt.

Erst im Anschluss daran kommt es in V.3 durch die Bekanntgabe ihres Namens und die relationale Zuordnung zu ihrem Vater Eliam und Ehemann Urija zur Individualisierung der Frauenfigur. Das erste Figurenmodell wird um Batsebas Sozialität als Ehefrau ergänzt. Wie in der Figurenanalyse erarbeitet, betont die Bezeichnung אֵשֶׁת אוּרִיָּה die Zusammengehörigkeit der beiden Figuren und kommt in der gesamten Erzählung nur an exponierten Stellen (V.3d.26a) vor. Über das bloße Herausstellen der Beziehung der beiden Figuren hinaus gibt es in der Erzählung keinen Hinweis auf die emotionale Qualität dieser Verbindung.

Als eine weitere Erkenntnis der Figurenanalyse Batsebas ist festzuhalten, dass die Zuordnung Batseabs zu Eliam (V.3d) und Urija (V.3d.26a) im Kontrast zu ihrem Nähe- und Berührungsverhalten steht: In 2 Sam 11 wird der Eindruck erweckt, sie habe ausschließlich körperlichen Kontakt zu David. Weitere Hinweise, dass Batseba Kontakt zu anderen Figuren hat, werden nicht erzählt. Erzählerisch wird der Figur ein isoliertes, auf David hin ausgerichtetes Nähe- und Berührungsverhalten zugewiesen.

Ein wesentliches Element des figuralen Eigenschaftssystems Batsebas stellt ihre Reproduktion dar. Durch die doppelte Information über ihre Schwangerschaft in V.5 beginnt ein Spannungsbogen, der erst mit der

Geburt in V.27 wieder geschlossen wird. Dieser Erzählbogen steht in Abhängigkeit zur Sozialität Batsebas als Ehefrau (V.3), denn die Spannung wird dadurch erzeugt, dass das ungeborene Kind Batsebas das Resultat eines außerehelichen Sexualaktes ist. Diese Figureneigenschaften beeinflussen und entwickeln das Figurenmodell weiter. Während das Figurenmodell ihres ersten Auftritts in V.2 in der innertextlichen Ebene auf ihre Körperlichkeit beschränkt ist, erlangt der Aspekt der Sozialität, der sich in der Rolle Batsebas als Gebärerin und Ehefrau äußert, zunehmend an Bedeutung. Darauf weist beispielsweise die Beobachtung hin, dass sie über einen großen Teil der Erzählung (V.5a–27e) schwanger ist. Die Schwangerschaftsbekanntgabe in V.5 ist aufgrund der enormen Bedeutung in direkter Rede wiedergegeben und durch die zweimalige Wiedergabe der Information in V.5a und V.5e hervorgehoben. Zudem stellt das Gebären Batsebas letzte Handlung in 2 Sam 11 dar (V.27e).

Als weitere Erkenntnis ist hervorzuheben, dass die biblische Erzählung bei der Figur Batsebas mit Ausnahme von V.4e und V.5b–c keine Introspektion gewährt. Der Text schweigt über mögliche Wahrnehmungen, Vorstellungen, Motivationen oder Emotionen der Figur. Dies ist angesichts der aufregenden und teilweise existenziellen Ereignisse um Batsebas äußerst erstaunlich. Weder in der Situation des Ehebruchs (V.4d), der Feststellung ihrer Schwangerschaft (V.5), der räumlichen Distanzierung des zurückgekehrten Urijas während seines Aufenthaltes in Jerusalem (V.8–13), noch nach der Geburt ihres Kindes (V.27e) wird Einblick in ihr Inneres geben. Nur durch ihre aktive Handlung der Selbstheiligung in V.4e im Anschluss an den sexuellen Akt und ihrer Figurenrede (V.5b–c) lassen sich ihre Motivation und ihre existentielle Not angesichts der ihren drohenden Strafen aufgrund des Ehebruchs, erkennen.

Folgende Ergebnisse der Analyse Batsebas als Artefakt lassen sich benennen:

- Der Figur werden mehrere Handlungen (רחץ in V.2d; קדש in V.4e; שלח in V.5b; נגד in V.5d und ספד in V.26c) innerhalb der Erzählung zugewiesen, was die in der Auslegung häufig festgestellte Passivität Batsebas in 2 Sam 11 widerlegt.
- Nur einmal in der gesamten Erzählung wird die Figur mit Namen bezeichnet (V.3d). An den übrigen Stellen findet der Ausdruck „Frau" Verwendung (V.5a.26a.27d).
- Batseba kommt in der gesamten Erzählung nur einmal in V.5e zu Wort. So lässt sich formulieren, dass in 2 Sam 11 *über* die Figur

Batsebas gesprochen (V.2e.3d) wird, nicht aber *mit* ihr. Auf ihre einzige Rede in V.5e folgt keine Gegenrede, sondern David reagiert auf die Bekanntgabe ihrer Schwangerschaft mit Handlungen. Im Rahmen der Figurenanalyse Batsebas als Symbol wurde ihre Bedeutung für Davdis Heiratspolitik untersucht. Sie ist für Davids Heiratspolitik insofern attraktiv, da sie als Vertreterin der höheren sozialen Schicht Jerusalems David Zugang zu dieser verschaffen kann. Zudem weist ihre Figurendarstellung, wie in der Analyse gezeigt, mehrere Gemeinsamkeiten mit denen von Davids Ehefrauen auf. Allerdings wird die Zuordnung Batsebas zur Heiratspolitik Davids durch die Darstellungsweise in 2 Sam 11 erschwert, jedoch nicht ausgeschlossen. In der Analyse wurde darauf hingewiesen, dass sowohl die Zufälligkeit in der Begegnung von David und Batseba, die in der Erzählung einerseits durch das Verb הלך (hitp.) ausgedrückt wird, als auch die fehlende Individualisierung Batsebas im ersten Figurenmodell in V.2 diese Auffassung nur bedingt stützen. David begehrt eine schöne, aber namenlose Frau, deren Identität er erst im Anschluss an den das Begehren auslösenden Blick in Erfahrung bringt (V.3).

In der produktiven Wirk- und Rezeptionsgeschichte der Figur konnten mehrere Traditionen und Tendenzen aufgezeigt werden, welche die mentalen Dispositionen der Lesenden beeinflussen können. Innerbiblisch lässt sich die Tendenz zur Vermeidung der Individualisierung Batsebas zugunsten einer Typisierung aufzeigen. In diesem Kontext fällt der Austausch des Figurennamens in 1 Chr 3,5 auf. Während in der TFE die Figur als Batseba, die Tochter der Fülle (alternativ: Tochter des Eides), bezeichnet wird, findet sich in der chronistischen Darstellung der Name Batschua (Tochter der Hilfe). Im matthäischen Stammbaum Jesu wird der Figurenname Batsebas durch die Wendung [ἐκ] τῆς τοῦ Οὐρίου (Mt 1,6) ersetzt.

Des Weiteren wurden zwei zueinander konträre Tendenzen aufgezeigt. Einerseits wird die Komplexität der biblischen Figur Batsebas im MT reduziert, und die Figur tritt in den Rezeptionen viel passiver auf, so beispielsweise in einigen Manuskripten der LXX (u. a. im Codex Vaticanus und der LXX$_{Luk}$). Andererseits lässt sich die Tendenz erkennen, dass die Figur stärker an den Ereignissen partizipiert. Erstmals begegnet diese Modifikation bei Josephus (Ant., 7.131) in Form der Bitte Batsebas, David möge angesichts der drohenden Todesstrafe den Ehebruch vertuschen.

Neben den genannten Tendenzen konnten anhand mehrerer Rezeptionen zwei Traditionen aufgezeigt werden, wonach zum einen Batseba als Enkeltochter Ahitofels gilt (u. a. bSan 69a) und zum anderen die Zusammengehörigkeit von David und Batseba (von der Schöpfung her) betont ist (u. a. bSan 107a). Letztere Tendenz unterscheidet sich von der biblischen Erzählung, denn in 2 Sam 11 wird die Verbindung zwischen David und Batseba verurteilt und stattdessen die Zusammengehörigkeit von Batseba und Urija betont. Die Verbindung von David und Batseba wird auch in typologischen Deutungen hervorgehoben, wonach David als Typus Christi und Batseba als Abbild der Kirche fungieren. Durch diese Auslegungsweise wird die Relation zwischen den beiden biblischen Figuren neu gedeutet und ihre Zusammengehörigkeit konsolidiert (Aug., Faust. 22.87; Bible moralisée Cod. 2554, f. 45).

Bis zur Neuzeit wurde 2 Sam 11 und somit auch die Figur Batsebas meist rezipiert, um David als Exempel eines reuenden und büßenden Sünders darzustellen (Eus., comm. in Ps. 37; Orig. comm. 2,14 in Röm 3,1; Sachs, Comedia; Voith, Spiel). Erst in der Neuzeit rückt die Figur Batsebas in den Fokus der Rezeptionen. Ab dem ausgehenden 15. Jh. n. Chr. begegnet in der bildlichen und zeitlich etwas verzögert ab der Renaissance in der literarischen Rezeption die Lesart Batsebas als selbstagierender Verführerin Davids, die den Ehebruch initiiert, indem sie sich wissentlich und willentlich sehen lässt. Eine solche Lesart stützt sich nicht auf die biblische „David, Batsebas und Urija"-Erzählung, sondern greift auf Bestände des Bibelwissens zurück.

Anhand des Exkurses zur Rezeption von 2 Sam 11 in der europäischen Kunstgeschichte konnte eine Entwicklung aufgezeigt werden, wonach die verführerische Schönheit und Nacktheit Batsebas immer mehr Interesse findet und die gesamte biblische Erzählung auf den nackten Frauenkörper reduziert wird. Batseba avanciert, ausgelöst durch den Blick Davids, zur Metapher (männlichen) Begehrens. Durch diese Entwicklungen mit der Herausstellung von Batsebas Nacktheit und ihrer Schuldhaftigkeit am Ehebruch, wird „Bibelwissen" generiert, denn es handelt sich um Informationen, die sich weder in 2 Sam 11 noch in anderen biblischen Texten ableiten lassen.

7.4 Joab

Mit Joab begegnet eine weitere handlungstragende Figur in 2 Sam 11, die über ihre Sozialität als Heerführer eingeführt wird und wesentlich davon bestimmt ist. Gleich zu Beginn der Erzählung werden Joab mit den „Dienern Davids" und „ganz Israel" mehrere Kollektive an die Seite gestellt, denen Joab als Heerführer hierarchisch übergeordnet und gegenüber denen er weisungsberechtigt ist. Zugleich obliegt Joab als Vertreter dieser Gruppe die (Für)Sorge für sie. Seine Handlungen wie שחת oder צור, die auf den kriegerischen Kontext bezogen sind bzw. שלח, das ihm als Subjekt der Handlung eine Machtposition zuspricht, verweisen auf seine Sozialität, sein Amt als Heerführer, hin. Auch die räumlichen Zuordnungen der Figur Joabs sind von seinem Heerführeramt bestimmt. Ab V.1 ist er dem Kriegsschauplatz Rabba zugeordnet, der in Urijas Rede (V.11b–c) sowie im Botenbericht (V.23b–24c) als Raum der Gefährdung semantisiert ist.

In der Figurenanalyse wurde herausgestellt, dass Joab bei der Beauftragung des Boten als geschickter Rhetoriker auftritt, der die doppelbödige Nachricht an den König über die Kriegsereignisse und den Tod Urijas wohlüberlegt präsentiert. Darüber hinaus kann eine familiäre Beziehung zwischen Joab und David auf Basis verschiedener Textzeugnisse wie 2 Sam 2,18 und 2 Sam 17,25 (LXX$_{Luk}$) sowie 1 Chr 2,13–17 als gesichert gelten. König David besetzt das höchste militärische Amt mit seinem Neffen Joab. Die Figuren sind sowohl familiär miteinander verbunden als auch durch ihre politischen Ämter, dem Königsamt und dem Amt des Heerführers, aufeinander angewiesen.

So setzt Joab als Befehlshaber über das königliche Heer die königlichen Befehle um und scheint gegenüber David loyal. Die Figur Joabs ist jedoch als komplexe Figur gestaltet, deren Vielschichtigkeit ein Resultat mehrerer Unbestimmtheitsstellen und fehlender Introspektion ist. Die Figurenanalyse zeigt eine Ambivalenz zwischen Joab und David, die bereits als Kontrastierung in V.1 angelegt ist: Während David dem Anschein nach alleine, statisch in Jerusalem zurückbleibt, ist Joab einer Ganzheit zugeordnet, die sich aus der Einzelfigur des Heerführers und den Figurengruppen der Diener Davids (עבדים) und ganz Israel (כל־ישראל) zusammensetzt und im Unterschied zu David aktiv handelt.

In der Figurenperspektive Joabs, die durch seine Figurenrede in V.19c–21f vermittelt wird, ist eine Positionierung Joabs gegenüber David erkennbar. Diese äußert sich in der Bezeichnung Urijas im Kontext der multiperspektivisch dargestellten Bekanntgabe seines Todes. Im Vergleich mit den anderen perspektivischen Darstellungen von Urijas Tod, sticht Joabs Hinzufügung des Wortes עבדך („dein Diener") in V.21f hervor. Diese relationale Hinzufügung kann als versteckte Kritik Joabs an König David gelesen werden. Auch das von Joab gewählte Fallbeispiel mit dem Verweis auf den Tod Abimelechs (Ri 9,50–55) stellt eine indirekte Wertung gegenüber David dar. Mit dem „Motiv der Söhne der Zeruja", das in der Analyse der Figur als Symbol dargestellt wurde, ist der Figur Joabs eine symbolische Bedeutung eigen, die den Heerführer zudem als Opponenten des Königs ausweist.

In der Analyse Joabs als Symptom wurde eine Rezeptionslinie nachgewiesen, nach der Joab das Heerführeramt für sich allein beansprucht, was zur Rivalität Joabs mit anderen Feldhauptmännern führt (u. a. Apos. Con.,7,5; Alberti, Bath-Seba). Diese Tradition ist bereits biblisch belegt (2 Sam 3,37; 20,10).

7.5 Gottesfigur

Aus den weiteren Figuren und Figurengruppen hebt sich die Gottesfigur aufgrund ihrer übermenschlichen Eigenschaften sowie ihrer Positionierung am Handlungsende ab. Bereits in V.11 findet sich in der Figurenrede Urijas ein Verweis auf das Göttliche durch die Erwähnung des Kultgegenstands der Lade. Als Einzelfigur tritt Gott in V.27f an einer profilierten Stelle der Erzählung auf, indem durch die Worte בעיני יהוה das vorausgegangene Urteil subjektiviert wird. Wie in der Figurenanalyse aufgezeigt, handelt es sich bei diesen Worten um einen intratextuellen Verweis zu V.25c und dem darin dargestellten Urteil und der Weltsicht Davids.

Das mentale Modell der Gottesfigur ist einerseits durch die Zuschreibung von anthropomorphen Zügen (רעע und עין) und andererseits durch übernatürliche Fähigkeiten (z. B. die stetige Wahrnehmung der Ereignisse, die das göttliche Urteil in V.27f voraussetzt) geprägt. Die Gottesfigur nimmt erstmals innerhalb der Erzählung eine explizite Wertung vor: Sie verurteilt Davids Handlung. Das doppelt fokalisierte Werturteil gegen David in V.27f, bei dem die Figurenperspektive JHWHs die Erzählerperspektive überlagert, wird auf der reflexiven Metaebene zum Geschehen gesetzt, das darin präsentierte Werturteil wird als absolutes etabliert.

7.6 Eliam

Neben der Gottesfigur wurde die Figur Eliams untersucht und in der Analyse aufgezeigt, dass diese Figur durch die Beziehung zur Figur Batsebas ihr Profil erhält. Der Figur Batsebas wird durch den Verweis auf ihren Vater Eliam in V.3d eine familiäre Herkunft zugewiesen. Die Funktion der Figur Eliams in 2 Sam 11 lässt sich daher als soziale Relationierng beschreiben. Darüber hinaus wurde aufgezeigt, dass in der Rezeptionsgeschichte unter Verknüpfung der Textstellen 2 Sam 11,3 und 2 Sam 23,24 über Eliam eine familiäre Relation zwischen Batseba und Ahitofel hergestellt wird (bSan 69b; Hellmuth, David und Batseba; Horie, David; Rivers, Batseba).

7.7 Bote Joabs

In Bezug auf die Figur des *Boten Joabs* lässt sich zusammenfassend sagen, dass sie handlungsleitende Funktion in 2 Sam 11 besitzt und die Figurenperspektive Joabs vermittelt. Darüber hinaus verbindet der Bote die beiden Hauptschauplätze miteinander, indem er die räumliche Distanz zwischen Rabba und Jerusalem überwindet und so Kommunikation zwischen David und Joab ermöglicht. Wie in der Analyse herausgestellt, beweist der Bote rhetorisches Geschick, indem er die Informationen seines Berichts so anordnet, dass die Schuld für die Kriegsverluste abgemildert wird.

7.8 Figurengruppen

Neben den genannten Einzelfiguren wurden in der Figurenanalyse folgende Figurengruppen analysiert und deren Bedeutung für die Erzählung in 2 Sam 11 herausgearbeitet: *"Diener"* (עבדים), *"ganz Israel"* (כל־ישראל), *"Israel und Juda"* (ישראל ויהודה), *tüchtige Männer* (אנשי־חיל), die *"Männer der Stadt"* (אנשי־העיר) und die *"Schützen"* (המוראים).

Von den genannten Figurengruppen sind die (kriegs-)tüchtigen Männer hervorzuheben, da ihnen, wie in der Figurenanalyse herausgestellt, eine für die Auslegung wichtige Funktion in der Erzählung zukommt. Die Textstelle in V.16d lässt offen, zu welchem der militärischen Lager die אנשי־חיל gehören. Es lässt sich fragen, ob es sich bei der Figurengruppe der אנשי־חיל um die Bewohner der besetzten Stadt handelt, wonach V.16d ein Vorverweis auf die Männer der Stadt in V.17a wären, oder ob die אנשי־חיל dem davidischen Heer zuzuordnen sind. Da diese Figurengruppe temporal und kausal mit Joabs Handlungen in V.16a–c verbunden ist, hat das genaue Verständnis der אנשי־חיל erhebliche Auswirkungen auf das Figuremodell Joabs: Stellt Joab Urija an die Stelle, an der „kriegstüchtige Männer" aus dem eigenen Heer oder dem gegnerischen Herr kämpfen? Die Textstelle in V.16d und somit die Näherbestimmung der Figurengruppe der „kriegstüchtigen Männer" bleiben ambig. Eine solche Erkenntnis rechtfertigt m. E. die Durchführung und Notwendigkeit der Figurenanalyse unter Berücksichtigung *aller* Figuren und Figurengruppen.

Als ein weiteres Fazit aus der Figurenanalyse lässt sich festhalten, dass Eders Ansatz mit seiner hohen Wertschätzung der Rezeption innerhalb der Figurentheorie gerade für das Verständnis einer Figur wie Batseba inspirierend, anschlussfähig und weiterführend ist. Wie in der Figurenanalyse zu Batseba ausführlich aufgezeigt, existiert eine Spannung zwischen ihrer dramaturgisch motivierten und passiveren Darstellung innerhalb der biblischen Erzählung in 2 Sam 11 und ihrer enormen Rezeptionskraft, die wiederum die Leserinnen und Leser sowie Auslegerinnen und Ausleger unterschiedlichster Zeiten beeinflusst (hat). Ohne die Hinzunahme der Rezeptions- und Auslegungsgeschichte der Figur Batsebas, die in der vorliegenden Arbeit unter der Kategorie der Figur als Symptom behandelt wurden, bleibt m. E. ihre Figurenanalyse unvollständig. Gleiches gilt auch für die übrigen biblischen Figuren. Am Beispiel Batsebas wurde anhand ihrer Analyse als Symptom nachgewiesen, dass sich im Laufe der Rezeptions- und Auslegungsgeschichte vermeintliche Erzählzüge zur Figur manifestiert haben, die selbst nicht im biblischen Text vorkommen. Es handelt sich hierbei um „Bibelwissen", dass in Anschluss an Andrea Polaschegg jene Wissensbestände zu biblischen Figuren, Orten oder Motiven bezeichnet, die sich gerade nicht mit dem biblischen Text decken. Vielfach orientieren sich die künstlerischen Rezeption zu einer biblischen Figur nicht unmittelbar am Bibeltext, sondern greifen jenes vermeintliche „Bibelwissen" auf. Wie die Untersuchung Batsebas als Symptom gezeigt hat, existiert mit ihrer Nacktheit und ihrer Schuldhaftigkeit ein solch kulturell relevantes gewordenes Wissen auch für Batseba.

8. Leerstellen

Im Rahmen der narratologischen Analyse von 2 Sam 11 wurden mehrere Leerstellen innerhalb der Erzählung benannt. Eine Erkenntnis der Raumanalyse ist beispielsweise, dass der Ort, an dem sich die Frau wäscht, nicht näher beschrieben ist. Über die räumliche Dichotomie in V.2 (oben – unten) und die Begrenzung der Entfernung zwischen David und Batseba auf Sehweite liefert die Erzählung keine weiteren Informationen. Es bleibt innerhalb der Erzählung offen, ob sich Batseba im Inneren des Hauses also im Verborgenen wäscht oder ob dieser Ort der Waschung außer von David auch von anderen einsehbar ist.

Weitere Leerstellen wurden in der Figurenanalyse zu Batseba benannt. Über das bloße Feststellen ihrer Schönheit in V.2e hinaus fehlen Konkretisierungen zur ihrer Körperlichkeit, beispielweise hinsichtlich ihres Figurenkörpers, ihres Alters oder ihrer Kleidung. Angesichts der erzählten Ereignisse um Batseba (vor allem in V.4–5) fällt die fehlende Introspektion in diese Figur auf. Weder Erzählstimme noch Figuren geben Einblick in die Emotionen, Gefühle oder Motivation der Figur.

Eine dritte Leerstelle in Bezug auf die Frauenfigur stellt die fehlende Charakterisierung der ehelichen Beziehung zwischen ihr und Urija dar. Über die Benennung der ehelichen Verbindung hinaus gibt es innerhalb der Erzählung keine Auskunft über die Relation zwischen Urija und Batseba bzw. die Qualität der ehelichen Beziehung.

In Bezug auf die Figur Joab wurden in der narratologischen Analyse zwei Leerstellen benannt. In der Erzählung ist offen gelassen, wie der Heerführer auf den Todesbrief reagiert und ob Joab die Gründe kennt, die David dazu veranlasst haben, die Tötung Urijas zu befehlen.

Drei weitere Leerstellen konnten in der Analyse der Figur Urijas bzw. deren Figurenperspektive aufgezeigt werden. In 2 Sam 11 wird nicht erzählt, ob Urija um Davids Ehebruch und Batsebas Schwangerschaft weiß (oder eben nicht). Zudem finden sich keine Informationen zur Körperlichkeit Urijas (vor allem Alter) oder zu seiner Position im Heer Davids.

9. Ambiguitäten

Neben den genannten Leerstellen finden sich in 2 Sam 11 mehrere Textpassagen, die durch Ambigität gekennzeichnet sind. In der Analyse der Fokalisierung wurde herausgestellt, dass das Figurenmodell Urijas wesentlich davon abhängt, welches Wissen der Figur zugesprochen wird. Ausgehend von der Leerstelle, ob Urija von Davids Ehebruch und Batsebas Schwangerschaft weiß, entwickeln sich, wie oben dargestellt, zwei diametrale, unvereinbare Figurenmodelle zu Urija.

Neben dieser Unbestimmtheitsstelle gibt es, wie in der Untersuchung ausführlich erschlossen, noch drei weitere solcher ambigen Textpassagen in 2 Sam 11. Nach Keith Bodner liegt im Eröffnungsvers und seiner Gestaltung eine *motivational ambiguity* vor. Durch die Hervorhebung von Davids Verbleib in Jerusalem und der damit einhergehenden Fokussierung der Figur Davids, wird bei den Lesenden eine Erwartungshaltung erzeugt: Sie möchten den Grund für Davids Verbleiben in Jerusalem erfahren, u. a. um eine Wertung bezüglich seines Aufenthalts in Jerusalem vorzunehmen.

Eine Ambiguität aufgrund der syntaktischen Anordnung begegnet in V.11. An dieser Stelle ist nicht eindeutig zu bestimmen, wen Urija mit dem Ausdruck „die Diener meines Herrn" als seinen Herren bezeichnet. Es bleibt offen, ob Urija an dieser Stelle auf Joab oder David als seinen Herren verweist.

Auf eine weitere Mehrdeutigkeit wurde innerhalb der Analyse der Erzählstimme verwiesen. Diese begegnet am Ende der Erzählung in V.27f. Mit dem nicht näher determinierten Nomen דבר („Sache") in V.27f ist das Urteil JHWHs gegenüber Davids Taten verbunden. Es bleibt allerdings an dieser Stelle offen, welche „Sache", die David getan hat, – das Fernbleiben vom Schlachtfeld (V.1), der sexuelle Akt mit Batseba (V.4), die Tötung Urijas (V.15–17) oder sein abzulehnendes Wertesystem (V.25c) – von der Gottesfigur verurteilt wird.

Die genannten Leerstellen und Ambiguitäten deuten auf die Vielzahl unterschiedlicher Lesarten der biblischen Erzählung in 2 Sam 11 hin. Im Fall der ambigen Figurendarstellung Urijas wurden zwei sich ausschließende Lesarten benannt, nach denen Urija abhängig von dem ihm zugesprochen Wissen um Ehebruch und Schwangerschaft entweder als loyaler und integrer Soldat und Kontrastfigur zu David auftritt oder als komplexe Figur agiert, die selbstbestimmt handelt und auf ihre eigene Würde bedacht ist. Durch die Beschäftigung mit literarischen Rezeptionen von 2 Sam 11 und deren Einbezug in die Figurenanalysen konnten zudem weitere Lesarten vorgestellt und validiert werden. Zugleich wurden problematische Lesarten entlarvt und benannt. Basierend auf den Ergebnissen dieser Untersuchung erweisen sich m. E. die Auslegung von 2 Sam 11 als Liebesgeschichte sowie die Interpretation Batsebas mit Hilfe von Figurenzuschreibungen aus 1 Kön 1–2 als nicht der biblischen Erzählung gemäß.

Die genannten Spezifika der biblischen Erzählung werden im Folgenden als Referenzelemente aufgelistet und zur besseren Übersicht als Charakteristika der Erzählung unter den jeweiligen narratologischen Kategorien zusammengefasst.

Nr.	Referenzelement	Kategorie
1	Handlungselemente	
a	David sendet Joab, seine Diener mit ihm und ganz Israel aus	
b	David bleibt in Jerusalem	
c	David sieht eine Frau sich waschen	
d	Die Frau ist von sehr schönem Aussehen (Eigenschaftsaussage)	
e	Waschende Frau wird als Batseba, Tochter Eliams, Frau Urijas identifiziert (Eigenschaftsaussage)	
f	David lässt sie nehmen	
g	David liegt bei ihr	
h	Frau wird schwanger	
i	David sendet zu Joab	
j	Urija kommt zu David	
k	Urija legt sich an den Eingang des Palastes	Handlung
l	Aber zu seinem Haus stieg er nicht hinab (Zustandsaussage)	
m	Urija bleibt in Jerusalem	
n	Aber zu seinem Haus stieg er nicht hinab (Zustandsaussage)	
o	Urija geht aus dem Palast, um sich auf sein Lager bei (den) Dienern seines Herrn zu legen	
p	David schreibt einen Brief an Joab	
q	Motiv des Todesbriefes: Wiedergabe des Briefinhalts	
r	Joab stellt Urija an die gefährdete Stelle	
s	Urija stirbt	
t	Joab sendet aus	
u	Bote berichtet David alles	
v	David spricht zum Boten	
w	Frau hält Totenklage für ihren Ehemann	

Nr.	Referenzelement			Kategorie
1	x	David nimmt Urijas Frau in sein Haus auf		rowspan Handlung
	y	JHWH verurteilt Davids Taten (Zustandsaussage)		
2	Handlungsenden			
	a	Erzählanfang: Entwurf einer fiktionalen Welt mit ihren eigenen Gesetzen und Figurenkonstellationen mit räumlicher Konstruktion zweier Hauptschauplätze *(Jerusalem und Rabba)*		
	b	Doppelter Erzählschluss: auf das scheinbare *happy end* folgt die explizite Verurteilung von Davids Taten durch JHWH/Erzählstimme		
3	Tod Urijas als „Sinn der Erzählung"			Perspektive
4	Multiperspektivisches Erzählen über den Tod Urijas			
5	Kriegs- und Gewaltkonnotation			
6	Davidkritische Erzählweise			
7	Jerusalem als Raum mit zwei sich diametral gegenüberstehenden Binnenräumen *(Dichotomie oben-unten beim Blick Davids auf Batseba; Auseinandersetzung zwischen David und Urija um Raum)*			
	a	Palast (בית המלך) als Raum der königlichen Macht und Sexualität		
	b	Haus Urijas als Raum der Gravidität und Reproduktion		
8	Rabba als gefährdeter, unsicherer Raum und Ort von Urijas Tod			
9	Sexueller Akt als *nicht* aktive oder freiwillige Handlung der Figur Batsebas			
10	Blick Davids auf Batseba mit Wertung ihrer Schönheit als Auslöser für sein (sexuelles) Begehren			
11	Blick JHWHs auf Davids Taten, verbunden mit deren Verurteilung			
12	Anonyme, extradiegetische Erzählstimme			Erzählstimme
13	Heterodiegetische Erzählstimme			
	a	Allwissenheit *(Introspektion; Wissen um das anderen Figuren Verborgene; wobei sie nur begrenzt Einblick in die Gefühle, Motivationen usw. gewährt)*		
	b	Omnitemporalität		
	c	Omnipräsenz		

Nr.	Referenzelement	Kategorie
14	Erzählstimme als diejenige diegetische Erzählinstanz, die am meisten erzählt	Erzählstimme
15	Erzählerkommentare als Ausdruck ihrer Explizität	
a	Batsebas Reinigung von der Unreinheit (V.4e)	
b	Urijas Weigerung, in sein Haus zu gehen (V.9b)	
c	Wertung von Davids Taten (V.27f)	
16	Verzeichnis der Figuren in 2 Sam 11	Verzeichnis
a	David	
b	Frau/Batseba	
c	Urija	
d	Joab	
e	Bote (Joabs) als Überbringer der Nachricht von Urijas Tod	
f	Gott	
g	Diener (Davids)	
h	Ganz Israel	
i	(kriegstüchtige) Männer	
17	Machtvolle Figur	Figuren
a	Sozialität als König	
b	Statische Zuordnung am Ort des Palastes als semantisch aufgeladenem Raum	
c	Versetzt die übrigen Figuren durch Befehle in Bewegung	
18	Keine explizite Bezeichnung als König *(Indirekte Ableitung im ambigen V.1)*	
19	Kontrastfigur: Die Figur Davids weist die häufigsten kontrastären Gegenüberstellungen zu anderen Figuren(gruppen) auf: Urija (V.8–11), Batseba (V.4e), JHWH (V.25c.27f), Joab und das Heer (V.1)	David
20	Negatives Bild Davids, durch:	
a	Erzählmotive und ihre Abweichung von den traditionellen Erzählverläufen: Darstellung der Figur Davids als exemplarisch fehlbarem Herrscher	
b	Distanzierung durch Erzählstimme	
21	Davids Motivation ist wesentlich von der Vertuschung des Ehebruchs bestimmt	
22	Verschleierung seiner Beteiligung an der Tötung Urijas (V.14–15)	
23	Etablierung eines Wertesystems aus der Figurenperspektive Davids (V.25c): Auftritt Davids als urteilender Instanz	

Nr.	Referenzelement		Kategorie	
24	Verzögerte Partizipation am Wissen aus der Perspektive Davids *(Schwangerschaftsbekanntgabe in V.5, Urijas Weigerung, in sein Haus zu gehen V.9–10)*		David	Figuren
25	Einführung der Figur über ihre Körperlichkeit *(Grundlage für die Entwicklung des mentalen Modells)*		Batseba	Figuren
26	Zuschreibung der Schönheit Batsebas aus der Perspektive Davids		Batseba	Figuren
27	Hervorhebung der sozialen Stellung als Ehefrau und werdende Mutter		Batseba	Figuren
28	Selbstheiligung als Hinweis auf Batsebas Motivation mit dem Ziel der Kontrastierung gegenüber David		Batseba	Figuren
29	Hervorhebung der Schwangerschaftsbekanntgabe		Batseba	Figuren
30	Schwangerschaftsbekanntgabe als Partizipation an Batsebas Figurenperspektive		Batseba	Figuren
31	Wesentliche Handlungen der Figur:		Batseba	Figuren
	a	Waschen		
	b	Selbstheiligung		
	c	Schwangerschaftsbekanntgabe mit Abgabe der Handlungsoption an David		
	d	Totenklage für Urija		
32	Batseba als Ehefrau im Kontext von Davids Heiratspolitik		Batseba	Figuren
33	Einführung der Figur über ihre Sozialität als Ehemann		Urija	Figuren
34	Erster Auftritt: Sozialität als Soldat im Heer Davids		Urija	Figuren
35	Bestimmung der Körperlichkeit durch:		Urija	Figuren
	a	charakteristische Verhaltensweisen *(Weigerung, in sein Haus zu gehen)*		
	b	räumliche Zuordnung *(Zuordnung zu gefährdeten; Räume, hohe Bewegungsfrequenz, weiträumige Bewegungen)*		
36	Figurenname durch gentilic „der Hethiter" als Hinweis auf seine ursprüngliche Identität		Urija	Figuren
37	Handlungen: Weigerung, in sein Haus zu gehen; sterben (4mal); legen (3mal, als Kontrastierung zu David)		Urija	Figuren
38	Einführung über die Sozialität als Heerführer		Joab	Figuren
39	Familiäre Relation zwischen Joab und David		Joab	Figuren
40	Ambivalente Relation zum König		Joab	Figuren
	a	Kontrastierung am Erzählanfang *(David „alleine", statisch in Jerusalem, während Joab mit Heer [als „Ganzheit" präsentiert] vor Rabba aktiv Krieg führen)*		

Nr.	Referenzelement		Kategorie
40	b	versteckte Kritik am König *(Verweis auf das Fallbeispiel Abimelechs)*	*Joab*
41	Geschickter Rhetoriker		
42	Symbolische Bedeutung als Opponent des Königs *("Motiv der Söhne der Zeruja")*		
43	Verweis auf JHWH durch den Kultgegenstand der Lade		Figuren
44	Einführung als Einzelfigur am Ende der Erzählung		
45	Zuschreibung von anthropomorphen Zügen (עין, רעע) und übernatürlichenFähigkeiten *(z. B. stetige Wahrnehmung der Ereignisse)*		*Gottesfigur*
46	Gestaltungsweise der Gottesfigur *(doppelte Fokalisierung mit Überlagerung der Erzählerperspektive durch die Perspektive der Gottesfigur sowie die Position am Erzählende)* bestimmen maßgeblich die Interpretation des Gesamttextes *(Werturteil auf der reflexiven Metaebene zum Geschehen)*		
47	Davids Verbleiben in Jerusalem (V.1e)		Mehrdeutikeiten
48	Gegenstand von Gottes Verurteilung: Ambiguität des Wortes „Sache" (V.27f)		
49	Ambiguität Urijas		
	a	fehlende Informationen zum Wissen Urijas hinsichtlich Ehebruch und Schwangerschaft Batsebas	
	b	ambige Begründung Urijas für seine Weigerung, in sein Haus zu gehen (V.11)	
50	Ort der sich Waschenden		Leerstellen
51	Charakteristik der ehelichen Beziehung zwischen Urija und Batseba		
52	Körperlichkeit Batsebas *(z. B. Figurenkörper, Haarfarbe, Kleidung)*		
53	Fehlende Introspektion in die Figur Batseba *(Gefühle, Motivation, Emotionen)*		
54	Körperlichkeit Urijas *(Figurenkörper, Alter)*		
55	Position Urjias im Heer Davids		
56	Reaktion Joabs auf den Todesbrief		
57	David als reuiger Sünder		Figurenrezeption
58	Tendenz der Vermeidung einer Individualisierung Batsebas und Reduzierung ihrer Komplexität		
59	Tendenz der stärken Partizipation Batsebas an den Ereignissen		

Nr.	Referenzelement	Kategorie
60	Traditionslinie: Batseba als Enkeltochter Ahitofels	Figurenrezeption
61	Traditionslinie: Zusammengehörigkeit von David und Batseba	
62	Urija als Waffenträger Joabs	
63	Tendenz: Zuweisung von moralischen Defiziten und Diskreditierung Urijas	
64	Reduzierung der Komplexität der Figur Urijas	
65	Rivalität Joabs gegenüber anderen Feldhauptmännern	

IV. ABKÜRZUNGSVERZEICHNIS

1. Fachspezifische Abkürzungen

ÄE	Äußerungseinheit
BigS	Bibel in gerechter Sprache
BHS	Biblia Hebraica Stuttgartensia
BU	Bibelübersetzung nach Buber / Rosenzweig
DtrG	Deuteronomistisches Geschichtswerk
EBR	Encyclopedia of the Bible and its Reception
EIN	Einheitsübersetzung
ELB	Elberfelder Bibel
EZ	Eisenzeit
LUT	Luther-Bibelübersetzung
LXX	Septuaginta
LXX $_{Luk}$	Lukianische Version der Septuaginta
MT	Masoretentext
NA 28	Novum Testamententum Graece (Nestle/Aland)
RE	Referenzelement
TFE	Thronfolgeerzählung
ZÜR	Zürcher-Bibelübersetzung

2. Abkürzungen literarischer Rezeptionen von 2 Sam 11

Die Abkürzungen folgen den Vorgaben von: Collins, Billi Jean: The SBL Handbook of Style, 2. Aufl., Atlanta 2014, S. 141–171.

Pseudepigraphische Schriften des Alten und Neuen Testament

Apos. Con.	Apostolische Konstitution	Die Apostolische Konstitution aus dem Urtext übersetzt v. Ferdinand Boxler, Kempten 1874 (Bibliothek der Kirchenväter 19), in: Bibliothek der Kirchenväter, www.unifr.ch/bkv/kapitel3178-4.htm (zuletzt geprüft: 15.10.2019).

Rabbinische Literatur

bBM 59a	Bava Meẓiá	Der babylonische Talmud. Neu übertragen durch Lazarus Goldschmidt, Bd. 7, 4. Aufl., Frankfurt: Jüdischer Verlag (1996), S. 635.
bKet 9b	Ketubbot	Der babylonische Talmud. Neu übertragen durch Lazarus Goldschmidt, Bd. 5, 4. Aufl., Frankfurt: Jüdischer Verlag (1996), S. 24.
bSan 69b	Sanhedrin	Der babylonische Talmud. Neu übertragen durch Lazarus Goldschmidt, Bd. 8, 4. Aufl., Frankfurt: Jüdischer Verlag (1996), S. 736–738.
bSan 107a	Sanhedrin	Der babylonische Talmud. Neu übertragen durch Lazarus Goldschmidt, Bd. 9, 4. Aufl., Frankfurt: Jüdischer Verlag (1996), S. 114–117.
bShab 56a	Shabbat	Der Babylonische Talmud. Neu übertragen durch Lazarus Goldschmidt, Bd. 1, 4. Aufl. Frankfurt: Jüdischer Verlag (1996), S. 599.
MidShem 25,2	Midrasch Samuel	Wünsche, August: Aus Israels Lehrhallen. Midrasch Samuel, Bd. 5,1, Leipzig 1910, S. 138–143.

Jüdische Schriften

Josephus, Ant., 7.130-146	Des Flavius Josephus jüdische Altertümer, übersetzt und mit Einleitung und Anmerkungen versehen von Heinrich Clementz, Wiesbaden 1989.
	Antiquitates Judaicae, hrsg. B. Niese, Flavii Iosephi opera, vols. 1-4, Berlin 1890, in: Bible Works 9. Software for Biblical Exegesis and Research Version, Bible Works LLC (Hg), Norfolk 2011.
Mysterium	Joseph Gikatilla: Das Mysterium, dass Batscheva David seit den sechs Tagen der Schöpfung vorgestimmt war, in: Oberhänsli-Widmer, Gabrielle: Joseph Gikatilla. Das Mysterium, dass Bathscheva David seit den sechs Tagen der Schöpfung vorbestimmt war (Ende 13./Anfang 14. Jahrhundert), in: Judaica 65 (2009), H. 1 , S. 75–83.

Kirchenväter

Aphr. Dem. 18,9.	Aphrahat: Demonstrationes (Überweisungen), übersetzt v. Peter Bruns, Bd. II, Freiburg u. a. 1991 (FC 5).
Athan., Exp. Ps. 50	Athanasius: Expositiones in Psalmos, übersetzt v. Josef Fischer, Kempten 1875 (Bibliothek der Kirchenväter 29). https://www.unifr.ch /bkv/kapitel 3958-50.htm (zuletzt geprüft: 15.10.2019)
Aug., Doctr. chr. 3,21	Augustinus: De doctrina christiana (Vier Bücher über die christliche Lehre), in: Augustinus. Ausgewählte Praktische Schriften homiletischen und katechetischen Inhalts, übersetzt v. Sigisbert Mitterer, München 1925 (Bibliothek der Kirchenväter 8), S. 6–232, hier: 133–135.
Aug., Faust. 22.87	Augustinus, Contra Faustum Manichaeum, MPL 42, S. 458f.; Teske, Roland: Answer to Faustus, a Manichean. Contra Faustum Manichaeum, New York 2009 (The works of Saint Augustine, I,20), S. 364.
Bas., Hom. poenit.	Basilius: Homilie de poenitentia, in: PG 31, S. 1477.
Chrys., Hom. poenit.	Chrysostomus: Homilie de poenitentia, in: PG 49, S. 286, übersetzt v. Theresa Heither, in: David, (Biblische Gestalten bei den Kirchenvätern 5), S. 88.
Chry., Hom. Mt 3,5	Chrysostomus: Matthäuskommentar, übersetzt v. Johannes C. Bauer, Bd. 1, Kempten, München 1915 (Bibliothek der Kirchenväter), S. 33–37.
Chrys., Hom. Mt 26,6–8.	Chrysostomus: Matthäuskommentar, übersetzt v. Johannes Chrysostomus Bauer, Bd. 2, Kempten, München 1916 (Bibliothek der Kirchenväter), S. 135–142.

Chry., Hom. Mt 42,12–37	Chrysostomus: Matthäuskommentar, übersetzt v. Johannes Chrysostomus Bauer, Bd. 2, Kempten, München 1916 (Bibliothek der Kirchenväter).
Cyr. H., catech. 2,11	Cyrill v. Jerusalem: Katechesen an die Täuflinge, übersetzt Philipp Haeuser, München 1922, S. 41f.
Euch., in Lib. Reg., 2,11.	Eucherius: Commentarii in Liberum Regnum, Liber secundum, in: PL 50, Sp. 1090–1092.
Eus., comm. in Ps. 37	Eusebius von Caesarea, Commentari in Psalmos, in: PG 23, S. 341.
Isid., Quest. in Vet. Testam., in Regum II, 2.	Isidor von Sevilla: Quaestiones in Vetus Testamentum, in Regum II, in: MPL 83, Sp. 411f.
Orig. comm. 2,14 in Röm 3,1–4.	Origenes, commentarii in epistulam ad Romanos, übersetzt v. Theresia Heither, Freiburg u. a. 1990 (FC 2), S. 327.
Tert., pudic. 6	Tertullian, De pudicitia, Apologetische, Dogmatische und Montanistische Schriften. Übersetzt von Heinricht Kellner (Bibliothek der Kirchenväter, Reihe 1, Bd. 24), Kempten, Münschen 1915.

V. LITERATURVERZEICHNIS

Die Abkürzungen folgen mit wenigen Ausnahmen den Vorgaben von Collins, Billi Jean: The SBL Handbook of Style, 2. Aufl., Atlanta 2014, S. 171–260. Abkürzungen für Zeitschriften oder Reihen, die dort nicht zu finden sind, folgen Schwertner, Siegfried M., Internationales Abkürzungsverzeichnis für Theologie und Grenzgebiete. Zeitschriften, Serien, Lexika, Quellenwerke mit bibliographischen Angaben, 2. Aufl., Berlin u. a. 1994. Die in den Fußnoten angegebenen Kurztitel werden kursiv gesetzt, z.B. *Samuel*.

1. Biblische Textausgaben und Quellen

Bibel in gerechter Sprache; Bail, Ulrike u. a. (Hg.), 4. Aulf., Gütersloh 2011. (BigS)
Biblia Hebraica Stuttgartensia; Ellinger, Karl/Ruldolph, Wilhelm (Hg.), 5. Aufl., Stuttgart 1997. (BHS)
Die Heilige Schrift. Elberfelder Bibel, revidierte Fassung, 4. Aufl., Wuppertal, Zürich 1992. (ELB)
Die Bibel. Nach der Übersetzung Martin Luthers. Mit Apokryphen, revidierte Fassung von 1984; Deutsche Bibelgesellschaft (Hg.), Stuttgart 2006. (LUT)
Die Bibel. Vollständige Ausgabe des Alten und Neuen Testaments in der Einheitsübersetzung; Die Bischöfe Deutschlands u. a. (Hg.), Stuttgart 1995. (EIN)
Die Schrift. Verdeutscht von Martin Buber gemeinsam mit Franz Rosenzweig. Die Schriftwerke, 6. Aufl., Stuttgart 1992. (BU)
Novum Testamentum Graece; Nestle, Eberhard/Aland, Kurt (Hg.), 28. Aufl., Stuttgart 2012 (NA 28).
Septuaginta Deutsch. Das griechische Alte Testament in deutscher Übersetzung; Kraus, Wolfgang/Karrer, Martin (Hg.), Stuttgart 2009. (LXX)
Zürcher Bibel, revidierte Fassung; Evangelisch-Reformierte Landeskirche des Kantons Zürich (Hg.), Zürich 2007. (ZÜR)

2. Hilfsmittel

Bible Works 9. Software for Biblical Exegesis and Research Version, Bible Works LLC (Hg.), Norfolk 2011.
Bocian, Martin: *Lexikon* der biblischen Personen, 2. Aufl., Stuttgart 2004.
Clines, David J. A.: The *dictionary* of classical Hebrew, Sheffield 2011.
Fischer, Georg: *Wege* in die Bibel. Leitfaden zur Auslegung, 4. Aufl., Stuttgart 2011.
Fricke, Klaus Dietrich/Schwank, Benedikt/Lange, Joachim (Hg.): Ökumenisches *Verzeichnis* der biblischen Eigennamen nach den Loccumer Richtlinien, 2. Aufl., Stuttgart 1981.
Gesenius, Wilhelm: Hebräisches und Aramäisches Handwörterbuch über das Alte Testament, 17. Aufl., Berlin u. a. 1962.
Jeffrey, David Lyle (Hg.): A *Dictionary* of Biblical Tradition in English Literature, Grand Rapids 1992.
Jenni, Ernst: *Lehrbuch* der Hebräischen Sprache des Alten Testaments, 3. Aufl., Basel 2003.
Klauck, Hans-Josef u. a. (Hg.): *Encyclopedia* of the Bible and its reception, Berlin u. a. 2009-.
Meurer, Thomas: *Einführung* in die Methoden alttestamentlicher Exegese, Münster 1999 (Münsteraner Einführungen: Theologische Arbeitsbücher 3).
Neef, Heinz-Dieter: Arbeitsbuch *Hebräisch*, 3. Aufl., Tübingen 2008.
Schweizer, Harald: Biblische *Texte* verstehen. Arbeitsbuch zur Hermeneutik und Methodik der Bibelinterpretation, Stuttgart u.a. 1986.
Utzschneider, Helmut/Nitsche, Stefan Ark: *Arbeitsbuch* literaturwissenschaftliche Bibelauslegung. Eine Methodenlehre zur Exegese des Alten Testaments, 3. Aufl., Gütersloh 2008.

3. Sekundärliteratur

Ackroyd, Peter Runham: The second book of *Samuel*, Cambridge 1988 (CBC).
Ahuis, Ferdinand: Das „*Großreich*" Davids und die Rolle der Frauen. Eine Untersuchung zur Erzählung von der Nachfolge auf dem Thron Davids (2. Sam*10-20; 1. Kön *1–2) und ihrer Trägerinnengruppe, Neukirchen-Vluyn 2007 (BThSt 83).
Ajouri, Philip: *Literatur* um 1900. Naturalismus – Fin de Siècle – Expressionismus, Berlin 2009 (Akademie Studienbücher).

Alberti, Paul (Pseudonym für Paul Albers): *Bath-Sebas Sünde*. Trauerspiel in fünf Akten, Zürich 1904.

Allrath, Gaby/Surkamp, Carola: Erzählerische *Vermittlung*, unzuverlässiges Erzählen, Multiperspektivität und Bewusstseinsdarstellung, in: Nünning, Vera/Nünning, Ansgar (Hg.): Erzähltextanalyse und Gender Studies, Stuttgart 2004 (Sammlung Metzler 344), S. 143–179.

Alter, Robert: The *Art* of Biblical Narrative, New York 2011.

Alter, Robert: The Art of Biblical *Narrative*, Philadelphia 1981.

Antor, Heinz: *Art. Plot*, in: Nünning, Ansgar (Hg.): Metzler Lexikon Literatur- und Kulturtheorie. Ansätze – Personen – Grundbegriffe, 4. Aufl., Stuttgart, Weimar 2008, S. 575f.

Apuleius: *Der goldene Esel*. Frankfurt, Leipzig 2007.

Avioz, Michael: *Josephus' interpretation* of the Book of Samuel, London 2015 (Library of Second Temple studies 86).

Bail, Ulrike: „Die verzogene *Sehnsucht* hinkt an ihrem Ort". Literarische Überlebensstrategien nach der Zerstörung Jerusalems im Alten Testament, Gütersloh 2004.

Bail, Ulrike: Eine *Frau* unter den Frauen Davids sieht sich selbst mit den Augen Davids und mit den eigenen, in: Theuer, Gabriele (Hg.): Viele Frauen und ein Mann, Stuttgart 2008 (FrauenBibelArbeit 20), S. 44–51.

Bailey, Randall C.: *David* in love and war. The pursuit of power in 2 Samuel 10–12, Sheffield 1990 (JSOTSup 75).

Bal, Mieke: *Narratology*. Introduction to the Theory of Narrative, 3. Aufl., Toronto, Buffalo, London 2009.

Bal, Mieke: The *Bible* as Literature. A Critical Escape, (1986), in: Jobling, David (Hg.): On story-telling. Essays in narratology, Sonoma 1991, S. 59–72.

Bal, Mieke: *Lethal love*. Feminist literary readings of biblical love stories, Bloomington 1987 (ISBL).

Ballhorn, Egbert: *Israel* am Jordan. Narrative Topographie im Buch Josua, Göttingen 2011 (BBB 162).

Bar-Efrat, Shimon: *Das erste Buch Samuel*. Ein narratologisch-philologischer Kommentar, Stuttgart 2007 (BWANT 176).

Bar-Efrat, Shimon: *Das zweite Buch Samuel*. Ein narratologisch-philologischer Kommentar, Stuttgart 2009 (BWANT 181).

Bar-Efrat, Shimon: Wie die *Bibel* erzählt. Alttestamentliche Texte als literarische Kunstwerke verstehen, Gütersloh 2006.

Bar-Efrat, Shimon: *Narrative Art* in the Bible, Sheffield 1989.
Bartelmus, Rüdiger: *Art.* פתח, in: ThWAT, Bd. IV, Stuttgart u. a. 1989, Sp. 831–852.
Barthes, Roland: Der *Kampf* mit dem Engel. Textanalyse der Genesis 32,23–33, (1972), in: Barthes, Roland (Hg.): Das semiologische Abenteuer, Frankfurt 1988, S. 251–265.
Baumgart, Norbert-Clemens: Die Bücher der *Könige*, in: Zenger, Erich (Hg.): Stuttgarter Altes Testament. Einheitsübersetzung mit Kommentar und Lexikon, 3. Aufl., Stuttgart 2005, S. 562–669.
Beal, Timothy: *Reception* History and Beyond. Toward the Cultural History of Scriptures, in: BibInt 19 (2011), H. 4–5, S. 357–372.
Becking, Bob: *Art. Jahwe*, in: Das Wissenschaftliche Bibellexikon im Internet (2006), http://www.bibelwissenschaft.de/stichwort/22127/ (zuletzt geprüft: 15.10.2019).
Berlejung, Angelika/Frevel, Christian: *Art. König*, in: Berlejung, Angelika/Frevel, Christian (Hg.): Handbuch theologischer Grundbegriffe zum Alten und Neuen Testament, 2. Aufl., Darmstadt 2009, S. 276–280.
Berlin, Adele: *Characterization* in Biblical Narrative. David's wives, in: JSOT 23 (1982), S. 69–85.
Berlin, Adele: *Poetics* and interpretation of biblical narrative, Sheffield 1983 (BLS 9).
Bernhard, Emil (Pseudonym für Emil Moses Cohn): Der *Brief des Uria*. Ein Trauerspiel in Fünf Akten, Bonn 1919.
Berquist, Jon L./Camp, Claudia V.: *Constructions* of space. Theory, geography, and narrative, New York 2007 (LHBOTS 481).
Bietenhard, Sophia: Des Königs *General*. Die Heerführertraditionen in der vorstaatlichen und frühen staatlichen Zeit und die Joabgestalt in 2 Sam 2–20; 1 Kön 1–2, Freiburg 1998 (OBO 163).
Birnbaum, Elisabeth: Das *Juditbuch* im Wien des 17. und 18. Jahrhunderts. Exegese, Predigt, Musik, Theater, Bildende Kunst, Frankfurt u. a. 2009 (ÖBS 35).
Birnbaum, Uriel: Eine *Auswahl*. Gedichte, Amsterdam 1957.
Blum, Erhard: Die *Stimme* des Autors in den Geschichtsüberlieferungen des Alten Testaments, in: Adam, Klaus-Peter (Hg.): Historiographie in der Antike, Berlin u. a. 2008 (BZAW 373), S. 108–130.
Blum, Erhard: Ein *Anfang* der Geschichtsschreibung? Anmerkungen zur sog. Thronfolgegeschichte und zum Umgang mit Geschichte in Israel, in: Pury, Albert de/Römer, Thomas (Hg.): Die sogenannte

Thronfolgegeschichte Davids. Neue Einsichten und Anfragen, Freiburg, Göttingen 2000 (OBO 176), S. 4–37.

Bodner, Keith: *David* Observed. A King in the Eyes of his Court, Sheffield 2005.

Bodner, Keith: Is *Joab* a Reader-Response Critic?, in: JSOT 27 (2002), H. 1, S. 19–35.

Bodner, Keith: *Motives* for defection. Ahithophel's agenda in 2 Samuel 15–17, in: SR 31 (2002), H. 1, S. 63–78.

Brant, Sebastian: Das *Narrenschiff*, Wiesbaden 2007 (Die Bibliothek der verbotenen Bücher).

Breitmaier, Isa: *Hinführung*, in: Hedwig-Jahnow-Forschungsgruppe (Hg.): Zeit wahrnehmen. Feministisch-theologische Perspektiven auf das Erste Testament, Stuttgart 2010 (SBS 222), S. 9–12.

Brenner, Athalya/van Dijk-Hemmes, Fokkelien: *On gendering texts*. Female and male voices in the Hebrew Bible, Leiden 1993 (BibInt 1).

Brueggemann, Walter: First and Second *Samuel*, Louisville 1990 (Interpretation).

Buschinger, Danielle: Vom Prosa-Tristan zu Hans Sachs' *Tragödie*, in: Rössing-Hager, Monika u. a. (Hg.): Wirksame Rede im Frühneuhochdeutschen. Syntaktische und textstilistische Aspekte, Hildesheim 2015 (Documenta linguistica 8), S. 285–304.

Butting, Klara: *Schuld* und Vergebung, in: Butting, Klara/Minnaard, Gerard/Kessler, Rainer (Hg.): 2. Samuel. Mit Beiträgen aus Judentum, Christentum, Islam, Literatur, Kunst, Wittingen 2009 (Die Bibel erzählt), S. 33–43.

Campbell, Antony F.: 2 *Samuel*, Grand Rapids, Cambridge 2005 (FOTL 8).

Chankin-Gould, J. D'Ror u. a.: The Sanctified „*Adulteress'* and her Circumstantial Clause: Bathsheba's Bath and Self-Consecration in 2 Samuel 11, in: JSOT 32 (2008), H. 3, S. 339–352.

Chatman, Seymour Benjamin: *Story* and discourse. Narrative structure in fiction and film, Ithaca 1978.

Clines, David J. A.: *David* the Man. The Construction of Masculinity in the Hebrew Bible, in: Clines, David J. A. (Hg.): Interested parties. The ideology of writers and readers of the Hebrew Bible, Sheffield 1995 (Gender, culture, theory 1), S. 212–243.

Cohen, Leonard: *Hallelujah*, Nashville 1995.

Collins, Roger John Howard: *Art. Isidor von Sevilla*, in: TRE, Bd. 16, Berlin, New York 1987, S. 310–315.

Conrad, Joachim: *Art.* שחת, in: ThWAT Bd. VII, Stuttgart u.a. 1993, Sp. 1233–1245.
Cuffari, Anton: *Art. Begehren* (AT), in: Das Wissenschaftliche Bibellexikon im Internet (2009), http://www.bibelwissenschaft.de/stichwort/ 14804/ (zuletzt geprüft: 15.10.2019).
Curtiz, Michael: *Casablanca*, USA 1942.
Dallmeyer, Hans-Jürgen/Dietrich, Walter: David – ein *Königsweg*. Psychoanalytisch-theologischer Dialog über einen biblischen Entwicklungsroman, Göttingen 2002.
Dannenberg, Hilary P.: Die *Entwicklung* von Theorien der Erzählstruktur und des Plot-Begriffs, in: Nünning, Ansgar (Hg.): Literaturwissenschaftliche Theorien, Modelle und Methoden. Eine Einführung, 4. Aufl., Trier 2004 (WVT-Handbücher zum literaturwissenschaftlichen Studium 1), S. 51–68.
de Jong, Irene: *Introduction*. Narratological Theory on Space, in: Jong, Irene de (Hg.): Space in ancient Greek literature. Studies in ancient Greek narrative, Leiden 2012 (Mnemosyne 339), S. 1–18.
Delekat, Lienhard: *Tendenz* und Theologie der David-Salomo-Erzählung, in: Maass, Fritz (Hg.): Das ferne und nahe Wort (FS Leonhard Rost), Berlin 1967 (BZAW 105), S. 26–36.
Dennerlein, Karin: *Zeit,* in: Martínez, Matías (Hg.): Handbuch Erzählliteratur. Theorie, Analyse, Geschichte, Stuttgart 2011, S. 150–165.
Dieckmann, Detlef: *Segen* für Isaak. Eine rezeptionsästhetische Auslegung von Gen 26 und Kotexten, Berlin u. a. 2003 (BZAW 329).
Dieckmann-von Bünau, Detlef: *Art. Rezeptionsästhetik* (AT), in: Das Wissenschaftliche Bibellexikon im Internet (2007), http://www.bibelwissenschaft.de/stichwort/33446/ (zuletzt geprüft: 15.10.2019).
Dietrich, Walter (Hg.): The books of *Samuel*. Stories – history – reception history, Leuven 2016 (BETL 284).
Dietrich, Walter: Stefan Heyms *Ethan* ben Hoshaja und der Hauptverfasser der Samuelbücher, in: Dietrich, Walter (Hg.): The books of Samuel. Stories – history – reception history, Leuven 2016 (BETL 284), S. 3–39.
Dietrich, Walter: Davids Fünfte *Kolonne* beim Abschalom-Aufstand, in: Dietrich, Walter (Hg.): Seitenblicke. Literarische und historische Studien zu Nebenfiguren im zweiten Samuelbuch, Göttingen 2011 (OBO 249), S. 91–120.

Dietrich, Walter: *Prophet* und Gesalbter. König David im Neuen Testament, in: BK 66 (2011), H. 1, S. 25–29.

Dietrich, Walter: *Tendenzen* neuster Forschung an den Samuelbüchern, in: Schäfer-Lichtenberger, Christa (Hg.): Die Samuelbücher und die Deuteronomisten, Stuttgart 2010 (BWANT 188), S. 9–17.

Dietrich, Walter: David, *Amnon* und Abschalom (2 Samuel 13). Literarische, textliche und historische Erwägungen zu den ambivalenten Beziehungen eines Vaters zu seinen Söhnen, in: Text 23 (2007), S. 115–143.

Dietrich, Walter: *David*. Der Herrscher mit der Harfe, Leipzig 2006 (Biblische Gestalten 14).

Dietrich, Walter: *König David* – biblisches Bild eines Herrschers im altorientalischen Kontext, in: Dietrich, Walter/Herkommer, Hubert (Hg.): König David – biblische Schlüsselfigur und europäische Leitgestalt. 19. Kolloquium (2000) der Schweizerischen Akademie der Geistes- und Sozialwissenschaften, Freiburg, Stuttgart 2003, S. 3–31.

Dietrich, Walter: Von David zu den *Deuteronomisten*. Studien zu den Geschichtsüberlieferungen des Alten Testaments, Stuttgart 2002 (BWANT 156).

Dietrich, Walter: Das *Ende* der Thronfolgegeschichte, in: Pury, Albert de/Römer, Thomas (Hg.): Die sogenannte Thronfolgegeschichte Davids. Neue Einsichten und Anfragen, Freiburg, Göttingen 2000 (OBO 176), S. 38–69.

Dietrich, Walter: Die frühe *Königszeit* in Israel. 10. Jahrhundert v. Chr., Stuttgart 1997 (BE 3).

Dietrich, Walter: Gott, *Macht* und Liebe. Drei neue Romane über die Davidszeit, in: Reformatio 38 (1989), S. 301–308.

Dietrich, Walter/Herkommer, Hubert (Hg.): König David – biblische *Schlüsselfigur* und europäische Leitgestalt. 19. Kolloquium (2000) der Schweizerischen Akademie der Geistes- und Sozialwissenschaften, Freiburg, Stuttgart 2003.

Dietrich, Walter/Naumann, Thomas: Die *Samuelbücher*, Darmstadt 1995 (EdF 287).

Donnet-Guez, Brigitte: L'ambiguité du personnage de *Bethsabée* à travers la littérature rabbinique, in: Bodi, Daniel (Hg.): L'Histoire de David et Bethsabée. Etude interdisciplinaire, Paris 2004 (Yod 8), S. 65–84.

Dorninger, Maria E.: *Verführerinnen* in der Bibel, Graz 2013.

Dubach, Manuel: *Trunkenheit* im Alten Testament. Begrifflichkeit, Zeugnisse, Wertung, Stuttgart 2009 (BWANT 184).

Dyma, Oliver: *Art. Ehe* (AT), in: Das Wissenschaftliche Bibellexikon im Internet (2011) www.bibelwissenschaft.de/stickwort/16896 (zuletzt geprüft: 15.10.2019).

Ebach, Jürgen: *Gottes Name(n)*. Oder: Wie die Bibel von Gott spricht, in: BK 65 (2010), H. 2, S. 62–67.

Eberle-Küster, Dorothea: *Art. Menstruation*, in: Fieger, Michael/Krispenz, Jutta/Lanckau, Jörg (Hg.): Wörterbuch alttestamentlicher Motive, Darmstadt 2013, S. 319–322.

Eberle-Küster, Dorothea: *Art. Narrativität*, in: Das Wissenschaftliche Bibellexikon im Internet (2009), http://www.bibelwissenschaft.de/stichwort/37118/ (zuletzt geprüft: 15.10.2019).

Eberle-Küster, Dorothea: *Lesen* als Akt des Betens. Eine Rezeptionsästhetik der Psalmen, Neukirchen-Vluyn 2001 (WMANT 87).

Eckstein, Pia: *König* David. Eine strukturelle Analyse des Textes aus der hebräischen Bibel und seine Wiederaufnahme im Roman des 20. Jahrhunderts, Bielefeld 2000.

Eco, Umberto: Die *Grenzen* der Interpretation, München 1995.

Eder, Jens: *Gottesdarstellung* und Figurenanalyse. Methodologische Überlegungen aus medienwissenschaftlicher Perspektive, in: Eisen, Ute E./Müllner, Ilse (Hg.): Gott als Figur. Narratologische Analysen biblischer Texte und ihrer Adaptionen, Freiburg, Basel, Wien 2016 (HBS 82), S. 27–54.

Eder, Jens: Die *Figur* im Film. Grundlagen der Figurenanalyse, Marburg 2008.

Eder, Sigrid: Wie Frauen und Männer *Macht* ausüben. Eine feministisch-narratologische Analyse von Ri 4, Freiburg 2008 (HBS 54).

Ego, Beate: *Art. Reinheit*/Unreinheit/Reinigung (AT), in: (Hg.) Das Wissenschaftliche Bibellexikon im Internet (2007), http://www.bibelwissenschaft.de/stichwort/33086/ (zuletzt geprüft: 15.10.2019).

Ehrlich, Carl S.: Biblical *Gentilics* and Israelite Ethnicity, in: Dietrich, Walter (Hg.): The books of Samuel. Stories – history – reception history, Leuven 2016 (BETL 284), S. 413–421.

Eisen, Ute E./Müllner, Ilse (Hg.): *Gott als Figur*. Narratologische Analysen biblischer Texte und ihrer Adaptionen, Freiburg, Basel, Wien 2016 (HBS 82).

Eisen, Ute E./Müllner, Ilse: Gott als Figur – eine *Einführung*, in: Eisen, Ute E.; Müllner, Ilse (Hg.): Gott als Figur. Narratologische Analysen biblischer Texte und ihrer Adaptionen, Freiburg, Basel, Wien 2016 (HBS 82), S. 11–26.

Eisen, Ute E.: Die *Poetik* der Apostelgeschichte. Eine narratologische Studie, Fribourg, Göttingen 2006 (NTOA 58).

Erzberger, Johanna/Jochum-Bortfeld, Carsten: *Art. Palast,* in: Crüsemann, Frank u. a. (Hg.): Sozialgeschichtliches Wörterbuch zur Bibel, Gütersloh 2009, S. 435f.

Eschelbach, Michael A.: Has *Joab* foiled David? A literary study of the importance of Joab's character in relation to David, New York u. a. 2005 (StBibLit 76).

Exum, Jo Cheryl: *Plotted,* shot, and painted. Cultural representations of biblical women, Sheffield 1996 (JSOTSup 215).

Exum, Jo Cheryl: Fragmented *Women.* Feminist (sub)versions of biblical narratives, Valley Forge 1993.

Fiedrowicz, Michael: Theologie der *Kirchenväter.* Grundlagen frühchristlicher Glaubensreflexion, 2. Aufl., Freiburg 2010.

Finkelstein, Israel u. a.: Has king David's *Palace* in Jerusalem been found?, in: TA 34 (2007), H. 2, S. 142–164.

Finkelstein, Israel/Silberman, Neil Asher: *David* und Salomo. Archäologen entschlüsseln einen Mythos, München 2006.

Finnern, Sönke: *Narratologie* und biblische Exegese. Eine integrative Methode der Erzählanalyse und ihr Ertrag am Beispiel von Matthäus 28, Tübingen 2010 (WUNT II 285).

Firth, David G.: *David* and Uriah. (With an Occasional Appearance by Uriah's Wife) – Reading and Re-Reading 2 Samuel 11, in: OTE 20 (2008), H. 2, S. 310–328.

Fischer, Alexander Achilles: *Art. David,* in: Das Wissenschaftliche Bibellexikon im Internet (2009), http://www.bibelwissenschaft.de/stichwort/16233/ (zuletzt geprüft: 15.10.2019).

Fischer, Alexander Achilles: *Art. Tod* (AT), in: Das Wissenschaftliche Bibellexikon im Internet (2011), http://www.bibelwissenschaft.de/stichwort/35914/ (zuletzt geprüft: 15.10.2019).

Fischer, Alexander: *David und Batseba.* Ein literarkritischer und motivgeschichtlicher Beitrag zu II Sam 11, in: ZAW 101 (1989), H. 1, S. 50–59.

Fischer, Andrea: *Dramen* zu David, Batseba und Urija (2 Sam 11). Zur Rezeption hebräischer Erzählkunst in Literatur und Theater – Paul

Alberti (1904), Martha Hellmuth (1906) und Emil Bernhard (1919) (EXUZ 27), erscheint 2020.

Fischer, Andrea: *Wechselwirkungen* zwischen 2 Sam 11 und dessen literarischen Rezeptionen – dargestellt anhand des Todesbriefmotivs, in: PzB 22 (2013), H. 2, S. 77–97.

Fischer, Irmtraud: Gender-faire *Exegese.* Gesammelte Beiträge zur Reflexion des Genderbias und seiner Auswirkungen in der Übersetzung und Auslegung von biblischen Texten, Münster 2004 (EXUZ 14).

Fischer, Irmtraud: *Gottesstreiterinnen.* Biblische Erzählungen über die Anfänge Israels, 3. Aufl., Stuttgart u. a. 2006.

Fischer, Irmtraud: *Rut,* 2. Aufl., Freiburg 2005 (HThKAT).

Fischer, Irmtraud u. a.: *Frauen*, Bibel und Rezeptionsgeschichte. Ein internationales Projekt der Theologie und ihrer Genderforschung, in: Fischer, Irmtraud/Puerto, Mercedes Navarro/Taschl-Erber, Andrea (Hg.): Tora, Stuttgart 2010 (Die Bibel und die Frauen 1.1), S. 9–35.

Fliegauf, Mark T.: Politische *Führung* und Persönlichkeit, in: Eckert, Georg/Novy, Leonard/Schwickert, Dominic (Hg.): Zwischen Macht und Ohnmacht. Facetten erfolgreicher Politik, Wiesbaden 2013, S. 231–239.

Fokkelman, Jan: *Narrative art* and poetry in the books of Samuel. A full interpretation based on stylistic and structural analyses, Assen 1981.

Forster, Edward Morgan: *Aspects* of the novel, London 1974.

Fratte, Stefan: *David und Batseba.* Eine biblische Love-Story, in: Praxis Gemeindepädagogik 64 (2011), H. 2, S. 52–54.

Friedemann, Käte: Die *Rolle* des Erzählers in der Epik, Darmstadt 1969 (Untersuchungen zur neueren Sprach- und Literaturgeschichte N.F. Heft 7).

Friedman, Norman: *Point* of View in Fiction. The Development of a Critical Concept, in: PMLA 70 (1955), H. 5, S. 1160–1184.

Frontain, Raymond-Jean/Wojcik, Jan (Hg.): The *David Myth* in Western Literature, West Lafayette 1980.

Frymer-Kensky, Tikva: Reading the *women* of the Bible, New York 2002.

Gadamer, Hans-Georg: *Hermeneutik.* Wahrheit und Methode. Grundzüge einer philosophischen Hermeneutik, 6. Aufl., Tübingen 1990 (Gesammelte Werke 1).

Gardner, Anne E.: The *Identity* of Bath-Sheba, in: RB 112 (2005), H. 4, S. 521–535.

Garsiel, Moshe: The *Story* of David and Bathsheba. A Different Approach, in: Biblical Quarterly 55 (1993), H. 2, S. 244–262.

Geiger, Michaela: *Art. Raum*, in: Das Wissenschaftliche Bibellexikon im Internet (2012), http://www.bibelwissenschaft.de/stichwort/65517/ (zuletzt geprüft: 15.10.2019).

Geiger, Michaela: Der *Befreiung* Zeit einräumen. Die Zeitkonzeption des dtn Pessachgebots (Dtn 16,1-8), in: Hedwig-Jahnow-Forschungsgruppe (Hg.): Zeit wahrnehmen. Feministisch-theologische Perspektiven auf das Erste Testament, Stuttgart 2010 (SBS 222), S. 40–65.

Geiger, Michaela: *Gottesräume*. Die literarische und theologische Konzeption von Raum im Deuteronomium, Stuttgart 2010 (BWANT 183).

Gemünden, Petra von: Methodische Überlegungen zur Historischen *Psychologie*, in: Janowski, Bernd/Liss, Hanna (Hg.): Der Mensch im alten Israel. Neue Forschungen zur alttestamentlichen Anthropologie, Freiburg u. a. 2009 (HBS 59), S. 41–68.

Genette, Gérard: Die *Erzählung*, 3. Aufl., Paderborn 2010.

George, Mark K.: *Art. Ark* of the Covenant. I Hebrew Bible/Old Testament, in: EBR, Bd. 2, Berlin u. a. 2009, Sp. 744–754.

Gerber, Christine/Vieweger, Dieter: *Art. Haus*, in: Crüsemann, Frank u. a. (Hg.): Sozialgeschichtliches Wörterbuch zur Bibel, Gütersloh 2009, S. 249–253.

Gillmayr-Bucher, Susanne: Erzählte *Welten* im Richterbuch. Narratologische Aspekte eines polyfonen Diskurses, Leiden, Boston 2013 (BibInt 116).

Gillmayr-Bucher, Susanne: Rauchende Nase, bebendes Herz. *Gefühle* zur Sprache bringen, in: BK 67 (2012), H. 1, S. 21–25.

Gillmayr-Bucher, Susanne: *Art. Intertextualität*, in: Das Wissenschaftliche Bibellexikon im Internet (2007), http://bibelwissenschaft.de/de/stichwort/21850/ (zuletzt geprüft: 15.10.2019).

Gillmayr-Bucher, Susanne: Biblische *Texte* in der Literatur, in: Utzschneider, Helmut/Blum, Erhard (Hg.): Lesarten der Bibel. Untersuchungen zu einer Theorie der Exegese des Alten Testaments, Stuttgart 2006, S. 295–312.

Gloy, Karen: *Zeit*. Eine Morphologie, Freiburg 2006.

Gloy, Karen: *Art. Zeit.* I. Philosophisch, in: TRE, Bd. 36, Berlin, New York 2004, S. 504–516.
Görg, Manfred: *Art. Ammon*, in: NBL 1, Zürich 1991, Sp. 88–90.
Görg, Manfred: *Art. Dach*, in: NBL 1, Zürich 1991, Sp. 375.
Grohmann, Marianne: *Aneignung der Schrift. Wege einer christlichen Rezeption jüdischer Hermeneutik*, Neukirchen-Vluyn 2000.
Gubler, Marie-Louise: *Bathseba – oder: Wie ist Gott? Roman von Torgny Lindgren*, in: KuI 17 (2002), S. 31–44.
Gunn, David M.: *Judges*, Oxford 2005 (Blackwell Bible commentaries).
Gunn, David M.: Covering *David*. Michelangelo's David from the Piazza Della Signoria to my Refrigerator Door, in: Gunn, David M./McNutt, Paula M. (Hg.): 'Imagining' Biblical Worlds. Studies in Spatial, Social and Historical Constructs (FS W. Flanagan), Sheffield 2002 (JSOTSup 359), S. 139–170.
Gunn, David M.: The *story* of king David, Sheffield 1978 (JSOTSup 6).
Gutenberg, Andrea: *Handlung*, Plot und Plotmuster, in: Nünning, Vera/Nünning, Ansgar (Hg.): Erzähltextanalyse und Gender Studies, Stuttgart 2004 (Sammlung Metzler 344), S. 98–121.
Halama, Simon: *Art. Palast*, in: Das Wissenschaftliche Bibellexikon im Internet http://www.bibelwissenschaft.de/stichwort/29875/ (zuletzt geprüft: 15.10.2019).
Haussherr, Reiner: *Bible moralisée.* Codex Vindobonensis 2554 der Österreichischen Nationalbibliothek, 3. Aufl., Graz 1999 (Glanzlichter der Buchkunst 2).
Heither, Theresia: *David*, Münster 2012 (Biblische Gestalten bei den Kirchenvätern 5).
Hellmuth, Martha (Pseudonym für Marhta Schlesinger): *David und Bathseba.* Drama in vier Aufzügen, in: Ost und West. Illustrierte Monatsschrift für modernes Judentum 6 (1906), H. 8/9, Sp. 583–626.
Hentschel, Georg: *2 Samuel*, Würzburg 1994 (NEchtB 34).
Herkommer, Hubert: *Typus* Christi – Typus Regis. König David als politische Legitimationsfigur, in: Dietrich, Walter/Herkommer, Hubert (Hg.): König David – biblische Schlüsselfigur und europäische Leitgestalt. 19. Kolloquium (2000) der Schweizerischen Akademie der Geistes- und Sozialwissenschaften, Freiburg, Stuttgart 2003, S. 383–436.
Hertzberg, Hans Wilhelm: Die *Samuelbücher*, 6. Aufl., Göttingen 1982 (ATD 10).

Hieke, Thomas: *Levitikus*, Freiburg u. a. 2014 (HThKAT 6,1).

Horie, Hildegard: *David*. Der Geliebte, Neuhausen-Stuttgart 1993.

Hossfeld, Frank-Lothar/van der Velden, F.: *Art.* שלח, in: ThWAT, Bd. VIII, Stuttgart u.a. 1995, Sp. 46–68.

Hossfeld, Frank-Lothar/Zenger, Erich: Überlegungen zur *Davidisierung* des Psalters, in: Dohmen, Christoph/Schnocks, Johannes (Hg.): Juda und Jerusalem in der Seleukidenzeit. Herrschaft – Widerstand – Identität (FS Heinz-Josef Fabry), Göttingen 2010 (BBB 159), S. 79–90.

Iser, Wolfgang: Der *Akt* des Lesens. Theorie ästhetischer Wirkung, 4. Aufl., München 1994.

Iser, Wolfgang: Die *Appellstruktur* der Texte. Unbestimmtheit als Wirkungsbedingung literarischer Prosa, 2. Aufl., Konstanz 1971 (Konstanzer Universitätsreden 28).

Jacobson, Diane L.: And then there were the *women* in his life. David and his women, in: WW 23 (2003), H. 4, S. 403–412.

Jannidis, Fotis: *Art. Character*. In: The Living Handbook of Narratology, in: Hühn, Peter u. a. (2013), http://www.lhn.uni-hamburg.de/article/character (zuletzt geprüft: 15.10.2019).

Jannidis, Fotis: *Figur* und Person. Beitrag zu einer historischen Narratologie, Berlin u. a. 2004 (Narratologia 3).

Jannidis, Fotis: Zwischen *Autor* und Erzähler, in: Detering, Heinrich (Hg.): Autorschaft. Positionen und Revisionen, Stuttgart 2002 (Germanistische Symposien, Berichtsbände 24), S. 540–556.

Janowski, Bernd: Was ist der *Mensch*? Grundzüge einer biblischen Sicht des Menschen, in: BK 67 (2012), H. 1, S. 4–9.

Japhet, Sara: *1 Chronik*, Freiburg, Basel, Wien 2002 (HThKAT).

Jauß, Hans Robert: *Literaturgeschichte* als Provokation der Literaturwissenschaft, in: Warning, Rainer (Hg.): Rezeptionsästhetik. Theorie und Praxis, 2. Aufl., München 1979, S. 126–162.

Jenni, Ernst: *Art.* בוא, in: THAT, Bd. 1, 4. Aufl., München 1984, Sp. 264–269.

Jenni, Ernst: *Art.* עת, in: THAT, Bd. 2, 4. Aufl., München 1984, Sp. 370–385.

Jesch, Tatjana/Stein, Malte: *Perspectivization* and Focalization. Two Concepts – One Meaning? An Attempt at Conceptual Differentiation, in: Hühn, Peter/Schmid, Wolf/Schönert, Jörg (Hg.): Point of View, Perspective, and Focalization. Modeling Mediation in Narrative, Berlin, New York 2009 (Narratologia 17), S. 59–77.

Kadari, Tamar: *Art. Bathsheba.* Judaism, in: EBR, Bd. 3, Berlin, Boston 2011, Sp. 601–603.

Kaiser, Otto: Beobachtungen zur sogenannten *Thronnachfolgeerzählung* Davids, in: ETL 64 (1988), S. 5–20.

Kaiser, Otto: Das *Verhältnis* der Erzählung vom König David zum sogenannten deuteronomistischen Geschichtswerk. Am Beispiel von 1 Kön 1–2 untersucht. Ein Gespräch mit John van Seters, in: Pury, Albert de/Römer, Thomas (Hg.): Die sogenannte Thronfolgegeschichte Davids. Neue Einsichten und Anfragen, Freiburg, Göttingen 2000 (OBO 176), S. 94–122.

Ḳalimi, Isaac: Zur *Geschichtsschreibung* des Chronisten. Literarisch-historiographische Abweichungen der Chronik von ihren Paralleltexten in den Samuel- und Königsbüchern, Berlin 1995 (BZAW 226).

Kanz, Christine: Die literarische *Moderne* (1890-1920), in: Beutin, Wolfgang u. a. (Hg.): Deutsche Literaturgeschichte. Von den Anfängen bis zur Gegenwart, 7. Aufl., Stuttgart 2008, S. 342–386.

Käser, Andreas: *Inkohärenz* oder Erzählökonomie? Sprachliche Beobachtungen an den Botengängen in 2 Samuel 11, in: Dietrich, Walter (Hg.): The books of Samuel. Stories – history – reception history, Leuven 2016 (BETL 284), S. 345–354.

Käser, Andreas: Literaturwissenschaftliche *Interpretation* und historische Exegese. Die Erzählung von David und Batseba als Fallbeispiel, Stuttgart 2016 (BWANT 211).

Keel, Othmar: Die *Geschichte* Jerusalems und die Entstehung des Monotheismus. Teil 1, Göttingen 2007 (Orte und Landschaften der Bibel 4,1).

Kellenberger, Edgar: *Art. Laubhütte*/Hütte, in: Das Wissenschaftliche Bibellexikon im Internet (2009), http://www.bibelwissenschaft.de/stichwort/24665/ (zuletzt geprüft: 15.10.2019).

Kessler, John: *Sexuality* and Politics. The Motif of the Displaced Husband in the Books of Samuel, in: CBQ 62 (2000), H. 3, S. 409–423.

Kessler, Rainer: *Gedanken* eines blutigen Generals, in: Butting, Klara/Minnaard, Gerard/Kessler, Rainer (Hg.): 2. Samuel. Mit Beiträgen aus Judentum, Christentum, Islam, Literatur, Kunst, Wittingen 2009 (Die Bibel erzählt), S. 48–55.

Kessler, Rainer: *Sozialgeschichte* des alten Israel. Eine Einführung, 2. Aufl., Darmstadt 2008.

Kessler, Rainer/Omerzu, Heike: *Art. Stadt,* in: Crüsemann, Frank u. a. (Hg.): Sozialgeschichtliches Wörterbuch zur Bibel, Gütersloh 2009, S. 556–560.

Kim, Jong-Hoon: Die *Wiedergabe* von עבד mit δοῦλος oder παῖς in der Septuaginta der Samuel- und Königebücher, in: Kraus, Wolfgang u. a. (Hg.): Die Septuaginta. Texte, Theologien, Einflüsse, Tübingen 2010 (WUNT 252), S. 391–403.

Kim, Uriah: *Uriah* the Hittite. A (Con)Text of Struggle for Identity, in: Semeia 90/91 (2002), S. 69–85.

Kipfer, Sara: Der bedrohte *David.* Eine exegetische und rezeptionsgeschichtliche Studie zu 1 Sam 16 – 1 Kön 2, Berlin, Boston 2015 (SBR 3).

Klanska, Maria/Kita-Huber, Jadwiga/Zarychta, Pawel (Hg.): Der Heiligen *Schrift* auf der Spur. Beiträge zur biblischen Intertextualität in der Literatur, Dresden 2009.

Kleffmann, Tom (Hg.): Das *Buch* der Bücher. Seine Wirkungsgeschichte in der Literatur, Göttingen 2004.

Klumbies, Paul-Gerhard/Müllner, Ilse (Hg.): *Bibel* und Kultur. Das Buch der Bücher in Literatur, Musik und Film, Leipzig 2016.

Knauf, Ernst Axel: Das „*Haus* Davids" in der alt-aramäischen Inschrift vom Tel Dan, in: BK 51 (1996), H. 1, S. 9f.

Kocks, Dirk: *Art. Bathseba,* in: Auty, Robert/Angermann, Norbert/Bautier, Robert-Henri (Hg.): Lexikon des Mittelalters, Bd. 1, München, Zürich 1980, Sp. 1550.

Koenen, Klaus: *Art. Wasserverbrauch,* in: Das Wissenschaftliche Bibellexikon im Internet (2005), http://www.bibelwissenschaft.de/stichwort/14602/ (zuletzt geprüft: 15.10.2019).

Koenig, Sara M.: Make War Not Love. The Limits of David's Hegemonic *Masculinity* in 2 Sam 10–12, in: BibInt 23 (2015), H. 4–5, S. 489–517.

Koenig, Sara M.: Isn't this *Bathsheba*? A study in characterization, Eugene 2011 (PTMS 177).

Köhlmoos, Melanie: *Art. Trauer* (AT), in: Das Wissenschaftliche Bibellexikon im Internet (2012), http://www.bibelwissenschaft.de/stichwort/36154/ (zuletzt geprüft: 15.10.2019).

Koosed, Jennifer L.: *Art. Bathsheba.* Literature, in: EBR, Bd. 2, Berlin, Boston 2011, Sp. 606.

Krah, Hans: *Räume,* Grenzen, Grenzüberschreitungen. Einführende Überlegungen, in: Ars Semeiotica 22 (1999), H. 1–2, S. 3–12.

Kreuzer, Siegfried: *Art. Lade* JHWHs/Bundeslade, in: Das Wissenschaftliche Bibellexikon im Internet (2007), http://www.bibelwissenschaft.de/stichwort/24545/ (zuletzt geprüft: 15.10.2019).

Krispenz, Jutta: *Einleitung*, in: Fieger, Michael/Krispenz, Jutta/Lanckau, Jörg (Hg.): Wörterbuch alttestamentlicher Motive, Darmstadt 2013, S. 9–16.

Krispenz, Jutta: *Art. Bote/Gesandter* (AT), in: Das Wissenschaftliche Bibellexikon im Internet (2006), http://www.bibelwissenschaft.de/stichwort/15645/ (zuletzt geprüft: 16.10.2019).

Krispenz, Jutta: *Art. Botensendung*/Botenformel/Botenspruch, in: Das Wissenschaftliche Bibellexikon im Internet (2006), http://www.bibelwissenschaft.de/stichwort/15657/ (zuletzt geprüft: 16.10.2019).

Kukkonen, Karin: *Art. Plot.* In: The Living Handbook of Narratology, in: Hühn, Peter u. a. (2014), http://www.lhn.unihamburg.de/article/plot (zuletzt geprüft: 16.10.2019).

Kunoth-Leifels, Elisabeth: *Art. Bathseba*, in: LCI, Bd. 1, Rom u. a. 1968, Sp. 253–257.

Kunoth-Leifels, Elisabeth: Über die *Darstellung* der "Bathseba im Bade". Studien zur Geschichte des Bildthemas 4. bis 17. Jahrhundert, Essen 1962.

Kunz, Andreas: *II Sam 11f.* und die frühdemotisch-ägyptische Merireerzählung des Papyrus Vandier, in: TZ 59 (2003), S. 300–311.

Kunz-Lübcke, Andreas: *Art. Heer*, in: Wissenschaftliche Bibellexikon (2011), http://www.bibelwissenschaft.de/stichwort/20821/ (zuletzt geprüft: 16.10.2019).

Kunz-Lübcke, Andreas: Die *Frauen* und der König David. Studien zur Figuration von Frauen in den Daviderzählungen, Leipzig 2004 (ABG 8).

Kuschel, Karl-Josef: *Jesus* in der deutschsprachigen Gegenwartsliteratur, München, Zürich 1978.

Lahn, Silke/Meister, Jan Christoph: Einführung in die *Erzähltextanalyse*, Stuttgart 2008.

Lanczkowski, Günter: *Art. Königtum.* I. Religionsgeschichtlich, in: TRE, Bd. 19, Berlin, New York 1990, S. 323–327.

Lang, Bernhard: *Jahwe*, der biblische Gott. Ein Porträt, München 2002.

Langenhorst, Georg: „Ich gönne mir das Wort *Gott*". Annäherungen an Gott in der Gegenwartsliteratur, 2. Aufl., Freiburg 2014.

Langenhorst, Georg: Theologie und Literatur. Aktuelle *Tendenzen*, in: TRev 109 (2013), H. 5, Sp. 355–372.
Langenhorst, Georg: *Theologie und Literatur*. Ein Handbuch, Darmstadt 2005.
Langenhorst, Georg: *Hiob* unser Zeitgenosse. Die literarische Hiob-Rezeption im 20. Jahrhundert als theologische Herausforderung, 2. Aufl., Mainz 1995 (Theologie und Literatur 1).
Lanser, Susan Sniader: The *narrative act*, Princeton 1981.
Lehmann, Leopold: *Batseba*. Ein Drama, Berlin 1920.
Leutzsch, Martin: Fehlbar - ja! Aber *Vorbild*. David zum Exempel, in: Kuhlmann, Helga (Hg.): Fehlbare Vorbilder in Bibel, Christentum und Kirchen, Berlin u. a. 2010 (Christentum in der Öffentlichkeit 2), S. 89–108.
Levine, M. Herschel: *Irony* and Morality in Bathsheba's Tragedy, in: Central Conference of American Rabbis Journal 22 (1975), H. 3, S. 69–77.
Light, Alan: *The holy or the broken*. Leonard Cohen, Jeff Buckley, and the unlikely ascent of „Hallelujah", New York 2012.
López, García: *Art.* צוה, in: ThWAT, Bd. VI, Stuttgart u. a. 1989, Sp. 936–959.
Lubbock, Percy: The *Craft* of Fiction, London 1968.
Lubkoll, Christine: *Art. Stoff*, literarischer, in: Nünning, Ansgar (Hg.): Metzler Lexikon Literatur- und Kulturtheorie. Ansätze – Personen – Grundbegriffe, 4. Aufl., Stuttgart, Weimar 2008, S. 684f.
Luck, Ulrich: Das Evangelium nach *Matthäus*, Zürich 1993 (ZBK 1,1).
Lüdeker, Gerhard: Ein *Standardwerk* der Figurenanalyse. (Review of: Jens Eder, Die Figur im Film. Grundlagen der Figurenanalyse, Marburg 2009), in: JLTonline (22.07.2009),
www.jltonline.de/index.php/reviews/article/view/93/292
(zuletzt geprüft: 16.10.2019).
Ludwig, Claudia: *David* – Christus – Basileus. Erwartungen an eine Herrschergestalt, in: Dietrich, Walter/Herkommer, Hubert (Hg.): König David – biblische Schlüsselfigur und europäische Leitgestalt. 19. Kolloquium (2000) der Schweizerischen Akademie der Geistes- und Sozialwissenschaften, Freiburg, Stuttgart 2003, S. 367–382.

Ludwig, Dean C./Longenecker, Clinton O.: The *Bathsheba* Syndrome. The Ethical Failure of Successful Leaders, in: Journal of Business Ethics 12 (1993), H. 4, S. 265–273.

Lux, Rüdiger: *Jona*. Prophet zwischen "Verweigerung" und "Gehorsam". Eine erzählanalytische Studie, Göttingen 1994.

Luz, Ulrich: Das Evangelium nach *Matthäus*, Neukirchen-Vluyn 2002 (EKK I,1).

Maier, Christl M.: Die *Biographie* der heiligen Stadt. Jerusalem im Wandel der alttestamentlichen Überlieferung, in: EvT 70 (2010), S. 164–178.

Maier, Christl M.: Daughter *Zion*, mother Zion. Gender, space, and the sacred in ancient Israel, Minneapolis 2008.

Martínez, Matías: *Figur*, in: Martínez, Matías (Hg.): Handbuch Erzählliteratur. Theorie, Analyse, Geschichte, Stuttgart 2011, S. 145–150.

Martínez, Matías/Scheffel, Michael: Einführung in die *Erzähltheorie*, 9. Aufl., München 2012.

Martínez, Matías/Scheffel, Michael: *Einführung* in die Erzähltheorie, München 1999.

Mathys, Hans-Peter: *Art. Zeit*. III. Altes Testament, in: TRE, Bd. 36, Berlin, New York 2004, S. 520–523.

Mayer: *Art.* יָרַד, in: ThWAT, Bd. III, Stuttgart u. a. 1982, Sp. 894–901.

McCarter, P. Kyle: *II Samuel*. A new translation with introduction, notes, and commentary, Garden City, 1984 (AB 9).

McKenzie, Steven L.: *Ledavid* (for David)! „Except in the Matter of Uriah the Hittite", in: Auld, Alan Graeme/Eynikel, Erik (Hg.): For and against David. Story and history in the books of Samuel, Leuven 2010 (BETL 232), S. 307–313.

McKenzie, Steven L.: *König* David. Eine Biographie, Berlin 2002.

McKenzie, Steven L.: The So-Called *Succession* Narrative in the Deuteronomistic History, in: Pury, Albert de/Römer, Thomas (Hg.): Die sogenannte Thronfolgegeschichte Davids. Neue Einsichten und Anfragen, Freiburg, Göttingen 2000 (OBO 176), S. 123–135.

Meister, Jan Christoph: *Art. Narratology*. In: The Living Handbook of Narratology, in: Hühn, Peter u. a. (2014), http://www.lhn.uni-hamburg.de/article/narratology (zuletzt geprüft: 16.10.2019).

Metzger, Marcel: *Art. Konstitutionen*, (Pseud-)Apostolische, in: TRE, Bd. 19, Berlin, New York 1990, S. 540–544.

Millet, Oliver/Robert, Phillippe de: *David* et Batsheba dans la littératur francaise. Sens spirituel et littératur d'imagination, in: Dietrich, Walter/Herkommer, Hubert (Hg.): König David – biblische Schlüsselfigur und europäische Leitgestalt. 19. Kolloquium (2000) der Schweizerischen Akademie der Geistes- und Sozialwissenschaften, Freiburg, Stuttgart 2003, S. 777–791.

Miura, Yuzuru: *Art. David.* II. New Testament, in: EBR, Bd. 6, Berlin, Boston 2013, Sp. 193–196.

Molnár-Hídvégi, Nora: *Art. Witwe* und Waise, in: Das Wissenschaftliche Bibellexikon im Internet (2010), www.bibelwissenschaft.de/stichwort/34925 (zuletzt geprüft: 16.10.2019).

Motté, Magda: "*Esthers Tränen*, Judiths Tapferkeit". Biblische Frauen in der Literatur des 20. Jahr-hunderts, Darmstadt 2003.

Müller, Günther: *Erzählzeit* und Erzählte Zeit, in: von ihren Tübinger Schülern (Hg.): Festschrift für Paul Kluckhohn und Hermann Schneider, Tübingen 1948, S. 198–212.

Müller, Hans-Peter: Der *Name* »David«, in: Hossfeld, Frank-Lothar/Schwienhorst-Schönberger, Ludger (Hg.): Das Manna fällt auch heute noch. Beiträge zur Geschichte und Theologie des Alten, Ersten Testaments (FS Erich Zenger), Freiburg 2004 (HBS 44), S. 430–446.

Müller-Oberhäuser, Gabriele: *Art. Jauß*, Hans Robert, in: Nünning, Ansgar (Hg.): Metzler Lexikon Literatur- und Kulturtheorie. Ansätze – Personen – Grundbegriffe, 4. Aufl., Stuttgart, Weimar 2008, S. 340f.

Müllner, Ilse: Die *Samuelbücher* – Gott in Menschen, Tieren und Dingen erzählen, in: Eisen, Ute E./Müllner, Ilse (Hg.): Gott als Figur. Narratologische Analysen biblischer Texte und ihrer Adaptionen, Freiburg, Basel, Wien 2016 (HBS 82), S. 88–123.

Müllner, Ilse: *Gottesdeuter* und Musiktherapeut. David und die Psalmen, in: WUB 21 (2016), H. 4, S. 34–39.

Müllner, Ilse: *Eva* will es wissen. Die Mutter aller Weisheit, in: BiHe 51 (2015), H. 4, S. 7–11.

Müllner, Ilse: *Dargestellte Gewalt* und die Gewalt der Darstellung. Narrative Figurationen in den Davidserzählungen, in: Fischer, Irmtraud (Hg.): Macht – Gewalt – Krieg im Alten Testament. Gesellschaftliche Problematik und das Problem ihrer Repräsentation, Freiburg 2013 (QD 254), S. 286–317.

Müllner, Ilse: *Ahitofel* und die Ambivalenz des Ratschlags, in: Dietrich, Walter (Hg.): Seitenblicke. Literarische und historische Studien zu Nebenfiguren im zweiten Samuelbuch, Göttingen 2011 (OBO 249), S. 331–353.

Müllner, Ilse: *Art. Fiktion*, in: Das Wissenschaftliche Bibellexikon im Internet (2009), http://www.bibelwissenschaft.de/de/stichwort/183 77/ (zuletzt geprüft: 16.10.2019).

Müllner, Ilse: *Art. Batseba*, in: Das Wissenschaftliche Bibellexikon im Internet (2007), www.bibelwissenschaft.de/stichwort/14684 (zuletzt geprüft: 16.10.2019).

Müllner, Ilse: *Zeit*, Raum, Figuren, Blick. Hermeneutische und methodische Grundlagen der Analyse biblischer Erzähltexte, in: PzB 15 (2006), H. 1, S. 1–24.

Müllner, Ilse: Das zweite Buch *Samuel*, in: Zenger, Erich (Hg.): Stuttgarter Altes Testament. Einheitsübersetzung mit Kommentar und Lexikon, 3. Aufl., Stuttgart 2005, S. 517–562.

Müllner, Ilse: *Blickwechsel*. Batseba und David in Romanen des 20. Jahrhunderts, in: BibInt 6 (1998), H. 3/4, S. 348–366.

Müllner, Ilse: Die Samuelbücher. *Frauen* im Zentrum der Geschichte Israels, in: Schottroff, Luise/Wacker, Marie-Theres (Hg.): Kompendium feministische Bibelauslegung, 2. Aufl., Gütersloh 1999, S. 114–129.

Müllner, Ilse: *Gewalt* im Hause Davids. Die Erzählung von Tamar und Amnon (2 Sam 13,1–22), Freiburg u. a. 1997 (HBS 13).

Müllner, Ilse/Schmitz, Barbara (Hg.): *Perspektiven*. Biblische Texte und Narratologie, Stuttgart 2018 (SBB 75).

Müllner, Ilse/Thöne, Yvonne Sophie: Von Mutterhäusern, Landestöchtern und Stadtfrauen. *Raum und Geschlecht* im Alten Testament, in: lectio difficilior (2012), H. 1.

Mulzer, Martin: *Art. Joab*, in: Das Wissenschaftliche Bibellexikon im Internet (2008), http://www.bibelwissenschaft.de/de/stichwort/22560/ (zuletzt geprüft: 16.10.2019).

Muny, Eike: *Erzählperspektive* im Drama. Ein Beitrag zur transgenerischen Narratologie, München 2008 (Cursus 26).

Naumann, Thomas: David und die Liebe. Die *Beziehungen* zu Michal, Jonatan und Batseba, in: BiHe 48 (2012), H. 190, S. 17–19.

Naumann, Thomas: David und die *Liebe*, in: Dietrich, Walter/Herkommer, Hubert (Hg.): König David – biblische Schlüsselfigur und europäische Leitgestalt. 19. Kolloquium (2000) der

Schweizerischen Akademie der Geistes- und Sozialwissenschaften, Freiburg, Stuttgart 2003, S. 51–83.

Naumann, Thomas: *David* als exemplarischer König. Der Fall Urijas (2 Sam 11) vor dem Hintergrund altorientalischer Erzähltradition, in: Pury, Albert de/Römer, Thomas (Hg.): Die sogenannte Thronfolgegeschichte Davids. Neue Einsichten und Anfragen, Freiburg, Göttingen 2000 (OBO 176), S. 136–167.

Nebel, Inger: *Harfe*, Speer und Krone. Saul und David in deutschsprachigen Dramen 1880 – 1920, Göteborg 2001 (Göteborger germanistische Forschungen 40).

Nicol, George G.: The Alleged *Rape* of Bathsheba. Some Observations on Ambiguity in Biblical Narrative, in: JSOT 73 (1997), H. 1, S. 43–54.

Nicol, George: *Bathsheba*. A Clever Woman?, in: ExpTim 99 (1988), S. 360–363.

Niederhoff, Burkhard: *Art. Perspective* – Point of View. In: The Living Handbook of Narratology, in: Hühn, Peter u. a. (2013), http://www.lhn.uni-hamburg.de/node/26.html (zuletzt geprüft: 16.10.2019).

Niederhoff, Burkhard: *Fokalisation* und Perspektive. Ein Plädoyer für friedliche Koexistenz, in: Poetica 33 (2001), S. 1–21.

Nipperdey, Thomas: Deutsche Geschichte 1866–1918. Bd. 1 Arbeitswelt und *Bürgergeist*, München 1998.

Nitsche, Stefan Ark: *König* David. Sein Leben – seine Zeit – seine Welt, Gütersloh 2002.

Nitsche, Stefan Art: David gegen *Goliath*. Die Geschichte der Geschichte einer Geschichte. Zur fächerübergreifenden Rezeption einer biblischen Story, Münster 1998 (ATM 4).

Nordheim-Diehl, Miriam von: *Art. Neid*, in: Das Wissenschaftliche Bibellexikon im Internet (2009), http://www.bibelwissenschaft.de/stichwort/29127/ (zuletzt geprüft: 16.10.2019).

Noth, Martin: Überlieferungsgeschichtliche *Studien*. Die sammelnden und bearbeitenden Geschichtswerke im Alten Testament, Halle 1943 (SKGG 18,2).

Nünning, Ansgar: *Art. Raum*/Raumdarstellung, literarische(r), in: Nünning, Ansgar (Hg.): Metzler Lexikon Literatur- und Kulturtheorie. Ansätze – Personen – Grundbegriffe, 4. Aufl., Stuttgart, Weimar 2008, S. 604–607.

Nünning, Ansgar: *Grundbegriffe* der Literaturtheorie, Stuttgart 2004 (Sammlung Metzler Bd. 347).
Nünning, Ansgar: Die *Funktionen* von Erzählinstanzen. Analysekategorien und Modelle zur Beschreibung des Erzählerverhaltens, in: LWU 30 (1997), H. 4, S. 323–349.
Nünning, Ansgar: *Grundzüge* eines kommunikationstheoretischen Modells der erzählerischen Vermittlung. Die Funktion der Erzählinstanz in den Romanen George Eliots, Trier 1989 (Horizonte 2).
Nünning, Vera/Nünning, Ansgar: *Art. Multiperspektivität*/Multiperspektivisches Erzählen, in: Nünning, Ansgar (Hg.): Metzler Lexikon Literatur- und Kulturtheorie. Ansätze – Personen – Grundbegriffe, 4. Aufl., Stuttgart, Weimar 2008, S. 521.
Nünning, Ansgar/Nünning, Vera: Von der strukturalistischen *Narratologie* zur ‚postklassischen' Erzähltheorie. Ein Überblick über neue Ansätze und Entwicklungstendenzen, in: Nünning, Ansgar/Nünning, Vera (Hg.): Neue Ansätze in der Erzähltheorie, Trier 2002 (WVT-Handbücher zum literaturwissenschaftlichen Studium Bd. 4), S. 1–33.
Oberhänsli-Widmer, Gabrielle: Joseph Gikatilla. Das *Mysterium*, dass Bathscheva David seit den sechs Tagen der Schöpfung vorbestimmt war (Ende 13./Anfang 14. Jahrhundert), in: Judaica 65 (2009), H. 1, S. 75–83.
Oberhänsli-Widmer, Gabrielle: Joseph *Gikatilla*. Das Mysterium, dass Bathscheva David seit den sechs Tagen der Schöpfung vorbestimmt war (Ende 13./Anfang 14. Jahrhundert), in: KuI 22 (2007), H.1, S. 72–82
Oberhänsli-Widmer, Gabrielle: Ein talmudischer *Midrasch* zu König David. Schabbat 56a, oder: wie Bathscheva zu ihrem Scheidebrief kam, in: KuI 19 (2004), S. 3–16.
Obermayer, Bernd: *Art. Krieg* (AT), in: Das Wissenschaftliche Bibellexikon im Internet (2011), http://www.bibelwissenschaft.de/stichwort/24120/ (zuletzt geprüft: 16.10.2019).
Oeming, Manfred: Biblische *Hermeneutik*. Eine Einführung, 4. Aufl., Darmstadt 2013.
Oesch, Josef M.: *Art. Petucha/Setuma*, in: Das Wissenschaftliche Bibellexikon im Internet (2011), https://www.bibelwissenschaft.de/stichwort/30007/ (zuletzt geprüft: 16.10.2019).

Oesch, Josef M.: *Petucha* und Setuma. Untersuchungen zu einer überlieferten Gliederung im hebräischen Text des Alten Testaments, Freiburg; Göttingen 1979 (OBO 27).

Ostermann, Martin: „Ich habe nicht gewusst, dass ich ihn suchen soll" – Von *Gott* erzählen in Spielfilmen, in: Eisen, Ute E./Müllner, Ilse (Hg.): Gott als Figur. Narratologische Analysen biblischer Texte und ihrer Adaptionen, Freiburg, Basel, Wien 2016 (HBS 82), S. 428–453.

Ostermann, Martin: *Gotteserzählungen*. Gottessuche in Literatur und Film, Marburg 2010 (Film und Theologie 15).

Otto, E.: *Art.* עיר, in: ThWAT, Bd. VI, Stuttgart u. a. 1989, Sp. 56–74.

Paganini, Simone: *Art. Deuteronomistisches Geschichtswerk* (DtrG), in: Das Wissenschaftliche Bibellexikon im Internet (2005), http://www.bibelwissenschaft.de/stichwort/10678/ (zuletzt geprüft: 16.10.2019).

Pavel, Thomas G.: The *Poetics* of Plot. The Case of English Renaissance Drama, Minneapolis 1985 (Theory and history of literature 18).

Perry, Menahem/Sternberg, Meir: The *King* through Ironic Eyes. Biblical Narrative and the Literary Reading Process, in: Poetics Today 7 (1986), H. 2, S. 275–322.

Petter, Donna: *Foregrounding* of the Designation ʾēšet ʾÛriyyâ haḥittî in II Samuel XI–XII, in: VT 54 (2004), S. 403–407.

Pfister, Manfred: Das *Drama*. Theorie und Analyse, 11. Aufl., München 2001.

Pietsch, Michael: „Dieser ist der *Sproß* Davids...". Studien zur Rezeptionsgeschichte der Nathanverheißung im alttestamentlichen, zwischentestamentlichen und neutestamentlichen Schrifttum, Neukirchen-Vluyn 2003 (WMANT 100).

Pietsch, Michael: *Art. König*/Königtum, in: Das Wissenschaftliche Bibellexikon im Internet (2014), http://www.bibelwissenschaft.de/stichwort/23844/ (zuletzt geprüft: 16.10.2019).

Pioske, Daniel D.: *Art. David*. I Hebrew Bible/Old Testament, in: EBR, Bd. 6, Berlin, Boston 2013, Sp. 189–193.

Ploner, Maria Theresia: Die *Schriften* Israels als Auslegungshorizont der Jesusgeschichte. Eine narrative und intertextuelle Analyse von Mt 1-2, Stuttgart 2011 (SSB 66).

Polak, Frank H.: *King*, Spear and Arrow in the Saul-David Narratives, in: Dietrich, Walter (Hg.): Seitenblicke. Literarische und historische

Studien zu Nebenfiguren im zweiten Samuelbuch, Göttingen 2011 (OBO 249), S. 53–70.

Polak, Frank H.: *Joab and David in double vision*, in: Bib 82 (2001), H. 2, S. 264–269.

Polaschegg, Andrea/Weidner, Daniel: *Bibel* und Literatur. Topographie eines Spannungsfeldes, in: Polaschegg, Andrea/Weidner, Daniel (Hg.): Das Buch in den Büchern. Wechselwirkungen von Bibel und Literatur, München 2012 (TRAJEKTE), S. 9–35.

Polaschegg, Andrea: „Denn es stehet (nicht) geschrieben ...". Das Bibelwissen der *Literatur*, in: Renovatio 65 (2009), H. 3./4., S. 42–52.

Polaschegg, Andrea: Literarisches *Bibelwissen* als Herausforderung für die Intertextualitätstheorie. Zum Beispiel: Maria Magdalena, in: Scientia Poetica 11 (2007), S. 209–240.

Poplutz, Uta: *Erzählte Welt*. Narratologische Studien zum Matthäusevangelium, Neukirchen-Vluyn 2008 (BThSt 100).

Poser, Ruth: *Art. Frau, untreue*, in: Fieger, Michael/Krispenz, Jutta/Lanckau, Jörg (Hg.): Wörterbuch alttestamentlicher Motive, Darmstadt 2013, S. 152–156.

Pury, Albert de/Römer, Thomas: *Einleitung*. Zu den wichtigsten Problemen der sogenannten Thronnachfolgegeschichte, in: Pury, Albert de/Römer, Thomas (Hg.): Die sogenannte Thronfolgegeschichte Davids. Neue Einsichten und Anfragen, Freiburg, Göttingen 2000 (OBO 176), S. 1–3.

Rad, Gerhard von: Der *Anfang* der Geschichtsschreibung im Alten Israel, in: Archiv für Kunstgeschichte 32 (1944), S. 1–42.

Rad, Gerhard von: *Theologie* des Alten Testaments, München 1961.

Reemts, Christiana: *Art. David*. IV. Christianity, in: EBR, Bd. 6, Berlin, Boston 2013, Sp. 207–210.

Rexroth, Frank: Deutsche Geschichte im *Mittelalter*, 3. Aufl., München 2012.

Ringgren, Helmer: *Art.* אבד, ThWAT, Bd. V, Stuttgart u. a. 1986, Sp. 982–1012.

Rivers, Francine: *Batseba*. Eine Frau, die Gnade fand, 3. Aufl., Lahr 2010.

Robert, Carl (Pseudonym für Karl Robert Eduard von Hartmann): *David und Bathseba*. Drama in fünf Aufzügen, in: Ders. (Hg.): Dramatische Dichtungen. Tristan und Isolde. David und Bathseba, Berlin 1871, S. 127–237.

Rohde, Michael: *Art. Dienen*/Diener (AT), in: Das Wissenschaftliche Bibellexikon im Internet (2013), http://www.bibelwissenschaft.de/stichwort/16437/ (zuletzt geprüft: 16.10.2019).

Römer, Thomas: Das deuteronomistische *Geschichtswerk* und die Wüstentraditionen der Hebräischen Bibel, in: Stipp, Hermann-Josef (Hg.): Das deuteronomistische Geschichtswerk, Frankfurt 2011 (ÖBS 39), S. 55–88.

Römer, Thomas: The so-called Deuteronomistic *History*. A sociological, historical and literary introduction, London 2005.

Rost, Leonard: Die *Überlieferung* von der Thronnachfolge Davids, Stuttgart 1926 (BWANT 42).

Rüb, Matthias: König David und das *Batseba-Syndrom*. Amerikanische Affären, in: FAZ.net vom 18.11.2012, www.faz.net/-gpf-74fsn (zuletzt geprüft: 16.10.2019)

Rusterholz, Peter: Stefan *Heym* – Der König David Bericht, in: Dietrich, Walter/Herkommer, Hubert (Hg.): König David – biblische Schlüsselfigur und europäische Leitgestalt. 19. Kolloquium (2000) der Schweizerischen Akademie der Geistes- und Sozialwissenschaften, Freiburg, Stuttgart 2003, S. 809–830.

Sachs, Hans: *Comedia* mit 10 Personen, der David mit Batseba im ehbruch, unnd hat fünff actus, Hildesheim 1964 (Bibliothek des Litterarischen Vereins 131) S. 288–307.

Sals, Ulrike: *Art. Frau* (AT), in: Das Wissenschaftliche Bibellexikon im Internet (2006), www.bibelwissenschaft.de/stichwort/18521/ (zuletzt geprüft: 16.10.2019).

Sauer, G.: *Art.* הלך, in: THWAT, Bd. 1, München 1984, Sp. 486–493.

Scheffel, Michael/Weixler, Antonius/Werner, Lukas: *Art. Time*. In: The Living Handbook of Narratology, in: Hühn, Peter u. a. (2014), http://www.lhn.uni-hamburg.de/article/time (zuletzt geprüft: 05.04.2016).

Schick, Josef: Das *Glückskind* mit dem Todesbrief. Orientalische Fassungen, Berlin 1912.

Schirmers, Georg: *Nachwort*, in: Birnbaum, Uriel (Hg.): Ein Wanderer im Weltenraum. Ausgewählte Gedichte, Siegen 1990 (Vergessene Autoren der Moderne 47), S. 40–46.

Schmid, Wolf: *Elemente* der Narratologie, 3. Aufl., Berlin, Boston 2014.

Schmid, Wolf: „My *Narratology*: Ein Interview mit Wolf Schmid". In: DIEGESIS. Interdisziplinäres E-Journal für Erzählforschung / Interdisciplinary E-Journal for Narrative Research 3.2 (2014), S. 144–146, https://www.diegesis.uni-wuppertal.de/index.php/diegesis/article/download/158/230 (zuletzt geprüft: 16.10.2019).

Schmid, Wolf: Art. *Implied Author*. In: The Living Handbook of Narratology, in: Hühn, Peter u. a. (2013), http://www.lhn.uni-hamburg.de/article/implied-author-revised-version-uploaded-26-january-2013 (zuletzt geprüft: 16.10.2019).

Schmid, Wolf: *Erzählstimme*, in: Martínez, Matías (Hg.): Handbuch Erzählliteratur. Theorie, Analyse, Geschichte, Stuttgart 2011, S. 131–138.

Schmid, Wolf: *Perspektive*, in: Martínez, Matías (Hg.): Handbuch Erzählliteratur. Theorie, Analyse, Geschichte, Stuttgart 2011, S. 138–145.

Schmidinger, Heinrich (Hg.): Die *Bibel* in der deutschsprachigen Literatur des 20. Jahrhunderts, 2 Bd., 2. Aufl., Mainz 2000.

Schmidt, Hans-Peter/Weidner, Daniel (Hg.): *Bibel als Literatur*, München 2008 (TRAJEKTE).

Schmidt, Uta: *Zukunftshoffnung* und Erfahrung (Jes 9,1–6). Hat die Zukunft ein Geschlecht?, in: Hedwig-Jahnow-Forschungsgruppe (Hg.): Zeit wahrnehmen. Feministisch-theologische Perspektiven auf das Erste Testament, Stuttgart 2010 (SBS 222), S. 13–39.

Schmidt, Uta: Art. *Michal*, in: Wissenschaftliche Bibellexikon (2008), http://www.bibelwissenschaft.de/stichwort/27673/ (zuletzt geprüft: 16.10.2019)

Schmidt, Uta: Zentrale *Randfiguren*. Strukturen der Darstellung von Frauen in den Erzählungen der Königebücher, Gütersloh 2003.

Schmitz, Barbara: Was wissen wir historisch über *David* und sein Königreich?, in: BiHe 48 (2012), H. 2, S. 10–13.

Schmitz, Barbara: *Prophetie* und Königtum. Eine narratologisch-historische Methodologie entwickelt an den Königsbüchern, Tübingen 2008 (FAT 60).

Schnackenburg, Rudolf: *Matthäusevangelium* 1,1–16,20, Würzburg 1985 (NEB 1,1).

Schneider, Ralf: *Grundriss* zur kognitiven Theorie der Figurenrezeption am Beispiel des viktorianischen Romans, Tübingen 2000 (ZAA studies 9).

Scholl, Dorothee: Biblische *Frauengestalten* in Kunst und Literatur der Jahrhundertwende, in: Kapp, Volker/Kiesel, Helmuth/Lubbers, Klaus (Hg.): Bilderwelten als Vergegenwärtigungen und Verrätselung der Welt. Literatur und Kunst um die Jahrhundertwende, Berlin 1997 (Schriften zur Literaturwissenschaft 12), S. 157–191.

Schöllgen, Georg: *Art. Apostolische Konstitutionen*, in: TRE, Bd. 1 (2009), 3. Aufl., S. 872f.

Schöpflin, Karin: Die Bibel in der *Weltliteratur*, Stuttgart 2011.

Schroer, Silvia: Die *Samuelbücher*, Stuttgart 1992 (NSKAT 7).

Schroer, Silvia/Staubli, Thomas: Biblische *Emotionswelten*, in: KatBl 132 (2007), H. 1, S. 44–49.

Schroer, Silvia/Staubli, Thomas: Die *Körpersymbolik* der Bibel, Darmstadt 1998.

Schult, Maike/David, Philipp (Hg.): *Wortwelten*. Theologische Erkundung der Literatur, Berlin 2011 (Kieler theologische Reihe 11).

Schult, Maike: Im *Grenzgebiet*: Theologische Erkundung der Literatur, in: Schult, Maike/David, Philipp (Hg.): Wortwelten. Theologische Erkundung der Literatur, Berlin 2011 (Kieler theologische Reihe 11), S. 1–30.

Schulte, Hannelis: Die *Entstehung* der Geschichtsschreibung im alten Israel, Berlin u. a. 1972 (BZAW 128).

Schüngel-Straumann, Helen: *Eva*. Die erste Frau der Bibel: Ursache allen Übels?, Paderborn 2014.

Schwienhorst-Schönberger, Ludger: *Art. Zeit*/Zeitverständnis (AT), in: Das Wissenschaftliche Bibellexikon (2010), http://www.bibelwissenschaft.de/stichwort/35286/ (zuletzt geprüft: 16.10.2019).

Sebrecht, Friedrich: *David*. Tragödie, Leipzig 1918.

Seiler, Stefan: *Art. Ahitofel*, in: Das Wissenschaftliche Bibellexikon im Internet (2007), http://www.bibelwissenschaft.de/stichwort/12853/ (zuletzt geprüft: 16.10.2019).

Seiler, Stefan: *Art. Thronfolgegeschichte*, in: Das Wissenschaftliche Bibellexikon im Internet (2010), http://www.bibelwissenschaft.de/stichwort/12051/ (zuletzt geprüft: 16.10.2019).

Seiler, Stefan: *Intertextualität*, in: Utzschneider, Helmut/Blum, Erhard (Hg.): Lesarten der Bibel. Untersuchungen zu einer Theorie der Exegese des Alten Testaments, Stuttgart 2006, S. 275–293.

Seiler, Stefan: *Art. Uria*, in: Das Wissenschaftliche Bibellexikon im Internet (2006), http://www.bibelwissenschaft.de/stichwort/12015/ (zuletzt geprüft: 16.10.2019).

Seiler, Stefan: Die *Geschichte* von der Thronfolge Davids (2 Sam 9–20; 1 Kön 1–2). Untersuchungen zur Literarkritik und Tendenz, Berlin 1998 (BZAW 267).

Seybold, Klaus: David als *Psalmsänger* in der Bibel. Entstehung einer Symbolfigur, in: Dietrich, Walter/Herkommer, Hubert (Hg.): König David – biblische Schlüsselfigur und europäische Leitgestalt. 19. Kolloquium (2000) der Schweizerischen Akademie der Geistes- und Sozialwissenschaften, Freiburg, Stuttgart 2003, S. 145–163.

Simon, Tina: *Rezeptionstheorie*. Einführungs- und Arbeitsbuch, Frankfurt, Bern 2003 (Leipziger Skripten 3).

Siquans, Agnete: *Rezeption*. Annäherung an ein Phänomen, in: PzB 22 (2013), H. 1, S. 1–17.

Siquans, Agnete: Die alttestamentlichen *Prophetinnen* in der patristischen Rezeption. Texte – Kontexte – Hermeneutik, Freiburg u. a. 2011 (HBS 65).

Ska, Jean Louis: „Our Fathers Have Told Us". *Introduction* to the Analysis of Hebrew Narratives, Rom 1990 (SubBi 13).

Smith, Carol: Biblical Perspectives on *Power*, in: JSOT 93 (2001), S. 93–110.

Smith, Henry P.: A critical and exegetical commentary on the books of *Samuel*, Edinburgh 1977 (ICC).

Sommer, Roy: *Art. Kulturbegriff,* in: Nünning, Ansgar (Hg.): Metzler Lexikon Literatur- und Kulturtheorie. Ansätze – Personen – Grundbegriffe, 4. Aufl., Stuttgart, Weimar 2008, S. 395f.

Sorge, Reinhard Johannes: König David. *Schauspiel*, Berlin 1916.

Stadler, Ulrich: *Schaulust* und Voyeurismus. Ein Abgrenzungsversuch. Mit einer Skizze zur Geschichte des verpönten Blicks in Literatur und Kunst, in: Stadler, Ulrich/Wagner, Karl (Hg.): Schaulust. Heimliche und verpönte Blicke in Literatur und Kunst, München 2005, S. 9–37.

Stamm, Johann Jakob: Der *Name* des Königs David, in: Jenni, Ernst/Klopfenstein, Martin A. (Hg.): Beiträge zur hebräischen und altorientalischen Namenkunde. (FS Johann Jakob Stamm), Freiburg 1980 (OBO 30), S. 25–43.

Stanzel, Franz Karl: *Theorie* des Erzählens, 8. Aufl., Göttingen 2008.

Stanzel, Franz Karl: Typische *Formen* des Romans, 12. Aufl., Göttingen 1993.

Steins, Georg: Die „Bindung Isaaks" im Kanon (Gen 22). Grundlagen und Programm einer kanonisch-intertextuellen Lektüre zu Gen 22, Freiburg 1999 (HBS 20).

Stemberger, Günter: Einleitung in Talmud und Midrasch, 9. Aufl., München 2011.

Stendebach, Franz Josef: Art. רֶגֶל, in: ThWAT, Bd. 7, Stuttgart u. a. 1990, Sp. 330–345.

Sternberg, Meir: The Poetics of Biblical Narrative. Ideological Literature and the Drama of Reading, Bloomington 1987.

Stoebe, Hans Joachim: Das zweite Buch Samuelis, Gütersloh 1994 (KAT 8,2).

Stoebe, Hans Joachim: David und Uria. Überlegungen zur Überlieferung von 2 Sam 11, in: Bib 67 (1986), H. 3, S. 388–396.

Stoebe, Hans Joachim: Art. רעע, in: THAT, Bd. 2, 4. Aufl., München 1984, Sp. 794–803.

Stolz, Fritz: Das erste und zweite Buch Samuel, Zürich 1981 (ZBK 9).

Stone, Ken: Practicing safer texts. Food, sex and bible in Queer perspective, London 2005 (Queering theology series).

Suchanek-Seitz, Barbara: So tut man nicht in Israel. Kommunikation und Interaktion zwischen Frauen und Männern in der Erzählung von der Thronfolge Davids, Münster 2006 (EXUZ 17).

Surkamp, Carola: Die Perspektivenstruktur narrativer Texte. Zu ihrer Theorie und Geschichte im englischen Roman zwischen Viktorianismus und Moderne, Trier 2003 (ELCH 9).

Surkamp, Carola: Narratologie und Possible-Worlds Theory. Narrative Texte als alternative Welten, in: Nünning, Ansgar/Vera Nünning (Hg.): Neue Ansätze in der Erzähltheorie, Trier 2002 (WVT - Handbücher zum literaturwissenschaftlichen Studium 4), S. 153–183.

Szedlàk-Michel, Yvonne: Davids Gefolgsleute (2 Sam 23). Protokoll einer gemeinsamen Exegese, in: Dietrich, Walter (Hg.): Seitenblicke. Literarische und historische Studien zu Nebenfiguren im zweiten Samuelbuch, Göttingen 2011 (OBO 249), S. 188–193.

Teske, Roland J.: Answer to Faustus, a Manichean. Augustine: Contra Faustum Manichaeum, New York 2007 (The works of Saint Augustine 20,1).

Thiel, Winfried: Art. צוּר, in: ThWAT, Bd. VI, Stuttgart u. a. 1989, Sp. 968–973.

Thiele, Wolfgang: *Art. Text*, in: Nünning, Ansgar (Hg.): Metzler Lexikon Literatur- und Kulturtheorie. Ansätze – Personen – Grundbegriffe, 4. Aufl., Stuttgart, Weimar 2008, S. 706.

Thöne, Yvonne Sophie: *TextWelten*. Grundsätzliches zur Fiktionalität biblischer Texte, in: BK 68 (2013), H. 3, S. 134–137.

Thöne, Yvonne Sophie: *Liebe* zwischen Stadt und Feld. Raum und Geschlecht im Hohelied, Berlin 2012 (EXUZ 22).

Tieber, Claus: Jens *Eder*, Die Figur im Film. Grundlagen der Figurenanalyse, in: rezens.tfm (2009), H. 2, https://rezenstfm.univie.ac.at/in-dex.php/tfm/article/view/r71 (zuletzt geprüft: 09.09.2019)

Tolmie, D. Francois: *Narratology* and biblical narratives. A practical guide, San Francisco 1999.

Tropper, Josef: Der *Gottesname* *Yahwa, in: VT 51 (2001), H. 1, S. 81–106.

Valler, Shulamit: *King* David and „his" women. Biblical stories and talmudic discussions, in: Brenner, Athalya (Hg.): Samuel and Kings, Sheffield 2000 (FCB 5), S. 129–142.

van der Bergh, Ronald H.: A Narratological Analysis of *Time* in 2 Samuel 11:2–27a, in: OTE 21 (2008), H. 2, S. 498–512.

van der Bergh, Ronald H.: Deadly Traits. A Narratological Analysis of *Character* in 2 Samuel 11, in: OTE 21 (2008), H. 1, S. 180–192.

van der Bergh, Ronald H.: Is *Bathsheba* guilty? The Septuagint's perspective, in: JSem 17 (2008), H. 1, S. 182–193.

van Seters, John: *Art. Bathsheba*. I Hebrew Bible / Old Testament, in: EBR, Bd. 2, Berlin, Boston 2011, Sp. 598f.

van Seters, John: The *Court History* and DtrH. Conflicting perspectives on the house of David, in: Pury, Albert de/Römer, Thomas (Hg.): Die sogenannte Thronfolgegeschichte Davids. Neue Einsichten und Anfragen, Freiburg, Göttingen 2000 (OBO 176), S. 70–93.

Vette, Joachim: Narrative *Poetics* and Hebrew Narrative. A Survey, in: Liss, Hanna/Oeming, Manfred (Hg.): Literary Construction of Identity in the Ancient World, Winona Lake 2010, S. 19–61.

Vette, Joachim: *Art. Ahinoam*, in: Das Wissenschaftliche Bibellexikon im Internet (2010), http://www.bibelwissenschaft.de/stichwort/12841/ (zuletzt geprüft: 16.10.2019).

Voith, Valentin: Ein schön Lieblich *Spiel*, von dem herlichen ursprung: Betrübten Fal. Gnediger widerbrengunge. Müseligem leben, Seligem Ende, und ewiger Freudt des Menschen aus den Historien heiliger schrifft gezogen gantz Tröstlich (1538), in: Hollstein, Hugo (Hg.): Dramen von Ackermann und Voith, Tübingen 1884 (Bibliothek des Litterarischen Vereins in Stuttgart 170), S. 207–316.

Wagner, Andreas: *Art. Hand* (AT), in: Das Wissenschaftliche Bibellexikon im Internet (2007), http://www.bibelwissenschaft.de/stichwort/40970/ (zuletzt geprüft: 16.10.2019).

Wagner, Andreas: *Bote*, Botenformel und Brief – Einige sachliche und terminologische Klärungen, in: Wagner, Andreas (Hg.): Bote und Brief. Sprachliche Systeme der Informationsübermittlung im Spannungsfeld von Mündlichkeit und Schriftlichkeit, Frankfurt u. a. 2003 (Nordostafrikanisch/westasiatische Studien 4), S. 1–10.

Wagner, Thomas: *Art. Israel* (AT), in: Das Wissenschaftliche Bibellexikon im Internet (2012), http://www.bibelwissenschaft.de/stichwort/21934/ (zuletzt geprüft: 16.10.2019).

Wälchi, Stefan: *Art. Zorn* (AT), in: Das Wissenschaftliche Bibellexikon im Internet (2014), http://www.bibelwissenschaft.de/de/stichwort/35502/ (zuletzt geprüft: 16.10.2019).

Waschke, Ernst-Joachim: *David* redivivus. Die Hoffnungen auf einen neuen David in der Spätzeit des Alten Testaments, in: Dietrich, Walter/Herkommer, Hubert (Hg.): König David – biblische Schlüsselfigur und europäische Leitgestalt. 19. Kolloquium (2000) der Schweizerischen Akademie der Geistes- und Sozialwissenschaften, Freiburg, Stuttgart 2003, S. 179–209.

Weidner, Daniel (Hg.): *Handbuch* Literatur und Religion, Stuttgart 2016.

Weimar, Klaus: Doppelte *Autorschaft*, in: Jannidis, Fotis u. a. (Hg.): Rückkehr des Autors. Zur Erneuerung eines umstrittenen Begriffs, Tübingen 1999 (Studien und Texte zur Sozialgeschichte der Literatur 71), S. 123–134.

Welzel, Petra: Rembrandts *Bathseba* – Metapher des Begehrens oder Sinnbild zur Selbsterkenntnis? Eine Bildmonographie, Frankfurt u. a. 1994 (Europäische Hochschulschriften Reihe 28, Kunstgeschichte 204).

Wenzel, Edith: Die schuldlose *Schöne* und die schöne Schuldige. Batseba in mittelalterlicher Kunst und Literatur, in: Gaebel, Ulrike/Kartschoke, Erika (Hg.): Böse Frauen, gute Frauen. Darstellungskonventionen in Texten und Bildern des Mittelalters und der Frühen Neuzeit, Trier 2001 (LIR 28), S. 89–107.

Werfel, Franz: Der Weg der *Verheissung*. Ein Bibelspiel, Wien 1935.

Werren, Wim J. C.: The Five *Women* in Matthew's Genealogy, in: CBQ 59 (1997), S. 288–305.

Whybray, Roger N.: The *succession narrative*. A study of II Samuel 9–20; I Kings 1 and 2, London 1968 (SBT 9).

Wickham, Lionel R.: *Art. Eucherius* von Lyon, in: TRE, Bd.10, Berlin, New York 1982, S. 522–525.

Wiefel, Wolfgang: Das Evangelium nach *Matthäus*, Leipzig 1998 (THKNT 1).

Williams, Peter J.: „*Slaves*" in Biblical Narrative and in Translation, in: Aitken, James K. u. a. (Hg.): On stone and scroll (FS Graham Ivor Davies), Berlin 2011 (BZAW 420), S. 441–452.

Winkgens, Meinard: *Art. Wirkungsästhetik*, in: Nünning, Ansgar (Hg.): Metzler Lexikon Literatur- und Kulturtheorie. Ansätze – Personen – Grundbegriffe, 4. Aufl., Stuttgart, Weimar 2008, S. 770–773.

Winter, Gundolf: *Voyeurismus* oder die Differenz von Blick und Motiv, in: Hartl, Lydia (Hg.): Die Ästhetik des Voyeur. L'esthétique du voyeur, Heidelberg 2004 (Reihe Siegen 147), S. 55–65.

Wolf, Werner: *Art. Erzählsituation*, in: Nünning, Ansgar (Hg.): Metzler Lexikon Literatur- und Kulturtheorie. Ansätze – Personen – Grundbegriffe, 4. Aufl., Stuttgart, Weimar 2008, S. 174f.

Wuckelt, Agnes: „Der *Brautpreis*". Die jüdische Schriftstellerin Grete Weil im Dialog mit David, in: Dillmann, Rainer (Hg.): Bibel-Impulse. Film – Kunst – Literatur – Musik – Theater – Theologie, Berlin 2006 (INPUT 5), S. 107–123.

Würthwein, Ernst: Die *Erzählung* von der Thronfolge Davids - theologische oder politische Geschichtsschreibung?, Zürich 1974 (ThSt 115).

Zwickel, Wolfgang: „Ich wohne in einem Haus aus Zedernholz". Israelische Archäologen auf der Suche nach dem *Palast* Davids - kritisch nachgefragt, in: WUB 40 (2006), H. 2, S. 2–9.

Zwickel, Wolfgang: *Art. Rabba*, Rabbat-Bene-Ammon, in: Betz, Otto/ Ego, Beate/Grimm, Werner (Hg.): Calwer Bibellexikon, 2. Aufl., Stuttgart 2006, S. 1107.

Zwickel, Wolfgang: *Frauenalltag* im biblischen Israel, Stuttgart 2005.

VI. ANHANG

1. Übersicht des Kommunikationsmodells von 2 Sam 11

Vers		K II Erzählstimme	K III Figurenrede	K IV erzählende Figuren
1	a	Und es geschah zur Wiederkehr des Jahres, zu der Zeit, wenn die Boten/Könige ausziehen.		
	b	Und David sendete Joab und seine Diener mit ihm und ganz Israel.		
	c	Und sie verderbten die Söhne Ammons		
	d	und sie belagerten Rabba.		
	e	Und/aber David blieb in Jerusalem.		
2	a	Und es geschah zur Abendzeit.		
	b	Und David erhob sich von seinem Lager		
	c	und ging auf dem Dach des Königshauses hin und her		
	d	und er sah vom Dach eine Frau sich waschen		
	e	und die Frau war von sehr schönem Aussehen.		
3	a	Und David sendete hin		
	b	und er forschte nach der Frau		
	c	Und man sagte:		
	d		Ist diese nicht Batseba, die Tochter Eliams, die Frau Urijas, des Hethiters?	
4	a	Und David sendete		
	b	und er nahm sie		
	c	und sie kam zu ihm		
	d	und er lag bei ihr		
	e	Sie reinigte sich gerade von ihrer Unreinheit.		
	f	Und sie kehrte zurück zu ihrem Haus.		
5	a	Aber die Frau wurde schwanger		
	b	und sie sandte		
	c	und sie lies David berichten		
	d	und sie sprach:		
	e		Schwanger bin ich.	
6	a	Und David sendete zu Joab:		
	b		Sende Urija, den Hethiter, zu mir.	
	c	Und Joab sendete Urija zu David		
7	a	Und Urija kam zu ihm		

Vers		K II Erzählstimme	K III Figurenrede	K IV erzählende Figuren
7	b	und David fragte nach dem Wohlergehen Joabs und nach dem Wohl des Volkes und nach dem Gedeihen des Krieges.		
8	a	Und David sagte zu Urija		
	b		Gehe hinab zu deinem Haus	
	c		und wasche deine Füße/Glied.	
	d	Und Urija ging aus dem Haus des Königs		
	e	und hinter ihm her kam ein Geschenk des Königs.		
9	a	Aber Urija legte sich an den Eingang des Königshauses zusammen mit allen Dienern/Knechten seines Herrn.		
	b	Aber zu seinem Haus stieg er nicht hinab.		
10	a	Und sie berichteten David		
	b	Folgendes:		
	c			Urija stieg nicht zu seinem Haus hinab.
	d	Und David sagte zu Urija:		
	e		Bist du nicht von einer Reise heimgekehrt?	
	f		Warum bist du nicht hinab gegangen zu deinem Haus?	
11	a	Und Urija sagte zu David:		
	b		Die Lade Israels und Judas wohnen in Hütten,	
	c		mein Herr Joab und die Diener meines Herren lagern auf dem freien Feld	
	d		ich aber soll hineingehen in mein Haus, um zu essen und zu trinken und um bei meiner Frau zu liegen.	
	e		So wahr du bist	
	f		und deine Seele lebt	
	g		werde ich diese Sache nicht tun.	
12	a	Und David sagte zu Urija:		
	b		Bleibe auch an diesem Tag.	
	c		Morgen aber lasse ich dich gehen.	
	d	Und Urija blieb in Jerusalem an diesem Tag und am folgenden Tag.		
13	a	Und David lud ihn ein		
	b	und er aß vor ihm		
	c	und trank		
	d	und er machte ihn (be)trunken.		
	e	Am Abend ging er hinaus, um sich auf sein Lager bei (den) Dienern seines Herrn zu legen.		
	f	Aber zu seinem Haus ging er nicht.		

Vers		K II Erzählstimme	K III Figurenrede	K IV erzählende Figuren
14	a	Und es geschah am Morgen:		
	b	David schrieb einen Brief an Joab		
	c	und er sendete (ihn) durch die Hand Urijas.		
15	a	Und in dem Brief schrieb er		
	b	Folgendes:		
	c		Auf! Urija soll nach vorn,	
	d		(wo) der Kampf am heftigsten ist.	
	e		Aber ihr kehrt hinter ihm zurück	
	f		dass er geschlagen werde	
	g		und stirbt.	
16	a	Und es geschah, als Joab die Stadt beobachtet hatte		
	b	stellte er Urija auf die Stelle,		
	c	von der wusste,		
	d	dass dort tüchtige/kräftige Männer sind.		
17	a	Und als die Männer der Stadt heraus kamen		
	b	und gegen Joab kämpften,		
	c	fielen einige von dem Volk, einige von Davids Dienern		
	d	und auch Urija, der Hethiter, starb.		
18	a	Und Joab sandte aus		
	b	und lies David alle Begebenheiten des Kampfes berichten.		
19	a	Aber er befahl dem Boten		
	b	Folgendes:		
	c		Wenn du beendet hast, alle Ereignisse des Kampfes dem König zu melden	
20	a		und (es geschieht,)	
	b		wenn der Zorn des Königs aufsteigt	
	c		und er zu dir sagt:	
	d			Warum habt ihr euch der Stadt genähert, um zu kämpfen?
	e			Habt ihr nicht erkannt,
	f			dass sie von der Mauer schießen werden?
21	a			Wer erschlug Abimelech, den Sohn Jerubäschät?
	b			Hat nicht eine Frau einen Mühlstein, einen oberen Mühlstein von der Mauer auf ihn geworfen

Vers		K II Erzählstimme	K III Figurenrede	K IV erzählende Figuren
21	c			sodass er in Tebez starb?
	d			Warum habt ihr euch der Mauer genähert?
	e		(Dann) aber sagst du:	
	f		Auch dein Diener Urija, der Hethiter, ist tot.	
22	a	Und der Bote ging (weg)		
	b	und er kam		
	c	und berichtete David alles		
	d	weswegen Joab ihn ausgesandt hatte.		
23	a	Und der Bote sprach zu David:		
	b		Weil uns die Männer überlegen waren,	
	c		zogen sie gegen uns aus (auf) das freie Feld.	
	d		Wir waren an ihnen bis (zum) Eingang des Tores.	
24	a		Aber die Schützen schossen auf deine Diener von der Mauer	
	b		und es starben (einige) von den Dienern des Königs,	
	c		auch dein Knecht Urija, der Hethiter, ist tot.	
25	a	Und David sagte zu dem Boten:		
	b		So sagst du zu Joab:	
	c			Nicht schlecht ist diese Sache in deinen Augen,
	d			weil das Schwert bald diese und bald jene frisst.
	e			Halte an deinem Kampf gegen die Stadt fest.
	f			Und zerstöre sie!
	g		So mache ihn stark!	
26	a	Als die Frau Urijas hörte		
	b	dass ihre Mann tot ist		
	c	hielt sie die Totenklage für ihren Ehemann.		
27	a	Als aber die Trauer vorüber war		
	b	sandte David		
	c	und nahm sie auf in sein Haus		
	d	und sie wurde seine Frau		
	e	und sie gebar ihm einen Sohn.		
	f	Aber schlecht war die Sache, die David getan hatte, in den Augen JHWHs.		

2. Übersicht der recherchierten literarischen Rezeptionen von 2 Sam 11

(a) Frühe Rezeptionen im Judentum
- bBM 59a
- bEr 100b
- bKet 9b
- bNed 20a
- bPes 113a
- bSan 69b
- bSan 107a
- bShab56a
- bTam 24a
- bYom 22b
- 4QD V, 5
- MidShem 25,2
- Josephus, Ant. 7.130-146

(b) Frühe christliche (außerbiblische) Rezeptionen
- Ambr., Apol. Dav 1.4.15f
- Ambr., Exp. Luc. 3,37
- Aphr. Dem. 18,9.
- Apos. Con. 7,5
- Athan., Exp. Ps. 50
- Athan., Exp. Ps 71
- Aug., Doctr. chr. 3,21
- Aug., Faust. 22.87
- Chrys., Hom. poenit.
- Chry., Hom. Matt 3,5
- Chrys., Hom. Matt 26,6–8
- Chry., Hom. Matt 39,1
- Chry., Hom. Matt 42,7
- Cyr. H., Catech. 2,11
- Euch., Comm. Lib. Reg., 2,11
- Eus., Comm. Ps 37
- Greg. d. Gr., Hom. in Ev. 25,8
- Jer., Epist. 22,12
- Iren., Haer., 4.27,1
- Isid., Quest. in Vet. Testam., in Regum II.
- Orig., Comm. 2,14 in Röm 3,1–4.
- Orig., Hom. in Luc 28,2–3
- Orig., Ep. Rom 2,14
- Orig., Schol. Apoc 30
- Tert., Pud. 6

(c) Mittelalterliche Literatur

Bible moralisée, fol. 106-107, in: Haussherr, Reiner: Bible moralisée. Codex Vindobonensis 2554 der Österreichischen Nationalbibliothek. 3. Aufl., Graz 1999 (Glanzlichter der Buchkunst 2).

Brant, Sebastian: Das Narrenschiff, 33. Von Ehebruch – Hält man für nicht schlimm, in: Fischer, Hans-Joachim: Sebastian Brant. Das Narrenschiff, Wiesbaden 2007 (Die Bibliothek der verbotenen Bücher), S. 107–110.

Brun von Schönbeck, Hohes Lied (1276), Vv. 2465–2476, in: Fischer, Arwed: Das hohe Lied von Brun von Schonebeckt, Tübingen 1893.

Gikatilla, Joseph: Das Mysterium, dass Batscheva David seit den sechs Tagen der Schöpfung vorgestimmt war, in: Oberhänsli-Widmer, Gabrielle: Joseph Gikatilla. Das Mysterium, dass Bathscheva David seit den sechs Tagen der Schöpfung vorbestimmt war (Ende 13./Anfang 14. Jh.), in: Judaica 65 (2009), H. 1, S. 75–83.

Jansen Enikel: Weltchronik, V. 11152–11327, in: Strauch, Phillipp: Jansen Enikels Werke, Dublin, Zürich 1972.

Montaiglon, Anatole de: Le livre du chevalier de la tour Landry 1371. Pour l'enseignement de ses filles, Paris 1854.

Petrarca, Triumphe III, 40. Vers, in: Förster, Karl/Grote, Hans: Canzoniere, Triumphe, verstreute Gedichte. Italienisch und Deutsch, Düsseldorf 2002, S. 568f.

Rudolf von Ems: Weltchronik aus der Wernigeroder Handschrift, Vv. 28644–28654, in: Ehrismann, Gustav, 2. Aufl., Dublin, Zürich 1967.

Voith, Valentin: Ein schön Lieblich Spiel, von dem herlichen ursprung: Betrübten Fal. Gnediger widerbrengunge. Müseligem leben, Seligem Ende, und ewiger Freudt des Menschen aus den Historien heiliger schrifft gezogen gantz Tröstlich (1538), in: Ackermann, Hans (Hg.): Dramen von Ackermann und Voith, Tübingen 1884 (Bibliothek des Litterarischen Vereins in Stuttgart 170), S. 207–316.

(d) Literarische Rezeptionen nach 1550

Alberti, Paul: Bath-Sebas Sünde. Drama (1904).

Barr, Elisabeth: Bath-Seba. Gedicht (1922).

Belleau, Remy: Les Amours de David et de Bath-sabèe. (1572).

Belleau, Remy: La Bergerie. (1565).

Bernhard, Emil: Der Brief des Uria. Drama (1919).

Birnbaum, Uriel: Davids Schuld. Gedicht (1957).

Birnbaum, Uriel: Urija. Gedicht (1957).

Böttcher, Maximilian: David und Bathseba. Drama (1920).

Buchanan, Frank: Batscheba. Gedicht (1946).

Cremer, Drutmar: Aus Urzeit-Erinnerung: David und Batseba. Gedicht (1984).

Eich, Günter: Alte Holländer. Gedicht (1946).

Eidlitz, Walter: Die Gewaltigen. Novelle-Triologie (1926).
Feuchtwanger, Lion: Das Weib des Uria. Drama (1905/1906; verschollen).
Fikus, Franz: David. König und Gejagter. Roman (2003).
Forestier, George: Der Urias Brief. Gedicht (1968).
Gaedke, W.: Urias Tocher. Drama (1893, verschollen).
Gauger, Hans-Martin: Davids Aufstieg. Erzählung (1993).
Geiger, Albert: Das Weib des Urijas. Drama (1908).
Gide, André: Bathseba. Dramatisches Gedicht (1920).
Goes, Albrecht: Davids Traum. Gedicht (1960).
Gondinez, F.: Las lacrimas de David. (1635).
Hagedorn, Friedrich von: Das Geraubte Schäfchen. Gedicht (s. J.).
Halden, Hans: Bathseba im Bade. Komödie (1930).
Halter, Marek: Bethsabée. Ou L'Eloge de l'adultère. Roman (2006).
Harsörffer, Georg Phillip: Der Große Schauplatz jämmerlicher Mordgeschichte, Derbe Theil, 160. Die andere Lucretia. Gedicht (1656).
Hartlieb, Wladimir von: König David. Drama (1917).
Heller, Joseph: Weiß Gott. Roman (1984).
Hellmuth, Marta: David und Bathseba. Drama (1906).
Hermann, Matthias: Batsebas Tod. Gedicht (2002).
Heym, Stefan: Der König David Bericht. Roman (1972).
Horie, Hildegard: David – der Geliebte. Erzählung (1993).
Hunold, Christian Friedrich: Der nach der Schrift eingerichtete Lebenslauf des theatralischen Frauenzimmers. Gedicht (1713).
Ibn Zahav, Ari: David and Bathsheba. Novelle (1951).
Klopstock, Friedrich Gottlieb: David. Trauerspiel (1772).
Lehmann, Leopold: Batseba. Drama (1920).
Lepel, Hans von: Bath-Seba. Drama (1920).
Lindgren, Torgny: Bathseba. Roman (1984).
Markus, Stephan: Bathseba. Drama (1919).
Massie, Allan: Ich, König David. Roman (1996).
Meissner, Alfred: Das Weib des Urias. Drama (1851).
Messadié, Gerald: David, König über Israel. Roman (2001).

Mignon, Alfred. Batseba. Die Frau an mancher Seite. Gedicht (2010).
Pape, Alexander: David victus et victor. Drama (1602).
Payot, Armand: Bethsabée. (1950).
Peele, George: The love of king David and fair Bethsabe. Drama (1599).
Peikert-Flaspöhler, Christa: Batseba spricht. Gedicht (1995).
Phillips, Stephen: The sin of David. Drama (1904).
Pinski, David: Kind David and his wives. Drama (1923).
Piontek, Heinz: David. Gedicht (1987).
Rivers, Francine: Batseba. Eine Frau die Gnade fand. Roman (2003).
Robert, Carl: David und Bathseba. Drama (1871).
Rühmkorf, Peter: Sodomitische Ansichtskarte. Gedicht (1999).
Rühmkorf, Peter: In Erwartung Bathsebas. Gedicht (1999).
Sachs, Hans: Comedia mit 10 Personen, der David mit Batseba im ehbruch. (1556).
Schmitt, Gladys: David, the king. Roman (1946).
Sebrecht, Friedrich: David. Drama (1918).
Sephton, Geoffrey: Bathseba. Drama (1922).
Shamir, Moshe: David's Stranger. Roman (1956).
Shott, James R.: Batseba. Aus dem Schatten ins Licht. Roman (2000).
Slaughter, Frank G.: König David. Roman (1988).
Spiering, Anna Luisa: Bath Seba. Drama (1921).
Sorge, Reinhard Johannes: König David. Drama (1916).
Türk, Franz: Das Weib des Urias. Drama (1876).
Vondel, J. van den: König David. Drama (1660).
Weil, Grete: Der Brautpreis. Roman (1988).
Werfel, Franz: Der Weg der Verheißung. Drama (1935).
Wohl, Louis de: König David. Roman (1986).
Wohl, Louis de: Der König, der aus der Wüste kam. Roman (1986).
Wynne, Charles Whitworth: David and Bathshua. Drama (1903).
Zapletal, Vincenz von: David und Bathseba. Erzählung (1923).

Exegese in unserer Zeit
Kontextuelle Bibelinterpretationen
hrsg. von Ute E. Eisen (Gießen/Deutschland), Irmtraud Fischer (Graz/Österreich), Erhard S. Gerstenberger (Marburg/Deutschland)

Daniela Feichtinger
Josef und die Frau des Potifar
Eine exegetische und literaturvergleichende Untersuchung von Gen 39
Bd. 29, , 398 S., 44,90 €, br., ISBN 978-3-643-50880-5

Bernadette J. Brooten
Liebe zwischen Frauen
Weibliche Homoerotik in hellenistisch-römischer und im frühen Christentum. Ins Deutsche übersetzt von Gerlinde Baumann
Bd. 28, 2019, ca. 384 S., ca. 39,90 €, br., ISBN 978-3-643-14071-5

Andrea Fischer
Dramen zu „David, Batseba und Urija" (2 Sam 11)
Zur Rezeption hebräischer Erzählkunst in Literatur und Theater – Paul Alberti (1904), Martha Hellmuth (1906) und Emil Bernhard (1919)
Bd. 27, 2019, ca. 208 S., ca. 29,90 €, br., ISBN 978-3-643-14062-3

Ute E. Eisen; Dina El Omari; Birgit Klein; Silke Petersen (Hg.)
Schrift im Streit – Jüdische, christliche und muslimische Perspektiven
Auf dem Weg zu einer interreligiösen Hermeneutik. Erträge der ESWTR-Tagung vom 2. – 4. November 2016
Bd. 25, 2019, ca. 304 S., ca. 39,90 €, br., ISBN 978-3-643-14068-5

Byung Ho Moon
Die Ausgrenzung von Fremden im Esra-Nehemiabuch
Bd. 24, , 337 S., 39,90 €, br., ISBN 978-3-643-13904-7

Irmtraud Fischer (Hg.)
Bibel- und Antikenrezeption
Eine interdisziplinäre Annäherung
Bd. 23, 2014, 440 S., 49,90 €, br., ISBN 978-3-643-50574-3

Yvonne Sophie Thöne
Liebe zwischen Stadt und Feld
Raum und Geschlecht im Hohelied
Bd. 22, 2012, 488 S., 49,90 €, br., ISBN 978-3-643-11633-8

Irmtraud Fischer; Christoph Heil (Hg.)
Geschlechterverhältnisse und Macht
Lebensformen in der Zeit des frühen Christentums
Bd. 21, 2010, 312 S., 29,90 €, br., ISBN 978-3-643-50218-6

Ute E. Eisen; Erhard S. Gerstenberger (Hg.)
Hermann Gunkel revisited
Literatur- und religionsgeschichtliche Studien
Bd. 20, 2010, 304 S., 24,90 €, br., ISBN 978-3-8258-1523-3

Christina Leisering
Susanna und der Sündenfall der Ältesten
Eine vergleichende Studie zu den Geschlechterkonstruktionen der Septuaginta- und Theodotionfassung von Dan 13 und ihren intertextuellen Bezügen
Bd. 19, 2008, 320 S., 29,90 €, br., ISBN 978-3-8258-1203-4

LIT Verlag Berlin – Münster – Wien – Zürich – London
Auslieferung Deutschland / Österreich / Schweiz: siehe Impressumsseite

Irmtraud Fischer (Hg.)
Theologie von Frauen für Frauen?
Chancen und Probleme der Rückbindung feministischer Theologie an die Praxis. Beiträge zum Internationalen Kongress anlässlich des zwanzigjährigen Gründungsjubiläums der Europäischen Gesellschaft für theologische Forschung von Frauen (ESWTR)
Bd. 18, 2007, 256 S., 24,90 €, br., ISBN 978-3-8258-0278-3

Barbara Suchanek-Seitz
So tut man nicht in Israel
Kommunikation und Interaktion zwischen Frauen und Männern in der Erzählung von der Thronnachfolge Davids
Bd. 17, 2006, 176 S., 19,90 €, br., ISBN 3-8258-9475-4

Susann Schüepp
Bibellektüre und Befreiungsprozesse
Eine empirisch-theologische Untersuchung mit Frauen in Brasilien
Bd. 16, 2006, 440 S., 24,90 €, br., ISBN 3-8258-8930-0

Esias Meyer
The Jubilee in Leviticus 25: A Theological Ethical Interpretation from a South African Perspective
vol. 15, 2005, 320 pp., 29,90 €, pb., ISBN 3-8258-8805-3

Sigrun Welke-Holtmann
Die Kommunikation zwischen Frau und Mann
Dialogstrukturen in den Erzähltexten der Hebräischen Bibel
Bd. 13, 2005, 320 S., 19,90 €, br., ISBN 3-8258-7198-3

Ulrich Schoenborn
Dem Glauben auf der Spur
Hermeneutische Streifzüge zwischen Rio de la Plata und Nemunas
Bd. 12, 2003, 208 S., 17,90 €, br., ISBN 3-8258-6560-6

Graciela Chamorro
Auf dem Weg zur Vollkommenheit
Theologie des Wortes unter den Guaraní in Südamerika
Bd. 11, 2003, 400 S., 24,90 €, br., ISBN 3-8258-6278-x

Regula Grünenfelder
Frauen an den Krisenherden
Eine rhetorisch-politische Deutung des Bellum Judaicum
Bd. 10, 2003, 328 S., 25,90 €, br., ISBN 3-8258-5978-9

Helen Schüngel-Straumann
Anfänge feministischer Exegese
Gesammelte Beiträge, mit einem orientierenden Nachwort und einer Auswahlbibliographie
Bd. 8, 2013, 328 S., 29,90 €, br., ISBN 978-3-8258-5753-0

Christina Spaller
"Die Geschichte des Buches ist die Geschichte seiner Auslöschung..."
Die Lektüre von Koh 1,3-11 in vier ausgewählten Kommentaren
Bd. 7, 2001, 320 S., 25,90 €, br., ISBN 3-8258-5395-0

LIT Verlag Berlin – Münster – Wien – Zürich – London
Auslieferung Deutschland / Österreich / Schweiz: siehe Impressumsseite

Beiträge zum Verstehen der Bibel / Contributions to Understanding the Bible
hrsg. von Prof. Dr. Manfred Oeming und Prof. Dr. Dr. h. c. mult. Gerd Theißen
(Heidelberg)

Christina Risch
Dynamische Manifestation – Die „Präsenz" Christi im Herrenmahl
Diese Studie zeigt auf, dass die in der Geschichte der Exegese oft gestellte Frage nach der Präsenz Christi im Herrenmahl im Prinzip falsch gestellt ist, da die einschlägigen neutestamentlichen Texte diese Frage nicht direkt beantworten. Anstatt dessen liegt die Vorstellung einer „Präsenz" Christi im Herrenmahl den neutestamentlichen Texten indirekt zugrunde, wie vor allem die paulinischen Textpassagen 1 Kor 10, 1-22 und 11,17-34 eindrucksvoll zeigen. Die Studie versucht, sich dieser unausgesprochenen, dem antiken Leser offensichtlich selbstverständlichen Präsenzvorstellung durch eine vorstellungsgeschichtliche Analyse anzunähern. Die Studie schlägt als Ergebnis der Analyse vor, im Hinblick auf antike Präsenzvorstellungen nicht von einer „Präsenz" Christi im Herrenmahl zu sprechen, sondern von einer „dynamischen Manifestation" Christi im Mahlgeschehen, da so die Dynamik und Effektivität des Geschehens begrifflich besser gefasst wird.
Bd. 37, 2019, ca. 200 S., ca. 34,90 €, br., ISBN 978-3-643-14262-7

Gerd Theißen
Texttranszendenz
Beiträge zu einer polyphonen Bibelhermeneutik
Bd. 36, 2019, ca. 400 S., ca. 49,90 €, br., ISBN 978-3-643-14246-7

Viktor Ber (ed.)
Nomos and Violence
Dimensions in Bible and Theology
vol. 35, , 216 pp., 34,90 €, pb., ISBN 978-3-643-90997-8

Steven Paas (ed.)
Israelism and the Place of Christ
Christocentric Interpretation of Biblical Prophecy
vol. 34, 2017, 272 pp., 34,90 €, pb., ISBN 978-3-643-90981-7

Petr Sláma
New Theologies of the Old Testament and History
The Function of History in Modern Biblical Scholarship
vol. 33, 2017, 298 pp., 39,90 €, pb., ISBN 978-3-643-90841-4

Ulrich Kellermann
Elia als Toralehrer und Versöhner
Mal 3,22-24 und das Motiv der Zuwendung der Herzen von Vätern und Söhnen durch Elia im frühen Judentum
Bd. 32, 2017, 192 S., 34,90 €, br., ISBN 978-3-643-13571-1

Monika Szarek
Ehe und Askese
Familienethos bei Paulus und Musonius
Bd. 31, 2016, 272 S., 34,90 €, br., ISBN 978-3-643-13422-6

Gerd Theißen
Veränderungspräsenz und Tabubruch
Die Ritualdynamik urchristlicher Sakramente
Bd. 30, 2017, 454 S., 59,90 €, br., ISBN 978-3-643-13454-7

LIT Verlag Berlin – Münster – Wien – Zürich – London
Auslieferung Deutschland / Österreich / Schweiz: siehe Impressumsseite